W0299478

A. Raven / J. Roberts · Die britischen Schlachtschiffe des Zweiten Weltkrieges (Teil 1)

ROYSTERER

A. Raven / J. Roberts

Die britischen Schlachtschiffe des Zweiten Weltkrieges

Entwicklung und technische Geschichte der Schlachtschiffe und Schlachtkreuzer der Royal Navy von 1911 bis 1946

mit 81 Fotos und 29 Skizzen

Bernard & Graefe Verlag Bonn

Umschlagbild: Die Abbildung zeigt das Schlachtschiff „Howe“ im Jahre 1944.
Dieser Ausschnitt stammt von einem Gemälde von John Roberts.
Abbildung Seite 2+3: Schlachtschiffe „Hood“ und „Barham“, 1938, in Malta.

Übersetzung: Gerhard Koop, Wilhelmshaven

Die engl. Originalausgabe erschien 1976 im Verlag
Arms and Armour Press, Lionel Leventhal Ltd.
2–6 Hampstead High Street, London NW 1 PR
Der Originaltitel lautet: British Battlesships of World War Two

© für die deutsche Ausgabe Bernard & Graefe Verlag, Bonn 2002
Alle Rechte vorbehalten
Satz, Druck und Bindung: Wiener Verlag
Printed in Austria
ISBN 3-7637-6229-9

Inhalt Teil 1

Inhalt Teil 2

Inhalt Teil 3

Einleitung

Grundlage dieses Werkes sind zum überwiegenden Teil offizielle Quellen, die in vielen Fällen erst kürzlich der Öffentlichkeit zugänglich gemacht wurden. Die Daten wurden mit großer Sorgfalt wiedergegeben und die Zahlen und Angaben, soweit möglich, überprüft. Verbliebene Abweichungen und Widersprüche – unvermeidlich bei einem solchen Thema – wurden jeweils vermerkt. Obwohl dieses Werk keinen Anspruch auf Vollkommenheit erhebt (denn auch amtliche Dokumente sind fehler- und lückenhaft), muß hervorgehoben werden, daß alle Informationen auf dem zur Zeit erhältlichen und erfaßbaren Wissensstand beruhen. Durch die 50-Jahres- und neuerdings 30-Jahresfrist unterlagen frühere Autoren strengen Einschränkungen bei der Einsichtnahme und Veröffentlichung offizieller Dokumente. Nun gibt es keine Entschuldigung mehr für die weitere Verbreitung früherer Fehler. Der Autor ist gehalten, Originalakten zu benutzen, wenn er den Anspruch auf Zuverlässigkeit erheben will. Wir haben jede Gelegenheit zur Einsicht in amtliche und offizielle Akten wahrgenommen, die sich bot. Die den Text ergänzenden Pläne und Skizzen wurden in enger Anlehnung an authentische Unterlagen und Vorschriften gefertigt. Dazu zählen auch die Angaben über Ausrüstung und Waffenaufstellungen. Modifizierungen, von denen keine amtlichen Pläne vorhanden sind, wurden anhand schriftlicher Aufzeichnungen oder vorliegender Bilder rekonstruiert und beschrieben. Zur Vervollständigung der Zeichnungen und Pläne wurde Bildmaterial ausgewählt, das das Aussehen der Schiffe im Laufe ihrer Dienstzeit deutlich sichtbar macht. Dabei wurde nicht nur auf die Qualität Wert gelegt sondern auch auf möglichst unbekannte Bilder, die somit erstmals der Öffentlichkeit vorgelegt werden. Vergleiche zwischen verschiedenen Fotoaufnahmen wurden angestellt, um die an den Schiffen ausgeführten Änderungen zu bestätigen. Wenn auch der Zweite Weltkrieg im Vordergrund steht, sollte in diesem Werk die umfassende technische Entwicklungsgeschichte der wichtigsten Schlachtschiffe von 1911 bis 1946 behandelt werden. Dies wurde als notwendig erachtet, denn ohne eine detaillierte Beschreibung ihres Ursprungs und ihrer Einsätze wäre es für den Leser schwierig geworden, die Schiffe und ihre Bedeutung – einschließlich der langen Friedensperiode – richtig zu beurteilen. Der Erste Weltkrieg brachte viele technische Erfahrungen, die der Schlachtflotte von 1939 zugute kamen. Das konnte nicht unbeachtet bleiben, es wäre eine erhebliche Lücke im Lebenslauf entstanden. Ähnlich war die Zeit von 1919 bis 1939 nicht ohne entscheidenden Einfluß auf die Qualität der britischen Flotte im Zweiten Weltkrieg.

Das Werk beginnt mit der Beschreibung der Entwicklung und der ersten Dienstzeit der *Queen Elizabeth*-Klasse und endet kurz nach dem Zweiten Weltkrieg. Es ist mehr oder weniger chronologisch aufgebaut. Um bei der Beschreibung der Schiffe und ihres späteren Lebenslaufes eine gewisse Reihenfolge einzuhalten, wird in den einzelnen Abschnitten immer wieder auf ältere Einheiten hingewiesen. *Hood,* z. B., wird im Originalbauzustand beschrieben, spätere Umbauten und Erweiterungen werden in besonderen Abschnitten erfaßt, zuerst 1930, dann nochmals 1941. Diese Form verhindert akrobatische Leseübungen; mit anderen Worten, man müßte sonst mit der Geschichte der *Queen Elizabeth*-Klasse (1911 bis 1946) beginnen und dann wieder zurückkoppeln bis 1912, um mit der Geschichte der *Royal Sovereign*-Klasse nochmals von vorne anzufangen. Damit wird auch das Verstehen der einzelnen Perioden als Hintergrundwissen erleichtert, da dieses jeweils in besonderen Kapiteln in die einzelnen Schiffsbeschreibungen eingearbeitet wurde. Bei der Zusammenstellung des Werkes wurde auf einen ausgewogenen Inhalt großer Wert gelegt. So ist es sowohl für den allgemein interessierten Leser als auch für den Experten, der auf technische Details spezialisiert ist, von gleichem Wert. Wir hoffen, daß es uns gelungen ist, ein Werk von bleibendem Wert zu schaffen für alle, deren Herz immer noch für jene Kampfschiffe schlägt, die einst die Ozeane dieser Erde beherrschten.

Alan Raven und John Roberts

Malaya nach Fertigstellung

Vorwort zur deutschen Übersetzung

Begriffe wie Lissa, Tsushima, mehr noch Doggerbank und Skagerrak, Namen wie *Dreadnought, Warspite, Hood, Prince of Wales,* um nur einige stellvertretend für alle zu nennen; aber auch *Seydlitz, Scharnhorst, Bismarck* und *Yamato* sind auch heute noch mit einer gewissen Faszination behaftet. Spricht man von ihnen, überkommt manchen eine gewisse Wehmut, denn diese Großkampfschiffe – Linienschiffe, Schlachtschiffe und Schlachtkreuzer – verkörpern das, was man schlichtweg mit Seemacht bezeichnete, und doch waren sie nur ein Teil davon, aber eben ihr sichtbarer Ausdruck.
In diesem Werk wird die Geschichte und technische Entwicklung jener Großkampfschiffe beschrieben, die das Rückgrat der britischen Flotte bildeten und somit auch ein Teil der welt- und seebeherrschenden Rolle des britischen Weltreiches waren.
Spannend ist die Geschichte schon, offenbart sie doch manche Hintergründe und zeigt sie doch zugleich, daß man auch in Großbritannien nur „mit Wasser kochte" und man – wie auch beispielsweise in der deutschen Marine – auch in der Royal Navy große Schwierigkeiten zu überwinden hatte, die schon bei der Konstruktion begannen und sich bis zur Fertigstellung fortsetzten. Auch dann waren sie nicht immer beseitigt, und die Lehren auf Grund von Versäumnissen waren manchmal recht bitter.
Wenn auch manche sagen werden, es sei schon wieder ein Buch über Schlachtschiffe, es hat sich gelohnt, es durch die Übersetzung auch dem deutschsprachigen Leser näherzubringen, wird hier doch einmal die andere Seite vor Augen geführt, umfassender als bisher gewohnt und noch nie in dieser ausführlichen Form.
Es ist dem Verleger und den Damen und Herren des Verlages zu danken, daß die Übersetzung realisiert wurde. Mein persönlicher Dank gilt Herrn A. Didrichs, der mir auf Grund seiner umfassenden und detaillierten Kenntnisse über die britische Flotte eine wertvolle Hilfe war.
Als Hinweis mag noch gelten, daß außer einigen ergänzenden Anmerkungen des Übersetzers keine weiteren Kommentierungen historischer oder anderer Begebenheiten und Zusammenhänge vorgenommen wurden, schon gar nicht, um die „deutsche Sicht" klarzulegen. Hier handelt es sich um eine britische – und wie mir scheint sehr objektive und neutrale – Wiedergabe aller Ergebnisse. Aus verlagstechnischen und kostentechnischen Gründen wurde das Werk in drei Bände unterteilt.
Jeder Band ist in sich abgeschlossen und behandelt einen bestimmten Abschnitt des Lebenslaufes der Schiffe. Aber er leitet auch jeweils über in den nachfolgenden Band, der sich wiederum am vorhergehenden orientiert. So ist sichergestellt, daß sich alle drei Bände gegenseitig ergänzen. Der erste Band beschreibt die Zeit von der Entstehung der *Queen Elizabeth*-Klasse bis zum Londoner Flottenabkommen von 1930. Der zweite Band befaßt sich mit der Zeit von diesem Abkommen bis zur *King George V*-Klasse. Der dritte und abschließende Band beginnt mit der *Lion*-Klasse und endet mit einer Betrachtung der Royal Navy aus der Zeit nach dem Kriege. Drei Anhänge über Waffen, Waffeneinsatz, Waffenleit- und Radaranlagen beschließen das Gesamtwerk.

Gerhard Koop

Erläuterungen

Konstruktionsvorgang (Entstehungsgang Schiff)

Der *Marinestab* leitete eine neue Konstruktion ein mit der Ausarbeitung einer „Militärischen Forderung“ für einen gewünschten Kriegsschifftyp. Der *Controller (3. Seelord),* verantwortlich für die gesamte Marinerüstung, gab diese „Militärische Forderung“ – bekannt als Stabsforderung – weiter an den *Director of Naval Construction (DNC)*. Dessen Amt fertigte die Vorentwürfe an. Diese basierten auf den Erfahrungen mit früheren Schiffen, aber auch auf Erkenntnissen und Erprobungen mit Modellen und durchgeführten Versuchen mit Bomben gegen Panzerungen. Im Falle der Undurchführbarkeit einer „Militärischen Forderung“ schlug der *DNC* Änderungen vor, speziell dann, wenn die Größe des gewünschten Schiffes festgesetzte Begrenzungen überschritt. Zur Festlegung der äußeren Form wurden Entwurfsskizzen gefertigt. In Fragen der Ausrüstung, soweit sie außerhalb der Zuständigkeit des *DNC*-Amtes lagen, wurden andere Dienststellen eingeschaltet. Der *Chefingenieur (EinC)* lieferte die Berechnungen über Größe, Gewicht, Raumbedarf und Leistung der gewünschten Maschinenanlagen, der *Director of Naval Ordnance (DNO)* erstellte die Unterlagen über Art, Gewicht und andere Einzelheiten für die vorgesehene Bewaffnung.
Für gewöhnlich wurden mehrere Entwürfe gefertigt, damit man eine bessere Vergleichsmöglichkeit hatte und Einzelheiten detaillierter beurteilen konnte. Die Entwürfe wurden teilweise bis ins einzelne ausgearbeitet, weil dadurch die Beurteilung der Realisierung erleichtert wurde. Die Entwürfe, mit ausführlicher Legende versehen, wurden schließlich der *Admiralität* zur Genehmigung vorgelegt.
Die Formgebung des Schiffes oblag dem *DNC* und wurde von diesem unter Berücksichtigung der geforderten Geschwindigkeit und anderer wichtiger Überlegungen durchgeführt. Die einzelnen Phasen eines Entwurfs waren in etwa folgende:

1. Detaillierte Berechnungen für Gewicht, Schwimmfähigkeit, Tiefgang, Trimm, Auswirkungen von Schäden, Festigkeit des Schiffskörpers, Außenhaut, Raumaufteilung usw.
2. Anfertigung des Linien- und Bauspantenrisses und des Formgebungsblattes sowie des Eisenplanes. Festlegung der Abteilungen und des Verwendungszweckes der einzelnen Abteilungen.
3. Anfertigen von Maschinen- und Hilfsmaschinenaufstellungsplänen.
4. Erstellung von Vorschriften mit detaillierter Beschreibung aller Teile des Schiffes, deren Konstruktion und Handhabung. Dazu gehörten die Ausrüstung, Maschinen, Waffen und elektrischen Anlagen sowie deren Zusammensetzung, die Qualität des Baumaterials, außerdem die Methoden des Zusammenbaues und die Güte der Arbeit.

Im Verlauf dieser Arbeiten wurden die einzelnen Ämter laufend durch das federführende Amt des *DNC* konsultiert, um die Fertigstellung des endgültigen Entwurfs unter Berücksichtigung aller Fragen und Wünsche sicherzustellen. Für ein Großkampfschiff wurden hierfür etwa 9 Monate benötigt. Diese Zeit rechnete von der Genehmigung der Entwurfsskizze durch die *Admiralität* bis zur Fertigstellung derjenigen Unterlagen, die nötig waren, um von der Bauwerft Kostenvoranschläge einzuholen, oder bis die kompletten Details an eine königliche Schiffswerft gegeben werden konnten. Der spezifizierte Entwurf wurde dann für gewöhnlich nochmals der *Admiralität* zur Genehmigung vorgelegt, und erst dann – ohne Einholung eines Angebotes – Schiffswerften bestimmt. (Für das Schlachtschiffbauprogramm von 1936/40 wurden im Gegensatz zum üblichen Verfahren zuerst die Kostenvoranschläge eingeholt. Die Entwürfe wurden erst weitergereicht, als sie verfügbar waren.) Für den Bau des Schiffskörpers, seine Ausrüstung, die elektrischen Anlagen und Hilfsmaschinen, die Panzerung, Bewaffnung und andere Anlagen, wie Ankereinrichtung, Pumpen und Kräne, wurden gesonderte Verträge abgeschlossen. Die schnelle Fertigstellung eines Schiffes hing zum überwiegenden Teil von der fristgerechten Installation der schweren Geschütztürme in der Ausrüstungsphase ab. In Friedenszeiten wurden dafür etwa 12 Monate veranschlagt, nachdem der letzte Turm eingebaut war. Das war die Zeit, in der die Geschütze und Lafetten im voraus bestellt wurden. Ein ähnliches Verfahren wurde für die Panzerung der 1936er Schlachtschiffe und auch bei den späteren Programmen angewandt. Zu dieser Zeit war die Kapazität der Panzerfertigung begrenzt, und das Schiffbauprogramm war groß. Deshalb wurde ein großer Teil des benötigten Panzers lange im voraus bestellt, so daß die Produktion auf längere Zeit ausgedehnt war. Damit wurde die Kapazität der Panzerfertigungsfirmen nicht überlastet.

Verdrängung

Das Gewicht eines Schiffes entspricht der Menge des verdrängten Wassers. Die Verdrängungsangabe entspricht daher auch genau dem Gewicht des Schiffes. In diesem Werk sind alle Verdrängungsangaben und Gewichte in englischen Tonnen angegeben (engl. tons), 1 ts ≙ 1,016 kg.

Tiefgangszunahme

Auch Eintauchung genannt. Dieses Maß ist das Gewicht, das notwendig ist, um den Tiefgang um 1 cm zu vergrößern. Die Gewichtsangabe ändert sich gemäß der einzutauchenden Wasserlinienfläche (waagerechte Fläche des Schiffes in der Wasserlinie). In diesem Werk sind diese Gewichtsangaben zur Tiefgangszunahme auf den Konstruktionstiefgang bezogen, und das Schiff befindet sich dabei auf ebenem Kiel schwimmend.

Abmessungen

Länge:
Die Länge (üa) ist die Länge über alles eines Schiffes, gemessen von der Bugspitze bis zur Achterkante Heck. Das Maß wird insbesondere für das Docken benötigt. Die Länge (pp) ist die Länge zwischen den Perpendikeln. Es ist der Schnittpunkt der Konstruktionswasserlinie mit dem Vorsteven bis zum Schnittpunkt mit der Senkrechten durch die Mitte des Ruderschaftes. Dieses Maß wird überwiegend in Berechnungen verwendet und ist wichtig für die Beurteilung der Manövrierfähigkeit.

Breite:
Die Breite eines Schiffes bezieht sich auf die Stelle, wo der Schiffskörper am breitesten ist. In diesem Werk ist durchweg die größte Breite angegeben. Die Breite im Verhältnis zur Länge bestimmt die Form des Schiffskörpers. Die Hauptfaktoren für die Größe der Breite eines Schlachtschiffes waren die Grenzen, die durch den Suez- und Panamakanal sowie die Dockmöglichkeiten gesetzt waren. Die Breite beeinflußt die Stabilität und die Schlingereigenschaften eines Schiffes. Je größer die Breite, desto höher ist die Anfangsstabilität, und um so schneller ist das Schlingern (steifes Schiff)*. Eine große Breite wirkt sich aber auch nachteilig aus auf die Leckstabilität, weil bei einer Überflutung von Außenabteilungen die Krängungswirkung des Schiffes größer ist als bei einem Schiff von geringerer Breite.

Tiefgang:
Der Tiefgang eines Schiffes ist die Wassertiefe, gemessen von Unterkante Kiel bis zur Wasserlinie.

* Anmerkung des Übersetzers.

Der Tiefgang ist durch die Tiefe der Hafen- und Kanalzugänge begrenzt, ebenso auch durch die Dockmöglichkeiten. Auch wenn das nicht so wäre, ein zu großer Tiefgang ist unvorteilhaft, denn mit zunehmender Tiefe erhöht sich der Wasserdruck. Ein Wassereinbruch in einen tiefliegenden Schiffskörperteil birgt in sich die Gefahr des schnellen Vollaufens. Bei einem geringeren Tiefgang ist die Gefahr nicht so groß.

Waffenanlagen

(siehe dazu auch →Band 3, Anhang 1 und 2)

Kaliber:
Das Kaliber eines Geschützes gibt den Durchmesser der Bohrung eines Rohres an. Die Länge des Rohres wiederum wird in Kalibern gemessen. Ein 38,1 cm-Geschütz mit einem Kaliber 42 hat also einen Rohrdurchmesser von 38,1 cm und eine Rohrlänge von 42 × 38,1 = 1400,2 cm.

Geschoßform:
Die Geschoßform wird im Mehrfachen des Kalibers beschrieben. So hat z. B. ein 6 × r-Geschoß eine längere Spitze und ist stromlinienförmiger als ein 4 × r-Geschoß.

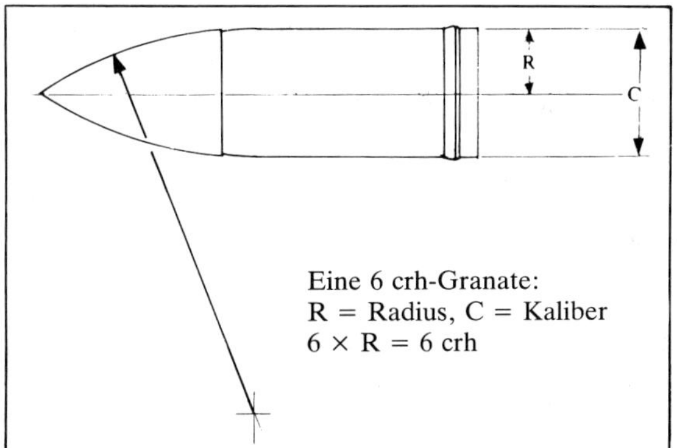

Eine 6 crh-Granate:
R = Radius, C = Kaliber
6 × R = 6 crh

Das Richten:
Die relativ langsame Richt- und Höhenrichtgeschwindigkeit der Lafetten wird Richtgeschwindigkeit genannt. Sie muß gleichmäßig sein, damit ein genaues Richten des Geschützes auf ein Ziel möglich ist.

Effektive volle Ladung:
Das ist die volle Treibladung. Sie gibt Auskunft über die Lebensdauer eines Geschützrohres. Sie wird berechnet aus der Anzahl der vollen Treibladungen, die ein Geschützrohr verkraften kann, bevor es ausgewechselt werden muß. So wird ein Rohr mit einer Belastungsgrenze von 300 vollen Ladungen ausgewechselt, wenn etwa 300 Granaten mit voller Treibladung verschossen worden sind.

Mündungsenergie:
Das ist das Maß für die kinetische Energie eines Geschosses, gemessen in dem Augenblick, wo es das Geschützrohr verläßt. Sie ist das Produkt aus Geschoßgewicht und Geschwindigkeit. In diesem Werk ist sie in Meterkilogramm (mkg) angegeben; einfacher gesagt, eine Mündungsenergie von 3097190 mkg ist theoretisch in der Lage, ein Geschoß von 1 Tonne Gewicht 3097 m weit zu bewegen.

Mündungsgeschwindigkeit:
Die Geschwindigkeit eines Geschosses beim Verlassen des Geschützrohres (sie wird auch als V_0 bezeichnet)*. In diesem Werk ist sie in Meter pro Sekunde (m/sek) angegeben. Eine Geschwindigkeit von 746 m/sek ≙ 2685,6 km/h.

Entfernung:
Das ist der waagerechte Abstand zwischen dem Geschütz und dem Ziel. Wenn nicht anders angegeben, sind alle Entfernungen in diesem Werk als die höchsterreichbare Reichweite angegeben.

Entfernungsänderung:
Wenn auf ein bewegliches Ziel geschossen wird, so wechselt der Abstand zu diesem ständig. Die Entfernungsänderung wird in einer Zeiteinheit gemessen bzw. als Entfernungsunterschied in einer Minute.

Bereitschaftsmunition:
Das ist Munition, die in unmittelbarer Nähe der Geschütze gelagert wird und nicht in Magazinen. Für die auf dem Wetterdeck oder Schutzdeck offen stehenden Geschütze wird sie in Racks oder splittersicheren Bereitschaftsräumen oder -spinden gelagert.

Schiffsschutz

Es gab zwei Arten des stählernen Schutzes, der in britischen Großkampfschiffen verwendet wurde; Panzermaterial (zementiert und nicht-zementiert) und Stahl (Schutz) platten.**

(Krupp-)zementierter Panzerstahl:
Die letzte große Entwicklung in der Herstellung von Panzermaterial war das sogenannte „Krupp-Verfahren". Dieses war in der 90er Jahren des vorigen Jahrhunderts bekannt geworden als Kruppscher Walzstahl (Krupp-zementiert). Zwar wurden auch andere und ähnliche Verfahren zur Panzerherstellung entwickelt und angewandt, aber Qualitätsverbesserungen erzielte man erst in den Jahren zwischen den Kriegen. In dieser Zeit wurden Fortschritte gemacht in der Verwendung und Entwicklung von Stahllegierungen und deren Herstellung. Insgesamt gesehen, führte das zu einer Verbesserung des Panzerschutzes und damit zur Verringerung der Durchschlagsgefahr. Die Grundlagen dieser ganzen Verfahren jedoch basierten alle – von welcher Seite aus man es auch betrachtet – auf dem Kruppschen Verfahren. Die Stahllegierungen besaßen eine hohe Dehnungsfestigkeit und hatten Zusätze von Nickel, Chrom und Mangan. Spätere Legierungen enthielten dann noch Zusätze von Vanadium (schon vor dem Ersten Weltkrieg), Molybdän und auch Wolfram. Der prozentuale Kohlenstoffgehalt in der Stahloberfläche wurde durch das Zementieren eingebracht. Das wurde dadurch erreicht, daß man dem Stahl in einem Schmelzofen etwa drei Wochen lang Holzkohle in die Oberfläche einbrannte. Spätere Verfahren waren in ihrer Ausführung ähnlich, aber komplizierter und führten zu keinem besseren Ergebnis. Die Eindringtiefe des Kohlenstoffes war abhängig von der Behandlungsdauer. Nach genügender Abkühlung erfolgte die maschinelle Behandlung, die sich nach der Verwendung richtete, z. B. Formen oder Biegen. Nach dieser Behandlung wurde das Material langsam bis zu einer bestimmten Temperatur erhitzt. Im Anschluß daran erfolgte dann eine schlagartige Abkühlung, ursprünglich mit kaltem Wasser. Diese Art der Abkühlung bewirkte, daß die mit dem Kohlenstoff behandelte Oberfläche sehr hart wurde. Das Material dahinter blieb verhältnismäßig weich.

Nicht-zementierter Panzerstahl:
Das Verfahren der Herstellung glich dem des zementierten Stahls, jedoch entfiel die Nachbehandlung mit dem Kohlenstoff.

Stahlschutzplatten:
Der grundsätzliche Unterschied zwischen den eigentlichen Panzerplatten und den Stahlschutzplatten besteht darin, daß die Panzerplatten eine harte Oberfläche und weiche Rückseite hatten, die Stahlschutzplatten hingegen zwar hitzebeständig waren, jedoch eine einheitliche Härte und Widerstandskraft besaßen. Für Schutzplatten wurden sehr dehnbare Stähle benutzt, die nach dem Ersten Weltkrieg dann durch verbesserte ersetzt wurden, durch den D-Stahl und nicht-zementierte Panzerstähle.

Panzergrätings:
Die Öffnungen der Schornsteinhälse und andere Durchführungen erstreckten sich durch die einzelnen Panzer- und Schutzdecks hindurch. Sie sind naturgemäß Schwachstellen im Schutzsystem jedes Schiffes. Diese Bereiche konnten nicht absolut ge-

* Anmerkung des Übersetzers.
** Anmerkung des Übersetzers: Entgegen der üblichen Angabe wurden in diesem Werk alle Panzerstärken in cm angegeben

schützt werden. Ihr Schutz bestand lediglich aus Panzergrätings, geformt aus tiefen Trägern, die die Öffnungen gegen den Durchgang von Geschossen schützten.

Stabilität

Das normale vergleichbare Maß für die Schiffsstabilität ist die Metazentrische Höhe (GM). Sie ist von folgenden Faktoren abhängig:

Schwerpunktmitte (G):
Das ist die Summe aller Gewichte eines Schiffes und übt an einem bestimmten Punkt eine bestimmte Kraft nach unten aus. Dieser Punkt ist die Schwerpunktmitte. Bei Schiffsbewegungen (Schlingern, Rollen, Stampfen) ändert sich die Lage des Schwerpunktes nicht. Eine Änderung erfolgt immer nur durch die Verlagerung des Gewichtes infolge Zuladung oder Abnahme.

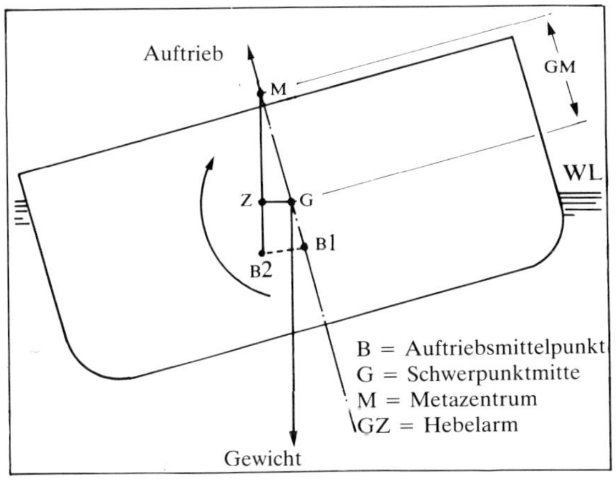

Auftriebsmitte (B):
Die Kräfte, die auf den Unterwasserkörper eines Fahrzeuges einwirken, bilden zusammen eine Kraft, Auftriebskraft genannt. Diese Kraft ist gleich dem Gewicht des Schiffes und wirkt durch den Schwerpunkt G des Schiffes in entgegengesetzter Richtung. Die Auftriebsmitte B befindet sich in der gleichen Position wie der Schwerpunkt G des verdrängten Wassers. Sie verlagert sich mit der Veränderung des eingetauchten Unterwasserkörpers, hervorgerufen durch Tiefgangsveränderungen, Rollen, Stampfen, Schlingern, Schlagseite und Trimm.

Metazentrum (M):
Wenn ein Schiff auf dem ebenen Kiel liegt, befinden sich B und G auf der Mittellinie. Krängt das Schiff, wandert B zur niedrigsten Seite des Schiffes und beschreibt dabei annähernd einen Bogen um den Punkt M, und zwar dort, wo die senkrechte Kraft B die Mittellinie schneidet. Der Abstand zwischen G und M ist die Metazentrische Höhe GM.

Hebelarm (GZ):
Der waagrechte Abstand zwischen G und der Auftriebskraft BM wird auch Hebelarmkurve genannt. Je weiter der Abstand ist, desto größer ist auch das Bestreben, wieder in die Normallage zurückzukehren. Wenn also GM groß ist, ist auch die Stabilität groß und umgekehrt. Wenn M tiefer liegt als G, oder wenn auf Grund eines Wassereinbruchs G aus dem Mittelpunkt wandert, wird GZ negativ, das Schiff instabil, und es kentert. Falls man jetzt aber daraus schließt, je größer GM, um so besser, so ist das falsch. Ein zu großes GM verleiht einem Schiff kurze und schnelle Bewegungen, die es sehr steif machen, so daß es im Seegang eine sehr schlechte Einsatzplattform bildet. Ein Schiff mit kleinerem GM bewegt sich langsamer und weicher (ist GM allerdings zu klein, neigt das Schiff dazu, zu lange in einer gekrängten Lage zu verharren, bis es wieder in die Normallage zurückkehrt) und bildet dadurch eine verhältnismäßig gute Einsatzplattform, was für den Waffeneinsatz vorteilhaft ist. Es ermöglicht den Geschützrichtern und Entfernungsmessern mit relativer Leichtigkeit, am Ziel zu bleiben, und auch die Fernbedienungs- sowie die Schlinger-, Roll- und Kantenwinkel-Meßgeräteanlagen können den Rollperioden folgen. In der Konstruktion eines Kriegsschiffes muß augenscheinlich immer ein Kompromiß zwischen den entgegengesetzten Forderungen der Stabilität und des Waffeneinsatzes geschlossen werden. Die Stabilität eines Schiffes im beschädigten Zustand – aber auch im unbeschädigten – wird im wesentlichen durch nachfolgende Faktoren beeinflußt:

1. Stabilität bei verschiedenen Krängungswinkeln:
Die maximale Stabilität ist dort, wo GZ am größten ist und die Neigung zur Rückkehr in die Normallage am stärksten. Die Stabilitätsgrenze ist bei dem Krängungswinkel, wo GM = Null ist. Bis zu diesem Winkel gekrängt, wird sich ein Schiff immer wieder aufrichten.

2. Freibord:
Das ist die Höhe des Schiffkörpers, gemessen von der Wasserlinie bis zur Oberkante Hauptdeck. Schlingert oder stampft das Schiff, so nimmt GZ zu, und zwar so weit, wie das Freibord ins Wasser taucht, und solange, bis die Kante des Hauptdecks ins Wasser taucht. Taucht das Deck ein, nimmt GZ ab. Daraus ist zu schließen, je höher das unbeschädigte Freibord ist, desto besser ist die Stabilität.

3. Freie Oberfläche:
Wenn ein Brennstoff- oder Wassertank nicht voll ist, bewegt sich die Oberfläche der Flüssigkeit bei einem Schlingern des Schiffes jeweils zur niedrigsten Stelle. Das beeinflußt die Lage des Schwerpunktes der Flüssigkeit, und in der Konsequenz auch den des Schiffes. Wenn G zur niedrigsten Seite des Schiffes wandert, mindert es GZ und damit die Stabilität. So werden gewöhnlich Prallbleche in die Tanks eingebaut, um damit die freie Oberfläche zu verkleinern. Ein ähnlicher Effekt wird in jeder Abteilung eines Schiffes durch den Einbau von Zwischenwänden und Sülls erreicht. Damit wird bei einem Wassereinbruch, nach Kampfeinwirkungen, Brandbekämpfungen oder Sturmschäden die Wirkung evtl. sich bildender freier Oberflächen vermindert.

4. Toppgewicht:
Das ist das zusätzliche Gewicht, das oberhalb von G sitzt. Es beeinträchtigt die Lage von G und reduziert somit GM, hat also eine nachteilige Wirkung auf die Stabilität. Umgekehrt vergrößert die Summe der Gewichte unterhalb G dessen Lage, und die Stabilität des Schiffes nimmt zu.

5. Restauftrieb:
Das wasserdichte Volumen eines Schiffes ist bekannt als das Schwimm(Schiffs)volumen. Der unterhalb der Wasserlinie befindliche Teil ist der Auftrieb, der sich über der Wasserlinie befindliche Teil ist der Restauftrieb. Ein Schiff, das geflutet ist und dessen Restauftrieb nicht mehr vorhanden ist, sinkt. Daraus folgt, je größer das Schwimmvolumen, desto größer ist die Chance der Erhaltung der Schwimmfähigkeit bei einem Wassereinbruch.

6. Auswirkungen bei Wassereinbruch:
Wassereinbruch kann zum Verlust eines Schiffes führen, wenn der Restauftrieb nicht mehr vorhanden ist. Er kann also die Ursache des Sinkens sein oder zur Minderung der Stabilität und damit zum Kentern führen.
Flutwasser kann die Stabilität beeinflussen, weil es zum Gewicht des Schiffes hinzugezählt werden muß, weil es die Lage von G verändert und/oder durch den Effekt der freien Oberfläche.
(Es kann auch vorkommen, daß eine Abteilung – durch direkte Verbindung mit der See – keinen Teil des Schwimmvolumens mehr bildet und somit B seine Lage verändert hat.)

(Beachte: Es gibt auch eine Längs-GM, das für die Trimmlage eine Rolle spielt. Wenn nicht besonders vermerkt, sind alle in diesem Werk angegebenen GM Querschnitts-GM, bezogen auf die Anfangsstabilität eines unversehrten Schiffes. Die Metazentrische Höhe tendiert bei Krängungen bis zu 10° dazu, konstant zu bleiben, über 10° reduziert sie sich.)

Verschiedene Begriffe

Panzerböschung:
Niedrigste Ecke an der Vertiefung einer Schiffsseite, konstruiert zur Aufnahme der Panzerung.

Admiralitätsreserve:
Das ist die Gewichtsmenge, die dem Konstruktionsgewicht hinzugefügt wird, um während des Baues

unvorhergesehene und kleine Abweichungen von der Konstruktion zu ermöglichen.

Kasematten:
Einbuchtungen im Schiffskörper. Sie nahmen normalerweise die Geschütze der Mittelartillerie auf.

Zitadelle:
Das ist der gepanzerte Teil eines Schiffes. Er besteht aus den Magazinen, Maschinenanlagen und anderen wichtigen Befehlsanlagen. Sie werden eingeschlossen vom Panzerdeck, dem Gürtelpanzer und den Panzer(Zitadell-)schotts. In diesem Falle ist es die allgemeine Bezeichnung für den gepanzerten Teil eines Schiffes.

Mineneigenschutz (MES):
Das Schiff ist sowohl horizontal als auch axial und vertikal mit elektrischen Kabeln versehen, in denen ein Kraftfeld erzeugt wird. Durch dieses Eigenkraftfeld (schiffseigenes Magnetfeld) wird die sogenannte Gefährdungstiefe des Schiffes zum größten Teil aufgehoben.

„Fearnought"-Vorhang:
Verkaufs(Marken-)name für eine bestimmte Art feuerfester Asbestdecke. „Fürchtenichts"-Vorhang. Wird zur Brandbekämpfung verwendet.

Böschungsplatte:
Schrägpanzerung, angebracht an den tiefsten Stellen einer Panzerung, Übergangsplatten.

Krängungsversuch:
Absichtliches Neigen des Schiffes, um die genaue Stabilität festzustellen. Das wird erreicht durch das Aufsetzen entsprechender Gewichte, um die gewünschte Schräglage zu erreichen. In Verbindung mit dem ermittelten Zustand des Schiffes wird dann die Stabilität errechnet.

MD-Cordite:
Bezeichnung eines Pulvers (für Treibladungen). Es glich dem Mk I-Pulver, hatte jedoch prozentuale Zusätze, um eine vorzeitige Alterung zu verhindern.

Atmen:
Sogenanntes „Atmen" der Schiffsplanken (Bordwände und Verbände) unter dem Einfluß des Seeganges, wenn sich das Schiff in Fahrt befindet.

Bugschutzgerät:
Torpedoförmiger Schwimmkörper (Ottergerät)*, der über den Ankerklüsen jeder Bugseite des Schiffes befestigt war. In See wurde es ausgebracht und während der Fahrt mitgezogen, wobei es seitlich ausscherte. Es sollte evtl. im Fahrwasser liegende Ankertauminen von ihren Haltetauen losschneiden.

Panzerdeck:
Schutzdeck zur Aufnahme von Panzerplatten.

SC-Cordite:
Pulverart, die in den 20er Jahren vorübergehend eingeführt wurde, um die ballistische Gleichförmigkeit der Geschosse zu verbessern.

Visierfenster:
Vorrichtungen in der Frontseite der Geschütztürme.

Panzerblenden für Visierfenster:
Gepanzerter Schutz für die Visieröffnungen. Sie führten durch die Decken der Geschütztürme.

Seestern:
Streben an der Spitze des hinteren (auch vorderen) Mastes, an denen die Antennen vom Vormars befestigt wurden.

Trimm:
Die Längslage eines Schiffes.

TBR-Flugzeug:
Flugzeug für den Einsatz als Torpedo- und Artilleriebeobachtungs- sowie als Aufklärungsflugzeug.

Verbindungsrohre:
Rohrleitungen, die dem hydraulischen System der Artillerie dienen und unter Druck stehen. Sie führen vom festen in den beweglichen Teil eines Geschützturmes und sind in den Verbindungen voll beweglich. Dadurch passen sie sich jeder Drehung des Turmes an.

Schwäche der Pulverpackgefäße:
Die Pulverpackgefäße waren absichtlich schwach gefertigt, damit das Pulver bei einer/der Entzündung sofort die schwächste Stelle zerstörte und verbrennen konnte. Wäre es fest eingeschlossen, würde es explodieren.

Bestreichungswinkel:
Traditionell auch „holz und hölzern" genannt. Der Begriff stammt aus der Zeit der hölzernen Schiffe, wo es nicht möglich war, freies Schußfeld zu gewährleisten. Der Bestreichungswinkel ist der Bereich, in dem ein Geschütz schießen darf bzw. kann.

Verschiedene Ergänzungen des Übersetzers

Magazine:
In diesem Werk die allgemeine Bezeichnung für die Stauräume der Kartuschen und Treibladungen, des Pulvers schlechthin.

Schlachtschiff/Schlachtkreuzer:
Der englischen Ausgabe folgend wurden diese Bezeichnungen bei dieser Übersetzung beibehalten. Etwa ab 1909 wurde die allgemeine Bezeichnung „Dreadnought" publik, die dann dem Allgemeinbegriff „Großkampfschiff" wich. Diese Bezeichnung bezog sich sowohl auf das „Schlachtschiff" als auch auf den „Schlachtkreuzer". Der Unterschied zwischen den beiden Typen lag in der Panzerung und Geschwindigkeit. Bis dahin war die allgemeine Bezeichnung „Linienschiff" üblich gewesen, während man unterschied zwischen „Vor-Dreadnought" und „Dreadnought". Man sprach aber auch global von „Schlachtschiffen". In der deutschen Terminologie blieb es bis nach dem Ersten Weltkrieg bei „Linienschiff", erst danach paßte man sich den übrigen Seemächten an. Desgleichen wurde der „Schlachtkreuzer" offiziell als „Großer Kreuzer", im Marinejargon auch „Panzerkreuzer" genannt. Erst unter dem Eindruck der britischen „Battle Cruiser" ging man auch in Deutschland zur Bezeichnung „Schlachtkreuzer" über.

Marines:
Genauer: Royal Marines. Ein Begriff für Nichtseeleute der britischen Marine, der wie viele andere auch traditionsbedingt ist. Wird in allen seefahrenden Nationen mit dem Begriff Marineinfanterie verbunden (z. B. USA: Marine Corps), also Soldaten, die insbesondere Landungsunternehmen durchführen. In der Royal Navy ist der Ursprung ein anderer. Die Besatzungen früherer britischer Kriegsschiffe wurden im Kriegsfall gepreßt und zum Dienst gezwungen. Zur Aufrechterhaltung der Disziplin und zur Unterstützung der wenigen Offiziere und Berufsseeleute (-soldaten) befanden sich daher auf allen Schiffen sogenannte Marines, die man landläufig als Seesoldaten bezeichnete. Diese Tradition hat sich bis heute auf den größeren Einheiten der Royal Navy erhalten, obgleich die Aufgaben der heutigen Marines sich auch auf andere Dinge – z. B. als Landungstruppe – konzentrieren.

Home Fleet:
Dieser Begriff löste nach dem Ersten Weltkrieg, etwa um 1935, die bis dahin verwendete Bezeichnungen Atlantikflotte und Kanalflotte ab. Diese hatten seinerzeit den Begriff Grand Fleet ersetzt. Außer dieser Flotte gab es auch die Mittelmeer- und Fernostflotten. Hauptstreitmacht jedoch war die Home Fleet, die sich zweifellos gegen Deutschland richtete.
Stärkemäßig war sie jedoch nie mit der Grand Fleet vergleichbar.

Hochseeflotte:
So wurden seit 1907 – etwas übersteigert – die deutschen Seestreitkräfte genannt, vorher als „Aktive Schlachtflotte" bezeichnet, die 1903 aus der

* Anmerkung des Übersetzers.

Übungsflotte entstanden war. Die „Hochseeflotte“ blieb während des Ersten Weltkrieges – mit Ausnahme gelegentlicher Vorstöße und der Skagerrakschlacht – eine „Fleet in being“.

Grand Fleet:
Ein Begriff, der erst im Ersten Weltkrieg aufkam und der sich auf alle Einheiten der „Battle Fleet“ bezog, die sich in Scapa Flow und Cromarty befanden (Schlachtschiffgeschwader, Kreuzergeschwader und Zerstörerflottillen). Sie alle bildeten zusammen die Schlachtflotte. Manchmal schrieb man in diesem Zusammenhang auch von Jellicoe's Grand Fleet.

Abkürzungen

(soweit im Text erwähnt, wurden sie teilweise weggelassen)

A	Ampere, elektrisches Maß für die Stromstärke
AA	Anti Aircraft/Flugzeugabwehr
Abt	Abteilung
ACNS	Assistent Chief of Naval Staff/Stellvertreter des 1. Seelords als Chief of Naval Staff
Adm	Admiral
AK	Äußerste Kraft . . . (voraus/zurück), Maschinenmanöver
amerik	amerikanisch
APC	Armour-piercing capped/Panzersprenggranate (mit Kappe)
Art	Artillerie
atü	Atmosphäre, Überdruck, technische Maßeinheit
Bb	Backbord
B. L.	Breachloading/Hinterlader, Geschütz mit Verschlußeinrichtung
brit	britisch
BÜ	Befehlsübermittlung (und alle damit in Verbindung stehenden Begriffe)
bzw.	beziehungsweise
CinC	Commander in Chief/Oberbefehlshaber
cm	Zentimeter
cm^2	Quadratzentimeter
cm^3	Kubikzentimeter
CPC	Common pointed capped/Sprenggranate mit Kappe
D	Deutschland
d. h.	das heißt
DiGen	Dieselgenerator, EGenerator, der von einem Dieselmotor angetrieben wird
DiGenRaum	Dieselgeneratorenraum/EWerk
DiKst	Dieselkraftstoff
DNC	Director of Naval Construction/Chef der Marinekonstruktionsabteilung
DNI	Director of Naval Intelligence/Chef des Marinenachrichtendienstes
DNO	Director of Naval Ordnance/Chef des Marinewaffenamtes
D of P	Director of Plans/Chef des Marineplanungsamtes/-stabes
dt	deutsch
durchschn	durchschnittlich
E-Anlage	Elektrische Anlage (im ganzen Schiff bzw. in einzelnen Abt), E . . . auch in Verbindung mit anderen Begriffen bezieht sich stets auf ein Teil der elektrischen Anlage
EGen	Generator, Stromerzeuger (DiMot angetrieben oder Turboantrieb)
EGenRaum	Generatorenraum/EWerk
E in C	Engineer in Chief/Chefingenieur, Oberster Marineingenieuroffizier
einschl	einschließlich
EMeßGerät	Entfernungsmeßgerät
engl	englisch
etc	and so on, and so forth/und so weiter
evtl	eventuell
FKpt	Fregattenkapitän
Flak	Fliegerabwehrkanone/-geschütz (allgemein auch Flawaffe). Für Fliegerabwehr kann auch Flugzeugabwehr gesetzt werden.
FlakEMeßGerät	Fliegerabwehrentfernungsmeßgerät
FlakLeitgerät	Fliegerabwehrfeuerleitgerät
FR	Frankreich
franz	französisch
g	Gramm
GB	Großbritannien
geb	geboren
Gen	Generator, Stromerzeuger (DiMot angetrieben oder durch Turboantrieb)
gest	gestorben
h	Stunde
Hpt	Haupt-
HD	Hochdruck
HDHD	Hochdruckheißdampf
H-Deck	Hauptdeck
HMS	Her/His Magesty's Ship/Ihrer (Seiner) Majestät Schiff
HMSO	Her/His Majesty's Stationery Office
H.V.	High velocity/hohe (Mündungs-)-Geschwindigkeit
Hz	Hertz, elektrische Meßgröße für Frequenz
inch	Meßgröße für Längenmaß, 1 inch(″) ≙ 2,54 cm
IO	Erster Offizier („Eins O“)
IT	Italien
ital	italienisch
JA	Japan
jap	japanisch
K . . .	Kesselraum/Kessel
KAdm	Konteradmiral
kg	Kilogramm
kg/h	Kilogramm pro Stunde, Leistungs-/Verbrauchsmaß
kg/WPS/h	Kilogramm pro Wellenleistung pro Stunde, Verbrauchsmaß, z. B. für Brennstoff
KKpt	Korvettenkapitän
Kmdt	Kommandant
km	Kilometer
km/h	Kilometer pro Stunde
kn	Knoten, Geschwindigkeitsmaß, Seemeilen pro Stunde
kW	Kilowatt, elektrische Leistung, 1 kW = 1000 Watt
KptzS	Kapitän zur See
l/min	Liter pro Minute, Fördermenge einer Pumpe (oder ähnlich/anders)
l	Liter
L(cwl)	Länge in der Konstruktionswasserlinie
LI	Leitender Ingenieur, der Offizier an Bord eines Schiffes, der der gesamten Maschinenanlage vorsteht
LtzS	Leutnant zur See
m	Meter
m^2	Quadratmeter
m^3	Kubikmeter

MA	Mittelartillerie
Mag	Magazin
MaschR/ MaschRaum	Maschinenraum, allgemeine Bezeichnung für den Raum, in dem die Antriebsmaschinen installiert sind,genauer: Turbinenraum, wenn es sich um solche handelt.
max	maximal
M-Boot	Minensuchboot
MG	Maschinengewehr
min	Minute
Mio	Million
mm	Millimeter
m/sek	Meter pro Sekunde
MunK	Munitionskammer/-raum
ND	Niederdruck
NNW	Nordnordwest
NO	Nordost
NW	Nordwest
OTL	Oberstleutnant
OLtzS	Oberleutnant zur See
OPZ	Operationszentrale
Pdr	Pounder, Bezeichnung für ein Geschütz, dessen Kaliber/Größe nach dem Gewicht des Geschosses bemessen wurde/wird
Pom-Pom	Kleinkalibrige Maschinenwaffe. Der Name führt zurück auf das stakkatohafte Schießen dieser mehrrohrigen Waffe
PS	Leistungsmeßgröße (1 PS ≙ 75kgm), heute wird die Leistung in kW angegeben. Die in der englischen Ausgabe benutzte Angabe hp (Horsepower) wurde als PS übernommen (Hinweis: 1 hp ≙ 1,0138 PS)
QF	Quickfire/Schnellfeuer(-geschütz)
RADAR	Radio detecting and ranging/ Funkmeßverfahren
RAF	Royal Air Force/Königliche Luftwaffe
RDF	Radio detecting finder/Funkortung
RN/RNavy	Royal Navy/Königliche Marine, Britische Kriegsmarine
RudMaschR	Rudermaschinenraum
SA	Schwere Artillerie
SBoot	Schnellboot
sm	Seemeile, nautisches Längenmaß, 1 sm ≙ 1852 m
sm/h	Seemeile pro Stunde → kn
sm:kn	Angabe für den Fahrbereich/Aktionsradius, wie viele Seemeilen ein Schiff bei einer bestimmten Geschwindigkeit (meistens bei einer vorberechneten Marschgeschwindigkeit/Fahrstufe) ohne Brennstoffergänzung zurücklegen kann
SSichGefStd	Schiffssicherungsgefechtsstand
Stb	Steuerbord
Std	Stunde
Stdd	Standard
STLtStd	Schiffstechnischer Leitstand/ Hauptfahrstand
SW	Südwest
T	Turbinenraum/Turbine
t	Tonne, Gewichtsmaß, 1 t = 1000 kg
ts	engl. tons, Gewichtsmaß, 1 ts ≙ 1016 kg
TNT	Trinitrotoluol, Sprengstoff
Torp	Torpedo
TR	Torpedorohr
TR-Raum	Torpedoraum
ts/cm	tons pro cm (Tiefgangszunahme)
ts/h	tons pro Stunde, Betriebsstoffverbrauchsmaß
ts/Tag	tons pro Tag, Verbrauchsmaß
Turbo . . .	Turbinenantrieb (und alles, was damit zusammenhängt)
TurbRaum	Turbinenraum
TurboGen	Generator, durch Turbine angetrieben
u. a. m.	und anderes mehr
Uboot	Unterseeboot
UdSSR	Union der Sozialistischen Sowjetrepubliken/Sowjetunion
u/min	Umdrehungen pro Minute/Geschwindigkeitsmaß
u/min/Welle	Wellendrehzahl pro Minute
UP-Werfer	Raketenwerfer für ungelenkte Flugkörper (siehe dazu → Band 3, Kapitel IV)
USA/US	United States of America/United States, Vereinigte Staaten von Amerika/Vereinigte Staaten
USN/USNavy	United States Navy/Marine der Vereinigten Staaten
USS	United States Ship/Schiff der Vereinigten Staaten (Kriegsschiff)
usw.	und so weiter
UTR	Unterwassertorpedorohr
UTR-Raum	Unterwassertorpedoraum
V	Volt, elektrisches Maß für Spannung
VAdm	Vizeadmiral
V_o	Mündungsgeschwindigkeit in m/sek
Wabo	Wasserbombe
WNW	Westnordwest
WPS	Wellen-Pferdestärken (= die auf Schiffen mit Turbinenantrieb hinter der Maschine an der Welle gemessene Leistung; sie entsprechen der Bremsleistung)
z. B.	zum Beispiel

Verschiedenes:

+	versenkt
(+)	selbstversenkt
§	verkauft, verschrottet usw.
£	Pfund Sterling (englische/britische Währung, damals 1 £ = 20 Shilling, 1 Shilling = 12 Penny
°C	Grad Celsius, Temperaturangabe
° . . .	Grad, Angaben bei verschiedenen technischen Daten
~	in etwa, durchschnittlich
≙	entsprechend
–	nicht vorhanden
.	keine Angaben
?	ungewiß (wenn in einer Spalte stehend)
3°45'N/104°24'O:	Standortangabe auf See, hier z. B. 3 Grad 45 Minuten Nord/ 104 Grad 24 Minuten Ost
1042 Uhr, 2242 Uhr:	Zeitangabe nach mitteleuropäischer Zeit (Greenwichtime), heute übliche Zeitgruppenangabe, hier z. B. 10 Uhr 42 Minuten morgens, 10 Uhr 42 Minuten abends
2 ×	Bei einer Ziffernangabe mit ergänzendem × (in einer Tabelle usw.) bedeutet das × das Vielfache, z. B. 2 × bedeutet zweimal

I. Die Queen Elizabeth-Klasse 1912 bis 1919

Ende des 19. Jahrhunderts hatte sich das Schlachtschiff zu einem Standard-Typ mit rund 15000 ts Verdrängung entwickelt, mit einem Dampfkolbenmaschinenantrieb erreichte es rund 18 km Geschwindigkeit. Es führte eine gemischte Bewaffnung, bestehend aus 30,5 cm-, 15,2 cm-, 12 Pdr- und 3 Pdr-Geschützen. Die sehr schnell fortschreitende Entwicklung der schweren Artillerie (SA), verbunden mit einer Verbesserung der Feuerleitung führte jedoch zu wachsenden Kampfentfernungen, so daß die Geschütze kleineren Kalibers nicht mehr zum Einsatz kamen. Die größeren Gefechtsentfernungen machten darüber hinaus das Schießen von Salven erforderlich, damit Erfolge erzielt werden konnten. Dieses führte schließlich zu einer einheitlichen Bewaffnung mit acht schweren Geschützen, im Gegensatz zu den Standard-Schlachtschiffen mit nur vier 30,5 cm-Geschützen. Der britische Widerstand gegenüber einem völlig neuen Schlachtschiff-Typ war anfangs sehr groß. Die vorhandenen Typen hatten erhebliche Kosten verursacht, und die bis dahin mächtigste Flotte der Welt geriet hierdurch scheinbar in Gefahr, zur frühzeitigen Veralterung verurteilt zu werden. Trotzdem kam der Umschwung sehr schnell, insbesondere durch den Einfluß des Admirals Sir John Fisher, der es niemals zulassen wollte, daß eine fremde Macht die Führung in Neuerungen übernehmen würde. Nahezu in einer Rekordzeit setzte er den Entwurf und den Bau der *HMS Dreadnought* durch. Dieses Schiff, Stapellauf am 10. Februar 1906, setzte die Maßstäbe für alle späteren Schlachtschiffe, die dann allgemein auch als Dreadnoughts bezeichnet wurden. Bei einer Verdrängung von 18000 ts erreichte sie, angetrieben von Dampfturbinen, 21 kn Geschwindigkeit und besaß eine einheitliche Bewaffnung von zehn 30,5 cm-Geschützen. Hinzu kam eine Anzahl von 12 Pdr-Geschützen für die Nahabwehr von Torpedobooten.

Diese völlig neue Konstruktion, die *Dreadnought,* erwies sich als außerordentlich gelungen, und um das Übergewicht zu behaupten, wurde sehr schnell ein umfangreiches Dreadnought-Programm in Angriff genommen. Die *Bellerophon*-Klasse *(Bellerophon, Temeraire* und *Superb),* Haushalt 1906, die *St. Vincent*-Klasse *(Collingwood, St. Vincent* und *Vanguard),* Haushalt 1907, waren in etwa ähnlich der *Dreadnought,* außer, daß diese Schiffe zur Abwehr von Torpedobootsangriffen 10,2 cm-Geschütze erhielten. Die 1907er Klasse hatte dann 30,5 cm-Geschütze Mk X-L/50 anstelle der bisherigen 30,5 cm-Geschütze Mk X-L/45. Auf *Neptune,* Haushalt 1908, *Colossus* und *Hercules,* Haushalt 1909, wurden erstmalig übereinander stehende Zwillingstürme achtern installiert, die *Orion*-Klasse *(Conqueror, Monarch, Orion* und *Thunderer),* Haushalt 1909, wich erstmalig von der *Dreadnought* ab. Bei einer Verdrängung von 22000 ts wurde hier auf die seitliche Aufstellung von Geschütztürmen verzichtet, dafür aber die zehn 34,3 cm-Geschütze in übereinanderstehenden Türmen in der Schiffsmittellinie, jeweils vorn und hinten, aufgestellt. Ihr folgte die sehr ähnliche *King Georg V.*-Klasse *(Ajax, Audacious, Centurion* und *King Georg V.)* des Haushaltes 1910 und die *Iron Duke*-Klasse *(Iron Duke, Marlborough, Benbow* und *Emperor of India),* Haushalt 1911.

Zur Abwehr der größeren Torpedoboote, die seit der *Dreadnought* entstanden waren, wurden die nachfolgenden Klassen mit 15,2 cm-Batterien als Mittelartillerie (MA) ausgerüstet. Der *Iron Duke*-Klasse folgte die *Queen Elizabeth*-Klasse, die somit auch die älteste der Großkampfschiffe ist, die aktiv am Zweiten Weltkrieg teilnahmen. Sie bildet den natürlichen Beginn der Abhandlung und ist praktisch die Grenzziehung zwischen der *Dreadnought* von 1906 und der *Vanguard* von 1946.

Wenn auch der Entwurf dem der Iron Duke-Klasse aus den vorangegangenen Jahren sehr ähnlich war, so vereinigte er doch eine Reihe wichtiger Neuerungen in sich, und daher kann diese Klasse als Wendepunkt des britischen Schlachtschiffbaus angesehen werden.

Ursprünglich waren im *1912er Programm* drei Schlachtschiffe und ein Schlachtkreuzer vorgesehen, die den bisherigen Standardentwürfen entsprachen, ausgerüstet mit einer Bewaffnung von 34,3 cm-Geschützen. Legende und Skizzenentwürfe dieser Schiffe waren Anfang 1912 im wesentlichen fertig, lediglich die Zustimmung der *Admiralität* stand noch aus, um das Programm im Februar dem *Kabinett* zur Genehmigung vorlegen zu können.

Als jedoch bekannt wurde, daß sowohl die USA als auch die Japaner Schiffe mit einer Bewaffnung von 35,6 cm-Geschützen bauten, traten Zweifel bezüglich ihres Kampfwertes auf. Hinzu kam die Verlautbarung – auf Grund einer Falschmeldung – daß die deutsche *König*-Klasse ebenfalls diese Bewaffnung erhalten sollte. Winston Churchill, der neue *Erste Lord* der Admiralität, fand die Lösung. In der richtigen Einschätzung der großen Fortschritte, die mit der Einführung des 34,3 cm-Geschützes erzielt worden waren, schlug er eine weitere Steigerung auf 38,1 cm vor. Dieses brachte Probleme mit sich, denn obgleich bereits Entwürfe für eine solche Waffe vorlagen, war bisher ein solches Geschütz noch nie gebaut worden. Da die Fertigung schwerer Geschütze und ihrer Lafettierung erhebliche Zeit beanspruchte, war es notwendig, diese in Auftrag zu geben, bevor der Bauauftrag für das Schiff, in welches sie eingebaut werden sollten, vergeben wurde. Außerdem wurden Geschütze nicht in Auftrag gegeben, bevor nicht ein Prototyp gebaut wurde, der alle Erprobungen und Teste erfolgreich und zufriedenstellend bestand. Erst anschließend ging eine Waffe in die Produktion. Im Falle des 38,1 cm-Geschützes hätte dieses Verfahren Verzögerungen gebracht, die nicht akzeptabel waren, da die Kiellegung im *1912er Programm* sonst verzögert worden wäre. Es mußte daher entschieden werden, ob die Kiellegung der Schiffe gemäß Entwurf, also mit nicht erprobter Bewaffnung erfolgen sollte, oder mit einer Bewaffnung, die jener typgleicher Schiffe anderer Marinen nicht gewachsen war. Der *DNO,* Konteradmiral Moore, war jedoch von der Güte des neuen Geschützes überzeugt und bereit, seine persönliche Karriere dafür aufs Spiel zu setzen.* So wurden also, trotz erheblicher Bedenken, die neuen Geschütze für die vollständige Ausrüstung in Auftrag gegeben. Ein Geschütz sollte so schnell wie möglich hergestellt werden, die übrigen vier Monate später. Mit dem ersten

* *Churchill, The World Crisis.* London 1923–31.

sollten Schießerprobungen bezüglich Reichweite und Treffgenauigkeit durchgeführt werden und Schießunterlagen, wie Schußtabellen und andere Einzelheiten, erstellt werden. Diese Entscheidung enthielt zahlreiche Risiken, aber im Endeffekt war sie doch richtig. Nachdem die Kaliberfestlegung der Hauptbewaffnung erfolgt war, wurde es notwendig, jetzt die Entwürfe für die Schiffe zu fertigen, die als Waffenträger in Frage kamen. Der ursprüngliche Entwurf entsprach dem Standard: 10 Geschütze in 5 Türmen (zwei achtern, zwei vorn, einer mittschiffs), 21 kn Geschwindigkeit, Seitenpanzer von 33 cm Stärke. Man stellte nun sehr schnell fest, daß das Gewicht der 38,1 cm-Granaten eine Reduzierung der Geschütze auf 8 zulassen würde, da die Überlegenheit des Breitseitgewichtes sicher war. Zehn 34,3 cm-Geschütze Mk V, die 34,3 cm-Granaten verschossen, ergaben ein Breitseitgewicht von 6250 kg, das Breitseitgewicht der 38,1 cm-Granaten würde 6804 kg betragen. Der eingesparte Raum und das ebenfalls eingesparte Gewicht des wegfallenden 5. Turmes ermöglichte den Einbau zusätzlicher Dampfkessel, um eine höhere Geschwindigkeit zu erhalten. Die Marineakademie schätzte, daß es einer Geschwindigkeit von 25 kn (und mehr) bedürfe, um der Flotte einen effektiv schnellen Flügel zu geben, der in der Lage war, die deutsche Flotte, wie sie 1914/15 zusammengesetzt war, auszumanövrieren. Von der Grundforderung nach einer Bewaffnung mit 38,1 cm- und sechzehn 15,2 cm-Geschützen sowie einer Geschwindigkeit von 25 kn ausgehend, wurden schließlich drei Entwürfe gefertigt. Die Einzelheiten dieser Entwürfe sind im Vergleich mit jenen der *Iron Duke*-Klasse in Tabelle 1 angeführt.

Der Panzerschutz der Entwürfe *R 3* und *R 4* entsprach dem der *Iron Duke,* außer, daß die Stärke im Wasserlinienbereich, des Kommandoturm, der Barbetten, der Turmwände und -decken um 2,54 cm gewachsen war. Starke Längsschotte bildeten den Unterwasserschutz der Magazine und Maschinenräume, die Kesselräume hatten einen natürlichen Schutz durch die seitlichen Kohlebunker. Beim Entwurf *R 3** waren zusätzliche Torpedoschutzschotte vorgesehen, die sich über die volle Länge der Magazine und Maschinenräume erstreckten, sie waren 5,1 cm dick im Bereich der Magazine und Maschinenräume, bei den Kesselräumen hingegen nur 3,8 cm, weil sich dort ja noch die seitlichen Kohlebunker befanden. Zum Ausgleich des zusätzlichen Gewichtes der Schotte blieb die Stärke des Wasserlinienpanzers bei 30,5 cm, genau wie auf der *Iron Duke,* jedoch ausgenommen die Maschinenräume, deren Seitenpanzerung auf 33 cm verstärkt wurde. Der obere Gürtel wurde verringert auf eine gleichmäßige Stärke von 15,2 cm, die übrige Panzerung glich ebenfalls jener auf der *Iron Duke.*

Die Aufstellung der Bewaffnung bei den Entwürfen *R 3* und *R 3** entsprach der *Iron Duke,* jedoch ohne den Turm „Q" (mittschiffs). Auf *R 4* wiederum war der 3. Turm mittschiffs in erhöhter Position vorgesehen und hatte keine Möglichkeit, nach achteraus zu schießen.

Tabelle 1: Vergleich Iron Duke mit den neuen Schlachtschiffentwürfen

	Iron Duke	*R 3*	*R 3**	*R 4*
Verdrängung	25.000 ts	27.000 ts	27.000 ts	27.000 ts
Länge (pp)	176,90 m	183,00 m	183,00 m	187,58 m
Breite	27,45 m	27,57 m	27,57 m	27,45 m
Tiefgang	8,54 m	8,66 m	8,66 m	8,66 m
Bewaffnung:	10 × 34,3 cm 12 × 15,2 cm	8 × 38,1 cm 16 × 15,2 cm	8 × 38,1 cm 16 × 15,2 cm	8 × 38,1 cm 16 × 15,2 cm
Panzerung:				
Gürtelpanzer	30,5 cm	33 cm	30,5 und 33 cm	33 cm
Über dem Gürtelpanzer	20,3 und 15,2 cm	20,3 und 15,2 cm	15,2 cm	20,3 und 15,2 cm
Kommandoturm	28 cm	30,5 cm	28 cm	30,5 cm
Barbetten, maximal	25,4 cm	28 cm	25,4 cm	28 cm
Turmwandung	28 cm	30,5 cm	28 cm	30,5 cm
Turmdecke	10,2 und 7,62 cm	12,7 cm	12,7 cm	12,7 cm
Torpedoschott	3,8 und 2,54 cm	3,8 und 2,54 cm	5,08 und 3,8 cm	3,8 und 2,54 cm

Tabelle 2: Legende des Entwurfs R 3*, Juli 1912

Konstruktionsverdrängung	27.500 ts
Einsatzverdrängung	31.300 ts
Länge (pp)	183,00 m
Länge (üa), einschließlich Heckgalerie	196,42 m
Breite (maximal)	27,60 m
Konstruktionstiefgang	8,76 m
Einsatztiefgang	9,76 m
Tiefgangszunahme	38,5 ts/cm
Leistung	75.000 WPS
Geschwindigkeit bei Konstruktionstiefgang	25 kn
Heizölvorrat bei Konstruktionstiefgang	650 ts
Heizölvorrat bei Einsatzverdrängung	3.500 ts
Kohlevorrat	100 ts
Besatzung (ohne Stab)	831
Bewaffnung:	8 × 38,1 cm L/42 16 × 15,2 cm L/45 4 × 53,3 cm UTR
Panzerung:	
Gürtelpanzer mittschiffs	33 und 15,2 cm
Gürtelpanzer vorn und hinten	15,2 und 10,2 cm
Panzerschotte vorn und hinten	15,2 und 10,2 cm
Barbetten	25,4 bis 10,2 cm
Geschützturmseiten	28 cm
Geschützturmfront	33 cm
Geschützturmdecke	12,7 cm
Kommandoturmseiten	28 cm
Kommandoturmdecke	10,2 cm
Kommandoturmschacht	15,2 cm
Torpedoleitstand	15,2 cm
Torpedoleitstandschacht	10,2 cm
Schornsteinhälse	3,8 cm
Torpedoschotte	5,08 cm
Gürtelpanzerhinterlage, mindestens	5,08 cm
15,2 cm-Batterie	15,2 cm
Backdeck (über der 15,2 cm-Batterie)	2,54 cm
Oberdeck mittschiffs	5,08 und 3,18 cm
Hauptdeck vorn und hinten	3,18 cm
Hauptdeck mittschiffs	2,54 cm
Zwischendeck vorn	7,62 und 2,54 cm
Zwischendeck hinten	7,62 und 5,72 cm
Gewichte:	
Ausrüstung, allgemein	750 ts
Bewaffnung	4.550 ts
Maschinenanlage	3.950 ts
Heizölvorrat	650 ts
Panzerung und Stahlschutzplatten	8.600 ts
Schiffskörper	8.900 ts
Admiralitätsreserve	100 ts
Gesamt	27.500 ts

Oben: *Barham* in der Ausrüstung ▶
Unten: *Barham* nach Fertigstellung 1916

Der Kostenvoranschlag für den Bau auf einer Marinewerft belief sich beim Entwurf *R 3* auf 2,1 Mio £, bei dem Entwurf *R 3** lagen die Kosten um 30000 £ niedriger, bei *R 4* um 30000 £ höher.

Der Entwurf enthielt aber noch eine weitere Neuerung – die Kessel sollten nur ölbefeuert werden. Die Geschwindigkeit von 25 kn war eine absolute Notwendigkeit, und die Forderung danach konnte nur durch die Verwendung von Heizöl als Brennstoff erfüllt werden. Heizöl war ergiebiger, konnte dieselbe Seeausdauer für weniger Gewicht geben, die Übernahme war einfacher und sauberer. Natürlich wurde auf die Kohle nicht leichten Herzens verzichtet, denn das Öl kam aus dem Vorderen Orient und bildete, versorgungstechnisch gesehen, eine verwundbare Kette, die Kohle hingegen war in Großbritannien jederzeit erhältlich. Darüber hinaus bildeten die Kohlebunker einen zusätzlichen Schutz gegen Granat- und Torpedotreffer. Man vermutete, Öl verleihe diesen Schutz nicht und berge in sich die Gefahr des leichteren Brennens. Dieses alles war zu bedenken, und so fiel die Entscheidung für eine alleinige Verwendung von Öl nicht, bevor der Entwurf *R 3** im Juni 1912 durch die *Admiralität* genehmigt worden war. Die Option für das Öl fiel schließlich auf Grund der damit verbundenen Gewichtsersparnis, welche es erlaubte, die Stärke der Panzerung des Schiffskörpers in der Wasserlinie auf einheitlich 33 cm, die der Torpedoschotte einheitlich auf 5,08 cm festzulegen. Dieses war der Ausgleich für den Verlust des natürlichen Schutzes durch die Kohle.

Nachdem nun die Entscheidung zugunsten eines schnellen Schlachtschiffes gefallen war, wurde entschieden, im Haushalt 1912/13 keinen Schlachtkreuzerneubau vorzusehen. Nach Genehmigung durch die *Admiralität* wurde in der zweiten Jahreshälfte 1912 der Bau von vier Schlachtschiffen des Entwurfs *R 3** in Auftrag gegeben. Die Malayischen Bundesstaaten erboten sich, die Kosten für ein fünftes Schiff als Geschenk an das Mutterland zu übernehmen. In Anerkennung dieser großzügigen Geste wurde dieses Schiff *Malaya* benannt. Ein sechstes Schiff, *Agincourt,* wurde im Haushalt 1914/15 in Auftrag gegeben, der Bau jedoch im August 1914 annulliert.

◀ Oben: *Queen Elizabeth* 1915 in Mudros
Unten: *Barham* 1917 mit der Grand Fleet in Scapa Flow

Tabelle 3: Baudaten der QUEEN ELIZABETH-Klasse

	Kiellegung	Stapellauf	Fertigstellung	Bauwerft
Barham	24. Februar 1913	31. Dezember 1914	Oktober 1915	John Brown
Malaya	20. Oktober 1913	18. März 1915	Februar 1916	Armstrong
Queen Elizabeth	21. Oktober 1912	16. Oktober 1913	Januar 1915	Portsmouth
Valiant	31. Januar 1913	4. November 1914	Februar 1915	Fairfield
Warspite	31. Oktober 1912	26. November 1913	März 1915	Devonport

Bewaffnung

Die *Dreadnought* und *Bellerophon*-Klasse besaßen eine Hauptbewaffnung von zehn 30,5 cm-Geschützen Mk X-L/45. Auf Grund der zunehmenden Kampfentfernungen war es erforderlich geworden, wirkungsvollere schwere Geschütze zu entwickeln. Zu diesem Zweck wurde ein neues 30,5 cm-Geschütz konstruiert. Es besaß eine höhere Mündungsgeschwindigkeit und erhielt die Bezeichnung Mk XI. Vorgesehen war es für die nachfolgende Dreadnought-Generation. Die höhere Mündungsgeschwindigkeit wurde erzielt durch eine verstärkte Treibladung und eine Verlängerung des Geschützrohres, und zwar zum Kaliber 50.

Die stärkere Ladung „ . . . *erreichte nicht immer ihre volle Verbrennung. Die Treibladung war, bis das Geschoß das Rohr verlassen hatte, noch nicht ganz verbrannt. Die Verbrennungsgeschwindigkeit änderte sich von Schuß zu Schuß, und somit war die Leistung des Geschützes unregelmäßig . . .*“*

Der Mißerfolg mit dem 30,5 cm-Geschütz Mk XI führte zu einem gründlichen Überdenken des Problems der Erhöhung der Gefechts- und Kampfkraft durch schwerere Geschütze. So entschied man, anstelle einer Erhöhung der Geschoßgeschwindigkeit das Geschoßgewicht zu steigern und gleichzeitig ein 34,3 cm-Geschütz einzuführen. Die größere Wucht würde sicherstellen, daß eine 34,3 cm-Granate mit einem Gewicht von 567 kg ihre Geschwindigkeit nicht so schnell verlieren würde wie eine 30,5 cm-Granate mit nur 386 kg. Hinzu kam, daß das 34,3 cm-Geschütz Mk V die gleiche Mündungsgeschwindigkeit hatte wie das 30,5 cm-Geschütz Mk X, die jedoch niedriger war als die des 30,5 cm Mk XI. Dafür jedoch waren Auftreffgeschwindigkeit und Durchschlagskraft auf größere Entfernung höher. Diese Geschütze waren sehr zuverlässig und genau; sie wurden weiterentwickelt für die Verwendung von Geschossen mit einem Gewicht von 879 kg.

Das 38,1 cm-Geschütz Mk I wurde nach dem gleichen Prinzip konstruiert, eine Kombination von schwerer Granate und geringer Geschwindigkeit. Es war noch erfolgreicher als das 34,3 cm-Geschütz und wahrscheinlich das wirkungsvollste schwere Geschütz, das jemals für die *Royal Navy* gebaut worden ist. Während seiner Entwicklung wurde es aus Sicherheitsgründen als *„35,6 cm-Experiment“* bezeichnet. Die Ausführung des 38,1 cm-Zwillingsturmes war ähnlich der des 34,3 cm-Turmes. Schon während der Konstruktion wurde auf Einzelteile sehr viel Sorgfalt verwendet, insbesondere wegen des stärkeren Rückstoßes und des schwereren Drehgewichts. Gerade für das letztere war besondere Sorgfalt geboten. Die Geschütze konnten bis zu einer Rohrerhöhung von 20°, was einer Reichweite von 22420 m entsprach, in jeder Dreh- und Höhenlage geladen werden. Die höchste Feuergeschwindigkeit lag bei 2 Schuß/min. Erstmalig wurde die Turmdrehung und -bewegung durch einen hydraulischen Taumelscheibenmotor bewirkt,

Querschnitt eines 38,1 cm-Geschützes Mk I in Zwillingslafette Mk I

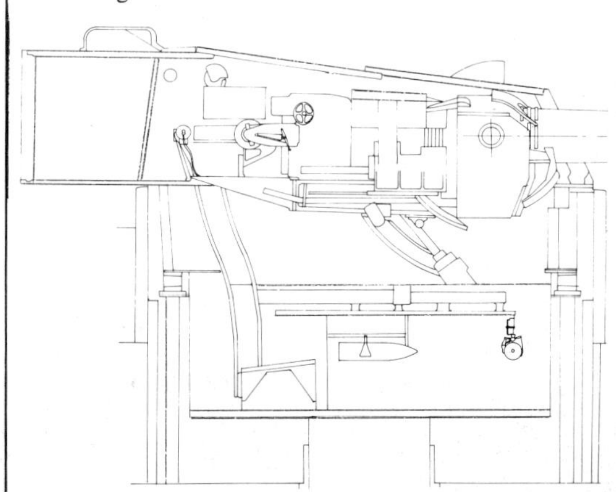

* *Bacon, From 1900 onward* . . . London 1940.

Die vorderen 38,1 cm-Türme der *Queen Elizabeth,* 1915 ▼

Die Türme „X“ und „Y“ der *Queen Elizabeth,* 1915 ▶

Tabelle 4: Vergleichsdaten der britischen Hauptbewaffnung*

Kaliber (cm)	30,5	30,5	34,3	34,3	38,1
Mark	X	XI	V	V	I
Rohrlänge	L/45	L/50	L/45	L/45	L/42
Gewicht des Geschützes ohne Verschluß (kg)	57.708	66.700,4	76.198,4	76.198,4	98.704,4
Geschoßgewicht (kg)	385,55	385,55	566,98	635,02	870,89
Gewicht der Treibladung (kg)	117	139,25	132,9	134,7	194,1
Mündungsenergie (mkg)	14.827.797	16.429.334	19.571.143,6	18.792.200	24.110.365
Mündungsgeschwindigkeit (m/sek)	869,25	918,05	723,5	762,5	747,25
Stärke der Durchschlagskraft von Panzern (cm)** durch panzerbrechende Granaten (ohne Kappe)	40,6	42,6	43,9	43,9	45,7
Auftreffenergie (mkg) aus 9140 m	6.587.723	7.299.976,8	9.688.010	10.287.316,6	14.107.700
Auftreffgeschwindigkeit (m/sek) aus 9140 m	579,5	610	579,5	554,25	554,25
Stärke der Durchschlagskraft von Panzerung (cm)** durch panzerbrechende Granaten (ohne Kappe) aus 9140 m	25,9	28,4	32	31,77	35,6

Die oben angegebenen Daten der Durchschlagskraft gelten für ein kappenloses Geschoß, das normal auf eine Platte aufschlägt, das heißt, unter einem Winkel von 90° zur Oberfläche. Hätte die Platte eine Neigung, würde die Durchschlagskraft naturgemäß sinken, und das bedeutete für eine 38,1 cm-Granate bei einer Entfernung von 9143,99 m etwa 33,5 cm bei einer Neigung von 20° und 30,98 cm bei 30° Neigung. Eine Granate mit Kappe würde etwa 10–20% Verbesserung bringen bei niedrigerer Geschwindigkeit und 30–50% bei höherer Geschwindigkeit.

* Anmerkung des Übersetzers: Im Gegensatz zur Tabelle sind die Daten im Text überwiegend abgerundet.
** Anmerkung des Übersetzers: Panzermaterial = zementiert.

was eine sanftere und weichere Handhabung ermöglichte, im Gegensatz zu der bisher üblichen Betätigung, und kleinere, notwendige Nachrichtungen beim Zielen waren leichter zu bewerkstelligen.
Der erste Entwurf sah vor, sechzehn 15,2 cm-Geschütze Mk XII-L/45 in P IX-Lafetten zu verwenden, zwölf eingebaut im Oberdeck, vier auf dem hinteren Hauptdeck. Mit dieser Aufstellung der MA traten mit Beginn des Ersten Weltkrieges bei der *Iron Duke*-Klasse jedoch Schwierigkeiten auf. Die Geschütze befanden sich auf dieser Klasse ziemlich nahe der Wasserlinie und zuweit vorlich, sodaß die Geschützpforten von der See ständig weggewaschen wurden. Deshalb entfernte man diese Pforten, jedoch waren die Schutzschilde der 15,2 cm-Geschütze nicht wasserdicht, das Seewasser hatte praktisch freien Zutritt zu den Kasematten und den dort befindlichen Decks. Durch den Einbau zusätzlicher Gummiabdichtungen zwischen Schutzschild und Bordwand sowie die Installation von Prallwänden hinter den Geschützen versuchte man dem eindringenden Wasser schließlich Einhalt zu gebieten. Darüber hinaus wurde es notwendig, die hinteren 15,2 cm-Geschütze vom Hauptdeck zu entfernen, da auch sie zu nahe am Wasser standen, um in See voll einsatzfähig zu sein. Ähnliche Änderungen wurden auch auf der *Queen Elizabeth*-Klasse vorgenommen, indem man hinter den 15,2 cm-Geschützen etwa 7,5 cm hohe Prallbleche einzog und die Schutzschilde wasserdicht machte. *Queen Elizabeth* selbst wurde zwar mit den hinteren 15,2 cm-Geschützen fertiggestellt, man baute diese jedoch 1915/16 wieder aus. Zwei 15,2 cm-Geschütze wurden unterhalb der Boote auf dem Backsdeck aufgestellt, um damit den Ausbau der hinteren Geschütze auszugleichen. Beide wurden jedoch 1916 wieder ausgebaut, obwohl es hieß, daß sie fast so wertvoll waren, wie die ganzen 15,2 cm-Batterien auf dem Oberdeck.
Die drei vordersten 15,2 cm-Geschütze hatten einen Schußbereich von 1^0 vorlich bis 29^0 achteraus, die übrigen von 13^0 vorlich bis 45^0 achteraus, was bedeutete, daß die Geschütze, ab 1916 gerechnet, einen toten Winkel von 90^0 nach achteraus hatten. Die Geschützstände waren durch 3,8 cm dicke Zwischenwände voneinander getrennt, jedoch nach dem Schiffsinnern wegen des freien Zu- und Durchgangs offen, und zwar über die gesamte Länge der Batterie. Noch während des Baues wurden die vorderen und hinteren Stb- und Bb-Batterien durch 5,08 cm starke Schottwände in der Schiffsmittellinie voneinander getrennt. Die Granaten gelangten jeweils durch Aufzüge, die sich im vorderen Teil jeder Batterie befanden, zu den Geschützen. Das Pulver kam – vom Hauptdeck – durch *Millers-Luken* mittels einer Art Flaschenzug, welcher durch ein einfaches Trommelspill betätigt wurde. Für je 30 Schuß war die Bereitschaftsmunition in der Nähe des Flaschenzuges auf dem H-Deck in L-förmigen Halterungen gelagert. Diese Art der Munitionsförderung wurde vom Kommandeur der *Excellent* (Schiffart.-Schule) stark kritisiert.
Er wies auf die Erfahrungen hin, die man auf den Vor-Dreadnoughts mit der Versorgung mittels Flaschenzug und *Millers-Luken* bei der 15,2 cm-Munition gemacht hatte. Sie war nachweislich völlig unbefriedigend. Er führte an, daß aus diesem Grunde die gesamte Munitionsversorgung der 15,2 cm-Geschütze auf der *King Edward VII*-Klasse mit Aufzügen vorgenommen wurde, was der Einsatzbereitschaft dieser Geschütze sehr zugute kam. Seine Kritik wurde jedoch zurückgewiesen, die 15,2 cm-Geschütze der Vor-Dreadnoughts bildeten einen Teil der Hauptbewaffnung, in den Dreadnoughts hingegen waren sie lediglich zur Abwehr von Torpedobootsangriffen vorgesehen. Für diese Aufgabe waren sie nur für eine kurzzeitige Verwendung eingeplant, eine dauernde Munitionsförderung war nicht notwendig. Außerdem war es wichtig, ein System zu benutzen, das eine Unterbrechung in der Versorgungskette der Treibladungen zwischen Magazin und Batterie ermöglichte. Diese Argumentation entbehrte nicht einer gewissen Grundlage. Aber die Beibehaltung des langsamen Versorgungssystems zwang dazu, eine größere Anzahl fertiger Kartuschen in den Batterien zu lagern.
Während der Skagerrakschlacht wurde das Backdeck der *Malaya* von einer 30,5 cm-Granate durchschlagen, die in der 15,2 cm-Kasematte explodierte, das Stb III-Geschütz

Brücke und Schornsteine der *Warspite*, 1917

zerstörte, einen Pulverbrand verursachte und bei dem anschließend entstandenen Brand mehr als 100 Opfer forderte; die gesamte Kasematte war außer Gefecht gesetzt, der Brand führte fast zum Verlust des Schiffes. Als Ergebnis dieser Erfahrungen wurden die *Millers-Luken* dann durch Aufzüge ersetzt, die den Pulverfluß zwischen dem 15,2 cm-Magazin und den Geschützen reduzierten. Als Erweiterung dazu endeten die oberen Enden der Aufzüge in kleinen, feuerfesten Bereitstellungsräumen, die mit 2,54 cm dicken Wänden eingefaßt waren, um das Übergreifen von Pulverbränden aus der Batterie über die Aufzüge in die Magazine zu verhindern.

Es wurde auch erwogen, die Rückseiten der Batterien mit einer Schutzwand zu versehen, jedoch sah man schließlich davon ab, weil hierdurch die Befehlsführung behindert worden wäre. Zur Flugzeugabwehr wurden zwei 7,62 cm-Geschütze seitlich der Schornsteine auf dem Backdeck aufgestellt. Während des Krieges wurde zwar vorgeschlagen, diese durch zwei 10,2 cm-Luftzielgeschütze zu ersetzen, die anstelle der beiden 15,2 cm-Geschütze installiert werden sollten, jedoch kam diese Modifizierung nicht zur Durchführung; alle Schiffe der Klasse behielten ihre zwei 7,62 cm-Geschütze bis weit nach Kriegsende. Als *Queen Elizabeth* im Januar 1915 fertiggestellt wurde, waren die 7,62 cm-Luftzielgeschütze und deren Lafetten noch nicht fertiggestellt, und so erhielt sie für kurze Zeit ein 7,62 cm-Geschütz und ein 3 Pdr-Geschütz anstelle der vorgesehenen 7,62 cm-Luftzielgeschütze. 1912 wurde vorgeschlagen, die 38,1 cm-Geschütze in Drillingslafetten zu fertigen, jedoch wurde dieser Vorschlag nicht ernsthaft weiterverfolgt. Des weiteren überlegte man, zusätzlich eine Reihe von 12 Pdr-Geschützen zu installieren, um mit ihnen die Torpedobootsabwehr zu verstärken. Dieses wurde ebenfalls verworfen, als man festgestellt hatte, daß diese 12 Pdr die vorhandene Feuerkraft nicht wesentlich verstärken; außerdem war es unerwünscht, drei unterschiedliche Kaliber an Bord zu haben.

Feuerleitanlagen

Der Entwurf sah für die Hauptbewaffnung eine zentrale Leitstelle vor, die sich in einem gepanzerten Turm über dem Kommandostand befinden sollte. Sie sollte ein drehbares, gepanzertes Oberteil mit einem 4,57 m-EMeßGerät erhalten. Im Januar 1915 wurde entschieden, alle neuen Großkampfschiffe mit Richtgeräten für die Hauptbewaffnung auszurüsten. Alle Schiffe der Klasse wurden daraufhin, noch vor Fertigstellung, mit je zwei Dreibeinmast-Richtgeräten, eines in der vorhandenen Kuppel auf dem Kommandoturm und eines auf dem Vormars, versehen. Jeder Turm wurde mit einem 4,57 m-EMeßGerät und einer offenen Visiereinrichtung für die Nahsteuerung ausgerüstet. Ende 1914 hatte man sich für diese Ausrüstung entschieden, die Order zum Einbau wurde für *Valiant* und *Barham* im Dezember 1914, für die übrigen Schiffe im März 1915 erteilt; bei Fertigstellung waren alle Schiffe der Klasse so ausge-

Barham

1918: Seitenansicht und Querschnitte

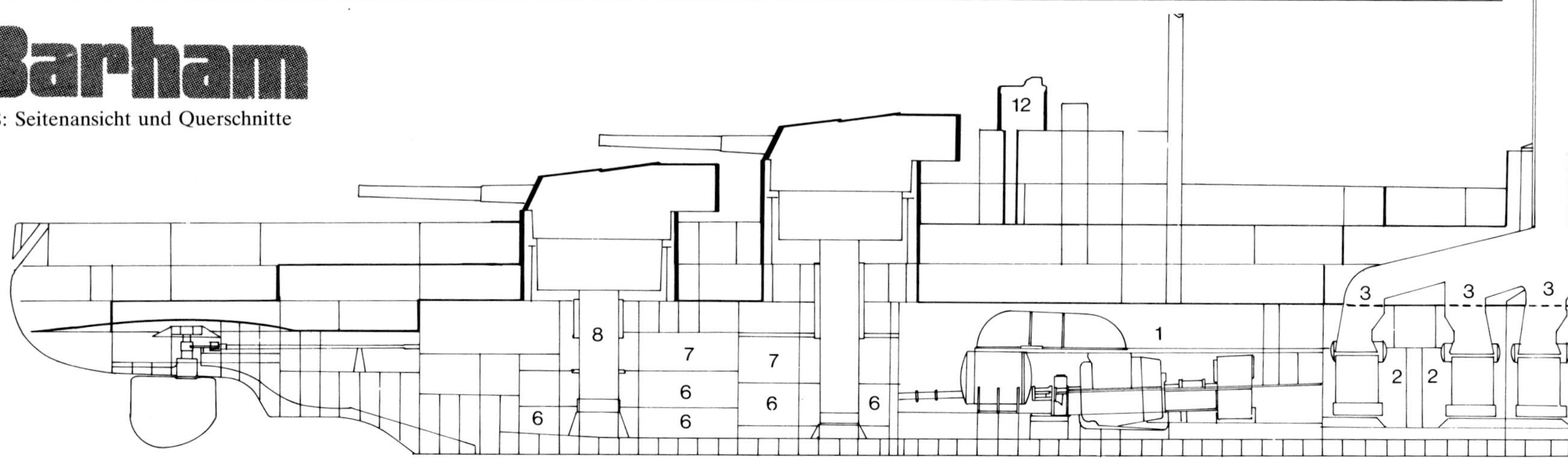

Längsschnitt: ▲
1 Maschinenraum
2 Kesselräume
3 Schornsteinhälse/Kesselraumschächte
4 TR-Raum
5 Magazin für Torpedosprengköpfe
6 38,1 cm-Munitionskammern
7 38,1 cm-Magazine
8 Umladeräume
9 15,2 cm-Munitionskammern
10 15,2 Magazine
11 Kommandostand
12 Torpedoleitstand

Querschnitte:
A am Spant 64 nach vorn sehend
B am Spant 78 nach vorn sehend
C am Spant 108 nach vorn sehend
D am Spant 158 nach hinten sehend

D

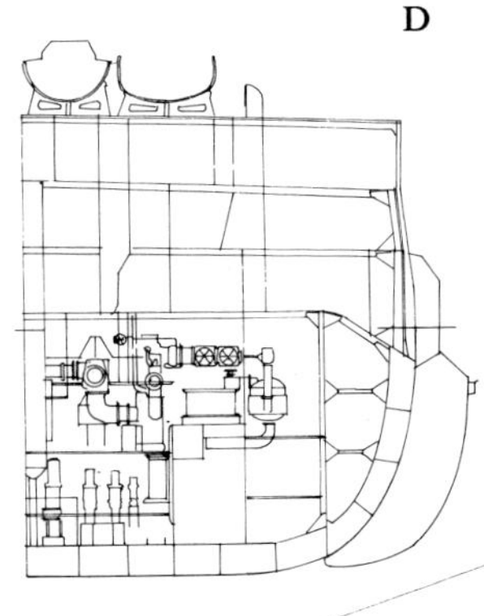

Seitenansicht ▼

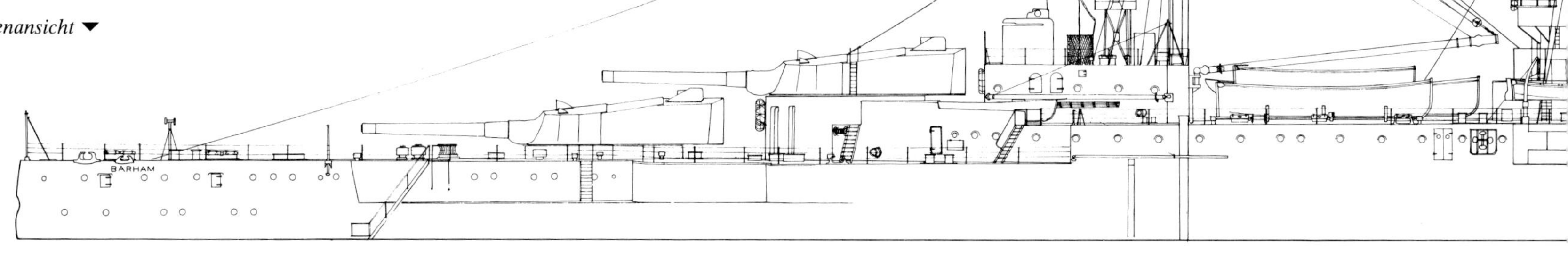

rüstet. Danach konnte die gesamte schwere Artillerie auch vom Turm „B“ aus geleitet werden (siehe unten und → Seite 26).

Die 15,2 cm-Feuerleitung befand sich ursprünglich seitlich des Kommandoturms, hinter dessen Wandung. Die Feuerleitanlagen der Mittelartillerie waren schon im Dezember 1914 in Auftrag gegeben worden, aber mangelnde Fertigungskapazität verzögerte die Auslieferung. Die *Queen Elizabeth* wurde daher im November/Dezember 1916 mit einer provisorischen 15,2 cm-Feuerleitanlage ausgerüstet, die erst im Mai 1917 durch die komplette Anlage ersetzt wurde. *Malaya* und *Valiant* erhielten ihre im April 1917, *Warspite* und *Barham* im Juli 1917. Ein zweiter Feuerleitstand wurde seitlich der Kompaßplattform installiert.

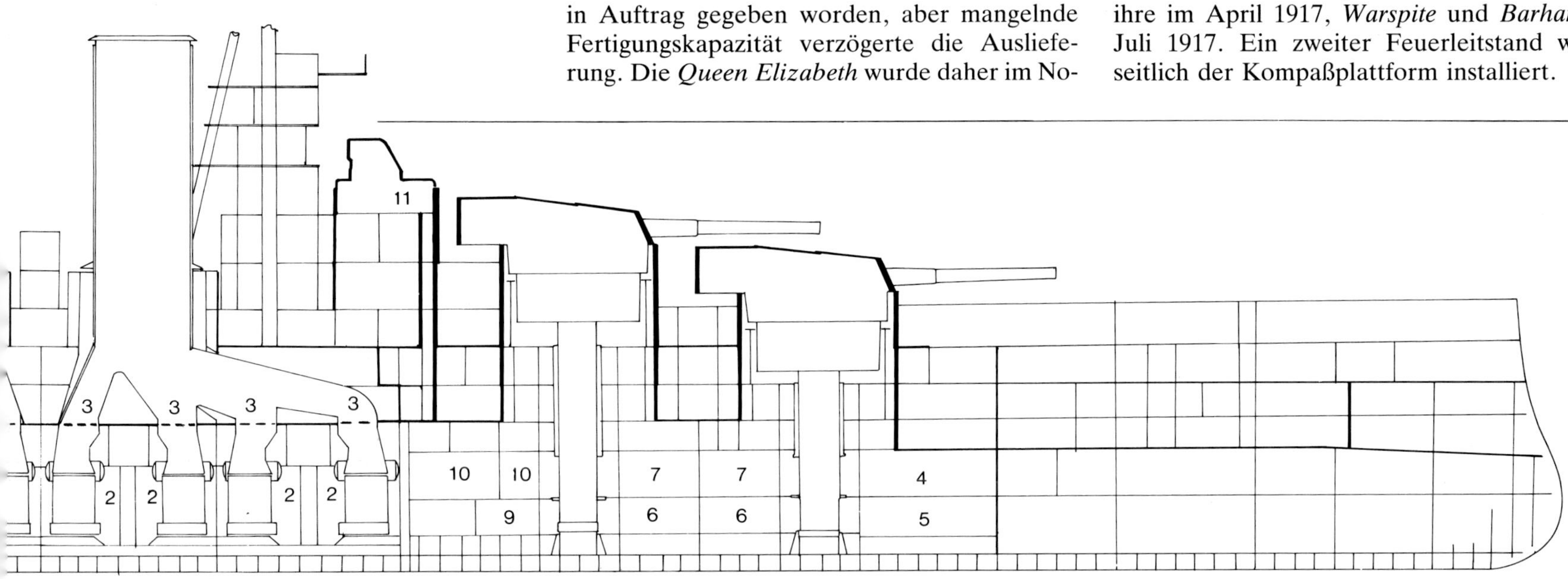

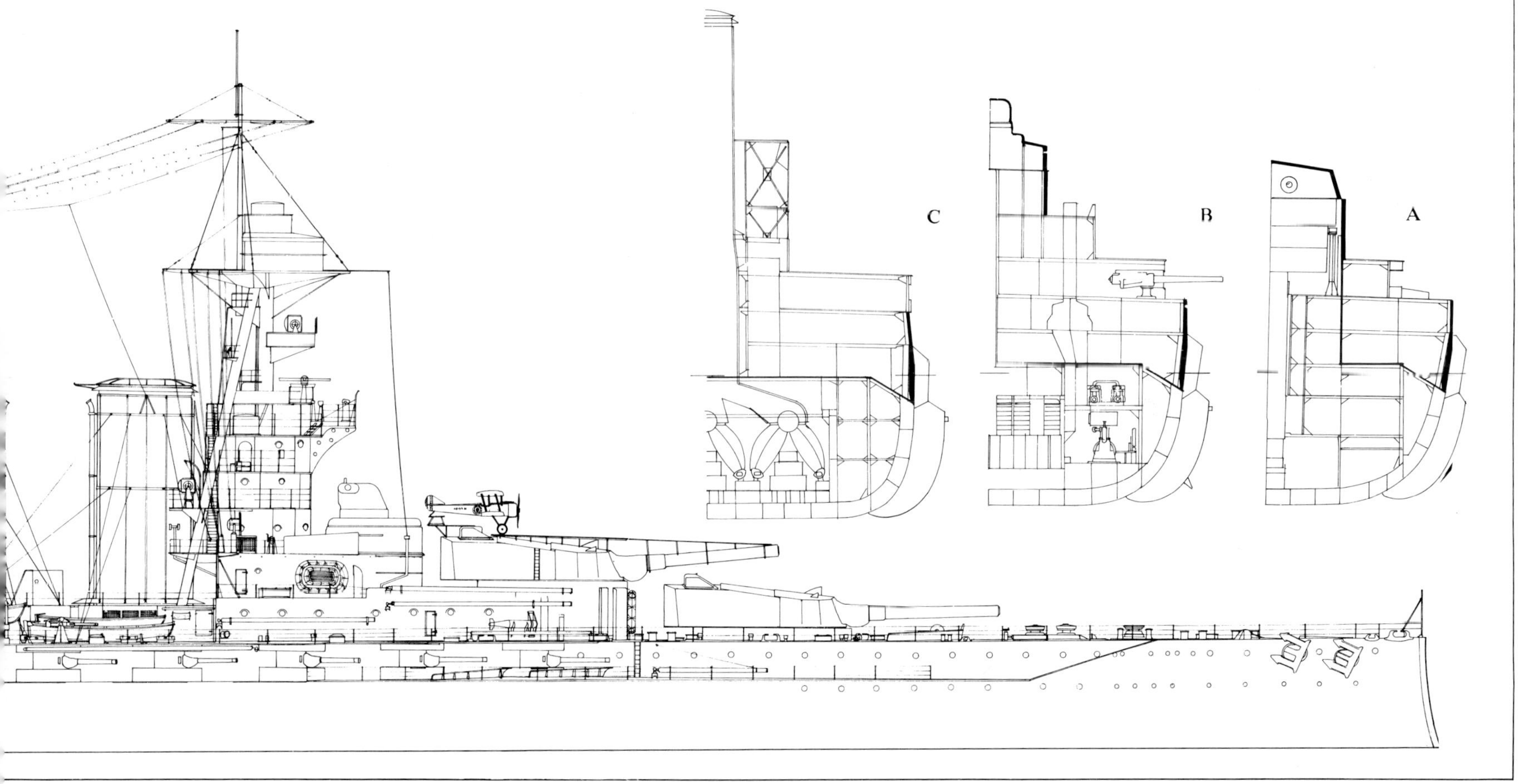

Schiffsschutz

Die Anordnung der Panzerung war ähnlich der auf der *Iron Duke*-Klasse, jedoch mit einigen Verbesserungen, aber auch einigen Rückschritten. Insgesamt war der Schiffsschutz – insbesondere der Schutz der Decks – unzulänglich, im Hinblick auf die vorgegebene Verdrängung jedoch brauchbar; es ist auch zweifelhaft, ob eine Verbesserung oder auch Veränderung ohne das spätere Wissen gewinnbringender gewesen wäre. Der Hauptteil des Gürtelpanzers am Rumpf erstreckte sich von der Barbette „A" bis zur Barbette „Y" (siehe Seite → 24) und war annähernd 3,96 m breit. Die Platten, aus denen er geformt war, hatten die Ausmaße von 3,96 m Breite und 4,57 m Länge. Die Höhe des Gürtelpanzers am Rumpf betrug an seiner dicksten Stelle (33 cm) 2,28 m. Nach oben verjüngte er sich in einer Höhe von 1,21 m auf eine Dicke von 15,2 cm, nach unten in einer Tiefe von 91,4 cm auf eine Dicke von 20,3 cm.

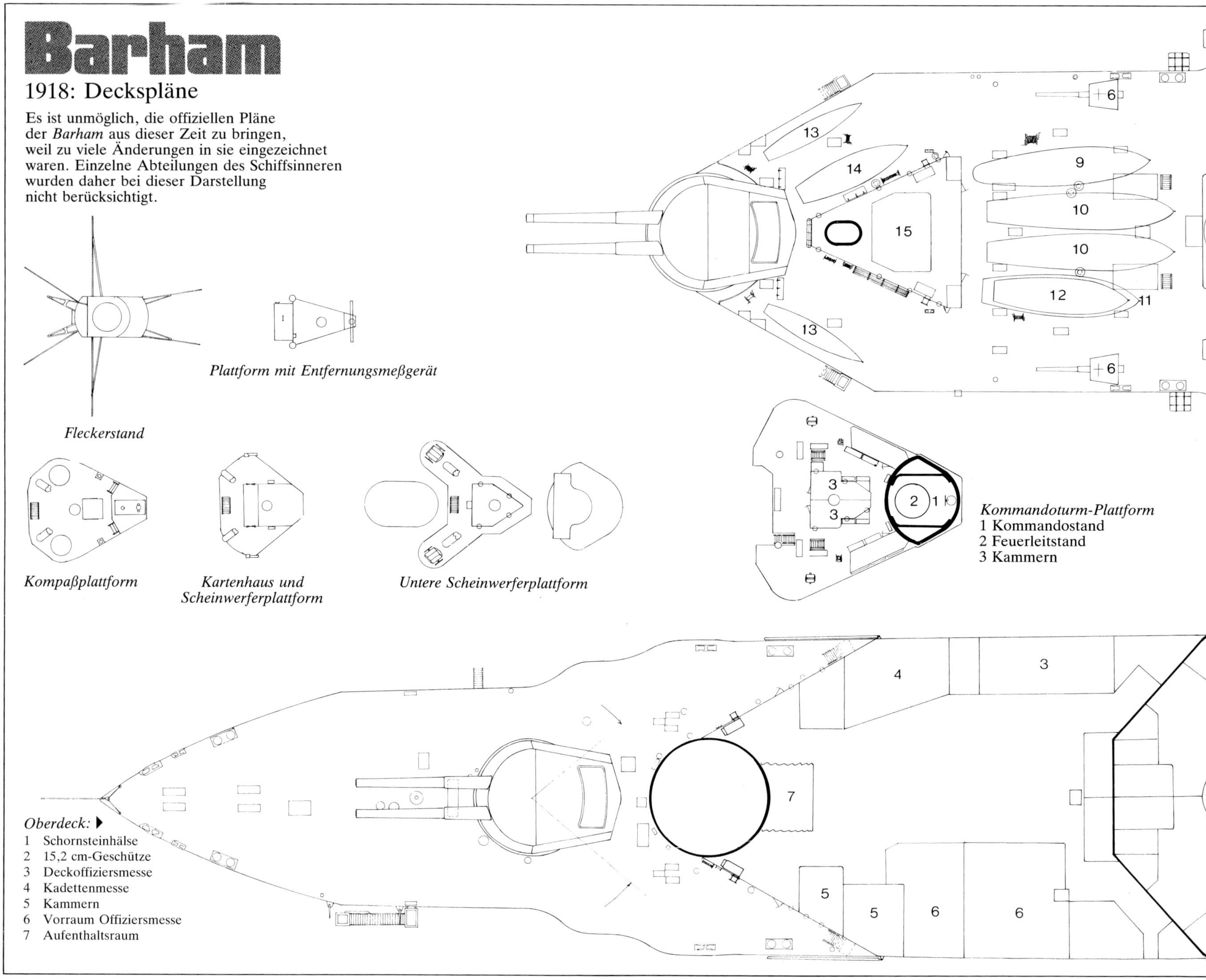

Dieses war gegenüber der *Iron Duke*-Klasse eine klare Verbesserung, deren Gürtelpanzer aus drei Lagen von 20,3 cm-, 30,5 cm- und 22,9 cm-Platten bestand. Die Panzerstärke des oberen Seitenpanzers der *Queen Elizabeth*-Klasse hingegen hatte nur eine Stärke von 15,2 cm, im Gegensatz zur *Iron Duke*-Klasse mit 20,3 cm. Der angestrebte ideale Gefechtstiefgang lag halbwegs zwischen dem größten und kleinsten Tiefgang, etwa bei 9,47 m. Damit befand sich der Gürtelpanzer an seiner tiefsten Stelle etwa 1,85 m unterhalb der Wasserlinie des Schiffes. Der übrige Senkrechtschutz glich dem der *Iron Duke*-Klasse, war teilweise sogar besser, der Decksschutz war jedoch allgemein in seiner Stärke reduziert und auf vier Decks verteilt worden. Dies war völlig unzureichend gegen Fernschüsse; nach Skagerrak wurden daher über den Magazinen, im Zwischendeck, zusätzlich 2,54 cm dicke hochelastische Stahlschutzplatten eingezogen.

◀ *Backdeck*
1 Nachrichtenzentrale
2 Bäckerei
3 Vorratsraum
4 Fleischlast
5 7,62 cm-Luftzielgeschütze
6 15,2 cm-Geschütze (erste Aufstellung 1915)
7 8,23 m-Boote (Whaler)
8 9,75 m-Rettungskutter
9 10,66 m-Ruderboot (Barge)
10 15,24 m-Pinassen
11 13,71 m-Barkasse (Launch)
12 10,97 m-Pinasse
13 9,14 m-Ruderboot (Gig)
14 9,75 m-Segelkutter
15 Toiletten

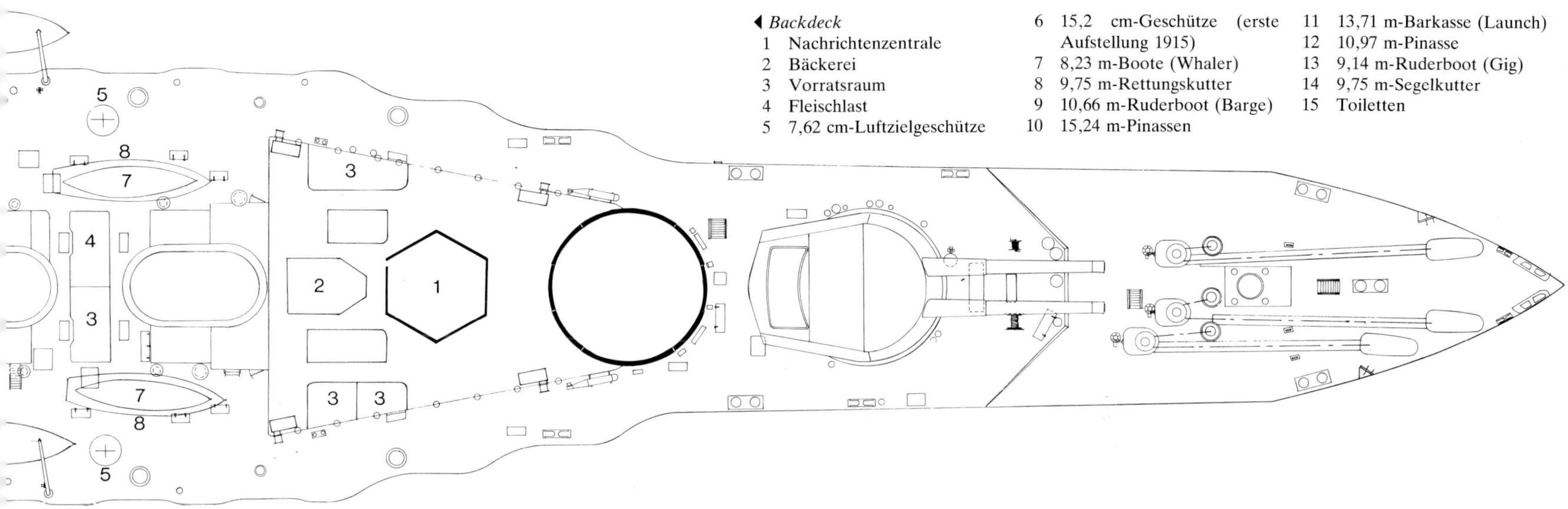

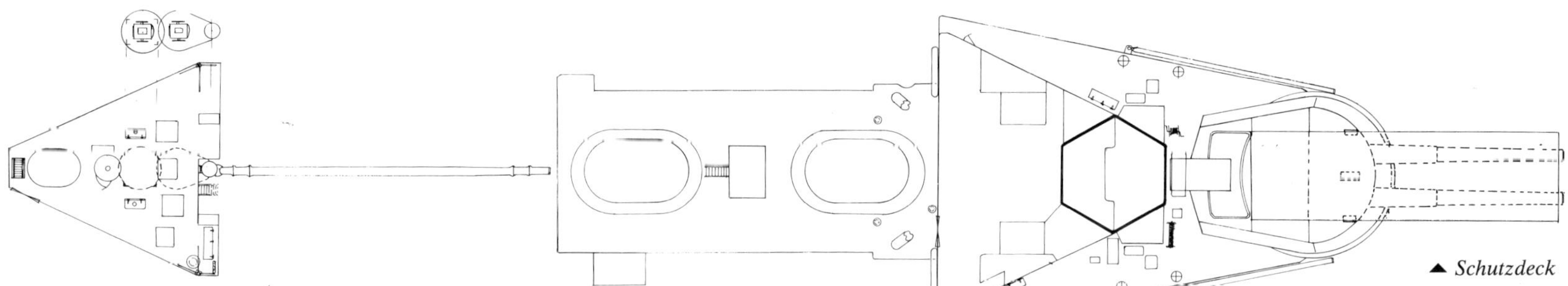

▲ *Schutzdeck*

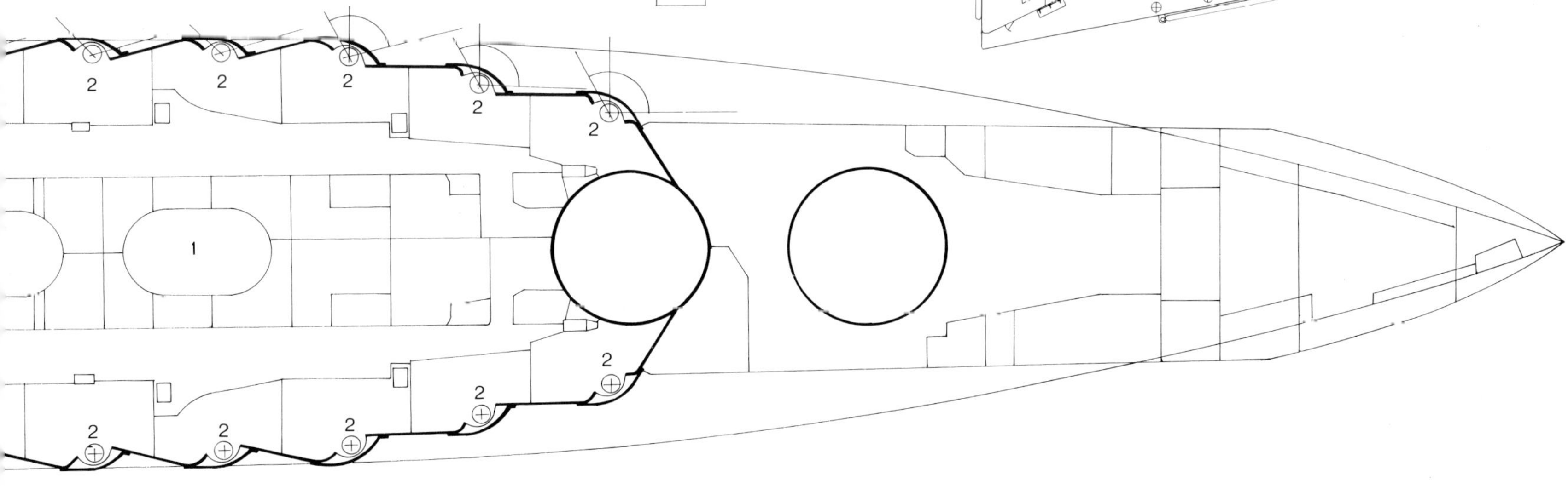

Einzelheiten der QUEEN ELIZABETH-Klasse, 1915 bis 1919

Verdrängung:
Konstruktionsverdrängung (abgerundet) bei Fertigstellung: 29.200 ts
1917: 29.400 ts bis 30.200 ts

Größte Verdrängung	bei Fertigstellung	1917
Barham	32.910 ts	33.590 ts
Malaya	33.220 ts	33.530 ts
Queen Elizabeth	33.020 ts	34.050 ts
Valiant	32.280 ts	33.910 ts
Warspite	33.410 ts	33.670 ts

Tiefgangszunahme: 33,5 ts/cm

Abmessungen:	Länge (üa)	Länge (üa) m. Heckgal.	Länge (pp)
Barham	194,88 m	196,42 m	183,06 m
Malaya	195,23 m	–	183,51 m
Queen Elizabeth	195,47 m	197,03 m	183,41 m
Valiant	194,72 m	–	183,00 m
Warspite	194,77 m	196,60 m	183,00 m

Breite: 27,60 m

Tiefgang (mittlerer Konstruktionstiefgang) 9,30–9,44 m
Tiefgang (mittlerer Einsatztiefgang) 10,32–10,43 m

Bewaffnung:
8 × 38,1 cm-Mk 1; Zwillingslafette Mk 1
12 × 15,2 cm-Mk XII; Einzellafette P IX
2 × 7,62 cm-Luftzielgeschütze
4 × 3 Pdr-Salutgeschütze (nur im Frieden)
4 × 53,3 cm UTR
5 Maxim-MG

Munitionsvorrat:
38,1 cm = 100 Schuß/Geschütz
15,2 cm = 130 Schuß/Geschütz
100 Leuchtgranaten/Schiff
3 Pdr = 64 Schuß/Geschütz
20 Torpedos

Panzerung:

Gürtelpanzer	33 cm, nach vorn abnehmend auf 15,2, nach hinten abnehmend auf 10,2 cm
oberer Gürtelpanzer	15,2 cm
Zitadellschotte	15,2 cm vorn, 10,2 cm hinten
Türme	28 cm Seiten, 33 cm Front, 10,8 cm Decke
Barbetten	17,8 bis 25,4 cm über Oberdeck, 10,2 bis 15,2 cm unter Oberdeck
15,2 cm-Kasematten	15,2 cm
Kommandoturm	28 cm Seiten, 7,62 cm Decke, 10,2 cm Drehkuppel
Kommandoturmschacht	15,2 cm über Oberdeck, 10,2 cm unter Oberdeck
Torpedoleitstand	15,2 cm
Torpedoleitstandschacht	10,2 cm über Oberdeck
Stahlschutzplatten, vertikal	
Torpedoschotte	5,08 (2,54 + 2,54) cm
Magazin-Querschotte	5,08 (2,54 + 2,54) cm, nach Skagerrak verstärkt auf 7,62 (2,54 + 2,54 + 2,54) cm
Schornsteinhälse	3,8 cm

Stahlschutzplatten, horizontal	
Backdeck über den Kasematten	2,54 cm
Oberdeck	5,08 bis 3,2 cm von Barbette „A" bis Barbette „Y"
Hauptdeck	2,54 cm über den Magazinen, nach Skagerrak verstärkt auf 5,08 cm
Mitteldeck	2,54 cm über den Magazinen, nach Skagerrak verstärkt auf 5,08 cm
Zwischendeck	7,62 cm an den äußersten Enden, 6,35 cm über der Ruderanlage, vorn 2,54 cm

Antriebsanlage:
Die Antriebsanlage für *Queen Elizabeth* und *Malaya* wurde von Wallsend Slipway gefertigt, für *Warspite* von Hawthorn Leslie, die der übrigen Schiffe der Klasse durch die jeweilige Bauwerft.
Es handelte sich um Parsonsturbinen *(Malaya, Queen Elizabeth, Warspite)* und Brown-Curtis-Turbinen *(Barham* und *Valiant)*, die unmittelbar auf die Wellen arbeiten.
75000 WPS ≙ 24 kn bei 300 u/min/Welle
Dauerhöchstgeschwindigkeit 23,25 kn ≙ 67.500 WPS
24 (großrohrige Wasserrohrkessel), Betriebsdruck (maximal) ~ 20 atü.

Heizölverbrauch und Fahrbereich:
Normalladung (~ 95%) = 3300 ts Heizöl, zusätzlich 100 ts Kohle

Fahrtstufe	Leistung (WPS)	Geschwindigkeit (kn)	Heizölverbrauch (ts/h)
Kurzhöchstleistung	75.000	25	40,5
4/5 Leistung	60.000	24	31,4
3/5 Leistung	45.000	22,5	25,2
2/5 Leistung	30.000	20,5	18

Fahrbereich 8600 sm : 12,5 kn
3900 sm : 21 kn

Baukosten:	
Barham	2.408.000 £
Queen Elizabeth	3.014.103 £
Malaya	2.945.709 £
Valiant	2.537.037 £
Warspite	2.524.148 £

Unterwasserschutz

Die Originalentwürfe sahen die Verwendung von Torpedoschutznetzen vor, jedoch wurde deren Verwendung im Juli 1912 ernsthaft in Zweifel gezogen. Argumente für die Beibehaltung waren wenige vorhanden, dagegen vele für die Abschaffung.
Sie waren sehr leicht durch Granattreffer zu beschädigen oder zu zerstören, was wiederum ursächlich dazu führen konnte, die Kasemattgeschütze oder gar die Ruderanlage zu beschädigen oder lahmzulegen. Die Befestigungen der Netzausleger schwächten den Seitenpanzer, denn sie waren sehr schwer (~120 ts), darüber hinaus war die Gelegenheit zu ihrer Anwendung sehr selten. Die einzelnen Punkte wurden anläßlich einer Konferenz an Bord der *HMS Enchantress,* die im Juli 1912 in Torbay stattfand, lebhaft diskutiert, und die Abstimmung ergab bei nur einer Gegenstimme, die Torpedoschutznetze aus dem *1912er Programm* zu streichen. Die sich aus dem Wegfall ergebende Gewichtsersparnis wurde ausgenutzt zur Verstärkung des inneren Schutzes gegen Minen und Torpedos. Dieser bestand aus zwei Längsschotts, 5,08 cm dick, die sich vom vorderen bis zum hinteren Torpedoraum und vom Mitteldeck bis zum Schiffsboden erstreckten. Die Enden waren durch Querschotte abgeschlossen, ebenfalls 5,08 cm stark, die jedoch nach Skagerrak nochmals um angesetzte 2,54 cm-Platten verstärkt wurden. Die Längsschotte durchzogen teilweise die Bunker, in denen das Heizöl gefahren wurde, das ja auch einen gewissen Flächendruck ausübte. Dies erforderte eine sorgfältige Konstruktion der Bunker, weil man sicher sein mußte, daß sie absolut dicht waren und die Festigkeit der Konstruktion gewährleistet war. Das System wurde an einer Versuchsanlage erprobt, die in dem alten Schlachtschiff *Hood* installiert worden war, um festzustellen, wie es sich bei Minen- und Torpedotreffern bewähren würde. Verbesserungen, basierend auf diesen Erprobungen, wurden dann im endgültigen Entwurf berücksichtigt.

Maschinenanlage

Die Turbinen waren jeweils in zwei Sätzen angeordnet. Jeder Satz bestand – in einem Gehäuse – aus je einer ND-Turbine für Vorwärts- und Rückwärtsfahrt, auf die Innenwelle geschaltet, und – ebenfalls in einem Gehäuse –

je einer HD-Turbine für Vorwärts- und Rückwärtsfahrt, auf die Außenwelle geschaltet. Der Maschinenraum war in Längsrichtung in drei Räume unterteilt. Die ND-Turbinen befanden sich in der Mitte, die HD-Turbinen in den Außenräumen. Die Reaktionsgetriebeturbinen für Marschfahrt befanden sich im vorderen Teil des jeweiligen HD-Turbinenraumes (Parsonsturbinen auf *Queen Elizabeth, Warspite* und *Malaya;* Brown-Curtis-Turbinen auf *Barham* und *Valiant*). 24 Kessel, in vier Räumen, erzeugten den für die Turbinen benötigten Dampf mit einem Betriebsdruck von 12,3 atü. Nur *Warspite* und *Barham* hatten Yarrow-Kessel, die übrigen wurden mit Babcock-Wilcox-Kesseln ausgerüstet. Die Antriebsanlage war ausgelegt für 23 kn bei einer Dauerhöchstleistung von 56000 WPS und 25 kn bei einer Überleistung von 75000 WPS. Bis auf wenige Ausnahmen erfüllte die Antriebsanlage die vorgegebenen Konstruktionsdaten, aber durch die Vergrößerung der Verdrängung gegenüber der ursprünglichen Konstruktionsverdrängung ging viel vom Wert der hohen Leistung verloren. Die meisten Schiffe der Klasse fuhren unter günstigen Bedingungen 25 kn, aber der Spielraum für schlechtere Bedingungen, wie Fahren mit Einsatzverdrängung oder bewachsenem Schiffsboden war gering. Die Kriegsbedingungen verhinderten die Durchführung normaler Maschinenerprobungen und die Ergebnisse durchgeführter Erprobungen waren unvollständig; in einigen Fällen waren Erprobungen sogar unzuverlässig. Die nachstehenden Resultate stammen von Erprobungen, die während des Ersten Weltkrieges durchgeführt wurden.

Warspite:
Zwei Werftprobefahrten an der Westküste Irlands am 11. April 1915 ergaben folgende Ergebnisse:

1,5 Stunden Vollast = 56580 WPS bei 274 u/min/Welle mit 24,1 kn. Heizölverbrauch 45,7 ts

2 Stunden Überleistung = 75510 WPS bei 24,65 kn

Das Schiff war am 22. März 1915 ausgedockt worden.

Valiant:
Während einer 2stündigen Werftprobefahrt bei Vollast am 27. Februar 1916 im Firth of Forth

Valiant Ende 1918 bei Fahrübungen. Der Großmars ist versetzt, auf den Türmen „B" und „X" befinden sich Flugzeugstartbühnen.

erreichte das Schiff bei 275 u/min/Welle 57315 WPS. Bei Überleistung waren es 71112 WPS.
Das Schiff war seit dem Stapellauf im November 1914 nicht mehr eingedockt gewesen.

Malaya:
Die Unterlagen der Werftprobefahrten der *Malaya* sind die umfassendsten dieser Klasse. Sie fanden in der Nordsee statt, und zwar am 17. Februar 1916. Das Schiff war am 14. Januar 1916 ausgedockt worden und hatte einen sauberen Boden. Die Verdrängung zu Beginn der Probefahrten betrug 32976 ts, der Tiefgang 10,20 m.

2 Stunden Vollast = 57332 WPS bei 280 u/min/Welle mit 23,5 kn. Heizölverbrauch 66 ts

2 Stunden Überleistung = 76074 WPS bei 304 u/min/Welle mit 25 kn. Heizölverbrauch 90 ts

Der durchschnittliche Dampfdruck bei diesen Erprobungen betrug ~ 15,4 atü Austritt Kessel und ~ 12,7 atü Eintritt Turbinen.

Barham:
Während einer 2stündigen Werftprobefahrt mit Vollast am 27. August 1915 im Firth of Forth erreichte das Schiff bei 285 u/min/Welle eine Leistung von 60950 WPS. Der Tiefgang bei Beginn der Probefahrt war 9,40 m, die Verdrängung 29410 ts. Sie war am 31. Dezember 1914 ausgedockt worden. Bei Überleistung erreichte sie 76575 WPS.

Queen Elizabeth:
Bei einer Werftprobefahrt mit Vollast erreichte sie 57130 WPS. Weitere Einzelheiten sind nicht bekannt.

Keine der obigen Probefahrten wurde in einer abgesteckten Meile gefahren und daher sind die erreichten Geschwindigkeiten auch nicht absolut zuverlässig. Meilenfahrten wurden am 6. Juli 1916 im Bute Sound von der *Barham* durchgeführt. Sie hatten folgende Ergebnisse:

Art der Erprobung:	Überleistung
Anfangstiefgang:	vorn 9,91 m, hinten 10,07 m
Anfangsverdrängung:	32252 ts
Seegang:	0
Leistung:	70788 WPS
Drehzahl/Welle:	293,25 u/min
Geschwindigkeit:	23,91 kn

Die erreichte Geschwindigkeit lag lediglich 0,1 kn unter der bei dieser Verdrängung erwarteten, obwohl die Wellenleistung und das Vakuum der Kondensatoren meist niedrigere Werte hatten als bei der Werftprobefahrt.
Über die Richtigkeit der Ergebnisse taten sich einige Zweifel auf, und die Angaben der Wellenleistung der Außenwellen waren augenscheinlich zu niedrig; die erzeugte Leistung lag sicherlich höher als die angegebene. Die Probefahrten hatten gezeigt, daß die mit Parsons-Turbinen ausgerüsteten Schiffe höhere Umdrehungen machten als die mit den Brown-Curtis-

Turbinen. Die mit den letzteren Turbinen ausgerüsteten – *Barham* und *Valiant* – hätten sicherlich wesentlich höhere Drehzahlen erreicht, wäre ihre Leistung nicht begrenzt worden durch die Kondensatoren, deren Aufnahmekapazität der anfallenden Abdampfmenge nicht gewachsen war, obwohl es für *Valiant* zweifelhaft war, daß die Kessel mehr Dampf für mehr Leistung erzeugen konnten, als es tatsächlich der Fall war. Es war bekannt, daß dieses Schiff das langsamste des Geschwaders war. Die Düsen ihrer HD-Turbinen waren unterschiedlich zu denen der *Barham,* und dadurch die Vakuumgröße etwas geringer als auf den anderen Schiffen der Klasse. Die erreichten Ergebnisse der *Malaya* waren sehr zufriedenstellend, sie machte ohne Schwierigkeiten 306 u/min/Welle bei niedrigen Fahrtstufen, erheblich unter denen der vorherigen Berechnungen.

Admiral Jellicoe kommentierte nach der Meilenfahrt der *Barham* bei Bute Sound, bezogen auf die Feststellung, daß die *Valiant* langsamer war als die *Barham,* das *5. Schlachtgeschwader* könne als Ganzes nicht mehr als 23 kn fahren. Er wies darauf hin, daß die Probefahrt unter idealen Bedingungen stattgefunden habe und die Verdrängung des Schiffes ungefähr den Einsatzbedingungen entsprach. Er stellte fest, daß diese Geschwindigkeit nur einen leichten Überschuß gegenüber der Schlachtflotte aufwies und es daher fraglich sei, ob es sich damit an der Spitze der Linie entfalten könne, ohne die Schlachtlinie durcheinanderzubringen. Jellicoe betonte, daß das *5. Schlachtgeschwader* in seiner Geschwindigkeit nur wenig dem *III. Geschwader* der (deutschen)* *Hochseeflotte* überlegen sei, seinem Kampfauftrag als schneller Flügel der *Grand Fleet* seien daher Grenzen gesetzt. Weiterhin stellte man fest, daß bei Einsatzverdrängung die Turbinen nicht mehr in der Lage waren, ihre Höchstdrehzahl zu erreichen. Es wurde auch vorgeschlagen, die Propeller zu ändern, um somit eine höhere Leistung zu erzielen. Solche Änderungen würden sich als Geschwindigkeitsverlust bei niedriger Leistung nachteilig auswirken, also wurde dieser Vorschlag abgelehnt, dafür aber beschlossen, auf der *Valiant* – bei der sich erstbesten bietenden Gelegenheit – die Düsenführung der Turbinen zu verändern. Es ist nicht bekannt, ob dieses auch tatsächlich durchgeführt worden ist, denn *Valiant* blieb bis zum Ende der 30er Jahre das langsamste Schiff dieser Klasse, bis sie, beim 2. Umbau, eine neue Antriebsanlage erhielt.

* Anmerkung des Übersetzers.

Im Bestreben, zuverlässige Informationen über die Antriebsanlagen zu erstellen, wurde im Februar 1919 beschlossen, daß *Barham, Warspite, Valiant* und *Malaya* Probefahrten mit Dauerhöchstleistung durchführen sollten. *Barham* führte diese während einer Werftverlegungsfahrt von Scapa Flow nach Invergordon durch, die übrigen drei Schiffe auf Fahrten südlich Scapa Flow. Die Ergebnisse sind aus der Tabelle 5 zu ersehen.

Die Verwendung von Heizöl anstelle der Kohle erforderte Bunker, die bis zu 9,14 m tief waren. Da die Konstrukteure auf diesem Gebiet noch keine Erfahrungen besaßen, wurden Versuchsbunker gefertigt, die den Bauteilen des Schiffskörpers entsprachen. Das daraus resultierende Wissen wurde in den detaillierten Bauzeichnungen des Schiffes berücksichtigt. Da man jetzt lediglich diese tiefen Bunker benötigte, brachte dies im Zwischendeck einen erheblichen Gewinn an Platz, der vorher ja für die Kohle erforderlich gewesen war. Dieser eingesparte und jetzt neugewonnene Platz war jedoch ungeeignet für eine Verwendung als allgemeiner Backschaftsraum, da die Belüftung erhebliche Schwierigkeiten bereitete und au-

Queen Elizabeth 1922

ßerdem die wasserdichte Unterteilung im Wasserlinienbereich unbedingt erhalten bleiben sollte. Der Platz wurde daher für die Installation von Baderäumen und andere Verbesserungen ausgenutzt. Diese Modifizierung verbesserte die Wohnbedingungen auf dieser Klasse im Vergleich zu vorangegangenen Schiffen erheblich.
Das Heizölfassungsvermögen war ausgelegt für 3500 ts, jedoch bei normaler Füllung von 95% ergaben sich nur 3325 ts. Der maximale Heizölvorrat, der normalerweise mitgeführt wurde, betrug hingegen ~ 2800 ts, weil die Schiffe entgegen der ursprünglich vorgesehenen eine größere Verdrängung erhalten hatten. Zusätzlich waren Lagerräume für 100 ts Kohle vorgesehen, die in der Wäscherei und anderen Schiffseinrichtungen verwendet wurde. Im mittleren Turbinenraum befanden sich vier Hauptkondensatoren, zusätzlich in jedem äußeren Turbinenraum noch ein Hilfskondensator.

Tabelle 5: Erprobungsergebnisse bei Dauerhöchstleistung von Valiant, Warspite, Barham und Malaya, 1919

	Erprobungsdauer/Erprobungsart	Datum	Ort	Drehzahl der Wellen im Durchschnitt (u/min)	Leistung (WPS)	Geschwindigkeit im Durchschnitt (kn)	Heizölverbrauch (ts)	Datum des letzten Ausdockens
*Valiant**	1 Stunde Dauerhöchstfahrt	11. 3. 19	Fahrt nach Plymoth	275,2	57.703	23	33	9. 3. 18
*Warspite***	2 Stunden Kurzhöchstfahrt	11. 3. 19	nordwestl. Küste von Schottland	296	75.800	23,5	–	25. 3. 18
*Barham****	1 Stunde Kurzhöchstfahrt	21. 2. 19	Fahrt nach Invergordon	289,9	72.872	23,8	–	–
Malaya	1 Stunde Kurzhöchstfahrt	11. 3. 19	Fahrt nach Portsmouth	305,85	76.740	24,9	45	–

* *Valiant* machte außerdem noch vier weitere Probefahrten auf dem Weg nach Plymouth, und zwar über längere Zeiträume (18 bzw. 16 Stunden usw.). Die höchste erreichte Geschwindigkeit bei diesen Fahrten war 23,5 kn bei 66570 WPS.
** *Warspite* hatte zu Beginn der Probefahrt einen Tiefgang von 10,01 m vorn und 10,07 m hinten, die Verdrängung betrug ~ 32500 ts.
*** *Barham* hatte zu Beginn der Probefahrt einen Tiefgang von 9,48 m vorn und 9,63 m hinten, die Verdrängung betrug ~ 30500 ts.

Hilfsmaschinen

Für die Erzeugung der benötigten elektrischen Energie waren im Originalentwurf zwei durch einen Ölmotor angetriebene 450 kW-Generatoren und zwei Turbogeneratoren mit je 200 kW vorgesehen. Sie erzeugten einen Gleichstrom von 200 V. Die Versorgung erfolgte über eine Hauptspeiseringleitung. *Queen Elizabeth* und *Valiant* erhielten gegen Ende des Krieges zusätzlich je einen durch Dampfkolbenmaschine angetriebenen 200 kW-Generator, die übrigen Schiffe der Klasse nach dem Krieg. Die Frischwassererzeugungsanlage bestand aus zwei Sätzen mit je 2 Verdampfern und einem Destillatkondensator, eingebaut jeweils im äußeren Turbinenraum. Die Gesamtkapazität lag bei 650 ts/Tag. Die hydraulische Energie für den Antrieb der schweren Artillerie wurde von vier dampfgetriebenen Hydraulikmotoren geliefert, für jeden Turm eine.

Stabilität

Bei den britischen Vor-Dreadnought-Schlachtschiffen wurde – hauptsächlich wegen der dominierenden Stellung der Waffenleute – die Metazentrische Höhe *(GM)* relativ klein gehalten. Das geschah im Bestreben, eine ruhige Geschützplattform zu erhalten. Dieses jedoch setzte naturgemäß die Standfestigkeit eines Schiffes gegenüber Schäden erheblich herab. Beginnend mit der *Dreadnought* wurde *GM* stetig vergrößert, bis hin zur *Queen Elizabeth*-Klasse. Bei dieser war *GM* dann größer als in jedem anderen britischen Dreadnought. Obwohl die Verdrängung beträchtlich überschritten wurde bei Fertigstellung der Schiffe, wich *GM* nur unwesentlich vom vorgegebenen Entwurf ab. Trotzdem, die Tiefgangszunahme verminderte den Restauftrieb und auch die Höhe des Freibords zum Nachteil der Stabilität. Die Konstruktions *GM* war 1,77 m bei einer Verdrängung von 26788 ts, bei der „Legenden"-Verdrängung von 27700 ts 1,83 m, bei Einsatzverdrängung von 31534 ts schließlich 2,38 m. Die Stabilitätsrechnung basierte auf folgenden „Legenden"-Gewichten:

Schiffskörper	9034 ts
Panzerung	8750 ts
Bewaffnung	4546 ts
Maschinenanlagen und dazugehörige Lasten	3950 ts
Heizöl	650 ts
Ausrüstung, allgemein	670 ts
Admiralitätsreserve	100 ts
Gesamtgewicht	27700 ts

Als Ergebnis der Modifizierungen des ersten Entwurfs wichen die Gewichte von denen der Legende etwas ab. Die Stabilitätsangaben für die fertiggestellten Schiffe waren in etwa folgende:

Konstruktionsverdrängung	29200 ts
(mit voller Ausrüstung, Reservespeisewasserzellen leer, 650 ts Heizöl an Bord)	
Tiefgang	9,20 m
GM (Metazentrische Höhe)	1,80 m
Maximale Stabilität bei Krängungswinkel	38^0
Kenterpunkt (Stabilitätsumfang)	69^0

Einsatzverdrängung	33100 ts
(mit voller Ausrüstung, einschließlich Frischwasser, Reservespeisewasserzellen voll, 3400 ts Heizöl an Bord)	
Tiefgang	10,19 m
GM	2,38 m
Maximale Stabilität bei Krängungswinkel	39^0
Kenterpunkt (Stabilitätsumfang)	79^0

Leerverdrängung	28250 ts
Tiefgang	8,96 m
GM	1,61 m
Maximale Stabilität bei Krängungswinkel	38^0
Kenterpunkt (Stabilitätsumfang)	68^0

Warspite 1921 im Flaggenschmuck. Nach Ende der Werftliegezeit 1920 hatte sie einen vergrößerten Vormars. Beachte die kürzere Flugzeugstartbühne auf Turm „X", im Gegensatz zu Turm „B". Von der kurzen Bühne konnte nur ein einsitziges Flugzeug starten, die schwereren zweisitzigen Maschinen benötigten die längere. Längsseits *K 9*, ein Uboot der *K*-Klasse.

Umbauten und Erweiterungen

Abgesehen von den bereits angeführten, wurden bei dieser Klasse folgende Modifizierungen durchgeführt, und zwar während des Ersten Weltkrieges und kurz danach:

Auf den Schlachtschiffen *Hercules, Colossus, Neptun* und im geringeren Umfang auf der *Orion*-Klasse wurde festgestellt, daß das Spantwerk in den tiefer gelegenen Decks, bis 15 m vom Bug, den Stampfbewegungen nicht sehr gewachsen war. Bei den späteren Entwürfen wurden daher die Spanten nach und nach verstärkt. Trotzdem traten 1914 auf der *Hercules* bei extrem schwerem Wetter weitere erhebliche Schwachstellen zutage. Daher wurde beschlossen, die vorderen Versteifungen der Schiffe der *Iron Duke*-, *Queen Elizabeth*- und *Royal Sovereign*-Klasse durch den zusätzlichen Einbau von Spanten zwischen dem Zwischen- und Plattformdeck sowie zwischen den Plattformdeck und dem Kiel zu verstärken. Ungeachtet dieser Maßnahme erforderte die Erfahrung nach Erprobungen mit der *Queen Elizabeth* im Jahre 1915 weitere Versteifungen hinter den vorderen Seitenplanken der Bordwand.
Nach Abschluß von Geschützerprobungen wurden unter das Backdeck zusätzliche Abstützungen eingebaut, um die Auswirkungen der Druckwellen beim Schießen der vorderen 38,1 cm-Türme zu mildern.
Die ersten Kriegserfahrungen hatten gezeigt, daß eine Verbesserung der wasserdichten Unterteilung und der allgemeinen Schiffssicherung erforderlich war. In das Belüftungssystem wurde eine große Anzahl zusätzlicher Ventile eingebaut, außerdem wurde eine Anzahl Armaturen installiert, die es ermöglichten, innerhalb des Schiffes Heizöl umzupumpen, sodaß es möglich wurde, durch Umpumpen oder auch Gegenfluten bestimmter Abteilungen, die Krängung des Schiffes zu beseitigen.
Nach Skagerrak wurden stichflammensichere Einrichtungen für die Durchreichen in den Magazinen der SA und MA eingebaut.
Auf die Türme „B" und „X" wuren 1918 bei allen Schiffen der Klasse Flugzeugstartbühnen aufgesetzt. Insgesamt führten sie 3 Aufklärungsflugzeuge und 7 Jäger mit sich.
1917/18 wurden auf die Türme Turmpeilrichtskalen aufgemalt. Die Schiffe erhielten Entfernungsanzeiger, einen am Vormars und zwei oder vier an der Rückseite des Scheinwerferstandes am hinteren Schornstein. Nach dem Kriege wurden zwei weitere auf dem Dach des Turms „X" angebracht.
Zwischen 1916 und 1918 erhielten sie Scheinwerfer- und Scheinwerferrichtstände, die am hinteren Schornstein, auf dem Großmars und den hinteren Aufbauten installiert wurden. *Barham* hatte außerdem noch eine weitere Scheinwerferplattform auf dem Vormars. Gegen Ende des Krieges besaßen alle Schiffe acht 9,14 cm-Scheinwerfer, 2 auf der Brücke, 4 am hinteren Schornstein, 1 auf dem Großmast und 1 auf dem hinteren Aufbaudeck. Der letztere wurde zwischen 1921 und 1923 auf allen Schiffen wieder entfernt.
1916/17 wurden zusätzliche Carley-Flöße installiert.
Die Takelung wurde während des Krieges mehrfach geändert. 1918 besaßen alle Schiffe eine Vormarsstenge, nur *Queen Elizabeth* hatte auch einen Großmars. 1919 wurde die Vormarsstenge bei allen, mit Ausnahme der *Queen Elizabeth,* entfernt, der Großmars wurde überholt. Die Vormarsstenge der *Queen Elizabeth* wurde erst 1922 abgebaut. Großbramstengen erhielten *Warspite* 1920, *Malaya* und *Valiant* 1921, *Queen Elizabeth* 1922. Die Vormarsstenge der *Barham* wurde 1921 abgebaut, auf *Valiant* 1924. In der Nachkriegszeit wurden weitere geringfügige Änderungen in der Takelage vorgenommen.
Der Vormars der *Queen Elizabeth* wurde 1919 vergrößert, bei der *Warspite* 1920.
Nur *Queen Elizabeth* besaß bei Fertigstellung eine Heckgalerie, die 1916 abgebaut wurde. 1926 erfolgte der Wiederanbau. Heckgalerien auch für *Barham* (1919) und *Warspite* (1920).
Auf allen Schiffen der Klasse wurden die 4,57 m-EMeßGeräte der Türme „B" und „X" zwischen 1919 und 1922 ausgetauscht gegen 9,14 m-EMeßGeräte.
Die Schiffe erhielten Bugschutzgeräte.

II. Die Royal Sovereign-Klasse 1913 bis 1919

Der Entwurf des *1913er Programms* schloß an den Schlachtschifftyp an, der vor der *Queen Elizabeth*-Klasse lag. Zwar wurde vorgesehen, daß die gleiche Bewaffnung eingebaut werden sollte wie auf der *Queen Elizabeth*-Klasse, die Antriebsanlage hingegen sollte – wenn auch ähnlich der *Iron Duke*-Klasse – nur für eine Geschwindigkeit von 21,5 kn ausgelegt sein. Man wollte bei diesen neuen Schiffen auch wieder auf eine gemischte Kesselfeuerung zurückgreifen, nämlich auf Kohle und Heizöl. Die Geschwindigkeitsverminderung würde auch eine Reduzierung der Verdrängung gegenüber der *Queen Elizabeth*-Klasse bedeuten. Dieses gemischte Verfahren brachte gewisse wirtschaftliche Vorteile, hatte aber wenig Raum für evtl. spätere zusätzliche Einbauten. Der geschätzte Preis lag pro Schiff bei 2150000 £. Erste Entwurfsverbesserungen steigerten die Verdrängung von 25500 ts auf 25750 ts, was die Geschwindigkeit von 21,5 auf 21 kn herabsetzte. Vorgesehen war gemäß *1913er Programm,* 5 Schiffe dieser Klasse zu bauen.

Im Januar 1915 wurde dann die Genehmigung erteilt, die Schiffe anstelle einer kombinierten Kohle-Öl-Feuerung mit einer reinen Ölfeuerung zu bauen. Es wurde geschätzt, daß die Turbinen – nach geringen Änderungen – anstelle der im Originalentwurf veranschlagten 31000 WPS dann 40000 WPS leisten würden. Damit würde sich auch die Geschwindigkeit wieder steigern, nämlich von 21 kn bei 300 u/min auf 23 kn bei 320 u/min. Auf Grund dessen wurde Vorsorge getroffen, daß anstelle der vorgesehenen 3000 ts Kohle und 1500 ts Öl nun 3400 ts Heizöl mitgeführt werden konnten. Trotz der erheblichen Verminderung des Brennstoffgewichtes und der Menge blieb der Aktionsradius unverändert. Das eingesparte Gewicht wurde zur Vergrößerung der Munitionsräume genutzt, deren Lagerkapazität von 80 auf 100 Schuß/Geschütz erhöht werden konnte. Eine Reihe weiterer Ergänzungen ließ die Konstruktionsverdrängung des modifizierten Entwurfs schließlich auf 25800 ts anwachsen. Die Verwendung von Heizöl verminderte die Zahl der benötigten Heizer um 75 Mann.

Bewaffnung

Die Anordnung der sechzehn 15,2 cm-Geschütze entsprach im Originalentwurf der *Queen Elizabeth*-Klasse, jedoch auf Grund der auf der *Iron Duke*-Klasse gemachten Erfahrungen wurde sie aufgegeben. Die schweren Geschütze wurden weiter zurück aufgestellt, wodurch die Kasematten ebenfalls weiter zurückgesetzt wurden, und obgleich die Batterien immer noch zu nahe an der Wasserlinie standen, um vom Seegang unberührt zu bleiben, lagen sie nun doch günstiger und wesentlich trockener als bei den vorangegangenen Schiffen. Nur die Stb I- und Bb I-Geschütze konnten direkt nach voraus, die beiden hinteren direkt achteraus schießen. Damit war eine bessere Rundumverteidigung möglich. Die 4

Tabelle 6: Legende des Entwurfs T 1 (später Royal Sovereign-Klasse)

Konstruktionsverdrängung	25.500 ts
Einsatzverdrängung	28.750 ts
Länge (pp)	176,90 m
Breite	26,99 m
Konstruktionstiefgang	8,69 m
Tiefgang bei Einsatzverdrängung	9,91 m
Tiefgangszunahme	35,8 ts/cm
Leistung	31.000 WPS
Konstruktionsgeschwindigkeit	21,5 kn
Kohlevorrat bei Konstruktionstiefgang	900 ts
Gesamtkohlevorrat	3.000 ts
Heizölvorrat	1.500 ts
Bewaffnung:	
8 × 38,1 cm-L/42, 80 Schuß/Geschütz	
16 × 15,2 cm-L/45, 150 Schuß/Geschütz	
4 × 10,2 cm-Luftzielgeschütze, 200 Schuß/Geschütz	
4 × 53,5 cm-UTR, 20 Torpedos	
Panzerung:	
Gürtelpanzer mittschiffs	33 cm
Gürtelpanzer vorn	15,2 cm
Gürtelpanzer hinten	10,2 cm
Oberer Seitenpanzer	15,2 cm
Panzerschott vorn	15,2 cm
Panzerschott hinten	10,2 cm
Barbetten	25,4 bis 10,2 cm
Geschütztürme	28 cm
Kommandoturm	28 cm
Kommandoturmschacht	15,2 und 10,2 cm
Torpedoleitstand	15,2 cm
Torpedoleitstandschacht	10,2 cm
Stahlschutzplatten, vertikal:	
Schornsteinhals	3,8 und 2,54 cm
Torpedoschotte	3,8 und 2,54 cm
Stahlschutzplatten, horizontal:	
Backdeck über 15,2 cm-Batterie	2,54 cm
Oberdeck von Barbette „A" bis „Y"	3,17 bis 3,8 cm
Hauptdeck, Ebene	2,54, 3,8 und 5,08 cm
Hauptdeck, Böschung	5,08 cm
Zwischendeck vorn	6,34 und 2,54 cm
Zwischendeck hinten	6,34 und 10,2 bis 7,62 cm
Gewichte:	
Ausrüstung, allgemein	750 ts
Bewaffnung	4.550 ts
Maschinenanlage	2.500 ts
Kohle	900 ts
Panzerung und Stahlschutzplatten	8.100 ts
Schiffskörper	8.600 ts
Admiralitätsreserve	100 ts
Gesamt	25.500 ts

Tabelle 7: Baudaten der Royal Sovereign-Klasse

	Kiellegung	Stapellauf	Fertigstellung	Bauwerft	Hersteller der Maschinenanlage
Royal Sovereign	15. Januar 1914	29. April 1915	Mai 1915	Portsmouth, Dockyard	Parsons
Royal Oak	15. Januar 1914	17. November 1914	Mai 1915	Devonport, Dockyard	Hawthorn Leslie
Ramillies	12. November 1913	12. September 1916	Oktober 1917	Beardmore	Beardmore
Revenge	22. Dezember 1913	29. Mai 1915	März 1916	Vickers	Vickers
Resolution	29. November 1913	14. Januar 1915	Dezember 1916	Palmers	Palmers

Die vorderen Türme der *Revenge,* aufgenommen 1917 in Scapa Flow.

Geschützreinigen, Auswischen eines 38,1 cm-Geschützrohres auf der *Royal Oak.*

Geschütze auf dem hinteren Hauptdeck wurden ersetzt durch zwei 15,2 cm-Geschütze mit offenen Schilden, die auf dem Backdeck seitlich des Schornsteins installiert wurden. Das Munitionsfördersystem war ähnlich dem der *Queen Elizabeth*-Klasse, und wie bei dieser nach der Skagerrakschlacht, endeten die Öffnungen der Pulverförderanlage in geschlossenen, stichflammensicheren Durchreichen. Die Stb- und Bb-Batterien waren durch 5,08 cm dicke Schottwände und die Schornsteinhälse voneinander getrennt, die einzelnen Geschütze voneinander durch 3,8 cm starke Schutzwände.

◀ Oben: *Royal Sovereign* 1916 bei Übungen mit der Grand Fleet. Auffällig der Scheinwerfer auf dem Dach des Vormars und die Turmpeilrichtskalen am Turm „Y". Die beiden anderen Schiffe der *Royal Sovereign*-Klasse im Hintergrund weisen Unterschiede in der Takelung auf. Unten links: *Royal Oak* bei Probefahrten im Mai 1916. Unten rechts: *Royal Oak* bei Probefahrten im Mai 1916.

Die Geschützkasematten waren ebenfalls nach hinten offen, begrenzt durch 91,4 cm hohe Prallwände.

Feuerleitanlagen

Für die Leitung der SA und MA waren im Entwurf die gleichen Positionen im Kommandoturm wie auf der *Queen Elizabeth*-Klasse vorgesehen. Der Einbau der SA- und MA-Feuerleitgeräte wurde während des Baues der Schiffe genehmigt. Die beiden Feuerleitgeräte der Hauptbewaffnung wurden noch vor Fertigstellung der Schiffe eingebaut, eines in der gepanzerten Drehkuppel oberhalb des Kommandoturms, das andere in einem Feuerleitstand auf der Plattform unter dem Vormars. Die zwei MA-Feuerleitgeräte wurden unterhalb des Fockmastes eingebaut, und zwar auf *Resolution* im April 1917, *Ramillies* im Juni 1918 und bei den übrigen Schiffen der Klasse im März 1917. Jeder Turm besaß ein 4,57 m-EMeßGerät und eine offene Visiereinrichtung für die Nahsteuerung. Die gesamte Hauptbewaffnung konnte auch vom Turm „X" aus geleitet werden.

Schiffsschutz

Bei der *Royal Sovereign*-Klasse wurde der bei vorherigen Schiffen verwendete sich verjüngende Gürtelpanzer durch einen von einheitlich 33 cm Stärke ersetzt. Als ein einzelner Streifen von 3,88 m Breite reichte er vom Hauptdeck bis 1,52 m unter die Konstruktionswasserlinie (im Vergleich zu 1,21 m bei früheren Schiffen). Bei extrem großem Tiefgang sah der Gürtelpanzer immer noch 1,21 m aus dem Wasser. Dies war eine wichtige Charakteristik und erlaubte erheblich größere Schlingerbewegungen, ohne Gefahr zu laufen, daß der ungeschützte Schiffskörper sichtbar wurde. Durch die Nichtverjüngung verringerten sich die Kosten des Panzermaterials um 20 £ pro Tonne. Der Gürtelpanzer ergänzte sich nach vorn und hinten durch eine 15,2 cm- und 10,2 cm-Panzerung, die an den Enden durch 10,2 cm dicke Querschotte abgeschlossen wurde. Diese saßen jeweils zwischen Haupt- und Zwischendeck. Der 15,2 cm obere Gürtelpanzer reichte von Barbette „A" bis „X" und schloß an den Enden ebenfalls mit Querschotte von 15,2 cm Dicke ab. Im Vergleich zu früheren Entwürfen war

das Panzerdeck in die Höhe des Hauptdecks versetzt worden, seine Böschung reichte im spitzen Winkel bis zum Abschluß des Gürtelpanzers hinab. Dadurch befand sich das Hauptdeck jetzt, anstelle in Höhe oder darunter, in der Wasserlinie, über 2,44 m oberhalb der Konstruktionswasserlinie, und verminderte somit zum größten Teil den Verlust des gepanzerten Restauftriebs, falls die Seitenpanzerung durchlöchert war. Dadurch verringerte sich auch die Zahl der starken Decks, was das Trimmen der Kohle bei Übernahme und Transport, wie im ersten Entwurf vorgesehen, erleichtert haben würde.

Unterwasserschutz

Über die volle Länge der Magazine, Maschinen- und Torpedoräume wurden Torpedolängsschotte eingebaut. Obwohl in der Anordnung gleich der *Queen Elizabeth*-Klasse, war das Torpedoschott hinter dem Seitenpanzer nur 3,8 cm stark und im Doppelboden 2,54 cm. Der Grund lag wahrscheinlich darin, daß im Originalentwurf der *Royal Sovereign*-Klasse Kohlebunker vorgesehen waren. Nachdem diese umgebaut worden waren, um Öl aufzunehmen, verloren sie den zusätzlichen Schutz durch die Bunkerkohle. Aber auch Öl bot einen gewissen Schutz, der Umfang des Schutzverlustes war allerdings umstritten. Dennoch, im Hinblick auf die geringe Breite der *Royal Sovereign*-Klasse, lag der Unterwasserschutz unter dem Standard, der durch die *Queen Elizabeth*-Klasse gesetzt worden war. Im März 1915, noch während des Baues, wurde angeordnet, die *Ramillies* mit Seitenwulsten zu versehen. Grundlage dieser Anordnung waren eine Reihe von gründlichen Versuchen, die mit dem *Chatham-Floß* durchgeführt worden waren, um die beste Form des Unterwasserschutzes gegen Torpedos und Minen herauszufinden. (*Chatham-Floß* war der Name für eine Reihe von Mittschiffssektionen von Kriegsschiffen, die gebaut worden waren, um an ihnen die Wirkung von Unterwasserexplosionen an Schiffskörpern und ihrer Konstruktionsform sowie das beste Torpedoschutzsystem zu erproben. Die Versuche wurden für gewöhnlich durchgeführt an Modellen, die zuerst den Maßstab 1:4, dann 1:2 und zuletzt 1:1 besaßen, erst danach wurde die Entscheidung für ein bestimmtes Unterwasserschutzsystem gefällt.) Jeder Wulst war in obere und untere Kammern unterteilt, wobei der untere nochmals in Längsrichtung unterteilt war. Die inneren Kammern des unteren Wulstteils wurden mit Stahlrohren, deren Durchmesser 22,86 cm betrug und die an den Enden verschlossen waren, ausgefüllt. Die Rohre sollten die Wirkung einer Unterwasserexplosion mindern und das Durchschlagen der Schottwände durch Splitter und Trümmer, die durch die Wucht der Explosion entstanden, verhindern. Zwischen der Außenwand und den Rohren befand sich ein Luftzwischenraum von 1,21 m. Diese Breite durfte aus Stapellaufbedingungen nicht überschritten werden. Die Wulste reichten von den vorderen bis zu den hinteren Torpedoräumen und standen an den Seiten 2,13 m über, wodurch die Breite des Schiffes auf 31,26 m anwuchs. Gleichzeitig verminderte sich der Tiefgang um über 30,5 cm. Die Wulste erhöhten das Gewicht um 2500 ts, einschließlich der Rohre mit 773 ts und 194 ts Holz. Im Oktober 1917 wurde entschieden, die übrigen vier Schiffe der Klasse ebenfalls mit Wulsten zu versehen, jedoch mit der Forderung, an erster Stelle die Stabilität zu erhöhen, in zweiter Linie den Unterwasserschutz zu verstärken. Diese Wulste erhielten ein anderes Aussehen. Sie sind im folgenden Abschnitt beschrieben.

Stabilität

Das Höhersetzen des Panzerdecks vergrößerte den Umfang des gepanzerten Restauftriebs in einem Maße, daß die Stabilität auch bei einem durchschossenen Schiff sehr viel größer geworden war als bei früheren Entwürfen. Da es bei früheren Schiffsklassen immer wieder Beschwerden gegeben hatte wegen des harten Rollens der Schiffe, entschied man, da der Restauftrieb vergrößert war, das Anfangs-*GM* zu verkleinern, indem man die Breite verringerte. Das bewirkte längere und sanftere Schlingerbewegungen und bot damit eine bessere Geschützplattform. Diese Veränderung brachte jedoch keine grundlegende Verbesserung und bewährte sich nicht wie gewünscht, weil jetzt Schiffsdrehungen erhebliche Schlagseiten hervorriefen. Mehr noch, frühere Schiffe hatten im Einsatz bewiesen, daß sie durchaus keine so schlechte Geschützplattform waren, und die Wirkung ihres Schießens wurde vom Schlingern nicht beeinflußt. Die Wulste, die *Ramillies* noch vor Fertigstellung erhielt, kehrten die konstruktiven Stabilitätsforderungen durch Vergrößerung der Breite und das Anwachsen von *GM* um. Man entschied daher, auch die restlichen vier Schiffe mit Wulsten auszurüsten, damit die Anfangsstabilität größer und der Trimm verbessert wurde. *Revenge* erhielt die Wulste zwischen Oktober 1917 und Februar 1918, *Resolution* zwischen Ende 1917 und Mai 1918. Der untere Teil der Wulste

Tabelle 8: ROYAL SOVEREIGN-Klasse

GM und Stabilitätsbereich des endgültigen Entwurfs:

Zustand	Verdrängung (ts)	*GM* (m)	Grenze (°)
Einsatzverdrängung mit 3400 ts Heizöl (95%)	29.050	1,52	69
Konstruktionsverdrängung mit 900 ts Heizöl	25.800	0,81	58,5
Leer	24.650	0,74	58

Aufstellung nach einem Krängungsversuch der *Royal Sovereign:*

Zustand	Verdrängung (ts)	*GM* (m)	Grenze (°)
Einsatzverdrängung mit 3400 ts Heizöl (95%)	31.160	1,51	67
Verdrängung bei Seefahrt mit 2890 ts Heizöl	30.650	1,26	59
Konstruktionsverdrängung mit 900 ts Heizöl	27.970	0,85	57
Leer	26.770	0,72	56

Nach einem Krängungsversuch der *Revenge* (nach Anbau der Wulste):

Zustand	Tiefgang (m)	Verdrängung (ts)	*GM* (m)	Grenze (°)
Einsatzverdrängung mit 3400 ts Heizöl (95%)	9,84	32.820	1,57	68,3
Verdrängung mit 3040 ts Heizöl (85%)	9,71	32.460	1,55	67,2
Konstruktionsverdrängung mit 900 ts Heizöl	8,93	29.590	1,59	62,3
Leer	8,64	28.410	1,60	59,3

◄ *Royal Oak* im Mai 1916 bei Drehkreiserprobungen

Einzelheiten der ROYAL SOVEREIGN-Klasse, 1916 bis 1919

Verdrängung:

Konstruktionsverdrängung:	
Royal Sovereign nach Fertigstellung	27970 ts
Royal Sovereign mit Wulsten	29560* ts
Revenge nach Fertigstellung	28000* ts
Revenge mit Wulsten	29590 ts
Ramillies nach Fertigstellung mit Wulsten	30300* ts
Einsatzverdrängung:	
Royal Sovereign nach Fertigstellung	31160 ts
Royal Sovereign mit Wulsten	32700* ts
Revenge nach Fertigstellung	31250 ts
Revenge mit Wulsten	32820 ts
Ramillies nach Fertigstellung mit Wulsten	33540 ts

Tiefgangszunahme (gemäß Entwurf): 35,8 ts/cm

Abmessungen:	Länge (üa)	Breite (einschl. Wulste)
Ramillies	189,28 m	31,11 m
Resolution	189,15 m	30,91 m
Revenge	190,88 m**	30,93 m
Royal Oak	189,25 m	31,14 m
Royal Sovereign	189,30 m	30,96 m

Tiefgang:	
Royal Sovereign nach Fertigstellung	9,38 m
Ramillies nach Fertigstellung mit Wulsten	9,05 m
Revenge mit Wulsten	8,93 m

Bewaffnung:
8 × 38,1 cm-Mk I in Einzellafette Mk I
14 × 15,2 cm-Mk XII in Einzellafette P IX
2 × 7,62 cm-Luftzielgeschütze
4 × 3 Pdr-Salutgeschütze (nur im Frieden)
5 Maxim-MG
4 × 53,3 cm-UTR

Munitionsvorrat:

38,1 cm	= 100 Schuß/Geschütz
15,2 cm	= 130 Schuß/Geschütz
	100 Leuchtgranaten/Schiff
3 Pdr	= 64 Schuß/Geschütz
20 Torpedos	

Panzerung:

Gürtelpanzer	33 cm mittschiffs, 15,2 cm vorn, 10,2 cm hinten
Oberer Gürtelpanzer	15,2 cm
Zitadellschotte	15,2 cm vorn, 10,2 cm hinten
Türme	28 cm Seiten, 33 cm Front, Decke 11,43 cm
Barbetten	25,4 bis 10,2 cm
15,2 cm-Batterie	15,2 cm Seiten, 10,2 cm Schotte
Kommandoturm	28 cm
Kommandoturmschacht	15,2 und 10,2 cm
Torpedoleitstand	15,2 cm
Torpedoleitstandschacht	10,2 cm

Stahlschutzplatten, vertikal:

Torpedoschotte	3,8 und 2,54 cm
Schornsteinhälse	3,8 cm zwischen Aufbau- und Backdeck, 2,54 cm zwischen Ober- und Backdeck

Stahlschutzplatten, horizontal:

Backdeck über die Batterie	2,54 cm
Oberdeck	2,54; 3,17 und 3,8 cm zwischen den Barbetten „A" und „Y"
Hauptdeck, Ebene	2,54 und 5,08 cm über den Magazinen und Maschinenräumen, 2,54 cm vorn
Hauptdeck, Böschung	5,08 cm
Mitteldeck	2,54 cm über den Magazinen „Y" und hinteren Torpedoräumen; 5,08, 7,62 und 10,2 cm über dem Rudermaschinenraum (nach Skagerrak wurden die Stahlschutzplatten über den Magazinen „X" und „Y" verstärkt)
Zwischendeck	Ab Barbette „A" nach vorn 2,54–6,34 cm

Antriebsanlage:
Parsonsturbinen, direkt auf vier Wellen geschaltet; 40000 WPS ≙ 23 kn bei 320 u/min/Welle. Höchste Geschwindigkeit in See 20,75 kn bei 36000 WPS
Brennstoffvorrat:
3400 ts Heizöl (normale Höchstfüllung), 160 ts Kohle

Baukosten:

Royal Sovereign	= 2.570.929 £
Royal Oak	= 2.488.269 £
Revenge	= 2.406.500 £
Resolution	= 2.449.680 £
Ramillies	= 3.295.800 £

Besatzung: 920 Mann

* Werte abgerundet
** einschl. Heckgalerie

setzte sich aus wasserdichten Kammern zusammen, ohne Rohrbestückung; der obere Teil wurde mit einer Mischung von Zement und Kleinholz ausgefüllt. Dieses Verfahren verringerte den Tiefgang um ~ 40,6 cm bei gleichzeitiger Vergrößerung der Verdrängung um 1526 ts, von denen 640 ts Zement und 186 ts Holz waren. Die Breite der *Revenge* betrug danach 30,93 m, die der *Resolution* 30,90 m. Die Arbeiten bei der *Royal Sovereign* wurden nicht vor Dezember 1920 begonnen; zu dieser Zeit beabsichtigte man, die Anfangsstabilität weiter zu erhöhen, und zwar durch Vergrößerung der oberen Wulstteile und somit auch der Wasserlinienfläche. Man baute also wieder Stahlrohre ein, das Holz und auch ein Teil des Zements wurden entfernt. Die Arbeiten an der *Royal Sovereign* waren erst im Oktober 1924 abgeschlossen. Die Wulste vergrößerten die Verdrängung um 1474 ts, wovon 763 ts Rohre und Zement waren. Nachdem bekannt wurde, daß die Schiffe mit Wulsten übermäßig schlingerten, führte man verschiedene Erprobungen in Haslar durch, um herauszufinden, welches die beste Wulstform für die *Royal Oak* sei, um dann in Verbindung mit neuen, verbesserten Schlingerkielen dieses Problem zu lösen. Die *Royal Oak* erhielt die neuen Wulste in der Zeit von 1922 bis 1924 (siehe Seite 145), die nachfolgenden Schiffe erhielten auch neue Schlingerkiele. In der Tabelle 8 (Seite 37) sind das *GM* und der Stabilitätsbereich zu verschiedenen Zeiten aufgezeigt. Die Verdrängung nach Fertigstellung der Schiffe überschritt die in der Konstruktionslegende wesentlich, mehr als bei der *Queen Elizabeth*-Klasse, jedoch glichen die zusätzlichen Wulste diese Gewichtszunahme aus.

Maschinenanlage

Die Anordnung der Turbinen entsprach der bei der *Queen Elizabeth*-Klasse. Der Dampf wurde von 18 Yarrow-Kesseln in drei Kesselräumen erzeugt. Im Originalentwurf waren zwei Schornsteine vorgesehen, jedoch erfolgte später die Änderung in der Form, daß die Schornsteinhälse in einem großen Schornstein zusammengeführt wurden.

Zuerst hatte man gewisse Sorgen, daß die angebauten Wulste einen Geschwindigkeitsverlust bewirken würden, jedoch stellte man im Laufe der Zeit fest, daß die Schiffe mit den Wulsten der See weniger Widerstand entgegensetzten. Wiederum verhinderten die Kriegsereignisse die Durchführung umfassender Erprobungen, jedoch wurden auf der Meilenstrecke von Skelmorlie die in Tabelle 9 (siehe Seite 39) angegebenen Ergebnisse erzielt. Während der

Tabelle 9: Auswirkungen des Wulstanbaues

	Revenge ohne Wulste	*Ramillies* mit Wulsten
Datum	24. März 1916	30. September 1917
Tiefgang	10,10 m	9,79 m
Verdrängung	30.750 ts	33.000 ts
Leistung	42.650 WPS	42.383 WPS
Geschwindigkeit	21,9 kn	21,5 kn
Wellendrehzahl	330 u/min	326 u/min

Erprobungen überschritten alle Schiffe die Konstruktionsleistung. Die amtlichen Daten waren:

Royal Sovereign	41115 WPS
Revenge	41938 WPS
Ramillies	42356 WPS
Resolution	41406 WPS
Royal Oak	40306 WPS

Diese Werte wurden vermutlich während der Werftprobefahrten ermittelt, wo und wann ist nicht bekannt.

Hilfsmaschinen

Die elektrische Energie erzeugten zwei ölmotorbetriebene 125 kW-Generatoren und zwei Turbo-Generatoren mit je 200 kW. Der erzeugte Gleichstrom von 240 V wurde in eine Ringspeiseleitung geführt. Im August 1917 erfolgte der Einbau eines zusätzlichen Generators, der, mittels Dampfkolbenmaschine angetrieben, zusätzlich 200 kW Gleichstrom erzeugte. Die Frischwassererzeugungsanlage war ähnlich der in der *Queen Elizabeth*-Klasse, jedoch von geringerer Leistung. Sie erzeugte durchschnittlich 188 ts/Tag, wenn es hochkam 225 ts/Tag.

Allgemeines

Alle früheren britischen Dreadnoughts besaßen Doppel-Balance-Ruder, deren Ruderwirkung dem Einzelruder allgemein überlegen

Oben: Ein Blick über den Bug der *Royal Oak*, 1917 ▸
Unten: Die hinteren Aufbauten und das Achterdeck der *Royal Oak* 1918. Um die Plattform des Seesterns am Großmast herum befinden sich Splitterschutzmatten.

Royal Sovereign

-Klasse: Längsschnitt mit Seitenwulst

1 Maschinenraum
2 Kesselräume
3 38,1 cm-Munitionskammern
4 38,1 cm-Magazine
5 38,1 cm-Feuerleitstand
6 Kommandostand
7 Schornsteinhälse/Kesselraumschächte
8 Kesselraumluftschächte
9 hinterer Feuerleitstand

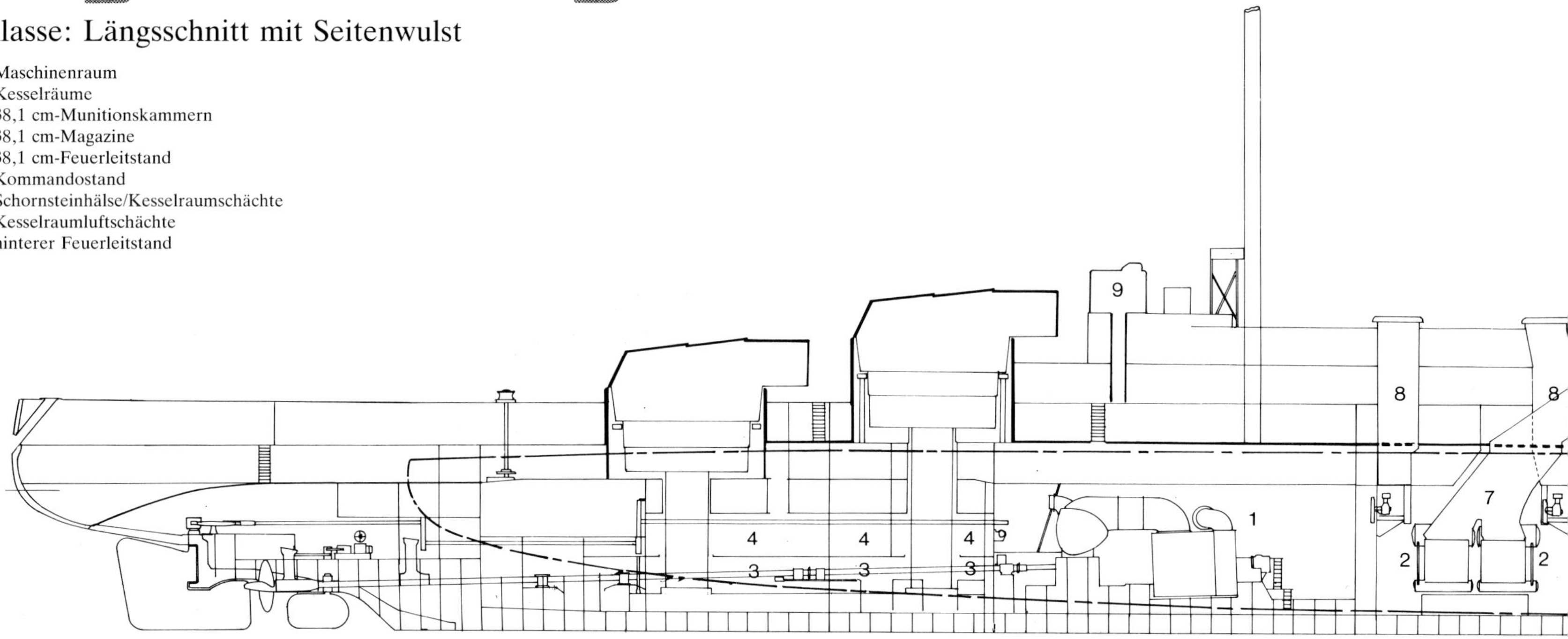

Royal Sovereign 1919/20, vor Anbau der Wulste

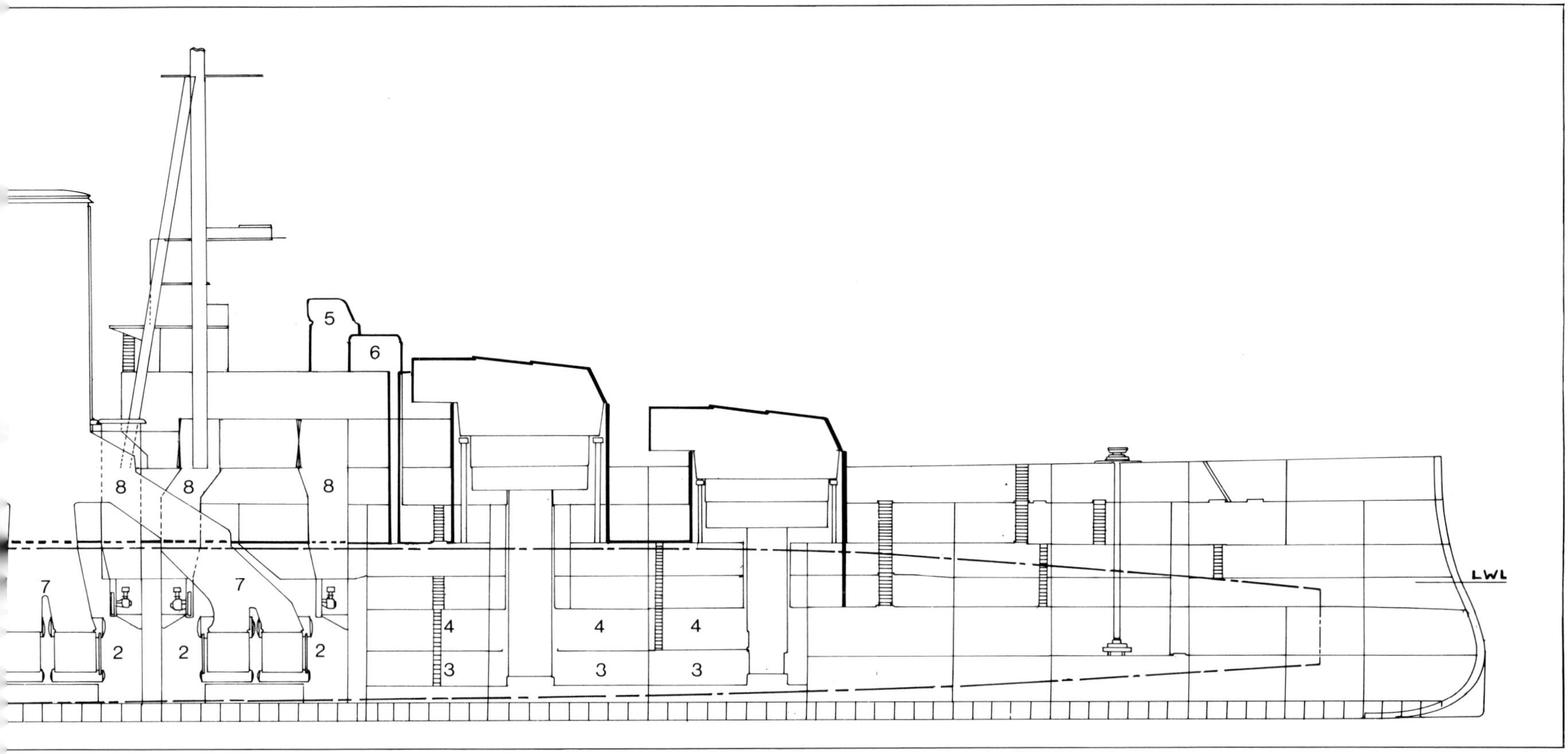

Royal Oak 1919, Beachte die Zubauten zu dieser Zeit: Vormarsstenge, Flugzeugstartbühnen, Scheinwerferstände und vergrößertes Vormars.

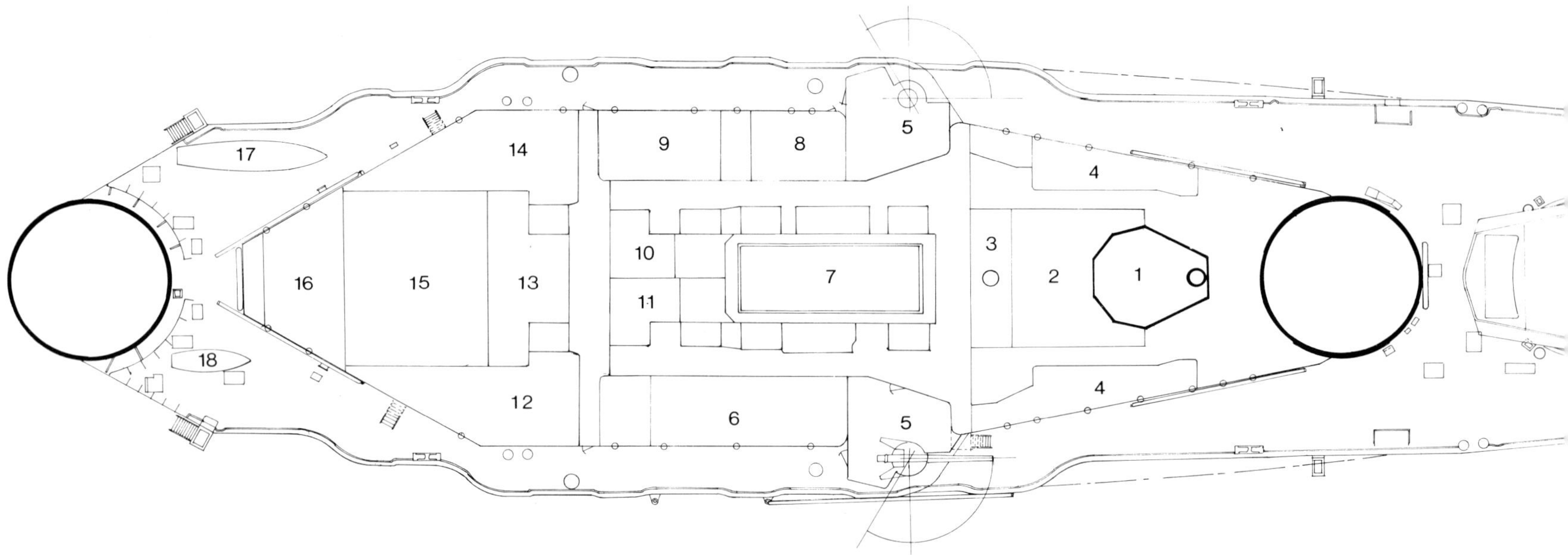

Backdeck:
1 Nachrichtenzentrale
2 Kombüse
3 Kochsküche
4 Werkstätten
5 15,2 cm-Geschütze
6 Mannschaftsleseraum
7 Schornsteinhals
8 Bäckerei
9 Deckoffiziersmesse
10 Küche Kadettenmesse
11 Küche Offiziersmesse
12 Vorraum Offiziersmesse
13 Anrichte Offiziersmesse
14 Kadettenmesse
15 Offiziersmesse
16 Vorraum Offiziersmesse
17 9,14 m-Ruderboot (Gig)
18 4,87 m-Dingi

Schutzdeck 1918:
1 Signalverteilungsraum
2 Navigationsoffizierskammer
3 Kommandanten-Seekabine
4 Admirals-Seekabine
5 Vorraum
6 8,23 m-Boot (Whaler)
7 9,14 m-Ruderboot (Gig)
8 9,75 m-Rettungskutter
9 12,8 m-Barkasse (Launch)
10 8,23 m-Boot (Whaler)
11 15,24 m-Dampfpinassen
12 10,97 m-Segelpinasse
13 9,75 m-Rettungskutter
14 7,62 cm-Luftzielgeschütze

Kommandoturmplattform:
1 Kommandostand
2 38,1 cm-Feuerleitstand
3 15,2 cm-Feuerleitstände
4 Admirals-Kartenraum
5 Nachtgefechtsleitstand

Untere Scheinwerferplattform
6 Kartenhaus

Obere Scheinwerferplattform
7 Kommandanten-Seekabine

Kompaßplattform
8 Kartenhaus

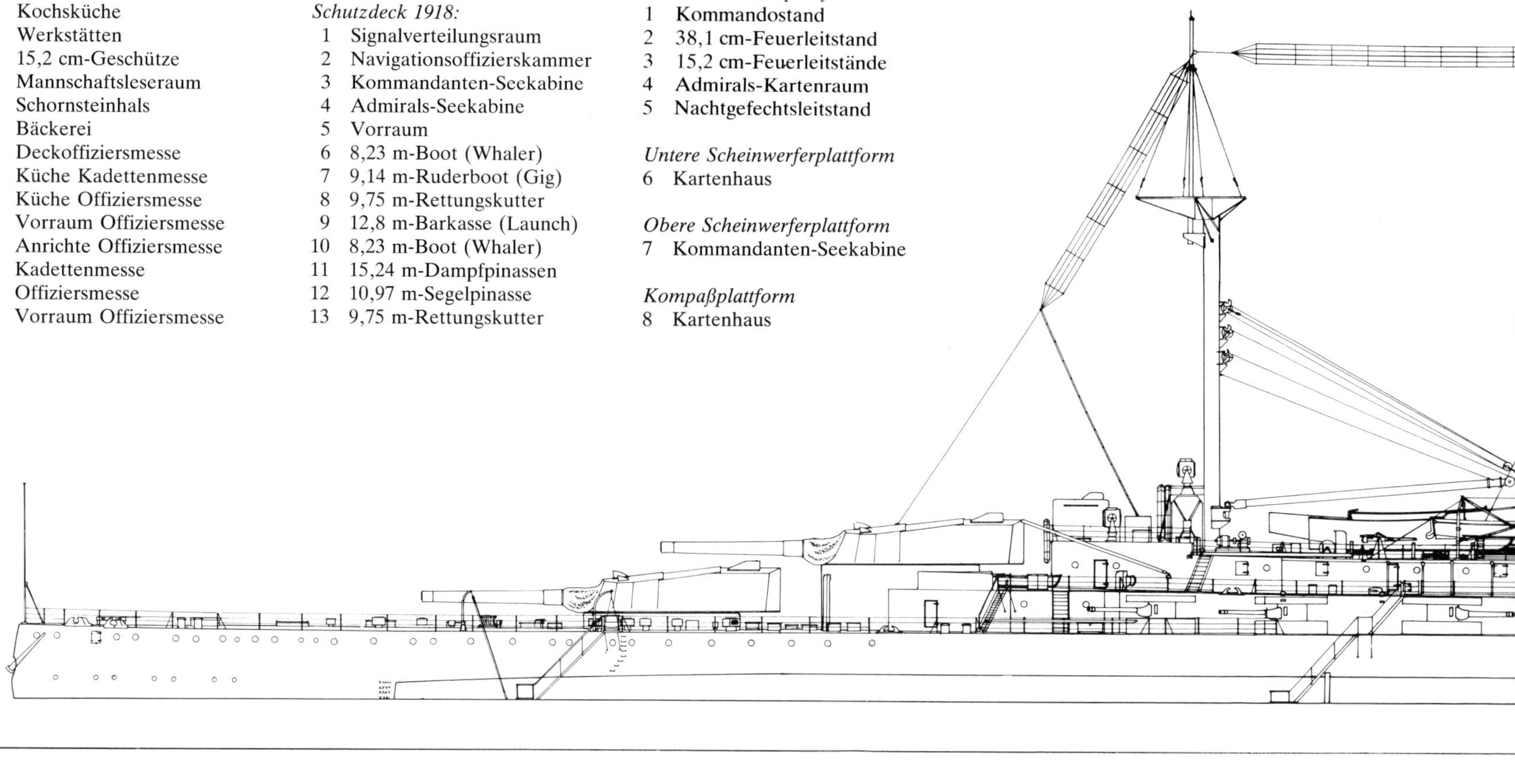

Resolution

nach Werftliegezeit 1918: Seitenansicht und Decks

▼ *Backdeck, 1918*

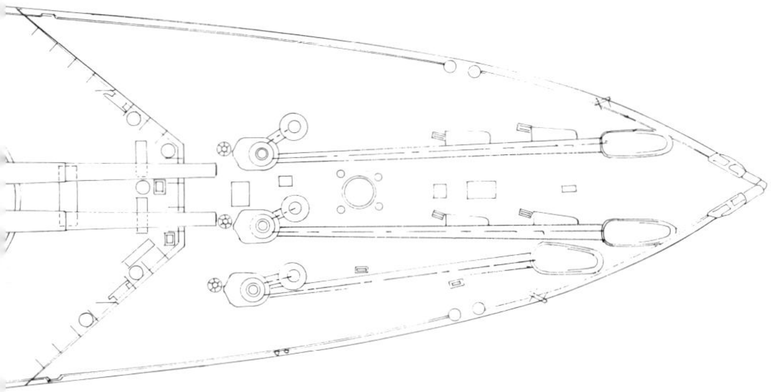

Kompaß-plattform

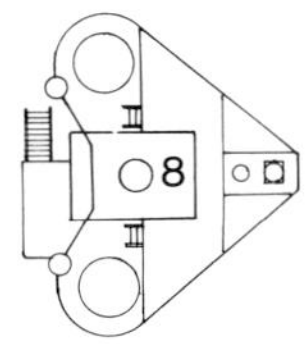

Obere Schein-werferplattform

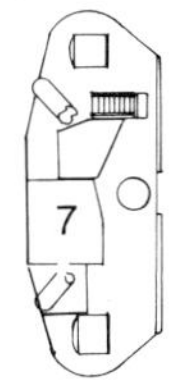

Untere Schein-werferplattform

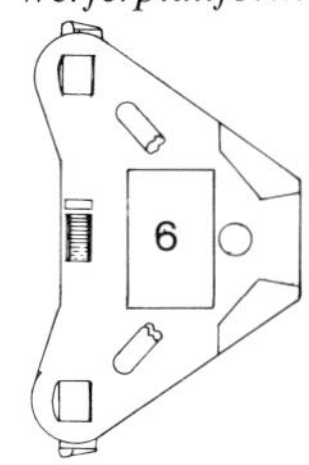

Kommandoturmplattform

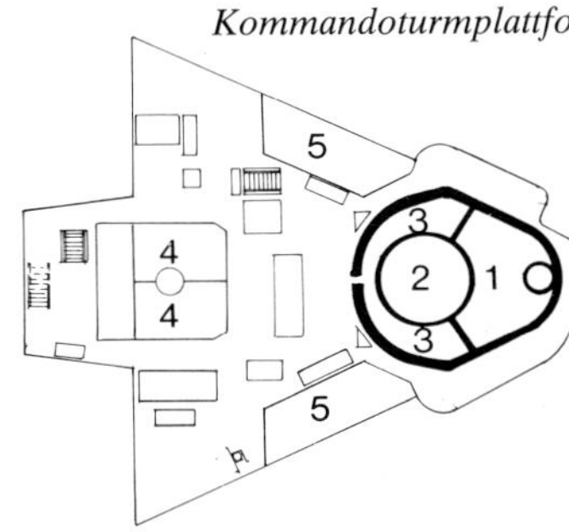

▼ *Schutzdeck, 1918*

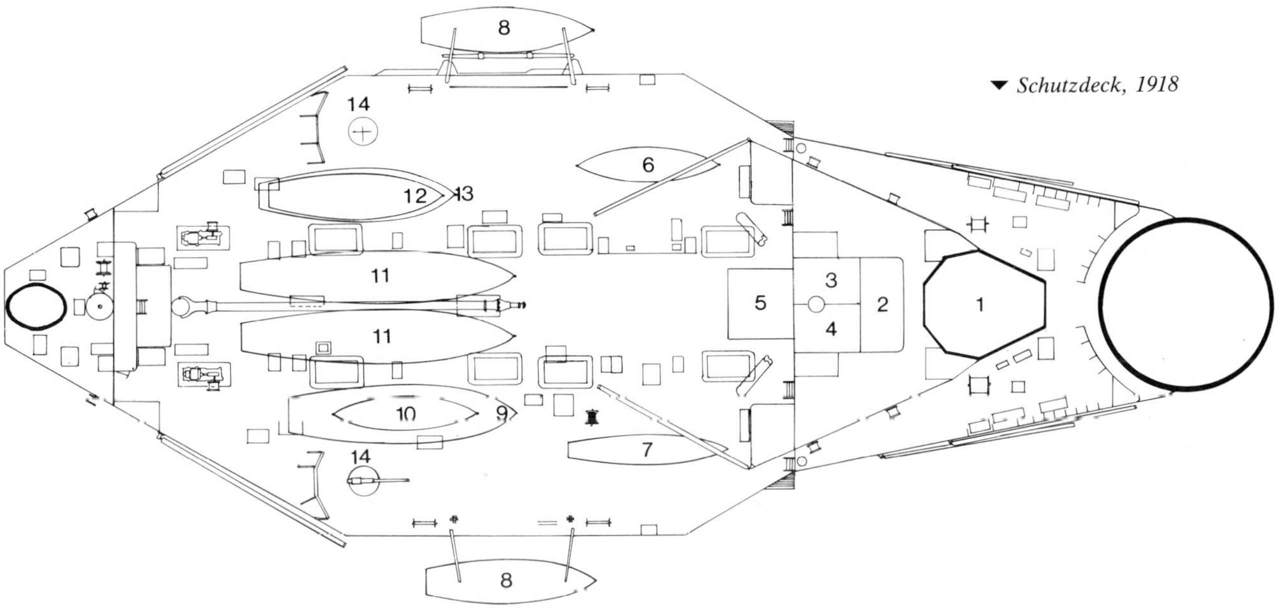

▼ *Seitenansicht*

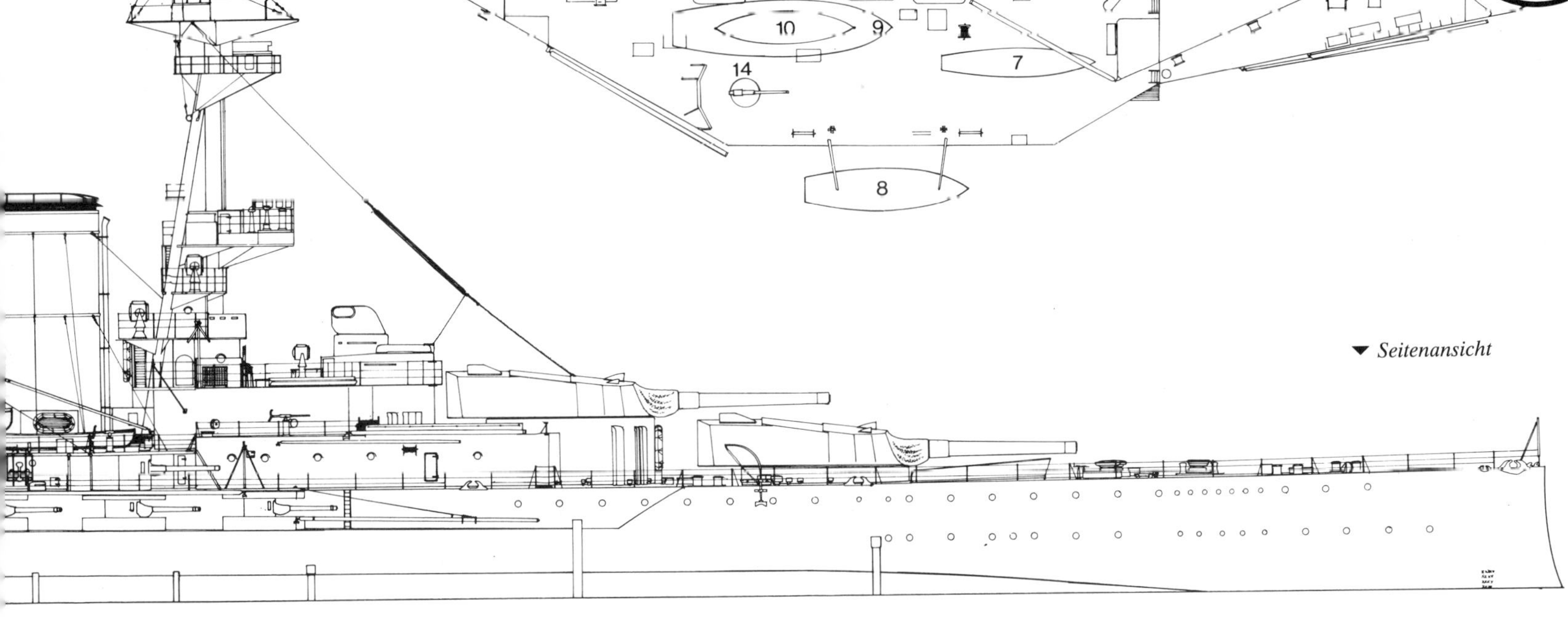

war. Die *Royal Sovereign*-Klasse erhielt ein großes Einzelruder, das durch ein kleines, davorsitzendes Hilfsruder ergänzt wurde. Beide befanden sich in der Schiffsmittellinie. Für diese Anordnung gab es drei Gründe:

1. Die Ruder waren weiter auseinander, somit war die Wahrscheinlichkeit einer gleichzeitigen Beschädigung durch Treffer geringer.
2. Sie boten weniger Widerstand gegen die Vortriebskraft (mit Doppelrudern betrug dieser nach Berechnung 3% des Gesamtwiderstandes).
3. Bei einigen Schiffen, die mit Doppelrudern ausgerüstet waren, hatte es wiederholt größere Schwierigkeiten gegeben, wenn mit Handruder gesteuert wurde, insbesondere bei Hartruderlagen beim Zurückdrehen in die Mittschiffslage. Bei der neuen Konstruktion wurde nur das kleine Ruder per Hand bewegt, das ja auch leichter zu handhaben war. Das Hilfsruder war so konstruiert, daß es sowohl synchron mit dem Hauptruder als auch allein gelegt werden konnte, im letzteren Fall entweder von Hand oder durch einen Elektromotor mit einem *Hele-Shaw*- oder dem *Williams-Janney*-Steuergerät. In der Praxis jedoch erwies sich das kleine Ruder als wenig brauchbar, weder in Verbindung mit dem Hauptruder noch allein, und so wurde es schließlich wieder ausgebaut.

Die Art der Raumausnutzung bezüglich der Unterkünfte und Wohnverhältnisse auf der *Queen Elizabeth*-Klasse wurde bei der *Royal Sovereign*-Klasse übernommen und noch erweitert. Letzteres war möglich durch den vergrößterten Aufbau auf dem Backdeck, welcher die Kombüse, die Offiziersmesse und weitere Räume aufnahm, zusätzlich wurde ein großer Unterhaltungsraum auf dem Backdeck errichtet.

◀ Oben: *Resolution* während Probefahrten im Mai 1918, nach Anbau der Wulste. Abgesehen von der Takelung wurden keine weiteren Änderungen vorgenommen, sie führt weiterhin die alte Scheinwerferaufstellung und den Vormars.
Mitte: *Ramillies* 1921. Die Scheinwerfer vom Stand unterhalb des Großmastes sind entfernt. *Ramillies* hatte diesen Stand schon bei Fertigstellung erhalten. Die anderen Schiffe der Klasse erhielten Stände unterschiedlicher Art erst nach Fertigstellung.
Unten: *Royal Oak* 1921.

Das Backdeck der *Royal Sovereign* 1919.

Umbauten und Erweiterungen

Zusätzlich zu den bereits angeführten wurden während des Ersten Weltkrieges und kurz danach folgende Modifizierungen vorgenommen:

Wie bei der *Queen Elizabeth*-Klasse wurde der vordere Teil des Schiffskörpers durch den zusätzlichen Einbau von Zwischenspanten und Verstärkungen versteift.
Um die wasserdichte Einteilung zu verbessern, wurden in das Belüftungssystem zusätzliche

Oben: *Ramillies* etwa 1922/23. Gerade noch erkennbar in diesem Bild ist der Schießentfernungsanzeiger an der Rückseite des Vormarsdaches.
Unten: Das Achterdeck der *Ramillies* Ende 1919. Beachte den Schießentfernungsanzeiger oberhalb Turm „X".

Ventile eingebaut, desgleichen erhielt das Feuerlöschleitungssystem zusätzliche Absperrarmaturen. Außerdem traf man Vorkehrungen, die Krängung der Schiffe durch die Möglichkeit des Umpumpens von Heizöl oder Gegenflutens bestimmter Abteilungen zu korrigieren. In die Maschinenräume wurden in den Lüftungsschächten wasserdichte Klappen eingebaut. Zusätzlich wurden weitere Frischwasserzellen und zugehörige Pumpen installiert.
Die Hebevorrichtungen in den äußeren Maschinenräumen wurden ausgebaut.
Als Ergebnis der Skagerrakschlacht erhielt das Hauptdeck über den Magazinen zusätzlich 2,54 cm starke hochelastische Stahlschutzplatten. Die Torpedoschotte erhielten die gleiche Verstärkung. Die 38,1 cm-, 15,2 cm-Magazine und deren Umladeräume erhielten stichflammenfeste Durchreichen.
Es wurden zusätzliche Einrichtungen für Fernmeldeanlagen eingebaut.
1918 erhielten die Türme „B" und „X" je eine Flugzeugstartbühne aufgesetzt. Die 5 Schiffe führten seitdem 2 Aufklärer und 8 Jagdflugzeuge mit sich.
Die Türme „B" und „X" erhielten aufgemalte Turmpeilrichtskalen (auf *Royal Oak* und *Royal Sovereign* waren es die Türme „Y" und „A").
Am Vormars wurden Entfernungsanzeiger angebracht, desgleichen an der Rückseite des hinteren Scheinwerferstandes. Nach Kriegsende wurden die Skalen übermalt, die Entfernungsanzeiger etwa 1925 wieder abgebaut.
Am Schornstein und Großmast wurden zwischen 1916 und 1918 Scheinwerferstände mit Richtanlagen installiert. *Ramillies* wurde bereits mit diesen Ständen fertiggestellt, wobei der eine Schornsteinstand niedriger war als die gleichen auf den anderen Schiffen. 1921 wurden die zwei Scheinwerfer auf dem Scheinwerferstand am Großmast entfernt, der Stand selbst 1922 auf der *Royal Sovereign* ausgebaut, bei den übrigen Schiffen der Klasse zwischen 1923 und 1928.
Zwischen 1916 und 1917 erhielten die Schiffe zusätzliche Carley-Flöße.
Zwischen 1917 und 1919 wurden die Vormarse umgebaut und vergrößert, um je einen Scheinwerferrichtstand und ein EMeßGerät in einer Kuppel aufzunehmen.
1919 führten alle Schiffe kurze Vormars- und Großmarsstengen, lediglich *Revenge* besaß eine Stenge auf dem Vormars. Sie führte auch eine zusätzliche Rahe auf dem Vormars. 1919 erhielt die *Resolution* einen Flaggenstock am Vormars, der jedoch schon 1920 wieder entfernt wurde.
Revenge wurde 1919 mit einer Heckgalerie ausgerüstet.
Zwischen 1919 und 1922 wurde das 4,57 m-EMeßGerät der Türme „B" und „X" auf allen Schiffen durch ein 9,14 m-Gerät ersetzt.
Die Schiffe wurden mit Bugschutzgeräten ausgerüstet.
Ramillies, Revenge und *Resolution* erhielten Fesselballonwinden, die jedoch kurz nach Kriegsende wieder abgebaut wurden.

III. Renown und Repulse 1914 bis 1919

Das *1914er Programm* sah den Bau von drei Schiffen der *Royal Sovereign*-Klasse – *Renown, Repulse* und *Resistance* – sowie eines weiteren Schiffes der *Queen Elizabeth*-Klasse – *Agincourt* – vor. Die *Royal Sovereign*-Klasse, nahezu identisch mit den Schiffen des 1913er Programms, wies gegenüber diesen einige Verbesserungen auf, wozu auch die Torpedoschotte mit ihrer einheitlichen Stärke von 3,8 cm gehörten. Am 13. Mai 1914 wurden die Spezifikationen für diese neuen Schiffe von der *Admiralität* genehmigt. Im Juni 1914 wurde entschieden, die *Agincourt* in der Marinewerft Portsmouth, die *Resistance* in der Marinewerft Devonport zu bauen. Die beiden anderen Schiffe wurden ausgeschrieben. Den Zuschlag erhielten dann Palmers für die *Repulse* und Fairfield für die *Renown*. Mit Ausbruch des Krieges wurden alle Arbeiten an den vier Schiffen eingestellt und am 26. August 1914 für die Schiffe auf den Marinewerften der Bauauftrag aufgehoben, weil man glaubte, daß sie nicht mehr so rechtzeitig fertig würden, um noch ins Kampfgeschehen eingreifen zu können. Als im Oktober 1914 – auf Empfehlung Churchills – Admiral Fisher als *1. Seelord* in die *Admiralität* zurückkehrte, um den zu Unrecht seines Postens enthobenen Admiral Prinz Ludwig von Battenberg abzulösen, schrieb Churchill später in seinen Memoiren *„The World Crisis“*: „Lord Fisher wurde sehr aktiv in seinem Geschäft und legte eine unwahrscheinliche Energie an den Tag. Bei einer Konferenz versammelte er alle namhaften Schiffskonstrukteure und Vertreter der Schiffswerften um sich, und nach vier bis fünf erfolgreichen Tagen, in denen ihn jede Minute aufs neue begeisterte, legte er mir eine Menge Pläne vor für den vermehrten Bau von Ubooten, Zerstörern und Kleinkampffahrzeugen, wie ich oder irgendeiner meiner Berater es nie für möglich gehalten hätten.“ Zweifellos trug diese Zusammenkunft sehr viel zur Steigerung der Kriegsanstrengungen bei, aber leider schenkte Fisher auch Schiffen größerer Klassen seine Aufmerksamkeit. Sehr schnell lebte seine Idee von leichtgepanzerten aber schwerbewaffneten Schlachtkreuzern wieder auf. Zwar schien mit dem Bau der *Queen Elizabeth*-Klasse die Schlachtkreuzeridee überholt zu sein, das war aber nicht der Fall. Obgleich nie vorgesehen war, daß die *Queen Elizabeth*-Klasse Schlachtkreuzer ersetzen sollte, war sie doch nicht schnell genug, um einen schnellen Flügel der Schlachtflotte zu bilden, was ja eigentlich der Grund für ihren Bau gewesen war; und ein ähnlicher Entwurf mit höherer Geschwindigkeit hätte die Schlachtkreuzer mit Sicherheit schlagartig entbehrlich gemacht.

Fishers Argumente wurden noch untermauert durch das Gefecht in der Helgoländer Bucht am 28. August 1914 und die Schlacht bei den Falkland-Inseln am 8. Dezember 1914, wo die überlegene Feuerkraft, gepaart mit hoher Geschwindigkeit, hervorragend demonstriert worden war. Seine frühere Schlachtkreuzerpolitik schien dadurch gerechtfertigt zu sein.

Nach der Falklandschlacht ersuchte er Churchill, sich im Kabinett für den Bau von Schlachtkreuzern einzusetzen. Der *1. Lord der Admiralität* weigerte sich jedoch mit der Begründung, daß dies den Bau viel wichtigerer Schiffe störend beeinflussen würde, und die neuen Schlachtkreuzer würden ohnehin nicht vor Kriegsende fertig sein. Fisher machte daraufhin geltend, daß er dafür sorgen würde, die Schiffe in einer Rekordzeit zu bauen, wie es acht Jahre zuvor mit der *Dreadnought* geschehen war. Er wies auch darauf hin, daß kein britisches Großkampfschiff, egal ob in Bau oder fertiggestellt, in der Lage sei, die *Lützow* (deutscher Schlachtkreuzer)*, deren Geschwindigkeit mit 28 kn angegeben war, an Geschwindigkeit zu übertreffen. Schließlich gab Churchill dem Druck, der, angestiftet von Fisher, von verschiedenen Seiten auf ihn ausgeübt wurde, nach und erwirkte vom Kabinett die Freigabe für den Bau von zwei Schlachtkreuzern.

* Anmerkung des Übersetzers.

Als erstes informierte Fisher am 19. Dezember 1914 den *DNC*. Der Entwurf sollte im Grunde genommen eine vergrößerte Version der *Invincible* sein, mit einer vorrangig hohen Geschwindigkeit und ausgestattet mit einer möglichst starken SA, während der Panzerschutz nur drittrangig sein sollte. Fisher wünschte Schiffe mit einer Fähigkeit, 32 kn laufen zu können, mit einer Bewaffnung von 38,1 cm-Geschützen und einem Schiffsschutz, der dem früherer Schlachtkreuzer entsprach. Außerdem sollten sie nur einen geringen Tiefgang haben, damit sie in der Ostsee operieren konnten (eine Lieblingsidee Fishers: Landungsunternehmen in Deutschland), ein Plan, der jedoch von der *Admiralität* verworfen wurde, genauso schnell, wie Fisher von dort verschwand. Für die neuen Schiffe konnten lediglich sechs 38,1 cm-Lafetten zur Verfügung gestellt werden, und der Entwurf mußte zwangsläufig dementsprechend gefertigt werden. Die notwendigen Abmessungen des Schiffes für die vorgesehene Ausrüstung und Geschwindigkeit lagen am 21. Dezember vor, und am 24. Dezember begutachtete Fisher ein Modell der geplanten Schiffe. Bevor es der *Admiralität* vorgestellt wurde, schlug er noch einige Verbesserungen vor; das verbesserte Modell war dann zwei Tage später fertig. Am 28. Dezember lag die Genehmigung vor, und der *DNC* erhielt den Auftrag, die Detailentwürfe zu fertigen. Mit den Bauwerften unterhielt Fisher sich schon am folgenden Tag. Es war entschieden worden, die Bauverträge der beiden annullierten Schiffe der *Royal Sovereign*-Klasse (*Renown* und *Repulse*) zu erneuern; da aber Palmers für Schiffe dieser außergewöhnlichen Länge keine Helling besaß, erhielt die Werft John Brown den Zuschlag. Fisher wünschte, daß die Schiffe in einer Rekordzeit von 15 Monaten fertiggestellt würden, und unterstrich

Tabelle 10: Baudaten der Renown und Repulse

	Kiellegung	Stapellauf	Fertigstellung	Bauwerft	Hersteller der MaschAnlagen
Renown	25. Januar 1915	4. März 1916	20. September 1916	Fairfield	Fairfield
Repulse	25. Januar 1915	8. Januar 1916	18. August 1916	John Brown	John Brown

diese Forderung mit den pathetischen Worten: „Wir müssen jeden, der sich uns in den Weg stellt, beseitigen.“ Man kam überein, die Bauzeit von 15 Monaten mit in die Bauverträge aufzunehmen, und die Aufträge wurden sofort erteilt.

Das große Tempo, mit dem dieses Verfahren vor sich ging, widersprach der normalen Praxis der *Admiralität,* so daß die offizielle Baugenehmigung nicht vor dem 30. Dezember erteilt wurde, die Genehmigung der modifizierten Entwürfe erfolgte sogar erst im März 1915. Während der folgenden Wochen sichtete das *DNC-Amt* schon beschafftes Baumaterial der zwei Schiffe von der *Royal Sovereign*-Klasse bei Palmers und Fairfield und entschied, welche Teile davon für die neuen Schiffe übernommen werden konnten. Das Material von Palmers ging dann nach Clydebank. Bis zum 21. Januar 1915 besaßen die Bauwerften genügend Unterlagen, um mit dem Bau beginnen zu können, und am 25. Januar 1915 erfolgte die Kiellegung beider Schiffe, etwas mehr als einen Monat, nachdem mit den Entwurfsarbeiten begonnen worden war. Bis zum 12. April 1915 waren alle benötigten Baupläne, Einzelheiten und Berechnungen erstellt, und am 22. April erhielt der Entwurf die offizielle Genehmigung der *Admiralität.* Eine dazugehörige Legende wurde nicht erstellt, aber Tabelle 11 gibt die Einzelheiten des Originalentwurfs von *Renown* und *Repulse* wieder.

Bewaffnung

Da nur eine Salve von wenigstens 8 Geschützen notwendig war, um die Feuerleitung erfolgreich durch die Beobachtung der Einschläge führen zu können, war die vorgesehene Bewaffnung der SA mit nur 6 Geschützen – durch die Umstände bestimmt – weit vom Ideal entfernt.

Der Schutz der Barbetten und Türme war ebenfalls geringer als bei den Schlachtschiffen mit einer 38,1 cm-Bewaffnung. Die Turmdekken erhielten zwar die gleiche Stärke, jedoch waren die Frontseiten nur 22,86 cm dick anstel-

◀ Vier Aufnahmen der *Repulse* während ihrer Endausrüstung in der Werft von John Brown auf dem Clyde.

Tabelle 11: Einzelheiten des Originalentwurfs für Renown und Repulse

Konstruktionsverdrängung	26.500 ts
Einsatzverdrängung	30.835 ts
Länge (pp)	228,75 m
Länge (üa)	242,17 m
Breite (maximal)	27,45 m
Konstruktionstiefgang vorn	7,62 m
Konstruktionstiefgang hinten	7,93 m
Mittlerer Einsatztiefgang	8,92 m
Tiefgangszunahme	40,5 ts/cm
Konstruktionsgeschwindigkeit	31,5 kn
Leistung	112.000 WPS
Ölvorrat bei Konstruktionstiefgang	1.000 ts
Heizölvorrat	4.000 ts
Kohlevorrat	100 ts
Besatzung	953
Besatzung (als Flaggschiff)	967

Bewaffnung:
6 × 38,1 cm-L/42
17 × 10,2 cm-Schnellfeuergeschütze-L/50-Mk V
2 × 7,62 cm-Flak
5 Maxim-MG

Panzerung (alles Krupp-zementierter Panzerstahl bzw. von ähnlicher Qualität):

Gürtelpanzer	15,2 cm mittschiffs; 10,2 cm vorn, 7,62 cm hinten
Panzerschotte vorn	10,2 und 7,62 cm
Panzerschotte hinten	10,2 und 7,62 cm
Barbetten	17,78; 12,7 und 10,2 cm
Türme	22,86 cm Front; 17,78 cm Seiten; 28 cm Rücken; 11,43 cm Decke
Kommandoturm	25,4 cm
Kommandoturmschacht	7,62 und 5,08 cm
Torpedoleitstand	7,62 cm

Stahlschutzplatten, vertikal:

Schornsteinhälse	3,8 cm (hochelastische Platten an den Seiten) 2,54 cm (hochelastische Platten oberhalb Backdeck)

Stahlschutzplatten, horizontal:

Backdeck	1,95 bis 2,85 cm (hochelastisch)
Hauptdeck, Ebene	2,54 cm (hochelastisch)
Hauptdeck, Böschung	5,08 cm (hochelastisch)
Zwischendeck	6,34 cm (hochelastisch) vor und hinter der Zitadelle

Gewichte:

Ausrüstung, allgemein	685 ts
Bewaffnung	3.335 ts
Maschinenanlage	5.660 ts
Lasten der Maschinenanlage	120 ts
Heizöl	1.000 ts
Schiffskörper	10.800 ts
Panzerung und Stahlschutzplatten	4.770 ts
Admiralitätsreserve	130 ts
Gesamt	26.500 ts

le 39,6 cm, die Turmseiten nur 21,34 cm anstelle 33,53 cm. Die Barbettenpanzerung war im Vergleich zur *Invincible* stärker, die maximale Dicke war 21,34 cm, also schwächer als bei der *Queen Elizabeth*- und *Royal Sovereign*-Klasse mit 30,5 cm. Fisher hatte stets Einspruch gegen eine stärkere MA bei den Dreadnoughts, trotz der jetzt entstandenen größeren und stärkeren Zerstörer, erhoben; man kehrte zur MA von 10,2 cm zurück. Um eine möglichst große und konzentrierte Feuerkraft zu erhalten, wurden diese Geschütze in Drillingslafetten aufgestellt. Ursprünglich sollten 10,2 cm-Mk V-Schnellfeuergeschütze eingebaut werden, aber – obgleich eine ausgezeichnete Waffe – war es schwierig, sie mit einer Feuerleitanlage zu koppeln. Anstelle der Feuerleitanlage wurde vorgeschlagen, *Evershed*-Richtgeräte einzubauen. Der *1. Seelord* wünschte jedoch eine Feuerleitanlage. Als Alternative bot sich das 10,2 cm-Mk VIII-Geschütz an. Dieses war wesentlich einfacher in Verbindung mit einer Feuerleitanlage zu handhaben, jedoch nicht so zuverlässig wie das 10,2 cm-Mk V-Geschütz. Es besaß auch nicht die Feuerkraft. Der *1. Seelord* hätte das Mk VIII-Geschütz akzeptiert, jedoch der *DNO* schlug vor, eine neue Konstruktion des Lademechanismus zu verwenden, der im Hauptteil des Geschützes Mk V und dem Verschlußteil des Geschützes Mk VIII bestand. Diesem Vorschlag wurde im April 1915 zugestimmt und die Drillingslafetten erhielten 10,2 cm-Mk IX-Geschütze montiert. Die Drillingslafette T I-Mk I verlieh allen Geschützen unabhängig voneinander eine Rohrerhöhung bis 30°. Unglücklicherweise befriedigte das Geschütz nicht, es bedurfte eines umfangreichen Bedienungspersonals – 32 Mann – und war sehr schwerfällig. Im Januar 1915 ordnete Fisher an, daß die neuen Schiffe auch jeweils 25 Automatikminen, Typ Vickers 20, mit sich führen sollten. Ernsthafte Schwierigkeiten standen dem im Wege, da dieses Kampfmittel auf Schienen, die auf dem Achterdeck installiert werden sollten, mitgeführt werden mußte. Nachdem Fisher im Januar 1915 die *Admiralität* wieder verlassen hatte, wurde diese Maßnahme wieder rückgängig gemacht. Die beiden 7,62 cm-Flak wurden auf dem Aufbaudeck seitlich des hinteren Schornsteins aufgestellt, ein 2 m-FlakEMeß-Gerät auf der 10,2 cm-Feuerleitplattform auf dem Großmast installiert.

Feuerleitanlage

Zwei Dreibeinmast-Feuerleitgeräte waren für die schwere Artillerie vorgesehen, eines in einer gepanzerten Drehkuppel über dem Hauptgefechtsstand im Kommandoturm, das andere in einem Feuerleitstand auf der Plattform des Vormars. Die zwei 10,2 cm-Feuerleitgeräte befanden sich auf Plattformen, jeweils auf dem Fockmast unter dem Hauptfeuerleitstand und auf dem Großmast. Jeder Turm besaß ein 4,57 m-EMeßGerät und eine offene Visiereinrichtung für die Nahsteuerung.

Schiffsschutz

Im Originalentwurf war nur ein schwacher Schiffsschutz vorgesehen, der im großen und ganzen dem eines Kreuzers entsprach. Der Hauptgürtelpanzer hatte eine Dicke von 15,2 cm und eine Fläche von 2,74 m Breite × 140,91 m Länge. Er erstreckte sich von der Barbette „A" bis zur Barbette „Y", um sich im Wasserliniengang nach vorn mit 10,2 cm und nach hinten mit 7,62 cm fortzusetzen. An den Enden schloß er ab durch Schotte von 10,2 cm und 7,62 cm Stärke, deren vorderes sich bis zum Oberdeck hochzog. Die Unterkante des Gürtelpanzers befand sich nur 45,7 cm unterhalb der Konstruktionswasserlinie und 1,30 m unterhalb der Einsatzwasserlinie. Zwischen Haupt- und Oberdeck befanden sich 3,8 cm starke Stahlschutzplatten, die vielfach durchbrochen waren von Seitenöffnungen und dadurch nur einen begrenzten Splitterschutz für die Schornsteinhälse boten. Über dem Backdeck waren die Schornsteinhälse durch hochelastische Stahlschutzplatten geschützt, die an den Seiten 3,8 cm und an den Enden 2,54 cm stark waren. Überraschenderweise besaß der Kommandoturm einen starken Panzerschutz, nämlich 25,4 cm dick. Da Fisher nie eine klare und eindeutige Aussage gemacht hat über seine Vorstellungen hinsichtlich der Verwendung dieser Schiffe, ist es sehr schwierig, heute das Verhältnis des Panzerschutzes zur Schiffsgröße zu kritisieren. Die verhältnismäßig hohe Geschwindigkeit, für die *Renown* und *Repulse* konstruiert worden waren, versetzte sie in die Lage, einen Kampf anzunehmen oder ihn abzubrechen, ganz wie es die Situation erforderte. Zu der Zeit, als sie gebaut wurden, war es für sie ein Leichtes, den Kampf mit schwächeren Einheiten einer gegnerischen Flotte aufzunehmen, sie zu zerstören, ihn aber abzubrechen und zu verschwinden, wenn ein stärkerer Gegner auftauchte. Wenn man also ins Auge faßt, daß es unwahrscheinlich war, daß sie mit einem Gegner, der schwerere Waffen als 24 cm-Geschütze tragen würde – den sie aber an Reichweite übertreffen würden – ins Gefecht kämen, dann war die kreuzermäßige Panzerung durchaus als ausreichend anzusehen. Das jedoch setzte zwangsläufig voraus:

a) daß der Gegner keine Kreuzer gebaut hatte, die eine höhere Geschwindigkeit besaßen,
b) daß *Renown* und *Repulse* nie in die Lage kommen würden, ihre 38,1 cm-Geschütze gegen feindliche Schlachtschiffe und Schlachtkreuzer einzusetzen,
c) daß ein Gegner keine Schiffe gebaut hatte, die gleiche Qualitäten besaßen, und daß damit das Ausweichen vor einem Kampf eine reine Glücksache würde,
d) daß kein gegnerisches Schiff mit mehr Größe, höherer Geschwindigkeit und besserer Panzerung gebaut wurde und damit *Renown* und *Repulse* bedeutungslos würden. (In die letztere Lage brachten sich die Briten schließlich selbst, als sie die *Hood* bauten, die in sich die Schlachtkreuzergeschwindigkeit und die Schlachtschiffspanzerung vereinigte.)

Zusammenfassend kann festgestellt werden: Mit Ausnahme der hohen Baukosten können *Renown* und *Repulse* hinsichtlich ihres Einsatzes gegen Kreuzer und leichte Seestreitkräfte nicht kritisiert werden. Auf lange Sicht jedoch war ihr Wert, wie sie zuerst gebaut wurden, gering. Außerdem scheint es unwahrscheinlich, daß sie nicht zusammen mit der Schlachtkreuzergruppe eingesetzt worden wären, um gegnerische Schlachtkreuzer zu bekämpfen, und dann wäre ihre schwache Panzerung als extrem verwundbar erkannt worden.

Die Deckspanzerung war völlig unzureichend, und als Auswirkung der Skagerrakschlacht wurde das Hauptdeck, vom Doppelboden ausgehend, durch den Einbau von zusätzlichen 2,54 cm starken Stahlschutzplatten der Stärke der Böschung angepaßt. Diese Modifizierung war abgeschlossen, bevor die Schiffe abgeliefert wurden. Als die Schiffe zur *Grand Fleet* stießen, war der Verlust von drei Schlachtkreuzern am Skagerrak noch in frischer und bitterer Erinnerung. *Renown* und *Repulse* standen daher sehr schnell im Brennpunkt heftiger Kritik wegen der mangelhaften Panzerung; allgemein wurden sie als *„Weiße Elefanten“* bezeichnet. Am 20. Oktober 1916 schlug der Oberbefehlshaber der *Grand Fleet* vor, die Panzerung des Hauptdecks, des Zwischendecks und die Längsschotte in Höhe des Kommandoturmes zu verstärken. Weiterhin empfahl er, im Zuge der Hauptdecksverstärkung die dort befindlichen Panzergrätings in den Decksöffnungen ebenfalls zu verstärken. Der *DNC* erweiterte die Vorschläge seinerseits dahingehend, die Verstärkungen auch auf das Zwischendeck auszudehnen. Die Modifizierungen wurden genehmigt, die Arbeiten bis Ende 1918 durch die Bauwerften in Rosyth ausgeführt. Folgende Erweiterungen wurden durchgeführt:

Einbau zusätzlicher 5,08 cm starker hochelastischer Stahlschutzplatten über den Maschinenräumen, auf dem Hauptdeck und seitlich, jeweils um 1,52 m heruntergezogen, als Böschung.
Einbau zusätzlicher 2,54 cm starker, hochelastischer Stahlschutzplatten auf dem Zwischendeck, hinten über dem Rudermaschinenraum.
Einbau zusätzlicher 5,08 cm starker hochelastischer Stahlschutzplatten auf dem Zwischendeck, direkt über den Magazinen.
Anbau zusätzlicher 5,08 cm starker hochelastischer Stahlschutzplatten an die Längsschotte des unteren Kommandoturmzwischenraums, zwischen Spant 98 und 102.
Verstärkung der Zwischendeckspanzerung, unmittelbar vorlich Barbette „A“ und achterlich Barbette „Y“ auf insgesamt 6,34 cm Dicke.
Verstärkung der Panzergrätings in den Öffnungen des Haupt- und Zwischendecks.

Diese Maßnahmen erhöhten das Gewicht um 550 ts, was zu Lasten des Brennstoffvorrats ging, dessen Menge um dieses Gewicht verringert wurde.

Unterwasserschutz

Dieser war ähnlich dem auf der *Royal Sovereign-* und *Queen Elizabeth*-Klasse, jedoch mit zwei wichtigen Unterschieden. Erstens war der Magazinschutz auf Panzerdecksstärke von 5,08 cm verstärkt worden und reichte bis zu den Längsschotts. Dieses bildete somit eine Art inneren Wulst. Versuche hatten gezeigt, daß die natürliche Tendenz der Druckausweitung bei Unterwasserexplosionen nach oben neigte, und dieser innere Wulst, der sich nach außen bis zur Seitenpanzerung dehnte, gab solchen Explosionsauswirkungen mehr Raum nach oben. Zweitens wurden die gepanzerten Längsschotte, wie auf früheren Schiffen, durch dünnere Längsschotte (Torpedoschotte) ersetzt, die sich über die volle Länge der Maschinenräume erstreckten, sogar an den Kesselraumseiten gedoppelt wurden und somit eine Art Luftpolster bildeten. Während des Anfangsbaustadiums hatte der *1. Seelord* angeregt, die Schotte durch zusätzliche Platten zu verstärken. Also wurden Pläne gefertigt, diese in den unteren Bereichen auf 5,08 cm und im oberen Teil auf 3,8 cm zu verstärken, eine Maßnahme, die das Gewicht um 700 ts erhöht und den Tiefgang um etwa 17,78 cm vergrößert hätte. Fairfield und John Brown stellten jedoch fest, daß diese Modifizierung die Bauzeit um mindestens zwei Monate verschieben würde, und so kehrte man zur ursprünglichen Stärke zurück.

Maschinenanlage

Geplant war, eine neue und leichtgewichtige Maschinenanlage einzubauen, die eine Leistung von 110000 WPS bringen konnte. Dieses wiederum war nur realisierbar mit Turbinen neuester Konstruktion, einem kleineren Kondensatorteil und höheren Kesseldrücken. Dafür würde die Maschinenanlage weniger Raum beanspruchen. Die Gewichte, die dem *DNC* mitgeteilt wurden, waren:

Antriebsanlage	2360 ts
Kesselanlage	2390 ts
Hilfsmaschinen	100 ts
Propelleranlage	250 ts
Gesamt	5100 ts

Die Erarbeitung von Einzelheiten hätte jedoch eine beträchtliche Zeit in Anspruch genommen, und damit war wiederum das Risiko einer Verzögerung der Fertigstellung verbunden. Aus diesem Grunde wurde entschieden, die gleiche Antriebsanlage einzubauen, die schon im Schlachtkreuzer *Tiger* installiert worden war; die Unterlagen dafür waren sofort greifbar. Die Aufteilung der Maschinenräume entsprach ebenfalls jenem Schiff, jedoch mit Ausnahme eines weiteren Kesselraumes mit drei zusätzlichen Kesseln, um einen gewissen Leistungsüberschuß zu erhalten gegenüber der geforderten Konstruktionsleistung und -geschwindigkeit. Die Brown-Curtis-Turbinen waren in zwei Turbinenräumen angeordnet, durch eine Schottwand in der Schiffsmittellinie voneinander getrennt. In jedem Turbinenraum befanden sich zwei HD-Turbinen, eine für Voraus-, eine für Rückwartsfahrt, auf die Außenwellen geschaltet, und zwei ND-Turbi-

Breitseitaufnahme der *Repulse* nach ihrer Fertigstellung im August 1916. Beachte die beiden gleichhohen Schornsteine, siehe zum Vergleich → Seite 53.

nen, eine für Voraus-, eine für Rückwartsfahrt, jeweils in einem Gehäuse, auf die Innenwellen geschaltet. Hinter dem Turbinenraum befanden sich die Kondensatorräume (ebenfalls durch ein Längsschott voneinander getrennt, in denen jeweils zwei Kondensatoren und ein Hilfskondensator standen. Es gab insgesamt 42 Babcock-Wilcox-(Großrohr-)-Wasserrohrkessel mit einem maximalen Betriebsdruck von 16,5 atü. Sie waren in sechs Kesselräumen untergebracht, mit drei Kesseln im Kesselraum A und sieben Kesseln im Kesselraum B sowie acht in den anderen Räumen. Die Gesamtheizfläche betrug 14604,91 m^2. Am 15. August 1916 führte die *Repulse* auf dem Weg nach Portsmouth ihre Werftprobefahrt durch und erzielte annähernd 125000 WPS. Genaue, gestaffelte Meilenfahrten wurden auf der neuen Meilenstrecke von Arran am 15. September 1916 durchgeführt, als sie sich auf dem Weg zu der *Grand Fleet* befand. Zur Zeit dieser Erprobungen war sie vollständig ausgerüstet mit Munition und Lasten und führte ⅔ des Heizölvorrats mit sich. Der Wind schwankte zwischen Stärke 5 und 6 bei Beginn der Meilenfahrt und wehte zuletzt mit Stärke 8. Die Ergebnisse sind der Tabelle 12 zu entnehmen. *Renown* führte ihre Meilenfahrt ebenfalls vor Arran durch. Die Resultate sind in Tabelle 13 aufgeführt. Während eines Seetörns 1919 erreichte die *Renown* eine Geschwindigkeit von 29,85 kn bei einer Verdrängung von 31870 ts.

Tabelle 12: Meilenfahrt der Repulse am 15. September 1916 vor Arran

Geschwindigkeit (kn)	Leistung (WPS)	Drehzahl (u/min)	Verdrängung (ts)	Tiefgang (m)
31,73	119.025	275,1	29.900	8,60

Hilfsmaschinen

Die elektrische Energie von 220 V wurde über eine Ringspeiseleitung den Verbrauchern zugeführt und von zwei dampfkolbenmaschinengetriebenen Generatoren mit je 200 kW, einem ölmotorgetriebenen Generator mit 150 kW und einem Turbogenerator mit 200 kW erzeugt. Die Frischwassererzeugungsanlage bestand aus sechs Verdampfern und zwei Kondensatoren. Sie hatte eine Tagesleistung von 490 ts. Die Anlage war in zwei Sätzen unterteilt, jeweils einer in einem Kondensatorraum

Tabelle 13: Meilenfahrt der Renown am 20. September 1916 vor Arran

Art	Geschwindigkeit (kn)	Leistung (WPS)	Drehzahl (u/min)	Verdrängung (ts)	Tiefgang (m) vorn	hinten
Meilenfahrt	32,58	126.300	281,6	27.900	7,93	8,31
4 Stunden Vollast	32,28	123.850	279	–	–	–

installiert. Drei dampfgetriebene Hydraulikpumpen dienten zum Richten der Geschütztürme.

Stabilität

Tabelle 14 gibt Auskunft über die Verdrängung der *Repulse* bei Fertigstellung und die der *Renown*, nachdem ihr Deckschutz 1917 verbessert wurde. Nachdem der Schiffsschutz verstärkt worden war, erhöhte sich die Konstruktionsverdrängung der *Repulse* auf 27333 ts, und im Juni 1917 hatte sich auch die Verdrängung der *Renown* weiter gesteigert, auf 27947 ts. Trotz des schwachen Schiffsschutzes war *GM* relativ klein. Die Tabelle 15 gibt Werte aus Krängungsversuchen wieder.

Tabelle 14: Verdrängung der Renown und Repulse

	Renown, 1917	*Repulse,* 1916	Berechnet
Bewaffnung	3.391 ts	3.420 ts	3.335 ts
Maschinenanlage	6.068 ts	6.009 ts	5.560 ts
Lasten der Maschinenanlagen	87 ts	87 ts	120 ts
Ausrüstung, allgemein	685 ts	685 ts	685 ts
Schiffskörper und Panzerung	16.189 ts	15.653 ts	15.570 ts
Admiralitätsreserve	0 ts	0 ts	0 ts
Heizöl	1.000 ts	1.000 ts	1.000 ts
Gesamt	27.420 ts	26.854 ts	26.500 ts

Tabelle 15: Stabilitätswerte der Repulse und Renown

	Repulse, 1916			*Renown,* 1917		
Zustand	Legende	Einsatz	Leer	Legende	Einsatz	Leer
Tiefgang vorn	7,62 m	9,07 m	7,17 m	7,77 m	9,20 m	7,34 m
Tiefgang hinten	8,10 m	9,02 m	7,88 m	8,23 m	9,18 m	8,02 m
Verdrängung	26.548 ts	31.592 ts	25.579 ts	24.420 ts	32.220 ts	26.145 ts
GM	0,75 m	1,86 m	0,85 m	1,07 m	1,89 m	0,90 m

Allgemeines

Auf Grund der schlechten See-Erfahrungen mit dem Vorschiff der *Queen Elizabeth* erhielten *Renown* und *Repulse* im Mai 1915 von vornherein erhebliche Versteifungen im vorderen Teil des Schiffskörpers eingebaut. Diese Modifizierungen wurden durchgeführt nach dem Motto: *„Lieber jetzt sicher, als später bedauern“,* obgleich die Festigkeit dieses Schiffsteils wesentlich besser war als bei der *Tiger,* über die keine schlechten See-Erfahrungen gemeldet wurden. Während Atlantikerprobungen zeigte die *Repulse* ein gutes Seeverhalten, auch bei schwerer See, und sie machte gleichmäßige und stetige Bewegungen.
Der starke Seitenausfall des Vorschiffs hinderte die See, über der Back zusammenzubrechen, jedoch konnte er das vom Wind überkommende Spritzwasser nicht verhindern. Die einzige Schwachstelle im Schiffsverband zeigte sich im leichten Abfallen des Backdecks, ganz vorn zwischen den Ankerklüsen. Später baute man zusätzliche Träger unter dem Backdeck ein, die sich jedoch auch noch als zu schwach erwiesen. Bei Schießerprobungen und auch später traten noch weitere Schwächen zutage. Beide Schiffe gingen wiederholt in die Werft; dabei wurden dann die Decks verstärkt, Schotte und zusätzliche Stützen eingebaut. Bei früheren Schiffen hatte man festgestellt, daß die Schornsteine zu niedrig waren (die Schornsteine endeten in gleicher Höhe mit den Steuerständen). Dadurch traten durch die Rauchbelästigung auf den Brückendecks erhebliche

Schwierigkeiten auf. Im Juni 1915 wurde der *DNC* angewiesen, die Möglichkeit einer Schornsteinerhöhung in den letzten Entwürfen zu untersuchen. Der *DNC* wies darauf hin, daß auf der *Renown* die Kompaßplattform wesentlich weiter vom Schornstein entfernt war als auf früheren Schiffen und daß die Brücke – für Navigationszwecke – sich außerhalb des Kommandoturms befand, ganz wie auch bei der *Royal Sovereign*-Klasse. (Der Grund dafür war, die Offiziere in Friedenszeiten daran zu gewöhnen, das Schiff von der Kommandoturmplattform zu führen. Die meisten Offiziere verachteten das Führen von dort und zogen die ungeschützte, aber höher liegende Kompaßplattform vor. Es bleibt fraglich, ob letztere Methode erfolgreicher war.) So wurde denn entschieden, keine Änderung vorzunehmen, bis Erfahrungen mit der *Royal Sovereign*-Klasse vorlagen. Die bei den Probefahrten auftretenden Schwierigkeiten sorgten dann aber doch dafür, daß der vordere Schornstein bei beiden Schiffen um etwa 1,82 m erhöht wurde. Um Gewicht und Bauzeit zu sparen, erhielten sie keinen hölzernen Decksbelag. Um aber den Isolationsverlust der Decksplanken auszugleichen, wurden die Decken unterhalb des Oberdecks im Unterkunftsbereich verkleidet. Der überwiegende Teil der Offiziersunterkünfte befand sich im gewöhnlich dafür vorgesehenen Teil, nämlich im hinteren Hauptdeck. Die höheren Offiziere wohnten im Oberdecksbereich, in der Nähe der Messe. Kammern für den Admiral und seinen Stab wurden im hinteren Teil der Backdecksaufbauten eingebaut. Im September 1915 wurde eine große Anzahl von Metallhandwerkern von der sich in Dalmuir in Bau befindlichen *Ramillies* abgezogen und zu Fairfield auf die *Repulse* geschickt. Keines der beiden Schiffe wurde innerhalb der vorgeplanten 15 Monate fertig, aber ihre Bauzeit war – bezogen auf ihre Größe – bemerkenswert kurz.

Umbauten und Erweiterungen

Repulse war das erste Großkampfschiff, das mit einer Flugzeugstartbühne ausgerüstet wurde. Im Herbst 1917 wurde auf dem Turm „B" eine Versuchsbühne errichtet, von der am 1. Oktober der Squadron Leader Rutland mit einer *Sopwith Pup* erfolgreich abhob. Eine zweite Bühne wurde auf den Turm „Y" gesetzt, und am 8. Oktober startete Rutland erneut erfolgreich, diesmal in Richtung des Turmrückens. Im Frühjahr 1918 wurde die *Renown* mit ähnlichen Startbühnen auf Turm „B" und „Y" ausgerüstet. Die Schiffe führten 2 Aufklärer und 2 Jäger mit sich.

Nach der Skagerrakschlacht wurden in den Magazinen Schutzanlagen gegen Stichflammen eingebaut.

▲ Das Achterdeck der *Repulse* Oktober 1917. Klar zu erkennen ist die Anordnung der Flugzeugstartbühne auf dem Dach von Turm „Y".

An den Türmen „Y" und „A" wurden Turmpeilrichtskalen aufgemalt, am Großmast und Vormars Entfernungsanzeiger angebracht. Die

Repulse 1918 mit einem um 1,82 m erhöhten vorderen Schornstein und zusätzlichen Scheinwerferständen. Der Großmars wurde entfernt. Auf den Türmen „B" und „Y" befinden sich Flugzeugstartbühnen. Sie trägt zur erschwerten Entfernungsmessung einen Tarnanstrich aus dunklem und hellem Grau. ▼

Skalen wurden nach Kriegsende wieder übermalt.
Bei Kriegsende besaß jedes Schiff 8 × 91,4 cm-Scheinwerfer, zwei auf der Brücke, zwei am vorderen Schornstein und vier am hinteren Schornstein. Auf der *Repulse* waren die Scheinwerferstände unterschiedlich, einer stand etwas höher als die übrigen. Auf *Renown* standen sie alle in gleicher Höhe und waren durch einen Laufsteg miteinander verbunden.
1917 wurden die Schweinwerferplattformen am hinteren Schornstein durch Scheinwerfertürme ersetzt. Die Scheinwerferplattformen am vorderen Schornstein ausgebaut und die zwei Scheinwerfer auf eine neue Plattform auf dem Großmast gesetzt. Die beiden Scheinwerfer auf der Kompaßplattform wurden ersetzt durch 2,74 m-EMeßGeräte und fanden ihren neuen Standort auf der Admiralsbrückenplattform.
1917 erhielten sie Carley-Flöße.
Die Vormarse wurden modifiziert und erhielten ein 3,65 m-EMeßGerät auf dem Dach.
Renown erhielt 1919 Stengen auf dem Großmast und dem Vormars.
Die Brückenaufbauten wurden leicht modifiziert.

Werftliegezeit der Renown 1919/20

Renown war dazu ausersehen, *Seine Königliche Hoheit*, den *Prince of Wales,* auf dessen Weltreise nach Australien und den Vereinigten Staaten zu begleiten, die 1920/21 stattfinden sollte. Zu diesem Zweck wurde sie in einer Werftliegezeit entsprechend hergerichtet. Folgende Änderungen wurden durchgeführt:

Die 10,2 cm-Drillingslafette Nr. V und deren Unterbau wurde ausgebaut. Das Deck, auf dem sich die 10,2 cm-Lafette Nr. IV befand, nach achteraus so erweitert, daß es ein überhängendes Dach über dem vormaligen Nr. V-Geschützdeck bildete.
Das Achterdeck, Backdeck, Bootsdeck und die Aufbauten hinter dem Großmast erhielten eine Holzbeplankung.

Das 4,57 m-EMeßGerät im Turm „Y" wurde durch ein 9,14 m-Gerät ersetzt, ein zweites 6,09 m-EMeßGerät hinten auf der Drehkuppel des Kommandostandes in Ergänzung des dort schon befindlichen 4,57 m-EMeßGerätes installiert.
Um den hinteren Schornstein herum wurden auf dem Aufbaudeck zusätzliche Anbauten errichtet.
Reparatur der Kesselmauerung, Beseitigung von Leckagen im Speisewassersystem, an den Heizölbunkern und Schmieröltanks.
Grundüberholung der Hilfsmaschinen.
Abbau der Flugzeugstartbühnen.

Oben: *Renown* 1920
Unten: *Renown,* Werftliegezeit 1919/20

Werftliegezeit der Repulse 1918 bis 1921

1917 bewertete man *Renown* und *Repulse* als die schwächsten Glieder im Verband der Schlachtkreuzer, und so wurde beantragt, den Schiffsschutz zu verstärken. Der *DNC* schlug vor, die Schiffsseiten vom unteren Ende der 15,2 cm-Panzerung bis hinauf zum Backdeck mit Platten von 1,27 cm Stärke zu versehen, die auf Panzergrätings befestigt werden sollten. Er schlug weiterhin vor, die Maschinenräume durch Wulste zu schützen. Diese sollten sich so weit nach vorne erstrecken, daß eine Vertrim-

Oben: *Renown,* Werftliegezeit 1919/20.
Unten: *Renown* nach Ende Werftliegezeit 1920/21. Die hintere 10,2 cm-Drillingslafette wurde ausgebaut, ein zusätzliches Deckshaus zwischen den Schornsteinen installiert. Die Kommandoturmkuppel und der Turm „Y“ erhielten ein zusätzliches 9,14 m-EMeßGerät.

mung des Bugs vermieden wurde, oder, alternativ dazu, nur über die Länge der Maschinenräume reichen, jedoch dann ausgefüllt mit Rohren, damit das Gewicht gesteigert wurde.

Der Oberbefehlshaber der *Grand Fleet* stimmte diesen Vorschlägen im großen und ganzen zu, empfahl aber, die vorgesehene zusätzliche Panzerung auf die Front und die Unterbauten der Geschütztürme und die in Erwägung gezogenen Wulste auch auf die Länge der Kesselräume auszudehnen, letzteres im Bestreben, einen einheitlichen Schutz zu erhalten. Später wurde dann erwogen, den 15,2 cm-Gürtelpanzer des einen Schiffes durch einen 22,86 cm-Gürtelpanzer zu ersetzen, der von der *Almirante Cochrane* stammte, und die Bordwand oberhalb des Gürtelpanzers mit 10,2 cm starken hochelastischen Stahlschutzplatten zu verstärken. (Die Schlachtschiffe *Almirante Cochrane* und *Almirante Latorre* befanden sich in Elswick für die chilenische Regierung in Bau.

Im August 1914 erfolgte der Baustopp, und später wurden sie von der britischen Regierung erworben. *Latorre* wurde fertiggestellt als *HMS Canada* und *Cochrane* zu einem Flugzeugträger umgebaut, der später als *HMS Eagle* in Dienst stellte.) Das andere Schiff sollte entweder einen neuen 22,86 cm-Gürtelpanzer erhalten oder spezielle Grätings über dem vorhandenen Gürtelpanzer, wie schon vom *DNC* vorgeschlagen. Die letztere Möglichkeit hing von geplanten Beschußversuchen ab, es ist jedoch nicht bekannt, ob solche jemals gemacht worden sind. Im Juli 1918 wurde entschieden, beide Schiffe in die Marinewerft Portsmouth zu verlegen, wo *Repulse* mit der Panzerung der *Almirante Cochrane* versehen werden sollte. Die Arbeiten auf der *Renown* begannen nicht vor 1923, *Repulse* jedoch wurde im Dezember 1918 eingedockt. Folgende Umbauten wurden vorgenommen:

Anbau von Wulsten. Diese reichten von Spant 31 bis 292. Der untere Wulst war in

◀ *Repulse* nach der Werftliegezeit 1918/21 mit einem breiteren Gürtelpanzer. Dadurch unterschied sie sich im Aussehen von der *Renown*.

Längsrichtung in zwei Teile geteilt, von Spant 142 bis 248. Der innere untere und obere Wulst wurde mit Rohren ausgefüllt. Die Wulste bedeckten den Unterwassertorpedoraum, die Magazine und Maschinenräume. Die Breite wuchs dadurch auf 30,80 m. Das erforderte eine Verlängerung des Kranauslegers um 1,22 m. An jeder Schiffsseite wurden die Wulste an drei Stellen durch Doppelfenderkissen verstärkt, damit keine Beschädigungen durch längsseitgehende Boote auftreten konnten.

Zum Einbau kam ein Gürtelpanzer von 22,86 cm Dicke. Er reichte von der Panzerböschung bis zum Hauptdeck und ersetzte den ursprünglichen 15,2 cm-Gürtelpanzer, der nun zwischen dem Haupt- und Oberdeck eingebaut wurde.

Zwischen Haupt- und Zwischendeck wurde ein zusätzliches 10,2 cm-Panzerquerschott eingezogen, und zwar in Höhe Spant 286, quer zum hinteren Ende der Barbette „Y".

Einbau zusätzlicher hochelastischer Stahlschutzplatten von 2,54 cm Stärke auf dem horizontalen Deck und 5,14 cm auf der Böschung des Hauptdecks. Somit wurde das Hauptdeck in der Horizontale auf 7,62 cm und in der Böschung auf 10,2 cm verstärkt.

Im Zwischendeck, über den Magazinen, erfolgte der Einbau zusätzlicher 2,54 cm hochelastischer Stahlschutzplatten, damit wurde eine Gesamtstärke von 7,62 cm erreicht.

Im Zuge des Umsetzens des 15,2 cm-Gürtelpanzers in den Bereich zwischen Haupt- und Oberdeck erhielten die Spanten zusätzliche Versteifungen.

An Oberdeck wurden acht Überwassertorpedorohre in Paaren aufgestellt. Je ein Paar seitlich hinter den Schornsteinen und die anderen Paare direkt hinter dem Absatz des Backdecks.

Einbau eines zusätzlichen Turbogenerators.
Einbau einer zusätzlichen Klimaanlage zur Kühlung der Magazine.

Einbau von drei 9,14 m-EMeßGeräten; eines kam hinter den Turm „A" (zusätzlich zum 4,57 m-Gerät), eines ersetzte das 4,57 m-Gerät im Turm „Y", das dritte kam hinter den Kommandoturmstand (zusätzlich zu dem dort vorhandenen 4,57 m-Gerät).

Repulse

1916, nach Abschluß Erprobungen: Seitenansicht

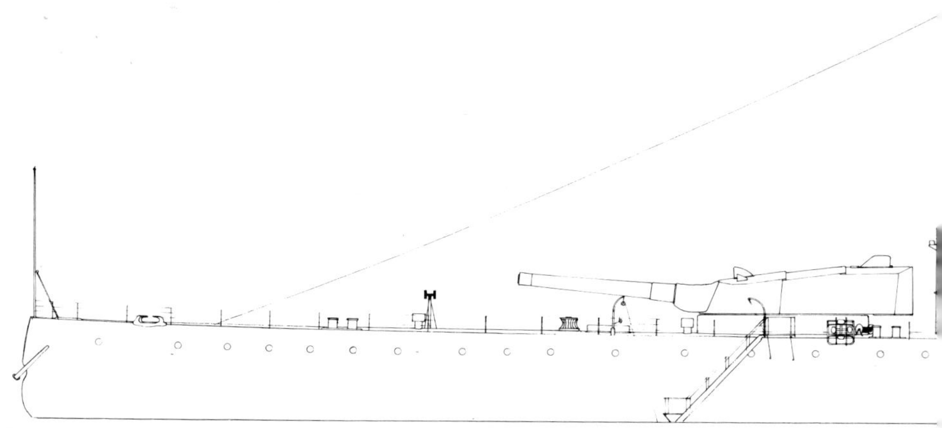

Alle Magazine erhielten eine Innenisolierung. Das Achterdeck und das Backdeck erhielten einen Holzbelag, jeweils bis zu den Spills. Eine Großbramstenge wurde installiert.

Zwischen den Schornsteinen erfolgte der Aufbau eines weiteren Funkraumes.

Das Admiralsdeck seitlich des vorderen Schornsteins wurde nach hinten vergrößert, um ein Signaldeck zu erhalten.

Die Anregung, die Barbetten und Geschützschilde mit Panzergrätings zu versehen, wurde nicht befolgt. Aufnahmen der *Repulse* lassen jedoch erkennen, daß die Geschützschilde zusätzliche Panzergrätings führten; sie wurden später wohl wieder entfernt. Die Werftliegezeit war im Januar 1921 beendet, die Verdrängung nun um über 4500 ts angewachsen. Da jedoch die Wulste einen zusätzlichen Auftrieb verliehen, betrug die Zunahme des Tiefganges lediglich 30,5 cm. Die folgenden Daten basieren auf der Durchführung eines Krängungsversuches im Dezember 1920.

Konstruktionsverdrängung:
Schiff voll ausgerüstet, mit leeren Reserve-Speisewasserzellen, 1000 ts Heizöl und 80 Schuß/38,1 cm-Geschütz

Verdrängung =	32740 ts
mittlerer Tiefgang =	8,51 m
GM =	1,49 m

Normale Einsatzverdrängung:
Schiff voll ausgerüstet, mit 104 ts Kohle und 3830 ts Heizöl

Verdrängung =	36920 ts
mittlerer Tiefgang =	9,48 m
GM =	1,95 m

Größte Einsatzverdrängung:
Wie normale Einsatzverdrängung, jedoch mit vollem Heizölvorrat von 4243 ts

Verdrängung =	37490 ts
mittlerer Tiefgang =	9,61 m
GM =	1,98 m

Leerverdrängung: 31450 ts

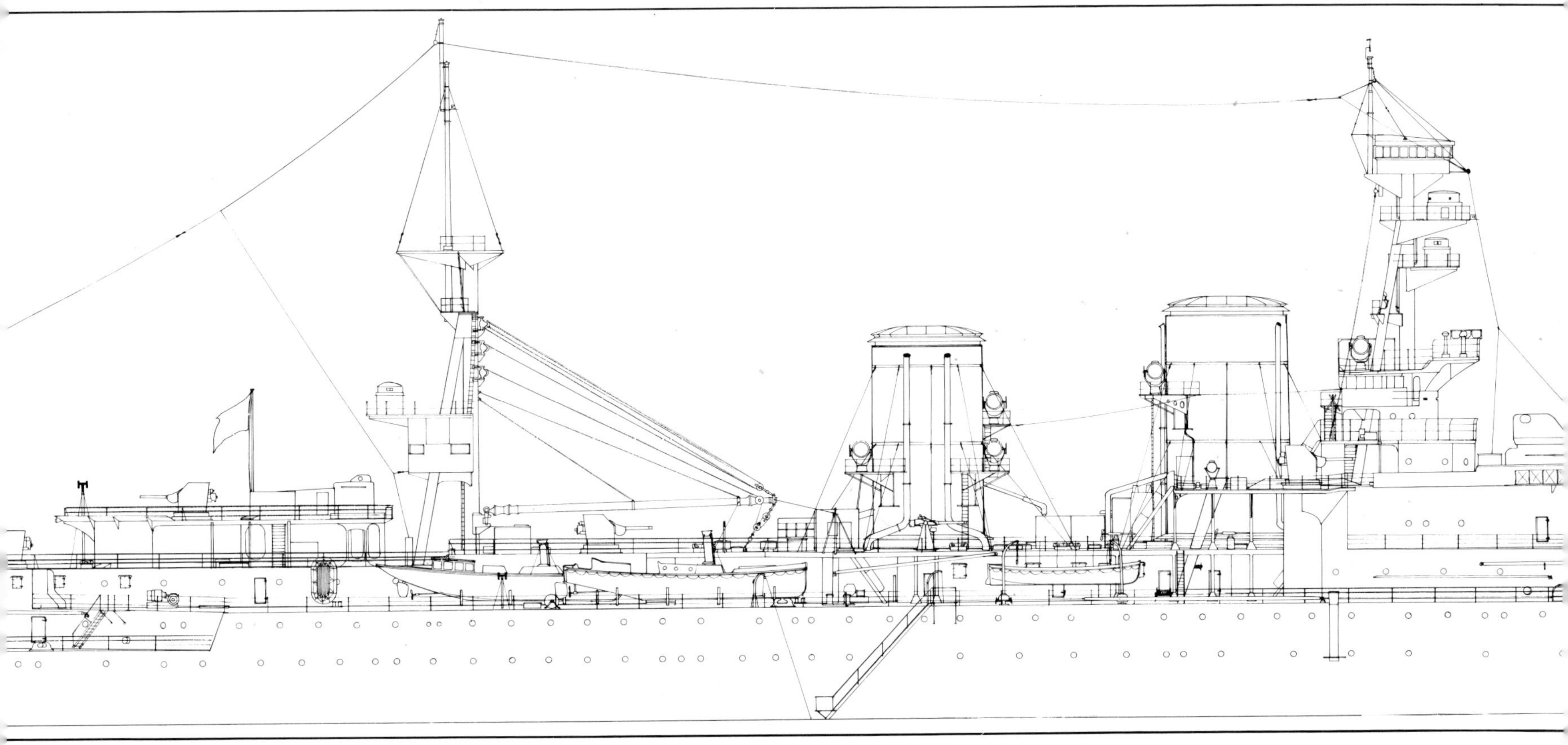

Einzelheiten der RENOWN und REPULSE, 1915 bis 1921

Verdrängung:

	Konstruktionsverdrängung (ts)	Einsatzverdrängung (ts) größte	Einsatzverdrängung (ts) normale*
Repulse, 1916	26.584	31.592	–
Renown, 1917	27.420	32.633	32.220
Repulse, 1917	27.333	32.074	31.661
Renown, Juni 1917	27.947	32.727	32.314
Repulse, 1918	~ 28.000	–	–
Repulse, 1921	32.740	37.490	36.920

Tiefgangszunahme (bezogen auf Konstruktionswasserlinie): 40,5 ts/cm

Abmessungen:	Länge (üa)	Länge (pp)	Länge (cwl)
Renown	242,21 m	228,75 m**	240,30 m
Repulse	242,23 m	228,78 m	240,33 m

* normale Einsatzverdrängung bedeutet: Maximale Einsatzverdrängung abzüglich 412 ts Heizöl
** gemäß Entwurf

Breite (maximal): 27,45 m; *Repulse* mit Wulsten: 30,81 m

	Mittlerer Konstruktionstiefgang (m)	Maximaler mittlerer Einsatztiefgang bei Einsatzverdrängung (m)
Repulse, 1916	7,87 m	9,07 m
Renown, 1917	8,01 m	9,19 m
Renown, Juni 1917	–	9,30 m
Repulse, 1918	~ 8,21 m	–
Repulse, 1921	8,51 m	9,61 m

Bewaffnung:
6 × 38,1 cm-Mk I in Zwillingslafette Mk I
15 × 10,2 cm-Mk IX in Drillingslafette T I-Mk I (auf *Renown* 1919 eine Lafette ausgebaut)
2 × 10,2 cm in Einzellafette
2 × 7,62 cm-Flak
4 × 3 Pdr-Salutgeschütze (nur in Friedenszeiten)
2 × 53,3 cm-UTR
8 × 53,3 cm-TR (ab 1921 auf *Repulse*)

Munitionsvorrat:
38,1 cm = 120 Schuß/Geschütz
10,2 cm = 120 Schuß/Geschütz
7,62 cm = 150 Schuß/Geschütz
3 Pdr = 100 Schuß/Geschütz
MG = 5000 Schuß/MG
16 Torpedos

Panzerung:

Gürtelpanzer	15,2 cm mittschiffs und vorn, 7,62 cm hinten (*Repulse* 1921: 22,86 und 15,2 cm mittschiffs)
Zitadellschotte	10,2 cm vorn, 7,62 cm hinten
Türme	22,86 cm Front, 17,78 cm Seiten, 28 cm Rücken, 10,79 cm Decke
Barbetten	17,78; 12,7 und 10,2 cm
Kommandoturm (maximal)	25,4 cm, Drehkuppel 15,2 cm
Kommandoturmschacht	7,62 und 5,08 cm
Torpedoleitstand	7,62 cm

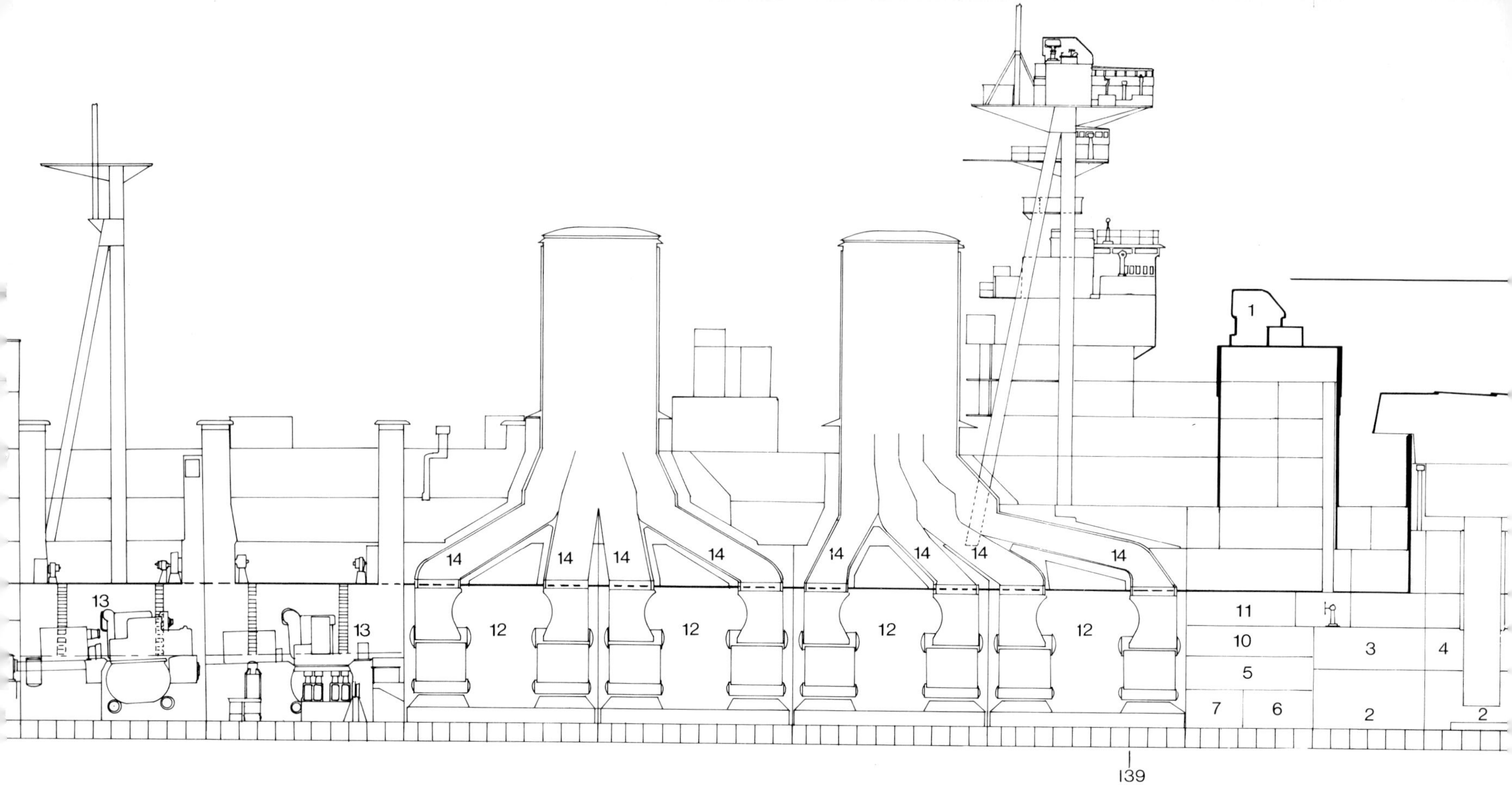
1
14
14
14
14
14
14
14
14
13
12
12
12
12
13
11
10
3
4
5
7
6
2
2
139

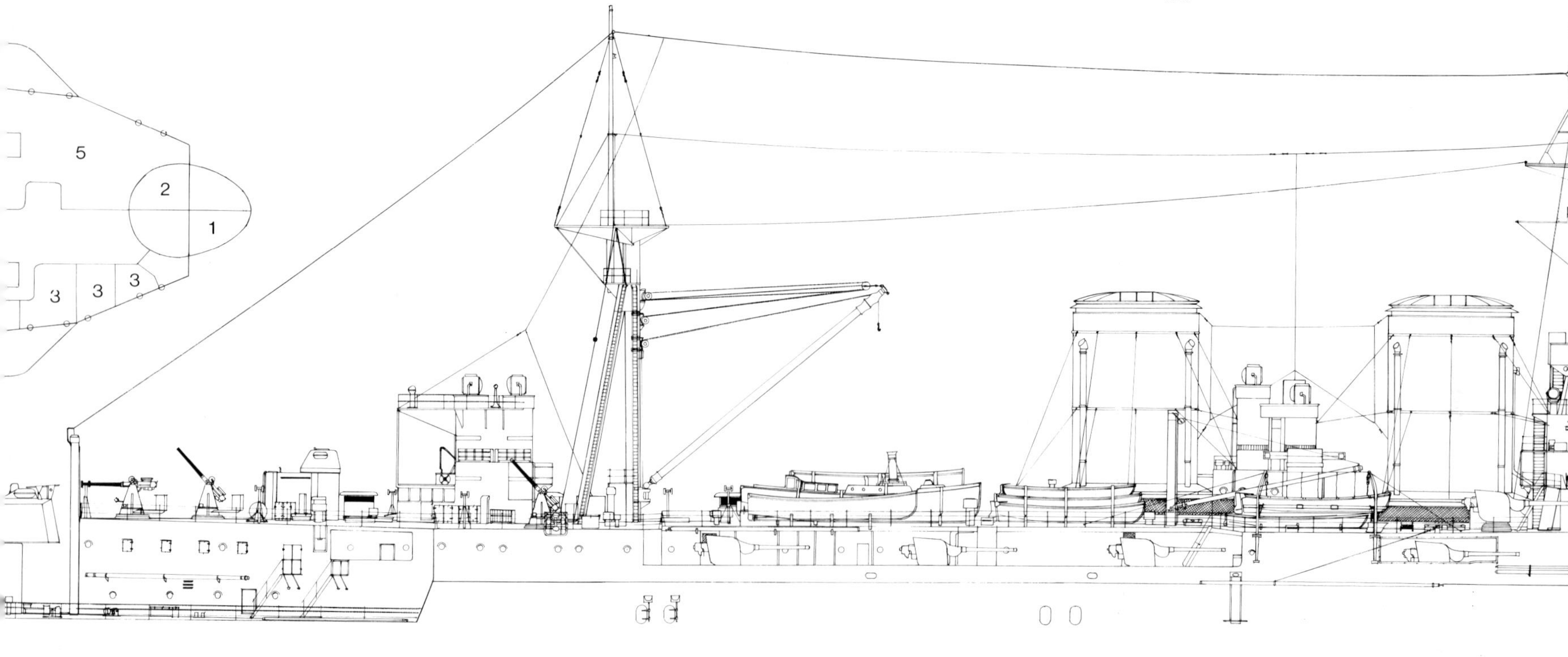
5
2
1
3
3
3

Hood

1920, nach Abschluß Erprobungen: Längsschnitt, Seitenansicht, Querschnitte

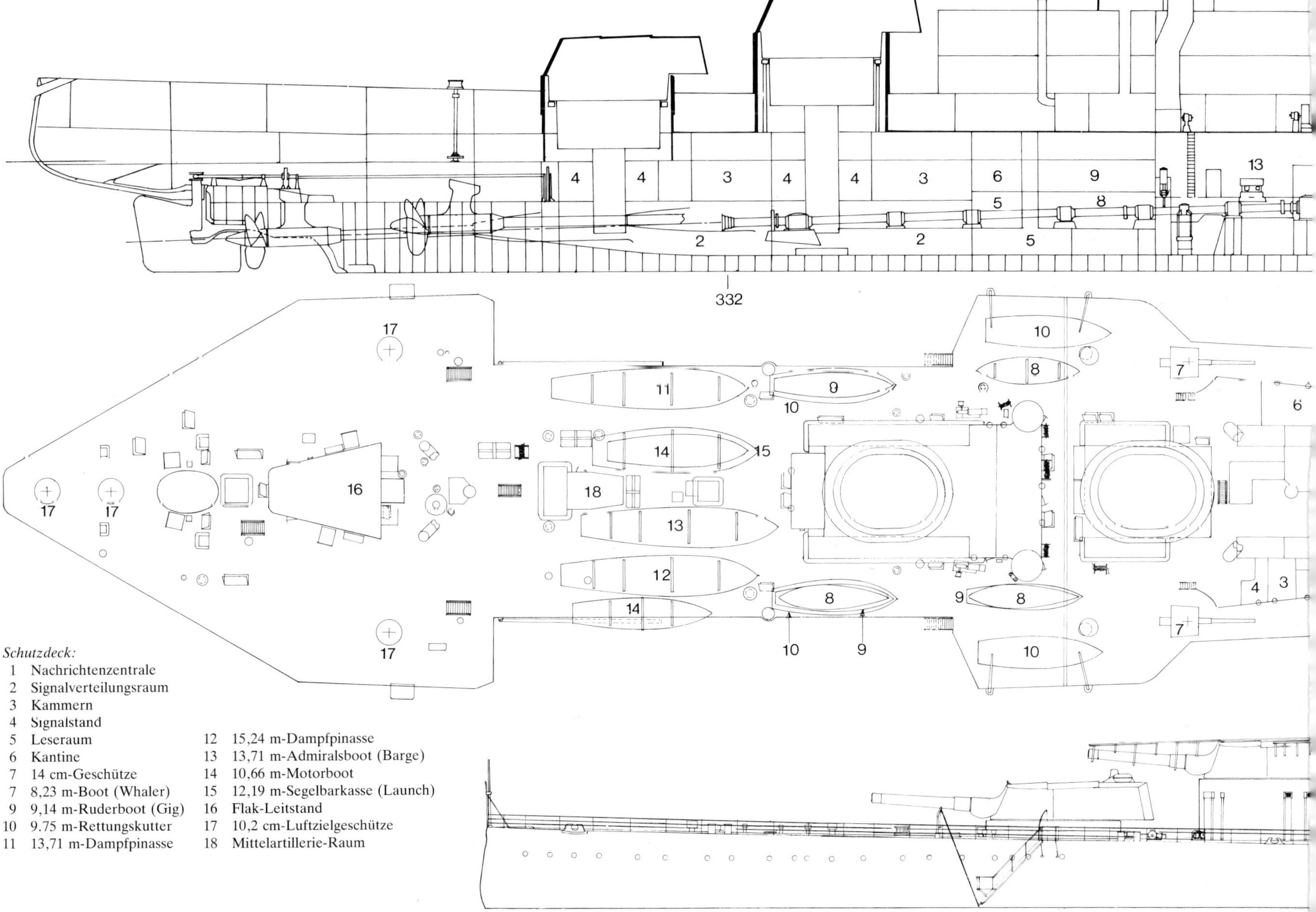

Schutzdeck:

1 Nachrichtenzentrale
2 Signalverteilungsraum
3 Kammern
4 Signalstand
5 Leseraum
6 Kantine
7 14 cm-Geschütze
7 8,23 m-Boot (Whaler)
9 9,14 m-Ruderboot (Gig)
10 9.75 m-Rettungskutter
11 13,71 m-Dampfpinasse
12 15,24 m-Dampfpinasse
13 13,71 m-Admiralsboot (Barge)
14 10,66 m-Motorboot
15 12,19 m-Segelbarkasse (Launch)
16 Flak-Leitstand
17 10,2 cm-Luftzielgeschütze
18 Mittelartillerie-Raum

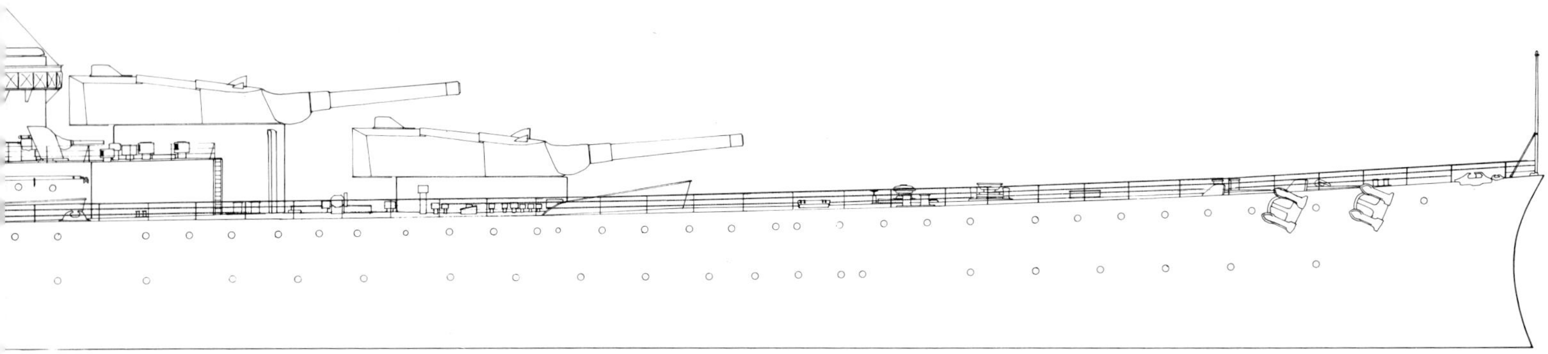

Stahlschutzplatten, vertikal:

Oberhalb Gürtelpanzer	3,8 cm hochelastisch
Schornsteinhälse	3,8 cm hochelastisch

Stahlschutzplatten, horizontal:

Backdeck	1,9 bis 3,1 cm hochelastisch
Hauptdeck, Ebene	2,54 (gemäß Entwurf), über den Magazinen 5,08 (1916) und 7,62 cm über den Masch-Räumen (1917); nur *Repulse* ab 1921: 7,62 cm über den Magazinen
Hauptdeck, Böschung	5,08 cm (gemäß Entwurf), 10,2 cm über den MaschRäumen (1917); nur *Repulse* ab 1921: 10,2 cm über den Magazinen
Zwischendeck, vor und hinter Zitadelle	6,34 cm (gemäß Entwurf), 8,88 cm über Rudermasch-Raum (1917), 5,08 cm über den Magazinen (1917), 6,34 cm vorlich Barbette „A" und achterlich Barbette „Y" (1917); nur *Repulse* ab 1921: 7,62 cm über den Magazinen

Antriebsanlage:

Brown-Curtis-Turbinen, direkt auf 4 Wellen geschaltet.
120000 WPS ≙ 32 kn bei 275 u/min/Welle
Dauerhöchstgeschwindigkeit 29,73 kn bei 100800 WPS
42 Babcock-Wilcox-(Großrohr-)Wasserrohrkessel, höchster Betriebsdruck 20 atü.

Brennstoffvorrat:

4243 ts Heizöl, 104 ts Kohle (max) auf *Repulse*
4289 ts Heizöl, 100 ts Kohle (max) auf *Renown*

Brennstoffverbrauch und Aktionsradius:

Die folgenden Daten wurden für *Renown* ermittelt. (Die der *Repulse* lagen etwas niedriger.) Sie wurden errechnet aus dem Vorrat bei Beginn der Erprobung (Einsatzverdrängung) und 85% Heizölfüllung (wenn nicht anders vermerkt).

Fahrtstufe	Geschwindigkeit (kn)	Leistung (WPS)	Heizölverbrauch (ts/h)	Fahrbereich (sm)
Kurzhöchstfahrt	32	120.000	64	2.125*
Dauerhöchstfahrt	29,73	100.800	56	1.910
⅘ Leistung	28,78	89.600	50	2.110
⅗ Leistung	26,5	67.200	36	2.670
⅖ Leistung	23,68	44.800	25	3.460
⅕ Leistung	19,2	22.400	17	4.050
15 kn	15	11.000	14	4.550*
10 kn	10	3.800	10	3.640

Besatzung:

Renown: 953 Mann im Frieden, 1.043 Mann im Krieg
Repulse: 967 Mann im Frieden (Flaggschiff), 1.057 Mann im Krieg (Flaggschiff)

* basierend auf einem Heizölvorrat von 4.250 ts

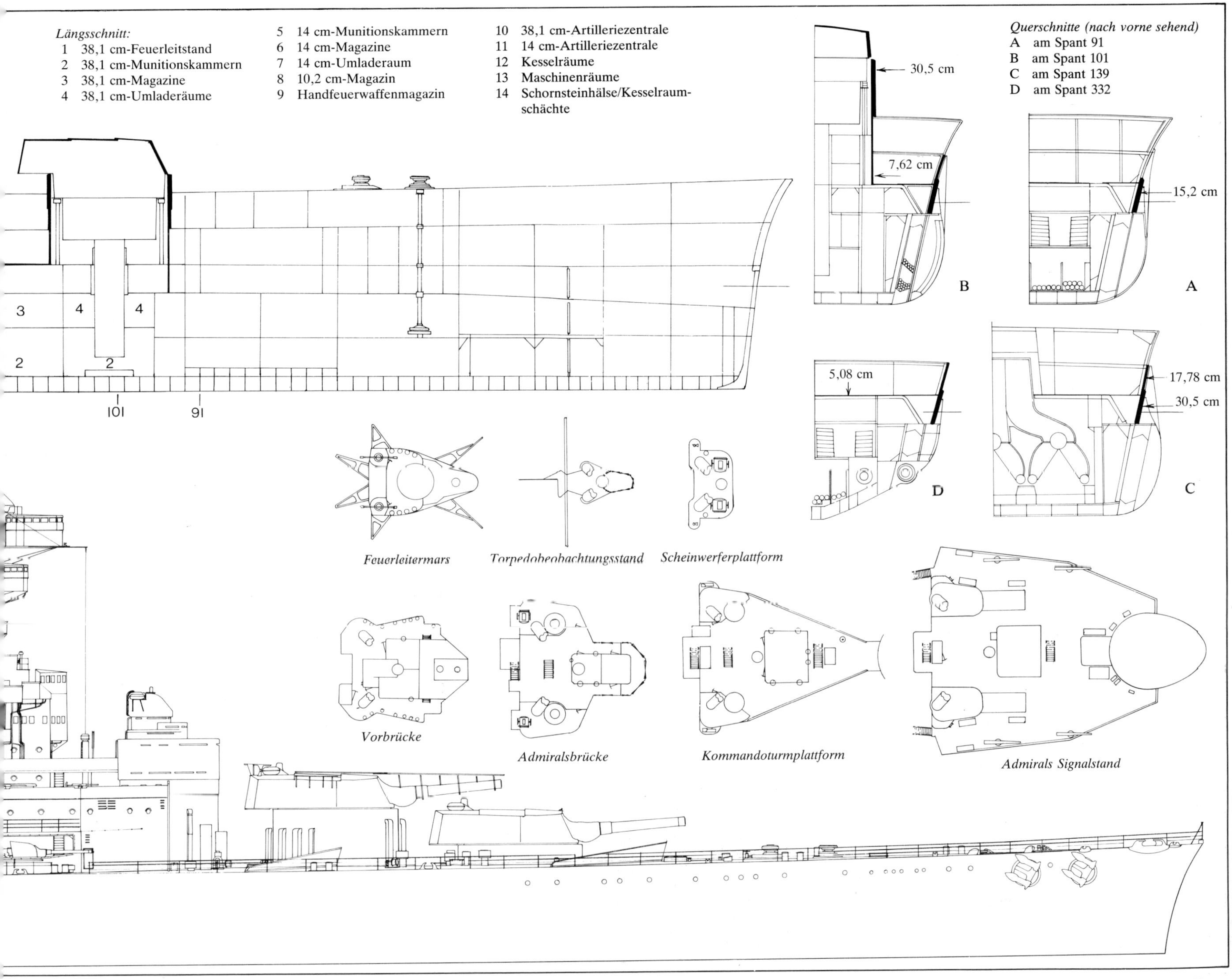
Längsschnitt:
1 38,1 cm-Feuerleitstand
2 38,1 cm-Munitionskammern
3 38,1 cm-Magazine
4 38,1 cm-Umladeräume
5 14 cm-Munitionskammern
6 14 cm-Magazine
7 14 cm-Umladeraum
8 10,2 cm-Magazin
9 Handfeuerwaffenmagazin
10 38,1 cm-Artilleriezentrale
11 14 cm-Artilleriezentrale
12 Kesselräume
13 Maschinenräume
14 Schornsteinhälse/Kesselraumschächte
Querschnitte (nach vorne sehend)
A am Spant 91
B am Spant 101
C am Spant 139
D am Spant 332
30,5 cm
7,62 cm
15,2 cm
5,08 cm
17,78 cm
30,5 cm
101
91
Feuerleitermars
Torpedobeobachtungsstand
Scheinwerferplattform
Vorbrücke
Admiralsbrücke
Kommandoturmplattform
Admirals Signalstand

IV. HOOD 1915 bis 1920

Im November 1915 wurde mit Zustimmung des *Schatzamtes* der Plan, ein Versuchsschlachtschiff zu bauen, von der *Admiralität* genehmigt. Dieses sollte alles in sich vereinigen, was die Kriegserfahrungen bisher gelehrt hatten. In einer Denkschrift vom 4. Dezember 1915 hatte der *3. Seelord,* Admiral Sir F. C. Tudor, folgende Weisungen, die sich auf diesen Entwurf bezogen, an den *DNC* gegeben: „. . . nehmen Sie die Bewaffnung, Panzerung und Geschwindigkeit der *Queen Elizabeth*-Klasse als Mittelpunkt und bauen Sie um diesen herum einen Schiffskörper, der sowenig wie möglich Tiefgang hat und doch von einer großen und vertretbaren Standfestigkeit ist, und der außerdem noch alle Verbesserungen und Schutzeinrichtungen gegen Unterwasserangriffe in sich vereinigt . . ." Der geforderte geringe Tiefgang hatte seine Ursache in Versuchen und kritischen Untersuchungen der Konstruktionen von *Iron Duke* und *Queen Elizabeth* in Verbindung mit einer Studie über die Wirkung von Minen- und Torpedotreffern. Dabei hatte man festgestellt, daß die größte Schwäche dieser Klassen der übermäßig große Tiefgang und das unzulängliche Freibord war. Beides war zurückzuführen auf den betont großen Brennstoffvorrat, der in Kriegszeiten mitgeführt wurde und für den im Entwurfsstadium zu wenig Gewicht eingeräumt worden war.
Hinzu kam, daß die nicht wasserdichte Aufstellung der Mittelartillerie im Oberdeck das Freibord erheblich verminderte. Dadurch wurde auch der Winkel einer zumutbaren Schlagseite, die von den Schiffen ohne Gefahr eingenommen werden konnte, verkleinert. Diese Schwächen führten zu folgenden Schlußfolgerungen:

1. Der Wassserdruck nimmt mit der Tiefe zu. Die inneren Schotte müssen also größeren Drücken standhalten, als die auf Fahrzeugen mit geringem Tiefgang.
2. Das Verhältnis des Restauftriebs zur Verdrängung war zu klein.
3. Die Anordnung der 15,2 cm-Geschütze verlieh den Schiffen schlechte See-Eigenschaften. Bei schlechtem Wetter wurden sie sehr naß; die Geschütze konnten bei jeder Art Seegang nur schlecht bedient werden.

Die vorläufige Entwurfsskizze und die Legende für dieses neue Schlachtschiff waren am 29. November fertig und wurden am folgenden Tag der *Admiralität* zugeleitet. Durch Vergrößerung der Länge (üa) auf 247,05 m und der Breite auf 31,72 m konnte sich der Tiefgang auf 8,00 m verringern. Das entsprach einer Verbesserung von 22% gegenüber der *Queen Elizabeth.* (Gefordert waren 50%, was sich aber als undurchführbar erwies.) Die neue Schiffsform hätte dem Schiff, bei der gleichen Wellenleistung wie bei der *Queen Elizabeth*-Klasse, schätzungsweise die Geschwindigkeit von über 26,5 kn gegeben.
Die MA sollte aus 12 × 12,7 cm-Geschützen – einer Neukonstruktion – bestehen. Sie sollte auf dem Backdeck aufgestellt werden. Diese Maßnahme ermöglichte es, die Bordwände bis dahin geschlossen hochzuziehen. Dies ergab in Verbindung mit einem geringen Tiefgang ein günstigeres Verhältnis von Restauftrieb zur Verdrängung und ein größeres Freibord im Verhältnis zum Tiefgang als auf einem bis dahin gebauten britischen Dreadnought. Der Panzerschutz entsprach dem der *Queen Elizabeth,* aber er hatte nicht die gleiche maximale Stärke. Der Unterwasserschutz wurde durch Wulste unterhalb der Wasserlinie gewährleistet, die sich über die volle Länge der Magazine und Maschinenräume erstreckten. Die Ausführung der Wulste, die ein Teil der Konstruktion des Schiffskörpers waren – sie waren nicht angebaut –, entsprach in der Konstruktion jener, die am 6. Dezember auf dem *Chatham-Floß* getestet worden war. Die inneren Kammern waren mit fünf Rohrreihen ausgefüllt, die äußeren Kammern dienten als Luftpolster. Die in die Entwurfsskizzen eingezeichneten Lufträume waren jedoch etwas größer, als die auf dem *Chatham-Floß* erprobten. Die Wulstform erhöhte in Verbindung mit der über die volle Länge ausladenden Bordwand im Falle einer Beschädigung die Stabilität. Der Hauptnachteil des Entwurfs lag in seinen großen Außenabmessungen, für die es an ausreichenden Bau- und Dockmöglichkeiten mangelte. Es war zu dieser Zeit nur möglich, das Trockendock in Rosyth oder die C- und D-Schleusen in Portsmouth zu benutzen. Keine andere britische Marinewerft war in der Lage, ein Schiff dieses Typs aufzunehmen. (Es wäre vielleicht bei einigen größeren Schwimmdocks möglich gewesen, aber es wäre weit vom Ideal entfernt gewesen, in Anbetracht dessen, daß dann das Bug- und das Heckteil zu weit überhängen würden.)
Am 6. Dezember 1915 bemerkte der *1. Seelord,* Admiral Sir Henry Jackson, in einer Denkschrift an den *3. Seelord* sehr treffend, daß der Kriegsschiffbau in Großbritannien mit Sicherheit ein wichtiger Faktor der Nachkriegswirtschaft sein würde, und daß es zum Nachteil gereichen würde, den USA „. . . eine neue Idee zu liefern, welche sie dann schneller als wir verwirklichen könnten, und ein Schlachtschiff von 247,05 m Länge wäre eine neue Idee . . ." Die beträchtlichen Kosten einer Flotte dieser Schiffe würde auch die Beschaffung größerer Docks und Liegeplätze einschließen. Weiter äußerte er sich dahingehend, daß bis jetzt nur unvollständige Erfahrungen gesammelt wurden und keine grundlegenden Lehren daraus gezogen werden könnten, mit der Ausnahme, daß es möglich ist, unsere Großkampfschiffe mit einem glücklichen Zufallstreffer außer Kraft zu setzen, oder durch eine Mine oder einen Torpedo zu versenken. (Der Schlachtkreuzer *Lion* wurde während der Doggerbankschlacht durch einen einzigen Treffer außer Gefecht gesetzt, der die Panzerung durchschlug und im Maschinenraum explodierte. Das Schlachtschiff *Audacious* sank 1914 durch einen einzigen Minentreffer. Dieser Verlust war jedoch größtenteils auf den schlechten Ausbildungsstand des Schiffssicherungspersonals zurückzuführen.)
Im Hinblick auf die zutage getretene Wirkung des Steilfeuerbeschusses, der vor der Skagerrakschlacht nicht genügend Beachtung geschenkt wurde, gab er folgenden Kommentar: „. . . weitreichendes Artilleriefeuer hat sich verbessert und erwies sich als praktikabel, somit verlangt es besseren Decksschutz (in Ergänzung der Wulste) . . . wie es sich auf der *Inflexible* vor den Dardanellen erwiesen hatte." Nach Studium des Entwurfs und Abwägung der unterschiedlichsten Kommentare erbat sich die *Admiralität* einen zweiten Entwurf.

Dieser sollte dem ersten ähnlich sein, aber – im Hinblick auf Dockmöglichkeiten – nur die Breite der *Queen Elizabeth*-Klasse haben. Der *DNC* fertigte zwei Entwurfsskizzen mit einer maximalen Breite von 27,45 m. Jedoch wurde offensichtlich nur eine davon (für ein 25 kn-Schiff) der *Admiralität* zugeleitet. Sie trug die Bezeichnung *B*, der Originalentwurf erhielt die Kennung *A*. Sie war bereits am 1. Januar 1916 fertig, wurde jedoch noch kurzfristig zurückgehalten, um die Versuchsergebnisse auf dem *Chatham-Floß* abzuwarten. Diese zeigten, daß es möglich war, Großkampfschiffe vor Unterwasserangriffen zu schützen. Sie ergaben aber auch, daß die Form der Wulste, wie sie auf dem *Chatham-Floß* erprobt worden waren, lediglich Torpedos widerstand, deren Sprengkraft nicht größer war als ~ 181 kg TNT. Da der Wulst des Entwurfs *A* stärker war als der erprobte des Entwurfs *B*, plädierte der *DNC* für ein breiteres Schiff, weil dieses – trotz der Dockbeschränkungen – die einzige Möglichkeit war, den Unterwasserschutz einigermaßen zu garantieren. Außerdem waren im Entwurf *B* eine Reihe von erreichten Verbesserungen des Entwurfs *A* rückgängig gemacht worden. Somit war nun endgültig klar, daß eine Verminderung der Breite unerwünscht war. Daraufhin entschied die *Admiralität*, dann sollte die Länge reduziert werden, um das Schiff wenigstens in einem Schwimmdock unterbringen zu können. Also wurden am 6. Januar zwei weitere Entwürfe angefordert – *C 1* und *C 2* –, deren Geschwindigkeit auf 22 kn reduziert worden war, um die Verminderung des Gewichts und der Länge zu ermöglichen. Der Entwurf *C 1* sollte einen vollen Wulstschutz erhalten, *C 2* jedoch nur einen bestmöglichen, aber nicht über die Länge wie bei der *Queen Elizabeth*-Klasse hinausgehend. Beiden sollte der am besten vertretbare niedrigste Tiefgang gegeben werden. Beide Entwurfsskizzen waren am 18. Januar fertig und wurden der *Admiralität* zugeleitet. Entwurf *C 1* hatte die gleiche Breite und den gleichen Tiefgang wie *A*, war aber um 30,5 m kürzer. Entwurf *C 2* hatte nur eine Länge von 186,05 m und eine Tiefgangszunahme von 38,1 cm. Der Unterwasserschutz beider Entwürfe entsprach dem Entwurf *A*. Die Wulste hatten ebenfalls fünf Reihen Rohre, man meinte, sie seien ausreichend als Schutz gegen die zur Zeit stärksten Torpedos. Aus Gründen der Gewichtseinsparung war es erforderlich, die Panzerstärke und die Anzahl der Geschütze der MA zu reduzieren. Nachdem die Entwürfe geprüft worden waren, wies die *Admiralität* den *DNC* an, einen verbesserten Entwurf *A* (Entwurf *D*) zu fertigen. Er sollte die gleiche Breite, den gleichen Tiefgang, die gleiche Panzerung und Bewaffnung aufweisen, aber die Länge sollte verkürzt werden und die Geschwindigkeit der *Queen Elizabeth* entsprechen. Gleichzeitig wurde entschieden, daß es nicht wünschenswert, ja unnötig war, ein neues Geschützkaliber von 12,7 cm einzuführen. Man solle das 14 cm-Geschütz einbauen. Die Daten dieser Entwürfe, die die *Admiralität* zu begutachten hatte, sind in der Tabelle 16 (Seite 66) angeführt. Einige, vielleicht auch alle Entwürfe wurden Admiral Jellicoe, dem Oberbefehlshaber der *Grand Fleet*, zugeleitet, um seine Meinung zu einzuholen. Seine Antwort machte deutlich, daß die *Admiralität* – aus seiner Sicht – von völlig falschen Voraussetzungen ausging. Er stellte fest, daß die Überlegen-

Oben: Aufnahme vom Bugteil der *Hood* während des Baues auf der Helling. Beachte die Aussparungen an der Schiffsseite. Diese nahmen später den Gürtelpanzer auf, der normalerweise erst in der Ausrüstungsphase montiert wurde. Unten: Aufnahme vom Heckteil der *Hood* während des Baues auf der Helling. Die Aussparungen an der Schiffsseite sind für die Montage des Gürtelpanzers bestimmt.

Tabelle 16: Legenden der Entwürfe Schlachtschiffe A–D, 1915/16

	A	*B*	*C 1*	*C 2*	*D*
	29. 11. 15	1. 1. 16	18. 1. 16	18. 1. 16	1. 2. 16
Länge (üa)	247,05 m	244 m	215,44 m	200,39 m	230,39 m
Länge (pp)	231,80 m	228,70 m	201,30 m	186,05 m	216,55 m
Breite	31,72 m	27,45 m	31,72 m	30,50 m	31,72 m
Tiefgang vorn	7,02 m	7,70 m	7,02 m	7,40 m	7,02 m
Tiefgang hinten	7,32 m	8,01 m	7,32 m	7,70 m	7,32 m
Verdrängung	31.000 ts	29.500 ts	27.600 ts	25.250 ts	29.850 ts
Freibord vorn	8,54 m	7,93 m	8,54 m	8,16 m	8,24 m
Freibord hinten	6,10 m	5,80 m	6,10 m	5,80 m	5,80 m
Mittlerer Einsatztiefgang	8,11 m	8,62 m	8,08 m	8,62 m	8,08 m
Leistung	75.000 WPS	60.000 WPS	40.000 WPS	40.000 WPS	65.000 WPS
Konstruktions-geschwindigkeit	26,5–27 kn	25 kn	22 kn	22 kn	25,5 kn
Brennstoffvorrat bei Konstruktionstiefgang	1000 ts				
Brennstoffassungsvermögen	3500 ts	3000 ts			
Bewaffnung:	8 × 38,1 cm				
(Flak)	12 × 12,7 cm		10 × 12,7 cm		12 × 14 cm
	2 × 7,62 cm		1 × 7,62 cm		
	4 TR		2 TR		
Gewichte:					
Ausrüstung, allgemein	750 ts	750 ts	700 ts	750 ts	750 ts
Maschinenanlage	3.550 ts	3.250 ts	2.450 ts	2.450 ts	3.350 ts
Bewaffnung	4.750 ts	4.750 ts	4.650 ts	4.650 ts	4.700 ts
Panzerung und Stahlschutzplatten	9.150 ts	8.600 ts	7.860 ts	7.770 ts	8.500 ts
Schiffskörper	11.650 ts	11.000 ts	10.800 ts	9.500 ts	11.400 ts
Brennstoff	1.000 ts	1.000 ts	1.000 ts	1.000 ts	1.000 ts
Admiralitätsreserve	150 ts	150 ts	140 ts	130 ts	150 ts
Gesamt	31.000 ts	29.500 ts	27.600 ts	26.250 ts	29.850 ts
Panzerung:					
Gürtelpanzer	25,4 cm		25,4 cm		
Zitadellschotte	7,62 bis 15,2 cm		7,62 bis 12,7 cm		
Barbetten (maximal)	25,4 cm		22,86 cm		
Geschütztürme	28 bis 22,86 cm		28 bis 22,86 cm		
Kommandoturm vorn	27,93 cm		25,4 cm		
Torpedoleitstand hinten	15,2 cm		15,2 cm		
Kommandoturmschacht	10,2		–		
Panzerhinterlage (mindestens)	2,54 cm		2,54 cm		
Stahlschutzplatten, vertikal:					
Schotte im Wasserlinien-bereich	3,8 und 2,54 cm		3,8 bis 1,95 cm		
Schornsteinhälse	3,8 cm		3,8 cm		
Stahlschutzplatten, horizontal:					
Backdeck	3,8 cm		3,8 cm		
Oberdeck mittschiffs	2,54 cm		2,54 cm		
Hauptdeck	1,27 cm		3,8 cm		
Zwischendeck vorn	2,54 bis 5,08 cm		2,54 bis 3,8 cm		
Zwischendeck hinten	6,34 bis 7,62 cm		6,34 cm		

Hinweis: Ein weiterer Entwurf, fertiggestellt am 1. Januar 1916, entsprach im großen und ganzen Entwurf *B*, ausgenommen folgender Daten: Tiefgang gemäß Legende: 8,01 m; Einsatztiefgang: 8,92 m; Verdrängung: 30350 ts; Leistung: 75000 WPS; Geschwindigkeit: 27 kn.

heit Großbritanniens an Schlachtschiffen groß sei, und daß zur Zeit kein Bedarf für Neubauten dieses Typs bestand. Da wäre jedoch ein großer Bedarf an Schlachtkreuzern, denn es sei ja bekannt, daß in Deutschland wenigstens drei schnelle Schlachtkreuzer in Bau seien. Dabei sei zu bedenken, daß diese eine vermutliche Geschwindigkeit von 30 kn und eine Bewaffnung aus 38,6 cm-Geschützen erhalten sollten. (1915 erfolgte in Deutschland die Kiellegung von 4 Schlachtkreuzern: *Mackensen, Ersatz Freya, Graf Spee* und *Ersatz Friedrich Carl.* Mit Ausnahme des letzteren liefen alle vom Stapel, wurden jedoch nicht fertiggestellt. Die Bewaffnung sollte sich aus 8 × 35 cm-Geschützen zusammensetzen, die Geschwindigkeit von der Konstruktion her 27 kn betragen. Drei weitere Schlachtkreuzer, Ersatz *York, Ersatz Gneisenau* und *Ersatz Scharnhorst,* wurden 1916 auf Kiel gelegt, aber sie liefen nicht mehr vom Stapel. Für diese war eine Bewaffnung von 8 × 38 cm-Geschützen vorgesehen, die Geschwindigkeit sollte 27,3 kn betragen.) *Renown* und *Repulse* und ebenso die in Bau befindlichen Leichten Schlachtkreuzer des Typs *Courageous* besaßen zwar die nötige Geschwindigkeit, um die deutschen Schiffe zu bekämpfen, aber unglücklicherweise waren sie wegen ihrer unzulänglichen Panzerung nicht in der Lage, mit ihnen zu wetteifern. Auf die Geschwindigkeit von 25–27 kn bei einigen Entwürfen verweisend, stellte Jellicoe fest, daß seine Erfahrungen mit den 25 kn der *Queen Elizabeth*-Klasse ihn zu der Überzeugung gebracht hätten, daß eine mittlere Geschwindigkeit wenig von Nutzen war. Er forderte daher, daß der neue Entwurf entweder einen 30 kn-Schlachtkreuzer oder ein 21 kn-Schlachtschiff bringen müsse, er persönlich ziehe das erstere vor. Diese Kritik wirkte wie eine kalte Dusche, und der *DNC* bereitete sechs neue und spezielle Schlachtkreuzerentwürfe vor, die mit einer Geschwindigkeit von 30 kn und mehr den Wünschen des Flottenchefs entsprachen.

Länge und Breite konnten nicht mehr bedeutend vergrößert werden. Und das zusätzliche Maschinengewicht konnte nur durch eine Tiefgangszunahme untergebracht werden. Somit gingen die durch Tiefgangsverminderung erzielten Vorteile wieder verloren. Die Spezifikationen für die ersten zwei Entwürfe wurden noch am gleichen Tage (des Entwurfs *D*) fertiggestellt, weitere vier folgten am 17. Februar

1916. Die Einzelheiten sind der Tabelle 17 zu entnehmen. In den letzten drei Entwürfen war als Alternativbewaffnung ein Kaliber von 45,7 cm vorgesehen. Das hätte jedoch den Tiefgang um 15,2 cm vergrößert und die Geschwindigkeit etwas verringert. In allen Entwürfen – ausgenommen Nr. *1* – wurde ausdrücklich ein Einbau von Wasserrohrkesseln mit kleinen Rohren und künstlichem Zug gefordert. Das war eine Grundbedingung, um der verlangten Geschwindigkeit, bezogen auf die Größe des Schiffes, gerecht zu werden. Die Spezifikationen, für die keine Entwurfsskizzen erstellt worden waren, wurden im März von der *Admiralität* geprüft. Schließlich wurde eine Ausarbeitung mit genauen Details für den ausgewählten Entwurf Nr. *3* erbeten. Für diesen wurden nun zwei Alternativvorschläge erarbeitet. Der erste, jetzt mit *„A“* bezeichnet, hatte 12 × 14 cm-Geschütze, der zweite, jetzt mit *„B“* bezeichnet, 16 × 14 cm-Geschütze. Die Legende und die Entwurfsskizzen wurden der *Admiralität* am 27. März 1916 zur Prüfung vorgelegt. Nach Begutachtung des Modells und der Pläne gaben die *Seelords* dem Vorschlag *„B“* den Vorzug. Damit war auch dessen zusätzliches Gewicht akzeptiert worden. Die offizielle Billigung durch die *Admiralität* erfolgte am 7. April 1916. Am selben Tage wurden drei Schiffe in Auftrag gegeben. Den Zuschlag erhielten die Werften John Brown *(Hood)*, Cammell Laird *(Howe)* und Fairfield *(Rodney)*. Der Auftrag für ein viertes Schiff *(Anson)* ging im Juli 1916 an Armstrong Whitworth. Die Einzelheiten sind Tabelle 18 zu entnehmen.

Am 31. Mai 1916, dem Tag der Kiellegung der *Hood*, fand die Skagerrakschlacht statt. Drei britische Schlachtkreuzer explodierten im Verlauf dieses Geschehens, ein eindrucksvolles Zeichen dafür, daß irgend etwas im gegenwärtigen Schutzsystem der britischen Schiffe völlig verkehrt sein mußte. Um Erkenntnisse dieser Schlacht und die daraus resultierenden Erfahrungen zu gewinnen und nach Möglichkeit zu verwerten, wurden vorsorglich alle Arbeiten an den Neubauten eingestellt. Anfang Juni bildete Jellicoe innerhalb der *Grand Fleet* eine Reihe von Kommissionen. Diese erhielten den Auftrag, die verschiedenen Probleme und Auswirkungen der Schlacht kritisch zu beleuchten, zu analysieren und schriftlich niederzulegen. Die Gruppe, die sich mit dem Schiffsschutz zu befassen hatte, kam zu dem Ergebnis, daß der Verlust der drei Schlachtkreuzer mit ziemlicher Sicherheit auf Pulverbrände in den Türmen oder Aufzügen, deren Stichflammen durch diese in die Magazine getreten waren, zurückzuführen sei. Es wurde empfohlen, Schutzeinrichtungen gegen Stichflammen in Magazine und Umladeräumen einzubauen. Ebenso drängte sie auf eine Verstärkung des Panzerdecks über den Magazinen, die insbesondere bei Fernschüssen durch durchschlagende Geschosse und deren Splitter gefährdet waren. Diese Feststellungen wurden am 25. Juni 1916 anläßlich einer Admiralitätskonferenz durch Jellicoe und Beatty vorgetragen. Die *Seelords*

Tabelle 17: Einzelheiten der Schlachtkreuzerentwürfe 1–6, 1916

	1	*2*	*3*	*4*	*5*	*6*
	1. Februar 1916		17. Februar 1916			
Länge (üa)	296,93 m	256,20 m	262,30 m	230,89 m	253,15 m	268,40 m
Länge (pp)	254,68 m	240,95 m	247,05 m	216,55 m	237,90 m	253,15 m
Breite	31,72 m	31,72 m	31,72 m	31,72 m	31,72 m	31,72 m
Konstruktionstiefgang	7,93 m	7,63 m	7,93 m	7,63 m	7,63 m	7,93 m
Einsatztiefgang	9,00 m	8,69 m	9,00 m	8,85 m	8,69 m	9,00 m
Verdrängung	39.000 ts	35.500 ts	36.500 ts	32.500 ts	35.500 ts	39.500 ts
Leistung	120.000 WPS	120.000 WPS	160.000 WPS	120.000 WPS	120.000 WPS	120.000 WPS
Geschwindigkeit	30 kn	30,5 kn	32 kn	30 kn	30,5 kn	30 kn
Bewaffnung:	8×38,1 cm 12 × 14 cm, 2 TR			4 × 45,7 cm	6 × 45,7 cm	8 × 45,7 cm
Gürtelpanzer	20,3 cm		25,4 cm	20,3 cm		
Barbetten	22,86 cm					

Tabelle 18: Legende des vorgeschlagenen Schlachtkreuzers vom 27. März 1916

Länge (üa)	262,30 m
Länge (pp)	247,05 m
Breite	31,72 m
Tiefgang vorn	7,63 m
Tiefgang hinten	7,93 m
Einsatztiefgang	8,85 m
Verdrängung	36.250 ts 36.300 ts (Vorschlag *„B“*)
Leistung	144.000 WPS
Konstruktionsgeschwindigkeit	32 kn
Heizölvorrat bei Konstruktionstiefgang	1.200 ts
Heizölvorrat	4.000 ts
Bewaffnung:	
8 × 38,1 cm-L/42; 80 Schuß/Geschütz	
12 × 14 cm-L/50; 150 Schuß/Geschütz	
16 × 14 cm-L/50 (Vorschlag *„B“*)	
2 × 7,62 cm-Flak	
2 bis 4 TR (je 2 TR im Vorschlag *„B“*)	
Panzerung:	
Gürtelpanzer mittschiffs	20,3; 12,7 und 7,62 cm (3,8; 5,08 cm die Außenhaut); 12,7 und 10,2 cm vorn und hinten
Zitadellschotte	10,2 und 7,62 cm
Barbetten (maximal)	22,86 cm
Geschütztürme	28; 25,4 und 10,79 cm (Decke)
Kommandoturm	25,4 cm
Kommandoturmschacht	7,62 bis 8,88 cm
Torpedoleitstand	15,2 cm
Torpedoleitstandschacht	10,2 cm
Stahlschutzplatten, vertikal:	
Torpedoschotte	3,8 und 2,54 cm
Schornsteinhälse	3,8 cm
Stahlschutzplatten, horizontal:	
Backdeck	3,8 und 2,54 cm
Oberdeck hinten	2,54 cm
Hauptdeck	3,8 cm
Zwischendeck vorn	2,54 bis 5,08 cm
Zwischendeck hinten	2,54 bis 6,34 cm

Gewichte:	Vorschlag *„A“*	Vorschlag *„B“*
Ausrüstung, allgemein	750 ts	750 ts
Bewaffnung	4.750 ts	4.800 ts
Panzerung und Stahlschutzplatten	10.100 ts	10.100 ts
Brennstoff	1.200 ts	1.200 ts
Maschinenanlage	5.200 ts	5.200 ts
Schiffskörper	14.070 ts	14.070 ts
Admiralitätsreserve	180 ts	180 ts
Gesamt	36.250 ts	36.300 ts

Hinweis: Obige Einzelheiten gelten für den Vorschlag *„A“*. Bis auf die gesondert angeführten Daten entsprach er auch dem Vorschlag *„B“*.

akzeptierten sie. Zur Frage der Decksverstärkung jedoch stand der *DNC* in heftiger Opposition. Unterstützung fand er durch den *3. Seelord*. Aus den vielen Unterlagen und Stellungnahmen, die ihm zugänglich wären, habe er nirgends schließen können, daß es Gründe gäbe anzunehmen, daß die Magazine durch einen direkten Schuß durchdrungen wurden. Der Verlust wäre ausschließlich durch den Pulverbrand verursacht worden. Möglicherweise ist dieses auch der Grund dafür, daß bei den Entwürfen der *Hood*-Klasse, die als Ergebnis der Auswirkungen der Skagerrakschlacht geändert worden waren, die Deckspanzerung nur geringfügig verstärkt worden war. Die Entwürfe wurden am 4. August von der *Admiralität* genehmigt. In dem verbesserten Entwurf hatte man den 20,3 cm-Gürtelpanzer um 50,8 cm nach unten erweitert, die gepanzerte Bordwand darüber jedoch von 12,7 cm auf 7,62 cm verjüngt. Die Frontseiten der Türme wurden auf 38,1 cm verstärkt, desgleichen die Turmdecken von 11,43 auf 12,7 cm. Die Barbettenpanzerung wurde zwar zwischen den Decks ebenfalls verstärkt, jedoch hielt man an der maximalen Stärke fest. Verbesserungen erfuhren auch die Schornsteinhälse, die Decks und der Kommandoturm. Die 14 cm-Umladeräume des Hauptdecks wurden mit 2,54 cm dicken Schotts umgeben, die Anzahl der Flugabwehrwaffen von 2 × 7,62 cm- auf 4 × 10,2 cm-Geschütze verstärkt; auch die Anzahl der EGeneratoren wurde von 4 auf 8 erhöht. Diese Änderungen erhöhten die Verdrängung um 1200 ts und den Tiefgang um 22,86 cm.

Im Juli regte der *DNC* weitere Verstärkungen des Schiffsschutzes an. Dies zog natürlich eine Reihe weiterer Veränderungen des Entwurfs nach sich, so daß das Ergebnis schließlich die gleichen Dimensionen aufwies, die einem schnellen Schlachtschiff entsprachen. Die Tiefgangszunahme lag hierbei schon bei 61 cm. Die Panzerstärke sollte im großen und ganzen um 50% verstärkt werden, der Gürtelpanzer von 20,3 auf 30,5 cm, die Panzerung darüber von 7,62 auf 15,2 cm, die Barbetten schließlich auf 30,5 cm. Der Geschwindigkeitsverlust lag bei etwa 1 kn, so daß im Endeffekt ein 31 kn-Schiff entstand, das jedoch über und unter Wasser besser geschützt war als die *Queen Elizabeth*-Klasse, und das bei 61 cm weniger Tiefgang.

Die *Admiralität* stimmte diesen Vorschlägen generell zu. Bevor jedoch die endgültige Zustimmung gegeben wurde, warf der *1. Seelord* die Frage auf, ob die Möglichkeit bestünde, die neuen Schiffe mit 4 × 38,1 cm-Drillingstürmen auszurüsten. Der *DNC* bereitete daraufhin Entwürfe mit drei unterschiedlichen Anord-

Tabelle 19: Modifizierte Legende der HOOD-Klasse 1916

	geänderter Entwurf	A	B	C	D
Länge (üa)	262,30 m				
Länge (pp)	247,05 m				
Breite (maximal)	31,72 m				
Tiefgang vorn	7,85 m	8,46 m	9,00 m	8,69 m	8,54 m
Tiefgang hinten	8,16 m	8,77 m	9,30 m	9,00 m	8,85 m
Verdrängung	37.500 ts	40.600 ts	43.100 ts	41.700 ts	40.900 ts
Mittlerer Einsatztiefgang	9,00 m	9,61 m	10,14 m	9,83 m	9,68 m
Geschwindigkeit bei Konstruktionstiefgang	31,75–32 m	31 m	30,5 m	30,5–30,75 m	30,75 m
Leistung	144.000 WPS				
Heizölvorrat bei Konstruktionstiefgang	1.200 ts				
Heizölfassungsvermögen	4.000 ts				
Bewaffnung:	8 × 38,1 cm		12 × 38,1 cm	10 × 38,1 cm	9 × 38,1 cm
	16 × 14 cm				
	2 × 7,62 cm (Flak)		4 × 10,2 cm (Flak)		
	2 TR		4 TR		
Panzerung:					
Gürtelpanzer mittschiffs	20,3 und 7,62 cm		30,5 und 15,2 cm		
Gürtelpanzer vorn	12,7; 10,2 und 7,62 cm		17,78 und 15,2 cm		
Gürtelpanzer hinten	10,2 cm		15,2 cm		
Zitadellschotte	10,2 und 7,62 cm		15,2 und 11,43 cm		
Barbetten	22,86 cm		30,5 cm		
Geschütztürme	38,1; 28 und 12,7 cm (Decke)		38,1; 30,5 und 12,7 cm (Decke)		
Kommandoturm	25,4 cm		30,5 cm		
Kommandoturmschacht	7,62 cm		7,62 cm		
Torpedoleitstand	15,2 cm		15,2 cm		
Torpedoleitstandschacht	10,2 cm		10,2 cm		
Stahlschutzplatten, vertikal:					
Torpedoschotte	3,8 bis 1,9 cm				
Schornsteinhälse	6,34 cm				
Stahlschutzplatten, horizontal:					
Backdeck	3,17 bis 5,08 cm				
Oberdeck hinten	1,9 bis 2,54 cm				
Hauptdeck	2,54; 3,8 und 5,08 cm				
Zwischendeck vorn	2,54; 3,8 und 5,08 cm				
Zwischendeck hinten	2,54 bis 6,34 cm				
Gewichte:					
Ausrüstung, allgemein	750 ts	750 ts	nicht bekannt (B, C, D)		
Bewaffnung	4.950 ts	5.000 ts			
Maschinenanlage	5.300 ts	5.300 ts			
Brennstoff	1.200 ts	1.200 ts			
Panzerung und Stahlschutzplatten	10.600 ts	13.400 ts			
Schiffskörper	14.520 ts	14.750 ts			
Admiralitätsreserve	180 ts	200 ts			
Gesamt	37.500 ts	40.600 ts			

Tabelle 20: Endgültige Legende der HMS Hood, August 1917

Länge (üa)	262,30 m
Länge (pp)	247,05 m
Breite (maximal)	31,72 m
Tiefgang vorn	8,54 m
Tiefgang hinten	8,85 m
Verdrängung	41.200 ts
Mittlerer Einsatztiefgang	9,61 m
Leistung	144.000 WPS
Geschwindigkeit bei Konstruktionstiefgang	31 kn
Heizölvorrat bei Konstruktionstiefgang	1.200 ts
Heizölfassungsvermögen	4.000 ts
Bewaffnung:	
8 × 38,1 cm-L/42	
16 × 14 cm-L/50	
4 × 10,2 cm-Flak	
2 × 53,3 cm-UTR	
8 × 53,3 cm-TR	
Panzerung:	
Gürtelpanzer mittschiffs	30,5; 17,78 und 12,7 cm
Gürtelpanzer vorn	15,2 und 12,7 cm
Gürtelpanzer hinten	15,2 cm
Zitadellschotte vorn	12,7 und 10,2 cm
Zitadellschotte hinten	12,7 und 10,2 cm
Barbetten (maximal)	30,5 cm
Geschütztürme	38,1 cm Front, 30,5 und 28 cm Seiten, 28 cm Rücken, 12,7 cm Decke
Kommandoturm	28; 25,4; 22,86 und 17,78 cm
Kommandoturmschacht	7,62 cm
Torpedoleitstand	15,2 cm
Stahlschutzplatten, vertikal:	
Schotte	3,8, 2,54 und 1,9 cm
Schornsteinhälse	6,34 und 3,8 cm
Stahlschutzplatten, horizontal:	
Backdeck	3,17 bis 5,08 cm
Oberdeck	1,9; 2,54 und 5,08 cm
Hauptdeck	2,54; 3,8 und 7,62 cm
Zwischendeck vorn	3,8 bis 2,54 cm
Zwischendeck hinten	3,8; 2,54 und 7,62 cm
Gewichte:	
Ausrüstung, allgemein	800 ts
Bewaffnung	5.255 ts
Panzerung und Stahlschutzplatten	13.550 ts
Brennstoff	1.220 ts
Schiffskörper	14.950 ts
Maschinenanlage	5.300 ts
Admiralitätsreserve	145* ts
Gesamt	41.200 ts

* Ein zusätzliches Gewicht für stärkere Geschützschilde ging mit 55 ts zu Kosten der Admiralitätsreserve.

nungen vor: 12 Geschütze in vier Drillingstürmen, 9 Geschütze in drei Drillingstürmen und 10 Geschütze in zwei Zwillings- und zwei Drillingstürmen. Diese Entwürfe erhielten die Bezeichnung *A*, *B*, *C* und *D* und wurden im August 1916 der *Admiralität* unterbreitet. Die Einzelheiten sind in der Tabelle 19 zusammengestellt. Die *Admiralität* genehmigte im August den Entwurf *A*, und am 1. September 1916 erfolgte erneut die Kiellegung der *Hood*.
Im gleichen Monat – möglicherweise auf Betreiben des Admirals Jellicoe – wurde auf Grund weiterer Analysen der Skagerrakschlacht erneut eine Verbesserung des Schiffsschutzes gefordert und in Angriff genommen. Der überwiegende Teil dieser Modifizierungen betraf die Deckspanzerung:
Verringerung des Seitenpanzers (vom Ober- zum Backdeck) von 15,2 auf 12,7 cm.
Verstärkung des Seitenpanzers (vom Haupt- zu Oberdeck) von 15,2 auf 17,78 cm.
Verstärkung des Oberdecks von 2,54 auf 5,08 cm.
Verstärkung der hinteren Oberdeckspanzerung im Umfang (bisher 5,08 und 2,54 cm).
Verstärkung des Hauptdecks über den Magazinen von 5,08 auf 7,62 cm.
Verstärkung des hinteren Hauptdecks von 1,91 auf 2,54 cm.
Verstärkung des hinteren Zwischendecks von 2,54 auf 2,54 + 3,8 cm.

Diese Änderungen wurden erforderlich, um sicherzustellen, daß eine Mindeststärke von 22,86 cm vorhanden war, die notwendig war, um der Durchschlagskraft eines Geschosses, das in einem Winkel von 30° zur Senkrechten auf die Seite oder die Decks auftraf, zu widerstehen. Die Modifizierungen waren am 2. Oktober von der *Admiralität* genehmigt worden. Nach Rücksprache mit dem Oberbefehlshaber der *Grand Fleet* wurden jedoch weitere Änderungen und Erweiterungen in Erwägung gezogen, und die endgültigen Baudaten lagen nicht vor dem 20. August 1917 vor. Von der *Admiralität* wurden sie am 30. August genehmigt. Die Einzelheiten sind in der Tabelle 20 angeführt.

Bewaffnung

Die 38,1 cm-Geschütze und deren Lafetten sollten denen vorangegangener Schiffe entsprechen. Nach Skagerrak jedoch wurde entschieden, die maximale Rohrerhöhung von 20° auf 30° zu verändern. Diese Maßnahme erforderte eine Verlängerung des Rohrerhöhungszylinders, die Verstärkung des Lafettenunterbaues und ihrer Lagerung. Es bedeutete ferner ein Höhersetzen der Turmdecke an ihrer Stirnseite. Der Antrieb der Türme arbeitete nach dem gleichen System wie vorher, und deshalb konnte das Geschütz nicht über die 20° Rohrerhöhung geladen werden. Um zu verhindern, daß bei geöffnetem Verschluß eine Rohrerhöhung von mehr als 20° möglich war, wurde eine automatisch arbeitende Sperre eingebaut, die eine Erhöhung des Rohres bei geöffnetem Verschluß über diesen Winkel hinaus verhinderte. Ein Sperrventil sorgte schließlich dafür, daß der Ladetrog nur bei vollständig geöffnetem Rohrverschluß zum Laden angehoben werden konnte. Diese modifizierte Lafette trug die Bezeichnung Mk II.

Panzerschutz der Bewaffnung

Das Panzermaterial der Geschütztürme bestand aus Krupp-zementierten Platten. Die Stirnseiten erhielten eine Stärke von 38,1 cm, die vorderen Seiten 30,5, die hinteren Seiten und die Rückwände 28 cm. Die Stirnseitenmitte war in eine 43,2 cm Glacisplatte eingesetzt, die wiederum in der Bodenplatte des Turmes verriegelt wurde. Diese Glacisplatte bestand aus hochqualitativem nicht-zementiertem Kruppschen Stahl, war also nicht gehärtet. Die Decken setzten sich aus drei 12,7 cm dicken Kruppschen nicht-zementierten Panzerplatten zusammen, der Boden aus hochelastischem 7,62 cm dickem Stahl mit einer zusätzlichen Kruppschen nicht-zementierten Platte unterhalb des Überhanges. Die Turmoffiziersstände waren von 7,62 cm starken Kruppschen nicht-zementierten Panzerplatten umschlossen, an der Stirnseite befand sich eine hochelastische Stahlschutzplatte von 7,62 cm Dicke. Die Kuppeln der EMeßGeräte bestanden aus panzerähnlichem Stahlguß. Die Sichtkuppeln der früheren Türme waren immer permanente Schwachstellen des Turmdeckenpanzers gewesen und wurden deswegen nicht wieder eingebaut. Dafür wurden Sehschlitze in den Frontplatten installiert. Das gesamte Drehgewicht eines Turmes betrug 860 ts, gegenüber 750 ts auf der *Queen Elizabeth*. Im Juli 1917 wurde – nachdem Beschußversuche durchgeführt worden waren – vorgeschlagen, die Turmdecken auf 15,2 cm zu verstärken. Jedoch wurde, da die 12,7 cm-Platten der *Hood* schon gewalzt und geprüft waren, entschieden, diese nur auf *Hood* zu verwenden. Für die anderen drei Schiffe zog man das zusätzliche Gewicht von 60 ts von der Admiralitätsreserve ab. In der *Royal Navy* wurde das 14 cm-Geschütz Mk I zuerst auf den Kreuzern *Birkenhead* und *Chester* eingebaut. (Diese beiden Schiffe befanden sich bei Kriegsausbruch auf der Werft von Armstrong für die griechische Marine in Bau. Später wurden sie von der britischen Regierung erworben.) Das Geschütz wurde außerdem auch auf dem Leichten Schlachtkreuzer *Furious* eingebaut. Es verschoß Granaten von 37,2 kg Gewicht mit einer Mündungsgeschwindigkeit von 830,58 m/sek. Die Treibladung bestand aus 1,1 kg MD-Pulver. Es erreichte zwar nicht die Schlagkraft des 15,2 cm-Geschützes (dieses verfeuerte eine Granate, die 8,2 kg schwerer war und 30% mehr Sprengkraft be-

saß), aber man nahm an, daß diese Leistung ausreichen würde, Zerstörerangriffe abzuschlagen, ihre Hauptaufgabe auf einem Großkampfschiff. Immerhin war es leichter zu bedienen als das 15,2 cm-Geschütz, auch war das leichtere Geschoß handlicher beim Laden. Die Mittelpivot II-Lafette erlaubte eine maximale Rohrerhöhung von 30° (im Gegensatz zu 15° der früheren P I-Lafette) und verlich dem Geschütz damit eine maximale Reichweite von rund 16200 m. Das waren 4500 m weiter als mit dem 15,2 cm-Mk XII-Kasemattgeschütz. Diese neuen Geschütze waren jedoch nur unzulänglich gegen Treffer oder Schlechtwetter geschützt, da sie nur Schutzschilde mit einer Stärke von 2,54 cm besaßen. Im Oktober 1917 fand schließlich eine Diskussion darüber statt, ob man die Geschütze nicht in Türme setzen konnte. Demgegenüber stand jedoch der Einwand, daß dann die unmittelbare Feuerleitung verlorenginge, außerdem würde diese Maßnah-

◀ *Hood,* Ende 1932.

Einzelheiten der HOOD nach Fertigstellung 1920:

Verdrängung:	
Konstruktionsverdrängung	42.670 ts
Einsatzverdrängung	46.680 ts
Tiefgangszunahme (bei Konstruktionstiefgang):	49,9 ts/cm
Abmessungen:	
Länge (üa)	262,48 m
Länge (pp)	247,18 m
Länge (cwl)	259,43 m
Breite (maximal)	31,77 m
Tiefgang vorn	8,51 m
Tiefgang hinten	9,33 m
Mittlerer Tiefgang	9,76 m

Bewaffnung:
8 × 38,1 cm-L/42-Mk I in Zwillingslafette-Mk II
12 × 14 cm-L/50-Mk I auf Mittelpivot II-Einzellafette
4 × 10,2 cm-Schnellfeuergeschütze (Flak)-MK V in Einzellafetten-MK III
4 × 3 Pdr-Hotchkiss-Salutgeschütze auf MK I-Lafette
6 × 53,3 cm Torpedorohre (4 über Wasser, 2 unter Wasser)

Munitionsvorrat:

38,1 cm	= 120 Schuß/Geschütz (36 Sprenggranaten mit Kappe, 84 panzerbrechende Granaten) 82 Übungsgranaten/Schiff 30 Schrapnell/Schiff
14 cm	= 200 Schuß/Geschütz (150 Lyddite-Granaten 50 Sprenggranaten mit Kappe) 464 Übungsgranaten/Schiff 96 Schrapnell/Schiff

Normal-Munitionsausrüstung:

38,1 cm	= 100 Schuß/Geschütz, 6 Schrapnell/Geschütz
14 cm	= 150 Schuß/Geschütz
10,2 cm	= 150 Schuß/Geschütz
3 Pdr	= 64 Schuß/Geschütz

Panzerung:

Gürtelpanzer	30,5; 17,78 und 12,7 cm mittschiffs; 12,7 und 15,2 cm vorn 15,2 cm hinten
Zitadellschotte	12,7 und 10,2 cm vorn und hinten
Barbetten	30,5 bis 7,62 cm
Geschütztürme	38,1 cm Front, 30,5 und 28 cm Seiten, 28 cm Rücken, 12,7 cm Decke
Kommandoturm	28 bis 7,62 cm
Kommandoturm-Leitstand	15,2 cm Front, 5,08 cm Seiten, 7,62 cm Decke
Kommandoturmschacht	7,62 cm
Torpedoleitstand hinten	3,8 cm Seiten, 7,62 cm Decke
Torpedoleitstandskuppel	10,2 cm Front, 7,62 cm Seiten und Decke
Torpedoleitstandschacht	1,9 cm
Stahlschutzplatten, vertikal:	
Torpedoschotte	3,8 und 4,44 cm
14 cm-Umladeräume	2,54 cm hinten, 5,08 cm vorn
14 cm-Munitionsförderstränge	2,54 cm
Stahlschutzplatten, horizontal:	
Backdeck	3,8 cm über den vorderen Magazinen, 3,17 bis 5,08 cm mittschiffs
Oberdeck	5,08 cm über den Magazinen, 2,54 und 1,9 cm mittschiffs und hinten
Hauptdeck, Ebene	7,62 cm über den Magazinen; 3,8 und 5,08 cm mittschiffs; 2,54 cm vorn; 5,08 cm hinten
Hauptdeck, Böschung	5,08 cm
Zwischendeck	2,54 cm vorn, 3,8 cm über den UTR-Räumen, 5,08 cm über den Magazinen, 2,54 und 3,8 cm hinten, 7,62 cm über dem Rudermaschinenraum

Antriebsanlage:
Brown-Curtis-Getriebeturbinen mit einfacher Untersetzung, vier Wellen
144.000 WPS ≙ 31 kn bei 210 u/min/Welle
24 Yarrow-Wasserrohrkessel (engrohrig), maximaler Betriebsdruck 16,5 atü

Brennstoff und Fahrbereich:
Normal 3.895 ts Heizöl
Kesselspeisewasser 572 ts
Kohle 58 ts
Fahrbereich 7500 sm : 14 kn (geschätzt nach Probefahrten)
Brennstoffverbrauch: 7,5 ts/h bei 14 kn

Besatzung: 1.397 Mann

me ein erhebliches Mehrgewicht erfordern. Die 14 cm-Munition gelangte über Aufzüge in die vorderen und hinteren Umladeräume, die sich im Hauptdeck befanden. Von hier aus wurde die Munition an den Schiffsseiten bis zu den Aufzügen der einzelnen Geschütze befördert. Der Einbau der Aufzüge war erst genehmigt worden, nachdem die endgültige Bauanweisung ergangen war. Das zusätzliche Gewicht von 80 ts ging zu Lasten der Admiralitätsreserve. Die Geschützerprobungen, am 26. März 1920 durchgeführt, waren mit Ausnahme kleiner Beanstandungen voll befriedigend. Der endgültige Entwurf sah 8 × 53,3 cm-TR vor, die mittschiffs auf das Oberdeck aufgestellt werden sollten, außerdem zwei 53,3 cm-UTR, jedes in einer Abteilung des vorderen Plattformdecks, vor. Die UTR hatten eine Kraftanlage zur Ladung der Rohre. Zum Torpedotransport dienten Aufzüge, die sowohl zwischen Hauptdeck und UTR-Raum als auch horizontal arbeiteten. Zwischen 1918 und 1919 wurden Vorkehrungen getroffen, auf die Türme „B" und „X" Flugzeugstartbühnen zu setzen. Dies wurde kurz nach Fertigstellung auch durchgeführt.

Feuerleitanlagen

Der Hauptfeuerleitstandsturm befand sich über dem Kommandoturm. Auf diesen war eine gepanzerte Drehkuppel mit einem 9,14 m-EMeßGerät aufgesetzt. Der Turm bestand aus einer Panzerröhre, deren Wandung 15,2 cm stark war. Die Frontseite der Drehkuppel hatte eine Panzerung von 15,2 cm, die Seiten von 5,08 cm und die Decke von 7,62 cm.
Der 14 cm-Feuerleitstand befand sich am Fuße des Hauptfeuerleitstandes und besaß ebenfalls eine 15,2 cm-Panzerung. Ein zweites Feuerleitgerät und ein 4,57 m-EMeßGerät waren in einem drehbaren Stand im Vormars installiert. Jeder Turm besaß ein 9,14 m-EMeßGerät und eine offene Visiereinrichtung zur Nahsteuerung. Der vordere Teil des Vormars diente als 38,1 cm-Hpt-Feuerbeobachtungsstand, der hintere Teil als Stb- und Bb-MA-Feuerbeobachtungsstand. Jeder besaß ein 2,74 m-EMeßGerät. Die zwei 14 cm-Feuerleitstände befanden sich seitlich der Brücke in den Ubootbeobachtungsständen. Vorgesehen waren vier Torpedoleitstände, einer unter dem Kommandoturm, innerhalb dessen Panzerschutzes, zwei zwischen den Schornsteinen; der vierte war zugleich der hintere Torpedoleitstand. Die letzten drei hatten 4,57 m-EMeßGeräte. Zur Kontrolle bzw. Leitung der 10,2 cm-Flak diente ein 2 m-FlakEMeßGerät auf dem hinteren Aufbaudeck.

Schiffsschutz

Der Hauptgürtelpanzer erstreckte sich von Barbette „A" bis „Y" und hatte eine Länge von 171,41 m. Die Breite war 2,89 m. Nach vorn und hinten verjüngte er sich auf jeweils 15,2 und 12,7 cm bzw. auf 15,2 cm. Oberhalb des Gürtelpanzers führte ein Seitenpanzer hoch bis zum Backdeck und hatte dort eine Stärke von 17,78 cm. Die Breite war 2,75 m. Der 17,78 cm-Seitenpanzer setzte sich nach vorne bis auf 12,7 cm abnehmend fort. Bei Fertigstellung befand sich die Unterkante des Gürtelpanzers 1,22 m unterhalb der Konstruktionswasserlinie. Unterhalb des Gürtelpanzers saß seitlich in Höhe der Kesselräume ein weiterer Panzerstreifen von 7,62 cm Dicke. Nach vorn und hinten setzte dieser sich fort mit einer Stärke von 1,9 cm. Die Unterkante des Streifens befand sich 2,14 m unterhalb der Konstruktionswasserlinie. Der Gürtelpanzer besaß eine Neigung von 12°, nach außen weisend. Diese Ausführung sollte nicht nur den Aufschlagwinkel eines Geschosses vergrößern, sondern auch die Widerstandsfähigkeit des Panzers erhöhen. Hinter der Panzerung befand sich eine 5,08 cm starke Außenhaut, die sich nach vorn und hinten auf 3,8 cm verjüngte und bis zum Doppelboden reichte. Sie bildete innerhalb der Wulste an beiden Seiten das Torpedoschott. Die Enden des Gürtelpanzers schlossen ab mit Querschotts von 12,7 und 10,2 cm Stärke. Der obere Teil der Barbetten hatte, im Gegensatz zu früheren Konstruktionen, bei denen aus Gewichtsgründen bestimmte Stellen dünner waren, eine einheitliche Stärke von 30,5 cm. Zwischen den Decks reduzierte sich die Panzerung auf 15,2 bzw. 12,7 cm. Die Vorderseite der Barbette „A" wurde verstärkt auf 25,4 cm, die Rückseite der Barbette „Y" auf 30,5 und 22,86 cm. Der Kommandoturm war der bisher größte, der in einem britischen Großkampfschiff eingebaut wurde, und seine massive Struktur – stark gepanzert – wog etwa 600 ts. Der Turm war so konstruiert, daß er alle wichtigen Befehls- und Leitstellen in sich aufnahm. Im oberen Teil befanden sich der eigentliche Kommandostand, die Feuerleitstände, der Admiralsstand, darunter der Torpedoleitstand, der Signalverteilungsraum und die Feind-Nachrichtenzentrale (alle in verschiedenen Ebenen). Unten, in Höhe des Oberdecks, waren der Reserve-Verschlüsselungsraum und ein dritter Funksenderaum untergebracht. Der eigentliche Kommandostand und die obere Hälfte des Torpedoleitstandes waren seitlich durch Panzerplatten von 28 cm, an der Frontseite durch solche von 25,4 cm und die Rückseite mit 22,86 cm geschützt. Die Decke war 12,7 cm stark. Die untere Hälfte des Torpedoleitstandes war durch Panzerplatten von 17,78 cm Stärke an der Vorder- und Rückseite, an den Seiten mit 22,86 cm geschützt. Darunter befand sich eine Panzerung von gleichmäßiger Stärke (15,2 cm) bis nach unten zum Backdeck und 7,62 cm vom Backdeck zum Oberdeck. Der Admiralsstand hatte eine Panzerung von 25,4 cm an den Seiten und eine Decke von 12,7 cm. Innerhalb des Turmes befand sich ein gepanzerter Verbindungsschacht mit 7,62 cm dicken Wandungen, der vom oberen Kommandostand bis zum Hauptdeck reichte. Durch diesen fand der gesamte Verkehr zwischen den einzelnen Stationen statt. 1917 erfolgte die Genehmigung, auf *Anson, Howe* und *Rodney* die gepanzerten Längsschotte zu ändern. Dies würde ein zusätzliches Gewicht von 152 ts erbringen. Diese Modifizierung, zusammen mit der Bereitstellung der 15,2 cm-Deckenpanzerplatten für die Türme und dem Einbau der Geschoßaufzüge für die 14 cm-Geschütze, vergrößerte die Konstruktionsverdrängung der drei Schiffe um 147 ts. Gleichzeitig wurde der Einbau von Verkleidungen in den 38,1 cm-Magazinen auf *Hood* als Schutz gegen Feuer in angrenzenden Räumen genehmigt. Das ergab ein zusätzliches Gewicht von 45 ts. Dieses, zusammen mit dem der Aufzüge, reduzierte die Admiralitätsreserve auf 20 ts. Wie in früheren Schiffen war die Deckspanzerung weitverzweigt. Trotz der Verstärkungen, durchgeführt nach Skagerrak, entsprach sie nicht dem Nachkriegsstandard. Der durch das starke Backdeck, die starke Außenhaut und andere Sektionen gewährte Schutz war schiffsfestigkeitsmäßig bedingt. 1918 schlug der Oberbefehlshaber der *Grand Fleet,* Admiral Beatty, vor, daß die Decken der Magazine auf eine einheitliche Stärke von

5,08 cm gebracht werden sollten, und zwar durch das Einziehen von zusätzlichen 2,54 cm starken Panzerplatten. Im August 1918 genehmigte die *Admiralität* den Vorschlag. Zum Ausgleich für dieses zusätzliche Gewicht wurden die hochelastischen 2,54 cm- und 5,08 cm-Stahlschutzplatten der Schornsteinhälse oberhalb des Backdecks ausgebaut. Im Mai 1919 wurde die Genehmigung erteilt, die Seiten des Hauptdecks, in Höhe der Magazine zu verstärken. Diese Platten würden so bis zur Schiffsmitte reichen und auch noch die Böschung hinunter. Zum Ausgleich dieses Gewichts (etwa 100 ts) wurden die hinteren 14 cm-Geschütze (zwei vom Aufbaudeck, zwei vom Backdeck) einschließlich ihrer Aufzüge und der Ausrüstung ausgebaut.
1919 wurden Beschußversuche durchgeführt. Das Ziel entsprach in der Anordnung der Panzerung hinsichtlich der Magazine der *Hood*. Die Erprobungen fanden statt mit den verbesserten 38,1 cm-Granaten. Die Versuche zeigten die Verwundbarkeit bei großen Schußentfernungen. Im Juli 1919 wurde daher entschieden, die Stärke der Panzerung des Hauptdecks über den hinteren Magazinen auf 15,2 cm und über den vorderen Magazinen auf 12,7 cm zu erhöhen. Folgende Anlageteile sollten als Gewichtsausgleich dafür ausgebaut werden:

1. Die vorderen vier TR.
2. Die Schutzbox der vier hinteren TR. (Das war eine gepanzerte Box, die das Vorderteil der Rohre und somit die Sprengköpfe der in den Rohren befindlichen Torpedos schützte. Nachdem sie entfernt worden waren, wurden die Torpedos nicht mehr länger als *„Kriegsausrüstung“* bezeichnet, weil es nun nicht mehr vorgesehen war, die TR im Kriege mitzuführen. Die Rohre blieben an Bord, zumindest für Versuchszwecke. Sie befanden sich auch noch an Bord, als die *Hood* unterging.)
3. Der 15,2 cm-Panzerschutz des hinteren Torpedoleitstandturmes wurde durch 3,8 cm-Stahlschutzplatten ersetzt. Der Einbau der zusätzlichen Stahlschutzplatten wurde in Erwartung weiterer Beschußergebnisse immer wieder hinausgeschoben. Sie wurden nie eingebaut.

Die Beschußversuche mit den neuen Granaten demonstrierten auch, daß es – in Umkehrung der gewöhnlichen Anordnung – auch zweckmäßig wäre, die Magazine unterhalb der Munitionsräume einzubauen. Dort waren sie vor Fernschüssen sicherer, jedoch nun wieder gefährdeter durch Minen- oder Torpedotreffer. Um dieser Gefahr zu begegnen, wurde beschlossen, im *Chatham-Floß* eine Reihe von Versuchen durchzuführen, und zwar mit einem Modell der neuen Raumordnung. Zuvor jedoch wurde entschieden, auf allen Schiffen der Klasse – mit Ausnahme *Hood* – die vorderen Magazine und Munitionsräume gegeneinander auszutauschen. Bei *Hood* war das Baustadium bereits so weit fortgeschritten, daß diese Änderung nicht mehr durchführbar war. Die hinteren Magazine wollte man ursprünglich unverändert lassen. Der Grund lag im Mangel an Raum in der Stauung, verursacht durch die feinere Linienführung des Schiffskörpers im Heckteil und dem notwendigen Raum für die Antriebswellen. Dadurch wurde es schwierig, die Magazine „X“, und fast unmöglich, die Magazine „Y“ wie vorgesehen zu installieren. Admiral Beatty jedoch wünschte, daß die Modifizierung auch auf die hinteren Magazine ausgedehnt wurde. Er stellte fest, daß der Unterwasserschutz der Magazine „X“ und auch der hinteren 14 cm-Magazine dem der vorderen Magazine zwar vergleichbar wäre, aber daß die Gefahr eines Granattreffers hinten wesentlich größer sei als vorn. Seiner Forderung wurde später stattgegeben. Das bedeutete den Verzicht auf den Stauraum für 20 Granaten pro Geschütz, im Gegensatz zu nur 10 Schuß für die Türme „A“ und „B“. Der Unterwasserschutz des Magazins „Y“ war wesentlich schwächer, aber vor Eintreffen der Ergebnisse vom *Chatham-Floß* wurden keine Beschlüsse gefaßt. Diese zeigten dann, daß sich die Gefahr von Unterwasserexplosionen in Grenzen hielt. Man möge beschließen, daß es wesentlich „. . . und zweifellos sicherer sei, die Magazine unter die Munitionsräume einzubauen, und zwar so weit als es eben möglich sei . . .“ Im August 1918 schließlich genehmigte die *Admiralität* den Tausch aller Magazine und Munitionsräume. Soweit es die Magazine „Y“ betraf, machte dieses eine Verbreiterung des hinteren Schiffskörpers erforderlich, damit die zugehörigen Umladeräume eingebaut werden konnten. Berechnungen ergaben, daß die Veränderung des Schiffskörpers einen Geschwindigkeitsverlust von etwa 1 kn ergeben würde. Weitere Nachteile, die akzeptiert werden mußten, waren die Umkonstruktion der Turmschächte, der Verbindungsschächte und der hydraulischen Berohrung unterhalb des Plattformdecks und eine umständlichere Munitionsversorgung.

Unterwasserschutz

Die Wulste waren im Mittschiffsbereich annähernd 3,05 m breit und erstreckten sich über die volle Länge der Magazine und Maschinenräume. Das entsprach der Länge des Hauptgürtelpanzers, nämlich 171,41 m. Sie unterteilten sich in einen äußeren Luftraum und einen inneren Röhrenraum. Quer waren sie in einzelne Kammern von etwa 6,10 m Länge eingeteilt. Die Außenhaut der Wulste bestand aus 1,58 cm starken Platten, die äußeren Schottwände der Röhrensektion aus solchen von 1,27 cm Stärke. Das Torpedoschott, das zugleich die Innenwand der Röhrensektion bildete, hatte eine Stärke von 3,8 cm und setzte sich aus zwei Platten von je 1,9 cm zusammen. Doppel-T-Träger verstärkten es zusätzlich. Seitlich der Kesselräume und Magazine befanden sich weitere 1,9 cm dicke Schotte. Sie saßen innerhalb des Torpedoschotts und waren so geformt, daß die Räume, die dadurch gebildet wurden, zugleich als Heizölbunker gefahren werden konnten. Es hatte sich als unmöglich erwiesen, Räume dieser Art auch seitlich der Maschinenräume einzubauen, da der Platz voll für die Maschinen benötigt wurde, aber das äußere Schott der Röhrensektionen wurde auf 1,9 cm verstärkt und schmale Seitenbunker wurden auch seitlich der mittleren und hinteren Maschinenräume eingerichtet.

Maschinenanlage

Verteilt auf drei Maschinenräume waren vier Sätze Brown-Curtis-Turbinen mit einfacher Untersetzung installiert. Auf jede der vier Wellen war ein Satz geschaltet. Der vordere Maschinenraum nahm die beiden Turbinensätze für die Außenwellen auf, der mittlere den Satz der Bb-Innenwelle, der hintere den der Stb-Innenwelle. Jeder Satz bestand aus einer ND- und einer HD-Turbine sowie zusätzlich einer Marschturbine an der Stirnseite der äußeren HD-Turbine. Die Verwendung von Getriebeturbinen erlaubte die Verringerung der Wellendrehzahl auf 210 u/min, so daß man Propel-

Tabelle 21: Erprobungen bei Konstruktionsverdrängung im März 1920

Fahrtstufe	Geschwindigkeit (kn)	Leistung (WPS)	Drehzahl der Welle (u/min)	Verdrängung (ts)
	13,53	9.103	80,05	42.090
	15,6	14.630	93	41.700
	17,2	20.050	103	41.700
⅕ Leistung	20,37	29.080	124	41.600
⅖ Leistung	25,24	58.020	154	41.850
⅗ Leistung	27,77	89.010	176	42.100
⅘ Leistung	29,71	116.150	191	42.150
Volle Leistung	32,07	151.880	207	42.200
8. März 1920: Erprobung bei 3 Stunden Dauerhöchstleistung				
Alle Turbinen in Betrieb, Sperrdampfventile geschlossen	31,79	150.473	205	
Alle Turbinen in Betrieb, Sperrdampfventile offen	31,35	144.984	202	
22./23. März 1920: Erprobungen bei Einsatzverdrängung				
	13,17	8.735	81	45.000
	15,795	14.020	96	45.000
	19,11	24.720	116	45.000
	22,006	40.780	136	44.600
	25,737	69.010	161	44.600
	28,37	112.480	185	44.600
	31,888	150.220	204	44.600

ler mit besserem Wirkungsgrad als bei früheren Konstruktionen verwenden konnte. Die Antriebsanlage war ausgelegt für 31 kn bei Konstruktionstiefgang und 30,25 kn bei Einsatztiefgang (das Fahren in tiefem Wasser). Die 24 Yarrow-Wasserrohrkessel mit engen Rohren und künstlichem Zug waren gleichmäßig auf vier Kesselräume verteilt. Die Berohrung dieser Kesselart war reparaturanfälliger als die der Großrohrtypen. Sie wurden bisher nur auf Kreuzern und kleineren Kriegsschiffen verwendet, *Hood* war das erste damit ausgerüstete Großkampfschiff. Der *DNC* hatte sich schon seit längerer Zeit für deren Einbau auf großen Schiffen eingesetzt. Sie sparten Gewicht und Raum – und vor allem Beschaffungskosten. Auch auf den Schiffen der *Courageous*-Klasse waren sie eingebaut worden. Diese waren als Große Leichte Kreuzer klassifiziert worden, und folglich hatten sie diese Kesselanlagen erhalten, die natürlich wesentlich weniger Raum beanspruchten; der Unterwasserschutz war dadurch dem der *Renown* und *Repulse* überlegen. Die *Schiffsmaschinenabteilung* war gegen den Einbau dieser Kesselart, da aber die Gewichtsfrage in den Entwürfen, die zur *Hood* führten, von ausschlaggebender Bedeutung war, wurde die Opposition des *E in C* überstimmt. Die Gesamtheizfläche betrug 16254,30 m^2, im Gegensatz zur *Renown* und *Repulse* mit 14604,91 m^2. Der maximale Betriebsdruck lag bei 16,5 atü. Die Installation der Hauptmaschinen erfolgte 1919 in Clydebank. Im März 1920 wurden in der Tiefwassermeile vor Arran im Firth of Clyde Probefahrten durchgeführt. Die Ergebnisse waren größtenteils zufriedenstellend, die einzelnen Erprobungen der Antriebsanlage verliefen störungsfrei. Die Ergebnisse sind der Tabelle 21 zu entnehmen.

Hilfsmaschinen

Die E-Anlage wurde über eine Hauptspeiseleitung mit 220 V Gleichstrom versorgt durch acht 175 kW-Generatoren, zwei von DiMot, zwei von Turbinen und vier von Dampfkolbenmaschinen angetrieben. Die Gesamtkapazität von 1400 kW war fast doppelt so groß wie auf *Renown* und *Repulse* mit 775 kW. Die Generatoren konnten auch Wechselstrom erzeugen. Die *Hood* war das erste Schiff der *Royal Navy,* auf dem dies möglich war. Eingebaut waren vier Hauptkondensatoren, für jeden TurbSatz einer. Hinzu kamen zwei Hilfskondensatoren, einer im mittleren, der andere im hinteren Maschinenraum. Die Frischwassererzeugungsanlage bestand aus sechs Verdampfern und zwei Destillatkondensatoren. Sie erzeugten 480 ts/Tag. Die Anlage unterteilte sich in vier Sätze, zwei im mittleren und zwei im hinteren Maschinenraum. Vier dampfgetriebene Hydraulikpumpen für die Bewegung der Türme waren ebenfalls eingebaut.

Stabilität

Die ursprüngliche Forderung nach einem Schiff mit hohem Freibord und großem Restauftrieb war mit Fertigstellung des Schiffes restlos verlorengegangen. Seit der Konzeption des Schiffes war die Verdrängung nun um 6000 ts überschritten, seit dem letzten Konstruktionsstand allerdings nur um knapp 1500 ts. Die genauen Angaben über das Freibord sind in der Tabelle 22 angeführt. Die berechneten Stabilitätsdaten des Endentwurfs und die wirklichen Daten des fertiggestellten Schiffes nach einem Krängungsversuch am 21. Februar 1920 stehen in der Tabelle 23. Die tat-

Tabelle 22: Das Freibord der Hood

	Entwurf 1916	Entwurf 1917	Fertigstellung 1920
Bordwand Backdeck vorn	9,75 m	8,84 m	8,84 m
Bordwand Backdeck mitte	7,16 m	6,68 m	6,40 m
Bordwand Oberdeck hinten	5,79 m	5,72 m	5,18 m

Tabelle 23: Stabilitätswerte der Hood

Konstruktionsverdrängung*	Gem. Entwurf	nach Fertigstellung
Verdrängung	41.200 ts	42.670 ts
Mittlerer Tiefgang	8,64 m	8,92 m
GM	1,27 m	0,99 m
Maximale Stabilität bei Krängungswinkel	–	36°
Kenterpunkt (Stabilitätsumfang)	69°	66°
Einsatzverdrängung**	**Gem. Entwurf**	**nach Fertigstellung**
Verdrängung	~ 45.500 ts	46.680 ts
Mittlerer Tiefgang	9,56 m	9,75 m
GM	1,49 m	1,28 m
Maximale Stabilität bei Krängungswinkel	–	37°
Kenterpunkt (Stabilitätsumfang)	76°	73°
Leerverdrängung	**Gem. Entwurf**	**nach Fertigstellung**
Verdrängung	~ 39.500 ts	~ 41.000 ts
Mittlerer Tiefgang	8,32 m	8,61 m
GM	1,34 m	0,98 m
Maximale Stabilität bei Krängungswinkel	–	36°
Kenterpunkt (Stabilitätsumfang)	–	64°

* Schiff bei voller Ausrüstung, mit leeren Speisewasserzellen und mit 1200 ts Heizöl

** Schiff voll ausgerüstet mit Frischwasser, Speisewasser, mit 3895 ts Heizöl und 58 ts Kohle

sächlichen Gewichtsverteilungen des fertigen Schiffes befinden sich in der Tabelle 24. Da der Tiefgang um 1,14 m größer war, als ursprünglich vorgesehen, neigte das Schiff dazu, naß zu werden. Bei schlechtem Wetter oder auch bei hoher Fahrtstufe wurde das Achterdeck ständig überspült. Das verhältnismäßig kleine *GM* machte es immerhin zu einem guten Seeschiff und einer vorzüglichen Geschützplattform. In der Tabelle 25 sind die Baudaten der *Hood*-Klasse angegeben.

Die folgenden Einzelheiten entstammen einem Bericht, der anläßlich der Überführungsfahrt der *Hood* von John Brown nach dem Firth of Forth am 12./13. Januar 1920 erstellt wurde: „Nach Umrundung des Mull of Kintyre wurde die See unbeständig. Es herrschte mäßige seitliche Dünung. Die Wellen erreichten etwa die Höhe von 4,57 m. Es blies ein starker Wind in etwa Stärke 8 aus West. Vom Backdeck wurden erhebliche Mengen Wasser übernommen, ein Teil davon wusch über den vorderen Wellenbrecher. Die Barbette „A“ wurde ständig von Gischt überzogen. Die Stampfperioden lagen bei 9 Sekunden. Vor Islay schlingerte das

Hood in der Endausrüstung bei John Brown.

Schiff maximal bis zu 3,75°, das Wasser spülte gelegentlich direkt hinter der Back über das Oberdeck. Die Schlingerperioden dauerten jetzt etwa 17 Sekunden."
„Das Schiff war relativ leicht, der mittlere Tiefgang belief sich auf 9,09 m. Wir müssen daher darauf gefaßt sein, daß bei einem neuen Entwurf mit ähnlich niedrigem Freibord wie *Hood* Einwendungen wegen eines nassen Schiffes erhoben werden."
„Das Schiff fuhr nicht schneller als 21 kn. In den Schiffsverbänden wurden keine Erschütterungen festgestellt. Ausgenommen davon ist die Vorkante des 4,57 m-EMeßGerätestandes, der wohl zu weit übersteht. Der Kommandant sagte aus, daß die Vibrationen bei 28 kn an dieser Stelle erheblich stärker seien. Falls dieses zutrifft, sollte man in Rosyth etwas tun, bevor man mit den Höchstfahrterprobungen beginnt. Der Standardkompaß und die Kompaßpeilscheibe vibrierten stark. Die Plattformen sollten einige Versteifungen erhalten, auch die Instrumente selbst sind nicht robust genug und es ist notwendig, den *DCD** davon zu unterrichten." (Schiffsbeschreibung)

* Anmerkung des Übersetzers: DCD/Director of Compass Department/Leiter der Kompaßabteilung.

Tabelle 24: Gewichte der Hood

	Gem. Entwurf 1917	Bei Fertigstellung
Ausrüstung, allgemein	800 ts	913 ts
Bewaffnung	5.255 ts	5.302 ts
Maschinenanlage	5.300 ts	5.969 ts
Brennstoff	1.200 ts	1.200 ts
Panzerung und Stahlschutzplatten	13.550 ts	13.650 ts
Schiffskörper	14.950 ts	15.636 ts
Admiralitätsreserve	145 ts	–
Gesamt	41.200 ts	42.670 ts

Die größte Sorge bereitete wegen der Dockmöglichkeiten der Tiefgang. Ab 1920 konnte sie in Portsmouth aufgenommen werden (nachdem das dortige Dock im Unterteil vergrößert worden war). Weiteres Docken war möglich in Rosyth und in dem privaten „Gladstone-Dock" von Liverpool.

Bauausführung

Die Bauarbeiten an *Anson, Howe* und *Rodney* wurden im März 1917 eingestellt. Die Arbeiter und auch das bereitgestellte Material standen somit zur Verfügung für wichtigere Vorhaben, z. B. Handelsschiffe, Geleitfahrzeuge, Torpedofahrzeuge usw. Die sieben Schlachtkreuzer, die sich in Deutschland in Bau befanden, erhielten 1917 ebenfalls einen Baustopp. Dies wußte die *Admiralität* jedoch nicht. Sie und auch der Flottenchef machten sich daher stark für eine beschleunigte Fertigstellung der *Hood.* Sie forderten auch die Wiederaufnahme des Baues der drei Schwesterschiffe. Falls das geschah, würde die Produktion anderswo verzögert, so konnte man in dieser Hinsicht nichts tun. Der Flottenchef wünschte, daß zumindest die *Hood* ohne Rücksicht beschleunigt fertiggestellt werden sollte, jedoch war der *Marinestab* nicht in der Lage, einen Teil des Schiffbauprogramms dafür zu opfern. Es gab nur die Möglichkeit, Arbeitskräfte von den in Bau befindlichen Kreuzern *Raleigh* und *Effingham* abzuziehen. Im Oktober 1917 wurde entschieden, „. . . es sei unerwünscht, den Bau der *Hood* zu forcieren und dafür andere und wichtigere Bauvorhaben zu vernachlässigen . . ." Somit ging die Arbeit an der *Hood* in sehr langsamem Tempo weiter, der Baustopp für die Schwesterschiffe blieb bestehen. So blieb es bis zum Waffenstillstand im November 1918, dann wurden die drei Schiffe annulliert.
Hood lief am 22. August 1918 vom Stapel. Ihre Verdrängung beim Stapellauf betrug 21720 ts.

Tabelle 25: Die Baudaten der Hood-Klasse

	Bauauftrag	Kiellegung	Stapellauf	Indienststellung	Bauwerft	Baukosten (£)
Hood	7. April 1916	1. September 1916	22. August 1918	15. Mai 1920	John Brown	6.025.000
Howe	7. April 1916	16. Oktober 1916	Baustopp 9. März 1917 Bau annulliert Oktober 1918		Cammell Laird	Gesamt verbaut 860.000
Rodney	7. April 1916	9. Oktober 1916			Fairfield	
Anson	Juli 1916	9. November 1916			Armstrong	

Die folgenden Gewichte befanden sich während des Stapellaufs an Bord:

Bewaffnung	74 ts
Maschinen	1620 ts
Panzerung und Unterbau	1184 ts
Besatzung, Ballast, Anbauten usw. (später entfernt)	310 ts
Summe	3188 ts
Stapellaufgewicht	21720 ts
Summe	– 3188 ts
Schiffskörper und Panzerplatten	18532 ts

Das Schiff verließ Clydebank im Januar 1920 mit Kurs auf Rosyth. Dort ging es ins Trockendock, um einen Krängungsversuch durchzuführen. Außerdem erfolgten die Vorbereitungen für die vorgesehenen Erprobungen. Am 5. März kehrte es zum Clyde zurück und wurde bei John Brown fertiggestellt.
Die Ablieferung mit voller Ausrüstung erfolgte am 29. März. Die Maschinen-, Ruder- und Waffenerprobungen fanden zwischen März und Mai 1920 statt. Am 14. Mai war in Rosyth die Abnahme, und am folgenden Tag stellte die *Hood* für die *Royal Navy* in Dienst.

Allgemeines

Im ursprünglichen Enwurf erfüllte der Dreibeingroßmast lediglich seine Aufgabe als Hebebaumpfosten und hatte weder Rahen noch Marsstenge. Im Februar 1919 wurde entschieden, ein Großmars mit Großmarsstenge und eine Funkantennenrahe, 53,38 m über der Wasserlinie, zu installieren. Der vorherige Großmars wurde beibehalten und erhielt eine gemeinsame Signal- und Funkantennenrahe, 39,65 m über der Wasserlinie. Die Großbramstenge wure im März 1920 entfernt und bis 1923 nicht wieder ersetzt. Zwecks kleinerer Reparaturen und Änderungen ging *Hood* vom 20. bis 25. Mai 1920, vom 7. September bis 8. Oktober 1920 und vom 6. Dezember 1920 bis 6. Januar 1921 in die Werft. Während dieser Zeiten wurden auch kleinere Umbauten vorgenommen. So wurde die Vorbrücke verändert und unter der hinteren Scheinwerferplattform ein zusätzlicher Leitstand eingebaut. Während einer Werftliegezeit in Rosyth zwischen Juni und Juli 1921 wurde die Vorbrücke nochmals modifiziert. Über ihr wurde ein zusätzliches 2,74 m-EMeßGerät eingebaut. Zur gleichen Zeit entfernte man zwei der vier 91,4 cm-Scheinwerfer zwischen den Schornsteinen.

V. Vom Waffenstillstand zum Washingtoner Abkommen 1918 bis 1921

1. Marinepolitik

Zu den wichtigsten Aufgaben der Marine bei Kriegsende zählten die Demobilisierung, die Reorganisation der Flotte auf den Friedensstandard und die Reduzierung der Kriegsausgaben. Von den vorhandenen Dreadnoughts wurden nur drei, die *Dreadnought* selbst sowie die Schlachtkreuzer *Indomitable* und *Inflexible* als nicht mehr für die Nachkriegsflotte notwendig aus der Flottenliste gestrichen. Die Mehrzahl der Dreadnoughts mit 30,5 cm-Geschützen wurde in den Reservestatus überstellt oder für zweitrangige Aufgaben verwendet, zwei der Schiffe, die *Colossus* und *Hercules,* wurden 1920 verkauft. 27 Großkampfschiffe zum Einsatz besaß Großbritannien in der ersten Nachkriegszeit, alle mit 34,3 cm- bzw. 38,1 cm-Geschützen bewaffnet. (Schlachtschiffe mit 34,3 cm: 4 der *Orion*-Klasse, 3 der *King Georg V*-Klasse und 4 der *Iron Duke*-Klasse; mit 38,1 cm: 5 der *Queen Elizabeth*-Klasse und 5 der *Royal Sovereign*-Klasse. Schlachtkreuzer mit 34,3 cm: *Lion, Princess Royal* und *Tiger*; mit 38,1 cm: *Renown* und *Repulse;* nicht eingeschlossen die Leichten Schlachtkreuzer *Courageous* und *Glorious* mit 38,1 cm- und die Schlachtschiffe *Erin* [34,3 cm-] und *Canada* mit 35,6 cm-Geschützen.)
Und da war auch noch die *Hood* – immer noch in Bau (und ihre stillgelegten Schwesterschiffe, die einzigen Schiffe, die nach der Skagerrakschlacht entworfen worden waren). Bei ihrem Entwurf konnten die Lehren des Krieges nicht voll berücksichtigt werden. So wurde die Entscheidung der *Admiralität,* den Bau der *Howe, Anson* und *Rodney* zu annullieren, nach einer Konferenz im Februar 1919 mit wenig Bedauern zur Kenntnis genommen. Offen blieb auch die Frage, was hinsichtlich des völlig unzureichenden und veralteten Panzerschutzes der vorhandenen Großkampfschiffe geschehen sollte. Vor einer weiteren Betrachtung der britischen Großkampfschiffs-Nachkriegspolitik ist es notwendig, die Entwicklung in den USA und in Japan zu untersuchen.

1916 billigte der US-Kongreß ein Programm, das den Bau von 10 Schlachtschiffen und 6 Schlachtkreuzern vorsah. Vier Schlachtschiffe des Programms, die *Colorado*-Klasse, wurden noch im gleichen Jahr genehmigt. Sie sollten 32000 ts verdrängen und eine Bewaffnung von 8 × 40,6 cm-Geschützen erhalten. Die Geschwindigkeit war mit 21 kn veranschlagt. Die *Maryland,* das erste Schiff der Klasse, wurde am 24. April 1917 auf Kiel gelegt. Der Kriegsbeitritt der USA stoppte das Programm dann jedoch, weil die Werften für andere Aufgaben dringender benötigt wurden. Immerhin erwog das Marineministerium noch vor Kriegsende eine Erweiterung des *1916er Programms.* Im Oktober 1918 wurde der Kongreß ersucht, über einen Zeitraum von drei Jahren den Bau weiterer 10 Schlachtschiffe und 6 Schlachtkreuzer zu genehmigen. Das hätte bei tatsächlicher Durchführung das *1916er Programm* verdoppelt. Die *U.S. Navy* hätte im Jahre 1925 insgesamt 49 Dreadnoughts besessen (diese Zahl vergrößerte sich auf 51, wenn man die 18,5 kn schnellen Schiffe der *Michigan*- und *South Carolina*-Klasse hinzuzählte). Der Hintergrund dieser Flottenplanung war, daß der *Marinestab* davon ausging, den USA würden möglicherweise zwei starke Gegner gegenüberstehen – Japan und Großbritannien, einzeln oder in Beachtung des anglo-japanischen Bündnisses, zusammen. Nach Ansicht des *Marinestabes* erforderte dies eine Flotte „Second to One“*, die in der Lage war, die USA sowohl im Pazifik als auch im Atlantik gleichzeitig zu verteidigen. Grundlage dieser, wie es scheint, aggressiven Politik war der wachsende und mächtige Welthandel der USA (man vermutete, daß der zu einer Feindschaft Großbritanniens führen mußte), hinzu kamen die Interessenkonflikte mit den Japanern in Asien und im westlichen Pazifik. Ohne Zweifel war die Möglichkeit eines künftigen Krieges mit Japan durchaus gegeben.

* Anmerkung des Übersetzers: „Keinem Gegner unterlegen.“

Eine Auseinandersetzung mit Großbritannien war aber wohl mehr eine Studie des *Marinemisteriums* und der *Admiralität.* Auch Japan wurde aktuell nicht als ernsthafte Bedrohung angesehen. Die Masse der Bevölkerung in den USA war nicht englandfeindlich gesonnen und der Kreis jener, der eine „Großmarine“ wünschte, nur klein. Somit ergab es sich von selbst, daß die öffentliche Meinung einem so großen und teuren Programm entgegenstand. Daher überraschte es dann auch nicht, daß der Krongreß dieses *1918er Programm* nicht mehr bewilligte. Das *1916er Programm* jedoch blieb in Kraft, und die Arbeiten an ihm wurden 1919 wieder aufgenommen. Die drei Schwesterschiffe der *Maryland: Colorado, Washington* und *West Virginia* wurden im Mai und Juni 1919 bzw. April 1920 auf Kiel gelegt. Die zweite Gruppe dieser Schiffe, die *South Dakota*-Klasse, bewilligt 1917, war eine vergrößerte Version der *Colorado*-Klasse. Sie sollten eine Bewaffnung von 12 × 40,6 cm-Geschützen in vier Drillingstürmen erhalten, im Gegensatz zu den früheren mit vier Zwillingstürmen. Ihre Verdrängung lag bei 43200 ts, die Geschwindigkeit bei 23 kn. Die sechs Schiffe dieser Klasse, *South Dakota, Indiana, Montana, North Carolina, Iowa* und *Massachusetts,* wurden zwischen Januar 1920 und April 1921 auf Kiel gelegt. Die letzten 6 Schiffe des Programms, die Schlachtkreuzer der *Lexington*-Klasse, sollten acht 40,6 cm-Geschütze erhalten, 43500 ts verdrängen und bei einer Leistung von 180000 WPS 33,25 kn schnell sein.
Die Hauptaufgabe der japanischen Flotte war der Schutz der japanischen Interessen im Fernen Osten und Pazifik. Die befürchteten Konflikte führten naturgemäß zu einer Marinepolitik, deren Grundlage die Vorbereitung auf einen Ernstfall war. Das Bauprogramm und die einzelnen Großkampfschiffe der USA wurden von den Japanern sorgfältig analysiert und soweit wie möglich mit Schiff gegen Schiff beantwortet.
Als Antwort auf die Kongreßbewilligung des *1916er Programms* genehmigte der japanische Reichstag das sogenannte *„8 – 8 – Programm“.*

Dieses sah eine Flotte vor, deren Rückgrat 8 Schlachtschiffe und 8 Schlachtkreuzer sein sollten, die nicht älter als acht Jahre sein durften. Nur zwei Schiffe wurden während des Krieges begonnen: *Nagato,* Kiellegung im August 1917, und *Mutsu,* Kiellegung im Juni 1918. Beide verdrängten 32700 ts, hatten eine Bewaffnung von 8 × 40,6 cm-Geschützen und liefen gut und gerne 26,75 kn. Die folgenden zwei Schiffe, *Tosa* und *Kaga,* wurden innerhalb des *1918er Programms* in Auftrag gegeben. Die Kiellegung erfolgte jedoch erst im Februar bzw. Juli 1920. Sie waren vergrößerte Versionen der *Nagato*-Klasse. Ihre Verdrängung sollte 38500 ts betragen, die Bewaffnung um zwei 40,6 cm-Geschütze vermehrt werden. Ihnen folgten vier Schlachtkreuzer der *Amagi*-Klasse. Wie *Tosa* sollten sie 10 × 40,6 cm-Geschütze erhalten. Bei einer Verdrängung von 40000 ts sollten sie immerhin 30 kn schnell sein. *Amagi* und *Akagi* wurden 1919 in Auftrag gegeben, die Kiellegung erfolgte im Dezember 1920. 1920 kam es auch zur Auftragserteilung für *Atago* und *Takao.* Die Kiellegung fand im November bzw. Dezember 1921 statt. Im gleichen Jahr wurden die Planungen für das *„8 – 8 – Programm“* vervollständigt. Zu dieser Zeit waren die Entwürfe der Schiffe des *1916er Programms* in den USA schon fertig, die Schiffe selbst schon auf Kiel gelegt. Die noch übriggebliebenen 8 Schiffe wurden auf zwei Klassen von schnellen Schlachtschiffen verteilt. Die erste Gruppe, die *Kii*-Klasse (*Kii, Owari* und zwei Schiffe ohne Namen) wurde 1921 in Auftrag gegeben, für die zweite Gruppe (ohne Namen) wurde nie ein Auftrag vergeben. Im Grunde genommen war die *Kii*-Klasse eine Neuauflage der *Amagi*-Klasse, jedoch mit einer leicht verbesserten Panzerung. Um jedoch die vorgesehene Bewaffnung von 8 × 45,7 cm-Geschützen und die verbesserte Panzerung zu kompensieren und trotzdem die bei 150000 WPS vorgegebene Geschwindigkeit von 30 kn zu erreichen, war die Verdrängung auf 47500 ts angewachsen. Die Japaner hatten nicht nur zahlenmäßig mit den USA gleichgezogen, stärkemäßig diese sogar zumindest auf dem Papier – übertroffen.

Die britische *Admiralität* hatte 1919 noch keine bestimmte Vorstellung über die zukünftige Großkampfschiffspolitik. Eines hatte man aber schon erkannt, daß die britische Seeherrschaft durch das US-Programm ernsthaft gefährdet war. Bevor man nun aber daranging, irgendwelche Vorschläge und Pläne für Neukonstruktionen und Neubauten zu machen, galt es zwei Haupthindernisse aus dem Weg zu räumen. Erstens gab es im Land, aber auch in der *Admiralität* selbst, erheblichen Widerstand gegen den Bau neuer Großkampfschiffe. Man vertrat die Ansicht, daß sie zu verwundbar wären durch Unterwasser- und Luftangriffe, und daß das Uboot und das Flugzeug die dominierenden Waffen in einem künftigen Seekrieg seien.

So wurde im August 1919 ein *„Ausschuß für Nachkriegsfragen“* gebildet, der sich unter anderem mit dieser Frage befassen sollte. Er sollte auch das Problem der Verwertung von Kriegserfahrungen bei Entwurf und Entwicklung neuer Kriegsschiffe behandeln. In seinem Bericht vom März 1920 stellte der Ausschuß fest, daß die Großkampfschiffe der Entwicklung des Luftkrieges durchaus nicht hilfslos gegenüberständen, somit seien sie auch nicht wertlos. Empfohlen wurde der Bau von Schlachtschiffen mit einer Verdrängung von 35000 ts und einer Bewaffnung mit 38,1 cm-Geschützen. Obwohl der Ausschuß nicht vorurteilslos war, muß festgestellt werden, daß die gezogenen Folgerungen richtig waren. Aber es dauerte noch einige Jahre, bis die Flugzeuge und ihre Einsatzmöglichkeiten soweit entwickelt waren, daß sie zu einer ernsthaften Bedrohung für Großkampfschiffe wurden und in der Lage waren, deren Luftabwehr zu überwinden.

Das Ergebnis dieser Untersuchungen wurde im März 1920 im Bericht des *1. Lords der Admiralität,* den sogenannten *„Erklärungen zum Marineetat 1920/21“,* unter *„Anmerkungen zu den Großkampfschiffen“* veröffentlicht:

„. . . Hinsichtlich der Beibehaltung der gegenwärtigen Schiffstypen hat es einige kritische Anmerkungen gegeben, speziell im Falle der Großkampfschiffe. Es hat sich eine sich widersprechende Politik aufgetan, deren Grundtenor ist, daß das Großkampfschiff überholt sei, daß das Unterseeboot und die Luftfahrzeuge die Zukunft wären. Der *Marinestab* hat diese Frage gründlich untersucht. Das Ergebnis ist völlig von diesem Standpunkt abweichend . . .

Ohne die Möglichkeit fortschrittlicher Versuche würde der unverzügliche Verzicht auf Großkampfschiffe auf Grund eines illusionären Ersatzes durch Uboote und Flugzeuge Großbritannien aus der Reihe der Seemächte entlassen . . .“

Zweitens gab es keine positive Regierungsrichtlinie über die vorgesehene Stärke der *Royal Navy* im Vergleich zu anderen Marinen, auf deren Grundlage die *Admiralität* ihre Politik formulieren konnte. Im August 1919 beschloß die Regierung, auf Drängen der drei Waffengattungen zu einer definitiven Entscheidung, auf welcher ihre Programme für die Jahre 1920/21 basieren sollten, die *„10 Jahres-Regel“.* Die drei Waffengattungen wurden aufgefordert, ihre Etats danach zu bemessen, daß in den kommenden 10 Jahren mit keinem Krieg zu rechnen sei. Diese Regelung basiert ausschließlich auf wirtschaftlichen Überlegungen. Das Programm bestimmte die Entwicklung der nächsten Dekade, in der die Waffengattungen auf der einen Seite versuchten, die ihrer Meinung nach notwendigen Mittel für die Verteidigung des Empire zu erhalten, auf der anderen Seite das *Schatzamt* alles tat, um diese Mittel zu vermindern. Soweit es die Marine betraf, waren die Auseinandersetzungen zwischen dem *Schatzamt* und der *Admiralität* langandauernd und manchmal sehr bitter, aber die Schuld daran lag bei denen, die diesen beiden Regierungsinstitutionen entgegengesetzte Anordnungen gaben. Die vermutlich schlimmste Folge der finanziellen Einschränkungen zwischen den Kriegen war die Rückstellung und Verzögerung der Erprobung neuer Waffen und Ideen, besonders in der Luftabwehr und der Marinefliegerei sowie der Modernisierung älterer Schiffe.

Im August 1919 setzte die Regierung die *Admiralität* davon in Kenntnis, für die Marine einen Etat von 60 Mio £ im Hauhalt 1920/21 nicht zu überschreiten. Im Oktober 1919 setzte die *Admiralität* ihrerseits die Regierung davon in Kenntnis, daß diese Summe nicht ausreichen würde, auch nur ein neues Großkampfschiff auf Stapel zu legen. Sie wies darauf hin, daß wenn die USA ihr *1916er Programm* im Jahre 1923 abgeschlossen hätten, Großbritannien von da an nur noch eine Seemacht zweiten Ranges sein würde. Um das abzuwenden, gebe es zu einem Neubauprogramm nur eine Alternative, nämlich eine Einladung an die USA, um mit ihnen über das Gleichgewicht der Flottenstärke zu diskutieren.

Als der Haushalt 1920/21 (84 Mio £) dem *Kabinett* im Februar 1920 vorgelegt wurde, enthielt er keine Forderung für die Beschaffung von Großkampfschiffen. Er wurde im März 1920 ohne weitere Einwände vom Kabinett gebilligt, auch das Parlament stimmte ohne Schwierigkeiten zu. Die *Admiralität* jedoch bekräftigte ihre Auffassung, daß nach wie vor das Großkampfschiff das Rückgrat der Flotte sei. Gleichzeitig wurde der *„Gleiche Stärkestandard“* propagiert. Seine Kriterien waren, daß die künftige britische Flotte so beschaffen sein müsse, daß sie mindestens so stark war, wie jede andere Marine der Welt. Die Ursache der mangelnden Begeisterung für das Neubauprogramm innerhalb des *Kabinetts* lag zum überwiegenden Teil wohl in der Befürchtung, daß ein solches Programm die Befürworter einer „Großmarine“ in den USA begünstigen würde. Damit würden ihnen neue und zusätzliche Argumente geliefert, um ihre Absichten doch noch zu verwirklichen. Hinzu kamen natürlich die enorm hohen Kosten. Aber was immer das *Kabinett* auch dachte und an Gründen anführte, die *Admiralität* wünschte dringend neue Großkampfschiffe. Die Tabelle 26 (unten) zeigt warum. Aus ihr ist zu ersehen: obwohl Großbritannien immer noch eine zahlenmäßige Überlegenheit besaß, entstammte die Mehrzahl der Schiffe jedoch Entwürfen, die schon vor dem Krieg gefertigt worden waren. *Das 1916er Programm* der USA würde diesen ab 1923 insgesamt 16 Schiffe aus der Ära nach der Skagerrakschlacht geben. Die *Royal Navy* hätte dann nur noch die *Hood.* Die amerikanischen Schiffe würden überwiegend mit 40,6 cm-Geschützen ausgerüstet sein, das schwerste Geschütz der britischen Großkampfschiffe hatte ein Kaliber von 38,1 cm. Die Vergrößerung der japanischen Flotte war zu dieser Zeit in den anderen Ländern nicht voll überschaubar. Mit zunehmendem Informationsfluß wurde ihr dann aber mehr Aufmerksamkeit geschenkt. 1920 begann die *Admiralität* eine positive Großkampfschiffpolitik zu formulieren. Der *DNC* fertigte Entwürfe für neue Schlachtschiffe und Schlachtkreuzer an, und die *Admiralität* schlug dem *Kabinett* im November des gleichen Jahres die Kiellegung von 4 Schiffen dieses Typs für 1921 vor. Weitere 4 sollten 1922 folgen. Alle 8 Schiffe sollten im Zeitraum 1924/27 fertig werden. Im Dezember 1920 konstituierte sich innerhalb des *„Nationalen Verteidigungsausschusses“* ein *„Unterausschuß für Marinefragen“.* Dieser hatte die Aufgabe, sich mit den Vorschlägen der *Admiralität,* also mit der Verstärkung der Flotte, zu befassen. Nachdem alle Stellungnahmen, sowohl von außerhalb als auch innerhalb der *Admiralität,* vorlagen, kam der Ausschuß im Frühjahr 1921 zu der Feststellung, daß Großkampfschiffe überholt seien. Es ist überflüssig, zu bemerken, daß das eine scharfe Reaktion von seiten der *Admiralität* bewirkte. Nach dem Einspruch von Beatty, Long *(1. Lord der Admiralität)* und Churchill wurde die Veröffentlichung des Ausschußergebnisses zurückgewiesen. Anderseits war die *Admiralität* jedoch immer noch nicht autorisiert, ein neues Bauprogramm zu beginnen. Das war ziemlich niederschmetternd für die *Admiralität.* Eines ihrer stärksten Argumente für einen schnellen Baubeginn der neuen Schiffe war der notwendige Stop des Schrumpfungsprozesses der Waffen- und Panzerherstellungswerke und des Verlustes derer Facharbeiter, andernfalls würde es später zu langen Verzögerungen beim Bau neuer Großkampfschiffe führen. Immerhin erreichte die *Admiralität* auf ungewöhnlichem Wege ihr Ziel, nämlich durch Nichtübereinstimmung mit dem Haushalt 1920/21. Der ursprünglich veranschlagte Etat in Höhe von 85 Mio £ wurde dem *Kabinett* im Dezember zugeleitet und abgelehnt. Die *Admiralität* wurde aufgefordert, ihn auf 60 Mio £ zu reduzieren. Die *Lords* jedoch schienen wenig beeindruckt zu sein und reichten den Etat mit 85 Mio £ im Januar erneut ein. Die nachfolgenden Verhandlungen dauerten dann bis März 1921 und endeten mit einem Kompromiß, der knapp unter 80 Mio £ lag. Zusätzlich zu dieser Summe gelang es der *Admiralität,* weitere 2,5 Mio £ vom *Kabinett* zu erwirken. Dieses Geld war vorgesehen für den Ersatz veralteter Schiffe, es waren die notwendigen Mittel, um Arbeiten an den neuen Schiffen beginnen zu können. Das zusätzliche Geld wurde unter der Bedingung bewilligt, daß im laufenden Haushaltsjahr keine weiteren Mittel gefordert wurden. Deshalb machte sich die *Admiralität* sehr unbeliebt, als sie im August 1921 weitere 12 Mio £ nachforderte.

Tabelle 26: Anzahl der Großkampfschiffe Ende 1919*

	Geschütz-kaliber	Groß-britannien	USA	Japan
Fertige Schiffe	34,3 cm	14	–	–
	35,6 cm	–	9	8
	38,1 cm	12	–	–
In Bau befindliche Schiffe	38,1 cm	1	–	–
	40,6 cm	–	4	2
In Planung	·	–	12	14
Gesamt	·	27	25	24

* Die 30,5 cm-Dreadnoughts sind nicht berücksichtigt in dieser Tabelle (auch nicht die Leichten Schlachtkreuzer *Courageous* und *Glorious*, die in absehbarer Zeit zu Flugzeugträgern umgebaut werden sollten; desgleichen fehlen die ausländischen Dreadnoughts *Erin* und *Canada,* die 1914 von Großbritannien übernommen worden waren), da sie nicht mehr als vollwertige Einheiten galten.

2. Das Material

Vor einer weiteren Betrachtung der Großkampfschiffe von 1921 ist es notwendig, die Lehren des Ersten Weltkrieges und deren Auswirkungen auf die Entwürfe britischer Großkampfschiffe und deren Ausrüstungen zu untersuchen. Die Entwicklung auf allen Gebieten der Marinerüstung war – speziell in den letzten Kriegsjahren – stürmisch und umfangreich. Im Jahre 1919 war die *Royal Navy* die einzige Marine, die Erfahrungen im modernen Schlachtflottenkampf besaß sowie auch in anderen Seekriegführungsformen. Sie hatte mehr Erfahrungen gesammelt, als irgendeine andere Marine der Alliierten oder der Gegner. Die Marinefliegerei, Waffenleitanlagen, Schiffspanzerung, Schiffssicherung, alles hatte sich in einem Maße weiterentwickelt, wie es in Friedenszeiten wohl nie möglich gewesen wäre. Natürlich war das über Jahre hinaus ein erheblicher Vorteil gegenüber allen anderen Marinen. Finanzielle Restriktionen zwischen den Kriegen verlangsamten jedoch die Weiterentwicklung der neugewonnenen Erkenntnisse, eine beträchtliche Zahl von Grundkenntnissen ging dadurch wieder verloren. Insbesondere betraf das die Marinefliegerei. Hierin wurde Großbritannien von Japan und den USA überholt. Teilweise lag das aber auch daran, daß die Marineluftwaffe von der *Royal Air Force* entwickelt und aufgebaut wurde. Das Fehlen von Geldmitteln resultierte bei der *RAF* aus dem geringen Interesse an der Marinefliegerei.
Außerdem zwangen die Marine-Rüstungsbegrenzungs-Verträge die *Royal Navy,* sich auf

eine Kampfflotte zu verlassen, die schon vor dem Kriege entworfen worden war und bei der man auch durch umfangreiche Modernisierungen nicht alle Erkenntnisse des Krieges verwirklichen konnte.

Feuerleitanlagen

1914 gab es eigentlich auf den meisten britischen Dreadnoughts ein Einheits-Feuerleitgerät. In Kürze: es bestand aus einem Beobachtungsstand im Mars mit einem 2,74 m-EMeß-Gerät, einem Aufsatz- und Vorsatzinstrument, Peilgerät und BÜ-Anlagen. Die Geräte des Beobachtungsstandes gaben die Informationen an ein *Dreyer*-Feuerleit-Rechengerät weiter, oder in älteren Schiffen an die sogenannte „Entfernungsuhr", welche ihrerseits die Geschütze mit Entfernungs-, Seitenpeilungs- und Aufsatzdaten zur Bekämpfung beweglicher Ziele versorgte. (Einzelheiten dieser und anderer Geräte, die in diesem Abschnitt angeführt sind, finden sich in Band 3, Anhang 2.) Es gab auf dem Aufbaudeck noch ein zweites 2,74 m-EMeßgerät, auf den späteren Schiffen in einer gepanzerten Kuppel auf dem Kommandostand. Dieses war das Reserve- oder auch Alternativgerät zu dem im Beobachtungsmars. Auf der *Iron Duke*-Klasse befanden sich die Feuerleitgeräte der SA und MA im gepanzerten Kommandoturm, eine Aufstellung, die bei allen späteren Großkampfschiffen praktiziert wurde. Die Einführung dieses seinerzeit modernsten Systems war, wie sich 1910 bei seiner Erprobung herausstellte, in der Form seiner Anwendung umwälzend. Im gleichen Jahre war das Schlachtschiff *Neptune* mit einer von Admiral Sir Percy Scott entwickelten und von Vickers gebauten Versuchs-Feuerleitanlage ausgerüstet worden. Mit dieser Anlage wurde erstmalig ernsthaft der Versuch unternommen, sowohl die Rohrerhöhung der Geschütze als auch die Drehung der Türme von einer Stelle außerhalb der Türme zu steuern. Das Gerät selbst war kompakt hergestellt und konnte allgemein für neuzeitliche Türme, durch die Verwendung des modernen Vickers-Folge- und -Übermittlungssystems, angewandt werden. Es benötigte vier Mann Bedienungspersonal: Aufsatzeinsteller, Seitenrichtschütze, Höhenrichtschütze und BÜ. Das Personal saß in einem Halbkreis am Gerät, die Füße zeigten nach innen zur Mitte. Die Teleskope der Seiten- und Höhenrichtschützen hatten voneinander unabhängige Höheneinstellungen, eine Eigenschaft, die bei späteren Feuerleitgeräten nicht wiederholt wurde. Bei denen wurden beide Teleskope als eine Einheit in der Höhe verstellt. Im Frühjahr 1911 wurden die Anlagen unter Leitung von Percy Scott im Mittelmeer erprobt. Sie brachten den Beweis dafür, daß die zentrale Feuerleitung von großem Vorteil war. Jellicoe, der gemeinsam mit FKpt F. C. Dreyer den Versuchen beiwohnte, empfahl, diese Feuerleitgeräte auf allen Schiffen der Flotte einzubauen. (Jellicoe war zu jener Zeit Oberbefehlshaber der *Atlantikflotte,* und beide, er und Dreyer, galten als anerkannte Schießexperten.) Zwar wies die Anlage noch Mängel auf, aber sie waren nicht solcher Art, daß sie nicht durch Verbesserungen behoben werden konnten. Die hauptsächlichsten Fehler fand man bei einer genauen Analyse der Schießergebnisse. Diese zeigte, daß eine Korrektur der Höheneinstellung notwendig war, um den Unterschied zwischen der Horizontalebene der Turmkranzauflage und der Feuerleitplattform auszugleichen. Der Fall wurde sorgfältig untersucht und führte zur Entwicklung von Vorrichtungen für „Kipp-Verbesserungen", die dann die genauen Höhen- und verschiedenen Peilrichtungen an die Türme weitergaben. Diese Vorrichtungen und andere Veränderungen, die sich nach den Versuchen mit der *Neptune* als notwendig erwiesen, wurden in den modifizierten Ausführungen der Feuerleitgeräte eingebaut bzw. durchgeführt. Die neue Anlage wurde 1912 auf dem Schlachtschiff mit dem beziehungsreichen Namen *Thunderer* eingebaut, die Erprobungen ab Oktober des gleichen Jahres fortgesetzt. Sie verliefen überzeugend. Und 1913 wurden zwei Aufträge an Vickers für die Fertigung von 29 Hauptfeuerleitanlagen vergeben. Die Auslieferung erstreckte sich auf mehrere Haushaltsjahre, und als 1914 der Krieg ausbrach, besaßen nur acht Schlachtschiffe, einschließlich *Neptune* und *Thunderer,* diese Anlagen. Bis auf *Erin* und *Agincourt* waren alle Schlachtschiffe und Schlachtkreuzer der *Grand Fleet* noch vor der Skagerrakschlacht damit ausgerüstet. Während des Krieges wurden die Feuerleitanlagen ständig weiterentwickelt, so daß sie im einzelnen von Schiff zu Schiff unterschiedlich waren. Die Konstruktion und Funktion jedoch war in allen Fällen gleich bzw. ähnlich der 1912 auf *Thunderer* erprobten Anlage. Abgesehen von kleineren Modifizierungen wurde diese Feuerleitanlage, bekannt als „Dreibein-Feuerleitgerät" während des ganzen Zweiten Weltkrieges verwendet. Die *Queen Elizabeth*-Klasse und auch die folgenden Schiffe besaßen schon von der Konstruktion her ein gepanzertes Feuerleitgerät und eine EMeß-Kuppel auf dem Kommandoturm, die zusätzlich zu dem oberen Feuerleitmars auf dem Dreibeinmast vorgesehen waren. Ende 1914 wurde angeordnet, auf allen Neubauten auch für die MA Feuerleitgeräte zu installieren, Fertigung und Auslieferung jedoch wurden größtenteils dadurch verzögert, daß die Produktionskapazität der Herstellerwerke voll ausgelastet war mit der Herstellung der Feuerleitanlagen für die SA der Kreuzer und Großkampfschiffe. So erfolgten 1916 vorläufige Installationen auf *Emperor of India, Benbow* und *Queen Elizabeth.* Zwischen 1916 und 1918 kam es dann zum Einbau der vollständigen Anlagen auf allen Dreadnoughts der *Iron Duke*-Klasse und den nachfolgenden Klassen. Im September 1914 wurden offene Richtvisiere für die Geschütztürme gefordert. Die Begründung dafür war, daß der jeweilige Turmoffizier in der Lage sein müsse, das Schießen seines Turmes selbständig zu leiten, falls die BÜ-Verbindung abriß. Der Auftrag für die Herstellung von 21 Visieren wurde im Oktober an Vickers vergeben. Weitere Bestellungen folgten im März und Juli 1915. Alle Dreadnoughts sollten damit ausgerüstet werden. Im Januar 1917 war die Auslieferung abgeschlossen. Während des Krieges traten dann Schwierigkeiten auf, die sich darin zeigten, daß es schwer war, die Richtgeräte im Ziel zu halten. Das zog die Einrichtung von Beobachtungshilfen nach sich. Aber was viel wichtiger war, es beschleunigte die Entwicklung des *Evershed*-Systems für die Zielweisung. Grundsätzlich war die Zielanweisung der Standsicht [gewöhnlich auch als „Kommandantenvisier" (Captains-Sight) bezeichnet] die, sobald auf das Ziel zugedreht wurde, automatisch an das Richtgerät (oder an ein Geschütz) weitergegeben wurde. Es war praktisch die Anweisung, wo das Ziel zu finden war. Bei Kriegsende befanden sich zwei weitere wichtige Neuerungen in der Entwicklung, ein Flugzeugbeobachtungsgerät und ein Winkelmesser. Letzterer war ein Instrument für die Messung des Winkels eines Zieles, d. h. des Winkels zwischen Vor- und Achterlinie des

Zieles und der Schuß(Visier)linie. Die Nachkriegsentwicklungen waren darauf ausgerichtet, bestehende Anlagen zu verbessern. Das Hauptaugenmerk jedoch galt der Konstruktion eines Feuerleitstandes, der Richtvisier, EMeß-Gerät und Schußbeobachtungsinstrumente in sich aufnehmen konnte.

Entfernungsmeßgeräte

Obwohl das Feuerleitverfahren mehr auf der Beobachtung des Geschützfeuers basierte als auf den Zielentfernungsangaben der Entfernungsmesser, waren diese wichtig für die erste Entfernungsangabe des Zieles und als Hilfe für das Entfernungshalten. Trotzdem unternahm man während des Krieges große Anstrengungen, ihre Wirksamkeit zu vergrößern. So ersetzte man auf der *Queen Elizabeth*-Klasse die 2,74 m-Geräte durch 4,57 m-Geräte. Aber sogar diese waren für die neuerdings viel größeren Kampfentfernungen nicht mehr genau ge-

Revenge Anfang der 20er Jahre. Beachte die 2,74 m-EMeßGeräte auf der Kompaßplattform – eines in der Mitte für die TR-Ausrüstung, seitlich je ein taktisches Gerät.

nug. 1915 wurde durch *Excellent* ein 8,54 m-*Barr & Stroud*-EMeßGerät erprobt. Aus welchen wichtigen Erkenntnissen heraus auch immer, der *DNO* gab bei den Entwürfen, die zum Bau der *Hood* führten, einem 6,71 m-Gerät den Vorzug. Schließlich gelangte das 9,14 m-Gerät zur Einführung und wurde ab 1919 auf allen Großkampfschiffen installiert. Es bleibt noch anzumerken, daß die in Großbritannien gebräuchlichen EMeßGeräte sogenannte Schnittbild/Bilddoppler-Geräte waren, die nicht so genau arbeiteten wie die Stereoskopgeräte* der deutschen Marine (siehe Teil 3, Anhang 2).

Feuerleitung

Das System, das 1914 angewandt wurde, wurde als sehr wirkungsvoll betrachtet, und man setzte großes Vertrauen in seine Fähigkeiten, das Feuer in den zu erwartenden Kampfentfernungen zu leiten. Grundsätzlich basierte das System auf der Anfangsbeobachtung des Zieles, dessen Kurs und Geschwindigkeit, durch Benutzung des Entfernungsmessers und der Seitenrichtungen. Die Ergebnisse wurden an die Geschütze durch Entfernungsanzeiger oder einen Feuerleitrechner weitergegeben. Die Leitung des Feuers geschah dann durch die Beobachtung des Granateinschlages. Das Verfahren wurde auch *„Gabelschießen"* genannt. Bei dieser Art Schießen wurde die erste Salve nach der mittleren Entfernung geschossen, die folgenden korrigiert, indem man hoch und tief schoß, so lange, bis die Einschläge über und kurz vor dem Ziel beobachtet wurden. Die Korrekturen wurden dann so lange verkleinert, praktisch halbiert, um die Gabelung zu vermindern, bis die Einschläge deckend lagen. Korrekturen in der Peilung wurden genauso durchgeführt.

Nach jeder Salve wurde erst wieder beobachtet, bevor die nächste folgte. Natürlich war die Salvenfolge langsam, schnelles Schießen erfolgte erst, wenn die Einschläge deckend lagen. Trotzdem wurde dieses System für den Kriegsfall als ausreichend angesehen. Daß das ein Trugschluß war, ergab sich daraus, daß das Übungsschießen, das vor dem Kriege angewandt wurde, unrealistisch war. Die Ziele wurden bei konstanter und langsamer Fahrt und unter idealen Wetterbedingungen und besten Seeverhältnissen dargeboten. Die Entfernung war verhältnismäßig kurz, der Kurs stetig. (Um fair zu bleiben, es ist schwierig, bei Schießübungen wechselnde Kurse zu praktizieren.) Hinzu kam, daß für das Entfernungsmessen reichlich Zeit vorhanden war (es war auch erlaubt, sich diese zu nehmen). Dann erst fiel der Schuß.

Die ersten Kriegseinsätze zeigten wenig davon, daß die gültigen Schießregeln unzulänglich waren. Das Gefecht in der Helgoländer Bucht im August 1914 demonstrierte allerdings die Unmöglichkeit, Ziele bei schlechter Sicht zu erfassen. Aber andererseits gab es keine anderen zuverlässigen Informationen. Die Falklandschlacht am 8. Dezember 1914 erbrachte dann die ersten wirklichen Beweise, daß das britische Feuerleitsystem unbefriedigend war. Im Mittelpunkt dieser Schlacht stand das Geschützduell zwischen den Schlachtkreuzern *Invincible* und *Inflexible* und den deutschen Panzerkreuzern *Scharnhorst* und *Gneisenau*. Theoretisch hätten die britischen Schiffe mit den deutschen Kreuzern kurzen Prozeß machen müssen. Die Bewaffnung war überlegen – jeweils 8 × 30,5 cm gegen 8 × 21 cm –, und sie waren auch 4 kn schneller. In Wahrheit dauerte es drei Stunden, die *Scharnhorst* zu versenken, bei der *Gneisenau* sogar 5 Stunden. Während dieser Zeit verfeuerten die britischen Schiffe 1174 Schuß 30,5 cm-Granaten. (*Gneisenau* hatte sich selbstversenkt, nachdem sie ihre gesamte Munition verschossen hatte und keine Fahrt mehr machte.) Die Hauptgründe für diese schlechte Leistung waren erstens die Absichten der britischen Schiffe, außerhalb der Reichweite der deutschen Geschütze (12400 m) zu bleiben, was dazu führte, daß der Kampf auf Entfernungen geführt wurde, die weit über den bei Friedensübungen praktizierten lagen. Zweitens lag es an der Taktik der Deutschen, während der Schlacht laufend in Zickzackkursen zu fahren. Drittens waren es die dadurch entstandenen enormen Schwierigkeiten, die den Beobachtern und Richtschützen erwuchsen, die richtigen Ziele zu halten. Die EMeßGeräte waren nicht in der Lage, die richtigen Informationen zu geben, was an der großen Entfernung lag. Damit hatten sich die 2,74 m-Geräte als unbrauchbar erwiesen. Dazu kam noch die Behinderung durch die Pulvergase, die beim Schießen entstanden, und natürlich der Schornsteinrauch. Die Anwendung des Zickzackfahrens machte eine Feuerleitung sehr schwierig und verlangte eine hohe Feuergeschwindigkeit, sobald das Ziel erfaßt war.

Das Problem, am Ziel zu bleiben, es über eine längere Zeit zu halten, war schon zum Teil durch die Feuerleitanlage gewährleistet (und *Invincible* war zu der Zeit bereits damit ausgerüstet), aber sogar dies zeigte sich als nicht ausreichend. Später wurden zusätzliche Beobachtungshilfsmittel eingeführt, und es erfolgte die beschleunigte Entwicklung des *Evershed*-Systems. Die Doggerbankschlacht im Januar 1915 brachte dann die ersten Erfahrungen im modernen Flottenkampf. Hier standen sich erstmals Großkampfschiffe ähnlichen Typs gegenüber, in einer parallelen Linienformation. Die Schlacht war im Grunde genommen eine lange Verfolgungsjagd, die auf große Distanz geführt wurde (Treffer in einer Reichweite von 17400 m), und bestätigte die Lehren der Falklandschlacht. Wiederum arbeiteten die EMeß-Geräte ungenau. Die gemeldeten Entfernungsangaben kamen zu spät an, um noch verwendbar zu sein, hervorgerufen durch die ständigen Kursänderungen. Weiter stellte man fest, daß die Feststellung der Geschwindigkeits- und Entfernungsänderungen mit Hilfe der EMeß-Geräte bzw. Peilgeräte nicht zuverlässig genug war, und so mußte man auf die Schußbeobachtung zurückgreifen, um die Änderungsrate festzustellen, was neue Schwierigkeiten verursachte. Schüsse, die über das Ziel hinausgingen, konnte man nicht sehen, und Treffer wurden selten beobachtet, so blieb man zum Korrigieren weiterhin fast ausschließlich auf Kurzschüsse angewiesen. Das machte eine hohe Schußfolge erforderlich, was mit dem *„Gabelsystem"* jedoch nicht erreichbar war. Es zeigte sich als Ergebnis der Schlacht, daß für künftige Kampfhandlungen, die möglicherweise auf weite Entfernungen geführt würden, an Geschütz- und Richtvisieren gewisse Änderungen erforderlich seien, da diese für große Entfernungen nicht justierbar waren. Das Problem wurde schließlich mit dem 6°-Prismenzusatzgerät gelöst. Dieses ergänzte die Teleskopvisiere der Richtgeräte und die Mittelvisiere der Türme. Es erweiterte die Höheneinstellung der Visiere um 6°, die nun anstelle einer Erhöhung zur Horizontallinie um 6° nach unten wiesen. Diese Prismen erwirkten dadurch die Zielablenkung des Objektes vom Horizont. Bis

* Anmerkung des Übersetzers: sogenannte „Basisgeräte".

Mai 1916 erfolgte der Einbau auf allen Schiffen der *Grand Fleet.* Allgemein kann festgestellt werden, daß ohne dieses Gerät wesentlich weniger Treffer in der Skagerrakschlacht erzielt worden wären. Wiederum waren die Verhältnisse in dieser Schlacht schwierig wegen der schlechten Sichtverhältnisse. In vielen Fällen waren gegnerische Schiffe nur kurzzeitig in Sicht, so daß es geradezu unmöglich war, auch nur ein einziges Ziel richtig zu erfassen, geschweige denn, eine Entfernung zu messen. Unter diesen Umständen konnten vielfach maximal nur sechs Salven verschossen werden, dann war das Ziel wieder verschwunden. Die Erfahrungen daraus führten dann zu zwei verschiedenen Entwicklungen, die zwischen 1916 und 1918 der Schießpraxis der Flotte große Fortschritte brachten. Die erste kam zustande auf Grund der Forderungen des *„Ausschusses für Feuerleitfragen“,* der von der *Grand Fleet* nach der Skagerrakschlacht gegründet wurde. Dieser schlug die Einführung des *„Staffelschieß-Systems“* anstelle des *„Gabelschieß-Systems“* vor. (Die deutsche Marine benutzte schon das Staffelsystem und sie war am Skagerrak damit viel erfolgreicher, insbesondere in der schnellen Erfassung der Zielentfernung durch stereoskope EMeßGeräte.) Das Staffelschießen erhöhte die Schußfolge und damit die Zahl der erreichbaren Treffer innerhalb bestimmter Zeit. Es reduzierte die Zeit der Zielfindung. Das System minderte auch die Abhängigkeit von den Angaben der EMeßGeräte. Die neuen Vorschriften wurden vom Oberbefehlshaber der *Grand Fleet,* Admiral Jellicoe, im September 1916 genehmigt und ab 1917 für die Leitung der SA auf den Großkampfschiffen als verbindlich eingeführt. Ab 1921 galten sie auch für die MA. Die *„Feuerleitvorschrift 1916“* lautete u. a. wie folgt:

a) Finde zuerst das Ziel durch das Schießen von Doppelsalven, die jeweils mit der Hälfte der Geschütze abgefeuert werden und deren Schüsse zur Zielerfassung weit gestreut liegen, und zwar zu einem Drittel der Länge des Ziels an jeder Seite der errechneten Vorgabe. Die Vorgabesalven sind, falls erforderlich, zu wiederholen.

b) Wenn die Zielrichtung gefunden ist, fahre fort mit den Doppelsalven, gestreut in Entfernung zum Ziel, wobei jede für sich zu beobachten ist, bis die nächste folgt. Das ist das *„Staffelschießen“.*

c) Wenn das Ziel, sowohl in der Horizontalen als auch in der Erhöhung erfaßt ist, fahre fort mit den Doppelsalven, jedoch jetzt ohne Streuung in beiden Richtungen (Seite und Höhe) und ohne Abwarten der Beobachtung zwischen den Doppelsalven.

d) Geht das Ziel zwischendurch durch Höhenrichtung verloren, findet man es erneut durch doppelte Streuung zum Ziel hin wie unter b).

Im großen und ganzen gesehen, ist die Entfernungsstreuung oder Staffeldichte zwischen der Doppelung und den Salven einer Doppelung mit ~ 400 m einzuhalten. Nach dem Erreichen des Zieles wird die Streuung verkleinert. Wo kürzere Staffeldichte das Ziel nicht direkt deckt, ist es jederzeit notwendig, zur Staffeldichte von ~ 400 m zurückzukehren.

Diese Anweisungen mögen sehr kompliziert anzusehen sein, aber das folgende Beispiel soll helfen, die Durchführung zu erläutern. Angenommen, ein Schiff hat 8 Geschütze, dann kann es jeweils Salven mit 4 Geschützen abfeuern. 2 Vier-Geschütz-Salven sind dann jeweils eine Doppelung. Ist die geschätzte Zielentfernung nun 10000 m, würde die erste Salve auf diese Entfernung geschossen, und zwar nach links der geschätzten Vorgabe bzw. Ablenkung. Die zweite Salve würde nach rechts von der Vorgabe bzw. Ablenkung geschossen, ohne den Einschlag des ersten Schußes der ersten Salve abgewartet oder beobachtet zu haben. Die erste Salve ging links vom Ziel nieder, die zweite fiel in die Zielgerade, aber zu kurz. Die dritte Salve würde mit der gleichen Zielvorgabe geschossen, wie die zweite, jedoch mit einer Korrektur von 400 m mehr (10400 m), die vierte Salve – die die zweite Doppelung komplettierte – würde wiederum um 400 m mehr korrigiert, was einer Entfernung von 10800 m entsprach. Die dritte Salve schlug kurz vor dem Ziel ein, die vierte kurz hinter dem Ziel. Damit war dieses gegabelt. Die folgende Doppelung wurde dann 200 m kürzer, also auf 10600 m geschossen. Beide Salven lagen jetzt deckend. Ab jetzt wurden solange Salven mit den gleichen Seiten- und Höheneinstellungen geschossen, bis das Ziel verlorenging. Das Verfahren konnte dann wiederholt werden, jetzt jedoch mit kleineren Korrekturen, z. B. in Staffelungen von 200 m. Falls das Ziel jedoch nicht schnell genug erfaßt wurde, kehrte man zum 400 m-Verfahren zurück.

Admiral Jellicoe schätzte, daß man mit dem Staffelschießen ein Ziel in der Hälfte der Zeit gegenüber dem Gabelschießen erfassen konnte.

Die zweite Entwicklungsrichtung nach der Skagerrakschlacht befaßte sich mit der Feuerkonzentrierung während eines Gefechts. In Befolgung eines Kampfauftrages war es nötig, das Feuer mehrerer Schiffe auf ein Ziel zu vereinen; aber auch dann, wenn das Ziel nur von einem Schiff erfaßt war, konnten andere Schiffe mitschießen und dasselbe Ziel bekämpfen. Ab Anfang 1917 untersuchten die einzelnen Geschwader der *Grand Fleet* die Auswirkungen dahingehend, daß man jetzt anstelle von zwei das Feuer von drei und vier Schiffen auf ein gemeinsames Ziel vereinigte.

Im Laufe des Jahres erprobte jedes Geschwader die unterschiedlichsten Systeme und im dritten Quartal 1917 wurden anläßlich eines Kaliberschießens die einzelnen Verfahren vorgeführt, um endgültig das Verfahren zu bestimmen, das in der Flotte eingeführt werden sollte. Das ausgewählte Verfahren war grundsätzlich wie folgt:

1. Konzentration des Feuers grundsätzlich durch Paare in Abhängigkeit von einem einwandfreien Informationsaustausch zwischen dem Paar.
2. Schießen vier Schiffe zusammen, so bilden sie zwei Paare, geführt durch die BÜ zwischen dem letzten Schiff des führenden Paares und dem ersten Schiff des nachfolgenden Paares miteinander verbunden.
3. Bei drei Schiffen bilden die beiden am besten aufeinander eingespielten Schiffe ein Paar. Das dritte Schiff tauscht Informationen aus mit dem vor ihm und hinter ihm fahrenden Schiff, nach der Gegebenheit der Formation.
4. Es wurde in Reihenfolge geschossen. Jedes Schiff schoß eine bestimmte Zeit, sodaß die Einschläge zu beobachten waren und nicht mit denen eines anderen Schiffes verwechselt werden konnten.

Grundlage dieses Verfahrens war eine Schußfolge von 1 Schuß/Rohr/min. Somit ergab sich für eine Zweischiffskonzentration ein Intervall von 30 sek für eine Doppelsalve, bei drei Schiffen von 20 sek und von 15 sek bei vier Schiffen. Der letztere wurde als zu kurz erkannt, er war nicht einzuhalten. Der 30 sek-Intervall jedoch wurde als verbindlich angesehen. Als äußeres Kennzeichen der Einführung dieses Verfahrens der Feuerkonzentration bei der *Grand Fleet* sind die 1917/18 eingeführten Entfernungsanzeiger und Turmpeilrichtskalen anzusehen. Sie dienten der schnellen Zielansprache und BÜ. Die Anwendung des konzentrierten Schießverfahrens in Verbindung mit der Verwendung von Kurzwellensendern und die Anwendung der *„Feuerleitvorschrift 1916"* bildeten in der Nachkriegszeit die Hauptarbeit in der Entwicklung der Feuerleitung.

Artillerie

Die Konstruktion von schweren Geschützen und deren Lafetten hatte schon vor 1914 einen hohen Stand erreicht und ihre Brauchbarkeit bewiesen. Der Krieg zeigte keine fundamentalen Schwachstellen. Einige Störungen, insbesondere im Hydrauliksystem, wurden schnell erkannt und noch während des Krieges behoben. Große Änderungen waren dafür nicht erforderlich. Gleiches kann man von den schweren Panzersprenggranaten, die zu dieser Zeit verwendet wurden, nicht behaupten. Die britischen panzerbrechenden Granaten mit Kappe wurden vor dem Krieg nur unter 90° (normaler Aufschlag) erprobt und getestet, was im wirklichen Kampf nicht vorkommt, in dem die Granaten verschiedene und bestimmt kleinere Auftreffwinkel haben. Schon Anfang 1910 hatte Jellicoe, damals *3. Seelord,* Versuche eingeleitet, bei denen 30,5 cm-Panzersprenggranaten unter wechselnden Aufschlagswinkeln verschossen wurden, und zwar auf moderne Panzerkonstruktionen, die im alten victorianischen Turmschiff *Edinburgh* installiert worden waren. Die Mißerfolge dieser Versuche veranlaßten Jellicoe, die Herstellung einer neuen, schwereren panzerbrechenden Granate mit Kappe zu fordern, die, nachdem sie die Panzerung durchschlagen hatte, detonierte, auch wenn sie schräg auftraf und beim Aufschlag nicht zerbrach, wie die alte 30,5 cm-Granate. Der *„Artillerieausschuß"* war der Ansicht, daß ein Geschoß, das unter einem nor-

Oben: Transport einer gewöhnlichen 38,1 cm-Granate ▶ über das Deck der *Royal Oak,* 1917
Unten: Munitionsübernahme auf der *Royal Oak* 1917. Die Aufnahme zeigt eine Phase dieser Prozedur. Es handelt sich wahrscheinlich um normale 38,1 cm-Granaten.

malen Winkel einen Panzer durchschlug, dieses auch unter einem Schrägwinkel tun würde, und damit seien die Voraussetzungen dieser Versuche ausreichend. Unglücklicherweise hatte Jellicoe, der die treibende Kraft in dieser Frage war, die *Admiralität,* kurz nachdem diese Sache akut wurde, verlassen, und da offenbar keiner mehr willens war, das Problem weiter zu diskutieren, wurde es auch nicht weiter verfolgt. Damit ging eine Gelegenheit verloren, die Mängel der panzerbrechenden Granaten mit Kappe noch vor Kriegsausbruch zu beseitigen, und es wurde erst nach der Skagerrakschlacht neu aufgegriffen. In dieser Schlacht konnte man beobachten, daß ein hoher Prozentsatz der Treffer beim Aufschlag detonierte. Dieser Vorgang ist überwältigend, aber es war unwahrscheinlich, daß es schwere Schäden verursachen konnte, da die Explosionswucht außerhalb der gepanzerten Abteilungen verlorenging. Dieser Fehler wurde den panzerbrechenden Granaten mit Kappe zugesprochen, deren Zünder für einen Schrägaufschlag ungeeignet und deren Lyditte-Sprengstoff zu empfindlich war, um der Aufschlagserschütterung zu widerstehen.
Diese Fehlerquelle gab es bei den deutschen Granaten nicht. Diese hatten einen leistungsfähigen Verzögerungzünder und Trotyl-(TNT-) Sprengstoff. Im Juli 1916 schlug Jellicoe daher vor, künftig ebenfalls Trotyl-Sprengstoff und Zünder, basierend auf der deutschen Entwicklung, zu verwenden. Die *Admiralität* war nicht völlig überzeugt davon, daß die britischen Granaten so fehlerhaft waren, und somit wurde das Problem nicht ernsthaft angepackt, so lange nicht, bis Jellicoe im Dezember 1916 zum *1. Seelord* avancierte. Sein vormaliger Flaggoffizier F. C. Dreyer wurde am 1. März 1917 *DNO.* Dreyer löste den bestehenden *„Artillerieausschuß“* auf und bildete einen neuen, in dem er selbst den Vorsitz führte. Weitere Mitglieder waren unter anderem: Oberstleutnant Haynes, Erprobungsleiter in Shoeburyness, FKpt W. F. French und Dreyers Bruder, Oberstleutnant J. Dreyer. Unter der Leitung von Haynes wurden in Shoeburyness Erprobungen mit den vorhandenen 38,1 cm-, 34,3 cm- und 30,5 cm-Panzersprenggranaten durchgeführt. Die Sprengladungen wurden durch Salz ersetzt, die Geschosse unter verschiedenen Winkeln, bis zu 20° vom normalen Schußwinkel abweichend, auf eine 15,2 cm Krupp-zementierte Panzerplatte geschossen. Die Auftreffgeschwindigkeiten entsprachen denen, die einer wirklichen Kampfentfernung gleichkamen. Alle Geschosse, einschließlich der 38,1 cm, zerbrachen beim Durchdringen der Platte. Im März 1917 wurden daher neue Schritte unternommen, eine bessere Panzersprenggranate zu konstruieren. 15 Entwürfe wurden vom Ausschuß begutachtet. Am 14. Mai wurden bei Vickers, Hadfield und Firth besondere Versuchsgranaten in Auftrag gegeben. Die alte Munition hatte weiche, panzerbrechende Kappen, deren Gewicht zwischen 3,7 und 9% des Geschoßgewichts schwankte. Die Versuchsgeschosse erhielten gehärtete panzerbrechende Kappen, deren Gewicht zwischen 11 und 12% des Geschoßgewichts lag. Zusätzlich wurde der Sprengstoffgehalt im Verhältnis zum Gesamtgewicht auf 2–2,5% reduziert, im Gegensatz zu 3% und mehr beim vorherigen Typ. Die Mehrzahl der früheren Versuche war mit 34,3 cm-Geschossen durchgeführt worden. Man stand auf dem Standpunkt, daß dieses Kaliber, zwischen 30,5 cm und 38,1 cm liegend, Ergebnisse bringen mußte, die auf die anderen übertragbar waren. Die Erprobungen zeigten, daß es völlig überflüssig gewesen war, den Sprengstoffgehalt auf 2% des Gesamtgewichts zu verringern, also wurde die Menge wieder auf 2,5% erhöht. Für die Herstellung weiterer Munition aller Größen ergingen weitere Aufträge an Hadfield, Firth, Vickers, Elswick und Cammell.
Bis August 1917 lagen befriedigende Nachrichten über Versuche mit den 2,5% – Sprengstoffgranaten vor, so daß Vorschriften für Zuverlässigkeitsprüfungen und Tests gegen Panzerplatten ausgearbeitet werden konnten, und gemäß dieser Spezifikationen wurden weitere Erprobungen durchgeführt. Zur gleichen Zeit fanden noch andere Versuche statt, die an sich schon früher begonnen hatten. Diese erfolgten mit den alten Typen panzerbrechender Granaten, ausgerüstet mit Spezialkappen, die von Hadfield und Firth entworfen waren. Sie wurden am 3. August erfolglos beendet. Seitdem konzentrierte man sich nur noch auf den neuen Geschoßtyp. Dieser neue Typ wurde am 16. Juli 1917 genehmigt und für alle Geschütze von 30,5 cm an aufwärts eingeführt. Alle Großkampfschiffe waren ausgerüstet mit 70% Panzersprenggranaten neuen Typs und 30% Sprenggranaten, die eine Kappe hatten. Als man feststellte, daß die beiden Typen unterschiedliche Reichweiten erzielten, wurde angeordnet, mit dem neuen Geschoß Flugbahnerprobungen durchzuführen, um die gleiche Reichweite für beide Typen (APC und CPC) zu erreichen. Man veränderte das Gewicht des APC-Geschosses, um die gleiche Mündungsgeschwindigkeit wie beim CPC-Geschoß zu erreichen. Außerdem wurde die Länge der ballistischen Kappe vergrößert. Es ergaben sich zwar einige Fortschritte, jedoch beide Geschoßtypen hatten verschiedene „Drifts“. Man fand keine Lösung dieses Problems.
Die erste Firma, die einzelne Sätze der Munition zur Prüfung vorlegte, war Firth. Diese Firma hatte seinerzeit auch die ersten Erfolge mit der schweren 34,3 cm-Granate (635 kg). Diese neue schwere 34,3 cm-Granate fiel jedoch bei der Prüfung genauso durch wie die der anderen Herstellerfirmen. Die Ergebnisse der einzelnen Teste liefen weit auseinander, und anfänglichen Erfolgen folgten ebenso viele Rückschläge. Dadurch kam die Massenproduktion der Herstellerfirmen in ernsthaften Verzug, weil der Fertigungsprozeß im einzelnen untersucht werden mußte.
Weitere Verzögerungen traten auf durch die Feststellung, daß die neuen harten Kappen zum Zerbrechen neigten. Das machte ein völlig neues Werk nötig, weil sie aus einem Spezialstahl hergestellt waren und eine besondere Wärmebehandlung benötigten. Aber alle Schwierigkeiten wurden schließlich überwunden. Der erste Erfolg war der Firma Vickers beschieden, deren erste Lieferung von schweren 34,3 cm-Granaten Mk II A alle Prüfungen als panzerbrechende Granate mit Kappe am 27. Februar 1918 bestand. Am 18. Mai 1918 hatten bereits 4000 Granaten die Kontrolle passiert und bis Kriegsende wurden 12000 Stück an die *Grand Fleet* ausgeliefert. Auch nach Kriegsende wurden die Versuche und Erprobungen mit dieser Munition fortgesetzt. Dabei wurden auch Beschußversuche durchgeführt, 1921 auf die *Baden* (deutsches Linienschiff)*, 1924 auf die *Monarch.*

Panzerung und Schutzplatten

Die britischen Panzerplatten hielten im Kriege allen Prüfungen stand. Zwei wichtige Punkte jedoch sind hervorzuheben. Erstens: Verbesse-

* Anmerkung des Übersetzers.

rungen in den Befestigungen der Panzerplatten am Schiffskörper. Zweitens: Sorgfältige Überlegungen zur besseren Verteilung der Panzerung, um Schwachstellen des Schutzes zu beseitigen. Die Verwendung von hochelastischen, dünnen Platten als Decksschutz war völlig unzureichend gegen die Wirkung von Fernschüssen. Die meisten Lehren und Erkenntnisse in dieser Hinsicht hatte die Skagerrakschlacht erteilt. Weiteres Wissen hatten dann die Versuche mit neuen APC-Granaten vermittelt, insbesondere gegen Zielkörper, die den Schutz der *Hood* darstellten.

Die Herstellerfirmen hatten schon von jeher das Bestreben gehabt, die Fläche der einzelnen Panzerplatten zu vergrößern, mit dem Ziel, damit die Anzahl der Stöße und Nietstellen zu verringern, die ja klar erkannte Schwachstellen jeder Panzerung sind. Die Erfahrungen der Skagerrakschlacht rechtfertigten die Empfehlung, die nach der Schlacht verlangte: „... *Stahlplattenhersteller und Werften sollten dazu angehalten werden, größere Platten herzustellen und einzubauen.*“ Spätere Versuche, die Schwäche der Panzerfugen zu vermindern, resultierten in der Verwendung von Verriegelungen an den Stößen. Nach Skagerrak wurde eine große Anzahl von hochelastischen Stahlschutzplatten zusätzlich in die Decks der Großkampfschiffe eingezogen. Dieses machte sich insbesondere bemerkbar bei dem modifizierten Entwurf der *Hood*, der schließlich mehr Schutzplatten über den Magazinen aufwies, als jedes andere Schiff zuvor. Die Erprobungen, die mit der neuen panzerbrechenden Granate gegen das „*Hood*“-Ziel durchgeführt wurden, waren von besonderer Bedeutung. Sie zeigten, daß die Magazine der *Hood* durch Fernschüsse gefährdet waren, daß eine 38,1 cm-Granate mit Kappe, aus einer Entfernung von 22850 m geschossen, alle Decks durchschlagen und in den Magazinen detonieren würde. Daher wurden jetzt entschlossene Schritte unternommen, im Gegensatz zu den bis jetzt verwendeten Stahlschutzplatten Panzerplatten einzubauen, die den Horizontalschutz in künftigen Großkampfschiffen ausmachen würden. Ursprünglich war vorgesehen, auch die *Hood* mit Panzerdecks zu versehen, und zwar sobald das Material verfügbar war, aber das ist nie geschehen. Bei verschiedenen anderen Schiffen wurde diese Maßnahme bei ihrem Umbau in den 30er Jahren durchgeführt. In einer Studie über die Schäden, die am Skagerrak auf verschiedenen Schiffen entstanden waren, wurde eine Reihe weiterer Feststellungen gemacht. Die wichtigsten werden hier aufgezählt:

1. Treffer im Wasserlinien-Gürtelpanzer der britischen Schiffe waren selten. Daraus war zu schließen, daß mit zunehmender Kampfentfernung Treffer in und nahe der Wasserlinie in Zukunft noch seltener würden.
2. Die Verwendung von schwächeren Barbettenpanzern auf den Schlachtkreuzern im Gegensatz zu den Schlachtschiffen war unerwünscht. Die schwächere Seitenpanzerung dagegen wurde wegen der durch die hohe Geschwindigkeit erforderlichen großen Maschinenanlage aus Gewichtsersparnisgründen akzeptiert.
3. Die Stärke der Turmdecken und ihre innere Befestigung machte Verbesserungen erforderlich. Die Visiereinrichtungskuppeln in den Turmdecken wurden ebenfalls als Sicherheitsrisiko angesehen und als Schwachpunkt des Schutzes bezeichnet.
4. Man stellte fest, daß die Befestigung des Panzers, z. B. die der Barbetten, des Kommandoturms und der Verbindungsschächte, nicht sicher genug war. Die normale Praxis sah so aus, daß die Deckspanzerung mittels Winkellaschen zum Deck hin genietet, zum Seitenpanzer hin verschraubt-vernietet war. Diese Art der Befestigung war zu schwach, um Aufschlägen zu widerstehen. Man regte daher an, insbesondere für die Barbetten, zusätzliche Befestigungen zu verwenden.
5. In den Aufbaudecks wurden vertikale Panzerplatten als unnütz angesehen. Sie waren sogar gefährlich bei einem Treffer durch Panzersprenggranaten, die sonst durch diese Bereiche hindurchgehen würden, ohne zu detonieren. Vertikale Panzerplatten zwischen den einzelnen Decks wurden als guter Schutz bezeichnet. Sie hielten Granatsplitter der auf den Decks oder der Bordwand detonierenden Geschosse ab.
6. Panzergrätings für die Schornsteinhälse und für andere Anlagen wurden als gut angesehen.
7. Die Spanten hinter der Panzerung wurden als ausreichend stark bezeichnet, aber es wurde angemerkt, daß die Spanten im Wasserlinienbereich stärker sein sollten als im Bereich über der Wasserlinie. Grundlage für diese Feststellung war die Beobachtung, daß Geschosse, die über der Wasserlinie trafen, dazu neigten, die Panzerung zu durchschlagen, ohne zu detonieren, und daß die Spanten den Stoß gut auffangen konnten. Unter der Wasserlinie jedoch neigten die Geschosse dazu, außerhalb der Panzerung zu detonieren, wodurch der Versetzungseffekt des Wassers zusätzlich einen hohen Druck erzeugte. Als Konsequenz daraus neigte die Panzerung über eine große Fläche dazu, sich bedeutend nach innen zu verschieben. Es wurde außerdem angeführt, daß die Querschotte, die sich innerhalb der Panzerung befanden, steifer sein sollten, da sie nicht so stark waren als die Spanten.
8. Als gefährlich wurden die Öffnungen der Belüftungsschächte im Decksbereich rund um die Barbetten angesehen. Sie waren echte Schwachstellen. Geschosse, die die Decks in der Nähe dieser Öffnungen trafen, konnten leicht eindringen und die Barbettenpanzerung unterhalb der Decks treffen.
9. Durch einen Holzbelag auf dem Wetterdeck wurde kein zusätzlicher Schutz ausgeübt – was eigentlich nicht überrascht –, andererseits gab es keinen Fall, bei dem die Decks nach einem Granattreffer gebrannt hatten. Allerdings wurde die Ansicht geäußert, daß die Holzbeplankung möglicherweise das Durchschlagen eines Geschosses begünstigte, weil die Geschoßspitze beim Aufschlag durch das Holz festgehalten würde. Im Gegensatz dazu standen die glatten Stahldecks, wie die in *Renown* und *Repulse,* die in verschiedenen Fällen die Geschosse hätten abprallen lassen.

Explosionsschutz der Pulvermagazine

Insgesamt 8 Schiffe gingen während des Krieges infolge einer Explosion ihrer Magazine verloren, außerdem noch 2 Vor-Dreadnoughts, *Russell* und *Britannia,* deren Magazine nach Minen- bzw. Torpedotreffern explodierten. Magazinexplosionen führten vermutlich auch zum Verlust der beiden Panzerkreuzer in der Seeschlacht von Coronel 1914.*

Man kann die Explosionen in zwei Gruppen einteilen:

*Anmerkung des Übersetzers: Am 1. November 1914 sanken die Panzerkreuzer *Good Hope* und *Monmouth.*

a) in die (absolut beweisbar ist es nicht), die durch unstabiles Cordite-Pulver (Zersetzungserscheinungen) verursacht wurden, und
b) in solche, die durch direkte Feindeinwirkung erfolgten.

Ab April 1917 wurde die Kontrolle der Cordite-Pulverherstellung verbessert, indem man Inspektoren bestellte, die die Fertigung überwachten. Auch wurden Vorkehrungen getroffen, etwa 6000 ts altes Cordite-Pulver von den Schiffen der Flotte zu entfernen. Im Juli 1917 explodierte in Scapa Flow das dort vor Anker liegende Schlachtschiff *Vanguard.* Daraufhin wurde die Produktion eines neuen Cordite-Pulvers beschleunigt. Bis März 1918 war das gesamte alte Pulver der *Grand Fleet* ersetzt worden, bis September 1918 das der übrigen Schiffe. Maßnahmen zur Erhöhung der Sicherheit des Cordite-Pulvers in den Kartuschen-Stauräumen waren:

1. Die Vorschriften über die Lagerung und Behandlung von Explosivstoffen auf den Schiffen der *Royal Navy* wurden geändert.
2. Die Belüftungs- und Kühleinrichtungen der Magazine wurden verbessert, die Staueinrichtungen geändert, Isolationen und Berieselungsanlagen installiert.
3. Die Pulverpackgefäße wurden verbessert und alle Gefäße, die nicht geschwächt genug waren, entfernt.
4. Der Magazinverschlußzustand wurde verbessert, auch in Hinsicht auf zwischenzeitlichen Zugang. Für die Überwachung der Zugänge wurden strenge Anweisungen erlassen (dies stand in Verbindung mit Sabotageabwehr).

Bis zur Skagerrakschlacht hatte man es als wenig wahrscheinlich angesehen, daß es infolge Feindeinwirkung zu Magazinexplosionen kommen könne. Während der Schlacht explodierten dann 3 Schlachtkreuzer und 1 Panzerkreuzer. Gefährliche Pulverbrände führten fast zum Verlust des Schlachtkreuzers *Lion* und des Schlachtschiffes *Malaya.* Auf der *Lion* durchschlug eine 28 cm- oder 30,5 cm-Granate die Mitte des Turms „Q" an der Stoßkante von Frontplatte und Decke. Das Geschoß detonierte über dem linken Geschütz und zerstörte die Verschlußsicherung. Der Verschluß öffnete sich, die Treibladungen und die sich im Rohr befindliche Granate rutschten heraus und fielen in den Schacht hinter dem Geschütz. Einige kleinere Brände waren innerhalb des Turmes ausgebrochen und nach kurzer Verzögerung entzündete sich das Cordite-Pulver. Die Stichflamme schlug durch die Decke aus dem Turm und nach unten durch den Schacht in den Munitionsumladeräumen. Glücklicherweise waren die Türen der Magazine während der Pause, die zwischen Detonation und Brandausbruch lag, geschlossen worden. Auf der *Malaya* durchschlug eine 30,5 cm-Granate das Backsdeck und detonierte in der Stb-Batterie, nahe dem Stb III-Geschütz, das zerstört wurde. Geschoßsplitter durchschlugen einige der Bereitstellungsboxen, in denen Treibladungen lagerten. Das verursachte einen Pulverbrand, der mehr als 100 Opfer forderte, und setzte die gesamte Batterie außer Gefecht. Die Stichflamme schlug über zum 15,2 cm-Munitionsraum, der zum Magazin hin offen war. Ohne das schnelle Eingreifen von zwei dort Anwesenden wäre die *Malaya* wahrscheinlich verloren gewesen. Diese Geschehnisse waren die wichtigsten greifbaren Beweise für den *„Ausschuß für Fragen des Schiffsschutzes",* der innerhalb der *Grand Fleet* gebildet worden war, der daraus schloß, daß die Lagerung der offenen Treibladungen in den Geschütztürmen, Aufzügen, Umladeräumen und Magazinen mit großer Wahrscheinlichkeit der Grund für den Verlust der 3 Schlachtkreuzer gewesen war. Die Treibladungen – es befanden sich durchschnittlich immer etwa zehn Stück auf dem Wege von unten zu den Geschützen – bildeten eine Art Lunte, die bis in die Magazine reichte, und ein Geschoß, in einem Turm oder dessen Schacht detonierend, brachte sie mit Sicherheit zur Entzündung. Der Ausschuß schlug daher den Einbau von stichflammensicheren Verschlüssen an den Aufzugenden vor. Sie sollten so angeordnet sein, daß sie stets geschlossen waren, außer wenn die Munitionsförderung vom Aufzug zur Ladeeinrichtung erfolgte. Außerdem wurde der Einbau einer Art Brandschleuse in den Umladeräumen vorgeschlagen, deren Öffnungen an den Seiten so angeordnet sein sollten, daß eine davon immer geschlossen gefahren wurde. Der Ausschuß wies darauf hin, daß bei einem Schnellschießen immer eine große Anzahl Treibladungen benötigt würden und sich daher immer eine gewisse Menge auf dem Wege zwischen Umladeraum und Geschütz befinden würde. Das berge natürlich immer ein gewisses Risiko in sich, daß sich etwas Ähnliches wiederholen könne wie auf der *Lion,* wo dann der Turm zwar ausbrennen, das Magazin aber heil bleiben würde. Die Vorschläge des Ausschusses für Verhütungsmöglichkeiten gegen den Ausbruch und die Ausbreitung von Pulverbränden sowie das Übergreifen auf die Bereitschaftsmunition der Mittelartillerie fielen weniger günstig aus. Man kam zu dem Schluß, daß eine Verbesserung der Raumeinteilung zur Verhütung sich ausbreitender Brände, wie auf *Malaya* geschehen, sehr schwierig war. Trotzdem sei es aber durch den Umbau der einzelnen Kasematten möglich, durch die Reduzierung der Treibladungen an den Geschützen selbst. Diese und weitere Vorschläge wurden nach der Skagerrakschlacht für eine Verbesserung der Brandabwehr durchgeführt. Die Modifizierungen und Verbesserungen, die nachfolgend aufgezählt werden, beziehen sich auf die Schiffe, die in diesem Werk im einzelnen abgehandelt werden. Verbesserungen in anderen Schiffen waren zum Teil anders ausgeführt.
1. In HMS *Excellent* wurden Versuche durchgeführt mit dem Ziel, herauszufinden, welcher Art die Munitionsschleusen in den Umladeräumen sein müßten, um stichflammensicher zu sein.
2. Die Umladeräume der Mittelartillerie wurden um die Munitionsaufzüge herumgebaut. In *Excellent* wurden des weiteren Versuche hinsichtlich der Stichflammfestigkeit der Durchreichen durchgeführt. Für die Schnellfeuergeschütze wurden keine Umladeräume für notwendig erachtet, weil die Kartuschen sich in Messinghülsen befanden und somit sicher vor Entzündung waren – trotzdem wurden sie eingebaut.
3. Zwischen die festen und beweglichen Teile der Turmschächte wurden Ledermanschetten und -schürzen eingebaut. Die Turmschächte selbst wurden soweit als irgend möglich stichflammensicher gemacht.
4. Die Umbauung der 15,2 cm-Kasemattgeschütze in der *Queen Elizabeth-* und *Royal Sovereign-*Klasse wurde aus Gründen der erschwerten Befehlsübermittlung abgelehnt. Daher wurde entschieden, feuerfeste *„Fearnought"*-Blenden zwischen den offenen Batteriestellungen und den Munitionsdurchreichen anzubringen.
5. Für die Versorgung mit Treibladungen ergingen spezielle Anweisungen, z. B. daß sie in

der Förderungsfolge soweit als möglich zu reduzieren sei.
6. Für die Verwendung an den Geschützen mit Handbeladung wurden neue Behälterformen, die sogenannten *„Clarkson"*-Behälter, eingeführt. Diese Behälter waren 1,52 m auseinandergestellt und unterbanden die Ausbreitung von Explosionen. Zusammen mit der Verwendung splittersicherer Bereitschaftsmunitionsbehälter aus 2,54 cm-Stahlblech waren sie voll geeignet zu verhindern, daß ähnliches wie auf der *Malaya* sich wiederholte.
Diese ganzen Verbesserungen wurden durchgeführt, ohne daß sie vorher bordmäßig erprobt worden waren. Um aber ganz sicherzugehen, daß sie auch ihren Zweck erfüllten und ob erneut Änderungen notwendig waren, führte man Versuche mit dem alten Vor-Dreadnought *Vengeance* durch. Auf Grund dieser 1917 durchgeführten Versuche wurde festgestellt, daß die nach der Skagerrakschlacht eingebauten stichflammenfesten Anlagen, abgesehen von einigen zusätzlichen Modifizierungen, ausreichend waren. Des weiteren wurde angemerkt, daß es auch leicht möglich sein müsse, tiefer gelegene Räume, die unterhalb der Lafettierungen lagen, stichflammen- und feuerfest zu machen, sogar wenn sie verschlossen waren, denn Pulverexplosionen hätten stets das Bestreben, sich in erster Linie nach oben auszubreiten. Die Belüftungsschächte seien zumeist dafür verantwortlich, daß das Feuer in die Magazine übertrete. Die Versuche hatten gezeigt, daß in Räumen, in denen die Schotte intakt bleiben sollten, irgendeine Art der Entlüftung für das Entweichen der Explosionsgase erforderlich war. Anfang 1918 begannen daher Versuche, eine Munitionsschleuse zu konstruieren, die stichflammensicher war, aber zugleich auch ein brauchbarer Ausweg für die Explosionsgase sein würde. Die Versuche, wiederum auf der *Vengeance* durchgeführt, verliefen unbefriedigend. Weitere wurden 1919 (mit dem Vor-Dreadnought *Prince of Wales*) und 1920 gemacht. Als Ergebnis kam eine zylindrische Munitionsschleuse heraus, die nicht nur stichflammenfest und wasserdicht war, sondern auch bei Explosion als wirkungsvolle Öffnung zum Entweichen der Explosionsgase diente. Es wurde beschlossen, diese Schleusen nur auf den neuen Großkampfschiffen einzubauen (in Wirklichkeit wurden sie jedoch nie benutzt, *Rodney* und *Nelson* erhielten Schleusen anderer Art). Nach weiteren Versuchen im Jahre 1919 wurden Explosionsschächte und -klappen konstruiert, die den plötzlichen Druckanstieg in den Magazinen unterbinden sollten, aber wieder verworfen, da diese Konstruktion nicht stichflammensicher war. Im gleichen Jahr wurde auf der *Prince of Wales* die Gasausweichqualität der Magazinverschlüsse für die MA der Schlachtschiffe und der Hauptbewaffnung der Kreuzer getestet. Die Ergebnisse waren befriedigend. 1922 wurde eine Neukonstruktion von Munitionsschleusenverschlüssen mit senkrecht drehbaren Doppelzellen vorgestellt, die gegenüber vorangegangenen Typen Raumersparnis erbrachten. Abgesehen von diesen schiffbaulichen Maßnahmen zur Vermeidung der Verbreitung von Pulverbränden wurden Anstrengungen unternommen, die Treibladungen selbst sicherer und entflammungsfest zu machen. So wurden nach der Skagerrakschlacht in HMS *Excellent* Untersuchungen über den Umfang der Verletzlichkeit der Treibladungen und ihre Entflammung bei Pulverbränden und Granatdetonationen angestellt, wobei man feststellte, daß der hauptsächlichste Gefahrenpunkt der Zünder war. Dieser war am Ende der Treibladung eingesetzt, um das Pulver zu entzünden. Man stellte fest, daß auch ohne Zünder die Gefahr eines Entflammens gegeben war, und zwar durch Übertragung des Brandes von einer Treibladung zur anderen. Die Zünder der schweren Treibladungen wurden zusätzlich noch durch abreißbare Scheiben geschützt, die außerdem auch einen gewissen Schutz gegen ein Entflammen und gegen Feuer boten. Man führte Schießerprobungen durch, bei denen diese Scheiben, bis auf die der hintersten Ladung, abgenommen wurden. Später wurde die Ausbildung an Geschützen mit dem Kaliber von 30,5 cm und mehr so verbessert, daß man die Scheiben auf den Ladungen belassen konnte. Die Scheibe der hintersten Ladung wurde dann, kurz bevor diese in das Rohr geschoben wurde, abgerissen. Das war keine ideale Lösung, es führte zu Verzögerungen und Fehlern beim Laden. 1920 wurde es wieder abgeschafft. Um den Effekt von Granatdetonationen auf offene Treibladungen festzustellen, wurden ebenfalls Versuche durchgeführt. Dabei gelangte man zur Erkenntnis, daß Granatsplitter selbst das Pulver nicht entzündeten, dagegen aber die detonierende Granate, und zwar in dem Augenblick, in dem die Sprengstücke die Seidenbeutel durchschlugen. Ab 1916 wurden Vorschläge gemacht, die sich auf den Schutz der offenen Treibladungen bezogen. Sie resultierten in einer ganzen Reihe verschiedener und weiterer komplizierter Erprobungen, die sich über einen längeren Zeitraum hinzogen. Die nachfolgenden – durchaus nicht erschöpfenden – Anmerkungen behandeln einzelne Versuche, die Treibladungen gegen Entflammung, Brand und Explosionen zu schützen.

1. Stoffbezüge: Zwischen 1917 und 1918 wurden die verschiedensten Materialien erprobt. Alle Versuche dienten dem Ziel, die bis dahin verwendeten Seidenbeutel, welche das Pulver aufnahmen, durch ein Material von größerer Widerstandsfähigkeit gegen Entflammung und Brand zu ersetzen. Man machte Versuche mit Asbeststoffen, viskosedurchwirkter Seide, Wollserge und anderen Arten. Dazu gehörten auch Materialien, die in der *U.S. Marine* verwendet wurden. Keines besaß die gewünschte Qualität, um die Seidenstoffe zu ersetzen. Mehr Erfolg versprach man sich daher durch die Verwendung von Doppelbeuteln, das heißt, die Treibladung in einem Seidenbeutel wurde in einen zweiten gesteckt. Dieses Verfahren hatte man zuerst im Kriege angewandt, es konnte jedoch wegen der Materiallieferschwierigkeiten nicht fortgesetzt werden. 1920 erprobte der *„Ausschuß für Marinewaffen"* die Doppelbeutel erneut. Die Versuche verliefen zufriedenstellend, wurden aber für Geschütze von 15,2 cm und darunter nicht empfohlen, weil die Gleichmäßigkeit der Ballistik zu sehr beeinflußt wurde. Weitere Erprobungen wurden im März 1926 in HMS *Excellent* durchgeführt. Diesesmal unter Bedingungen, wie sie in den Umladeräumen vorherrschten. Sie deckten auf, daß die Benutzung von Doppelbeuteln für schwere Treibladungen nicht gutgeheißen werden konnte. Durch den nur unbedeutend vergrößerten Schutz gegen Stichflammen verzögerten die Ladungen die Schußfolge, verminderten die Gleichmäßigkeit der Ballistik und hinterließen außerdem Rückstände im Geschützrohr. Weitere Versuche, durchgeführt mit 40,6 cm-Treibladungen, verliefen ebenfalls unbefriedigend, und die Verwendung von doppelt verpackten Ladungen auf *Nelson* und *Rodney* wurde verworfen. Man führte noch weitere Versuche mit dünnen Seidenstoffen

und anderen Materialien durch. Sie waren alle wenig befriedigend; die normalen Seidenbeutel wurden weiterverwendet.
2. Metallhülsen: In der deutschen Marine bestanden die Treibladungen der schweren Geschütze aus 4 Teilladungen. Sie befanden sich in einzelnen Messinghülsen. Um eine frühzeitige Zündung zu verhindern, befand sich die vordere Ladung in einer dünnen Messinghülse ohne Zünder. Die Ladungen wurden kurz vor dem Einführen in das Geschütz den Messinghülsen entnommen, die vordere jedoch mit ihrer Hülse eingeführt. Der Grund, weshalb die Deutschen für ihre schwere Artillerie Messinghülsen bei den Kartuschen verwandten, war bekannt. Bis 1915 jedoch war unbekannt, daß die vordere Ladung in einem gesonderten Behälter war. Die Einzelheiten waren dem *Deutschen Waffenhandbuch* entnommen worden, das auf der *Iron Duke* übersetzt worden war. Dieser Kenntnis war seinerzeit jedoch keine Bedeutung beigemessen worden. Nach der Skagerrakschlacht war vorgeschlagen worden, die britischen Treibladungen in dünne Metallbehälter zu packen, seinerzeit jedoch nichts weiter veranlaßt worden. 1921, anläßlich einer Diskussion über die Forderung nach stichflammenfesten Treibladungen für die 40,6 cm-Geschütze, schlug die Waffenfabrik Elswick vor, für die Aufnahme der Treibladungen dünne Metallbehälter einzuführen. Zur gleichen Zeit wurden auch Einzelheiten über die Art der Treibladungen der niederländischen 28 cm-Kruppgeschütze bekannt. So wurden auch Versuche durchgeführt mit Ladungen, die völlig mit Messingblech umgeben waren. Das erwies sich aber als untauglich und wurde 1922 wieder aufgegeben. Desgleichen erprobte man die Verwendung von dünnen Folien innerhalb der Seidenbeutel, aber auch das war unbefriedigend. Diese Mißerfolge überraschten nicht, denn die Versuchsanordnung der Briten unterschied sich von der Anlage her erheblich von der, die mit den Kruppgeschützen durchgeführt wurden. So wurden die Behälter aus dickerem Material gefertigt, als es die Deutschen verwendeten, dicker als das der vorderen, aber gleichzeitig dünner als das der anderen. Mehr noch, die Hülsen wurden durch Löten zusammengesetzt, die ausländischen hingegen, durch mechanisches Zusammenpressen der Einzelteile hergestellt. So waren sie im ganzen zu schwach für den normalen Gebrauch, und obgleich sicher gegen Stichflammen, konnten sie nahe liegenden Pulverbränden nicht widerstehen. Schießversuche mit einem 10,2 cm-Geschütz unter Verwendung einer Treibladung in einer Messinghülse endeten damit, daß die Hülse nahezu vollständig im Verschlußteil des Geschützes verblieb, die Verschlußkammer und das Rohr durch Lötzinn und Hülsenteile verunreinigt waren. Versuche mit Folien führten zu besseren Ergebnissen, aber sie entsprachen nicht den Forderungen und garantierten keine Sicherheit gegen Pulverbrände.
3. Zünder: 1920 wurde die Frage der Reduzierung der Anzahl der Zünder erörtert und 1923 beschlossen, daß pro volle Treibladung zwei Zünder vollauf genügten. Bei Geschützen mit einem Kaliber bis zu 15,2 cm bedeutete das einen Zünder an jedem Ende einer Treibladung. Bei schweren Geschützen, deren Treibladung aus mehreren Teilladungen bestand, war es erforderlich, diese in der richtigen Reihenfolge vor die Aufzüge der Munitionskammern zu stellen. Im Oktober 1924 schlug der *„Waffenausschuß“* vor, bei den 38,1 cm-Geschützen pro Halbladung einen 0,9 kg-Zünder zu verwenden. Im Mai 1926 wurde dieses Verfahren auf alle Geschütze von 28 cm an aufwärts ausgedehnt. Um die Möglichkeit einer Verwechselung zu verringern, wurden die Zünderhauben rot markiert. Schon 1919 waren verschiedene Versuche durchgeführt worden, bei denen man festgestellt hatte, daß die Doppelseidenkappe die Gefahr einer Entflammung der Zünder im gleichen Maße reduzierte wie bei den Treibladungen selbst. Man führte sie daher bei allen Geschützen bis zu einem Kaliber von 20,3 cm ein. Die Schutzhauben bei größeren Ladungen wurden entfernt, die Abreißscheibe jedoch beibehalten. Weiterhin wurden Vorkehrungen getroffen, daß die Zünderhauben nicht entfernt werden konnten, bevor die Treibladung fertig war zur Einführung in die Ladeeinrichtungen der schweren Geschütze, oder bis zur Einführung in die Geschütze. Bei einigen Geschützen wurden nicht abnehmbare Kappen verwendet.
4. Ladungen ohne Zünder: 1921 arbeitete man an der Idee, die Zünder von den Treibladungen zu trennen. Sie sollten in eine Messinghülse gesetzt werden, die an dem Verschlußstück des Geschützes befestigt werden konnte. Erste Versuche mit einer Preßpulver-Zünderladung, durchgeführt in einer vergrößerten Verschlußöffnung, erbrachten befriedigende Ergebnisse. Weitere Versuche fanden im November 1921 und Anfang 1922 mit einem 15,2 cm-Geschütz Mk XII statt. Im Laufe des Jahres wurde der Vorschlag gemacht, in einem Zündrohr die Funktion eines Zünders und einer Zündnadel zu vereinigen. Die erste Konstruktion einer solchen 2,54 cm-Zündkapsel wurde 1924 getestet. Weitere Teste folgten 1925 und 1926. Als Ergebnis wurden das Zündrohr und die zünderlose Treibladung für neue Geschütze eingeführt, deren Konstruktion im Juni 1926 genehmigt worden war. Für die vorhandenen Geschütze kam das nicht in Frage, weil die Kosten einer Umrüstung zu hoch waren.
5. Wasserkühlung: 1918/19 wurden die unterschiedlichsten Versuche durchgeführt, die Magazine und bestimmte Treibladungen mit wassergekühlten Mänteln zu umgeben. Der Erfolg dieser Erprobungen war nur begrenzt und 1925 entschied die *Admiralität,* daß der Aufwand für diese Versuche in keinem Verhältnis stünde zu den umständlichen und umfangreichen Konstruktionen, die damit verbunden seien. Außerdem sei eine damit verbundene Minderung der Staumöglichkeit für die Munition (oder, alternativ dazu, die Vergrößerung der Räume) nicht akzeptabel. Das ganze Projekt wurde eingestellt.
6. Berieselungsanlagen: Die ersten Vorschläge, die Magazine mit Berieselungsanlagen auszurüsten, wurden bereits 1905 gemacht. Zu jener Zeit fanden sie jedoch keine Beachtung. Erst nach Skagerrak wurde diese Frage wieder aufgegriffen und 1917 wurde der Einbau von Sprühdüsen in alle Schiffe genehmigt. Gleichzeitig wurde die Wirkungsweise dieses Systems auf *Vengeance* erprobt.

Abschließend muß festgestellt werden, daß die Vorkehrungen, die getroffen wurden, um die Treibladungen gegen Stichflammen und Entflammung zu schützen, nur das Risiko eines Pulverbrandes verringerten. Es wurde erkannt, daß der Wunsch eines umfassenden Schutzes nicht realisierbar war.

Unterwasserschutz

Um die Wirkung von Minen- und Torpedotreffern zu analysieren, wurden vor dem Kriege umfangreiche Experimente durchgeführt mit den alten Vor-Dreadnoughts *Hood* und *Royal Sovereign.* Man wollte herausfinden, welches das beste Mittel war, den Schutz gegen solche Treffer zu gewährleisten bzw. was nötig war, den vorhandenen Schutz zu verbessern. Diese Versuche führten zur Verstärkung der Torpedoschotte und zur Einführung der Wulste. Die letzteren wurden zuerst in verschiedenen alten Kreuzern der *Edgar*-Klasse eingebaut und bestanden aus einem äußeren Luftraum und einem inneren frei durchfluteten Wasserraum. Obwohl diese frühen Versuche augenfällig von großem Wert waren, erwiesen sich die Ergebnisse als nicht ganz zuverlässig. Mit Kriegsausbruch wurden die Versuche dann auf einer mehr wissenschaftlichen Basis durchgeführt. Die wichtigsten dieser Art gelangten zur Durchführung auf dem *Chatham-Floß,* und zwar gegen Schiffssektionen und deren verkleinerte Modelle, an denen Ladungen unter Wasser zur Entzündung gebracht wurden. Die Versuche wurden während des ganzen Krieges und auch noch viele Jahre danach fortgesetzt und erbrachten eine Menge Informationen und Erkenntnisse. Die hauptsächlichsten Grundgedanken des Wulstschutzes, wie er während des Krieges eingeführt wurde, waren folgende:

1. Der Zerstörungseffekt der Unterwasserexplosion nimmt mit dem Abstand sehr schnell ab. Die erste Forderung an den Unterwasserschutz lautet daher, sicherzustellen, daß die Explosion im maximalen Abstand von dem Hauptschutzschott des Schiffes erfolgt. Das Längsschott wird aus diesem Grund so weit wie moglich ins Schiffsinnere verlegt, der Platz zwischen ihm und der Außenhaut in zwei Gruppen von Längsraumen unterteilt.
2. Wesentlich ist, daß die äußeren Räume leer sind und so als Luftpolster dienen, um den großen Druck, den die Explosion hervorbringt, aufzufangen.
3. Die Explosionsgase und große Mengen Wassergischt treten mit hoher Geschwindigkeit in die Lufträume ein. Ihr Zerstörungseffekt kann durch die Verteilung dieser Wucht auf eine möglichst große Fläche des Torpedoschotts größtenteils reduziert werden. Das erreicht man im wesentlichen durch einen Auftriebsraum, der entweder Wasser oder Rohrstücke enthält. Diese Füllung verteilt nicht nur den Stoß, sondern fängt auch die Splitter und Trümmer auf, die mit großer Wucht die Schottwand durchlöchern würden.
4. Fluten der äußeren wasserdichten Abteilungen oder Lenzen von Auftriebsräumen, die mit Wasser gefüllt sind, um die Krängung und den Trimm zu korrigieren, beeinträchtigen natürlich den Schutzeffekt des Wulstes. Daher sollte dies nach Möglichkeit nur dann gemacht werden, wenn es unbedingt erforderlich ist.

Oben: Start eines Flugzeuges vom Turm „B" der *Repulse* ▶ im Oktober 1917. Die erkennbare Startbühne war nur provisorisch und diente Versuchen, sie besaß eine weiter nach unten reichende Neigung als die späteren.
Unten: Blick auf die provisorische Startbühne des Turms „Y". Beachte die Peilrichtskalen.

5. In den Seitenbunkern innerhalb und direkt an der Schottwand wird oft eine bestimmte Menge Heizöl gefahren. Im Falle einer heftigen Unterwasserexplosion seitlich einer solchen Sektion besteht die Möglichkeit, daß die Schottwand zwar intakt bleibt, daß jedoch eine zweite Druckwelle sich auf das Heizöl ausbreitet und die Bunker dadurch leckschlagen und das Heizöl in die angrenzenden Räume einsikkert. Um diese Möglichkeit auszuschließen, ist es erforderlich, das Heizöl dieser Bunker zuerst zu verbrauchen.

Die Wulste verliehen den Schiffsseiten einen guten Schutz, aber dennoch konnten Teile des Schiffsbodens durch Minen und Nahdetonationen gefährdet werden. Darum erachtete man Doppelböden, deren Zellen jeweils halb mit Flüssigkeit gefüllt gefahren wurden, als besten Schutz gegen Schäden dieser Art. Es erging eine Anweisung, wo die Möglichkeit bestand, Doppelbodenbunker, die für Heizöl vorgesehen waren, nur halb gefüllt zu fahren. Nach Kriegsende wurden Vorkehrungen getroffen, daß man Doppelbunker, die in der Nähe von Munitionsmagazinen lagen, nur mit Wasser – und halb gefüllt – fahren konnte. Diese Bunker wurden *„Schutzwasserabteilungen"* genannt. Eine weitere wichtige Entwicklung des Krieges war die Einführung von Bugschutzgeräten. Diese verliehen einen gewissen Schutz gegen Minen. Das Minensuchgerät, eingeführt durch FKpt C. D. Burney, wurde im Mai 1915 zu Versuchszwecken auf einem Zerstörer eingebaut. Zwischen 1915 und 1917 erhielten es alle Schiffe der *Royal Navy*.

Flugzeuge

Innerhalb der *Grand Fleet* wurde 1916 ein *„Flugzeugausschuß"* gegründet, der die Frage der Ausrüstung der Schiffe der Flotte mit Flugzeugen untersuchen sollte; dabei dachte man in erster Linie an Aufklärer und Jäger zur Zeppelinabwehr. Diese Flugzeuge sollten speziell nur für Kampfschiffe vorgesehen sein, Flugzeugträger befanden sich seit einiger Zeit in der Entwicklung. Als erstes konzentrierte man sich auf die Ausrüstung der Leichten Kreuzer mit Flugzeugstartbühnen, hauptsächlich, um die Flotte mit Flugzeugen gegen Zeppeline zu schützen. Aber bald wurde diese Einrichtung auch für die Großkampfschiffe gefordert. Dieses war nun nicht so einfach zu bewerkstelligen, weil die Schiffe zum Starten der Flugzeuge jeweils die Formation oder Kiellinie verlassen mußten. Diese Schwierigkeit wurde dadurch behoben, daß man vorschlug, die Startbühnen auf das Dach der Geschütztürme zu setzen. Diese konnten dann in den Wind gedreht werden, ohne daß das Schiff seine Station verlassen mußte. Diese Technik wurde im Oktober 1917 zuerst auf der *Repulse* erfolgreich erprobt. Der Start ließ sich durchführen, ohne daß die Funktion der Türme oder die Leistung der Schiffe beeinträchtigt wurde. Man entschied sich für den Einbau von Startbühnen für einsitzige Jäger auf allen Schlachtkreuzern. Anfang 1918 war diese Maßnahme erfolgreich abgeschlossen. Zum gleichen Zeitpunkt wurde erwogen, die Luftaufklärungsmöglichkeiten der Schiffe zu vergrößern, und zwar durch die Ausrüstung mit zweisitzigen Flugzeugen. Das Hauptproblem dabei war jedoch, daß die schwereren Flugzeuge auch längere Startbühnen benötigten, um starten zu können. Man löste es dann durch den Anbau transportabler Anbauten, die beim Gebrauch an den Rohren der Geschütze befestigt wurden.

Der erste erfolgreiche Start von einer solchen Bühne fand am 4. April 1918 mit einem *Sopwith*-Eineinhalbdecker von Bord der *Australia* statt. Sofort wurde ein Programm entwickelt, längere Bühnen für zweisitzige Flugzeuge einzubauen, und zwar auf den vorderen Türmen der Schlachtkreuzer, die ja auf dem hinteren Turm schon einen einsitzigen Jäger hatten. (Diese Anordnung traf nicht überall zu, z. B. wurden auf den älteren Schlachtkreuzern die Startbühnen auf den Seitentürmen installiert, andere führten nur Jäger mit sich). Diese Form, Flugzeuge mit sich zu führen, war sehr vorteilhaft, und es wurde geprüft, den Schlachtschiffen ähnliche Bühnen zu geben. Ende 1918 besaßen alle Großkampfschiffe der *Grand Fleet* Flugzeuge. 1919 wurde es als sehr wichtig angesehen, daß auch die Schlachtschiffe Schießbeobachtungs- bzw. Aufklärungsflugzeuge bekämen. Die Ausrüstung und der Gebrauch von Startbühnen wurde während des ganzen Jahres 1920 vorangetrieben. Als jedoch die Flugzeuge immer schwerer wurden, reichten die vorhandenen Bühnen nicht mehr aus und waren daher nicht mehr voll verwendbar. Man lenkte daraufhin die Aufmerksamkeit auf die Einführung von Flugzeugkatapulten. Diese kamen jedoch erst ab den 30er Jahren zum Einsatz. Die Geschichte ihrer Entwicklung folgt in einem späteren Kapitel.

Flugzeugabwehr

Die Notwendigkeit einer brauchbaren Lafette für ein Luftzielgeschütz zur Fliegerabwehr war schon vor 1914 erkannt worden. Die Forderung danach war erfüllt worden mit der Einführung einer Luftabwehrlafette für das 7,62 cm-Schnellfeuergeschütz. Einige Schiffe waren schon vor Kriegsausbruch damit ausgerüstet, bis 1916 führten die meisten Dreadnoughts je 2 7,62 cm-Luftzielgeschütze mit sich. Die zunehmende Tätigkeit gegnerischer Luftschiffe über der Nordsee führte 1916 schließlich zu der Forderung nach einer Fliegerabwehrwaffe mit einem größeren Kaliber. Als die Produktionszahl der Lafetten des 7,62 cm-Geschützes die Zahl der hergestellten Rohre überstieg, wurde daher entschieden, 44 Stück dieser als Ersatz gedachten Lafetten umzubauen für die Aufnahme eines 10,2 cm Mk VII- oder 10,2 cm Mk V-Schnellfeuergeschützes. Unverständlicherweise wurde keine dieser stärkeren Waffen in moderne Dreadnoughts eingebaut. Die Schiffe der *Queen Elizabeth*-Klasse und auch spätere Konstruktionen behielten ihre 7,62 cm-Geschütze bis weit nach Kriegsende. Die Endentwicklung dieser ersten Lafetten war dann die 10,2 cm-Flak Mk III, welche die Standardwaffe für die Luftabwehr der Schlachtflotte in den 20er Jahren und Anfang der 30er Jahre wurde. Obgleich die Verstärkung der Flak ein positiver Fortschritt war, blieb ihr Einsatz während des Krieges noch sehr begrenzt. Das einzig wirkliche Ziel war der Zeppelin, und wenn einer in die richtige Reichweite kam, blieb die Möglichkeit nur gering, einen wirksamen Treffer zu erzielen. Einen Eindruck von den Schwierigkeiten, die sich ergaben, vermittelt die Angabe, daß die Armee im Zeitraum 1914/15 für den Abschuß eines Flugzeuges 100000 Granaten verschossen hatte. Gegen Ende des Krieges waren es nur noch 4000 Schuß, immerhin ein großer Fortschritt, jedoch immer noch unbefriedigend, wenn man bedenkt, daß die Armee ja mehr Möglichkeiten hatte als die Marine. Gegen Kriegsende waren auch die sich an Bord befindlichen Jäger in der Lage, sich an der Zeppelinjagd zu beteiligen, und das Zukurzkommen der Flak war nicht mehr so entscheidend. Immerhin stellte man fest, daß die schnelle Entwicklung der Flugzeuge, der Lufttorpedos und der Panzersprengbomben in absehbarer Zeit eine bedeutende Gefahr für die Sicherheit der Großkampfschiffe sein würde. Die Hauptfurcht war, daß ein Luftangriff ein großes Schiff eher kampfunfähig machen als versenken würde, und daher war die Einführung eines wirksamen Luftabwehrsystems unabdingbar und ein Hauptanliegen. Nach dem Kriege befaßte sich ein Ausschuß der Marine mit Luftabwehrfragen und arbeitete Vorschläge aus, die auf eine Verstärkung der Flak auf den Schiffen, insbesondere den neuen, hinzielten. Hierzu wurden Projekte vorangetrieben, die sich mit der Einführung von Flak-Feuerleitanlagen, 15 cm- und 13 cm-Flak und ab 1921 mit einer mehrrohrigen Nahabwehr-Flaklafette befaßten. Das Feuerleitsystem und die Nahabwehr-Flak wurden nur langsam entwickelt, aber Anfang der 30er Jahre wurden das Flak-Feuerleitsystem Mk I und das achtrohrige 2 Pdr Pom-Pom eingeführt. Von den zwei schweren Flakgeschützprojekten wurden nur die 13 cm-Flak verwirklicht, aber auch von diesem Geschütz nur Einzelexemplare hergestellt.

3. Die neue Generation*

Während des Jahres 1920 nahmen die Überlegungen für neue Großkampfschiffsentwürfe ernsthafte Formen an, und diejenigen, für die man sich entschieden hatte, wurden im Verlauf des Jahres 1921 bis ins Detail ausgearbeitet. Sie waren ohne Zweifel die fortschrittlichsten und mächtigsten Großkampfschiffe – ihrer Zeit –, die man sich überhaupt hatte vorstellen können. Die militärischen Forderungen an diese Schiffe waren durchaus vergleichbar mit den Schiffen, die im Zweiten Weltkrieg gebaut worden sind. Und wenn sie tatsächlich je gebaut worden wären, keines der anderen vorhandenen Großkampfschiffe wäre ihnen mit Zuversicht gegenübergestanden. Es ist überflüssig, festzustellen, daß die Entwürfe der neuen Schiffe auf eingehenden Studien der Erfahrungen des Krieges und Untersuchungen aller erreichbaren Einzelheiten und Erkenntnisse ausländischer Konstruktionen, einschließlich jener der deutschen Marine, basierten. (Das deutsche Schlachtschiff *Baden* diente nach Hebung in Scapa Flow zahlreichen Spezialuntersuchungen.) Obwohl die *Admiralität* bis 1921 nicht die erforderliche Ermächtigung besaß, mit einem Ersatz-Großkampfschiffprogramm zu beginnen (!) war die Ausarbeitung der Forderungen an die zukünftigen Entwürfe schon sehr früh, im Jahre 1919, begonnen worden und bis Ende 1920 abgeschlossen.

* Unglücklicherweise war es den Autoren nicht möglich, den Verbleib einer „Schlachtschiffsstudie" der Entwürfe 1920/21 zu klären. Die Abhandlung über Einzelheiten dieser Entwürfe ist daher nicht so umfangreich wie bei den Schlachtkreuzern.

Militärische Forderungen für die Großkampfschiffe der Jahre 1921/22

Allgemeines

Gefordert wurden zwei Entwürfe für die neuen Schiffe, einer für eine Gruppe von 4 Schlachtkreuzern, die 1921 auf Kiel gelegt werden sollten, und ein weiterer für eine Gruppe von 4 Schlachtschiffen, deren Kiellegung für ein Jahr später geplant war. Der wesentliche Unterschied zwischen beiden lag in der Geschwindigkeit. Die althergebrachte Definition für den Begriff *„Schlachtkreuzer"* wurde durch den neuen Begriff *„Schnelles Schlachtschiff"* ersetzt. Der Panzerschutz des schnellen Schlachtschiffes war nur unwesentlich geringer, auch die Hauptbewaffnung etwas schwächer, die Geschwindigkeit merklich höher. Im Grunde genommen waren sich beide Typen ähnlich. Die Notwendigkeit, dem Bau großer Schiffe in den USA und in Japan zu begegnen, und das Gewicht von Panzerung und Bewaffnung machten eine beträchtliche Größe dieser Schiffe unvermeidlich. Die einzige Begrenzung in der Größe war durch die vorhandene Dockkapazität und die Sicherstellung der Passage des Suez- und Panamakanals gegeben. Den vorhandenen Spielraum nutzte man jedoch voll aus. Sogar *Hood,* bis dahin das größte Kriegsschiff der Welt, würde durch die neuen Schiffe in den Schatten gestellt, die somit die mächtigsten Großkampfschiffe wären, die je für die *Royal Navy* gebaut wurden.

Hauptbewaffnung

Anfang 1920 wurden drei Geschützkaliber in Erwägung gezogen, deren Eigenschaften der Tabelle 27 (unten) zu entnehmen sind. Die Hauptforderung an das Geschütz verlangte, daß es imstande sein sollte, ein Schiff mit einem 38,1 cm-Gürtelpanzer und einem 17,78 cm-Panzerdeck zu bezwingen. Der Entwurf für ein 45,7 cm-Geschütz wurde als brauchbar erachtet und war von keiner ausländischen Konstruktion so leicht zu übertreffen. Es war bekannt, daß man die Schlachtschiffe der *South Dakota*-Klasse mit 40,6 cm-L/50-Geschützen mit hoher Mündungsgeschwindigkeit ausrüsten wollte, die Geschosse von 952 kg Gewicht und einer Mündungsgeschwindigkeit von 853 m/sek verschießen sollten. Verschiedene Gerüchte besagten, daß die Amerikaner zu Versuchszwecken ein 45,7 cm-Geschütz bauten, daß Pläne für ein 50,8 cm-Geschütz vorbereitet würden und eine Fertigungsstätte dafür bereits erworben worden war. Im Juni 1920 veröffentlichte die amerikanische Zeitung *The Globe* Einzelheiten über die Schlachtkreuzer der *Lexington*-Klasse und führte fälschlicherweise ein Geschützkaliber von 45,7 cm an, mit einer veranschlagten Reichweite von 41,83 – 43,44 km. Unverständlicherweise waren die Namen (*Lexington, Constellation, Saratoga, Ranger, Constitution* und *United States*), ihre Verdrängung, Wellenleistung und Geschwindigkeit richtig angegeben. Wenig bekannt war über die japanischen Pläne, jedoch der *DNO* hatte von seinem japanischen Gegenspieler die persönliche Nachricht,

Tabelle 27: Einzelheiten vorgesehener Geschütze*

Kaliber (cm)	Länge in Kalibern	Geschoß-gewicht (kg)	Geschütz-gewicht** (ts)
38,1	L/50	870,720	110
42	L/45	1.157,332	130
42	L/50	1.157,332	140
45,7	L/45	1.505,620	159***

* Anmerkung des Übersetzers: Im Gegensatz zur Tabelle sind die Daten im Text abgerundet.
** Abgerundete Werte, Konstruktion Vickers.
*** Aus Geheimhaltungsgründen wurde stets anstelle 45,7 cm von einer 40,6 cm-L/50 gesprochen.

daß sie beabsichtigten, größere Kaliber als 40,6 cm zu bauen. Alle Entwürfe der schweren Geschütze, die Anfang 1920 im Gespräch waren und in der Tabelle 27 angeführt sind, folgten der Konstruktion, die mit den 34,3 cm-Geschützen begonnen hatte, nämlich der Verwendung schwerer Geschosse mit geringer Mündungsgeschwindigkeit. Aber im März 1920 veröffentlichte der *DNO* eine Denkschrift, in der ernsthafte Zweifel über dieses System angemeldet wurden. Er warf die Frage auf, ob man bei diesem bleiben sollte. Seine Argumente basierten auf Versuchen, die mit 34,3 cm-Geschützen und Geschossen von 567 kg bzw. 635 kg durchgeführt worden waren. Es hatte sich herausgestellt, daß es keineswegs sicher war, daß ein schweres Geschoß bei schrägem Auftreffen einen Panzer besser durchschlagen würde. Beide Geschosse, das leichte und das schwere, wurden bei gleicher Auftreffgeschwindigkeit getestet. Während bei dem 567 kg-Geschoß keine Fehler auftraten, zeigten sich beim 635 kg-Geschoß mehrere. Für gewöhnlich durchdrangen die beanstandeten Granaten zwar die Panzerplatte, detonierten aber nicht im unbeschädigten Zustand; man vermutete wegen der größeren Länge. Beim Durchschlagen des Panzers unter einem bestimmten Auftreffwinkel wurde das Geschoß von seiner Flugbahnlinie abgelenkt, was ihm eine Menge seiner Wirkung nahm. Die Schwingungskräfte, die durch diesen Schlag entstanden, wirkten beim längeren Geschoß stärker als bei dem kurzen. Dadurch war die Gefahr des Zerbrechens größer. Außerdem stellte der *DNO* fest, daß die gegenwärtigen 38,1 cm-Panzersprenggranaten mit Kappe nicht in der Lage waren, ungebrochen – wie allgemein angenommen – den damals auf den Schiffen vorhandenen Panzer zu durchbrechen. Unter Prüfungsbedingungen waren nur zwei Geschosse erfolgreich durchgeschlagen und unbeschädigt geblieben. Dieser Test fand bei einem Schießen auf eine Panzerplatte von 30,5 cm Dicke und unter einem Auftreffwinkel von 20° zur Senkrechten statt. Das erste war mit einer Aufschlagsgeschwindigkeit von 515 m/sek, entsprechend einer Entfernung von 11250 m, auf eine normale Panzerplatte geschossen worden, das zweite mit einer Aufschlagsgeschwindigkeit von 411 m/sek, entsprechend einer Entfernung von 22860 m auf eine Vickers-Versuchplatte. Beschußversuche gegen Turmdecken zeigten, daß Panzer von 12,7 cm und 15,2 cm durchaus in der Lage waren, einem 38,1 cm-Treffer unter einem Winkel von 60° zur Senkrechten standzuhalten. Lediglich eine Delle entstand dabei. Auf Grund dieser Ergebnisse folgerte man, daß ein Panzerdeck von 17,78 cm Dicke ausreichen würde, 38,1 cm-Panzersprenggranaten mit Kappe unter einem Aufschlagswinkel von 60° zur Senkrechten ab einer Entfernung von 22860 m standzuhalten. Nur ein Versuch unter einem steileren Winkel – und zwar 45° – wurde durchgeführt. Verwendet wurde eine 38,1 cm-Panzersprenggranate mit Kappe. Das Ziel war eine 17,78 cm-Platte, die Auftreffgeschwindigkeit betrug 447 m/sek. Die Platte wurde durchschlagen. Nochmals gab der *DNO* zu verstehen, daß eine kürzere 38,1 cm-Granate möglicherweise eine bessere Durchschlagskraft besitzen würde. Für künftige Konstruktionen schlug er die Einführung eines Geschützes mit hoher Mündungsgeschwindigkeit und leichtem Geschoß vor. Die theoretischen Vorteile für ein Geschütz dieser Art waren:

– eine hohe Aufschlagsgeschwindigkeit auf kurze Entfernung,
– ein steiler Aufschlagswinkel auf größere Entfernung,
– ein größerer Wirkungsbereich auf bestimmte Entfernungen.

Der Verlust an Aufschlagsenergie, resultierend aus dem niedrigen Gewicht der kurzen Granate im Vergleich zu einer langen desselben Kalibers und gleichen Typs, wurde vom *DNO* als nicht so wichtig für schwere Geschütze als für leichte und mittlere Kaliber angesehen. Berechnungen ergaben, daß bei einem gleichen maximalen Verschlußkammerdruck ein 38,1 cm-Geschoß von 766 kg eine Mündungsgeschwindigkeit von 808 m/sek entwickelte im Vergleich zu der gebräuchlichen 871 kg-Granate mit 747 m/sek. Das gab dem leichteren Geschoß bis zu einer Entfernung von 20120 m bzw. 22860 m mit modifizierter Kappenform (6 × r anstelle 8 × r) einen größeren Wirkungsbereich. Nach Ansicht des *DNO* würde die größere Aufschlagsenergie des schwereren Geschosses dessen Fähigkeit, durchzuschlagen ohne zu zerbrechen und zu detonieren, nur unbedeutend beeinflussen. Berechnungen wurden auch angestellt für ein 45,7 cm-Geschütz mit Geschoßkopfformen von 8 × r. Die Granaten sollten ein Gewicht von 1521 kg bzw. 1287 kg erhalten und Mündungsgeschwindigkeiten von 762 bzw. 822 m/sek erreichen. Die übrigen Geschwindigkeiten waren bei Entfernungen von 21000 m gleich bzw. ergaben eine Abweichung von 7,62 m/sek bei 27432 m. Zur Prüfung dieser theoretischen Überlegungen wurden Versuche mit kurzen 38,1 cm-Granaten mit Kappe durchgeführt. Einzelheiten dieser Erprobungen sind zwar nicht bekannt, aber sie müssen die Behauptungen des *DNO* bestätigt haben, denn die 40,6 cm-Mk I-Geschütze der *Nelson* und *Rodney* nutzten die *„hohe Geschwindigkeit/leichtes Geschoß“*-Kombination. Später sollte sich dies dann doch als Fehler herausstellen.

Man erkannte, daß die beste Aufstellung der schweren Artillerie (wie auf der *Queen Elizabeth*-Klasse) in vier Doppeltürmen erfolgen sollte. Dieses System war ideal für eine wirksame Feuerleitung, und Zwillingstürme boten größere Einfachheit und Zuverlässigkeit für eine Turmkonstruktion. Aber es wurde festgestellt, daß es wahrscheinlich erforderlich sein werde, Drillingstürme einzuführen, um die Verdrängung der neuen Schiffe in zumutbaren Grenzen zu halten. Entwürfe für beide – Zwillings- und Drillingstürme – wurden für die Verwendung in den Entwurfsskizzen der Großkampfschiffe der Jahre 1921/22 von den Vickers- und Elswickwaffenwerken erworben. Um die höchstmögliche Schußentfernung zu erreichen, war in den neuen Turmentwürfen die Rohrerhöhung auf 40° oder 45° vorgesehen, obwohl auf sehr große Entfernungen die Trefferzone für ein breitseitiges Ziel so klein war, daß man es praktisch als nicht vorhanden ansehen konnte. Aber man dachte eher an ein mehr oder weniger dem Heck oder dem Bug sich zeigendes Schiffsziel, wo dann die große Erhöhung der Geschütze von Nutzen sein könnte, eine wichtige Überlegung bei einem Verfolgungs- oder Annäherungskampf.

Mittelartillerie

Zur Wahl als MA standen das 15,2 cm- und das 14 cm-Geschütz. Neuentwürfe für beide Typen waren in Arbeit. Im Jahre 1920 entschied sich der *Marinestab* für das 15,2 cm-Geschütz, die Konstruktionsarbeiten an dem 14 cm-Geschütz wurden eingestellt. (Auf Empfehlung des *„Waffenausschusses“* sollte das 14 cm-Geschütz anstelle der bisherigen 37 kg-Granaten jetzt Geschosse von 41 kg verwenden.) Überlegungen für eine spätere Kombination von Flak und Mittelartillerie in Seeziel/Luftzielausführung wurden zwar angestellt, aber als unpraktisch verworfen. Immerhin wurden 1921 Versuche mit 15,2 cm- und 12 cm-Geschützen durchgeführt, um die Trefferauswirkungen auf Zerstörer zu erfahren. Das 12 cm-Geschütz war zu diesen Erprobungen herangezogen worden, weil es als das beste Kaliber für eine weitreichende Luftabwehr angesehen wurde. Die Hauptforderung an die Geschütze bestand darin, daß ein Treffer eine ungefähre Chance haben sollte, einen Zerstörer zum Stoppen zu bringen.

Die Versuche ergaben, daß die normale 15,2 cm-Granate mit Kappe und Shellite-Sprengstoff sowie die 15,2 cm-Granate mit Hochbrisantsprengstoff größere Zerstörungskraft garantierten als das 12 cm-Halb-Panzersprenggeschoß. Bei den Versuchen wurde das 14 cm-Geschütz nicht eingesetzt, aber man wußte, daß die Sprengkraft seiner Geschosse rund 30% unter der der 15,2 cm-Geschosse lag. Einen Vergleich des neuen 15,2 cm-Geschützes, das die Bezeichnung Mk XXII erhielt, mit dem vorhandenen Mk XII zeigt die Tabelle 28. Die bisherige Aufstellung der MA in den Großkampfschiffen wurde als nicht ideal empfunden. Die in Kasematten untergebrachten Geschütze beeinträchtigten die Stabilität und nahmen zuviel Wasser uber.

Die offenen Batterien hatten keinen Schutz gegen Schlechtwetter und Geschoßsplitter. Die Alternative war der Geschützturm. Aber um die große Anzahl von Geschützen unterzubringen, war es erforderlich, diese in Zwillingslafetten zu installieren. Seit dem Fehlschlag mit den 15,2 cm-Zwillingstürmen auf den Panzerkreuzern der *County*-Klasse waren Lafetten dieser Art in der *Royal Navy* nicht mehr verwendet worden, aber der *DNO* führte an, daß man damals gemachte Fehler in den neuen Doppellafetten notwendigerweise nicht wiederholen brauche. (Die Türme der *County*-Klasse waren zu eng, mit unzureichenden Schwenk- und Munitionsaufzugsanlagen und schlechten Visieren ausgerüstet. Beide Geschütze saßen in einer Wiege und konnten einzeln nicht verstellt werden.) Ein Turm hätte große vertikale und horizontale Bestreichungswinkel, wäre geeignet für eine Feuerleitlenkung, außerdem wäre er leichter gegen Stichflammen zu schützen. Der Turmbesatzung würde besserer Schutz gewährt werden gegen Feindeinwirkung und Schlechtwetter als in den offenen Batterien. Außerdem besäße er nicht die Nachteile der Wasserundichtigkeit der Kasemattbatterien. Der Schutz würde zwar nicht so gut sein wie in der Kasematte, auch das beanspruchte Gewicht war größer als bei einer offenen Batterie, aber letztlich überwogen doch die Vorteile, und so entschied sich der *Marinestab* Mitte der 20er Jahre für die Verwendung des Zwillingsturms für die MA der Großkampfschiffe und die Hauptbewaffnung bei den Kreuzern.

Flakausrüstung

Die Flakausrüstung stand in Übereinstimmung mit den Vorschlägen des *„Marineausschusses für Flugzeugabwehrfragen“*. Dessen Zwischenbericht lag am 13. September 1920 vor, der endgültige Abschlußbericht am 18. Juni 1921. Bevor die Berichte jedoch zur Einarbeitung der Ergebnisse in die ersten Entwurfsskizzen weitergeleitet wurden, fand noch eine Befragung des Ausschusses statt. Als es sich dann als doch nicht günstig erwies, die Mittel- und Flakartillerie zu kombinieren, wurde entschieden, daß das Kaliber 12 cm sich am besten als weitreichendes Luftzielgeschütz eignen würde. Dieser Entschluß wurde gefaßt, nachdem ein Vergleichsschießen zwischen vier verschiedenen Kalibern – 7,62 cm, 10,2 cm, 12 cm und 14 cm – stattgefunden hatte und dabei die Schußfolge, die Sprengkraft und das Gewicht begutachtet wurden. Die beiden ersten Kaliber waren schon im Gebrauch, die anderen Neukonstruktionen. Die Entwicklungsarbeiten am 14 cm-Schnellfeuergeschütz wurden eingestellt, nachdem man sich für das 12 cm-Geschütz entschieden hatte. Die Hauptempfehlungen des Ausschusses an die Flakbewaffnung der neuen Schiffe waren:

a) 5 bis 6 × 12 cm-Geschütze mit hoher Mündungsgeschwindigkeit unter Verwendung von 27 kg schweren Geschossen. Mindestens 4 Geschütze sollten so aufgestellt sein, daß sie in der Lage wären, den Horizont rundherum zu bestreichen. (Im Abschlußbericht änderte der Ausschuß diese Forderung dahingehend, daß es möglicherweise 8 × 12 cm-Geschütze erfordern würde, um 4 Geschützen die Möglichkeit zu geben, jedes Ziel am Himmel anzupeilen.)

b) Der Feuerleitstand mußte so hoch über allen anderen Leitständen stehen, daß er den Himmel ungehindert rundherum übersehen konnte.

c) Leichte Flak sollte aus 4 mehrrohrigen Pom-Pom-Lafetten bestehen, die bis zu 90° Erhöhung haben sollten und sich jeweils, an jeder Seite aufgestellt, nach hinten bis zu 180° drehen ließen.

d) Zwei Feuerleitgeräte für die Pom-Pom an jeder Schiffsseite mit einem Drehbereich von 200°.

Panzerung

Der Krieg zeigte die Unwirksamkeit der mittelstarken Panzerung; und so hatte man sich bei den neuen Schiffen für einen sogenannten *„Alles oder Nichts“*-Panzerschutz entschieden. Dieses System wurde erstmals 1912, bei den Schlachtschiffen der USA-*Nevada*-Klasse angewandt. Kurz gesagt war die Idee, daß die lebenswichtigen Bereiche eines Schiffes – Magazine, Maschinenanlage, Bewaffnung – so stark wie nur eben möglich gepanzert werden sollten, die übrigen Bereiche „weich“ oder ungepanzert bleiben sollten. Eine der Hauptforderungen dieses Systems war, daß die Zitadelle so viel Restauftrieb besaß, daß das Schiff im Falle einer Beschädigung oder Havarie im „weichen“ Bereich in einer stabilen Schwimmanlage blieb. So wurde erstmalig bei einem

Tabelle 28: Vergleichswerte der 15,2 cm-Geschütze Mk XII und XXII*

Kaliber (cm)	Geschützgewicht (ts)	Mark	Länge in Kalibern	Mündungsgeschwindigkeit (m/sek)	Geschoßgewicht (kg)	Ladungsgewicht (kg)
15,2	6,7	XII	L/45	853,44	45,350	–
15,2	8,8	XXII	L/50	897,63	45,350	13,605

* Anmerkung des Übersetzers: Im Gegensatz zur Tabelle sind die Daten im Text abgerundet.

Dreadnought der Horizontalschutz spezifiziert. Er konzentrierte sich auf ein einziges Panzerdeck außerhalb der Zitadelle und über ihr sowie über den vorderen und höheren Abteilungen des Schiffes, um so den maximalen Schutz gegen Fernschüsse und Bomben zu erhalten. Während des Krieges bedeuteten Bomben keine Gefahr. Man stellte jedoch fest, daß die Entwicklung und Anwendungstechnik ständig Fortschritte machen würde. Die Analyse möglicher Auswirkungen auf künftige Schiffe war schwierig, die Durchführung von realistischen Versuchen an vorhandenen Schiffen nicht praktikabel. So unternahm man Anstrengungen, ein System zur Erprobung mit Bomben zu entwickeln, das dem der Granaterprobungen entsprach. Das geschah dann so, daß man mit Bomben auf Panzerplatten schoß, und zwar aus kurzer Entfernung, aber mit der Geschwindigkeit und unter dem Auftreffwinkel, wie es in etwa den Bedingungen einer echten Verwendung entsprach. Die ersten Versuche wurden 1920 gemacht, indem man eine Bombe aus einer Haubitze verschoß, um festzustellen, ob sie den gleichen Weg nahm, als wenn sie aus einem Flugzeug geworfen wurde.

Als man feststellte, daß diese Methode der Wirklichkeit sehr nahe kam, begann 1921 eine ganze Serie von Versuchen gegen Panzerplatten. Diese setzten sich während der gesamten Zwischenkriegszeit fort. Alle Größen und Typen wurden getestet, bis zu einem Gewicht von 967 kg. Diese Erprobungen vermittelten die Erkenntnisse, die für den Schutz gegen Bombenangriffe verwendet wurden. 1921/22 wurden dann echte Versuche durchgeführt. Dazu benutzte man die beiden Fernlenkzielschiffe *Agamemnon* und *Monarch* (dieses diente 1924 zu diesen Versuchen). Die Versuche waren jedoch nur von kurzer Dauer und schlecht vorbereitet; außerdem benutzte man Blindbomben. Die erzielten Ergebnisse waren von begrenzter Nützlichkeit.

Unterwasserschutz

Dem Unterwasserwulstschutz lag dieselbe Konstruktion wie auf der *Hood* zugrunde, die jedoch einige wichtige Unterschiede aufwies. 1920/21 waren auf dem *Chatham-Floß* zwei Versuche durchgeführt worden, bei denen eine 227 kg schwere Ladung gegen die vorgeschlagene Wulstkonstruktion zur Entzündung gebracht wurde. Bei dem ersten Versuch waren die Auftriebsräume, wie auf *Hood,* mit Rohren ausgefüllt, beim zweiten mit Wasser. Die Ergebnisse zeigten, daß ein Wassermantel weniger kostenträchtig war als die Rohre und er den gleichen Zweck erfüllte, also für die Neukonstruktion verwendet werden konnte. Man erhielt auch genaue Erkenntnisse über die festzulegende Tiefe der Wulste, daß man sie so anordnen konnte, daß sie Schutz gewährten gegen Sprengköpfe von 340 kg anstelle von 227 kg. Wie bei den annullierten Schwesterschiffen der *Hood* vorgesehen, wurde entschieden, die Magazine unter den Munitionskammern einzubauen. Dort waren sie vor Bombenangriffen sicher. Aber da waren sie wiederum durch Unterwasserangriffe gefährdet. So wurde im *Chatham-Floß* ein dritter Versuch durchgeführt. Unter einer Sektion, die einer Schiffskonstruktion entsprach und mit einem 2,14 m tiefen Doppelboden versehen war, wurde eine

Tabelle 29: Schlachtkreuzerentwürfe 1920

	K 2	*K 3*	*J 3*	*I 3*	*H 3a*	*H 3b*	*H 3c*	*G 3*
Datum	Oktober 1920	Oktober 1920	November 1920	November 1920	Dezember 1920			
Länge (pp)	259,25 m	259,25 m	247,05 m	271,45 m	251,63 m	251,63 m	251,63 m	251,63 m
Länge (üa)	269,93 m	269,93 m	262,30 m	282,13 m	262,30 m	262,30 m	262,30 m	262,30 m
Breite (maximal	32,33 m	32,33 m	31,72 m	32,94 m	32,03 m	32,33 m	31,70 m	32,33 m
Tiefgang vorn	10,06 m	9,91 m	8,84 m	9,91 m	9,91 m	9,91 m	9,91 m	9,91 m
Tiefgang hinten	10,36 m	10,19 m	9,14 m	10,19 m	10,19 m	10,19 m	10,19 m	10,19 m
Verdrängung	53.100 ts	52.000 ts	43.100 ts	51.750 ts	44.500 ts	45.000 ts	43.750 ts	46.500 ts
Leistung (WPS)	144.000	144.000	151.000	180.000	180.000	180.000	180.000	180.000
Geschwindigkeit bei Konstruktionstiefgang	~ 30 kn	30 kn	32 kn	32,5 kn	33,5 kn	33,25 kn	33,75 kn	33 kn
Brennstoffvorrat bei Konstruktionstiefgang	1.200 ts	1.200 ts	1.200 ts	1.200 ts	1.200 ts	1.200 ts	1.200 ts	1.200 ts
Kohlevorrat	60 ts	60 ts	60 ts	60 ts	60 ts	60 ts	60 ts	60 ts
Heizölfassungsvermögen	5.000 ts	5.000 ts	5.000 ts	5.000 ts	5.000 ts	5.000 ts	5.000 ts	5.000 ts
Bewaffnung:	8×45,7 cm 16×15,2cm 6×12 cm; 4 Pom-Pom; 2 TR	9×45,7 cm	9×38,1 cm 12×15,2cm	9×45,7 cm 16×15,2cm 5×12 cm 4 Pom-Pom; 2 TR	6×45,7 cm 16×15,2cm 5×12 cm			9×42 cm 16×15,2cm 5×12 cm
Panzerung:								
Gürtelpanzer	30,5 cm		30,5 cm	30,5 cm	35,6 cm über den Magazinen, 30,5 cm über den Maschinenanlagen			
Zitadellschotte	28 cm		30,5 cm	vorn 28 cm hinten 25,4 cm	vorn 30,5 cm, hinten 25,4 cm			
Barbetten	30,5 und 25,4 cm		30,5 cm	30,5 cm	35,6 cm			
Türme: Front	38,1 cm		38,1 cm	38,1 cm	45,7 cm			
Seiten	30,5 cm		30,5 cm	30,5 cm	35,6 cm			
Decken	20,3 cm		20,3 cm	20,3 cm	20,3 cm			
Kommandoturm	25,4; 30,5; 38,1 cm; Decke 20,3 cm		25,4; 30,5; 38,1 cm; Decke 20,3 cm	30,5; Decke 15,2 cm	30,5 cm; Decke 15,2 cm			
Kommandoturmschacht	28 cm		28 cm	20,3 cm	20,3 cm			
Feuerleitkuppel	15,2 und 10,2 cm		15,2 und 10,2 cm	12,7; 7,62 cm	12,7 und 7,68 cm			

Ladung von 145 kg zur Entzündung gebracht. Unmittelbar über dem Doppelboden war eine Magazinabteilung mit verschiedenen Ladungen eingebaut worden.
Man stellte fest, daß ein Doppelboden von 2,14 m Tiefe einen guten Schutz versprach, daß man auch einen Doppelboden von 1,53 m Tiefe nehmen könne, wenn man das Magazin mit entsprechenden Abgasöffnungen versah, obwohl größere Ladungen als 145 kg zu erwarten waren.

Maschinenanlage

Für die künftige Schlachtflotte hatte man eine traditionelle Geschwindigkeit vorgeplant. Obwohl in den ersten Entwürfen 25 kn vorgesehen waren, nahm man bei den Schlachtschiffen auch 23 kn in Kauf. Für die Schlachtkreuzer war eine Anpassung an die Geschwindigkeit der amerikanischen *Lexington*-Klasse vorgesehen. Das stieß jedoch auf Schwierigkeiten wegen der Gewichte der geplanten Panzerung und Bewaffnung. Die Geschwindigkeit der *Lexington*-Klasse sollte 33,25 kn betragen. In den Entwurfsskizzen der Schlachtkreuzer variierte sie zwischen 30 und 33,75 kn. Die Forderung des *Marinestabes* nach einem Aktionsradius von 7000 sm bei 16 kn wurde in den Entwürfen nicht voll berücksichtigt.

	K 2	*K 3*	*J 3*	*I 3*	*H 3a*	*H 3b*	*H 3c*	*G 3*
Datum	Oktober 1920	Oktober 1920	November 1920	November 1920	Dezember 1920			
Stahlschutzplatten, vertikal	4,44; 2,54; 1,9 cm	3,8; 2,54; 1,9 cm	4,44; 2,54; 1,9 cm	4,44; 2,54; 1,9 cm				
Schornsteinhälse	–	–	–	–				
Hauptdeck	2,54 cm über den Magazinen		3,17 cm	–	2,54 cm			
Backdeck	3,17 und 3,8 cm		5,08; 3,8; 3,17 cm	5,08 cm	5,08 cm			
Oberdeck	17,78 und 15,2 cm		10,2 cm	17,78; 20,3 cm über den Magazinen, 10,2; 12,7 cm über den Maschinenanlagen	22,86; 20,3 cm über den Magazinen, 10,2; 12,7 cm über den Maschinenanlagen			22,86; 20,3 cm über den Magazinen, 5,08; 7,62 cm über den Maschinenanlagen
Zwischendeck vorn	15,2; 7,62; 5,08 cm		10,2; 7,62; 5,08 cm	17,78; 12,7; 10,2 cm	15,2; 17,78; 10,2; 12,7 cm			17,78; 12,7; 10,2 cm
Zwischendeck hinten	15,2 und 7,62 cm		10,2; 7,62; 5,08 cm	15,2; 17,78; 12,7; 10,2 cm	15,2; 17,78; 10,2; 12,7 cm			17,78; 20,3; 7,62 cm
Gewichte:								
Ausrüstung, allgemein	1.000 ts	1.000 ts	910 ts	1.000 ts	1.000 ts	1.000 ts	1.000 ts	1.000 ts
Bewaffnung	8.770 ts	8.670 ts	6.740 ts	8.670 ts	6.150 ts	6.150 ts	6.150 ts	7.400 ts
Maschinenanlage	5.670 ts	5.670 ts	6.430 ts	6.430 ts	6.430 ts	6.430 ts	6.430 ts	6.430 ts
Brennstoff	1.200 ts	1.200 ts	1.200 ts	1.200 ts	1.200 ts	1.200 ts	1.200 ts	1.200 ts
Panzerung und Stahlschutzplatten	17.310 ts	16.060 ts	12.780 ts	14.600 ts	13.250 ts	13.600 ts	12.800 ts	13.350 ts
Schiffskörper	18.900 ts	19.150 ts	15.640 ts	19.590 ts	16.250 ts	16.400 ts	15.950 ts	16.890 ts
Admiralitätsreserve	250 ts	250 ts	160 ts	260 ts	220 ts	220 ts	220 ts	230 ts
Gesamt	53.100 ts	52.000 ts	43.100 ts	51.750 ts	44.500 ts	45.000 ts	43.750 ts	46.500 ts

Hinweis: Die Zahl, die dem jeweiligen Buchstaben hinzugesetzt ist, bezieht sich jeweils auf die Anzahl der Rohre in den schweren Geschütztürmen, Zwillingsturm (2), Drillingsturm (3)

Die Schlachtkreuzer von 1921

Die acht Legenden, Entwurfsskizzen und Einzelheiten, die den 1921er Schlachtkreuzern zugrunde lagen, sind in Tabelle 29 festgehalten. Die ersten zwei Entwürfe, *K 2* und *K 3,* glichen in etwa der *Hood,* speziell *K 2,* der mit vier Zwillingstürmen ausgerüstet werden sollte. *K 3* sollte drei Drillingstürme erhalten, was etwa 1000 ts Gewichtsersparnis brachte. Alle weiteren Entwürfe hatten dann Türme dieses Typs. Die vorgesehene Größe der Schiffe machte es erforderlich, ihnen ein Spiegelheck zu geben, damit die Länge (üa) in Grenzen blieb. Ebenso könnten sie nur in den größeren Docks von Rosyth und Portsmouth gedockt werden, auch der Tiefgang würde für den Suezkanal zu groß werden. (Der maximal zulässige Tiefgang für den Kanal betrug zu dieser Zeit 9,46 m. Er sollte jedoch vertieft werden, sodaß er für den Entwurf *K 3* passen würde.) Die Schiffskörperform *K 3* wurde später leicht modifiziert. Damit wollte man eine Geschwindigkeitserhöhung von 0,5 kn erreichen. Das wiederum bedeutete eine Verbreiterung auf 34,65 m, eine Vergrößerung der Länge (pp) auf 260,78 m und ein Anwachsen der Verdrängung auf 52500 ts (später wuchs die Breite dann auf 34,80 m, die Verdrängung auf 52800 ts). Die Modifizierung machte es dem Schiff unmöglich, den Panamakanal (maximale Breite 33,55 m) oder den Suezkanal zu durchfahren. Hinzu kam, daß es lediglich im Gladstone-Dock, Liverpool, gedockt werden konnte bzw. in einem neu erworbenen Schwimmdock aus Deutschland. Beide Entwürfe zeigten ein Flushdeck, bei dem sich das Backsdeck bis nach hinten erstreckte. Diese Konstruktion erhöhte das Freibord am Hinterschiff und erlaubte bessere Unterbringungsmöglichkeiten. Außerdem versprach es mehr Sicherheit gegen

Beschädigungen und beseitigte jede Wiederholung der Schwierigkeiten der *Hood,* deren Achterdeck bei schwerer See und hoher Geschwindigkeit ständig überspült wurde. Beim folgenden Entwurf *J 3* wurden die Dimensionen durch eine Bewaffnung von nur 9 × 38,1 cm-Geschützen L/50 und die Minderung der Panzerdecksstärke auf 10,2 cm verkleinert. Dadurch reduzierte sich die Verdrängung um fast 10000 ts, erlaubte eine Länge von 259,25 m, und ein Spiegelheck war ebenfalls nicht erforderlich. Es konnte in jedes Dock aufgenommen werden, in dem auch die *Hood* gedockt werden konnte. Es konnte auch den Suez- und Panamakanal passieren. Das allgemeine Aussehen war ähnlich dem Entwurf *K 3,* die Wulste und Seitenpanzer jedoch waren wie auf der *Hood* und nicht im Schiffsinnern angeordnet. Auch das Backdeck erstreckte sich nicht bis nach achtern. Der Turm „X" war in seiner Position auf dem Achterdeck der Höhe des Turms „A" angeglichen. Insgesamt gesehen, war der Entwurf *J 3* irgendwie rückschrittlich in seiner gesamten Konzeption. Im Entwurf *I 3* wurde das Problem der Größe dann auf eine andere Art gelöst. Die Installation der Magazine unterhalb der Munitionskammern erforderte Munitionsräume, die sehr in die Länge gezogen waren. Das war notwendig, um zu erreichen, daß sich die Magazine möglichst weit von der Bordwand entfernt befanden. Damit wurde ihnen ein ausreichender Schutz gegen Unterwasserangriffe verliehen. Beim Entwurf *I 3* ergab sich durch die Mittschiffskonzentration der schweren Artillerie, die sich daher an der breitesten Stelle des Schiffes befand, eine Gewichtsersparnis. Dadurch verringerte sich auch der Platzbedarf für die Magazine und Munitionskammern, die nicht so lang sein brauchten. Automatisch verringerte sich dadurch auch die Ausdehnung der Panzerung, der Unterwasserschutz verbesserte sich ebenfalls. Der Turm „X" wurde zwischen Brücke und Schornsteinen aufgestellt, die Maschinen- und Kesselräume im Hinterschiff konzentriert. Der einzige Hauptnachteil dieser Anordnung lag in dem toten Winkel von 40° nach hinten, der sich bei einem Achterausschießen noch zusätzlich vergrößern konnte durch den entstehenden Druckeffekt auf die hinteren Aufbauten. Die Deckspanzerung über den Magazinen war etwas stärker als beim Entwurf *K 3,* jedoch über den Maschinenräumen und außerhalb der Zitadelle schwächer. Dadurch sparte man Gewicht. Diese Einsparungen wurden jedoch durch das höhere Gewicht des Schiffskörpers und der Maschinenanlage aufgebraucht. Das Ergebnis war eine Verdrängung, die nur wenig unter der des Entwurfs *K 3* lag. Das Schiff hätte weder in Rosyth noch in Portsmouth gedockt werden können. Breite und Tiefgang jedoch entsprachen den Bedingungen zum Durchfahren des Panamakanals, und nach dessen Vertiefung auch des Suezkanals. In die Dezemberentwürfe wurden drastische Gewichtsersparnisse eingearbeitet. Bei den drei Varianten des Entwurfs *H 3* wurde die Hauptbewaffnung auf 6 × 45,7 cm-Geschütze in Drillingstürmen verringert. Die dadurch erzielte Gewichtsersparnis erlaubte nicht nur eine Verkleinerung der Schiffsgröße, sondern auch eine Verstärkung des Panzerschutzes über den Magazinen. Die Geschwindigkeit variierte zwischen 33,25 und 33,75 kn, sie entsprach damit der der *Lexington*-Klasse. Beim Entwurf *H 3a* wurde die Bewaffnung vorne konzentriert, beim Entwurf *H 3b* befand sich ein Turm vorn und einer hinter dem Brückenaufbau. Dieses ergab, zusammen mit einer Verbreiterung auf 32,33 m, eine Verdrängung von 45000 ts. Der Entwurf *H 3c* glich *H 3b,* jedoch standen die Türme ein Deck tiefer. Gleichzeitig wurde die Breite auf 31,72 m verringert, die Verdrängung betrug 43750 ts. Beim Entwurf *G 3* wurde das Kaliber der schweren Artillerie reduziert (anstelle der Anzahl). Die Hauptbewaffnung bestand aus 9 × 42 cm-Geschützen in drei Drillingstürmen. Der *DNC* wies darauf hin, falls das Kaliber dieser Geschütze nicht akzeptabel sei, könne man auch 3 × 45,7 cm-Zwillingstürme nehmen, Entwurfsskizze und Verdrängung würden dadurch praktisch nicht verändert. Der Horizontalschutz über den Magazinen glich dem des Entwurfs *H 3* und dem der vorgesehenen Schlachtschiffe, der über den Maschinenräumen entsprach in etwa dem der *Hood* und war noch etwas stärker. Die erreichbare Geschwindigkeit wurde in der Annahme, daß 18 Hochleistungs(engrohrige)-Wasserrohrkessel, die forciert in der Lage waren, Dampf für 180000 WPS zu liefern, auf 33 kn geschätzt. Am 13. Dezember 1920 wurden die Entwürfe *G 3* und *H 3* auf einer Konferenz unter dem Vorsitz des *3. Seelords* diskutiert. Der Entwurf *H 3* war wahrscheinlich nicht erwünscht. Das lag an der reduzierten Anzahl der schweren Geschütze, was eine Feuerleitung erschwerte, und an der Beschränkung der Geschützzahl im Rundumfeuer. Hingegen akzeptierte die Konferenz die Hauptmerkmale des Entwurfs *G 3,* lehnte aber das zu dünne Panzerdeck über den Maschinenräumen ab. Die Mitglieder gaben auch zu bedenken, daß eine nicht annehmbare Anzahl Soldaten erforderlich wäre, die Munition von den hinteren Magazinen zu den hinteren 15,2 cm-Geschützen zu transportieren. Man diskutierte die mögliche Verwendung von 15,2 cm-Drillingstürmen, beschloß dann aber, eine Neuverteilung der vorhandenen Türme würde genügen. Zuletzt wurde der *DNC* aufgefordert, eine neue Legende für den Entwurf *G 3* zu erstellen. Diese sollte eine Oberdeckspanzerung über der Maschinenanlage erhalten, die von 5,08 cm auf 7,62 cm und von 7,62 cm auf 10,2 cm verstärkt worden war.
Als Gewichtsausgleich wurden folgende Reduzierungen festgelegt:
1. Die Anzahl der 15,2 cm-Zwillingstürme wurde von 8 auf 6 verringert, was eine Einsparung von 100 ts erbrachte. Die anderen Türme sollten so aufgestellt werden, daß ohne große Personalvermehrung eine schnelle Munitionsversorgung gesichert war.
2. Der 35,6 cm-Gürtelpanzer wurde in seiner Tiefe um 30,5 cm verringert, was 115 ts Einsparung brachte. Die Tiefe des Gürtelpanzers unterhalb der Konstruktionswasserlinie betrug dann 1,37 m anstelle 1,57 m und reichte 2,79 m über die Konstruktionswasserlinie anstelle 2,89 m.
3. Die Turmpanzerung wurde reduziert. Der *Marinestab* erklärte sich bereit, Frontplatten von 40,6 cm und Seitenplatten von 30,5 cm zu akzeptieren. Das erbrachte eine Ersparnis von 75 ts.
4. Im Bestreben, auch dort Gewicht zu sparen, wurde das 2,43 cm- und 2,74 cm-Panzerdeck über den Magazinen überprüft. Dabei sollte der Schutz der Magazine nicht in Frage gestellt, im ganzen die Originalstärke beibehalten werden. Das würde zwar nochmals eine Ersparnis von 125 ts bringen, aber immer noch 710 ts unkompensiert lassen. So wurde denn entschieden, daß in der Legende die Verdrängung von 46500 ts auf 47500 ts anwachsen sollte.

In der neuen Legende erhielt das Oberdeck über den Maschinenräumen eine einheitliche

Stärke von 10,2 cm. Zusätzlich der vorher beschriebenen Änderungen wurden folgende Panzerstärken festgelegt:

Kommandoturmschacht	von 20,3 cm auf 20,3 cm und 15,2 cm
Zwischendeck vorn	von 19,05 cm und 10,2 cm auf 19,05 cm und 7,62 cm
Zwischendeck hinten	von 19,81 cm und 7,62 cm auf 19,05 cm und 7,62 cm
Zitadellschott hinten	von 25,4 cm auf 30,5 cm

Die Legende glich der vorherigen, jedoch hatten sich die Gewichte geändert. Bei der Bewaffnung auf 7300 ts reduziert, waren sie bei der Panzerung auf 14050 ts, beim Schiffskörper auf 17290 ts gestiegen. Anfang 1921 wurde der Entwurf nochmals geändert. Die schwere Artillerie wurde auf das Kaliber 40,6 cm verkleinert, die Maschinenanlage auf 160000 WPS reduziert, die Geschwindigkeit lag jetzt bei 31–32 kn. Die Gründe für diese Maßnahme sind nicht klar, aber es scheint, daß eine Forcierung der Hochleistungs(engrohrigen)-Wasserrohrkessel nicht möglich war. Die ursprünglich 18 Kessel, die eine Leistung von 180000 WPS ermöglichen sollten (jeder 10000 WPS) wurden durch 20 Kessel (jeder 8000 WPS) mit einer Leistung für 160000 WPS ersetzt. Im Gegensatz zur gewachsenen Kesselzahl war das Gewicht der Maschinenanlage niedriger als in den ersten Berechnungen, die auf den Gewichten der *Hood* basierten. Eher war der Wechsel des Geschützkalibers eine gewichtsersparende Maßnahme, aber es ist wahrscheinlicher, daß man sich für das 42 cm-Kaliber nicht recht erwärmen konnte. Die Gewichtseinsparungen kamen der Verstärkung der MA und der Flakbewaffnung auf 16 × 15,2 cm- bzw. 6 × 12 cm-Geschütze zugute. Sie führte aber auch zu einer grundlegenden Verbesserung des Panzerschutzes, was zur Folge hatte, daß verschiedene frühere Änderungen wieder rückgängig gemacht wurden. Der Gürtelpanzer wurde vergrößert, so daß er jetzt von 1,37 m unterhalb bis 2,97 m oberhalb der Konstruktionswasserlinie reichte. Das hintere Querschott erhielt eine Dicke von 25,4 cm, zusätzlich wurden zwei weitere Panzerquerschotte eingezogen, eines, 12,7 cm stark, quer vor dem vorderen UTR-Raum, das andere, 10,2 cm stark, hinter dem Maschinenraum. Der Gürtelpanzer und das Panzerdeck wurden bis einschließlich der hinteren 15,2 cm-Magazine ausgedehnt, die Türme in ihrer Frontpanzerung auf 43,17 cm, in ihrer Seitenpanzerung auf 33 cm verstärkt. Leicht verändert wurde auch die Panzerung des Zwischendecks vor und hinter der Zitadelle. Der Schacht des Kommandoturmes erhielt seine ursprünglich gleichmäßige Dicke von 20,3 cm zurück. Das Ergebnis dieser ganzen Veränderungen war eine Verkürzung auf 250,10 m (Lpp) und Verdrängungserhöhung auf 48000 ts. Die Gewichte betrugen nach der Modifizierung:

Ausrüstung, allgemein	1000 ts
Bewaffnung	7050 ts
Maschinenanlage	5950 ts
Brennstoff	1200 ts
Panzerung und Schutzplatten	14700 ts
Schiffskörper	17860 ts
Admiralitätsreserve	240 ts
Gesamt	48000 ts

Befürchtungen wurden laut wegen der Verringerung der Geschwindigkeit auf 31–32 kn, und die Möglichkeiten einer abermaligen Erhöhung wurden im Februar 1921 lebhaft diskutiert. Eine Erhöhung um nur 0,5 kn würde eine Leistung von 180000 WPS erfordern. Das wiederum setzte eine Vermehrung der Verdrängung um 200 ts voraus, außerdem eine Verlängerung des Schiffes um 7,62 m. Dadurch kam es wieder zu Schwierigkeiten in der Frage des Dockens und der Kanaldurchfahrten (nur in Portsmouth hätte das Schiff docken können, und auch nur dann, wenn der Torponton in den äußeren Dockverschluß gesetzt würde, und das galt als Sicherheitsrisiko). Der zusätzliche Raumbedarf für die Maschinenanlage hätte sich auch nachteilig auf den Seitenunterwasserschutz ausgewirkt, desgleichen auch auf den Schutz der Kesselanlagen. Die Vergrößerung hätte eine Kostensteigerung von 350000 £ gebracht, die Unterhaltskosten wären angestiegen wegen des Mehr an Brennstoff und Personal. Die entscheidende Frage war, ob die Geschwindigkeit von 32 kn ausreichen würde, um der *Lexington*-Klasse überlegen zu sein, denn der *ACNS* hatte ursprünglich ja eine Geschwindigkeit von 33 kn gefordert. Immerhin sah man im Vergleich von Entwurf *G 3* mit amerikanischen Schiffen – bezogen auf den Schiffsschutz – die letzteren als viel schwächer an. Aber da waren auch noch die japanischen Schlachtkreuzer, über deren Schiffsschutz und Geschwindigkeit nichts bekannt war. Man ging jedoch davon aus, daß diese typmäßig mehr den britischen als den amerikanischen Schiffen entsprachen. In diesem Falle waren sie also ebenfalls nicht in der Lage, eine höhere Geschwindigkeit als 32 kn zu erreichen. Bei der *Lexington*-Klasse war zu bedenken, daß ein Mehr von 1 kn nur ein geringer taktischer Vorteil war, denn man konnte davon ausgehen, daß ein bewachsener Schiffsboden sehr schnell zu einem Geschwindigkeitsverlust führte. So wurde der letzte Entwurf in seinen Grundsätzen vom *Marinestab* akzeptiert, die Vorteile einer leichten Geschwindigkeitserhöhung rechtfertigten nicht die Vergrößerung der Abmessungen. Die Argumente, die die Annahme des Entwurfs für das 32 kn-Schiff untermauerten, wurden am 18. Februar 1921 in einem Memorandum des *ACNS,* Konteradmiral E. Chatfield, niedergelegt. Es wurde dem *Marinestab* zwischen dem 18. und 23. Februar zugeleitet. Mit Besorgnis wurde vom *ACNS* die mangelnde Kenntnis über die japanischen Schiffe vermerkt. Er schlug vor, ein Telegramm an den britischen Marineattaché in Japan zu senden, um mehr über die japanischen Pläne zu erfahren oder, als Alternative dazu, den japanischen Marineattaché in London im gegenseitigen Informationsaustausch zu befragen. Im Februar 1921 fanden Entwurfsskizzen und Legende des Entwurfs *G 3* die Zustimmung der *Admiralität,* und der *DNC* wurde aufgefordert, mit den Detailentwürfen zu beginnen. Die endgültige Legende, der Hauptspant und Linienriß wurden sechs Monate später, am 12. August 1921, von der *Admiralität* genehmigt. Für den Bau der Schiffskörper und Maschinenanlagen ergingen am 3. September 1921 Aufforderungen zum Einreichen von Offerten an die Werften von Beardmore, John Brown, Cammell Laird, Vikkers, Fairfield, Armstrong, Harland & Wolff und Swan Hunter. Die Kostenvoranschläge, die akzeptiert wurden, kamen von Beardmore mit 3786332 £, John Brown mit 3879000 £, Fairfield mit 3900000 £ und Swan Hunter mit 3977175 £. In allen Fällen beinhalteten die Angebote einen festgesetzten Werftkosten- und Gewinnanteil von 700000 £. Die Antriebsanlage für das Schiff bei Swan Hunter sollte im Unterauftrag an Parsons gehen, die der anderen drei Schiffe sollten von den Bauwerften selbst gefertigt werden. Am 26. Oktober 1921 wurden die Bauaufträge erteilt.

Bewaffnung

Anfang 1921 erging an die Elswick-Waffenwerke die Aufforderung, einen Geschützturm zu konstruieren, der eine Drillingslafette für Geschütze des Kalibers 40,6 cm L/45 aufnehmen konnte. Als Ausgangsbasis sollte der Entwurf eines früher entworfenen 45,7 cm-Geschützes dienen. Die Entwürfe dafür wurden noch im gleichen Jahr genehmigt und die Aufträge zur Herstellung der benötigten Lafetten für zwei Schiffe erteilt. Für die Entwürfe der Hauptbewaffnung wurden nicht nur die Kriegserfahrungen herangezogen und berücksichtigt, sondern auch alle unlängst zur Kenntnis gelangten Einzelheiten der deutschen und amerikanischen Turmkonstruktionen. Die Sicherheit vor Stichflammen war außerordentlich vollkommen und der Panzerschutz so bemessen, daß die Türme gegen alle gegenwärtigen Bomben und Grana-

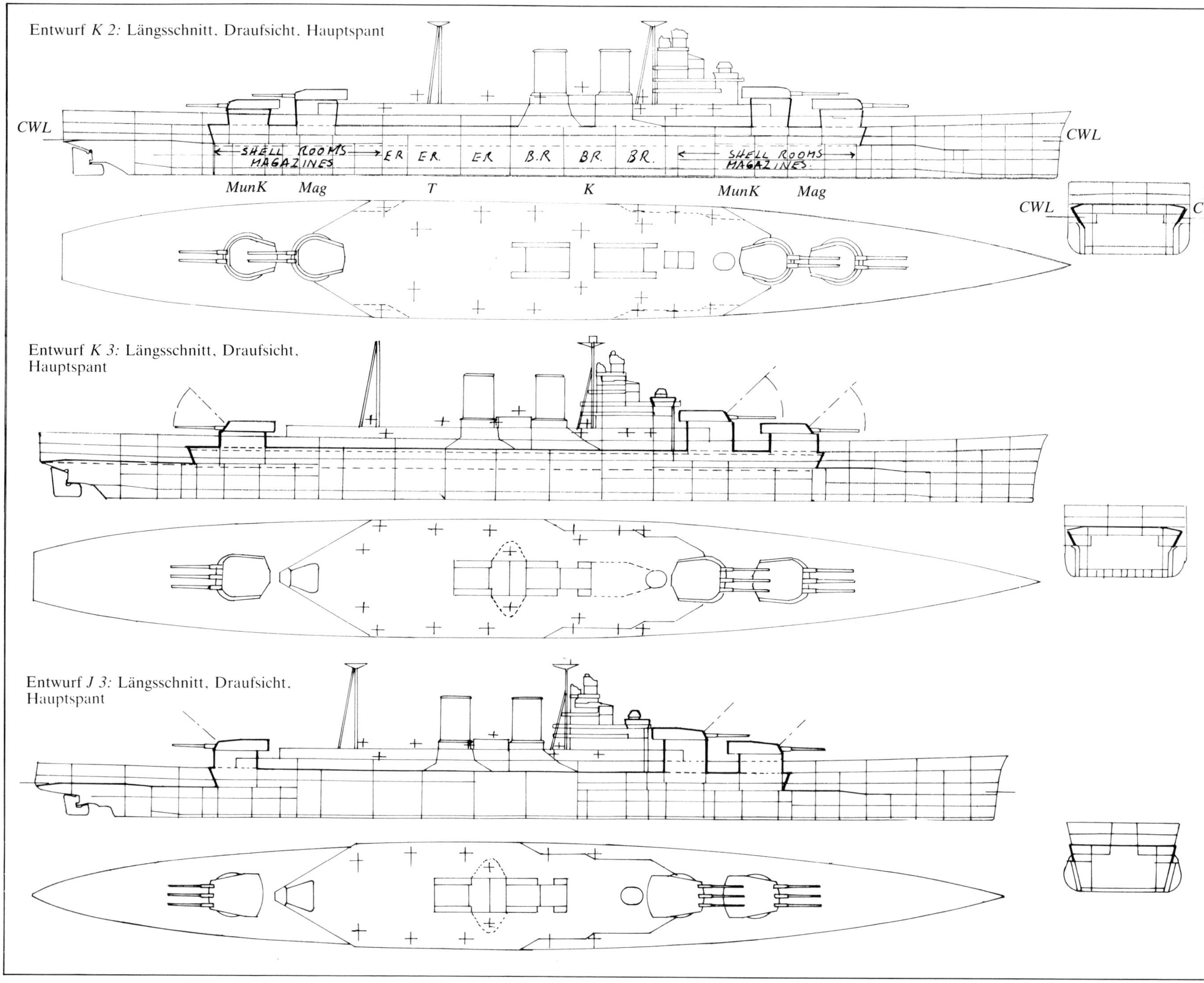

Entwurf *K 2:* Längsschnitt, Draufsicht, Hauptspant

Entwurf *K 3:* Längsschnitt, Draufsicht, Hauptspant

Entwurf *J 3:* Längsschnitt, Draufsicht, Hauptspant

ten geschützt waren. Die Magazine, Munitionsräume und Ladevorrichtungen waren so verteilt, daß eine Kadenz von 2 Schuß/Rohr/min gewährleistet war. Die Munitionskammern waren für jeweils 100 Schuß/Geschütz ausgelegt. Der erhebliche Zuwachs des Drehgewichtes und des Barbettendurchmessers im Vergleich zu früheren Türmen erforderte eine sehr sorgfältige Untersuchung und umfangreiche Berechnungen. Dieses besonders war erforderlich für den Entwurf der runden Schotte und deren Befestigung, sodaß sie der Wucht von gleichzeitig 3 × 40,6 cm-Geschützen beim Abschuß standhalten konnten. Die 40,6 cm-Geschütze waren für die Kombination *„Leichte Granate/ hohe Mündungsgeschwindigkeit“* konstruiert. Die Geschosse sollten 929 kg schwer sein und eine Mündungsgeschwindigkeit von 814 m/sek erreichen, die volle Treibladung umfaßte 238 kg Pulver. Bei einer maximalen Rohrerhöhung von 40° schossen die Geschütze auf eine Reichweite von rund 38405 m (23,5 sm) weit. Die MA – 16 × 15,2 cm-Geschütze in 8 Zwillingstürmen – war so angeordnet, daß eine

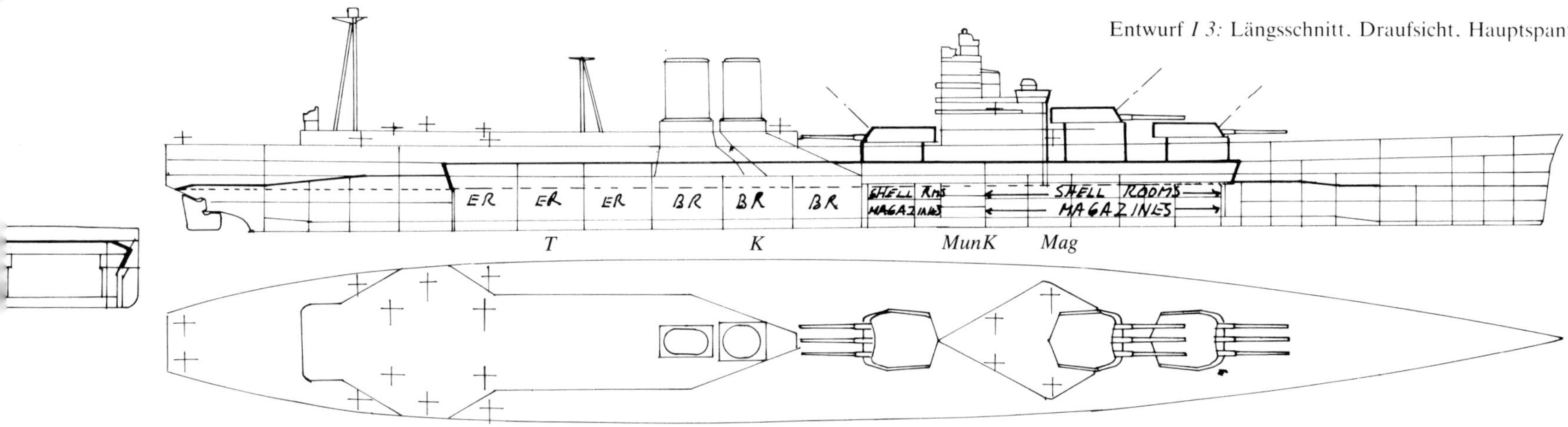

Entwurf *I 3:* Längsschnitt, Draufsicht, Hauptspant

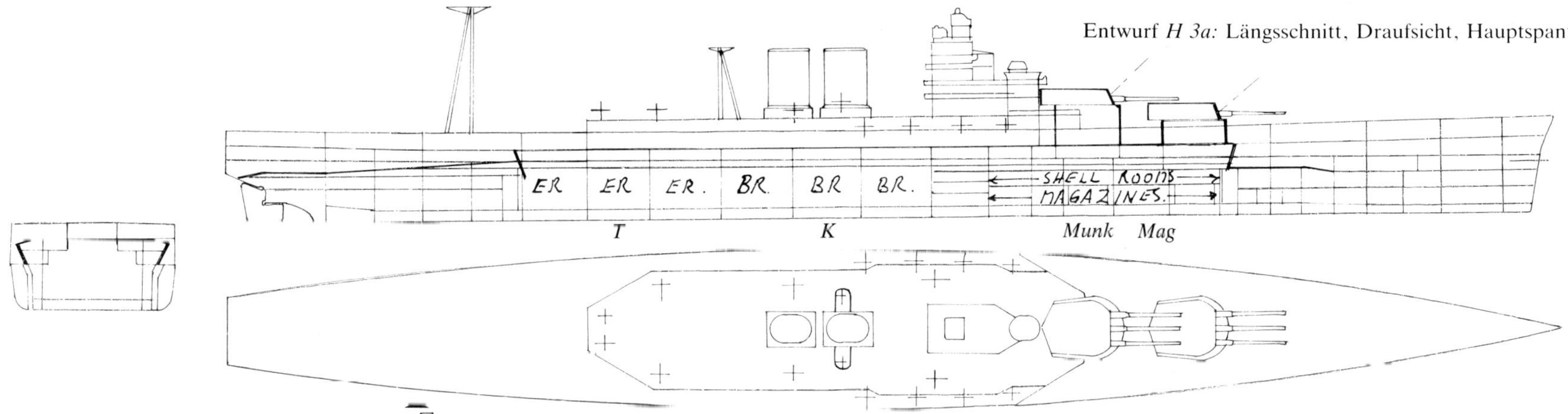

Entwurf *H 3a:* Längsschnitt, Draufsicht, Hauptspant

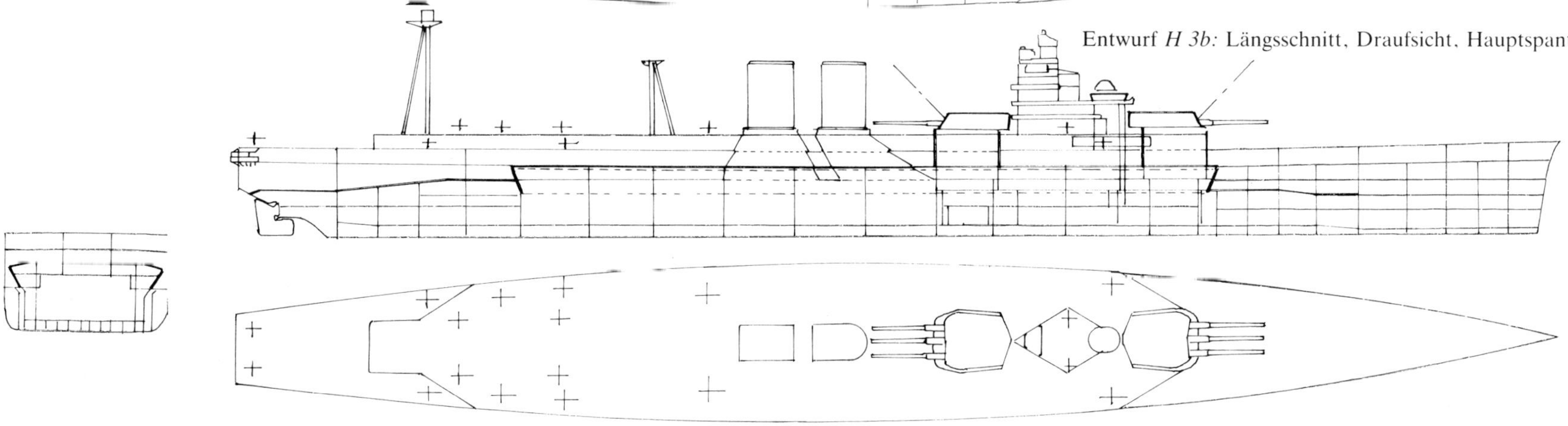
Entwurf *H 3b:* Längsschnitt, Draufsicht, Hauptspant

ungefähr direkte Verbindung zu den Magazinen und Munitionskammern bestand. Die Munitionsräume enthielten für die vorderen Türme jeweils 150 Schuß und die hinteren jeweils 100 Schuß/Geschütz. Wie bei der schweren Artillerie war auch hier die Munitionsförderung mit verschiedenen Unterbrechungen und anderen Sicherheitseinrichtungen versehen, um zu verhindern, daß Pulverstichflammen bis in die Magazine dringen konnten. Sowohl bei der schweren als auch bei der Mittelartillerie wurde schon bei der Konstruktion der einzuschränkende Personalbedarf sehr sorgfältig in Erwägung gezogen. Die Flakbewaffnung entsprach den vorläufigen Empfehlungen des *„Marineausschusses für Luftabwehrfragen"*, die in dessen einstweiligen Bericht ausgesprochen worden waren. Dieser sah 6 × 12 cm-Luftzielgeschütze in Einzellafetten und 4 mehrrohrige Pom-Pom vor. Letztere sollten jeweils zu zehn Rohren auf einer Lafette sitzen. Die Torpedowaffe sollte aus 2 × 62,6 cm-UTR bestehen, in der Konstruktion ähnlich denen des deutschen Schlachtschiffes *Baden*. Die Position der TR befand sich an der üblichen Stelle im Plattformdeck, unmittelbar vor dem Munitionsraum „A". Flugzeuge konnten auf den Turmdecken der Türme „B" und „X" mitgeführt werden, es war jedoch noch nicht entschieden, ob das geschehen sollte.

Feuerleitanlagen

Im Brückenaufbau befanden sich: ein Hauptfeuerleitstand, zwei Feuerleitstände und ganz oben, mit klarer Sicht und ohne Rauchbelästigung, ein Flakleitstand (im ursprünglichen Entwurf befand sich das FlakFeuerleitgerät auf dem Seestern eines der Masten). Ein kleiner Aufbau hinten hatte einen zweiten Hauptfeuerleitstand, ein weiterer zwei Feuerleitstände für die MA. Dahinter befand sich der hintere Flakleitstand. Ein Ersatz-Hauptfeuerleitgerät war in einer Panzerkuppel auf dem Kommandoturm vorgesehen.

Schiffsschutz

Im großen und ganzen ähnelten der schräge Seitenpanzer und der Wulstschutz dem der *Hood*. Hier jedoch wurden die Wulstseiten senkrecht bis zum Backdeck hochgezogen. Dadurch befand sich der Gürtelpanzer praktisch innen, äußerlich war von dem Wulst nichts mehr zu sehen. Trotzdem blieb seine Aufgabe die gleiche. Diese Anordnung verband sich gut mit dem Schutzeffekt des Wulstes und versprach außerdem Schutz gegen Fernlenkboote mit Sprengladungen (der Gürtelpanzer befand sich innerhalb des Aufschlagspunktes). Seitlich der Magazine war der Gürtelpanzer 35,6 cm dick. Er reichte vom Ende der Barbette „A" bis zum hinteren Schott des Kesselraums „A". Dahinter, über den restlichen Maschinenräumen und den hinteren Magazinen, hatte er eine Dicke von 30,5 cm. Die Enden der Zitadelle schlossen vorn mit einem Schott von 30,5 cm Dicke, hinten mit einem von 25,4 cm ab. In den ersten Entwürfen besaßen diese die Neigung des Gürtelpanzers, im Endentwurf waren sie wieder senkrecht. Der Horizontalschutz der Zitadelle bestand aus einem Panzerdeck von 20,3 cm über den Hauptmagazinen, von 10,2 cm über den Maschinenräumen und 17,78 cm über den hinteren Magazinen. Schon zu einem frühen Zeitpunkt war man zu der Erkenntnis gelangt, daß solche schwergepanzerten Decks Schwachstellen hatten. Diese befanden sich an den Schornsteindurchbrüchen und Luftschächten. Im wesentlichen kam es darauf an, diese Öffnungen besonders zu sichern, wenn man verhindern wollte, daß sie sich als eine besondere Gefahr für die Sicherheit des Schiffes herausstellen sollten. Noch während die ersten Entwürfe entstanden, dachte man, daß es möglich sei, die Decksöffnungen in zwei Ebenen zu sichern. Jede Öffnung sollte Panzergrätings erhalten, die zueinander so versetzt waren, daß ein Geschoß entweder die eine oder die andere Öffnung traf. Diese Konstruktion wurde zwar an einem Modell untersucht, man stellte dabei aber fest, daß es sehr schwierig war, es in Schlachtschiffen zu verwirklichen, und bei Schlachtkreuzern wegen der noch größeren Öffnungen sogar unmöglich. Daher wurde entschieden, die Öffnungen so klein wie möglich zu halten. Dabei sollten dann die Panzergrätings wegfallen, damit die Geschwindigkeit entweichender Gase erhöht wurde. Trotz der Verkleinerung der Öffnungsdurchmesser blieben sie immer noch relativ groß, und so wurde entschieden, daß sie zusätzlich zu schützen seien. Dies geschah einmal durch den Einbau von Panzerböschungen zwischen Ober- und Backdeck und durch Panzergrätings einer speziellen Form, die dann in gußstählernen und aerodynamisch günstigen Profilen lagerten.
Man hoffte, daß die Grätings Geschosse, auf kurze Entfernung geschossen, abprallen lassen und daß Ferngeschosse beim Aufschlag, oder bevor sie zu weit nach unten drangen, detonieren würden. Die ungenügenden Geldmittel verhinderten, daß diese Konstruktion praktisch erprobt wurde. Im Entwurf *G 3* lag das Hauptgewicht des Schiffsschutzes auf der absoluten Sicherheit der Magazine, der übrige Schutz des Schiffes sollte verringert werden. Der Schutz der Schornsteinhälse bestand danach an der Vorderfront aus einer schweren Panzerung sowie Panzergrätings, um das Durchschlagen und Detonieren eines Geschosses in der Nähe der Magazine „X" zu verhindern, am hinteren Ende waren Panzerung und Grätings aus Gewichtsersparnisgründen reduziert. Das Gesamtgewicht des Schornsteinschutzes betrug trotzdem 766 ts. Mit den Worten des *DNC:* „. . . die Anordnung der verminderten Panzerung am hinteren Ende ist nicht logisch, außer daß sie konform geht mit dem naturgemäß vernunftswidrigen Schutz eines Schlachtkreuzers . . ." Die UTR-Räume vor der Zitadelle waren durch den sich zum Steven hin verjüngenden Gürtelpanzer geschützt, außerdem noch durch ein 15,2 cm-Deck und ein 15,2 cm-Schott. Diese Panzerung gab zusätzliche Sicherheit für die vorderen Magazine. Die Rudermaschinenanlage, hinter der Zitadelle gelegen, wurde durch ein 12,7 cm-Deck und ein 11,4 cm-Schott geschützt. Davor befanden sich ein 7,62 cm- und ein 12,7 cm-Deck über den hinteren Magazinen. Diese dienten als Schutz vor Granateinschlägen in Schiffslängsrichtung. Der Barbettenpanzer war 35,6 cm dick und verjüngte sich auf 30,5 cm bzw. 28 cm zur Schiffsmittellinie hin. Die Türme hatten Frontplatten von 43,17 cm, Seitenplatten von 33 cm und Decken von 20,3 cm Dicke. Der Kommandoturm wurde geschützt durch Platten von 35,6 cm Dicke, die geneigt waren. Seine Rückfront besaß 10,2 cm-, die Seiten 25,4 cm-, die Decke 15,2 cm-Platten, der Boden war 10,2 cm dick. Die Panzerung des Verbindungsschachtes reichte bis zum Panzerdeck und hatte eine Dicke von 20,3 cm. Die gepanzerte Feuerleitkuppel wurde geschützt durch Seitenplatten von 7,62 cm Dicke, Decke und Front waren 12,7 cm dick. Sie saß auf einem Verbindungsschacht, der außerhalb des Kommandoturms

eine 15,2 cm starke Wandung besaß, innerhalb des Kommandoturms war sie 5,08 cm dick. Die Umladeräume der 15,2 cm-Türme, der Kommandoturmunterbau, die Brücken und der Feuerleitstand wurden durch 2,54 cm starke Stahlschutzplatten geschützt. Die MA und deren Feuerleitstände – mit Ausnahme der Feuerleitkuppel – verfügten somit über einen nur spärlichen Schutz.

Unterwasserschutz

Der Wulst war so ausgelegt, daß er der Detonation eines Torpedosprengkopfes von 340 kg widerstand. Er setzte sich zusammen aus einem äußeren Luftraum, einer inneren Auftriebszelle und einem Torpedoschott von 4,44 cm Dicke. Die Gesamtbreite war annähernd 4,26 m an jeder Schiffsseite. Zum Auffüllen der Auftriebszellen wurden insgesamt 2630 ts Wasser benötigt. Diese Menge wurde jedoch

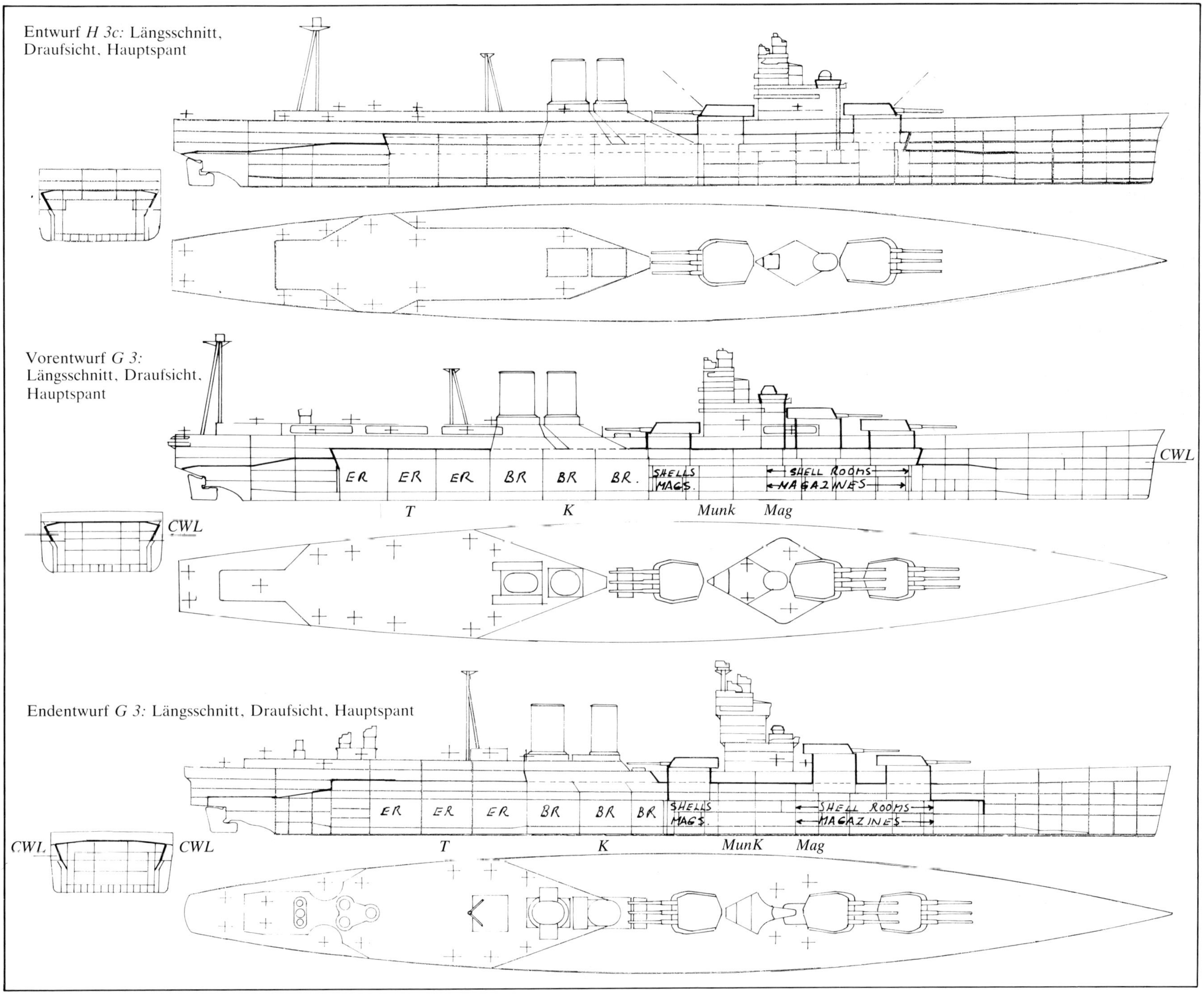

Entwurf *H 3c:* Längsschnitt, Draufsicht, Hauptspant

Vorentwurf *G 3:* Längsschnitt, Draufsicht, Hauptspant

Endentwurf *G 3:* Längsschnitt, Draufsicht, Hauptspant

nur für Kriegszeiten als notwendig erachtet bzw. für die Durchführung von Versuchen und bei Übungen. Dadurch verringerte sich in Friedenszeiten natürlich auch die Beladung des Schiffes, was wiederum günstigere und wirtschaftlichere Brennstoffverbräuche erbrachte. Im Bestreben, eine Schlagseite des Schiffes im Falle eines Schadens so schnell wie möglich zu beseitigen, war – ähnlich wie auf Ubooten – ein Druckluftsystem zum Ausblasen der Zellen vorgesehen. Mit dieser Anlage sollte es möglich sein, das Schiff nach zwei Torpedotreffern innerhalb von 15 Minuten wieder aufzurichten. Zusätzlich sollten Heizölförderpumpen von wesentlich größerer Leistung als auf der *Hood* installiert werden, um eine Schlagseite und den Trimm des Schiffes durch Umpumpen schnell korrigieren zu können. Gegen Minen war als Schutz ein Doppelboden mit einer Tiefe von 2,13 m vorgesehen.

Maschinenanlage

Sie war jener auf der *Hood* ähnlich und bestand aus vier Sätzen Getriebeturbinen, die auf vier Wellen geschaltet waren. Sie befanden sich in drei Turbinenräumen. Zu ihr gehörten 20 Kessel in neun Kesselräumen. Der Brennstoffvorrat gewährleistete bei einer Fahrt mit Marschturbinen eine Geschwindigkeit von 17 kn, was einer Leistung von 20000 WPS entsprach. Das Brennstoffassungsvermögen betrug 5000 ts. Diese Daten entsprachen den Forderungen des *Marinestabes* nach einem Fahrbereich von 7000 sm bei 16 kn.

Stabilität

Das *„Alles oder Nichts“*-System des Schiffsschutzes verlangte eine wesentlich umfangreichere Stabilität, damit die Sicherheit des Schiffes im beschädigten Zustand gewährleistet war. Das *GM* war höher als jemals zuvor bei einem britischen Dreadnought, und zwar 1,49 m im Leerzustand und 1,72 m bei Konstruktionsverdrängung, 2,37 m bei Einsatzverdrängung und 2,59 m bei maximaler Einsatzverdrängung. Um ganz sicherzugehen, daß die Stabilität ausreichend war, sollten die Freiräume zwischen Gürtelpanzer und Bordwand mit dünnen Rohren ausgefüllt werden. Damit, so die Überlegungen, müßten erst einmal die

Einzelheiten des Endentwurfs Schlachtkreuzer G 3 November 1921

Verdrängung und Gewichte:	
Schiffskörper	18.600 ts
Ausrüstung, allgemein	1.000 ts
Panzerung und Stahlschutzplatten	14.440 ts
Hauptbewaffnung	6.120 ts
Mittelartillerie und Flak	1.040 ts
Heizöl	1.200 ts
Maschinenanlagen und -lasten	6.000 ts
Konstruktionsverdrängung	48.400 ts
Zusätzlich bei Einsatzverdrängung:	
Ausrüstung, allgemein	320 ts
Hauptbewaffnung	437 ts
Mittelartillerie und Flak	177 ts
Heizöl	3.800 ts
Maschinenanlage und -lasten	775 ts
Einsatzverdrängung	53.909 ts
Zusätzlich bei maximaler Einsatzverdrängung:	
Wasser in den Auftriebsräumen	2.630 ts
Maximale Einsatzverdrängung	56.540 ts
Abzüge von der Konstruktionsverdrängung bei Leerverdrängung:	
Heizöl	1.200 ts
Maschinenlasten	60 ts
Allgemeine Lasten	30 ts
Offizierslasten	70 ts
Verpflegung	100 ts
Frischwasser	110 ts
Gesamt	1.570 ts
Konstruktionsverdrängung	48.400 ts
abzüglich	1.570 ts
Standardverdrängung	46.830 ts

Tiefgangszunahme
(bei Konstruktionstiefgang): 56,8 ts/cm

Abmessungen:	
Länge (pp)	250,10 m
Länge (üa)	261,08 m
Länge (cwl)	259,25 m
Breite (maximal)	32,33 m

Tiefgang bei	vorn	hinten	durchschnittlich	Trimm
Konstruktionsverdrängung	9,64 m	10,13 m	9,89 m	0,50 m (Heck)
Einsatzverdrängung	10,77 m	10,97 m	10,87 m	0,20 m (Heck)
Maximale Einsatzverdrängung	11,3 m	11,30 m	11,34 m	0,08 m (Bug)
Leerverdrängung	9,47 m	9,78 m	9,63 m	0,31 m (Heck)

Bewaffnung:
9 × 40,6 cm-L/45 in drei Drillingstürmen
16 × 15,2 cm-L/50 in acht Zwillingstürmen
6 × 12 cm-L/43-Flak in Einzellafetten
40 × 2 Pdr Pom-Pom in vier Lafetten
2 × 62,2 cm-TR
2 Flugzeuge

Munitionsvorrat:
40,6 cm = 80 Schuß/Geschütz (normal)
100 Schuß/Geschütz (maximal)
15,2 cm = 150 Schuß/Geschütz (vordere Türme)
110 Schuß/Geschütz (hintere Türme)
12 cm = 200 Schuß/Geschütz
2 Pdr = 1225 Schuß/Rohr
16 Torpedos (Frieden); 20 Torpedos (Krieg)

Panzerung:	
Gürtelpanzer (mit 72° Neigung)	35,6 cm seitlich der Magazine; 30,5 cm seitlich der Maschinenräume und hinteren Magazine
Zitadellschotte	30,5 und 12,7 cm vorn; 25,4 und 10,2 cm hinten
Barbetten	35,6; 33; 30,5 und 28 cm
Türme	43,18 cm Front, 33 cm Seiten, 20,3 cm Decke
Kommandoturm	35,6 cm Seiten, 25,4 cm Front, 10,2 cm Rücken, 15,2 cm Decke, 10,2 cm Boden
Kommandoturmschacht	20,3 cm
Kommandoturmunterbau	2,54 cm
Feuerleitstand	12,7 und 7,62 cm
Feuerleitstandunterbau	15,2 und 5,08 cm
Schornsteinhälse	10,2 und 12,7 cm vorn; 30,5; 22,86; 15,2; 12,7 und 10,2 cm Seiten; 7,62 auf 1,27 cm-Platten hinten
Stahlschutzplatten	An 15,2 cm-Munitionsumladeräumen, Brücken und Feuerleitständen 2,54 cm; Backdeck 2,54 cm; 20,3 cm das Oberdeck über den Magazinen; 17,78 cm das Oberdeck über den Hauptmagazinen; 10,2 cm das Oberdeck über den Maschinenräumen; 15,2 cm das Zwischendeck vorn; 12,7 und 7,62 cm das Zwischendeck hinten; 4,44 cm die Torpedoschotte

Antriebsanlage:
Getriebeturbinen mit einfacher Untersetzung
Vier Wellen; 160000 WPS ≙ 31/32 kn
20 engrohrige Wasserrohrkessel

Brennstoff:	
Heizölvorrat	5.000 ts
Kohle	50 ts

Besatzung: 1.716 Mann

äußeren Sektionen an Stb und Bb, die vor dem Gürtelpanzer lagen, ganz weggesprengt werden, bevor das Schiff seine Stabilität verlor.

Die Schlachtschiffe von 1922

Die ersten Entwurfsskizzen der 1922er Schlachtschiffe entstanden schon im Juni 1920, noch bevor die Forderungen des *Marinestabes* endgültig festgelegt waren. Die beiden ersten Entwürfe, L^{II} und L^{III} sind von Interesse, insbesondere wegen der ungewöhnlichen Anordnung ihrer SA: alle Türme befanden sich in gleicher Höhe. Es ist sehr schwierig, aus dieser Aufstellungsanordnung irgendwelche Vorteile zu ersehen, abgesehen von dem niedrigeren Toppgewicht. Vielleicht waren die Geschütze in dieser Position leichter zu justieren. Immerhin konnten die, sozusagen blockierten, Türme übereinander hinwegschießen, so die Geschütze eine Rohrerhöhung von 12° und mehr hatten, jedoch würde der dabei entstehende Mündungsdruckeffekt möglicherweise ihren Einsatz auf diese Weise verhindern. Andere interessante Einzelheiten waren das Fehlen eines gepanzerten Kommandoturms und die Mittschiffssektion, welche in verschiedener Hinsicht von späteren Entwürfen, abwich sowie die Beibehaltung eines abgestuften Achterschiffes im Entwurf L^{II}. Die hauptsächlichsten Einzelheiten der beiden Entwürfe sind der Tabelle 30 zu entnehmen. Im Oktober 1920 wurden die zwei Entwürfe erheblich geändert und gleichzeitig mit den ersten Schlachtkreuzerentwürfen *K 2* und *K 3* vorgelegt. Es folgten die Entwürfe *M 3* und *M 2,* und zwar im November bzw. Dezember 1920. Die Einzelheiten der vier Entwürfe sind der Tabelle 31 zu entnehmen. Die Schwierigkeiten, die sich bei den Entwür-

Tabelle 30: Legende der Einzelheiten Entwürfe L^{II} und L^{III}

	L^{II}	L^{III}
Länge (cwl)	259,25 m	259,25 m
Breite	32,33 m	32,33 m
Tiefgang	9,45 m	9,30 m
Geschwindigkeit	25 kn	26 kn
Bewaffnung:	8 × 45,7 cm	9 × 45,7 cm
	16 × 15,2 cm	
	4 × 12 cm	4 × 10,2 cm
Panzerung:		
Gürtelpanzer	45,7 cm	
Zitadellschotte	38,1 cm	
Barbetten	45,7 cm	
Turmfronten	45,7 cm	
Turmdecken	22,86 cm	
Oberdeck, horizontal	22,22 cm	
Oberdecksböschung	33 cm	
Zwischendeck vorn	8,89; 13,97; 22,22 cm	
Zwischendeck hinten	22,22 cm	
Torpedoschotte	3,8 cm	
Gewichte:		
Ausrüstung, allgemein	1.000 ts	1.000 ts
Bewaffnung	8.850 ts	8.000 ts
Maschinenanlage	3.350 ts	3.560 ts
Heizöl	1.200 ts	1.200 ts
Panzerung und		
Stahlschutzplatten	17.600 ts	17.000 ts
Schiffskörper	18.500 ts	18.100 ts
Admiralitätsreserve	250 ts	240 ts
Verdrängung	50.750 ts	49.100 ts

Tabelle 31: Schlachtschiffsentwürfe 1920

	L 2	*L 3*	*M 3*	*M 2*
Datum	Oktober 1920		November 1920	
Länge (pp)	251,63 m	251,63 m	225,70 m	237,90 m
Länge (üa)	262,30 m	262,30 m	236,38 m	248,58 m
Breite (maximal)	32,33 m	32,33 m	32,33 m	32,33 m
Tiefgang	10,21 m	10,06 m	10,06 m	10,06 m
Verdrängung	52.100 ts	51.100 ts	46.000 ts	48.750 ts
Leistung	70.000 WPS	70.000 WPS	–	–
Geschwindigkeit				
bei Konstruktionstiefgang	25 kn	25 kn	23,5 kn	23 kn
Brennstoff bei				
Konstruktionstiefgang	1.200 ts	1.200 ts	1.100 ts	1.100 ts
Heizölvorrat	5.000 ts	5.000 ts	– ts	– ts
Bewaffnung:	8 × 45,7 cm	9 × 45,7 cm	9 × 45,7 cm	8 × 45,7 cm
	16 × 15,2 cm		16 × 15,2 cm	
	6 × 12 cm		5 × 12 cm	
	4 Pom-Pom		2 Pom-Pom	
	2 TR		2 TR	
Panzerung:				
Gürtelpanzer	38,1 cm		38,1 cm	
Zitadellschotte	35,6 cm		35,6 und 30,5 cm	
Barbetten	38,1 cm		38,1 cm	
Turmfronten	45,7 cm		45,7 cm	
Turmrücken	22,86 cm		22,86 cm	
Turmdecken	20,3 cm		20,3 cm	
Kommandoturm	38,1 cm; Decke 20,3 cm		38,1 cm; Decke 20,3 cm	
Feuerleitkuppel	15,2 und 10,2 cm		15,2 und 10,2 cm	
Oberdeck	20,3 cm horizontal		15,2 cm; 17,78 cm; 20,3 cm horizontal	
	22,86 cm Böschung		17,78 cm; 20,3 cm; 22,86 cm Böschung	
Zwischendeck vorn	5,08 cm; 10,2 cm; 15,2 cm, 20,3 cm		10,2 cm; 15,2 cm; 20,3 cm	
Zwischendeck hinten	20,3 und 12,7 cm		15,2 cm; 17,78 cm; 20,3 cm	
Torpedoschotte	4,44 cm		4,44 cm	
Gewichte:				
Ausrüstung, allgemein	1.000 ts	1.000 ts	1.000 ts	1.000 ts
Bewaffnung	8.950 ts	8.850 ts	8.850 ts	8.950 ts
Maschinenanlage	3.250 ts	3.250 ts	2.720 ts	2.720 ts
Brennstoff	1.200 ts	1.200 ts	1.100 ts	1.100 ts
Panzerung und				
Stahlschutzplatten	18.850 ts	17.800 ts	15.400 ts	17.200 ts
Schiffskörper	18.600 ts	18.750 ts	16.700 ts	17.530 ts
Admiralitätsreserve	250 ts	250 ts	230 ts	230 ts
Total	52.100 ts	51.100 ts	46.000 ts	48.750 ts

fen *K 2* und *K 3* hinsichtlich des Dockproblems und der Kanalpassagen ergaben, trafen auch für die Entwürfe *L 2* und *L 3* zu. In den allgemeinen Grundlagen waren sich die Entwürfe ähnlich, jedoch gab es einige wichtige Unterschiede. Der Panzerschutz war natürlich stärker. Das große Gewicht wurde für das Deck benötigt, welches horizontal 20,3 cm und in der Böschung 22,86 cm stark war und über die gesamte Länge der Zitadelle reichte. Zu jener Zeit glaubte man, jede geringere Stärke würde durch schwere Granaten, aus großer Entfernung geschossen, durchschlagen. Als Geschwindigkeit waren 24 kn bei Einsatz- und 25 kn bei Konstruktionsverdrängung vorgese-

Entwurf *L*^{III}: Längsschnitt, Draufsicht, Hauptspant

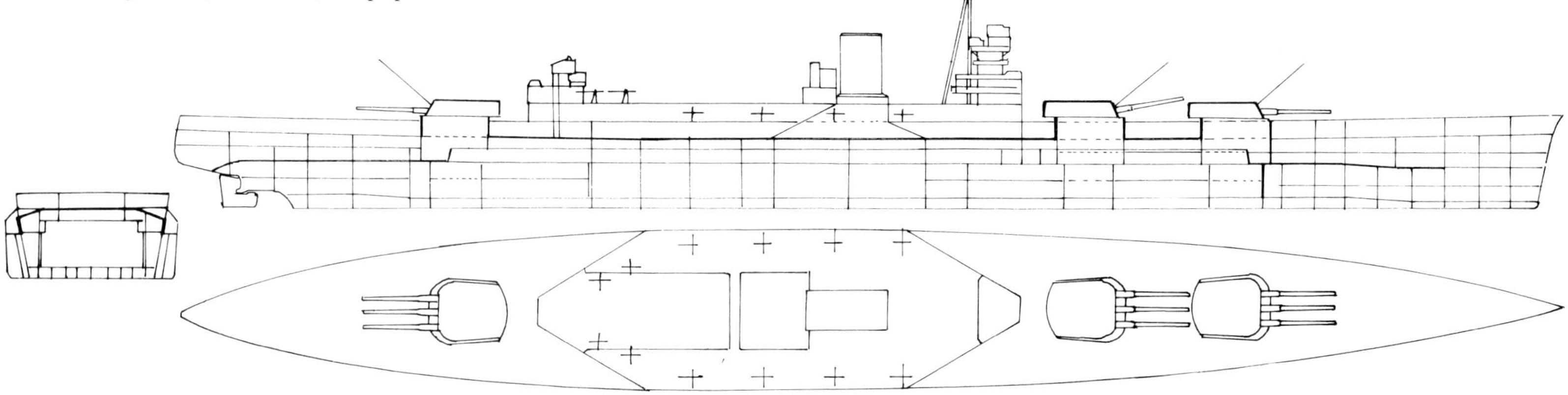

Entwurf *L*^{II}: Längsschnitt, Draufsicht, Hauptspant

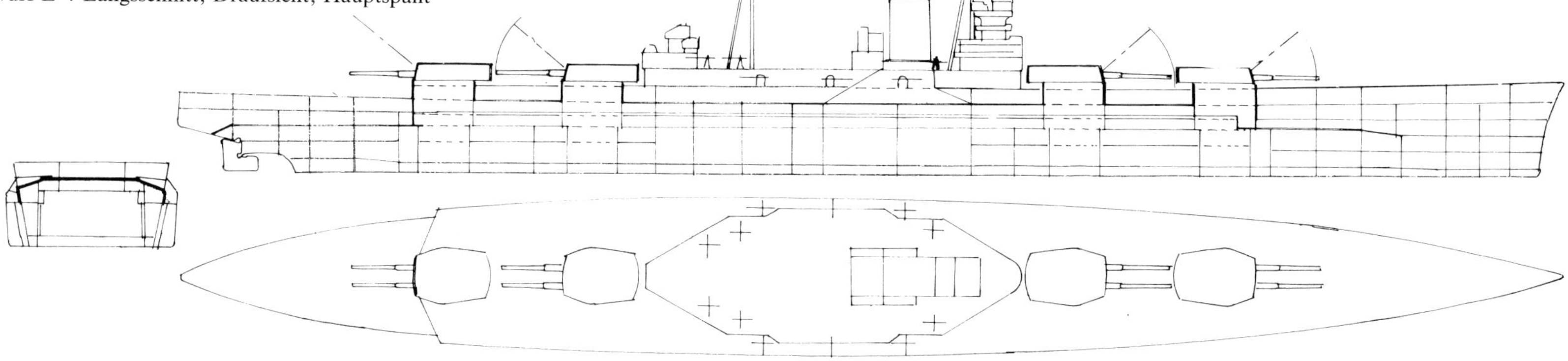

Entwurf *L 2:* Längsschnitt, Draufsicht, Hauptspant

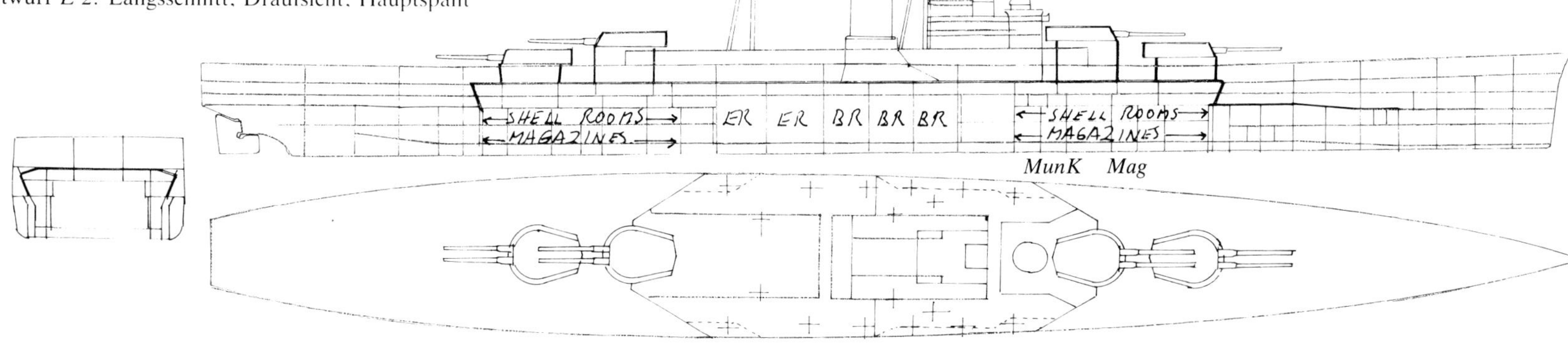

hen. Zum erstenmal bei einem Dreadnought war ein Zweischraubenvortrieb geplant. Die zwei größeren Propeller würden eine bessere Manövrierfähigkeit entwickeln als die bisher üblichen vier kleinen. Der Entwurf *M 3* entsprach zeitlich dem Schlachtkreuzerentwurf *I 3*. Wie bei diesem legte man Wert auf eine Gewichtsersparnis, indem man die SA mittschiffs konzentrierte. Desgleichen sparte man beträchtliches Gewicht durch die Verminderung der Geschwindigkeit auf 23,5 kn. Die Einsparung betrug insgesamt über 5000 ts gegenüber dem Entwurf *L 3*. Die Einschränkungen für das Docken bestanden nach wie vor, obwohl es den Panama- und Suezkanal passie-

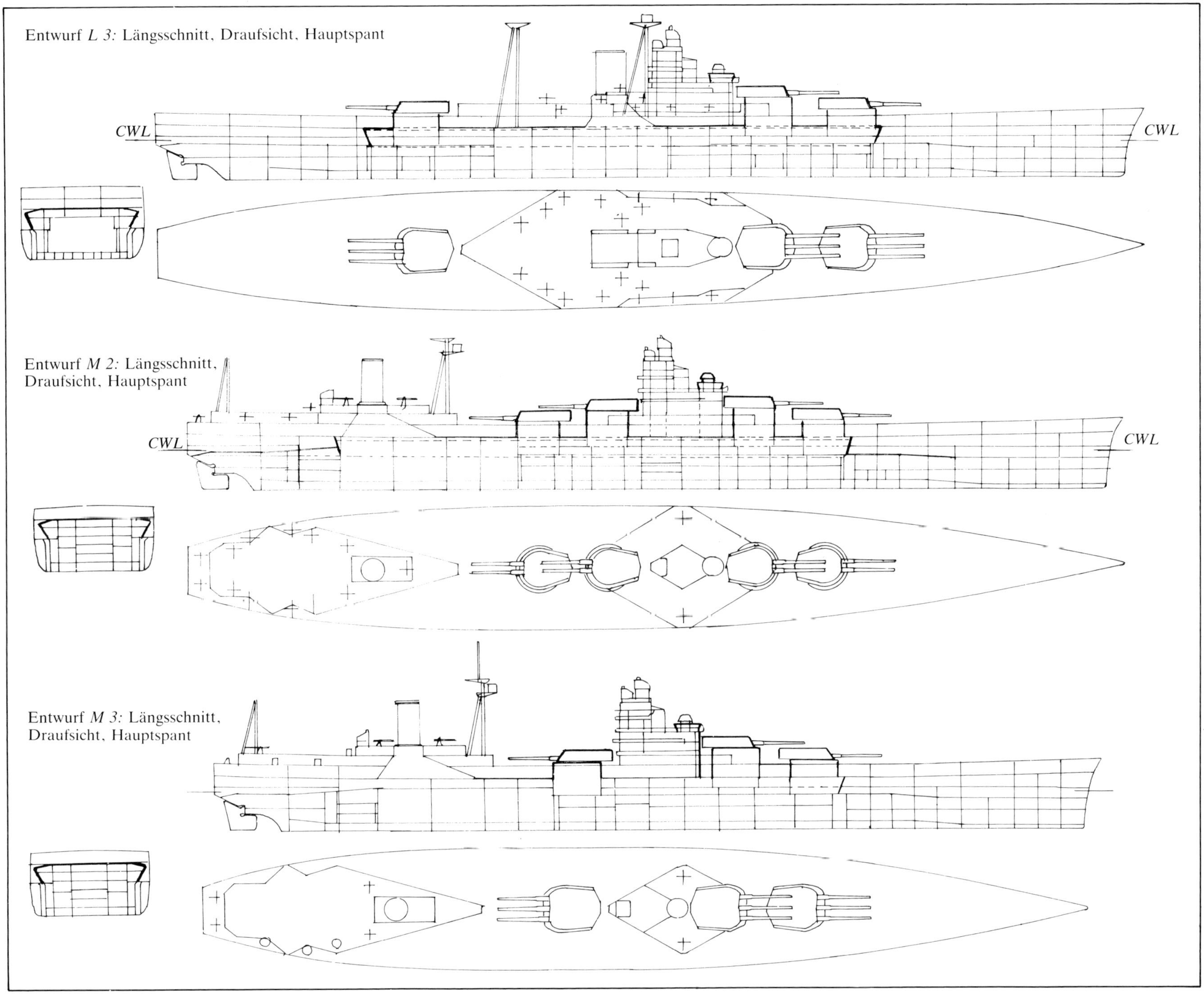

ren könnte. Ein großer Unterschied zwischen den Entwürfen *M 3* und *I 3* bestand darin, daß sich beim ersteren die Kesselräume hinter den Maschinenräumen befanden, eine unübliche Praxis bei Schlachtkreuzern, weil diese Anordnung längere Wellen erforderte. Der Schornstein jedoch konnte dadurch ebenfalls nach hinten versetzt werden, wodurch sich der tote Winkel des Turms „X“ bis zu 15° nach jeder Seite achteraus verringerte. Die Maschinenräume wiederum konnten im breiteren Teil des Schiffes eingebaut werden, was auch dem besseren Unterwasserschutz zugute kam. Gewichtsersparnisse wurden auch durch die Verringerung der Decksstärken erreicht, auf 17,78 cm und 20,3 cm über den Maschinenräumen, 15,2 cm und 17,78 cm über den Kesselräumen. Der Entwurf *M 2* war eine modifizierte Version des Entwurfs *M 3*. Er hatte einen zusätzlichen Turm zwischen der Brücke und den hinteren Aufbauten, eine um 0,5 kn verringerte Geschwindigkeit und einen Verdrängungszuwachs von 2750 ts. Die Ergebnisse der Diskussionen um diese Entwürfe sind nicht bekannt, aber es scheint, daß der Entwurf *M 3* für eine detaillierte Ausarbeitung ausgewählt wurde. Die Endentwurfsskizze war dann eine etwas größere und längere Version von *M 3* und entsprach allgemein dem Entwurf *G 3*.

Der im November 1921 genehmigte Entwurf erhielt die Bezeichnung *N 3*. Die folgende Beschreibung basiert hauptsächlich – jedoch nicht ausschließlich – auf dieser Entwurfsskizze.

Bewaffnung

Das 45,7 cm-L/45-Geschütz und sein Drillingsturm wurde von Armstrong konstruiert und konnte Geschosse mit einem Gewicht von 1287 kg und einer Mündungsgeschwindigkeit von 823 m/sek verschießen, was einer Mündungsenergie von 44382732 mkg entsprach. Es war das stärkste Geschütz, das je für ein britisches Kriegsschiff vorgeschlagen wurde.

Im Hinblick auf die später mit dem 40,6 cm-Geschütz auftretenden Probleme der Wirkung des Mündungsdruckeffekts auf die Aufbauten und der hohen Anfangsgeschwindigkeit der Geschosse waren wahrscheinlich die theoretischen Vorteile des 45,7 cm-Geschützes viel zu hoch eingeschätzt, jedenfalls höher, als sie es tatsächlich sein konnten. Die maximale Rohrerhöhung wurde im Entwurf *N 3* von 45° des Originalentwurfs auf 40° vermindert. Von Interesse ist auch, festzustellen, daß die Magazi-

Einzelheiten des Schlachtschiffes N 3 gemäß Entwurf vom November 1921

Verdrängung: 48.500 ts	
Abmessungen:	
Länge (üa)	250,10 m
Länge (cwl)	248,58 m
Länge (pp)	240,95 m
Breite	32,33 m
Tiefgang	9,76 bis 10,07 m
Bewaffnung:	
9 × 45,7 cm-L/45 in drei Drillingstürmen	
16 × 15,2 cm-L/50 in acht Zwillingstürmen	
6 × 12 cm-L/43 Schnellfeuer-Flak in Einzellafetten	
40 × 2 Pdr Pom-Pom in vier Lafetten	
2 × 62,2 cm-TR	
2 Flugzeuge	
Panzerung:	
Gürtelpanzer (72° Neigung)	38,1 cm seitlich der Magazine; 34,3 seitlich der Maschinenräume
Zitadellschotte	35,6 und 22,86 cm vorn 35,6 und 15,2 cm hinten
Barbetten	38,1 cm
Turmfronten	45,7 cm
Turmseiten	35,6 cm
Turmrücken	35,6 cm
Turmdecken	20,3 cm
Kommandoturm	38,1 cm Seiten, 20,3 cm Decke, 15,2 cm Boden
Kommandoturmschacht	20,3 cm
Feuerleitkuppel	10,2 und 15,2 cm
Verbindungsschacht zur Feuerleitkuppel	15,2 cm
Stahlschutzplatten	An 15,2 cm-Munitionsumladeräumen; Brücke und Feuerleitstände 2,54 cm; Oberdeck 20,3 cm; Zwischendeck vorn 20,3 cm; Zwischendeck hinten 20,3 und 15,2 cm; Torpedoschotte 5,08 cm
Geschwindigkeit: 23 bis 23,5 kn	

Entwurf *N 3:* Längsschnitt, Draufsicht, Hauptspant

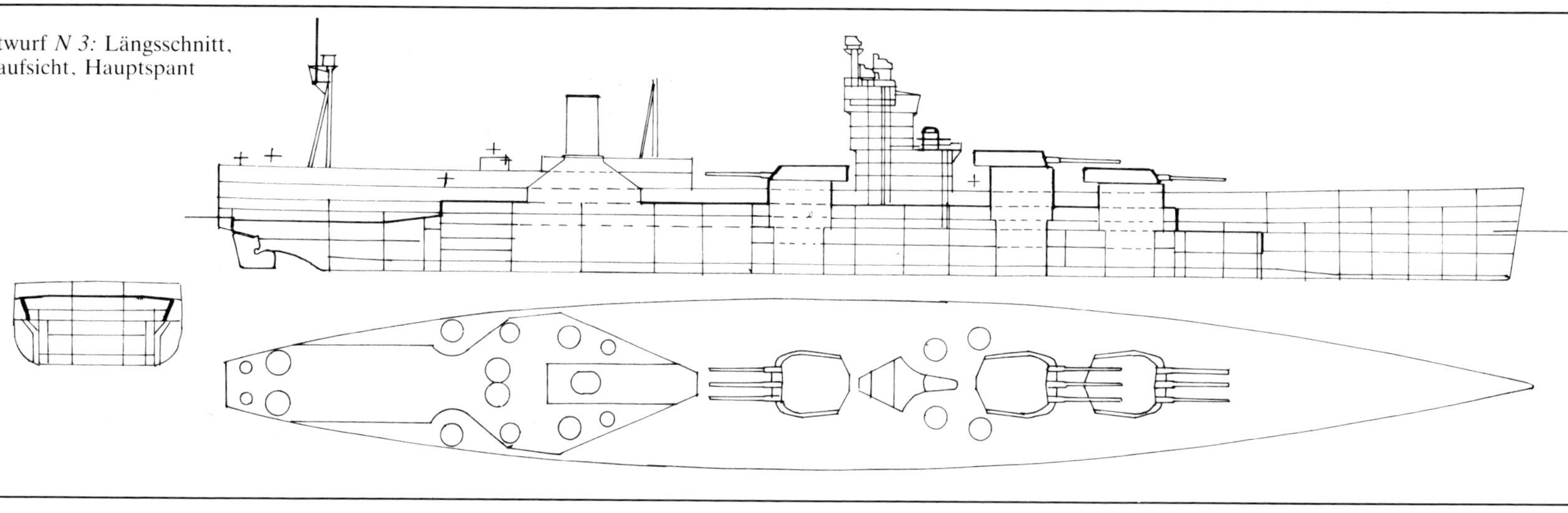

ne in ihrer Längenausdehnung etwa 40% der Schiffslänge beanspruchten, das Doppelte von dem, was die Kessel- und Maschinenräume innehatten. Die Ausrüstung mit MA, Flak und TR entsprach dem Entwurf *G 3*. Desgleichen verhielt es sich bei der Feuerleitanlage, außer daß das hintere Hauptfeuerleitgerät und das MA-Feuerleitgerät nicht vorgesehen waren. Der hintere FlakLeitstand sollte auf dem Stern des Besanmastes eingebaut werden.

Schiffsschutz

Seitlich der vorderen und hinteren Magazine besaß der Gürtelpanzer eine Stärke von 38,1 cm, seitlich der Maschinenräume von 34,3 cm. Der 38,1 cm-Panzer überlappte vorn und hinten teilweise die Maschinenräume. Die Enden des Gürtelpanzers wurden durch 35,6 cm dicke Zitadellschotte abgeschlossen, das Panzerdeck der zentralgepanzerten Zitadelle war einheitlich 20,3 cm dick. Vor der Zitadelle schützten ein 20,3 cm-Deck und ein 22,86 cm-Schott die Unterwassertorpedoräume und vorderen Magazine. Die Rudermaschinenanlage wurde durch ein Deck von 15,2 cm und ein Schott der gleichen Stärke geschützt, die hinteren Magazine zusätzlich gegen Treffer von achtern durch ein 20,3 cm-Deck. Die Barbetten hatten einen einheitlichen 38,1 cm-Panzer, der sich bis zum Panzerdeck hinunterzog. Die Frontplatten der Türme waren 45,7 cm dick, der Rücken 35,6 cm, die Decken 20,3 cm. Die genaue Seitenwandstärke ist unbekannt, war wahrscheinlich aber ebenfalls 35,6 cm dick. Die Wandung des Kommandoturms war 38,1 cm dick, seine Decke 20,3 cm und der Boden 15,2 cm. Der Verbindungsschacht zum Kommandoturm hatte bis hinunter zum Panzerdeck eine 20,3 cm-Panzerung. Die gepanzerte Feuerleitkuppel besaß 10,2 cm starke Seiten und eine Decke von 15,2 cm. Sie stand auf einem Panzerschacht mit einheitlicher 15,2 cm-Wandung. Die Anordnung des vertikalen Schutzes durch Stahlplatten war im großen und ganzen ähnlich der bei den Schlachtkreuzern, außer daß die Torpedoschotte 5,08 cm dick waren anstelle 4,44 cm.

Antriebsanlage

Über die Antriebsanlage ist nur wenig bekannt, mit Ausnahme daß sie auf zwei Wellen geschaltet und für eine Geschwindigkeit von 23–23,5 kn ausgelegt war. Die Turbinen benötigten einen größeren Raum als die Kesselanlagen, und um ihnen einen möglichst großen Unterwasserschutz zu geben, wurden sie in Räumen vor den Kesseln eingebaut, wo der zur Verfügung stehende Schiffsraum größer war. Diese Maßnahme erlaubte es auch, den Schornstein weiter weg vom Turm „X" zu errichten.

Stabilität

Diese sollte derjenigen der Schlachtkreuzer entsprechen.

Skizzenhaft-künstlerische Darstellung des Schlachtschiffes *M 3* und des Schlachtkreuzers *H 3c,* so wie sie aussehen sollten. Die Illustration basierte auf den Entwurfsskizzen. Es ist unwahrscheinlich, daß die Schiffe, falls sie je gebaut worden wären, bei Fertigstellung genau so ausgesehen haben würden. Kleine Abweichungen hätte es gegeben. (Reproduktion mit freundlicher Genehmigung von G. W. Hunt.)

VI. Die Washingtoner Konferenz 1921 bis 1922

In der Tabelle 32 (unten) sind die wichtigsten Einzelheiten der neuesten Entwürfe aufgeführt, die 1921 in Großbritannien, Japan und in den USA im Gespräch waren. Die frühesten Entwürfe hatten die USA gefertigt, ihre Schiffe waren – so fortschrittlich sie auch waren – doch schon recht veraltet. Über die japanischen Schiffsentwürfe wußte man in der westlichen Welt nur recht wenig, als schließlich doch einige Einzelheiten bekannt wurden, wirkten diese wie ein Schock.

Die Schiffe der *South Dakota*-Klasse waren gut bewaffnet und besaßen eine gute Vertikalpanzerung, aber im Vergleich dazu war ihre Deckspanzerung schwach und die Geschwindigkeit gegenüber den japanischen Schiffen ungenügend. Die Schiffe der *Lexington*-Klasse besaßen zwar die erforderliche Geschwindigkeit, waren ansonsten jedoch völlig unterlegen, sodaß man sagen kann, ihre leichte Geschwindigkeitsüberlegenheit war am besten dafür zu benutzen, möglichst viel Wasser zwischen sich und die japanischen Schiffe zu bringen. Überraschend war – obgleich etwas besser als in früheren britischen Schlachtkreuzern – der sehr schwache Schutz der *Lexington*-Klasse, waren doch die USA die erste Nation, die das *„Alles oder Nichts“*-System im Schutz der Dreadnoughts einführten und hier jeder anderen Seemacht voraus waren. Es ist allerdings von Interesse anzumerken, daß der Entwurf im Vergleich zum Originalentwurf der *Hood* viel besser abschneidet. Der Entwurf *N 3* besaß einen besseren Schutz als die *South Dakota*-Klasse. Andererseits waren beide vergleichbar; sie besaßen die gleiche Geschwindigkeit, das schwerere Kaliber der britischen Geschütze wurde durch die größere Anzahl der amerikanischen Schiffe ausgeglichen. Wie auch die *South Dakota*-Klasse, war der Entwurf *N 3* den japanischen Schiffen an Geschwindigkeit unterlegen, andererseits jedoch durchaus gewachsen. Der Vergleich des Entwurfs *G 3* mit den japanischen Schiffen fiel zugunsten von *G 3* aus, weil er wesentlich schneller und besser geschützt war. Aber es waren nur 4 Schiffe vorgesehen gegenüber 12 japanischen. Die *Lexington*-Klasse war auch dem Entwurf *G 3* restlos unterlegen. So war der Sachstand 1921, und man kann sich an zehn Fingern abzählen, daß Japan hierbei am besten abschnitt. Die USA wurden mit der Tatsache konfrontiert, daß ihre Schiffe, bevor sie überhaupt fertiggestellt waren, schon restlos veraltet waren. Großbritannien aber besaß eine unzureichende Anzahl neuer Schiffe, um den *„One Power Standard“* zu erhalten. Die Lösung für beide Nationen wäre gewesen, ein umfangreiches Neubauprogramm zu forcieren, für die USA der Bau noch größerer und stärkerer Schiffe. Wäre es jedoch dazu gekommen, hätten die Japaner mit Sicherheit ihr eigenes Bauprogramm ebenfalls erweitert, was zu einem Wettrüsten geführt hätte und schließlich zu einem Krieg im Pazifik. Zu dieser Zeit glaubte die US-Marineführung noch fest daran, daß sich in einem solchen Konflikt Großbritannien an die Seite der Japaner stellen würde. Außerdem gab es in den USA auch eine starke Opposition gegen den gewaltigen Umfang des gegenwärtigen Bauprogramms, die sogar bestrebt war, dieses zu kürzen. Somit war die Aussicht auf ein erweitertes Bauprogramm ziemlich unwahrscheinlich, und es blieb nur ein anderer Weg offen, die USA aus dieser unbefriedigenden Lage zu befreien. Im Juli 1921 luden die USA die damals größten Seemächte der Welt zu einer Konferenz über die Lage im Pazifik und Fernen Osten sowie zur Begrenzung der Marinerüstungen ein. Die Einladung wurde von Großbritannien sofort begrüßt, da es wie die USA daran interessiert war, die ungeheure finanzielle Belastung durch Neubauprogramme zu reduzieren, und man sandte, wie Japan, Frankreich und Italien, eine Delegation nach Washington, wo am 12. November 1921 die Konferenz begann. Großbritannien wurde vertreten durch Arthur Balfour, Lord Lee of Fareham *(Erster Lord* der *Admiralität)* und Sir Auckland Geddes (britischer Botschafter in Washington), es waren auch Repräsentanten Australiens, Kanadas und Neuseelands anwesend. Die Marineberater waren Admiral Beatty *(1. Seelord)*, KAdm Chatfield *(ACNS)* und die KptzS B. Domville und C. Little. Adm Beatty kehrte unmittelbar nach Konferenzbeginn in die Admiralität zurück, sein Platz wurde von Chatfield eingenommen. Vorsitzender der Konferenz war der amerikanische Secretary of State (Außenminister)* C. E. Hughes. Er eröffnete die Konferenz mit den Vorschlägen seines Landes zur Begrenzung der Marinerüstungen:

Die USA waren bereit, 15 der 16 Schiffe des 1916er Programms zu verschrotten (die *Maryland* war zu diesem Zeitpunkt schon fertiggestellt), wenn Großbritannien und Japan Gleichwertiges tun würden.

Durch das Verschrotten weiterer – älterer – Schiffe sollten die Flottenstärken weiter reduziert werden.

In den nächsten 10 Jahren sollten keine Großkampfschiffe ersetzt werden.

Neue Schiffe sollten nicht größer als 35000 ts sein. Die Gesamttonnage der Großkampfschif-

* Anmerkung des Übersetzers.

Tabelle 32: Vergleiche der Großkampfschiffsentwürfe von Großbritannien, Japan und den USA

	Großbritannien		*USA*		*Japan*		
	G 3	*N 3*	*Lexington-Klasse*	*South Dakota-Klasse*	*Amagi*	*Kii*	*13*
Verdrängung (ts)	48.400	48.500	43.500	43.200	40.000	41.400	47.500
Geschwindigkeit (kn)	31–32	23	33,25	23	30	29,75	30
Hauptbewaffnung (cm)	6 × 40,6	9 × 45,7	8 × 40,6	12 × 40,6	10 × 40,6	10 × 40,6	8 × 45,7
Gürtelpanzer (cm)	35,6	38,1	19,05	34,3	25,4	29,2	34,3
Decksschutz (cm)	20,3	20,3	5,08	8,89	15,2	15,2	12,7

fe sollte künftig der Maßstab sein, an der die Flottenstärke gemessen werden sollte.

Im einzelnen schlug Hughes, bezogen auf Großkampfschiffe, folgende Punkte vor:

USA: Verschrottung von 15 Schiffen, die sich in Bau befanden, und von 15 alten Vor-Dreadnoughts. 18 Schiffe sollten in Dienst bleiben.
Großbritannien: Streichung der vorgesehenen Neubauten und Verschrottung von 19 älteren Schiffen. 22 Schiffe bleiben in Dienst.
Japan: Verschrottung von 15 Schiffen, die sich in Bau befanden bzw. Streichung derer, die in der Planung waren, sowie von 10 Vor-Dreadnoughts. 10 Schiffe bleiben in Dienst.

Großbritannien wurde die größte Anzahl von Schiffen zugestanden. Das geschah mit Rücksicht auf das größere Alter der Schiffe im Vergleich zu denen der USA und Japans. Allgemein gesehen sollte das Stärkeverhältnis der Nationen künftig 5 : 5 : 3 betragen. Diese Vorschläge, die die drei betrafen, waren sehr viel drastischer, als irgend jemand vorher angenommen hatte, trotzdem stimmte Großbritannien ihnen im Prinzip zu, obgleich einige Punkte Bedenken erweckten. Der allerwichtigste betraf die zehnjährige Unterbrechung für den Bau neuer Großkampfschiffe. Das würde eine staatliche Unterstützung für die britische Rüstungsindustrie bedeuten, um deren Zusammenbruch zu vermeiden. In Anbetracht des hohen Alters der britischen Schiffe wünschte Balfour anstelle einer 10jährigen Baupause ein langsames Ersatzprogramm, wurde in diesem Punkt jedoch vom Premierminister überstimmt. Die japanische Delegation unter Führung des Marineministers, Baron T. Kato, war ebenfalls über diese Vorschläge unbefriedigt und wünschte eine Vergrößerung des japanischen Stärkeverhältnisses und die Fertigstellung der *Mutsu,* eines Schwesterschiffs der schon in Dienst befindlichen *Nagato.* In der sich anschließenden Debatte wurde dann ein Kompromiß erzielt. Japan erhielt zugestanden, die *Mutsu* fertigzubauen, die USA durften die *Colorado* und *West Virginia* fertigstellen, Großbritannien zwei neue Schiffe bauen, die jedoch nicht größer als 35000 ts sein sollten und eine SA von 40,6 cm haben durften. Japan sollte dafür zusätzlich ein altes Schiff mehr verschrotten, die USA zwei mehr und Großbritannien vier, sobald die beiden neuen Schiffe fertig waren. Die 35000 ts-Grenze wurde entgegen dem Wunsch der *Admiralität* akzeptiert, die die Fertigstellung der *G 3*-Schlachtkreuzer realisieren wollte, da sie für ein mit 40,6 cm-Geschützen bewaffnetes Schiff eine Größe von 43000 ts als die niedrigste, zufriedenstellende Verdrängung für notwendig erachtete.
Die Konferenz endete am 6. Februar 1922, und folgende Punkte wurden von den Teilnehmern angenommen:
Die anglo-japanische Allianz sollte beendet werden.
Kein Neubau von Großkampfschiffen in den nächsten 10 Jahren, mit Ausnahme von zwei in Großbritannien.
Das Verhältnis der Flottenstärke zwischen den USA, Großbritannien, Japan, Frankreich und Italien sollte 5 : 5 : 3 : 1,75 : 1,75 betragen.
Nach Ablauf der 10jährigen Pause sollte kein Großkampfschiff durch einen Neubau ersetzt werden, wenn es nicht älter als 20 Jahre war.
Die Maximalverdrängung für Großkampfschiffe soll 35000 ts, für Flugzeugträger 33000 ts und für Kreuzer 10000 ts betragen. Die Verdrängung bezog sich auf ein Schiff mit voller Kriegsausrüstung, jedoch ohne Heizöl und Reservespeisewasser, und mit normaler Munitionsausstattung (im Gegensatz zur Maximalausstattung).
Das maximale Geschützkaliber der Großkampfschiffe soll 40,6 cm, das der Kreuzer 20,3 cm betragen.
Die Unterzeichnerstaaten waren ermächtigt, die Verdrängung der vorhandenen Schiffe im Zuge der Verstärkung des Schutzes gegen Luft- und Ubootangriffe um 3000 ts zu vergrößern. Eine Verstärkung der Angriffskraft der vorhandenen Schiffe wurde verboten.
In bestimmten Gebieten des Pazifischen Ozeans wurde die Erweiterung der vorhandenen Befestigungen und Marinebasen verboten, ausgenommen Singapur.
Die Bedingungen des Rüstungsbeschränkungsvertrages wurden von den teilnehmenden Nationen schnell durchgeführt. In Großbritannien, wo der *G 3*-Schlachtkreuzerbau am 18. November 1920 eingestellt worden war, wurde dieser am 13. Februar 1921 annulliert (gemäß Vertragsbedingungen hätte Großbritannien zwei dieser *G 3*-Entwürfe zu Flugzeugträgern umbauen können, aber von der Admiralität wurden sie als für diesem Zweck nicht geeignet erachtet). Der Entwurf für die zwei neuen Schiffe (*Nelson* und *Rodney*) war schon gut vorangeschritten. Vier der älteren britischen Dreadnoughts waren schon 1920 und 1921 verkauft worden, weitere 12 folgten im Jahre 1922, und die Schlachtkreuzer *Lion* und *Princess Royal* wurden schließlich 1924 bzw. 1926 verkauft. Das Schlachtschiff *Monarch* wurde als Zielschiff für Bomben und Beschußversuche benutzt und zuletzt absichtlich durch die *Revenge* im Januar 1925 versenkt. Der Schlachtkreuzer *Australia* erlitt ein ähnliches Schicksal. Er wurde in See geschleppt und sank 1924 vor Sydney/Australien. Somit wurden 20 Dreadnoughts ausgesondert und zwei weitere, die *Courageous* und *Glorious,* zu Flugzeugträgern umgebaut. Folgende Großkampfschiffe verblieben im Dienst: 5 der *Royal Sovereign*-Klasse, 5 der *Queen Elizabeth*-Klasse, 4 der *Iron Duke*-Klasse, 3 der *King George V*-Klasse sowie *Hood, Repulse, Renown, Tiger* und *Thunderer* (als Kadettenschulschiff). Die drei Schiffe der *King George V*-Klasse und die *Thunderer* waren zum Verschrotten vorgesehen, sobald *Nelson* und *Rodney* fertig waren. Im November und Dezember 1926 wurden sie bis auf die *Centurion,* die Fernlenkzielschiff wurde, verkauft.
Die USA stellten alle Neubauten am 8. Februar 1922 ein, bis auf *Maryland,* die bereits fertig war, und ihre zwei Schwesterschiffe *Colorado* und *West Virginia,* die im August bzw. Dezember 1923 fertig wurden. Das 4. Schiff der Klasse, zu 75% fertig, wurde 1924 als Zielschiff versenkt. Die 6 Schiffe der *South Dakota* Klasse und die 4 der *Lexington*-Klasse wurden 1923 und 1924 auf der Helling abgebrochen, *Lexington* und *Saratoga* umkonstruiert und als Flugzeugträger fertiggestellt. 19 Vor-Dreadnoughts und 4 Dreadnoughts wurden abgebrochen bzw. auf andere Weise 1923/24 aus der Liste gestrichen, sodaß 18 Großkampfschiffe im Dienst der *U.S. Navy* verblieben.
Alle japanischen Schiffe, die in Bau oder in der Planung waren, wurden 1922 annulliert, bis auf *Mutsu,* die im Oktober 1921 fertiggestellt wurde, sowie *Akagi* und *Kaga,* aus denen Flugzeugträger wurden. Alle Vor-Dreadnoughts wurden 1922/23 aus der Liste gestrichen, ein früherer Dreadnought, die *Settsu* 1924 zu einem Zielschiff umgebaut. Somit verblieben 10 Großkampfschiffe im Dienst.

VII. Nelson und Rodney 1922 bis 1930

Nelson und *Rodney* waren in mancherlei Hinsicht einmalig, sowohl in der Flotte als auch in der Welt. Sie waren die einzigen britischen Dreadnoughts mit einer Bewaffnung von 40,6 cm-Geschützen und bis zum späteren Erscheinen der *King George V*-Klasse die einzigen neuen Schiffe, deren Bau die Erfahrungen des Ersten Weltkrieges berücksichtigte. Ihr außergewöhnliches Aussehen, mit der gesamten SA vorne und den Aufbauten hinten, war unvergleichbar, und es gab viele, die sie als häßlich bezeichneten – und sie waren ja auch nicht gerade die passenden Nachfolger der *Hood,* bezogen auf deren schöne und elegante Konstruktionslinienführung, aber sie vermittelten einen eindeutigen Eindruck von Kampfkraft. Ihr Entwurf basierte unmittelbar auf den *G 3*-Entwürfen, genaugenommen waren sie deren 23 kn-Version. Als sicher war, daß die in Washington festgesetzte Grenze von 35000 ts akzeptiert würde, erging an den *DNC* die Aufforderung, einen Schlachtkreuzerentwurf vorzulegen, der dieser Bedingung entsprach. Zwei Entwürfe wurden gefertigt, einer mit Zwillingstürmen, und alternativ dazu, einer mit Drillingstürmen. Skizzen und Legenden wurden am 30. November 1921 der *Admiralität* vorgelegt. Bei beiden Entwürfen befanden sich die drei 38,1 cm-Türme vor der Brücke. Da sich dadurch die zugehörigen Magazine mittschiffs konzentrierten, würde sich der benötigte Panzerschutz reduzieren. Der Entwurf *F 2* sah eine MA von vier Zwillingstürmen und vier Einzeltürmen vor, beim Entwurf *F 3* fehlten die Einzeltürme, in diesem Fall aus Gründen der Gewichtsersparnis. Für beide waren Pom-Pom-Lafetten vorgesehen, dafür aber keine 12 cm-Geschütze. Die Panzerung war im Gegensatz zum Entwurf *G 3,* insgesamt gesehen, reduziert worden, im Entwurf *F 3* sogar noch mehr. Am 29. November durchgeführte Beschußversuche zeigten, daß eine Verbesserung des Panzerdecks – und zwar noch über das Maß des im Entwurf *G 3* vorgesehenen hinaus – erwartet werden konnte. Die niedrigere Geschwindigkeit des Entwurfs *F 3* hatte seine Gründe in dem größeren Gewicht der Drillingstürme, und der *DNC* führte an, wenn der *E in C* einer Forcierung der Kesselleistung und der Verwendung von Maschinen leichterer Bauart zustimmen würde (in der Art wie auf den Kreuzern der *E*-Klasse und der *Courageous*-Klasse), auch eine Geschwindigkeit von 30 kn erreichbar wäre. Die Entwürfe dieser beiden Schlachtkreuzer waren nur kurzlebig und wurden verworfen – die Legenden sind der Tabelle 33 (Seite 115) zu entnehmen –, als in Washington die Erlaubnis erteilt wurde, daß Großbritannien zwei neue Schiffe mit einer Bewaffnung von 40,6 cm-Geschützen bauen dürfte. Da die neuen Schiffe den mit 40,6 cm-Geschützen ausgerüsteten der *Nagato*-Klasse und *Maryland*-Klasse (beide nur mit mäßiger Geschwindigkeit) gewachsen sein sollten und es unmöglich war, in der Konstruktion eine ausreichende Panzerung, 40,6 cm-Bewaffnung und hohe Geschwindigkeit zu vereinen, wurde entschieden, zwei Schlachtschiffe mit 23 kn Geschwindigkeit zu bauen, bewaffnet mit den 40,6 cm-Türmen, die für die ersten beiden *G 3*-Schiffe vorgesehen waren.

Am 17. Dezember 1921 wurden die folgenden allgemeinen Forderungen, auf denen die neuen Entwürfe aufbauen sollten, vom *DNC* dem Konstrukteur Attwood zugeleitet.

Verdrängung:	35000 ts (gemäß Washington-Standard)
Bewaffnung:	– 9 × 40,6 cm – MA und Flak noch nicht entschieden, jedoch 12 × 15,2 cm und 4 × 12 cm waren erlaubt
Panzerung:	Gürtelpanzer seitlich der Magazine 35,6 cm Gürtelpanzer seitlich der Maschinenanlage 33 cm Barbetten 38,1 cm Kommandoturm 38,1 cm Schornsteinhälse 25,4 cm Panzerdeck über den Magazinen 20,3 cm Panzerdeck über den Maschinenräumen 12,7 cm bis 10,2 cm
Unterwasserschutz:	Stark genug, um einer Torpedosprengladung von 340 kg zu widerstehen
Maschinenanlage:	46000 WPS Der *E in C* würde dem Einbau von weniger als 8 Kesseln widersprechen
Generatoren:	Falls es zu schwierig war, den benötigten Platz für acht Generatoren vorzusehen, konnten sie auf sechs beschränkt werden
Spezielle Wünsche:	Im Bestreben, die Grenze von 35000 ts zu halten, war alles auf ein Minimum zu beschränken

Auf Grund dieser Spezifikationen wurden zwei vorläufige Entwurfsskizzen gefertigt. Der erste Entwurf entsprach allen Forderungen und Wünschen, hatte jedoch eine Verdrängung von 35500 ts. Im zweiten waren nur sechs Kessel vorgesehen, die Brücke und die Feuerleitanlagen stimmten mit den Empfehlungen des *„Ausschusses für Waffenleitanlagen"* überein, im Gegensatz zu dem, wie sie im *G 3*-Entwurf vorgesehen waren. Auf diese Weise wurde die Zitadelle verkürzt und die Verdrängung auf 35000 ts reduziert. Die Rohskizzen wurden am 19. Dezember vom *DNC* begutachtet und nachfolgende gangbare Vorschläge unterbreitet. Das geschah, um die allgemeinen Spezifikationen des ersten Entwurfs zu erhalten, jedoch bei gleichzeitiger Verminderung der Verdrängung.

1. Reduzierung des Kalibers der SA auf 38,1 cm-Ł/50,
2. Reduzierung des Decksschutzes um 2,54 cm,
3. Verwendung der vom *„Waffenleitausschuß"* vorgesehenen Brückenanordnung,
4. Reduzierung des Schiffskörpergewichts durch Inkaufnahme höherer Beanspruchung des Materials und Verwendung anderen Materials.

Der erste Vorschlag wurde vom *DNC* verworfen, denn von seiten des *1. Seelords* bestand die klare Forderung nach einer SA von 40,6 cm. Im Hinblick auf den zweiten erlaubte er eine Verminderung um 1,27 cm. In der Brückenanordnung bevorzugte er den Entwurf für *G 3,* bei dem man bleiben sollte, jedoch mit nur unbedeutenden Verkleinerungen. Hinsichtlich der Gewichtsverminderung des Schiffskörpers durch die Verwendung neuer Materialien war man der allgemeinen Ansicht, daß sich hier eine genauere Untersuchung lohnen würde. Diese führte dann im Endentwurf zum vermehrten Gebrauch von D-Stahl, und es machte dann bei den neuen Schiffen auch den größten Teil der Gewichtsersparnisse aus. Am 21. Dezember prüfte der *DNC* die Entwürfe und entschied, das Oberdeck etwas zu senken und, falls möglich, zwischen diesem und dem Hauptverbandsdeck (Festigkeitsdeck)* zwei Decks einzuziehen, in der Absicht, mehr Wohnraum zu schaffen und eine Vertiefung der Längsträger zu erhalten. Desgleichen wünschte er – wenn möglich – die Austriebszellen vor und hinter der Zitadelle mit Anlagen auszurüsten, die mittels Luftdruck dort vorhandenes Wasser ausdrücken konnten. Zu guter Letzt entschied er, die Tiefe des Gürtelpanzers zu verringern. Am folgenden Tage erläuterte er seine Vorschläge genauer, indem er es als ausreichend festlegte, wenn der Gürtelpanzer von 1,53 m oberhalb der Einsatzwasserlinie bis 0,69 m unterhalb der Konstruktionswasserlinie reichte. Am gleichen Tage entschied er auch, die Schiffskörperform solle sich an der der *Hood* orientieren. Später jedoch änderte er diese Anordnung einschränkend dahingehend ab, sie könne nötigenfalls vorn und hinten verändert werden. Die erste Legende und Entwurfsskizze für die Schlachtschiffe war im Januar 1922 fertiggestellt. Der Entwurf erhielt die Bezeichnung *O 3.* Zu Vergleichszwecken wurden als Ergänzung zwei weitere Entwurfsskizzen, *P 3* und *Q 3* (beides Schiffe mit 38,1 cm-Geschützen), angefertigt. Die Legende ist aus Tabelle 34 zu ersehen. Alle drei Entwürfe wurden mit dem *ACNS* nach seiner Rückkehr aus Washington besprochen, aber da der Entwurf *O 3* ja schon vor seiner Rückkehr aus Washington von der *Admiralität* genehmigt worden war, scheint es, daß die Entwürfe *P 3* und *Q 3* gar nicht ernsthaft in Erwägung gezogen wurden. Der Entwurf *O 3* wurde während der Monate Januar und Februar 1922 eingehend durchgesprochen und diskutiert sowie verschiedene Änderungen durchgeführt, insbesondere auf Anordnung des

* Anmerkung des Übersetzers.

Tabelle 33: Legenden der Schlachtkreuzerentwürfe November 1923

	F 2	*F 3*
Verdrängung	35.000 ts	35.000 ts
Länge (pp)	219,60 m	213,50 m
Länge (üa)	231,80 m	225,70 m
Breite (maximal)	32,33 m	32,33 m
Tiefgang	8,69 m	8,69 m
Bewaffnung:	6 × 38,1 cm-L/50 12 × 15,2 cm-L/50 4 Pom-Pom	9 × 38,1 cm-L/50 8 × 15,2 cm-L/50 4 Pom-Pom
Heizölvorrat	4.000 ts	4.000 ts
Leistung	112.000 WPS	96.000 WPS
Geschwindigkeit bei Einsatzverdrängung	29,5 kn	28,5 kn
Geschwindigkeit bei Konstruktionsverdrängung	30 kn	29 kn
Panzerung:		
Gürtelpanzer (72° Neigung)	33 cm seitlich der Magazine, 30,5 cm seitlich der Maschinenräume	30,5 cm seitlich der Magazine und Maschinenräume
Zitadellschotte	28; 25,4; 20,3 cm	25,4; 22,86; 12,7 cm
Barbetten	33 cm	30,5 cm
Turmfronten	40,6 cm	40,6 cm
Turmseiten	30,5 cm	30,5 cm
Turmrücken	22,86 cm	22,86 cm
Turmdecken	17,78 cm	17,78 cm
Kommandoturmwandung	30,5 cm	22,86 cm
Kommandoturmdecke	15,2 cm	15,2 cm
Kommandoturmschacht	15,2 cm	12,7 cm
Backdeck	2,54 cm	2,54 cm
Oberdeck	17,78 cm über den Magazinen 8,25 cm über den Maschinenräumen	17,78 cm über den Magazinen 8,25 cm über den Maschinenräumen
Gewichte:		
Ausrüstung, allgemein	850 ts	850 ts
Schiffskörper	13.500 ts	13.500 ts
Maschinenanlage	4.660 ts	4.100 ts
Panzerung und Schiffsschutz	10.210 ts	9.970 ts
Bewaffnung	4.600 ts	5.400 ts
Brennstoff	1.000 ts	1.000 ts
Admiralitätsreserve	180 ts	180 ts
Verdrängung gemäß Legende	35.000 ts	35.000 ts

Tabelle 34: Legenden der Schlachtschiffsentwürfe Januar 1922

	O 3	*P 3* und *Q 3*
Verdrängung	35.000 ts	
Länge (pp)	204,35 m	
Länge (üa)	218,69 m	
Breite (maximal)	31,72 m	
Tiefgang (durchschnittlich)	9,15 m	
Tiefgang (maximal)	10,98 m	
Leistung	45.000 WPS	
Geschwindigkeit	23 kn	
Heizölvorrat	3.500 ts	
Fahrbereich	5.000 : 16 sm/kn	
Besatzung	1.500 Mann	1.600 Mann
Bewaffnung:	9 × 40,6 cm-L/45 12 × 15,2 cm-L/50	9 × 38,1 cm-L/50 16 × 15,2 cm-L/50
(Flak)	4 × 12 cm 4 Pom-Pom 2 × 62,2 cm-TR	5 × 12 cm 4 Pom-Pom 2 × 62,2 cm-TR
Panzerung:		
Gürtelpanzer	35,6 cm seitlich der Magazine seitlich der Maschinenräume	35,6 cm seitlich der Magazine 25,4 cm seitlich der Maschinenräume
Turmfronten	40,6 cm	
Turmseiten	30,5 cm	
Turmrücken	22,86 cm	
Turmdecken	19,05 cm	
Barbetten (maximal)	38,1 cm	
Zitadellschotte	30,5 und 20,3 cm vorn 25,4 und 10,2 cm hinten	
Kommandoturm	38,1 cm maximal, 17,78 cm Decke	
Kommandoturmschacht	15,2 cm	
Feuerleitpanzerkuppel	12,7 und 7,62 cm	
Feuerleitstand für SA	5,08 bis 2,54 cm	
Feuerleitstand für MA	3,8 bis 2,54 cm	
Hauptdeck	19,05 cm über den Magazinen, 13,97 cm über den Maschinenräumen	
Zwischendeck	12,7 cm	
Schornsteinhälse	20,3 cm durchschnittlich	
Gewichte:		
Ausrüstung, allgemein	1.000 ts	1.050 ts
Maschinenanlage	2.600 ts	2.600 ts
Bewaffnung	6.900 ts	6.550 ts
Brennstoff	0 ts	0 ts
Panzerung	11.100 ts	11.400 ts
Schiffskörper	13.400 ts	13.400 ts
Admiralitätsreserve	0 ts	0 ts
Standardverdrängung	35.000 ts	35.000 ts

Rodney

1928: Längsschnitte und Querschnitte

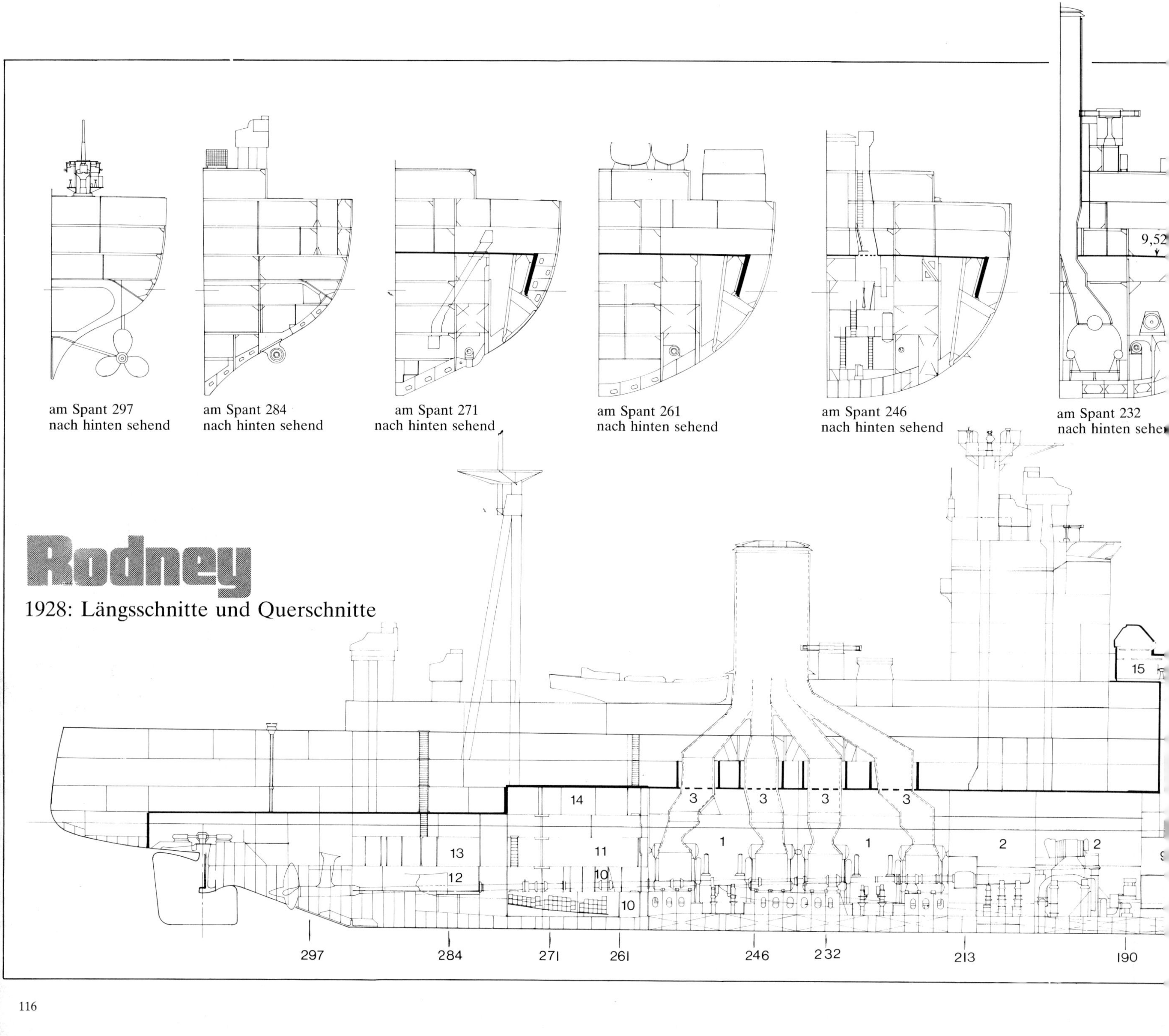

oben: Bb-Ansicht der *Rodney* nach Fertigstellung

unten: Stb-Ansicht der *Rodney* 1929 in Plymouth

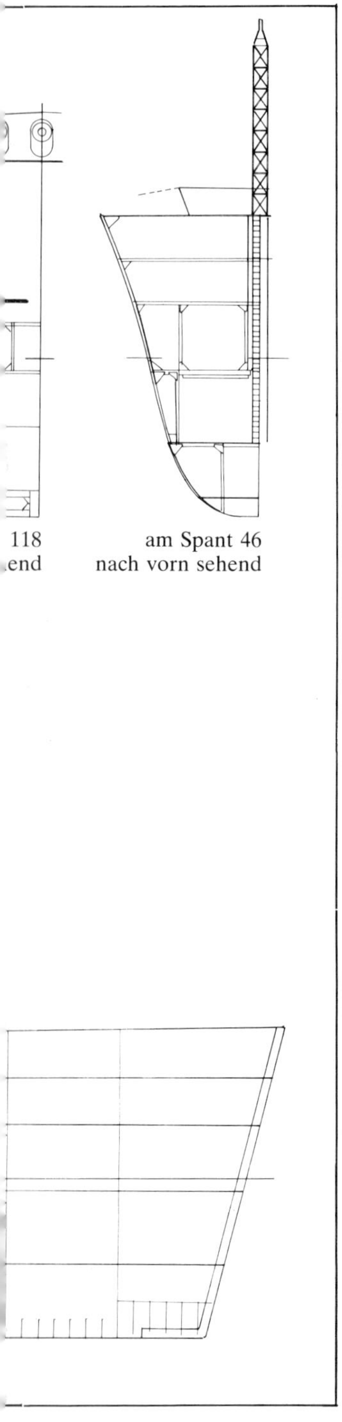

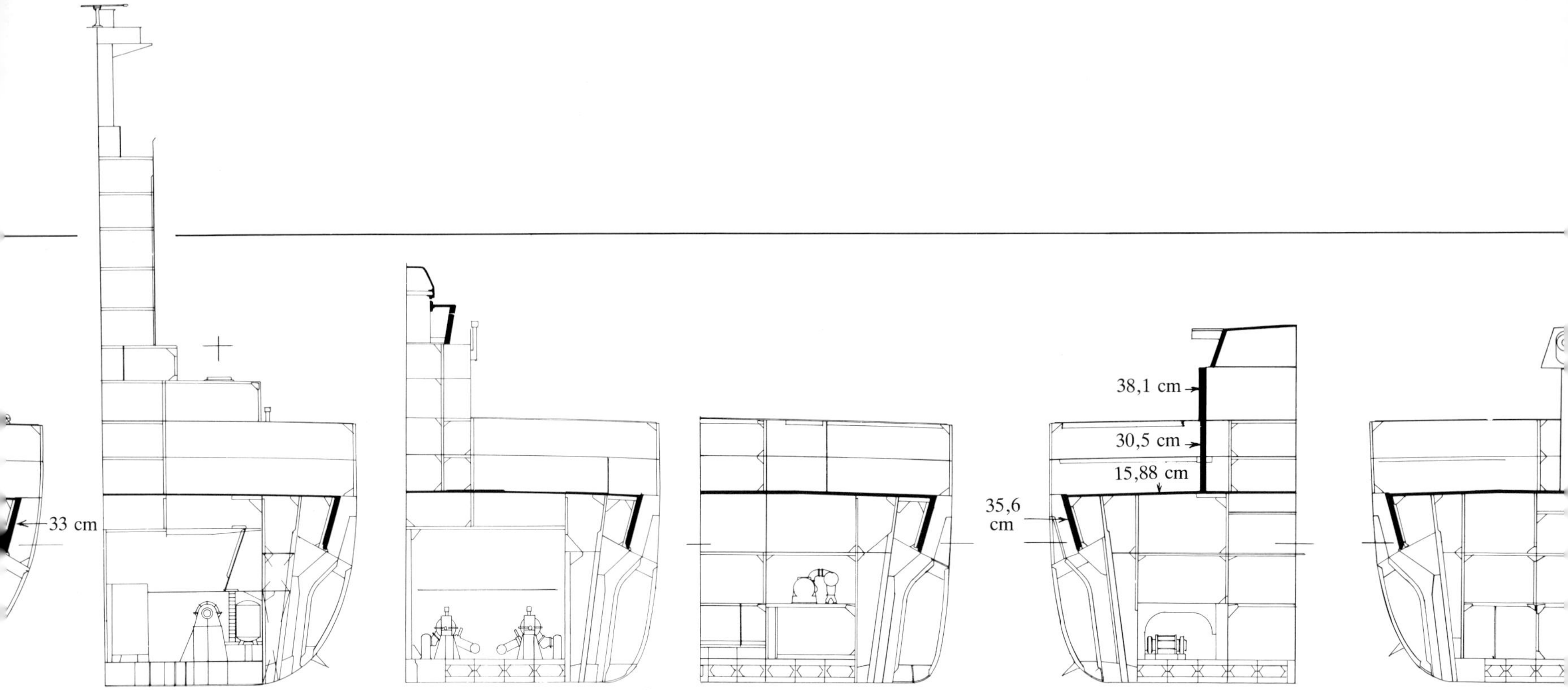

am Spant 213
nach hinten sehend

am Spant 190
nach hinten sehend

am Spant 178
nach hinten sehend

am Spant 138
nach vorn sehend

am Span
nach vorn se

▼ *Längsschnitt:*
1 Kesselräume
2 Maschinenräume
3 Schornsteinhälse/Kesselraumschächte
4 40,6 cm-Magazine
5 40,6 cm-Munitionskammern
6 Umladeräume
7 Feuerleitzentrale
8 Taktischer Plottraum
9 Unterer Kommandostand
10 15,2 cm-Magazine
11 15,2 cm-Munitionskammer
12 10,2 cm-Magazin
13 Pom-Pom-Magazin
14 Funkraum
15 Kommandostand

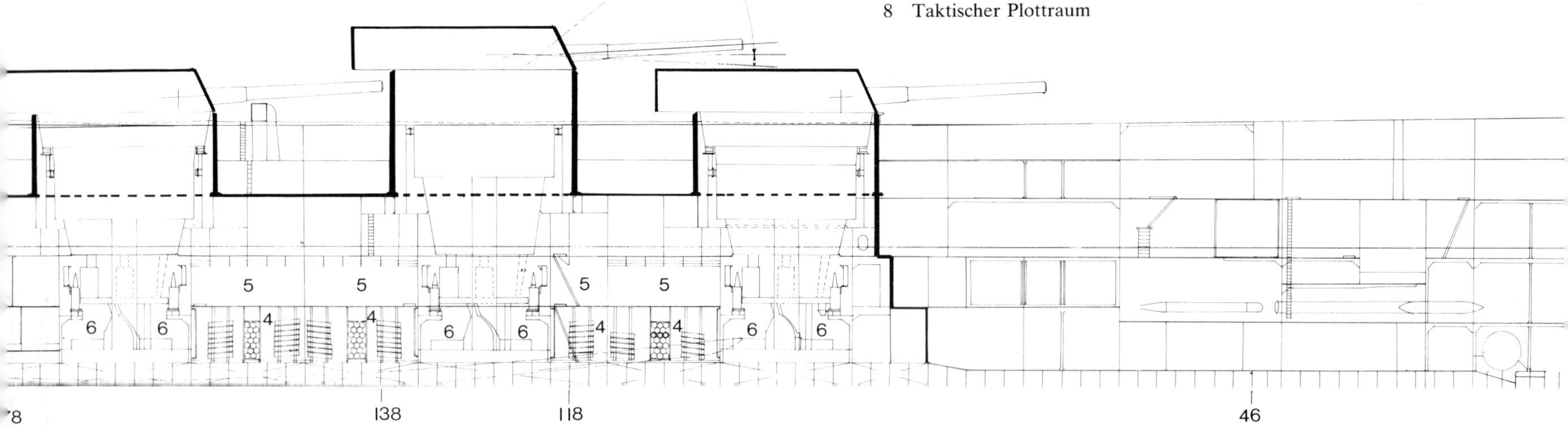

3. Seelords. Die Legende, bekannt als *O 3 (mod)*, wurde dann am 6. Februar von der *Admiralität* genehmigt, am Tage, an dem die Konferenz in Washington endete. Die Einzelheiten des Schiffes waren die gleichen wie bei der vorangegangenen Beschreibung, jedoch mit den in Tabelle 35 angeführten Ausnahmen. Am 11. September 1922 wurde die endgültige Legende und der Ausrüstungsplan durch die *Admiralität* genehmigt, die restlichen Baupläne am 16. Oktober. Seit Februar hatte der Originalentwurf nur wenige Modifizierungen erfahren – der maximale Tiefgang war verringert worden auf 10,68 m, der Heizölvorrat wuchs auf 4000 ts, die Besatzung verminderte sich auf 1560 Mann. Die zugehörigen Gewichte sind in Tabelle 36 aufgeführt.

Die Angebotsausschreibungen erfolgten am 16. Oktober, und am 11. November wurden die Offerten von Cammell Laird mit 1563000 £ und Armstrong mit 1479000 £ angenommen. Beide Schiffe wurden am 28. Dezember auf Kiel gelegt, die Bauaufträge am 1. Januar 1923 offiziell erteilt.

Tabelle 35: Der Entwurf O 3 (mod) vom 6. Februar 1922

Abmessungen:	
Länge (pp)	201,30 m
Länge (üa)	216,55 m
Breite (maximal)	32,33 m
Bewaffnung: (Flak)	6 × 12 cm
Panzerung:	
Turmfronten	40,6 cm
Turmseiten	28 cm
Turmrücken	22,86 cm
Turmdecken	15,88 cm
Kommandoturm	35,6 maximal, 16,51 Decke cm
Hauptdeck über den Magazinen	17,14 cm
Hauptdeck über den Maschinenräumen	10,79 cm
15,2 cm-Turmfronten	3,8 cm
Feuerleitturmfront	5,08 cm
Gewichte:	
Ausrüstung, allgemein	1.050 ts
Bewaffnung	6.950 ts
Maschinenanlage	2.600 ts
Brennstoff	0 ts
Panzerung	10.250 ts
Schiffskörper	14.150 ts
Admiralitätsreserve	0 ts
Gesamt	35.000 ts

Tabelle 36: Entwurf O 3 (mod) – Neue Gewichte

Ausrüstung, allgemein	1.050 ts
Bewaffnung	6.900 ts
Maschinenanlage	2.550 ts
Panzerung und Schutzplatten	10.250 ts
Schiffskörper	14.250 ts
Gesamt	35.000 ts

Nelson 1934 auf Plymouth.

Tabelle 37: Baudaten der Nelson und Rodney

	Nelson	*Rodney*
Kiellegung	28. Dezember 1922	28. Dezember 1922
Stapellauf	3. September 1925	17. Dezember 1925
Fertigstellung	Juni 1927	August 1927
Bauwerft	Armstrong	Cammell Laird
Baukosten	7.504.055 £	7.617.799 £

Bewaffnung

Wie schon erwähnt, waren die 40,6 cm-Geschütztürme für *Nelson* und *Rodney* ursprünglich schon 1921 für die beiden ersten Schiffe des *G 3*-Entwurfs in Auftrag gegeben worden. Alle sechs Lafetten wurden bei Armstrong gefertigt. Die Geschütze waren für das Verschießen von Granaten mit einem Gewicht von 1029 kg und einer Mündungsgeschwindigkeit von 929 m/sek ausgelegt. Die ersten Anzeichen dafür, daß die Kombination „Leichtes Geschoß/hohe Geschwindigkeit“ nicht unbedingt eine erfolgreiche Konstruktion war, traten am 15. März 1926 zutage, als Versuche mit dem ersten 40,6 cm-Geschütz durchgeführt wurden. Mit einer Treibladung von 238 kg erreichte das Geschütz exakt die Konstruktionsmündungsgeschwindigkeit von 929 m/sek, aber nach jedem Schuß verringerte sich die Mündungsgeschwindigkeit um 0,52 m/sek, was auf eine rasche Abnutzung des Rohres und eine Lebensdauer von nur 180 Volladungsschüssen hindeutete. Spätere Ver-

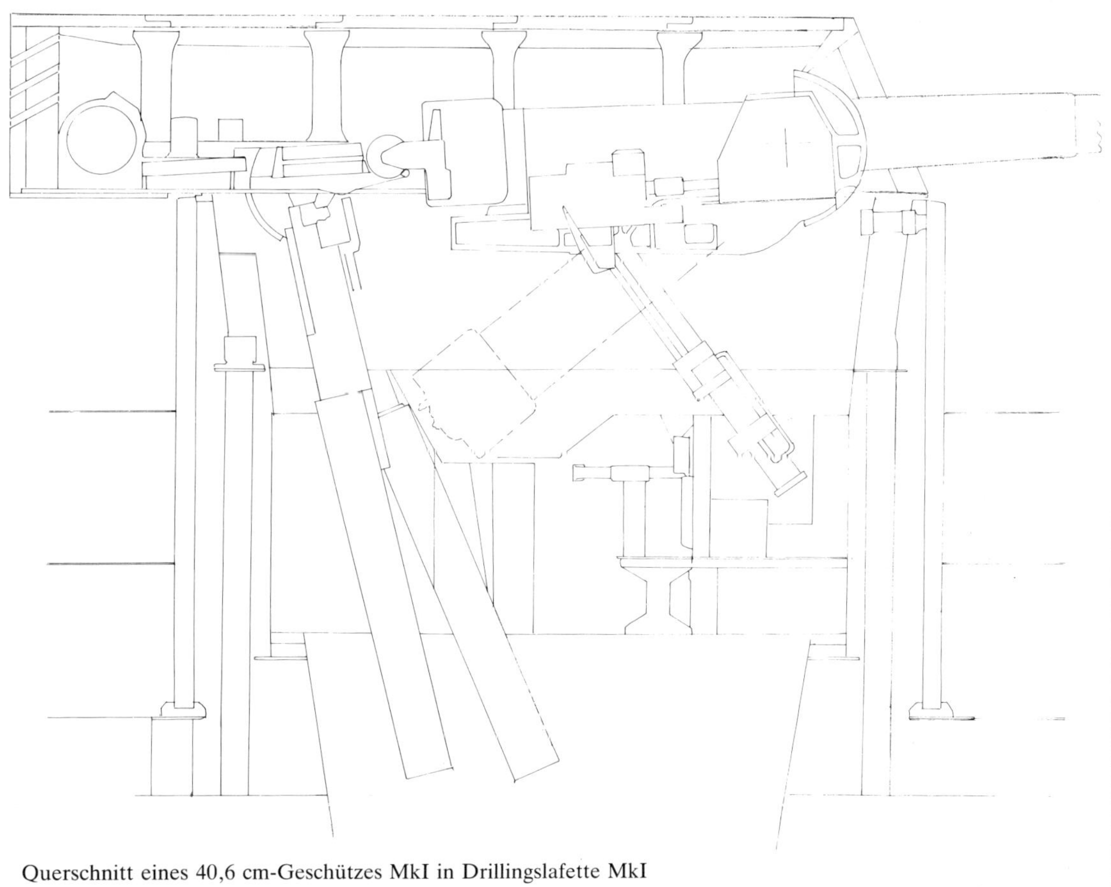

Querschnitt eines 40,6 cm-Geschützes MkI in Drillingslafette MkI

Einzelheiten der NELSON und RODNEY bei Fertigstellung 1927

Verdrängung:	*Nelson*	*Rodney*
Konstruktionsverdrängung	32.800 ts	–
Standardverdrängung	33.313 ts	33.730 ts
Einsatzverdrängung	37.800 ts	–
Maximale Einsatzverdrängung	38.400 ts	38.316 ts
Maximale Einsatzverdrängung mit gefüllten Auftriebsräumen	41.500 ts	–

Tiefgangszunahme:		
bei Tiefgang 12,20 m	–	49,8 ts/cm
bei Tiefgang 10,68 m	–	48,9 ts/cm
bei Tiefgang 9,15 m	–	47,7 ts/cm
bei Tiefgang 7,63 m	–	45,9 ts/cm

Abmessungen:		
Länge (üa)	216,55 m	216,61 m
Länge (pp)	201,30 m	201,30 m
Breite	32,33 m	32,34 cm

Bewaffnung:
9 × 40,6 cm L/45-Mk I in drei Drillingslafetten Mk I
9 × 6 Pdr-Übungsrohre
12 × 15,2 cm L/50-Mk XXII* in sechs Doppellafetten Mk XVIII
12 × 3 Pdr-Übungsrohre
6 × 12 cm L/40-Mk VIII*-Schnellfeuergeschütze in Luftzieleinzellafetten Mk I
6 × 2 Pdr-Übungsrohre
8 × 2 Pdr Pom-Pom in Einzellafette Mk II
4 × 3 Pdr Hotchkiss-Schnellfeuersalutgeschütze Mk I
1 × 12 Pdr-914,44 kg-Schnellfeuergeschütz mit Feldlafette
5 × 7,6 mm Vickers-MG auf Kegellafette
10 × 7,6 mm Lewis-MG in fünf Doppellafetten
4 × 7,6 mm Lewis-MG in Einzellafette
2 × 62,2 cm-UTR (ohne Leitschienen)

Munitionsvorrat (maximal gemäß Entwurf):
40,6 cm = 95 Panzersprenggranaten mit Kappe/Geschütz
10 Übungsgranaten/Geschütz
15,2 cm = 168 Granaten/Geschütz
20 Übungsgranaten/Geschütz
72 Nebelgranaten/Schiff
12 cm = 211 Granaten/Geschütz
20 Nebelgranaten/Schiff

Munitionsvorrat (maximal nach Fertigstellung):
40,6 cm = 100 Panzersprenggrnaten mit Kappe/Geschütz
10 Übungsgranaten/Geschütz
15,2 cm = 135 Sprenggranaten mit ballistischer Kappe/Geschütz
15 Hochbrisanzgranaten/Geschütz
24 Übungsgranaten/Geschütz
72 Nebelgranaten/Schiff
12 cm = 175 Hochbrisanzgranaten/Geschütz
150 Leuchtgranaten/Schiff
20 Nebel-Zielmarkierungsgranaten/Schiff

Munitionsvorrat (normal):
40,6 cm = 80 Schuß/Geschütz
15,2 cm = 100 Schuß/Geschütz
12 cm = 100 Schuß/Geschütz
10×62,2 cm-Torpedos Mk I
Pom-Pom = 1000 Schuß/Lafette

Bugschutzgeräte:
4-Typ BV (2-Typ B III** wurden mitgeführt anstelle vorgesehen Typ BV, bis die Bestände des Typs B III** verbraucht waren)

Panzerung (zementiert):	
Gürtelpanzer (mit 72° Neigung)	35,6 cm seitlich der Magazine; 33 cm seitlich der Maschinenräume und hinteren Magazine
Barbetten	38,1 bis 30,5 cm
Turmfronten	40,6 cm
Turmseiten	28 und 22,86 cm
Turmrücken	25,4 cm
Turmdecken	18,41 cm
Kommandoturm	35,6 cm Seiten; 30,5 cm Front; 25,4 cm Rücken, 16,51 cm Decke; 10,2 cm Boden
Kommandoturmschacht	15,2 cm
Kommandoturmkuppel	12,7 und 7,62 cm
Schornsteinhälse	Seite 22,86 cm; Front 20,3 cm, Hinten 17,78 cm
Panzerung (nicht-zementiert):	
Zitadellschotte vorn	30,5 unc 20,3 cm
Zitadellschotte hinten	25,4 und 10,2 cm
Mitteldeck	15,88 cm über den Magazinen; 9,52 cm über den Maschinenräumen
Zwischendeck hinten	10,80 cm
Torpedoschotte	3,8 cm D-Stahl
Feuerleitstände der SA	5,08 cm Front und 2,54 cm D-Stahl
15,2 cm-Türme	3,8 cm Front und 2,54 cm D-Stahl
Feuerleitstände der MA	3,8 cm Front und 2,54 cm D-Stahl

Stahlschutzplatten:	
Vorbrücke	2,54 cm hochelastisch
15,2 cm-Bereitstellungsräume	2,54 cm hochelastisch

Antriebsanlage:
2 Sätze Curtis-Getriebeturbinen mit einfacher Untersetzung
2 Wellen
45.000 WPS ≙ 23 kn bei 160 u/min/Welle
Dauerhöchstfahrt 22 kn bei 40.500 WPS
8 dreitrommelige Admiralitäts-Wasserrohrkessel mit Überhitzer, maximaler Betriebsdruck ~ 17,5 atü

Geschwindigkeit:

kn	WPS	u/min/Welle
10	3.650	64
12	6.250	75
14	9.900	88
16	14.350	100
23	45.000	160

Brennstoff und Fahrbereich:

	Nelson	*Rodney*
Heizölvorrat (normales Maximum)	3.805 ts	3770 ts
Dieselkraftstoff	162 ts	161 ts

Fahrbereich (theoretisch)	7.000 sm : 16 kn
Fahrbereich (tatsächlich)	5.000 sm : voller Fahrt
Brennstoffverbrauch (theoretisch)	16 kn ≙ 7,5 ts/h
Brennstoffverbrauch (tatsächlich)	Volle Fahrt ≙ 16 ts/h

Besatzung: 1.314 (als Flaggschiff 1.361) Mann

Gewichte (gemäß Entwurf):

Ausrüstung:	
Masten, Kräne, Takelung	118 ts
Frischwasser	75 ts
Verpflegung	220 ts
Kantinenlasten	25 ts
Offizierslasten und Bettzeug	34 ts
Offiziere, Mannschaften: Effekten	209 ts
Anker, Ankerketten, Klüsen	197 ts
Boote	53 ts
Ersatzteile	120 ts
	1.047 ts
gemäß Legende	1.050 ts
zusätzlich für Einsatzverdrängung:	
Frischwasser	75 ts
Boote	30 ts
Kohle	40 ts
Admiralslast	10 ts
Gesamtausrüstung bei Einsatzverdrängung:	1.205 ts
Panzerung und Schiffsschutz:	
Gürtelpanzer	2.190 ts
Gürtelpanzerbefestigung	117 ts
Barbette „A“	543 ts
Barbette „B“	823 ts
Barbette „X“	547 ts
Barbettenbefestigung	129 ts
Mitteldeck	2.930 ts
Zwischendeck vorn	30 ts
Zwischendeck hinten	420 ts
Zitadellschotte	365 ts

Kommandoturm	222 ts
Schornsteinhals	177 ts
Torpedoschotte	950 ts
Auftriebsräume	186 ts
15,2 cm-Umladeräume	182 ts
Feuerleitturm	92 ts
Splitterschutzgrätings in Schornsteinhälsen	5 ts
Vorbrücke	44 ts
Panzerbolzen	150 ts
	10.102 ts
gemäß Legende	10.250 ts

Maschinenanlage:	
Hauptmaschinen, Trockengewicht	1.924 ts
Wasser in den Kesseln, Kondensatoren und im Rohrsystem, Speisewasserzellen halbvoll	30 ts
Maschinenraumlüfter	10 ts
Lasten und Schmieröl	130 ts
Bootsdavits	20 ts
Generatoren	160 ts
Kühlmaschinen für Kühlanlagen und Magazinkühleinrichtung	75 ts
Hochdruckverdichter	20 ts
Elektrische Winden	36 ts
Werkstattmotoren	3 ts
Gesamt	2.508 ts
gemäß Legende	2.550 ts

Hauptbewaffnung:	
Drehgewicht Turm „A“	1.463 ts
Drehgewicht Turm „B“	1.463 ts
Drehgewicht Turm „X“	1.463 ts
40,6 cm-Pulver und -kartuschen (80 pro Geschütz)	346 ts
40,6 cm-Granaten (80 pro Geschütz)	726 ts
Hydraulikmaschinen	120 ts
Wasser in den Hydraulikbehältern	30 ts
Drehgestelle	24 ts
Maschinen in den Munitionsräumen	100 ts
Unterer Schwenkkranz	39 ts
Halbes Gewicht der Walzen und Ringe	22 ts
Rohre und Halterungen dafür	90 ts
Ersatzteile und Sonstiges	50 ts
Gesamt	5.936 ts

Übrige Waffen:	
6 × 15,2 cm-Türme	450 ts
6 × 12 cm-Luftzielgeschütze	84 ts
4 Pom-Pom Mk M	32 ts
15,2 cm-Granaten (100 pro Geschütz)	58 ts
15,2 cm-Pulver und -kartuschen (100 pro Geschütz)	22 ts
12 cm-Flakmunition (100 Schuß/Geschütz)	34 ts
Pom-Pom Munition (1000 Schuß/Lafette)	6 ts
Munition für 6 Pdr-Übungskaliber einschl. Rohre	19 ts
Munition für 3 Pdr-Übungskaliber einschl. Rohre	10 ts
Munition für 2 Pdr-Übungskaliber einschl. Rohre	3 ts
Feldgeschütze	5 ts
Ziel-Gewehre und Munition	2 ts
Vickers-MG und Munition	2 ts
Lewis-MG und Munition	2 ts
4 Hotchkiss-3 Pdr und Munition	4 ts
Zünder	4 ts
Handwaffen und Munition	18 ts
Torpedolasten	13 ts
10 Torpedos	24 ts
Luftflaschen	26 ts
Torpedorohre und Zubehör	33 ts
Luftverdichter Nr. 1	20 ts
Bugschutzgeräte und Zubehör	7 ts
2 Flugzeughangars und Zubehör	15 ts
Artillerielasten	40 ts
Gesamt	933 ts

Hauptbewaffnung	5.936 ts
Übrige Waffen	933 ts
Gesamt	6.869 ts
gemäß Legende	6.900 ts

Zusätzliche Bewaffnung und Gewichte bei Einsatzverdrängung:	
40,6 cm-Granaten (15 + 10 Übungsgranaten/Geschütz)	227 ts
40,6 cm-Pulver und -kartuschen (15 pro Geschütz)	65 ts
15,2 cm-Granaten (88 pro Geschütz)	51 ts
15,2 cm-Pulver und -kartuschen (68 pro Geschütz)	15 ts
15,2 cm-Nebelgranaten (72 Stück)	4 ts
12 cm-Granaten (666 Stück)	68 ts
12 cm-Nebelgranaten (20 Stück)	1 ts
Munition für Pom-Pom (970 Kästen)	73 ts
Gesamt	474 ts

Schiffskörper:	14.248 ts
gemäß Legende	14.250 ts
Heizölvorrat:	3.956 ts
gemäß Legende	4.000 ts
Speisewasser (100%) und Reservespeisewasser:	246 ts
gemäß Legende	245 ts

Verdrängung:	
Ausrüstung, allgemein	1.050 ts
Bewaffnung	6.900 ts
Maschinenanlage	2.550 ts
Panzerung und Schiffsschutz	10.250 ts
Schiffskörper	14.250 ts
Gesamt	35.000 ts

Zur Umrechnung der vorstehenden Angaben auf die gemäß Legende vorgesehene Verdrängung ist es erforderlich, von der Standardverdrängung 110 ts abzuziehen (die Hälfte vom Verpflegungsvorrat), des weiteren 25 ts von den Kantinenvorräten, 15 ts von den Admiralsbooten und 30 ts der allgemeinen Boote hinzuzuzählen. Dieses entsprach den Berechnungen vor dem Washingtoner Vertrag.
Hinzuzuzählen sind auch 1200 ts Heizöl.

	35.000 ts
Ausrüstung, allgemein	120 ts
Heizöl	1.200 ts
Gesamt	36.080 ts

Einsatzverdrängung:	
Schiffskörper	14.250 ts
Ausrüstung, allgemein	1.050 ts
Panzerung und Panzerplatten	10.250 ts
Bewaffnung	6.900 ts
Maschinenanlage und Vorräte	2.550 ts
Heizöl	4.000 ts
Reservespeisewasser	200 ts
Speisewasser	200 ts
Gesamt	39.245 ts

Maximale Einsatzverdrängung:	
Einsatzverdrängung	39.245 ts
Ausrüstung, allgemein	155 ts
Bewaffnung	474 ts
Gesamt	39.874 ts

Maximale Einsatzverdrängung (einschl. gefüllter Auftriebsräume):	
Maximale Einsatzverdrängung	39.874 ts
Wasser in den Auftriebsräumen (bis 10,68 m über Kiel)	2.870 ts
Gesamt	42.744 ts

Konstruktionsverdrängung (unter Abzug der Gewichte von der Einsatzverdrängung):	
Ausrüstung, allgemein	414 ts
Hälfte der Vorräte der Antriebsanlage	65 ts
Heizöl	4.000 ts
Reservespeisewasser	200 ts
Speisewasser (100%)	45 ts
Gesamt:	4.724 ts

Konstruktionsverdrängung	39.245 ts
	−4.724 ts
	34.521 ts

suche zeigten einen Zuwachs an Ungenauigkeit beim Schießen und die Tendenz des Geschosses, die Züge im Rohr zu zerstören, „... verursacht durch das Hämmern der kurzen Körper und langen Spitzen der Geschosse auf ihrem Wege durch das Rohr ...“
Um dem zu begegnen, wurden Versuche mit dem Ziel durchgeführt, die Züge im Rohr und die Form der Kartuschkammer zu verbessern. Die Kammer wurde von 573548,5 cm^3 auf 491613 cm^3, die Ladung von 238 kg auf 231 kg verkleinert, wodurch sich die Lebensdauer des Rohres auf 200 Volladungen erhöhte. Das Absinken der Mündungsgeschwindigkeit zwischen den Schüssen wurde damit auf 0,35 m/sek herabgesetzt. Die Züge wurden modifiziert, die Schießgenauigkeit vergrößtert, aber das Geschütz erreichte niemals die hohe Leistungsfähigkeit des 38,1 cm-Geschützes Mk I.
Der 40,6 cm-Drillingsturm selbst verursachte noch mehr Schwierigkeiten. Die Notwendigkeit, drei Geschütze zu tragen, machten die Lafettierung naturgemäß komplizierter als bei den früheren 38,1 cm-Doppellafetten. Das Ganze wurde erheblich verstärkt durch die Notwendigkeit der Stichflammensicherheit, die übertriebene Verwendung von Verschlüssen im Munitionsförder- und -ladesystem sowie den Gebrauch der vielen Taumelscheibenpumpen. Anders als in früheren Türmen wurden Treibladungen und Geschosse in senkrechter Lage durch Stoßaufzüge zugeführt. Die Corditpulveraufzüge waren oben und unten mit stichflammensicheren Verschlüssen ausgerüstet und hatten außerdem noch Explosionsklappen an den Seiten der Förderanlagen. So bestand für das Corditpulver nur eine Gefährdung, wenn es sich im Umladeraum zwischen der Magazinöffnung und dem Aufzug befand, und unmittelbar, nachdem es in das Rohr geladen worden war. Zwischen diesen beiden Punkten war es vollkommen unsichtbar. Die Magazinschleusen waren 45,7 cm × 45,7 cm im Quadrat groß und besaßen einen leichten Plattenschutz. Sie waren stichflammensicher und wasserdicht. Die Magazine selbst besaßen keine Explosionsklappen, weil 1919 entschieden worden war, sie nicht zu verwenden, da sie nicht stichflammensicher waren. Noch während der Bauzeit erfuhren die Turmkonstruktionen eine Reihe von Änderungen. Die wichtigsten hiervon sind:
Das Hydrauliksystem wurde von Öl auf Wasser umgestellt. Dieser Wechsel erlaubte die Verwendung von Stahlleitungen im Hydrauliksystem anstelle der schweren und dickwandigen Kupferrohre in früheren Systemen. Das erbrachte nicht nur eine Gewichtsersparnis, sondern war auch weniger kostspielig.
In den Umladeräumen waren zuerst unabhängige Granatgestelle eingebaut, und zwar am unteren Ende der Aufzüge. Da aber dadurch ein stetiger Munitionsförderungszyklus unmöglich war, wurden sie ersetzt durch drei zusammenhängende Granatgestelle, die jeweils um 90° zum Granatgestellkreis versetzt angeordnet waren. Allerdings konnten die drei Geschütze nun nur mehr oder weniger gleichzeitig geladen werden.
Die Corditpulvergestelle, die in ähnlicher Weise ausgelegt waren wie die Granatgestelle, wurden durch Eimeraufzüge im drehbaren Teil des Turmes ersetzt. Es erforderte aber eine Vermehrung des Personals im Umladeraum, da die Treibladungen nun vom nicht drehbaren zum drehbaren Teil des Turmes von Hand befördert werden mußten.
Modifiziert wurde auch die Stärke des Führungsringes beim 40,6 cm-Geschoß, was wiederum eine Vergrößerung des Durchmessers in allen Förderanlagen mit sich brachte.
Leider war es nicht möglich, einen Werksversuch des festen und des Drehteiles eines Turmes mit den darin befindlichen Förderanlagen der Umladeräume durchzuführen, und als sie 1926/27 in die Schiffe eingebaut wurden, traten bei der Anlage beträchtliche Schwierigkeiten auf. Durch Modifizierung wurden zwar einige Verbesserungen erzielt, aber eine grundlegende Beseitigung des Problems hätte eine umfassende Änderung der Anlage erfordert und wurde wegen der Kosten zurückgestellt. Die Ladegeschwindigkeit der Türme betrug nach dem Entwurf 30 Sekunden, in der Praxis waren es jedoch 35 Sekunden pro Geschütz. Da das Nachreichen in den Umladeräumen jedoch 50 Sekunden beanspruchte, betrug die maximale Feuergeschwindigkeit tatsächlich nur 50 Sekunden, und weil es erforderlich war, daß die äußeren und mittleren Geschütze unterschiedliche Salven schossen, steigerte sich der Abstand zwischen den einzelnen Schüssen schließlich auf 60–65 Sekunden. Der *DNO* bezeichnete es als äußerst zweifelhaft, daß eine Modifizierung eine höhere Feuergeschwindigkeit als 40 Sekunden bei den ersten vier Schüssen und 45 Sekunden danach bewirken würde, was im Vergleich zur Feuergeschwindigkeit von 25 Sekunden bei den 38,1 cm-Mk I-Geschützen sehr schlecht war. Im Juli 1927 wurden auf der *Rodney* die Turmwalzenbahnen inspiziert und man entdeckte, daß der Innenrand der unteren Walzenbahn in die Flanken der Turmwalzen einschnitt. Ein ähnlicher Zustand wurde auch auf der *Nelson* festgestellt. Hervorgerufen wurde dies durch das große Gewicht der Dreheinrichtung von 1480 ts und den damit verbundenen Seitendruck, der bei der Turmdrehung entstand, insbesondere bei Seegang. So wurden als erste Maßnahme erst einmal Einschränkungen für die Drehgeschwindigkeit der Türme verfügt. Hinzu kamen einige Korrekturen an den Turmwalzen. Aber man wurde sich dann doch sehr schnell darüber klar, daß diese Maßnahmen nur unzulänglich waren. Es wurde entschieden, einen besonderen Satz von senkrechten Walzen einzubauen, befestigt am Drehteil des Turmes und gegen die Innenseite des festen Drehkranzes drückend. Ihr Zweck war es, den seitlichen Druck auf die Flanken der Horizontalwalzen aufzufangen. Um die Konzentrizität zwischen der unteren und oberen Walzenbahn zu erhalten, wurden einige der senkrechten Walzen mit zusätzlichen Federn versehen und so angeordnet, daß sich dabei niemals zwei feste Walzen gegenübersaßen. Der Einbau der senkrechten Walzen begann im August 1928 und war im Oktober 1929 abgeschlossen. Sie erwiesen sich als brauchbar und befriedigend, so daß die Beschränkungen der Turmdrehgeschwindigkeit aufgehoben werden konnte. Schießerprobungen an Bord ergaben nun ein weiteres Problem, und zwar den Druckwelleneffekt der 40,6 cm-Geschütze. Wenn die Türme „A“ und „B“ vorausschossen, wurde eine Reihe Ausrüstungsteile auf dem Deck beschädigt und war der Aufenthalt in den Unterkünften darunter unzumutbar. Ähnlich war es beim Schießen mit Turm „X“. Wenn dieser breitseit achteraus schoß, wurden erhebliche Schäden an den Aufbauten festgestellt, wobei der Aufenthalt auf der Brücke fast unmöglich war, insbesondere dann, wenn die Geschütze mit großer Rohrerhöhung schossen.

Oben: Nahaufnahme der schweren Artillerie der *Rodney*, kurz nach Fertigstellung 1928.
Unten: Nahaufnahme der Mittelartillerie der *Rodney*, kurz nach Fertigstellung 1928.

Als vorläufige Maßnahme wurden die Bestreichungswinkel, unter denen die SA schießen konnte, so festgesetzt, daß sowenig Schaden wie möglich entstehen konnte. Um den Druckwelleneffekt auf Personal und Instrumente zu mindern, wurden auf *Rodney* an den Öffnungen des Brückenaufbaues oben und unten Vorhängeplatten angebracht. Damit wurden die Öffnungen verkleinert. Auf der Kompaßplattform wurden zusätzlich kleine Fenster mit Glasscheiben eingebaut. Diese Arbeiten wurden in Portsmouth durchgeführt und am 24./25. November 1930 südlich der Isle of Wight erneut Schießerprobungen unter der Leitung von Artillerieexperten von HMS *Excellent* durchgeführt. Das Resultat war dann fast ein Fehlschlag, denn als der Turm „X" achteraus schoß, zerbarsten die Fenster der Kompaßplattform; sie wurde mit jeder Menge Glassplitter übersät und der Brückenaufbau erneut beschädigt. Die Vorhängeplatten waren wohl teilweise zufriedenstellend gewesen, denn auf der *Rodney* blieben sie eingebaut und die *Nelson* erhielt sie später auch. Schließlich baute man auf beiden Schiffen unter den Brückenöffnungen Ablenkungsbleche ein, die die Vorhängeplatten ergänzten, und die untere Fensterreihe der Kompaßplattform wurde zugemacht. Obwohl alle diese Maßnahmen Verbesserungen brachten, beseitigten sie die Schwierigkeiten nicht, und die Begrenzungen der Bestreichungswinkel blieben während der gesamten Friedenszeit in Kraft. Im Mai 1934 war vorgesehen, mit der *Nelson* erstmalig ein Dauerschießen durchzuführen, und zwar mit 16 Schuß pro Geschütz und mit allen Geschützen gleichzeitig. Dabei traten eine Reihe von Störungen auf, die sorgfältig untersucht wurden. Sie waren schließlich der Anlaß für eine Konferenz, die im Dezember 1934 auf der *Nelson* stattfand, und an der Vertreter der Flotte, der *Admiralität* und der HMS *Excellent* teilnahmen. Alle bekanntgewordenen Schwachpunkte der Türme wurden durchdiskutiert und eine Reihe Empfehlungen gegeben, wie sie zu beseitigen wären. Zur Durchsetzung dieser Empfehlungen wurden dann auch energische Schritte unternommen, aber ganz störungsfrei wurden die Türme nie. Die Einzelheiten der 40,6 cm-Geschütze und ihrer Lafetten im Vergleich zur 38,1 cm-Bewaffnung der *Hood* sind in Tabelle 38 (unten) angeführt. Wie zu ersehen ist, war die Feuerkraft der 40,6 cm-Geschütze letztlich überlegen, aber bezogen auf die höhere Feuergeschwindigkeit der 38,1 cm-Geschütze und deren größerer Genauigkeit, ist es schwierig, ein objektives Urteil über deren Vorteil zu fällen.

Tabelle 38: Vergleich der 40,6 cm- und 38,1 cm-Geschütze*

	40,6 cm	38,1 cm
Mark des Geschützes	I	I
Mark der Türme	I	II
Rohrlänge	L/45	L/42
Geschoßgewicht	928,768 kg	870,72 kg
Gewicht der Treibladung	231,285 kg	194,098 kg
Mündungsgeschwindigkeit	822,95 m/sek	746,76 m/sek
Mündungsenergie	32.055.916,5 mkg	24.777.520 mkg
Lebensdauer des Rohres (bei voller Treibladung)	200	350
Geschützgewicht	108 ts	97,152 ts
Maximale Reichweite	38.334,39 m	27.889,2 m
Maximale Rohrerhöhung	40°	30°
Gewicht des drehbaren Teils	1.480 ts	860 ts

* Anmerkung des Übersetzers: Im Gegensatz zur Tabelle sind die Daten im Text abgerundet.

Die MA war, wie die SA, ursprünglich für den Schlachtkreuzer *G 3* entworfen worden und bestand aus 12 × 15,2 cm L/50-Geschützen Mk XXII in 6 Mk XVII-Doppeltürmen. Einzelheiten des Geschützes im Vergleich zum 15,2 cm Mk XII sind aus Tabelle 39 (Seite 128) zu ersehen. In der ursprünglichen Entwurfs-

◀ Blick auf das Vorschiff der *Nelson* 1940. Beachte die Nahverkehrsantennen auf dem Dach des Turms „B".

Mittschiffsaufnahme der *Nelson* 1929. ▶

skizze waren die 15,2 cm-Türme unterhalb der Brücke und um diese herum angeordnet, aber im September 1922 wurden sie dann weiter nach hinten versetzt, um sie aus dem Druckbereich der schweren Türme zu entfernen. Die 15,2 cm-Magazine und -Munitionskammern befanden sich hinter den Maschinenräumen und zum größten Teil direkt unterhalb der einzelnen Türme. Damit wollte man eine direkte Munitionsversorgung sicherstellen. Die Granaten wurden mittels Schubaufzügen und das Pulver in *Clarkson*-Behältern über endlose Kettenaufzüge zu den Umladeräumen im Hauptdeck unterhalb der Geschütze befördert. Die Stichflammensicherheit im Pulverfördersystem war nahezu vollkommen und schloß die Luken der Magazinschotte und Öffnungen am Aufzugsende mit ein. In den Seitenwänden der Aufzüge befanden sich Explosionsklappen. Oberhalb der Aufzüge waren Schnellschlußklappen, die sich nach oben öffneten und

automatisch wieder schlossen, wenn die Aufzüge abwärts gingen. Die Anordnung der MA hatte einen großen Nachteil: die Türme und Umladeräume waren in einem Bereich konzentriert. Da dieser lediglich durch 2,54 cm starke hochelastische Stahlschutzplatten gesichert war, bestand eine ziemliche Gefährdung durch Granattreffer. Eine oder zwei Granaten waren leicht in der Lage, die gesamte Batterie einer Seite außer Gefecht zu setzen. Ein Prototyp des 15,2 cm-Turms wurde auf dem Kreuzer *Enterprise* (Fertigstellung 1926) zur Durchführung von Schießerprobungen eingebaut. Er bewährte sich gut. Der Turm Mk XVII war im großen und ganzen ähnlich dem auf *Rodney* und *Nelson* vorgesehenen, außer daß der wesentlich länger war. Ursprünglich war der Turm Mk XVIII mit 40° Rohrerhöhung vorgesehen, gleich dem Turm auf *Enterprise,* aber im November 1922 genehmigte die Admiralität die Rohrerhöhung auf 60°, sodaß die Geschütze auf weite Entfernungen auch auf Flugzeuge schießen konnten. Dieses war jedoch von sekundärer Bedeutung gegenüber der Verwendung als Seezielgeschütz. Die 15,2 cm-Türme der *Rodney* stellte Vickers her, die der *Nelson* Armstrong. Die weitschießende Flugabwehrbewaffnung bestand aus 6 × 12 cm L/43-Mk VIII-Geschützen in ungeschützten Einzellafetten Mk XII, die eine maximale Rohrerhöhung von 90° hatten. Zwei befanden sich auf dem Achterdeck und vier auf dem Schutzdeck. Alle hatten gutes Schußfeld nach allen Seiten, aber in ihrer Aufstellung entsprachen sie nicht in allen Punkten den Forderungen des *„Ausschusses für Luftabwehrfragen“,* der ja gefordert hatte, daß wenigstens vier Geschütze in der Lage sein sollten, von ihrem Standort aus jedes Ziel am Himmel zu erreichen und zu bekämpfen. Im äußersten Fall konnten jedoch auf jeder Seite nur drei, teilweise sogar nur zwei Geschütze schießen. Vier Geschütze konnten direkt nach vorne wirken, aber sie waren nicht in der Lage, auf ein Flugzeug zu schießen, das den Bug kreuzte. Sechs konnten direkt nach hinten schießen und die beiden auf dem Achterdeck einen Sektor von 41° über dem Heck erreichen. Die vorgesehene Nahabwehr-Flakbewaffnung bestand aus 4 achtrohrigen Pom-Pom-Lafetten. Diese standen jedoch bei Fertigstellung der beiden Schiffe noch nicht zur Verfügung, und an ihrer Stelle erhielten sie acht 2 Pdr-Mk II-Einzellafetten. Vier wurden seitlich der Brücke auf der Kommandoturmplattform aufgestellt und vier am hinteren Ende der Aufbauten. Die Flakbewaffnung beider Schiffe wurde von Vickers gefertigt. Beim Entwurf *G 3* hatten sich hinsichtlich der Aufstellung der Breitseit-UTR Schwierigkeiten ergeben. Die Rohre dieses Typs hatten eine Schiene, die, wenn sie ausgefahren war, den Torpedo im Augenblick des Abschusses führen sollte. Durch die Schiene wurde das Abweichen des Torpedos vom Kurs verhindert, aber auch das Verklemmen des Torpedos im Rohr durch das Schlingern und Stampfen des Schiffes ermöglicht. Bei schnellen Schiffen war dieses Problem noch schwerer zu lösen. Auf *Rodney* und *Nelson* wurden diese Schwierigkeiten vermieden, indem man die vorderen TR in einem leichten Winkel zur Schiffsmitte anordnete und die Schienen wegließ. Versuche mit dieser Anordnung erwiesen sich als vollauf befriedigend. Somit wurde dieser Einbauart eindeutig der Vorzug gegenüber der alten Breitseitanordnung gegeben. Die TR hatten einen Durchmesser von 62,2 cm, und *Rodney* und *Nelson* waren damit die einzigen Schiffe der RN, die mit TR dieser Größe ausgerüstet wurden. Der 62,2 cm-Torpedo hatte ein Gewicht von 2552 kg, eine Reichweite von 27432 m bei 30 kn oder 13716 m bei 35 kn. Die Laufzeit betrug 20 bzw. 12 Minuten und 51 Sekunden.

Tabelle 39: Vergleich der 15,2 cm-Geschütze Mk XII und Mk XXII*

	15,2 cm-Mk XII	15,2 cm-Mk XXII
Rohrlänge	L/45	L/50
Geschützgewicht	6,7 ts	8,8 ts
Geschoßgewicht	45,35 kg	45,35 kg
Gewicht der Treibladung	12,244 kg	13,605 kg
Feuergeschwindigkeit (Schuß/min)	7	8
Reichweite bei 45° Rohrerhöhung	20.208,24 m	22.951,44 m
Mündungsgeschwindigkeit	853,44 m/sek	897,636 m/sek
Mündungsenergie	1.681.774,17 mkg	1.861.411,19 mkg

* Anmerkung des Übersetzers: Im Gegensatz zur Tabelle sind die Daten im Text abgerundet.

Feuerleitanlagen und -geräte

Zwei Feuerleittürme wurden für die SA vorgesehen, einer auf der Brücke und einer auf dem hinteren Aufbau. Jeder Turm hatte ein 4,57 m-EMeßGerät. Die vier Feuerleitgeräte der MA waren paarweise seitlich des vorderen und hinteren Feuerleitturmes eingebaut, jedes mit einem 3,65 m-EMeßGerät. Ein Ersatzfeuerleitgerät befand sich in der Panzerkuppel auf dem Kommandoturm. Die Feuerleitübermittlungsstation besaß ein *Admiralitäts-Feuerkontroll*-Gerät (eine kompliziertere Version des *Dreyer*-Gerätes der früheren Schiffe) für die SA und zwei Typ *„S“*-Feuerleitanzeigegerät für die MA. Die Verbindung zwischen den Feuerleittürmen und den Feuerleitgeräten sowie zwischen den Feuerleitgeräten und den Geschützen wurde mittels eines neuen Systems vorgenommen. Dieses wurde bekannt als selbsttätiggleichlaufendes Übermittlungssystem und brachte eine Reihe von Fortschritten gegenüber dem bisher üblichen *„Schritt für Schritt“*-System. Die einzelnen Geber konnten schnell betätigt werden, ohne daß das ganze System dabei aus dem Gleichlauf kam. Genauso konnte auch eine große Anzahl gleichzeitig benutzt werden (im *„Schritt für Schritt“*-System war die Anzahl begrenzt). Das System brauchte auch nicht wieder neu abgeglichen werden, wenn von einer Leitstelle zur anderen umgeschaltet wurde (beim *„Schritt für Schritt“*-System war es notwendig festzustellen, ob beide Geräte synchron waren, bevor eine Wechselschaltung möglich war). Wenn die elektrische Energie ausfiel, blieb das System im Gleichlauf (synchron),* allerdings durften dann die Geber nicht bewegt werden (beim *„Schritt für Schritt“*-System fiel die gesamte Anlage aus, wenn auch nur ein Geber defekt war). Trotzdem gab es auch Nachteile im Synchronsystem. Es war teuer und auch viel komplizierter, war auch nicht so exakt und, bei hoher Geschwindigkeit nicht so reibungslos im Betrieb als das *„Schritt für Schritt“*-System. Der Flak-Feuerleitstand befand sich auf einem kleinen Turm, der auf dem hinteren Ende der Feuerleitturmplattform auf der Brücke stand. Die Plattform auf dem Turm nahm zwei seitliche Luftziel-Feuerleitanlagen auf und in der Mitte ein 3,65 m-Luftziel-EMeßGerät, außerdem einen *Evershed*-Peilgeber und einen *Dumaresq*-Änderungsanzeiger. Die Luftziel-Rechenstelle befand sich am Fuße des Turmes auf der Feuerleitplattform. Die Feuerleitstelle der TR-Be-

* Anmerkung des Übersetzers.

Eine der 12 cm-Flak auf *Rodney*. Später erhielten die Geschütze Schutzschilde. ▶

waffnung, zwei Stände mit 4,57 m-EMeßGeräten, befand sich seitlich des Schornsteins, die Torpedovisiere an jeder Seite der Admiralsbrücke. Zur Feuerleitanlage gehörten außerdem:

Ein 12,5 m-EMeßGerät in jedem 40,6 cm-Turm,
zwei 2,74 m taktische EMeßGeräte auf der Feuerleitplattform,
sechs Gegner-Peilgeräte; zwei auf der Kompaßplattform, zwei auf der Kommandantenbrücke und zwei auf der Admiralsbrücke,
vier *Evershed*-Scheinwerfer-Richtgeräte; zwei auf der Feuerleitplattform und zwei auf der Kommandantenbrücke,
zwei *Evershed*-Richtgeräte für Leuchtgranaten auf der Kommandantenbrücke.

Schiffsschutz

Die SA konzentrierte sich mittschiffs, um die Ausdehnung der schweren Horizontal- und Vertikalpanzerung zum Schutz der Magazine so klein wie möglich zu halten. Die Magazine waren im breitesten Teil des Schiffes untergebracht, so daß der Unterwasserschutz dieser Räume der beste war, den man überhaupt haben konnte. Der Hauptgürtelpanzer befand sich innen und war mit einer Neigung von 72° zur Horizontalen eingebaut, etwa halbwegs zwischen Bordwand und dem Torpedoschott. Dieser Anordnung wurde entgegen der auf der *Hood* der Vorzug gegeben, und zwar aus zwei wichtigen Gründen. Erstens sollte der Gürtelpanzer von der maximalen Breite des Schiffes zurückversetzt werden, so daß sich bei einer Unterwasserexplosion der Druck von der Zitadelle weg ausbreitete. Da sich die Bordwand mit der maximalen Breite des Schiffes in einer Flucht befand – zur Erhöhung der Stabilität –, befand sich der Gürtelpanzer von sich aus innen. Zweitens war die geforderte Breite des Schutzwulstes so, daß, wenn der Gürtelpanzer wie auf der *Hood* in Flucht mit dem Torpedoschott wäre, die Breite der gepanzerten Zitadelle nicht in der Lage sein würde, die geforderte gepanzerte Stabilität zu gewährleisten. Aus konstruktionstechnischer Sicht war dieses System nicht ideal, weil der Gürtelpanzer zu-

sätzlich durch einen speziellen Unterbau gehalten werden mußte, im Gegensatz zu den früheren Schiffen. Bei denen war die Bordwand bzw. die Form des Schiffskörpers so gestaltet, daß sie den erforderlichen Unterbau bildete. Der Gürtelpanzer, 3,96 m breit, erstreckte sich von der Vorkante der Barbette „A" bis zur Achterkante der hinteren 15,2 cm-Magazine. Er war seitlich der Hauptmagazine und des Hauptleitstandes, unterhalb des Panzerdecks, 35,6 cm, seitlich der Maschinenräume und der hinteren 15,2 cm-Magazine 33 cm dick. Der Gürtelpanzer hatte eine 1,27 cm starke Stahlplattenunterlage. Wie bei der Panzerung an anderer Stelle des Schiffes wurden die einzelnen Panzerplatten so groß wie möglich gefertigt, und hinter den verriegelten Stößen waren schwere Stahlprofile angebracht. Die obere Kante des Gürtelpanzers war in der Horizontalrichtung vom Panzerdeck unterstützt. Die untere Kante lag in einem aus panzermaterialähnlichem Gußstahl angefertigten u-förmigen Block, der seinerseits am unteren Ende eines schrägen (30° zur Horizontale) und stark unterstützten Anbaues am Torpedoschott angebracht war. Eine auftreffende Granate würde die Tendenz haben, den Panzer schräg hinaufzuschieben und somit noch fester in den Sitz drücken. Diese Art der Anbringung des Gürtelpanzers verringerte zusammen mit den verriegelten und unterstützten Stößen der Panzerplatten die Möglichkeit sehr, daß die einzelnen Platten durch das Auftreten oder die Detonation der Granaten aus ihrer Lage verdrängt oder verschoben wurden. Das Panzerdeck über den Magazinen der SA und MA der Zitadelle war 15,88 cm stark und hatte eine Unterlage von 1,27 cm starken Platten. Über den Maschinenräumen war es 9,52 cm dick und lag ebenfalls auf 1,27 cm starken Platten. 1922 war ein Ziel, welches der Decks- und Gürtelpanzeranordnung des Entwurfs *O 3* entsprach, in den alten Dreadnought *Superb* eingebaut und getestet worden. Zusammengefaßt, die Resultate bewiesen, daß ein 17,14 cm dickes Deck und ein 35,6 cm-Gürtelpanzer imstande waren, einem 40,6 cm-Geschoß mit einer Aufschlagsgeschwindigkeit und unter einem Aufschlagswinkel, wie sie in einem Gefecht zu erwarten waren, standzuhalten. Man vermutete auch, daß der 33 cm-Gürtelpanzer und das 10,8 cm-Deck seitlich und über den Maschinenräumen widerstehen würde. Die Möglichkeit eines völligen Durchschlagens, dem dann erst eine Detonation weit innen folgen würde, wurde als sehr gering angesehen. Während dieser Versuche wurde auch ein Geschoß direkt am Ziel zur Explosion gebracht, um zu ermitteln, ob das Torpedoschott von den Splittern durchdrungen wurde, wenn das Geschoß, nachdem es den Gürtelpanzer getroffen hatte, in eine bestimmte Richtung geleitet wurde. Die Ergebnisse waren zufriedenstellend, und man kam zu dem Schluß, daß die Anordnung der Panzerung die beste war, die bei dieser Verdrängung erreicht werden konnte. Vorne wurde die Zitadelle von einem 30,5 cm-Schott begrenzt, das zwischen Mittel- und Zwischendeck und unten auf einem 17,78 cm-Horizontalpanzer saß, der sich wiederum nach vorne bis zur Oberkante eines 20,3 cm-Schotts erstreckte, welches bis zum Plattformdeck hinunterreichte und die Magazine gegen Feuer von voraus schützte.

Vor der Zitadelle war der Schiffskörper vollständig ungeschützt. Hinten war die Zitadelle durch ein 25,4 cm-Schott abgeschlossen, welches zwischen Mittel- und Zwischendeck saß. Vom Boden dieses Schotts bis zur Hinterkante Rudermaschinenraum hatte das Zwischendeck eine Stärke von 10,79 cm mit einer 1,27 cm-Plattenunterlage, sowohl horizontal als auch in der Böschung. Die tiefste Stelle der Böschung befand sich in gleicher Ebene mit der tiefsten Stelle des Gürtelpanzers. Das hintere Ende des Rudermaschinenraumes wurde durch ein 10,2 cm-Schott geschützt. Wie auch der Gürtelpanzer lagerte die Barbettenpanzerung in schweren u-förmigen Gußstücken, war somit sehr stark am gepanzerten Mitteldeck befestigt und daher auch kaum durch Granattreffer und Explosionen aus ihrer Lage zu bringen. Der Panzer war an den Seiten 38,1 cm dick und wurde zur Schiffsmitte hin zunehmend dünner. Diese Verdünnung sollte Gewicht sparen und schien annehmbar, weil die Barbetten sich bis zu einem gewissen Grade – jeweils in Richtung Bug und Heck – gegenseitig schützten. Die Barbetten hatten einen Innendurchmesser von 11,43 m, im Vergleich zu den Barbetten der 38,1 cm-Zwillingslafetten mit nur 9,14 m. Die Frontplatten der Türme waren 40,6 cm dick und hatten eine Neigung von 67°. Sie maßen 8,53 m × 3,05 m. Die Geschützpforten waren 1,22 m breit und 2,29 m hoch. An den Ecken saßen gebogene Platten, 28 cm dick, die in die gleich starken vorderen Seitenplatten übergingen. Die hinteren Seitenplatten waren wie die Rückenplatten 22,86 cm dick. Die Rückenplatten waren gebogen, so daß sie noch zusätzlichen Raum im Turminnern schafften. Sie hatten insgesamt 72 Luftlöcher mit einem Durchmesser von 11,43 cm, die von außen mit leichten Schutzplatten verdeckt waren. Die Unterseiten der Türme waren dort, wo sie über den Barbetten standen, durch 7,62 cm-Platten geschützt. Das Dach setzte sich aus fünf querlaufenden, 18,41 cm dicken Panzerplatten zusammen, die miteinander durch Bolzen verbunden und durch acht Stahlunterzüge unterstützt waren, zusätzlich zu den Seiten- und Frontplatten. Die Schornsteinhälse zwischen dem gepanzerten Mitteldeck und dem Hauptdeck wurden durch vier gepanzerte Schächte von durchschnittlich 20,3 cm bis 22,86 cm Stärke geschützt. Der Kommandoturm besaß an den Seiten eine 35,6 cm starke Böschung, eine Frontstärke von 30,5 cm und eine Rückseite von 25,4 cm. Der Boden war 10,2 cm dick, das Dach 16,51 cm. Die Drehkuppel hatte eine 7,62 cm-, ihre Vorderseite eine 12,7 cm-Panzerung. Der Verbindungsschacht, der den Kommandoturm mit den im Plattformdeck befindlichen Leitständen verband, war durch eine 15,2 cm-Panzerung geschützt, die bis zum Panzerdeck hinunterreichte. Der Splitterschutz der 15,2 cm-Türme und deren Umladeräume, der Brücke und der Feuerleitstände wurde durch dünne hochelastische Stahlschutzplatten gewährleistet. Der komplette Wegfall des Schutzes vor der Zitadelle, die Schwäche des Schutzes der MA und der Leitstände und die schmale Breite des Gürtelpanzers waren Punkte, die Kritik an diesem Schiffsschutzsystem hervorrufen konnten. Kleine Verbesserungen konnten allerdings ohne drastische Gewichtsveränderungen an anderer Stelle durchgeführt werden. Dieses würde nicht möglich sein, ohne die ausgewogene Gesamtkonstruktion zu gefährden. Vielleicht mit einer Ausnahme – dem gepanzerten Kommandoturm. Der wog 222 ts und sein Wegfall hätte die Qualität der Schiffe nicht ernsthaft gemindert.

Unterwasserschutz

Der innenseitige Schutzwulst war ähnlich dem des Entwurfs *G 3* und bestand aus einem äußeren Luft- und einem inneren Auftriebsraum sowie dem Torpedoschott. Das Schott war 3,8 cm dick und bestand aus zwei 1,9 cm starken D-Stahlplatten und saß innen mit 3,05 m Abstand von der Bordwand. Wie im Entwurf vorgesehen, waren 2870 ts Wasser notwendig, um die Auftriebsräume zu füllen. Das steigerte den Tiefgang um 55,88 cm, die Geschwindigkeit verringerte sich um annähernd 0,5 kn. Die im Entwurf *G 3* vorgesehene Anlage, das Wasser in den Auftriebsräumen mittels Druckluft auszudrücken, konnte nicht angewendet werden wegen der festgesetzten Grenzen der Verdrängung, und so wurde auf ein System zum Fluten und Umpumpen zurückgegriffen. Besondere Aufmerksamkeit wurde der Ausarbeitung des Flut- und Lenzsystems gewidmet, dessen Anordnung gegenüber früheren Ausführungen verbessert wurde. Außer für Übungen und Dichtigkeitstests der Abteilungen sollten die Auftriebsräume nur in Kriegszeiten geflutet gefahren werden. Dadurch wurde Gewicht gespart und somit auch der Brennstoffverbrauch in Friedenszeiten herabgesetzt. Das Spantwerk der Leerzellen wurde in Übereinstimmung mit Festigkeitsüberlegungen so leicht wie möglich gehalten. Es wurden Vorkehrungen getroffen, um die Explosionsgase durch kreisförmige Ventilationsklappen, die oben und unten an der Außenwand der Auftriebsräume und oben an den Leerzellen angebracht waren, entweichen zu lassen. 1922 führte man auf dem *Chatham-Floß* Versuche an Modellen durch, deren Anordnung der vorherigen Beschreibung entsprach. Aus diesen Erprobungen wurde dann gefolgert, daß *Nelson* und *Rodney* sicher waren gegen Ladungen von 340 kg. Um das aber zu bestätigen, wurde beschlossen, einen naturgetreuen Versuch durchzuführen. An einem Modell 1 : 1, das dem vorgesehenen Unterwasserschutzsystem entsprach, wurde eine Ladung von 454 kg gezündet. In der Außenbodenplatte entstand ein großes Loch, aber das Leck im Schiffskörper selbst war unwesentlich. Daraus schloß man, daß der Unterwasserschutz zufriedenstellend war, daß nicht einmal ein Treffer mit einem Torpedosprengkopf von 454 kg ein Schiff mit diesem Schutz hindern könnte, den Kampf mit ausreichender Geschwindigkeit fortzusetzen. Entweder auf Grund dieser oder späterer Versuche wurden die Explosionsklappen festgesetzt, weil es sich zeigte, daß sie im Moment des größten Druckes nicht effektiv genug waren. Der 2,13 m-Doppelboden des Entwurfs *G 3* konnte nicht verwendet werden, und bei *Nelson* und *Rodney* verminderte man die Tiefe auf 1,52 m. Frühere Versuche hatten gezeigt, daß diese Tiefe ausreichend Schutz gegen Explosionen unter dem Schiff boten.

Maschinenanlage

Die Notwendigkeit, die Grenze von 35000 t einzuhalten, war ausschlaggebend für die Gewichtsersparnis bei der Maschinenanlage, und die Bemühungen in dieser Hinsicht waren außergewöhnlicher als früher und seitdem nie mehr wiederholt worden. Mit dem Entwurf *O 3* standen drei Maschinenaufstellungspläne zur Diskussion:

A: Maschinenräume vor den Kesselräumen. Acht Kessel. Zwei Wellen. 150 u/min/Welle. Gemäß Maschinenaufstellungsplan Entwurf *N 3*.
B: Maschinenräume hinter den Kesselräumen. Acht Kessel. Zwei Wellen. 160 u/min/Welle. Gemäß Maschinenaufstellungsplan Entwurf *G 3*.
C: Turboelektrischer Antrieb, der wegen des Raumbedarfs und der Größe der EMotoren einen Vierwellenantrieb mit 220 u/min/Welle verlangte.

Diese drei Alternativen wurden Anfang 1922 vom *DNC* und *E in C* diskutiert. Der Plan *A* wurde vorgezogen. Zwar benötigte die Anlage *B* weniger Gewicht, war weniger eingeengt und wäre vielleicht ausgewählt worden, hätten die Forderungen der anderen *Marineämter* das festgesetzte Deplacement nicht überschritten. Der turboelektrische Antrieb, der zu dieser Zeit in einigen Schlachtschiffen der *U.S. Navy* eingebaut war, wurde, wie es scheint, nicht ernsthaft erwogen. Der *E in C* wurde aufgefordert, die Anlage *A* in einigen Details auszuarbeiten und die Gewichte der Maschinenanlage anzugeben. Dabei sollte jedoch eine Grenze von 2000 ts nicht überschritten werden. Er antwortete am 5. Januar, daß die Anlage *A*, mit einigen Änderungen versehen, verwendbar sei, 45000 WPS erzeugen würde, eine Drehzahl von 160 u/min/Welle haben würde und mit zwei Wellen versehen sei. Das Gewicht würde, die Hilfsmaschinen ausgenommen, 2000 ts nicht überschreiten, vorbehaltlich, es würden keine weiteren Modifizierungen vorgenommen. Am 9. Februar bahnte sich jedoch schon die erste an, als der *E in C* dem *DNC* mitteilte, daß die verlängerten Wellen das Gewicht der Maschinenanlage auf 2030 ts steigern würden. Die Wellen wurden dann später wieder verkürzt, und der *DNC* fragte an, ob nun das Gewicht wieder auf die ursprüngliche Größe zurückkehren würde, doch mußte er sich vom *E in C* sagen lassen, daß dies nicht möglich sei. Weitere Änderungen der Maschinenanlage steigerten das Gewicht dann bis zum 19. Mai auf bereits 2080 ts. Am 30. Mai fragte der *DNC* erneut an, ob es möglich sei, zu den 2000 ts zurückzukehren. Der *E in C* antwortete am 17. Juni, daß die ersten Berechnungen nur grobe Überschläge gewesen seien, die 2080 ts jedoch das Ergebnis genauer Detailrechnungen seien, und bei zwei Wellen wäre keine Verringerung möglich, wenn die Leistung bei einer Drehzahl von 160 u/min/Welle gehalten werden sollte. Er regte an, schlug aber nicht vor, die Drehzahl der Wellen auf 180 bis 200 u/min zu steigern, wodurch 25 bzw. 40 ts gespart werden könnten, der Wirkungsgrad der Turbinen behalten, der Wirkungsgrad der Propeller jedoch herabgesetzt werden würde. Diese Anregung wurde zwar sorgfältig geprüft, jedoch nicht befolgt. Im September 1922 wurde der Endentwurf von der *Admiralität* genehmigt, dabei war das Gewicht auf 2054 ts reduziert. Das geschah durch die Verringerung der Gewichte an der Ausrüstung der Antriebsanlage, der Ersatzteile, der Werkstattmaschinen, durch Verwendung von Aluminium und Vonbordnahme der Turbinenhebevorrichtung sowie ihre Lagerung an Land. Desgleichen wurde empfohlen, weitere Gewichtseinsparungen von 30 ts zu erreichen, indem man die Rohre der Heizölvorwärmanlage von Bord nahm. Dieses System war vorgesehen zum Beheizen der Heizölbunker, um das schwere Heizöl dünnflüssiger zu machen. Der Verzicht auf dieses System bedeutete, daß bestimmte Heizölsorten nicht mehr verwendet werden konnten. Dieser Vorschlag wurde im September 1922 zwar von der *Admiralität* genehmigt, jedoch nicht realisiert. Trotz aller Bemühungen blieb es bei einem Gewicht der Maschinenanlage von 2054 ts im Endentwurf. Bei Fertigstellung der *Nelson* betrug deren Maschinengewicht 2150 ts. Obgleich es größer war, als im Entwurf vorgesehen, war der Unterschied letztlich doch gering, und das Erreichen eines so niedrigen Gewichts war lobenswert. Der Nachdruck, der den Gewichtsersparnismaßnahmen verliehen wurde, wirkte sich langfristig nachteilig aus auf die Leistung der Maschinenanlage, und speziell *Rodney* hatte laufend Schwierigkeiten mit ihrer Antriebsanlage. Für die zu erreichende Geschwindigkeit von 23 kn war nur eine niedrige Wellendrehzahl (160 u/min) mit einer relativ geringen Wellenleistung erforderlich, weil es dadurch möglich war, Propeller mit größerem Wirkungsgrad zu verwenden als bei Anlagen für höhere Geschwindigkeiten. Die beiden Propeller hatten einen Durchmesser von 5,03 m und eine Steigung von 5,94 m. Angetrieben wurden sie von zwei Sätzen Brown-Curtis-Aktionsturbinen und über ein einfaches Untersetzungsgetriebe. Es gab keine besonderen Marschturbinen, dafür jedoch spezielle Marschstufen mit eigenen Düsen, die in die Hauptturbinen eingebaut waren. Wie bei den Marschturbinen, reduzierte sich dadurch der Dampf – und somit auch der Brennstoffverbrauch, so wie es für die niedrige (Marsch-)Fahrtstufe nötig war. Die Turbinen- und Getrieberäume wurden durch ein Querschott getrennt. Außerdem waren diese Räume noch durch ein Längsschott in Stb- und Bb-Maschinenräume aufgeteilt. Der benötigte Dampf wurde von acht Admiralitäts-3-Trommel-Wasserrohrkesseln mit Überhitzer erzeugt. Der Betriebsdruck lag maximal bei ~ 17,5 atü. Wie die Maschinenräume, so waren die Kesselräume durch ein Quer- und Längsschott in vier Räume aufgeteilt, pro Raum zwei Kessel. Die Kesselräume befanden sich hinter den Maschinenräumen, so daß die letzteren wegen des größeren Raumbedarfs im breiteren Teil des Schiffes und somit auch besser geschützt waren. Durch diese Anordnung kamen die Schornsteinhälse im Panzerdeck weiter von den Magazinen und der Schornstein selbst weiter vom Brückenaufbau weg. Man hoffte, daß dieser Abstand zwischen Schornstein und Brücke sich günstiger auswirken würde im Hinblick auf die Rauchbelästigung. Die Praxis zeigte jedoch, daß der Schornstein zu kurz war und unter bestimmten Bedingungen doch Rauch in die Brücke und die hinteren Leitstandspositionen drang. Das kam durch den Rücksog der Turmkonstruktion. *Nelson* führte ihre Probefahrten durch in der abgesteckten Meile von West Looe, Cornwall, und zwar zwischen dem 21. und 28. Mai 1927. Die Ergebnisse sind aus den Tabellen 40 und 41 zu ersehen.

Nelson wurde am 10. August 1927 übergeben und am 15. August 1927 in Portsmouth für die Atlantikflotte in Dienst gestellt. Am 21. Oktober 1927 (Trafalgartag) wechselte die Flagge des *C in C* Atlantikflotte, VAdm Sir H. Brand, von der *Revenge* auf die *Nelson*. Auch *Rodney* führte ihre Probefahrten vor West Looe durch, die Ergebnisse stehen in Tabelle 42.

Rodney wurde von einem Devonport-Überführungskommando am 8. November 1927 in Birkenhead übernommen (Teilindienststellung) und dann am 7. Dezember 1927 in Devonport als Geschwaderschiff für die Atlantikflotte voll in Dienst gestellt.

Hilfsmaschinenanlage

Im Entwurf *G 3* waren gegenüber früheren Konstruktionen zahlreiche Neuerungen und Abweichungen in der Hilfsmaschinenanlage vorgesehen. Diese Verbesserungen – insbesondere die Verwendung von E-Energie anstelle von Dampfantrieb – wurden im Entwurf *O 3* wiederholt. Jedoch war es wegen der Einschränkungen im Gewichts- und Raumbedarf unmöglich, die vorgesehenen acht EGeneratoren zu installieren, es wurden nur sechs. Jeder hatte eine Leistung von 300 kW. Vier hatten Getriebeturbinen-, zwei Dieselmotorenantrieb. Diese Leistung wurde als ausreichend angesehen, um alle Abschnitte der Schiffe mit der benötigten Energie zu versorgen.

Tabelle 40: Probefahrten der Nelson bei Standardverdrängung im Mai 1927

Datum	Windstärke	Seegang	Leistung (WPS)	u/min/Welle	Geschwindigkeit (kn)	Verdrängung (ts)
21. Mai 1927	West 4	unbeständig	6.296	83,35	12,605	33.859
			9.218	94,96	14,41	33.870
			14.605	110,9	16,83	33.884
			18.662	121,19	18,3	33.913
23. Mai 1927	Südwest 1	ruhig	27.492	136,97	20,44	33.873
24. Mai 1927			36.920	150,67	22,4	33.624
26. Mai 1927	Ostnordost 4	1–2	46.031	161,6	23,55	33.636

Tabelle 41: Probefahrt der Nelson bei Einsatzverdrängung am 27. Mai 1927

Windstärke	Seegang	Leistung (WPS)	u/min/Welle	Geschwindigkeit (kn)	Verdrängung (ts)
Ostsüdost 2	1	6.194	88,72	12,315	37.860
		9.223	95,31	14,29	–
		15.197	112,7	17,01	–
		18.742	120,44	18,07	–
		27.402	135,84	20,15	–
Ostsüdost 3	2	36.720	149,2	21,66	–
		45.803	160,3	23,05	37.748

Tabelle 42: Meilenfahrten der Rodney bei Standardverdrängung 1927

Datum	Anzahl der Überläufe	Leistung (WPS)	u/min/Welle	Geschwindigkeit (kn)	Verdrängung (ts)	Brennstoffverbrauch (ts/h)
30. August	4	6.590	87,7	13,3	33.765	–
	4	9.982	97,94	14,99	33.717	–
	4	14.931	114,4	17,44	33.775	–
	4	18.274	123,1	18,59	33.785	7,4
1. September	4	28.030	140,1	21,02	33.660	10,5
2. September	4	36.766	153,44	22,66	33.430	14
7. September	6	45.614	163	23,8	33.660	16

Stabilität

Durch die Anwendung des *„Alles oder Nichts"*-Schutzsystems war die Stabilität größer als in jedem vorherigen britischen Dreadnought, und *Rodney* und *Nelson* waren gekennzeichnet durch ein höheres *GM,* als es jemals in einem anderen britischen Dreadnought-Schlachtschiff gegeben hatte. Dieses verlieh ihnen ein relativ schnelles Schlingern. Aber dieser nachteilige Effekt, insbesondere auf die Feuerleitung, wurde ausgeglichen durch die Einführung von stabilisierten Visieren in Feuerleitgeräten und anderen Verbesserungen in Nachkriegsfeuerleitanlagen.
Zusätzlich zum hohen *GM* war auch der Restauftrieb bedeutend größer als in früheren Schiffen. Das wurde noch weiter verbessert durch die Verlängerung des Backdecks nach hinten. Die Stabilitätsdaten sind in Tabelle 43 zusammengestellt.

Tabelle 43: Stabilitätsrechnung des Entwurfs O 3

Im leichten Zustand: Schiff mit voller Heizölfüllung, Offizierslasten, Kantinenlasten, Verpflegungslasten, Frischwasservorrat, Speisewasser und Reservespeicherwasser (verbraucht) sowie halber Menge Maschinen- und anderer Lasten an Bord	
Verdrängung	34.521 ts
Tiefgang vorn	7,98 m
Tiefgang hinten	9,58 m
Trimm des Hecks	1,60 m
GM	2,13 m
Maximale Stabilität bei Krängungswinkel	37,5°
Kenterpunkt (Stabilitätsumfang)	65°
Im tiefen Zustand: Schiff mit Standardverdrängung, aber mit voller Heizölfüllung, 100% Speisewasser und voller Reservespeisewasserfüllung	
Verdrängung	39,245 ts
Tiefgang vorn	9,25 m
Tiefgang hinten	10,34 m
Trimm des Hecks	1,09 m
GM	2,87 m
Maximale Stabilität bei Krängungswinkel	38,5°
Kenterpunkt (Stabilitätsumfang)	74,5°
In sehr tiefem Zustand: Schiff mit gefüllten Auftriebsräumen bis 10,668 m über Kiel	
Verdrängung	42.744 ts
Tiefgang vorn	9,96 m
Tiefgang hinten	11,08 m
Trimm des Hecks	1,12 m
GM	3,11 m
Maximale Stabilität bei Krängungswinkel	38°
Kenterpunkt (Stabilitätsumfang)	77,5°

Tabelle 44: Theoretische Schadensauswirkungen auf Freibord und Tiefgang

Schaden	Einsatzverdrängung			Konstruktionsverdrängung		
	Tiefgang (m) vorn	Tiefgang (m) hinten	Freibord (m)	Tiefgang (m) vorn	Tiefgang (m) hinten	Freibord (m)
Das ganze Vorschiff vor der Zitadelle und unterhalb des Oberdecks offen zur See	16,15	8,69	1,77 vorn	14,17	7,77	2,90 hinten
Das ganze Hinterschiff hinter der Zitadelle und unterhalb des Oberdecks offen zur See	15,85	8,08	2,07 hinten	6,71	13,87	3,20 hinten

Über das Verhalten der Schiffe im beschädigten Zustand wurden Stabilitätsberechnungen durchgeführt. Sie wurden für zwei verschiedene Lagen gemacht:

Einsatzzustand, tief: Hierbei ist das Schiff voll ausgerüstet, wie in Tabelle 43 angeführt, die Auftriebsräume gefüllt.
Einsatzzustand, leicht: Dies ist der Zustand, den das Schiff am Ende eines Einsatzes haben könnte. Es wurde angenommen, daß die Maschinenanlage unter Dampf steht, mit Wasser in den Kesseln, Kondensatoren usw. und mit 50% Reservespeisewasserzellenfüllung, 50% Heizölfüllung, der Hälfte der Verpflegung, Frischwasser, Lasten und Munition (40 Schuß/Geschütz) und gefüllten Auftriebsräumen.

Bei der Berechnung wurde angenommen, daß die weichen Enden vor und hinter der Zitadelle über dem Zwischendeck der See zugänglich waren, wie auch die Seiten des Mittelschiffes außerhalb des Gürtelpanzers. Das Schiff oberhalb des Mitteldecks war durchlöchert, die Abteilungen des Wulstes jedoch intakt. In diesem Zustand, so stellte man fest, hatte das Schiff eine positive Metazentrische Höhe. Im „Einsatzzustand, leicht" war diese jedoch sehr klein. Der Stabilitätsumfang für beide Fälle, dem tiefen und dem leichten Einsatzzustand, war gering. Mit einer so schweren Beschädigung lag ein Schiff an der Grenze seiner Stabilität. Bei einem weniger umfangreichen Schadensfall ist der Einfluß auf Krängung und Trimm aus den Tabellen 44 und 45 zu ersehen. Die tatsächliche Stabilität der *Nelson* wurde bei einem Krängungsversuch am 19. März 1927 festgestellt. Die Ergebnisse finden sich in Tabelle 46 (Seite 134). Wie zu erkennen ist, liegen die Werte über den gemäß Berechnung vorgesehenen, was größtenteils der reduzierten Verdrängung der fertigen Schiffe anzurechnen ist.

See-Eigenschaften

Durch die beiden Propeller waren *Nelson* und *Rodney* in der Lage, einen relativ engen Drehkreis von 613 m bei voller Fahrt zu machen. Auf der anderen Seite jedoch ließ ihre Manövrierfähigkeit sehr zu wünschen übrig. Sie reagierten zu langsam auf das Ruderlegen, drehten leicht in den Wind, waren also windgierig und schwer auf Kurs zu halten, insbesondere unter Windeinwirkung. Ein Kommandant berichtete, daß er es nicht für möglich halte, die Schiffe bei einer Geschwindigkeit von unter 10 kn unter Kontrolle zu halten. Auch in einer Schiffsbeschreibung dieser Klasse ist folgende Passage zu finden: „Die Manövrierfähigkeit dieser Schiffe war beeinträchtigt bei weniger als 7 oder 8 kn, und der hohe Aufbau achtern machte Schwierigkeiten, bis die Kommandan-

Tabelle 45: Krängungswinkel bei angenommenen Schäden

Schaden	Zustand	Krängungswinkel
Die Abteilungen zwischen Spant 134 und 172 außerhalb des Gürtelpanzers und fünf Wulsträume zwischen Spant 124 und 184 sowie der Bereich über dem Mitteldeck zwischen Spant 127 und 165 sind zur See hin offen	Einsatz, tief	11,5°
	Einsatz, leicht	15°

ten genug Erfahrung im Manövrieren dieser Schiffe gesammelt hatten. Ein Kommandant der *Rodney* stellte 1930 nach Beendigung seines Kommandos fest, daß es eine Fehleinschätzung sei, zu sagen, die Schiffe seien unhandlich und schwer zu manövrieren. Bei Windstille waren die Schiffe in jeder Hinsicht besser zu handhaben als die *Queen Elizabeth*- und *Royal Sovereign*-Klasse, und ihre Leistung bei Rückwärtsfahrt war besser als bei der *Queen Elizabeth*-Klasse . . .“

Das hohe *GM* der Schiffe verlieh ihnen ein vergleichsweise schnelles Schlingern. Versuche in den Versuchsanstalten der *Admiralität* in Haslar ergaben eine Schlingerperiode von 14 Sekunden bei einem *GM* von 2,29 m und einer Verdrängung von 35600 ts. Die tatsächlichen Schlingerperioden sind in Tabelle 47 aufgeführt.

Tabelle 46: Stabilitätswerte der Nelson, März 1927

Konstruktionsverdrängung: Schiff voll ausgerüstet mit 1000 ts Brennstoff in den Doppelbodenbunkern, 1000 ts Brennstoff in den Seitenbunkern und mit vollen Speisewasserzellen	
Verdrängung	36.200 ts
Durchschnittlicher Tiefgang	9,25 m
GM	2,84 m
Maximale Stabilität bei Krängungswinkel	39°
Kenterpunkt (Stabilitätsumfang)	73°
Einsatzverdrängung: Schiff voll ausgerüstet, mit vollen Reserve-Speisewasserzellen und Heizölbunker zu 95% voll = 3.900 ts	
Verdrängung	38.400 ts
Durchschnittlicher Tiefgang	9,65 m
GM	3,11 m
Maximale Stabilität bei Krängungswinkel	40°
Kenterpunkt (Stabilitätsumfang)	77°
Standardverdrängung:	
Verdrängung	33.500 ts
Durchschnittlicher Tiefgang	8,56 m
GM	2,35 m
Maximale Stabilität bei Krängungswinkel	38°
Kenterpunkt (Stabilitätsumfang)	67°
Maximale Einsatzverdrängung: Schiff mit Einsatzverdrängung und gefüllten Auftriebsräumen	
Verdrängung	41.250 ts
Durchschnittlicher Tiefgang	10,21 m
GM	3,35 m
Maximale Stabilität bei Krängungswinkel	40°
Kenterpunkt (Stabilitätsumfang)	81°

Signaleinrichtungen

Auf Grund des großen Raumbedarfs für die Bewaffnung war es nicht möglich, eine Funkanlage einzubauen, die voll den Wünschen des *Chefs des Marinefernmeldedienstes* entsprach. Alle Funkräume befanden sich unter den Panzerdecks. Der Hauptfunkraum befand sich im Zwischendeck, direkt unter dem Großmast. Die Hauptzuführung vom Sender zur Antenne lief zu einer Position auf dem Schutzdeck, direkt hinter dem Großmast, und von dort zur 15,24 m-Rahe an der Großbramstenge, von dort dann in zwei Spreizen zum FlakLeitstand. Es gab mehrere Empfangsantennen und eine Schwachleistungsantenne, gespannt zwischen dem Fundament des Großmastes und dem Seestern. Der zweite Funkraum befand sich im oberen Plattformdeck unterhalb des hinteren Feuerleitstandes. Von diesem Raum führten zwei Antennenzuführungen zum hinteren Ende der Aufbauten, eine war die zweite Sendeantenne, die zur Großbramstenge, die andere eine zweite Schwachleistungsantenne, die zum Seestern führte. Ein Kleingeräte-Funkraum befand sich im Zwischendeck unter dem Kommandoturm und hatte vier Antennenzuführungen (drei an Bb, eine an Stb) und vier Antennen, die sich von der oberen Brücke und dem Flakleitstand spreizten. Auf dem Dach der Flak-Rechenstelle an der Rückseite der Feuerleitplattform auf der Brücke war ein Funksatz *Typ 71* mit zwei Sendeantennen für die Feuerleitung installiert (eine horizontal, eine vertikal). Außerdem gab es vier Empfangsantennen vom *Typ 71,* die jeweils auf den Scheinwerferplattformen der 91,4 cm-Scheinwerfer am Schornstein und am Großmast saßen. Die Mittelfrequenz-Peilantennen befanden sich (ähnlich wie auf der *Hood*) zwischen dem Schornstein und der Brücke. Die Signalflaggeeinrichtung war, abgesehen von ihrem Standort, nicht außergewöhnlich. Der Hauptsignalstand befand sich am Fuße des Großmastes, in einem gewissen Abstand von der üblichen Position im Brückenaufbau. Die Hauptsignalrahe war unter dem Seestern und der Signalverteilungsstelle auf dem Schutzdeck am Fuße des Großmastes. Sechs 45,7 cm-Signalscheinwerfer befanden sich auf einer der Brückenplattformen, und auf der Feuerleitplattform zwei *Aldis*-Lampenstände. Auf Plattformen am Schornstein und Großmast standen vier 91,4 cm-Scheinwerfer, jeder mit einem eigenen Bedienungsstand darunter.

Allgemeines

Das markanteste Kennzeichen der *Nelson*-Klasse war die turmartige Brückenkonstruktion. Diese und alle nachfolgenden Neukonstruktionen sowie die auf modernisierten und umgebauten britischen Schlachtschiffen waren ohne Zweifel eine erhebliche Verbesserung gegenüber der offenen Brücke mit ihren zahlreichen Plattformen. Die große blockartige Struktur war typisch britisch, nichts Ähnliches konnte man bei ausländischen Marinen finden. Der Hauptgrund dafür lag darin, der Hauptfeuerleitanlage einen festen Unterbau zu geben, aber darüber hinaus war alles auch geräumiger für andere unterzubringende Funktionsstellen. Hinzu kam, daß die geschlossenen

Tabelle 47: Schlingerbeobachtungen

Schiff	Datum	Anzahl der beobachteten Schwingungen	Periode (sek)	Maximaler Krängungswinkel	durchschnittlicher Krängungswinkel	Verdrängung (ts)	See
Nelson	14. Januar 1931	96	12,5	10°	3,65°	–	Wellenhöhe 4,57 m Wellenlänge 30,5 m
Rodney	14. Januar 1931	106	11,3	7,5°	2,96°	37.100	mäßig bewegte See mit beträchtlicher Dünung
Rodney	18. März 1931	88	13,6	10°	–	36.550	mäßige Dünung

Plattformen einen guten Schutz gegen Witterungseinflüsse verliehen und zu guter Letzt auch dem Brückenpersonal einen größeren Komfort boten.
Eingebettet zwischen dem Magazin „X“ und den Maschinenräumen und unter dem Panzerdeck befand sich der Zentrale Leitstand. An dieser Stelle befand sich auch der untere Kommandoturm (mit seinem Verbindungsschacht zum gepanzerten Kommandoturm), außerdem waren da die Hauptschaltstelle, das taktische Plott, der 15,2 cm-Geschützschaltraum und die Telefonzentrale. Im Plattformdeck befanden sich die Sendestation, der Kreiselkompaßraum und in der Stauung ein Übungsplott. Alle diese Räume waren gasdicht.

Gewichtseinsparungen

Die Anwendung neuer Gewichtsverringerungsmaßnahmen ergab bei *Nelson* 2000 ts, bei *Rodney* 1600 ts. Die Einsparungen waren größtenteils zurückzuführen auf die Verwendung einer neuen Art von hochelastischem Stahl, auch bekannt als D-Stahl, der eine Zerreißfestigkeit von 5,73–6,82 ts/cm^2 hatte, im Gegensatz zu 4,03–4,65 ts/cm^2 beim herkömmlichen Flußstahl. Das bedeutete, daß man im Schiffskörperbau leichteres, also dünneres Plattenmaterial verwenden konnte. Als im Januar 1926 bei der *Nelson* eine Berechnung angestellt wurde, betrug die geschätzte durchschnittliche Standardverdrängung (einschließlich nur der Munition und der Frischwassermenge, die in der genehmigten Legende vorgegeben worden war) 33000 ts. Nach dem Bericht des *DNC* über die geschätzte Verdrängung genehmigte die *Admiralität* eine Umordnung der Munitionskammern und eine Vergrößerung des Frischwasservorrats. Das Maximum an 40,6 cm-Granaten stieg dadurch von 95 auf 100 Schuß/Geschütz; der Stauraum für die 15,2 cm- und 12 cm-Munition hingegen wurde verkleinert. Diese Maßnahmen vergrößerten die geschätzte Standardverdrängung auf 33600 ts. Die genauen Werte stehen in Tabelle 48. Die in der Tabelle wiedergegebenen Zahlen basieren auf den gewogenen Gewichten der Bauteile während die Schiffe in Bau waren.
Die Gewichte der fertiggestellten Schiffe, berechnet vom Tiefgang, schwankten dann bei *Nelson* um ~ 200 ts, bei *Rodney* um ~ 50 ts weniger. Nach einem Krängungsversuch am 19. März 1927 betrug die geschätzte Verdrängung der *Nelson* 33313 ts. Das ermöglichte den Einbau von vier mehrrohrigen Pom-Pom- anstelle von Einzelgeschützen und zweier Flugzeuge einschließlich deren Ausrüstung, was die Verdrängung auf 33413 ts steigerte. Die Standardverdrängung der beiden Schiffe wurde dann veröffentlicht mit 33500 ts für *Nelson* und 33900 ts für *Rodney*.

Tabelle 48: Gewichtsvergleiche

	Gemäß Entwurf 1923*	*Nelson*	*Rodney*
Schiffskörper	14.248 ts	13.073 ts	13.167 ts
Bewaffnung	6.869 ts	7.308 ts	7.308 ts
Ausrüstung, allgemein	1.047 ts	1.172 ts	1.172 ts
Panzerung und Schiffsschutz	10.102 ts	9.528 ts	9.638 ts
Maschinenanlage	2.508 ts	2.500 ts	2.500 ts
Gesamt	34.774 ts	33.580 ts	33.785 ts

* In der Legende wurden die Zahlen aufgerundet, damit sich die Summe von 35.000 ts ergab.

VIII. Die Modernisierung der Schlachtflotte 1922 bis 1930

Zur Verstärkung des Schutzes der gegenwärtig vorhandenen Großkampfschiffe gegen Luft- und Unterwasserangriffe hatte man anläßlich der Konferenz von Washington beschlossen, daß deren Verdrängung zur Durchführung dieser Maßnahmen um jeweils 3000 ts ansteigen dürfe. Da die Mehrzahl der Großkampfschiffe der britischen Flotte noch vor 1916 entworfen und gebaut worden war, erhielt dieses Zugeständnis große Bedeutung, einmal im Hinblick auf die Erhaltung der Schlagkraft der Flotte und derjenigen Schiffe, die für eine Teilnahme an einem modernen Seekrieg geeignet erschienen, zum anderen, da anders als im Ersten Weltkrieg die Flugzeuge mit Sicherheit breitere Verwendung finden würden. Unmittelbar nach Abschluß der Konferenz von Washington bildete sich ein *Admiralitätsunterausschuß*, der untersuchen sollte, welche Möglichkeiten sich zur Verstärkung des Schutzes der Großkampfschiffe boten. Der Bericht vom Mai 1922 stellte fest, „. . . daß der Unterwasserschutz zur Zeit von größerer Wichtigkeit sei als der Decksschutz, aber in der Zukunft könnte sich die Einschätzung umkehren, wenn das gezielte Bombenwerfen von Flugzeugen sich bedeutend verbessern würde“. Auf Grund dieser Feststellungen erging an den *Marinestab* die Forderung, ein Modernisierungsprogramm für die vorgesehenen Schiffe zu erstellen, einschließlich einer Beurteilung des Wertes zusätzlicher Wulste und einer Deckspanzerung auf der *Queen Elizabeth*-Klasse und nachfolgenden Schiffen. Die *Admiralität* wünschte sowohl eine Verstärkung des Unterwasserschutzes als auch eine Verbesserung des Decksschutzes durchzuführen, aber der *Marinestab* stellte zu Recht fest, daß die Wahrscheinlichkeit eines Krieges zur Zeit nicht gegeben sei und die erforderliche Finanzierung beider Wünsche nicht bewilligt werden würde. Die Grundüberlegung dabei war, daß der Fortschritt der militärischen Luftfahrt und die Notwendigkeit der Schaffung eines Schutzes gegen Torpedoangriffe aus der Luft und von Ubooten hinreichend genug wäre, um die Forderung nach einem Wulstschutz der Großkampfschiffe zum frühestmöglichen Zeitpunkt zu unterstreichen. Hinsichtlich der Forderung nach Verstärkung der Deckspanzerung als Schutz gegen panzerbrechende Bomben stellte der *Marinestab* fest: „. . . wenn in der Zukunft die Wahrscheinlichkeit eines Krieges gegen eine erstklassige Seemacht vor der Tür stünde, was ja zum gegenwärtigen Zeitpunkt nicht der Fall sei, könne man immer noch auf der Verstärkung dieses Schutzes bestehen, soweit es im Rahmen des Washingtoner Abkommens stünde und für die Schiffe notwendig wäre. Dieser Schutz würde vornehmlich dem Schutz vor Fliegerangriffen dienen, aber ebenso zusätzlichen Schutz gewähren gegen Steilfeuer(treffer).“

Die Argumentation, die den Wulstanbau unterstützte – anstelle einer völligen Neupanzerung – wurde weiterhin durch die Tatsache untermauert, daß die erstere Maßnahme weit billiger war – 200000 £ pro Schiffe anstelle 350000 £ – und daß ja bereits sechs Großkampfschiffe der Flotte mit Wulsten versehen waren (*Hood, Repulse* und vier der *Royal Sovereign*-Klasse). Man sah zwar, daß die letztere Begründung die Neupanzerung zurückstellen würde und beschloß daher, bei den Wulsten zu bleiben und die Frage der Deckspanzerung auf später zu verschieben. Es ist auch festzuhalten, daß eine Verstärkung der Deckspanzerung bei Schiffen ohne Wulst einen nachteiligen Effekt auf die Stabilität gehabt hätte. Der *Marinestab* verglich aber auch den Wert der Deckspanzerung im Verhältnis zu den Auswirkungen von Luftangriffen und stellte fest:

Die Bombenlast eines Flugzeuges, das von einem Flugzeugträger startet, beträgt ~ 700 kg. Es ist möglich, falls für Unterwasserdetonationen dünnwandige Bomben entwickelt würden, daß das Gewicht sich auf eine einzige Bombe von 700 kg konzentrieren würde. Würden jedoch dickwandige Panzersprengbomben entwickelt, könnte es nicht mehr als drei Stück von 250 kg mitführen.

Flugzeuge, die von Landbasen starten, können eine größere Bombenlast tragen als 700 kg und entweder schwere Bomben oder eine größere Anzahl Bomben tragen.

Es war wichtig, so starken wie nur möglichen Schutz gegen Bombenangriffe zu geben. Aber da der Washingtoner Vertrag das einzubauende Gewicht begrenzt hatte, mußte man sich mit dem Schutz gegen Flugzeuge, die von Schiffen starteten, begnügen, also gegen dünnwandige Bomben von 700 kg und panzerbrechende von 250 kg.

Der Unterwasserschutz gegen dünnwandige Bomben wird mit dem Anbau der Wulste gewährleistet.

Die Anordnung von zusätzlichem Decksschutz sollte so hinreichend sein, daß sichergestellt ist, daß panzerbrechende Bomben von 250 kg nicht unter dem Hauptdeck und in der Nähe der Magazine detonieren.

Es ist anzunehmen, daß sich mit einer Verstärkung des Magazinschutzes die Verdrängung nicht um mehr als 3000 ts vergrößert, daß aber dann kein weiterer Spielraum für weitere Verstärkungen mehr vorhanden ist.

Der gegenwärtige Schutz der Maschinen- und Kesselräume der *Queen Elizabeth*- und *Royal Sovereign*-Klasse stellt sich wie folgt dar:

Außer an vorhandenen Schornsteinhälsen und Luftschächten ist überall ein 7,62 cm-Stahldeck zu durchschlagen. Die einzelnen Decks sind ~ 2,54 cm dick. Die Schornsteinhalsöffnungen und Lüftungsschächte haben eine Reihe von Grätings, deren Fläche ~ 2,8% der Gesamtfläche der Decks ausmacht. Es ist unmöglich, das Größenverhältnis der Panzerplatten in cm zum Schutz der Grätings anzugeben, aber grob überschlagen ist es ~ 1,27–5,08 cm.

Praktisch ist es nicht möglich, den Schutz in den Schornsteinöffnungen und Lüftungsschächten bei den vorhandenen Schiffen zu verstärken, da die vorhandenen Öffnungsquerschnitte für den Austritt der Rauchgase und der Luft beibehalten werden müssen.

Diese Anmerkungen waren insofern interessant, als sie zeigten, daß die *Admiralität* erkannt hatte, daß die Schiffe der Flotte durch

Bombenangriffe gefährdet waren, und ihr klar war, wenn tatsächlich ein zusätzlicher Decksschutz eingebaut würde, die 3000 ts Grenze etwas Besseres als nur einen Schutz der Magazine gegen 250 kg-Bomben verhindert hätte. Die Ansicht der *Admiralität* war: „. . . Wenn nicht geeignete Gegenmaßnahmen ergriffen würden, wäre es sicher, daß ein konzentrierter Flugzeugangriff vollständig oder teilweise die Feuerleitung der SA und MA verhindern (durch Zerstörung oder Beschädigung) könne oder auch das Manövrieren der Schiffe im engen Verband sehr gefahrvoll sein könne. Die Immunität oder auch nur eine teilweise Sicherheit gegen Luftangriffe wäre von großer Wichtigkeit." „Geeignete Gegenmaßnahmen" wären dann gewesen: der Ersatz der vorhandenen, völlig unzureichenden Flakausrüstung durch vier 10,2 cm-Flakgeschütze und 2 mehrrohrige Pom-Pom sowie Einbau einer modernen Flakfeuerleitanlage. Diese Maßnahmen wären für die 20er Jahre ausreichend gewesen, aber sie zeigten, wie wenig die zukünftige Entwicklung der Flugzeuge erkannt wurde; die Wirkung der Flak wurde bestimmt überschätzt. Die *Admiralität* glaubte jedoch, daß es dank einer modernen Flakausrüstung „keinen Grund gab, anzunehmen, daß Luftangriffe allein zur Zerstörung oder Kampfunfähigkeit der Großkampfschiffe führen würden."

Die meisten Modernisierungsarbeiten an den Schiffen konnten so durchgeführt werden, und nur die 7 Schiffe, die Wulste erhielten, benötigten ein Trockendock. Das letztere war von großer Wichtigkeit für die Durchführung des Modernisierungsprogramms, da ja nur eine begrenzte Anzahl von Docks dieser Größe zur Verfügung standen. *Royal Oak* und *Renown*, deren Große Werftliegezeit bereits vor der Washingtoner Konferenz genehmigt worden war, belegten bis 1924 die geeigneten Docks in Portsmouth. Ein weiteres Dock stand in Rosyth zur Verfügung, war aber für diese Zwecke nicht vorgesehen. Es bestand aber auch die Möglichkeit, die erforderlichen Arbeiten in einem Schwimmdock in Devonport durchzuführen, aber das hätte zusätzliche Ausbaggerungen erfordert, und man dachte, daß dies nicht durchführbar wäre. Die Große Instandsetzung der *Warspite* war für Juli 1923 vorgesehen, vom Umfang her die größte Reparatur war die Erneuerung der Kesselberohrung. Der *E in C* stimmte einer Fahrzeitverlängerung bis 1. April 1924 zu, und man hoffte, daß ihre Kessel bis dahin noch betriebsklar blieben. Zu der Zeit sollte dann die Werftliegezeit der *Royal Oak* in Portsmouth abgeschlossen sein und die *Warspite* das Dock belegen. Die übrigen Schiffe der Klasse sollten danach in einem Abstand von acht Monaten folgen. So sollte das Programm durchgeführt werden, aber die Realisierung wurde dann durch finanzielle Beschränkungen ernsthaft behindert, und so dauerte es immerhin noch zwei weitere Jahre, bis das Programm realisiert wurde. Viele der anfallenden Arbeiten bei den einzelnen Schiffen verteilten sich auf mehrere zeitunterschiedliche Werftliegezeiten, und so war es unvermeidlich, daß sich bei den einzelnen Modernisierungen auf den Schiffen, auch innerhalb einer Schiffsklasse, eine Reihe von Unterschieden ergaben. Um hier Unklarheiten zu beseitigen, ist die Modifizierung jeder Klasse und jedes einzelnen Schiffes ohne Rücksicht auf die chronologische Durchführung der einzelnen Werftliegezeiten beschrieben.

Die Queen Elizabeth-Klasse

Zur *Queen Elizabeth*-Klasse gehörten die ältesten Schiffe, für die das Umbauprogramm vorgesehen war. Als eine Gruppe beanspruchte sie die größeren Kosten. Die Gesamtkosten des Wulstanbaues und des Einbaues der neuen Flakbewaffnung betrugen pro Schiff 195000 £.

Wulste

Außer der Verbesserung des Unterwasserschutzes erhöhte sich durch den Wulstanbau das Freibord erheblich, was auch eine Vergrößerung des Restauftriebs und der Stabilität zur Folge hatte. Das Mehrgewicht, das die Schiffe bei ihrer Fertigstellung aufwiesen – und das sich auf Grund der vielen nachträglichen Gewichte noch verschlechtert hatte –, wurde hierdurch zum größten Teil aufgefangen. Der Tiefgang wurde wieder auf den Stand zurückgeführt, wie er in der Legende angeführt war. In den Heimatgewässern gab es 8 Docks, die in der Lage waren, die Schiffe der *Queen Elizabeth*-Klasse nach Anbau der Wulste aufzunehmen, jedoch in Devonport war nach wie vor nichts Ähnliches vorhanden. Die Wulste waren horizontal in obere und untere Abteilungen unterteilt. Der obere Teil, der 91,5 cm von jeder Bordwand aus nach außen reichte und die volle Tiefe des Gürtelpanzers bedeckte, war senkrecht durch Querschotte im Abstand von 4,88 m unterteilt. Der untere Teil, der 1,83 m von jeder Bordwand nach außen reichte, bedeckte den Raum vom Schiffsboden bis zur Unterkante des Gürtelpanzers und war im Abstand von 6,1 m durch Querschotte unterteilt. Die Entfernung zum Torpedoschott wurde mittschiffs somit von 3,05 m auf 6,10 m vergrößert, was ausreichte, um Schutz gegen Torpedosprengköpfe von 335 kg zu gewährleisten. Zwischen der Außenwand der Wulste, in Höhe des Mittelschiffs, und dem Torpedoschott befanden sich nun drei Gruppen von Längsabteilungen: der Wulst, der Doppelboden und die Außenabteilung. Sowohl die Außenabteilung als auch der Doppelboden waren als Heizölbunker vorgesehen und bildeten als solche einen Teil des Schutzsystems. Vorgesehen war, den Brennstoff in diesen Bunkern solange wie möglich zu fahren, und falls er doch benötigt wurde, dann diese seitlichen Doppelbodenbunker mit Wasser zu fluten, um das Schutzsystem zu erhalten. Seitlich der Kesselräume wurde das Heizöl auch direkt innen am Torpedoschott in Bunkern gefahren. Man schätzte, daß das Torpedoschott im Falle einer Unterwasserexplosion intakt bleiben würde. Die zweite Druckwelle, die durch die Übertragung auf das Heizöl entstehen würde, würde jedoch die Innenbunker soweit beschädigen, daß sie in die Innenräume lecken würden. Im Bestreben, dieser Gefahr zu begegnen und sie auf ein Minimum zu beschränken, wurde daher angeordnet, das Heizöl dieser Bunker zuerst zu verbrauchen. Seitlich der Hauptmagazine, sowohl vorne als auch hinten, wurde kein Heizöl gefahren, und da dort die Tiefe des Unterwasserschutzes geringer war als mittschiffs, wurden Schutzwasserzellen eingerichtet. Diese Zellen, die Einrichtungen zum Fluten und Lenzen hatten oder auch trocken gefahren werden konnten, befanden sich an den Seiten, im Doppelboden und in den Außenabteilungen, und sie verlangten den Einbau neuer wasserdichter Querschotte in der Höhe der Spanten 33 und 232. Die gefluteten seitlichen Doppelbodenzellen bildeten eine Luft-

Wasser-Luftschicht zwischen der äußeren Wulstwand und dem Torpedoschott und versprachen eine sehr wirkungsvolle Anordnung des Unterwasserschutzes. Der Raum unter den Magazinen war geschützt durch die Doppelbodenabteilungen, deren einzelne Zellen halb mit Wasser gefüllt waren. (Neue Vorschriften besagten, daß auch Doppelbodenbunker, wo durchführbar, in diesen Zustand gebracht werden sollten. Zum Zwecke des Schutzes war es notwendig, daß die Abteilungen nicht mehr als zu 75% und nicht weniger als zu 25% gefüllt waren. Ideal wäre eine 50%ige Füllung.) Das Gesamtfassungsvermögen der Schutzwasserzellen betrug 815 ts.

Fliegerabwehrausrüstung

Der Austausch der vorhandenen 7,62 cm-Flakgeschütze gegen vier 10,2 cm-Geschütze machte wenig Schwierigkeiten. Die einzige Arbeit auf seiten der Weft bestand im Aufbau der Geschütze und in der Änderung der Magazine. Im Falle der Feuerleitanlage für die Flakwaffen war es nicht so, da der Umfang der Modifikationen größer war. Am günstigsten war ein Standort, der einen ungehinderten Rundblick auf den Horizont gewährte, damit die Funktion der Leitgeräte bei Luftangriffen voll garantiert und der Einsatz der Flakwaffen innerhalb kürzester Zeit gewährleistet war. Die einzige Stelle, die dieser Forderung nachkam, war oben auf dem Vormars. Diese Position war jedoch schon besetzt durch das 38,1 cm-Feuerleitgerät. Zwar war das Problem lösbar, indem man das Feuerleitgerät auf dem Vormars tiefer setzte – wie bei der *Royal Sovereign*-Klasse –, aber das brachte wiederum eine Reihe von Nachteilen mit sich:

Der Totwinkel des 38,1 cm-Feuerleitgerätes wäre dann nach hinten 156° für ein Teleskop, für beide 164°.

Der Umbau des Vormars erforderte zusätzliche Kosten.

Das Gewicht des vorderen Dreibeinmastes vergrößerte sich.

Durch die zusätzlichen Arbeiten verzögerte sich der Einbau der Flakleitanlage.

Wenn ein Ziel achteraus auftauchte, mußte die SA vom Turm „X" aus geleitet werden, statt durch das Feuerleitgerät. In der Praxis würde diese Übernahme der Feuerleitung Zeit beanspruchen, weil das *„Schritt für Schritt"*-System erst ausgerichtet werden mußte. 1924 befand sich das *Synchron*system erst im Versuchsstadium auf *Tiger*. Man glaubte jedoch, daß dieses Problem nach Einführung des neuen Systems zu beseitigen war. Bis dahin wurde als Alternative das Flakleitgerät hinten, oberhalb des Torpedoleitstandes installiert. Dieses war zwar weit vom Ideal entfernt – aber billiger, und mehrere Schiffe wurden schnell in die Lage versetzt, Erfahrungen mit der Flakfeuerleitanlage zu sammeln. Es wurde erwogen, auf der *Warspite* die Positionierung auf dem Vormars zu verwirklichen, die zu dieser Zeit zum Anbau der Wulste in der Werft lag. Die übrigen Schiffe sollten während einer normalen Werftliegezeit mit einer vorläufigen Aufstellung der Flakfeuerleitgeräte abgefunden werden. Bei ihnen sollte die Aufstellung auf dem Vormars erfolgen, wenn ihr Wulstanbau durchgeführt wurde.

Am 16. März 1925 wurde der Direktor der Marinewerft Portsmouth darüber informiert, daß die *Admiralität* die vorläufige Installation der Flakfeuerleitgeräte auf der hinteren Position für *Queen Elizabeth, Malaya, Valiant* und *Barham* genehmigt hatte. Tatsächlich jedoch wurde nur *Barham* mit dieser vorläufigen Anlage ausgerüstet, einige Schiffe der Klasse hingegen erhielten die Anlage auf dem Vormars eingebaut, noch vor Anbau der Wulste.

Brückenumbau

Zur Aufnahme der Flakfeuerleitgeräte und Verbesserung der Beobachtungsstände der SA und MA wurde ein neuer Vormars aufgebaut. Um die Effektivität der Feuerleitanlage zu erhöhen, wurden die Leitständepositionen nach neuesten Erkenntnissen umgruppiert. Die Feuerleitstände der 38,1 cm- und 15,2 cm-Waffen wurden voneinander getrennt. Dies war ein „langgehegter Wunsch und lief konform mit

der Forderung von seiten der Flotte, die schon über eine Reihe von Jahren in dieser Richtung gestellt worden war".

Der 38,1 cm-Feuerleitstand nahm den vorderen Teil des Vormars ein, die Flakleitposition den hinteren, zwischen den beiden seitlichen 15,2 cm-Feuerleitständen. Somit konnte der Leitoffizier sich jeweils zur Einsatzstelle begeben. Für das 38,1 cm-Feuerleitgerät wurde unter dem Vormars eine neue Plattform eingebaut. Über dem Kartenhaus wurde ein neuer, geschlossener Torpedoleitstand mit einem 2,74 m-EMeßGerät in einer Kuppel eingebaut. Der Torpedoplottraum befand sich hinter dem Kartenhaus. Die Reling und Segeltuchverkleidungen der Kompaßplattform wurden durch Stahlplatten ersetzt, diese und auch andere Plattformen ebenfalls modifiziert. Es wurde vorgeschrieben, daß durch die Erweiterung und Umgruppierung des Brückenaufbaues das Gewicht des Dreibeinmastes auf ein Minimum gehalten werden sollte und durch etwaige einzubauende Gewichte entstehende Kräfte sollten durch zusätzliche Stützen auf die Decks und Schotte darunter übertragen werden. Die bestehende Mastkonstruktion sollte beim Umbau soweit wie möglich einbezogen werden, nicht benötigte Teile dieser Konstruktion aber sollten entfernt werden.

Schornsteine

Eines der Probleme, die sich bei der Modernisierung auftaten, war, daß die neue Brückenkonstruktion dazu führen konnte, daß ein Rücksog entstand, der den Rauch in den hinteren Teil der Brücke leitete. Im Februar 1924 schlug der *DNC* daher vor, daß man diesem begegnen könne, indem man den vorderen Schornstein in den hinteren hineinführte. Trotz des zusätzlichen Zeitbedarfs und der weiteren Kosten wurde dieser Vorschlag später von der *Admiralität* genehmigt.

Warspite

Der große Umbau der *Warspite* fand zwischen November 1924 und 6. April 1926 in Portsmouth statt. Die Modernisierung umfaßte folgende Punkte:

Anbau von Wulsten und Einbau von Schutzwasserabteilungen seitlich der Magazine.

Ausbau von 2 × 7,62 cm-Flak und Ersatz durch 4 × 10,2 cm-Flak.

Einbau eines neuen Vormars mit einer Flakleitanlage, zu der ein *Typ UB 4*- 3,65 m-EMeß-Gerät gehörte.

Das 38,1 cm-Feuerleitgerät erhielt einen neuen Stand auf der Plattform unterhalb des Vormars.

Der Torpedoleitstand über dem Kartenhaus wurde geändert und geschlossen untergebracht.

Änderung Brückenaufbau: Die Kompaßplattform wurde vergrößert und mit Stahlschutzplatten versehen, die Admiralsplattform und die Scheinwerferplattform wurden vergrößert, die 2 × 91,4 cm-Scheinwerfer durch 2 × 60,9 cm-Signalscheinwerfer ersetzt; das Signaldeck wurde ebenfalls vergrößert und reichte jetzt nach hinten bis zum gebogenen Schornstein.

Ausbau der Vormarsstenge und Ersatz durch einen kurzen Stengenmast mit einer Länge von 3,96 m vom Boden des Beobachtungsstandes. Dieser Umbau war erforderlich, um freie Sicht für das Flakleitgerät zu erhalten. Der Stengen-(Stummel)mast war notwendig zur Aufnahme der Hauptsendeantenne.

Die Scheinwerfer- und -leitstände wurden vom Großmast entfernt.

Einbau einer Nahbereichs-Funkanlage. Die Antennen wurden auf den hinteren Scheinwerferständen am Schornstein angebracht.

Der Raumschutz wurde eingeführt, z. B. wurde die Zentrale im unteren Kommandoturm gasdicht gemacht.

Zusammenführung der Schornsteine.

Queen Elizabeth

Während einer kurzen Werftliegezeit zwischen August und September 1924 erhielt die *Queen Elizabeth* zwei der vier 10,2 cm-Flak eingebaut. Gleichzeitig wurden die 2 × 7,62 cm-Flak, gemeinsam mit den Scheinwerfern und ihren Ständen auf dem Großmast, ausgebaut. Das 2. Paar der 10,2 cm-Flak wurde zwischen

Queen Elizabeth im November 1927 nach Ende der Werftliegezeit. Beachte die frühe Funkpeil-Rahmenantenne mit Stenge an der Rückseite des Beobachtungsstandes, die Schießentfernungsanzeiger auf Turm „X" und die modifizierten hinteren Aufbauten.

November 1925 und Januar 1926 eingebaut. *Valiant* sollte die Wulste erhalten, sobald die *Warspite* fertig war. Dann aber wurde entschieden, die *Queen Elizabeth* vorzuziehen. Sie ging im Juni 1926 nach Portsmouth. Ihr Umbau war im Oktober 1927 abgeschlossen. Der Umfang des Umbaues war ähnlich *Warspite,* jedoch mit kleinen Abweichungen:

Anbau von Wulsten und Einbau von Schutzwasserabteilungen.
Neuer Vormars mit Flakleitstand.
Umsetzung des 38,1 cm-Feuerleitgerätes nach unterhalb Vormars.
Einbau Torpedoleitstand auf dem Kartenhaus, wie auf *Warspite.*
Änderung Brückenaufbau: Vergrößerung der Admiralsbrücke, jedoch im Gegensatz zu *Warspite* Ausdehnung nach vorn und Einbau einer Stahlwand. Weitere Änderungen wie auf *Warspite.*
Abbau Vormarsstenge. Die Hauptsendeantenne wurde hinten am Vormars befestigt.
Einbau eines drehbaren Mittelwellenpeilantennenrahmens am hinteren Ende des Vormars und eines Plottraumes darunter, hinten auf der Plattform des Hauptfeuerleitgerätes.
Ausbau des hinteren Torpedoleitstandes und Einbau eines leichteren an der gleichen Stelle, jedoch ein Deck höher. Das ursprünglich gepanzerte EMeßGerät wurde beibehalten.
Umkonstruktion der achteren Aufbauten bei gleichzeitiger Erhöhung.
Einbau einer Nahbereichs-Funkanlage mit Antennen auf den Scheinwerferständen am Schornstein.
Einführung des Raumschutzes.
Zusammenführung der Schornsteine.
Ausbau der Flugzeugstartbühne auf Turm „X“.
Einbau von Treibstoffbehältern für Flugzeugbenzin (sie konnten über Bord geworfen werden) an der Kante des Backdecks, seitlich vom Großmast.

◀ Nahaufnahmen der *Queen Elizabeth* 1930. Beachte die Mannlochdeckel der Kontrollöffnungen entlang der oberen Wulste und den kastenförmigen hinteren Kommandostand, der den ursprünglichen und wesentlich schwereren Torpedoleitstand ersetzte.

Malaya

Das erste Paar der 10,2 cm-Flak wurde im April/Mai 1924 eingebaut. Zur gleichen Zeit erfolgte der Ausbau der 7,62 cm-Geschütze und des Scheinwerferstandes am Großmast. Das zweite Paar der 10,2 cm-Flak, der Flakleitstand, der neue Vormars, die Vormarsstenge und die Umsetzung des 38,1 cm-Feuerleitgerätes wurden während einer Werftliegezeit von Juli bis September 1926 eingebaut bzw. durchgeführt. Wie bei der *Warspite* wurden Nahbereichs-Feuerleit-Funkanlagen während dieser Zeit installiert, möglicherweise sogar schon in der Zeit davor. Im Jahre 1927 wurde bekannt, daß die vorderen Enden der Wulste von *Warspite* und *Queen Elizabeth* Leckagen zeigten. Auf Grund dessen wurde die Formgebung der Wulste an den vorderen und hinteren Enden durch die Einführung von runden Endteilen, anstelle der bisher flachen, geändert, um den Zugang zum Heißnieten der Wulstenden an der Außenhaut der Schiffe zu ermöglichen (bisher wurde die Schraubennietung angewendet). Außerdem wurden folgende Vorschläge gemacht: die Wulste an den äußersten Enden mit Holz zu füllen, gehalten durch wasserdichte Einfassungen, und die Oberseite der Wulste wie bei der *Royal Sovereign*-Klasse am vorderen Ende herunterzuziehen.

Am 4. Januar 1928 besichtigte der *DNC* die Holzmodelle des vorderen Endes der verwendeten Wulste und der modifizierten Form, wie sie auf der *Malaya* vorgesehen war. Er begutachtete auch die Zeichnungen der geänderten Enden und die vorgesehenen Versteifungen im Wulst und Schiffskörper. Er genehmigte die Vorschläge, aber durch die Feststellung, daß *Queen Elizabeth* und *Warspite* bei Einsatzverdrängung einen Trimm zum Bug hin hatten, entschied er, die Wulste – insgesamt – um 4,26 m nach vorn zu verlegen, und zwar bei der *Malaya, Valiant* und *Barham.* Diese Verschiebung wurde später auf 3,65 m reduziert. Die

Oben: *Malaya* nach Ende Werftliegezeit 1926 mit neuem Vormars, versetztem 38,1 cm-Feuerleitstand und Stummel-Vormarsstenge.

Unten: *Malaya* im Juli 1930. Beachte die Rahen, die sich nach vorn und hinten in Höhe des Seesterns am Großmars erstrecken. Sie halten die Antennen des Funkpeil-Antennenrahmens. Zur Komplettierung der Antennen ist eine zweite Rahe in gleicher Höhe quer gesetzt. Längsseits liegend ein Zerstörer der *R*-Klasse. Im Hintergrund sind die Brücke und die vorderen Schornsteine des Schlachtkreuzers *Tiger* zu sehen.

Nahaufnahme der Brücke von hinten, hier die *Malaya* 1930. Der erkennbare Schutz über dem unteren Teil des Schornsteinhalses ist ein Hitzeschild.

modifizierte Wulstform für *Malaya* wurde am 2. Februar 1928 genehmigt. Der *DNC* war der Meinung, daß die Ursache der Leckagen womöglich im leichten Pulsieren der Außenhaut zu suchen war, und zwar außerhalb der Bordwandsektionen, die 1915 versteift worden waren (siehe auch Seite 32). Daher schlug er vor, weitere Versteifungen einzuziehen, und zwar in dem Bereich, in dem bei den Schiffen diese Leckagen in den Wulsten festgestellt worden waren. Der große Umbau der *Malaya* begann im September 1927. Nach Fertigstellung im März 1929 war sie im wesentlichen identisch mit der *Warspite:*

Anbau modifizierter Wulste und Einbau von Schutzwasserabteilungen.
Verlegung des Torpedoleitstandes wie auf *Warspite.*
Brückenaufbaumodifizierung wie auf *Warspite.*
Einbau der Flakleitanlage Mk I im vorhandenen Flakleitstand auf dem Vormars.
Ausrüstung mit Behältern für Flugzeugbenzin wie auf der *Queen Elizabeth.*
Verbesserung der 15,2 cm-Munitionsversorgung.
Einführung des Raumschutzes.
Abbau der Vormarsstenge und Befestigung der Hauptsendeantennen an der Rückseite des Vormars.
Zusammenführung der Schornsteine.

Valiant

Die 2 7,62 cm-Geschütze wurden in der Zeit von Januar bis März 1925 durch ein Paar 10,2 cm-Flak ersetzt. Der Einbau des zweiten Paares 10,2 cm-Flak erfolgte zwischen Juni und August 1926. Während dieser Zeiträume wurden die Scheinwerferstände auf dem Großmast entfernt, eine Nahbereichs-Funkanlage eingebaut und ein EMeßGerät (ursprünglich auf der Kommandoturmdecke 1923/24 eingebaut) auf einen Platz oberhalb der höhergesetzten Kompaßplattform versetzt. Von März bis Juli 1927 wurde sie nochmals überholt, wobei das 38,1 cm-Feuerleitgerät versetzt und ein neuer Vormars mit Flakleitanlage eingebaut wurde. Die große Werftliegezeit in Portsmouth begann im März 1929 und währte bis Dezember 1930. Folgende Umbauten und Erweiterungen wurden durchgeführt:

Anbau modifizierter Wulste, Einbau von Schutzwasserabteilungen.
Einbau der Flakleitanlage Mk I im vorhandenen Flakleitstand auf dem Vormars.
Umsetzen des Torpedoleitstandes wie auf *Warspite.*
Brückenaufbaumodifizierung wie auf *Warspite.*
Ausrüstung mit Behältern für Flugzeugbenzin wie auf *Queen Elizabeth.*
Verbesserung der 15,2 cm-Munitionsversorgung.
Ausbau des hinteren Torpedoleitstandes und Ersatz durch einen neuen. Das dort befindliche EMeßGerät blieb eingebaut.
Einführung des Raumschutzes.
Zusammenführung der Schornsteine.
Installation eines drehbaren Mittelwellenpeilantennenrahmens für die Navigation mit dazugehörigem Raum darunter im hinteren Teil des Vormars der 38,1 cm-Feuerleitplattform.
Aufbau eines *McTaggert*-Flugzeugkatapults *Typ-EIH* für das Seeflugzeug vom Typ *Fairy III F* auf dem Achterdeck.
Aufstellung eines 4 t-Kranes für die Handhabung des Flugzeuges am äußersten Ende des Achterdecks.
Ausbau der Flugzeugstartbühne auf Turm „X“.
Aufstellung einer mehrrohrigen Pom-Pom-Lafette Mk V auf der Kommandoturmplattform sowie Einbau von zwei Feuerleitständen für die Pom-Pom, seitlich und unterhalb des Vormars. Es wurde jedoch nur ein Feuerleitgerät Mk I für die Pom-Pom eingebaut. Zwar waren zwei Stände für zwei Feuerleitgeräte vorgesehen, aber die komplette Ausrüstung war zur Zeit des Umbaues nicht verfügbar.
Ausbau der hinteren UTR. Die Räume wurden nach Unterteilung als Lagerräume weiterverwendet.
Modifizierung der Scheinwerferstände am Schornstein und Einbau einer Fernsteuerung.

Anläßlich der Probefahrten, die die *Valiant* im November 1930 durchführte, wurde die Gelegenheit wahrgenommen, die Vibrationen und ihre Auswirkungen auf den Brückenaufbau bei hoher Geschwindigkeit zu beobachten. Es wurden keine ernsthaften Schwingungen im Schiff beobachtet, und der Brückenbereich als überwiegend frei von Vibrationen befunden. Achtern jedoch, in der Nähe der Wellenanlage und deren Lagerung, waren Schwingungen feststellbar, im Hauptdeck mehr als im Mitteldeck, aber sogar in den Offiziersunterkünften in diesem Bereich waren sie nicht so stark, um ein bequemes Schreiben zu verhindern. Bei voller Fahrt klapperte das Flugzeugkatapult, das ja ganz achtern saß, gehörig, aber das wurde als unvermeidlich angesehen. Die Probefahrten fanden bei kaltem und windigem Wetter statt, die Bedingungen auf der Brücke waren alles andere als befriedigend. Warum man dies nicht schon bei den vorher umgebauten Schiffen festgestellt hatte, ist nicht ganz klar. Die erhöhte Kompaßplattform war eingefaßt mit einer 1,27 cm hohen Schutzverkleidung, die nach

◀ *Valiant* 1931.

Valiant im Oktober 1932 im Schwimmdock. ▶

oben hin eine Ausbiegung hatte, um den Wind nach oben abzuleiten. Diese Ausbiegungen schützten den Raum direkt hinter der Verkleidung, aber man stellte fest, daß der Wind wieder nach unten gedrückt wurde, möglicherweise durch den Torpedoleitstand, der unmittelbar dahinter und über der Kompaßplattform saß. Der Sog, der dadurch auf der Höhe der Kompaßpeilscheibe und etwa 1,5–1,8 m hinter der Verkleidung entstand, machte es nahezu unmöglich, die Peilung abzulesen. Er teilte sich dann hinter dem Kartenhaus und strömte an jeder Seite der Kompaßplattform nach unten. Das geschah mit solcher Kraft, daß es schwierig war, dort ohne Festhalten zu stehen. Dies rief erhebliche Schwierigkeiten bei der Bedienung der Instrumente hervor, die sich an der jeder Seite der Kompaßplattform befanden. Eine amüsante Feststellung, die am Schluß des Berichtes stand, unterstreicht die Beschreibung der Auswirkungen: „Ein gewisser Rücksog,

Valiant 1933, Stb-Hinterschiff mit Flugzeugstartanlage auf dem Achterdeck.

der ein Hochwehen der Rockschöße bewirkte, wurde im vorderen Teil der erweiterten Kompaßplattform festgestellt."

Die Marinewerft in Portsmouth versuchte dieses Problem zu lösen, indem sie abnehmbare Gitterplatten, 76,2 cm breit, an den Überhängen der Kompaßplattform anbrachte. Diese wurden angeschraubt, so daß sie bei Unwirksamkeit jederzeit wieder abgebaut werden konnten. Diese Anbauten verringerten die Unbehaglichkeit auf der Kompaßplattform nur teilweise und es war zu ersehen, daß der Aufenthalt auf der Kompaßplattform bei hoher Fahrtstufe und bei kaltem Wetter nur annehmbar war, wenn sie ganz geschlossen würde. Kurz darauf wurde ein hölzernes Dach auf die Kompaßplattform gesetzt, eine Maßnahme, die später auf anderen Schiffen der Klasse ebenfalls durchgeführt wurde.

Barham

In der Zeit von November 1924 bis Januar 1925 erhielt die *Barham* anstelle der 2 × 7,62 cm-Geschütze das erste Paar 10,2 cm-Flakgeschütze. Ebenso wurden die Scheinwerfer und deren Leitstände am Großmast abgebaut und eine Nahbereichs-Feuerleit-Funkanlage installiert. Die restlichen 2 × 10,2 cm-Flakgeschütze wurden zwischen Oktober und November 1925 eingebaut. Zur gleichen Zeit erfolgte die Ausrüstung mit einem vorläufigen hinteren Flakleitstand auf einer Plattform über dem Torpedoleitstand. Zwischen Februar und Juli 1928 erhielt sie den neuen Vormars mit Flakleitstand und Vormarsstenge, der 38,1 cm-Feuerleitstand wurde versetzt. Eine überflüssige Plattform, vorher benutzt für einen 91,4 cm-Scheinwerfer, wurde ausgebaut. Der vorläufige Flakleitstand wurde zum Torpedoleitstand umgebaut. Der große Umbau der *Barham* begann nicht vor Januar 1931 und war umfassender als bei den anderen Schiffen. Aus diesem Grunde wurde die Beschreibung dieser Werftliegezeit in das Kapitel der Modernisierungen der 30er Jahre aufgenommen, in dem die Einzelheiten besser in die Abhandlung über die Rekonstruktion passen.

Die Royal Sovereign-Klasse

Die Modernisierung der *Royal Sovereign*-Klasse entsprach im Umfang der der *Queen Elizabeth*-Klasse mit der Ausnahme, daß die meisten Schiffe dieser Klasse bereits einen Wulst besaßen. 1922 wurde die Verlegung der Magazine unter die Munitionsräume diskutiert, jedoch wurde gegenteilig entschieden. Das geschah, weil diese Maßnahme

a) die Feuergeschwindigkeit der 38,1 cm-Geschütze verringern würde,
b) ebenso den Munitionsvorrat,
c) zu teuer war, und
d) diese Modernisierung nicht im Rahmen des Washingtoner Vertrages lag.

Royal Oak

Die *Royal Oak* war das letzte Schiff dieser Klasse, das Wulste erhalten sollte, die anderen drei waren schon vor 1919 damit ausgerüstet worden. Das vierte Schiff, die *Royal Sovereign*, hatte mit dem Wulstanbau bereits im Dezember 1920 begonnen. Da verschiedene Berichte besagten, daß die mit Wulsten ausgerüsteten Schiffe in See stark schlingerten, wurden in Haslar mehrere Versuche mit dem Ziel durchgeführt, die günstigste Wulstform für die *Royal Oak* zu finden. In Verbindung mit verbesserten Schlingerkielen sollte dieses Problem beseitigt werden. Diesen neuartigen Wulst erhielt die *Royal Oak* zwischen Oktober 1922 und Mai 1924, während sie in Portsmouth in der Werft lag. Die Wulste hatten getrennte obere und untere Abteilungen und enthielten keine Rohre oder andere Füllungen. Sie wogen 1100 ts und folgten im allgemeinen dem Schutzprinzip der Wulste in der *Queen Elizabeth*-Klasse. Die Wulste vergrößerten das *GM* bei Einsatzver-

Barham im Januar 1930, immer noch mit zwei Schornsteinen, jedoch schon mit neuem Vormars. Beachte den Torpedoentfernungsmesser auf dem hinteren Aufbau, an der Stelle, wo sich bevor ein vorläufiger Flak-Leitstand befand.

drängung auf 1,78 m. Folgende Änderungen wurden während dieser Werftliegezeit durchgeführt:

Einbau von Schutzwasserabteilungen seitlich der Magazine.

Einbau eines neuen Torpedoleitstandes über dem Kartenhaus.
Abbau des Scheinwerferstandes am Großmast.
Vergrößerung der oberen Scheinwerferplattform auf der Brücke, Einbau von 2 × 60,9 cm-Signalscheinwerfern.

Einbau von 2 × 10,2 cm-Flak (März 1924), Ausbau der 2 × 7,62 cm-Flak.
Ausbau des EMeßGerätes auf dem Scheinwerferstand hinter dem Schornstein.

1925/26 wurde zusätzlich eine Großbramstenge

Mitttschiffsaufnahme der *Ramillies* 1932.

eingebaut, und zwischen April und Juni 1927 erhielt sie den neuen Vormars mit Flakleitstand, die Vormarsstenge, das zweite Paar 10,2 cm-Flak und einen Raumschutz. Zur gleichen Zeit wurden die beiden 15,2 cm-Geschütze auf dem Backdeck ausgebaut.

Ramillies

Im März 1923 betrug die Einsatzverdrängung der *Ramillies* 36140 ts. Das waren 2600 ts mehr als beim Krängungsversuch im April 1917. Der Einsatztiefgang betrug ~ 10,52 m und die Stabilität war wesentlich geringer als die der anderen Schiffe der Klasse. Sie war das erste moderne Schlachtschiff gewesen, das mit einem Wulst ausgerüstet worden war, und zwar schon während ihres Baues im Ersten Weltkrieg. Der obere Teil des Wulstes hatte einzelne Abteilungen, etwa 4,57 m lang. Bis 1923 waren die Befestigungen des oberen Wulstteils so verrottet, daß eine vollständige Erneuerung notwendig war. Die Marinewerft in Portsmouth gab bekannt, daß diese Maßnahme eine Zeit von zusätzlich zweieinhalb Monaten beanspruchen würde. Im Hinblick hierauf und auch auf die anfallenden zusätzlichen Kosten wurde dann entschieden, daß es vorteilhafter wäre, ein neues Wulstoberteil zu fertigen, ähnlich dem in der *Royal Oak* eingebauten. Es wurde entschieden, die 800 ts Stahlrohre und das Holz (bis auf 167 ts in Höhe der Magazine) aus dem unteren Teil des Wulstes zu entfernen. Dadurch sollte das Schiff leichter werden. Man rechnete damit, daß die Modifizierung den Tiefgang um ~ 61 cm verringern, die Stabilität verbessern und einen leichten Geschwindigkeitsgewinn bringen würde. Obgleich diese Angelegenheit bereits im Juli 1923 diskutiert worden war, begann die Modernisierung der *Ramillies* erst im August 1926. Es ist (mehr als) wahrscheinlich, daß die Wulste im oberen Teil zwischenzeitlich repariert worden sind. Sie erhielt das erste Paar 10,2 cm-Flak, eine modifizierte obere Brücke und einen neuen Torpedoleitstand in der Zeit von Mai bis September 1924. Zur gleichen Zeit wurden die 2 × 7,62 cm-Flak und der Scheinwerferstand am Großmast ausgebaut. Während der Werftliegezeit von August 1926 bis März 1927 wurden folgende Umbauten vorgenommen:

Anbau eines neuen Wulstoberteils, Entfernung der Rohre aus dem unteren Wulst, mit Ausnahme der in der Höhe der Magazine.
Einbau von Schutzwasserabteilungen seitlich der Magazine.
Einführung des Raumschutzes.
Einbau von 2 × 10,2 cm-Flak.
Einbau eines neuen Vormars mit Flakleitstand und kurzer Vormarsstenge.
Einbau einer zusätzlichen Großbramstenge.
Ausbau der 2 × 15,2 cm-Geschütze vom Backdeck.

In der Zeit von Juli bis September 1929 wurde die 15,2 cm-Munitionsversorgung verbessert.

Resolution

Werftliegezeit von November bis Dezember 1924:

Einbau von 2 × 10,2 cm-, Ausbau von 2 × 7,62 cm-Flak.
Der Schornstein erhielt eine Kappe.
Einbau eines Torpedoleitstandes über dem Kartenhaus.
Anbau eines Flaggenstockes auf die Großbramstenge.
Die 2 × 91,4 cm-Scheinwerfer auf der oberen Scheinwerferplattform im Brückenausbau wurden ersetzt durch 2 × 2,74 m-EMeßGeräte.

Werftliegezeit von Dezember 1926 bis Januar 1928:

Einbau eines neuen Vormars mit Flakleitstand und kurzer Vormarsstenge.
Einbau zusätzlicher 2 × 10,2 cm-Flak.
Einführung des Raumschutzes.
Ausbau von 2 × 15,2 cm-Geschützen vom Backdeck.
Ausbau des Scheinwerferstandes vom Großmast.

Revenge

Das erste Paar 10,2 cm-Flak erhielt die *Revenge* im April/Mai 1925. Zur gleichen Zeit erhielt sie eine Großbramstenge und einen neuen Leistand über dem Kartenhaus hinter dem Fockmast. Der Scheinwerferstand vom Großmast wurde entfernt. Die Werftliegezeit in Devonport von Januar bis Dezember 1928 brachte folgende Umbauten:

Aufbau eines neuen Vormars mit Flakleitanlage Mk I.
Einbau zwei 10,2 cm-Flak.
Einbau eines Mittelwellenpeilantennenrahmens mit Ortsbestimmungsplottraum darunter im hinteren Teil des Vormars auf der 38,1 cm-Feuerleitplattform.
Einführung des Raumschutzes.
Verbesserung der 15,2 cm-Munitionsversorgung.

Ein Blick auf das Bb-Hinterschiff der *Revenge* im Jahre 1926. Beachte die vier Rahen am Fockmast, die unteren drei dienen als Signalrahen, die obere trägt die Hauptantennendrähte.

Ausbau der vorderen 15,2 cm-Geschütze vom Backdeck.
Aufbau eines neuen Signaldecks über den hinteren Aufbauten am dortigen Signalflaggenstand.
Die Scheinwerferstände am Schornstein wurden modifiziert durch Tiefersetzen der vorderen Stände und Versetzen nach außen, um den Bestreichungswinkel zu vergrößern.

Royal Sovereign

In der Zeit von 1920 bis 1922, in der die *Royal Sovereign* ihre Wulste erhielt, wurde auch die Kompaßplattform modifiziert, ein Torpedoleitstand – ähnlich dem auf der *Royal Oak* – eingebaut, der Scheinwerferstand am Großmast ausgebaut. Das erste Paar 10,2 cm-Flak wurde zwischen August und September 1924 aufgestellt. Zwischen September 1927 und April 1928 wurden folgende Umbauten vorgenommen:

Einbau eines neuen Vormars mit Flakleitstand.
Einbau 2 × 10,2 cm-Flak.
Einführung Raumschutz.
Abbau der 2 × 15,2 cm-Geschütze vom Backdeck.

Die Tropenreise der Barham und Ramillies

1928 befanden sich *Barham* und *Ramillies* in tropischen Gewässern. Während dieser Reise wurde die Gelegenheit wahrgenommen, das Lüftungssystem zu beurteilen. Das ist zwar kein erregendes Thema, immerhin aber so interessant, da es demonstriert, wie widersprüchlich die Forderungen an das Lüftungssystem – einmal unter Tropenbedingungen und einmal unter Nordseebedingungen – waren. Der *DNC* kommentierte den Bericht, daß „. . . die auf dieser Reise gesammelten Erfahrungen mit Interesse zu betrachten seien, eine Reihe von Verbesserungsvorschlägen enthielten, jedoch in der Anlage selbst kein grundsätzlicher Defekt festgestellt worden sei“. Darüber hinaus machte er einige Bemerkungen, die auf Informationen beruhten, die sich ihrerseits wiederum auf Wahrnehmungen während dieser Reise bezogen:

Luftführung: Um die Niederschläge des Schwitzwassers abzuführen und eine gute Kühlung zu gewährleisten, ist unter Tropenbedingungen ein guter Luftzug notwendig. Unter Heimatbedingungen ist die Luftversorgung ohne Zug ideal.
Belüftung heißer Bereiche: Zum Beispiel Küchen, in denen unter tropischen Bedingungen gearbeitet wird. In ihnen ist eine zusätzliche Luftversorgung wünschenswert, um einen spürbaren Luftzug durch eingeschaltete Ablüfter zu erreichen.
Isolierung der Dampfleitungen: Unter tropischen Bedingungen bedürfen die Isolierungen einer Verbesserung, um eine unnötige Überhitzung der Räume, durch die sie hindurchführen, zu vermeiden. Elektrische Heizkörper wären ideal. Unter den Bedingungen in den Heimatgewässern könnte die Isolierung darauf beschränkt werden, Kondenswasser zu vermeiden. Die abgegebene Wärme wäre in diesem Falle ein Gewinn.
Schlußfolgerungen: Obwohl man festgestellt hatte, daß das Belüftungssystem, soweit es die Zuluft- und Abluftmenge betraf, ausreichend war, der Luftzug war ungenügend.

Renown

Ursprünglich war beabsichtigt, die *Renown* mit einer neuen Panzerung und einem Wulst zu versehen, ähnlich wie es bei der *Repulse* während ihrer Werftliegezeit zwischen 1918 und 1921 schon durchgeführt worden war. Anfang 1922 wurde die Verbesserung der beabsichtigten Panzerung und die Anbringung des Wulstes im *Marinekonstruktionsamt* eingehend erörtert. Dies geschah im Hinblick auf die letzten Testergebnisse mit Wulsten und Panzermaterial, und jene war ohne viel Aufwand und ohne Kostenerhöhung durchführbar. Vorschläge, die diesbezüglich am 16. Februar vom *Marinekonstruktionsamt* gemacht wurden, unterschieden sich von der *Repulse* wie folgt:

Der neue 22,86 cm-Gürtelpanzer sollte höher gezogen werden. Diese Maßnahme sollte den vergrößerten Tiefgang ausgleichen, der durch die verschiedenen Modifizierungen, die bereits gemacht worden waren, entstanden war.
Der ursprünglich 15,2 cm-Gürtelpanzer, der jetzt zwischen Hauptdeck und Oberdeck angebracht werden sollte, sollte nicht mehr eingebaut werden.
Das Hauptdeck über den Magazinen sollte auf 10,2 cm und mittschiffs auf 6,34 cm verstärkt werden (im Vergleich zu 7,62 cm bzw. 2,54 cm

Die achteren Aufbaudecks der *Renown* 1930. ▶

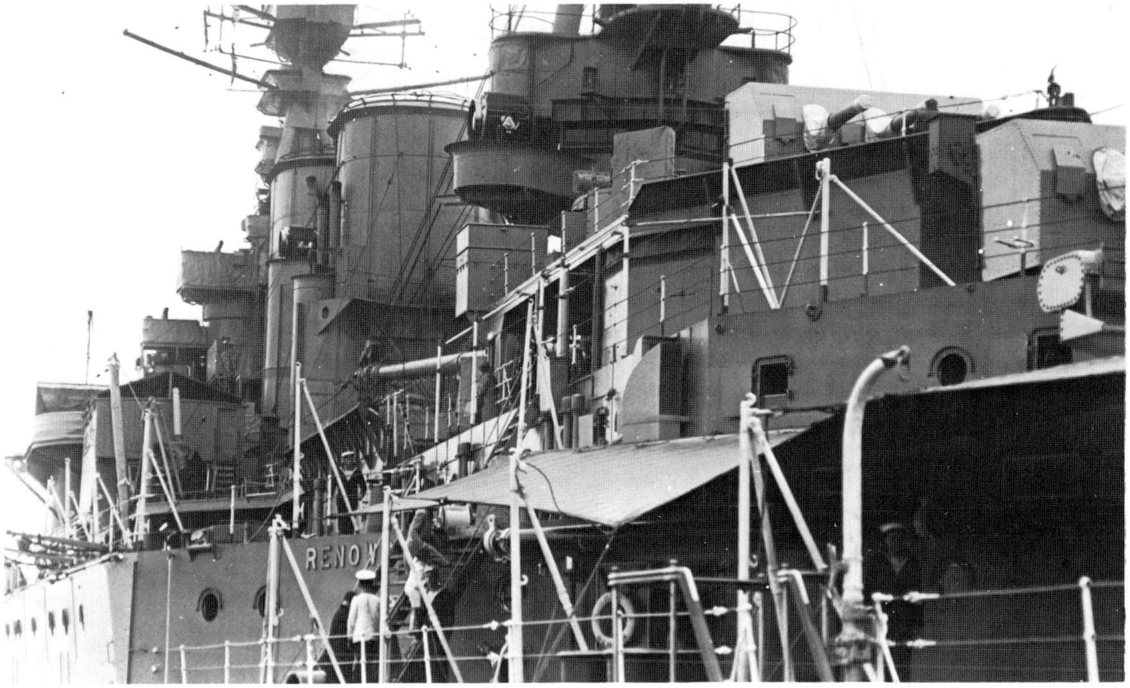

auf der *Repulse*). Im Zwischendeck sollten zusätzlich einige Platten eingezogen werden als Schutz gegen steil einfallende Granaten. Im Hauptdeck sollten außerdem zwei Längsschotte als Splitterschutz eingebaut werden.
Die Wulste sollten durch strukturelle Änderungen leichter gemacht werden (auch die Rohre sollten wegfallen, mit Ausnahme jener seitlich der Magazine).

Man hoffte, daß diese Vorschläge eine merkliche Verbesserung des Schutzes sowohl vor Fernschüssen als auch vor Schüssen aus mittlerer Entfernung mit sich bringen würde. Man rechnete damit, daß unter normalen Bedingungen das Deck über den Magazinen 38,1 cm-Geschosse aus allen Entfernungen und unter jedem Aufschlagwinkel ablenken würde, das Deck über den Maschinenräumen 38,1 cm-Geschosse aus einer Entfernung bis zu 13700 m ebenfalls. Der 22,86 cm-Gürtelpanzer war im Schutz zum 10,2 cm-Deck nicht ganz gleichwertig, aber man erwartete, daß, außer aus kurzer Entfernung, ein 38,1 cm-Geschoß beim Durchdringen des Panzers zerstört werden bzw. in einem mäßigen Abstand innerhalb des Gürtelpanzers detonieren würde. Als Ergebnis von Versuchen, die 1921/22 auf dem *Chatham-Floß* durchgeführt worden waren, nahm man an, daß die Entfernung der Rohre aus den Wulsten den Unterwasserschutz nicht ernsthaft gefährdete. Man rechnete damit, daß als Ergebnis der Umbauten der Tiefgang um 7,62 cm vergrößert würde, entgegen der *Repulse,* deren Tiefgang um 30,5 cm gewachsen war. Die Differenz von 22,86 cm lag insbesondere an der Gewichtseinsparung bei den Wulsten. Die grob geschätzten Kosten für die Werftliegezeit der *Renown* lagen bei 750000 £, also höher als bei der *Repulse.* Der Grund lag insbesondere in dem größeren Arbeitsumfang am Hauptdeck. Bedeutende Einsparungen wurden durch die Verwendung des 22,86 cm-Panzers, der für das chilenische Schlachtschiff *Almirante Cochrane* (fertiggestellt als Flugzeugträger *Eagle*) bestellt worden war, und durch die Vereinfachung der Wulstkonstruktion erzielt. Die Lohn- und Materialkosten waren ebenfalls niedriger (1922) als beim Umbau der *Repulse.* Am Ende jedoch lagen sie dann aber doch um 200000 £ höher als bei der Vorausberechnung. Der *ACNS* prüfte die Vorschläge des *DNC* und gab der Panzerung der *Renown* den Vorzug vor der bei *Repulse.* Eine Ausnahme war die Böschung,

Renown nach Ende der Werftliegezeit 1923/26.

die auf dem letzteren Schiff seitlich der Magazine einen zusätzlichen Stahlplattenschutz besaß. Er fragte daher an, ob dies bei der *Renown* ebenfalls möglich wäre, um damit einen zusätzlichen Schutz vor der Möglichkeit eines Durchdringens des 22,86 cm-Gürtelpanzers durch eine 38,1 cm-Panzersprenggranate zu erhalten. Der *DNC* hielt entgegen, es sei nicht weiter schwierig, der zusätzliche Einbau bedeute jedoch ein Mehr von 150 ts und eine Vergrößerung des Tiefganges um weitere 3,8 cm. Außerdem würde es eine Kostensteigerung mit sich bringen. Im Verhältnis von dem Teil des Schiffes, der geschützt werden sollte und der einem Geschoß unter einem Auftreffwinkel von 20° preisgegeben wäre, zu dem ganzen Schiff – es waren knapp 4% – wäre es jedoch wohl besser, diese zusätzlichen 5,08 cm-Stahlschutzplatten wegzulassen. Trotzdem wurde der Einbau im März 1922 genehmigt. Der *ACNS* wies ebenso darauf hin, daß von Washington her seine Anweisungen waren, die *Renown* ähnlich umzubauen wie die *Repulse,* und daß dies sein Hauptargument (für die Modernisierung der *Renown*) gewesen sei, aber er nicht glaube, daß dies wirklich so wichtig sei, solange die verschiedenen, jetzt vorgesehenen und gänzlich neuen Änderungen nicht so vorgebracht würden, daß sie einen Argwohn erzeugen könnten. Eine spätere Modifizierung der Vorschläge für die Deckpanzerung vergrößerten den veranschlagten Tiefgang, bis er – in einer revidierten Legende, die im Juli 1923 durch die *Admiralität* genehmigt wurde – nur noch einige cm geringer war als bei der *Repulse.* Die Werftliegezeit der *Renown* begann im Mai 1923 und wurde in Portsmouth durchgeführt. Abgeschlossen war sie im August 1926, nachdem folgende Änderungen durchgeführt worden waren:

Gürtelpanzer: Der 15,2 cm-Gürtelpanzer wurde ausgebaut und durch einen 22,86 cm-Panzer ersetzt. Dieser wurde etwa 91,4 cm höher gesetzt als der vorherige. Der Raum zwischen dem unteren Ende des Panzers und dem Panzerbett bestand aus einer Panzerung, die oben 22,86 cm und unten 5,08 cm stark war. An den äußeren Enden des Gürtelpanzers wurde diese verjüngende Panzerung durch einen nicht-zementierten Panzer von gleichmäßiger Stärke von 5,08 cm ersetzt. Die Länge des Gürtelpanzers und seine 10,2 cm und 7,62 cm starken

Zusammenfassung der wichtigsten Modernisierungen 1922 bis 1930

Einzelheiten der ***Queen Elizabeth***-Klasse, 1926 bis 1930 (ohne *Barham*)

Verdrängung:

Schiff	Einsatzverdrängung	Standardverdrängung
Queen Elizabeth (August 1927)	35.480 ts	31.210 ts
Malaya (März 1929)	35.380 ts	30.930 ts
Valiant (Dezember 1930)	35.710 ts	31.140 ts
Warspite (Februar 1926)	35.060 ts	30.800 ts

Maximale Einsatzverdrängung mit gefüllten Schutzwasserräumen ≙ Einsatzverdrängung + 815 ts

Tiefgangszunahme (mit Wulsten): 40,5 ts/cm

Gewichte (gemäß Legende: *Warspite,* 1925, und *Queen Elizabeth,* 1926):

Ausrüstung, allgemein	700 ts
Bewaffnung	4.950 ts
Maschinenanlage	3.890 ts
Heizölvorrat	650 ts
Panzerung, Schiffskörper und Stahlschutzplatten	21.110 ts

Verdrängung (gemäß Legende) 31.300 ts

Abmessungen:
Länge wie bevor

Breite (maximal mit Wulsten und über Gummi)	31,72 m
Tiefgang (Konstruktionstiefgang *Warspite*), vorn	8,64 m
Tiefgang (Konstruktionstiefgang *Warspite*), hinten	8,84 m
durchschnittlicher Einsatztiefgang	9,68 m

Bewaffnung:
8 × 38,1 cm-Mk I
8 × 2 Pdr-Übungskaliber
12 × 15,2 cm-Mk XII
6 × 3 Pdr-Übungskaliber
4 × 10,2 cm-Schnellfeuer-Mk V in 4-Flak-Einzellafetten Mk III
4 × 3 Pdr-Salutgeschütze Mk I und Mk I* (Mk I* nur auf der *Malaya*)
1 × 2 Pdr Pom-Pom (achtrohrig) in Lafette Mk V (1930 nur auf *Valiant*)
4 × 53,3 cm-UTR (*Valiant* 1930 nur 2)

Munitionsvorrat:

38,1 cm	= 100 Schuß/Geschütz 6 Schrapnell/Geschütz
15,2 cm	= 130 Schuß/Geschütz 100 Leuchtgranaten/Schiff
10,2 cm	= 150 Schuß/Geschütz 100 Leuchtgranaten/Schiff
3 Pdr-Salut	= 64 Schuß/Geschütz

20 Torpedos

Feuerleitanlagen:
SA = 2 Dreibein-Feuerleitgeräte
1 Dreyer-Plott
MA = 2 Feuerleitgeräte mit Standvisieren
2 Admiralitätssalvengeber
Flak = ab 1930: FlakLeitanlage mit offenen EMeßGeräten (auf *Warspite* und *Queen Elizabeth*).
1 FlakLeitanlage Mk I auf *Malaya* und *Valiant.*
1 Pom-Pom-Feuerleitgerät Mk I auf *Valiant.*

Entfernungsmeßgeräte:
2 × 3,96 m in den Türmen „B“ und „X“
2 × 4,57 m in den Türmen „A“ und „Y“
1 × 4,57 m in der Panzerkuppel des Feuerleitgerätes
1 × 3,65 m auf dem FlakLeitstand oder im FlakLeitgerät
1 × 3,65 m auf der Brücke im Torpedoleitstand
1 × 3,65 m im hinteren Torpedoleitstandturm
2 × 2,74 m auf der Admiralsbrücke

Scheinwerfer:
4 × 91,4 cm
4 × 60,9 cm-Signalscheinwerfer

Panzerung und Stahlschutzplatten:
Wie bevor, außer daß der hintere Torpedoleitstandturm auf *Valiant* und *Queen Elizabeth* ausgebaut wurde

Maschinenanlagen, allgemein:
Wie bevor, Geschwindigkeit 23,5 kn

Modernisierungskosten:

Warspite	195.000 £
Queen Elizabeth	195.000 £
Malaya	195.000 £
Valiant	276.000 £

Von diesen Kosten entfielen 4.000 £ auf die 4 × 10,2 cm-Flak und 9.000 £ auf die Flakleitanlage.

Besatzung: 925 Mann

Einzelheiten der ***Royal Sovereign***-Klasse

Verdrängung:
Royal Oak (mit Wulsten)

Konstruktionsverdrängung gemäß Entwurf	29.000 ts
Einsatzverdrängung gemäß Entwurf	33.240 ts
Standardverdrängung der Klasse gemäß offizieller Angabe	29.150 ts

Gewichte:
Royal Oak, 1923 (gemäß Legende)

Ausrüstung, allgemein	720 ts
Bewaffnung	5.020 ts
Maschinenanlage	2.710 ts
Panzerung, Schiffskörper und Stahlschutzplatten	19.650 ts
Brennstoffvorrat	900 ts

Verdrängung gemäß Legende 29.000 ts

Abmessungen:
Länge und Breite wie bevor
Tiefgang (*Royal Oak* mit Wulsten)
durchschnittlicher Einsatztiefgang 9,60 m

Konstruktionstiefgang vorn	8,08 m
Konstruktionstiefgang hinten	8,99 m

Bewaffnung:
8 × 38,1 cm-Mk I
8 × 6 Pdr-Übungskaliber
12 × 15,2 cm-Mk XII
6 × 3 Pdr-Übungskaliber
2 (später 4)–10,2 cm-Schnellfeuer-Mk V in Flakeinzellafette Mk III
4 × 3 Pdr-Salutgeschütze Mk I*
4 × 53,3 cm-UTR

Munitionsvorrat:

38,1 cm	= 100 Schuß/Geschütz
	6 Schrapnell/Geschütz
15,2 cm	= 130 Schuß/Geschütz
	100 Leuchtgranaten/Schiff
10,2 cm	= 250 Schuß/Geschütz
	100 Leuchtgranaten/Schiff
3 Pdr-Salut	= 64 Schuß/Geschütz
20 Torpedos	

Feuerleitanlagen:
SA = 2 Dreibein-Feuerleitgeräte
1 Dreyer-Plott
MA = 2 Feuerleitgeräte mit Standvisieren
2 Admiralitätssalvengeber
Flak = FlakLeitanlage mit offenem EMeßGerät

Entfernungsmeßgeräte:
2 × 9,14 m in den Türmen „B“ und „X“
1 × 4,57 m in der Panzerkuppel des Feuerleitgerätes
1 × 3,65 m im FlakLeitstand
von 1922 bis 1930:
1 × 3,65 m auf der Brücke im Torpedoleitstand
1 × 3,65 m im hinteren Torpedoleitstand
2 × 2,74 m auf der Brücke

Panzerung und Stahlschutzplatten: wie bevor

Maschinenanlage: wie bevor

Scheinwerfer:
4 × 91,4 cm
4 × 60,9 cm-Signalscheinwerfer

Modernisierungskosten:
1922 bis 1930 = 4.000 £ pro Schiff für 4×10,2 cm-Flak; 9.000 £ pro Schiff für die FlakLeitanlage.
160.000 £ für Wulstanbau *Royal Oak*

Einzelheiten der ***Renown*** nach Umbau 1926

Verdrängung:

Konstruktionsverdrängung	32.520 ts
Einsatzverdrängung	37.150 ts
Amtliche Standardverdrängung	32.000 ts

Gewichte: (gemäß Legende 1922)

Ausrüstung, allgemein	800 ts
Bewaffnung	3.400 ts
Maschinenanlage	5.890 ts
Brennstoffvorrat	1.000 ts
Panzerung, Schiffskörper und Panzerplatten	21.430 ts
Konstruktionsverdrängung	32.520 ts

Abmessungen:

Länge (pp)	228,75 m
Länge (üa)	242,20 m
Breite (maximal)	31,21 m
Konstruktionstiefgang (durchschnittlich)	8,46 m
Einsatztiefgang (durchschnittlich)	9,53 m

Bewaffnung:
6 × 38,1 cm-Mk I
6 × 6 Pdr-Übungskaliber
15 × 10,2 cm-Mk IX
4 × 2 Pdr-Übungskaliber
4 × 10,2 cm-Schnellfeuer-Mk V
Flak-Einzellafette Mk III
4 × 3 Pdr-Salutgeschütze-Mk I
1 × 12 Pdr-Feldlafette
5 Maxim-MG
2 × 53,3 cm-UTR

Munitionsvorrat:

38,1 cm	= 126 Schuß/Geschütz (24 Sprenggranaten, 96 Panzersprenggranaten mit Kappe, 6 Schrapnell)
	70 Übungsgranaten/Schiff
10,2 cm-Seeziel	= 200 Schuß/Geschütz
	100 Leuchtgranaten/Schiff
10,2 cm-Flak	= 150 Schuß/Geschütz
3 Pdr-Salut	= 64 Schuß/Geschütz
12 Pdr-Feldgeschütz	= 200 Schuß (50 Schrapnell, 150 normal)
7,6 mm Maxim-MG	= 5.000 Schuß/MG
16 Torpedos	

Feuerleitanlagen:

38,1 cm	= 2 Dreibein-Feuerleitgeräte
	1 Dreyer-Plott
10,2 cm Seeziel	= 2 Feuerleitgeräte mit Standvisieren
	2 Salvengeber
10,2 cm-Flak	= FlakLeitanlage

Entfernungsmeßgeräte:
2 × 9,14 m im Turm „Y“ und in der Panzerkuppel des Feuerleitgerätes
3 × 4,57 m in Türmen „A“, „B“ und in der Panzerkuppel
1 × 3,65 m im FlakLeitstand auf dem Vormars
4 × 2,74 m auf der Brücke
1 × 2,74 m im hinteren Torpedoleitstand

Scheinwerfer:
6 × 91,4 cm (2 auf der Brücke, 2 seitlich des zweiten Schornsteins, 2 auf den hinteren Aufbauten)
4 × 60,9 cm-Signalscheinwerfer

Panzerung und Panzerplatten:

Gürtelpanzer mittschiffs	22,86 cm
Gürtelpanzer vorn	10,2 cm
Gürtelpanzer hinten	7,62 cm
Zitadellschotte	6,2 und 7,62 cm
Türme	22,86; 17,78; 28 und 10,79 cm
Barbetten (maximal)	17,78 cm
Kommandoturm (maximal)	25,4 cm
Kommandoturmschacht	7,62 und 5,08 cm
Torpedoleitstand	7,62 cm
Bordwand oberhalb Gürtelpanzer	3,8 cm hochelastische Stahlschutzplatten
Schornsteinhälse	3,8 cm hochelastische Stahlschutzplatten
Längsschotte (zwischen Haupt- und Oberdeck)	5,08 cm nicht-zementierter D-Stahl
Backdeck mittschiffs	2,85 cm
Hauptdeck horizontal	10,2 cm (5,08 nicht-zementierter D-Stahl + 2,54 hochelastische Stahlschutzplatten + 2,54 hochelastische Stahlschutzplatten) über den Magazinen; 6,34 cm (3,8 nicht-zementierter D-Stahl + 2,54 hochelastische Stahlschutzplatten) über den Kesselräumen; 7,62 cm (2,54 und 2,54 + 2,54 hochelastische Stahlschutzplatten) in den übrigen Bereichen
Hauptdeck Böschung	10,2 cm (5,08 nicht-zementierter D-Stahl + 2,54 hochelastische Stahlschutzplatten + 2,54 hochelastische Stahlschutzplatten) über den Magazinen; 7,62 und 2,54 cm (2,54 + 2,54 + 2,54 oder 2,54 hochelastische Stahlschutzplatten) über den Maschinenräumen
Hauptdeck horizontal über Böschung	10,2 cm nicht-zementierter D-Stahl seitlich der Magazine; 6,34 cm nicht-zementierter D-Stahl seitlich der Maschinenräume
Hauptdeck horizontal	4,44 cm hochelastische Stahlschutzplatten vor Barbette „A“ und hinter Barbette „Y“
Zwischendeck	6,34 cm hochelastische Stahlschutzplatten (vor und hinter der Zitadelle; 3,8 cm nicht-zementierter D-Stahl auf 6,34 cm hochelastischen Stahlschutzplatten und 7,62 cm nicht-zementierter D-Stahl auf 1,9 cm hochelastischen Stahlschutzplatten (vor Barbette „A“ und hinter Barbette „Y“); 5,08 cm hochelastische Stahlschutzplatten (über den Magazinen)

Maschinenanlage:
Wie bevor, außer Geschwindigkeit bei Konstruktionstiefgang (gemäß Entwurf) ≙ 30,25 kn

Besatzung: 1.238 Mann (als Nicht-Flaggschiff)

Repulse 1928. Beachte den Flak-Leitstand auf dem Vormars.

Erweiterungen nach vorn und hinten blieben unverändert. Von den 22,86 cm-Panzerplatten waren 24 Stück ursprünglich vorgesehen gewesen für das Schlachtschiff *Almirante Cochrane,* die übrigen 28 Platten und die verjüngten Panzerplatten (etwa 200 ts Gewicht) waren Neuanfertigungen, speziell für die *Renown* in Auftrag gegeben. Das Gesamtgewicht des neuen Seitenpanzers war für die 22,86 cm-Platten und den verjüngenden Panzer 1430 ts, für die 5,08 cm-Platten 40 ts und 35 ts für die zusätzlichen Spanten hinter der Panzerung. Das Gewicht des ausgebauten 15,2 cm-Gürtelpanzers war 896 ts.

Deckpanzerung: In der Ebene und in der Böschung des Hauptdecks, über den Magazinen, wurden 5,08 cm starke nicht-zementierte Panzerplatten eingezogen, außerdem 10,2 cm nicht-zementierte Platten, die sich außenbords horizontal vom oberen Ende der Böschung bis 61 cm von der Bordwand entfernt erstreckten. Das Hauptdeck erhielt außerhalb der neuen Längsschotte zwischen Haupt- und Oberdeck, in Höhe der Kesselräume, neue Panzerplatten von 3,8 cm Stärke. Über den Maschinen- und Kesselräumen, zwischen dem oberen Ende der Böschung und der Bordwand, wurden horizontal 6,35 cm starke nicht-zementierte Panzerplatten eingezogen. Die ursprünglichen 7,62 cm dicken hochelastischen Stahlschutzplatten im Hauptdeck, über den Maschinenräumen, verblieben ohne zusätzliche Verstärkung im Schiff. Keine der ursprünglichen hochelastischen Stahlschutzplatten wurde ausgebaut, die neue Panzerung wurde zusätzlich zu den einzelnen Decksstärken eingebaut.

Um die Magazine gegen Steilfeuer zu schützen, wurde das Zwischendeck von etwa 4,57 m vor der Barbette „A" und bis 7,62 m hinter die Barbette „Y" durch zusätzliche 7,62 cm starke nicht-zementierte Panzerplatten verstärkt (zusätzlich zu und über den 1,9 cm starken hochelastischen Stahlschutzplatten) und 3,8 cm starke nicht-zementierte Panzerplatten (zusätzlich zu und über den 6,34 cm starken hochelastischen Stahlschutzplatten). Der Einbau der neuen Deckspanzerung erfolgte mit großflächigen Platten, und zwar jeweils zwischen den wasserdichten Schotten. Zu diesem Zwecke wurden alle anderen, unwichtigen Schotte und zugehörige Einbauteile vorübergehend ausgebaut. Obgleich dieses Verfahren die Umbaukosten wesentlich steigerte, stellte man fest, daß es unumgänglich war, so zu verfahren, wenn die Durchführung der Schutzmaßnahmen erfolgreich sein sollte. Es war sinnlos, so vorzugehen, wie es im Ersten Weltkrieg notwendig war, wo man mit kleinen Plattenflächen um die vorhandenen Einbauten herumarbeitete.

Renown war das erste britische Großkampfschiff, das einen Deckspanzer aus nicht-zementiertem Panzermaterial erhielt. Das Gewicht des zusätzlichen Deckschutzes betrug 1020 ts für die Decks (und die 5,08 cm-Schotte), 127 ts für die Böschung des Hauptdecks und weitere 40 ts für die zusätzlichen Deckstützen.

Zwischen Haupt- und Oberdeck wurden zwei Längsschotte von 5,08 cm Stärke aus nicht-zementiertem Stahl eingezogen. Jedes war 4,57 m von der Schiffsmittellinie entfernt und reichte vom Fuß des Kommandoturms zum hinteren Ende der Kesselräume.

Wulste und Schutzwasserabteilungen wurden eingebaut. Das System des Unterwasserschutzes entsprach dem der *Queen Elizabeth*-Klasse. Die Wulste erhielten keine Rohre. Durch die Wulste vergrößerte sich die Verdrängung um 1100 ts.

1922 erfolgte die Genehmigung, wie auf der *Hood,* acht feste 53,3 cm TR einzubauen. Wahrscheinlich aus Gründen der Gewichtersparnis wurden sie jedoch nicht eingebaut. Die 2 × 7,62 cm-Flak seitlich der Schornsteine und die 2 × 10,2 cm-Geschütze auf dem Schutzdeck wurden durch 4 × 10,2 cm-Flak ersetzt.

Auf dem Vormarsdach wurde ein Flakleitstand installiert.

Einführung des Raumschutzes.

Die Vormarsstenge und die Funksendeantennenrahe wurden ausgebaut, dafür führten die Hauptfunksendeantennen jetzt zum hinteren Ende des Vormars.

Die Brücke wurde leicht geändert.

Auf den hinteren Ständen am Schornstein wurden 2 × 91,4 cm-Scheinwerfer ausgebaut.

Repulse

1922 erfolgte der Ausbau von 2 × 91,4 cm-Scheinwerfern von den hinteren Ständen am Schornstein. November/Dezember 1924 wurden die 2 × 7,62 cm-Flak seitlich der Schornsteine und die 2 × 10,2 cm-Geschütze auf dem vorderen Schutzdeck ausgebaut. Sie wurden ersetzt durch 4 × 10,2 cm-Geschütze Mk V auf Flak-Einzellafetten Mk III. 1925 war die *Repulse* dafür vorgesehen, mit *Seiner Königlichen Hoheit* dem *Prince of Wales* nach Südafrika und Südamerika zu fahren. Während dieser Reise führte sie zwischen den Schornsteinen an Stb-Seite ein ziemlich großes Deckshaus auf den Aufbauten. Nach ihrer Rückkehr begann die Werftliegezeit, die von November 1925 bis Juli 1926 dauerte. Während dieser Zeit erhielt sie einen Flakleitstand auf dem Vormars und den Raumschutz. Die Hütte zwischen den Schornsteinen, die Vormarsstenge und die vordere Hauptsendeantennenrahe wurden abgebaut. Die Brücke wurde ebenfalls leicht geändert.

1926 waren *Repulse* und *Renown,* oberflächlich betrachtet, äußerlich gleich. Der einzige feststellbare Unterschied waren der 15,2 cm-Gürtelpanzer der *Repulse* und der auffälligere Wulst der *Renown* sowie die zweite Reihe Bullaugen, die diese besaß.

Hood

Die Hood war eines der neuesten Schiffe der Flotte und wurde, abgesehen von Kleinigkeiten, in den 20er Jahren nicht modernisiert. Die folgende Auflistung gibt die wichtigsten Änderungen wieder:

Rosyth (Juni/Juli 1923): Die vordersten zwei 91,4 cm-Scheinwerfer im Stand zwischen den Schornsteinen wurden ausgebaut.
Devonport (August/November 1923): Ersatz der beiden Scheinwerfer und Einbau einer Großbramstenge.
Devonport (Oktober/Dezember 1924): Die offenen 2,74 cm-EMeßGeräte seitlich der 14 cm-Beobachtungsstände auf dem Vormars wurden ersetzt durch 2 × 2,74 m-EMeßGeräte in Türmen. Die Großbramstenge und die beiden Scheinwerfer wurden wieder ausgebaut.
Rosyth (November 1925/Januar 1926): Die Flakleitung wurde modernisiert, der 2 m-EMesser auf den hinteren Aufbauten wurde durch ein 4,57 m-EMeßGerät ersetzt. Die Plattform wurde zur Aufnahme des neuen Gerätes geändert, die beiden 91,4 cm-Scheinwerfer, die sich dort vorn und hinten befanden, nach den Seiten und nach hinten versetzt. Die Kosten zur Verbesserung der Flakleitung betrugen 6500 £.

1927 wurde vom *DNC* die Verbesserung des Deckschutzes vor Beschuß durch Einbau eines nicht-zementierten Panzers vorgeschlagen. Die *Hood* sollte ebenfalls gegen Geschoßfeuer einen Deckschutz aus nicht-zementiertem Panzerstahl erhalten. Die Wichtigkeit dieser Schutzfrage hatte sich seit damals (1919), als die Originaldeckspanzerung konzipiert wurde, hauptsächlich durch die weitere Entwicklung des gezielten Bombenwurfes noch vergrößert. Aber das Schiff hatte schon zuviel Tiefgang, um weitere Gewichtszunahmen durch nicht notwendige Umbauten dafür zu verkraften. Wahrscheinlich aus Kostengründen – die Frage wurde nicht weiter verfolgt.

Luftaufnahme der *Hood*, Juli 1924 in amerikanischen Gewässern.

Hood, Juli 1924 in einer Schleuse des Panamakanals.

Blick auf die Türme „A" und „B" der *Hood,* während eines Aufenthaltes des Schlachtkreuzers im Trockendock von Portsmouth, 1929.

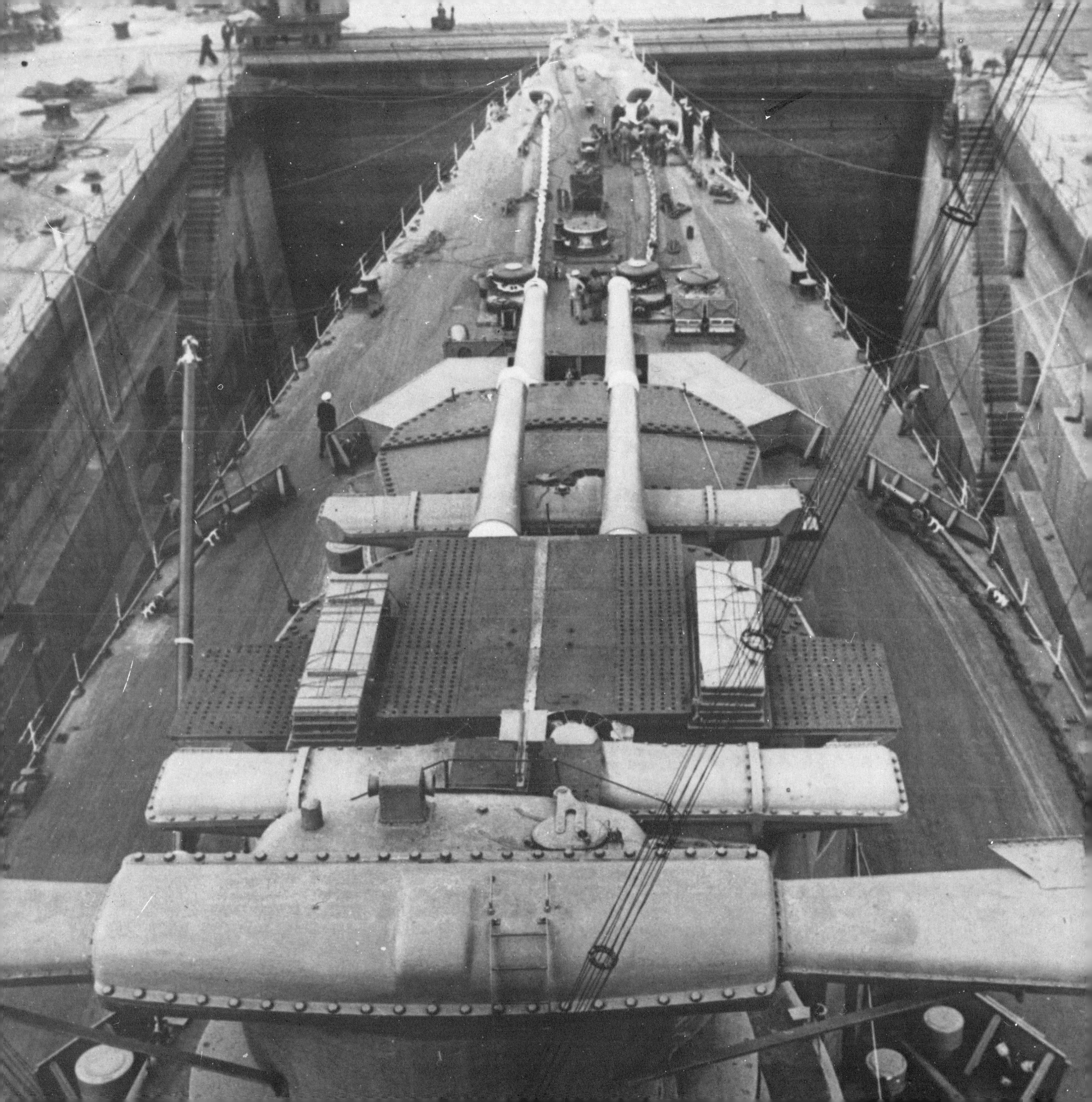

IX. Ersatzplanung und das Londoner Flottenabkommen 1927 bis 1930

1931 ging die zehnjährige Unterbrechung im Schlachtschiffbau, die man in Washington beschlossen hatte, ihrem Ende zu. Danach stand es den Unterzeichnern des Vertrages frei, für alle Schiffe, die älter als 20 Jahre waren, neue Schiffe zu bauen. Die ältesten Schiffe der britischen Flotte waren die Einheiten der *Iron Duke*-Klasse. Ihre Verschrottung war für 1934 vorgesehen. Daher war es notwendig, daß die erforderlichen Ersatzbauten im gleichen Jahr ihrer Vollendung entgegengingen. Die *Admiralität* beabsichtigte, die ersten beiden Ersatzschiffe schon im Jahre 1931 auf Kiel zu legen; die Diskussion um Entwürfe begann daher schon Anfang 1926. Mehr und mehr beunruhigt durch die wachsenden und anfallenden Kosten für (und der) Kriegsschiffe und in Anbetracht der gegenwärtigen Sparsamkeitswelle, strebte die *Admiralität* eine Rückkehr zu kleineren Dimensionen an. Ohne ein internationales Abkommen, in dem die in Washington festgesetzte 35000 ts-Grenze herabgesetzt würde, war das jedoch nicht möglich. Außerdem strebte man an, die vereinbarte Lebensdauer der Schlachtschiffs-Ersatzbauten von 20 auf 26 Jahre zu verlängern. Eine Möglichkeit, diese Vorschläge vorzutragen, bot sich im März 1927 an, als der *Präsident der USA, Calvin Coolidge,* Großbritannien, Japan, Frankreich und Italien einlud, an einer Abrüstungskonferenz, die in Genf stattfinden sollte, teilzunehmen. Diese begann im Juni 1927 – jedoch ohne offizielle Delegationen aus Frankreich und Italien. Diese Staaten lehnten eine Teilnahme ab. Als sie im August endete, war kein Übereinkommen – die Begrenzung der Anzahl und Größe der Kreuzer betreffend – erzielt worden. Großbritanniens Vorschläge, die Verdrängung der Großkampfschiffe bei einem Geschützkaliber von 34,3 cm auf 28500 ts zu begrenzen, wurde von seiten der USA mit wenig Begeisterung aufgenommen. Die Frage der Großkampfschiffe wurde überhaupt nur kurz gestreift, und somit blieb eine künftige Begrenzung der Schiffsgröße ungewiß.

Anfang 1927 erstellte der *DNC* Legende und Entwurfsskizze für ein Schlachtschiff, im allgemeinen der *Nelson* ähnlich; es sollte jedoch eine SA von 9 × 35,6 cm-Geschützen anstelle 40,6 cm erhalten. Die Verdrängung des Schiffes belief sich auf 28000 ts, aber es scheint, daß sie sich später bei einer Bewaffnung von nun 34,3 cm-Geschützen auf 28500 ts steigerte. Von der *Admiralität* war beschlossen worden, diese Zahlen bei der *Genfer Konferenz* zur Sprache zu bringen. (Die Legende und Entwurfsskizze sowie die *Stabsforderungen* sprechen von einem 35,6 cm-Geschütz, aber aus unerklärlichen Gründen ist in den Papieren der allgemeinen Marinepolitik immer die Rede vom 34,3 cm-Geschütz. Es ist aber klar, daß die *Admiralität* an einem Entwurf für 35,6 cm-Geschütze gearbeitet hatte.) Im Juni 1927 bereitete das *Marinekonstruktionsamt* einen zweiten Entwurf für ein Schlachtschiff mit 35,6 cm-Geschützen vor, diesmal in einer eher üblichen Aufstellung: acht Geschütze in vier Türmen, zwei vorn und zwei hinten. Diese Aufstellung wurde der auf der *Nelson* vorgezogen. Da diese Forderung aber auch eine längere Zitadelle beanspruchte, machte es eine Vergrößerung der Verdrängung um 1200 ts erforderlich. Es scheint, daß dieser Entwurf zum Vergleich mit dem früheren gefertigt wurde. Der Zweck dieser beiden Entwürfe war sichtlich ein doppelter. Sie verschafften der *Admiralität* Richtlinien, mit denen sie die Verdrängung der späteren Schiffe bestimmen und vorschlagen konnte. Sie versorgten den *Marinestab* mit Diskussionsmaterial für die *„Militärische Forderung“* an die 1931er Großkampfschiffe. Die Legenden der 1927er Entwürfe sind der Tabelle 49 zu entnehmen.

Forderungen des Marinestabes an die 1931er Großkampfschiffe

Im Jahre 1928 wurden die Haupteigenschaften für die 1931er Großkampfschiffe im *Marinestab*

Tabelle 49: Legenden der Schlachtschiffsentwürfe 1927

	Januar 1927	Februar 1927
Länge (pp)	183,00 m	192,15 m
Länge (cwl)	192,15 m	201,30 m
Breite (maximal)	30,50 m	30,50 m
durchschnittlicher Tiefgang	8,53 m	8,53 m
Einsatztiefgang	10,06 m	10,06 m
Standardverdrängung*	28.000 ts	29.200 ts
Leistung	45.000 WPS	45.000 WPS
Geschwindigkeit bei Standardtiefgang	23,25 kn	23,25 kn
Geschwindigkeit bei Einsatztiefgang	22,75 kn	22,75 kn
Heizölvorrat	3.000 ts	3.000 ts
Bewaffnung:	9 × 35,6 cm in drei Drillingstürmen (100 Schuß/Geschütz)	8 × 35,6 cm in vier Zwillingstürmen
	12 × 15,2 cm in sechs Zwillingstürmen (176 Schuß/Geschütz)	
	8 × 12 cm-Flak in vier Zwillingstürmen (200 Schuß/Geschütz)	6 × 10,2 cm-Flak in Einzellafetten
	4 mehrrohrige Pom-Pom (1.000 Schuß/Geschütz)	2 mehrrohrige Pom-Pom
	2 × 62,2 cm-UTR	
	10 Torpedos	
	2 Flugzeuge	
Panzerung:	30,5 cm seitlich der Hauptmagazine; 25,4 cm seitlich der Maschinenräume und Magazine der MA	
Zitadellschotte	25,4 und 17,78 cm vorn 22,86 und 10,2 cm hinten	
Barbetten (maximal)	30,5 cm	
Türme	35,6 cm Front; 25,4 und 22,86 cm Seiten und Rücken, 16,51 cm Decke	
Türme der MA	2,54 cm (nicht-zementiert)	
Kommandoturm	30,5 cm (maximal), 15,2 cm Decke	
Kommandoturmschacht	12,7 cm	
Kommandoturmkuppel	10,2 und 7,62 cm	
Feuerleitstände	5,08 und 2,54 cm (nicht-zementiert)	
Hauptdeck	17,14 cm über den Magazinen 11,43 cm über den Maschinenräumen	
Zwischendeck hinten	12,06 cm	
Torpedoschotte	3,8 cm	
Schornsteinhälse	20,3 cm	

* Für den späteren Schutz gegen Unterwassergranattreffer kamen 500 ts hinzu.

überdacht. Es war notwendig, die Forderungen an diese Schiffe, insbesondere an die Bewaffnung, bis ungefähr Februar 1929 festzulegen. Damit gewann man genügend Zeit für die Entwurfsarbeiten, die 1931 beendet sein sollten. Die *Genfer Konferenz* hatte keine Klarheit über die Möglichkeit einer Verminderung der Verdrängung von Großkampfschiffen gebracht, und so wurden zwei Überlegungen für Schiffe mit 40,6 cm- und 35,6 cm-Geschützen angestellt.

Hauptbewaffnung

Zwischen Februar und März 1928 brachte der *DNO* seine Vorschläge für die Bewaffnung der Ersatzgroßkampfschiffe vor. Die 40,6 cm-Geschütze der *Nelson* und *Rodney* hatten sich nicht als unbedingt erfolgreich erwiesen und er befürwortete entschieden die Rückkehr zu einer Waffe mit niedrigerer Mündungsgeschwindigkeit,die schwerere Granaten verschoß. Die neuen Geschütze sollten aus Ganzstahl hergestellt sein und mit dem Kaliber 40,6 cm Granaten von 998 kg bis 1120 kg bei einer Mündungsgeschwindigkeit von 777 m/sek bis 785 m/sek verschießen. Man schätzte, daß das Geschützrohr bei einem V_o-Verlust von 0,12 m/sek pro Schuß eine Lebensdauer von 250 vollen Treibladungen haben würde. Die niedrigere Geschwindigkeit verhindert die Möglichkeit des Abreißens der Züge – wie es beim 40,6 cm-Mk I-Geschütz geschehen war –, aber der Sicherheitsspielraum gegen diese Möglichkeit war immer noch zu klein. Allerdings wurde erwartet, daß das Geschütz eine außerordentliche Genauigkeit und die Geschosse die gleiche panzerbrechende Qualität wie die schon vorhandenen 40,6 cm-Panzersprenggranaten haben würde. Für das 35,6 cm-Kaliber hoffte man ein Geschütz zu konstruieren, das in der Lage war, ein Geschoß von 680 kg mit einer Mündungsgeschwindigkeit von 777 m/sek zu verschießen, und das bei einer Lebensdauer des Rohres von etwa 300 vollen Treibladungen bei einer niedrigen V_o pro Schuß vereint mit guter Schußgenauigkeit. Der *DNO* wies ferner darauf hin, daß die Munition des neuen 40,6 cm-Geschützes nicht mit der Munition des 40,6 cm-Geschützes Mk I austauschbar sein würde. Das würde nicht nur zu Komplikationen in der Munitionsversorgung führen, sondern auch erschweren, eine Feuerkonzentration zwischen *Nelson, Rodney* und den neuen Schiffen zu gewährleisten. Allerdings war es besser, für *Nelson* und *Rodney* das Feuer gemeinsam zu konzentrieren als zusammen mit anderen Schiffen. Da das aber nicht immer möglich war, akzeptierte man die unterschiedliche Ballistik der Typen des 40,6 cm-Geschützes und hoffte, daß die Feuerkonzentration dabei nicht zu sehr leiden würde. In bezug auf die Lafettierung der neuen Geschütze wurde festgestellt: „Ausreichende Erfahrungen mit den Türmen der *Nelson* und *Rodney* erlauben dem *DNO* mit Bestimmtheit zu empfehlen, deren Türme nicht nachzubauen.“ So stellte man Überlegungen an für einen verbesserten Entwurf des Drillingsturmes, um die Unzulänglichkeiten des Turmes Mk I zu beseitigen und die Feuergeschwindigkeit zu erhöhen. Falls man sich für einen Zwillingsturm entscheiden sollte, wurde vorgeschlagen, den 38,1 cm-Turm als Entwurfsbasis zu nehmen, jedoch mit einigen Modifizierungen, wie an den Geschützlademulden und einer Änderung im Munitionsfluß in den Umladeräumen, die die Stichflammenfestigkeit verbesserten, sowie unter Berücksichtigung der Lagerung der Granaten über den Magazinen. Die Feuergeschwindigkeit war niedriger als beim 38,1 cm-Zwillingsturm. Das lag an der verstärkten Stichflammensicherheit und der größeren Rohrerhöhung. Genau wie beim 40,6 cm-Turm Mk I sollte das Geschütz nur bei einem bestimmten Ladewinkel geladen werden. Man erwartete eine Ladegeschwindigkeit von 1 Geschoß/30 Sekunden pro Geschütz. In diesem Zusammenhang wies der *DNO* auf den größeren Erhöhungswinkel des Rohres hin, der einen längeren Weg für den Aufzug und den Ladekäfig bedeutete und somit auch einen größeren Ladeintervall. Er schlug vor, die Rohrerhöhung auf 35° oder sogar 30° zu reduzieren, aber nur dann, wenn es nicht ernsthaft die Reichweite der SA durch Treffer von bis zu vier Torpedos und einer damit verbundenen Schlagseite zur Einsatzrichtung reduzieren würde. Für die Aufstellung der SA wurde

Vergleichsskizzen der beiden Großkampfschiffsentwürfe von 1927 mit 8-35,6 cm- und 9-35,6 cm-Geschützen

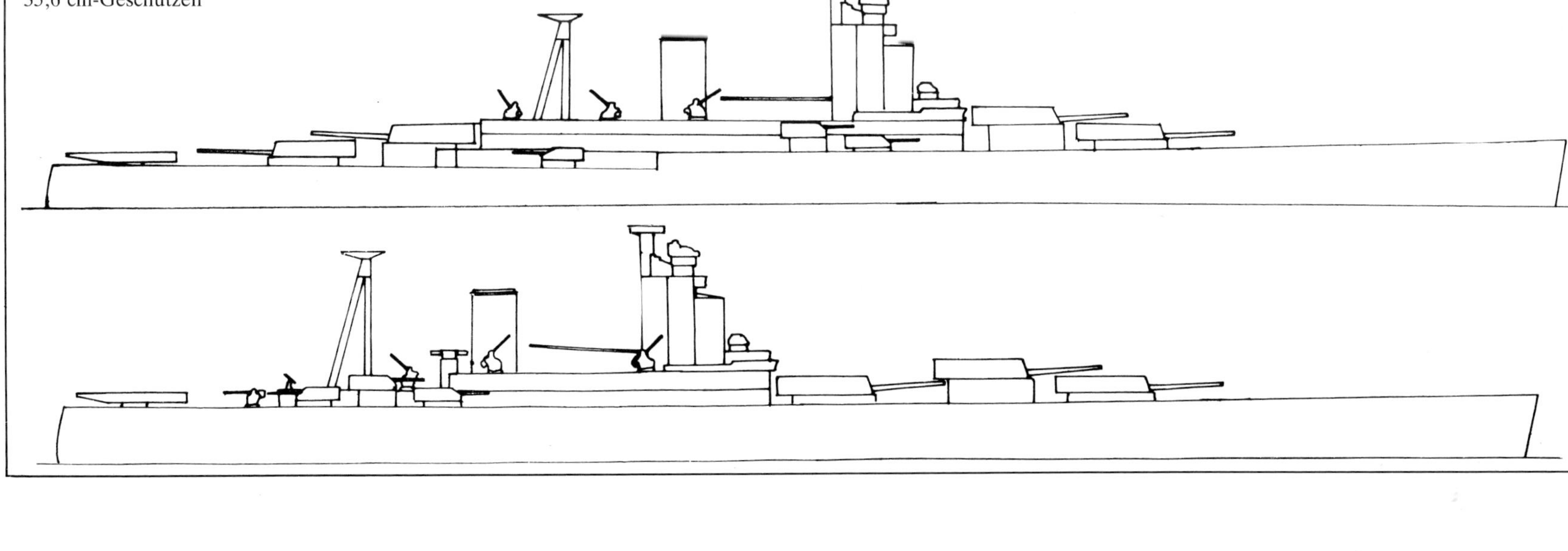

anstelle des Systems der *Nelson*-Klasse jenes der *Queen Elizabeth*-Klasse bevorzugt. Das bedeutete zwar ein längeres und schwereres Schiff sowie auch eine Minderung des Unterwasserschutzes der Magazine, aber dieser Nachteil wurde nicht als so schwerwiegend angesehen, um die Aufstellung der acht Geschütze vorn und hinten vorzuziehen. Alle Vorschläge des *DNO* wurden akzeptiert, obgleich der *DNC* bezüglich des verminderten Unterwasserschutzes der Magazine anregte, die Magazine wieder über den Munitionsräumen einzubauen wie in den früheren Schiffen. Dieser Vorschlag wurde nicht angenommen.

Mittelartillerie

Das 15,2 cm-Geschütz hatte sich als eine gute Waffe erwiesen, und es wurde vorgeschlagen, für die neuen Schiffe dieses Geschütz in einer Ganzstahlkonstruktion zu fertigen. Das Minimum der Forderung waren sechs Geschütze an jeder Schiffsseite, eine Zahl, die notwendig war, um frühe Treffer zu erzielen und somit der Aufgabe als MA voll nachzukommen. Acht Geschütze an jeder Seite wurden als ideal angesehen, vorausgesetzt, daß sie entsprechend geschützt werden konnten. Wiederum wurde die Möglichkeit einer Kombination MA/Flak erwogen, aber wie schon 1921, gab man dieser keinen Vorzug. Das größte Flakgeschütz, die 12 cm-Flak, die noch von Hand mit Schnellfeuermunition geladen werden konnte, war aber nicht groß genug, um die Aufgaben der MA mit zu übernehmen. Versuche hatten zwar gezeigt, daß das 14 cm-Schnellfeuer-Flakgeschütz diese Funktion übernehmen konnte, aber es war wiederum nicht so effektiv wie die 12 cm-Flak. Bei getrennter Betrachtung beider Waffen kam man unzweifelhaft zu dem Schluß, daß jede für ihre Aufgabe gut war und nur für sie benutzt werden konnte. Man stellte aber auch fest, daß es notwendig werden könnte, die Waffen in ihrer Verwendung zu kombinieren, falls die Größe der neuen Schiffe unter die Grenze von 35000 ts fallen würde. Zwillingstürme wurden der Breitseitbatterie vorgezogen. Es wurde spezifiziert, daß sie besser geschützt werden und auch weiter auseinander stehen sollten als auf der *Nelson*. Auch durch die Verbesserung der Ladeeinrichtungen und die Vergrößerung der Rohrerhöhungsgeschwindigkeit erhoffte man sich eine Steigerung der Feuergeschwindigkeit. Voraussetzung dafür war, daß dadurch keine ungewöhnlichen Komplikationen und Kostenerhöhungen entstanden. Für diesen Fall wurde eine Rohrerhöhung von weniger als 60°, wie bei der Mk XVIII-Lafette, akzeptiert.

Flakbewaffnung

Für die weitreichende Flugabwehr schlug der *DNO* ein 12 cm-Schnellfeuergeschütz mit der Leistung der neuen Zerstörergeschütze (Mk IX mit einer Mündungsgeschwindigkeit von 808 m/sek) vor. Der *Marinestab* forderte, daß das Geschütz in der Lage sein müsse, 10980 m weit und 6100 m hoch zu schießen. Die Flugzeit des Geschosses sollte auf diese Entfernungen nicht mehr als 32 Sekunden betragen, die Feuergeschwindigkeit bei 8 Schuß/Geschütz/Minute liegen. Die Geschütze sollten in sogenannten Zwischendecks-Doppeltürmen aufgestellt werden. Mit dieser Maßnahme wollte man den Schutz des Bedienungspersonals vor Witterungseinflüssen, aber auch vor dem Mündungsdruck und vor Granat- und Bombensplittern sicherstellen. Zwei dieser Türme sollten auf jeder Schiffsseite stehen und mit dem größtmöglichen Schußwinkel versehen werden, die Rohrerhöhung sollte bis zu 90° betragen. Als Nahbereichs-Flak waren 4 achtrohrige Pom-Pom-Lafetten sowie 2 × 7,62 mm-Vierlings-MG vorgesehen.

TR-Ausrüstung

Die Möglichkeit der Rückkehr zum Durchmesser von 53,3 cm wurde erwogen. Der neueste 53,3 cm-Torpedo Mk VII hatte eine Leistung, die annähernd der des 62,2 cm-Torpedos entsprach. Er besaß eine Geschwindigkeit von 33 kn und eine Reichweite von 14630 m, bei einer Laufzeit von 15 Minuten. Der 62,2 cm-Torpedo besaß allerdings einen Sprengkopf von 454 kg. Da man aber hoffte, daß es möglich sei, auch den Mk VII-Torpedo mit einem Sprengkopf ähnlicher Größe zu versehen, wurde die Entscheidung hinausgeschoben, bis Versuchsergebnisse über den 53,3 cm-Torpedo mit größerer Sprengladung vorlagen. Die vorderen riegellosen TR der *Nelson*-Klasse hatten sich bewährt. Man entschloß sich daher, nicht nur diese Anlage zu übernehmen, sondern sie auch noch zu erweitern. Der Kommandant der HMS *Vernon* (Torpedoschule)* schlug eine ähnliche Anordnung vor wie auf den Ubooten der *O*-Klasse. Die hatten an jeder Seite eine Gruppe von 3 Rohren, entweder in Richtung der Schiffsmittellinie oder 5° vom Bug divergierend. Falls es sich durchführen ließ, wollte man diese Anordnung übernehmen.

Feuerleitstände

Der *Marinestab* forderte, daß sie so wie auf der *Nelson* sein sollten, aber durch den Wegfall der Feuerleitstände der MA in der Heckposition vereinfacht.

Schiffsschutz

Die Magazine sollten steil einfallenden 40,6 cm-Granaten aus einer Entfernung bis zu 27432 m, die Maschinenräume solchen aus einer Entfernung bis zu 23775 m standhalten. Die Seitenpanzerung sollte auf eine Entfernung von mehr als 10972 m und bei einem Auftreffwinkel von 70° undurchschlagbar sein. Die Magazine sollten Bomben von 907 kg aus einer Höhe bis zu 3050 m, die Maschinenanlagen Bomben von 907 kg aus einer Höhe bis zu 1220 m und von 227 kg aus einer Höhe bis zu 3050 m widerstehen.

Ruderanlage

Im Gegensatz zur *Nelson* mit 11,43 cm sollte sie durch ein 12,7 cm dickes Deck geschützt werden.

Geschütztürme

Die Frontplatten der schweren Türme sollten 38,1 cm stark sein, die Seiten 22,86 cm bis 28 cm. Die MA-Türme sollten einen Schutz von 5,08 cm erhalten, im Gegensatz zur *Nelson* mit 2,54 cm.

Unterwasserschutz

Wie auf der *Nelson* war ein Doppelboden von 1,52 m Höhe vorgesehen (es sei denn, es war möglich, ihn zu vergrößern). Der Wulstschutz

* Anmerkung des Übersetzers.

sollte einem Torpedosprengkopf von 340 kg widerstehen. Vorgesehen war ein Torpedoschott, das sich so weit als möglich nach vorn erstrecken sollte.

Flugzeuge

Vorgesehen waren ein Aufklärungs- und Artilleriefeuerbeobachtungsflugzeug sowie ein Jagd-Aufklärungsflugzeug.

Fahrbereich

7000 Sm bei 16 kn.

Geschwindigkeit

23 kn bei Standardverdrängung. Sechs Kessel mit einer Dampfleistung für je 7000 WPS.

Die Entwurfsskizzen von 1928/29

Am 15. März 1929 trafen sich die *Seelords* zu einer Diskussion über die künftige Schlachtschiffs-Politik und folgerten, daß ein Schiff von 25000 ts, bewaffnet mit 30,5 cm-Geschützen, britischen Belangen genügen würde, vorausgesetzt, andere Seemächte würden sich bereit erklären, dieser Begrenzung zu folgen. Bekannt war, daß die USA vor Januar 1931 nicht daran interessiert waren, über eine Änderung des *Washingtoner Abkommens* zu reden. Solange sie ihre Einstellung nicht änderten und einer Konferenz, bei der die Größe der Großkampfschiffe weiter reduziert würde, zustimmten, war es notwendig, Schiffe gleicher Größe wie *Nelson* und *Rodney* zu entwerfen, weiterhin, falls eine solche Konferenz nicht zu einem früheren Datum stattfinden würde, nur wenig Zeit bliebe, neue Entwürfe zu fertigen, deren Begrenzung dann festgelegt werden würde. Man beschloß, dem *Kabinett* diese Gesichtspunkte zu unterbreiten, so daß dieses gegebenenfalls auch Initiativen ergreifen könnte. Ebenso wurde beschlossen, die britischen Vorschläge in Genf, nämlich das Lebensalter der Großkampfschiffe auf 26 Jahre heraufzusetzen, wieder aufzugreifen, und das trotz einer möglichen Verschiebung des Ersatzprogramms. Um nun alle möglichen und künftigen Entwicklungen zu berücksichtigen, wurde beschlossen, Entwürfe für Schiffe mit einer Bewaffnung von 40,6 cm, 35,6 cm und 30,5 cm und einer Verdrängung von 35000 ts, 28000 ts und 25000 ts zu fertigen, so daß man, falls bei Konferenzende eine Entscheidung getroffen würde, sofort mit dem Bau beginnen konnte.

1928 hatte der *DNC* dann Legende und Entwurfsskizze für ein Schiff mit 40,6 cm-Geschützen angefertigt, und es scheint, daß dieser Entwurf *16A* das einzige 35000 ts-Schiff war, das in das Ersatzprogramm aufgenommen wurde. Die Forderungen des *Marinestabes* an das 40,6 cm-Schiff wurden auch in den Entwürfen für das Schiff mit 30,5 cm-Geschützen übernommen, aber der *DNC* wurde aufgefordert, festzustellen, welche Reduzierungen und Streichungen zu machen seien, um die Geschwindigkeit über 23 kn zu bringen, und in welchem Umfang der Seitenpanzer dabei reduziert werden könnte, um nur 30,5 cm-Geschossen zu widerstehen. Von den vielen Entwürfen, die gefertigt waren, wurden die folgenden ernsthaft in Erwägung gezogen:

1. *Entwurf 16 A:* Dieser Entwurf entsprach den Forderungen des *Marinestabes* nach einem Schiff mit 40,6 cm-Geschützen, wie es 1928 vorgesehen war. Die SA sollte eine maximale Rohrerhöhung von 35° erhalten; der Bestreichungswinkel der Türme „B“ und „X“ nach vorne bzw. achteraus querab war auf 45° begrenzt, um den Druckwelleneffekt auf die Aufbauten zu vermindern. Die Türme „A“ und „Y“ hatten ihren vollen Bestreichungswinkel von 300°. Die 15,2 cm-Türme standen 12,19 m auseinander, bei der *Nelson* waren es nur 9,14 m; sie wurden statt aus einem aus zwei Magazinen (eines vorn, eines hinten) versorgt. Die zugehörige Legende siehe Tabelle 50.

Tabelle 50: Legende des Entwurfs 16A

Länge (pp)	211,06 m
Breite (maximal)	32,33 m
durchschnittlicher Tiefgang	9,14 m
Standardverdrängung	35.000 ts
Leistung	45.000 WPS
Geschwindigkeit	23 kn
Heizölvorrat	3.000 ts

Bewaffnung:
8 × 40,6 cm (4 × 2)
12 × 15,2 cm (6 × 2)
8 × 12 cm-Flak (4 × 2)
6 Pom-Pom (6 × 8)
2 Flugzeuge
2 Flugzeugkatapulte

Panzerung:

Gürtelpanzer	33,01 und 10,2 cm seitlich der Magazine; 28 und 10,2 cm seitlich der Maschinenräume
Zitadellschotte	28 und 17,78 cm vorn; 28 und 10,2 cm hinten
Barbetten	33,01 bis 25,4 cm
Türme	38,1 cm Front, 15,2 cm Decke
Kommandoturm	30,5 und 20,3; 15,2 cm Decke
Decks	15,88 cm über den Magazinen; 10,78 cm über den Maschinenräumen; 10,2 cm über der Rudermaschinenanlage
Feuerleitstände	5,08 cm
15,2 cm-Umladeräume	15,2 cm
Schornsteinhälse	22,86 bis 17,78 cm
Brücke	2,54 cm
Torpedoschotte	3,8 cm

Besatzung: 1.342 Mann

Gewichte:

Ausrüstung, allgemein	1.100 ts
Bewaffnung	6.900 ts
Maschinenanlage	2.450 ts
Panzerung	11.150 ts
Schiffskörper	3.400 ts
Standardverdrängung	35.000 ts

2. *Entwürfe 12 B, 12 D, 12 G, 12 J:* Für ein Schlachtschiff mit 30,5 cm-Geschützen wurden insgesamt 11 Entwürfe gefertigt, deren Geschwindigkeit zwischen 23 kn und 27 kn lag. Für die SA waren jeweils vier Zwillingstürme, drei Zwillingstürme, zwei Drillingstürme bzw. zwei Drillingstürme und ein Zwillingsturm vorgesehen. Die angeführten vier Entwürfe wurden als die vielversprechendsten angesehen und der *Admiralität* zur Begutachtung vorgelegt. Die Entwürfe *12 B, 12 G* und *12 D* sollten eine Geschwindigkeit von 23 kn, 24 kn bzw. 25 kn erhalten und waren mit 8 × 30,5 cm-Geschützen in vier Zwillingstürmen bewaffnet. Der Panzerschutz war dem System der *Nelson* angepaßt, ausgenommen daß der Seitenpanzer besseren Schutz gegen 30,5 cm-Geschosse versprach als der auf *Nelson* gegen 40,6 cm-Geschosse. Nur der Entwurf *12 G* entsprach den *Admiralitätsforderungen* nach einem 25000 ts-Schiff, aber der *DNC* vermerkte, daß auch der Entwurf *12 G* in der Größe reduziert werden könne, wenn die Seiten- und Deckspanzerungsstärken verringert würden. Er führte an,

daß diese Schwächung jedoch nicht ratsam sei, weil damit die Gefahr einer größeren Beschädigung gegeben sei. Beim Entwurf *12 J* wurde versucht, Gewicht zu sparen, indem man für die SA Drillingstürme vorsah. Dieser Entwurf sollte 25 kn erreichen, aber im Vergleich zum Entwurf *12 D* zeigte er nur eine unbedeutende Verringerung der Verdrängung. Auch für die MA wurden Drillingstürme in Erwägung gezogen, jedoch wurde entschieden, daß das unvorteilhaft sein würde, weil der Platzbedarf zu groß war und auch der Turmunterbau im Mittschiffsbereich zu große Durchbrechungen im Festigkeitsdeck verursachen würde. Der *DNC* stellte fest, daß es „gefährlich sei, die geforderte Größe unterhalb der 27000 ts-Grenze zu fixieren, da weitere Zubauten und Änderungen mit Sicherheit nachgefordert würden, bevor der endgültige Entwurf soweit fertiggestellt wäre, um mit dem Bau zu beginnen". Die zugehörigen Legenden siehe in Tabelle 51, 52 sowie 53 (Seite 162).

Tabelle 51: Legenden der Entwürfe 14A und 14B

	14A	*14B*
Länge (pp)	201,30 m	189,10 m
Breite (maximal)	31,72 m	31,72 m
durchschnittlicher Tiefgang	8,23 m	8,39 m
Standardverdrängung	30.700 ts	29.070 ts
Leistung	60.500 WPS	43.500 WPS
Geschwindigkeit	–	23 kn
Heizölvorrat	3.500 ts	3.000 ts
Bewaffnung:		
8 × 35,6 cm (4 × 2)		
12 × 15,2 cm (6 × 2)		
8 × 12 cm-Flak (4 × 2)		
4 Pom-Pom (4 × 8)		
Panzerung:		
Gürtelpanzer	28 und 7,62 cm seitlich der Magazine; 25,4 und 8,88 cm seitlich der Maschinenräume	
Zitadellschotte	25,4 und 17,78 cm vorn; 25,4 cm hinten	
Barbetten	30,5; 28 und 25,4 cm	
Türme	35,6 cm Front, 24,13 cm Seiten, 19,68 cm Rücken, 15,2 cm Decke	
Kommandoturm	28 und 20,3 cm; Decke 12,06 cm	
Decks	15,87 cm über den Magazinen; 10,79 cm über den Maschinenräumen; 10,24 cm über der Rudermaschinenanlage	
Feuerleitstände	5,08 cm	
15,2 cm-Umladeräume	15,2 cm	
Schornsteinhälse	20,3 bis 15,2 cm	
Brücke	2,54 cm	
Torpedoschotte	3,8 cm	
Besatzung:	1.200 Mann	1.300 Mann
Gewichte:		
Ausrüstung, allgemein	1.100 ts	1.090 ts
Bewaffnung	5.680 ts	5.680 ts
Maschinenanlage	2.950 ts	2.350 ts
Panzerung	8.970 ts	8.700 ts
Schiffskörper	12.000 ts	11.250 ts
Standardverdrängung	30.700 ts	29.070 ts

Unterwassertreffer

Geschosse, die die Wasseroberfläche treffen, detonieren *(a),* werden von der Flugbahn abgelenkt und sinken *(b),* prallen von der Oberfläche ab *(c)* oder setzen unter Wasser ihre Flugbahn in etwa fort *(d).* Die letztere Möglichkeit *(d)* ist bekannt als Eintauchung und birgt eine große Gefahr für Großkampfschiffe in sich, da ein solches Geschoß die Bordwand unterhalb des Gürtelpanzers durchdringen kann. Vor der Doggerbank wurde der Schlachtkreuzer *Lion* von 5 Granaten getroffen, die zwischen 91,5 cm und 5,49 m unterhalb der Wasseroberfläche trafen. *Malaya* wurde in der Skagerrakschlacht von 2 Granaten getroffen, die 1,22 m bis 3,68 m unterhalb der Wasseroberfläche trafen.

Es gab aber auch beim Übungsschießen eine Reihe von Zielen, deren Unterwasserteil in der Nähe des Kiels durchschlagen wurde. Die Zielschiffe *Agamemnon* und *Centurion* waren unter der Wasserlinie mehrfach von 10,2 cm-, 15,2 cm- und 23,4 cm-Geschossen getroffen worden. Bis 1928 waren jedoch keine

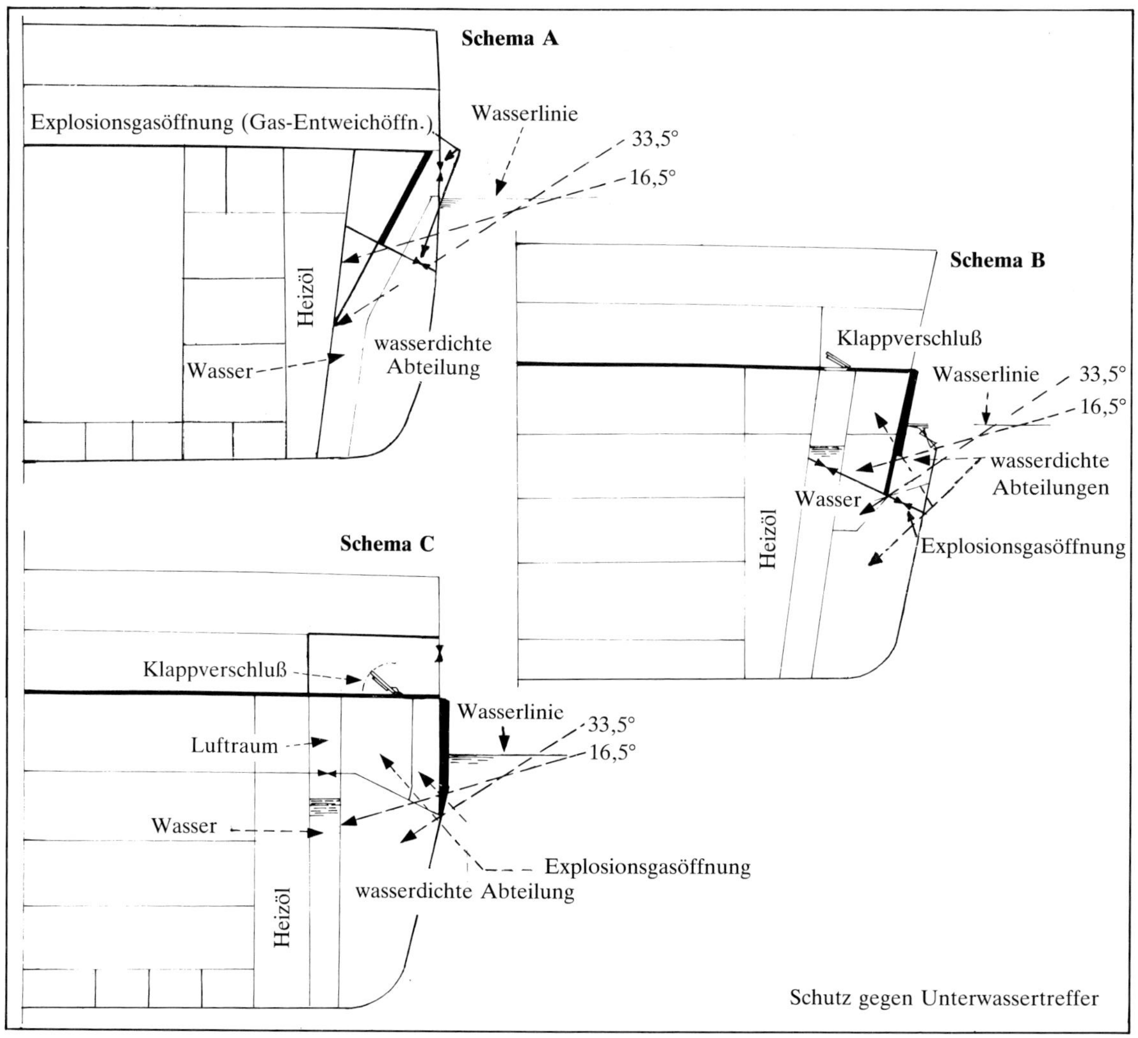

Schutz gegen Unterwassertreffer

Tabelle 52: Legenden der Schlachtschiffsentwürfe 12A bis 12L*

	12A	*12B*	*12C*	*12D*	*12E*	*12F*	*12G*	*12H*	*12J*	*12K*	*12L*
Länge (pp)	186,05 m	186,05 m	189,10 m	189,10 m	186,05 m	186,05 m	186,66 m	183,00 m	189,10 m	192,15 m	189,10 m
Breite (maximal)	29,28 m	30,50 m	30,50 m	31,11 m	30,50 m	31,72 m	311,11 m	30,50 m	31,11 m	31,11 m	31,11 m
durchschnittlicher Tiefgang	8,23 m	7,93 m	8,13 m	7,98 m	7,75 m	7,62 m	7,93 m	7,70 m	8,08 m	8,23 m	8,23 m
Standard-verdrängung	25.040 ts	25.430 ts	26.700 ts	26.800 ts	24.690 ts	24.930 ts	26.070 ts	24.230 ts	26.700 ts	28.150 ts	27.750 ts
Leistung	37.000 WPS	40.000 WPS	53.200 WPS	55.000 WPS	39.000 WPS	38.000 WPS	48.000 WPS	37.500 WPS	55.000 WPS	80.000 WPS	80.000 WPS
Heizölvorrat	2.700 ts	2.700 ts	3.000 ts	3.000 ts	2.700 ts	2.700 ts	2.700 ts	2.700 ts	3.000 ts	3.000 ts	3.000 ts
Geschwindigkeit	23 kn	23 kn	25 kn	25 kn	23 kn	23 kn	24 kn	23 kn	25 kn	27 kn	27 kn
*Bewaffnung:***	8 × 30,5 cm (4 × 2) 12 × 15,2 cm (6 × 2) 8 × 12 cm-Flak (4 × 2) 4 Pom-Pom (4 × 8) 1 Flugzeug 1 Flugzeugkatapult				8 × 30,5 cm (4 × 2) 8 × 15,2 cm (4 × 2) 8 × 12 cm-Flak (4 × 2) 2 Pom-Pom (2 × 8)	6 × 30,5 cm (2 × 3) 12 × 15,2 cm (6 × 2) 4 Pom-Pom (4 × 8)	8 × 30,5 cm (4 × 2) 12×15,2 cm (6×2) 8×12 cm-Flak (4×2) 4 Pom-Pom (4×8)	8 × 30,5 cm (2 × 3 + 1×2)	9 × 30,5 cm (3 × 3)	8 × 30,5 cm (4 × 2) 24×12 cm-Flak (12×2) 4 Pom-Pom (4×8)	9 × 30,5 cm (3 × 3)
Panzerung:											
Gürtelpanzer	25,4 und 7,62 cm seitlich der Magazine; 20,3 und 7,62 cm seitlich der Maschinenräume								25,4 u. 12,7 seitlich der Magazine u. Maschinenräume		25,4 und 7,62 seitlich der Magazine und Maschinenräume
Zitadellschotte	25,4 und 17,78 cm vorn, 25,4 cm hinten										
Barbetten	28 und 22,86 cm										
Decks	15,2 cm über den Magazinen; 10,2 cm über den Maschinenräumen und der Rudermaschinenanlage										
Türme	31,75 cm Front; 21,59 cm Seiten und Rücken; 14,6 cm Decke										
Kommandoturm	25,4 und 17,78 cm; 11,43 cm Decke										
Feuerleitstände	5,08 cm								5,08 cm		2,54 cm
Umladeräume MA	2,54 cm										
Schornsteinhälse	17,78 und 12,7 cm										
Brücke	2,54 cm										
Torpedoschotte	3,08 cm										
Gewichte:											
Ausrüstung, allgem.	1.060 ts	1.060 ts	1.080 ts	1.080 ts	1.015 ts	1.060 ts	1.070	1.060	1.080	1.050	1.050
Bewaffnung	4.190 ts	4.190 ts	4.190 ts	4.190 ts	3.810 ts	4.020 ts	4.190	4.020	4.380	4.250	4.400
Maschinenanlage	2.050 ts	2.180 ts	2.800 ts	2.840 ts	2.150 ts	2.090 ts	2.500	2.050	2.840	2.880	2.880
Panzerung	7.230 ts	7.400 ts	7.530 ts	7.600 ts	7.240 ts	7.090 ts	7.510	6.800	7.400	8.470	8.100
Schiffskörper	10.510 ts	10.600 ts	11.100 ts	11.090 ts	10.475 ts	10.670 ts	10.800	10.300	11.000	11.500	11.320
Standard-verdrängung	25.040 ts	25.430 ts	26.700 ts	26.800 ts	24.690 ts	24.930 ts	26.070	24.230	26.700	28.150	27.750
Besatzung:	1.264	1.266	1.286	1.286	1.166	1.264	1.276	1.264	1.300	–	–

* Über einen Entwurf *12I* waren keine Unterlagen auffindbar, falls sie überhaupt existierten.

** Auf Grund der Gewichtsbeschränkung erhielt keines der 30,5 cm-Schiffe eine TR-Ausrüstung.

ernsthaften Schritte unternommen worden, um Schiffe gegen diese Gefahr zu schützen. Im Dezember dieses Jahres erging dann an den *DNC* die Aufforderung, zu prüfen, ob es möglich sei, bei den Neuentwürfen den Gürtelpanzer weiter nach unten zu ziehen, um so die Gefahr von Unterwassertreffern soweit wie möglich einzuschränken. Ebenso sollte geprüft werden, ob es möglich wäre, den Gürtelpanzer, wie auf der *Nelson,* statt nach innen, nach außen zu setzen. Dem *„Waffenausschuß“* wurde die Aufgabe erteilt, Untersuchungen über das Verhalten der Granaten bei Unterwassertreffern anzustellen, aber bis Versuche mit kleinkalibrigen Geschossen durchgeführt wurden – die in Vorbereitung waren –, konnte es keine fundierten Informationen geben. Allerdings konnte der Waffenausschuß den *DNC* in dieser Angelegenheit mit Informationen, die auf Grund theoretischer Überlegungen gemacht waren, sofort versorgen. Diese versetzten ihn in die Lage, seine Vorschläge unverzüglich zu erarbeiten. Die Informationen, die vom *„Waffenausschuß“* zur Verfügung gestellt wurden, waren folgende:
Eine 40,6 cm-Granate, aus einer Entfernung von über 18288 m geschossen, taucht ein. Die Geschoßbahn nach dem Eintauchen wird in geringer Tiefe annähernd der Flugbahn vor dem Eintauchen entsprechen.

Tabelle 53: Zusammenstellung der Legenden der Schlachtschiffsentwürfe 10A, 10C und 11A*

	10A	*10C*	*11A*
Länge (pp)	189,10 m	183,00 m	183,00 m
Breite (maximal)	29,28 m	29,89 m	29,89 m
durchschnittlicher Tiefgang	7,62 m	7,62 m	7,93 m
Verdrängung	21.670 ts	22.000 ts	23.300 ts
Leistung in WPS	54.000	48.000	48.000
Geschwindigkeit	25 kn	24 kn	24 kn
Heizölvorrat	2.700 ts	2.700 ts	2.700 ts
Bewaffnung:	8×25,4 cm (4×2)		8×28 cm (4×2)
	8×15,2 cm (4×2)		
	8×12 cm-Flak (4×2)		
	2 Pom-Pom (2×8)		
	1 Flugzeug		
	1 Flugzeugkatapult		
Panzerung:			
Gürtelpanzer (seitlich der Magazine)	20,3 und 6,34 cm		22,86 und 7,62 cm
Gürtelpanzer (seitlich der Maschinenräume)	15,2 und 6,34 cm		17,78 und 7,62 cm
Zitadellschotte vorn und hinten	20,3 und 10,2 cm		22,86 und 12,7 cm
Barbetten	22,86; 20,3 und 17,78 cm		25,4 und 20,3 cm
Türme	29,02; 20,3; 15,2; 14,6 cm Decke		30,5 cm Front, 13,2 cm Decke
Kommandoturm	22,86; 15,87; 10,2 cm Decke		25,4; 17,78; 11,43 cm Decke
Decks über den Magazinen	13,97 cm		12,06 cm
Decks über den Maschinenräumen und der Rudermaschinenanlage	8,88 cm		9,52 cm
Feuerleitstände	5,08 cm		5,08 cm
Umladeräume der MA	2,54 cm		2,54 cm
Schornsteinhälse	15,2 und 10,2 cm		17,78 und 12,7 cm
Brücken	2,54 cm		2,54 cm
Torpedoschotte	3,8 cm		3,8 cm
Gewichte:			
Ausrüstung, allgemein	900 ts	950 ts	1.000 ts
Bewaffnung	3.010 ts	3.050 ts	3.550 ts
Maschinenanlage	2.800 ts	2.500 ts	2.500 ts
Panzerung	5.500 ts	5.700 ts	6.250 ts
Schiffskörper	9.460 ts	9.800 ts	10.000 ts
Standardverdrängung	21.670 ts	22.000 ts	23.300 ts

* Über einen Entwurf *10B* wurden keine Unterlagen gefunden; es ist fraglich, ob es überhaupt so einen Entwurf gab.

◀ Die vorderen Türme der *Hood* im Juli 1932.

Tabelle 54: Geschwindigkeit des eintauchenden Geschosses

Entfernung Auftreffwinkel	18288 m 16,5°	22860 m 24,5°	27432 m 33,5°	32004 m 44°	36118,80 m 59°
Restgeschwindigkeit bei Auftreffen auf die Wasseroberfläche	490,73 m/sek	454,15 m/sek	435,86 m/sek	441,96 m/sek	487,68 m/sek
Restgeschwindigkeit bei einer Tiefe von 1,83 m	368,8 m/sek	358,14 n/sek	355,09 m/sek	359,66 m/sek	379,48 m/sek
Restgeschwindigkeit bei einer Tiefe von 3,66 m	326,14 m/sek	329,18 m/sek	332,23 m/sek	339,85 m/sek	358,14 m/sek

Die berechnete Geschwindigkeit eines Geschosses bei einer Wassertiefe von 1,83 m bis 3,66 m (nach dem Eintauchen), aus einer Entfernung von 18288 m und mehr geschossen, ist in Tabelle 54 angeführt.
Bei Berührung der Wasseroberfläche wird der Zünder ansprechen, und die britischen Granaten besaßen einen Verzögerungszünder von 0,024 sek. Bei einem Geschoß, aus einer Entfernung von 18288 m geschossen, entspricht diese Verzögerung einem Weg von etwa 9,15 m nach Auftreffen auf das Wasser.
Nach einem Weg von 7,62 m unter Wasser verliert das Geschoß seine Stabilität und fängt an zu taumeln bzw. sich querzulegen.
Auf Grund dieser Angaben wurde entschieden, daß ein Schutz gegen eintauchende Geschosse, die aus Entfernungen von 18288 m bis 27432 m geschossen werden und nach dem Auftreffen auf die Wasseroberfläche noch bis zu 9,15 m eintauchen, nötig wäre. Die 27432 m waren die maximale Schußentfernung, gegen die die Magazine nach den Forderungen des *Stabes* noch sicher sein sollten. Der *DNC* fertigte drei Skizzen, die jeweils unterschiedliche Anordnungen des Seitenpanzers und der Wulste aufwiesen und jeweils die Aufschlagswinkel eines 40,6 cm-Geschosses zeigten, das aus einer Entfernung von 18288 m bis 27432 m abgeschossen worden war. Zwischen diesen beiden Reichweiten lag der Bereich, in dem das Geschoß eintauchen würde; er hatte eine Breite von weniger als 6,1 m. Die drei Skizzen trugen die Bezeichnung *A, B* und *C*.

A: Die Anordnung entsprach im allgemeinen der auf der *Nelson,* außer daß der Gürtelpanzer auf 7,62 m nach unten durch das Einziehen eines dünnen Panzers unterhalb des Gürtelpanzers verbreitert wurde. Diese Anordnung machte auch eine Vergrößerung der Neigung des Panzers notwendig, um die Außenbordentlüftung der Explosionsgase der Auftriebsabteilungen sicherzustellen.

B: In dieser Anordnung wurde der Gürtelpanzer an die Außenhaut gesetzt. Hinsichtlich des Schutzes gegen Granattreffer und der Stabilität war das die beste Lösung. Sie hatte dennoch einen Hauptnachteil, weil die Wulsträume im Falle einer Unterwasserexplosion ins Innere der Zitadelle entlüften würden. Um die Luft- und Gasentweichung bei Unterwasserexplosionen aufrechtzuerhalten, wurden Klappverschlüsse im Panzerdeck und Explosionsklappen in der Bordwand vorgesehen.

C: Diese Anordnung war praktisch eine Kombination von *A* und *B*. Die Wulsträume entlüfteten sowohl nach außen als auch nach innen. Der Unterwasserschutz als solcher war *B* überlegen, jedoch *A* unterlegen.

Nach sorgfältigem Abwägen aller Vor- und Nachteile dieser drei Schemata wurde festgestellt, daß die Innenentlüftungen bei *B* und *C* sehr nachteilig wären. Man entschied sich für die Lösung *A*. Diese Anordnung wurde dann in den Entwürfen von 1929 verwendet.

Das Londoner Flottenabkommen 1930

Im Juni 1929 stellte die *Labour Party (Arbeiterpartei)** unter Ramsay Macdonald zum zweitenmal die Regierung. Das neue *Kabinett* engagierte sich stark im Glauben an eine Sicherung des Friedens, der nur durch ständiges Verhandeln auf internationaler Ebene zu erhalten sei.

* Anmerkung des Übersetzers.

Bei seiner Rede zur Parlamentseröffnung gab Macdonald bekannt, daß es die Absicht seiner Regierung sei, die Stärke der Marine zu reduzieren. Kurz darauf wurde das *1928er Neubauprogramm* drastisch gekürzt und der Wunsch der britischen Regierung nach einer neuen Konferenz über die Beschränkung der Marinerüstung an die Regierung der USA herangetragen. Die dritte *Seeabrüstungskonferenz,* zu welcher Großbritannien die USA, Japan, Frankreich und Italien eingeladen hatte, begann am 21. Januar 1930 und fand in London statt. Hoffnungen, daß es zu einem Fünfmächteübereinkommen führen würde, zerschlugen sich schnell, als klar wurde, daß die Differenzen zwischen Frankreich und Italien nicht zu beseitigen waren, und nach einer Reihe stürmischer Debatten verließen beide Staaten die Konferenz. Immerhin gelang es Großbritannien, mit Japan und den USA zu einer Übereinkunft zu kommen, insbesondere weil Großbritannien den Wünschen der USA in der Frage der Parität bei allen Kriegsschiffklassen entgegenkam. Wie schon drei Jahre zuvor in Genf, konzentrierten sich die Verhandlungen insbesondere auf den Kreuzerbau. Die Zukunft der Großkampfschiffe hingegen wurde verhältnismäßig schnell abgehandelt. Großbritannien brachte wieder die Größe künftiger Schlachtschiffe auf den Verhandlungstisch und schlug eine Begrenzung auf 25000 ts mit 30,5 cm-Geschützen oder auf 22000 ts mit 28 cm-Geschützen vor. Japan tendierte zu einer Größe von 25000 ts mit 35,6 cm Geschützen, und die USA wünschten den derzeiten Zustand so zu belassen, wie er in Washington beschlossen worden war. Diese Vorschläge spiegelten die Wünsche der Marinekreise wider, sie gingen nicht konform mit denen der Regierungen, und – die Weltwirtschaftskrise hatte ihren Höhepunkt erreicht – es überrascht daher nicht, daß die Politiker bereit waren, die Neubaupläne für Großkampfschiffe um weitere fünf Jahre zu verschieben. Die Diskussionen um die Begrenzung der Verdrängung dieser Schiffe waren zuletzt nur noch reine Theorie. Aus britischer Sicht bedeutete diese Übereinkunft ein Übergewicht der Ansichten der Regierung gegenüber der *Admiralität.* Admiral Chatfield beschrieb es so: „Der Premierminister, Mr. Macdonald, war von den Theorien Admiral Richmonds beeinflußt, die besagten, daß Großkampfschiffe überflüssig seien, daß kein Schiff die Größe von 7000 ts zu überschreiten brauche. Der hervorragende Marineschriftsteller behauptete, daß ein solches Schiff völlig genüge, um ein bewaffnetes Handelsschiff zu überwältigen. Soweit diese Argumente reine Theorie waren, konnten sie wohl für wissenschaftliche Betrachtungen und Diskussionen verwandt werden, aber politisch reichten sie weiter. Die übrigen Seemächte hatten gar keine Veranlassung, sich diese Theorien zu eigen zu machen, und unsere Marine sollte zur Bekämpfung anderer Marinen gebaut werden. Wenn dieser Admiral nach Washington gegan-

Die vorderen Türme der *Hood*, Juli 1932, nach Stb gedreht.

gen wäre, um dort ebenfalls seine Theorien über kleinere Schiffe vorzutragen, wären dem Steuerzahler vielleicht viele Kosten erspart geblieben." (Chatfield, The Navy and Defence, Bd. II)

Die Vorstellungen der Regierung über die Zukunft der Großkampfschiffe stimmten mit Sicherheit nicht überein mit denen der Admiralität. Im Februar 1930 sandte der *Premierminister* eine Denkschrift, in der er den Standpunkt der Regierung darlegte, nach Genf. Dieses Papier enthielt folgenden Satz: „Es ist die Überzeugung der *Regierung des Vereinigten Königreichs,* daß das Schlachtschiff im Hinblick auf seine enorme Größe und seine hohen Kosten von zweifelhaftem Nutzen ist. Die Regierung wünscht ein Abkommen darüber zu schließen, daß das Schlachtschiff in absehbarer Zeit aus den Flotten der Welt verschwindet."
Die *Londoner Flottenkonferenz* endete im April 1930. Die Bedingungen des Dreimächteabkommens wurden angenommen. Der Vertrag wurde von beiden Häusern des Parlaments – nicht ohne kritische Gegenstimmen – angenommen. Churchill bemerkte, daß seine Unterzeichnung „ein erinnerungswürdiger und melancholischer Wendepunkt in der britischen Geschichte sei". Im Oktober erfolgte die Ratifizierung. Hervorzuheben sind folgende Punkte:
Großbritannien akzeptierte das Recht der USA, eine Flotte wie die *Royal Navy* zu besitzen.
Das Verhältnis 5 : 5 : 3, in Washington für Großkampfschiffe und Flugzeugträger festgelegt, wurde auf Kreuzer und Zerstörer ausgedehnt.
Die gegenwärtigen Schlachtflotten wurden reduziert auf je 15 Schlachtschiffe in Großbritannien und den USA und 9 in Japan. Großbritannien verschrottete umgehend *Emperor of India, Marlborough, Benbow* und *Tiger. Iron Duke* wurde zum Artillerieschulschiff umgebaut. Die USA verschrotteten *Florida* und bauten *Utah* zum Zielschiff um. *Wyoming* wurde Schulschiff. Japan baute *Hiei* um zum Schulschiff, aber bereits 1936/40 wurde das Schiff zurückgerüstet und in die Schlachtflotte eingereiht. Alle Schiffe, die als Schulschiffe verbleiben sollten, wurden durch den überwiegenden Abbau der Panzerung und Bewaffnung sowie den Ausbau der Maschinenanlagen demilitarisiert.
Die in Washington beschlossene Unterbrechung im Schlachtschiffbau wurde um weitere 5 Jahre, bis zum 31. Dezember 1936, ausgedehnt.
Hinsichtlich der Änderung oder Ausweitung des gegenwärtig abgeschlossenen Vertrages wurde beschlossen, 1935 eine weitere *Seerüstungsbegrenzungskonferenz* abzuhalten, die sich an der tatsächlichen allgemeinen Lage orientieren sollte.

Soweit es die Marine betraf, hatte dieses Abkommen keinerlei Vorteile gebracht. Aber es diente letztlich der Verbesserung der Beziehungen zwischen Großbritannien und den USA.

Anhang

Verzeichnisse

Numerierte Tabellen

Tabellarische Schiffseinzelheiten

Pläne und Skizzen

Schiffsnamenregister (mit Anmerkungen/Ergänzungen des Übersetzers)

A. Raven / J. Roberts

Die britischen Schlachtschiffe des 2. Weltkrieges

Entwicklung und technische Geschichte der Schlachtschiffe und Schlachtkreuzer der Royal Navy von 1911 bis 1946

138 Fotos und 20 Skizzen mit vielen Detailzeichnungen

Bernard & Graefe Verlag Bonn

Inhalt Teil 2

I. Die Auswirkungen des Londoner Flottenabkommens, 1930 bis 1939

Auf Grund des *Londoner Flottenabkommens* befand sich die *Admiralität* in der gleichen Lage wie 1922. Obgleich die Modernisierungen der 20er Jahre den Unterwasserschutz stark verbessert hatten, setzte sich die Schlachtflotte größtenteils aus alten Schiffen zusammen, und die waren immer noch durch Granattreffer aus großer Entfernung und durch Bombenangriffe gefährdet. Durch das zurückgestellte Ersatzprogramm und die reduzierte Kampfstärke war es nun notwendig, ein neues Modernisierungsprogramm durchzuführen, um die Stellung der *Royal Navy* innerhalb der Seemächte zu behaupten. Das benötigte Geld jedoch war nicht vorhanden. Das *Kabinett* hatte im Jahre 1928 die „10-Jahres-Regel"-Voraussage, die 1918 gemacht worden war, als sich selbst verlängernd angenommen und damit die Ausgaben der Streitkräfte dem Würgegriff des *Schatzamtes* ausgeliefert. Mit dem Andauern der Wirtschaftskrise verringerte sich auch der Marinehaushalt, bis er 1932 seinen Tiefststand erreichte und nur etwas über 50 Mio £ umfaßte. Während dieser ganzen Zeit stand die *Admiralität* in einem bitteren Konflikt mit dem *Schatzkanzler*, insbesondere während der Amtsperiode der Labourregierung, 1929/31, unter *Ramsay MacDonald*. Die Gefühle der *Admiralität* während dieser Zeit sind den Worten Lord Chatfields zu entnehmen, der von 1925 bis 1928 als *3. Seelord* fungierte und im Januar 1933 *1. Seelord* wurde: „. . . *wir haben die großte Marine der Welt – wurde gesagt – wo ist das ganze Geld geblieben? Das Parlament hat seit dem Friedensschluß in den vergangenen 13 Jahren 700 Mio £ für die Marine bewilligt – und nun schreit die Admiralität nach mehr . . . Wenn man auf der Zuschauertribüne sitzt und den Debatten zuhört, ist in mir immer das größte Verlangen, auszurufen: ‚Laßt mich herunterkommen vor die Schranken des Hauses und euch erklären, wie wenig ihr von Verantwortung versteht, laßt mich euch erklären, wie wenig ihr von der Zulänglichkeit des Geldes versteht, das ihr mit so geiziger Hand bewilligt.' . . . Gerade 1930, nach Jahren der Einschränkung unter der verwerflichen ‚10-Jahres-Regel' und einer Außenpolitik, die auf die Erhaltung des Weltfriedens ausgerichtet war und nach einem undefinierbaren System, der sogenannten ‚Kollektiven Sicherheit', handelte, war immer noch genügend Zeit, dem Land die Verteidigungsstärke zu verleihen, die es benötigte, wenn man die entsprechenden Finanzopfer bringen würde. Aber selbst die erfahrensten Staatsmänner konnten nicht den Abgrund sehen, in den sie, mit dem Banner der gegenseitigen Sicherheit, die britische Rasse hinführten.*" (It might happen again: The Navy and Defence, Volume II, The autobiography of Admiral of the Fleet, Lord Chatfield.)

Ohne Zweifel, Chatfield war voreingenommen. Er sah es aus der Sicht der *Admiralität* und nicht in der weiteren und notwendigeren Weise des von der Regierung eingenommenen Standpunktes. Seit 1918 war die nationale Politik – getragen von der Bevölkerung – auf einen Frieden durch Verhandlungen ausgerichtet, und es bedurfte schon eines dramatischen Wechsels der internationalen Beziehungen, um den Glauben daran zu verlieren, daß der Erste Weltkrieg *„der Letzte aller Kriege"* gewesen war. Die Außenpolitik war vielmehr darauf ausgerichtet, zu zeigen, daß Großbritannien nicht die eine Hand zum Frieden reichte, während die andere Hand die Waffe hielt. Es herrschte tatsächlich großer Geldmangel, besonders während der großen Weltwirtschaftskrise, und das *Schatzamt* wäre seiner Pflicht nicht nachgekommen, wenn es nicht dafür gesorgt hätte, daß die Steuergelder besser verwendet wurden. Unter diesen Umständen, und in Verbindung mit dem Höhpunkt der Kampagne gegen das Schlachtschiff (innerhalb des Parlaments und in der Presse), überrascht es nicht, daß der Marineetat *„bis auf die Knochen"* gekürzt wurde. Allerdings, dies war eine Lage, die nicht bis ins Unendliche so weitergehen konnte, ohne daß die Sicherheit des Landes ernstlich in Frage gestellt wurde, und im Jahre 1932 kamen die ersten Anzeichen einer Wende. In diesem Jahr richteten die *Stabschefs* eine ernsthafte Warnung an das *Kabinett* und wiesen auf die Konsequenzen hin, daß ein Krieg nicht unmöglich sei, und daß die militärische Schwäche dann gefährliche Auswirkungen haben würde.

Das *Kabinett* war nun doch immerhin so beeindruckt, daß die *„10-Jahres-Regel"* aufgehoben wurde. Damit fielen die stärksten Schranken des *Schatzamtes* gegen eine Aufrüstung. Die Verbesserungen kamen zwar langsam, aber in einer sich ständig verschlechternden außenpolitischen Lage wuchs der Marineetat von nun an stetig und erreichte 1938 seinen nach 1919 höchsten Stand von 93707000 £.

Die Materialentwicklung der 20er Jahre

Die meiste Ausrüstung und das überwiegende Material der britischen Kriegsschiffe in den 30er Jahren war in den Jahrzehnten davor entwickelt worden. Die Weiterentwicklung war auf Grund finanzieller Einschränkungen gehemmt gewesen und nur langsam vorangekommen. In vielen Fällen bedurfte es mehrerer Jahre, um vom Entwurf bis zur Produktion zu gelangen. Das verzögerte naturgemäß die rechtzeitige Erprobung neuer Ausrüstungen und damit die erforderlichen Verbesserungen. Erprobungen und Versuche mit Granaten und Bomben waren weniger von finanziellen Einschränkungen betroffen und setzten sich in den 20er und 30er Jahren in mäßigem Tempo fort. Sie lieferten viele wertvolle Erkenntnisse.

Nahbereichs-Flugzeugabwehr

1921 empfahl der *„Marine-Flak-Ausschuß"* die Entwicklung einer mehrrohrigen Flugzeugabwehrlafette für den Nahbereich (der Vorsitzende des Ausschusses war KAdm C. V. Usborne, der nach Lord Chatfield: „. . . *ein Offizier von großem Ideenreichtum und Erfindungsgeist war sowie mit viel technischem Verständnis . . ."*). Nach einer Reihe von Experimenten und Versuchen wurde mit der Firma Vickers ein Vertrag zur Entwicklung der neuen Waffe abgeschlossen. Mit dem Entwurf waren viele schwierige Probleme zu lösen, die bei früheren Geschützen nicht vorhanden waren. Gefordert war eine Antriebsgeschwindigkeit bis zu 15°/sek, und die Versorgung der einzelnen Rohre mit mindestens 720 Schuß/min, ohne daß dabei die Erhöhung der Wiege bis zu 90° eingeschränkt wurde. Erörtert wurden Entwürfe für Lafetten mit 6, 7 und 10 Rohren, man entschied sich für ein achtrohriges 2 Pdr Pom-Pom-Geschütz. Angesichts schwieriger technischer Probleme und fehlender Geldmittel währte die Entwicklung sechs Jahre. Die ersten zwei Prototypen waren erst 1928 fertig. In der Nähe von Portsmouth folgten nun eine Reihe von Erprobungen, die sich als erfolgversprechend genug erwiesen, um eine Produktion zu rechtfertigen. Die *Admiralität* entschied, daß jedes Großkampfschiff mit vier Pom-Pom-Mk-M ausgerüstet werden sollte und wollte einen Auftrag für 46 Geschütze vergeben. Der Kostenpunkt belief sich auf etwa 3 bis 4 Mio £. (Mk-M war die Originalbezeichnung und allgemeine Bezeichnung für die Lafette. Das M stand vermutlich für mehrrohrig, aber die Lafetten führten auch einzelne Mark-Nummern, wie es die übliche Praxis war.) Der *Schatzkanzler* weigerte sich, diese Kosten zusätzlich zum Marineetat von 1928 zu übernehmen. Das rief einen starken Widerspruch seitens der *Admiralität* hervor, die darauf hinwies, daß Vickers-Armstrong einen Auftrag benötigte, und, wenn die Produktion nicht bald begonnen würde, die Firma Gefahr lief, ihre Facharbeiter zu verlieren. Es war erforderlich, die Flotte bei der erstmöglichen Gelegenheit mit dieser Waffe auszurüsten, damit die Besatzungen daran ausgebildet werden konnten. Nach einem umfangreichen Schriftwechsel zwischen dem *Schatzamt* und der *Admiralität* überließ der *Premierminister* das ganze Problem dem *Imperialen Verteidigungskomitee.* Während der nun folgenden Konferenz wurde der *Admiralität* zugestanden, den Auftrag für eine begrenzte Zahl Lafetten und eine geringe Munitionsmenge zu erteilen, was eine teure Angelegenheit war.

Das *Schatzamt* stimmte diesem Kompromiß schließlich zu, und die Marine erhielt einige ihrer so dringend benötigten Nahbereichs-Flugzeugabwehrgeschütze, mit denen sie Ausbildung betreiben und Erfahrungen sammeln konnte. Die Aufträge wurden erteilt, und 1929 lief die Produktion an. 1930 erhielt *Valiant* als erstes Großkampfschiff die erste mehrrohrige Lafette. Es war bestimmt eine fortschrittliche Waffe für 1921, aber etwas weniger für 1930. Aber es gab für mehrere Jahre keine ähnliche Waffe auf Schiffen fremder Marinen. Wie immer bei den „ersten", gab es eine Reihe von Nachteilen, und die Zerstörungsfähigkeit von Flugzeugen war sicherlich weit überschätzt worden. Der Grund für die Wahl eines 2 Pdr-Geschützes war gewesen, daß die „. . . *Detonation eines 2 Pdr-hochexplosiven Geschosses mit Aufschlagzünder eine gute Chance (85%) hatte, ein Flugzeug zu zerstören. Dabei war es gleichgültig, welchen Teil des Flugzeuges das Geschoß traf (mit Ausnahme der Flügelspitzen).*" Außerdem war die 2 Pdr ausgewählt worden, weil noch über 2 Millionen Granaten dieser Munition aus dem Ersten Weltkrieg vorhanden waren. Die Mündungsgeschwindigkeit des Geschützes lag bei nur 585,22 m/sek, was einen großen Vorhaltewinkel erforderte und die effektive Reichweite herabsetzte. Um ein genaues Flakschießen zu gewährleisten, war jedoch ein Geschütz mit hoher Mündungsgeschwindigkeit erforderlich. Das 2 Pdr-Geschütz erfüllte diese Forderung kaum. Ende der 30er Jahre wurden daher Anstrengungen unternommen, das Geschütz zu verbessern. Die Mündungsgeschwindigkeit wurde auf 731,58 m/sek erhöht. Für einen vollen Erfolg war das aber immer noch zuwenig. Die Lafette wurde nach Augensicht gesteuert, was einfach bedeutete, daß der Richtschütze nach Augenmaß, mit Hilfe des sogenannten „Vordervisiers", in die korrekte Richtung schwenkte. Das Original Pom-Pom-Feuerleitgerät, das parallel zur Lafette entwickelt worden war, bestand aus einem Visier auf einem separaten Stand. Es hatte einige einfache Richtinstrumente.

Dieses alles, ein unzulängliches Geschütz in Verbindung mit einer vergleichsweise einfachen Feuerleitanlage, gab der Pom-Pom einen nur begrenzten Wert. Während der 30er Jahre wurde die vierrohrige Pom-Pom für Kreuzer und kleinere Kampfschiffe eingeführt. Während des Zweiten Weltkrieges, als ein Mangel an Nahbereichs-Flugzeugabwehrwaffen bestand, wurden diese auch auf den Schlachtschiffen verwendet.

◀ Die acht Rohre der Mk VI Pom-Pom-Lafette (eine Aufnahme an Bord des Flugzeugträgers *Ark Royal* im Jahre 1939).

Das 12,7 mm-MG

1926 begann bei Vickers die Fertigung des 12,7 mm-MG. Kurz darauf regte die *Admiralität* an, für die Bordverwendung als Flugzeugabwehrwaffe eine Lafette für vier Rohre zu bauen. Auf den ersten Blick zeigte diese Waffe wünschenswerte Eigenschaften. Die Mk III-Waffe hatte eine vergleichsweise hohe Mündungsgeschwindigkeit von annähernd 768 m/sek und eine ebenso hohe Feuergeschwindigkeit von etwa 700 Schuß/min/Rohr. Die Lafette benötigte wenig Platz und konnte in 30 sek nachgeladen und wieder schußbereit sein. Drei Lafettentypen wurden hergestellt; die Mk I, Mk II und Mk III. Die letztere hatte eine robustere und größere Bodenplatte als bei den früheren Typen. Mk I und Mk II wurden bei Gelegenheit geändert, um sie auf den gleichen Standard wie die Mk III zu bringen. Nach dieser Änderung wurden sie dann bekannt als Mk I** und Mk II*. Vorgesehen war, diese Waffe bis zu einer Reichweite von 1372 m in der Flugzeugabwehr zu verwenden. Ihr maximaler und effektiver Bereich lag jedoch bei nur 732 m. Verschossen wurde ein Massivgeschoß mit einem Gewicht von 37,4 Gramm. Das genügte natürlich nicht, um ein Flugzeug abzuschießen, wenn nicht ein empfindlicher Teil getroffen wurde. Das Zielen geschah durch Richtvisiere, und im allgemeinen war das vierrohrige MG eine schlechte Fla-Waffe. Mitte der 30er Jahre begannen Entwicklungsarbeiten für einen neuen Pom-Pom-Typ, eine 1,5 Pdr Pom-Pom Mk-M, als Ersatz für die 2 Pdr. Außerdem arbeitete man an einem 16,7 mm-MG als Ersatz für das 12,7 mm. Beide Waffen sollten eine bessere Leistung besitzen und effektiver in ihrer Wirkung sein als die gegenwärtigen. Keines dieser Projekte wurde zu Ende geführt.

Weitreichende Flugzeugabwehr

1927 begannen Entwicklungsarbeiten an einer verbesserten, weitreichenden Flugzeugabwehrwaffe für die Flotte. Dabei gab man einer Doppellafette den Vorzug. Dadurch konnten mehr Geschütze aufgestellt werden, ohne daß es eine große Gewichtserhöhung und einen vermehrten Platz- und Raumbedarf erforderte. Als weitere Forderung bestand der Wunsch nach Schutzschilden, oder daß sie so verkleidet wurden, daß die Bedienung sowohl vor Wetter als auch vom Mündungsfeuer und vor Granat- und Bombensplittern geschützt war. Im gleichen Jahr wurde eine Zwischendeck-Doppellafette als Fla-Waffe für die 1931er Großkampfschiffe vorgesehen. Obgleich diese Schiffe nicht über das Entwurfsstadium hinauskamen, wurde die Entwicklung des Geschützes fortgesetzt. Versuchslafetten mit 2 × 10,2 cm-Geschützen wurden 1931 auf der *Resolution* und 1936 auf der *Repulse* seeerprobt. Fertigungsmodelle mit 2 × 11,4 cm-Geschützen standen Ende der 30er Jahre zur Verfügung und ersetzten auf *Renown, Valiant* und *Queen Elizabeth* die MA, als sie umgebaut wurden. Wie der Name schon sagt, die Lafetten saßen zwischen den Decks und hatten einen niedrigen Kuppelturm, der nur wenig über das Deck ragte. Das Hauptteil der Lafette befand sich unter Deck. Der Unterbau wurde im unteren der beiden Decks durch einen Walzenkranz gelagert und drehte sich über ein Mittelpivot, in dessen Schacht sich die Steuerkabel und -rohre befanden. Die Lafette mit ihrem Antrieb war vollständig geschlossen und ganz kompakt gebaut. Die Geschütze bewegten sich zusammen bis zu einer Rohrerhöhung von 85° als eine Einheit. Sie konnten bei jeder Rohrstellung in Seite und Höhe geladen werden. Das 11,4 cm-Geschütz L/45-Mk III verschoß Granaten von 25 kg Gewicht. Die Mündungsgeschwindigkeit lag bei 759 m/sek, die maximale Feuergeschwindigkeit bei 12 Schuß/min. Ebenfalls 1927 begannen die Entwicklungsarbeiten für eine 10,2 cm-Oberdeck-Doppellafette. Sie sollte die 10,2 cm-Einzellafette ersetzen. Das Ergebnis war dann die Zwillingslafette Mk XIX mit zwei Geschützen L/45-Mk XVI. Sie wurde als erste 1935 eingeführt und später auf *Barham, Hood, Warspite* und den fünf Schiffen der *Royal Sovereign*-Klasse eingebaut. Die Lafette ermöglichte eine Rohrerhöhung von 80° und eine Rohrabsenkung von 10°. Sie war handgesteuert. Beide Rohre saßen in einer Wiege und konnten einzeln nicht in Höhe gestellt werden. Das Geschütz verschoß Granaten von 16,5 kg. Es hatte eine Mündungsgeschwindigkeit von 808 m/sek. Die maximale Schußfolge lag bei 20 Schuß/min. Beide Geschütze, die 11,4 cm-Zwischendeck-Doppellafette und die 10,2 cm-Doppellafette, waren doppelt verwendbar, als Seeziel- und als Luftzielwaffe, aber die Hauptaufgabe war die Flugzeugabwehr.

Flakleitanlagen

1930 wurde das erste Flakleitgerät Mk I auf Schiffen der Flotte eingeführt. Die Anlage bestand aus einem 3,65 m-EMeßGerät sowie Feuerleit- und Befehlsübermittlungsinstrumenten, die vorher einzeln installiert waren, und die sich auf dem offenen Flakleitstand befanden. Die Daten der Geräte wurden weitergegeben an einen Flak-Rechner und von dort zur Seiten-, Höhen- und Zündereinstellung an die Geschütze. Das System wurde dann ständig verbessert und modifiziert, und noch vor 1939 wurden die Flakleitgeräte Mk II, Mk III und Mk IV eingeführt. Das Mk I-Feuerleitgerät paßte sich gut in die Feuerleitanlage auf dem Vormars der *Queen Elizabeth*-Klasse und *Royal Sovereign*-Klasse ein, und es scheint so, als wenn die offenen EMeßGeräte eine vorübergehende Maßnahme waren, um eine Lücke zu füllen, bis das Feuerleitgerät in Entwicklung war. 1931 rechnete man, daß eine am Mk I-Flakleitgerät gut ausgebildete Mannschaft in der Lage sein müsse, ein Flugzeug mit 178 Schuß 10,2 cm hochexplosiver Munition abzuschießen. Im folgenden Jahr reduzierte man diese Zahl auf 136.

Seeziel-Feuerleitanlagen

Der Entwicklungsschwerpunkt der 20er Jahre lag in der Verbesserung des bereits bewährten Leitgerätes. Der Feuerleitturm, eingeführt auf *Nelson* und *Rodney*, vereinigte in einer drehbaren Konstruktion alle Funktionen der Feuerleitung, des Entfernungsmessens und des Beobachtens und vereinfachte dadurch das ganze Feuerleitbefehlsübermittlungssystem. Der *Admiralitäts-Feuerleitrechner* und das *automatische Synchronübermittlungssystem* waren ebenfalls auf der *Nelson*-Klasse eingeführt worden. Der *Admiralitäts-Feuerleitrechner* war eine Verbesserung des *Dreyer-Plotts*. Er enthielt eine *Admiralitäts-Salvenanzeige*, die auch für die MA als Rechner benutzt werden konnte. Die Verwendung der kreiselstabilisierten Richtvisiere und anderer kreiselstabilisierter Instrumente wurde zwischen den Kriegen ständig erweitert. Diese neuen Ausrüstungen vergrößerten die Genauigkeit des Feuerleitsystems, aber sie waren komplizierter und verlangten mehr Fachwissen, um sie zu unterhalten. Ein gutes Beispiel dafür ist das *Magslip-Übermittlungssystem*, das 1938 das *Synchronsystem* ablöste. *Magslip* besaß praktisch alle Vorzüge, aber nicht die Nachteile des *Synchronsystems*, doch der Mechanismus war sehr empfindlich, und der *Magslip*-Empfänger konnte – unter normalen Bedingungen – bei einer Beschädigung an Bord nicht repariert werden.

Das Flugzeugkatapult und der Kran der *Valiant,* 1934. Das Katapult ist zusammengelegt, das Flugzeug ist eine *Fairy III F.*

Ein Blick auf das Achterschiff der *Valiant,* Bb-Seite, mit einer *Supermarine Seagull Mk V,* die für Versuchszwecke kurzfristig mitgeführt wurde. Das Katapult ist zusammengelegt.

Neue Stähle und Legierungen

Vor 1919 bestand das Schiffsbaumaterial überwiegend aus weichen und hochelastischen Stählen (auch *HT* und *HHT* genannt). Die Nachkriegszeit brachte dann die Entwicklung und Einführung neuer Stahllegierungen, neuer Herstellungs- und neuer Behandlungsverfahren des Stahles mit sich. So wurde eine neue Art hochelastischen Stahls, bekannt als D-Stahl, entwickelt, der die weichen und hochelastischen Stähle in den wichtigsten Bereichen des Schiffskörpers ersetzte. Wie schon bei der Einführung des vorangegangenen weichen Stahls, brachte das auch die Verwendung leichterer Spanten und dünnerer Platten mit sich und führte naturgemäß zu bedeutenden Gewichtseinsparungen. Der D-Stahl konnte auch durch Hitze behandelt werden, und als solcher wurde er für die Panzerung verwendet. Die schweren Platten dieses Materials, auch als nicht-zementierter Panzerstahl (NCD) bekannt, wurden als Deckspanzer verwendet; die leichten Platten, bekannt als DI-Qualität, wurden für Torpedoschotte und beschußsichere Brücken verwendet. In den 30er Jahren machte man im Schiffsbau verstärkten Gebrauch vom Schweißen, jedoch war dieses Verfahren bei dem D-Stahl nur schwer anwendbar. Bei diesem Material war das Schweißen nur an Platten bis zu einer Stärke von 1,27 cm möglich. Als Folge davon wurde ein geänderter D-Stahl, bekannt als DW-Stahl, mit verbesserter Schweißqualität eingeführt. Auch Aluminiumlegierungen fanden in den 20er Jahren, aus Gewichtsersparnisgründen, verstärkt Verwendung, speziell auf *Nelson* und *Rodney*. Da dieses Material auch in gegossener Form verwendet werden konnte, benutzte man es für Bullaugen-Rahmen, für Handräder von Ventilen und in Blechformen für Werkzeugkästen und andere Ausrüstungen der Schiffe, die nicht in direkter Verbindung mit dem Schiffskörper standen. 1927 wurde auch eine Nickel-Chrom-Legierung entwickelt, die einen geringen Molybdänanteil enthielt. Sie fand Verwendung für die Herstellung eines Vollstahlgeschützes. Frühere Rohre waren mit Draht umwickelt, um den Widerstand zu erhöhen, der nötig ist, dem Druck im Rohrinnern, der im Augenblick des Abschusses entsteht, zu widerstehen. Mit der neuen Legierung konnte ein Rohr hergestellt werden, das aus vollen Stücken zusammengesetzt und stark genug war, so daß auf den Draht verzichtet werden konnte. Geschützrohre aus diesem Material waren stärker, leichter, und meistens neigten sie sich nicht mehr an der Mündung. Alle Geschütze, die von da an für die *Royal Navy* hergestellt wurden, bestanden aus diesem Material. Die Mehrzahl der in den 30er Jahren gefertigten Geschütze waren allerdings kleinere und mittlere Kaliber. Um Erfahrungen in der Konstruktion schwerer Geschütze aus diesem Stahl zu gewinnen, wurden ab 1929 eine ganze Reihe von Versuchen mit 30,5 cm-Geschützen durchgeführt. Die aus diesen Versuchen gewonnenen Erkenntnisse wurden beim Entwurf der 35,6 cm-Geschütze für die *King George V*-Klasse berücksichtigt. Die 20er Jahre führten auch zur Entwicklung einer neuen Pulvertreibladung für die schweren Geschütze. Das Pulver, das gegen Kriegsende verwendet wurde, war bekannt als MD-Corditepulver und war nicht brauchbar für Geschütze mit einem Kaliber, das größer war, als das zur Zeit verwendete. Die Schwierigkeit lag darin, daß je größer die Geschütze waren, desto größer mußten auch die Corditestücke sein, und MD-Corditepulverstücke waren sehr schwer in größeren Abmessungen herzustellen. Für die Großkampfschiffsentwürfe 1921/22, die 38,1 cm-Geschütze L/50 und größere Kaliber erhalten sollten, wurde 1920 nach einem neuen Treibpulver geforscht. Das Ergebnis war das SC-Corditepulver, das in jeder Form und einfacher als das MD-Corditepulver herstellbar war und somit ballistisch genauer als das MD-Corditepulver.

Flugzeugkatapulte

Die Entwicklungsarbeiten an Bordkatapulten für das Starten von Flugzeugen begannen schon 1916. Damals war vorübergehend ein mit Druckluft betriebenes Katapult auf dem umgebauten Bagger *HMS Slinger* eingebaut und zwischen 1917 und 1918 wurde eine Serie erfolgreicher Versuche durchgeführt. Zur gleichen Zeit wurde ein hoher Grad an Erfolg mit einer einfachen Turmstartbühne erzielt, und alle Aktivitäten mit dem Katapult wurden eingestellt. Nach 1918 wurde auf Grund der anwachsenden Flugzeuggewichte der Nutzen der Startbühne fragwürdig und die Entwicklung von Katapulten ab 1922 wieder aufgenommen. 1925 wurde der Kreuzer *Vindictive* mit einer Versuchsanlage ausgerüstet. Am 30. Ok-

Queen Elizabeth über die Toppen geflaggt, hier bei der Flottenparade anläßlich der Krönungsfeiern 1937. Die übrigen Schiffe der Flotte liegen in Abständen dahinter.

◀ Die Flugzeugstartvorrichtung auf dem Achterdeck der *Hood.* Das Katapult ist zusammengeklappt, das Flugzeug ist eine *Fairy III F.* Beachte die Treibstoffbehälter am äußeren Ende des Hecks.

tober fand von diesem feststehenden Katapult ein erfolgreicher Start statt, ausgeführt von Wing Commander Burling mit einem Schwimmerflugzeug vom Typ *Fairy III D*. 1928 führte man ein Katapult ein, das anstelle von Druckluft durch Corditepulver betrieben wurde und eine größere Leistung erbrachte. Alle späteren britischen Katapulte wurden mit Pulver betrieben. Nachfolgende Typen wurden so entwikkelt, daß sie zusammenlegbar waren, verlängert werden konnten, und auch quer zum Deck verwendbar waren. Die ersten Modelle wurden auf einer Drehscheibe montiert oder auf Turmdecken gesetzt, aber die Querkatapulte waren fest im Schiff eingebaut. 1930 erhielten *Valiant* und *Resolution* als erste Großkampfschiffe ein Katapult. *Hood* wurde 1931 ähnlich ausgerüstet. Alle drei Schiffe führten ihre Katapulte auf dem Achterdeck. Diese Aufstellungsart war jedoch weit vom Ideal entfernt, da das Katapult ständig der Beschädigung durch Wettereinfluß oder Mündungsdruck ausgesetzt war und nur bei ruhigem Wetter benutzt werden konnte. Spätere Einbauten erfolgten auf den Turmdecken oder mittschiffs.

Schiffsschutz

Erprobungen und Versuche: Die Widerstandsfähigkeit des Panzermaterials gegen die Wirkung von Granaten und Bomben, und der Schutz der Magazine vor Pulverexplosionen waren Objekte umfangreicher Forschungen, die in Verbindung mit zahlreichen Versuchen und Erprobungen zwischen 1919 und 1930 stattfanden. 1930 beschloß man, zusätzlich wirklichkeitsnahe Versuche durchzuführen, um so die Bestätigung dafür zu erhalten, daß die ermittelten Daten auch wirklich stimmten. Diese Versuche fanden 1931 an Schlachtschiffen statt, deren Verschrottung auf Grund des *Londoner Flottenabkommens* vorgesehen war.

Die *Emperor of India* wurde für Beschußversuche, die *Marlborough* für Bombenerprobungen benutzt. Außerdem wurden auf der *Marlborough* auch Versuche hinsichtlich der Auswirkungen von Pulverbränden innerhalb von Hauptmagazinen durchgeführt. Aus den Erprobungsergebnissen wurden folgende Schlüsse gezogen:

A. *Emperor of India* – Beschußversuche:

1. Der Unterwasserschutz sollte so beschaffen sein, daß bei einem Unterwassertreffer nicht ein so schwerer Schaden durch Fluten der Maschinenräume entsteht wie beim Treffer Nr. 4.
2. Der Horizontalschutz (auf neu umgebauten Schiffen) sollte stärker sein als auf *Emperor of India*.
3. Die MA, bestehend aus Zwischendeck-Geschützen, sollte so aufgestellt werden, daß der Detonationsdruck und Splitter nicht mehrere Geschütze gleichzeitig außer Gefecht setzten.
4. Es sollte Vorsorge getroffen werden, daß der Detonationsdruck von Granattreffern entweichen kann.

B. *Marlborough* – Bombenversuche: Anmerkungen wie unter A 2, A 3 und A 4.

C. *Marlborough* – Gasdruckentweichungsversuche mit Magazinen:

1. Die Magazinfüllungen sollten so geschützt sein, daß Granatsplitter oder Stichflammen nicht an sie herankommen.
2. Der Vorrat an losem Corditepulver sollte so gering wie möglich sein.
3. Erforderliche Festigkeit für die Entweichung des Explosionsgases bei Schiffen, die keinen Schutz wie unter *C 1* haben.
4. Auf Schiffen, die keinen Schutz wie unter *C 1* haben, sollten Gasausweichmöglichkeiten in den Magazinen und Umladeräumen geschaffen werden.

Auf Grund dieser Erprobungen wurde 1932 festgestellt, daß die Panzerung der einzig wirkliche Schutz für die Magazine war. Die Bemühungen, die Magazininhalte auf eine andere Art sicherer zu machen, wurden aufgegeben.

Der Umbauplan, 1932 bis 1939: Auf Grund der Erprobungen mit der *Emperor of India* und *Marlborough* folgerte man, daß von den 15 in Dienst befindlichen Großkampfschiffen nur zwei, nämlich *Nelson* und *Rodney*, einen ausreichenden Horizontalschutz besaßen und daß für die übrigen 13 Schiffe durchaus die Möglichkeit bestand, daß sie durch einen Zufallsgranat- oder -bombentreffer in die Luft flogen. Für die *Barham* war der Einbau eines zusätzlichen Decksschutzes über den Magazinen während ihres Wulstanbaues bereits genehmigt. Für die übrigen wurde festgestellt, daß *Hood* und *Renown* den besten Decksschutz hatten und, „. . . *die unwahrscheinlich hohen Kosten, um diese Schiffe auf den erforderlichen Standard zu bringen (Schutz vor steil einfallenden 38,1 cm-Granattreffern aus einer Entfernung von 21945,6 m und weniger) waren gegenwärtig nicht vertretbar.*“ Die Notwendigkeit eines umfassenden Modernisierungsprogramms wurde durch außenpolitische Einwirkungen beeinflußt. Bei einem Treffen der *Seelords* im Oktober 1933 wurde diese Frage diskutiert. Nach Angaben, die der *DNI* vorlegte, hatten die USA 16 Mio £ für die Modernisierung ihrer Großkampfschiffe ausgegeben, „. . . *und waren dabei, von den weiteren 16 Mio £, bewilligt für die Linderung der Wirtschaftskrise (National Recovery Act), einen Teil oder sogar die ganze Summe für die Modernisierung der Flotte zu verwenden*“. Die Japaner hatten bis dahin 9 Mio £ für Umbauten ausgegeben und würden weiteres Geld für dieses Programm bereitstellen. Großbritannien hingegen hatte lediglich 3 Mio £ für diese Zwecke ausgegeben.

„*Die allgemeine Auffassung der Seelords ist, daß der Einbau zusätzlicher Panzerung über Magazinen und Maschinenräumen eine sehr wirksame Steigerung des Schutzes sein würde. In Anbetracht der großen Summen, die die anderen Marinen zur gründlichen Modernisierung ausgeben, ist es notwendig, durch diese Maßnahmen die Leistungsfähigkeit unserer Kampfschiffe zu steigern, außerdem würde ihre voraussichtlich lange Lebensdauer nach der nächsten großen Werftzeit diese Ausgaben rechtfertigen.*“ Nach diesem Zusammentreffen wurde entschieden, daß *Repulse, Warspite, Royal Oak, Malaya, Queen Elizabeth* und *Valiant* einen zusätzlichen Decksschutz über den Magazinen und Maschinenräumen erhalten sollten. Diese Arbeiten wurden später auf *Repulse, Royal Oak* und *Malaya* ausgeführt, nämlich 1935/36. Die zusätzliche Deckspanzerung wirkte sich nachteilig aus auf die Stabilität, den Restauftrieb und die Geschwindigkeit. Obgleich einige Gewichtsersparnisse erreicht wurden, z. B. durch den Wegfall des gepanzerten Kommandoturms, glich dieses kaum das zusätzliche Gewicht des Deckspanzers aus. Ähnlich notwendig wurde es, den Umfang der zusätzlichen Ausrüstung und der Schutzmaßnahmen zu begrenzen. Daher wurde über den Kesselräumen keine zusätzliche Panzerung eingebaut. Obgleich diese Räume eine bessere wasserdichte Unterteilung hatten als die Maschinenräume, blieb das ein Schwachpunkt im Horizontalschutz. Es war klar: Um die militärische Forderung möglichst weitgehend zu erfüllen, ohne daß dabei ein spürbarer Stabilitätsverlust in Kauf genommen werden mußte, war es erforderlich, einen angemessenen Gewichtsausgleich zu schaffen. Um dieses zu erreichen, war ein Totalumbau notwendig, einschließlich Einbau einer neuen Maschinenanlage, die – wegen des Fortschritts im Schiffsmaschinenbau – wesentlich leichter sein würde als die gegenwärtige. Ein Totalumbau dieses Ausmaßes war sehr teuer, und aus finanziellen Gründen wurde nur ein Schiff, die *Warspite* (bis 1936), umgebaut. Später folgten dann *Renown, Queen Elizabeth* und *Valiant* zu ähnlichen Umbauten. Zu verschiedenen Zeiten wurden Umbaupläne für *Hood, Rodney* und *Nelson*, aber auch für die *Royal Sovereign*-Klasse vorgeschlagen, aber mit Kriegsausbruch 1939 wurde dieses aufgegeben, da die Schiffe und auch die Werften für andere Aufgaben benötigt wurden.

II. Die Modernisierung der Schlachtflotte 1930 bis 1946

Die Royal Sovereign-Klasse, 1930 bis 1939

Obgleich zu verschiedenen Zeiten Überlegungen angestellt worden waren, die *Royal Sovereign*-Klasse umzubauen, wurden im Vergleich zu anderen Schiffen niemals ähnliche Umbauten durchgeführt. Als Grund wurde allgemein immer angeführt, daß die Schiffe zu langsam seien. Da sie aber während eines Generalumbaues eine neue Maschinenanlage hätten erhalten können, erscheint es unwahrscheinlich, daß dieses der Hauptgrund war. Von den Autoren ließen sich in den offiziellen Unterlagen keine definitiven Erklärungen dafür finden, jedoch zwei Ursachen haben den Fall anscheinend beeinflußt. Erstens, dauernde Hinweise auf den fehlenden Raum zwischen den vorderen und hinteren Türmen für neue Aufbauten, denn die Schiffe dieser Klasse waren über 6 m kürzer als die *Queen Elizabeth*-Klasse. Zweitens schienen einige Schiffe der Klasse nicht in bestem Zustand zu sein, und es gab schon Pläne, die Schiffe der *Royal Sovereign*-Klasse zu verschrotten, sobald das erste der neuen Schiffe der *King George V*-Klasse fertiggestellt war. Immerhin bildeten sie bis 1940 ein Drittel der Schlachtflotte, und schon daher bedurften sie einiger Verbesserungen. Somit wurde vorgesehen, bei der *Royal Oak, Royal Sovereign* und *Ramillies* Geld für einen zusätzlichen Decksschutz zu investieren.

Resolution

Im Dezember 1929 erhielt *Resolution* ein Flugzeugkatapult auf dem Achterdeck, jedoch ohne Kran, da ein solcher zu dieser Zeit nicht verfügbar war. Ab Juli des gleichen Jahres begann ihre Werftliegezeit in Devonport, die bis Februar 1931 währte. Folgende Änderungen und Erweiterungen wurden durchgeführt: Abbau Flugzeugkatapult. Einbau eines Flugzeugkranes am äußersten Ende des Hecks. Nach Erprobung seiner Brauchbarkeit wurde er wieder abgebaut und an Land eingelagert.

Resolution 1931. Beachte die Rahen vorn und hinten am Großmast, sie halten die Antennen des Funkpeilrahmens. Im Vormars das Flakleitgerät Mk I.

Resolution während der Werftliegezeit 1933 in Portsmouth. Die Flugzeugstartbühnen von den Türmen „B“ und „X“ sowie die beiden Schießentfernungsanzeiger auf dem Turm „X“ sind ausgebaut.

An Stb-Seite des Schutzdecks und seitlich des Schornsteins wurde versuchsweise eine 10,2 cm-Zwischendeck-Doppellafette eingebaut. Dafür Ausbau der 10,2 cm-Luftziel-Einzellafette.
Im Vormars Einbau eines Flakfeuerleitgerätes Mk I.

Ausbau der hinteren UTR, die Räume wurden unterteilt. (Die Genehmigung für den Ausbau der UTR auf der *Queen Elizabeth-* und *Royal Sovereign*-Klasse wurde 1930 erteilt.)
Die Holz- und Zementfüllungen der oberen Wulstabteilungen wurden ausgebaut, die Wulstform leicht modifiziert.

Seitlich der Magazine wurden Schutzwasserabteilungen eingebaut.
Modifizierung der 15,2 cm-Munitionsversorgung.
Zwischen 1932/33 wurden die Flugzeugstartbühnen von den Türmen „B" und „X" abgebaut, die Admiralsbrücke (vormals war das die

Einzelheiten der ROYAL SOVEREIGN-Klasse, 1930 bis 1946

Verdrängung:

Royal Sovereign	September 1943 (nach Werftliegezeit in der Marinewerft Norfolk/USA):	
	Einsatzverdrängung	34.836 ts
	Mittlere Einsatzverdrängung (einschl. 586 ts Wasserschutzfüllung und 1.880 ts Heizöl)	33.490 ts
	Leerverdrängung	29.950 ts
Revenge (1945)	Einsatzverdrängung	33.560 ts
Resolution (1945)	Einsatzverdrängung	34.700 ts
Ramillies (1945)	Einsatzverdrängung	35.390 ts

Abmessungen:
Länge und Breite wie vorher angegeben

Tiefgang (durchschnittlich)		vorn	hinten
Royal Sovereign (1943)	Einsatzverdrängung	10,69 m	10,13 m
	Mittlere Einsatzverdrängung	10,01 m	–
	Leerverdrängung	9,04 m	–
Revenge (1945)	Einsatzverdrängung	10,16 m	9,83 m
Resolution (1945)	Einsatzverdrängung	10,72 m	10,06 m
Ramillies (1945)	Einsatzverdrängung	10,39 m	10,11 m

Bewaffnung (1939):
8 × 38,1 cm-Mk I in Lafette Mk I
12 × 15,2 cm Mk XII in Lafette P IX (1943 auf *Resolution* 2, auf den anderen jeweils 4 ausgebaut)
8 × 10,2 cm-Mk XVI in 4 Luft/Seeziel-Doppellafetten Mk XIX
16 × 2 Pdr-Mk VIII in 2 Lafetten Mk V oder Mk VI
8 × 12,7 mm-Mk III in Lafette Mk I oder Mk II (von 1931 bis 1938, *Resolution* führte 2 × 10,2 cm-Geschütze Mk V in Luft/Seeziel-Zwischendeck-Doppellafette Mk XVII)

Zusätzliche Nahbereichs-Flakausrüstung 1941/45:
Royal Sovereign
Nach Werftliegezeit in Marinewerft Norfolk, Juni 1941:
- Einbau von 10 × 20 mm-Oerlikon-Einzellafetten
- Ausbau von 2 × 12,7 mm-Vierlings-MG

Anfang 1942:
- Einbau von 2 vierrohrigen Pom-Pom Mk VII auf Turm „B" und „X"

Nach Werftliegezeit in Marinewerft Norfolk, September 1943:
- Einbau zusätzlicher 4 × 20 mm-Oerlikon-Einzellafetten
- Einbau zusätzlicher 16 × 20 mm-Oerlikon-Doppellafetten

1944:
- Vor Abgabe an die UdSSR Ausbau von 4 × 20 mm-Oerlikon-Einzellafetten

Gesamtzahl der Nahbereichs-Flak bei Kriegsende
- 24 × 2 Pdr (2 × 8 und 2 × 4)
- 42 × 20 mm (16 × 2 und 10 × 1)

Resolution
Nach Werftliegezeit in den USA, September 1941:
- Einbau von 9 × 20 mm-Oerlikon-Einzellafetten
- Ausbau von 2 × 12,7 mm-Vierlings-MG

1942:
- Einbau von zusätzlich 1 × 20 mm-Einzellafette
- Einbau von 2 vierrohrigen Pom-Pom Mk VII auf Turm „B" und Achterdeck

Gesamtzahl der Nahbereichs-Flak 1945:
- 24 × 2 Pdr (2 × 8 und 2 × 4)
- 10 × 20 mm (10 × 1)

Ramillies
1941:
- Einbau von zusätzlich 2 vierrohrigen Pom-Pom Mk VII
- Einbau von 10 × 20 mm-Oerlikon-Einzellafetten
- Ausbau von 2 × 12,7 mm-MG-Lafetten

Nach einer einjährigen Instandsetzung und Werftliegezeit in Durban, April 1943:
- Einbau von zusätzlich 10 × 20 mm-Oerlikon-Einzellafetten

1944/45:
- Einbau von zusätzlich 3 × 20 mm-Einzellafetten

Gesamtzahl der Nahbereichs-Flak 1945:
- 24 × 2 Pdr (2 × 8 und 2 × 4)
- 23 × 20 mm (23 × 1)

Anmerkung: Die kleinkalibrige Bewaffnung wurde im Oktober 1945 ausgebaut.

Revenge
1941:
- Einbau von zusätzlich 2 vierrohrigen Pom-Pom Mk VII
- Einbau von 10 × 20 mm-Einzellafetten

Anmerkung: Diese Bewaffnung blieb bis Kriegsende unverändert.

Feuerleitanlagen (1939):

SA	=	2 Dreibein-Feuerleitgeräte
		1 Dreyer-Feuerleitplott Mk IV*
MA	=	2 Standvisier-Zielgeräte
		2 Admiralitätssalvengeber Mk IV (S)
Flak	=	2 FlakLeitgeräte Mk III*
		(*Ramillies:* 2 Mk I***)
		2 Pom-Pom Leitgeräte Mk I oder Mk II

Radar:
Royal Sovereign
Einbau ~ 1942: Typ 284, Typ 285 (2 ×), Typ 273 und Typ 279
September 1943: Typ 284 ersetzt durch Typ 284 B und Einbau Typ 282 (2 ×)

Resolution
1941: Einbau Typ 279 und Typ 285 (2 ×)
1942: Einbau Typ 284 und Typ 273

Ramillies
1941/43: nicht bekannt
1943: Typ 273, Typ 284 B, Typ 279, Typ 285 (2 ×) und Typ 282 (2 ×)
1944: Typ 650 Lenkflugkörper-Störsender für die Normandielandung

Revenge
1941: Einbau Typ 279
1942: Einbau Typ 273, Typ 285 (2 ×) und Typ 284

Panzerung:
Sie war im großen und ganzen die gleiche wie 1919, außer der zusätzlichen Deckpanzerung (wie im Text beschrieben) bei allen Schiffen, mit Ausnahme der *Revenge* und des Ausbaues des hinteren Torpedoleitstandes.

Maschinenanlage und Heizöl:
Während der Indiensthaltung erhielten die Hauptmaschinen keine generelle Modifizierung, jedoch wurden die Hilfsmaschinen verbessert. Der Heizölvorrat 1945 betrug 3.110 ts, der Dieselkraftstoffvorrat 120 ts.

Stabilität:
Die Daten der *Royal Sovereign* nach Ende Werftliegezeit 1942/43

Zustand	*GM*	Stabilitätsumfang
Einsatzzustand	1,27 m	60°
Mittlerer Einsatzzustand	1,19 m	57°
Leerzustand	1,10 m	54°

▲ Drei Nahaufnahmen der *Resolution* während der Werftliegezeit 1933 in Portsmouth. Zu erkennen sind hier die vergrößerte Admiralsbrücke und auf der Kommandoturm-Plattform ein 12,7 mm-Vierlings-MG.

Bug- und Heckansichten der *Resolution,* 1938 in Devonport. Die Antennenführung wurde geändert, der Großmast zu einem Dreibeinmast umgebaut, ein Flugzeugkatapult mit Kran eingebaut, die Brücke modifiziert; zusätzlich wurden zwei Flakleitgeräte Mk II aufgestellt und 2 10,2 cm-Luft/Seeziel-Doppellafetten installiert.

obere Scheinwerferplattform) nach vorne erweitert und an der Vorkante abgerundet. Im September 1933 wurden auf der Plattform des Kommandoturms 2 × 12,7 mm-Vierlings-MG eingebaut. Während einer Werftliegezeit in Portsmouth, die im September 1936 beendet war, wurden folgende Arbeiten durchgeführt:
Auf den Turm „X" wurde ein vergrößertes Flugzeugkatapult vom Typ *E-III-T* gesetzt.
An Bb-Seite, auf dem Schutzdeck, in Höhe des Großmastes, wurde ein Flugzeugkran aufgebaut.
Ausbau des hinteren Torpedoleitstandes, und an dessen Stelle Einbau eines Flugzeughellegats.
Das Flakleitgerät Mk I auf dem Vormars wurde ersetzt durch zwei Flakleitgeräte Mk II; eines im Vormars, eines auf dem Großmast. Der Großmast erhielt zusätzliche Streben, um dem Leitgerät genügend Halt und Unterbau zu geben.
Die ursprünglichen Scheinwerferplattformen seitlich des Schornsteins wurden entfernt und dafür eine neue Plattform mit vier ferngesteuerten 91,4 cm-Scheinwerfern installiert.

Einbau von zwei mehrrohrigen Pom-Pom auf neu errichteten Plattformen seitlich des Schornsteins. Die Feuerleitgeräte für diese Geschütze wurden in den hinteren Ecken der Admiralsbrücke eingebaut, die dort stehenden 2 × 61 cm-Scheinwerfer ausgebaut.
Die untere Scheinwerferplattform auf der Brücke wurde nach hinten erweitert und mit den Plattformen am Schornstein vereint. Die entstandene Plattform diente nun als Signaldeck und erhielt Flaggenstells sowie 2 × 61 cm- und 2 × 25,4 cm-Signalscheinwerfer.
Der Torpedoleitstand über dem Kartenhaus wurde durch einen Fliegerabwehrstand ersetzt. Dieser enthielt ein 3,65 m-Luftziel-EMeßGerät und einen Luftraumbeobachtungsstand.
Die Kompaßplattform erhielt kugelsichere Platten, um das Brückenpersonal gegen Tieffliegerangriffe zu schützen.
1938 wurden die Zwischendeck-Doppellafetten und die 10,2 cm-Flak-Einzellafetten durch 4 × 10,2 cm-Luft/Seeziel-Doppellafetten Mk XIX ersetzt. Zur gleichen Zeit wurde die Großmasttakelung modifiziert, und sie erhielt eine Funkpeilanlage. Die vorderen UTR wurden ausgebaut. Bis zum Kriegsausbruch 1939 wurden keine weiteren Modifizierungen durchgeführt.

Revenge

Während der 30er Jahre erfuhr die *Revenge* nur wenige Erweiterungen, und es währte bis 1939, bis ihre Flakbewaffnung auf einen vertretbaren Standard gebracht wurde. Die zwischen 1931 und 1939 durchgeführten Änderungen und Erweiterungen waren folgende:

▲ *Revenge* 1931. Beachte den Antennenrahmen des Funkpeilers hinter dem Beobachtungsstand (die schwarze Linie, die quer durch das Bild läuft, ist ein Riß im Originalnegativ).

Nahaufnahme der *Revenge* im August 1939 in Portsmouth ▶ nach Ende der Werftliegezeit. Am oberen Ende des Großbrammastes die gekreuzten Antennenrahen des Funkpeilers.

◀ *Revenge* 1937. Beachte den Einbau des Ferntemperaturfühlers auf der Vorkante des Beobachtungsstandes.

Werftliegezeit von Mai bis November 1931:
Die Holz- und Zementfüllung der oberen Wulste wurde entfernt, die obere Wulstform modifiziert.
Seitlich der Magazine Einbau von Schutzwasserabteilungen.
Ausbau der hinteren UTR und Unterteilung der Räume.

An der Rückseite des Vormars Einbau einer neuen Funkpeilantenne.

Aufbau einer mehrrohrigen Pom-Pom-Mk V-Lafette an Stb-Seite in Höhe des Scheinwerferstandes am Schornstein. Der vorderste Stb-Stand wurde so modifiziert, daß er eine Plattform für die Pom-Pom aufnehmen konnte.

Einbau einer Pom-Pom-Feuerleitplattform unterhalb seitlich der 38,1 cm-Feuerleitplattform am Fockmast, und Installation eines Pom-Pom-Leitgerätes an der Stb-Seite.

Ausbau der Flugzeugstartbühne auf Turm „X“. Einbau einer Scheinwerferplattform mit 2 × 61 cm-Signalscheinwerfern auf dem Großmast.

Etwa 1933/34:

Ausbau der Flugzeugstartbühne auf Turm „B“. Einbau einer Typ 75-Funksendeanlage (die Antenne befand sich an der Vorkante des Vormarsdaches).

Werftliegezeit in Portsmouth, endend August 1939:

Die 4 × 10,2 cm-Flak-Einzellafetten wurden ersetzt durch 4 × 10,2 cm-Luft/Seeziel-Doppellafetten Mk XIX.

Einbau einer zweiten Pom-Pom-Lafette an Bb-Seite in Höhe des Schornsteins. Ausbau des Pom-Pom-Feuerleitgerätes von der Position unterhalb des 38,1 cm-Feuerleitgerätes (es wurde wahrscheinlich an anderer Stelle wieder aufgebaut).

Die Flakleitgeräte Mk I wurden durch zwei Flakleitgeräte Mk III ersetzt; eines auf dem Vormars und eines auf dem hinteren Torpedoleitstand.
Seitlich des Kommandoturms Einbau von zwei vierrohrigen 12,7 mm-MG (an jeder Seite eines).
Die Funkpeilantennenanlage (Funkpeilraum und Antenne) vom Vormars wurde ausgebaut und eine neue, feste Antennenanlage installiert.
Die Kompaßplattform wurde modifiziert, über dem Kartenhaus ein Fliegerabwehrstand errichtet.
Der Schornstein erhielt eine Kappe.
Ausbau der vorderen UTR, Unterteilung der Räume.

Für 1936 war ähnlich *Warspite* ein kompletter Umbau für die *Revenge* vorgeschlagen. Dieser Plan wurde nicht genehmigt.

Royal Oak

Zwischen 1927/34 wurden an der *Royal Oak* nur wenige Veränderungen vorgenommen, aber 1932 erhielt sie auf dem Vormars ein Flakleitgerät Mk I. Am 29. Juni 1934 begann die große Werftliegezeit. Kein anderes Schiff dieser Klasse erfuhr in den 30er Jahren so umfangreiche Modifizierungen wie die *Royal Oak*, und folgende Änderungen wurden durchgeführt:
Über den Magazinen erhielt das Hauptdeck einen 10,2 cm starken nicht-zementierten Panzerschutz, über den Maschinenräumen einen von 6,35 cm Stärke. Das Gesamtgewicht dieses zusätzlichen Panzers betrug 900 ts. Diese Panzerung wurde über den vorhandenen 2,54 cm-Platten eingebaut.
Die 4 × 10,2-cm-Flak-Einzellafetten wurden ersetzt durch 4 × 10,2 cm-Luft/Seeziel-Doppellafetten Mk XIX.
Einbau von zwei achtrohrigen Pom-Pom-Lafetten-Mk VI auf einer neuen Plattform seitlich der Schornsteinunterbauten.
Einbau von 2 × 12,7 mm-Vierlings-MG Mk II* seitlich des Kommandoturms.
Das Flakleitgerät Mk I wurde durch ein Mk III-Gerät ersetzt. Ein zweites Flakleitgerät Mk III kam auf den Großmast, der in einen Dreibeinmast umgebaut wurde, um die zusätzlichen Gewichte aufzunehmen.
Die Feuerleitgeräte der MA wurden von der Kompaßplattform entfernt und erhielten eine neue Plattform unterhalb des 38,1 cm-Feuerleitstandes im Vormars.
Kompaßplattform und Admiralsbrücke wurden umgebaut und mit Windabweisern versehen. Auf die Seiten der Kompaßplattform kamen zwei Pom-Pom-Feuerleitgeräte. Die Plattform der unteren Brücke wurde nach hinten erweitert und bildete dort ein Signaldeck.

Royal Oak

Royal Oak, 1937: Seitenansicht

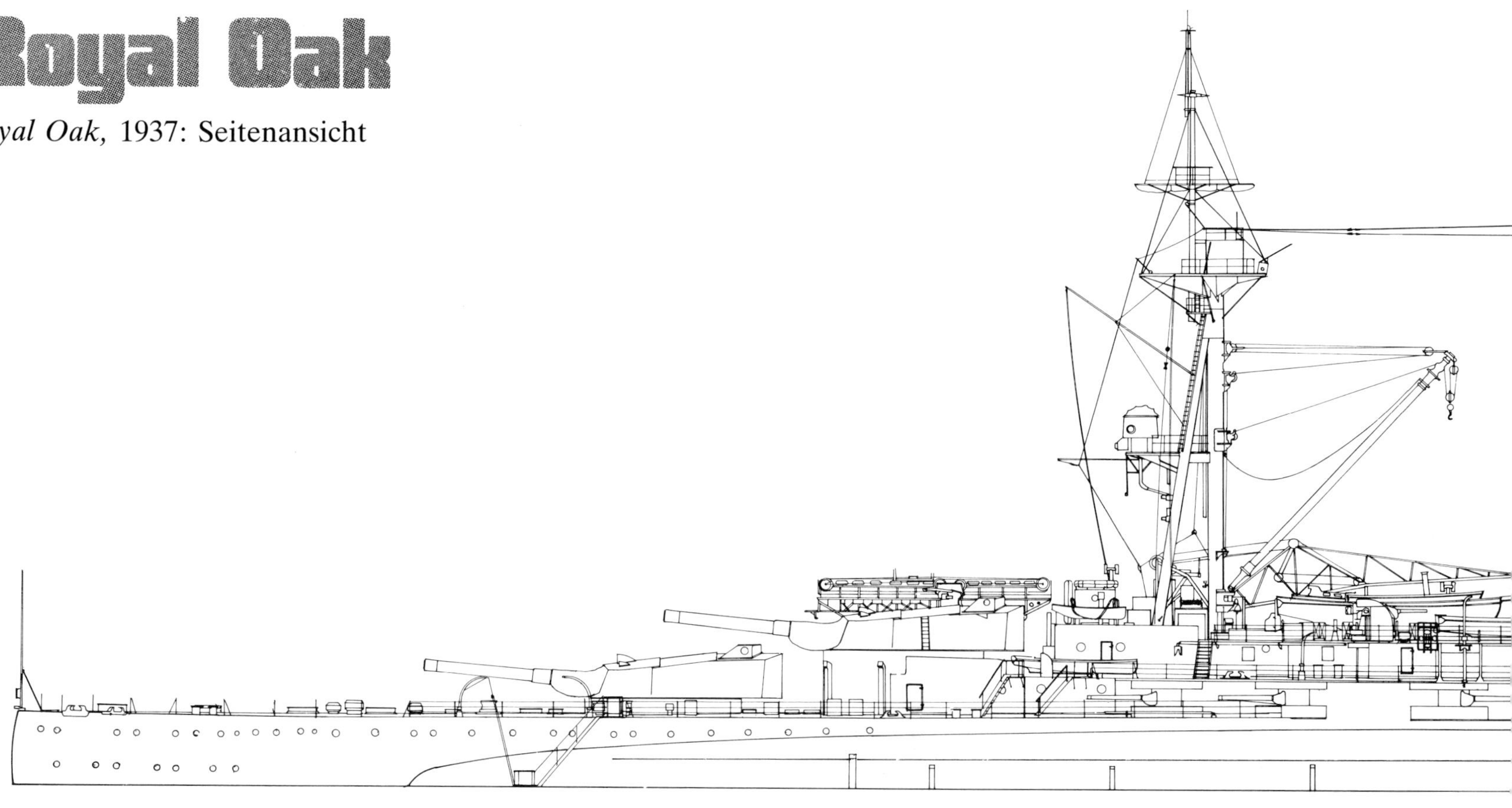

Die Scheinwerferstände seitlich des Schornsteins wurden durch eine neue Scheinwerferanordnung mit ferngesteuerten Scheinwerfern ersetzt.
Die Flugzeugstartbühnen von Turm „B“ und „X“ wurden entfernt. Dafür erhielt Turm „X“ auf dem Dach ein Flugzeugkatapult vom Typ *S-II-T*. Auf die Bb-Seite des Schutzdecks in Höhe des Großmastes kam ein Flugzeugkran.
Auf die Plattform des Seesterns auf dem Großmast wurde eine neue Funkpeilanlage mit zugehörigem Funkpeilraum eingebaut. Die festen Antennen führten zur Großmaststenge. Ein Typ 75-Kurzwellensender wurde eingebaut. Die Antennen saßen an der Vorkante des Vormarsdaches.
Der hintere Aufbau des Torpedoleitstandes wurde ausgebaut.
Die vier UTR wurden ausgebaut, die Räume unterteilt. Auf dem Backdeck vorn wurden an jeder Seite zwei feste TR eingebaut.
Die Großbramstenge wurde entfernt, ein Flaggenstock eingebaut. An der Rückseite des Vormars wurde eine kurze Stenge errichtet.
Soweit bekannt, wurden keine weiteren grundsätzlichen Modifizierungen mehr gemacht bei der *Royal Oak*, und bei Kriegsausbruch war sie in ihrer Klasse das beste Schiff.

Royal Sovereign

Die Änderungen und Erweiterungen der *Royal Sovereign* zwischen 1930/39 waren folgende:

Etwa 1930: Im Vormars wurde ein Flakleitgerät Mk I eingebaut.

Werftliegezeit Portsmouth, Januar/November 1932:
Einbau von zwei mehrrohrigen Pom-Pom-Lafetten Mk V auf neuen Plattformen unten seitlich des Schornsteins.
Einbau von zwei Pom-Pom-Leitgeräten auf neuen Plattformen seitlich des 38,1 cm-Feuerleitstandes.
Ausbau der hinteren UTR und Unterteilung der Torpedoräume.
Ersatz der Scheinwerferstände am Schornstein durch neue Anbauten mit ferngesteuerten Scheinwerfern.
Modifizierung der Kompaßplattform und Anbau von kugelsicheren Schutzverkleidungen und eines kugelsicheren Verdecks.
Die untere Brückenplattform wurde zur Aufnahme eines Signaldecks nach hinten erweitert.
Seitlich der Magazine wurden Schutzwasserabteilungen eingebaut.

1933:
Auf dem Achterdeck wurden ein Flugzeugkatapult und ein -kran aufgebaut (Ausbau ~ 1936). Seitlich des Kommandoturms wurden 2 × 12,7 mm-Vierlings-MG Mk II eingebaut.

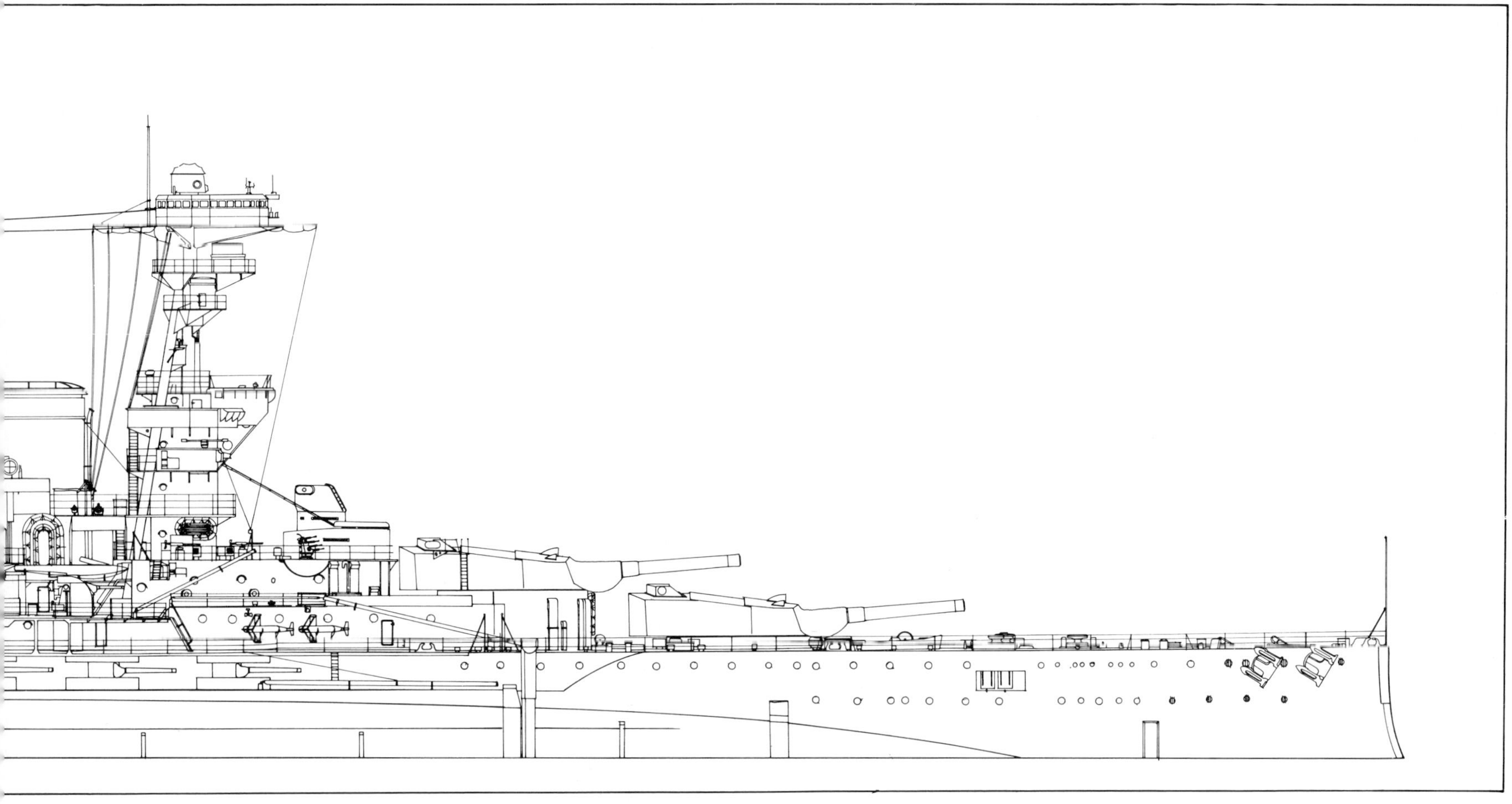

Royal Oak 1938 nach Ende Werftliegezeit. ▲ ▼

▲
Royal Sovereign, 1934 auslaufend Malta. Beachte Flugzeugkatapult und Kran auf dem Achterdeck.

▲
Brücke und Schornstein der *Royal Sovereign* 1932/33 in Malta.

Buganansicht der *Royal Sovereign,* nach Ende der Werftliegezeit auslaufend Portsmouth (März 1938). Sie hat jetzt 2 Flakleitgeräte Mk III und 10,2 cm-Luft/Seeziel-Doppellafetten. Hinzu kommen Funkpeilantennen auf dem Großmast und ein Fliegerbeobachtungsstand oberhalb der Kompaßplattform.
▼

Heckansicht der *Royal Sovereign* nach Ende der Werftliegezeit, auslaufend Portsmouth im März 1938. ▶

Etwa 1935:
Vom Torpedoleitstand über der Kompaßplattform wurde eine EMeßGerätekuppel entfernt. Anstelle dessen wurde eine neue Plattform errichtet (wahrscheinlich ein Fliegerabwehrstand).

Werftliegezeit Portsmouth, 1937/38:
Das Flakleitgerät Mk I im Vormars wurde durch ein Mk III-Gerät ersetzt. Ein zweites Flakleitgerät Mk III wurde hinten auf dem Torpedoleitstand aufgebaut.
Die 4 × 10,2 cm-Flak-Einzellafetten wurden ersetzt durch 4 × 10,2 cm-Luft/Seeziel-Doppellafetten Mk XIX.

Auf dem Großmars wurde eine Mittelfrequenz-Funkpeilanlage mit fester Antenne eingebaut. Der Feuerleitstand über der Kompaßplattform wurde durch einen neuen Fliegerabwehrstand ersetzt.
Die vorderen UTR wurden ausgebaut, die zugehörigen Räume unterteilt.

Ramillies

Ramillies stellte am 10. Februar 1933 außer Dienst, um in Devonport eine Werftliegezeit durchzuführen. Diese endete im August 1934, und folgende Modifizierungen wurden durchgeführt:

Einbau von 2 Flakleitgeräten Mk I; eines im Vormars, eines auf dem Großmast. Der Großmast erhielt Stützen, um zusätzliches Gewicht aufnehmen zu können und eine feste Unterlage für das Feuerleitgerät zu geben.
Einbau von 2 mehrrohrigen Pom-Pom-Lafetten Mk VI auf neuen Plattformen seitlich des Schornsteins.
Einbau von 2 Pom-Pom-Feuerleitgeräten auf neuen Plattformen seitlich unten vom 38,1 cm Feuerleitstand.

Einbau einer neuen Scheinwerferanordnung seitlich des Schornsteins mit ferngesteuerten Scheinwerfern.

Ramillies 1934. Der Großmast wurde in einen Dreibeinmast umgewandelt. Zusätzlich eingebaut wurden 2 Flakleitgeräte Mk I und 2 mehrrohrige Pom-Pom. Der Turm „X“ erhielt ein Flugzeugkatapult. Am Großmast unten wurde ein Kran eingebaut.

Ramillies 1939, einlaufend Portsmouth. ▼

Mittschiffsaufnahme der *Ramillies* 1937.

Nahaufnahme der Brücke und des Schornsteins von *Ramillies* am 22. August 1941.

Einbau von 2 mehrrohrigen 12,7 mm-MG-Lafetten Mk I seitlich des Kommandoturms.
Ausbau der Flugzeugstartbühnen von Turm „B" und „X". Einbau eines Flugzeugkatapultes *Typ S-I-T* auf dem Turm „X". Einbau eines Flugzeugkranes auf dem Schutzdeck an Bb-Seite in Höhe des Großmastes.
Ausbau der hinteren Aufbauten und des hinteren Torpedoleitstandes.
Modifizierung der Kompaßplattform, die an den Seiten mit kugelsicheren Platten und einem Verdeck versehen wurde.
Modifizierung der 15,2 cm-Munitionsversorgung.
Ausbau der hinteren UTR und Unterteilung der zugehörigen Räume.
Einbau von Einrichtungen zur Brennstoffabgabe an Zerstörer.
Einbau der Flugzeugtreibstoffbehälter unter Deck.
Die untere Brückenplattform wurde nach hinten erweitert und bildete ein neues Signaldeck.
Während der Werftliegezeit wurden zusätzlich 198,53 ts eingebaut und 65,3 ts ausgebaut. Zwischen 1938/39 wurden die 4 × 10,2 cm-Flak-Einzellafetten ausgebaut und durch 4 × 10,2 cm-Luft/Seeziel-Doppellafetten Mk XIX ersetzt. Der Torpedoleitstand oberhalb der Kompaßplattform wich einem Fliegerabwehrstand, die vorderen UTR wurden ausgebaut, die zugehörigen Räume unterteilt und eine Mittelfrequenz-Funkpeilanlage eingebaut (mit festen Antennen auf dem Großmars). Das Flugzeugkatapult wurde ebenfalls ausgebaut.

Brückenanordnung

1939 wiesen die Brücken der Schiffe dieser Klasse gewisse Unterschiede auf, obwohl sie allgemein gesehen nach den gleichen Richtlinien modifiziert worden waren. Der auffälligste Unterschied war die Kompaßplattform. Diese war auf jedem Schiff auf Grund von See-Erfahrungen modifiziert worden. 1931 wurde genehmigt, sie mit kugelsicheren Decken und Seitenverkleidungen zu versehen, um das Brückenpersonal gegen Tieffliegerangriffe zu schützen. Diese Arbeiten waren zuerst auf der *Royal Sovereign* während ihrer Werftliegezeit 1932 durchgeführt worden. Anschließend stieß sie zur *Mittelmeerflotte*. Ihr Kommandant äußerte sich sehr mißbilligend über diese neue Brückenanordnung. Er stellte fest, daß sie im Vergleich zur größeren Brücke der *Revenge* schlechter war, daß sie mit Instrumenten und Personal überbesetzt war. Er zog die geschlossene Brücke der offenen vor und merkte an, daß ein Sonnenverdeck für die Luftbeobachtung notwendig sei. Als Ergebnis dieser und anderer Feststellungen wurde die Brücke der *Ramillies* in einzelnen Bereichen geändert und vergrößert, um so mehr Platz zu gewinnen. Das Dach der größeren Kompaßplattform wurde nur über der mittleren Position kugelsicher gemacht, der Wetterschutz seitlich nur mit Segeltuch gezogen. Man sah diese Anordnung derjenigen der *Royal Sovereign* als überlegen an, aber es wurde auch angemerkt, daß die Brücke immer noch mangelnde Rundum- und Luftsicht gewährte. Die letzte Entwicklungsstufe war dann die Kompaßplattform, die die *Royal Oak* in ihrer Werftliegezeit 1934/36 erhielt. Diese war weit größer als die der anderen Schiffe der Klasse und erhielt kein Verdeck. Der Wetterschutz wurde durch Winddüsen und Segeltuchbezüge gewährleistet.

Bei den anderen beiden Schiffen, *Revenge* und *Resolution*, die vergrößerte Kompaßplattform der *Revenge* wurde im wesentlichen nicht modifiziert. Die der *Resolution* wurde mit einem ähnlichen Dach wie auf der *Royal Sovereign* versehen, wahrscheinlich ohne den kugelsicheren Schutz.

Royal Sovereign im September 1943 nach Abschluß der Werftliegezeit in der Marinewerft Norfolk/USA. ▶

Revenge 1940. Links: Blick auf das Bootsdeck. Rechts: Blick nach achtern. Beachte den Tarnanstrich auf dem Achterdeck und dem Signalflaggenstand.

Die Umbauplanung für Royal Sovereign und Ramillies

Im Februar 1939 wurde vorgeschlagen, diese beiden Schiffe im Rahmen einer Werftliegezeit mit einer 10,2 cm- und 6,35 cm-Panzerung aus nicht-zementiertem Panzerstahl im Hauptdeck zu versehen, so wie es auf der *Royal Oak* vorgeschehen war. Die Wulste dieser beiden Schiffe besaßen ebenfalls eine andere Form als die der *Royal Oak*. So beschloß man, die Oberteile der Wulste so zu ändern, daß die erforderliche Stabilität trotz des zusätzlichen Gewichtes erhalten blieb. Während diese Änderungen vorgenommen wurden, sollten der alte Kommandoturm und die Brücke abgebaut und durch eine neue Konstruktion, ähnlich der, die gerade auf *Valiant* eingebaut wurde, ersetzt werden. Der *DNC* wies darauf hin, daß diese Brücke zu dicht am Schornstein stehen würde, und daß, falls der Schornstein weiter nach hinten versetzt werden würde, dann auch die Anordnung der Beiboote geändert werden müsse. So wurde entschieden, die Brückenform im wesentlichen ähnlich der auf *Royal Oak* zu modifizieren. Außerdem sollten die Lafetten der 38,1 cm-Geschütze so geändert werden, daß eine Rohrerhöhung von 30° möglich wurde. Im April 1939 wurden andere, wichtigere Arbeiten vorgezogen (insbesondere auf *Nelson* und *Rodney*), und es wurde beschlossen, die durchzuführenden Änderungen auf den Einbau der Deckspanzerung zu beschränken. Unmittelbar nach Kriegsausbruch wurden diese Beschlüsse jedoch rückgängig gemacht.

Kriegsmodernisierungen

Äußerliche Veränderungen in den Jahren 1939/45 bezogen sich auf den zusätzlichen Einbau von Nahbereichs-Flakwaffen und Radar. Außer dem Einbau von einzelnen Radarräumen wurden einige Erweiterungen der Aufbauten vorgenommen.

Auf *Royal Sovereign* wurde das Flugzeugkatapult noch kurz vor Kriegsausbruch ausgebaut, die *Resolution* behielt ihres bis Ende 1942/Anfang 1943. 1939/40 erhielt *Royal Sovereign* Schornsteinkappen, *Ramillies* 1941/42.

1940 kam wieder die Frage der Verstärkung des Decksschutzes auf der *Royal Sovereign*-Klasse auf. Aber es sollte ein „. . . *rechter und grober Kuhhandel sein mit gestückelten Panzerungen, die so gut wie möglich schützen sollten*“. Das wurde jedoch nicht weiterverfolgt. Im Oktober 1940, nachdem die *Resolution* vor Dakar beschädigt worden war, wurden Überlegungen angestellt, zusätzliche Panzerdecks einzubauen. Außerdem sollte sie während der Instandsetzungen einen „Superwulst“ erhalten. Während des Umbaues sollte der senkrechte Schutz der Maschinenraumschächte und -nie-

Revenge 1942 nach Ausrüstung mit Radar und zusätzlichen Nahbereichswaffen.

Royal Sovereign

-Klasse 1942: Seitenansicht der *Resolution*
Decks 1936 mit eingezeichneten späteren Flak-Positionen

Revenge:
J Ende 1941: Einbau von 8 × 20 mm-Einzellafetten und weiterer 2 oder mehr auf dem Achterdeck
K Ende 1941: 2 × 12,7 mm-MG ausgebaut
L Ende 1941: Einbau von 2 vierrohrigen Pom-Pom

Ramillies:
M Ende 1941: 2 × 12,7 mm-MG ausgebaut
N Ende 1941: Einbau von 10 × 20 mm-Einzellafetten
O Ende 1941: Einbau von 2 vierrohrigen Pom-Pom
P April 1943: Einbau weiterer 8 × 20 mm-Einzellafetten und zusätzlicher 4 auf dem Achterdeck
1944: Einbau einer weiteren 20 mm-Einzellafette, Position nicht bekannt

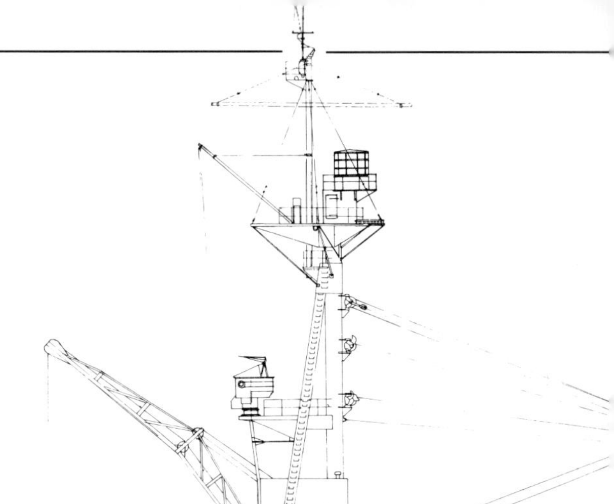

▼ *Seitenansicht*

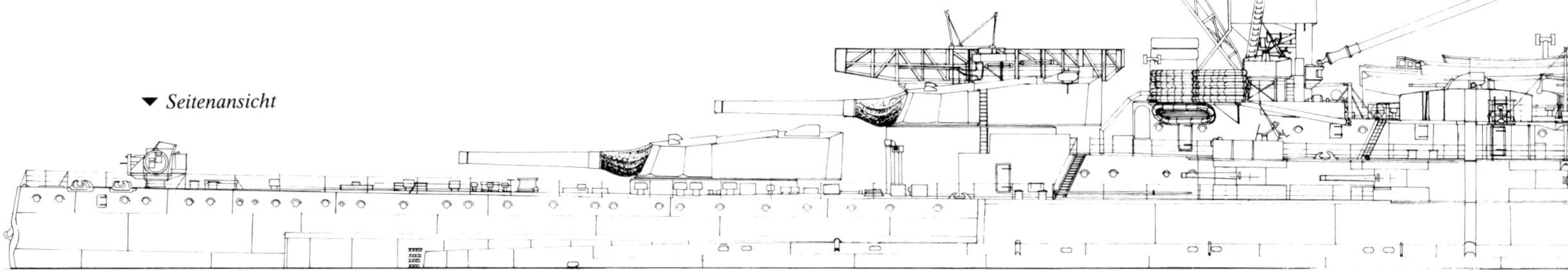

▼ *Kommandoturmplattform*

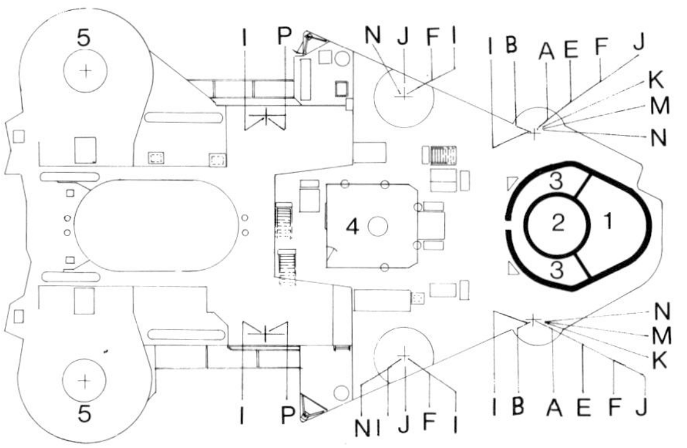

▼ *Scheinwerferplattform*

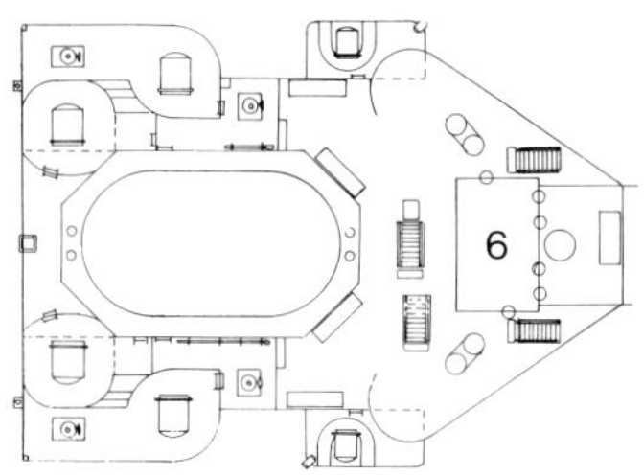

▼ *Fleckerstand*

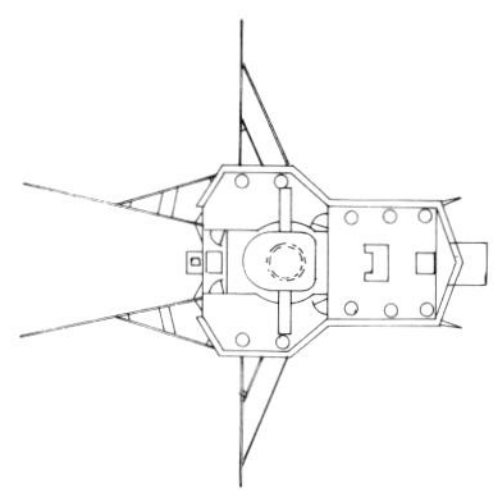

Kommandoturmplattform
1 Kommandoturm
2 38,1 cm-Feuerleitstand
3 15,2 cm-Feuerleitstände
4 Admirals-Seekabine
5 Pom-Pom-Lafetten
Scheinwerferplattform
6 Kommandanten-Seekabine
Kompaßplattform
7 Oberes Kartenhaus
8 Fernsteuerungsräume (Feuerleit)
Admiralsbrücke
9 Unteres Kartenhaus
Untere Plattform
10 Artillerieleitstand

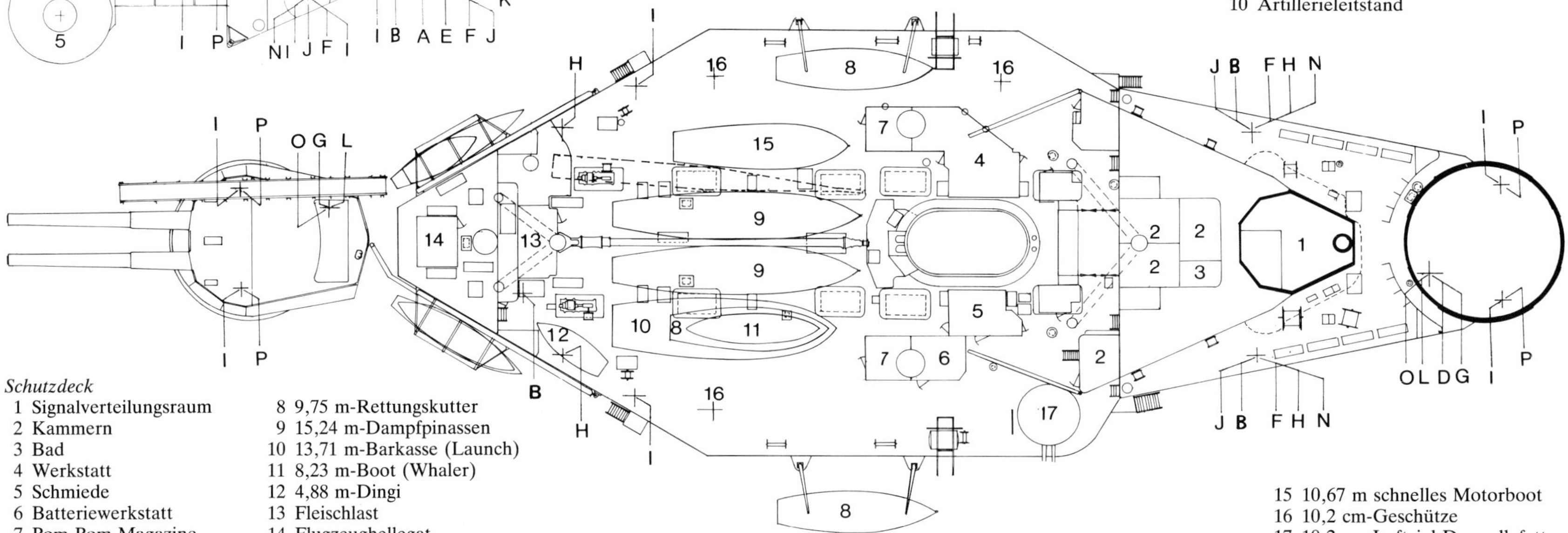

Schutzdeck
1 Signalverteilungsraum
2 Kammern
3 Bad
4 Werkstatt
5 Schmiede
6 Batteriewerkstatt
7 Pom-Pom-Magazine
8 9,75 m-Rettungskutter
9 15,24 m-Dampfpinassen
10 13,71 m-Barkasse (Launch)
11 8,23 m-Boot (Whaler)
12 4,88 m-Dingi
13 Fleischlast
14 Flugzeughellegat
15 10,67 m schnelles Motorboot
16 10,2 cm-Geschütze
17 10,2 cm-Luftziel-Doppellafette

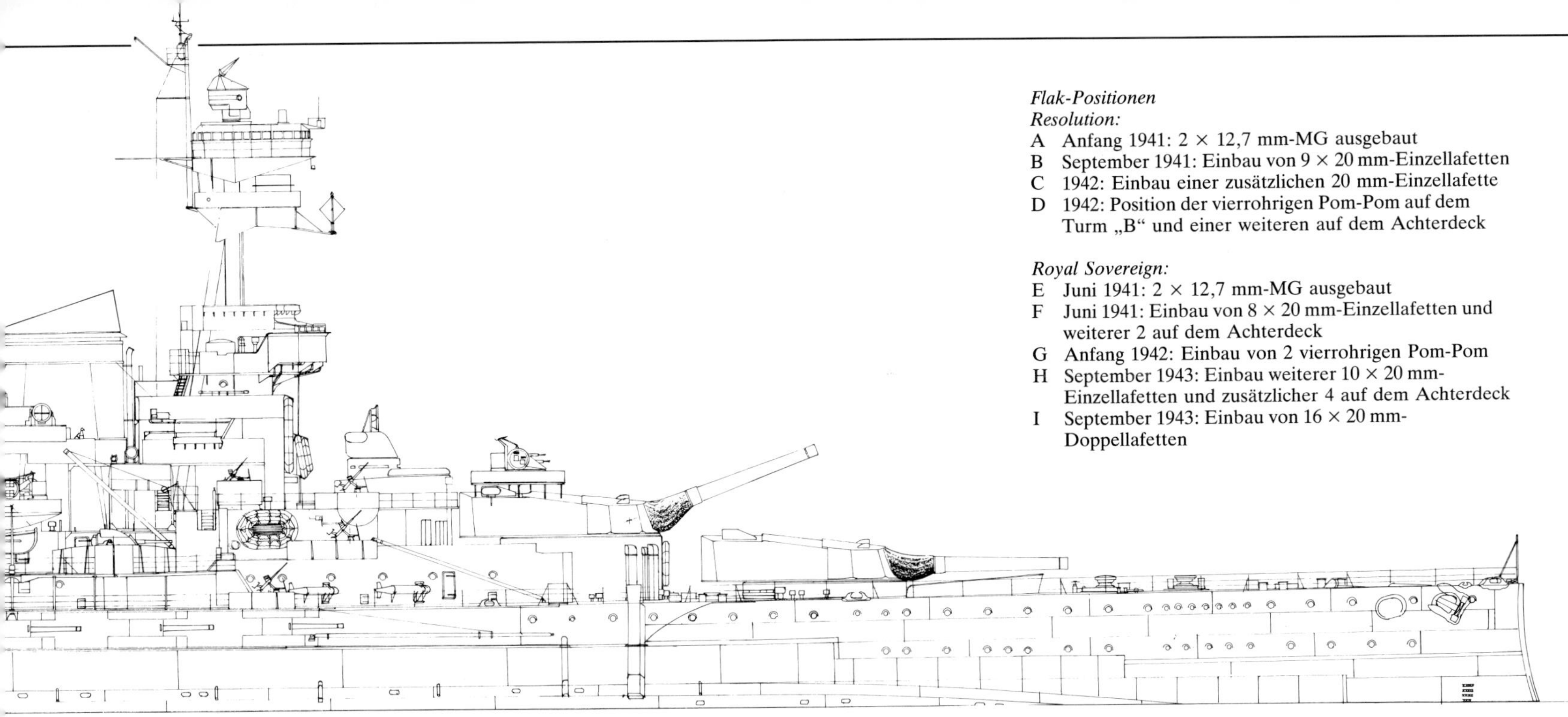

Flak-Positionen
Resolution:
A Anfang 1941: 2 × 12,7 mm-MG ausgebaut
B September 1941: Einbau von 9 × 20 mm-Einzellafetten
C 1942: Einbau einer zusätzlichen 20 mm-Einzellafette
D 1942: Position der vierrohrigen Pom-Pom auf dem Turm „B“ und einer weiteren auf dem Achterdeck

Royal Sovereign:
E Juni 1941: 2 × 12,7 mm-MG ausgebaut
F Juni 1941: Einbau von 8 × 20 mm-Einzellafetten und weiterer 2 auf dem Achterdeck
G Anfang 1942: Einbau von 2 vierrohrigen Pom-Pom
H September 1943: Einbau weiterer 10 × 20 mm-Einzellafetten und zusätzlicher 4 auf dem Achterdeck
I September 1943: Einbau von 16 × 20 mm-Doppellafetten

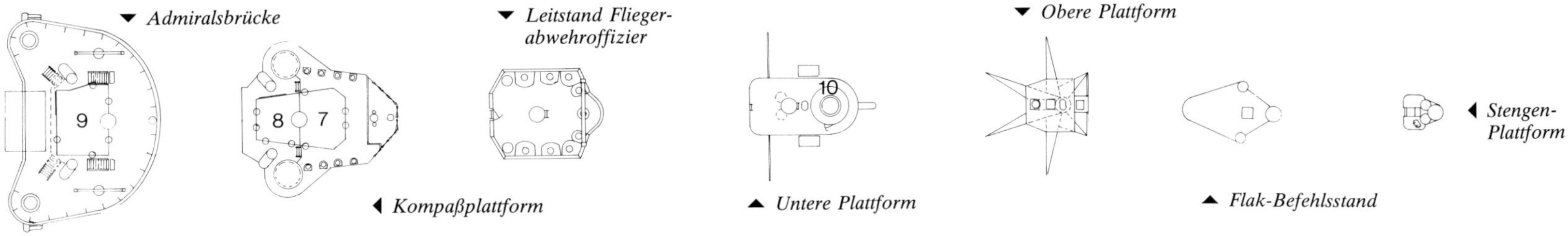

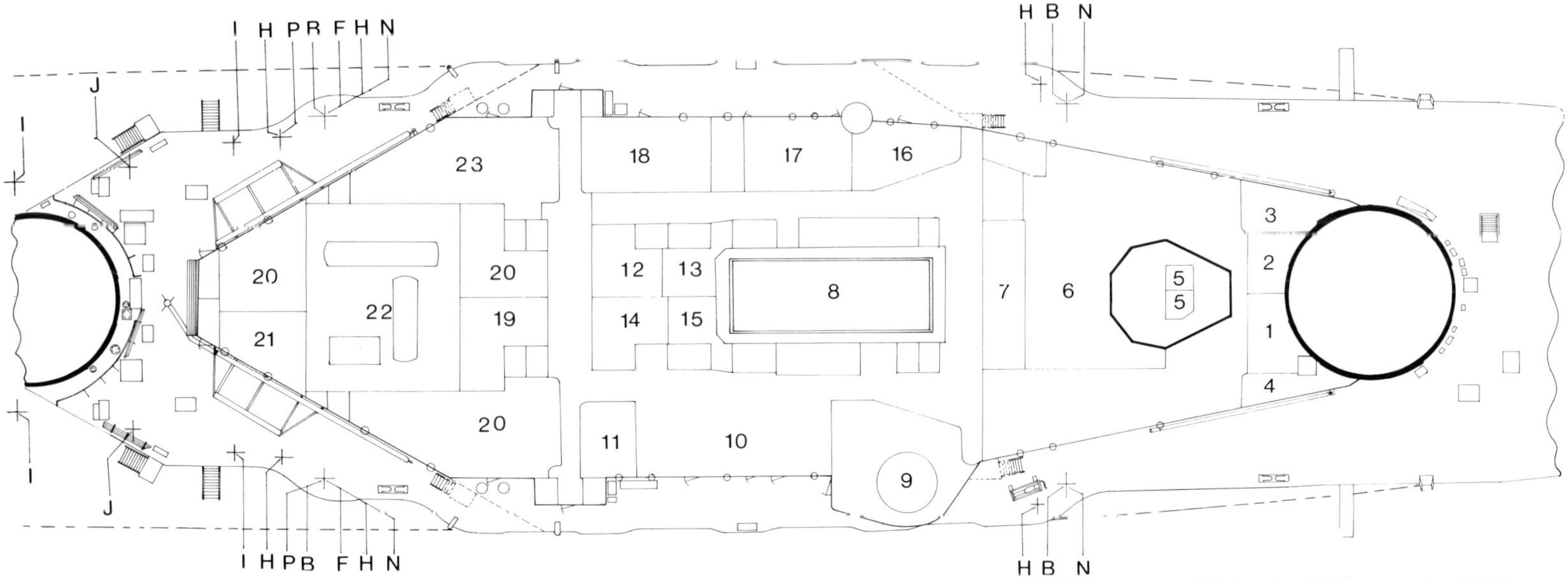

Backdeck, 1936
1 Hellegat
2 Lampenkammer
3 Hellegat
4 Divisionsschreibstube
5 Funkräume
6 Schiffskombüse
7 Kochsküche
8 Schornsteinhals
9 10,2 cm-Luftziel-Doppellafette
10 Mannschaftsunterhaltungsraum
11 Kommandantendienstraum
12 Küche der Kadettenmesse
13 Küche der Deckoffiziersmesse
14 Kombüse der Offiziersmesse
15 Küche der Offiziersmesse
16 Kadettenmesse (10,2 cm)
17 Bäckerei
18 Deckoffiziersmesse
19 Pantry der Offiziersmesse
20 Vorraum der Offiziersmesse
21 Vorraum
22 ?
23 Kadettenmesse

Royal Sovereign am 14. September 1943, auslaufend Marinewerft Philadelphia/USA nach Abschluß umfangreicher Ausrüstungen.

dergänge verstärkt werden. Danach würde die geschätzte Einsatzverdrängung 36420 ts betragen, der Tiefgang 9,75 m sein. Die Geschwindigkeit sollte bei 40000 WPS annähernd 20,3 kn sein. Alle Vorschläge wurden schließlich abgelehnt und im Dezember 1940 entschieden, nur die Schäden zu reparieren und kleinere Modifizierungen durchzuführen. Zwar war vorgesehen, die Rohrerhöhung der Türme „A" und „B" auf 30° zu steigern, aber das wurde nicht durchgeführt. 1941 wurde das Problem einer Verstärkung des Decksschutzes erneut aufgeworfen, und es wurde beschlossen, im Hauptdeck, über den Magazinen, eine nicht-zementierte 5,08 cm-Panzerung zusätzlich einzubauen. Dieses sollte geschehen, sobald sich die Gelegenheit dazu ergab. Das zusätzliche Gewicht wurde mit 340 ts veranschlagt, die Arbei-

ten selbst 1942 durchgeführt auf *Royal Sovereign* und *Resolution*, teilweise auch auf *Ramillies*. Während des Krieges traten beträchtliche Probleme auf, sowohl bei der *Royal Sovereign*-Klasse als auch auf anderen Kriegsschiffsklassen, wegen der übermäßig angewachsenen Besatzungsstärken. 1942 wurde die Genehmigung erteilt, die zwei vordersten 15,2 cm-Geschütze an jeder Seite auszubauen, um so mehr Raum zum Essen und Schlafen zu schaffen. Diese Arbeiten wurden 1943 durchgeführt, jedoch wurden auf der *Resolution* nur zwei Geschütze ausgebaut. Zwischen 1943/44 wurde vorgeschlagen, die gesamte 15,2 cm-Batterie auszubauen, da sie nicht wasserdicht war, und im Hinblick auf das angewachsene Gewicht durch die Kriegszubauten war das eine Gefahr für die Sicherheit der Schiffe. Ebenso wurde vorgesehen, den Batteriepanzer durch nicht-zementierte 5,08 cm-Platten zu ersetzen (um das Toppgewicht zu mindern), aber diese Änderung wurde nicht durchgeführt. Andere Änderungen waren folgende:
Verbesserung der wasserdichten Unterteilung durch Einbau von Kofferdämmen, dichtsetzen von Bullaugen und verändern der Lüfteranlagen usw.
Einbau zusätzlicher Frischwassererzeuger.
Verbesserung der Schiffssicherungs-BÜ-Anlagen.
Änderung der 38,1 cm-Geschütze und deren Magazine für die Verwendung der modifizierten 38,1 cm-Granate (mit verbesserter Qualitat und größerer Treibladung). Das genaue Ausmaß dieser Arbeiten ist nicht bekannt.
Einbau einer Jäger-Leitstelle.
Einbau eines Leitgerätes für Blindschießen der SA.
Modifizierung des Schmierölsystems der Hauptmaschinenanlagen, so daß die Versorgung auch gewährleistet war bei einer Schlagseite von 15°.
Verbesserung der Feuerlöscheinrichtungen.
Verbesserung der Scheinwerferausrüstung.

Hood, 1929 bis 1941

Ungeachtet der Tatsache, daß die *Hood* mit Sicherheit durch ihre große Verdrängung eine bessere Möglichkeit für die Modernisierung bot als die Schiffe kleinerer Verdrängung, blieb sie von 1920 bis zu ihrem Untergang 1941 nahezu unverändert. Es wurden zwar Umbaupläne gemacht, aber da sie gegenüber den anderen Schiffen der Flotte vergleichsweise gut geschützt war, erhielt sie für diese Zwecke nicht die erste Priorität. Vorgesehen war, daß ihr Umbau nach der *Queen Elizabeth* erfolgen sollte, jedoch wurde diese Absicht mit Kriegsausbruch 1939 widerrufen. Die meisten Änderungen, die durchgeführt wurden, bezogen sich auf die Flakbewaffnung. Die Modifizierung des Schiffes zwischen 1929 und 1941 waren folgende:

Werftliegezeit Portsmouth,
3. Juni 1929 bis 28. Mai 1931:

Einbau eines Flakleitgerätes Mk I auf der hinteren Scheinwerferplattform.
Einbau von zwei Pom-Pom-Mk V-Lafetten auf dem Schutzdeck seitlich der Schornsteine.
Einbau eines Pom-Pom-Leitgerätes auf dem hinteren Vormars. Zwei Standorte waren vorbereitet an jeder Seite des Seesterns für die Aufstellung des zweiten Leitgerätes, das geliefert werden sollte.
Einbau eines Flugzeugkatapultes Typ *F-IV-H* und eines Krans auf dem Achterdeck. Einbau von abwerfbaren Flugzeugtreibstoffbehältern an Bb-Seite des Hecks sowie an der Ecke des Backdecks seitlich vom Großmast.
Die 38,1 cm-BÜ-Zentrale wurde gasdicht gemacht.
Einbau eines *Synchron*-Ubertragungssystems in der Feuerleitanlage.
Die MA wurde mit einer Versuchs-Feuerleitanlage für Fernbereichssperrfeuer gegen Flugzeuge ausgerüstet.
Einbau einer Typ 31-Feuerleit-Funksendeanlage mit Senderaum auf dem Plattformdeck, an die BÜ-Zentrale angrenzend, und mit zugehöriger Antenne zwischen Signaldeck und Vormars. Installation eines Typ 71-Nahbereichs-Funksenders mit den zugehörigen Antennen hinter dem zweiten Schornstein. Einbau einer Typ 363-Funksendeanlage.
Durchführung ausgedehnter Reparaturen am Schiffskörper, an der Maschinenanlage und EAnlage.
Vergrößerung des Fassungsvermögens für Heizöl von 3895 ts auf 4615 ts (die 95% Füllung schloß den Dieselkraftstoff ein).
Einbau eines Schutzstandes für Signalpersonal vorne auf dem Signaldeck, unterhalb seitlich des Kommandoturms.
Der Torpedoleitstand über der Kompaßplattform erhielt ein Dach und Fenster.
Ausbau der Flugzeugstartbühne vom Turm „X".
Im Anschluß an diese Werftliegezeit wurde mit *Hood* ein Krängungsversuch durchgeführt. Die Ergebnisse zeigten gegenüber dem Originalkrängungsversuch von 1920 eine Vergrößerung der Verdrängung und eine Verringerung der Stabilität.

Zustand mit halber Brennstoffmenge (2307 ts Heizöl = 47,5%) und vollen Reserve-Speisewasserzellen:

Verdrängung	45693 ts
durchschnittlicher Tiefgang	9,58 m
GM	0,88 m
Maximale Stabilität bei Krängungswinkel	35°
Kenterpunkt (Stabilitätsumfang)	65°

Einsatzzustand (voll ausgerüstet mit 4615 ts Heizöl – 95% und 58 ts Kohle, volle Reserve-Speisewasserzellen):

Verdrängung	48000 ts
durchschnittlicher Tiefgang	10,06 m
GM	0,95 m
Maximale Stabilität bei Krängungswinkel	35°
Kenterpunkt (Stabilitätsumfang)	68°

Leerzustand:

Verdrängung	42037 ts
durchschnittlicher Tiefgang	8,79 m
GM	0,95 m
Maximale Stabilität bei Krängungswinkel	35°
Kenterpunkt (Stabilitätsumfang)	64°

Das Flugzeugkatapult auf dem Achterdeck erwies sich bei den Erprobungen als unbrauchbar. Abgesehen von der Behinderung der hinteren Türme beim Schießen war es selbst durch den Mündungsdruck der Geschütze beim Schießen gefährdet. Hinzu kam die Gefährdung durch das Wetter und die Erschütterungen bei hoher Fahrtstufe. Außer bei gutem Wetter war es sehr schwierig, das Katapult und die Flugzeuge zu handhaben. Zwischen dem 21. März und 25. Juni 1932 wurden Katapult und Kran ausgebaut. Der Kran wurde etwas modifiziert (der Ausleger verlängert) und auf der *Ramillies* eingebaut. Zur gleichen Zeit wurden die EMeßGerätestände für die 14 cm-Geschütze vom Vormars ausgebaut (und während einer Werftliegezeit 1934 an anderer Stelle wieder eingebaut).

Werftliegezeit Portsmouth,
31. März bis 10. Mai 1932:
Einbau von zwei vierrohrigen 12,7 mm-MG-Lafetten Mk I auf erhöhten Plattformen seitlich des Kommandoturms am vorderen Ende des Signaldecks.
Ausbau der Flugzeugstartbühne vom Turm „B".

Werftliegezeit
vom 1. August bis 5. September 1934:
Einbau der EMeßGerätestände für die 14 cm-Geschütze auf dem Signaldeck.
Wegen des Schornsteinrauches wurden die Pom-Pom-Feuerleitgeräte von den Seiten des Seesterns entfernt und versetzt in die Seiten des 14 cm-Fleckerstandes (das war die Stelle, wo vorher die EMeßGeräte der 14 cm-Geschütze gestanden hatten). Einbau eines Stb-Feuerleitgerätes für die Pom-Pom, das Gerät für die Bb-Seite war noch nicht verfügbar, es wurde erst eingebaut zwischen dem 1. April und 13. Mai 1935.

Werftliegezeit
vom 26. Juni bis 10. Oktober 1936:
Da die Pom-Pom-Leitgeräte nach wie vor unter dem Rauch der Schornsteine litten, wurden sie auf neue Positionen an den hinteren Enden der Vorbrücke versetzt.
Einbau einer Typ 75-VH-Funkanlage für Feuerleitzwecke im Typ 31-Raum, mit den zugehörigen Antennen auf dem Vormarsdach und dem Seestern des Großmastes. Die Typ 31-Anlage wurde ausgebaut.
Die 91,4 cm-Scheinwerferplattform auf dem Fockmast wurde ausgebaut.
Die Plattform über der Kompaßplattform wurde mit einer Stahlblende versehen und zu einem Fliegerabwehrstand umfunktioniert.
Während dieser Zeit war vorgesehen, auf den Turm „X" ein Flugzeugkatapult zu setzen, aber das wurde nicht durchgeführt.

Werftliegezeit in Malta,
8. November bis 16. Dezember 1937:
Auf einem neuen Unterbau auf dem Dach des hinteren Torpedoleitstandes wurde eine Pom-Pom-Mk VI-Lafette eingebaut. Die dort befindliche Kuppel mit dem EMeßGerät wurde ausgebaut.
Einbau von 2 × 12,7 mm-MG-Lafetten Mk III auf einer erhöhten Plattform seitlich der hinteren Aufbauten.
Ausbau der hinteren UTR und Unterteilung der zugehörigen Räume (diese Arbeit wurde nur teilweise durchgeführt).
Einbau von 2 × 10,2 cm-Flak-Einzellafetten mittschiffs auf dem Schutzdeck.

Werftliegezeit in Malta,
16. Mai 1938 bis 22. Juni 1938:
Einbau eines Pom-Pom-Feuerleitgerätes Mk II (für die hintere Pom-Pom) hinter dem Flakleitgerät auf den hinteren Aufbauten.
2 × 14 cm-Geschütze auf dem Schutzdeck

wurden ersetzt durch 2 × 10,2 cm-Flak Mk IV. Dadurch erhöhte sich die Anzahl der 10,2 cm-Flak auf acht.
Beendigung der begonnenen Arbeiten beim Ausbau der hinteren UTR.
Modernisierung der Funkempfangsanlagen.

Werftliegezeit in Portsmouth, Februar bis Juni 1939:
Einbau von 4 × 10,2 cm-Luft/Seeziel-Doppellafetten Mk XIX mittschiffs auf dem Schutzdeck (2 Stb und 2 Bb). Ausbau der 2 × 10,2 cm-Einzellafetten Mk IV mittschiffs. Somit waren jetzt eingebaut: 6 Einzellafetten und 4 Doppellafetten.
Einbau von 4 × 1,12 m-Scheinwerfern; zwei auf einer neuen Plattform hinter dem zweiten Schornstein und zwei auf einer neuen Plattform an der Vorkante seitlich der hinteren Aufbauten.
Einbau von zwei Flakleitgeräten Mk III an den hinteren Enden (Stb und Bb) des Signaldecks.
Einbau eines Typ FH 3-Hochfrequenz-Funkpeilers mit zugehörigem Peilraum auf dem Seestern des Großmastes und der Antenne auf der Großbramstenge.
Das Signaldeck wurde nach hinten erweitert.

Werftliegezeit Juli/August 1939:
Ausbau aller 10,2 cm-Flak-Einzellafetten und Wiedereinbau der 2 × 14 cm-Geschütze auf dem vorderen Schutzdeck.
Das hintere Flakleitgerät Mk I wurde durch ein Gerät Mk III ersetzt.
Ausbau der Scheinwerfer und ihrer zugehörigen Stände zwischen den Schornsteinen.
Die Brückenform wurde leicht verändert.
Die vorstehenden Modifizierungen muß man in zwei Abschnitte unterteilen, denn im Juni 1939 ging *Hood* zwecks Erprobung der 10,2 cm-Luft/Seeziel-Doppellafetten in See, und so erschien *Hood* für kurze Zeit in unvollständiger Modifizierung.

Werftliegezeit in Devonport, 29. März bis 27. Mai 1940:
Ausbau aller 14 cm-Geschütze. Die vorderen Batterieöffnungen wurden dichtgesetzt.

Hood Ende 1931. ▸

Einbau von 3 × 10,2 cm-Doppellafetten Mk XIX auf dem Schutzdeck: eine hinten am äußersten Ende, die anderen beiden jeweils seitlich der hinteren Aufbauten.
Einbau von fünf UP-Lafetten; eine auf Turm „B“, eine an jeder Seite des Schutzdecks in Höhe des vorderen Schornsteins und eine jeweils seitlich der Beiboote auf dem Schutzdeck.
Einbau einer äußeren MES-Schleife.

Werftliegezeit Rosyth,
16. Januar bis 15. März 1941:
Einbau einer Typ 284-Artillerieradaranlage für die SA. Die Antenne saß auf dem Feuerleitgerät im Vormars.
Ausbau des Funkpeilraumes auf dem Seestern des Großmastes.
Ausbau der Vormarsstenge.
Ausbau des Torpedobeobachtungsstandes vom Vormars.

Im Dezember 1938 waren folgende Umbauten für die *Hood* vorgeschlagen worden:
Einbau neuer Haupt- und Hilfsmaschinen.
Ersatz der 14 cm- und 10,2 cm-Bewaffnung durch 8 × 13,2 cm-Doppellafetten.
Vermehrung der Nahbereichs-Flak auf 6 Pom-Pom-Lafetten und Ausbau der 12,7 mm-MG-Lafetten.
Einbau eines Querdeckkatapultes vom Typ *D-III-H,* von Flugzeughangars und Ausrüstung mit Flugzeugen, ähnlich wie auf der *King George V*-Klasse.
Ausbau der TR.
Abbau des Kommandoturms und Rekonstruktion der Brücken.
Ausbau der Rohrfüllung in den Wulsten und Herrichtung der Auftriebsräume als Heizölbunker.
Veränderung des Schiffsschutzes durch Ausbau des oberen 12,7 cm-Gürtelpanzers und Verstärkung des 5,08 cm starken Splitterschutzes im Zwischendeck und entweder:
a) Ausdehnung des 30,5 cm-Gürtelpanzers bis zum Oberdeck, Verstärkung der Oberdecksdicke über den Magazinen auf 10,2 cm und über den Maschinenräumen auf 6,35 cm, oder
b) Nichtänderung des 30,5 cm- und 17,78 cm-Gürtelpanzers, dafür Verstärkung des Hauptdecks auf 12,7 cm über den Magazinen und 10,2 cm über den Maschinenräumen.
Modifizierung der oberen Wulstform, um die Stabilität zu verbessern.

1939 wurden die Maschinenanlagen der *Hood* 20 Jahre alt, und sie zeigten überall Verschleiß. Sie bedurfte neuer Kessel, und die Turbinen hatten eine Neubeschaufelung nötig. Die Möglichkeit, unbegrenzte Zeit mit hoher Fahrtstufe zu laufen – wie es ja in einem Krieg notwendig sein würde –, war nicht mehr gegeben. Ihre

◀ Oben: *Hood* 1934. Die Flugzeugstartbühnen sind ausgebaut.

Unten: *Hood* Juni 1939 auslaufend Portmouth. Beachte auf dem Schutzdeck die einzelne 10,2 cm-Luftziellafette anstelle der 14 cm.

Hood 1939 im Trockendock. Hinter dem Turm „X" ist die 2 Pdr-Plattform erkennbar. Sie wurde etwas nach Stb versetzt, weil an der äußeren Bb-Seite am Schutzdeckende für kurze Zeit ein Flugzeugkran aufgebaut wurde. ▶

Einzelheiten der HOOD, 1931 bis 1941

Außer den hier angeführten Daten blieben alle anderen Angaben die gleichen wie nach Fertigstellung 1920.

Verdrängung:	Einsatz-verdrängung	Leer-verdrängung
März 1931	48.000 ts	42.037 ts
Januar 1939	48.650 ts	42.752 ts
Mai 1940	48.360 ts	42.462 ts

MA: Verminderung auf 10 Geschütze 1938/39, Ausbau 1940

Weitreichende Flak:

1931/37	= 4 × 10,2 cm-Mk V in Luftziel-Einzellafette Mk III
1937	= 6 × 10,2 cm-Mk V in Luftziel-Einzellafette Mk III und IV
1938	= 8 × 10,2 cm-Mk V in Luftziel-Einzellafette Mk III und IV
Juni 1939	= 6 × 10,2 cm-Mk V in Luftziel-Einzellafette Mk III und IV 8 × 10,2 cm-Mk XVI in Luft/Seeziel-Doppellafette Mk XIX (6 Einzellafetten ausgebaut im August 1939)
1940/41	= 14 × 10,2 cm-Mk XVI in Luft/Seeziel-Doppellafette Mk XIX

Nahbereichs-Flak: Einbauzeiten

1931	= 16 × 2 Pdr-Mk VIII in 2 Lafetten Mk V
1932	= 8 × 12,7 mm-Mk III in 2 Lafetten Mk I
1937	= 8 × 2 Pdr-Mk VIII in einer Lafette Mk VI 8 × 12,7 mm-Mk III in 2 Lafetten Mk III
1940	= 5 × 20rohrige UP-Werfer
Gesamt 1941	24 × 2 Pdr (3 × 8) 16 × 12,7 mm (4 × 4) 100 UP-Werfer (5 × 20)

Munitionsvorrat:

10,2 cm-Einzellafetten	= 150 Schuß/Geschütz; 200 Leuchtgranaten
10,2 cm-Doppellafetten	= 250 Schuß/Geschütz; 250 Leuchtgranaten
2 Pdr	= 720 Schuß/Geschütz
12,7 mm	= 2.500 Schuß/MG

Feuerleitanlagen (1939):

SA	= 2 Dreibein-Feuerleitgeräte 1 Dreyer-Plott-Rechner Mk V
MA	= 2 Standvisier-Zielgeräte 2 Typ-F Schußgeber
Flak	= 3 Flakleitgeräte Mk III* 3 Pom-Pom Leitgeräte

Heizölvorrat/Fahrbereich:
Fassungsvermögen = 4.615 ts
Unter Probefahrtbedingungen ≙ 8.500 sm bei 14 kn

Verdrängung war zu groß, die Stabilität zu niedrig, der Horizontalschutz bedurfte der Verstärkung. Bei einem Treffen der *Seelords* im März 1939 führte der *1. Seelord* aus: *„Falls das Schiff noch weitere 15 Jahre in Dienst bleiben sollte, was ja nicht auszuschließen sei, wäre es unvermeidlich, das Schiff für längere Zeit aufzulegen, um größere Maschinenreparaturen durchzuführen, und es würde hinterher dann ein großes Bedauern geben, daß die wirklich wichtigen Dinge (kompletter Umbau) nicht gemacht wurden.“* Der *1. Seelord* sagte dann zu, dafür zu sorgen, daß dieses – Totalumbau und neue Maschinen – im Anschluß an die *Queen Elizabeth* gemacht werden sollte.

◀ *Hood* August 1939. Beachte, daß das 14 cm-Geschütz auf dem Schutzdeck wieder aufgebaut wurde.

Barham, 1931 bis 1941

Barham war das letzte Schiff der *Queen Elizabeth*-Klasse, das Wulste erhielt. Sie war auch das erste Schlachtschiff (außer *Nelson* und *Rodney*), das anstelle der Stahlschutzplatten der anderen Schiffe ein Panzerdeck erhielt. Der Wulstanbau erfolgte zwischen Januar 1931/Januar 1934 in Portsmouth. Er schloß zahlreiche Änderungen und Erweiterungen ein, die auf den Schwesterschiffen nicht gemacht worden waren, was am Zeitbedarf und aus den anfallenden Kosten zu ersehen ist. Diese beliefen sich auf 424000 £ im Vergleich zu 195000 £ für den Wulstanbau auf der *Warspite*. Die einzelnen Arbeiten, die durchgeführt wurden, waren folgende:
Anbau von Wulsten.
Einbau von Schutzwasserabteilungen seitlich der Magazine.

Hood im August 1940.

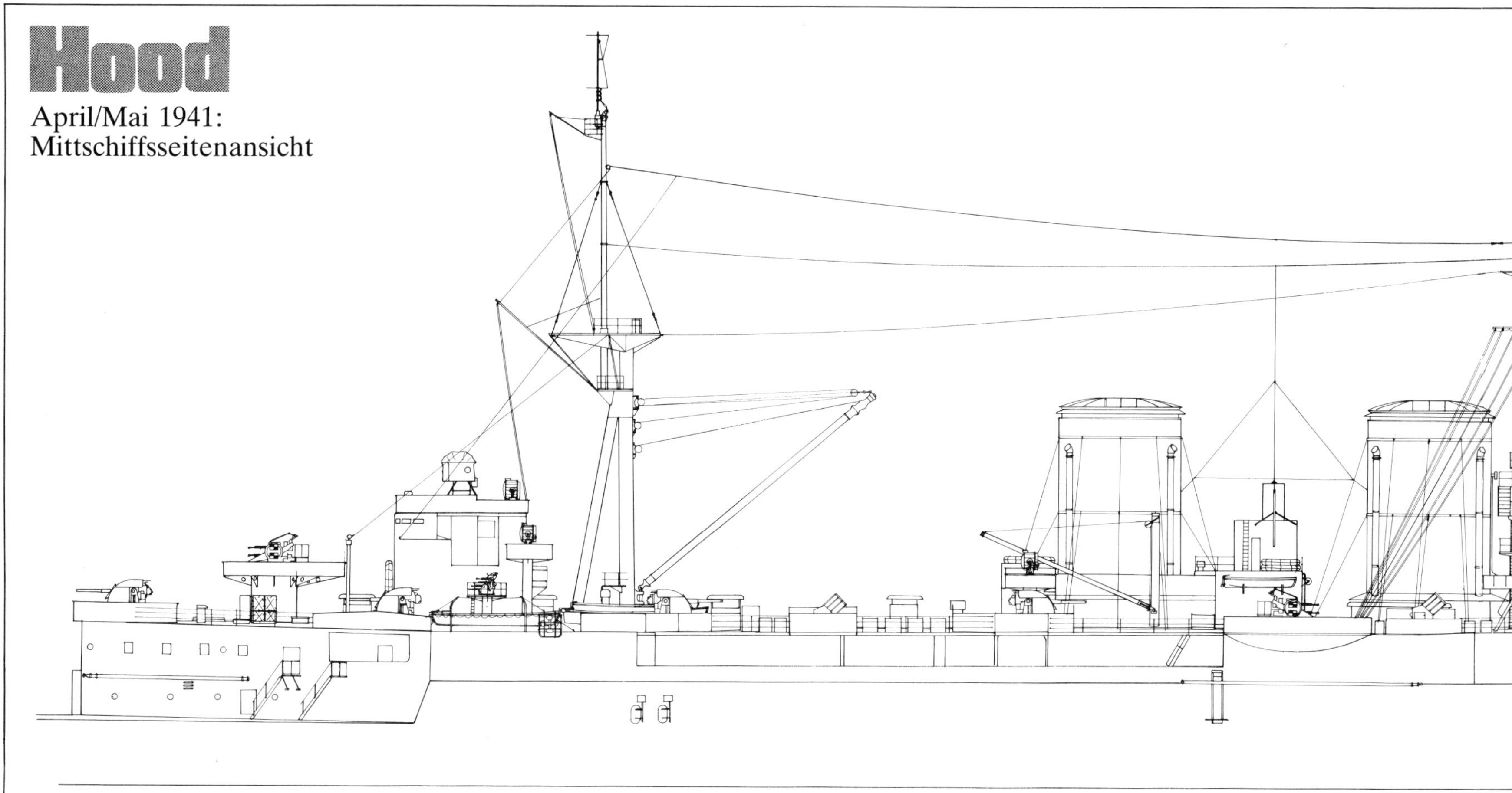

Einbau eines zusätzlichen Decksschutzes über den Magazinen.
Verblendung der 15,2 cm-Geschützbuchten.
Verbesserung der 15,2 cm-Munitionsversorgung.
Einbau von zwei Flakleitgeräten Mk I (Vormars und Großmast).
Anbau von Stützen am Großmast zur Aufnahme des Unterbaues für das Feuerleitgerät.
Einbau von zwei Pom-Pom-Lafetten Mk VI auf neuen Plattformen seitlich unten am Schornstein (Stb und Bb).
Einbau von zwei Pom-Pom-Leitgeräten auf einer Stb- und Bb-Plattform, seitlich und unter dem Vormars.
Seitlich des Kommandoturms an Stb und Bb Einbau von je einer 12,7 mm-MG-Lafette Mk I.

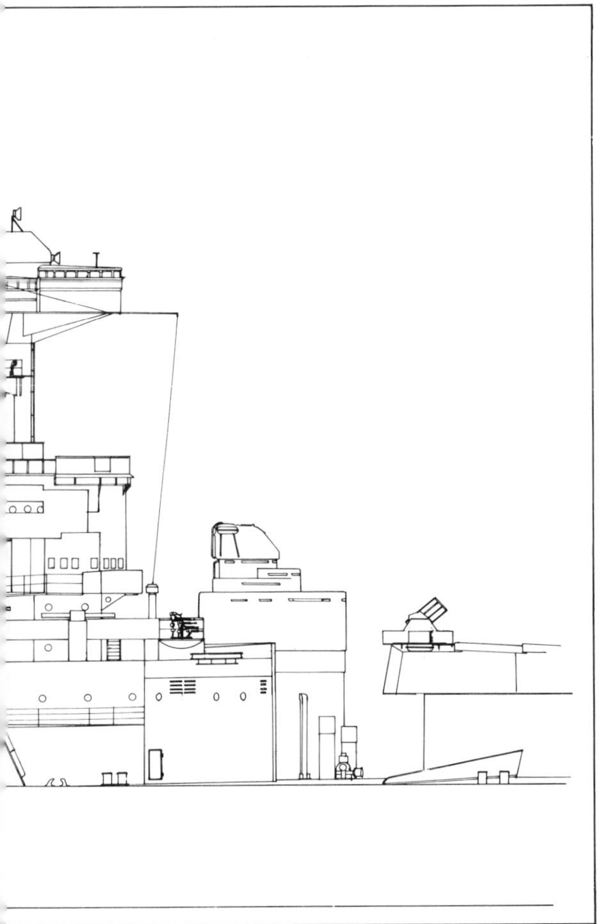

Ausbau der hinteren UTR, Unterteilung dieser Räume zur Verwendung als Hellegat.
Ausbau des hinteren Torpedoleitstandes.
Oberhalb der Kompaßplattform wurde ein neuer, geschlossener Torpedoleitstand mit einem EMeßGerät eingebaut.
Die Flugzeugstartbühnen von Turm „B" und „X" wurden ausgebaut, auf Turm „X" wurde ein größeres Flugzeugkatapult Typ *E-I-T* aufgesetzt.
Auf das hinter Bb-Schutzdeck wurde ein Flugzeugkran aufgesetzt.
An jeder Seite des Backdecks, in Höhe des Großmastes, wurden abwerfbare Flugzeugtreibstoffbehälter angebracht.
Die Brückenplattform wurde verändert; die untere Plattform wurde nach hinten erweitert, um das neue Signaldeck aufzunehmen; die Kompaßplattform wurde vergrößert und erhielt Stahlschutzblenden. Die erweiterte Kompaßplattform erhielt ein Dach, und sie und der Fleckerstand wurden mit kugelfesten Schutzplatten versehen.
Die Schornsteine wurden zusammengeführt.
Die Scheinwerferstände am Schornstein wurden verändert, die Scheinwerfer erhielten eine Fernsteuerung.
Der hintere Aufbau erhielt eine andere Form, das EMeßGerät der TR-Anlage wurde ausgebaut.
An der Rückseite des Vormars wurde eine Mittelfrequenz-Funkpeilanlage mit einer drehbaren Rahmenantenne installiert, der Peilraum befand sich darunter am hinteren Ende des 38,1 cm-Feuerleitstandes.
Einbau einer Typ 71-Funksendeanlage.
Einbau einer Echolotanlage Typ 2752.
Einführung des Raumschutzes.

Schiffsschutz

1931 fiel die Entscheidung, auf der *Barham* einen zusätzlichen Decksschutz einzubauen. Der 10,2 cm dicke und nicht-zementierte Panzer wurde im Mitteldeck horizontal über den Magazinen, nach vorn und hinten etwas überstehend, eingebaut. Diese neue Panzerung kam über die vorhandenen 2,54 cm-Stahlschutzplatten. Die nach Skagerrak seinerzeit zusätzlich eingebauten Platten wurden jedoch ausgebaut. Das zusätzliche Gewicht lag bei ~ 500 ts.

Anfang 1932 wurde genehmigt, die Buchten der 15,2 cm-Geschützpforten zu verkleiden. Diese Änderung wurde auf der *Barham* während der Werftliegezeit durchgeführt. Die Rückseite jeder Kasematte wurde durch ein Schott von 3,8 cm starken DI-Platten abgeschlossen, die, wie man dachte, stark genug und in der Lage waren, Splitter von schweren Granaten und Bomben und auch Rauch abzuhalten. Jedes Schott erhielt eine Hängeklappe für die Sicherstellung der Munitions- und Pulverversorgung und eine Hängeklappe zur Rückgabe der leeren *Clarkson*-Kartuschen. Die veranschlagten Kosten dieser Änderung lagen bei 12000 £.

Brückenumbauten

Barham erhielt eine voll umschlossene und vergrößerte Kompaßplattform, ähnlich der *Royal Sovereign*. Ihr Kommandant, G. C. Harrison, war mit dieser Konstruktion nicht einverstanden. Er stellte fest, daß die Kompaßplattform mit Dach vom Prinzip her falsch war, daß eine Erhöhung der kugelsicheren Verkleidung um 15,2 cm, auf insgesamt 1,73 m über die Flurplatten, jedoch ausreichen würde, das Brückenpersonal gegen Tieffliegerbeschuß zu schützen. Auch über die Brückenfenster machte er abwertende Bemerkungen. Diese wären für einen größeren Mann, der auf der erhöhten Mittelplattform stünde, zu niedrig, um den Horizont, ohne sich zu bücken, zu beobachten. Es scheint, er hatte nicht die Probleme der *Valiant* mitbekommen, und da die Brücke der *Barham* keine weiteren Modifizierungen erhielt, wurde seiner Kritik keine weitere Beachtung geschenkt. Das neue Signaldeck bewährte sich gut, jedoch bei hoher Fahrt trat Schornsteinrauch in die Wachstände und machte den Aufenthalt dort beschwerlich.

Probefahrten/Maschinenerprobungen

Diese wurden am 29. November 1933 durchgeführt. Nachdem die volle Leistung erreicht war, wurde der Beharrungszustand für zwei Stunden gehalten, und anschließend fuhr sie vier Stunden Dauerhöchstfahrt, wobei sie 22,5 kn erreichte. Das Wetter während der Fahrt war gut, die See glatt, der Wind lag bei

▲ Buganansicht der *Barham* im Juli 1934, nach Ende der Werftliegezeit 1931/34.

Heckansicht der *Barham* im Juli 1934, nach Ende der Werftliegezeit 1931/34. ▼

Barham im Juni 1937.

Deckaufnahmen der *Barham* 1937 während der Krönungsflottenparade. Beachte die Pom-Pom-Lafetten seitlich des Schornsteins. ▶

Stärke 1–3. Die niedrige Geschwindigkeit, so vermutete man, lag am schlechten Zustand des Schiffsbodens, denn das Schiff hatte zuletzt vor 7,5 Monaten gedockt. Wie bei der *Valiant* waren die bei der Probefahrt auftretenden Erschütterungen gering, sogar im Bereich der hinteren Kammern. Die Handhabung der Ruderanlage war befriedigend, aber der Kommandant – er war wohl nicht sehr begeistert von seinem neuen Kommando – weigerte sich, bei voller Fahrt Hartruder zu legen. Seine Begründung war: *„Das würde möglicherweise eine Anzahl Nieten und Nähte sprengen.“*

Katapulterprobungen

Am 22. November, während sie in See war, wurden 5 scharfe Schüsse mit einer Attrappe des *Fairy III F*-Wasserflugzeuges und anschließend zwei scharfe Schüsse mit dem echten Flugzeug gemacht. Die Starts verliefen erfolgreich. Am folgenden Tage wurden zwei weitere Abschüsse getätigt, während sie vor Spithead vor Anker lag. Alle Versuchen verliefen erfolgreich und brachten gute Ergebnisse. Während der Abschüsse herrschte ein leichter Wind in der Abschußrichtung des Katapultes, aber das rief kein feststellbares Absacken des Flugzeuges nach dem Start hervor. Schießerprobungen wurden ebenfalls durchgeführt, um den Effekt der 38,1 cm-Geschütze auf das Katapult festzustellen. Die Katapultkonstruktion und -anordnung (einschließlich Schaugläser der Anzeigegeräte) widerstand dem Mündungsdruck erfolgreich. Das gleiche konnte man vom Schiff selbst nicht behaupten. Auf der *Barham* wurde eine ganze Anzahl kleiner Schäden an den Aufbauten und der Ausrüstung festgestellt.

Umbauten und Erweiterungen, 1934 bis 1941

Zwischen Abschluß der großen Werftliegezeit und ihrem Untergang 1941 erhielt die *Barham*

einige wenige Modifizierungen. Von Februar bis Juli 1938 befand sich das Schiff in Portsmouth in einer Werftliegezeit. Während dieser Zeit wurden ihre 4 × 10,2 cm-Flak-Einzellafetten durch 4 × 10,2 cm-Luft/Seeziel-Doppellafetten Mk XIX ersetzt. Der Torpedoleitstand über dem Kartenhaus wurde durch einen Fliegerabwehrstand ersetzt. Die vorderen UTR wurden ausgebaut. Das Katapult wurde zur Aufnahme eines *Swordfish*-Wasserflugzeuges anstelle der *Fairy III F* geändert. Nach ihrer Torpedierung im Dezember 1939 wurde sie in Liverpool instandgesetzt. Während dieser Zeit (Dezember 1939/März 1940) erhielt sie UP-Werfer auf dem Turm „B", anstelle der beiden Flakleitgeräte Mk I solche vom Typ Mk III. Die Admiralsbrücke wurde nach vorne erweitert, die Kommandoturmplattform verbreitert. Anfang 1941 wurden die UP-Werfer wieder entfernt und dafür 2 × 12,7 mm-MG-Lafetten eingebaut; eine auf dem Turm „B", eine auf

Barham

1941: Seitenansicht und Brückendecks

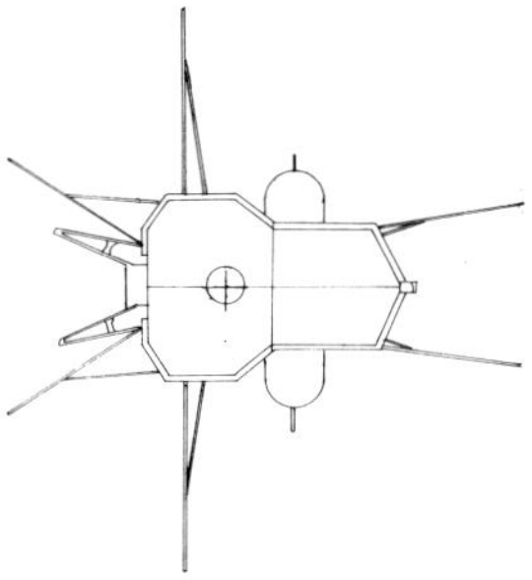

38,1 cm-Fleckerstand

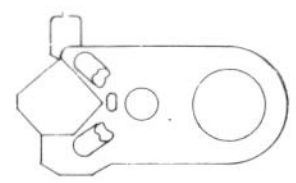

38,1 cm-Feuerleit-plattform

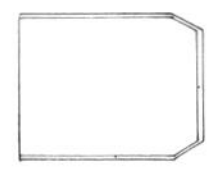

Fliegerabwehr-stand (1941 eingebaut, ersetzte den Torpedoleitstand)

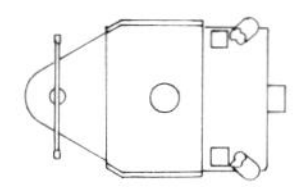

Torpedoleitstand (1941 ausgebaut)

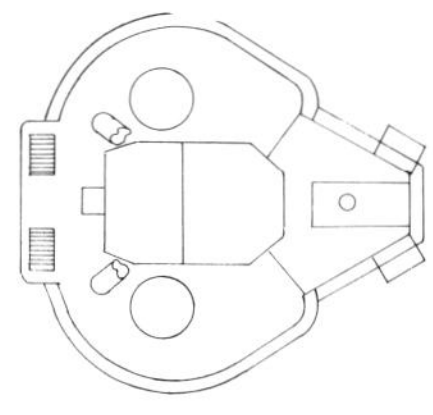

Kompaßplattform

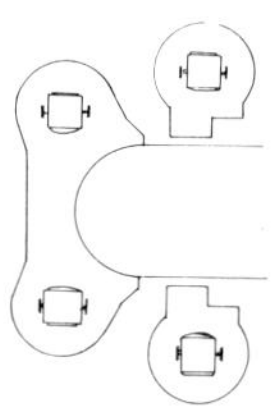

Scheinwerferplattform (um die Rückseite Schornstein)

mit *Pom-Pom-Plattform* (Stb und Bb)

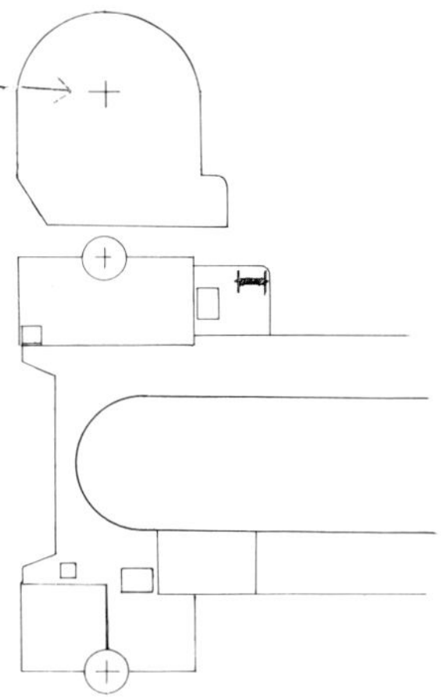

Schornsteinanbau hinten

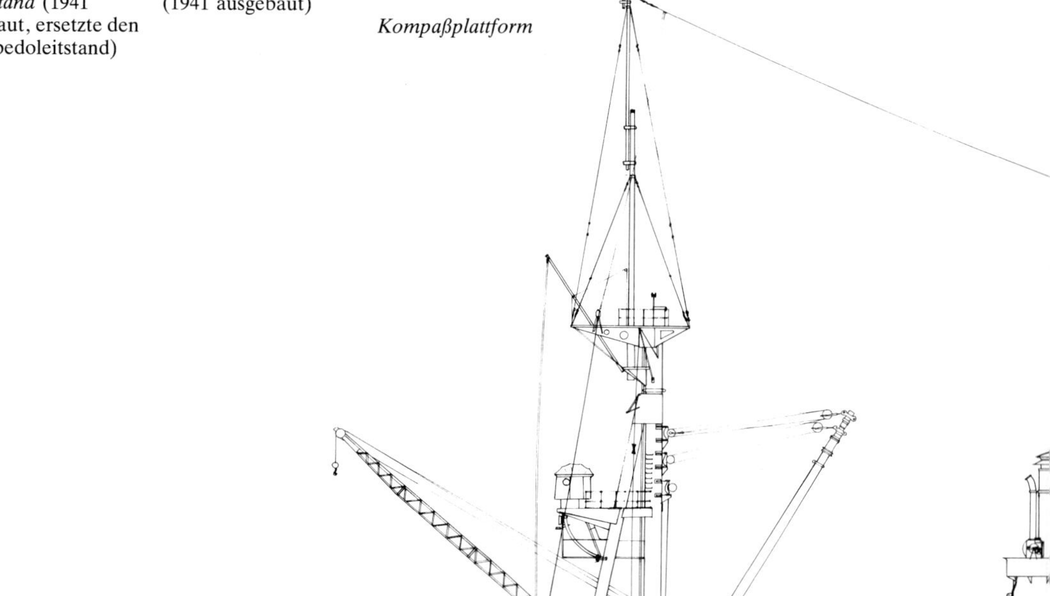

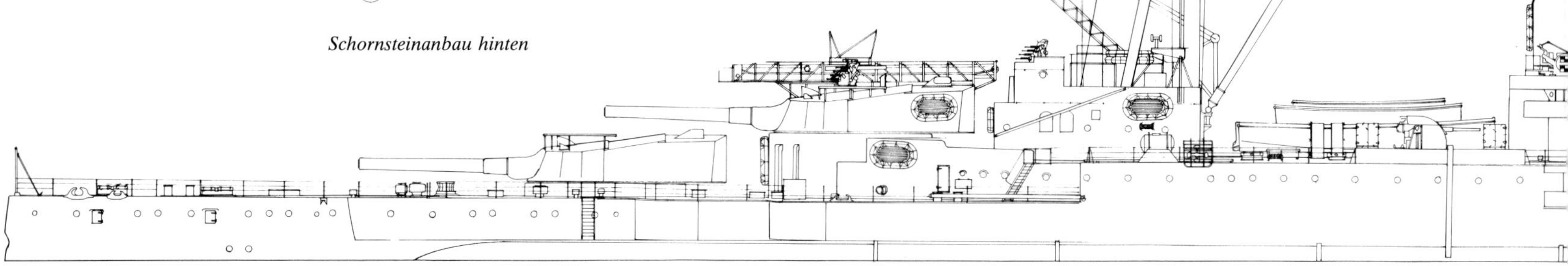

▲ *Seitenansicht*

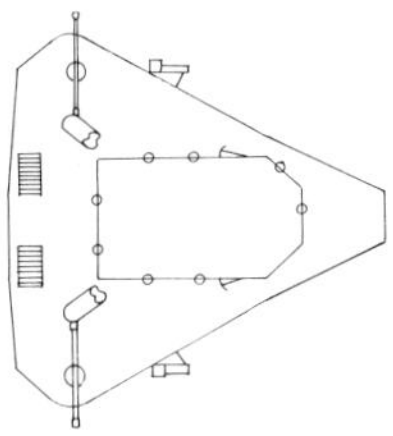

Admiralsplattform

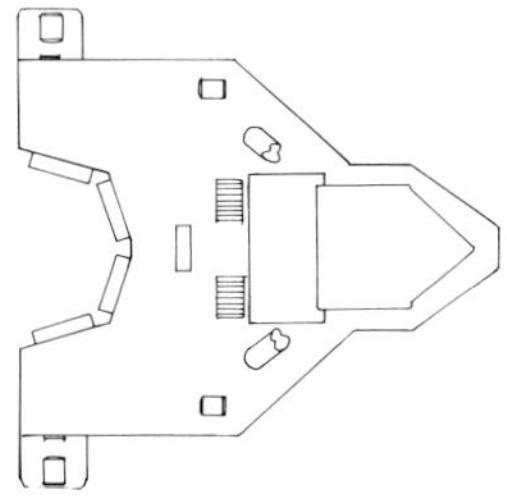

Untere Scheinwerferplattform

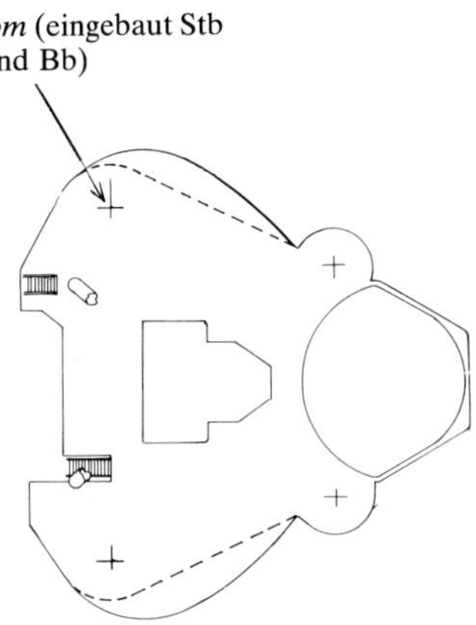

Komandoturmplattform

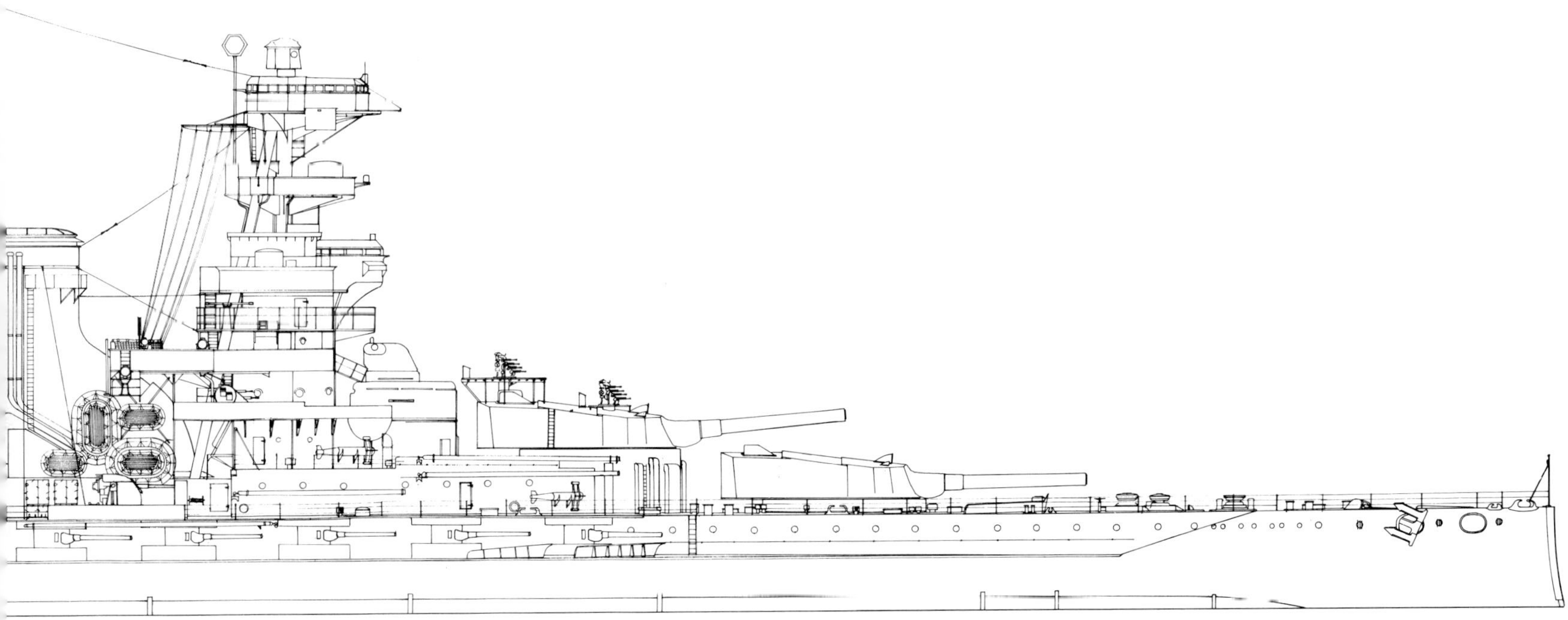

▲ *Barham* Anfang 1940. Beachte die UP-Werfer auf dem Turm „B“.

Oben: Der Flugzeugkran der *Barham* 1937.

Unten: *Barham* im Februar 1938. Der große Hahn auf dem Turm „B“ ist die Flottentrophäe („Cock of the Fleet“), den sie nach ihrem Sieg in der großen Marineruderregatta (Navy pulling regatta) erhielt.

Einzelheiten der BARHAM, 1933 bis 1941

Die Dimensionen des Schiffes und die Einzelheiten der SA und MA waren die gleichen wie 1918.

Verdrängung (November 1933):

Einsatzverdrängung	35.970 ts
Standardverdrängung	31.350 ts
Maximale Einsatzverdrängung (einschl. 815 ts Wasser in den Schutzwasserabteilungen)	36.785 ts

Weitreichende Flak:
1933/38 = 4 × 10,2 cm-Mk V in 4 Flak-Einzellafetten Mk III
1938/41 = 8 × 10,2 cm-Mk XVI in 4 Luft/Seeziel-Doppellafetten Mk XIX

Nahbereichs-Flak:
1933 = 16 × 2 Pdr-Mk VIII in 2 Lafetten Mk VI
8 × 12,7 mm-Mk III in 2 Lafetten Mk I
1940 = Einbau von 1 × 20rohrigem UP-Werfer
1941 = Einbau von 2 × 12,7 mm-MG-Lafetten, Ausbau des UP-Werfers
Einbau von 2 × 2 Pdr-Mk VI-Lafetten

Munitionsvorrat (1938):
38,1 cm = 100 Schuß/Geschütz;
6 Schrapnell/Geschütz
15,2 cm = 130 Schuß/Geschütz
3 Pdr-Salut = 64 Schuß/Geschütz (nur im Frieden)
10,2 cm = 250 Schuß/Geschütz;
250 Leuchtgranaten/Schiff
2 Pdr = 720 Schuß/Geschütz
12,7 mm = 2.500 Schuß/MG

Feuerleitanlagen (1938):
SA = 2 Dreibein-Feuerleitgeräte
1 Dreyer-Plott-Rechengerät Mk VI*
MA = 2 Standvisiere
Je ein Admiralitäts-Salvengeber Mk IV (S) und Mk IV (M)
Flak = 2 Flakleitgeräte Mk I (später durch Mk III* ersetzt)
2 Pom-Pom Leitgeräte
(1 Mk I* und 1 Mk I**)

EMeßGeräte:
2 × 9,14 m in Turm „B“ und „X“
3 × 4,57 m in Turm „A“ und „Y“ und in der gepanzerten Feuerleitkuppel
2 × 3,65 m in jedem Flakleitgerät
2 × 2,74 m auf der Admiralsbrücke
1 × 2,74 m im vorderen Torpedoleitstand (1938 ausgebaut)

Panzerung:
Wie 1918 mit Ausnahme des Mitteldecks über den Magazinen: 12,7 cm (10,2 cm nicht-zementierter Panzerstahl + 2,5 cm hochelastische Stahlschutzplatten). Außerdem Blenden hinter den 15,2 cm-Geschützen aus 3,8 cm DI-Stahlplatten und Ausbau des gepanzerten Torpedoleitstandes.

Maschinenanlagen:
Außer allgemeinen Änderungen der Hilfsmaschinen, Zustand wie 1918.

den hinteren Aufbauten. Außerdem erhielt sie zwei achtrohrige Pom-Pom auf der Kommandoturmplattform. Es gibt keine Hinweise dafür, daß die Nahbereichs-Flak vermehrt wurde oder daß sie mit einer Radaranlage ausgerüstet wurde.

Repulse, 1933 bis 1941

Zwischen April 1933 und Mai 1936 wurde die *Repulse* in Portsmouth umgebaut. Die dabei durchgeführten Arbeiten waren wesentlich umfangreicher als bei früheren Modernisierungen und schlossen zusätzliche Panzerdecks über den Maschinenräumen sowie den Einbau eines Querkatapultes und von Flugzeughangars ein. Ähnliche Arbeiten wurden auch auf der *Malaya* durchgeführt, die ein Jahr nach der *Repulse* umgebaut wurde. Die Modernisierung beider Schiffe lag etwa in der Mitte zwischen der Teilmodernisierung der *Barham* und *Royal Sovereign* und der kompletten Rekonstruktion von *Warspite, Renown, Queen Elizabeth* und *Valiant*. Die einzelnen Arbeiten an der *Repulse* waren wie nachfolgend.

Schiffsschutz

Auf Grund der Versuchsergebnisse mit *Emperor of India* und *Marlborough* wurde entschieden, über den Magazinen und Maschinenräumen eine nicht-zementierte Panzerung einzubauen. Über den Kesselräumen war es nicht vorgesehen, da das zu einer Erhöhung des Toppgewichtes und zu einer Verringerung der Stabilität geführt hätte. Man nahm an, daß man das Risiko mit den Kesselräumen eingehen konnte, da diese eine bessere wasserdichte Unterteilung hatten, und daß das Schiff auch mit verminderter Kesselleistung noch fahrbereit blieb. Die vorhandenen Schutzplatten des Hauptdecks über den Magazinen bestanden aus drei Lagen von 2,54 cm starkem hochelastischem Material. Die obere Lage wurde durch 9,52 cm dicke nicht-zementierte Panzerplatten ersetzt, die von der Mitte der Barbette „A" bis zum vorderen Kesselraumschott und vom hintersten Maschinenraumschott bis zur Mitte der Barbette „Y" reichten. In einem Abstand von ~ 6,1 m hinter der Barbette „Y" wurde eine 8,9 cm dicke Panzerung auf das Hauptdeck auf dem vorhandenen 1,9 cm-Deck aufgesetzt, und zwar über die volle Schiffsbreite. Die vorhandene obere Lage des 2,54 cm hochelastischen Stahls wurde ausgebaut. Die Platten über den Maschinenräumen bestanden ebenfalls aus drei Lagen von 2,54 cm hochelastischem Material. Die oberen zwei Lagen wurden ausgebaut und durch 6,35 cm dicke nicht-zementierte Platten ersetzt. Zwischen Oberkante Böschung-Hauptdeck und Bordwand wurden seitlich der Maschinenräume zusätzlich 8,9 cm dicke nicht-zementierte Platten horizontal eingebaut. Auf dem Zwischendeck vorn, über den 10,2 cm- und Torpedosprengkopfmagazinen, wurden die 4,44 cm hochelastischen Plattenlagen durch 8,9 cm dicke nicht-zementierte Panzerplatten ersetzt. Die ursprünglichen 1,9 cm-Decksplatten wurden beibehalten. Mit Ausnahme des Ausbaues des hinteren Torpedoleitstandes (auf den hinteren Aufbauten) erhielt der Decksschutz keine weiteren Änderungen. Zur Reduzierung der Verdrängung wurden die Rohre aus den oberen und unteren Wulsten ausgebaut. Die oberen Wulste wurden verstärkt, die vorderen und hinteren Enden umkonstruiert.

Flugzeugausrüstung

Auf das Backdeck, zwischen Großmast und hinterem Schornstein, wurde ein Querdeckskatapult fest eingebaut. *Repulse* war das erste Schiff, welches mit einem Katapult dieses Typs ausgerüstet wurde. Es ersetzte alle früheren Drehkatapulte. Sie war auch das erste Schiff, das mit modernen Flugzeughangars ausgestattet wurde, jedes konnte ein Flugzeug aufnehmen. Sie befanden sich seitlich des hinteren Schornsteins. Vier Flugzeuge konnten mitge-

◀ *Repulse* im Trockendock während der Werftliegezeit 1935.

führt werden, wenn zwei von ihnen auf dem Katapult standen. Für die Handhabung der Flugzeuge wurde an jeder Außenseite der Hangardächer ein Kran aufgestellt. Der Flugzeugtreibstoff wurde in der Stauung und auf dem Plattformdeck rechts vorne gelagert. Obgleich die Behälter ein Brandrisiko waren (bisher waren es transportable und wegwerfbare Behälter, die vor einem Einsatz über Bord geworfen wurden), machte sie ihre Unterbringung unterhalb der Wasserlinie und am extremen Ende des Schiffes doch verhältnismäßig sicher.

Bewaffnung

Die Mittschiffs-10,2 cm-Drillingslafetten wurden ausgebaut und die 4 × 10,2 cm-Flak-Einzellafetten umgesetzt. Zwei kamen auf die Dächer des Hangars, jeweils seitlich des hinteren Schornsteins und zwei auf die Ecken des Backdecks, jeweils seitlich des vorderen Schornsteins. 4 × 10,2 cm-Mk XV-Geschütze in 2 Zwischendeck-Luft/Seeziel-Doppellafetten Mk XVIII wurden seitlich des Großmastes auf den Anbauten des hinteren Schutzdecks montiert. Eingebaut wurden zwei Pom-Pom-Mk VI-Lafetten auf den Anbauten der Kommandoturmplattform, seitlich des vorderen Schornsteins, außerdem auf einer erhöhten Plattform neben dem Signaldeck 2 × 12,7 mm-MG Mk II*-Lafetten. *Repulse* erhielt ein Mk I*- und ein Mk II-Flakleitgerät. Das Mk II-Leitgerät kam auf den Vormars, das Mk I*-Leitgerät auf ein Pivot oberhalb der hinteren Aufbauten. Auf jede Seite des Vormarsdaches kam ein Pom-Pom-Leitgerät. Die UTR wurden ausgebaut, diese Räume unterteilt und als Hellegats eingerichtet.

Brücken- und Aufbautenmodifizierung

Die grundsätzlichen Umbauten der Aufbauten waren wie folgt:
Der Fleckerstand und die Feuerleitstände auf dem Vormars wurden leicht verändert. Das Dach des Fleckerstandes wurde außer für den Flakleitstand und den Pom-Pom-Leitstand auch als Fliegerabwehrstand eingerichtet.

Die Türme „A“ und „B“ der *Repulse* 1939. ▸

Repulse 1936 nach Abschluß ihres Umbaues. ▾

Repulse Mai 1939. Blick von der Brücke auf die Back.

Repulse

nach Werftzeit 1936:
Längsschnitt und Querschnitte

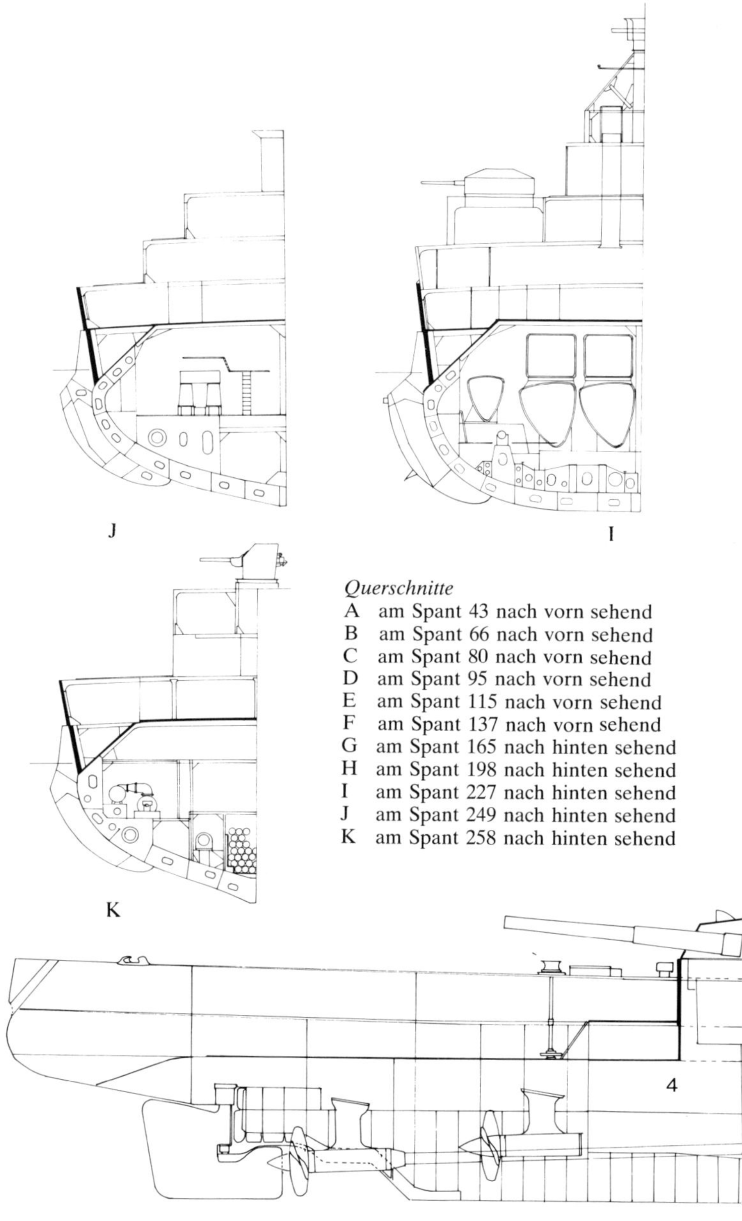

Querschnitte
A am Spant 43 nach vorn sehend
B am Spant 66 nach vorn sehend
C am Spant 80 nach vorn sehend
D am Spant 95 nach vorn sehend
E am Spant 115 nach vorn sehend
F am Spant 137 nach vorn sehend
G am Spant 165 nach hinten sehend
H am Spant 198 nach hinten sehend
I am Spant 227 nach hinten sehend
J am Spant 249 nach hinten sehend
K am Spant 258 nach hinten sehend

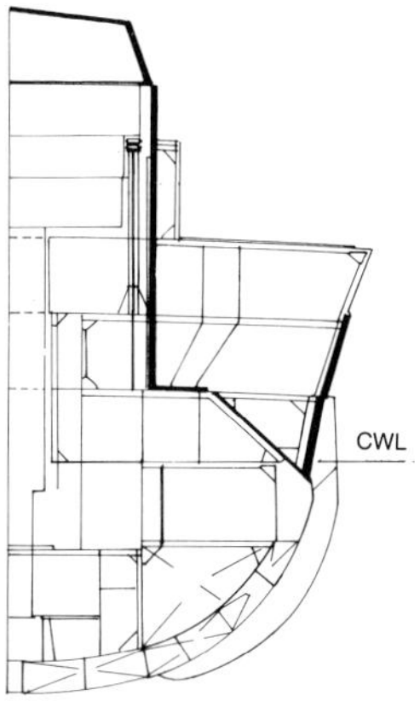

C

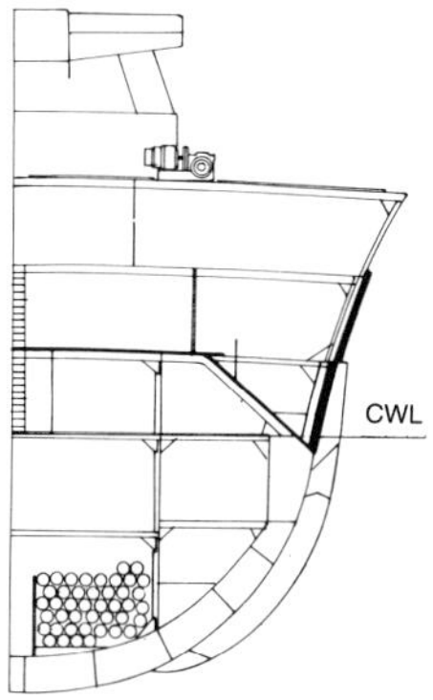

B

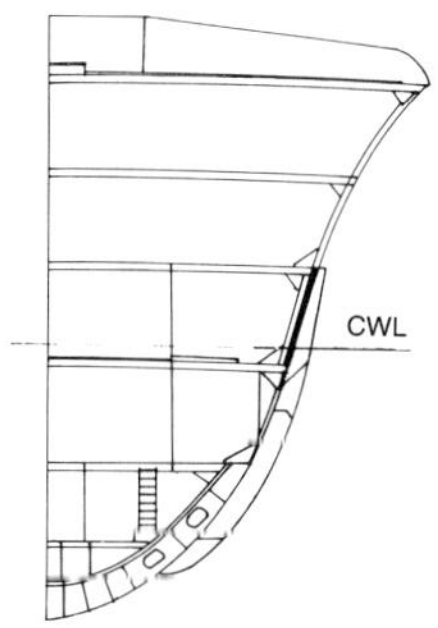

A

Einzelheiten der REPULSE, 1933 bis 1941

Außer den angeführten Angaben blieben alle Einzelheiten von 1921 bestehen.

Verdrängung:

Einsatzverdrängung 1933 (vor Umbau)	38.100 ts
Konstruktionsverdrängung, gemäß Legende	34.800 ts
Leerverdrängung (mit 1.033 ts Munition)	32.130 ts
Einsatzverdrängung nach Umbau	38.300 ts

Bewaffnung (1936):
6 × 38,1 cm-Mk I in Doppellafette Mk I
12 × 10,2 cm-Mk IX* in Drillingslafette Mk I und Mk II
4 × 10,2 cm-Mk XV in Zwischendeck-Doppellafette Mk XVIII (1939 ersetzt durch
2 × 10,2 cm-Mk V in Flak-Einzellafette Mk IV)
4 × 10,2 cm-Mk V in Einzellafette Mk III
16 Pom-Pom Mk VIII in 2 Lafetten Mk VI
8 × 12,7 mm-MG-Mk III in 2 Lafetten Mk II*
4 × 3 Pdr-Hotchkiss-Salutgeschütze Mk I

Zusätzliche Nahbereichs-Flak (1939/41):
1939 = 2 × 12,7 mm-MG-Vierlingslafetten
1940 = 1 achtrohrige Pom-Pom Lafette
1941 = 8 × 20 mm-Oerlikon-Einzellafetten

Munitionsvorrat (1936):

38,1 cm	= 120 Schuß/Geschütz; 6 Schrapnell/Geschütz
10,2 cm-Mk IX	= 200 Schuß/Geschütz; 100 Leuchtgranaten/Schiff
10,2 cm-Mk V + XV	= 340 Schuß/Geschütz; 200 Leuchtgranaten/Schiff
2 Pdr	= 720 Schuß/Geschütz
12,7 mm	= 2.500 Schuß/Geschütz
3 Pdr-Salut	= 64 Schuß/Geschütz

Feuerleitanlagen (1936):
SA = 2 Dreibein-Feuerleitgeräte; 1 Dreyer-Plott Mk IV*
MA = 2 Standvisier-Richtgeräte; 2 Salvengeber Typ E
Flak = 1 Flakleitgerät Mk I*; 1 Flakleitgerät Mk II; 2 Pom-Pom Leitgeräte Mk I**

EMeßGeräte:
3 × 9,14 m in Turm „A" und „Y" sowie in der gepanzerten Feuerleitkuppel
3 × 4,57 m in Turm „A" und „B" sowie in der gepanzerten Feuerleitkuppel
4 × 3,65 m zwei in Flakleitgeräten und zwei auf der Brücke
2 × 2,74 m auf der Brücke

Panzerung (Hauptdeck):
14,6 cm über den Magazinen (9,52 cm nicht-zementiert + 2,54 cm hochelastisch + 2,54 cm hochelastisch)
10,8 cm hinter Barbette „Y" (8,9 cm nicht-zementiert + 1,9 cm hochelastisch)
8,9 cm über den Maschinenräumen (6,36 cm nicht-zementiert auf 2,54 cm hochelastisch, mittschiffs, und 6,35 cm nicht-zementiert an den Seiten)

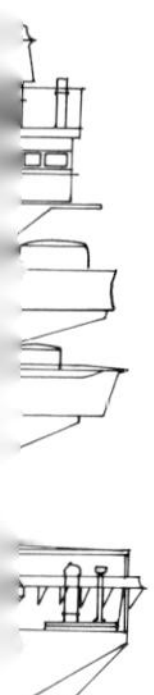
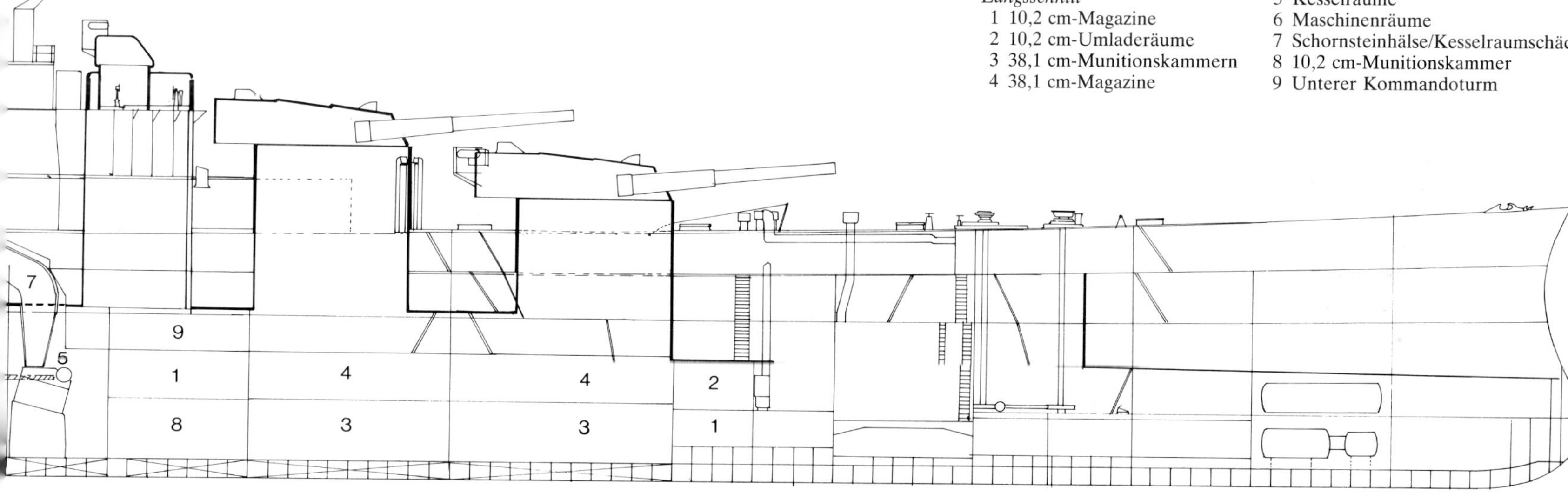

Längsschnitt
1 10,2 cm-Magazine
2 10,2 cm-Umladeräume
3 38,1 cm-Munitionskammern
4 38,1 cm-Magazine
5 Kesselräume
6 Maschinenräume
7 Schornsteinhälse/Kesselraumschächte
8 10,2 cm-Munitionskammer
9 Unterer Kommandoturm

Repulse

nach Werftzeit 1936: Seitenansicht und Decks

Schutzdeck ▼
1 Signalverteilungsraum
2 Kammern
3 10,2 cm-Bereitschaftsmunition
4 Werkstatt
5 Schmiede
6 Fleischlast
7 Blechwerkstatt
8 Flugzeughangars
9 Flugzeughellegat

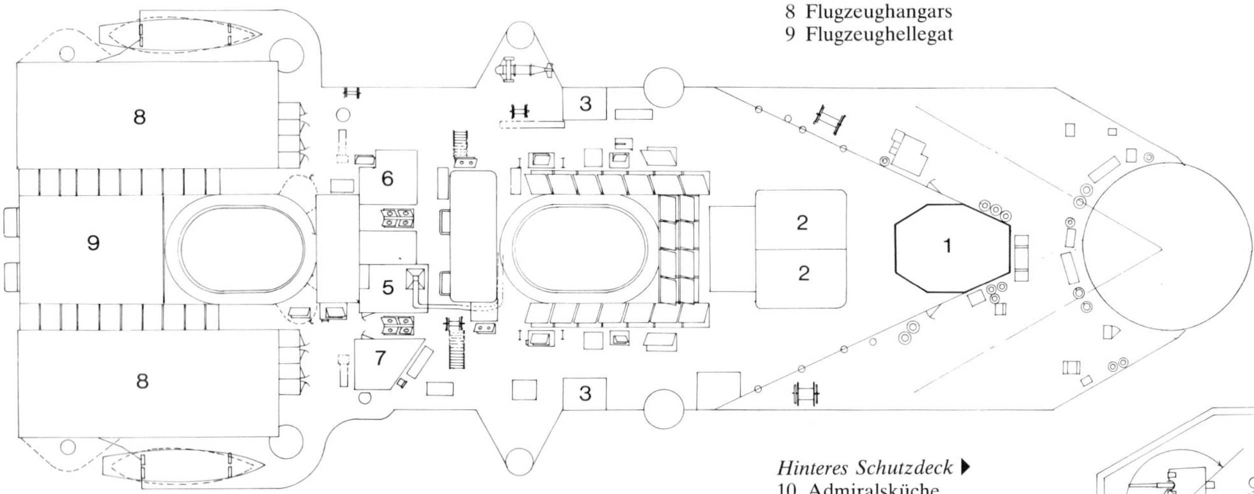

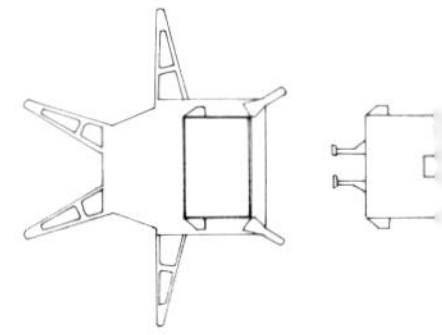

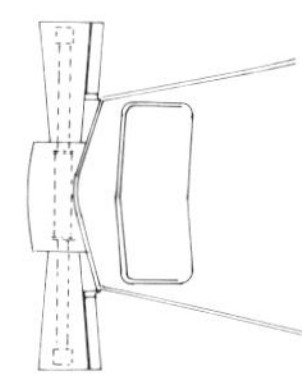

▲ *Plattform mit*

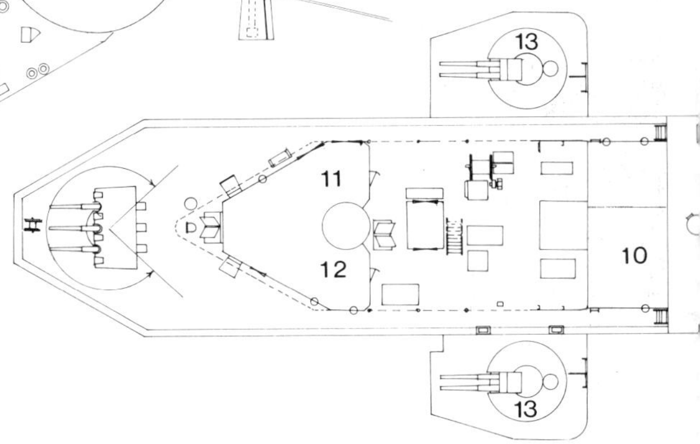

Hinteres Schutzdeck ▶
10 Admiralsküche
11 Waffenhellegat
12 Artillerieoffizierskammer
13 10,2 cm-Zwischendeck-Doppeltürme

Kommandoturmdeck ▼
1 Kommandoturm
2 Artillerieleitstand
3 Navigationsoffizierskammer
4 Kartenhaus
5 10,2 cm-Drillingslafetten

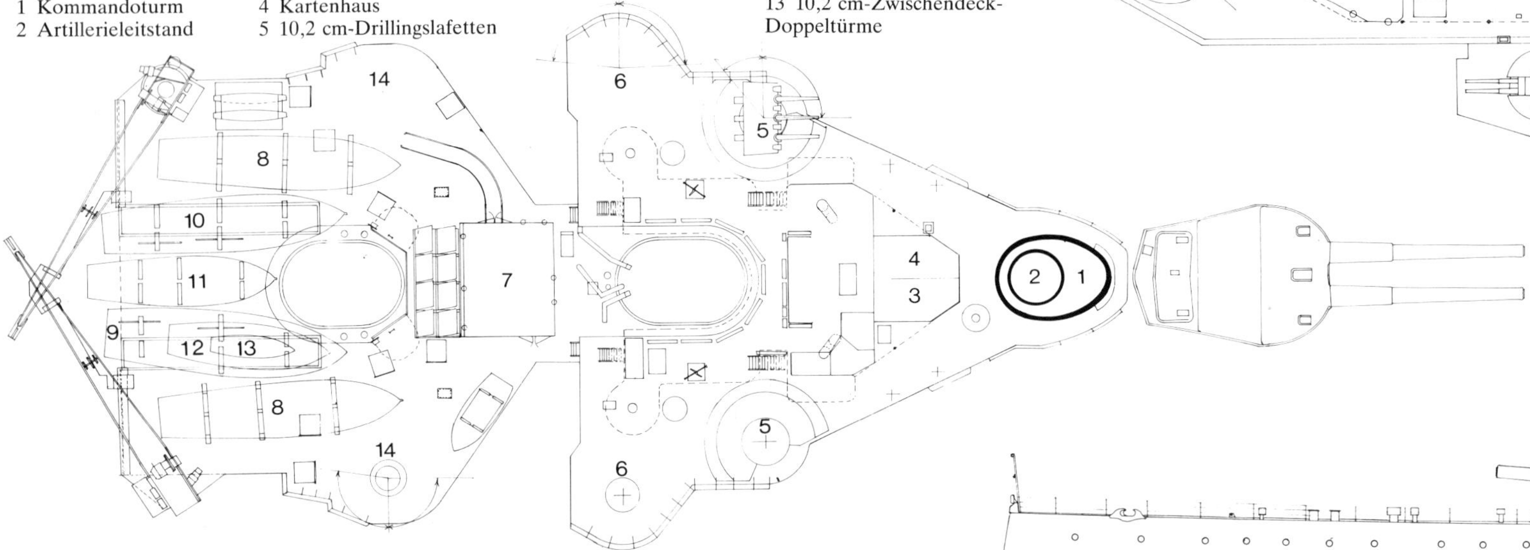

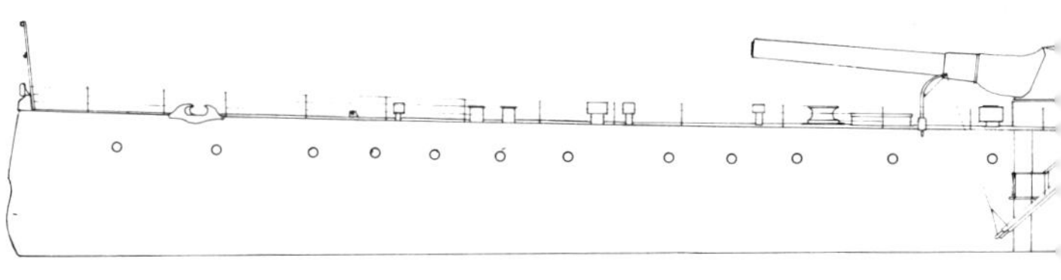

6 2 Pdr Pom-Pom
7 Werkstatt
8 13,71 m schnelle Motorboote
9 13,71 m-Barkasse (Launch)
10 13,71 m schnelles Motorboot
11 10,67 m schnelles Motorboot
12 9,14 m-Kutter
13 4,88 m-Dingi
14 10,2 cm-Luftziellafetten

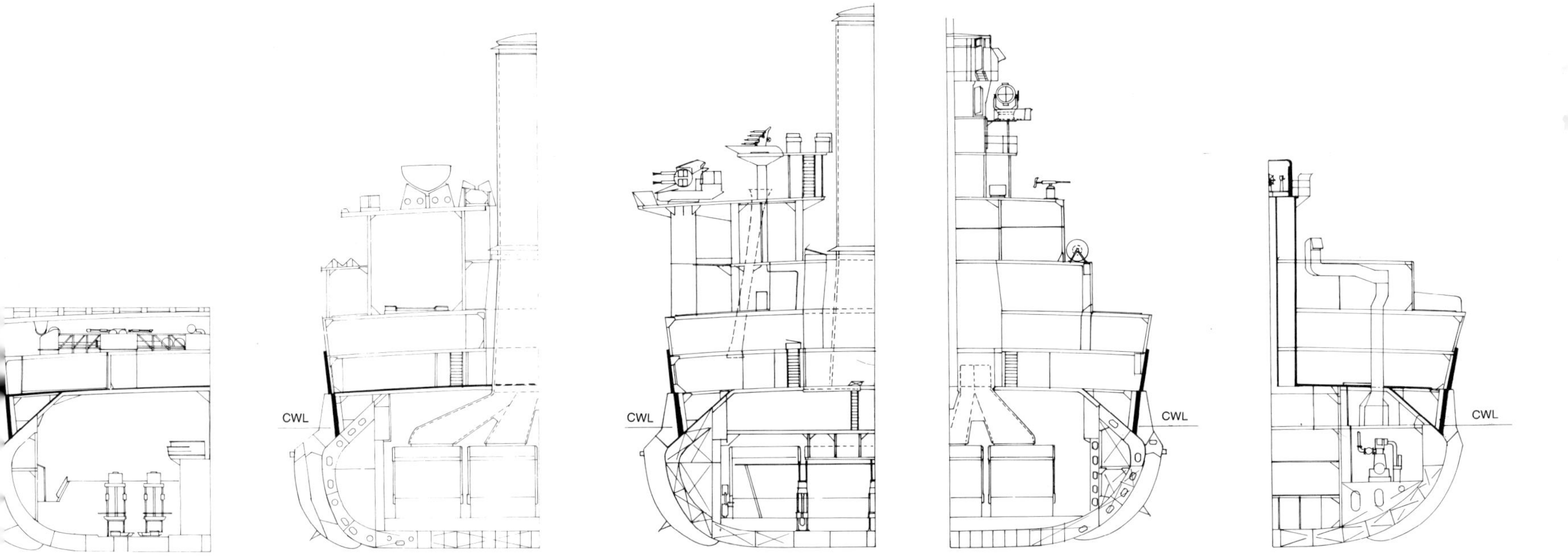

H G F E D

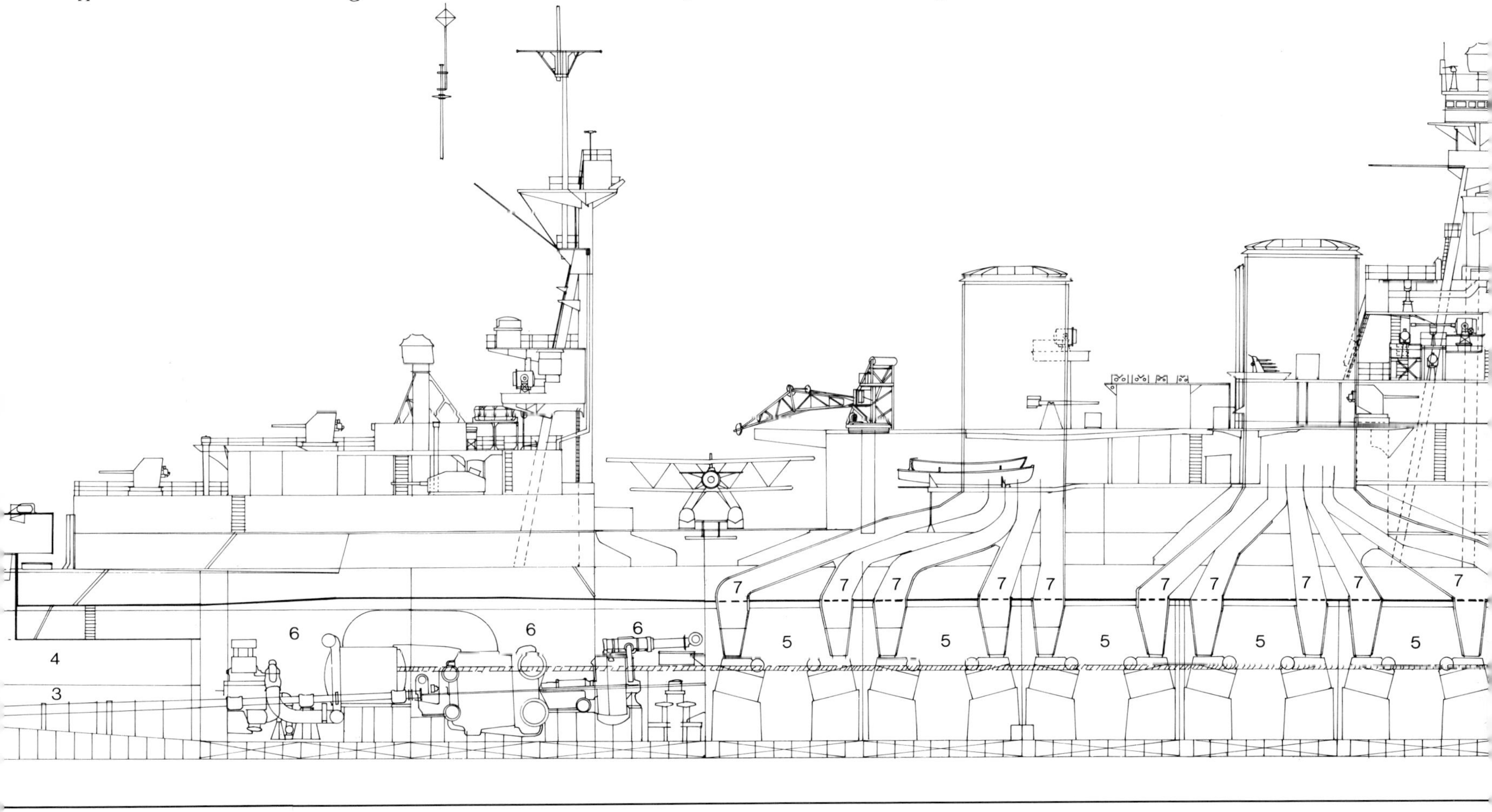

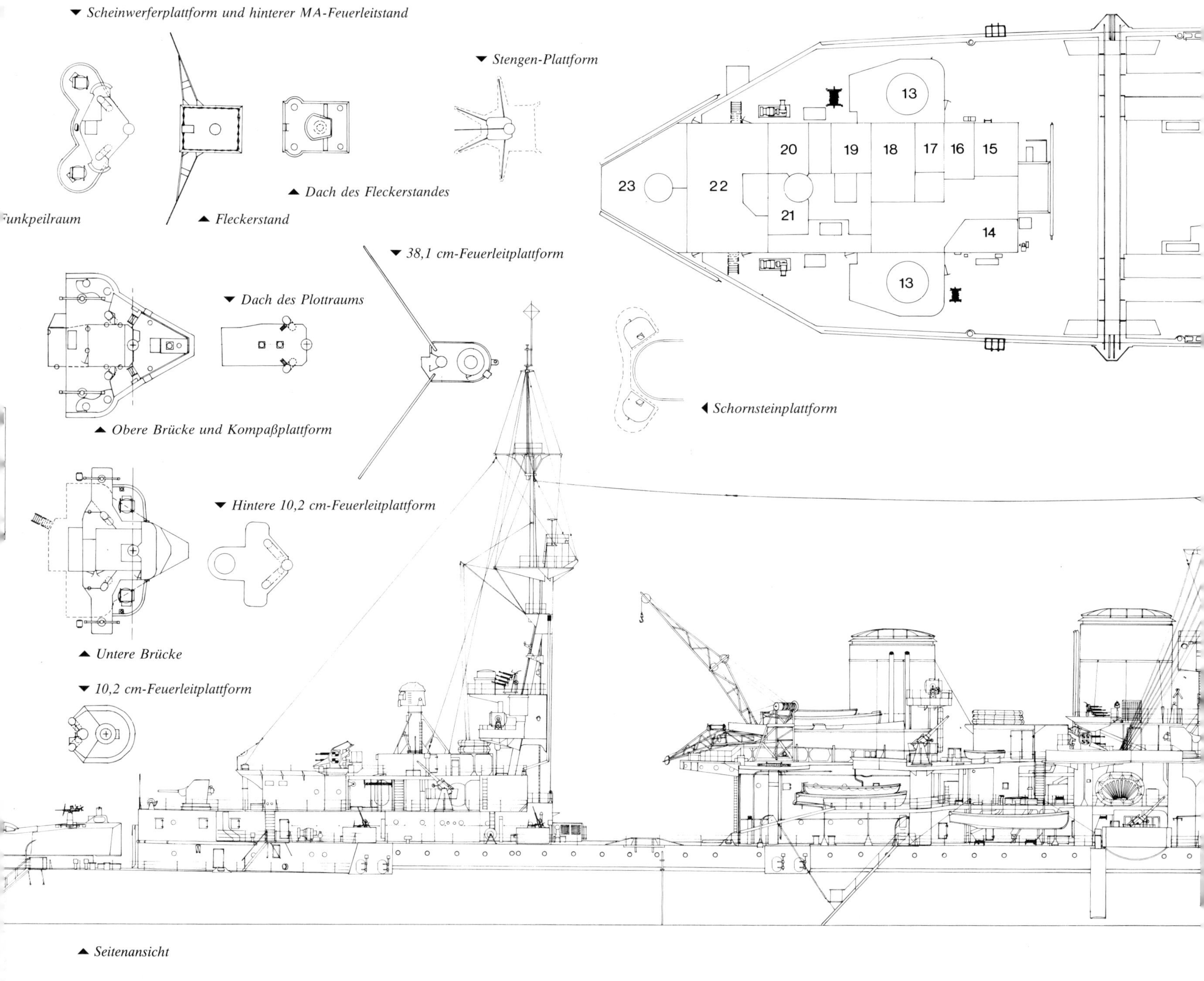

Seitenansicht

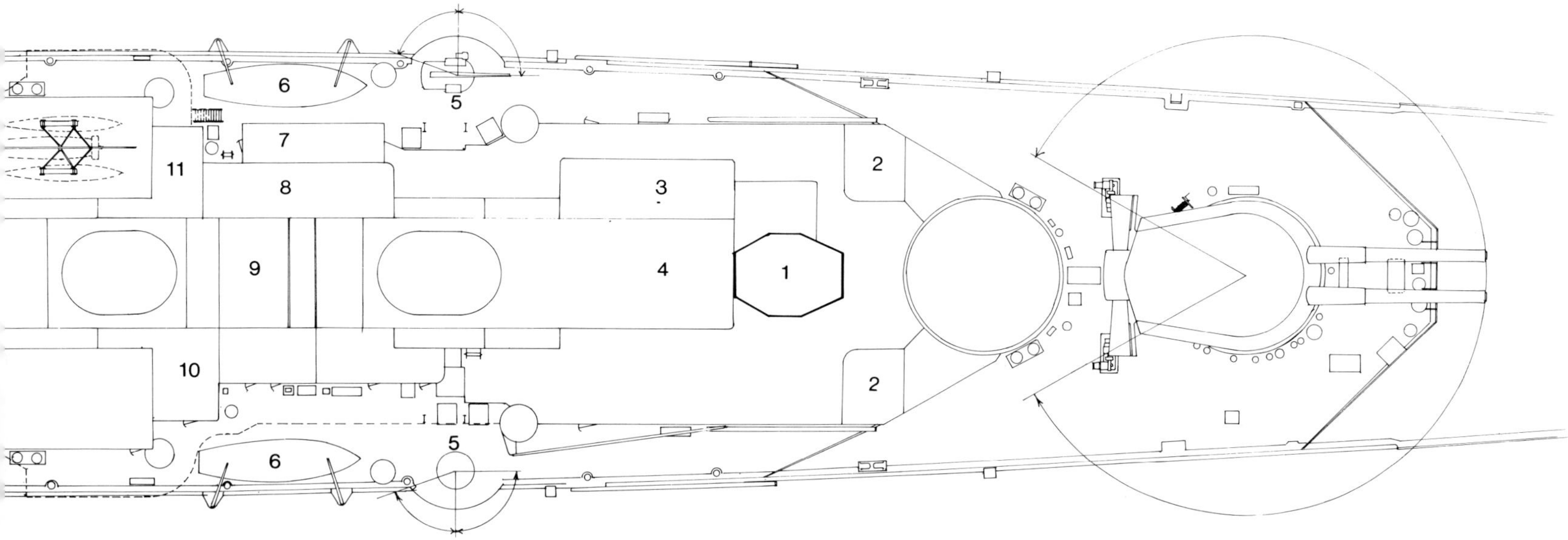

▲ *Backdeck*
1 Verschlüsselungsraum
2 Hellegats
3 Bäckerei
4 Trockenraum
5 10,2 cm-Luftzielgeschütze
6 9,75 m-Rettungskutter
7 Abwäscherei
8 Kochsküche
9 Schiffskombüse
10 Küche der Kadettenmesse
11 Küche der Offiziersmesse
12 Flugzeughangars
13 10,2 cm-Zwischendeckgeschütz-Umbauten
14 Oberstabsarztkammer
15 Kommandantenkammer
16 Kommandantenschlafraum
17 Kommandantenbad
18 Zahlmeisterkammer
19 Admirals-Reservekammer
20 Admiralsschlafraum
21 Admiralspantry
22 Admirals-Eßraum
23 Admirals-Tagesraum

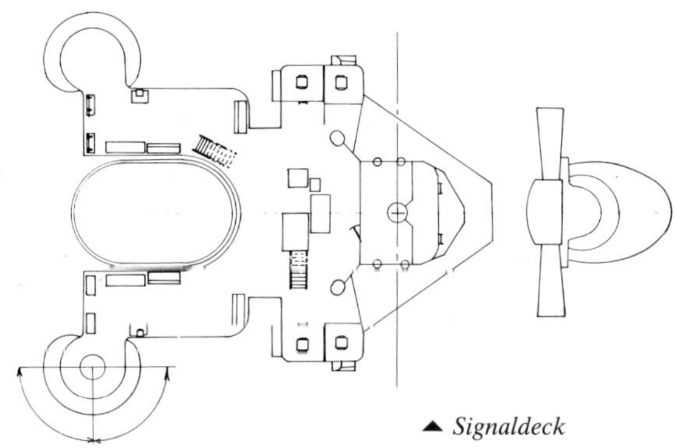

▲ *Signaldeck*

▼ *Dach des Schutzstandes für Geschützbedienungen*

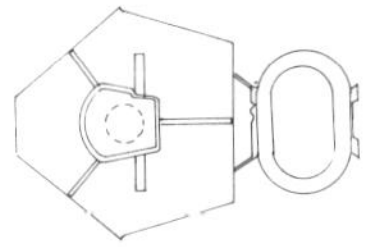

▲ *Seesternplattform*

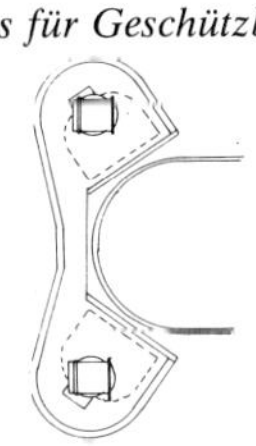

▲ *Scheinwerferplattform*

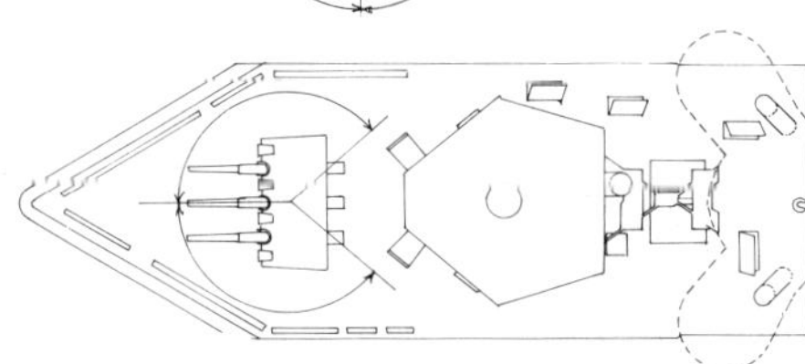

◀ *Laufbrücke*

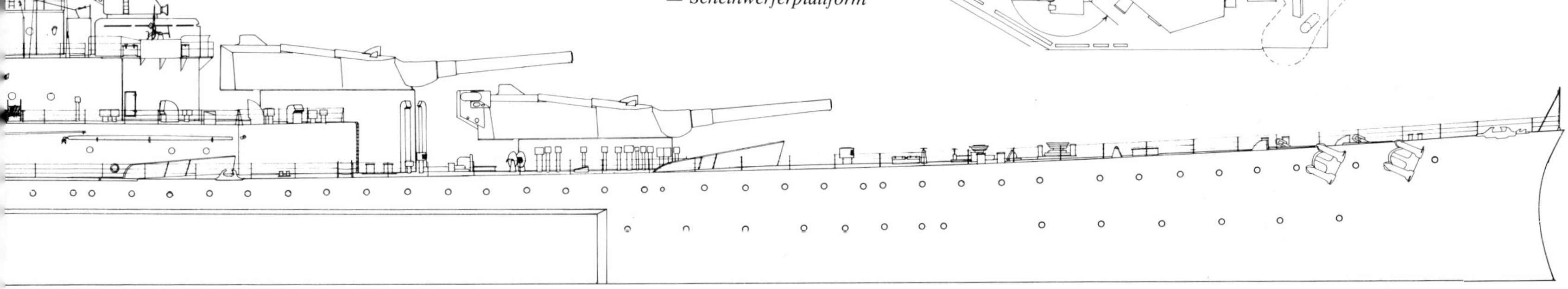

Die Kompaßplattform blieb in etwa wie bevor, aber die Fläche der erhöhten Kompaßplattform wurde vergrößert, und ein *Evershed*-Peilgerät an jeder Seite eingebaut. Die Instrumente der Kompaßplattform (oder der oberen Brücke) wurden durch 2 × 3,65 m-EMeßGeräte (die Original-2,74 m-Geräte auf die untere Brücke versetzt), zwei Scheinwerfer-Peilgeräte und ein Leuchtgranaten-Peilgerät an jeder Seite ersetzt.
Die untere Brücke wurde vergrößert, umgebaut und mit Nocken versehen. Die 2,74 m-EMeßGeräte wurden in die Nocken gesetzt, ein 91,4 cm-Scheinwerfer an jeder Seite Vorkante Plattform eingebaut.
Das Signaldeck blieb praktisch unverändert, obgleich hinten zwei Anbauten für die 12,7 mm-Lafetten gemacht wurden. Die 91,4 cm-Scheinwerfer wurden auf die untere Brückenplattform versetzt und die 61 cm-Signalgeber ausgebaut. Eingebaut wurden 4 × 45,7 cm-Signalscheinwerfer, zwei davon auf einer erhöhten Plattform.

Die Kommandoturmplattform wurde zur Aufnahme der Pom-Pom-Lafetten nach hinten erweitert, so daß beide (Signaldeck und Kommandoturmplattform) sich vereinigten und zwischen den Schornsteinen eine gemeinsame Plattform bildeten. Diese trug dann die Bootswerkstatt und die Kesselraumentlüftungen. Reserveschwimmer für die Flugzeuge wurden auf der Bootswerkstatt gelagert.
Die Scheinwerferstände vom zweiten Schornstein wurden abgebaut, zwei neue 91,4 cm-Scheinwerferplattformen und ein zugehöriger Leitstand darunter an den vorderen Seiten des Schornsteins errichtet.
Das Schutzdeck zwischen Großmast und zweitem Schornstein wurde ausgebaut, um Platz für das Katapult und die Hangars zu schaffen.
Der hintere Aufbau wurde nicht besonders verändert. Das Laufdeck wurde nach vorn bis zum Großmast ausgedehnt, der Torpedoleitstand ausgebaut. Die 91,4 cm-Scheinwerferplattform wurde modifiziert, das Schutzdeck erhielt Nocken für die Zwischendeck-Doppellafetten, das FlakEMeßGerät auf dem 10,2 cm-Feuerleitstand wurde ausgebaut.

Die Beiboote, die urprünglich mittschiffs an den Seiten des Backdecks standen, kamen auf die Hangardächer. Die größeren Boote wurden durch moderne Motorboote ersetzt. Der Hauptladebaum vom Großmast wurde ausgebaut, seine Funktion zur Handhabung der Boote von den Flugzeugkränen übernommen.

Nahaufnahmen der *Repulse* 1939.
▼

▲ Stb-Heckansicht der *Repulse*.
Repulse 1939 auslaufend Portsmouth. ▼

Tabelle 1: Die Königliche Unterbringung auf HMS REPULSE

Neuverteilung	Umsetzung	Dafür auszuführende Arbeiten
HM Königsunterkünfte	Admiral (Backdeck)	Der 10,2 cm-Drillingsturm auf dem Schutzdeck in Höhe Spant 258 ist auszubauen, dabei Wegfall des Unterbaues zwischen Back- und Schutzdeck. Die entstehende Öffnung ist dichtzusetzen. Die Lafette ist wieder einzubauen.
HM Königin, Unterkünfte	Admiral, Zahlmeister und der hintere Teil des Bb 10,2 cm-Zwischendeck-Geschützturmes (Backdeck)	Die Bb 10,2 cm-Zwischendecklafette ist auszubauen, die Öffnung ist dichtzusetzen, der 10,2 cm-Zwischendecklafettenumbau ist zu unterteilen, der vorhandene Vorraum im Kommandantenbad und -WC ist bis zum äußeren Schott des Bb-Zwischendecklafettenumbaues zu erweitern. Zum Betreten des Backdecks in diesem Bereich ist eine Tür an der Bb-Seite einzubauen. Die Stb- und Bb 10,2 cm-Zwischendecklafetten werden nicht wieder eingebaut. Anstelle dessen können 10,2 cm-Luftziellafetten installiert werden. Zusätzliche Türen sind vorzusehen. Die Zahlmeisterkammer ist zu unterteilen und ein WC einzubauen. In den Geschützumbau sind quadratische Öffnungen einzubauen. Die Versteifungen darin sind auf 7,62 cm zu verkürzen, an den Seiten. Die Seitenwände sind zu verkleiden.
Sonnendeck für die Begleitung des Königs	Schutzdeck, hinten	Einbau dünner Stahlblenden auf dem Schutzdeck, von der hinteren Insel bis zur Ecke des Schutzdecks in Höhe Spant 243 Stb und Bb sowie Einbau einer Überdachung im angeführten Bereich. Die Querblenden sollen mit Glasscheiben ausgefüllt werden, bis zum hinteren Ende der Überdachung. Falls erforderlich, sind Treppen zu ändern.
Zwei Hofdamen	Kommandant und vorderer Teil des Bb 10,2 cm-Zwischendeck-Geschützturmes (Backdeck)	In den Geschützumbau sind Seitenfenster einzusetzen, auch Türen sind entsprechend einzubauen. An den Seitenwänden des Geschützumbaues sind Verkleidungen anzubringen.
Sekretär des Königs	Hinterer Teil des Stb 10,2 cm-Zwischendeck-Geschützturmes (Backdeck)	Die Stb 10,2 cm-Zwischendecklafette ist auszubauen, die Öffnung dichtzusetzen. Die Versteifungen sind auf 7,62 cm zu verkürzen und zu verkleiden.
Ein Hofherr	Vorderer Teil des Stb 10,2 cm-Zwischendeck-Geschützturmes (Backdeck)	Der Umbau des 10,2 cm-Zwischendeck-Geschützturmes ist zu unterteilen, Seitenfenster und Türen entsprechend einzubauen. Die 10,2 cm-Zwischendecklafette kann (wie oben stehend) ersetzt werden.
Sechs Hofherren	IO, LI, Führer der Marines, Pfarrer, NO, I. WI	Die Offiziersmesse ist dem Sekretär des Königs und den Hofherren, falls erforderlich, zur Verfügung zu stellen.
Hellegat des Königs Hellegat der Königin Vier Kammerzofen	Torpedoklarmachraum (Oberdeck) AO und Ausrüstungshellegat der Geschützbedienungen (Schutzdeck)	Schottwände sind hochzuziehen, die Räume entsprechend zu unterteilen. Einzurichten sind Badräume und WC an der vorderen Seite der Schlafräume, in der günstigsten Position. Vorzusehen sind Seitenblenden oder andere Vorrichtungen, um dem Zutritt zu den Königlichen Räumen genügend Schutz vor schlechtem Wetter zu verleihen.
Zehn Kammerdiener	Kommandanten- und Offiziersmesse, Steward- und Kochmesse, Torpedoraum (Oberdeck)	Trennwände sind zu entfernen, Kojen sowie Waschplätze und WC einzubauen.
Admiral	Reservekammer und Arztkammer (Oberdeck)	Einbau einer provisorischen Kammer und eines entsprechenden Baderaumes. Die endgültige Anordnung richtet sich nach den Umständen und der Lage im Schiff.
Umgesetzte Offiziere: Kommandant Erster Offizier (IO) Leitender Ingenieur (LI) Stabsarzt Führer der Marines Navigationsoffizier (NO) Erster Wachingenieur (I. WI) Artillerieoffizier (AO)	Unterbringung in vorhandenen Kammern. Neu einzubauende Kammern auf dem Oberdeck und im Hauptdeck sollten bei Bedarf für das umzusetzende Personal errichtet werden. Die Kammern, vorgesehen für den Sekretär des Königs und die Kammerherren, waren für die Offiziere zugänglich, wenn das Königspaar nicht an Bord weilte. Die Kadettenmesse sollte bei Bedarf verkleinert, der Fähnrichsunterrichtsraum benutzt werden.	Die Kadettenmesse kann verkleinert werden, der Fähnrichsunterrichtsraum, falls erforderlich, benutzt werden.

Ein Bordflugzeug sollte an Land abgegeben werden und der Hangar für das Gepäck der Königsgesellschaft benutzt werden bzw. bei Bedarf zur Personalunterbringung durch die Umsetzungen hergerichtet werden.
Bei Bedarf sollten ein zusätzliches Deck und weitere Schotte eingebaut werden.
Das königliche Gepäck war unterzubringen, die Plätze wurden festgelegt. Möglichkeiten waren: a) Im Hangar, in einem Wagen, b) anstelle eines 13,72 m-Motorbootes. Ein 10,67 m-Motorboot konnte evtl. von einem Kreuzer mitgeführt werden.
Zugang zu den Unterkünften der Königsbegleitung zur Brücke sollte so beschaffen sein, daß er jederzeit möglich war. Die Munitionsvorräume auf dem Schutzdeck sollten so hergerichtet werden, daß dort Tee zubereitet werden konnte für das Sonnendeck. Ein Teil der Zahlmeisterkammer sollte als Aufenthaltsraum für die Leibdiener und Kammerzofen benutzt werden.

Probefahrten

Erste Erprobungen führte *Repulse* am 31. Januar 1936 durch. Die Ergebnisse waren mit Ausnahme der Anordnung der Kompaßplattform befriedigend. Diese war in der Absicht, nach allen Seiten eine klare Sicht zu gewähren, ohne Verdeck gefertigt worden. Um sicherzustellen, daß die Luft frei über die Plattform streichen konnte, wurden alle Unebenheiten auf dem Dach des Plottraumes entfernt und vorn und an den Seiten der neueste Typ Winddüsen installiert. Auf Wunsch konnte zwar ein Segeltuchverdeck angebracht und Fenster eingebaut werden, aber während der Erprobungen, die bei Nebel, Dunst, Nieselregen und starkem Wind stattfanden, wurde das nicht durchgeführt. In bezug auf Rückstauminderung im Schiffsführungsstand fand man, daß bei einer Fahrtstufe über 15 kn der Wind im Rückstau der 10,2 cm-Feuerleitplattform einen Sog hervorrief, der über die Brücke zog.

Die Plattform war starkem Zug ausgesetzt und beeinträchtigte die Schiffsführung erheblich. Dieses, zusammen mit Regen und dem Geräusch des Luftzuges hinter dem Mast und seinen Anbauten, rief Bedingungen hervor, die es dem Brückenpersonal unmöglich machten, für längere Zeit voll einsatzfähig zu sein. Es wurde auch festgestellt, daß der Rückwind starken Schornsteinrauch in die Kompaßplattform drückte. Zwischen 1929/32 war die erhöhte Kompaßplattform der *Repulse* mit einem Holzdach, einer Holzverkleidung, Fenstern und Türen versehen worden. Diese Modifizierung wurde durch das Bordpersonal durchgeführt und erwies sich in allen Lagen als fast voll befriedigend. Es wurde vorgeschlagen, daß diese Anordnung wieder übernommen werden sollte, anstelle aus Holz jetzt jedoch aus kugelsicherem Material. Diese Änderung wurde im letzten Umbaustadium vorgenommen, und als *Repulse* im März 1936 ihre Erprobungen unter Dauerhöchstleistung vornahm, war die verkleidete Plattform nahezu komplett frei von Zug und Schornsteinrauch. Diese Anordnung wurde als angenehm, aber etwas überbelegt empfunden. Einwände wegen der beschränkten Sicht nach oben wurden nicht erhoben. Bei den Probefahrten machte sie bei 112400 WPS eine Fahrt von 28,36 kn.

Weitere Modifizierungen, 1936 bis 1941

1938 ging die *Repulse* nach Portsmouth in die Werft für zeitlich begrenzte und einige dauernde Änderungen. Sie sollte hergerichtet werden für die Reise des *Königspaares* nach Kanada. Die meisten Änderungen bezogen sich auf Umbauten und Einrichtungen der Stabsoffizierskammern zur Aufnahme der *Königlichen Familie*. Die ausquartierten Offiziere wurden in anderen Teilen des Schiffes untergebracht, und ihre neuen Kammern waren wahrscheinlich viel kleiner und unkomfortabler als die vorigen, aber die Ehre, *Seine Majestät* zu fahren, glich diese Unannehmlichkeit wieder aus. Tabelle 1 zeigt, wie die Unterbringung geändert werden sollte. Zu dieser Zeit wurde die internationale Lage immer schlechter und bedrohlicher, und die *Repulse* lag immer noch in der Werft. Es wurde angemerkt, daß es nicht gut sei, sie als *Königliche Yacht* zu verwenden. Schließlich wurde das Passagierschiff *Empress of Australia* dafür auserwählt. Bevor die *Repulse* ihre Werftliegezeit im April 1939 beendete, wurden einige Umbauten und Erweiterungen in ihrer Bewaffnung vorgenommen. Die 10,2 cm-Zwischendeck-Doppellafetten hinten wurden durch 2 × 10,2 cm-Flak-Einzellafetten ersetzt (dieser Wechsel war vorgesehen wegen der Königsreise). Auf der hinteren 10,2 cm-Feuerleitplattform wurden 2 × 12,7 mm-Vierlings-MG eingebaut.

Ausgebaut werden sollte auch die hinterste 10,2 cm-Drillingslafette, so daß Platz geschaffen wurde für ein Sonnendeck *(für die Königsfamilie)*. Dieser Ausbau wurde nicht durchgeführt. Zwischen Kriegsausbruch und Untergang im Dezember 1941 wurden nur wenige Modifizierungen gemacht. So wurde die 10,2 cm-Drillingslafette auf dem hinteren Flugdeck durch eine dritte achtrohrige Pom-Pom-Lafette ersetzt. Mitte 1941 erhielt sie 8 × 20 mm-Oerlikons und ein Typ 284-Radargerät für die SA.

Malaya, 1934 bis 1946

Der ursprüngliche Modernisierungsvorschlag für die *Malaya* sah vor, sie so umzubauen, daß sie der *Barham* glich. Vorgesehen war, sie mit einer zusätzlichen Panzerung über den Magazinen, einem Turmflugzeugkatapult und einer verbesserten Flakbewaffnung auszurüsten. Als Ergebnis der Versuche mit *Emperor of India* und *Marlborough* wurde 1933 entschieden, auch über den Maschinenräumen ein zusätzliches Schutzdeck einzubauen, später dann mittschiffs auch ein Querkatapult anstelle des Turmkatapults und Hangars für Flugzeuge.

Diese letztere Änderung bei der *Malaya* verlieh ihr dann ein merklich unterschiedliches Aussehen zur *Barham*. Trotzdem war der Unterschied zwischen den beiden Schiffen nicht so drastisch, wie ihn der äußere Eindruck vermittelte. Der Umbau der *Malaya* wurde zwischen Oktober 1934 und Dezember 1936 durchgeführt.

Panzerung

Das neue, nicht-zementierte Panzerdeck wurde auf dem Mitteldeck über den 2,54 cm starken Originalplatten eingebaut. Die nach Skagerrak zusätzlich eingebauten Stahlschutzplatten wurden ausgebaut. Über den Magazinen wurden 10,2 cm-Platten und über den Maschinenräumen 6,35 cm-Platten eingebaut. Die 10,2 cm-Magazine im Zwischendeck erhielten ebenfalls eine zusätzliche Panzerung. 1934 erkannte man, daß der zusätzliche Schutz über den Maschinenräumen wohl doch nicht so gut war, wie man angenommen hatte, denn er erbrachte zusätzlich 260 ts an Toppgewicht. Da war auch noch das Gewicht der neuen Flugzeugausrüstung und insbesondere die Magazinpanzerung. Alles zusammen würde sich ungünstig auf die Stabilität auswirken. Man erwartete, daß der Tiefgang etwa 14 cm größer sein würde als auf der *Barham* und die Geschwindigkeit entsprechend geringer. Die Panzerung der Maschinenräume blieb erhalten, aber ein Ausgleich wurde geschaffen, indem man den schweren, gepanzerten Kommandoturm durch einen kleineren ersetzte (einschließlich seinem früheren Unterbau und der früheren Panzerkuppel).
Diese Änderung sparte 220 ts und glich die 240 ts der Flugzeugausrüstung nahezu aus. Ausgebaut wurde auch der hintere Torpedoleitstand, die hinteren Aufbauten wurden um ein Deck erhöht.

Bewaffnung

Die 10,2 cm-Flak-Einzellafetten wurden durch vier neue 10,2 cm-Doppellafetten Mk XIX ersetzt. Zwei Luft/Seeziel-Feuerleitgeräte Mk III gewährleisteten das Luft- und Seezielschießen. Die Geräte kamen in den Vormars und auf die hinteren Aufbauten. Die Nahbereichs-Flakbewaffnung bestand aus zwei Pom-Pom-Lafetten (eine Mk V und eine Mk VI), die auf Anbauten der Flugzeughangars seitlich in Höhe des Schornsteins eingebaut wurden. 4 × 12,7 mm-MG-Mk II-Lafetten wurden ebenfalls eingebaut; zwei auf der gewöhnlichen Position seitlich des Kommandoturms, zwei auf dem Dach des Turms „X“. An jede Seite der Kompaßplattform kam ein Pom-Pom-Leitgerät, und die 15,2 cm-Leitgeräte, die ursprünglich auf dieser Plattform saßen, wurden auf die hinteren Anbauten der 38,1 cm-Feuerleitplattform, unterhalb des Vormars, umgesetzt. 1934 wurde vorgeschlagen, auf *Malaya* und *Warspite* je 8 × 53,3 cm-TR über Wasser einzubauen. Da diese Maßnahme ein zusätzliches Toppgewicht von 75 ts gebracht hätte – und 58000 £ kostete – wurde es nicht genehmigt. Die hinteren UTR wurden 1931 bei der *Malaya* ausgebaut, während des Umbaues folgten auch die vorderen.

Flugzeugausrüstung

Auf dem Backdeck, zwischen Schornstein und Großmast, wurde ein Querkatapult vom *Typ D-II-H* eingebaut. Je ein Flugzeughangar – für die Aufnahme eines Flugzeuges – wurde an jeder Schornsteinseite eingebaut. Hinzu kam ein elektrisch angetriebener Kran, der für die Handhabung der Flugzeuge und der schweren Beiboote an jeder Hangarseite eingebaut wurde. Für den Fall, daß mehr als zwei Flugzeuge mitgeführt werden sollten, hatten diese auf dem Katapult Platz. Der Flugzeugtreibstoff wurde vorn im Plattformdeck in Behältern und in der Stauung gefahren.

Oben: *Malaya* 1931, vor Umbau 1934/36.

Unten: *Malaya* im Dezember 1936 nach dem großen Umbau. Sie zeigt veränderte Aufbauten. Sie hat jetzt 2 Flakleitgeräte Mk III, ein Flugzeugkatapult quer zum Deck und Flugzeughangars.

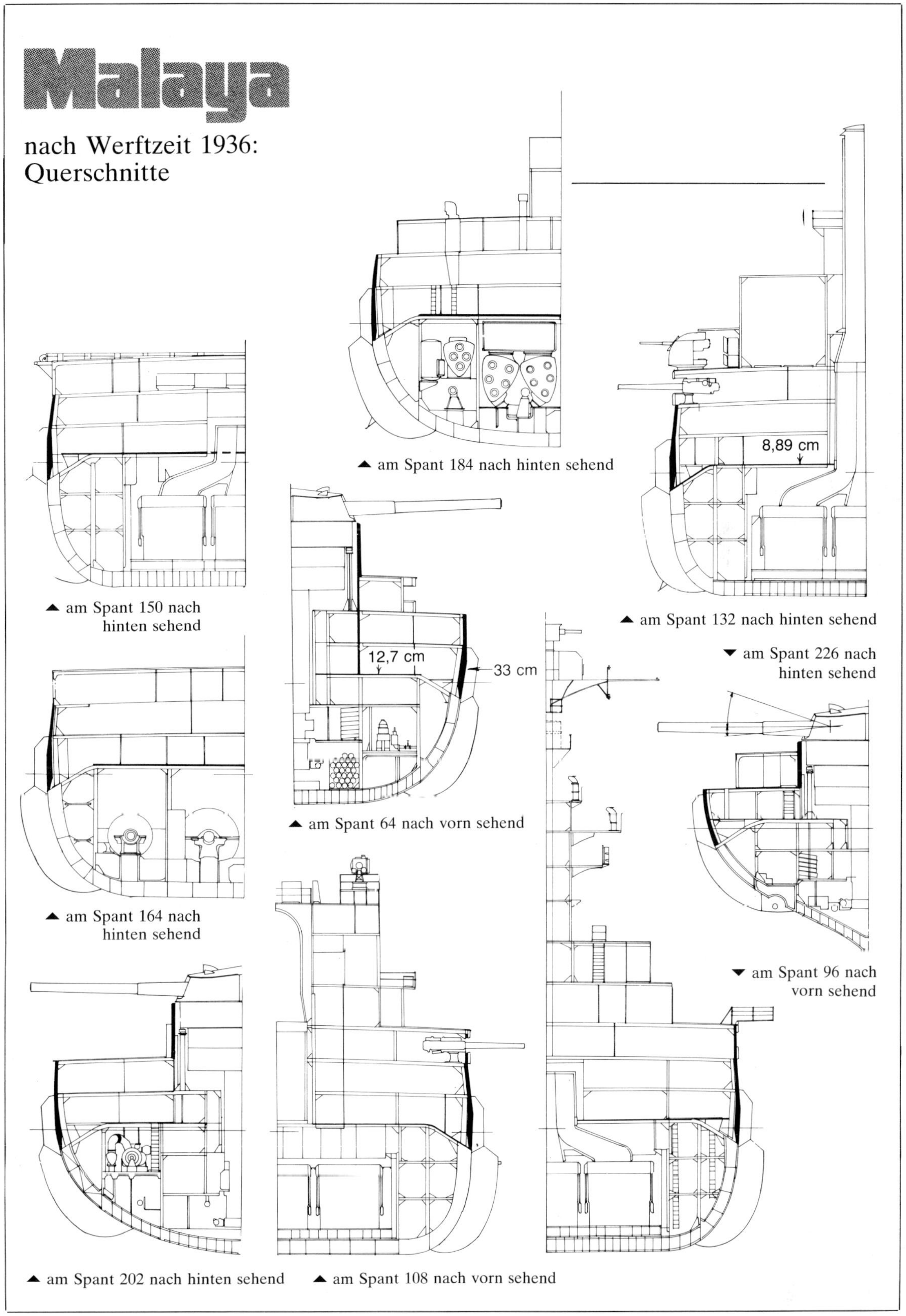

Bb-Achterschiff der *Malaya* Januar 1937.

Typ 43-Anlage: *Die Antennen saßen zwischen den hinteren Aufbauten und der Hauptantennenrahe.*
Typ 75-Anlage (Nahverkehr für Artillerie): *Sende- und Empfangs-Peitschenantennen an der Vorkante Vormarsdach und Hauptseestern.*
Mittelwellen-Funkpeilanlage: *Antennen im Großmars und der Funkpeilraum auf den hinteren Aufbauten.*
Die schweren Beiboote der *Malaya* wurden durch moderne Motorboote und Barkassen ersetzt. Da der Platz des ehemaligen Bootsdecks durch das Katapult eingenommen wurde, kamen sie jetzt auf die Hangardächer. Der Ladebaum am Großmast wurde abgebaut, da die Beiboote auf ihrem neuen Platz durch die Flugzeugkräne gehandhabt werden konnten. Die kleineren Ruderboote wurden seitlich der hinteren Aufbauten aufgestellt. Die ursprünglichen Scheinwerferstände wurden ausgebaut. Die vier 91,4 cm-Scheinwerfer wurden umgesetzt; zwei kamen auf eine neue Plattform an der Rückseite des Schornsteins und zwei auf eine erhöhte Plattform auf dem neuen Signaldeck.

Brückenumbau

Die ursprüngliche Brückenplattform und die Brückenräume wurden umgebaut und vergrößert. Folgende Änderungen wurden durchgeführt:
Der Torpedoleitstand wurde durch einen offenen Fliegerabwehrstand ersetzt.
Die erhöhte Kompaßplattform wurde vergrößert und mit einem Halbdach versehen, wobei der vordere Teil offen blieb, um eine klare Rundsicht des Luftraumes zu ermöglichen. Die Plattform wurde mit einem Kugelschutz, Winddüsen und Fenstern versehen.
Die Kompaßplattform (umbenannt in obere Brücke) wurde vergrößert, mit Stahlschutzplatten versehen, die Vorkante mit Winddüsen ausgerüstet.
Die Admiralsbrücke wurde umbenannt in untere Brücke. Bis auf kleinere Änderungen in den Räumen blieb sie, wie sie war.
Die untere Scheinwerferplattform wurde nach hinten rund um die Vorkante Schornstein erweitert und bildete das neue Signaldeck. Außer dem Flaggenstell erhielt die Plattform 4 × 61 cm-Scheinwerfer und 4 × 25,4 cm-Signalscheinwerfer sowie vier Signalstände.
Die Kommandoturmplattform und das vordere Schutzdeck blieben überwiegend unverändert. Lediglich an der Ausrüstung wurden kleinere Änderungen vorgenommen, z. B. kam das Flaggenstell auf das neue Signaldeck. Der vorherige Kommandoturm wurde durch einen kleineren ersetzt.

Allgemeine Änderungen

Das Schiff besaß drei Funksenderäume. Der Hauptsenderaum befand sich im Hauptdeck, unterhalb der hinteren Aufbauten, der zweite Senderaum befand sich ebenfalls im Hauptdeck, unterhalb der Brücke, ein Reservesenderaum war im Mitteldeck, unterhalb der vorderen Geschütztürme. Die Antennenführung war wie folgt:
Hauptantenne: *Sechs Drähte (3 Sende und 3 Empfang) zwischen Vormars und Funksendeantennenrahe am Großmars.*
Hilfsantenne (für den internen Flottenverkehr): *Getrennte Drähte für Sende- und Empfangsanlagen an der Vorkante Brücke.*
Typ 50-Anlage: *Die Antennen saßen zwischen vorderem und Hauptseestern. Eine Empfangsantenne saß zwischen dem Hauptseestern und den hinteren Aufbauten.*

Erprobungen

Vor Abschluß der Werftliegezeit ging die *Malaya* im November 1936 zu Probefahrten in See. Hierbei führte sie die 12,7 mm-MG, die Flakleitgeräte und die Bb 10,2 cm-Geschütze noch nicht. Für Dauerhöchstfahrterprobungen verließ sie am 4. November um 0830 Uhr Cawsand Bay. Sie hatte eine Verdrängung von 31650 ts und eine leichte Stb-Schlagseite. Die Probefahrten wurden durchgeführt in der Polperro Meile. Das Wetter war gut, aber diesig, der Himmel bedeckt. Der Wind kam aus Nordost und hatte eine Stärke von 2. Bei bestimmten Fahrtstufen wurde eine ganze Reihe von Überläufen durchgeführt, um die Fahrtmeßanlage zu justieren, und nach zwei Überläufen mit 15 kn Fahrt lief sie anschließend 2 Stunden Dauerhöchstfahrt. Zwei Überläufe in der abgesteckten Meile erbrachten eine Geschwindigkeit von 23,7 kn bei ~ 75000 WPS. Es dauerte 40 Minuten, um die Geschwindigkeit zu reduzieren, und dann folgten eine Reihe von Überläufen mit 21, 18, 12 und 9 kn. Anschließend kehrte das Schiff gegen 1800 Uhr nach Cawsand Bay zurück. Während der Erprobungen wurde die Gelegenheit wahrgenommen,

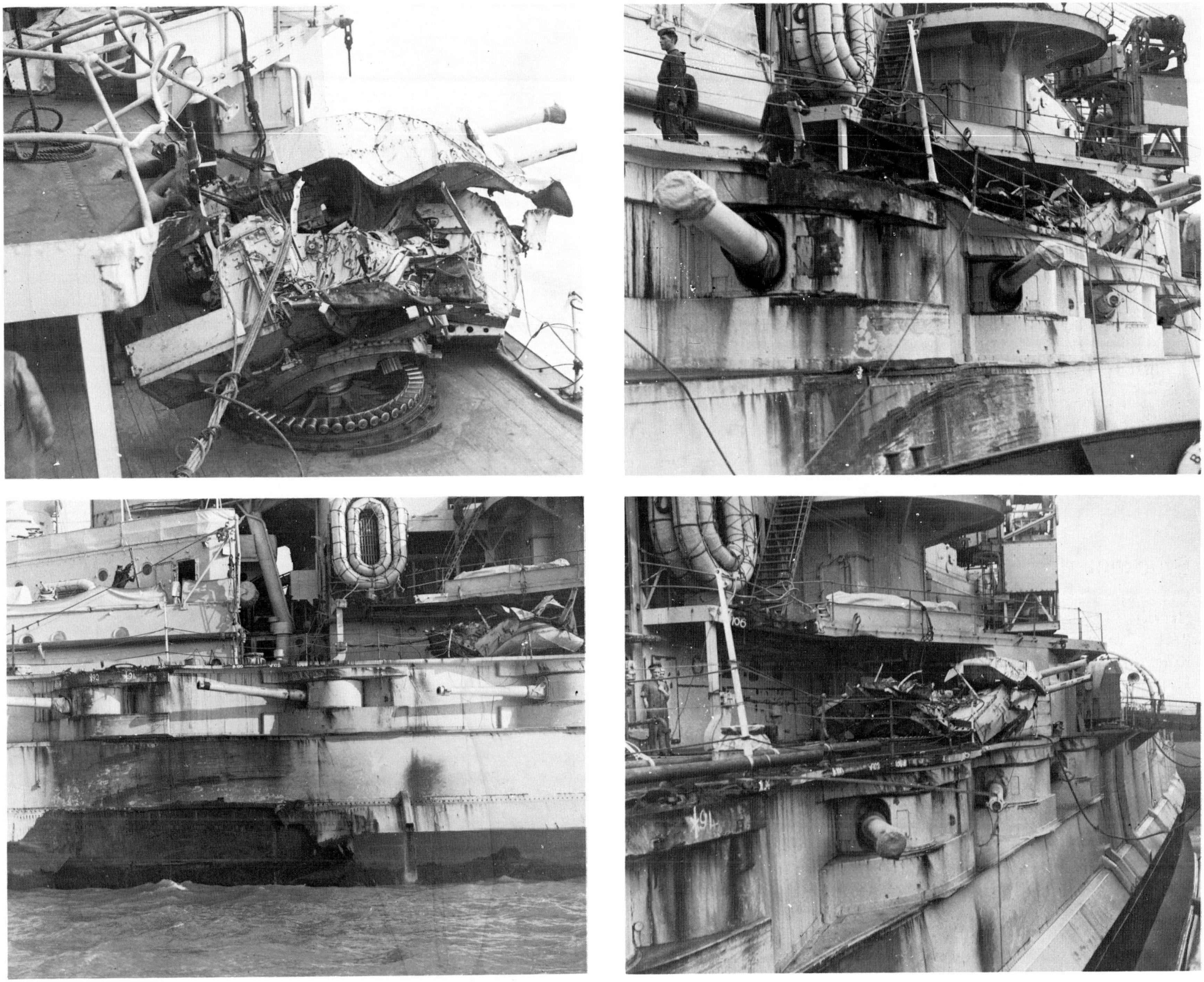

Vier Aufnahmen der *Barham,* die den Havarieschaden zeigen, den sie im Frühjahr 1937 erlitt, nachdem sie eine Kollision mit einem Handelsschiff hatte. Ein Teil des Wulstes wurde weggerissen, die vordere 10,2 cm-Zwillingslafette wurde demoliert.

die einzelnen Umbauten zu begutachten, und folgende Feststellungen wurden gemacht: Über der erhöhten Kompaßplattform trat unter dem Teildach ein Luftstrom ein, der auf dem Boden einen Rücksog von 15 kn hervorrief, aber zu dieser Zeit waren die Brückenfenster noch nicht eingebaut, und eine Segeltuchbespannung zum Schutz der Vorfront war auch noch nicht gemacht. Zum Schutz der Maschinenräume vor Splittern wurden während der Werftliegezeit unter den Öffnungen der Lüftungsschächte 3,8 cm starke D-Stahlplatten ange-

Malaya

Januar 1943: Seitenansicht und Decks mit eingezeichneten Flak-Positionen

Flak-Positionen
Juli 1941:
A 4 × 12,7 mm-MG ausgebaut
B Einbau 11 × 20 mm-Einzellafetten
September 1941:
C Einbau weiterer 4 × 20 mm-Einzellafetten
Dezember 1942:
D Umsetzung von 2 × 20 mm-Lafetten auf Position E
E Umsetzung von 2 × 20 mm-Lafetten von Position D
F Einbau weiterer 2 × 20 mm-Einzellafetten
G Einbau von 2 achtrohrigen Pom-Pom
H Einbau von weiteren 2 × 10,2 cm-Zwillingsgeschützen
Dezember 1943:
Einbau von weiteren 20 × 20 mm-Einzellafetten, Positionen nicht bekannt
März 1944:
Einbau von weiteren 8 × 20 mm-Einzellafetten, Positionen nicht bekannt

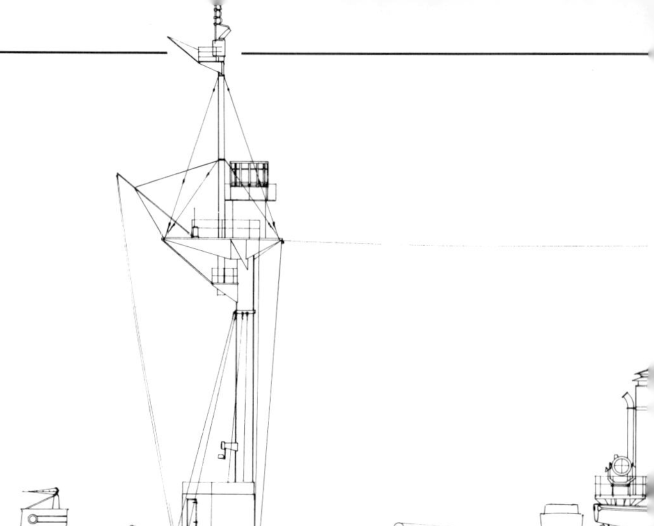

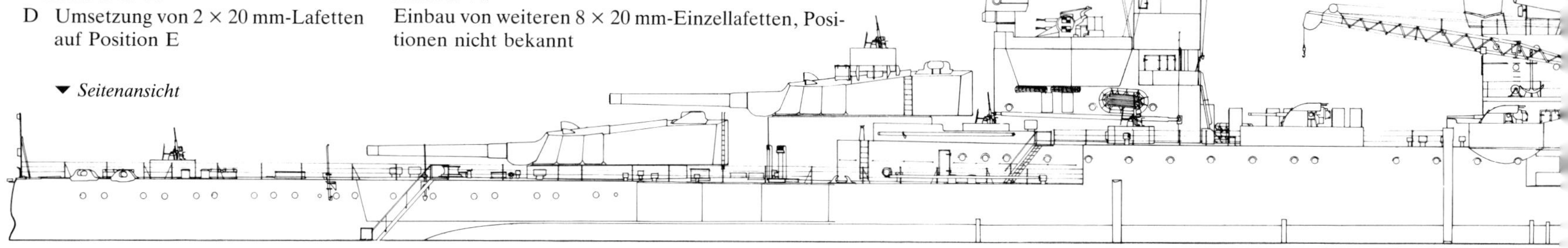

▼ *Seitenansicht*

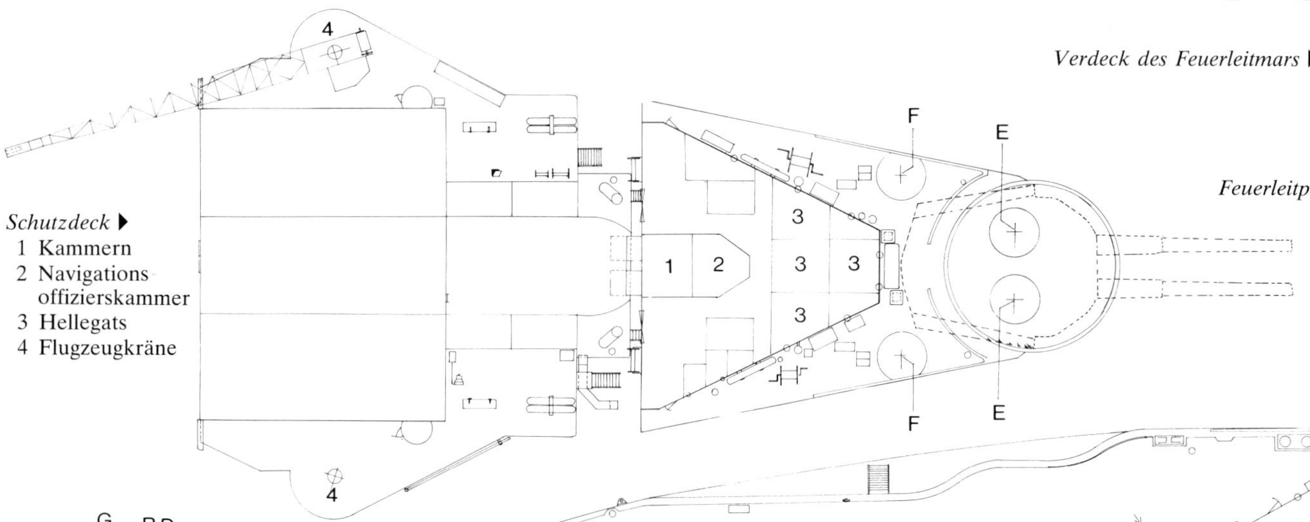

Schutzdeck ▶
1 Kammern
2 Navigationsoffizierskammer
3 Hellegats
4 Flugzeugkräne

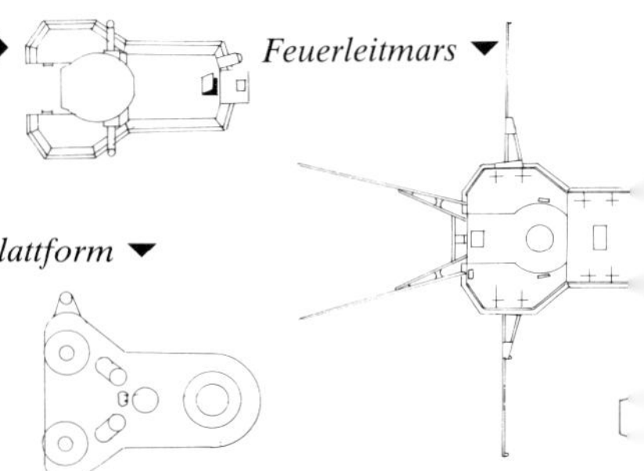

Verdeck des Feuerleitmars ▶ *Feuerleitmars* ▼

Feuerleitplattform ▼

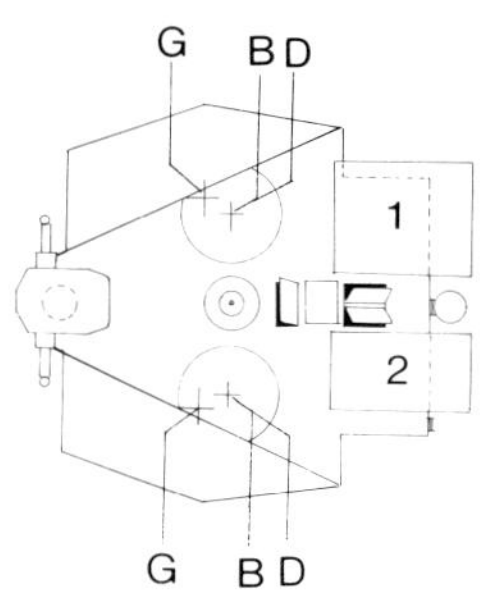

Hinteres Deckshaus ▲
1 Radar-Typ 281-Beobachtungsraum
2 Radar-Typ 285-Beobachtungsraum

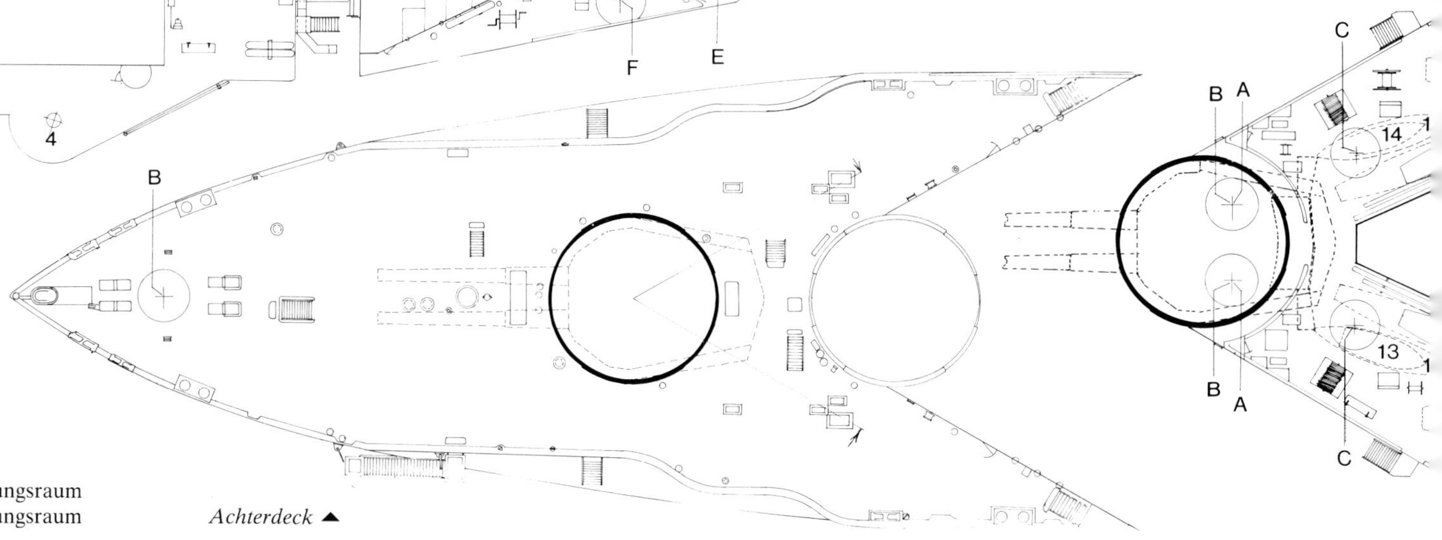

Achterdeck ▲

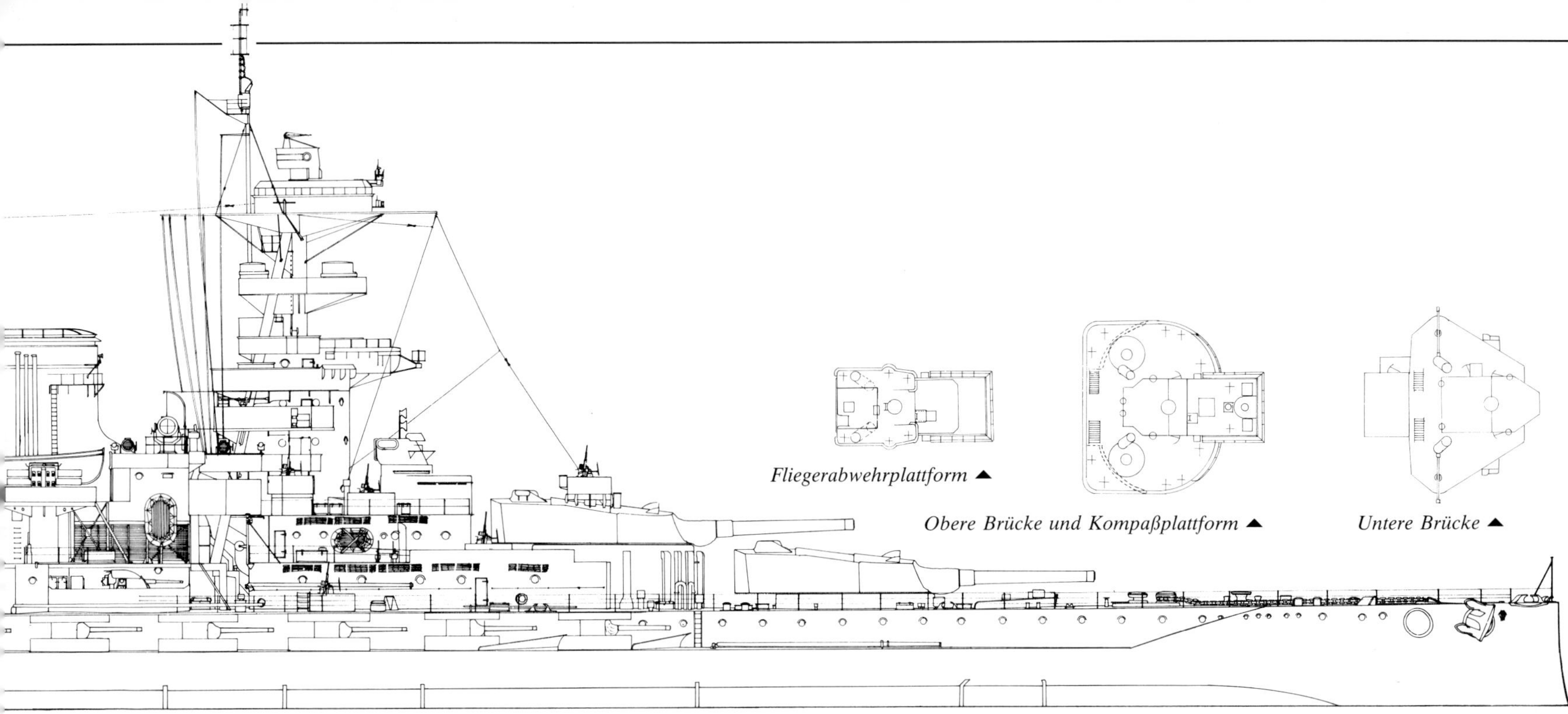

Fliegerabwehrplattform ▲

Obere Brücke und Kompaßplattform ▲

Untere Brücke ▲

Schornsteinplattform ▼

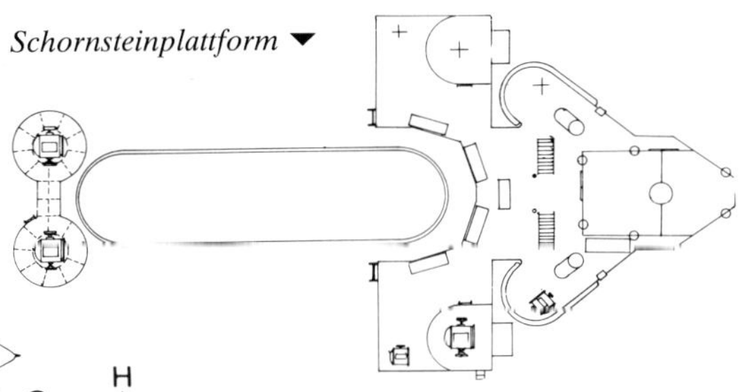

Bootsdeck ▶
1 Schiffsführungsstand
2 38,1 cm-Feuerleitstand
3 Signalraum
4 Pom-Pom-Bereitschaftsmunition
5 Radar-Typ 284-Beobachtungsraum
6 Typ FM 2-Funkpeilraum
7 Radar-Typ 281-Beobachtungsraum
8 Pom-Pom-Lafetten
9 ?
10 13,72 m-Motorverkehrsboote
11 9,14 m-Motorboot

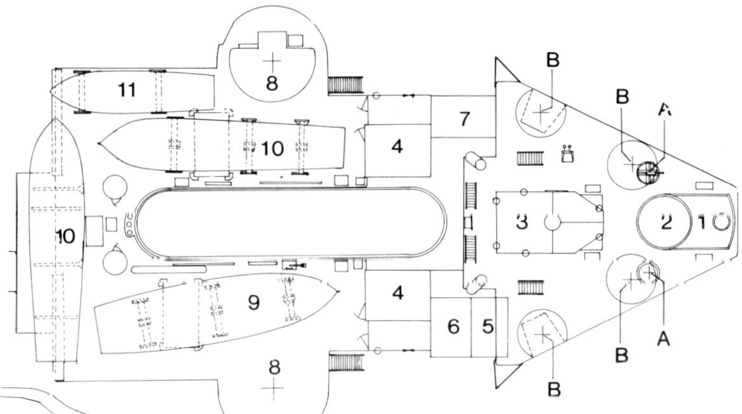

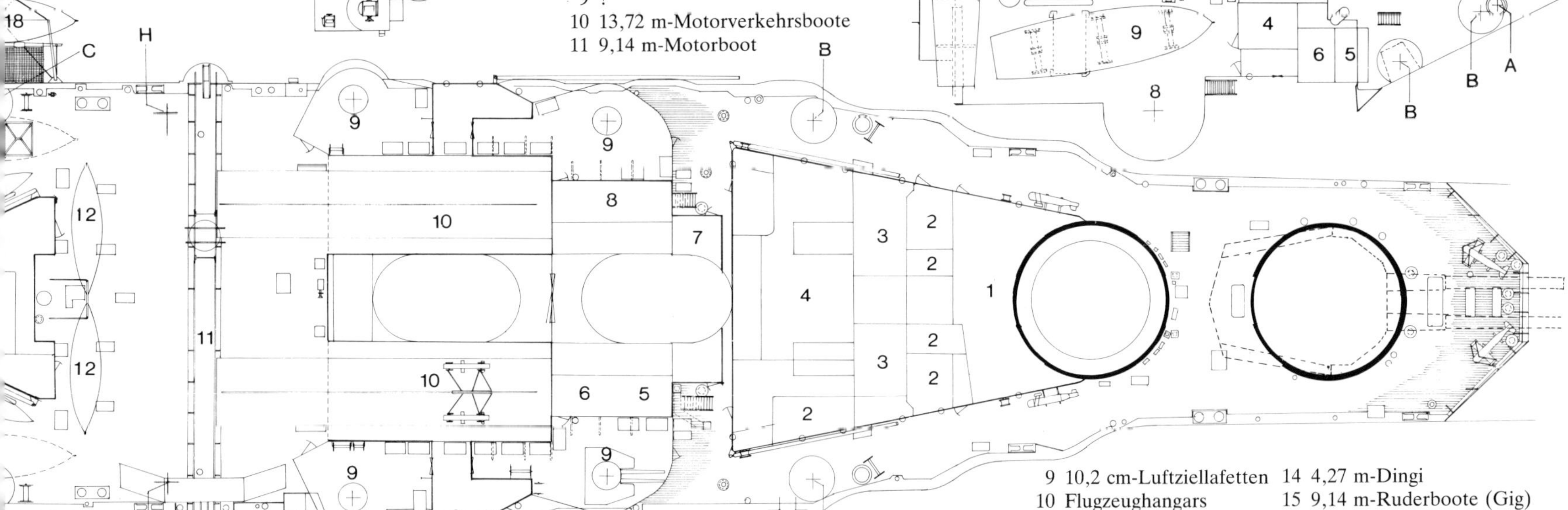

Backdeck ▲
1 Schiffszimmermannswerkstatt
2 Hellegats
3 Kochsküche
4 Schiffskombüse
5 Schmiede
6 Batterieladeraum
7 Blechwerkstatt
8 Kupferschmiede
9 10,2 cm-Luftziellafetten
10 Flugzeughangars
11 Flugzeugkatapult
12 8,23 m-Boote (Whaler)
13 4,88 m-Dingi
14 4,27 m-Dingi
15 9,14 m-Ruderboote (Gig)
16 Toiletten
17 Torpedoklarmachraum
18 9,75 m-Rettungskutter

bracht. Man fand heraus, daß dadurch die Luftströmung zerstreut wurde und sich insgesamt nachteilig auf das Belüftungssystem auswirkte. Man stellte fest, daß die Platten zu dicht an den Öffnungen saßen, und später wurde diese Anordnung und auch die Luftführung selbst geändert. Die Erschütterungen während der Dauerhöchstfahrt waren nicht so groß, als daß sie nicht akzeptierbar waren. Die schlechteste Stelle befand sich auf dem hinteren Hauptdeck, wo die Amplitude bei 1,27 cm lag. Es scheint so, als wenn man zuerst vorhatte, zwei der 12,7 mm-MG-Lafetten auf den Turm „B" zu setzen, weil der Artillerieoffizier nicht damit einverstanden war, daß sie auf die Türme „B" und „X" kamen.

Kriegsmodifizierungen

Reparatur von Beschädigungen in den USA, April bis Juli 1941:
Der Fliegerabwehrstand wurde durch einen Radarraum für das Typ 258-Gerät ersetzt. Die obere Brücke wurde nach hinten erweitert und mit Luftzielgeräten ausgerüstet.
Auf der Rückseite der unteren Brückenplattform wurden zwei Radarräume für das Typ 282-Gerät errichtet. An der Stb-Rückseite der Kommandoturmplattform wurden Räume für das Radargerät Typ 284 und ein Funkortungsgerät Typ FM 2 eingebaut.
Auf der Bb-Rückseite der Kommandoturmplattform wurde ein Raum für eine Radarsendeanlage Typ 281 eingebaut. Für eine Typ 281-Radarempfangsanlage wurde ein Raum an der Bb-Rückseite der hinteren Aufbauten eingebaut.
An der Stb-Seite der hinteren Aufbauten wurde der Funkpeilraum durch einen Raum für eine Typ 285-Radaranlage ersetzt.

Einbau von Ubootbeobachtungsständen auf jeder Seite der Kommandoturmplattform. Die Takelage wurde geändert, die einzelnen Positionen für die Aufnahme der Radar- und Funkpeilantennen hergerichtet. Die Außenseiten der 10,2 cm-Doppellafetten erhielten Stahlschutzblenden.

Diese ganzen Änderungen umfaßten zum großen Teil vorbereitende Arbeiten, denn die entsprechenden Radaranlagen und -antennen wurden erst nach Rückkehr in Großbritannien eingebaut.

Juni 1941:
Ausbau der 12,7 mm-MG.
Einbau von 11-20 mm-Oerlikon-Einzellafetten.
Die Funkpeilantenne vom Großmast wurde abgebaut.
An der Vorkante der Kompaßplattform wurde der Typ FM 2-Funkpeiler mit einer fest eingebauten Antenne eingebaut.
Auf den Großmast kam eine Typ 281-Radarempfangsantenne, die zugehörige Sendeantenne auf die Vormarsstenge.
Die Flakleitgeräte erhielten Typ 285-Radarantennen.
Auf den gepanzerten Feuerleitstandskopf kam eine Typ 284-Radarantenne.
Die Pom-Pom-Leitgeräte erhielten Typ 282-Radarantennen.

September 1941: Einbau zusätzlicher 4 × 20 mm-Oerlikon-Einzellafetten.

Werftliegezeit Rosyth, Oktober/Dezember 1942:
Ausbau des Flugzeugkatapultes. Die Hangars wurden für andere Zwecke umgeändert.
Seitlich des Katapultbereiches wurde auf jeder Seite des Backdecks zusätzlich eine 10,2 cm-Mk XIX-Doppellafette eingebaut.
Auf die hinteren Aufbauten wurden zusätzlich zwei achtrohrige Pom-Pom aufgestellt. Um den benötigten Platz zu erhalten, wurden an den Seiten Konsolen angebaut.
Zusätzlicher Einbau von 2 × 20 mm-Oerlikon-Einzellafetten.

Malaya 1941 nach Rückkehr von einer Werftliegezeit in den USA. Die Aufnahme zeigt sie noch ohne Radar und 20 mm-Lafetten.

Einbau eines Radarraumes und einer Radaranlage Typ 273 auf dem Seestern des Großmastes.
Die Pom-Pom-Leitgeräte auf der oberen Brükke wurden höher gesetzt, auf wannenförmige Plattformen.

Januar 1943: Aufstellung von 2 × 20 mm-Oerlikons auf Turm „B“.

September 1943:
Die gesamte Panzerung der Batterie und die 15,2 cm-Geschütze wurden ausgebaut. Die Geschützöffnungen wurden mit 5,08 cm dicken, nicht-zementierten Platten dichtgesetzt. Diese Änderung wurde vorgenommen, um den Tiefgang zu verringern und die Stabilität und wasserdichte Unterteilung zu verbessern, welche durch die zusätzlichen Toppgewichte, hervorgerufen durch die kriegsbedingten Einbauten, schlechter geworden waren. Ebenso wurde so entsprechender Raum für die zusätzliche Besatzung geschaffen.

Ausbau der Feuerleitgeräte der MA.
Einbau von zusätzlich 20 × 20 mm-Oerlikon-Einzellafetten.

März 1944:
Zusätzlicher Einbau von 8 × 20 mm-Oerlikon-Einzellafetten.
Das Radargerät Typ 281 wurde ersetzt durch den Typ 281B, der Typ 273 durch den Typ 277SQ.
Ein Radarstörsender Typ 650, gegen Lenkflugkörper, wurde eingebaut.

Beachte: Im Juli 1943 wurde die *Malaya* vor Faslane in Bereitschaftsreserve gelegt, um die Besatzung für wichtigere Aufgaben freizubekommen (speziell für die *Valiant*). *Malaya* blieb in einer 3-Monats-Bereitschaft. Sie stellte wieder in Dienst für die Invasion an der Normandieküste, blieb jedoch für den Rest des Krieges in Reserve. 1945 wurde der überwiegende Teil der Bewaffnung ausgebaut. Gemeinsam mit der *Ramillies* wurde sie Schulschiff, Bezeichnung *Vernon II*.

Gesamtzahl der Fla-Waffen Ende 1944:
12 × 10,2 cm (6 × 2)
32 × 2 Pdr (4 × 8)
45 × 20 mm (45 × 1)

Einzelheiten der MALAYA, 1937 bis 1946

Verdrängung:

1937:	Standardverdrängung	31.465 ts
	Einsatzverdrängung	35.380 ts
1945:	Standardverdrängung	32.980 ts
	Einsatzverdrängung (einschl. 815 ts Wasser in den Schutzwasserabteilungen)	37.710 ts

Abmessungen:
Länge und Breite wie vorher angegeben
Tiefgang (1945): vorn 10,54 m, hinten 10,16 m

Bewaffnung (1937):
SA und MA wie vorher angegeben
8 × 10,2 cm-Mk XVI in 4 Luft/Seeziel-Doppellafetten Mk XIX
16 × 2 Pdr Mk VIII in einer Mk V-Lafette und einer Mk VI-Lafette
16 × 12,7 mm-Mk III in 4 Lafetten Mk III
4 × 3 Pdr-Salutgeschütze

Munitionsvorrat (1937):

38,1 cm	= 100 Schuß/Geschütz; 6 Schrapnell/Geschütz
15,2 cm	= 130 Schuß/Geschütz
10,2 cm	= 280 Schuß/Geschütz; 250 Leuchtgranaten/Schiff
2 Pdr	= 720 Schuß/Geschütz
12,7 mm	= 2.500 Schuß/Geschütz
3 Pdr (Salut)	= 64 Schuß/Geschütz

Feuerleitanlage (1937):

SA	= 2 Dreibein-Feuerleitgeräte 1 Dreyer-Plott Mk IV*
MA	= 2 Standvisier-Richtgeräte 2 Admiralitäts-Salvengeber Mk IV
Luft/Seeziel	= 2 Flakleitgeräte Mk III
Nahbereichs-Flak	= 2 Pom-Pom Leitgeräte Mk I**

EMeßGeräte:
2 × 9,14 m in Turm „B“ und „X“
3 × 4,57 m in Turm „A“ und „X“ sowie in der gepanzerten Feuerleitkuppel
2 × 4,57 m in Flakleitgeräten
2 × 2,74 m auf der unteren Brückenplattform

Panzerung:
Wie 1918, mit folgenden Ausnahmen:

Mitteldeck	12,7 cm (10,2 cm nicht-zementiert + 2,5 cm hochelastisch) über den Magazinen, 8,9 cm (6,36 cm nicht-zementiert + 2,54 cm hochelastisch) über den Maschinenräumen
Kommandoturm	Ausbau des alten Turmes. Dieser wurde ersetzt durch einen kleinen Turm vor der Vorkante des ursprünglich gepanzerten Gefechtsstandunterbaues mit ~ 12,7 cm dikken Wandungen. Der hintere Torpedoleitstand wurde ausgebaut.

Maschinenanlage:
Die Hauptmaschinen blieben unverändert, so wie sie ursprünglich eingebaut worden waren.
Brennstoffvorrat 1945: 3.298 ts Heizöl und 119 ts Dieselkraftstoff

Warspite, 1930 bis 1946

1931 erhielt die *Warspite* ein Flakleitgerät Mk I, und die hinteren UTR wurden ausgebaut. Das waren die einzigen bemerkenswerten Änderungen, die zwischen dem Wulstanbau 1926 und dem Umbaubeginn 1934 vorgenommen wurden.

Umbau 1934 bis 1937

Warspite war das erste Großkampfschiff, das komplett umgebaut wurde. Diese Arbeiten wurden in Portsmouth zwischen März 1934 und März 1937 durchgeführt. Obwohl sie nach ihrer Modernisierung nicht den Wert eines neuen Schiffes besaß, war sie sicherlich ein guter Ersatz. Das Ergebnis rechtfertigte die Kosten von 2362000 £ voll und ganz. Das Hauptmerkmal der Modernisierung war der Austausch der Maschinenanlagen. Sie erhielt neue Kessel und Turbinen. Die sich dadurch ergebende Gewichtsersparnis (siehe Tabelle 2 → Seite 86) kam anderen Dingen, wie der Deckspanzerung über den Kesselräumen und einer spürbaren Erweiterung der wasserdichten Unterteilung zugute.

Bewaffnung

Die 38,1 cm-Türme wurden während des Umbaues ausgebaut und kamen nach Elswick in die Vickers Armstrong-Waffenwerke. Dort wurden sie modifiziert, indem man die Rohrerhöhung von 20° auf 30° steigerte; außerdem wurde das Ladesystem für die Verwendung der neuen, modifizierten 38,1 cm-Geschosse verändert. Diese Verbesserung erhöhte die maximale Reichweite von 21400 m auf 26500 m (für die alten Geschosse) und auf 29300 m für die neuen. Die modifizierten Türme erhielten die Bezeichnung Mk I(N) und hatten ein Drehgewicht von 815 ts, im Vergleich zu 785 ts vor dem Umbau. Die verbesserten 38,1 cm-Granaten hatten eine mehr stromlinienförmige ballistische Kappe (6 × r anstelle 4 × r), die den Luftwiderstand verringerte und somit die Reichweite vergrößerte. Sie wogen 879 kg im Vergleich zu 871 kg bei der 4 × r-Granate. Auf der oberen Brücke wurde ein neuer Feuerleitstand für die SA eingebaut, und der ursprüngliche gepanzerte Feuerleitstand mit seinem Unterbau kam auf den hinteren Aufbau. Das jeweils vorderste und hinterste 15,2 cm-Geschütz an jeder Seite wurde ausgebaut. Damit reduzierte sich die MA-Batterie an jeder Seite auf je 4 Geschütze. Dieser Ausbau erlaubte die Verbreiterung des Backdecks, wodurch die Einbuchtungen an beiden Seiten verringert und die Sicherheit der übrigen 15,2 cm-Geschütze vor Wasser im Seegang erhöht wurde. Außerdem wurde auch der allgemeine Batterieschutz verändert. Die gesamte Batteriepanzerung wurde ausgebaut, mit Ausnahme des Mittschiffs-Längsschotts. Die Seiten-, Schott- und Trennwände wurden durch 5,08 cm dicke, nicht-zementierte Panzerplatten ersetzt. Nach innen hin waren die Geschützeinbuchtungen offen. Diese Modifizierung erbrachte insgesamt eine Gewichtsersparnis von 445 ts. Die ursprünglichen 15,2 cm-Feuerleitgeräte blieben an Bord und fanden Aufstellung an jeder Seite der Admiralsbrücke. Die Flakbewaffnung war ähnlich der auf *Malaya* eingebauten, jedoch bestand sie aus zwei Pom-Pom-Lafetten mehr. Die 10,2 cm-Doppellafetten kamen aufs Backdeck, die vier Pom-Pom-Lafetten wurden rund um den Schornstein gruppiert. Die 4 × 12,7 mm-MG-Lafetten wurden auf die Türme „B“ und „X“ gesetzt. Sie erhielt zwei Flakleitgeräte Mk III, die auf der Admiralsbrücke eingebaut wurden. Die vier Pom-Pom-Leitgeräte Mk I** wurden auf der Brücke und den hinteren

Tabelle 2: Gewichtsangaben vor und nach Umbau

	Vor Umbau	Nach Umbau
Bewaffnung	4.970 ts	5.264 ts
Maschinenanlage	3.691 ts	2.300 ts
Ausrüstung, allgemein	1.287 ts	1.420 ts
Schiffskörper und Stahlschutzplatten	16.250 ts	17.130 ts
Panzerung	5.431 ts	5.980 ts
Heizöl	3.431 ts	3.735 ts
Reservespeisewasser	497 ts	267 ts
Normale Einsatzverdrängung	35.557 ts	36.096 ts

Warspite nach Umbau, beachte den Kontrast zum vorherigen Aussehen. [Anm. des Übersetzers: Die Aufnahme wurde vermutlich während der Zeit des spanischen Bürgerkrieges gemacht. Die Schiffe der internationalen Überwachungsstreitkräfte führten zu jener Zeit eine Landesfarbenkennung quer über den vorderen und den hinteren Türmen. Siehe auch auf den längsseits liegenden Zerstörern der *G*- bzw. *H*-Klasse. Neben *Warspite (H 89) Grafton*]

Warspite 1931.
▼

Aufbauten eingebaut. Die vorderen UTR wurden ausgebaut, die Räume unterteilt. Die Gewichtsverteilungen siehe Tabelle 3.

Schiffsschutz

Der Einbau der nicht-zementierten Panzerung im Mitteldeck glich dem der *Malaya*, außer daß die 6,35 cm-Dicke über die Kesselräume ausgedehnt wurde. Der gepanzerte Kommandoturm wurde ausgebaut und wie schon erwähnt, der Schutz der 15,2 cm-Batterie umgebaut. Außer diesen Änderungen blieb die Anordnung der Panzerung und auch der Stahlschutzplatten überwiegend unverändert. Der 15,2 cm-Panzer des hinteren Hauptdecks – ursprünglich eingebaut zum Schutz der hinteren 15,2 cm-Geschütze – blieb als zusätzlicher Schutz der hinteren Magazine eingebaut. Die Einbuchtungen wurden dichtgesetzt, und so blieb nur ein kleiner Teil dieser Panzerung äußerlich sichtbar. Die Gewichtsverteilung siehe Tabelle 4.

Maschinenanlage

Die 24 Yarrow-Großrohrkessel wurden durch 6 Admiralitäts-3 Trommel-Hochleistungswasserrohrkessel mit engen Rohren ersetzt. Die neue Anlage war ausgelegt für eine Leistung von 80000 WPS, im Vergleich zu 75000 WPS der alten. Jeder der neuen Kessel befand sich in einem eigenen Kesselraum. Dafür wurden die hintersten drei Kesselräume in Längsrichtung durch Schotte getrennt. Die vorderen Kesselräume wurden, da sie nicht mehr benötigt wurden, komplett durch Decks und Schotte unterteilt. Da die ursprünglichen Hydraulikpumpen und eine Anzahl der anderen Hilfsmaschinen weiter an Bord verblieben, mußte auch der Dampfdruck der gleiche wie vor dem Umbau bleiben. Die direkt angetriebenen Turbinen wurden ersetzt durch Parsons-Getriebeturbinen mit einfacher Untersetzung und brachten pro Welle 20000 WPS bei 300 u/min/Welle. Die neuen Propeller hatten einen Durchmesser von 3,66 m und eine Steigung von 3,23 m. Die geschätzte Geschwindigkeit bei Einsatzverdrängung (36096 ts) und sauberem Boden lag bei 23,3 kn. Vergleichsdaten der Maschinenanlage siehe Tabelle 5 (→ Seite 91). Die ursprünglichen drei Maschinenräume wurden durch ein Mittellängsschott und ein Querschott so unterteilt, daß sich dadurch vier Maschinenräume und vier Getrieberäume ergaben. Diese zusätzliche Unterteilung der Maschinen- und Getrieberäume erhöhte die wasserdichte Unterteilung und brachte eine zusätzliche Verstärkung des Schiffskörpers mit sich. Wie Tabelle 5 (→ Seite 91) zeigt, erbrachte die neue Maschinenanlage eine gewaltige Gewichtsersparnis und eine merklich bessere Wirtschaftlichkeit.

Flugzeugausrüstung

Die Flugzeugausrüstung entsprach in den Einzelheiten der in *Malaya* eingebauten. Auf das Backdeck wurde ein *Typ D-II-H*-Katapult aufgebaut. Die Anlage war so beschaffen, daß vier Flugzeuge mitgeführt werden konnten; zwei auf dem Katapult, eines in jedem Hangar. Der neue Schornstein war schmaler und stand weiter voraus als vorher. Das erlaubte, die beiden Hangars dahinter und direkt nebeneinander aufzubauen, anstelle seitlich des Schornsteins.

Nach Fertigstellung wurde sie mit *Blackburn-Shark TSR*-Wasserflugzeugen ausgerüstet, vor Kriegsausbruch aber umgerüstet auf *Swordfish*-Wasserflugzeuge. Diese wurden wiederum 1940 durch *Walrus*-Amphibische Flugboote ersetzt.

Brücke und Aufbauten

Mit Ausnahme des vorderen Schutzdecks wurden die gesamten Aufbauten auf dem Backdeck durch eine Neukonstruktion ersetzt, von der die Turmbrücke die bemerkenswerteste war. Letztere folgte dem Vorbild von *Nelson* und *Rodney* und versprach einen guten Unterbau für die Feuerleitgeräte und die übrigen Waffenleitgeräte, außerdem bot sie mehr Raum und Schutz für das Brückenpersonal und die Ausrüstung. Auf das vordere Signaldeck wurde ein durch eine 7,62 cm und 5,08 cm nicht-zementierte Panzerung geschützter Gefechtsstand aufgebaut. Der Verbindungsschacht, der bis zum unteren Gefechtsstand im Zwischendeck reichte, saß an der vorherigen Stelle. Die hinteren Aufbauten waren den früheren ähnlich, aber zur Aufnahme des Katapultes verkürzt. Die Hangars und Mittschiffsaufbauten bildeten den Unterbau für die Flugzeugkräne, Pom-Pom-Lafetten und Beiboote.

Tabelle 3: Gewichtsangaben der Bewaffnung

	Vor Umbau	Nach Umbau
Drehgewicht der SA	3.140 ts	3.260 ts
Festgebauter Teil der SA	281 ts	281 ts
38,1 cm-Granaten und -Treibladungen	1.075 ts	1.059 ts
15,2 cm-Geschütze und -Lafetten	192 ts	129 ts
15,2 cm-Granaten und -Treibladungen	114 ts	74 ts
10,2 cm-Geschütze und -Lafetten	27 ts	55 ts
10,2 cm-Granaten und -Treibladungen	29 ts	95 ts
Pom-Pom Lafetten	–	67 ts
Pom-Pom Munition	–	126 ts
12,7 mm-Lafetten } 12,7 mm-Munition }	–	5 ts
Katapult	–	24 ts
Flugzeuge	57 ts	16 ts
Flugzeugtorpedos	–	2 ts
Bomben und Sprengmittel	–	22 ts
Bugschutzgeräte	2 ts	2 ts
Handwaffen, Salutgeschütze und zugehörige Munition	28 ts	40 ts
Artilleriehellegats	25 ts	7 ts
Gesamt	4.970 ts	5.264 ts

Tabelle 4: Gewichtsberechnungen der Panzerung

	Vor Umbau	Nach Umbau
33 cm-Gürtelpanzer	1.909 ts	1.909 ts
15,2 cm-Gürtelpanzer (H-Deck bis Oberdeck)	484 ts	484 ts
15,2 cm-Gürtelpanzer (unter H-Deck)	319 ts	319 ts
10,2 cm-Gürtelpanzer (unter H-Deck)	138 ts	138 ts
Zitadellschotte	315 ts	315 ts
Barbetten	1.166 ts	1.166 ts
Unterlagen des Gürtelpanzers	100 ts	100 ts
Bolzen	45 ts	45 ts
Batterieschutz (Oberdeck)	447 ts	105 ts
Batterieschutz (H-Deck)	123 ts	123 ts
Kommandoturm	339 ts	102 ts
Panzerdeck über vorderen Magazinen	–	206 ts
Panzerdeck über hinteren Magazinen	–	189 ts
Panzerdeck über Maschinenräumen	–	253 ts
Panzerdeck über Kesselräumen	–	456 ts
5,08 cm-Platten um 15,2 cm-Munitionsaufzüge	–	16 ts
Torpedoleitstand hinten und 15,2 cm-Visierblenden	46 ts	–
Gesamt	5.431 ts	5.980 ts

Warspite

Längsschnitt, mittschiffs,
nach 2. Umbau

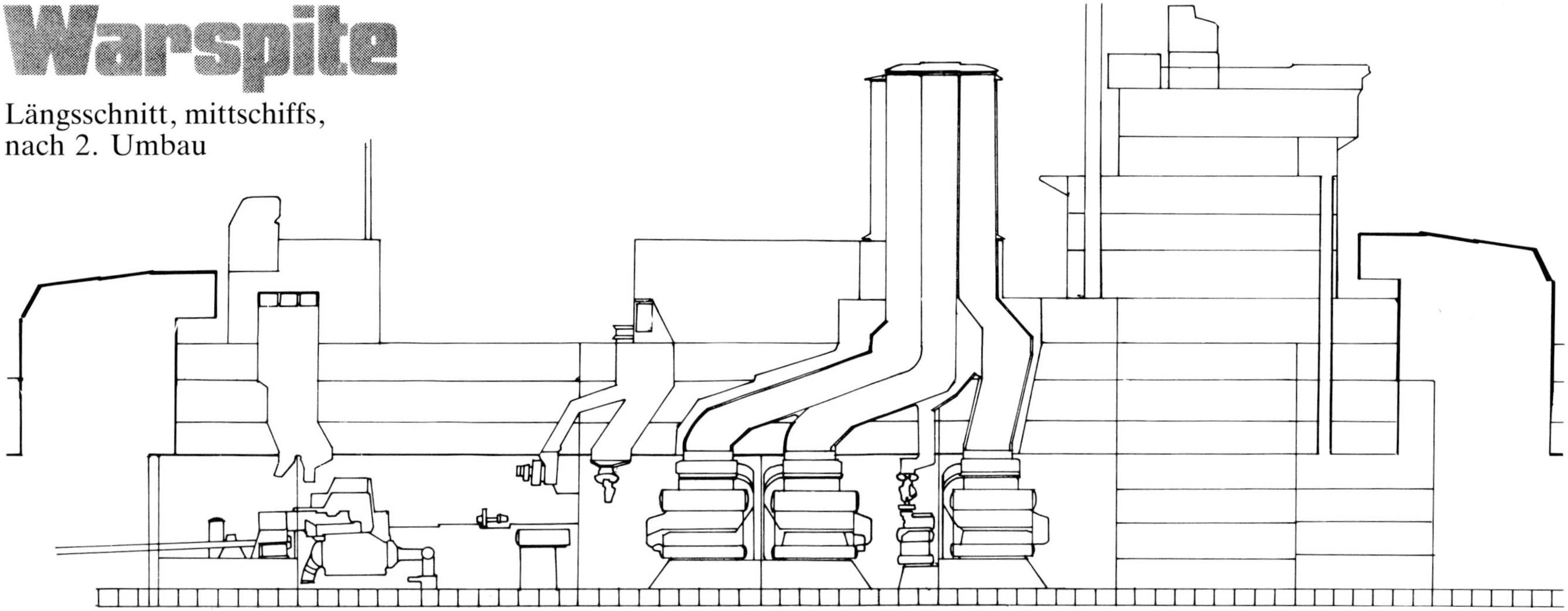

Warspite nach Umbau Juli 1937.

34

Allgemeine Änderungen

Der Hauptfunkempfangsraum befand sich im Hauptdeck unterhalb der hinteren Aufbauten, der zugehörige Senderaum im Hauptdeck unterhalb der Brücke. Der zweite Funksenderaum war im Plattformdeck unterhalb der Brücke und nahm die zweite Funkanlage und die Hilfsfunkanlage in sich auf. Die Hauptfunkantennen erstreckten sich zwischen Fockmast und Großmast, die zweite Antenne reichte von der Rückseite der Brücke zur vorderen Antennenrahe, die Hilfsantennen spannten sich zwischen den Seitenbrücken und der Vorkante Signalrahe. Die Antennen der Typ 75-Anlage saßen auf dem vorderen Seestern und die der Typ 7R-Anlage auf der Pom-Pom-Feuerleitplattform der hinteren Aufbauten.

Tabelle 5: Vergleich der Maschinenanlage vor und nach Umbau

	Vor Umbau	Nach Umbau
Leistung bei Dauerhöchstfahrt	75.000 WPS	80.000 WPS
Drehzahl/Welle bei Dauerhöchstfahrt	300 u/min	300 u/min
Brennstoffverbrauch bei Dauerhöchstfahrt	0,553 kg/WPS/h	0,340 kg/WPS/h
Brennstoffverbrauch bei Dauerhöchstfahrt	41 ts/h	26,8 ts/h
Fahrbereich bei 10 kn (unter Probefahrt bedingungen)	8.400 sm	14.300 sm
Reservespeisewasser-vorrat	497 ts	267 ts
Heizölvorrat	3.425 ts	3.735 ts
Gewichtsberechnungen:		
Maschinenraum-gewichte	1.737 ts	967 ts
Kesselraumgewichte	1.461 ts	900 ts
Propeller und Wellen	184 ts	184 ts
Werkstattmaschinen	24 ts	24 ts
Frischwasser-erzeugeranlage	29 ts	29 ts
Rudermaschinen-anlage	28 ts	28 ts
Luftverdichter	30 ts	19 ts
Dieselgeneratoren	60 ts	30 ts
Turbogeneratoren	45 ts	45 ts
CO_2-Anlage	49 ts	30 ts
Maschinenölvorrat	44 ts	44 ts
Gesamt	3.691 ts	2.300 ts

◀ Luftaufnahme der *Warspite* während ihrer Werftliegezeit und Reparatur in der Marinewerft am Puget Sound, USA, 1942.

Beide Anlagen, die Typ 75- und die Typ 7R-Anlage, waren Nahbereichsanlagen mit kombinierter Sende- und Empfangseinrichtung und hatten kleine Peitschenantennen. Eine Mittelfrequenz-Funkpeilanlage war in einem Raum in den hinteren Aufbauten installiert. Die Antenne befand sich auf dem Großmars. Das Schiff wurde auch mit einer Typ FH 3-Hochfrequenz-Peilanlage ausgerüstet, mit Bedienungsraum auf der Signalplattform und einer festen Antenne (diamantförmig getakelt) auf dem Kopf der Vorbramstenge. Trotz der vielfachen Umbildung der baulichen Struktur des Schiffes war die Stabilität nicht betroffen. Die gerechnete *Metazentrische Höhe* war leicht gesunken; bei Standardverdrängung auf 1,60 m, bei normaler Einsatzverdrängung auf 2,02 m.

Erprobungen: Ihre Probefahrten führte die *Warspite* im März 1937 durch. Die Leistung der Maschinenanlage erwies sich als zufriedenstellend, und während der Dauerhöchstfahrt am 15. März erreichte sie eine durchschnittliche Geschwindigkeit von 23,84 kn bei einer Leistung von 80250 WPS. Während der ersten Rudererprobungen gab es Schwierigkeiten mit der neuen elektro-hydraulischen Ruderanlage, da die Ruder dazu neigten, zu überdrehen, und die Kraft bei weitem nicht reichte, sie aus der Hartruderlage zurückzudrehen. Das Ergebnis davon war, daß das Schiff dazu neigte, einen Drehkreis zu fahren, weil das Ruder klemmte. Dann mußte die Fahrt so weit gedrosselt werden, bis das Ruder sich wieder legen ließ. Da die ursprünglichen Ruder behalten wurden, sah man als einzige Erklärung dieser Situation, daß die vorherige Dampfruderanlage mehr Leistung, als in der Konstruktion vorgesehen, aufbringen konnte. Um die Balance des Ruders zu verbessern, wurde seine Länge, von der Achse nach vorn, um 45,7 cm verringert. Das beseitigte das Problem jedoch nicht ganz. Man überlegte daher, den Entlastungsdruck der Hydraulik von 140,6 kp/cm^2 auf 168,7 kp/cm^2 zu vergrößern. Während der Ausführung dieser Arbeiten stellte man fest, daß die HD- und ND-Kupplungen der Innenwellen abnormal abgenutzt waren, während die der Außenwellen einwandfrei waren. Dieses wurde wahrscheinlich durch die Wechselwirkung der Innen- und Außenpropeller hervorgerufen, wenn das Schiff Drehkreise fuhr und dabei Vibrationen der Innenwellen zum Außenkreis hervorrief. (Wenn das Schiff andrehte, strömte das

Warspite

nach Umbau 1937: Seitenansicht Anfang 1943 und Decks mit angedeuteten nacheinander eingebauten Flak-Positionen

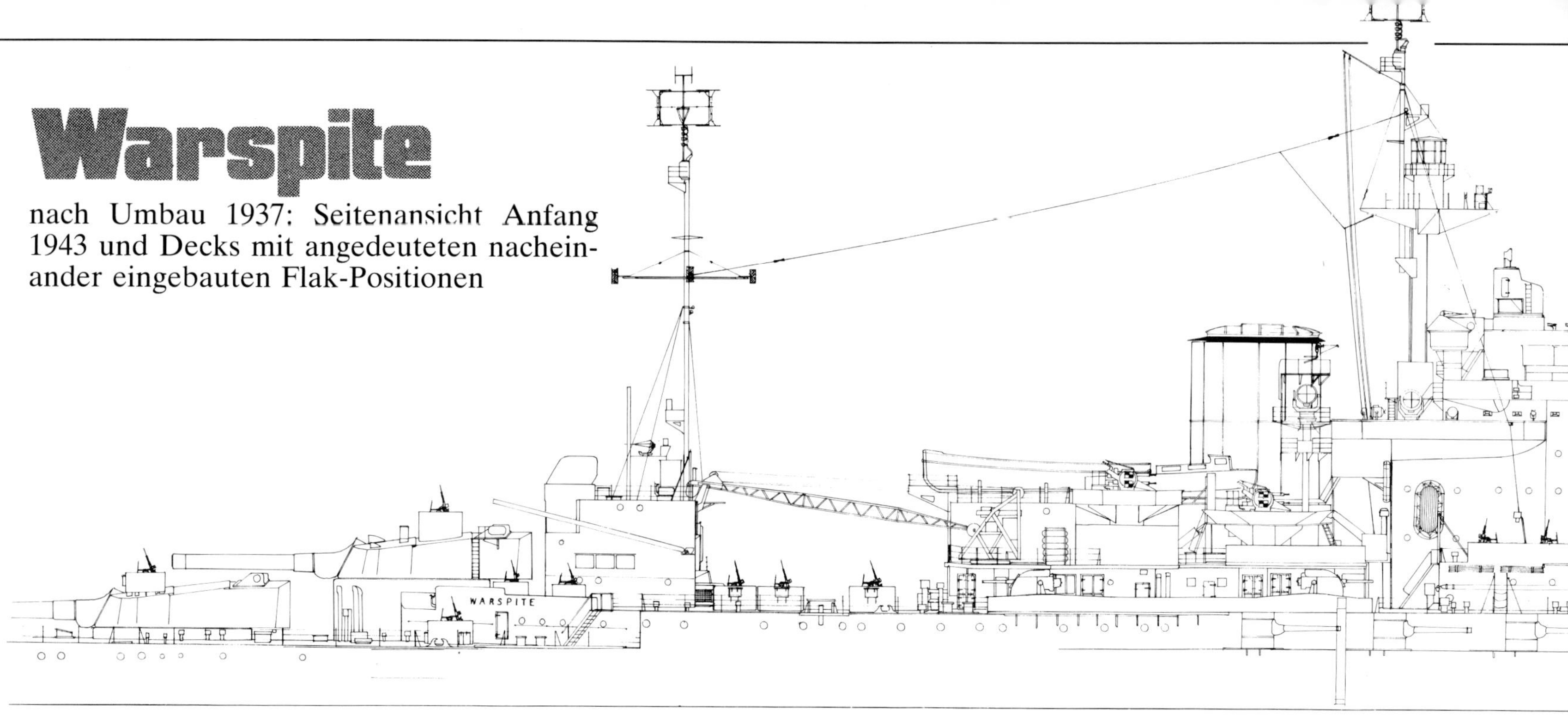

Flak-Positionen
Dezember 1941:
A 13 × 20 mm-Einzellafetten eingebaut einschließlich 3 auf dem Achterdeck
B 4 × 12,7 mm-MG ausgebaut
Herbst 1942:
C Einbau weiterer 2 × 20 mm-Einzellafetten
Juni 1943:
D Einbau weiterer 16 × 20 mm-Einzellafetten einschließlich 2 auf dem Turm „Y" und 2 auf dem Achterdeck
Juni 1944:
E Einbau von 4 × 20 mm-Doppellafetten, jedoch sind nur 2 Positionen feststellbar
Ausbau von 4 × 20 mm-Einzellafetten, es ist nicht klar von welcher Position, jedoch vermutlich von den Decken der Türme „A" und „Y"

Schutzdeck ▶
1 Hellegat
2 Allgemeine Leseräume
3 Fleischlast
4 Desinfektionsraum
5 Verbrennungsraum
6 Pom-Pom-Bereitschaftsmunition
7 10 t-Flugzeugkräne
8 Radarraum
9 Toiletten
10 Hellegat

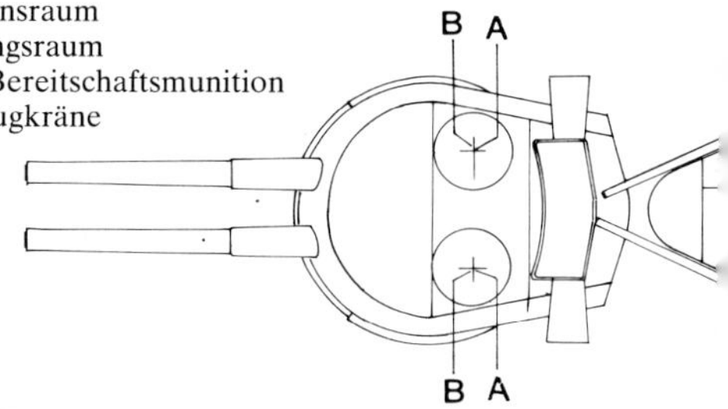

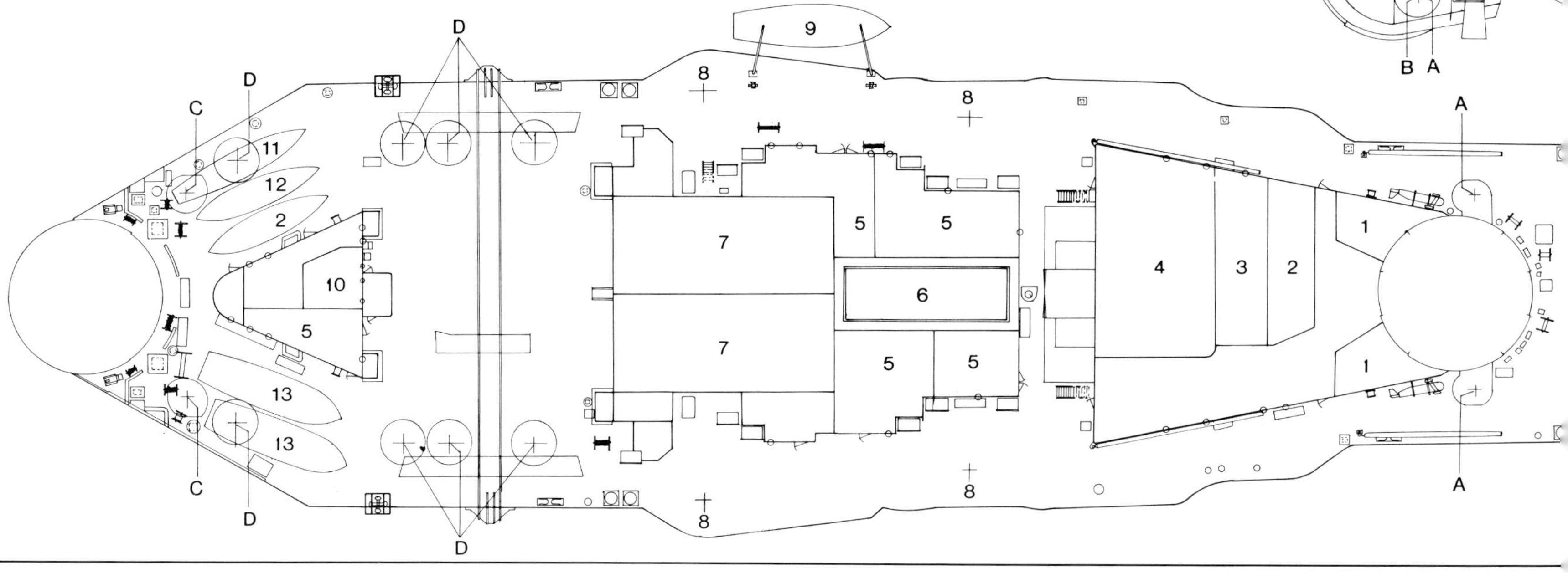

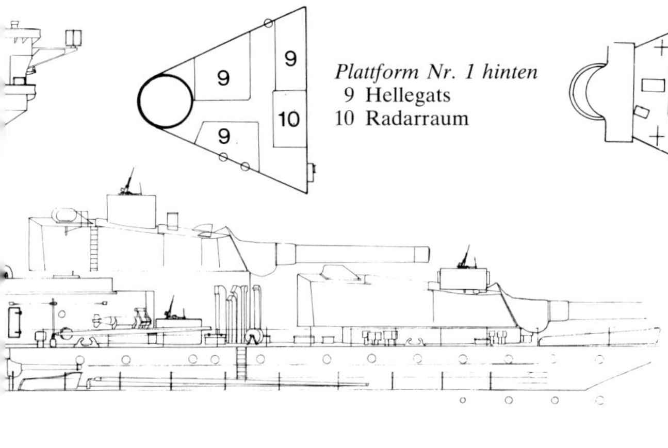

Plattform Nr. 1 hinten
9 Hellegats
10 Radarraum

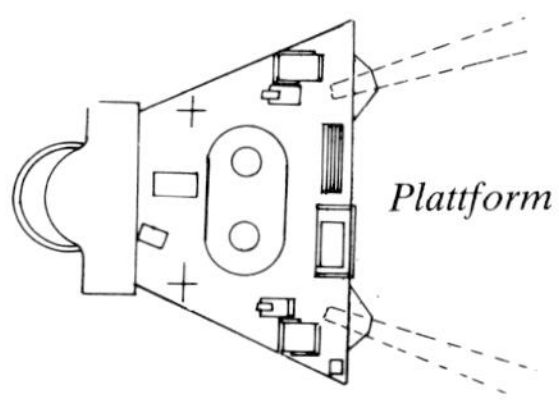

Plattform Nr. 2 hinten

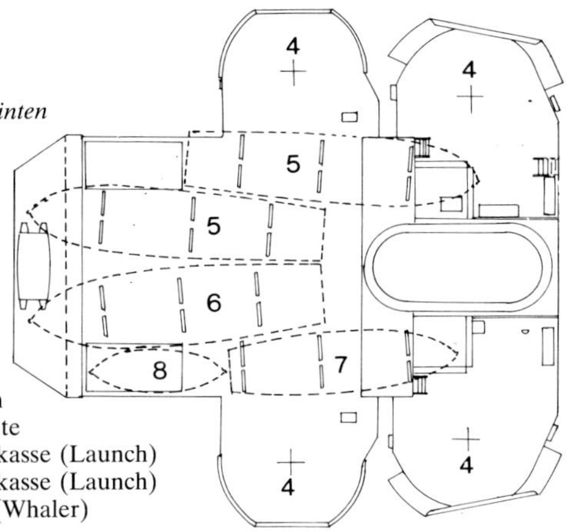

Bootsdeck ▶
4 Pom-Pom-Lafetten
5 13,72 m-Motorboote
6 13,72 m-Motorbarkasse (Launch)
7 10,67 m-Motorbarkasse (Launch)
8 6,1 m-Motorboot (Whaler)

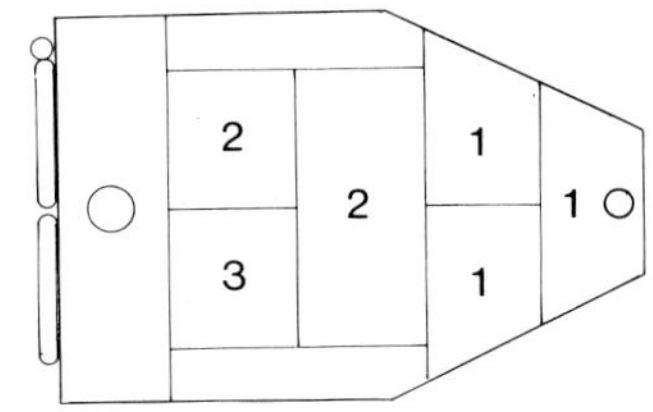

Plattform Nr. 1 vorn ▲
1 Kammern
2 Aufenthaltsräume für Portepeeunteroffiziere
3 Fähnrichsunterrichtsraum

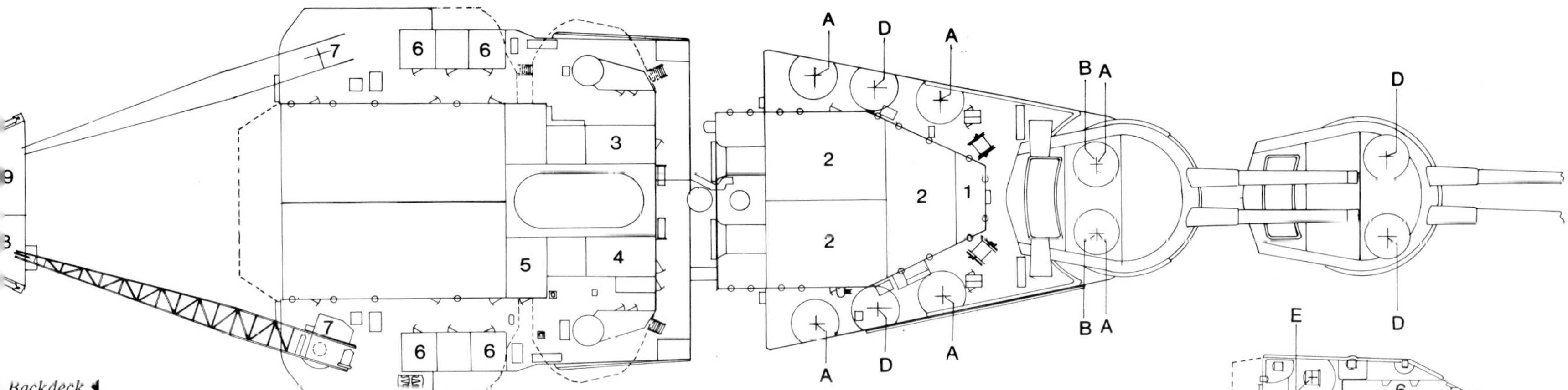

Backdeck ◀
1 Hellegats
2 Kochsküche
3 Hauptküche
4 Schiffskombüse
5 Werkstätten
6 Schornsteinhals
7 Flugzeughangars
8 10,2 cm-Luft/Seeziel-Doppellafetten
9 9,75 m-Rettungskutter
10 Toiletten
11 9,14 m-Ruderboot (Gig)
12 8,23 m-Boot (Whaler)
13 9,14 m schnelle Motorboote

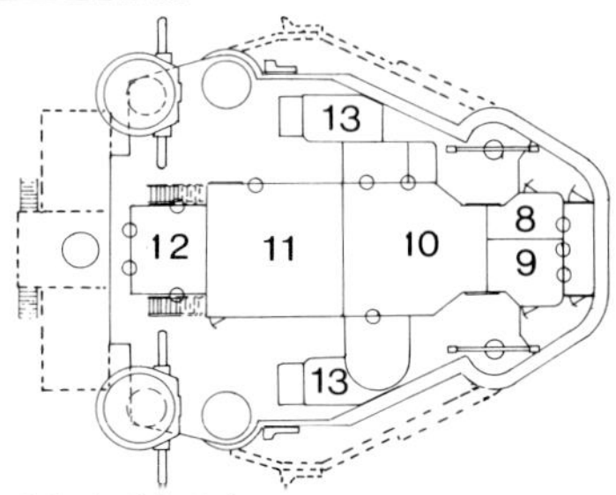

Admiralsbrücke
8 Admiralsschutzstand
9 Admirals-Kartenraum
10 Plottraum
11 Fernsteuerungsraum (Feuerleit)
12 Kommandanten-Seekabine
13 15,2 cm-Feuerleitstände

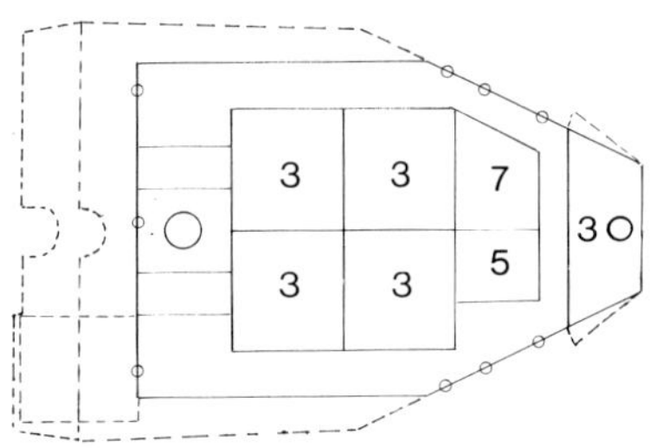

Plattform Nr. 2
3 Kammern
5 Radarraum
7 Funkpeilraum

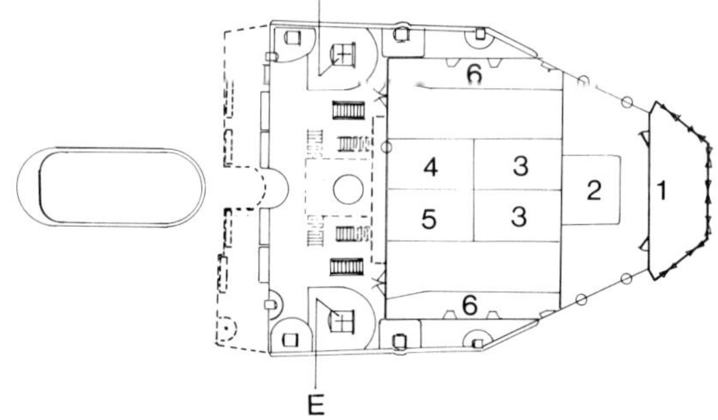

Kommandoturm- und Signalplattform
1 Schiffsführungsstand
2 Schlüssel (Chiffrier-)raum
3 Kammern
4 Signalraum
5 Radarraum
6 Uboot- und Signalbeobachtungsstände

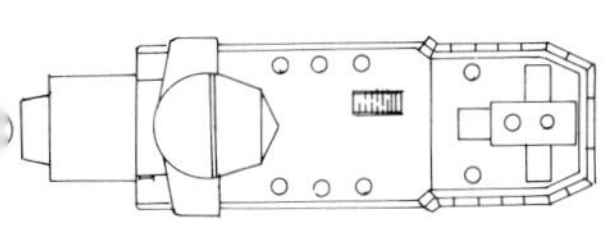

Obere Brücke und Kompaßplattform

Wasser, vom äußeren Propeller verwirbelt, nach außen weg und floß an der Außenseite des Drehkreises durch den Bereich des inneren Propellers.) Während man dieses Problem noch untersuchte, wurde nach folgendem Verfahren gefahren: Beim Legen des Ruders von über 5° und bei einer Wellendrehzahl über 200 u/min wurde im Drehkreis die Drehzahl der Außenwelle an der äußeren Seite des Drehkreises heruntergefahren. Zur Kontrolle dieser Anordnung wurden in den beiden Außen-Turbinenräumen spezielle Instrumente installiert, die auch eine Kontrolle von der Brücke ermöglichten. Das Problem wurde jedoch nie ganz beseitigt, und die Einschränkungen blieben, mit Ausnahme bei Gefahrenmanövern, in Kraft. Die Schießerprobungen wurden am 22., 23. und 24. März vor Spithead durchgeführt. Sie waren überwiegend zufriedenstellend, und folgende Fakten wurden bekannt:
Alle Türme konnten unter Gefechtsbestreichungswinkeln mit 30° Rohrerhöhung abgeschossen werden, ohne daß größere Schäden an den Aufbauten festgestellt wurden. (Die Winkel wurden von voraus gemessen; wenn die Türme direkt voraus schossen, hatten sie 0°, beim Schießen nach achteraus 180°.) Der Gefechtswinkel für Turm „A" und „B" war 140°, für Turm „X" und „Y" 40°.
Die Feuerleitstände auf der Brücke (für die MA und Flawaffen sowie die 2,74 cm-EMeß-Geräte) mußten verlassen werden, wenn Turm „B" mit 30° Rohrerhöhung unter einem Winkel von mehr als 115° schoß.
Um eine Beschädigung der Flugzeuge auf dem Katapult zu vermeiden, war die Drehbegrenzung für Turm „B" 130° und 80° für Turm „X". Wenn die Flugzeuge im Hangar waren, war die Begrenzung für Turm „X" 70°.

Der äußerste Winkel und die größte Erhöhung, mit denen Turm „B" bei den Erprobungen schoß, waren 135° und 25°. Nur das rechte Geschütz wurde abgeschossen. Der Mündungsdruck zerstörte die Spiegeloptik und das Frontglas des Stb-91,4 cm-Scheinwerfers auf der Brücke. Alle vorherigen Schüsse verursachten nur geringfügige Schäden, wie gebrochene

Einzelheiten der WARSPITE, 1930 bis 1946

Verdrängung:

1933:	Standardverdrängung	31.446 ts
	Einsatzverdrängung	36.372 ts*
1937:	Standardverdrängung	31.315 ts
	Einsatzverdrängung	36.450 ts*

* Einschl. 815 ts Wasser in den Schutzwasserabteilungen.

Abmessungen:
Länge und Breite wie vorher angegeben
Tiefgang (1937)

Einsatzverdrängung, vorn	10,31 m
Einsatzverdrängung, hinten	9,86 m
Standardverdrängung, vorn	8,86 m
Standardverdrängung, hinten	8,69 m

Bewaffnung (1937–1946):
8 × 38,1 cm-Mk I in 4 Doppellafetten Mk I (N)
8 × 15,2 cm-Mk XII in Einzellafetten P IX (1944 ausgebaut)
8 × 10,2 cm-Mk XVI in 4 Luft/Seeziel-Doppellafetten Mk XIX
32 × 2 Pdr-Mk VIII in 4 Lafetten Mk VI
16 × 12,7 mm-MG-Mk III in 4 Lafetten Mk II (1941 ausgebaut)
11 × 20 mm-Oerlikon-Einzellafetten 1941 zusätzlich eingebaut
4 × 20 mm-Oerlikon-Einzellafetten 1942 zusätzlich eingebaut
16 × 20 mm-Oerlikon-Einzellafetten 1943 zusätzlich eingebaut
4 × 20 mm-Oerlikon-Einzellafetten 1944 ausgebaut
4 × 20 mm-Oerlikon-Doppellafetten 1944 eingebaut
Total (1945): 35 × 20 mm-Oerlikon (27 × 1 und 4 × 2)
4 × 3 Pdr-Salutgeschütze-Mk I (1939 ausgebaut)

Munitionsvorrat:

38,1 cm	= 100 Schuß/Geschütz; 6 Schrapnell/Geschütz
15,2 cm	= 150 Schuß/Geschütz
10,2 cm	= 250 Schuß/Geschütz; 250 Leuchtgranaten/Schiff
2 Pdr	= 750 Schuß/Geschütz
12,7 mm	= 2.500 Schuß/Geschütz
3 Pdr (Salut)	= 64 Schuß/Geschütz

Feuerleitanlagen:

SA	= 1 Feuerleitturm 1 Dreibein-Feuerleitgerät 1 Admiralitäts-Feuerleitplott Mk VII
MA	= 2 Standvisier-Richtgeräte 2 Admiralitätssalvengeber Mk VI
Luft/Seeziel	= 2 Flakleitgeräte Mk III
Nahbereichs-Flak	= 4 Pom-Pom Leitgeräte Mk I**

EMeßGeräte:
2 × 9,14 m in Turm „B" und „X"
6 × 4,57 m im gepanzerten Hauptfeuerleitturm, im Feuerleitstand hinten, in Flakleitgeräten und in Turm „A" und „Y"
2 × 2,74 m auf der Admiralsbrücke

Scheinwerfer und Signalgeber:
2 × 1,12 m am Schornstein
2 × 91,4 cm (1944 ausgebaut)
4 × 45,7 cm
4 × 25,4 cm auf der Signalbrücke

Panzerung: Wie 1918, außer

Mitteldeck	12,7 cm (10,2 cm nicht-zementiert + 2,5 cm hochelastisch) über den Magazinen 8,9 cm (6,35 cm nicht-zementiert + 2,55 cm hochelastisch) über den Maschinenräumen
Hauptdeck, vorn	7,94 cm (4,76 cm + 3,18 cm)
15,2 cm-Batterie	5,08 cm nicht-zementiert
Kommandoturm	7,62 cm an den Seiten und an der Front 5,08 cm Rückseite (alles nicht-zementiert)
Verbindungsschacht	10,2 cm + 7,62 cm nicht-zementiert
Hinterer Leitstand	10,2 cm
Hinterer Leitstand-unterbau	15,2 cm + 5,08 cm

Maschinenanlage:
Parsons-Getriebeturbinen mit einfacher Untersetzung
4 Wellen, 80.000 WPS ≙ 23,5 kn bei 300 u/min/Welle
Maximale Dauerhöchstgeschwindigkeit = 22,5 kn bei 72.000 WPS
6 Admiralitäts-3 Trommel-(engrohrige)Wasserrohrkessel

Brennstoff und Fahrbereich:
Heizöl 3.501 ts, Dieselkraftstoff 208 ts

Zustand*	Geschwindigkeit	Leistung	Brennstoffverbrauch	Fahrbereich
mit sauberem Boden	12 kn	7.400 WPS	5 ts/h	7.579 sm
6 Monate nach letztem Docken	12 kn	9.900 WPS	6,5 ts/h	5.830 sm

* Berechnung von 1936:
Die obigen Daten basieren auf Werten bei Beginn, mit Einsatzverdrängung, mit 95% Heizölfüllung (3.509 ts) und 5% Rückstand sowie weiteren 5% bei schlechtem Wetter, womit zum Verbrauch 3.158 ts verblieben.

Schweißnähte an Entlüftungsschächten und gebrochene Lampenfassungen.

Während der Erprobungen wurden auch Erfahrungen mit Schornsteinrauch gemacht, der durch die Kesselschächte nach unten zog.

Kriegsmodifizierungen

Zwischen Ende des Umbaues und der Reparaturen nach ihrem Kretaeinsatz 1941 erhielt die *Warspite* keine allgemeinen Modernisierungen mehr. Während dieser Werftliegezeit, die zwischen Juni und Dezember 1941 in den USA durchgeführt wurde, erfuhr sie folgende Änderungen und Erweiterungen:
Bewaffnung: Ausbau der 4 × 12,7 mm-MG-Lafetten und Einbau von 11 × 20 mm-Oerlikon-Einzellafetten.
Radar: Ein Radar Typ 281-Senderaum wurde in den hinteren Stb-Teil der Brückenplattform Nr. 2 und der Empfangsraum in den hinteren Aufbauten eingebaut. Die Antennen der Typ 281-Geräte kamen auf den Fockmast und Großmast.
Einbau eines Radarraumes für Typ 284 in den Hochfrequenz-Peilraum auf dem Signaldeck. Die Antenne kam auf den Hauptfeuerleitstand.
Einbau eines Radargerätes Typ 271 mit Antenne auf dem Seestern des Fockmastes.
Einbau von zwei Typ 285-Radargeräten mit zugehörigen Räumen an der Rückseite der Admiralsbrücke (Stb und Bb), die Antennen kamen auf die Flakleitgeräte.
Einbau von vier Radargeräten Typ 282 auf den Pom-Pom-Leitgeräten.
Einbau einer Mittelfrequenz-Peilanlage Typ FM 2 mit zugehörigem Raum auf der Brückenplattform Nr. 2. Der Peilrahmen wurde an der Vorkante Kompaßplattform installiert.
Brückenumbau: Das Signaldeck wurde um 2,13 m nach hinten erweitert. Die Admiralsbrücke wurde verbreitert, vorne verblendet und mit Fenstern versehen.
Seitlich vom Schornstein wurden Ausguckstände eingebaut.
Seitlich der 10,2 cm-Doppellafetten, an den äußeren Enden des Backdecks, wurden Stahlblenden eingebaut.

Während sie 1942 zur *Fernost-Flotte* gehörte, erhielt sie zusätzlich 4 × 20 mm-Oerlikon-Einzellafetten. Das Radargerät Typ 271 wurde durch den Typ 273 ersetzt. Im März 1943 kehrte sie in die Heimat zurück und wurde zwischen Mai und Juni für den Einsatz im Mittelmeer ausgerüstet. Zusätzlich wurden 16 × 20 mm-Oerlikon-Einzellafetten eingebaut. Die Flugzeuge und das Katapult mit seiner Ausrüstung wurden ausgebaut. Der Stb-Flugzeughangar wurde zu einem Kino umgebaut. Im September 1943 wurde die *Warspite* vor Salerno durch eine Gleitbombe schwer beschädigt. Die Reparaturen wurden in Malta, Gibraltar und Rosyth durchgeführt. In der letzten Werft wurde sie vermutlich für den Einsatz als Bombardementschiff im Rahmen der Operation OVERLORD hergerichtet. Folgende Änderungen und Erweiterungen wurden durchgeführt:
Ausbau von 4 × 20 mm-Einzellafetten und Einbau von 4 × 20 mm-Oerlikon-Doppellafetten.
Das Radar Typ 284 wurde durch den Typ 274 ersetzt. Zwei Sperrfeuerleitgeräte mit Typ 283-Radar wurden auf den hinteren Aufbauten eingebaut.
Einbau eines Typ 650 FK-Störsenders.
Ausbau der 15,2 cm-Geschütze. Die Geschützpforten wurden dichtgesetzt, um Gewicht zu sparen, den Restauftrieb zu vergrößern und mehr Platz für Messen und Waschräume zu schaffen.
Ausbau der 2 × 91,4 cm-Scheinwerfer vom Signaldeck (sie wurden durch 2 × 20 mm-Doppellafetten ersetzt).
Anfang 1945 wurde die *Warspite* in den Reservestatus „C“ versetzt.

Warspite Ende 1942.

Queen Elizabeth und Valiant, 1930 bis 1946

Zwischen Abschluß Wulstanbau und 1937, wo sie zum Umbau in die Werft gingen, erhielten beide Schiffe einige Modifizierungen. Diese Änderungen waren folgende:

Queen Elizabeth

1930: Einbau einer Flakfeuerleitanlage mit Flakleitgerät Mk I auf dem Vormars. Ausbau der zwei hinteren UTR und Unterteilung dieser Räume. Die Mittelfrequenz-Funkpeilanlage mit zugehöriger Antenne wurde durch eine neue Anlage ersetzt, der Aufstellungsort blieb der gleiche.
1934: Abbau der Flugzeugstartbühne von Turm „B“.
1936: Einbau von zwei Pom-Pom-Lafetten Mk VI auf der Kommandoturmplattform. Einbau von zwei Pom-Pom-Leitgeräten auf einer neuen Plattform seitlich unterhalb des Vormars. Einbau von 2 × 12,7 mm-MG-Lafetten (eine Mk II und eine Mk II*) auf den hinteren Aufbauten.

Valiant

~ *1932/33:* Einbau einer zweiten Pom-Pom-Lafette Mk V an der Bb-Seite der Kommandoturmplattform sowie eines zweiten Pom-Pom-Leitgerätes.
1933: Abbau der Flugzeugstartbühne von Turm „B“.
1936: Einbau von 2 × 12,7 mm-MG-Lafetten Mk II*.

Umbau 1937 bis 1941

Der Umbau von *Queen Elizabeth* und *Valiant* ähnelte dem der *Warspite*, aber er beinhaltete einige Neuigkeiten. Die wichtigsten davon waren die unterschiedliche Anordnung der Maschinenanlage und die Verwendung von 11,4 cm-Zwischendeck-Doppellafetten anstelle der ursprünglichen MA. Diese beiden Unterschiede folgten dem Vorbild der *Renown*. Da die *Queen Elizabeth* jedoch kürzer war, ergaben sich größere Schwierigkeiten, den benötigten Raum für die 11,4 cm-Magazine zu finden. *Valiant* ging am 1. März 1937 nach Devonport in die Werft. Die *Queen Elizabeth* ging am 11. August 1937 nach Portsmouth in die Werft. Den Umbau betreffende Tabellen 6, 7 und 8 siehe (→ Seite 98).

Bewaffnung

Wie bei der *Warspite* wurden die 38,1 cm-Türme ausgebaut und für die Verwendung der neuen 38,1 cm-Granaten und auf eine Rohrerhöhung von 30° modifiziert. Die gesamte 15,2 cm-Bewaffnung wurde einschließlich Ausrüstung und Schutzeinrichtungen ausgebaut. Die Öffnungen wurden dichtgesetzt. Das erhöhte natürlich die Wasserdichtheit des Schiffes über dem Oberdeck und vergrößerte den Restauftrieb. Anstelle dieser Geschütze wurden 10 × 11,4 cm-Luft/Seeziel-Geschütze in Doppellafetten eingebaut, die in einer viereckigen Anordnung Aufstellung fanden, ähnlich wie auf der *Renown*. Jeweils drei standen an jeder Seite des vorderen Backdecks und zwei jeweils an

Oben: *Valiant* nach Umbau Ende 1939.

Unten: *Queen Elizabeth* Januar 1941 in Rosyth im Trockendock. Sie befindet sich in der Endausrüstung. Im dahinterliegenden Dock ist die *Prince of Wales* erkennbar.

Eine Seitenansicht der *Queen Elizabeth*. Ihr Aussehen kurz vor dem großen Umbau. Die dunklen Erhöhungen auf den hinteren Aufbauten sind 12,7 mm-MG-Lafetten.

jeder Seite des hinteren Oberdecks. Das Backdeck wurde im hinteren Teil an jeder Seite etwas verkürzt, um die hinteren 11,4 cm-Türme so unterbringen zu können, daß sie nicht vom Flugzeug-Katapult oder dem Mündungsdruck der Geschütze der Türme „X" und „Y" behindert wurden. Der Ausbau der 15,2 cm-Bewaffnung erfolgte nicht ohne gewisse Bedenken. Obgleich von begrenztem Wert gegen Flugzeuge, die Feuerkraft gegen Überwasserziele war mit Sicherheit größer als die der 11,4 cm-Geschütze, weil die Abwehrkraft der schwereren Geschosse größer war. Immerhin wurde festgestellt, daß dieser Nachteil im Hinblick auf die Wichtigkeit der Flugzeugabwehr akzeptabel war, und die größere Verstärkung für die Luftabwehr lag hier zweifellos im Einbau der 11,4 cm-Geschütze. Die vorderen 15,2 cm-Magazine wurden zur Aufnahme der Munition für die vorderen 11,4 cm-Geschütze geändert. Die Magazine der hinteren 11,4 cm-Geschütze wurden im hinteren Teil des ursprünglichen Maschinenraumes, in Höhe des Zwischendecks, eingebaut. Die Nahbereichsbewaffnung war der auf der *Warspite* gleich. Sie bestand aus 4 Pom-Pom-Lafetten Mk VI, um den Schornstein aufgestellt, und 4 × 12,7 mm-MG-Lafetten Mk III; zwei auf Turm „B" und zwei auf Turm „X". Die Feuerleitausrüstung war ähnlich wie auf *Renown*, aber die Stb- und Bb-Luft/Seeziel-Feuerleitgeräte wurden enger zusammengesetzt, indem man sie in gestaffelte Höhen stellte und somit ermöglichte, daß die EMeßGeräte sich überlappten. Die beiden vorderen und hinteren Bb-Feuerleitgeräte standen niedriger als die auf Stb-Seite. Die vorderen UTR wurden ausgebaut, die Räume unterteilt. Die Flugzeugausrüstung war wie auf der *Renown*.

Panzerung

Der vorgesehene Decksschutz glich dem auf der *Warspite*, 10,2 cm nicht-zementiert über den Magazinen und 6,35 cm nicht-zementiert über den Maschinenanlagen. Zur Beseitigung folgender Schwachstellen wurde erwogen, den Schutz zu ändern:

Steilfeuergeschosse könnten das Mitteldeck zwischen Gürtelpanzer und zusätzlichem Decksschutz treffen.

Bomben könnten bis zum Mitteldeck durchschlagen und in den Außenräumen detonieren, ohne – außer den normalen Stahldeckskonstruktionen – einen Horizontalpanzer zu durchdringen.

Ein Geschoß konnte nach Durchtritt der nur 10,2 cm-Turmpanzerung den Unterbau der Barbette durchschlagen.

Die Alternativvorschläge für die Deckspanzerung waren:

Anstelle im Mitteldeck, Einbau der gleichen Panzerstärke im Hauptdeck.

Erweiterung des Panzerdecks, 1,52 m seitlich über die Torpedoschotte hinaus. Reduzierung der Panzerstärke des Mitteldecks über den Magazinen, von 10,2 cm auf 6,35 cm und Einbau einer 12,7 cm-Panzerung über den Magazinen in der vollen Breite des Oberdecks.

Tabelle 6: Gewichtsangaben vor und nach Umbau (QUEEN ELIZABETH)

	Vor Umbau		Nach Umbau	
	Einsatzverdrängung	Standardverdrängung	Einsatzverdrängung	Standardverdrängung
Bewaffnung	5.107,6 ts	5.107,6 ts	5.704 ts	5.704 ts
Maschinenanlage	3.765 ts	3.765 ts	2.280 ts	2.280 ts
Ausrüstung, allgemein	1.256,7 ts	944,1 ts	1.343 ts	1.057 ts
Panzerung	5.400 ts	5.400 ts	6.017 ts	6.017 ts
Schiffskörper und Stahlschutzplatten	16.578 ts	16.578 ts	17.124 ts	17.124 ts
Heizöl	3.417 ts		3.581 ts	
Reservespeisewasser	492 ts		316 ts	
Gesamt	36.006,3 ts	31.794,7 ts	36.365 ts	32.182 ts

Tabelle 7: Gewichtsangaben der Bewaffnung (QUEEN ELIZABETH)

	Vor Umbau	Nach Umbau
Drehgewicht der SA	3.200,5 ts	3.260 ts
Festeingebautes Gewicht der SA	275,4 ts	260 ts
38,1 cm-Granaten und -Treibladungen	1.086 ts	1.056 ts
15,2 cm-Geschütze und -Lafetten	192 ts	–
15,2 cm-Granaten und -Treibladungen	112 ts	–
11,4 cm-Geschütze und -Lafetten	–	418 ts
11,4 cm-Munition (einschl. Bereitschaftsmunition)	–	375 ts
10,2 cm-Geschütze und -Lafetten	26,8 ts	–
10,2 cm-Munition	29,3 ts	–
2 Pdr Pom-Pom und Lafetten	31,3 ts	64 ts
2 Pdr-Munition	48 ts	115 ts
2 Pdr-Bereitschaftsmunition	–	18 ts
12,7 mm-MG	2,3 ts	6 ts
12,7 mm-Munition	2 ts	4 ts
Katapult	–	34 ts
Flugzeuge	–	21 ts
Torpedos	59 ts	3 ts
Bomben und Sprengmaterial	–	17 ts
Wasserbomben	–	4 ts
Bugschutzgeräte	3 ts	2 ts
Handwaffen	23,9 ts	37 ts
Zünder, Hellegats und Artillerielasten	15,1 ts	10 ts
Gesamt	5.107,6 ts	5.704 ts

Tabelle 8: Gewichte der Panzerung (QUEEN ELIZABETH)

	Vor Umbau	Nach Umbau
33 cm-Gürtelpanzer	1.909 ts	1.909 ts
15,2 cm-Gürtelpanzer	484 ts	484 ts
15,2 cm-Gürtelpanzer (unterhalb H-Deck)	319 ts	319 ts
10,2 cm-Gürtelpanzer (unterhalb H-Deck)	138 ts	138 ts
Zitadellschotte	315 ts	315 ts
Barbetten	1.166 ts	1.166 ts
Panzerhinterlage	100 ts	100 ts
Panzerbolzen	45 ts	45 ts
Batterieschutz (Oberdeck)	445 ts	–
Batterieschutz (H-Deck)	123 ts	114 ts
Hinterer Feuerleitstand und 15,2 cm-Kuppeln	17 ts	–
Kommandoturm	339 ts	52 ts
H-Deck über dem weichen Vorschiff	–	108 ts
Mitteldeck über vorderen Magazinen	–	259 ts
Mitteldeck über Maschinenräumen	–	624 ts
Mitteldeck über hinteren Magazinen	–	312 ts
Gepanzerter Unterbau des hinteren Leitstandes	–	17 ts
38,1 cm-Feuerleitstand hinten (ehemal. Kommandoturm vorn)	–	55 ts
Gesamt	5.400 ts	6.017 ts

Belassen des vorgesehenen 6,35 cm-Panzers im Mitteldeck über den Maschinenräumen. Einbau eines 3,8 cm-Panzers im Mitteldeck über den Magazinen mit einer Ausdehnung von 1,52 m über die Torpedoschotte hinaus, und Einbau eines 10,2 cm-Panzers im Oberdeck über den Magazinen.

Allerdings wurde keiner dieser Vorschläge akzeptiert, wahrscheinlich weil dadurch das Toppgewicht vergrößert und die Stabilität verringert worden wären. Die Panzerungsanordnung der *Warspite* wurde übernommen, und mit der zusätzlichen 5,08 cm- bis 3,8 cm-Panzerung über den weichen vorderen Enden des Hauptdecks, zwischen dem vordersten Zitadellschott und der Barbette „A", versehen.

Maschinenanlage

Die Anordnung der Maschinenanlage und ihre allgemeine Auslegung folgte einem Vorschlag des *E in C,* anstelle von sechs Kesseln wie auf der *Warspite*, acht Kessel einzubauen. Alle vier ursprünglichen Kesselräume wurden benötigt, aber in ihrer Breite durch den Einbau neuer Seitenschotte von 17,07 m auf 9,75 m reduziert. Die sich dadurch ergebenden Seitenräume wurden durch den Einbau weiterer Decks und Schotte noch weiter unterteilt, daß sich die Anzahl der wasserdichten Räume pro Kesselraum von einem auf fünf erhöhte. Es wurde kein Mittellängsschott eingebaut wie auf der *Warspite*, jeder der Kesselräume erhielt daher zwei Kessel anstelle nur eines Kessels. Die Seitenräume wurden benutzt als Reservespeisewasserzellen sowie zur Unterbringung von Turbo-, DiGeneratoren und Luftverdichtern. Wie auf der *Warspite* wurden die direkt geschalteten Turbinen durch Getriebeturbinen der Bauart Parsons ersetzt. Geändert wurde jedoch die Maschinenaufstellung. Die ursprünglichen Maschinenräume wurden durch den Einbau von zwei Querschotts in drei Gruppen unterteilt; diese dann nochmals durch ein Mittellängsschott halbiert. Die vorderste Gruppe bildete die vier Turbinenräume, die mittlere die vier Getrieberäume, und die hintere nahm die 11,4 cm-Magazine auf, außerdem die Hilfsmaschinenräume, Heizölbunker und die Wellentunnel. Die Hilfsmaschinen entsprachen den auf *Renown* eingebauten.

Brücke und Aufbauten

Die Aufbauten über dem Backdeck wurden komplett umkonstruiert, man folgte hier dem Beispiel der vorherigen Umbauten. Die Anordnung der Brücke glich der *Renown*, wich aber in Einzelheiten ab und war etwas größer. Um die Rauchbelästigung der Brücke, der Kesselraumluftschächte und der hinteren Aufbauten zu beseitigen, wurde der Schornstein, im Gegensatz zur *Warspite*, von der Brücke weiter weg nach hinten gesetzt und erhöht. Zusätzlich wurden in den Schornstein sogenannte „Luftdüsen" eingebaut, die die Rauchgase senkrecht, so weit wie möglich, nach oben blasen sollten, bevor sie dann horizontal und nach unten weiterzogen. Es ist anzunehmen, daß die Luftdüsen durch Luftverdichter betätigt wurden, weil es keine äußeren Anzeichen gab, daß die Anlage auf natürlichem Wege betrieben wurde, was jedenfalls unzuverlässig wäre. Da der Schornstein jetzt weiter nach hinten stand, wurden die Hangars, etwas dahinter, wie auf *Warspite*, seitlich aufgebaut. Dadurch kam das Katapult weiter nach vorn, und die hinteren Aufbauten konnten vergrößert werden. *Queen Elizabeth* erhielt einen Dreibein-Fockmast und einen Dreibein-Großmast, *Valiant* einen Dreibein-Fockmast, aber einen Pfahl-Großmast.

Fertigstellung und Probefahrten

Der Umbau der *Valiant* war am 25. November 1939 abgeschlossen, und im Dezember ging sie

Queen Elizabeth zu Probefahrten auslaufend Rosyth im Februar 1941.

zu Probefahrten in See. Die erste 2-Std-Dauerhöchstfahrt am 11. Dezember brachte folgende Ergebnisse:

Verdrängung	36000 ts
Tiefgang vorn	9,75 m
Tiefgang hinten	9,98 m
durchschnittliche Wellendrehzahl	296 u/min
durchschnittliche Leistung	80620 WPS
Heizölverbrauch = 0,427 kg/WPS/h ≙	28,2 ts/h
Anzahl der Überläufe (in der Meile)	6
Schnellster Überlauf = 298 u/min/Welle ≙	80870 WPS
Wetterlage: Windstärke	4
See	2–3

Die Geschwindigkeit wurde nicht festgestellt, weil die Kriegsbedingungen es erforderlich machten, daß im Zickzack und ohne Fahrtmeßanlage gefahren wurde. Hinzu kam, das Schiff hatte einen bewachsenen Boden, da es seit drei Monaten aus dem Dock war, außerdem waren die Bugschutzgeräte ausgebracht. Bei späteren Erprobungen erreichte sie 80314 WPS. Am 11. Dezember wurden auch die Schornsteinluftdüsen unter Aufsicht eines der Konstrukteure, Mr. Purvis, erprobt. Er erstellte folgenden Bericht:

„Während der Ausfahrt kam der Wind von achtern, und es wurde zwischen mir und dem Kommandanten, der mich bei der Durchführung der Versuche sehr unterstützte, ausgemacht, das Schiff um 1300 Uhr in den Wind zu drehen. Um 1300 Uhr kam ein Funkspruch, der das Schiff nach Portland zurückbeorderte. Der Kommandant entschied, daß er die Versuche nicht fortsetzen könne. Trotzdem versuchte ich, die Düsen zu erproben, als der Wind 30° über den Bug mit einer relativen Geschwindigkeit von 12,19 m/sek bis 18,29 m/sek kam. Waren die Düsen nicht in Betrieb, zog ein Teil des Schornsteinrauches an der Luvseite über die Schornsteinkante, entlang der vorderen Hälfte des Schornsteins und wurde dann entlang der Schornsteinoberkante nach hinten gerissen. Mit Erreichen der Rückseitenkante des Schornsteins wurde der Teilstrom einige Fuß*) nach unten gedrückt und kehrte dann wieder in den allgemeinen Rauchstrom zurück. Waren die Düsen in Funktion, traten diese Erscheinungen nicht auf. Der Rauch trat senkrecht aus dem Schornstein, und nichts verließ den Hauptstrom. Erst nach großer Distanz schlug der Hauptstrom auf die Wasseroberfläche nieder. In beiden Fällen waren die Hangartore geschlossen. Für kurze Zeit, kurz bevor das Schiff um 1300 Uhr in den Wind drehte, machte es Rauch, aber es trat nichts in die Kesselraumluftschächte, wie auf der *Warspite*; der Rauch schlug erst hinter dem Schiff nieder. Auf Grund dieser kurzen Feststellungen steht fest, daß die Schwierigkeiten auf der *Valiant* (ohne Düsen) wesentlich geringer waren als auf der *Warspite*, vermutlich durch den erhöhten Schornstein und die größere Entfernung zwischen der Brücke und dem Schornstein."

Rudermanöver ergaben, daß die Ruder, auf Grund der Erfahrungen bei der *Warspite* modifiziert, immer noch überbalanciert waren. Auch hier traten Schwierigkeiten durch die Wechselwirkung der Innen- und Außenpropeller auf, und wie bei der *Warspite* wurden

Bugansicht der *Valiant* nach Umbau am 5. Mai 1943. Beachte die gestaffelten Höhenpositionen der Flakleitgeräte.

*) Anmerkung des Übersetzers: Fuß; anglo-amerik. Maß (1 Fuß ~ 30,5 cm).

Auflagen hinsichtlich des Ruderlegens bei hohen Fahrtstufen erteilt. (Diese Schwierigkeiten gab es auch bei *Queen Elizabeth*.) In jeder anderen Hinsicht wurde das Schiff als voll befriedigend angesehen. Bei den Schießerprobungen wurden keine ernsthaften Schäden durch den Mündungsdruck festgestellt, die Brücke war überwiegend und völlig frei von Erschütterungen und unschönem Luftsog, das Schiff selbst im Bereich des Hinterschiffes keinen größeren Vibrationen ausgesetzt. Nach Abschluß der Erprobungen fuhr *Valiant* zur Ausbildung nach Westindien und kehrte im Februar 1940 zur *Home Fleet* zurück. Mit Kriegsausbruch im September 1939 wurde dem Abschluß des Umbaues höchste Priorität gegeben, und im Falle der *Queen Elizabeth* wurden Ausrüstungsteile anderer Schiffe dazu verwendet, die Fertigstellung zu beschleunigen. Trotzdem benötigte sie mehr Zeit für den Umbau als ihr Schwesterschiff. Ende 1940 wurde entschieden, sie von Portsmouth, wo Stadt und Werftanlagen heftigen Luftangriffen ausgesetzt waren, zu verlegen. Am 12. Dezember 1940 verließ sie die Werft und erreichte drei Tage später Rosyth, wo der Umbau am 31. Januar 1941 abgeschlossen wurde. Die Dauerhöchst-

Luftaufnahme der *Valiant* am 26. Mai 1943. Beachte die große Breite der unteren Fockrahe.

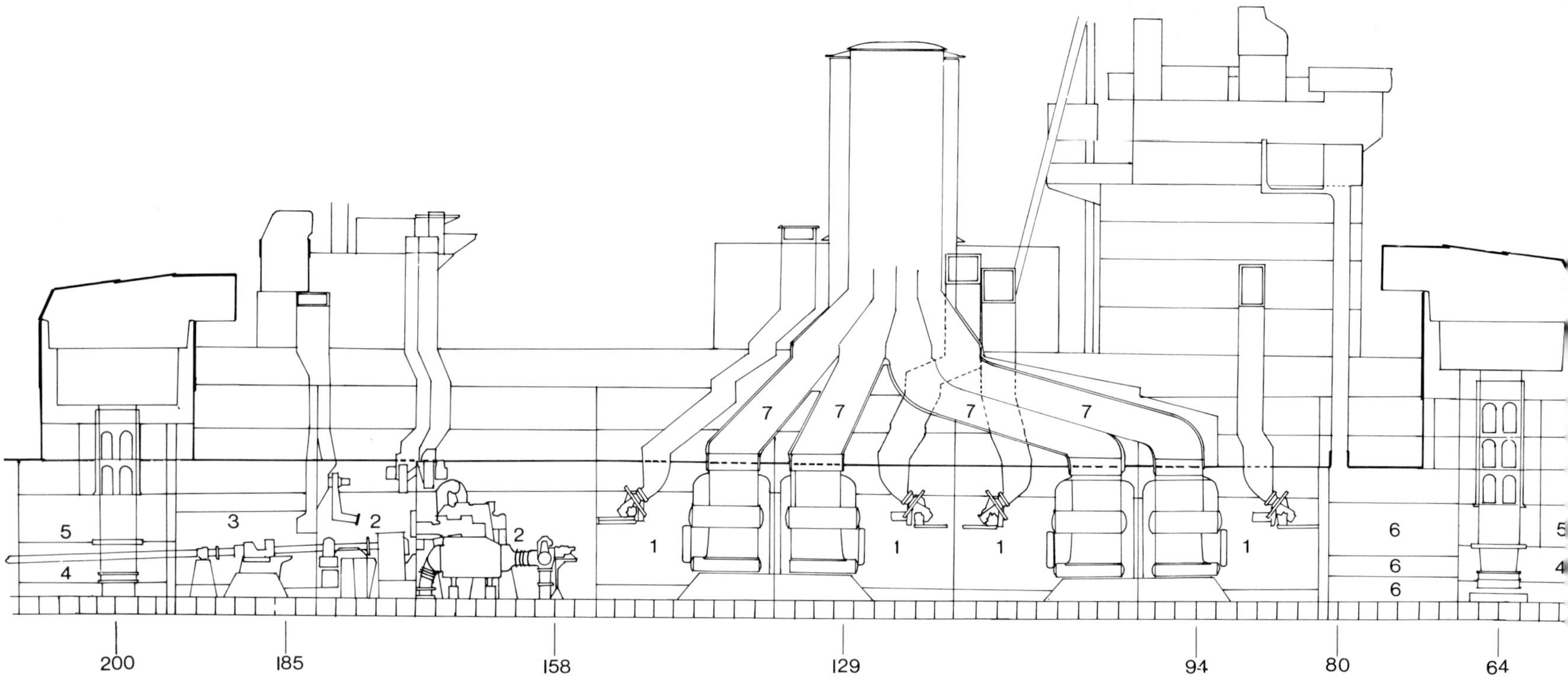

Queen Elizabeth

1941 nach zweitem Umbau:
Seitenansicht, Mittschiffslängsschnitt, Querschnitte
(gültig für *Queen Elizabeth* und *Valiant*)

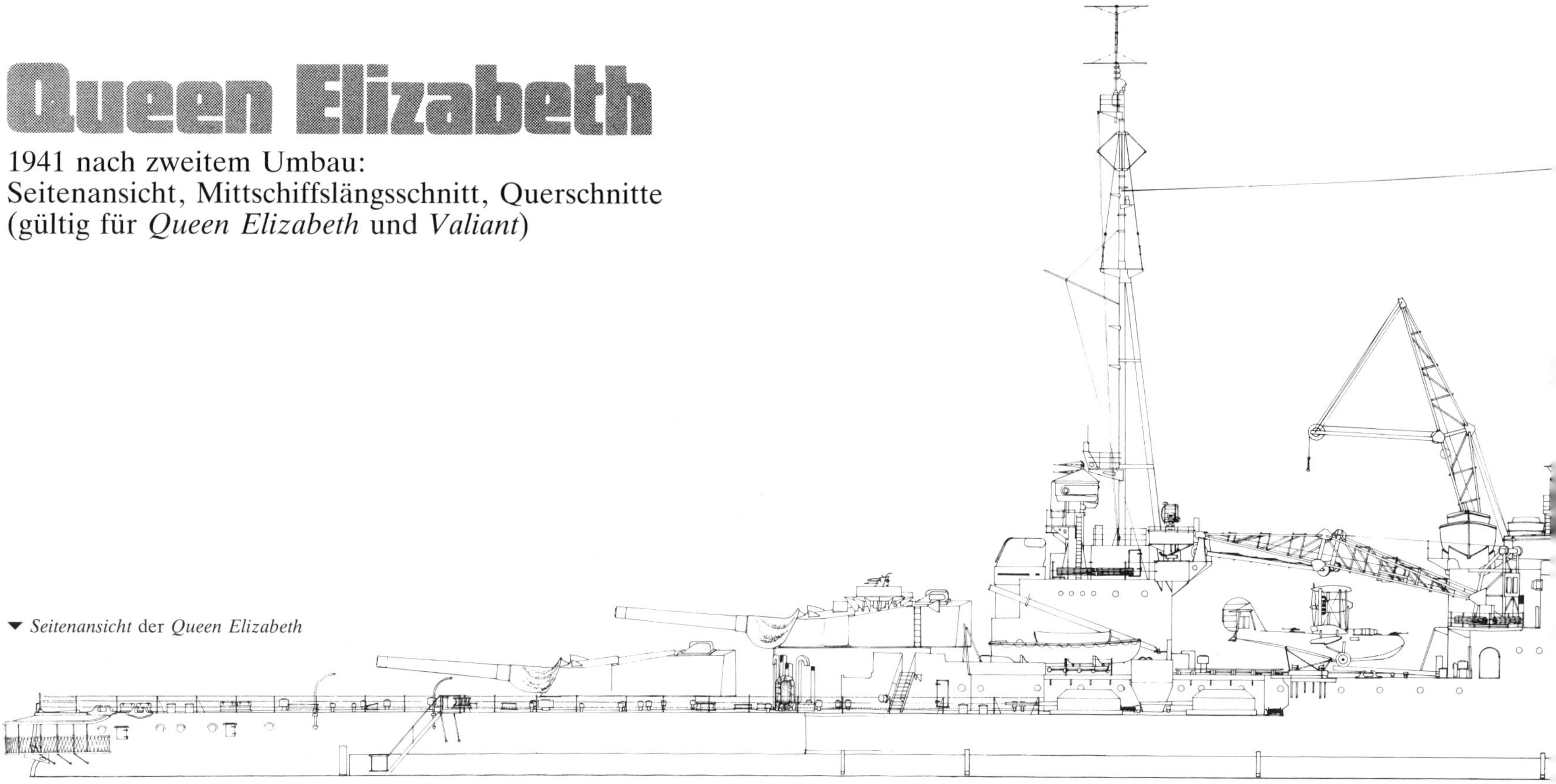

▼ *Seitenansicht* der *Queen Elizabeth*

Mittschiffslängsschnitt
Kesselräume
Maschinenräume
Hilfsmaschinenraum
38,1 cm-Munitionskammern
38,1 cm-Magazine
?
Schornsteinhälse/Kesselraum-
hächte

Querschnitte
A am Spant 64 (Mitte Turmlafette „B") nach vorn sehend
B am Spant 80 nach vorn sehend
C am Spant 94 nach vorn sehend
D am Spant 129 nach vorn sehend
E am Spant 158 nach hinten sehend
F am Spant 185 nach hinten sehend
G am Spant 200 (Mitte Turmlafette „X") nach hinten sehend

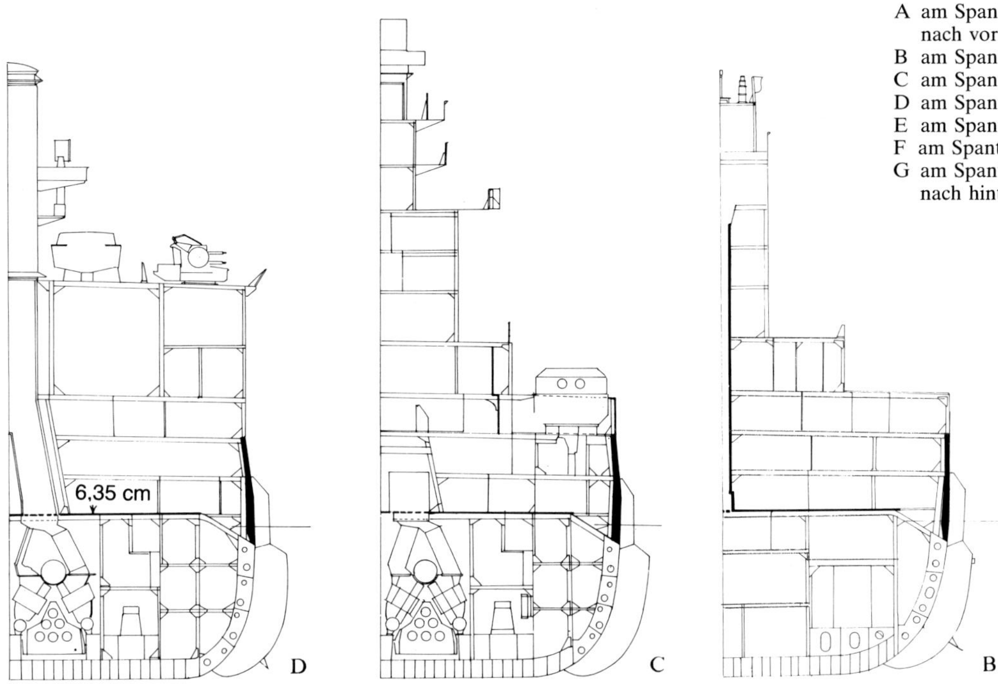

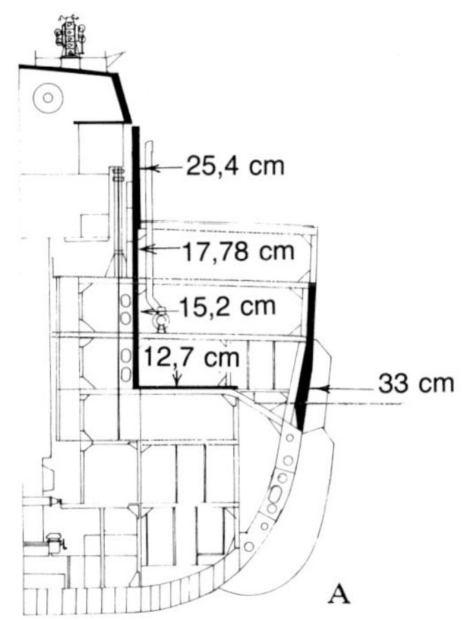

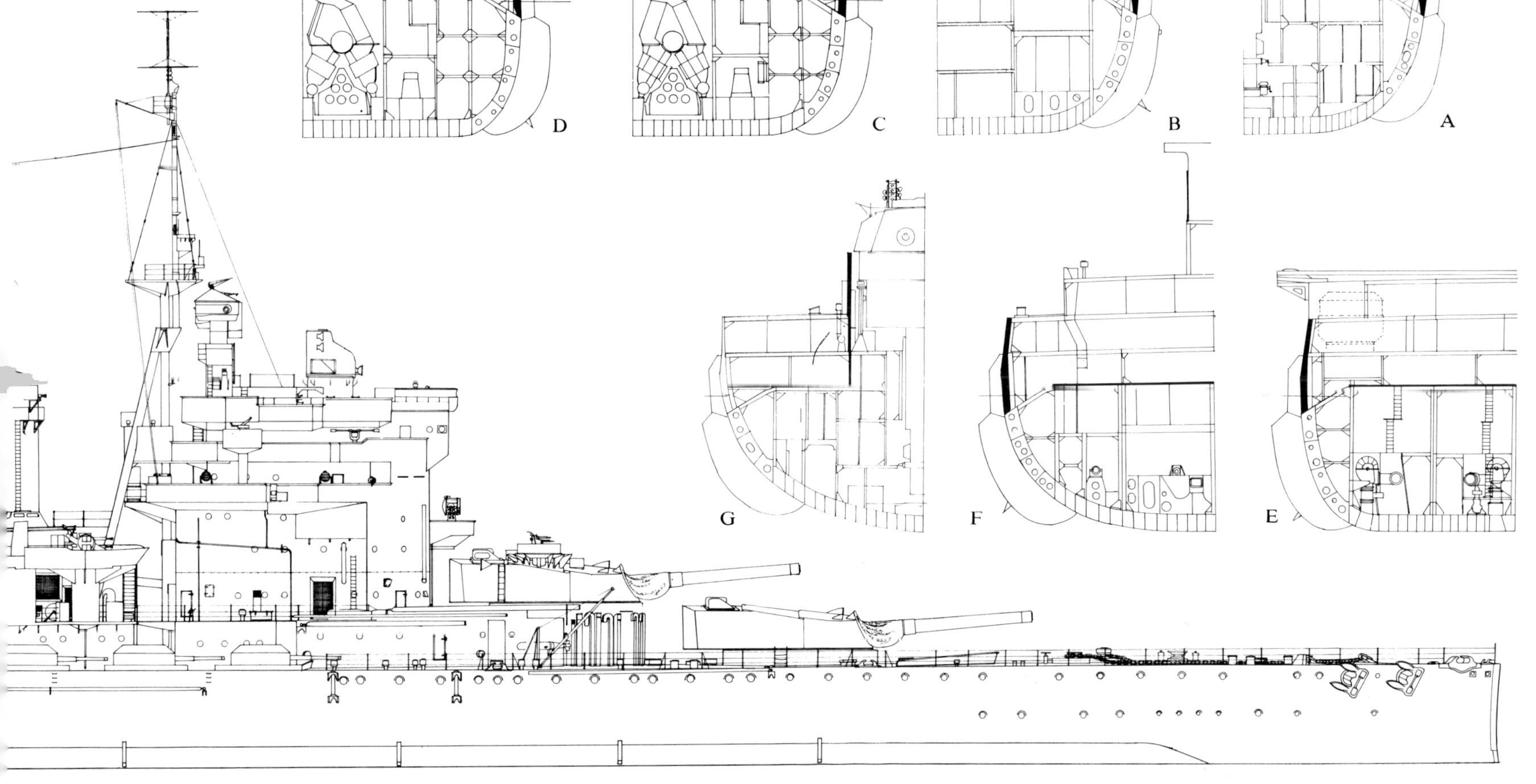

Queen Elizabeth

1941: Decks mit angedeuteten, später nach und nach eingebauten Flak-Positionen auf *Queen Elizabeth* und *Valiant*

Schutzdeck ▼
1 Ölzeughellegat
2 Allgemeiner Leseraum
3 Vorräume
4 Pom-Pom-Bereitschaftsmunition
5 10 t-Flugzeug- und Bootskräne

Bootsdeck ▼
6 Aufenthaltsraum für Portepeeunteroffiziere
7 Aufenthaltsraum für Unteroffiziere
8 Radarräume
9 Kammer
10 Pom-Pom-Lafetten Stb und Bb

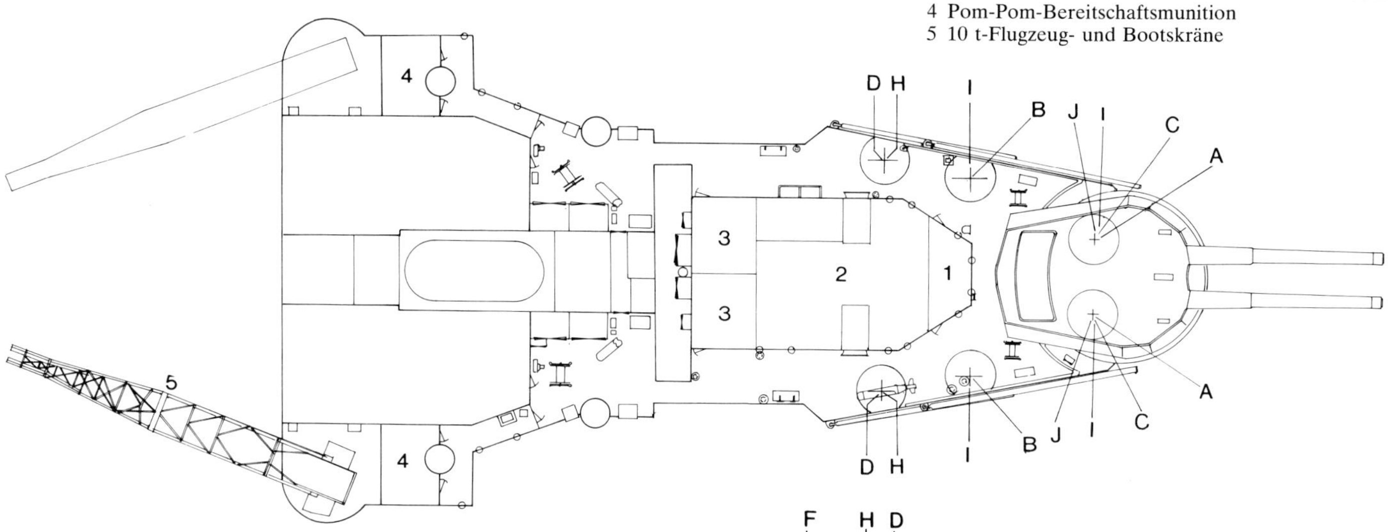

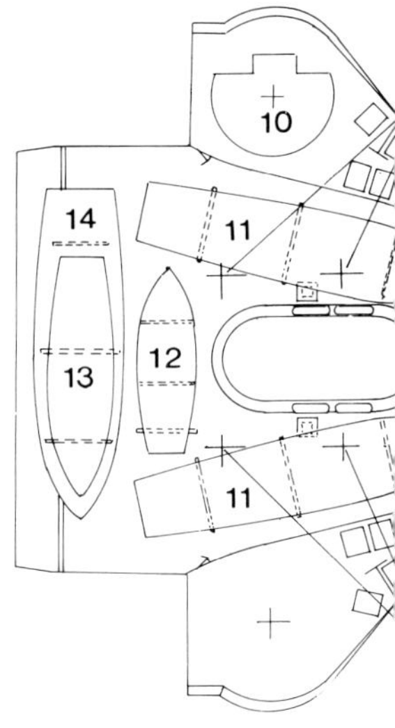

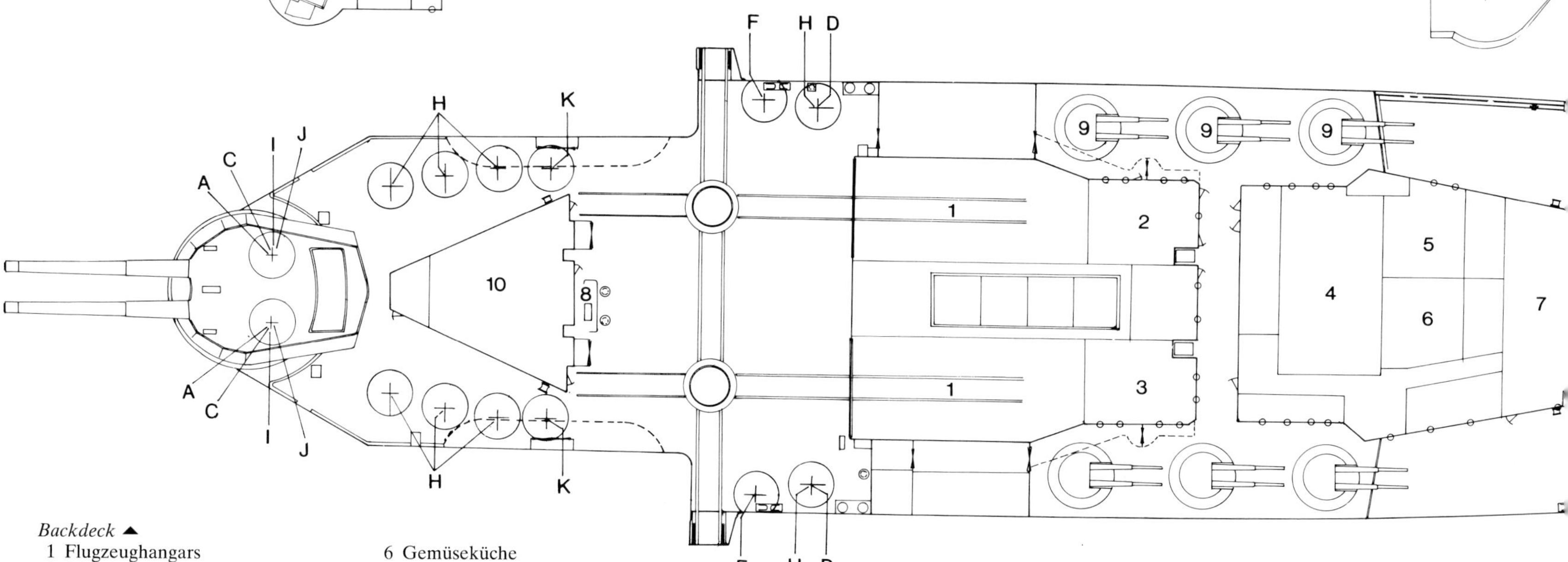

Backdeck ▲
1 Flugzeughangars
2 Schmiede
3 Maschinen- und Kupferschmiede
4 Schiffskombüse
5 Hauptküche
6 Gemüseküche
7 Schiffszimmermannswerkstatt
8 Katapultsteuerstand
9 11,4 cm Luft/Seeziel-Lafetten Stb und Bb
10 Offiziersunterkünfte und Bäder

13,72 m schnelle Motorboote
7,93 m schnelles Motorboot
9,75 m-Rettungskutter
13,72 m-Motorbarkasse (Launch)
Wetterstation

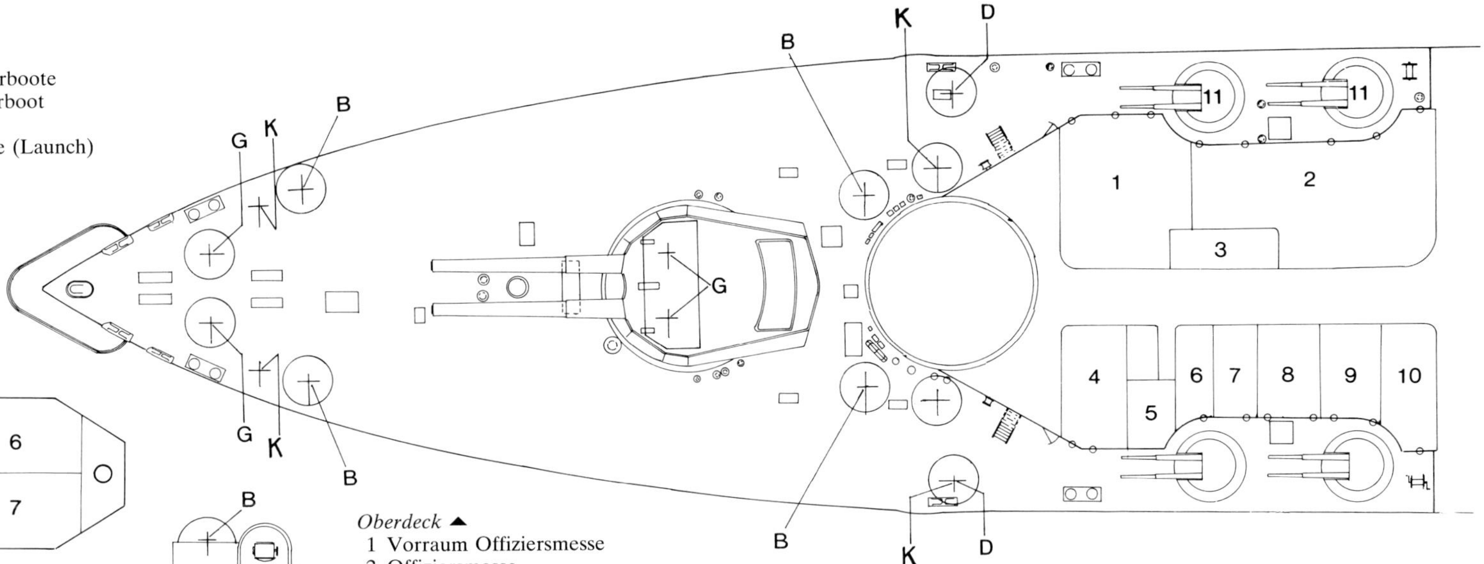

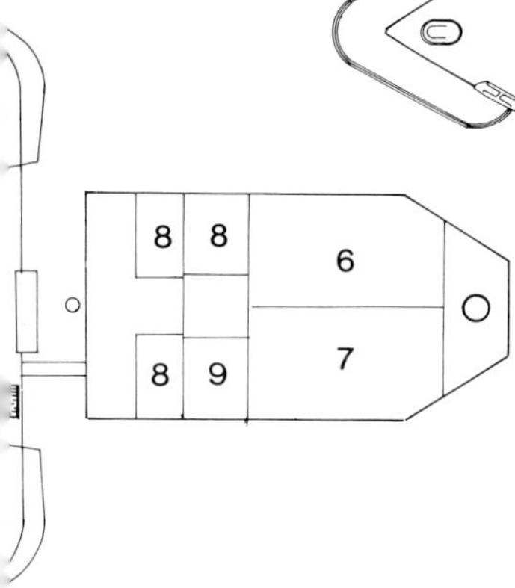

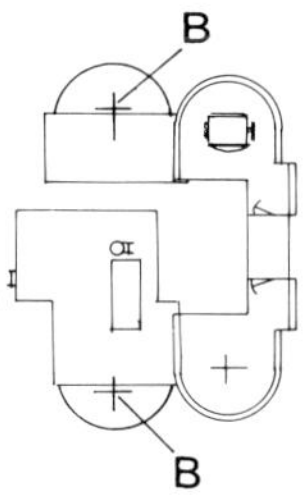

Radarraum ▸

Oberdeck ▲
1 Vorraum Offiziersmesse
2 Offiziersmesse
3 Pantry der Offiziersmesse
4 Kommandantentagesraum
5 Kommandantenschlafraum
6 Kommandanten-Reservekammer
7 IO-Kammer
8 LI-Kammer
9 Stabsoffizierskammer
10 Zahlmeisterkammer
11 11,4 cm-Luft/Seeziellafetten Stb und Bb

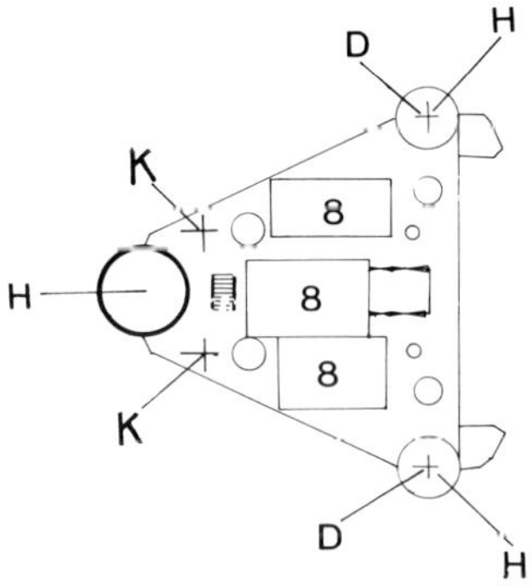

Plattform Nr. 1 ▲
8 Hintere Radarräume

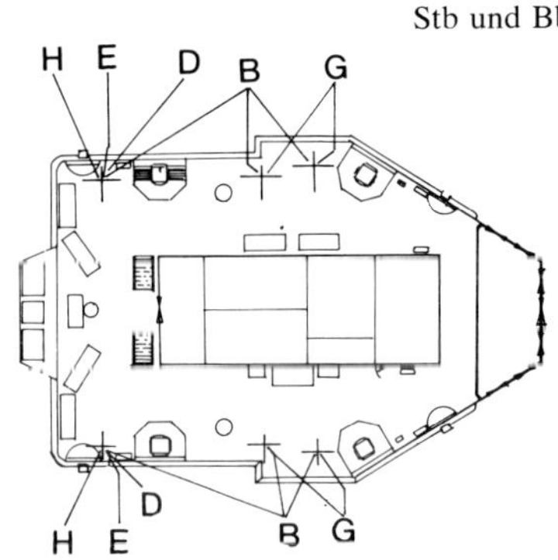

Plattform Nr. 3 ▲

Flak-Positionen
Queen Elizabeth
Juni 1943:
A 4 × 12,7 mm-MG ausgebaut
B 14 × 20 mm-Einzellafetten eingebaut
C 4 × 20 mm-Doppellafetten eingebaut
September 1943:
D 16 × 20 mm-Doppellafetten zusätzlich eingebaut
E 2 × 20 mm-Einzellafetten versetzt von E nach F
Valiant
Juli 1942:
G 10 × 20 mm-Einzellafetten eingebaut
April 1943:
H Einbau weiterer 15 × 20 mm-Einzellafetten
I Einbau 6 × 20 mm-Doppellafetten
J 4 × 12,7 mm-MG ausgebaut
April 1944:
K Einbau weiterer 10 × 20 mm-Einzellafetten

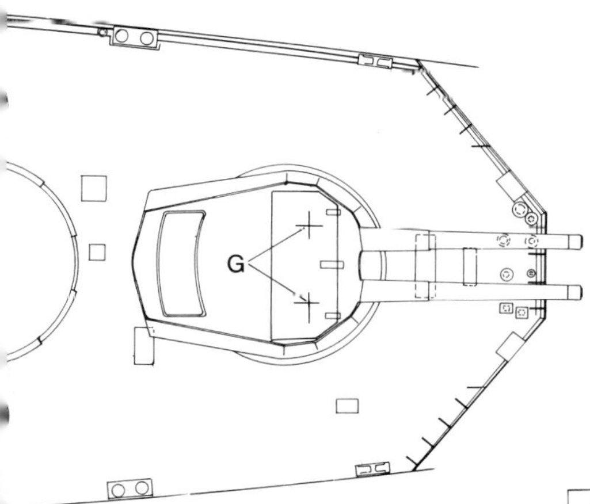

Plattform Nr. 4 ▼
23 Unterer Schiffsführungsstand
24 Kommandanten-Schutzstand
25 Plottraum
26 Fernsteuerungsraum (Feuerleit)

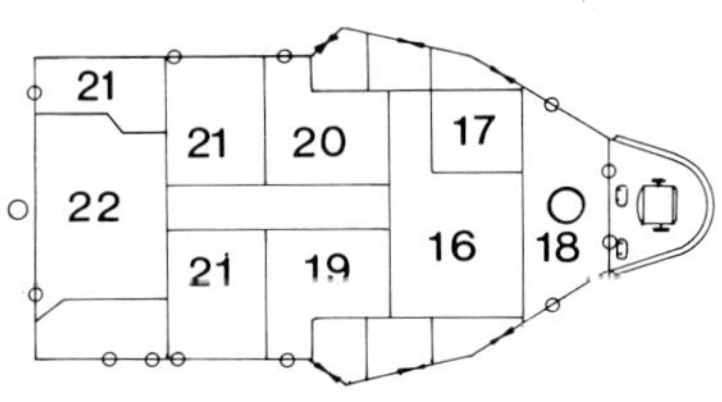

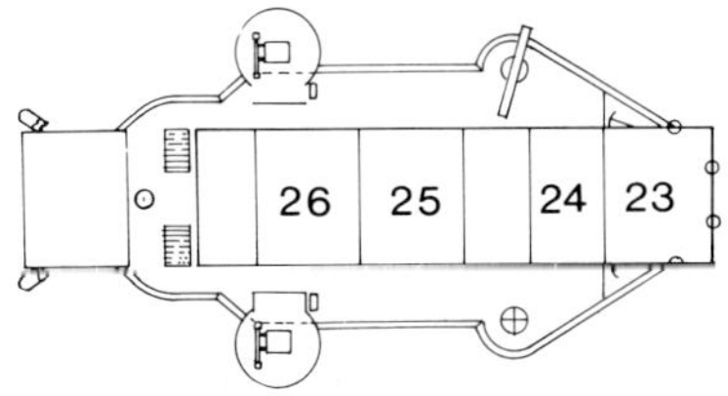

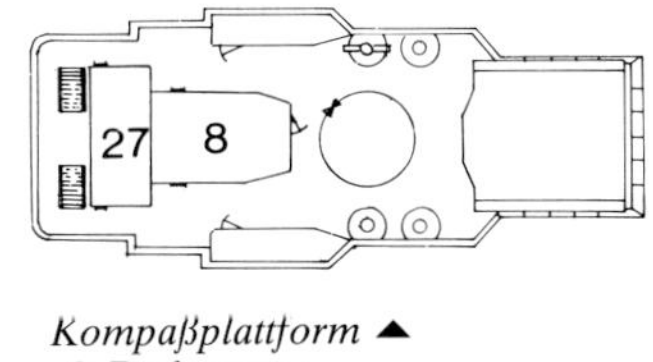

Kompaßplattform ▲
8 Radarraum
27 Schutzstand für Signalgasten

ıttform Nr. 2 ▸
Vorraum
Admiralsbad
Admirals-Seekabine
19 Kommandanten-Seekabine
20 Navigationsoffizierskammer
21 Kammern
22 Vorraum

fahrterprobungen der *Queen Elizabeth* waren für den 25. Februar angesetzt. Das Wetter war gut, der Wind wehte mit Stärke 4. Nach den vorläufigen Rudererprobungen begann man mit der Dauerhöchstfahrt, die jedoch wegen heftiger Erschütterungen der Turbine X und – etwas weniger stark – der Turbine Y sehr bald abgebrochen werden mußte. Während der folgenden Tage wurden die Turbinen geöffnet und der Schaden gefunden, der durch eine Mutter oder Teile einer Feile, die im Turbinengehäuse vergessen worden waren, hervorgerufen worden war. Die Beschädigungen waren nicht ernsthaft, und später erbrachte die Anlage bei den Probefahrten 80301 WPS. Wie bei der *Valiant* traten keine ernsthaften Störungen durch Schornsteinrauch, Mündungsdruck, Sog oder Erschütterungen auf. Der Kommandant und die Offiziere waren mit dem Schiff vollauf zufrieden.

Kriegsmodifizierungen der Valiant

Dezember 1939:
Einbau Radaranlage Typ 279, mit Senderaum an der Rückseite der unteren Brücke zwischen den Beinen des vorderen Dreibeinmastes und dem Empfangsraum auf den hinteren Aufbauten.

Werftliegezeit Durban,
15. April 1942 bis 7. Juli 1942:
Einbau von 10 × 20 mm-Oerlikon-Einzellafetten (es ist möglich, daß einige davon schon vorher eingebaut wurden).
Einbau Radaranlagen Typ 284, Typ 273, Typ 285 (4 ×)* und Typ 282 (4 ×).
Ausbau Typ 279 und Ersatz durch Typ 281.

---
* Anmerkung des Übersetzers: Siehe → Abkürzungen.

Werftliegezeit Devonport,
4. März 1943 bis 28. April 1943:
Einbau von 15 × 20 mm-Oerlikon-Einzellafetten und 6 × 20 mm-Oerlikon-Doppellafetten.
Ausbau der 4 × 12,7 mm-MG-Lafetten.
Ausbau des Katapultes und Abgabe der Flugzeuge. Umbau der Beibootslagerung.
Versetzen der zwei Pom-Pom-Leitgeräte von den hinteren Aufbauten auf die Hangardächer.
Ausbau Radar Typ 284, dafür Einbau Typ 274.

Mitte 1943/Mitte 1944:
Einbau zusätzlicher 10 × 20 mm-Oerlikon-Einzellafetten, damit jetzt insgesamt 35 Einzellafetten und sechs Doppellafetten.

Die vier Radar Typ 284 wurden ersetzt durch Typ 274.
Einbau von vier Sperrfeuerleitgeräten mit Radar Typ 283.

Queen Elizabeth im September 1943 nach einer kurzen Werftliegezeit.

Im August 1944 führte die *Valiant* in Trincomalee im Schwimmdock *AFD 28* eine Überholung durch. Am 8. August brach das Dock plötzlich zusammen, was zu ausgedehnten Schäden am Schiff führte. Sie wurde notdürftig repariert und ging nach Großbritannien zurück, wo sie zwischen dem 7. Februar 1945 und dem 18. April 1946 in Devonport wiederhergestellt wurde. Während dieser Zeit erhielt sie einen Dreibein-Großmast, die Vormarsstenge wurde verspannt, und ein neues Deckshaus auf dem Katapultdeck, auf dessen Dach die Beiboote gelagert wurden. Die 1,12 m-Scheinwerfer und deren Plattform mit Ausrüstung wurden ausgebaut. Kurz nach Abschluß der Werftliegezeit wurde sie als Schulschiff für die Technische Marineschule *Imperieuse* in Devonport verwendet.
Ihre Nahbereichs-Flakbewaffnung bei Kriegsende ist etwas unklar. Die Waffenliste des Schiffes im Oktober 1945 (in der Werftliegezeit in Devonport) weist aus:

68 × 2 Pdr Pom-Pom (6 × 8 und 5 × 4)
10 × 40 mm-Bofors-Einzellafetten
6 × 40 mm-Boffin-Einzellafetten
16 × 20 mm (7 × 2, handbetätigt und 2 × 1)

Diese beträchtliche Verstärkung der Nahbereichs-Flakwaffen war, falls sie stimmt, wohl zur Abwehr von Kamikaze-Angriffen gedacht. Es ist nicht bekannt, ob diese Verstärkung vor dem 10. August 1944 eingebaut wurde oder in dem Dock (das zusammenbrach) in Trincomalee oder während der Werftliegezeit in Devonport. Im April 1946, bei Abschluß der Werftliegezeit, führte das Schiff:
sechs achtrohrige und zwei vierrohrige Pom-Pom
12 × 40 mm-Einzellafetten
sieben handbetätigte 20 mm-Doppellafetten
2 × 20 mm-Einzellafetten

Die Positionen der 40 mm- und 20 mm-Waffen sind nicht bekannt, aber die zwei zusätzlichen achtrohrigen Pom-Pom wurden seitlich des Schornsteins eingebaut, die vierrohrigen Pom-Pom auf den Türmen „B" und „X".

Kriegsmodernisierungen der Queen Elizabeth

Januar 1941: Bei Umbauende führte sie die Radars Typ 279, Typ 284 und Typ 285 (4 ×).

Reparatur und Werftliegezeit in der Marinewerft Norfolk/USA, 6. September 1942 bis 1. Juni 1943:
Einbau von 14 × 20 mm-Oerlikon-Einzellafetten und 4 × 20 mm-Oerlikon-Doppellafetten.
Ausbau der 4 × 12,7 mm-MG-Lafetten.
Einbau Radar Typ 273, Typ 282 (4 ×) und Typ 283 (4 ×).

August/September 1943:
Einbau zusätzlicher 16 × 20 mm-Oerlikon-Doppellafetten.

Einzelheiten der QUEEN ELIZABETH und VALIANT, 1936 bis 1946

Mit Ausnahme angeführter Noten beziehen sich alle Daten auf den Zeitpunkt des Umbauendes.

Verdrängung:	Standardverdrängung	Einsatzverdrängung*
Queen Elizabeth (1936)	31.795 ts	36.821 ts
Valiant (1939)	31.585 ts	36.513 ts
Queen Elizabeth (1943)	32.700 ts	37.385 ts
Queen Elizabeth (1944)	~34.000 ts	38.450 ts

* Einschl. 815 ts Wasser in den Schutzwasserabteilungen.

Tiefgang:	Standardverdrängung	Einsatzverdrängung
Queen Elizabeth (1936)	vorn 8,99 m hinten 8,99 m	vorn 10,13 m hinten 10,21 m
Valiant (1939)	durchschnittl. 8,76 m	vorn 9,65 m hinten 10,36 m
Queen Elizabeth (1943)		vorn 10,31 m hinten 10,21 m
Queen Elizabeth (1944)		durchschnittlich 10,52 m

Bewaffnung:
8 × 38,1 cm-Mk I in 4 Doppellafetten Mk I (N)
20 × 11,4 cm-Mk III in Luft/Seeziel-Doppellafetten Mk II
24 × 2 Pdr-Mk VIII in 4 Lafetten Mk VI
16 × 12,7 mm-MG-Mk III in 4 Lafetten Mk III

Nahbereichs-Flak (1944):

Queen Elizabeth	32 × 2 Pdr (4 × 8) 54 × 20 mm (20 × 2 und 14 × 1)
Valiant	32 × 2 Pdr (4 × 8) 47 × 20 mm (6 × 2 und 35 × 1)

Munitionsvorrat:

38,1 cm	= 106 Schuß/Geschütz
11,4 cm	= 250 Schuß (Flak)/Geschütz 150 Schuß (Seeziel)/Geschütz
2 Pdr	= 1.800 Schuß/Geschütz
12,7 mm	= 2.500 Schuß/Geschütz

Feuerleitanlagen:

SA	= 1 Feuerleitturm 1 Dreibein-Feuerleitgerät in gepanzerter Kuppel, hinten 1 Admiralitäts-Feuerleitrechner/Plott Mk VII
MA	= 4 Luft/Seezielleitgeräte Mk IV 4 Luftzielrechner Mk IV 4 Admiralitätssalvengeber Mk VII (M)
Pom-Pom	= 4 Pom-Pom Leitgeräte Mk III*

EMeßGeräte:
2 × 9,14 m in Turm „B" und „X"
8 × 4,57 m in Turm „Y" und „A", Hauptfeuerleitturm, hinterer Feuerleitturm und in den 4 Luft/Seezielleitgeräten
2 × 2,74 m auf der unteren Brücke

Scheinwerfer:
5 × 1,12 m (zwei ~ 1944/45 ausgebaut)
4 × 50,8 cm und 4 × 25,4 cm-Signalgeber

Panzerung: Außer wie angeführt, glich die Panzerung der von 1919.

Kommandoturm	7,62 cm und 5,08 cm nichtzementiert
Kommandoturm-Verbindungsschacht	10,2 cm und 7,62 cm
Hinterer Feuerleitturm	Kuppel 10,2 cm, Unterbau 15,2 cm
11,4 cm-Lafettenschutz	5,08 cm + 2,54 cm D-Stahl
Deck, horizontal	12,7 cm (10,2 cm nicht-zementiert + 2,5 cm hochelastischer Stahl) über den Magazinen der SA und MA 6,35 cm (3,81 cm nicht-zementiert + 2,54 cm hochelastischer Stahl) über den Maschinenräumen
H-Deck (vorn)	4,76 cm

Maschinenanlage:
Parsons Getriebeturbine mit einfacher Untersetzung
Vier Wellen, 80.000 WPS ≙ 24 kn bei 300 u/min/Welle
Maximale Dauerhöchstfahrt = 23,5 kn bei 72.000 WPS
8 Admiralitäts-3 Trommel-Wasserrohrkessel, engrohrig, maximaler Betriebsdruck 28,1 atü

Brennstoff:
Heizölvorrat (maximal 95% Füllung) = 3.393 ts auf *Valiant*
Dieselkraftstoff = 202 ts (auf *Valiant*)
Heizölvorrat 3.366 ts und Dieselkraftstoff 204 ts (auf *Queen Elizabeth*) – 1936: bei 95% Füllung 3.300 ts Heizöl und 107 ts Dieselkraftstoff

Drei Aufnahmen der *Queen Elizabeth* vom Juni 1943, nach Instandsetzung und Werftliegezeit in den USA.

Ausbau Katapult und Ausrüstung, Änderung Beibootslagerung.
Einbau eines Funkpeilers auf dem Achterdeck. Versetzung der zwei Pom-Pom-Leitgeräte von den hinteren Aufbauten auf die Hangardächer.
Über die Modifizierungen der *Queen Elizabeth* 1944/45 gibt es sehr wenig Informationen, Bilder oder Unterlagen. Sie machte zwischen dem 6. Oktober und 17. November 1944 eine Werftliegezeit in Durban durch, aber nur wenige Änderungen wurden zu diesem Zeitpunkt durchgeführt. Bekannt ist, daß die 2 × 1,12 m-Scheinwerfer auf den hinteren Aufbauten ausgebaut wurden, und es ist möglich, daß die Flakbewaffnung weiter verstärkt wurde.

Verdrängungsvergrößerung

Wie bei der *Renown* ergab sich bei der *Queen Elizabeth* und der *Valiant* zwischen ihrem Auslaufen aus den Heimatgewässern 1943 und Mitte 1944, während sie in der *Fernostflotte* Dienst taten, eine merkliche Erhöhung der Verdrängung von über 1000 ts. Das daraus resultierende Anwachsen des Tiefganges wurde mit ziemlicher Sorge betrachtet, weil die durch den Anbau der Wulste verbesserte Stabilität dadurch wieder verringert wurde. Daher wurde vorgeschlagen, keine weiteren Änderungen und Erweiterungen, die eine Gewichtszunahme mit sich brachten, mehr vorzunehmen, wenn nicht gleichzeitig an anderer Stelle Gewicht eingespart wurde. Zugleich war vorgesehen, Maßnahmen einzuleiten, die die Schiffe leichter machten.

Renown, 1930 bis 1946

Zwischen 1931 und Juni 1932 führte *Renown* in Portsmouth eine Werftliegezeit durch. Während dieser Zeit wurden folgende Änderungen vorgenommen:
Einbau eines Flakleitsystems Mk I mit Leitgerät auf dem Dach des Vormars.
Erweiterung der Kommandoturmplattform nach hinten, um die beiden Pom-Pom-Lafetten aufzunehmen, sowie Einbau einer Plattform für die Pom-Pom-Leitgeräte auf dem Dach des Vormars.
Einbau einer Pom-Pom-Lafette Mk V und eines Pom-Pom-Leitgerätes an der Stb-Seite. Die Ausrüstung für die Bb-Seite war zur Zeit nicht verfügbar.
Die beiden hinteren Scheinwerferstände am zweiten Schornstein wurden ausgebaut.
1933 erfolgte mittschiffs auf dem Schutzdeck, zwischen dem hinteren Schornstein und dem Großmast, der Einbau eines Flugzeugkatapultes. Diese Änderung erforderte den Ausbau der Mittschiffs-10,2 cm-Drillingslafette. Kurze Zeit später wurde an Bb-Seite die zweite Pom-Pom-Lafette Mk V eingebaut, jedoch nicht das zugehörige Leitgerät. Zur gleichen Zeit wurde sie mit 2 × 12,7 mm-MG-Vierlingslafetten Mk II* ausgerüstet.

Umbau 1936/39

Im September 1936 ging *Renown* zum Totalumbau – ähnlich wie *Warspite* – nach Portsmouth in die Werft. Weil das Schiff ein anderer Typ war und sein Decksschutz während der Werftliegezeit 1923/26 gründlich verstärkt worden war, gab es doch einige wichtige Unterschiede. Der Umbau war am 2. September 1939 beendet.

Bewaffnung

Die 38,1 cm-Türme wurden ausgebaut und umgeändert auf Mk I(N)-Standard sowie auf 30° Rohrerhöhung. Die 38,1 cm-Granaten wurden auf den gegenwärtigen Standard umgeändert und erhielten einen verbesserten ballisti-

Renown 1933. Beachte das Flugzeugkatapult hinter dem 2. Schornstein und den Kran an der Stb-Seite.

Renown 1939 nach Abschluß der Umbauarbeiten

schen Kopf. Wie bei der *Warspite* kam ein neuer Feuerleitturm auf die Brücke, und die gepanzerte Kuppel des Feuerleitgerätes und deren Unterbau, die auf dem früheren Kommandoturm saßen, wurden auf die hinteren Aufbauten versetzt. Die ursprüngliche MA und auch die Flakausrüstung wurden komplett durch eine neue Ausrüstung ersetzt. Der hauptsächliche Unterschied war die neu installierte Ausrüstung von 20 × 11,4 cm-Geschützen in den neuen Luft/Seeziel-Zwischendeck-Doppellafetten, die den bisherigen 10,2 cm-Doppellafetten Mk XIX weit überlegen waren. Sie wurden im Schutzdeck, an der Seite vorn drei und hinten zwei, eingebaut, was einen guten Bestreichungswinkel an den Seiten ermöglichte. Die Möglichkeit, über das Heck zu schießen, war jedoch eingeschränkt und über den Bug praktisch unmöglich. Diese Geschütze mit ihrer hohen Schußfolge benötigten eine beträchtliche Anzahl neuer Magazinräume. Das war erreichbar, weil die neue Maschinenanlage weniger Raum beanspruchte als die ursprüngliche Installation. Die Feuerleitung der neuen MA wurde gewährleistet durch vier Luft/Seezielleitgeräte Mk IV; zwei auf einem erhöhten Stand an der Rückseite der Brücke und zwei auf den hinteren Aufbauten. Sie bildeten eine viereckige Anordnung für die vier Gruppen der 11,4 cm-Geschütze. Das Fla-Schießen wurde über ein Flakleitgerät Mk IV, Seezielschießen über einen Admiralitätssalvengeber Mk VII geleitet. Die Nahbereichsbewaffnung bestand aus drei Pom-Pom-Lafetten Mk VI; zwei auf einer erhöhten Plattform zwischen den Schornsteinen, und eine auf dem hinteren Schutzdeck. Dazu gehörten auch 4 × 12,7 mm-MG-Lafetten; zwei auf dem vorderen und zwei auf dem hinteren Schutzdeck. Die vorderen

UTR wurden ausgebaut. Zusätzlich eingebaut wurden 8 Überwassertorpedorohre.

Schiffsschutz

Die Verbesserung des neuen Decksschutzes beschränkte sich auf die Bereiche, die während der Werftliegezeit 1923/26 keine nicht-zementierte Panzerung erhalten hatten, sowie auf die Decks, die unmittelbar über den neuen 11,4 cm-Magazinen lagen. Da, wo der neue, nicht-zementierte Panzer eingebaut war, wurden die dort befindlichen Stahlschutzplatten durch Platten aus D-Stahl ersetzt. Horizontal wurde im Hauptdeck zusätzlich ein 10,2 cm-Panzer über den neuen Magazinen und von 5,08 cm über den Maschinenräumen eingebaut. Die Längsschotte seitlich der Kesselraumschächte zwischen Haupt- und Oberdeck wurden ausgebaut, der Bereich dazwischen mit einem 3,8 cm dicken Panzer versehen, so daß die Ebene des Hauptdecks über den Kesselräumen eine einheitliche Stärke hatte. Gegen Bug-Heckfeuer wurde zusätzlich ein 5,08 cm-Panzer im vorderen Hauptdeck und von 7,62 cm bis 6,35 cm im hinteren Zwischendeck eingebaut. Die Seiten der Barbette „A“, zwischen Haupt- und Oberdeck, sowie der Barbette „B“, zwischen Haupt- und Backdeck, wurden in ihrer Stärke von 10,2 cm auf 15,2 cm vergrößert. Obgleich das eine Verbesserung war, konnte man es doch nicht als befriedigenden Schutz für die Barbetten oberhalb des Seitenpanzers ansehen. Aber die Stärke des Schutzes, der zusätzlich eingebaut werden konnte, war durch die geforderte Erhaltung der Geschwindigkeit begrenzt.

Maschinenanlage

Die neue Maschinenanlage erbrachte ohne Leistungsminderung und bei merklich größerem Fahrbereich sowie bei Erhaltung der wasserdichten Unterteilung eine Gewichtsersparnis von rund 2800 ts. Acht Admiralitäts-3-Trommel-Wasserrohrkessel ersetzten die ursprüngliche Anlage; sie wurden installiert in vier von vorher sechs Kesselräumen. Die Breite der Kesselräume wurde verringert durch den Einbau zusätzlicher Längsschotte aus 1,9 cm DI-Stahlplatten, die durch 25,4 cm-I-Träger abgestützt wurden. Die Seitenräume, die sich dadurch ergaben, wurden als Heizölbunker und Speisewasserzellen genutzt. Diese Unterteilung ergänzte den Unterwasserschutz merklich und verminderte auch das Risiko einer Emulsion von Salz- und Reservespeisewasser, das davor im Doppelboden gefahren wurde. Durch den Einbau eines zusätzlichen Mittschiffslängsschottes wurden die Kesselräume weiter unterteilt. Die beiden Schornsteine wurden weiter nach hinten versetzt, um sie so weit wie möglich von der Brücke zu haben. Auf Grund der

Renown am 25. Juni 1942.

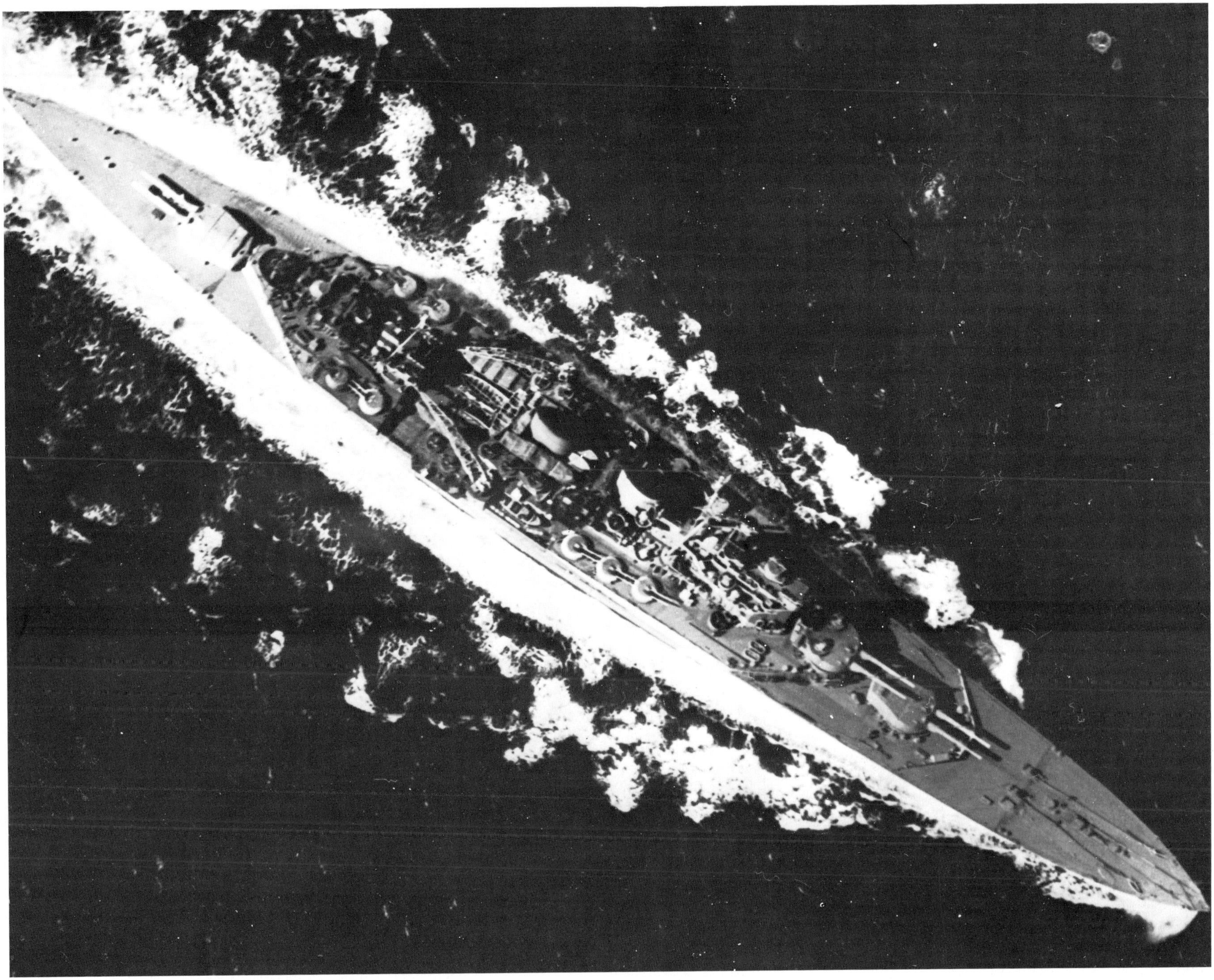

Renown, Luftaufnahme vom August 1943.

bei der Erprobung der *Warspite* aufgetretenen Probleme wurden sie erhöht. Die beiden vorderen vorherigen Kesselräume wurden unterteilt, um anschließend einen Hilfskesselraum, 11,4 cm-Magazine, die Flak-Rechenstelle und Heizölbunker aufzunehmen. Das Querschott, welches ursprünglich Maschinenräume und Kondensatorenräume voneinander trennte, wurde ausgebaut. Dafür wurden zwei neue Querschotte eingebaut, so daß aus zwei Räumen jetzt drei wurden. Der vorderste nahm die Turbinen auf, der zweite die Untersetzungsgetriebe, der dritte die hinteren 11,4 cm-Magazine. Die Längsschotte, welche die Maschinenräume an den Seiten und in der Mitte unterteil-

Renown, Blick vom Signaldeck nach achtern.

ten, wurden durch solche aus DI-Stahl ersetzt. In die Schiffsmittellinie kam ein neues Längsschott, so daß sich die Anzahl der Turbinen- und Getrieberäume insgesamt von sechs auf acht erhöhte.

Hilfsmaschinen

Anders als bei *Warspite*, erhielt *Renown* neue Hilfsmaschinen. Dadurch wurde es möglich, den Kesseldruck von 20 atü auf 28,1 atü zu erhöhen. Die Modifizierungen, die durchgeführt wurden, sind im folgenden angeführt und galten allgemein dem Ziel, die Anzahl der elektrisch betriebenen Hilfsmaschinen zu erhöhen und die der dampfbetriebenen zu vermindern:

Einbau einer elektro-hydraulischen Ruderanlage.

Einbau neuer Generatoren mit Dieselmotoren- und Turboantrieb.

Einbau neuer Hydraulikpumpen und Luftverdichter.

Einbau elektrisch betriebener Ankereinrichtungen anstelle der bisherigen dampfbetriebenen.

Verbesserung der Pumpenanlagen durch den Einbau von sieben Pumpen mit einer Leistung von je 350 t.

Einbau einer elektrisch betriebenen Bäckerei.

Flugzeugausrüstung

Renown erhielt ein Katapult vom *Typ D-III-H*. Die Hangars wurden seitlich des hinteren Schornsteins eingebaut. Allgemein war die Flugzeugausrüstung ähnlich wie auf *Warspite*.

Brücke und Aufbauten

Mit Ausnahme der vorderen Barbetten wurden die Originalstrukturen auf dem Backdeck ausgebaut. Dafür wurden neue Aufbauten gefertigt. Das neue Schutzdeck nahm die volle Schiffsbreite ein. Dadurch wurde es möglich, die MA ein Deck höher zu setzen, wodurch sie weniger schwerem Wetter ausgesetzt war. Die neue Brücke wurde direkt hinter den Turm „B" gesetzt. Dadurch vergrößerte sich der Abstand zu den Schornsteinen noch weiter. Obgleich auf der Form der *Warspite*-Brücke basierend, war ihr Aussehen im allgemeinen unterschiedlich, desgleichen die Plattformanordnungen. Zu den mehr ins Auge fallenden äußeren Unterschieden gehörte die runde Vorkante der Kompaßplattform und des unteren Schiffsführungsstandes, die in ihrer Ausführung den Kreuzern der *Liverpool*-Klasse ähnel-

F am Spant 280
nach hinten sehend

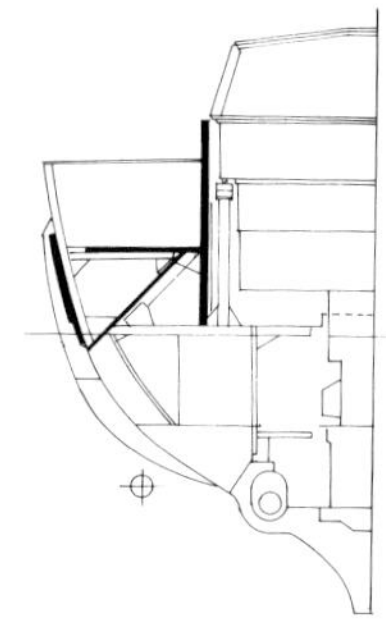

Mittschiffs-längsschnitt
1 Kesselräume
2 Maschinenräume
3 Schornsteinhälse/ Kesselraumschächte
4 Kesselraumlüftungsschächte
5 Maschinenraumlüftungsschächte
6 Schiffsführungsstand
7 38,1 cm-Feuerleitstand
8 Flak-Feuerleitgeräte
9 Hinterer Feuerleitstand

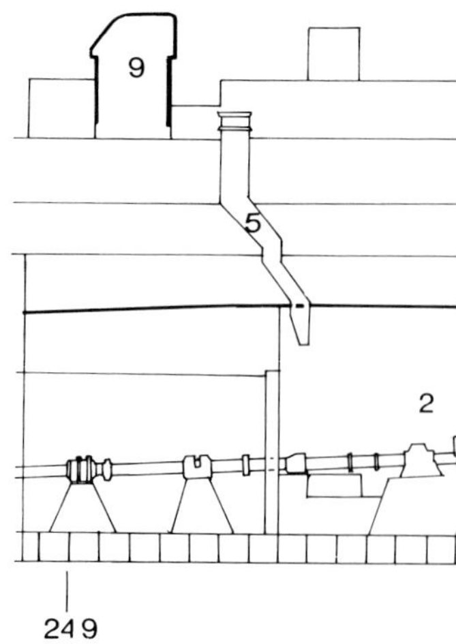

Renown

nach Umbau 1939:
Mittschiffslängsschnitt und
Querschnitte

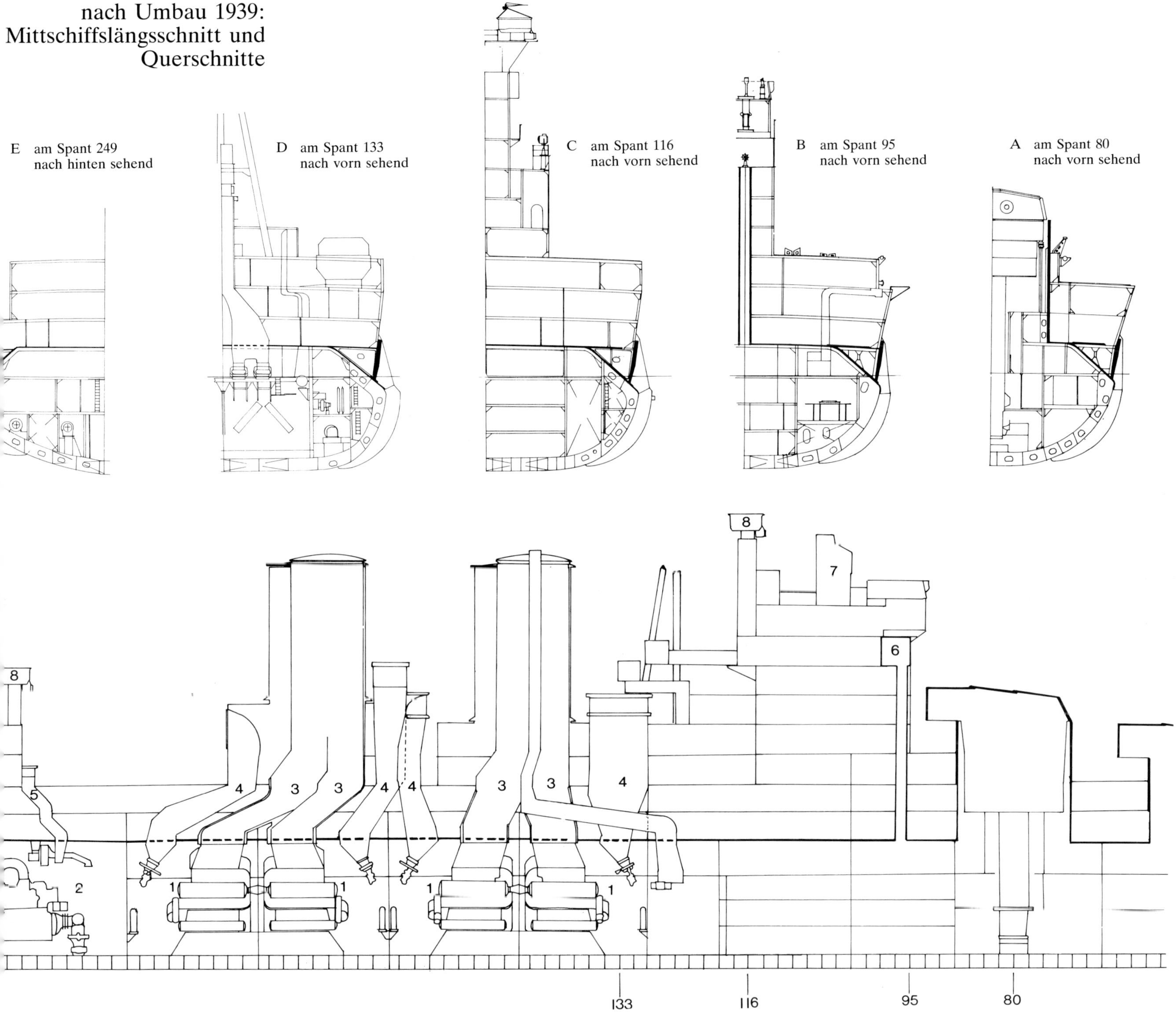

ten. Dazu gehörte auch das Signaldeck, das sich nach hinten bis zum Dreibein-Fockmast ausdehnte.

Stabilität

Die 1936 geschätzte Verdrängung der *Renown* nach Umbau sollte 38105 ts betragen. Nach dem Umbau war dann die tatsächliche Einsatzverdrängung mehr als 2000 ts niedriger als die 1936 geschätzte, und mehr als 1500 ts weniger als bei Umbaubeginn. Am 1. Juli 1939 machte das Schiff den Krängungsversuch, die daraus folgenden Werte sind der Tabelle 9 zu entnehmen.

Erprobungen

Ihre Probefahrten führte die *Renown* am 10., 11., 24. und 25. Juli 1939 durch. Während der Werftmeilenfahrt erreichte sie 29,93 kn, entsprechend 120560 WPS, bei 32800 ts Verdrängung. Die Fahrten wurden in flachem Wasser durchgeführt, und man schätzte, daß dadurch ein Geschwindigkeitsverlust von 0,75 kn aufgetreten war. Während späterer Probefahrten machte sie 30,1 kn, bei einer Verdrängung von 34800 ts. Die Schießerprobungen wurden ohne Störungen beendet, die neuen 11,4 cm-Geschütze erwiesen sich als gut, die Feuergeschwindigkeit entsprach den Erwartungen. Die neue Kompaßplattform enttäuschte in ihrer Anordnung, weil es, bedingt durch den Rücksog, hervorgerufen durch den Hauptfeuerleitturm, an der Rückseite der Plattform und im Bereich des Luftabwehroffizierstandes sowie auf den Scheinwerferständen sehr ungemütlich war. Mit dem Schornsteinrauch gab es keine Probleme, weder im Brückenbereich noch in der Nähe des Katapultes und des Achterdecks.

Kriegsmodernisierungen

Bis 1941, wo sie zwischen dem 18. August und dem 31. Oktober nach Rosyth in die Werft ging, wurde sie nicht wesentlich verändert. Während dieser Werftliegezeit wurden 6 × 20 mm-Oerlikon eingebaut. Irgendwann zwischen Werftzeitende und Herbst 1942 wurden weitere zehn 20 mm ein- sowie die 12,7 mm-MG ausgebaut. Während der Werftliegezeit 1941 wurden folgende Änderungen durchgeführt:

Einbau von zwei Radargeräten Typ 285 mit einem Doppelraum auf dem Signaldeck und den Antennen auf den Flakleitgeräten.
Einbau Radar Typ 284 mit Raum auf dem Signaldeck und der Antenne auf dem Hauptfeuerleitturm.
Einbau Radar Typ 281. Der Senderaum kam auf die hintere Signalplattform zwischen die Stützen des Dreibeinmastes. Der Empfangsraum kam auf die hinteren Aufbauten. Die Antennen saßen auf den Mastspitzen.
Einbau von zwei Radar Typ 282 mit Doppelraum hinter der Brückenplattform Nr. 2 und den Antennen auf den Pom-Pom-Leitgeräten auf der Brücke.
Einbau von drei Radar Typ 283 mit Doppelraum auf der Brückenplattform Nr. 1, einem Einzelraum auf den hinteren Aufbauten und den Antennen auf den drei Sperrfeuerleitgeräten (eines dieser Sperrfeuerleitgeräte ersetzte das hintere Pom-Pom-Leitgerät, die anderen beiden die 2,74 m-EMeßGeräte auf der unteren Brücke).
Einbau Radar Typ 273 mit Antenne und Raum auf dem Seestern des Fockmastes.
Einbau eines Mittelfrequenz-Funkpeilers Typ FM 2 mit Funk-Peilraum auf der Brückenplattform Nr. 2. Der feste Peilrahmen saß an der Vorkante Brücke.
Der Großmast erhielt Versteifungen.

Zwischen dem 22. Februar und dem 9. Juni 1943 folgte erneut eine Überholung in Rosyth. Die Flugzeugausrüstung wurde ausgebaut, der Raum für eine Neuanordnung der Beiboote sowie für den zusätzlichen Einbau der Nahbereichs-Flakausrüstung, die zu dieser Zeit eingebaut wurde, benutzt. Zusätzlich zur vorhandenen Bewaffnung wurden insgesamt 13 × 20 mm-Oerlikon-Doppellafetten und 3 × 20 mm-Oerlikon-Einzellafetten eingebaut. Wegen der Vergrößerung des Toppgewichtes verminderte sich die Stabilität merklich. Die Stabilitätsverhältnisse des Schiffes im Juni 1943 sind aus der Tabelle 10 zu entnehmen. Von Dezember 1943 bis Januar 1944 war sie erneut in Rosyth. Sie sollte für den Einsatz bei der Fernostflotte hergerichtet werden. Die Oerlikons auf Turm „B“ wurden durch eine vierrohrige Pom-Pom-Lafette ersetzt (die Oerlikons wurden umge-

Tabelle 9: Stabilitätsdaten der RENOWN, 1939

Zustand	Extremer Einsatzzustand mit 4.875 ts Heizöl und 154 ts Wasser in den Wasserschutzabteilungen	Durchschnittlicher Einsatzzustand mit 2.506 ts Heizöl und 154 ts Wasser in den Wasserschutzabteilungen	Leichter Zustand (leer)
Verdrängung	36.080 ts	33.725 ts	30.025 ts
~ Tiefgang	9,28 m	8,74 m	7,91 m
GM	1,69 m	1,44 m	1,40 m
Maximale Stabilität bei Krängungswinkel	39,4°	–	37°
Kenterpunkt (Stabilitätsumfang)	76,4°	70°	65°

Tabelle 10: Stabilitätsdaten der RENOWN, 1943

Zustand	Maximaler Einsatzzustand mit 4.871 ts Heizöl und 320 ts Wasser in den Wasserschutzabteilungen	Durchschnittlicher Einsatzzustand mit 2.513 ts Heizöl und 320 ts Wasser in den Wasserschutzabteilungen	Leichter Zustand (leer)
Verdrängung	37.600 ts	35.240 ts	31.230 ts
~ Tiefgang	9,63 m	9,10 m	8,17 m
GM	1,46 m	1,34 m	1,07 m
Maximale Stabilität bei Krängungswinkel	39°	–	36°
Kenterpunkt (Stabilitätsumfang)	73°	67°	62°

◀ *Renown* 1944 in Trincomalee.

Einzelheiten der RENOWN, 1930 bis 1946

Verdrängung	Einsatz-verdrängung	Leer-verdrängung
1933	37.630 ts	31.870 ts
1939	36.080 ts	30.025 ts
1943	37.600 ts	31.230 ts
1944	38.395 ts	32.025 ts

Die Standardverdrängung 1939 war 30.750 ts.

Beachte:
Die Angaben der Einsatzverdrängung beinhalten 154 ts (1943: 320 ts) Wasser in den Wasserschutzabteilungen seitlich der Magazine. Obgleich insgesamt 1.040 ts Wasser dafür in speziellen Doppelzellen mitgeführt werden konnten, wurde 1940 angeordnet, es bei 154 ts in speziellen Zellen zu belassen, um das Freibord des Schiffes zu erhalten.

Gewichte (1939):

Ausrüstung, allgemein	700 ts
Maschinenanlage	3.200 ts
Bewaffnung	4.729 ts
Panzerung, Schutzplatten, Schiffskörper	21.396 ts
Leerverdrängung	30.025 ts

Abmessungen:
Länge und Breite wie vorher angegeben
Tiefgang (1939) bei Standardverdrängung, durchschnittlich 8,08 m
bei Einsatzverdrängung, durchschnittlich 9,30 m

Bewaffnung:
Bis 1936 blieb die Bewaffnung wie 1926, außer, daß 1 × 10,2 cm-Drillingsgeschützlafette ausgebaut, 2 Pom-Pom Lafetten Mk V und 2 × 12,7 mm-MG-Lafetten Mk II* eingebaut wurden.

1939:
6 × 38,1 cm-Mk I in Doppellafetten Mk I (N)
20 × 11,4 cm-Mk III in 10 Luft/Seeziel-Doppellafetten Mk I
24 × 2 Pdr-Mk VIII in 3 Lafetten Mk VI
16 × 12,7 mm-MG-Mk III in 4 Lafetten Mk III
4 × 3 Pdr-Hotchkiss-Salutgeschütze Mk I

Die Nahbereichs-Flak im Januar 1944 war:
28 × 2 Pdr Pom-Pom (3 × 8 und 1 × 4)
64 × 20 mm-Oerlikon (20 × 2 und 24 × 1)

Munitionsvorrat (1939):

38,1 cm	= 120 Schuß/Geschütz; 8 Übungsgranaten/Geschütz
11,4 cm-Flak	= 250 Schuß/Geschütz; 75 Übungsgranaten/Geschütz
11,4 cm-Seeziel	= 150 Schuß/Geschütz; 25 Übungsgranaten/Geschütz
2 Pdr	= 1.800 Schuß/Geschütz; 84 Übungsgranaten/Geschütz
12,7 mm	= 2.500 Schuß/Geschütz
53,3 cm	= 9 Torpedos

Feuerleitanlagen:

1936:	
38,1 cm	= 2 Dreibein-Feuerleitgeräte 1 Dreyer-Rechner/Plott Mk IV*
10,2 cm-Seeziel	= 2 Standvisier-Richtgeräte 2 Salvengeber
10,2 cm-Luftziel	= Flakleitsystem Mk I
Pom-Pom	= 1 Pom-Pom Leitgerät
1939:	
38,1 cm	= 1 Feuerleitturm 1 Dreibein-Feuerleitgerät 1 Admiralitäts-Rechner/Plott Mk VII
11,4 cm	= 4 Luft/Seezielleitgeräte Mk IV 4 Luftziel-Rechner Mk IV 4 Admiralitätssalvengeber Mk VII (M) für Seezielschießen
Pom-Pom	= 3 Pom-Pom Leitgeräte Mk III*

EMeßGeräte (1939):
1 × 9,14 m in Turm „B“
8 × 4,57 m in Turm „Y“ und „A“, 38,1 cm-Feuerleitturm und gepanzerter Feuerleitstand und den vier Luft/Seezielleitgeräten
2 × 2,74 m auf der unteren Brücke

Scheinwerfer:
1939 besaß sie 6 × 1,12 m-Scheinwerfer, davon waren 1945 vier ausgebaut. Außerdem 4 × 61 cm- und 4 × 25,4 cm-Signalscheinwerfer, die sich auf der Brücke befanden.

Panzerung:
Außer dem angeführten war der Panzerschutz 1939 identisch mit dem von 1926.

Barbetten	17,78 cm, 15,2 cm und 10,2 cm
Kommandoturm	Front und Seiten 7,62 cm, Rücken 5,08 cm nicht-zementiert
Kommandoturm-verbindungsschacht	10,2 cm und 7,62 cm
Hinterer Feuerleitturm	Kuppel 15,2 cm, Unterbau 15,2 cm
Rundumschutz der 11,4 cm-Lafetten	5,08 cm und 2,54 cm D-Stahl
Rundumschutz der TR	6,35 cm, 5,08 cm und 3,8 cm D-Stahl
Schornsteinhälse	2,54 cm D-Stahl
Hauptdeck, horizontal	12,7 cm (10,2 cm nicht-zementierter Panzer + 2,5 cm D-Stahl) über den Magazinen 6,35 cm (3,81 cm nicht-zementierter Panzer + 2,54 cm D-Stahl) über den Kesselräumen mittschiffs, zwischen dem schon eingebauten nicht-zementierten Panzer 7,62 cm (5,08 cm nicht-zementierter Panzer + 2,54 cm D-Stahl) über den Maschinenräumen 6,98 cm (5,08 cm nicht-zementierter Panzer + 1,9 cm D-Stahl) zwischen Barbetten „A“ und dem vordersten Zitadellpanzerschott
Zwischendeck	8,25 cm (6,35 cm nicht-zementierter Panzer + 1,9 cm D-Stahl) zwischen Spant 295 und 300 hinten. Das hinterste Panzerschott saß beim Spant 300

Maschinenanlage (1939):
Parsons-Getriebeturbinen mit einfacher Untersetzung, 4 Wellen, 120.000 WPS, 30,75 kn (gemäß Entwurf). Maximale Dauerhöchstgeschwindigkeit 29,5 kn bei 108.000 WPS. Acht Admiralitäts-3 Trommel-Engrohr-Wasserkessel. Ein kleiner Hilfskessel vor dem Kesselraum A.

Brennstoff und Fahrbereich:
1939: 4.613 ts Heizöl und 244 ts Dieselkraftstoff
1943: 4.754 ts Heizöl und 116 ts Dieselkraftstoff
Fahrbereich = 1.300 sm bei 10 kn

Besatzung:
1939 = 1.200; 1945 = 1.433

setzt), außerdem wurden weitere 7 × 20 mm-Oerlikon-Doppellafetten und 5 × 20 mm-Oerlikon-Einzellafetten eingebaut. Zwei der Doppellafetten ersetzten die 2 × 1,12 m-Scheinwerfer auf dem Signaldeck. In Durban wurde sie zwischen Dezember 1944 und 21. Februar 1945 überholt. Soweit bekannt, erfuhr sie während dieser Zeit keine weiteren Änderungen oder Erweiterungen. Die 2 × 1,12 m-Scheinwerfer auf den hinteren Aufbauten wurden durch zwei Oerlikon-Einzellafetten ersetzt, das Radargerät Typ 284 gegen eines vom Typ 285 ausgetauscht. Es ist möglich, daß einige der Nahbereichswaffen umgesetzt oder auch ergänzt wurden. Die 53,3 cm-TR wurden im April 1945 augebaut.

Gewichtszunahme und Umbau

Der Gürtelpanzer der *Renown* hatte eine Höhe von 2,64 m und reichte 1939 bei Einsatzverdrängung 1,35 m über die Wasserlinie. 1944 schätzte man anhand des bekannt gewordenen Tiefganges, daß die Verdrängung um 2315 ts zugenommen hatte. Von diesem Gewicht konnten nur 694 ts für Änderungen, Erweiterungen, Munition und Vorräte als bekannt angesehen werden. Das Ergebnis war, der Hauptgürtelpanzer befand sich nur noch 81,3 cm, das Panzerdeck nur 20,3 cm über der Einsatzwasserlinie. Der *DNC* führte an, daß ein Großteil des nicht erfaßten Gewichtes von 1621 ts zu Lasten der Teile ginge, die in Lasten und Hellegats lagerten, wie Ersatzteile und Ausrüstungsteile, und vom Schiffskommando als notwendig erachtet wurden, und zwar für den Notfall oder für den Fall, daß das Schiff sich fern der Heimat in ausländischen Gewässern aufhalten würde, und nicht in der Nähe von Stützpunkten. Als das Schiff beispielsweise zwischen Januar 1944 (als es Rosyth verließ) und Mai 1944 zur *Fernostflotte* gehörte, lag die Verdrängung um 400 ts höher, ohne daß es zwischendurch in einer Werft gewesen war. Die Schiffspläne wurden überprüft, aber es war wenig, was man ausbauen konnte. Die Vonbordgabe der 1,12 m-Scheinwerfer und ihrer Ausrüstung, der TR und ihrer Ausrüstungen, des Flugzeugtreibstoffes und der Vorratsbehälter für Motorbootskraftstoff und der Einrichtungen für die Lagerung und Förderung dieser Betriebsstoffe würde insgesamt 60 ts bringen. Daraus folgerte man, daß noch krassere Methoden notwendig waren, und man beschloß, den *CinC* der *Fernostflotte* zu informieren, daß der erforderliche Bedarf an Schiffsschutz, Stabilität und Kampfkraft nur gegeben war, wenn der Tiefgang der *Renown* 9,75 m nicht überschritt. Das war abgerundet der Tiefgang, mit dem das Schiff Rosyth verlassen hatte. Dieser Beschluß bedeutete die Vonbordgabe von 425 ts. Was dafür vorgesehen war (Verminderung von Heizöl, Wasser, Ausrüstung und Munition), überließ man der Entscheidung des Kommandanten in Abhängigkeit vom operativen Einsatz des Schiffes. Die Gewichtseinsparungen waren mehr als wichtig, schon wegen der Umbauvorschläge, die 1944 für die Werftliegezeit der *Renown* für das Jahr 1945 gemacht wurden. Unglücklicherweise sind darüber keine Einzelheiten erhältlich. Es ist aber bekannt, daß die vorgesehenen Änderungen eine Tiefgangerhöhung von 7,62 cm (das entsprach ~ 350 ts Gewichtszunahme) und somit eine Verminderung des *GM* auf 1,37 m bringen würde. Die sechsmonatige Werftliegezeit, inklusive Umbau, war ab Oktober 1945 vorgesehen. Im September 1945 wurde das Vorhaben widerrufen.

Nelson und Rodney, 1930 bis 1946

Die zwischen 1930 und 1935 durchgeführten Modifizierungen bei *Nelson* und *Rodney* waren überwiegend gleich.

1930/31: Einbau einer Flakleitanlage Mk I. Der Flakleitstand wurde umgesetzt auf eine neue Plattform, damit das Flakleitgerät installiert werden konnte.

1931/32: Einbau eines 2,74 m-EMeßGerätes auf der Brücke, nur bei *Rodney* kam es auf das Dach des Flakleitstandes. Die Typ 71FM-Anlage wurde ausgebaut und ersetzt durch eine Typ 75-Anlage.

1932/33: Über der Originalplattform wurde eine neue, geschlossene Kompaßplattform in Höhe der Admiralsbrücke eingebaut. Auf der *Nelson* wurde quer vor dem Hauptfeuerleitturm auf der Brücke eine neue Plattform eingebaut.

1933/34: Nelson erhielt eine Funkpeilanlage mit einem festen Funkpeilrahmen oben auf der Großbramstenge. Einbau von 2 Pom-Pom-Lafetten seitlich des Schornsteins, die Torpedo-EMeßGerätestände wurden ausgebaut.

Renown Ende 1945 in Heimatgewässern. Beachte, daß die vorderen 3 × 11,4 cm-Luftziel/Seeziel Geschützlafetten ausgebaut sind.

Renown

1942: Seitenansicht und Decks mit angedeuteten Flak-Positionen

Flak-Positionen
Oktober 1941: A Einbau 6 × 20 mm-Einzellafetten
Anfang 1942: B Einbau einer weiteren 20 mm-Einzellafette
~ Mitte 1942: C Einbau einer weiteren 20 mm-Einzellafette
~ Ende 1942: D 4 × 12,7 mm-MG ausgebaut
~ Ende 1942: E Einbau weiterer 8 × 20 mm-Einzellafetten
Juni 1943: F Umsetzung von 7 × 20 mm-Lafetten
G Einbau weiterer 3 × 20 mm-Einzellafetten
und die umgesetzten 7 × 20 mm-Lafetten von F
H Einbau weiterer 13 × 20 mm-Doppellafetten
Januar 1944: I Umsetzung von 9 × 20 mm-Einzellafetten
J Einbau weiterer 5 × 20 mm-Einzellafetten
und die umgesetzten 9 × 20 mm-Lafetten von I
K Umsetzung von 3 × 20 mm-Doppellafetten
L Einbau weiterer 7 × 20 mm-Doppellafetten
und die umgesetzten 3 × 20 mm-Lafetten von K
M Einbau 1 vierrohrigen Pom-Pom

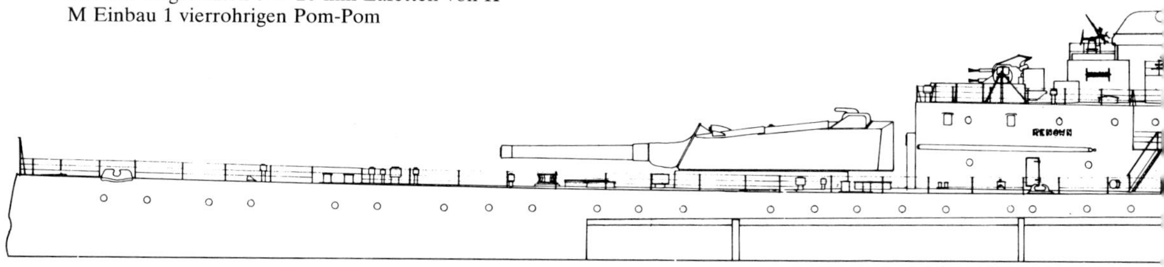

Seitenansicht ▶

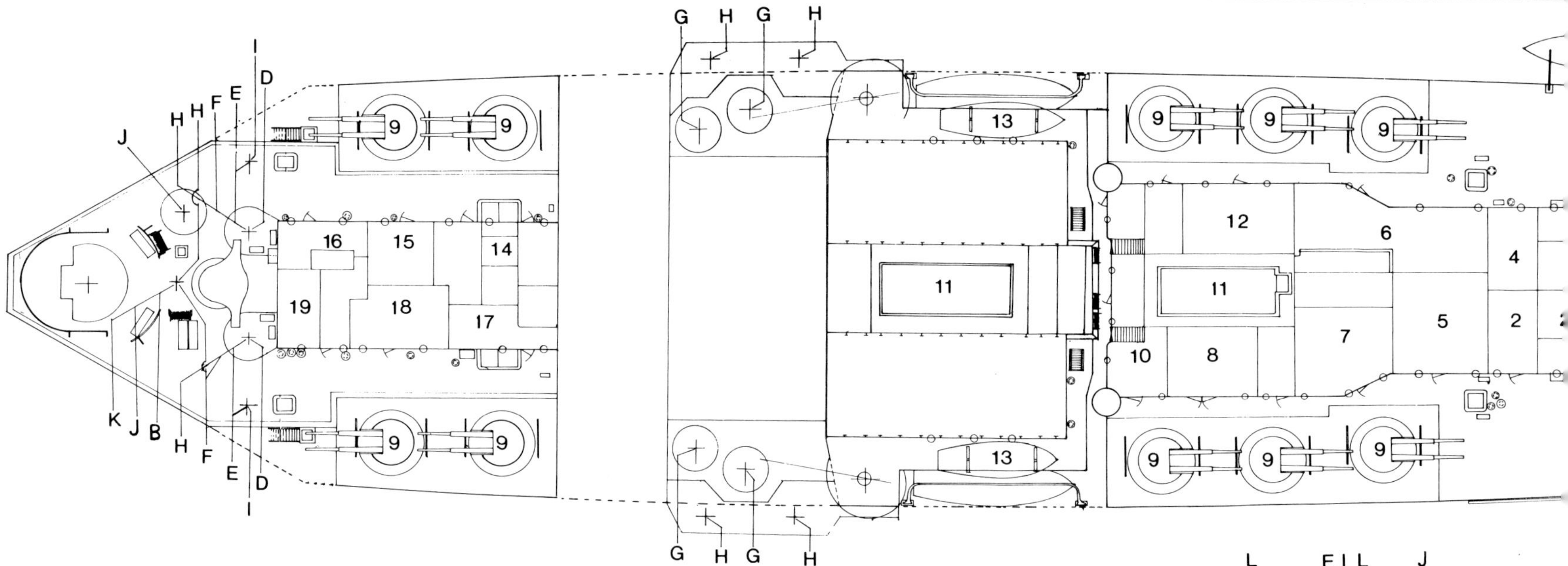

Schutzdeck ▲
1 Bäckerei
2 Hellegats
3 Kühlraum für Backwaren
4 Küche
5 Hauptküche
6 Kombüse
7 Schmiede
8 Maschinenhellegat
9 11,4 cm-Zwischendeck-Doppellafetten
10 Maschinenwerkstatt
11 Schornsteinhälse
12 Kupferschmiede
13 7,62 cm schnelle Motorboote
14 Funkpeilraum (Mittelfrequenz)
15 Küche der Kadettenmesse
16 Admiralsküche
17 Deckoffiziersküche
18 Küche der Offiziersmesse
19 Admiralsküche
20 8,23 m-Boote (Whaler)

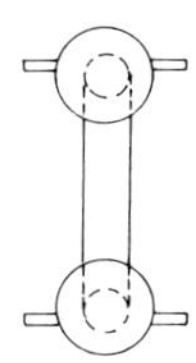

Hintere Luft/Seeziel-Feuerleitplattform

Seesternplattform

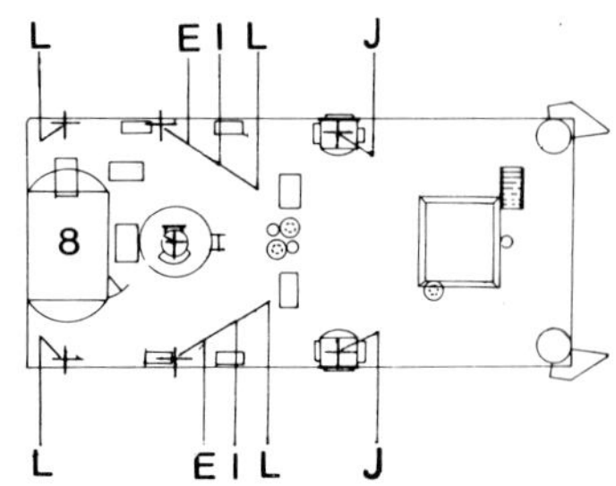

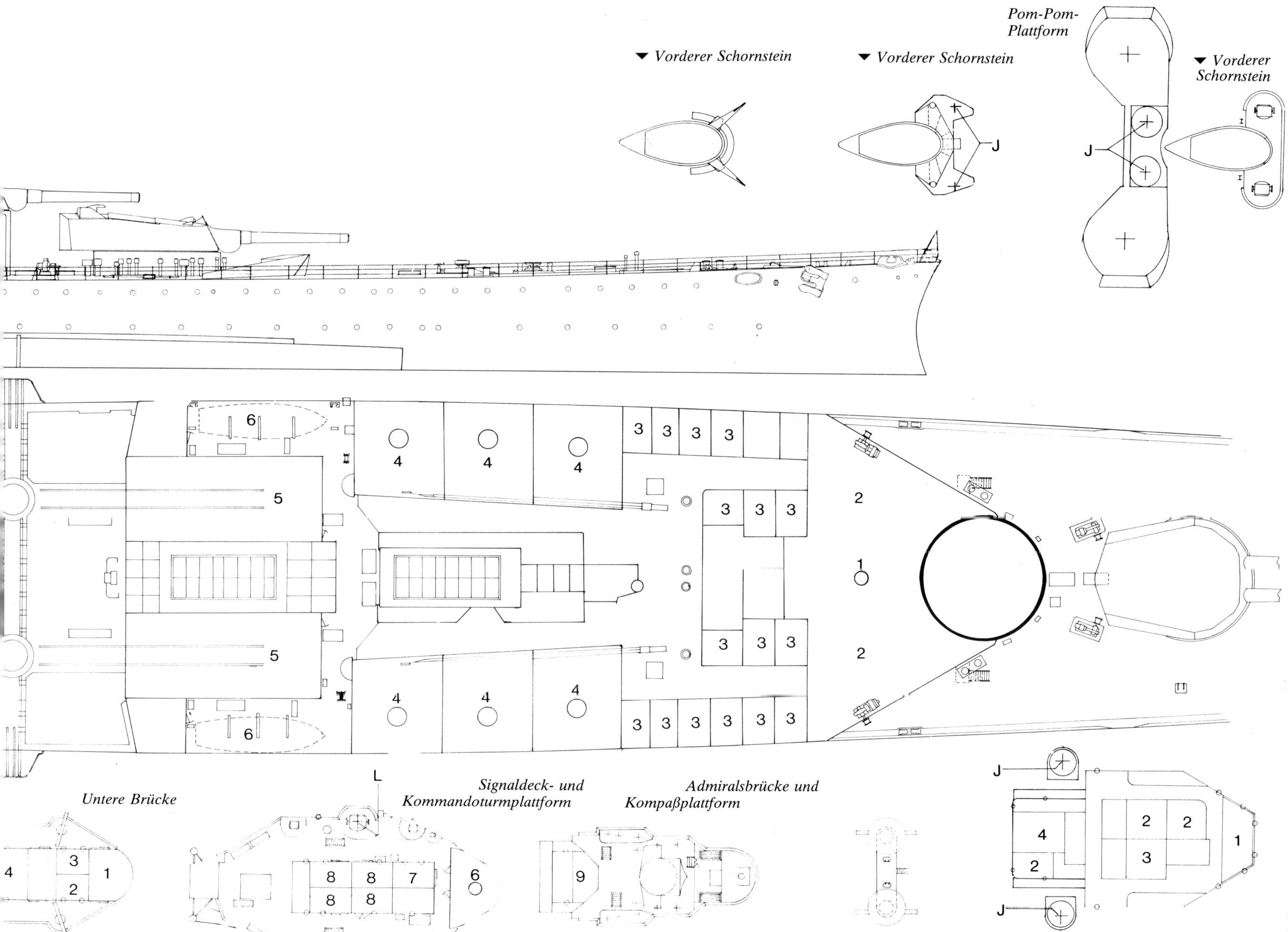

Untere Brücke
ffsführungsstand
tenschutzstand
ffiziersschutzstand

4 Fernsteuerungsraum (Feuerleit)
5 Plottraum

6 Kommandoturm
7 Kartenraum
8 Radarräume

9 Admiralsschutzstand und Kartenhaus

Vorderer 11,4 cm-Luft/Seeziel-Feuerleitstand

Plattform Nr. 2
1 Kommandanten-Seekabine
2 Kammern
3 Admirals-Seekabine
4 Radar-Typ 282-Beobachtungsraum

Rodney

1942: Seitenansicht und Decks

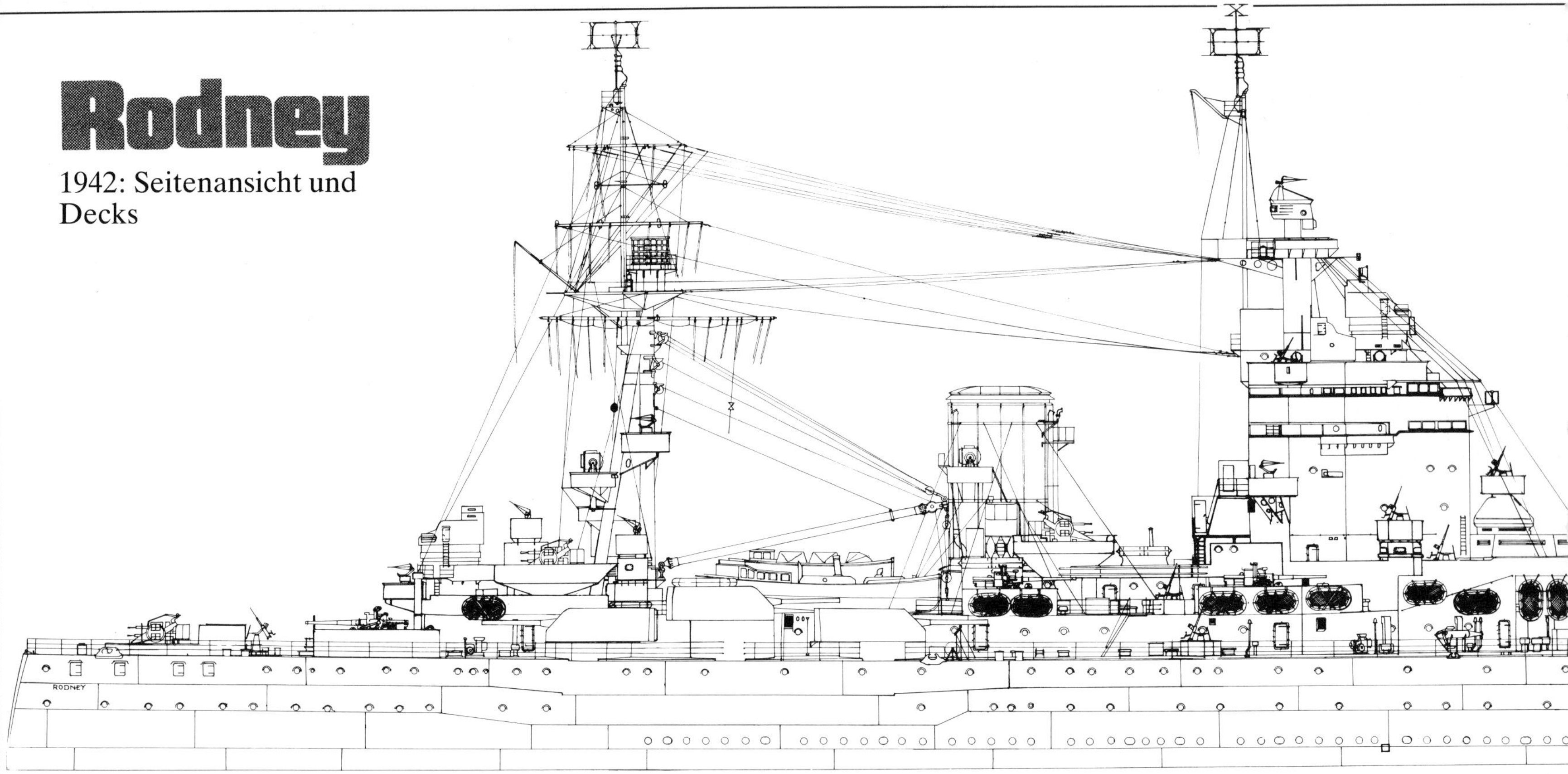

▲ *Seitenansicht*

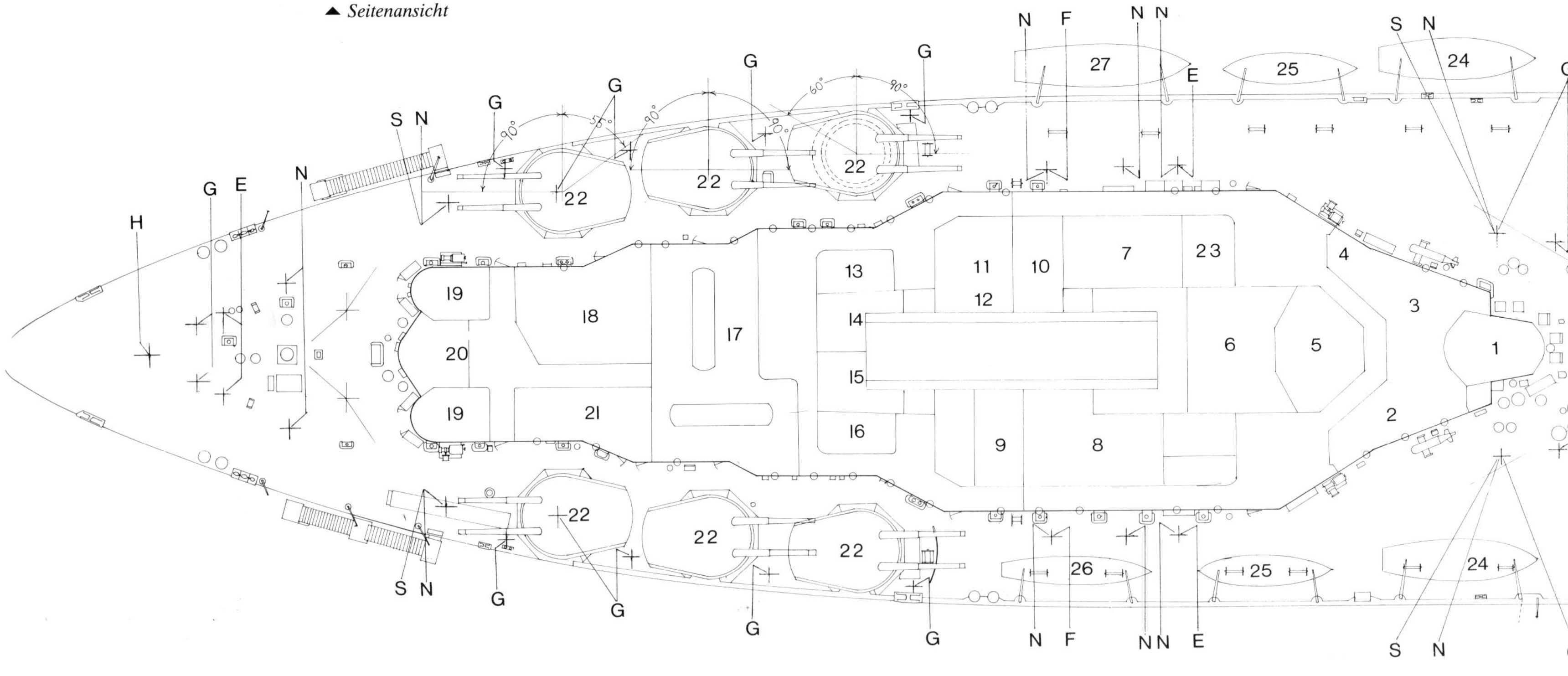

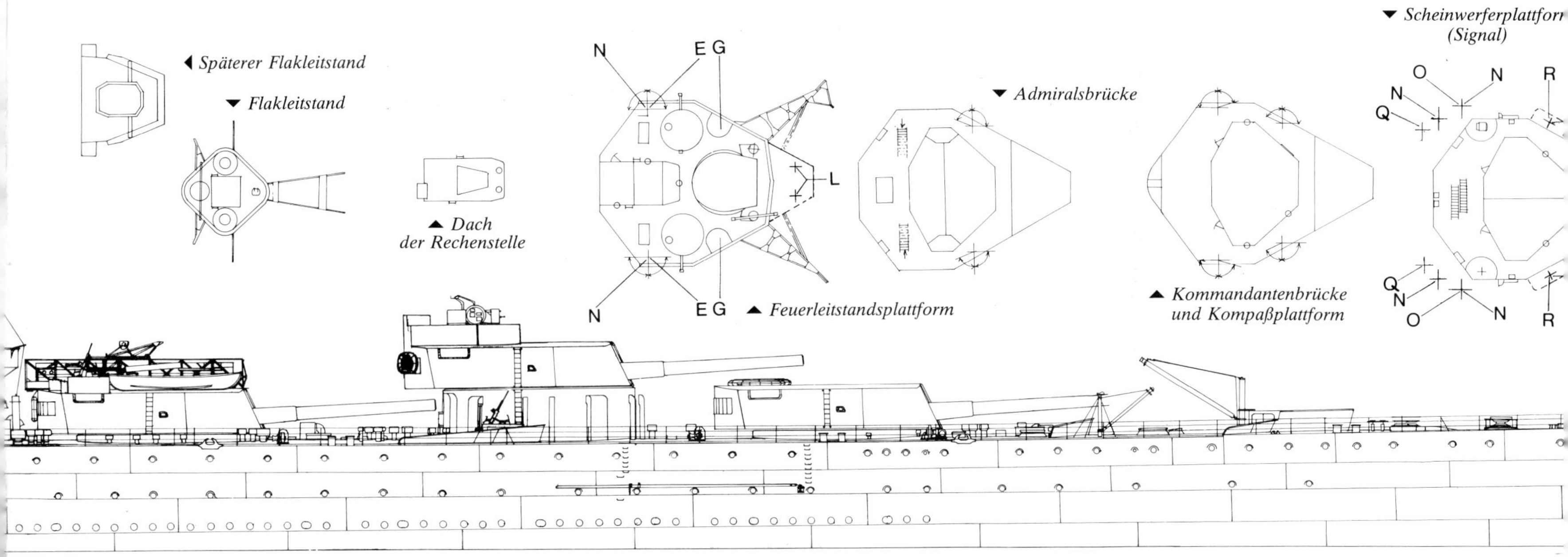

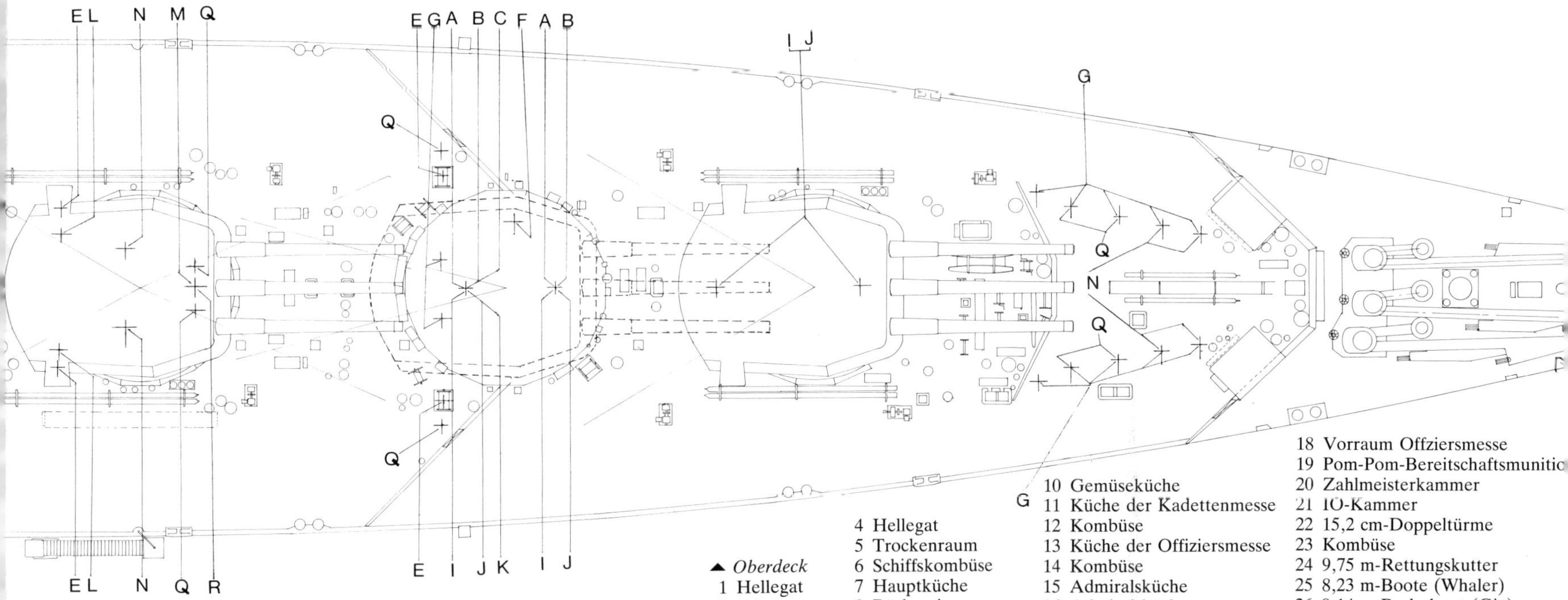

▲ *Oberdeck*
1 Hellegat
2 Friseur
3 Kantinenlast
4 Hellegat
5 Trockenraum
6 Schiffskombüse
7 Hauptküche
8 Bäckerei
9 Deckoffiziersküche
10 Gemüseküche
11 Küche der Kadettenmesse
12 Kombüse
13 Küche der Offiziersmesse
14 Kombüse
15 Admiralsküche
16 Admiralsküche
17 Offiziersmesse
18 Vorraum Offziersmesse
19 Pom-Pom-Bereitschaftsmunitic
20 Zahlmeisterkammer
21 IO-Kammer
22 15,2 cm-Doppeltürme
23 Kombüse
24 9,75 m-Rettungskutter
25 8,23 m-Boote (Whaler)
26 9,14 m-Ruderboot (Gig)
27 10,67 m-Motorboot

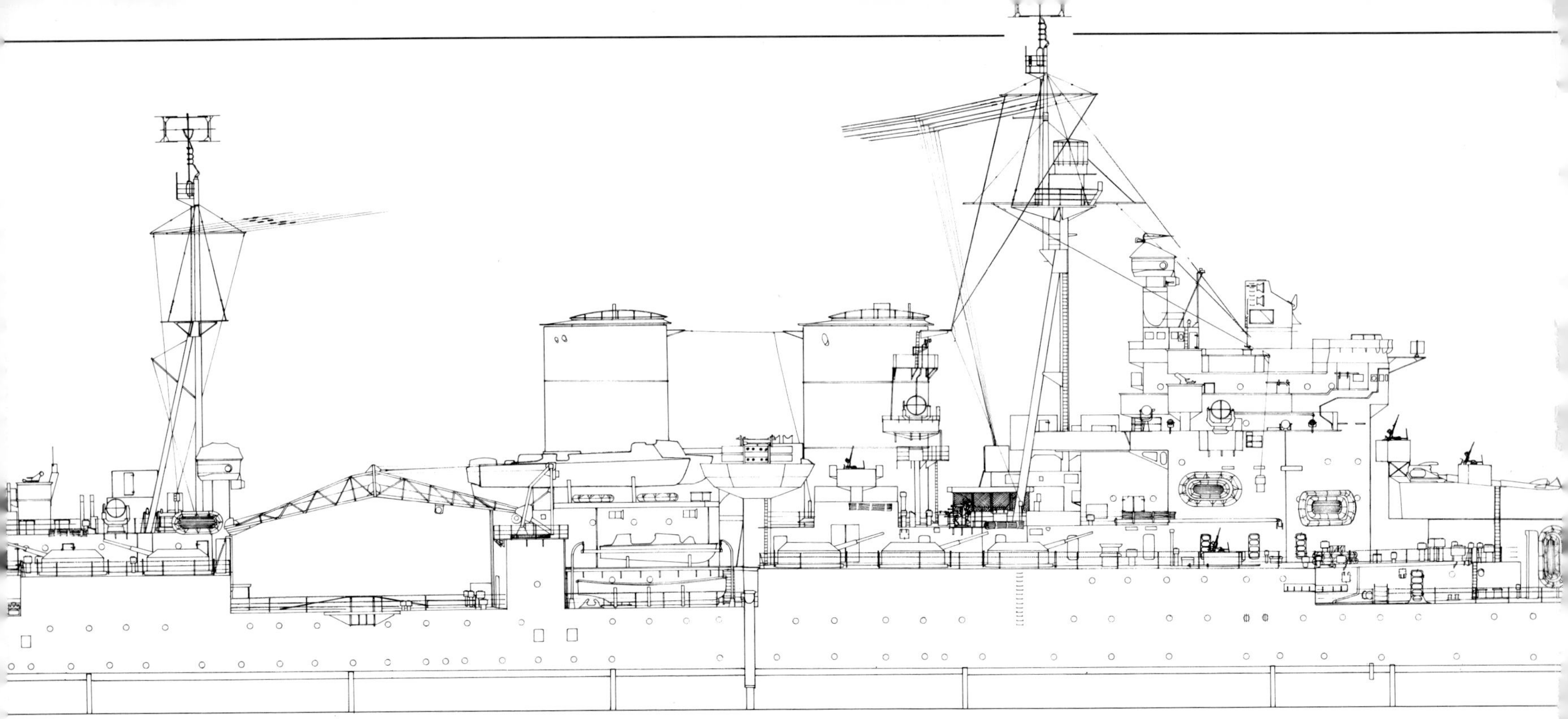

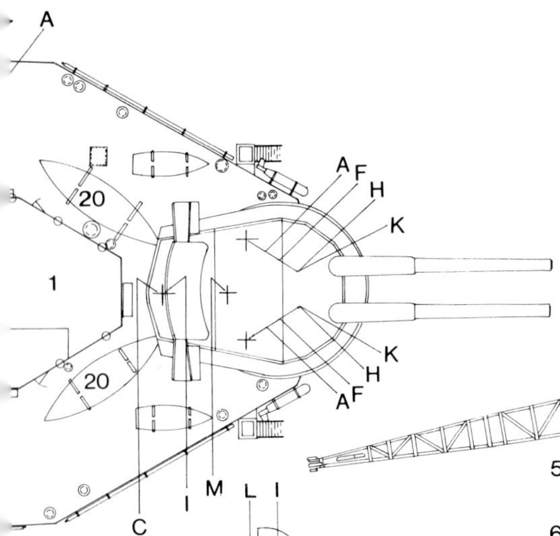

Renown nach Umbau 1939:
Backdeck ▶
1 Verbindungsschacht
2 Freies Deck
3 Kammern
4 11,4 cm-Zwischendeck-kasematten
5 Flugzeughangars
6 9,75 m-Rettungskutter
7 Flugzeughellegat
8 Kleiderkammer
9 Reservekammer
10 Admiralsbad
11 Admiralsschlafraum
12 Admiralstagesraum
13 Admiralseßraum
14 Admiralspantry
15 11,4 cm-Munitionsaufzug

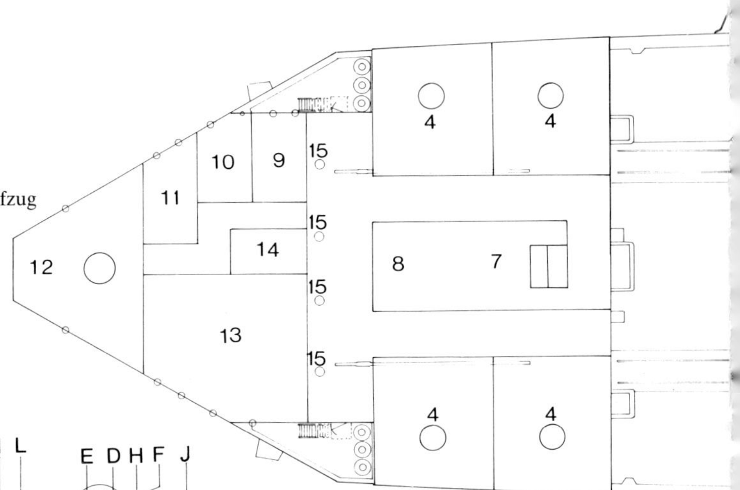

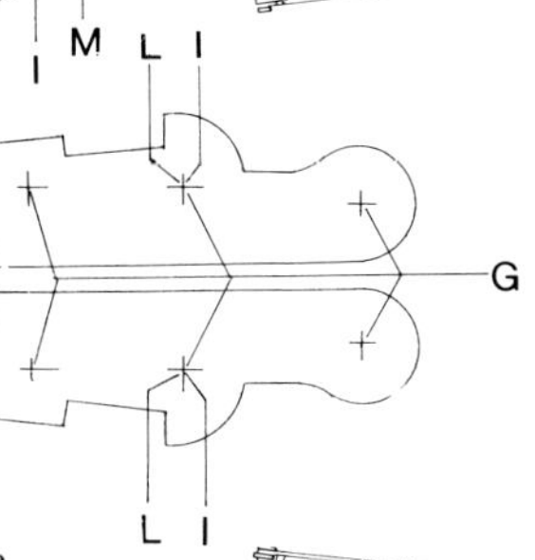

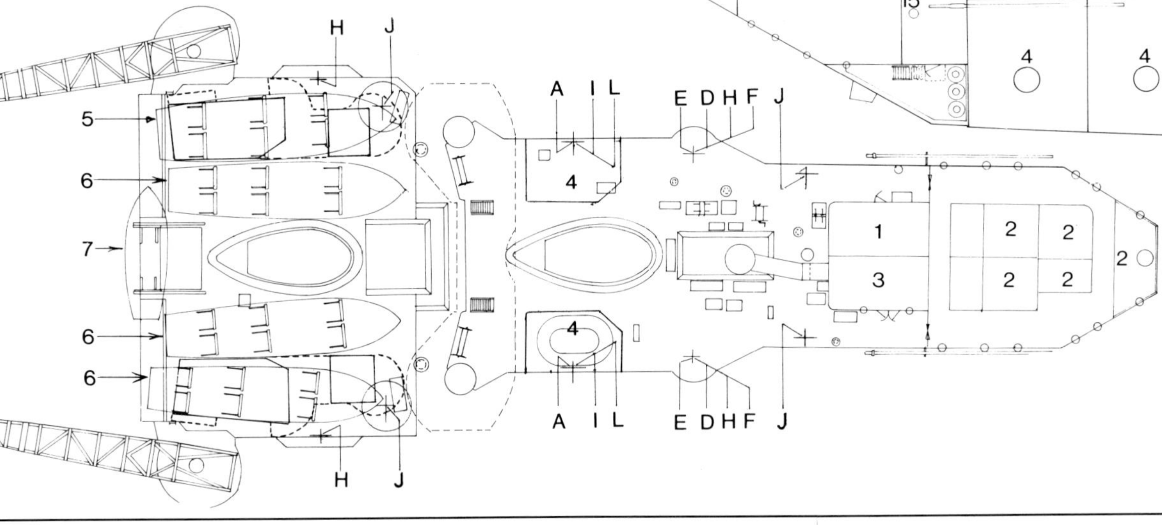

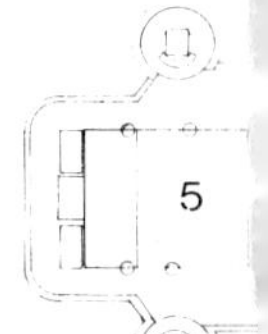

lattform Nr.1 ▶
Fleischlast
Kammern
Schiffszimmer-mannswerkstatt
Hellegats
13,72 m schnelle Motorbarkasse (Launch)
13,72 m schnelle Motorboote
7,62 m schnelles Motorboot
Radar-Typ 281-Beobachtungsraum

Brückendeck
1 Unterer S
2 Kommand
3 Navigation

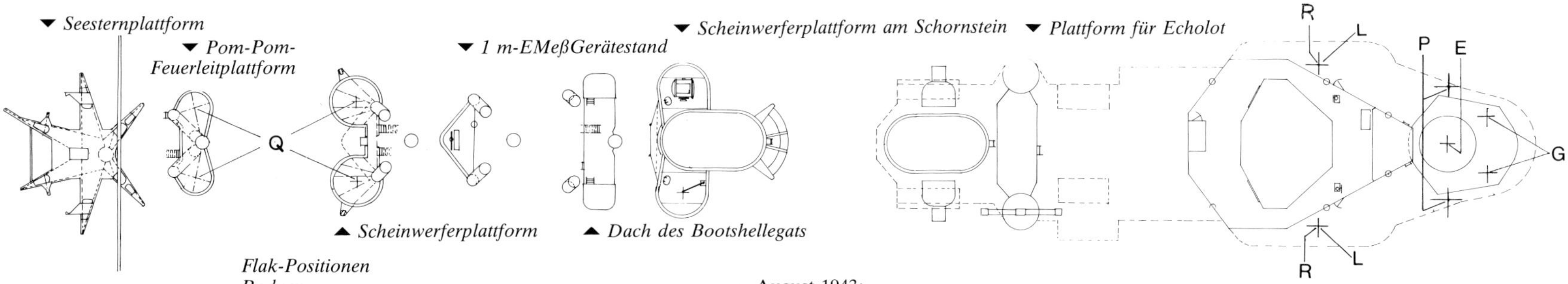

Flak-Positionen
Rodney

August 1940:
A Einbau von 2 × 20 mm-Einzellafetten auf Turm „B“
September 1941:
B 2 × 20 mm-Einzellafetten ausgebaut
C Einbau 1 vierrohrigen Pom-Pom
D Einbau von 2 achtrohrigen Pom-Pom
Mai 1942:
E Einbau weiterer 17 × 20 mm Einzellafetten
~ Mitte 1943:
Einbau weiterer 4 × 20 mm-Einzellafetten, jedoch Position nicht bekannt
~ August 1943:
F Einbau von 5 × 20 mm-Doppellafetten
G Einbau weiterer 35 × 20 mm-Einzellafetten
~ Juni 1944:
Einbau weiterer 2 × 20 mm-Einzellafetten, jedoch Position nicht bekannt

Nelson

August 1940:
H Einbau 1 achtrohrigen Pom-Pom
I Einbau von 4 UP-Werfern
März 1942:
J Ausbau der UP-Werfer
K Einbau einer weiteren achtrohrigen Pom-Pom
L Einbau weiterer 13 × 20 mm-Einzellafetten
Juni 1942:
M Einbau einer weiteren 20 mm-Einzellafette
September 1943:
N Einbau weiterer 26 × 20 mm-Einzellafetten
O Ausbau der 2 × 12,7 mm-MG
Januar 1945:
P Einbau von 4 vierrohrigen Bofors
Q Einbau von weiteren 24 × 20 mm-Einzellafetten

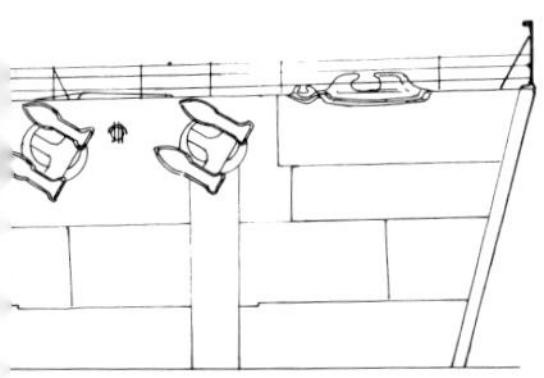

▶ *Schutzdeck*
1 Waffenhellegat
2 Feind Nachrichtenzentrale
3 Unterer Signalraum
4 Pom Pom-Bereitschaftsmunition
5 Werkstatt
6 Schmiede
7 Fleischlast
8 12 cm-Flak
9 Waffenbereitschaftshellegat
10 15,24 m-Motorpinassen
11 13,72 m-Motobarkassen (Launch)
12 Signalverteilungsraum

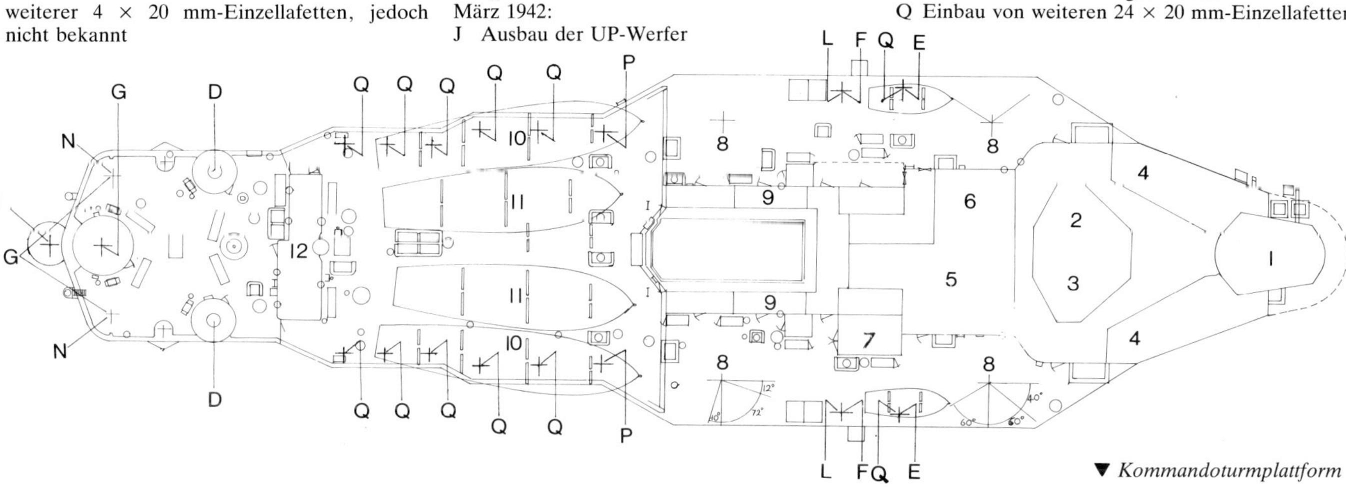

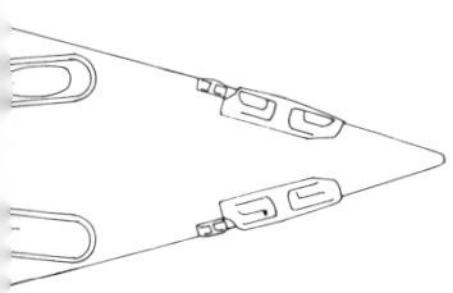

▼ *Kommandoturmplattform*

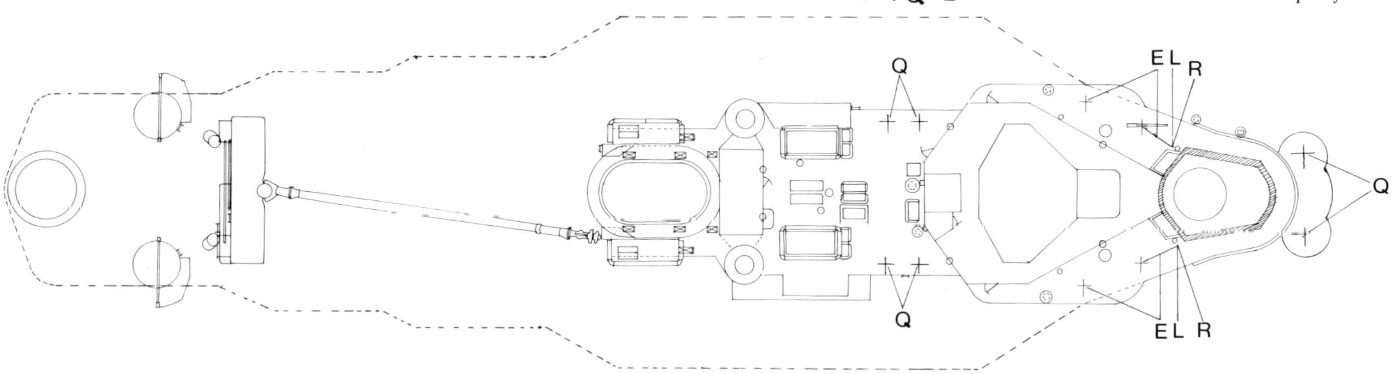

Einbau von Pom-Pom-Leitgeräten Mk I* auf der Plattform des Feuerleitturms.
1934/35: Einbau von zwei mehrrohrigen MG auf den hinteren Ecken der Brückenstruktur in Höhe der Signalscheinwerferplattform. *Nelson* erhielt zwei Lafetten Mk I* und *Rodney* zwei Lafetten Mk II*.

Während der Beschußversuche mit der *Emperor of India* im Jahre 1931 detonierte eine Granate unterhalb deren Gürtelpanzers, und zwar in dem Augenblick, als sie die Bordwand berührte. Das rief einen umfangreichen Schaden hervor. Dieses unterstrich die gewünschte Erfordernis eines tieferen Gürtelpanzers, den *Nelson* und *Rodney* nicht besaßen. 1936 wurde daher vorgeschlagen, den Gürtelpanzer durch den Anbau eines Panzerstreifens unterhalb des vorhandenen Panzers zu verbreitern (wie aus der Skizze ersichtlich). Ebenso wurde vorgeschlagen, das vordere weiche Ende durch eine zusätzliche Panzerung im Zwischendeck zu verstärken und die Schiffe in einem der folgenden Wege völlig umzubauen:
Ausbau der 15,2 cm-Bewaffnung und Einbau von 4 × 13,3 cm-Luft/Seeziel-Zwillingsgeschützen an jeder Seite. Zusätzlicher Einbau von zwei Pom-Pom-Lafetten. Einbau eines Flugzeugkatapultes auf Turm „X".
Ausbau der 15,2 cm-Bewaffnung und Einbau von 5 × 11,4 cm-Luft/Seeziel-Zwillingsgeschützen an jeder Seite. Zusätzlicher Einbau von zwei Pom-Pom-Lafetten. Einbau eines Flugzeugkatapultes und Hangars auf dem Schutzdeck.
Ausbau der 15,2 cm-Bewaffnung und Einbau von 3 × 13,3 cm-Luft/Seeziel-Zwillingsgeschützen an jeder Seite. Zusätzlicher Einbau von zwei Pom-Pom-Lafetten. Einbau eines Flugzeugkatapultes auf Turm „X".

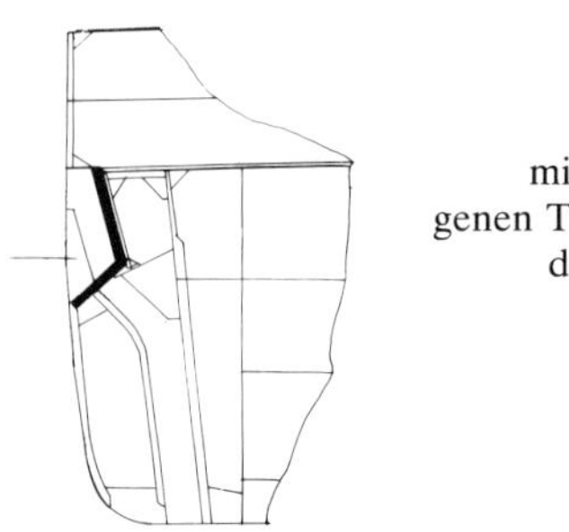

Hauptspant der *Nelson*-Klasse mit der vorgeschlagenen Tiefenerweiterung des Gürtelpanzers

Da es unmöglich war, die Schiffe frühestens vor Anfang 1940 für den Umbau zur Verfügung zu stellen, für beide aber 1937/38 eine größere Werftliegezeit vorgesehen war, wurde genehmigt, die zusätzliche Panzerung schon während dieser Zeit einzubauen. Die Gesamtkosten für jedes Schiff sollten 330000 £ betragen, aber das Werftprogramm war so ausgelastet, daß diese zusätzlichen Arbeiten unmöglich durchzuführen waren. Im Dezember 1937 wurde entschieden, die Durchführung des zusätzlichen Schiffsschutzes für *Rodney* zu verschieben. Die Arbeiten wurden nie durchgeführt. *Nelson* wurde vorne mit einem Panzerdeck versehen, aber nicht mit dem vorgesehenen Seitenschutz. Die Arbeiten an beiden Schiffen 1936 bis 1939 waren wie folgt:

Rodney, 1936:
Einbau eines Flugzeugkatapultes auf Turm „X".
Einbau eines Krans auf dem Bb-Backdeck, seitlich der Brücke.
Über die geschlossene ursprüngliche Kompaßplattform kam eine neue, offene Kompaßplattform.
An der Stb-Seite der Kommandoturmplattform wurde eine Konsole angebaut. Die Brücke dahinter erhielt eine Nische. Diese Änderung war etwas unklar, aber es scheint, daß dahin eine Pom-Pom-Lafette gesetzt werden sollte. Das jedoch ist nie geschehen.

Rodney, 1938:
Einbau einer Pom-Pom-Lafette Mk VI auf dem Achterdeck.
Einbau Radar Typ 79Y. *Rodney* war das erste Schlachtschiff, das mit Radar ausgerüstet wurde.

Nelson, Werftliegezeit Portsmouth, 1937 bis Januar 1938:
Einbau einer 6,98 cm- und 7,62 cm-nichtzementierten Panzerung im Zwischendeck vorn, 10,2 cm im Plattformdeck zwischen Spant 80 und 84 und eines 10,2 cm-Schotts in Höhe Spant 80, von der Stauung zum Plattformdeck.
Die Flakleitanlage Mk I und die Flakrechenstelle wurden ausgebaut von der Feuerleitturmplattform und durch 2 Flakleitanlagen Mk III* ersetzt. Auf der Feuerleitturmplattform wurde eine neue Plattform auf einem Podest eingebaut, die Flakleitgeräte erhielt. Die Flakrechenstelle wurde unterhalb des Panzerdecks eingebaut.
Einbau eines Krans an Bb-Seite des Backdecks, seitlich der Brücke.
Die Feuerleitturmplattform wurde nach vorne erweitert und schloß ab mit den darunterliegenden Plattformen.
Die Ausrüstung mit schnellen Motorbooten wurde durchgeführt.

Kriegsänderungen der Rodney

Rodney war eines der Schiffe, die unter den Auswirkungen des Krieges besonders zu leiden hatten und daher schon sehr früh aus dem aktiven Dienst schied. Sie bedurfte bei Kriegsausbruch der dringenden Überholung. Es ist daher nicht überraschend, daß es bei ihr sehr früh zu Störungen kam. Während eines Einsatzes mit der *Home Fleet* im November 1939 in der Nordsee traten ernsthafte Ruderschäden auf, und sie kehrte in den Clyde zurück. Repariert wurde sie in Liverpool, wo der vordere Teil der Ruder Verstärkungen erhielt (diese Modifizierung erhielt auch *Nelson*).

Anfang 1940 kam es zu Schwierigkeiten mit dem Arbeiten der Außenhaut, was zu Leckagen im Vorschiff führte. Die Auswirkungen waren am sichtbarsten in den wasserdichten Abteilungen unterhalb des Zwischendecks, zwischen den beiden vordersten wasserdichten Schotts in Höhe Spant 9 und 16. Das Bordpersonal schweißte in diesem Bereich einen Träger von Spant zu Spant und quer durchs Schiff, aber die Abteilung blieb undicht, weil die Vernietung mangelhaft war. Es wurde keine gründliche Reparatur durchgeführt, auch nicht, als eine Vergrößerung der Schäden, hervorgerufen durch zwei Nahdetonationen deutscher Bomben im April 1940, eingetreten war. Zwischen dem 6. und 8. Dezember 1940 geriet das Schiff in schweres Wetter im Nordatlantik. Mit einer Geschwindigkeit von 7,5 kn ritt es den Sturm gegen den Wind ab, und obgleich es etwas schlingerte, war das Stampfen außerordentlich schwer. Das Arbeiten der Bordwand bewirkte, daß der von der Besatzung eingebaute Träger sich löste, daß sich die Leckagen verstärkten und ausdehnten, daß die beiden wasserdichten Abteilungen zwischen den Spantschotts 9 und 16 geflutet wurden. Das Hellegat für brennbare Stoffe im Plattform-

deck wurde ebenfalls geflutet, und zwar durch ein Loch von 1,5 cm Durchmesser in der Schottwand Spant 16. Dieses Loch war mit einem Schlauchanschluß versehen und auf Veranlassung eines früher an Bord gewesenen Offiziers installiert worden. Der Anschluß diente zur Herstellung einer Verbindung mit einer transportablen Pumpe, denn die Abteilungen vor dem Spant 16 waren früher nicht lenzbar. Dieses Loch also zerstörte die Wasserdichtheit des Schotts.
Während des Sturmes wurden auch die Abdekkungen der Verbindungsschächte zwischen Kettenkästen und Back weggerissen, und das Wasser strömte in die Kettenkästen. Diese liefen schneller voll, als die Entwässerungen verkraften konnten, und Versuche, die Kettenkästen zu lenzen, waren von geringem Erfolg. Die nächste 50 t-Pumpe stand unter Wasser, und die 350 t-Pumpe Nr. 1 war wegen eines kaputten Schalters und eines Elektroschadens unklar. Der LI kontrollierte die Entwässerungsleitungen und fand sie dicht, er löste die Rohrverbindungen unterhalb des Plattformdecks, um die Verstopfungen zu beseitigen, und um so den Weg freizumachen. Infolge der starken Schiffsbewegungen gelang es jedoch nicht, die Rohrverbindung wiederherzustellen, und das Wasser trat über in die Torpedoräume, von dort in die Torpedoraum-Lenzzellen in der Stauung. Das eingedrungene Wasser wurde schließlich über die Lenzzellen durch die 350 t-Pumpe Nr. 2 und das aus den Kettenkästen mit einer neuartigen transportablen Pumpe gelenzt.
Ein weiteres Leck wurde an Stb-Seite, in Höhe des Plattformdecks, zwischen den Schotts der Spanten 60 und 80 festgestellt (dieser Bereich befand sich unmittelbar unter den Geschützmündungen des Turmes „A"). Das Leck konn-

Oben: *Rodney,* Schornstein und Großmast, im Vordergrund eine der Pom-Pom-Mk VI-Lafetten. ▸

Mitte: *Nelson* 1934 mit modifizierter Brücke, Flakleitgerät Mk I und auf den Aufbauten aufgestellte Pom-Pom-Lafetten.

Unten: *Rodney* September 1937. Beachte das EMeßGerät auf dem Dach des Flakleitstandes (hinten an der Kommandoturmplattform) und die seltsame Konsole mit Nische an der Stb-Seite der Brücke. (Anm. des Übersetzers: Konsole und Nische sind die 12,7 mm-MG-Stände an Stb- und Bb-Seite).

te durch die in der Nähe befindliche 50 t-Pumpe nicht bewältigt werden, aber schließlich wurde auch hier durch die 350 t-Pumpe Nr. 3 Abhilfe geschaffen. Die Anschlußleitungen dieser Pumpe wurden durch eine wasserdichte Tür in dem Längsschott über dem Plattformdeck gelegt und dann durch ein Luk zum Plattformdeck geführt. Die offene Tür und das geöffnete Luk waren natürlich ein Risiko im Verschlußsystem.

Am 18. Dezember 1940 ging *Rodney* nach Rosyth in die Werft, wo die Sturmschäden repariert wurden. Das Loch im Schott von Spant 16 wurde geschlossen, und oberhalb der Abteilungen IX und XVI wurden quadratische Luken eingebaut, um transportable Pumpen einsetzen zu können. Hinter die Bordwände wurde zusätzliche Spanten eingesetzt, der vordere Schiffskörper allgemein verstärkt. Im Januar 1941 stieß *Rodney* wieder zur Flotte. Im März 1941 kam es zu erneuten Leckagen in den Abteilungen IX und XVI, und in der Stauung unterhalb der Torpedolagerräume gab es ein neues Leck. Die Bordwand arbeitete immer noch, und man stellte fest, daß die einzig wirksame Maßnahme der Einbau zusätzlicher Stringer sei. Es traten auch Maschinenstörungen auf, die Kondensatoren bedurften dringend neuer Rohre und auch die Kessel der Überholung. Wie Tabelle 11 (siehe → Seite 132) zeigt, war die Geschwindigkeit eingeschränkt, der Brennstoffverbrauch merklich angestiegen. Im Mai 1941 ging sie in die USA, wo sie überholt werden sollte. Die Fahrt in die USA wurde jedoch durch den Einsatz gegen die *Bismarck* unterbrochen, und *Rodney* konnte ihre Werftliegezeit erst Ende Juni beginnen. Sie fand in Boston statt und schloß die Überho-

◀ *Rodney* 1937. Beachte die Plattform für 12,7 mm-MG an Bb-Seite der Brücke.

Rodney kurz vor Kriegsausbruch. Das Flugzeug auf dem Turm „X" ist ein *Swordfish*-Wasserflugzeug. ▼

Einzelheiten der NELSON und RODNEY, 1930 bis 1946

Mit Ausnahme der angeführten Daten bleiben alle Einzelheiten wie bei Fertigstellung der Schiffe 1927.

Verdrängung:

Nelson (1945)	Standardverdrängung	37.000 ts
	Max. Einsatzverdrängung	44.054 ts
Rodney (1942)	Standardverdrängung	36.000 ts
	Max. Einsatzverdrängung	43.140 ts

Tiefgang (bei Einsatzverdrängung):

Nelson (1945)	vorne 10,64 m; hinten 11,00 m
Rodney (1942)	vorne 10,54 m; hinten 10,77 m

Nahbereichs-Flak (1945):

Nelson	48 × 2 Pdr Pom-Pom (6 × 8); 16 × 40 mm-Bofors (4 × 4); 61 × 20 mm (61 × 1)
Rodney	44 × 2 Pdr Pom-Pom (5 × 8 und 1 × 4); 68 × 20 mm (58 × 1 und 5 × 2)

Feuerleitanlagen (1939):

SA	= 2 Feuerleittürme; 1 Admiralitäts-Rechner/Plott Mk I
MA	= 4 Feuerleittürme; 4 Salvengeber Typ-S
Flak	= 2 Flakleitgeräte Mk III *(Nelson);* 1 Flakleitgerät Mk I *(Rodney);* 2 Pom-Pom Leitgeräte Mk I*

Panzerung:
Wie vorher angegeben, außer der zusätzlichen Panzerung im vorderen Zwischendeck der *Nelson.*

lung der Maschinenanlagen, den Einbau zusätzlicher Versteifungen, und die Reparatur von Wetter- und Kampfschäden ein. Die Störungen waren für die *Rodney* damit aber nicht zu Ende, und 1943 traten wieder Leckagen und allgemeine Schiffskörperschäden auf. Zu dieser Zeit wurden auch Vorschläge für eine Modernisierung des Schiffes gemacht. Unglücklicherweise sind darüber keine weiteren Einzelheiten bekannt. Es wurde entschieden, nur vorläufige Instandsetzungen durchzuführen, umfangreiche Reparaturen sollten erst bei der Modernisierung gemacht werden. Sie sollte zuerst im Herbst 1943 in Devonport in die Werft gehen, dann aber entschloß man sich, diese Werftliegezeit mit der Modernisierung zu verbinden. Trotz der Warnung, daß der Zustand sich zunehmend verschlechtern würde, wurde der komplette Umbau und die umfassende Reparatur nie durchgeführt (detaillierte Zeichnungen für die Modernisierung der *Rodney* wurden 1944 vorbereitet).

Rodney 1940, Oberdecksreinschiff.

Die aktive Laufbahn der *Rodney* endete im November 1944. Sie wurde stationäres Flaggschiff des *CinC* der *Home Fleet* in Scapa Flow. Die einzelnen Änderungen und Erweiterungen, die das Schiff zwischen 1939 und 1945 erhielt, waren folgende:

~ *August 1940:* Einbau von 2 × 20 mm-Oerlikon auf Turm „B". Radar Typ 79Y wurde geändert in Typ 279.

September 1941 (nach Werftliegezeit in Boston): Ausbau der hinteren Feuerleitgerätetürme der MA. Auf deren Platz Einbau von zwei Pom-Pom-Lafetten Mk VI.
Einbau einer vierrohrigen Pom-Pom-Lafette Mk VII auf Turm „B" (die dort stehenden Oerlikon wurden ausgebaut).
Austausch Radar Typ 279 gegen Typ 281 mit Empfangsraum hinter der Brücke und Senderaum hinter dem Großmast.

Einbau Radar Typ 271 mit Raum und Antenne auf dem Seestern.
Einbau Radar Typ 284.
Einbau einer Funkpeilanlage Typ FM 2 mit Peilraum auf dem Empfangsraum Radar Typ 281. Die Antenne saß an der Vorkante der Brücke.
Die Konsole an der Stb-Seite des Kommandoturms wurde ausgebaut. An jeder Seite der Kommandoturmplattform wurden Ubootbeobachtungsstände errichtet. Die Brücke wurde leicht verändert.

~ *Mai 1942:*
Ausbau der 12,7 mm-MG-Lafetten, Umbau der zugehörigen Plattformen, auf die anschließend zwei Pom-Pom-Leitgeräte Mk III gesetzt wurden (die alten Pom-Pom-Leitgeräte wurden ausgebaut).
Aufbau von drei Pom-Pom-Leitgeräten Mk III auf dem hinteren Schiff; zwei auf dem Großmars, eines auf dem hinteren Ende des Schutzdecks.
Alle fünf Pom-Pom-Leitgeräte erhielten Radar Typ 282.
Einbau von vier Sperrfeuerleitgeräten mit Radar Typ 283 seitlich und hinter dem Großmast.
Austausch Radar Typ 271 gegen Typ 273.
Vergrößerung der Flakfeuerleitplattform, das Feuerleitgerät wurde auf ein höheres Pivot gesetzt.
Einbau Radar Typ 285 mit Antenne auf dem Flakleitstand und zugehörigem Raum auf dem Dach des Flakleitstandes hinten auf der Plattform des Feuerleitturms.
Einbau von weiteren 17 × 20 mm-Oerlikon-Einzellafetten.

~ *Mitte 1942:* Einbau von weiteren 4 × 20 mm-Oerlikon.

~ *August 1943:*
Einbau von weiteren 35 × 20 mm-Oerlikon-Einzellafetten, damit jetzt eine Gesamtzahl von 56 Einzellafetten.
Einbau weiterer 5 × 20 mm-Oerlikon-Doppellafetten.

Oben: *Rodney* 1940. Beachte die 20 mm-Flak auf dem Turm „B“.

Unten: *Rodney* 1940, Versorgungsgüterübernahme.

▲ *Rodney* 1941 nach Werftliegezeit in Boston/USA. Beachte die MES-Schleife an der Oberkante Bordwand und die Pom-Pom-Mk VII auf Turm „B".

Rodney Mai 1942 nach der Werftliegezeit.
▼

▲
Oben links: Luftaufnahme der *Rodney* am 27. Mai 1942.
Oben rechts: Luftaufnahme der *Nelson* am 28. Juni 1941.

Tabelle 11: Fahrbereich der RODNEY, 1941

Geschwindigkeit	12 kn	14 kn	16 kn	18 kn	19,5 kn
Fahrbereich	8.160 sm	7.336 sm	6.060 sm	4.820 sm	3.910 sm
Brennstoffverbrauch	5,5 ts/h	7,1 ts/h	9,8 ts/h	13,8 ts/h	18,5 ts/h

Auf Probefahrten hatte *Rodney* 23,8 kn erreicht, der Brennstoffverbrauch lag bei 16 ts/h, was einem Fahrbereich von 5.500 sm entsprach.

Nelson am 22. April 1945, nach Abschluß der großen ▶ Werftliegezeit in den USA.

Ausbau der Flugzeugkatapultanlage.
Die 12 cm-Geschütze erhielten Schutzschilde.

~ Juni 1944:
Einbau einer weiteren 20 mm-Oerlikon-Einzellafette.
Einbau eines Fk-Störsenders Typ 650.

Kriegsänderungen der Nelson

Werftliegezeit in Portsmouth, Januar bis August 1940:
Einbau einer Pom-Pom-Lafette Mk V auf dem Achterdeck.
Ausbau der hinteren Feuerleitstände für die MA, dafür Einbau von zwei Pom-Pom-Lafetten Mk VI.
Einbau Radar Typ 281 mit Empfangsraum hinter der Brücke und Senderaum hinter dem Großmast.
Einbau eines Funkpeilgerätes Typ FM 2, der zugehörige Peilraum kam auf den Typ 281-Radarraum.
Einbau von vier UP-Werferlafetten; zwei auf dem Turm „B" und zwei auf Turm „X".
Die 12 cm-Geschütze erhielten Schutzschilde.

Reparaturen von Oktober 1941 bis März 1942:
Einbau von 13 × 20 mm-Oerlikon, Ausbau der UP-Werferlafetten.
Einbau von drei neuen Pom-Pom-Leitgeräten Mk III, zwei auf dem Großmars, eines auf dem Ende des Schutzdecks. Die beiden ursprünglichen Leitgeräte wurden ersetzt durch den Typ Mk III.
Einbau von vier Sperrfeuerleitgeräten auf den hinteren Aufbauten, seitlich und hinter dem Großmast.
Einbau Radar Typ 273, Typ 284, Typ 282 (5 für die Pom-Pom-Leitgeräte), Typ 283 (4 für die Sperrfeuerleitgeräte) und Typ 285 (2 für die Flakleitgeräte).
Einbau einer Pom-Pom-Lafette Mk VI auf dem Turm „B".
Installation von Ubootbeobachtungsständen an den Seiten der Kommandoturmplattform.
Ausbau der UTR, Unterteilung der zugehörigen Räume.

Im September 1943:
Erhöhung der Anzahl der 20 mm-Oerlikon auf 41 Einzellafetten.
Ausbau der 12,7 mm-MG-Lafetten.

1943/44: Unbekannt, außer, daß sie mit einem Fk-Störsender Typ 650 ausgerüstet wurde für den Einsatz bei der Normandie-Landung.

Werftliegezeit in der Marinewerft Philadelphia/USA, September 1944 bis Januar 1945:
Ausbau der gepanzerten Feuerleitkuppel.
Ausbau der Pom-Pom-Leitgeräte, um zusätzlich Platz für 20 mm-Oerlikons zu schaffen.
Einbau von 4 × 40 mm-Vierlings-Bofors-Mk II (US-Modell); zwei vor der Brücke, zwei seitlich Bootsdeck. Die Feuerleitung geschah durch vier Feuerleitgeräte Mk 51.
Die 20 mm-Oerlikon wurden auf 65 Lafetten erhöht.
Einbau einer beträchtlichen Zahl von zusätzlichen Plattformen für die 20 mm-Waffen. Das erforderte unter anderem auch eine Umsetzung der Beiboote.

Im April 1945: Vier der 20 mm-Lafetten wurden ausgebaut.

Die SA der *Nelson* in der zweiten Hälfte 1940. Beachte die UP-Werfer auf der Turmdecke.

III. Die Entstehung der King George V-Klasse, 1933 bis 1936

Mit der Weigerung Frankreichs und Italiens, das Londoner Flottenabkommen von 1930 zu unterzeichnen, und durch die Rückkehr Deutschlands in die Reihe der Seemächte, begann sich ab 1935 das Gleichgewicht im Stärkeverhältnis der Großkampfschiffe, wie es seit der Konferenz von Washington bestand, zu verschieben.

1929 erfolgte in Deutschland die Kiellegung der *Deutschland*, das erste von drei Panzerschiffen – allgemein bekannt als *„Pocket Battleships"* (Westentaschen-Schlachtschiffe)* – mit einer Bewaffnung von 6 × 28 cm-Geschützen, einer Geschwindigkeit von 26 kn und einer angegebenen Verdrängung von 10000 ts. Das war die größte Schiffsverdrängung, die Deutschland gemäß des *Versailler Vertrages* bauen durfte. In Wirklichkeit überschritten sie die Verdrängung jedoch um über 2000 ts. Frankreichs Antwort war die Kiellegung der Schlachtkreuzer *Dunkerque* (1931) und *Strasbourg* (1934). Diese beiden Schiffe verdrängten 26500 ts, hatten eine Bewaffnung von 8 × 33 cm-Geschützen und eine Konstruktionsgeschwindigkeit von 29,5 kn.

Zu dieser Zeit hatte Deutschland den *Versailler Vertrag* widerrufen und legte 1934**) die beiden Schlachtkreuzer *Gneisenau* und *Scharnhorst* mit 32000 ts auf Stapel. Sie sollten eine Bewaffnung von 9 × 28 cm erhalten und fähig sein, 31,5 kn zu laufen. Im gleichen Jahr machte das europäische Seewettrüsten einen großen Schritt vorwärts, als Italien die Kiellegung von zwei Schlachtschiffen mit 35000 ts, *Littorio* und *Vittorio Veneto*, vornahm. Sie sollten mit 9 × 38,1 cm-Geschützen bewaffnet werden und 30 kn schnell sein. Frankreich antwortete im folgenden Jahr mit der Kiellegung der *Richelieu*, 35000 ts, 8 × 38,1 cm-Geschütze und 30 kn Geschwindigkeit. Ihr sollten zwei Schwesterschiffe folgen. Schließlich war da noch Deutschland, wo 1936 die Kiellegung der *Bismarck*, das erste von zwei 42000 ts Schlachtschiffen mit 8 × 38 cm-Geschützen und einer Geschwindigkeit von 30 kn, erfolgte. Diese Neubauten wurden nicht ohne Genehmigung in Angriff genommen, denn die Schiffe, die in Italien und Frankreich gebaut wurden, waren auf Grund der Ersatzbaubedingungen des *Washingtoner Vertrages* erlaubt. Die beiden deutschen Schlachtschiffe wurden nach Unterzeichnung des *Deutsch-britischen Flottenabkommens* von 1935 auf Stapel gelegt, wonach es Deutschland erlaubt war, eine Flottenstärke von 35% gegenüber der *Royal Navy* zu haben (mit Ausnahme der Uboote). Deutschland war aber verpflichtet, sich an die Bedingungen der Abkommen von Washington und London zu halten, obgleich es ja nicht zu den Unterzeichnern gehört hatte.

1934 wurde klar, daß, wenn Großbritannien nicht recht bald ein Ersatzbauprogramm in Angriff nehmen würde, innerhalb weniger Jahre jede der europäischen Großmächte im Besitz von zwei Großkampfschiffen sein würde, denen die Royal Navy kein gleichwertiges Paar gegenüberstellen könnte. Es war jedoch unmöglich, vor Ablauf der Vertragsdauer des *Londoner Abkommens* am 31. Dezember 1936 und vor Einberufung einer neuen *Londoner Konferenz* mit einem neuen Programm zu beginnen. Im April 1934 gab die *Admiralität* ihre Ansichten über die Ziele, die bei dieser Konferenz zu verfolgen wären, in einem *Admiralitätspapier* bekannt, das dem *Kabinett* zugestellt wurde. In diesem Memorandum wurde ausdrücklich verlangt, daß bei dem neu auszuhandelnden Vertrag nicht nur eine größere Sicherheit für Großbritannien in der Flottenstärke als im 1930er Vertrag erlaubt, sondern auch die Erneuerung der gesamten Schlachtflotte ausgehandelt werden sollte.

Unter keinen Umständen sollte die ins Auge gefaßte Pause im Schlachtschiffbau erweitert werden, und es wurde mit Vorrang als wichtig angesehen, daß Großbritannien die Erlaubnis erhielt, unmittelbar nach Ablauf des 1930er Abkommens mit dem Neubauprogramm beginnen zu können. Das war der 1. Januar 1937. Die Admiralität war gewillt, aus politischen und finanziellen Gründen einer qualitativen Begrenzung zuzustimmen. In diesem Falle führte sie ähnliche Vorschläge an, wie sie bei der 1930er Konferenz gemacht worden waren, wie: Maximale Verdrängung der Großkampfschiffe 25000 ts, Bewaffnung 30,5 cm-Geschütze; und falls das durch andere Mächte als zu niedrig angesehen wurde: 28000 ts und 30,5 cm-Geschütze. Diese Vorschläge wurden gemacht, bevor Italien und Frankreich ihre Schiffe mit 38,1 cm-Geschützen ausrüsteten.

Forderungen des Marinestabes an die 1937er Großkampfschiffe

Mehr als ein Jahr bevor die *Admiralität* dem *Kabinett* ihren Standpunkt zur Kenntnis brachte, hatten bereits detaillierte Diskussionen über die Eigenschaften und allgemeinen Anforderungen an die 1937er Großkampfschiffe stattgefunden. Dieser frühe Beginn war wichtig. Sollte der erste (Neu-)*Ersatzbau am 1. Januar 1937 auf Kiel gelegt werden, so war es erforderlich, einen vorläufigen Entwurf parat zu haben, bevor die fällige Seeabrüstungskonferenz 1935 beginnen würde. Es sollte dann auch Zeit zur Verfügung stehen für die Erstellung des detaillierten Entwurfs vor der Erteilung des Bauauftrages dafür im Juni 1936.

Im März 1933 leitete der *Controller (3. Seelord)** dem *ACNS* ein Memorandum zu, in dem er darauf hinwies, daß es wünschenswert wäre, so früh wie möglich Untersuchungen über die Hauptcharakteristiken der Ersatz-Großkampfschiffe anzustellen. Obgleich eine ähnliche Untersuchung schon 1928 durchgeführt wurde, als die 1931er Großkampfschiffe im Gespräch waren, fühle er, daß sich die Umstände seither erheblich geändert hätten, so daß eine Umarbeitung der Stabsforderungen notwendig wäre. Der *ACNS* akzeptierte das,

* Anmerkungen des Übersetzers.

** Anmerkung des Übersetzers: Die 1. Kiellegung erfolgte für beide am 14. 12. 1934 als Panzerschiff. Sie wurden dann als Schlachtschiffe erneut auf Stapel gelegt, am 15. 6. bzw. 6. 5. 1935

und im April brachte der *DTSD* (Director of Training and Staff Duties/Chef des Ausbildungswesens und der Stabsdienste)* innerhalb des Marinestabes ein Memorandum in Umlauf und in diesem folgende Überlegungen als besonders wichtig ins Gespräch:

a) Das Schiff ist als Ersatz für ein Schlachtschiff vorgesehen, unsere Schlachtkreuzer werden für mehrere Jahre nicht ersetzt werden. Bevor dieses geschieht, werden wir die Tendenz der ausländischen Marinekonstruktionen kennen. Während dieser Zeit werden drei schnelle Großkampfschiffe, d. h. 20% der Gesamtzahl, verfügbar sein, die in der Lage wären, irgendeinem ausländischen Großkampfschiff, das gegenwärtig in Bau oder Planung (soweit bekannt) ist, gewachsen zu sein.

b) Das Schiff wird 1941 in Dienst gestellt werden, und seine Dienstzeit wird voraussichtlich wenigstens 20 Jahre währen. In der ersten Hälfte dieser Zeit wird es 38,1 cm- oder/und 40,6 cm-Geschützen der fremden Marinen gegenüberstehen, unabhängig davon, was immer auch eine Abrüstungskonferenz über eine Beschränkung beschließen möge. Mehr noch, die Vertragsbeschränkungen würden nicht über die ganze Dienstzeit in Kraft bleiben, und die Aufhebung des Vertrages könnte Anlaß zur Rückkehr zu einem größeren Geschützkaliber sein. Es ist im einzelnen sehr schwierig, nachträglich einen Schutz in ein Schiff einzubauen. Das ist die gegenwärtige Situation bei dem Großteil der Großkampfschiffe und bei allen Kreuzern mit 20,3 cm-Geschützen, die auch noch mangelhaft geschützt sind. Im Falle der Schlachtschiffe ist diese Lage nicht zu bereinigen.

c) Während des angeführten Zeitraums ist Fortschritt in verschiedenen Richtungen zu erwarten, z. B. die Luftangriffe werden sich in der Technik und Ausweitung erheblich weiterentwickeln, Angriffe bei schlechter Sicht und in der Nacht sind zu erwarten. Der Bombenabwurf aus großer Höhe, mit 907 kg Bomben, und die Entwicklung von Bombenangriffen müssen ins Auge gefaßt werden. Im Falle der Unterwasserangriffe wird die Magnetpistole den – gegenwärtig – ungeschützten Schiffsboden gefährden, und die Wirkung von Nahwürfen großer Bomben ist zu erwägen. Große Schießentfernungen mit Hilfe von Flugzeugbeobachtungen sind festes Ausbildungsprogramm der US-Flotte. Das Verbergen hinter Rauchschleiern wird ebenfalls ausgiebig praktiziert und wird den Torpedoangriff auf kurze Entfernungen sowie das indirekte Schießen erzwingen. Die Notwendigkeit zur Wirtschaftlichkeit der Konstruktion, und die Vorkehrungen, entsprechende Räume für die Kriegsbesatzungen zu schaffen, sind ebenfalls wichtige Überlegungen für künftige Entwürfe.

Der Termin für die Anmeldung von Forderungen ist vom *ACNS* mit einem Monat angesetzt. (Unterschrift *DTSD* 4. 4. 1933)

Die Stabsforderungen wurden zeitlich vorbereitet und sind im folgenden zusammengefaßt. Ihre Erstellung nahm etwas mehr als einen Monat in Anspruch und war im Juni 1933 fertig. Sie wurden dann an den *Controller* weitergeleitet.

SA: Nachdrücklich empfohlen wurde eine SA aus nicht weniger als vier Doppeltürmen, wie bei der *Queen Elizabeth*-Klasse. Falls das wegen begrenzter Tonnage oder Schwierigkeiten in der Anordnung des notwendigen Schutzes nicht durchführbar war, war der *Stab* geneigt, eine Bewaffnung von drei Drillingstürmen, wie in *Nelson* eingebaut, zu akzeptieren, wenn:
die Ladezeit jedes Geschützes im Drillingsturm nicht beträchtlich größer war als bei einem gleichen Geschütz in einem Zwillingsturm, und wenn
die Ladeeinrichtung so beschaffen war, daß die Geschütze der A- und B-Salven unabhängig voneinander geladen und abgeschossen werden konnten.

MA: Überraschenderweise kehrte der *Stab* zur Breitseitbatterie, mit 6 × 15,2 cm-Geschützen, für die MA zurück. Die Forderung nach einer über 30° Rohrerhöhung für den Einsatz zur Flugzeugabwehr wurde fallengelassen. Die Vorteile der Batteriegeschütze gegenüber Turmgeschützen waren, daß sie billiger, einfacher, leichter auszutauschen und besser geschützt waren. Auf der anderen Seite hatten sie aber einen kleinen Bestreichungswinkel, und die Munitionsversorgung war schwieriger. Und sie waren nicht wasserdicht. Um diese Nachteile zu vermeiden, wurden die Geschütze eine Ebene höher gruppiert als bei der *Queen Elizabeth*- und *Royal Sovereign*-Klasse. Die Geschütze sollten 30° Rohrerhöhung erhalten und eine Feuergeschwindigkeit von 8 Schuß/min. Außerdem sollten sie einen guten Stichflammenschutz bekommen und auch gegen Mündungsfeuer und mittlere Granat- und Bombensplitter geschützt werden. Es wurde vorgeschlagen, daß die MA auch zur weitreichenden Flugzeugabwehr eingesetzt werden sollte, falls ein passendes Feuerleitsystem in der Zukunft verfügbar sei. Die Rohrerhöhung für diesen Einsatz war dann 30°.

Weitreichende Flugzeugabwehr: Die weitreichende Flak sollte in Zwischendeck-Doppellafetten eingebaut werden. Entweder drei an jeder Seite oder zwei an jeder Seite und eine mittschiffs. Der größtmögliche Drehbereich sowie eine Rohrerhöhung von 70° war für diese Waffe vorgesehen. Das Schiff sollte so ausgelegt sein, daß es 11,4 cm- oder 10,2 cm-Flak erhalten konnte. Das genaue Kaliber konnte erst später festgesetzt werden.

Kombinierte Luft/Seezielbewaffnung: Eine kombinierte MA/weitreichende Flugzeugabwehrausrüstung als Doppelfunktions-Lafette wurde als nicht praktikabel angesehen für ein Kaliber unter 13 cm. Das 12 cm-Geschütz war die größte verfügbare Flak, somit wurde die kombinierte Bewaffnung automatisch verworfen.

Nahbereichs-Flugzeugabwehr: Für die Nahbereichs-Flugzeugabwehrausrüstung wurden die Empfehlungen direkt dem 1931er Report des *„Marineausschusses für Luftabwehrfragen“* entnommen.
„. . . es wird vorgeschlagen, daß Schlachtschiffe vier Pom-Pom-Maschinenkanonen Mk M mit Feuerleitgeräten und 8 × 12,7 mm-MG-Lafetten erhalten, und daß diese frei vom Mündungsdruck stehen sollten, und daß wenigstens zwei Pom-Pom und vier MG zu jeder Zeit so weit wie möglich und in jede Richtung schießen können müßten.“

TR-Bewaffnung: Als TR-Ausrüstung war über Wasser auf jeder Schiffsseite eine Fünfergruppe TR vorgesehen. Die Torpedos sollten durch Luft angetrieben werden und mit der höchst-

* Anmerkung des Übersetzers.

möglichen Geschwindigkeit laufen sowie einen Sprengkopf von höchstens 340 kg haben. Die Argumente für die TR-Ausrüstung waren:
Die größere Zerstörungskraft eines modernen Torpedos konnte bei einem Treffer immerhin die Geschwindigkeit eines Gegners herabsetzen.
Bei Tageslicht und auf weite Entfernung war der Torpedo wenig nützlich, aber bei Nacht oder schlechter Sicht und im langandauernden Nachtgefecht könnte der Torpedo ausschlaggebend sein.
Der psychologische Effekt beim Gegner, der weiß, daß auf ihn relativ weitlaufende Torpedos abgeschossen werden können.
Moderne 53,3 cm-Torpedos könnten die gleiche oder eine größere Wirkung erzielen wie die früheren 62,2 cm-Torpedos. Der moderne, gebräuchliche, luftangetriebene 53,3 cm-Torpedo hatte bei einer Geschwindigkeit von 30 kn eine Reichweite von 17374 m und einen Sprengkopf von 340 kg.

Die Argumente gegen eine TR-Ausrüstung waren, daß die Sprengköpfe und die Druckluftkörper eine Gefahr für das Schiff waren und daß das Gewicht und der benötigte Raum für bessere Zwecke genützt werden könnten. Diese Begründungen wurden verworfen, da Erprobungen 1920 ergeben hatten, daß die Torpedosprengköpfe sicher seien, wenn sie über Wasser an sorgfältig ausgesuchten Stellen untergebracht wären. Weitere Versuche 1930 hatten ergeben, daß eine Explosion durch Druckluftkörper nicht mehr als begrenzte Schäden hervorrief. Der benötigte Gewichts- und Raumbedarf wurde als unbedeutend angesehen, gleichzeitig aber angemerkt, daß keine Torpedos auf Kosten der Flakausrüstung mitgeführt werden sollten.

Panzerung: Unter der Voraussetzung, die Verdrängung würde nicht reduziert, blieb der Schiffsschutz der gleiche wie der 1928 vorgeschlagene für die 1931er Großkampfschiffe, z. B. gegen 40,6 cm-Granaten und 907 kg-Bomben. Der Horizontalschutz der Maschinenräume war gegen 454 kg-Bomben und Sturzkampfbomber zu schützen. Falls die Verdrängung reduziert würde, war ein Schutz gegen 35,6 cm-Granaten vorgesehen.

Unterwasserschutz: Dieser sollte so ausgelegt werden, daß er einem Torpedosprengkopf von 340 kg widerstand. Wie bei *Nelson* hielt man einen 1,52 m tiefen Doppelboden für ausreichend.

Geschwindigkeit: Maximal 23 kn.

Fahrbereich: Zusammengefaßt waren die Forderungen hinsichtlich des Fahrbereichs wie folgt (dabei war die letztere die schwierigste):

1. Das Schiff mußte in der Lage sein, 200 Stunden mit 16 kn zu laufen. Dabei sollte der Dampf jedoch für 18 kn reichen. Es sollte acht Stunden mit Dauerhöchstfahrt laufen können und 16 Stunden mit 18 kn, wobei genügend Dampf für eine Dauerhöchstfahrt vorhanden sein mußte, und es sollte 12 Stunden mit 16 kn fahren können, wobei genügend Dampf für eine Dauerhöchstfahrt vorhanden sein mußte.
   Diese Forderungen sollten auch unter der Voraussetzung gelten, wenn das Schiff sechs Monate nicht mehr gedockt hatte.
2. Erwogen wurde eine zusätzliche Erhöhung um 35% zu dem unter 1. Stehenden. In diesem Falle wurde der *EinC* um die Genehmigung für den Verbrauch des Restbrennstoffes bei schlechtem Wetter, Schäden usw. ersucht.
3. Mitnahme von soviel wie möglich zusätzlichem Brennstoff, um unter Probefahrtbedingungen 14000 sm bei 10 kn zu erreichen.

Flugzeuge: Mitgeführt werden sollten sechs TSR-Flugzeuge mittschiffs, zwei Katapulte und zwei Kräne.

Brücken: Sie sollten einen vollen Kugelschutz erhalten und sicher sein vor Wind und Wetter. Das Signaldeck sollte freien Ausblick gewähren; für den Signalgeber wurde genügend freier Winkel gefordert, desgleichen für alle Signalgeräte usw. Die Ausrüstung mit Signalflaggleinen sollte die gleiche sein wie auf der *Nelson*. Die Anordnung der Nachtgefechtsausrüstung sollte ähnlich wie auf *Nelson* sein.

Scheinwerfer: Zwei auf der Vorbrücke oder in diesem Hauptbereich und vier auf den Schornsteinständen.

Kommandoturm: Aus Gewichtsersparnisgründen war keiner vorgesehen.

Feuerleitanlagen: Gefordert wurde ein erhöhter Feuerleitturm vorn und einer hinten, etwas tiefer stehend. Vorn, an jeder Seite, sollte ein Feuerleitturm für die MA stehen. Zwei Flakleitstände waren vorgesehen; einer vorn und einer hinten.

Am 10. Januar 1934 fand unter dem Vorsitz des *1. Seelords*, Admiral Sir A. E. M. Chatfield, eine Besprechung statt, bei der es, im Hinblick auf die bevorstehende Seerüstungskonferenz, um die Größe der künftigen Schlachtschiffe ging. Zu den Anwesenden zählten der *ACNS*, VAdm J. C. Little und der *Controller*, KAdm C. M. Forbes (Little war einer der Marineberater der britischen Delegation bei der Konferenz in Washington 1921/22 gewesen; Forbes wurde von 1939 bis 1940 *CinC* der *Home Fleet*). Die Hauptpunkte, die die vorzuschlagenden Begrenzungen von Schlachtschiffen bestimmten, wurden wie folgt zusammengefaßt:
Großbritannien hatte in Genf den Vorschlag gemacht, Schlachtschiffe auf 25000 ts mit 30,5 cm-Geschützen oder 22000 ts mit 28 cm-Geschützen zu begrenzen.
Ein ähnlicher Vorschlag kam von Japan, jedoch mit einer Größe von 25000 ts mit 35,6 cm-Geschützen.
Bekannt waren die Wünsche der USA, die gegenwärtige Begrenzung von 35000 ts mit 40,6 cm-Geschützen beizubehalten.
Frankreich hatte den Schlachtkreuzer *Dunkerque* (26500 ts, 33 cm-Geschütze) auf Kiel gelegt.
Deutschland hatte den Wunsch geäußert, größere Schiffe als die *Deutschland* zu bauen.
Von diesen Punkten war der letzte der einzige, der dagegen sprach, die Begrenzung der Schlachtschifftonnage weiter aufrechtzuerhalten. Man dachte aber, die USA dafür zu gewinnen, einem Schiff von 28000 ts mit 30,5 cm-Geschützen zuzustimmen. Der *Controller* wies darauf hin, daß eine Untersuchung des Entwurfs mit 30,5 cm-Geschützen gezeigt hatte, wenn alle Stabsforderungen erfüllt werden würden, die Verdrängung dann bei 32000 ts liegen müßte. Die erste Reaktion der Konferenz war, daß das unmöglich sei, aber der *ACNS* erklärte, daß die Forderungen untersucht worden seien und auf einem Schiff basierten, das in der Lage war, einem 40,6 cm-Geschützfeuer, einem Angriff mit 907 kg-Bomben und Torpedos mit 340 kg-Sprengköpfen zu widerstehen. Es wurde allgemein beschlossen, *„. . . daß diese Vorstellungen bedeutend modifiziert werden sollten, und während der Schutz*

gegen 340 kg-Torpedos beizubehalten wäre, sollte ein Panzerschutz gegen Bomben von 680 kg akzeptiert werden". Die Besprechung schloß mit der Maßgabe, daß der *Controller* einen Schlachtschiffsentwurf von 28000 ts mit 8 ×, 9 ×, oder 10 × 30,5 cm-Geschützen untersuchen sollte. Der *Controller* forderte den *DNC* unverzüglich auf, Entwurfsskizzen und Legenden, dieser Forderung entsprechend, zu fertigen. Am 5. April 1934 legte der *DNC* die Entwürfe vor. Die Legenden sind der Tabelle 12 zu entnehmen.

In der Beschreibung dieser Entwürfe wies der *DNC* darauf hin, obwohl den Stabsforderungen hinsichtlich der MA und Flakwaffen entsprochen wurde, sei die daraus resultierende Anordnung sehr beengt, speziell im Entwurf *12Q*. Mehr noch, die zahlreichen unterschiedlichen Geschützkaliber (15,2 cm, 12 cm, 2 Pdr und 12,7 mm) werfen in der wirksamen Munitionsversorgung manche Probleme auf. Er fragte daher an, ob die Stabsforderungen nicht überprüft werden könnten. Es wurde entschieden, auf die MA von 15,2 cm-Geschützen zu verzichten und dafür die Anzahl der 12 cm-Doppellafetten zu erhöhen. Die Entwürfe *12N* und *12P* wurden als die besten angesehen, und der *DNC* änderte sie dahingehend, daß sie 28 × *(12N)* bzw. 24 × *(12P)* 12 cm-Luftzielgeschütze erhalten sollten. Im Falle von *12N* bedeutete das den Verzicht auf TR. Keiner der folgenden Entwürfe war für eine MA von 15,2 cm-Kasemattgeschützen ausgelegt. Die Entwicklung der 30,5 cm-Entwürfe setzte man noch kurze Zeit fort, sie wurde aber eingestellt, nachdem das *Foreign Office* (Außenministerium)* berichtete, daß eine, von der *Admiralität* vorgeschlagene bestimmte Beschränkung der Tonnagegrenze wahrscheinlich nicht zu erreichen sei. Diese Feststellung fußte auf vorläufigen Gesprächen zwischen dem Außenministerium und den Hauptseemächten, die offenbarten, daß nur für Frankreich, Italien und Deutschland ein 25000 bis 28000 ts-Schiff mit 30,5 cm-Geschützen annehmbar war. Es ist nicht klar, wieso diese drei Mächte diesen Vorschlägen so bereitwillig zustimmten, wo sie doch dabei waren, Schiffe von 35000 ts mit 38,1 cm-Geschützen zu bauen. Mehr noch, Japan strebte an, die Parität mit Großbritannien und den USA zu erreichen und war nicht bereit, irgendeiner Reduzierung der gegenwärtigen Beschränkung zuzustimmen, bis das erreicht war. Das Problem für die Entscheidung über die allgemeinen Forderungen für die 1937er Großkampfschiffe wurde des weiteren durch die Notwendigkeit kompliziert, daß es

* Anmerkung des Übersetzers.

Tabelle 12: Legenden der Schlachtschiffsentwürfe im April 1934:

	12N	*12O*	*12P*	*12Q*
Länge (pp)	173,85 m		179,95 m	
Länge (üa)	187,27 m		193,37 m	
Breite (maximal)	31,11 m		31,57 m	
~ Tiefgang bei Konstruktionswasserlinie	8,84 m		8,69 m	
Standardverdrängung	28.500 ts	28.130 ts	28.500 ts	
Tiefgang bei Einsatzverdrängung	9,83 m		9,68 m	
Leistung	45.000 WPS			
Geschwindigkeit bei Einsatzverdrängung	23 kn		23,25 kn	
Heizölvorrat	3.500 ts			
Besatzung	1.378	1.400	1.425	1.470
Bewaffnung:				
SA (30,5 cm-Türme)	4 × 2	3 × 3	5 × 2	3 × 3
MA und Flak	12 × 15,2 cm (12 × 1)			
	12 × 12 cm (6 × 2 – Zwischendeck) – Luftziel			
	24 × 2 Pdr (3 × 8)			
	32 × 12,7 mm (8 × 4)			
TR (Überwasser)	10 TR (2 × 5)		keine	
	15 × 56,5 cm-Torpedos			
Flugzeuge	1		keines	
Katapult	1 auf Turm		keines	
Panzerung:				
Gürtelpanzer, oben seitlich Magazine	31,75 cm		30,5 cm	
Gürtelpanzer, unten seitlich Magazine	22,86 – 17,78 cm			
Gürtelpanzer, oben seitlich Maschinenräume	29,21 cm		28 cm	
Gürtelpanzer, unten seitlich Maschinenräume	20,3 – 15,2 cm			
Deck über Magazinen	13,97 cm		12,7 cm	
Deck über Maschinenräumen	8,89 cm		7,62 cm	8,89 cm
Deck über Rudermaschinenraum und Wellentunneln	8,89 cm		7,62 cm	8,89 cm
Zitadellschotte vorn	25,4 und 10,2 cm			
Zitadellschotte hinten	25,4 und 10,2 cm		25,4; 10,2 und 5,08 cm	
Barbetten, maximal	29,21 cm			
Turmfronten	29,21 cm			
Turmseiten	20,3 cm			
Turmdecken	13,97 cm		12,7 cm	
Schornsteinhälse	17,78 cm		15,2 cm	17,78 cm
Schutz der 15,2 cm-Batterieseiten	5,08 cm		15,2 cm	17,78 cm
Schutz des 15,2 cm-Batteriedecks, der Traversen und Rückseiten	2,54 cm		1,9 cm	2,22 cm
Schutz der 12 cm-Lafetten	2,54 cm		1,27 cm	1,9 cm
Torpedoschott	5,08 cm		3,8 cm	
Tiefe des Doppelbodens	2,13 m		1,83 m	
Gewichte:				
Ausrüstung, allgemein	1.100 ts	1.100 ts	1.050 ts	1.050 ts
Bewaffnung	4.070 ts	4.200 ts	4.740 ts	5.140 ts
Maschinenanlage	1.900 ts	1.900 ts	1.900 ts	1.900 ts
Panzerung und Schutzplatten	10.400 ts	9.530 ts	9.710 ts	9.310 ts
Schiffskörper	11.400 ts	11.400 ts	11.100 ts	11.100 ts
Standardverdrängung	28.500 ts	28.130 ts	28.500 ts	28.500 ts

Anmerkung: Alle 4 Entwürfe hatten 4 Kessel und 4 Turbinensätze, die jeweils in eigenen Räumen standen. Der Gürtelpanzer saß außen und nicht innen, wie auf *Nelson* und *Rodney*. Der Schiffsschutz war vorgesehen gegen 30,5 cm-Granaten mit einem Gewicht von 431 kg, gegen 680 kg-Bomben und 454 kg-Torpedos.

galt, 38,1 cm-Großkampfschiffe zu bekämpfen, die sich bei den europäischen Seemächten in der Planung oder in Bau befanden. Alle diese Schiffe erhielten eine hohe Geschwindigkeit, die Admiralität hingegen tendierte für eine Geschwindigkeit, die der existenten Schlachtflotte entsprach, also 23 kn. Ein Anwachsen der Geschwindigkeit bei neuen Schiffen würde einen Verzicht, entweder bei der Bewaffnung oder im Schiffsschutz oder sogar bei beidem zur Folge haben. Es war klar, die gegenwärtige 35000 ts-Begrenzung würde mit Sicherheit in Kraft bleiben, und daher war die entscheidende Frage, wie die prozentuale Gewichtsverteilung der Maschinenanlagen, des Schiffsschutzes und der Bewaffnung bei dieser Verdrängung vorzunehmen war, und in welchem Verhältnis zueinander.
Wäre der Maschinenanlage zuviel Gewicht zugeteilt, wären Panzerung und Bewaffnung zu schwach; bei zuviel Gewicht im Schiffsschutz ging dieses zu Lasten der Maschinenanlagen und Bewaffnung usw. Die richtige Verteilung der Offensiv- und Defensivkraft des Schiffes zu finden, um die strategischen, taktischen, politischen und finanziellen Forderungen zu erfüllen, war keine leichte Sache.

Die Entwürfe der 1935er Schlachtschiffe

Im allgemeinen bezeichnete die *Admiralität* die Panzerschiffsentwürfe, die eine hohe Geschwindigkeit hatten, als Schlachtkreuzer. Da aber diese Entwürfe mehr in die Kategorie der schnellen Schlachtschiffe gehörten, die mit der Zeit die Standard-Schlachtschiffe der Welt-Schlachtflotten wurden, werden diese Entwürfe hier als Schlachtschiffe bezeichnet.
Anfänglich bevorzugte die *Admiralität* Schiffe mit 23 kn und einer Bewaffnung von 35,6 cm-Geschützen (Entwürfe *14A* und *14Q*), aber als bekannt wurde, daß in Europa (!)* 30 kn-Schlachtschiffe gebaut werden, erging Anweisung an den *DNC*, Entwurfsskizzen gleicher Geschwindigkeit zu fertigen (Entwürfe *16A, 15A, 14C, 14D* und *14E*). Diese Entwürfe wurden im einzelnen geprüft, und es ergab sich die Frage, ob auf Kosten des Schiffsschutzes eine hohe Geschwindigkeit vertretbar war, und inwieweit das akzeptiert werden konnte. Man kam allgemein überein, daß ein Schiff hinlänglich geschützt werden sollte, und zwar so, daß es in der Lage war, einen Gegner auf eine angemessene und wirksame Entfernung zu bekämpfen. Gleichzeitig wäre es in der Lage, die hohe Geschwindigkeit dazu zu benutzen, den günstigsten Abstand zum Gegner zu halten. Die Gefechtsvorschriften spezifizierten, daß im Falle eines Kampfes eine Entfernung von 11000 bis 14600 m die günstigste wäre, die zu erreichen man bestrebt sein sollte. Einige Überlegungen schlugen vor, eine größere Gefechtsentfernung, nämlich 16500 bis 18300 m, einzuhalten. Damit könnte man das Gewicht des Panzerschutzes reduzieren. Diese Möglichkeit wurde wegen der nachfolgenden Begründungen abgelehnt:

„Ein Entscheidungskampf erfolgt nur dann, wenn entweder beide Seiten den Kampf wünschten, oder wenn eine Seite dem Kampf nicht ausweichen konnte. In diesem Falle war Kampfkraft und nicht Geschwindigkeit die entscheidende Forderung. Eine Entscheidung auf kurze Entfernung hängt vermutlich von der Moral und Kampfkraft unserer Flotte ab. Deshalb sollte man eine Entfernung wählen, die der Moral einen größeren Auftrieb gibt, wo die Trefferzahl hoch ist und der Faktor des Zufalls niedrig, wo der Feind keine Möglichkeit hat, den Schlägen auszuweichen und wo unsere Schiffe nicht mehr einem Zufallstreffer und einer Magazinexplosion zum Opfer fallen.
Wenn die Schlacht dieses Stadium erreicht hat, ist die Leitung der Artillerie durch Luftbeobachtung und die Leitanlagen an Bord mit ihren ausgeklügelten Einrichtungen bestimmt außer Betrieb, hat aber hoffentlich in höchstem Maße dazu beigetragen, am Anfang des Gefechtes das Übergewicht zu erlangen.
Obwohl die Luftbeobachtung eine gute Treffsicherheit verleiht und möglicherweise auf große Entfernungen entscheidend ist, für die endgültige Zerstörung des Gegners müssen wir auf ein Gefecht auf kurze Entfernung vorbereitet sein, wo direkte Beobachtung – im Durcheinander des Gefechtes und des Rauches – noch möglich ist und Treffer erzielt werden können.
Aus diesen Gründen muß eine Kampfentfernung von 11000 bis 14600 m maßgebend sein, die Konstruktion der modernen und umgebauten Schiffe so zu gestalten, daß es diesen Schiffen ermöglicht, auf diese Entfernung gegen 35,6 cm-Geschütze zu kämpfen."

Es waren also wegen der Zweckmäßigkeit einer 30 kn-Geschwindigkeit einige Zweifel angebracht. Daher wurde erwogen, daß 27 kn, also eine Reduzierung um 3 kn, auch aus der Sicht einer verbesserten Kampfkraft, für die neuen Schiffe ausreichend waren. Für die Realisierung dieser Vorschläge wurden viele Gründe angeführt, einige davon waren jedoch nicht überzeugend. Ohne den offensichtlichen Vorteil eines verbesserten Schiffsschutzes auf Kosten eines verminderten Maschinengewichtes in Betracht zu ziehen, kann man diese Gründe kurz wie folgt zusammenfassen:
In einem Entscheidungskampf ist nicht die Geschwindigkeit, sondern die Kampfkraft die Hauptforderung an ein Großkampfschiff.
Schnelle Großkampfschiffe mögen notwendig sein für den Einsatz gegen ähnliche gegnerische Schiffe bei einzelnen Störaktionen, aber nicht so sehr für einen Flotteneinsatz.
Obwohl die schnellen Schiffe nützlich wären für einen Einsatz gegen Länder mit gleichen Schiffen, sie wären es nicht gegen andere mögliche Gegner, z. B. war ein schnelles Schiff weniger erforderlich gegen Japan als gegen europäische Mächte.
Überlegene Geschwindigkeiten haben bei strategischen Überlegungen wenig Wirkung.
Die Entwicklung der Luftbeobachtung verminderte in mancher Hinsicht den Wert einer überlegenen Geschwindigkeit für Erkundungszwecke. Die Luftbeobachtung ermöglicht, die Lage für das Abfangen einer gegnerischen Kampfgruppe zu erreichen, auch wenn die britische Flotte an Geschwindigkeit unterlegen wäre.

Zur Feststellung größerer Details hinsichtlich des Vorteils der Kampfkraft, die aus einer Verminderung der Geschwindigkeit resultierte, fertigte der *DNC* eine Reihe von 27 kn-Schlachtschiffsentwürfen an *(16B, 16C, 15B,* und *14F)*. Diese, zusammen mit den früheren 23 kn- und 30 kn-Entwürfen, wurden durch die technische Abteilung des *Marinestabes* sorgfältig analysiert. Das Resultat war ein detailliertes und längeres Schreiben über die Bewaffnung und den Schutz der 1937er Großkampfschiffe,

* Anmerkung des Übersetzers.

von dem die nachfolgenden Ausschnitte angeführt sind. Die Einzelheiten der 1935er Schlachtschiffsentwürfe sind der Tabelle 13 zu entnehmen.

Geschützkaliber

Um das Kaliber eines Geschützes festzulegen, ist es notwendig, zuallererst die verschiedenen Lafetten auf ihren Einfluß auf die Geschwindigkeit und den Schutz des Schiffes zu untersuchen, damit eine ausgewogene Balance zwischen Kampfkraft und Standfestigkeit erreicht wird. Standfestigkeit ist ein etwas unglücklicher Ausdruck für den Panzerschutz oder Schiffsschutz gegen Geschützfeuer, insbesondere unter Umständen, wo die eigenen Geschosse den Gegner zuerst, bevor die gegnerischen uns treffen. Dann ist es nicht nur passiver Schutz, weil es auch unseren Angriff ermöglicht. Es wird allgemein akzeptiert, daß ein Schlachtschiff oder ein Schlachtkreuzer ausreichend kampfkräftig sein müssen, um in einer Schlachtlinie eine effektive Rolle zu spielen, und dabei Luftangriffen und Torpedos soweit wie möglich zu widerstehen. Es ist angenommen, daß die maximale Verdrängung 35000 ts sein muß, und das Problem ist unter folgenden Gesichtspunkten untersucht worden:

Vergleich der Geschütze
Das 30 kn-Schiff
Das 27 kn-Schiff
Das 23 kn-Schiff
Der *Nelson*-Entwurf

Das Hauptproblem

Um ein klares Ergebnis zu erhalten, sind folgende allgemeine Schlußfolgerungen als Resultat der Untersuchungen zusammengefaßt angeführt:

1. Eine Ausgewogenheit bei vorgegebener Verdrängung zwischen Schiffsschutz und Bewaffnung ist zu erreichen. Bei einem schnellen Schiff ist darauf zu achten, daß das Geschützkaliber nicht mehr als um den Betrag von 2,54 cm verringert wird. Der zusätzliche Schutz, der damit erreicht wird, wiegt dann die überlegene Schlagkraft des größeren Kalibers auf.
2. Ein langsameres Schiff von gleicher Verdrängung kann so geschützt werden, daß ein zusätzlicher Schutz nicht sinnvoll ist. Das Problem ist dann die Einschätzung des Wertes einer größeren Zahl kleiner Geschütze, im Vergleich mit wenigen schweren Geschützen, hinsichtlich ihrer

Tabelle 13: Einzelheiten der 1935er Schlachtschiffsentwürfe

	16A	*16B*	*16C*	*15A*	*15B*	*14A*	*14Q*	*14C*	*14D*	*14E*	*14F*
Länge (pp)	222,65 m							222,65 m	222,65 m	222,65 m	213,50 m
Länge (üa)	234,85 m							234,85 m	234,85 m	234,85 m	225,70 m
Breite (maximal)	31,72 m							31,72 m	31,72 m	31,72 m	31,72 m
Tiefgang (mittlerer)	8,53 m							8,53 m	8,53 m	8,53 m	8,53 m
Leistung	112.000 WPS			112.000 WPS				112.000 WPS	112.000 WPS	112.000 WPS	80.000 WPS
Geschwindigkeit	30 kn	27 kn	27 kn	30 kn	27 kn	23 kn	23 kn	30 kn	30 kn	30 kn	27 kn
Heizölvorrat	4.000 ts			4.000 ts				4.000 ts	4.000 ts	4.000 ts	4.000 ts
SA:	9 × 40,6 cm (3 × 3)	8 × 40,6 cm (2 × 3 + 1 × 2)	9 × 40,6 cm (3 × 3)	9 × 38,1 cm (3 × 3)	9 × 38,1 cm (3 × 3)	12 × 35,6 cm (4 × 3)	12 × 35,6 cm (3 × 4)	12 × 35,6 cm (3 × 4)	8 × 35,6 cm (1 × 4 + 2 × 2)	10 × 35,6 cm (2 ×4 + 1 ×2)	12 × 35,6 cm (3 × 4)
Panzerung:											
Gürtelpanzer seitlich Magazine	30,5 cm	35,6 cm	31,75 cm	31,75 cm	35,6 cm	33 cm	33 cm	30,5 cm	35,6 cm	31,75 cm	33 cm
Gürtelpanzer seitlich Maschinenräume	28 cm	33 cm	31,75 cm	31,75 cm	33 cm	31,1 cm	31,1 cm	28 cm	33 cm	31,75 cm	30,5 cm
Deck über Magazinen	12,7 cm	15,2 cm	13,3 cm	13,3 cm	15,2 cm	12,7 cm	12,7 cm	12,7 cm	15,88 cm	13,3 cm	15,2 cm
Deck über Maschinenräumen	7,62 cm	13,3 cm	12,1 cm	12,1 cm	14 cm	8,89 cm	8,89 cm	8,89 cm	12,7 cm	13,3 cm	10,2 cm
Zitadellschotte	25,4 cm							25,4 cm	25,4 cm	25,4 cm	25,4 cm
Barbetten (maximal)	30,5 cm							30,5 cm	33 cm	30,5 cm	33 cm
Türme	40,6; 28; 22,86 cm							30,5 cm; 22,86 cm und 19,05 cm			
Torpedoschotte	3,8 cm							3,8 cm	4,44 cm	3,8 cm	4,44 cm
Gewichte:											
Ausrüstung, allgemein	1.200 ts	1.200 ts	1.200 ts	1.200 ts	1.200 ts	1.200 ts	1.200 ts	1.200 ts	1.200 ts	1.200 ts	1.200 ts
Maschinenanlage	2.875 ts	2.375 ts	2.375 ts	2.875 ts	2.375 ts	1.950 ts	1.900 ts	2.875 ts	2.875 ts	2.875 ts	2.375 ts
Bewaffnung	7.160 ts	6.450 ts	7.160 ts	6.270 ts	6.270 ts	7.150 ts	6.860 ts	7.160 ts	5.770 ts	6.060 ts	6.860 ts
Panzerung	10.075 ts	11.725 ts	11.015 ts	11.155 ts	11.955 ts	11.325 ts	10.525 ts	10.075 ts	11.955 ts	11.395 ts	11.365 ts
Schiffskörper	13.690 ts	13.200 ts	13.250 ts	13.500 ts	13.200 ts	12.375 ts	12.330 ts	13.540 ts	13.200 ts	13.500 ts	13.200 ts
Standardverdrängung	35.000 ts	35.000 ts	35.000 ts	35.000 ts	35.000 ts	35.000 ts	35.000 ts	35.000 ts	35.000 ts	35.000 ts	35.000 ts

Alle diese Entwürfe hatten eine Luft/Seezielbewaffnung von 10 × 11,4 cm-Zwischendeck-Doppellafetten als MA. Sie hatten 4 Flugzeuge und ein Katapult des Typs *D-II-4*. Das 3,8 cm-Torpedoschott gewährte Schutz gegen 340 kg-Torpedosprengköpfe, das 4,44 cm-Torpedoschott gegen 454 kg-Torpedosprengköpfe.

Vernichtungskraft, bevor die entscheidende Reichweite erreicht ist (mit entscheidender Reichweite sind 11000 bis 14600 m gemeint, hier und im gesamten Kapitel).

3. Wenn ein Schiff mit kleinen Geschützen gegen schwere Geschütze nicht entsprechend geschützt ist, ist der Vorteil der höheren Geschwindigkeit durch die Verwundbarkeit seiner vitalen Einrichtungen verloren.
4. Es scheint, daß ein 30 kn-Schiff, mit 9 × 40,6 cm- oder 12 × 35,6 cm-Geschützen ausgerüstet, einen ausreichenden Schiffsschutz haben kann.
5. Eine ausgewogene Konstruktion eines 38,1 cm-Schiffes kann in jedem Falle einem Schiff (4.) mit Zuversicht gegenüberstehen und sich außerdem gut in die vorhandene Schlachtschifflinie einfügen.
6. Bei 27 kn ist kein großer Unterschied zwischen einem Schiff mit 40,6 cm- und 38,1 cm-Geschützen, aber beide sind einem Schiff mit 35,6 cm-Geschützen überlegen.
7. Für ein 23 kn-Schiff scheint das 40,6 cm-Geschütz das beste zu sein, zumindest, bis 12 × 38,1 cm- oder 12 × 35,6 cm-Geschütze untergebracht werden können. Die größere Zahl Geschütze zählt bei mittlerer und großer Entfernung, aber die 40,6 cm-Geschütze sind überlegen bei Entscheidungsentfernungen. Der Einbau von vier Türmen überlädt den Entwurf.

Der Schutzwert der Geschwindigkeit

Die Überlegenheit an Geschwindigkeit, wenn sie ausreichend ist, ist in bestimmten Situationen unbestritten wertvoll. Sie ermöglicht, eine Begegnung mit dem Feind zu erzwingen oder abzubrechen. Die Behauptung, daß Geschwindigkeit in einem Kampf einen Schutz gewähre, trifft nur begrenzt zu, und zwar soweit, daß sie die günstigste Gefechtsentfernung erzwingen kann. Das ist aber nicht möglich, wenn der Geschwindigkeitsüberschuß klein ist sowie bei schlechter Sicht. Weiter wurde gesagt, daß ein schnelles Schiff seine Geschwindigkeit dazu benutzen kann, den Kurs zum Gegner so zu wählen, daß die Panzerung dann die günstigste Schräge zu einfallenden Flachbahngeschossen zeigt, was den Wert der Panzerung erhöht. Es ist sehr fraglich, ob in den verschiedenen Gegebenheiten eines Gefechtes das schnelle Schiff tatsächlich die Schräge seiner Panzerung dem Gegner gegenüber wählen kann, ausgenommen, wenn es ein viel langsameres Schiff bekämpft. Auf den Wert der Geschwindigkeit als Schutz kann in einem Kampf also nicht vertraut werden.

Vergleich der Geschütze

Es ist einleuchtend, daß Schlagkraft, erzeugt durch die Auftreffenergie und Detonationskraft einer Granate, sowie die Chance, zu treffen, nur durch die Zahl der Geschütze pro Salve erreichbar ist, und somit die ausschlaggebende Eigenschaft ist. Dieses ist Grundlage des Vergleichs in der Tabelle 14. Feuergeschwindigkeit, Flugzeit usw. wurden nicht berücksichtigt.

Schlagkraft

Die Möglichkeiten, die Kampfkraft eines Gegners durch Geschützfeuer zu mindern, sind folgende:
Durch das Durchschlagen der Panzerung in den wichtigen Bereichen.
Durch Zerstörung der ungepanzerten Schiffsenden, der Brücke und Feuerleitanlagen.
Hinsichtlich des Durchschlagens der wichtigen Bereiche leuchtet es ein, daß gegenüber einem Schiff mit gleichem Schutz die größeren Geschütze im Vorteil sind. Der Erschütterungseffekt der schweren Treffer kann wichtig sein, wenn das Gefecht auf Entfernungen geführt wird, bei denen kein Schiffspanzer zu durchschlagen ist. Unter diesen Umständen würde eine größere Zahl kleinerer Geschütze öfter treffen, aber das muß dann wieder aufgewogen werden gegen die wesentlich höhere Zerstörungskraft der schwereren Geschosse.

Trefferaussichten: Man nimmt an, daß die Vermehrung der Geschützzahl pro Salve gleichzeitig auch gleichbedeutend ist mit einer Erhöhung der Trefferzahl. Tatsächlich ist diese Ansicht in der Praxis zweifelhaft. Aber es ist eine Tatsache, daß die Trefferchance durch mehr Schuß pro Salve steigt und durch eine höhere Feuergeschwindigkeit das Decken des Zieles wesentlich erleichtert wird. Bezüglich der Zahl der Geschütze, die hier vorgeschlagen wurde, bedeutete das vier bis sechs Geschütze pro Salve. Dieser Vorschlag mag einen unvorteilhaften Eindruck im Blick auf die höhere Zahl der Geschütze vermitteln. Das schwere Geschütz ist weitgehend bevorzugt in unserer Marine, aber es muß berücksichtigt werden, daß beides, Größe und Zahl, wichtige Überlegungen sind.

Das 30 kn-Schiff

Von folgenden Annahmen wurde ausgegangen:
Verdrängung, maximal: 35000 ts
Geschwindigkeit, maximal: 30 kn
SA: mindestens acht Geschütze, jedoch nur drei Türme
Mindestens ein Turm muß in der Lage sein, achteraus zu schießen. Daher kann der *Nelson*-Entwurf nicht akzeptiert werden.

Entwürfe 14C und 16A: Diese Schiffe sind verwundbar. Ihre Gürtelpanzer können von 40,6 cm- und 38,1 cm-Granaten durchschlagen werden, sogar außerhalb der Entfernungen eines Entscheidungsgefechtes. Sie sind auch gegen 35,6 cm-Geschützfeuer nicht genügend geschützt. Ihre Maschinenräume sind senkrecht einfallenden Granaten und Bomben fast schutzlos ausgeliefert, insbesondere der Entwurf *16A* mit dem nur 7,62 cm starken Deck. Auf den ersten Blick scheint es, daß der Entwurf *14C*, durch seine 12 cm-Geschütze und

Tabelle 14: Höchstentfernung, von denen aus Seitenpanzer bei einem Auftreffwinkel von 90° durch panzerbrechende Granaten durchschlagen werden*

Panzerstärke	35,6 cm 721,065 kg-Granate	38,1 cm 878,883 kg-Granate	40,6 cm 1.077,063 kg-Granate
35,6 cm	12.527,28 m	15.717,68 m	18.228 m
33 cm	14.447,52 m	17.739,36 m	20.116,80 m
30,5 cm	16.459,20 m	19.842,48 m	22.402,80 m
28 cm	18.745,20 m	22.402,80 m	25.603,20 m
25,4 cm	21.671,28 m	25.603,20 m	29.260,80 m

Mindestentfernungen, von denen aus die Deckpanzerung von panzerbrechenden Granaten durchschlagen wird*

15,2 cm	widersteht	29.707 m	28.346,40 m
12,7 cm	29.260,80 m	27.974,80 m	–
10,2 cm	25.603,20 m	23.774,40 m	–
7,62 cm	21.945,60 m	20.116,80 m	–
5,08 cm	18.288 m	16.459,20 m	–

*Anmerkungen des Übersetzers: Im Gegensatz zur Tabelle sind alle Daten im Text abgerundet.

deren zerstörende Wirkung auf die ungeschützten Bereiche des Gegners, im Vorteil sein könnte. Man kann erwarten, vier Treffer am Gegner zu verzeichnen für je drei, die es von einem 40,6 cm-Schiff selbst erhalten würde, aber dieser Vorteil würde aufgewogen durch den Detonationseffekt jeder 40,6 cm-Granate, der 1,5mal größer als der einer 35,6 cm-Granate ist. Außerdem ist die Durchschlagskraft der 40,6 cm-Granate merklich größer. Beide Schiffe sind erwiesenermaßen überbewaffnet als 30 kn-Schiff von 35000 ts. Sie sind zu leicht geschützt, um mit anderen 30 kn-Schiffsentwürfen verglichen zu werden, und sie würden in der Schlachtlinie einem zu großen Risiko der schweren Beschädigung ausgesetzt.

Entwürfe 14E und 15A: Diese beiden Schiffe sind mit Ausnahme des Decks über der Maschinenanlage ähnlich geschützt. Der Schutz ist bei *15A* leichter als bei *14E*, und zwar um den Betrag von ~ 2750 m für senkrecht einfallende 40,6 cm-Granaten. Keines der Decks könnte in der Linie auf der Entscheidungsentfernung ohne ein beträchtliches Risiko standhalten, aber sie sind trotzdem einigermaßen brauchbar gegen 40,6 cm- und 38,1 cm-Geschützfeuer auf ~ 17400 m Entfernung. Ansonsten scheint *15A* gegenüber dem *14E*-Entwurf das bessere zu sein: es hat die größere Schlagkraft, der Schutz gegen 35,6 cm-Granaten ist besser als der von *14E* gegen 38,1 cm-Granaten, und seine 9 Geschütze sind vergleichsweise gegenüber den 10 seiner Konkurrenten überlegen. Wegen der überlegenen Feuerkraft seiner 38,1 cm-Geschütze ist es besser für den Kampf gegen andere Schiffe und in der Schlachtlinie zu verwenden.

Entwurf 14D: Obwohl sein Schutz gut ist, ist das Schiff erwiesenermaßen unterbewaffnet und entfällt für diese Analyse.

Vergleich zwischen den Entwürfen 15A und 16A: Die 38,1 cm-Granaten sollen in der Lage sein, den Gürtelpanzer von *16A* etwas eher zu durchbrechen, als *15A* von 40,6 cm-Granaten durchschlagen wird. Das Deck über den Maschinenraumen von *16A* ist auf 19200 m von 38,1 cm-Granaten durchschlagbar, während das bei *15A* 40,6 cm-Granaten bis zu Entfernungen von 22800 m widersteht. Unter der Berücksichtigung der besonderen Detonationskraft der 40,6 cm-Granate scheint es zwischen beiden Schiffen wenig Unterschiede zu geben, wenn sie gegeneinanderstehen. Aber wenn beide miteinander gegen 40,6 cm- und 38,1 cm-Geschützfeuer in der Schlachtlinie stehen, würde der Schutz von *15A* vorteilhafter sein. Dieser Entwurf scheint das besser ausgewogene Schiff zu sein.

Entwurf 14E: Dieses Schiff mit seinen 10 × 35,6 cm-Geschützen und ähnlichem Schutz wie *15A* scheint im Vergleich mit *16A* unvorteilhaft zu sein. Dessen 40,6 cm-Granaten könnten den Gürtelpanzer von *14E* auf eine Entfernung von 17000 m durchschlagen, bevor der eigene Gürtelpanzer durch 35,6 cm-Geschützfeuer ~ 1000 m eher verwundbar würde. Schutz gegen Bomben: Diese Frage ist hier nicht bis ins Detail untersucht worden, die notwendigen Decksstärken gegen senkrecht einschlagende Granaten sind vergleichbar mit denen gegen Bomben. Es zeigt sich, daß der Decksschutz so sein sollte wie bei *14D* oder *14E*. Der von *14C* und *16A* wäre ungenügend. Die erforderlichen Panzerstärken gegen Bomben aus verschiedenen Höhen sind der Tabelle 15 zu entnehmen.

Das 30 kn-Schiff (Schlußfolgerungen): Alle Schiffe, außer *14C* und *16A*, sind gut gegen 35,6 cm-Geschützfeuer geschützt, es sei denn, die Bewaffnung ist dermaßen reduziert wie bei *14D*. Die 38,1 cm- und 40,6 cm-Granaten können die Panzerung besser geschützter Schiffe durchschlagen. Daher scheint es vorteilhafter, daß das 35,6 cm-Schiff ausscheiden sollte, es sei denn, es würde auf Grund eines Vertrages gefordert.
40,6 cm-Geschütze können nicht in einem 30 kn-Schiff, das ausreichend geschützt ist, untergebracht werden (*16A*).
38,1 cm-Geschütze können in ein vergleichsweise gut gepanzertes Schiff eingebaut werden. Das 30 kn-Schiff mit 38,1 cm-Geschützen würde bei der Entscheidungsentfernung großen Risiken ausgesetzt sein, aber es ist in der Lage, in der Schlachtlinie in guten Reichweiten eine wirkungsvolle Rolle zu spielen. Es würde jedem 30 kn-Schiff von 35000 ts mit 40,6 cm- oder 35,6 cm-Geschützen widerstehen. Die Schlußfolgerung daraus ist: Für ein 35000 ts-Schiff mit 30 kn ist das 38,1 cm-Geschütz die beste Bewaffnung.

Das 27 kn-Schiff: Der Vergleich hierbei wurde auf der Basis der Kampfkraft gemacht, die durch die Reduzierung der Geschwindigkeit um 3 kn gewonnen wurde. Dieser Geschwindigkeitsunterschied wurde gewählt, weil das ermöglichte, eine Erhöhung der Kampfkraft zu erreichen und dabei dem schnelleren Schiff nicht mit Sicherheit erlaubte, die Gefechtsentfernung zu bestimmen. Die 27 kn-Schiffe sind im folgenden mit den 30 kn-Schiffen *16A* und *15A* verglichen worden.

Tabelle 15: Mindesthöhen, von denen aus ein Panzerdeck von Bomben durchschlagen wird*

Panzerstärke	Panzersprengbombe			Halbsprengbombe
	907 kg	680,25 kg	453,5 kg	226,75 kg
17,78 cm	2.745 m	3.965 m	standfest	standfest
15,2 cm	2.135 m	3.233 m	4.575 m	standfest
12,7 cm	1.525 m	2.379 m	3.202,5 m	standfest
10,2 cm	915 m	1.525 m	2.135 m	3.660 m
7,62 cm	305 m	762,5 m	1.220 m	2.135 m
5,08 cm	–	–	610 m	976 m

* Anmerkung des Übersetzers: Im Gegensatz zur Tabelle sind die Daten im Text abgerundet.

Vergleich des Entwurfs 14F mit den Entwürfen 16A und 15A: Im Vergleich mit *16A* ist *14F* wesentlich überlegener im Decksschutz. Es sollte möglich sein, daß das Schiff auf eine günstige Entfernung 4 × 35,6 cm-Treffer gegenüber 3 × 40,6 cm-Treffer des *16A*-Schiffes erzielt. *16A* kann einen Vorteil erzielen bei einer Entfernung von 17000 m, wo das Schiff in der Lage ist, den Gürtelpanzer von *14F* zu durchschießen. Das wäre 1000 m eher, bevor der eigene Gürtelpanzer von 35,6 cm-Granaten durchschlagen werden könnte. *14F* würde sich besser als *16A* in die Schlachtlinie einfügen. Gegen *15A* sind ähnliche Anmerkungen zu verzeichnen, außer daß *14F* in diesem Falle keinen so großen Vorteil in der Deckspanzerung hat, aber das Schiff ist in der Lage, nahe Entfernungen zu wählen und seine umfangreiche Feuerdichte zum Tragen zu bringen. Es scheint, daß *14F* so kampfstark ist wie *16A* oder *15A*, und das Schiff den Vorteil guter Decks und guter Torpedoschotte hat.

Vergleich des Entwurfs 15B mit den Entwürfen 16A und 15A: Bezüglich des Gürtelpanzers hat *15B* gegenüber *16A* einen Vorteil von 2300 m und ist im Decksschutz weit überlegen. Gegen *15A* ist das Schiff in etwa gleich, wenn zwischen den Entfernungen von 24700 m und 16000 m gekämpft wird. In diesen Entfernungen sind keine wichtigen Schiffsbereiche beider Schiffe verwundbar. *15B* hat den besseren Panzer und ist dadurch besser geeignet, Luftangriffen zu widerstehen und auf Entscheidungsentfernungen heranzugehen.

Vergleich des Entwurfs 16C mit den Entwürfen 16A und 15A: Bei der gleichen Methode des Vergleichs zeigt sich, daß *16C* den Entwürfen *16A* und *15A* definitiv an Kampfkraft überlegen ist.

Vergleich der Entwürfe 15B und 16C: Es gibt wenig Auswahl zwischen diesen beiden 27 kn-Schiffen, außer der überlegenen Detonationswirkung der 40,6 cm-Granaten gegen ungeschützte Teile und des etwas besseren Schutzes gegen Bomben von *15B*. Für den Fall, daß beide Schiffe in einer Schlachtlinie gegenüberstünden, hätte die Bewaffnung von *16C* die größere Zerstörungskraft. Der Schutz von *15B* ermöglicht diesem Schiff, bis auf 15500 m heranzuschließen, um entscheidende Resultate zu erzielen, also 1800 m dichter als *16C*, ohne ein Risiko einzugehen. Ebenso könnte *16C* leicht durch Steilfeuer verwundbar sein, und das Torpedoschott ist schwächer (Hinweis: Der Entwurf *16C* war lediglich eine Schätzung, abgeleitet aus den Gewichten von *16B* und *16A*).

Entwurf 16B: Dieser Entwurf hatte zwei Drillingstürme und einen Zwillingsturm. Das wurde als nicht befriedigend angesehen und daher nicht bis ins Detail begutachtet.

Das 27 kn-Schiff (Schlußfolgerungen): Ein gut ausgewogenes 27 kn-Schiff kann entweder mit 9 × 40,6 cm-, 9 × 38,1 cm- oder 12 × 35,6 cm-Geschützen gebaut werden. Möglicherweise ist *16C* der beste Entwurf, aber für verschiedene Aufgaben kann *15B* als das bessere Schiff empfohlen werden, weil es in der Schlachtlinie besser zur Geltung gebracht werden kann als die 40,6 cm- oder 35,6 cm-Schiffe, und es ist ein guter und ebenbürtiger Gegner jedes 30 kn-Schiffes.

Das 23 kn-Schiff: Ausgehend von den vorgegebenen Daten der *Nelson* sowie der Entwürfe *14A* und *14Q* scheint es – sollte ein Schiff mit 9 × 40,6 cm-Geschützen entworfen werden, bei dem ein Turm hinten stehen würde –, daß es den vollen Schlachtschiffschutz wie bei *15B* erhalten sollte. Der Einbau von 38,1 cm-Geschützen würde wenig Sinn haben, wenn das nicht auch eine spürbare Erhöhung der Geschützzahl mit sich bringen würde. Es scheint unrealistisch, daß 12 × 38,1 cm-Geschütze eingebaut werden könnten. Der Schutz ist genügend, so daß das Gewicht, welches durch den Einbau von 9 × 38,1 cm-Geschützen gespart würde, nur zur Verdrängungsminderung dienen könnte. Ein Schiff mit 12 × 35,6 cm-Geschützen würde den Vorteil der Trefferzahl über einen großen und günstigen Bereich für sich haben, aber die große Feuerkraft der 40,6 cm-Geschütze, kombiniert mit der Durchschlagskraft auf der Entscheidungsentfernung, spricht für das größere Kaliber.

Der Nelson-Entwurf: Die Formgebung des *Nelson*-Entwurfs ist vom Materialgesichtspunkt aus attraktiv, und falls er übernommen werden sollte, mag er jedem der 27 kn-Entwürfe die Geschwindigkeit von 30 kn oder besseren Schutz verleihen. Der *DNC* wies jedoch darauf hin, daß, obwohl der *Nelson*-Entwurf eine Gewichtseinsparung erbrachte, es nicht gewährleistet sei, daß es gleiche Einsparungen auch für ein Schiff mit Doppelzweck-MA und Flugzeugausrüstung bringen würde. Des weiteren sei es unmöglich, die Maschinenanlagen eines 27 kn- oder 30 kn-Schiffes befriedigend unterzubringen, wenn die drei Türme vorne gruppiert würden.

Allgemeine Schlußfolgerungen: Obwohl die Schlußfolgerungen von der Wirkung der Geschütze gegen Panzerungen mit Vorsicht gezogen werden müssen, ist es gerecht, zu sagen, daß deren Wirkung hier sehr zutreffend geschätzt worden ist. Um die Wirksamkeit der Deckspanzerungen genau einschätzen zu können, standen wenige Informationen zur Verfügung. Es sind wichtige Faktoren, betreffend der Deckspanzerung, die in einer Analyse dieser Art nicht gemessen werden können. Bei guter Sicht und mit Flugzeugbeobachtung kann auf große Entfernungen großer Schaden zugefügt werden, und in diesem Falle kann ein Schiff mit stärkerer Bewaffnung, aber schlechterem Schutz im Vorteil sein gegenüber einem Schiff mit besserem Schutz für die Entscheidungsentfernung, die es möglicherweise nicht erreichen wird. Das Übergewicht des Schutzes eines Schiffes gegenüber einem anderen muß durch die Kampfbedingungen, wie Sicht, Gegnerlage usw. ausgewogen werden. Es ist gefährlich anzunehmen, die Kampfentfernung könne dem Gegner diktiert werden. Das ganze Problem muß unter dem Aspekt der richtigen Ausgewogenheit zwischen Bewaffnung, Schiffsschutz und Geschwindigkeit betrachtet werden. *16A* und *14D* sind Beispiele für die zwei Extreme einer ausgeglichenen Balance. *16A* ist zu stark bewaffnet, das Schiff zu verletzlich, *14D* ist im Verhältnis zur Bewaffnung zu stark geschützt. Unter den gegenwärtigen Vertragsbindungen sollte das Ideal nach folgenden Gesichtspunkten festgelegt werden:

Für ein 30 kn-Schiff eine 38,1 cm-Bewaffnung. Für ein 27 kn-Schiff eine 38,1 cm- oder 40,6 cm-Bewaffnung. Dabei kann dem 38,1 cm-Geschütz der Vorzug gegeben werden, weil das Schiff sich besser in die Schlachtlinie einfügt und etwas stärkere Decks hat.

Für das 23 kn-Schiff eine 40,6 cm- oder 35,6 cm-Bewaffnung, wenn, wie angenommen, keine 12 × 38,1 cm-Geschütze eingebaut werden können.

Das angesprochene Papier wurde am 20. September 1935 anläßlich eines Treffens der *Seelords* diskutiert. Es wurde beschlossen, daß die neuen Schiffe mit 9 × 38,1 cm-Geschützen ausgerüstet werden und eine Geschwindigkeit von 29 kn erhalten sollten. Sie waren in erster Linie als Antwort auf die Schiffe gedacht, die in Europa in Bau waren, und es war augenscheinlich, daß sie gegenüber den Schiffen mit 40,6 cm-Geschützen, die möglicherweise in Japan und den USA gebaut würden, an Feuerkraft unterlegen sein mußten. Es war allerdings notwendig, diese Entscheidung nochmals zu überlegen, da die *Admiralität* im Oktober 1935 davon Kenntnis erhielt, daß die Regierung der USA möglicherweise einer Begrenzung des Geschützkalibers auf 35,6 cm bei einer maximalen Verdrängung von 35000 ts zustimmen würde. Dieses wurde als wichtiges Zugeständnis angesehen, vorausgesetzt, Japan würde ebenfalls zustimmen. Es war aber unmöglich, für die ersten zwei Schiffe das Ergebnis der Konferenz abzuwarten, bevor man die Entscheidung traf, wenn man eine nicht unbedeutende Verzögerung der Fertigstellung in Kauf nehmen wollte. Falls die Schiffe 1940 in Dienst gestellt werden sollten, war es notwendig, die Geschütze noch vor Ende 1935 in Auftrag zu geben und mit der Konstruktion der Türme sofort zu beginnen. Da man so lange auf die Reduzierung der Schlachtschiffgröße gedrängt hatte, war es jetzt vernünftig, dem amerikanischen Vorschlag zuzustimmen. Als besonders wichtig wurde es angesehen, die USA und Japan davon abzubringen, Schiffe mit 40,6 cm-Geschützen zu bauen. Ein Schiff mit 35,6 cm-Geschützen, als Antwort auf die europäischen Konstruktionen gebaut, würde dann gleich sein mit Schiffen in Japan und den USA, aber falls diese beiden Staaten Schiffe mit 40,6 cm-Geschützen bauten, würde es für Großbritannien notwendig werden, zwei Typen von Großkampfschiffen zu bauen. Am 10. Oktober beschlossen die *Seelords* daher, zu empfehlen, daß die ersten zwei Schiffe eine Verdrängung von 35000 ts haben sollten, daß sie 12 × 35,6 cm-Geschütze in drei Vierlingstürmen erhalten sollten, und daß sie bei dem bestmöglichen Schutz 28 kn schnell sein sollten. Diese Empfehlung wurde am 28. November von der *Admiralität* gutgeheißen und später auch vom *Kabinett*. Bevor der Entwurf der 1937er Großkampfschiffe detailliert untersucht wird, ist es nützlich, kurz das Ergebnis der *Londoner Flottenkonferenz*, die am 9. Dezember 1935 begann, zu beschreiben.

Die Londoner Flottenkonferenz 1935/36

Der Vertrag, der aus dieser Konferenz entstand, war vermutlich der brauchbarste von allen Verträgen, die seit 1922 geschlossen wurden. Er war aber auch der kurzlebigste. Der grundsätzliche Vorteil gegenüber den früheren Abkommen war, daß es keine Begrenzungen in der Gesamtstärke der einzelnen Flotten vorsah, die in der Vergangenheit, speziell von seiten der Japaner, immer wieder Anlaß von Beschwerden gewesen waren. Trotzdem weigerte sich Japan, den Vertrag zu unterschreiben und verließ die Konferenz. Italien trat erst im Dezember 1938 dem Vertrag bei. Unterzeichnet wurde das Abkommen im März 1936 von Großbritannien, Frankreich und den USA. In ihm wurde, neben anderen Einzelheiten, die Tonnagegrenze für Großkampfschiffe festgelegt auf 35000 ts, die Bewaffnung auf 35,6 cm-Geschütze. Falls Japan dem Abkommen nicht bis April 1937 beitrat, konnte das Kaliber auf 40,6 cm gesteigert werden. Die Unterzeichnerstaaten hatten auch das Recht zur Steigerung der Schiffsgröße, falls irgendein Land die Vertragsgrenze nicht einhalten würde. Über ähnliche Verträge wurde zwischen Großbritannien und Deutschland sowie zwischen Großbritannien und der Sowjetunion verhandelt. Im November 1937 wurden die Verträge ratifiziert, allerdings lag bei diesen Verträgen die Kaliberbeschränkung bei 40,6 cm.

Die 1935/36er Schlachtschiffsentwürfe

Die Legende und Entwurfsskizze *14L* (Tabelle 16) wurden dem *Controller* am 12. November 1935 vorgelegt. Nach Prüfung des Entwurfs wurde der *DNC* aufgefordert, einen zweiten Entwurf vorzubereiten, bei dem die Maschinenräume weiter hinten lagen, um damit die Wellenlänge zu verkürzen. Dadurch waren sie bei Unterwassertreffern nicht so verwundbar. Der neue Entwurf, *14N*, hatte die gleiche Legende wie *14L* und war allgemein ähnlich im Aussehen, außer daß er anstelle von zwei Schornsteinen nur einen hatte. Dadurch war der Kurswinkel für den Gegner schwer zu bestimmen. Durch das Versetzen der Maschinenanlagen in den hinteren Teil des Schiffes wurde die Wellenlänge um 9,75 m verkürzt. Das machte es erforderlich, die Magazine der 11,4 cm-Geschütze und die Geschütztürme selbst vor den Maschinenräumen zu plazieren. Am 2. Januar 1936 wurden die beiden Entwürfe *14L* und *14N* bei einem Treffen der *Seelords* geprüft. Dabei fand der Entwurf *14N* die meiste Beachtung, weil dieser vom *ACNS* und auch vom *Controller* bevorzugt wurde. Die wichtigsten Diskussionspunkte waren:
Die Konstruktionsgeschwindigkeit lag bei 28 kn, aber bei Einsatzverdrängung mit 2000 ts Wasser in den Schutzwasserräumen und 4000 ts Heizöl reduzierte sie sich auf 27 kn. Der *1. Seelord* bezweifelte, ob es wünschenswert sei, diesen Geschwindigkeitsverlust in Kauf zu nehmen. Er schlug vor, auf den Wasserschutz zu verzichten. Der *DNC* wies darauf hin, daß das

Tabelle 16: Legende des Entwurfs 14L, November 1935

Länge (pp)	213,50 m
Länge (cwl)	225,70 m
Länge (üa)	227,23 m
Breite (maximal)	31,72 m
Tiefgang (mittlerer)	
Standardverdrängung	8,53 m
Einsatzverdrängung	9,60 m
Leistung	100.000 WPS
Geschwindigkeit bei Standardverdrängung	28 kn
Heizölvorrat	4.000 ts

Bewaffnung:
12 × 35,6 cm (3 × 4)
20 × 11,4 cm-Luft/Seeziel (10 × 2)
4 achtrohrige Pom-Pom
4 vierrohrige 12,7 mm-MG
4 Flugzeuge
1 Katapult D-II-H

Panzerung:

Gürtelpanzer, seitlich der Magazine	35,6 cm
Gürtelpanzer, seitlich der Maschinenräume	33 cm
Zitadellschotte	25,4 cm
Barbetten (maximal)	33 cm
Türme	33 cm Front; 22,88 cm Seiten; 17,78 cm Rücken; 15,2 cm Decken
11,4 cm-Geschützstände	5,8 cm vertikal; 2,54 cm horizontal
Deck über den Magazinen	15,2 cm
Deck über den Maschinenräumen	12,7 cm
Torpedoschotte	4,44 cm

Gewichte:

Ausrüstung, allgemein	1.050 ts
Maschinenanlage	2.550 ts
Bewaffnung	6.650 ts
Panzerung und Schiffsschutz	11.800 ts
Schiffskörper	12.950 ts
Standardverdrängung	35.000 ts

einen merklichen Verlust im Unterwasserschutz bringen würde. Man überlegte, anstelle des Wassers Heizöl in den Schutzwasserräumen zu fahren. Damit würde das Flüssigkeitsgewicht von 6000 ts auf 4000 ts vermindert. Man schlug vor, daß der *DNC* diese Möglichkeit untersuchen sollte.
Für die neuen, leichten Flakkreuzer der *Dido*-Klasse war eine 13,3 cm-Doppellafette konstruiert worden, und der *1. Seelord* schlug vor, anstelle der 10 × 11,4 cm-Lafetten acht dieser Lafetten einzubauen. Das würde sowohl das Seezielschießen als auch das Fla-Schießen ver-

bessern. Der *DNO* wurde hierzu bei diesem Treffen befragt und erklärte, daß die Fertigung der 13,3 cm-Doppellafetten zur Zeit noch nicht begonnen habe, aber daß er bis Ende 1936 näheren Bescheid geben könne. Der *1. Seelord* führte an, daß die Schiffe nicht vor 1940 fertig wären, und daß daher genügend Zeit verbliebe, um über diese Sache zu entscheiden. Der *DNC* bestätigte, daß dieser Vorschlag annehmbar war.

Der *ACNS* betonte die Wichtigkeit einer Erhöhung des Gürtelpanzers sowie des Einbaues eines Panzerdecks in Höhe des H-Decks, anstelle im Zwischendeck wie bei *14N.* Diese Maßnahme würde im beschädigten Zustand auch die Stabilität verbessern und den Umfang der verwundbaren Teile und Einrichtungen oberhalb des Panzerdecks verringern, die durch leichte Panzersprengbomben gefährdet waren.

Der *E in C* schlug vor, die Maschinen für eine höhere Leistung auszulegen, um einer möglichen späteren Entwicklung besserer Kessel Rechnung zu tragen. Er veranschlagte, daß eine Erhöhung von 0,5 kn erreichbar war, wenn für die Maschinen zusätzlich 100 ts bewilligt würden.

Als Ergebnis dieses Treffens bereitete der *DNC* einen 3. Entwurf, *14Q*, vor. Die Einzelheiten waren die gleichen wie bei *14L* und wichen nur bei den in Tabelle 17 angeführten Daten ab. Im Entwurf *14Q* wurden alle vorgeschlagenen Verbesserungen, wie Heraufsetzung des Panzerdecks, Fahren von Heizöl anstelle von Wasser in den Schutzwasserräumen und 13,3 cm-Geschütze anstelle 11,4 cm-Geschützen, berücksichtigt. Die Umsetzung der Panzerung führte zu einer spürbaren Vergrößerung des Gewichtes, und um das zu kompensieren, war es notwendig, die Panzerdeckstärke zu reduzieren, zusätzlich auch die des oberen Gürtelpanzers. Auf diese Art und Weise erzielte man zwar eine verbesserte Verteilung der Panzerung, opferte jedoch die Panzerstärke. Diese Begleitumstände wurden mit einiger Sorge angesehen und waren Gegenstand einer längeren Denkschrift des *Stabes,* in der die Zweckmäßigkeit des Entwurfs *14Q* für britische Bedürfnisse detailliert wurde. Man stellte fest, daß zwei Hauptfehler im Entwurf *14Q* vorhanden waren. Erstens waren die Magazine und Maschinenräume unzulänglich vor Granaten und Bombenangriffen geschützt, und zweitens war die Verteilung der MA und leichten Flak so, daß durch das Mündungsfeuer der 13,3 cm-Geschütze sehr große Behinderung verursacht wurde. Es wurde festgestellt, daß diese Bewaffnung zu konzentriert angeordnet war, um einigermaßen sicher zu sein.

Der *Stab* schlug eine Reihe möglicher Verbesserungen für den Schutz des Entwurfs *14Q* vor, einschließlich entweder einer Verstärkung der gegenwärtigen Panzerung oder den Einbau eines 5,08 cm-Decks unter dem Hauptpanzerdeck, um einer Beschädigung der Magazine durch Splitter vorzubeugen. Mit der Beseitigung des einen Problems rief der *Stab* ein anderes herbei, denn das Gewicht des geforderten Schutzes mußte ja irgendwo hergenommen werden, entweder von der Bewaffnung oder von der Maschinenanlage. Folgende Möglichkeiten der Realisierung wurden angeführt:

Rückkehr zum Panzerdeck in der Ebene des Mitteldecks, wie im Entwurf *14N.* Diese Idee wurde als nicht sehr vorteilhaft angesehen wegen des Verlustes an der „gepanzerten Stabilität" und der daraus resultierenden Verwundbarkeit durch Bomben.

Reduzierung der Geschwindigkeit des Entwurfs *14Q* um 2 kn. Das könnte 500 ts einsparen. Es wurde aber darauf hingewiesen, daß ein 27 kn-Schiff kürzer wäre und möglicherweise keine Flugzeuge mitführen könnte.

Reduzierung der Bewaffnung auf 9 × 35,6 cm-Geschütze. Das würde 1200 bis 1400 ts einsparen. Man glaubte, daß das auch eine leichte Geschwindigkeitserhöhung ergeben würde. Aber, obwohl bei der gegenwärtigen Diskussion ein 9 × 35,6 cm-Schiff gegenüber den europäischen 38,1 cm-Schiffen als unzulänglich angesehen wurde, dachte man, die vorgeschlagene Verbesserung des Schutzes und der Geschwindigkeit würden eine Überprüfung des Entwurfs rechtfertigen.

Eine Reduzierung der Bewaffnung auf 9 × 38,1 cm-Geschütze. Das würde 800 ts einsparen. Dieser Vorschlag, glaubte man, hatte die meisten Vorteile des Entwurfs *15C* und wurde als der beste von vielen Entwürfen angesehen, die im August/September 1935 zur Debatte standen. Vertragsüberlegungen verhinderten jedoch, daß das 38,1 cm-Geschütz in Frage kam.

Tabelle 17: Einzelheiten des Entwurfs 14Q

Leistung	100.000 WPS (110.000 WPS Überleistung)	
Standardgeschwindigkeit	28,5 kn (29,25 kn bei Überleistung)	
Geschwindigkeit bei Einsatzverdrängung	27,5 kn (28,25 kn bei Überleistung)	
MA: 16 × 13,3 cm-Luft/Seezielgeschütze (8 × 2)		
Panzerung:		
Oberer Gürtelpanzer, seitlich der Magazine	33 cm	Unterhalb der Wasserlinie auf 15,2 cm abnehmend
Unterer Gürtelpanzer, seitlich der Magazine	35,6 cm	
Oberer Gürtelpanzer, seitlich der Maschinenräume	30,5 cm	Unterhalb der Wasserlinie auf 12,7 cm abnehmend
Unterer Gürtelpanzer, seitlich der Maschinenräume	33 cm	
Zitadellschotte	25,4 cm und 22,86 cm	
Deck über den Magazinen	13,9 cm	
Deck über den Maschinenräumen	11,4 cm	
Gewichte:		
Ausrüstung, allgemein	1.050 ts	
Maschinenanlagen	2.635 ts	
Bewaffnung	6.650 ts	
Panzerung und Schiffsschutz	12.050 ts	
Schiffskörper	13.065 ts	
Standardverdrängung	35.450 ts	

Bezüglich des Problems der MA und der Flakausrüstung wurde empfohlen, daß die 13,3 cm-Geschütze an jeder Seite aufgeteilt, jedoch in zwei Gruppen zusammengefaßt, wie ursprünglich im Entwurf *14L* vorgesehen, aufgestellt werden sollten. Das erforderte wiederum eine Änderung der früher getroffenen Entscheidung, die MA und deren Magazine zu konzentrieren, damit die Wellenlänge begrenzt wurde. Die Magazine der hinteren 13,3 cm-Geschützgruppen sollten nun hinter die Maschinenräume kommen, die dafür etwas nach vorne verlegt werden sollten. Die gewachsene Verwundbarkeit der Wellen wurde aufgefangen durch die verminderte Gefährdung der 13,3 cm-Magazine. Ihre Auseinanderverlegung bedeutete, daß nicht alles dem Risiko eines einzigen Unterwassertreffers ausgesetzt war. Das Stabspapier schloß damit, daß ein Entwurf mit 9 × 35,6 cm-Geschützen und verbessertem Schutz sowie einer veränderten Aufstellung der MA bis ins Detail untersucht werden sollte. Das resultierte in einem 4., dem endgültigen

Tabelle 18: Legende des Entwurfs 14P vom September 1936 (Endgültiger Entwurf der KING GEORGE V-Klasse)

Länge (pp)	213,50 m
Länge (cwl)	225,70 m
Länge (üa)	227,23 m
Breite (maximal)	31,42 m
Standardverdrängung	35.000 ts
Tiefgang (mittlerer)	
Standardverdrängung	8,53 m
Einsatzverdrängung	9,60 m
Leistung	100.000 WPS
Überleistung (+10%)	110.000 WPS
Geschwindigkeit bei Standardverdrängung	28,5 kn
Geschwindigkeit bei Standardverdrängung mit 10% Überleistung	29,25 kn
Geschwindigkeit mit Einsatzverdrängung	27,5 kn
Geschwindigkeit mit Einsatzverdrängung mit 10% Überleistung	28,25 kn
Heizölvorrat, gesamt	3.700 ts
Fahrbereich bei 10 kn (Probefahrtbedingungen)	14.000 sm
Besatzung (als Flaggschiff des *CinC* im Krieg)	1.645

Bewaffnung:
10 × 35,6 cm (2 × 4 und 1 × 2); 80 Schuß/Geschütz
16 × 13,3 cm-Luft/Seeziel (8 × 2); 200 Schuß/Geschütz
4 achtrohrige Pom-Pom Lafetten Mk VI; 500 Schuß/Geschütz
4 vierrohrige 12,7 mm; 2.500 Schuß/Geschütz
4 Flugzeuge
1 Katapult D-III-H

Panzerung:

Gürtelpanzer über der Wasserlinie	38,1 cm seitlich der Magazine 35,6 cm seitlich der Maschinenräume
Gürtelpanzer unter der Wasserlinie	38,1 cm und 13,97 cm seitlich der Magazine 35,6 cm und 11,43 cm seitlich der Maschinenräume
Zitadellschotte	25,4 cm und 30,5 cm
Barbetten	35,6 cm
Türme	33 cm Front, 22,86 cm Seiten, 17,78 cm Rücken, 15,2 cm Decke
Hauptdeck	15,2 cm über den Magazinen 12,7 cm über den Maschinenräumen
Zwischendeck	12,7 cm bis 6,35 cm vorn 12,7 cm bis 11,43 cm hinten
13,3 cm-Kasematten	5,08 cm und 2,54 cm vertikal 2,54 cm horizontal
Kugelschutzplatten	2,54 cm und 1,27 cm
Torpedoschotte	4,44 cm

Gewichte:

Ausrüstung, allgemein	1.050 ts
Maschinenanlagen	2.685 ts
Bewaffnung	6.050 ts
Panzerung und Schiffsschutz	12.500 ts
Schiffskörper	13.215 ts
Gesamt	35.500 ts*

Entwurf *14P* (siehe Tabelle 18). Anstelle mit 9 × 35,6 cm-Geschützen wurde das Schiff jedoch mit 10 Geschützen dieses Kalibers konzipiert. Das wurde erreicht durch die Anordnung eines Zwillingsturmes anstelle eines Vierlingsturmes in der Position „B".

Die Gewichtsersparnis lag bei etwa 770 ts, einige weitere kleinere Einsparungen gab es auch beim Schiffskörper. Im Februar 1936 fand ein Treffen statt, um unter dem Gesichtspunkt der Verwendung von zwei Vierlingstürmen und einem Zwillingsturm das Bauprogramm der beiden Großkampfschiffe des 1936er Programms zu besprechen. Es wurde angenommen, daß die zusätzlichen Arbeiten, einen Zwillingsturm zu konstruieren, die Bauzeit um etwa zwei Monate verlängern würde, und daher wurde folgendes vorläufiges Programm aufgestellt:

Auftragserteilung für die Lafetten im April 1936
Auftragserteilung für die Schiffe im September 1936
Kiellegung im Februar 1937
Stapellauf im Januar 1939
Lieferung des 1. Turmes im März 1939
Lieferung des 2. Turmes im Mai 1939
Lieferung des 3. Turmes im Dezember 1939
Fertigstellung der Schiffe im Juli 1940

Die Konstruktion der 35,6 cm-Vierlingstürme begann im Oktober 1935. Der Zwillingsturm verlangte einen neuen Lafettenentwurf, die Rekonstruktion der Unterbauten des Turmes „B" und Neuberechnung des Trimms. Das letztere bedeutete eine Versetzung der Zitadelle um 1,22 m–1,83 m nach vorn. Damit wurde das reduzierte Gewicht des Zwillingsturmes ausgeglichen. Am 3. April fand ein Treffen der *Admiralität* statt, um die endgültige Entscheidung darüber zu fällen, ob 10 oder 12 Geschütze eingebaut werden sollten. Die übereinstimmende Meinung war, daß ein Schiff mit 12 Geschützen unzulänglich geschützt war, und daß daher ein Schiff mit 10 Geschützen akzeptiert werden müsse. Der *Controller* wies darauf hin, daß diese Entscheidung eine Bauzeitverlängerung von neun Monaten mit sich bringen würde, da die Konstruktion der Zwillingstürme des 35,6 cm-Geschützes noch nicht begonnen habe. Der vorläufige Entwurf für einen Vierlingsturm war im März fertig, und im Mai 1936 wurden die Aufträge für vier Vierlings- und zwei Zwillingstürme erteilt. Mit der Konstruktion der Turmlafetten wurde klar, daß der Zeitaufwand für die Fertigung der Pläne unterschätzt worden war, und daß der Terminplan für den Einbau der Türme (Vierlinge und Zwilling) nicht gehalten werden konnte. Durch den Mangel an Facharbeitern verzögerte sich die Fertigung der Geschütztürme ebenfalls.

* Das war die geschätzte Standardverdrängung im September 1936. Man hoffte, durch genaue Beachtung der Gewichtssparmöglichkeiten die Verdrängung auf 35.000 ts zu reduzieren.

Die letzten Schätzungen für die Ablieferung waren dann Februar 1940 für den ersten Turm, April 1940 für den zweiten und Mai 1940 für den dritten. Verglichen mit dem Programmablauf, wie er im Februar 1936 festgelegt worden war, war dieses eine Verzögerung um 11 Monate für die Fertigstellung der Vierlingstürme und von 6 Monaten für die Zwillingstürme. Die beiden Schiffe des 1936er Programms wurden am 21. April 1936 vom *Parlament* bewilligt.

Die Skizze und die Legende des Entwurfs *14P* wurden am 24. Mai 1936 von der *Admiralität* genehmigt, der Endentwurf am 15. Oktober 1936. Der Bauauftrag für die beiden Schiffe wurde am 29. Juli 1936 erteilt. Siehe Tabelle 18.

Im Oktober 1936 wurde es notwendig, über den Entwurf der drei Schiffe des 1937er Programms zu entscheiden. Wieder war die Frage der Geschützturmlieferung der wichtigste Faktor, weil jede Verzögerung der Auftragserteilung für Geschütztürme automatisch eine Verzögerung der Fertigstellung der Schiffe bedeutete. Japan hatte bisher freiwillig noch keine Informationen darüber gegeben, welche Geschütztypen es verwenden wollte, und es war klar, daß eine Entscheidung ohne die Kenntnis der japanischen Absichten zu fällen war. Die einzige Entscheidung war, weiterhin Schiffe unter den zur Zeit gültigen Vertragsbedingungen zu bauen, wenn man keine merkliche Verzögerung akzeptieren wollte. Der *Controller* schlug vor, daß die drei Großkampfschiffe des 1937er Programms denen des 1936er Programms entsprechen sollten. Am 16. November wurde dieses von der *Admiralität* genehmigt.

IV. Die King George V-Klasse, 1937 bis 1946

Die Einheiten der *King George V*-Klasse waren im Rahmen der auferlegten Vertragsbedingungen ausgezeichnete Schiffe, und es ist sehr bedauerlich, daß andere Staaten diese nicht so beachteten wie die *Admiralität*. Obwohl das äußere Erscheinungsbild der Schiffe wenig zeigte, was eine Verbindung mit der *Nelson* und *Rodney* vermuten ließ, waren sie doch auf dem Wege der großen Zahl der Skizzenentwürfe zwischen 1927 und 1936 deren direkte Nachkommen. Die fünf Schiffe dieser Klasse teilten sich in zwei Bauprogramme (zwei im 1936er Programm und drei im 1937er Programm), aber es lagen nur sechs Monate zwischen der Kiellegung des ersten und des letzten Schiffes. Niemals seit Ende des Ersten Weltkrieges waren so viele Schiffe zur gleichen Zeit auf Stapel gelegt worden. Das so lange hinausgezögerte Ersatzprogramm hatte begonnen, jedoch nicht früh genug, als daß auch nur eines dieser Schiffe bei Kriegsausbruch im September 1939 rechtzeitig fertiggestellt wurde. In dem Monat wurde das Großkampfschiffsprogramm überprüft und die Konstruktion der *King George V*-Klasse in der Hoffnung beschleunigt, daß das erste Schiff im September 1940 fertiggestellt würde, die nachfolgenden während des Jahres 1941. Jedoch brachte der Krieg große Nachfrage an Arbeitskapazität und Material mit sich, und vieles davon, bisher für den Schlachtschiffbau verwendet, mußte jetzt für Vorhaben größerer Dringlichkeit, wie Handelsschiffreparaturen und den Bau von Geleitfahrzeugen, abgegeben werden. Dieses Problem wurde im Mai 1940 so akut, daß es erforderlich war, den Bau der letzten beiden Schiffe, der *Anson* und *Howe*, vorübergehend einzustellen. Die Arbeiten an *Anson* wurden nach drei Monaten, die an *Howe* nach etwa 6 Monaten wiederaufgenommen. Das erste Schiff, die *King George V*, wurde im Dezember 1940 fertiggestellt. Jedes nachfolgende Schiff der Klasse verzögerte sich in der Fertigstellung leicht gegenüber dem vorherigen, so daß schließlich fast zwei Jahre zwischen der Fertigstellung des ersten und des letzten Schiffes lagen. In der Tabelle 19 sind die Baudaten der *King George V*-Klasse verzeichnet.

Prince of Wales im Mai 1941 in schwerer See.

SA: Auf Grund der Problematik des 40,6 cm-Mk-Geschützes mit der hohen Mündungsgeschwindigkeit wurde dieses in der *Royal Navy* nicht mehr favorisiert. Das neue 35,6 cm-L/45-Mk VII-Geschütz verschoß eine Granate von 721 kg. Die volle Treibladung von 153 kg SC-Cordite-Pulver verlieh ihm eine durchschnittliche Mündungsgeschwindigkeit von 754 m/sek. Diese Daten unterscheiden sich nicht sehr von denen der 35,6 cm-Mk I-Geschütze, die das Schlachtschiff *Canada* im Ersten Weltkrieg führte, aber die neue Waffe besaß zwei wichtige Vorteile gegenüber der Vorgängerin (das 35,6 cm-Mk I-Geschütz verschoß eine Granate von 719 kg mit einer Mündungsgeschwindigkeit von 762 m/sek). Erstens war das Geschütz eine Ganzstahlkonstruktion. Das versprach im Vergleich mit dem Drahtrohrgeschütz eine Waffe, die stärker und leichter war, weniger dazu neigte, zu ermatten, die zuverlässiger und genauer und weniger durch Abnutzung gefährdet war. Die veranschlagte Lebensdauer des Geschützrohres war 340 Voll-Ladungen. Das war mehr als beim 40,6 cm- und 38,1 cm-Geschütz. Das reine Geschützgewicht war ~ 78 ts, im Vergleich zu 85 ts beim 35,6 cm-Mk I-Geschütz. Aber um den Abstand zwischen Verschlußstück und Drehzapfen klein zu halten, erhielt das Verschlußende ein Ausgleichsgewicht von 11,5 ts. Das verringerte den möglichen Gewichtsgewinn des Geschützes, verminderte aber gleichzeitig auch die Größe des Spielraums, der unter dem Verschluß gefordert worden war. Zweitens, die neue 35,6 cm-Granate war dem früheren Typ überlegen an ballistischer Leistung und panzerbrechender Kraft, und zwar durch die enormen Verbesserungen, die an Geschoßkonstruktionen und derem Material zwischen beiden Weltkriegen erzielt worden waren. Die Konstruktion der Zwillings- und Vierlingstürme stützte sich auf die so erfolgreichen 38,1 cm- und 34,3 cm-Zwillingstürme von Vickers. Der Praxis auf *Nelson* und *Rodney* folgend, wurden die Magazine unter den Munitionskammern eingebaut. Obwohl sie größeren Schutz gegen Granattreffer gewährten, waren sie kompliziert in ihrer Konstruktion der zentralen Munitions- und

Tabelle 19: Baudaten der KING GEORGE V-Klasse

	Kiellegung	Stapellauf	Fertigstellung	Bauwerft
King George V	1. Januar 1937	21. Februar 1939	11. Dezember 1940	Vickers Armstrong
Prince of Wales	1. Januar 1937	3. Mai 1939	31. März 1941	Cammell Laird
Duke of York ex *Anson*	5. Mai 1937	28. Februar 1940	4. November 1941	John Brown
Anson ex *Jellicoe*	20. Juli 1937	24. Februar 1940	22. Juni 1942	Swan Hunter
Howe ex *Beatty*	1. Juni 1937	9. April 1940	29. August 1942	Fairfield

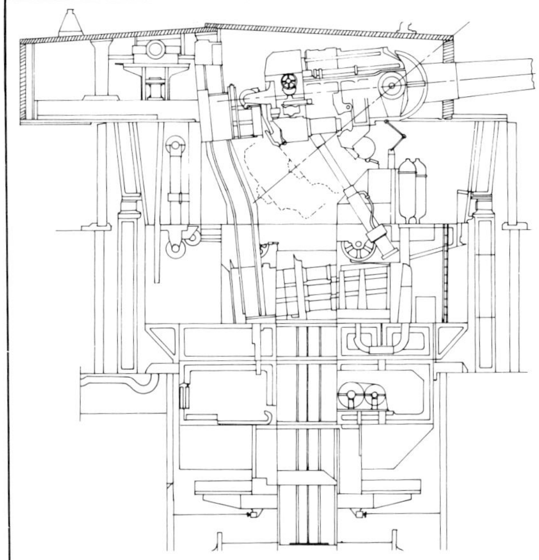

Querschnitt eines 35,6 cm-Mk VII-Geschützes in Vierlingslafette Mk III

Pulverladeaufzüge. Es wurde ein fester Ladewinkel gewählt, weil die Lademöglichkeit unter jedem Winkel, angesichts des komplizierten Ladegeschirrs und dessen Wartung, als nicht unbedingt vorteilhafter angesehen wurde. Das Laden unter jedem Winkel war mehr oder weniger schwierig, insbesondere von einem Ladekäfig aus, auf dem sich die Granate auf dem Cordite-Pulver befand. Die Konstruktion der Lafette war jedenfalls so, daß der feste Ladewinkel wenig Einfluß auf die Feuergeschwindigkeit hatte, die 2 Schuß/min betrug. Die Geschosse wurden in die Halterung eines großen Granatringes gesetzt, der jeweils vier Granaten für jedes Geschütz aufnahm, er trennte den Geschoßladedrill in der Munitionskammer vollständig vom Ladezyklus im Turm. Man vermied damit eine Reihe von Problemen, die in diesem Bereich auf *Nelson* und *Rodney* aufgetreten waren. Große Aufmerksamkeit schenkte man der größtmöglichen Stichflammsicherheit der Türme. Das erforderte eine umfangreiche, mechanische Verzweigtheit und eine größere Zahl von Übergängen im Vergleich zu den 38,1 cm-Mk I-Türmen. Die Türme zeigten zuerst einige Schwierigkeiten, aber 1942, gleich anfangs, wurde festgestellt, „. . . die Ausführung der Türme in ihrer Anfangszeit haben guten Grund dafür gegeben, anzunehmen, daß sich die Konstruktion im großen und ganzen als durch und durch fehlerfrei und zuverlässig erwiesen hat“. Die maximale Rohrerhöhung lag bei 40°, die dem Geschütz eine Reichweite von 33000 m gab. Das Drehgewicht der Mk III-Vierlingstürme war 1582 ts und das des Mk II-Zwillingsturmes 915 ts (das Gewicht versteht sich ausschließlich der Geschütze). Diese Daten übertrafen das Konstruktionsgewicht jedes Turmes um 58 ts.

MA: Die MA bestand aus 16 × 13,3 cm-Geschützen in acht Luft/Seeziellafetten, angeordnet in vier Gruppen. Das Mk I-L/50-Schnellfeuergeschütz verschoß ein Geschoß von 37 kg mit einer Mündungsgeschwindigkeit von 792 m/sek. Das entsprach einer maximalen Reichweite (Seeziel) von 21400 m. Die Luft/Seeziel-Geschütze-Mk I waren selbständige Einheiten, jedes hatte einen eigenen EMotor zum Antrieb der Hydraulikpumpe, die für die nötige Leistung zur Rohrerhöhung, Drehung, zum Ansetzen des Geschosses und für die Betätigung des Munitionsaufzuges erforderlich war. Die Geschützrohre lagen in separaten Wiegen und konnten unabhängig voneinander zu einem Winkel von 70° erhöht werden. Für

Blick auf das Backdeck der *King George V*. Es ist sowohl die SA als auch die MA zu sehen. Beachte die Antenne des Radars, Typ 284, auf dem Hauptfeuerleitstand und die UP-Werfer auf dem Turm „B“.

Einzelheiten der KING GEORGE V-Klasse, 1940 bis 1946

Zustand:	Standardverdrängung	Einsatzverdrängung
King George V (1940)	36.727 ts	42.076 ts
King George V (1945)	~ 39.100 ts	44.460 ts
Howe (1942)	39.150 ts	44.510 ts
Duke of York (1945)	~ 39.450 ts	44.794 ts
Anson (1945)	~ 40.000 ts	45.360 ts

Tiefgangszunahme (bei Standardverdrängung):
48,3 ts/cm

Abmessungen:	Länge (üa)	Länge (pp)
gemäß Entwurf	227,23 m	213,50 m
Duke of York	227,27 m	213,75 m
Howe	227,21 m	213,49 m
Anson	227,23 cm	213,51 cm

Breite (maximal): gemäß Entwurf 31,42 m; *Howe* 31,43 m

Tiefgang	Standardverdrängung	Einsatzverdrängung
King George V (1940)	~ 8,84 m	~ 9,91 m
Howe (1942)	vorn 8,99 m hinten 9,63 m	~ 10,41 m
Anson (1945)	~ 9,53 m	~ 10,59 m

Bewaffnung:
10 × 35,6 cm-Mk VII-L/45 in 2 Vierlingslafetten Mk III und 1 Zwillingslafette Mk II
16 × 13,3 cm-Schnellfeuergeschütze-Mk I-L/50 in 8 Luft/Seeziel-Doppellafetten Mk I

Nahbereichs-Flakausrüstung (1945):
King George V = 64 × 2 Pdr Pom-Pom (8 × 8)
10 × 40 mm-Bofors (2 × 4 und 2 × 1)
36 × 20 mm-Oerlikon (6 × 2 und 24 × 1)
Duke of York = 88 × 2 Pdr Pom-Pom (8 × 8 und 6 × 4)
8 × 40 mm-Bofors (2 × 4)
55 × 20 mm-Oerlikon (39 × 1 und 8 × 2)
Anson = 88 × 2 Pdr Pom-Pom (8 × 8 und 6 × 4)
8 × 40 mm-Bofors (2 × 4)
65 × 20 mm-Oerlikon (53 × 1 und 6 × 4)
Howe = 88 × 2 Pdr Pom-Pom (8 × 8 und 6 × 4)
26 × 40 mm-Bofors (2 × 4 und 18 × 1)
8 × 20 mm-Oerlikon (4 × 2)

Munitionsvorrat (nach Konstruktion):
35,6 cm = 80 Schuß/Geschütz (100 maximal)
13,3 cm = 400 Schuß/Geschütz
2 Pdr = 1.800 Schuß/Rohr

Feuerleitanlagen:
SA = 2 Hauptfeuerleittürme
1 Admiralitäts-Feuerleitgerät/Rechner Mk VII
Luft/Seeziel = 4 Flakleitgeräte Mk IV
4 Flakleit-Rechner/Plotts Mk IV für Luftabwehr
4 Admiralitäts-Salvengeber Mk VII (M) für Seeziel
Leitgerät Mk IV in *King George V* und *Prince of Wales*, Mk V in den folgenden (Mk V wurde nur auf *Anson* durch Mk VI ersetzt)
Nahbereichs-Flak = 6 Pom-Pom Leitgeräte Mk IV

EMeßGeräte:
2 × 12,5 m in Turm „A“ und „Y“
1 × 9,14 m in Turm „B“
6 × 4,57 m in Hauptfeuerleittürmen und in Luft/Seeziel-Leitgeräten
2 × 2,47 m auf der Admiralsbrücke

Scheinwerfer:
6 × 1,12 m (4 davon 1944/45 ausgebaut)
4 × 50,8 cm-Signalscheinwerfer

Panzerung:
Gürtelpanzer, seitlich der Magazine (zementiert) 38,1 cm, an der unteren Kante 13,97 cm
Gürtelpanzer, seitlich der Maschinenräume (zementiert) 35,6 cm, an der unteren Kante 11,43 cm
Gürtelpanzer, vor und hinter der Zitadelle 33, 30,5 und 28 cm, jeweils bis zur unteren Kante abnehmend auf 13,97 cm
Zitadellschotte (zementiert) 30,5 cm vorn, 25,4 und 10,2 cm hinten
Barbetten (zementiert) 33 cm Seiten, 30,5 und 28 cm vorn und hinten
Türme (zementiert) 32,38 cm Front, 22,4 cm vordere Seiten
Türme (nicht-zementiert) 17,42 cm hintere Seiten und Rücken, 14,94 cm Decken
H-Deck (nicht-zementiert) 15,2 cm über den Magazinen, 12,7 cm über den Maschinenräumen
Zwischendeck (nicht-zementiert) 12,7 cm, 10,2 cm, 8,89 und 6,35 cm vorn, 11,43 und 12,7 cm hinten
13,3 cm-Türme 3,8 cm Front, 2,54 cm Seiten, Rücken und Decken
13,3 cm-Kasematten 5,08 und 2,54 cm Seiten, 2,54 cm Dach
Kommandoturm 7,62 cm Front und Rücken, 11,43 cm Seiten, 5,08 cm Decke und Boden
Kommandoturmschacht 5,08 cm
Torpedoschotte 4,44 cm
Splitterschutz der Magazine 3,8 cm Seiten und Decken
Kabelschächte zu den Feuerleittürmen usw. 5,08 cm
Schornsteinhälse 2,54 cm
Kugelschutzplatten der Brücke 2,54 bis 1,27 cm

Maschinenanlage:
Parsons-Getriebeturbinen mit einfacher Untersetzung
4 Wellen, 110.000 WPS ≙ 28 kn bei 230 u/min/Welle
8 Admiralitäts-3 Trommel-Wasserrohrkessel (enge Rohre) mit Überhitzer, max. Betriebsdruck 28,1 atü

Brennstoff und Fahrbereich:
Heizölvorrat 3.667 ts *(Howe)*
Dieselkraftstoff 185 ts *(Howe)*
Kohle 6 ts *(Howe)*
Koks 10 ts *(Howe)*

Brennstoffverbrauch/Fahrbereich:
Wirtschaftliche Fahrtstufe = 13 kn ≙ 7,5 ts/h Heizölverbrauch
Brennstoffverbrauch bei 28 kn = 40 ts/h

Leistungsdaten der HOWE:
Sauberer Boden und in europäischen Gewässern

Geschwindigkeit (kn)	Leistung (WPS)	u/min/Welle	Brennstoffverbrauch (ts/h)	Fahrbereich (sm)
12	–	92	7,2	5.850
14	–	107	8,2	6.000
16	16.150	122	9,4	5.980
18	–	138	11,9	5.310
20	–	154	15,0	4.450
22	–	170	19,1	3.840
24	66.000	190	24,6	3.070
26	–	210	31,8	2.575
27	–	220	36,0	2.360

Sechs Monate nach dem letzten Docken bei ruhigem Wasser

12	–	94	8,0	5.270
14	–	110	9,2	5.350
16	–	126	10,8	5.250
18	22.000	142	13,3	4.750
20	–	157	16,6	4.100
22	–	174	21,0	3.495
24	–	194	26,8	2.820
26	–	216	34,3	2.485
27	–	240	42,0	2.100

Sechs Monate nach dem letzten Docken in tropischen Gewässern

12	–	97	7,9	5.350
14	–	112	9,0	5.500
16	–	129	10,5	5.350
18	22.000	146	12,3	5.150
20	–	161	17,5	3.800
22	44.000	178	22,0	3.360
24	66.000	198	28,5	2.646
26	99.000	222	39,0	2.110
27	114.000	235	45,0	1.890

Besatzung: Volle Kriegsbesatzung (1940) 1.422

die 13,3 cm-Geschütze wurde getrennte Munition gewählt, weil das Geschoßgewicht allein das Maximale war, was eine durchschnittliche Bedienung bei Ladung für eine längere Feuerdauer und in allen Ladewinkeln bewältigen konnte. Das Geschütz war konstruiert für eine Feuergeschwindigkeit von 10–12 Schuß/min, aber tatsächlich konnte die Bedienungsmannschaft die Granaten und die Treibladungen von den Aufzügen bis nach den Ladewiegen nicht in so kurzer Zeit befördern, und die gewöhnliche Feuergeschwindigkeit lag daher bei 7–8 Schuß/min. Allgemein gesehen war das Geschütz nicht sehr beliebt. Es war zu kompliziert und schwierig zu warten. Das Fla-Schießen entsprach nicht den Erwartungen, denn abgesehen von der reduzierten Ladegeschwindigkeit wurde die Drehgeschwindigkeit von 10–11°/sek als nicht ausreichend angesehen.

Nahbereichs-Flugzeugabwehr: Der Originalentwurf sah 4 Pom-Pom-Lafetten Mk VI vor; eine auf dem Turm „B", zwei seitlich des vorderen Schornsteins (auf den Hangardächern) und eine auf Turm „Y". Noch vor Dezember 1939 wurde eine Verstärkung der Pom-Pom-Lafetten auf sechs genehmigt, die beiden Lafetten sollten seitlich des Fockmastes auf den Hangardächern aufgestellt werden. Die notwendigen Waffen waren zur Zeit der Fertigstellung der beiden ersten Schiffe jedoch nicht verfügbar, so führten sie anfangs keine Pom-Pom auf den Turmdecken. Keines der Schiffe wurde jemals mit den 4 × 12,7 mm-MG-Lafetten ausgerüstet, wie es im Originalentwurf spezifiziert worden war. Die Nahbereichs-Fla-Ausrüstung der fertigen Schiffe und die zusätzliche Ausrüstung während des Krieges sind im folgenden angeführt:

King George V

Bei Fertigstellung, Dezember 1940:
vier Pom-Pom-Mk VI
vier UP-Werfer (1 auf Turm „B", 2 auf Turm „Y" und 1 auf dem Achterdeck)
Dezember 1941:
Ausbau der UP-Werfer
Einbau eines Pom-Pom-Mk VII auf Turm „Y"
Einbau eines Pom-Pom-Mk VI auf Turm „B"

King George V kurz nach Fertigstellung im Trockendock von Rosyth. ▶

Einbau 18 × 20 mm-Oerlikon-Einzellafetten
Ende 1943:
Erhöhung der 20 mm-Oerlikon auf 38
Werftliegezeit Liverpool, Februar/Juli 1944:
Ersatz der Pom-Pom-Mk VII auf Turm „Y“ durch eine Pom-Pom-Lafette Mk VI
Einbau von zwei Pom-Pom-Lafetten Mk VI auf den hinteren Aufbauten
Einbau von zwei Bofors-Mk II(US)-Vierlingslafetten auf den hinteren Aufbauten
Einbau von 6 × 20 mm-Oerlikon-Mk V-Doppellafetten
Reduzierung der 20 mm-Oerlikon-Einzellafetten auf 26
September 1945:
Einbau von 2 × 40 mm-Bofors-Einzellafetten
Reduzierung der 20 mm-Einzellafetten auf 24

Prince of Wales

Bei Fertigstellung, März 1941:
vier Pom-Pom-Lafetten Mk VI
drei UP-Werfer (1 auf Turm „B“, zwei auf Turm „Y“)
1 × 40 mm-Lafette Mk III auf dem Achterdeck
Werftliegezeit Rosyth, Juni/Juli 1941:
Ausbau der UP-Werfer
Einbau von zwei Pom-Pom-Lafetten Mk VI (1 auf Turm „B“ und 1 auf Turm „Y“)

Duke of York

Bei Fertigstellung, November 1941:
sechs Pom-Pom-Lafetten Mk VI
6 × 20 mm-Oerlikon-Einzellafetten
~ April 1942:
Einbau weiterer 8 × 20 mm-Oerlikon-Einzellafetten
Werftliegezeit Rosyth,
Dezember 1942 bis März 1943:
Einbau weiterer 14 × 20 mm-Oerlikon
~ Mitte 1944:
Einbau von 2 × 20 mm-Doppellafetten Mk V
Ausbau von 2 × 20 mm-Einzellafetten
Werftliegezeit Liverpool,
September 1944 bis April 1945:
zwei Pom-Pom-Lafetten eingebaut auf den hinteren Aufbauten
Einbau von 2 × 40 mm-Bofors-Vierlingslafetten auf den hinteren Aufbauten
Einbau von sechs Pom-Pom-Lafetten Mk VII (zwei auf dem Signaldeck, zwei seitlich Turm „B“ und zwei auf dem Achterdeck)
Einbau von 6 × 20 mm-Doppellafetten Mk V
Einbau von 15 × 20 mm-Einzellafetten
1946:
Ausbau von vier Pom-Pom-Lafetten Mk VII

◀ Oben und unten: *King George V* Ende 1940.

Oben: *Prince of Wales* im Mai 1941. Auf der Bb-Seite der oberen Brücke ist eines der Leuchtgranatenvisiere erkennbar sowie die drei Luftraumbeobachtungsposten.

Unten: *Prince of Wales* am 8. Mai 1941, auslaufend Scapa Flow.

▲
Prince of Wales im Mai 1941. Fockmast und die Brücke von hinten.

▲
Prince of Wales im Mai 1941. Die hinteren Aufbauten. Rechts der hintere Hauptfeuerleitstand. In der Mitte Funkpeilraum und das Pom-Pom-Leitgerät und links das FlakLeitgerät Mk IV erkennbar.

Luftaufnahme der Prince of Wales im Mai 1941.
▼

Reduzierung der 20 mm-Lafetten auf 14
Einbau von 4 × 3 Pdr-Salutgeschützen

Anson

Bei Fertigstellung, Juni 1942:
sechs Pom-Pom-Lafetten Mk VI
18 × 20 mm-Oerlikon-Einzellafetten
~ Mitte 1943:
Einbau weiterer 22 × 20 mm-Oerlikon-Einzellafetten

Werftliegezeit Devonport,
Juli 1944 bis März 1945:
Einbau von zwei Pom-Pom-Lafetten Mk VI auf den hinteren Aufbauten
Einbau von zwei Bofors-Mk II(US)-Vierlingslafetten auf den hinteren Aufbauten
Einbau von vier Pom-Pom-Mk VII (zwei seitlich Barbette „B" und zwei auf dem Achterdeck). An sich waren an jeder Seite des Signaldecks Konsolen für zwei Pom-Pom-Lafetten Mk VII vorgesehen, aber dahin kamen 20 mm-Doppellafetten-Mk V. Später wurden die 20 mm-Doppellafetten ausgebaut und durch Pom-Pom-Lafetten Mk VII ersetzt, zusätzlich noch 6 × 20 mm-Oerlikon-Doppellafetten und 13 × 20 mm-Oerlikon-Einzellafetten eingebaut

1946:
vier Pom-Pom-Lafetten Mk VII ausgebaut
zwei Pom-Pom-Lafetten Mk VII ausgebaut

Prince of Wales am 28. August 1941 in Scapa Flow, nach Abschluß der Instandsetzungen auf Grund Beschädigungen durch die *Bismarck*. (Unten und Seite 154.)

Howe

Bei Fertigstellung, August 1942:
sechs Pom-Pom-Lafetten Mk VI
18 × 20 mm-Oerlikon-Mk IIIA
~ Mitte 1943:
Einbau weiterer 22 × 20 mm-Oerlikon-Einzellafetten
Werftliegezeit Devonport, Dezember 1943 bis Mai 1944:
Einbau von zwei Pom-Pom-Lafetten Mk VI auf den hinteren Aufbauten
Einbau von 2 × 40 mm-Bofors-Mk II(US)-Vierlingslafetten auf den hinteren Aufbauten
Einbau von 4 × 20 mm-Doppellafetten Mk V
Reduzierung der 20 mm-Einzellafetten auf 34
Werftliegezeit Durban,
29. Juni/September 1945:
Einbau von sechs Pom-Pom-Lafetten Mk VII
Einbau von 18 Bofors-Einzellafetten Mk III
Ausbau aller Oerlikon-Einzellafetten
~ Ende 1945:
Ausbau von 6 × 40 mm-Einzellafetten
Werftliegezeit Portsmouth,
21. Januar/14. März 1946:
Ausbau von sechs Pom-Pom-Mk VII
Ausbau von acht Bofors-Einzellafetten
Einbau von vier Salutgeschützen
Werftliegezeit Devonport,
24. Mai 1948 bis 21. Juni 1949:
Ausbau von 2 × 40 mm-Vierlingslafetten

(Hinweis: Es ist möglich, daß die Schiffe im Verlauf des Jahres 1945 zwischenzeitlich zusätzliche Nahbereichs-Flawaffen zur Abwehr von Kamikaze-Angriffen erhielten. Das beste Beispiel dieser zusätzlichen Ausrüstung ist *Howe* – wie angegeben bei Werftliegezeit Durban Juni/September 1945 – die das einzige Schiff dieser Klasse ist, von dem definitive Fotos und schriftliche Unterlagen über diese Maßnahme vorhanden sind.)

Feuerleitanlagen: Wie im Entwurf waren für die Schiffe zwei Hauptfeuerleittürme vorgesehen; einer auf der Brücke, einer auf den hinteren Aufbauten. Außerdem waren 4 Flakleitanlagen Mk III mit ihren Leitgeräten auf der Brücke und den hinteren Aufbauten vorgesehen, passend zu den vier Gruppen der 13,3 cm-Geschütze in einer viereckigen Anordnung aufgestellt, sowie 6 Pom-Pom-Leitgeräte; zwei an jeder Seite der Brücke für die Leitung der vier Lafetten auf den Hangardächern; eines über der Brücke zwischen den Flakleitständen für die Lafette auf Turm „B" und eines zwischen den hinteren Flakleitständen für die Lafette auf Turm „Y". Abgesehen von den Hauptleitgeräten folgte diese Aufstellung nicht auf allen Schiffen dem Originalentwurf, sie wichen in mancher Hinsicht, auch untereinander, voneinander ab. Die ersten fertiggestellten Schiffe, *King George V* und *Prince of Wales*, führten vier Flakfeuerleitanlagen Mk IV mit vollstabilisierten Luft/Seezielleitgeräten Mk IV. Diese leiteten die 13,3 cm-Bewaffnung mittels eines Flakleitrechners Mk IV für Flugabwehr oder mittels eines Admiralitäts-Salvengebers Mk VII* (M) für Seezielfeuer. Das gleiche System hatten *Duke of York, Anson* und *Howe*, aber anstelle der Mk IV-Feuerleitgeräte erhielten diese Mk V-Feuerleitgeräte. Dieses neue Modell wurde eingeführt, weil durch die zusätzliche Ausrüstung – wie Radar – das alte Gerät zu vollgestopft war. Während der Werftliegezeit 1944/45 in Devonport wurde die *Anson* nochmals modernisiert, indem ihre Mk V-Feuerleitgeräte durch Mk VI-Feuerleitgeräte ersetzt wurden. *Anson* war das einzige Großkampfschiff mit diesem Typ, der absolut neu und keine Weiterentwicklung war. Bei Fertigstellung besaßen *King George V* und *Prince of Wales* anstelle der Pom-Pom-Leitgeräte in der Mittelaufstellung jeweils zwei UP-Werfer. Diese wurden dann aber ersetzt durch die vorgesehene Ausrüstung. Mit dieser Ausnahme waren anfangs alle Schiffe mit sechs Pom-Pom-Leitgeräten Mk IV ausgerüstet, obwohl das eine, zwischen den vorderen Flakleitgeräten eingebaute, wahrscheinlich wieder ausgebaut wurde. Später wurden zusätzlich zwei Leitgeräte Mk IV für die zwei Pom-Pom-Lafetten eingebaut, die zwischen 1944/45 auf den hinteren Aufbauten installiert wurden. Zur gleichen Zeit erfolgte der Einbau von zwei US-Feuerleitgeräten Mk 51 für die 40 mm-Vierlingslafetten.

Schiffsschutz: Wie bei *Nelson* und *Rodney* wurde auch hier das „Alles oder Nichts"-Schutzsystem gewählt. Da für diesen Zweck jedoch mehr Gewicht zur Verfügung stand, wurde die allgemeine Verteilung der Panzerung wesentlich verbessert. Die detaillierte Anordnung basierte auf den Versuchsergebnissen einer Anzahl sorgfältig durchgeführter Erprobungen, die sich über Jahre erstreckten, mit dem Ziel, herauszufinden, welches das beste Schutzsystem gegen Bomben, Granaten und

Oben und unten: *Duke of York,* Auslaufen aus der Werft John Brown am 4. September 1941. Die 20 mm-Bewaffnung ist noch nicht eingebaut, die Positionen jedoch vorbereitet. ▸

Torpedos war. Ihren Höhepunkt hatten diese Versuche 1936 gegen ein Ziel, bekannt als „Job 74". Dies war eine naturgetreue Nachbildung der Mittschiffssektion der neuen Schiffe. Die hauptsächlichsten Verbesserungen gegenüber *Nelson* und *Rodney* waren:

Schutz der „weichen" Enden

Vergrößerung des gepanzerten Restauftriebsraumes, sowohl in der Höhe als auch in der Breite

Verbesserung des Schutzes gegen Unterwassergranattreffer

Verminderung des Umfangs der ungeschützten Teile oberhalb der Zitadelle

Der Gürtelpanzer erstreckte sich von 2,59 m unterhalb der Konstruktionswasserlinie bis zum H-Deck. Die Gesamtbreite des Gürtelpanzers war 7,16 m. Er war in drei Lagen von etwa gleicher Breite angeordnet. Jede Lage war züngig und gerillt zu der angrenzenden Lage, und jede Platte innerhalb einer Lage war an den Stößen verschlüsselt. Die beiden oberen Lagen waren seitlich der Magazine 38,1 cm dick und seitlich der Maschinenräume 35,6 cm.

Die untere Lage war 38,1 cm und 35,6 cm dick im oberen Teil, sie verjüngte sich im unteren Teil auf 14 cm bzw. 11,4 cm Stärke. Während der 30er Jahre wurde ein verbessertes Panzermaterial entwickelt; dieses fand Verwendung auf der *King George V*-Klasse. Es ist bis heute nur wenig bekannt darüber, aber vermutlich war es eine Legierung aus Nickel-Chrom-Molybdän-Stahl, hergestellt und behandelt mittels verbesserter Verfahren. Anfang 1936, bevor Versuche mit diesen neuen Platten durchgeführt wurden, nahm man an, daß sie eine Verbesserung der Widerstandsfähigkeit gegen panzerbrechende Geschosse bringen würden, gleichbedeutend einem Abstand bis etwa 1400 m. Auf dieser Basis berechnete man, daß der Gürtelpanzer der *King George V*-Klasse widerstandsfähig sei gegen 38,1 cm-Granaten aus einer Entfernung von 12300 m (38,1 cm-Panzerstärke) und 14300 m (35,6 cm-Panzerstärke), und zwar unter normalem Auftreffwinkel.

Die Versuchsergebnisse gegen die neuen Panzerplatten sind nicht bekannt. Versuche hatten gezeigt, daß das *Nelson*-System des Nachaußenbordwirkens der Unterwasserexplosion durch Einbau des Innenpanzers und durch Explosionsklappen in der Bordwand keine so große Verbesserung gewesen war, als man ursprünglich angenommen hatte. Die Explosionsklappen hatten sich im Augenblick des maximalen Drucks nicht so wirkungsvoll erwiesen, und man fand, daß Explosionen, die nach innen von der Zitadelle wirkten, nur etwas mehr Schäden hervorriefen als die, welche sich nach außen ausbreiteten. Daher wurde der Gürtelpanzer bei der *King George V*-Klasse senkrecht an der Bordwand eingebaut. Das war eine ideale Anordnung als Schutz gegen Unterwassergranattreffer und auch für den Restauftrieb. Das hatte aber auch zur Folge, daß damit die Möglichkeit, durch die Schräge des Gürtelpanzers eine relative Verstärkung des Widerstandes gegen Granattreffer zu erreichen, verworfen wurde. Aber dieser Vorteil wurde durch die Tendenz des Gürtelpanzers, die treffende Granate nach unten in die Wulstabteilungen abzulenken, sowieso wieder aufgewogen.

Das H-Deck war über die volle Zitadellenlänge gepanzert, direkt von der Vorkante Barbette „A" bis zur Rückseite Barbette „Y". Die Magazine wurden durch einen 15,2 cm-Panzer geschützt, der senkrecht einfallende 38,1 cm-Geschosse aus Entfernungen bis zu 31000 m und Bomben mit einem Gewicht von 454 kg aus einer Höhe bis zu 4500 m widerstand. Die Maschinenanlagen wurden durch ein 12,7 cm-Panzerdeck geschützt, das senkrecht treffenden 38,1 cm-Granaten aus Entfernungen bis zu 27000 m und 454 kg-Bomben aus einer Höhe bis 3200 m widerstand. Die Zitadelle schloß vorn mit einem 30,5 cm-Querschott ab und hinten mit einem 25,4 cm-Schott. Die untere Lage des Gürtelpanzers setzte sich nach vorn und hinten, außerhalb der Zitadelle, etwa jeweils 12,19 m fort, um die Magazine auch vor schräg von vorn oder hinten einfallenden Granaten zu schützen. Das vordere Zwischendeck, von der Zitadelle bis zum vordersten wasserdichten Schott, war gepanzert und verjüngte sich bis zum Bug von 12,7 cm auf 6,35 cm. Das

Duke of York bei Probefahrt.

hintere Zwischendeck hatte eine Panzerstärke von 11,43 cm und 12,7 cm, die letztere über der Rudermaschinenanlage. Die Rückseite des Rudermaschinenraums wurde durch ein Panzerschott abgeschlossen, das eine Stärke von 10,2 cm hatte. Die Anordnung der Turm- und Barbettenpanzerung folgte der konventionellen Praxis, die fast rechtwinklige Konstruktion der Türme jedoch war ungewöhnlich für ein britisches Schiff. Die Form hatte Vorteile, weil sie die Herstellung der Panzerplatten vereinfachte und die Wahrscheinlichkeit, daß die senkrechten Frontplatten durch eine Granate unter einem normalen Auftreffwinkel getroffen wurde, wurde dadurch gemindert. Wie bei *Nelson* und *Rodney* waren die Turmrücken durch eine Anzahl Explosionsöffnungen durchbrochen, die durch dünne Klappen verschlossen waren. Der Barbettenpanzer lagerte in schweren Gußklötzen, die starr mit dem (H-)Panzerdeck verbunden waren. Die Panzerstärke der drei Barbetten war an den Vorder- und Rückseiten dünner. Das geschah trotz der Heraufsetzung des Panzerdecks und des Wegfalls eines Backdecks, was die Höhe wesentlich reduziert hatte und somit auch das Gewicht der Barbetten.
Die Barbetten „A“ und „Y“ waren 3,05 m hoch und hatten einen Innendurchmesser von 11,89 m. Die Barbette „B“ war 6,10 m hoch und hatte einen Innendurchmesser von 8,84 m. Der restliche Schutz bezog sich auf kugelsichere und splittersichere Platten bei der MA, auf der Brücke und bei den Feuerleitanlagen. Während des Baues der Schiffe wurden einige Erweiterungen dieses Schutzes genehmigt. Die wichtigste war der Einbau von Splitterschutzplatten auf den Decken und an den Seiten der Magazine für die SA und MA. Die Gewichtseinsparungen der Hauptpanzerung reichten mehr als erforderlich aus für diese Maßnahmen. Die Gewichte der Panzerung und Schutzeinrichtungen sind aus den Tabellen 20 und 21 ersichtlich.

Unterwasserschutz:
Das Unterwasserseitenschutzsystem war so konstruiert, daß es der Detonation eines 454 kg-Torpedosprengkopfes beim Auftreffen auf die Bordwand widerstand. Die Anordnung bestand aus drei Gruppen von Längsabteilungen, die in einer Art „Sandwich“-System (Luft-Flüssigkeit-Luft) durch die Innenseiten der Torpedoschotte begrenzt wurden. Der äußere Luftraum diente zur Aufnahme und Verteilung der ersten Explosionsdruckwelle. Die mittleren, flüssigkeitsgefüllten Räume halfen, den Druck auf den großen Bereich der inneren Strukturen zu verteilen und die Wucht der Splitter von der Außenhaut zu reduzieren, die sonst möglicherweise das Torpedoschott durchlöchert hätten. Der innere Luftraum war eine Neuentwicklung. Er sollte die Druckwelle, die im mittleren Raum entstand, daran hindern, daß sie sich fortpflanzte und ein Verziehen des Torpedoschotts verhindern. Die Innenräume innerhalb dieses Schutzsystems verhinderten, daß irgendwie durch Risse oder Nietlöcher im Torpedoschott Wasser in die Hauptmagazine oder Maschinenräume trat. Seitlich der vorderen Maschinenräume wurden keine Innenräume dieser Art eingebaut. Diese Räume nahmen die Antriebsturbinen für die Außenwellen auf und befanden sich daher weiter außen als die anderen Maschinenräume. Seitlich dieser Räume wurden dafür spezielle Schutzschotte eingebaut, die etwa 91,4 cm innerhalb der Torpedoschotte saßen, um so einen Wassereinbruch einzugrenzen.

Die mittleren, mit Flüssigkeit gefüllten Schutzräume waren bis etwa 61 cm unter die Decken gefüllt. Das ermöglichte es, daß jeder darin entstehende Druck durch die Aufwärtsbewegung der Flüssigkeit gemildert wurde. Normalerweise wurden diese Räume mit Heizöl gefahren, das, wenn es benötigt wurde, in die Doppelbodenbunker umgeleitet wurde. Das geschah durch Seewasser, welches unten in die Räume geleitet wurde. Das Wasser drückte das Heizöl über ein Rückschlagventil oben aus dem Bunker. Mit diesem System wurde sichergestellt, daß die Räume immer mit Flüssigkeit gefüllt waren, entweder mit Heizöl oder mit Wasser, oder auch mit beiden Arten. Das wurde dadurch möglich, weil Öl auf Wasser schwimmt, und beides normalerweise unvermischbar ist. Aber es gibt keine klare Tren-

Tabelle 20: Genehmigte Erweiterung zur Panzerung und zum Schiffsschutz nach Abschluß der Entwurfsrechnung

Erweiterung	Gewicht
Splitterschutz der Magazine	220 ts
Schutz der Pom-Pom Bereitschaftsmagazine	9 ts
Schutzplatten der Pom-Pom	2 ts
Schutz des hinteren Feuerleitturms	19 ts
Schutz der Kabelbahnen der Feuerleittürme	12 ts
Schutz der Feuerleitturmkasematten	60 ts
Kommandoturmschacht, Dach zur Kompaßplattform; Kommandoturm und Ersatz-Gefechtsstand; Scheinwerferplattformen am vorderen Schornstein, zusätzlicher Schutz auf der Brücke, Schutz der hinteren Insel	371 ts
Gesamt	693 ts

Tabelle 21: Panzergewichte nach Endentwurf und bei Fertigstellung (KING GEORGE V)

Panzerung	gem. Entwurf	bei Fertigstellung	Gewichtsersparnis bzw. Mehrgewicht
Gürtelpanzer	4.755 ts	4.650 ts	−105 ts
Zitadellschotte	485 ts	464 ts	−21 ts
Barbette „A“	296 ts	336 ts	−11 ts (A, B, Y)
„B“	434 ts	345 ts	
„Y“	301 ts	339 ts	
Panzerdeck (einschl. Gußklötze)	4.410 ts	4.255 ts	−155 ts
Kommandoturm	28 ts	29 ts	+1 ts
Hinterer Feuerleitturm	0 ts	9 ts	+9 ts
Kommandoturmschacht	7 ts	10 ts	+3 ts
Gesamt	10.716 ts	10.427 ts	−289 ts
Schutzplatten.			
Schutzschotte	865 ts	846 ts	−19 ts
Ölschutzmäntel	255 ts	268 ts	+13 ts
Schornsteinschutz	120 ts*	52 ts	−68 ts
Schutz an den Barbetten	147 ts	148 ts	+1 ts
Panzergrätings und Schutzplatten	73 ts	117 ts	+44 ts
Kasemattenschutz	230 ts	259 ts	+29 ts
Splitterschutz der Magazine	0 ts	215 ts	+215 ts
Kabelschächte	22 ts	44 ts	+22 ts
Gesamt	1.712 ts	1.949 ts	+237 ts
Panzerhinterlage und anderer Schutz als Panzer- und Schutzplatten	61 ts	37 ts	−24 ts
Gesamtgewicht	12.489 ts	12.413 ts	−76 ts

* Basierend auf schwereren Platten und größeren Schornsteinhälsen als schließlich eingebaut wurde.

King George V

1940: Längsschnitt, Seitenansicht und Querschnitte

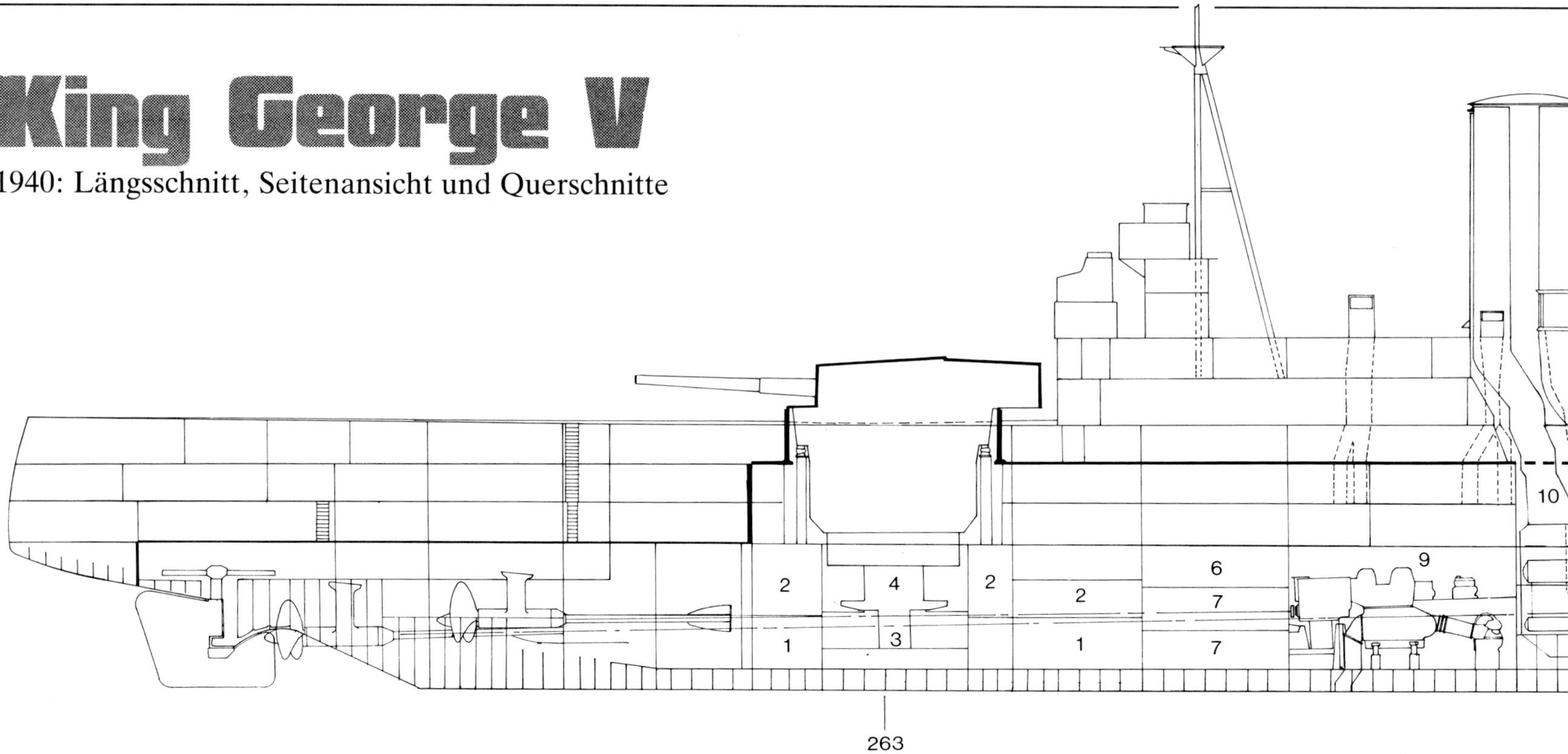

Längsschnitt ▲
1 35,6 cm-Magazine
2 35,6 cm-Munitionskammern
3 35,6 cm-Kartuschenumladeräume
4 35,6 cm-Munitionsumladeraum
5 35,6 cm-Umladeräume
6 13,2 cm-Munitionskammern
7 13,2 cm-Magazine
8 Kesselräume
9 Maschinenräume
10 Schornsteinhälse/Kesselraumschächte
11 Kommandoturm
12 Flugzeugtreibstoff

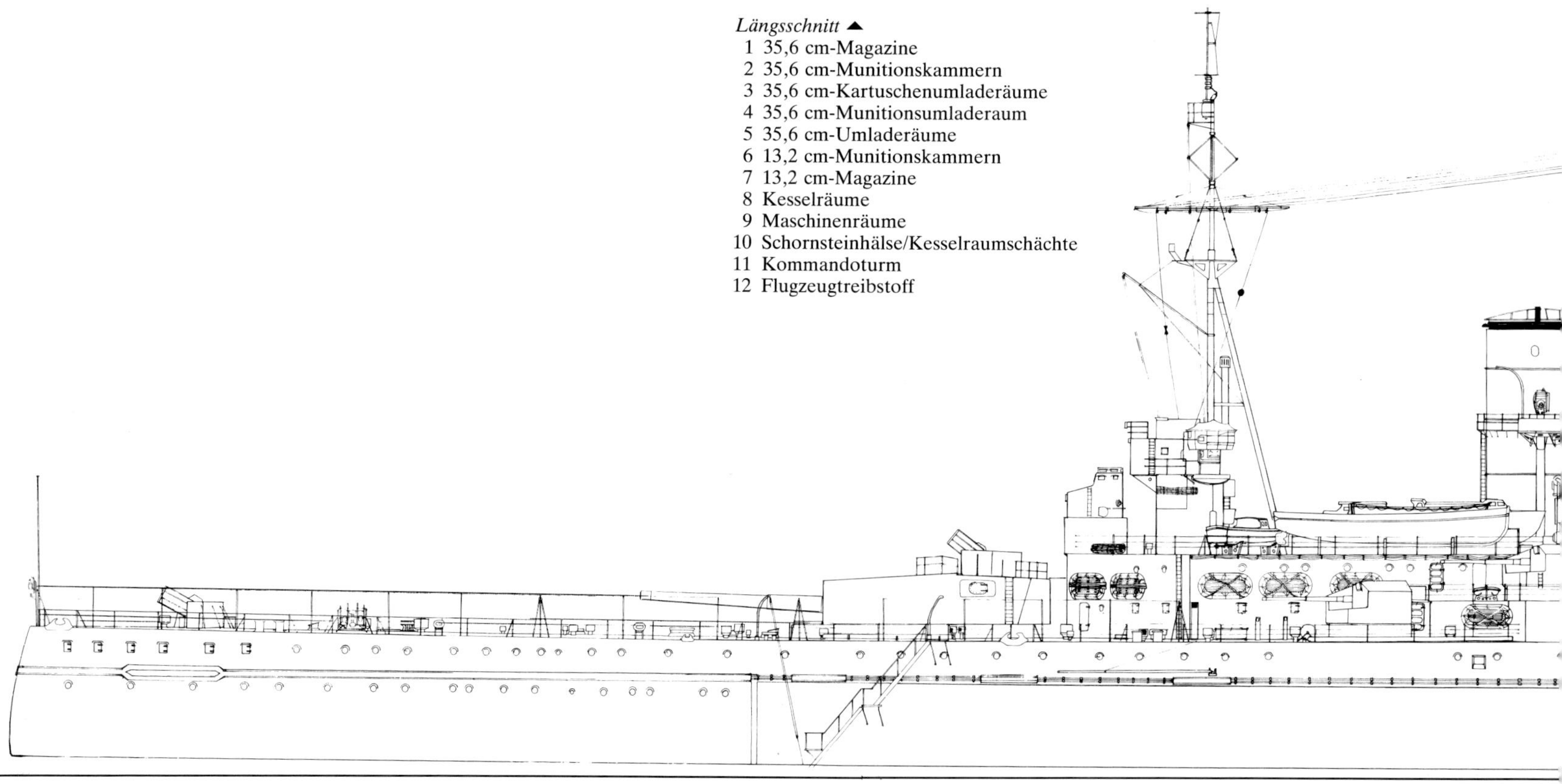

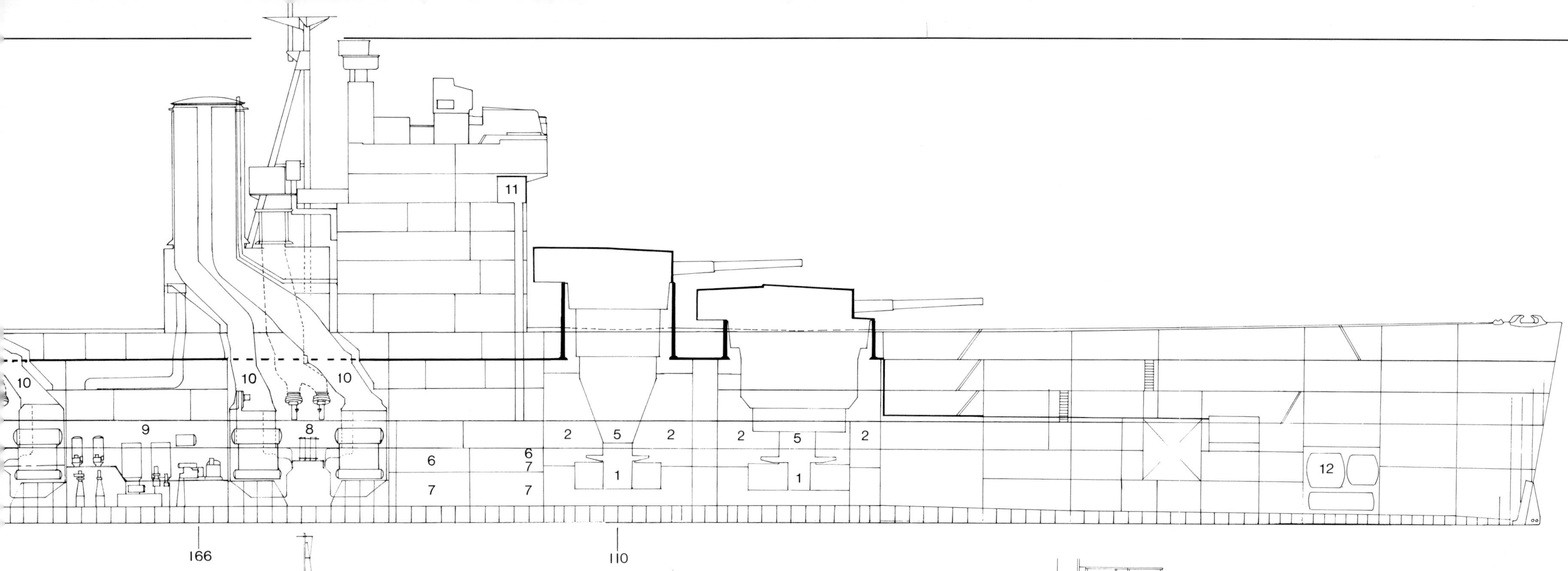

Querschnitte ▸

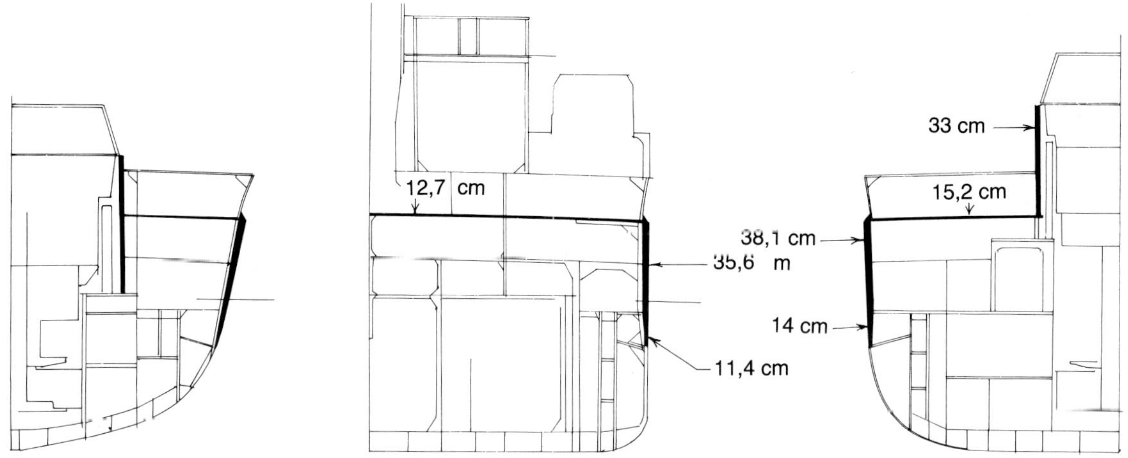

▲ am Spant 263 nach hinten sehend ▲ am Spant 166 nach vorn sehend ▲ am Spant 110 nach vorn sehend

▾ Seitenansicht

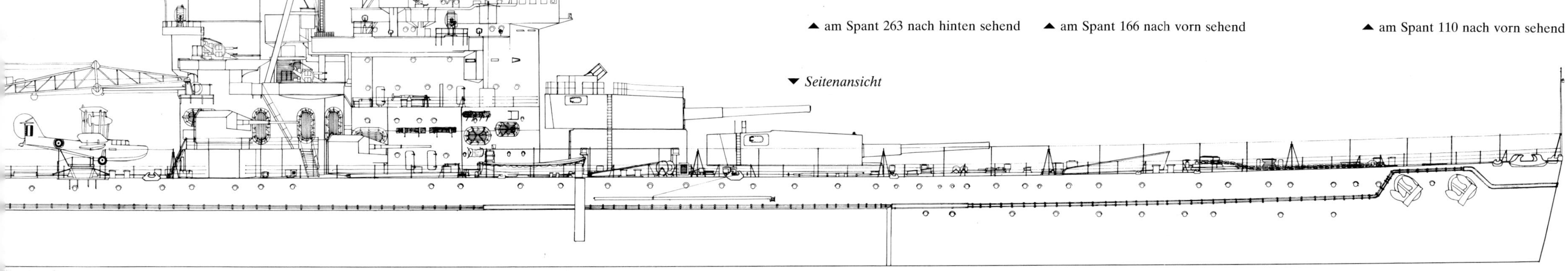

Anson
Juni 1942:
M Einbau von 18 × 20 mm-Einzellafetten
Mitte 1943
O Einbau von weiteren 18 × 20 mm-Einzellafetten. Die Flakliste weist 22 × 20 mm-Einzellafetten auf für Mitte 1943, jedoch konnten nur 18 festgestellt werden. Es ist möglich, daß die übrigen 4 Positionen sich auf dem Achterdeck befanden.

Howe
August 1942:
P Einbau von 18 × 20 mm-Einzellafetten
Mitte 1943:
Q Einbau weiterer 18 × 20 mm-Einzellafetten. Die Flakliste weist 40 × 20 mm-Einzellafetten auf für Mitte 1943. Es konnten jedoch nur 18 festgestellt werden.

Nächste Doppelseite: ▶ *Duke of York* klar zum Verlassen des Trockendocks in Rosyth, Anfang 1943. Im Hintergrund sind die Kreuzer *Berwick* und *Liverpool* sichtbar.

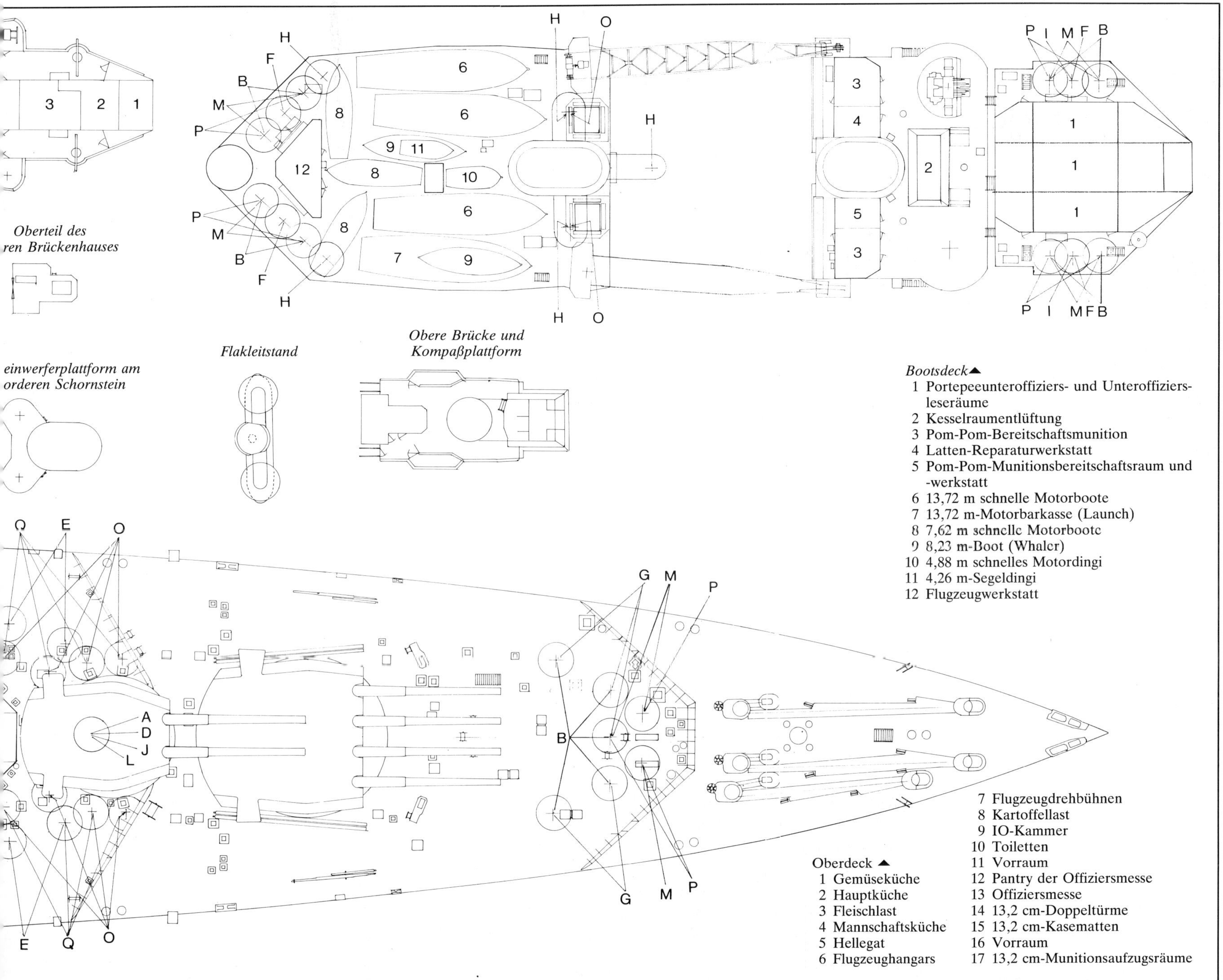

Bootsdeck▲
1 Portepeeunteroffiziers- und Unteroffiziers-leseräume
2 Kesselraumentlüftung
3 Pom-Pom-Bereitschaftsmunition
4 Latten-Reparaturwerkstatt
5 Pom-Pom-Munitionsbereitschaftsraum und -werkstatt
6 13,72 m schnelle Motorboote
7 13,72 m-Motorbarkasse (Launch)
8 7,62 m schnelle Motorboote
9 8,23 m-Boot (Whaler)
10 4,88 m schnelles Motordingi
11 4,26 m-Segeldingi
12 Flugzeugwerkstatt

Oberdeck ▲
1 Gemüseküche
2 Hauptküche
3 Fleischlast
4 Mannschaftsküche
5 Hellegat
6 Flugzeughangars
7 Flugzeugdrehbühnen
8 Kartoffellast
9 IO-Kammer
10 Toiletten
11 Vorraum
12 Pantry der Offiziersmesse
13 Offiziersmesse
14 13,2 cm-Doppeltürme
15 13,2 cm-Kasematten
16 Vorraum
17 13,2 cm-Munitionsaufzugsräume

Nº 4

▲ Luftaufnahme der *Anson* im Juli 1942.

◀ *Anson* am 5. August 1942.

nung zwischen Wasser und Öl. Die Zone zwischen beiden Flüssigkeiten enthielt beides, Öl und Wasser, und wenn notwendig, wurde diese Schicht über ein besonderes Ventil in einen besonderen Tank entfernt. Die Trennung der Mischung geschah durch den Zusatz eines Trennungsmittels, bekannt als *„Teepol“*, und Erhitzen der Mischung. Wurde ein zusätzlicher Heizölvorrat gefordert, so konnten die oberen Kammern der außeren Lufträume zwischen dem Panzerbord und dem Zwischendeck als Heizölbunker benutzt werden. Hier bestand jedoch die Auflage, daß diese so schnell wie möglich wieder geleert wurden, sobald der notwendige Platz im Doppelboden verfügbar war. Für den Schadensfall waren der innere und der äußere Luftraum mit Vorrichtungen zum schnellen Fluten für das Umpumpen (Gegenfluten)* ausgerüstet. Die äußeren Räume versprachen beim Fluten das größere Aufrichtmoment, und in diesem Falle wurde der *„Sandwich“*-Schutzeffekt nur leicht gemindert. Er wurde jedoch ernsthaft gefährdet, wenn die inneren Lufträume geflutet wurden. Es wurde festgelegt, vom Fluten dieser Räume nur Gebrauch zu machen, wenn es unbedingt erforderlich war.

Das beschriebene Schutzsystem bezog sich auf den Bereich der Zitadelle, von deren Vorkante bis zum wasserdichten Querschott an der Vorkante der Barbette „Y“. Von diesem Schott bis zum hinteren Ende der Zitadelle waren spezielle Schutzwasserabteilungen vorgesehen, deren Kapazität 55 ts Wasser umfaßte, wenn sie bis 61 cm unter die Decke gefüllt waren. Wie *Nelson* und *Rodney* hatte auch die *King George V*-Klasse einen Doppelboden von 1,52 m Tiefe und Einrichtungen, die Räume unterhalb der Zitadelle zum Teil mit Wasser bzw. Heizöl halbgefüllt zu fahren.
1936 noch war vorgeschlagen worden, tiefere Doppelböden zu verwenden, aber Versuche mit „B“-Bomben – im Rahmen des *„Job 74“* – und mit einem Doppelboden von 2,13 m Tiefe

* Anmerkung des Übersetzers.

King George V Ende 1943.

Geistlicher Besuch auf *King George V*. 1944. Die Aufnahme zeigt die Vergrößerung der Brücke nach hinten.

King George V Ende 1943.
▼

Howe im Mai 1944 nach einer Werftliegezeit.

hatten ergeben, daß das keine großen Verbesserungen brachte. („B"-Bomben waren so konstruiert, daß sie unter Wasser detonierten.)

Maschinenanlage: Die Anordnung der Hauptmaschinen entsprach dem Kraftwerksystem, wie es bereits in vielen Kreuzern installiert war. Es gab vier Kesselräume, jeder mit zwei Kesseln, und es gab vier Turbinenräume, jeder mit einem Turbinensatz. Jeder Kesselraum versorgte je einen Satz Turbinen mit den dazugehörigen Hilfsmaschinen mit Dampf und bildete damit jeweils eine selbständige Einheit (Kraftwerk)*. Die Versorgung jedes einzelnen Kraftwerkes (mit Speisewasser, Heizöl, Schmieröl) konnte getrennt erfolgen. So war sichergestellt, daß jeder Schaden an einer Einheit, durch Flutung oder Explosion, die anderen nicht beeinträchtigte. Die Begrenzung von Schadensauswirkungen wurde erhöht durch Staffelung der Turbinen- und Kesselraumabteilungen. Das erforderte allerdings längere Wellen für die Außenpropeller. Die Kessel jeder Einheit konnten über Kreuz auf die Turbinen einer anderen Einheit geschaltet werden, wenn notwendig, für den Hafenbetrieb, um die Turbinen für die Fahrt vorzubereiten, oder aus Gründen der Wirtschaftlichkeit bzw. Zweckdienlichkeit in Friedenszeiten. Diese Schaltung wurde angewendet, wenn die Turbine einer Einheit und die Kessel anderer Einheiten beschädigt waren. In diesem Falle konnten die intakten Teile über eine Kreuzschaltung eine neue Einheit bilden. Jeder Turbinensatz bestand aus einer ND- und einer HD-Turbine, die mittels eines einfachen Untersetzungsgetriebes auf jeweils eine Welle geschaltet waren.

Die Rückwärtsturbine befand sich mit der ND-Turbine in einem Gehäuse. Vor die HD-Turbine war eine Marschturbine geschaltet. Die Turbinen wurden mit einem maximalen Dampfdruck von 24,6 atü beaufschlagt. Jeder der Admiralitäts-3-Trommel-Wasserrohrkessel mit engen Rohren besaß zwei Überhitzer und neun Brennerdüsen, jede ausgelegt für einen Verbrauch von 680,250 kg/h. Der maximale Kesselbetriebsdruck war 28,1 atü. Die Antriebsanlage war ausgelegt für 25000 WPS pro Welle bei 230 u/min/Welle, aber mit der Möglichkeit, diese Leistung um 10% zu steigern, in der Erwartung einer möglichen Verbesserung in der Kesselkonstruktion. Dies zeigte sich als wertvoll, da es leicht möglich war, eine Leistung von 110000 WPS zu erbringen, als Ausgleich für den Geschwindigkeitsverlust, der auftreten könnte, wenn die Konstruktionsverdrängung überschritten würde. Die vier Propeller waren dreiflügelig und hatten einen Durchmesser von 4,42 m. Die Außensteigung war 4,50 m, die Innensteigung 4,57 m. Die Probefahrtergebnisse sind der Tabelle 22 (siehe → Seite 176) zu entnehmen.

* Anmerkung des Übersetzers.

Hilfsmaschinen: Die elektrische Energie wurde durch acht Generatoren (2 Diesel- und 6 Turbogeneratoren) erzeugt. Jeder Generator hatte eine Leistung von 350 kW. Vier turbogetriebene Hydraulikpumpen versorgten die SA. Ein Maschinenraum für den Hafenbetrieb befand sich zwischen den beiden vorderen Maschinenräumen. In ihm befanden sich zwei Turbogeneratoren und andere Hilfsmaschinen für die Hafenversorgung. Die weiteren Hilfsmaschinen waren in den Außenräumen, seitlich der Hauptmaschinenräume, untergebracht.

Stabilität und Gewicht: Der gepanzerte Restauftrieb, mit weit größerem Volumen als auf *Nelson* und *Rodney*, erlaubte im Vergleich zu diesen beiden Schiffen eine Reduzierung der *Metazentrischen Höhe*. Das Entwurfs-*GM* war 2,47 m bei Einsatzverdrängung und 1,86 m bei Leerverdrängung, und es war höher als bei allen früheren britischen Dreadnoughts, mit Ausnahme von *Nelson* und *Rodney*. Diese Daten wurden durch spätere zusätzliche Gewichte bei diesen Schiffen reduziert. Das tatsächliche Gewicht der *King George V* bei Fertigstellung, im Vergleich mit den Endentwurfsdaten, und die Stabilitätseinzelheiten von *Howe*, dem letzten Schiff der Klasse, befinden sich in den Tabellen 23 und 24 (siehe → Seite 177).

Flugzeuge: Bei Fertigstellung führten die Schiffe mittschiffs ein festes Querkatapult vom *Typ D-II-H* mit sich. Es war ausgelegt für Flugzeuge von 5,4 t mit einer Spannweite von 15,24 m (*Albacore* mit Schwimmern). Vier Flugzeuge konnten mitgeführt werden; zwei in den Hangars und zwei auf dem Katapult. Die letzteren wurden nie mitgeführt. Diese Ausrüstung wurde nach und nach bei allen Schiffen der Klasse – mit Ausnahme der *Prince of Wales*, Untergang im Dezember 1941 – im Laufe des Krieges wieder ausgebaut, und zwar:

King George V: Werftliegezeit Liverpool, Februar/Juli 1944

Howe im Mai 1944 nach einer Werftliegezeit.

King George V

nach Werftliegezeit 1944:
Seitenansicht und Decks mit angedeuteten Flak-Positionen,
gültig für alle Schiffe der Klasse

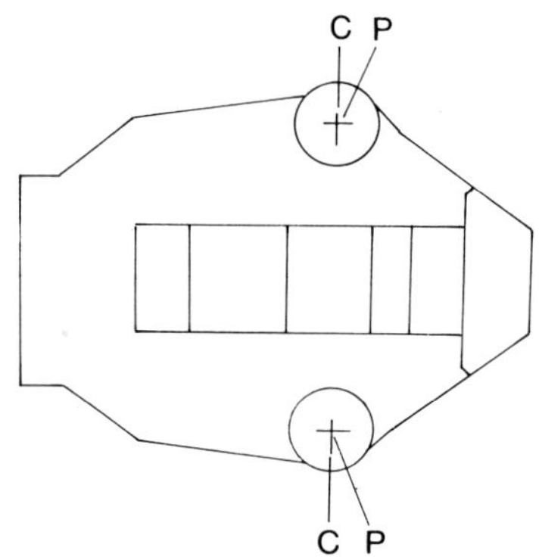

Signaldeck ▶

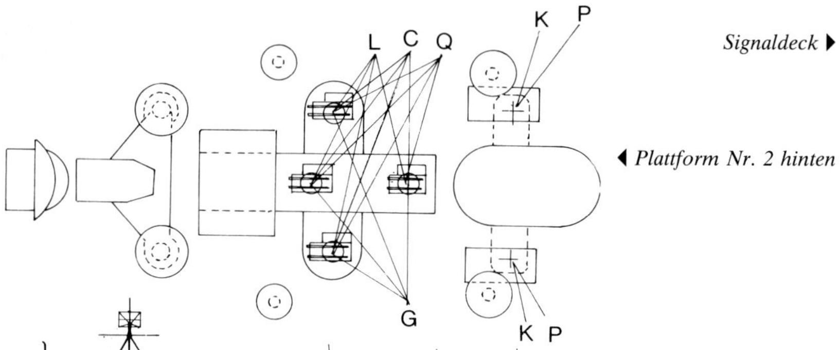

◀ *Plattform Nr. 2 hinten*

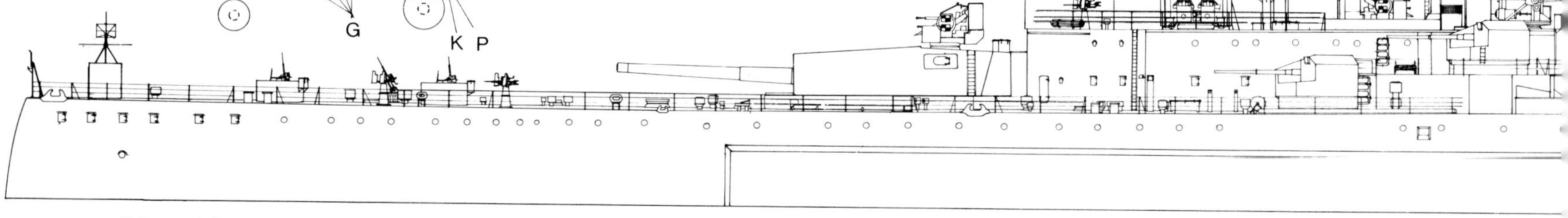

Seitenansicht ▲

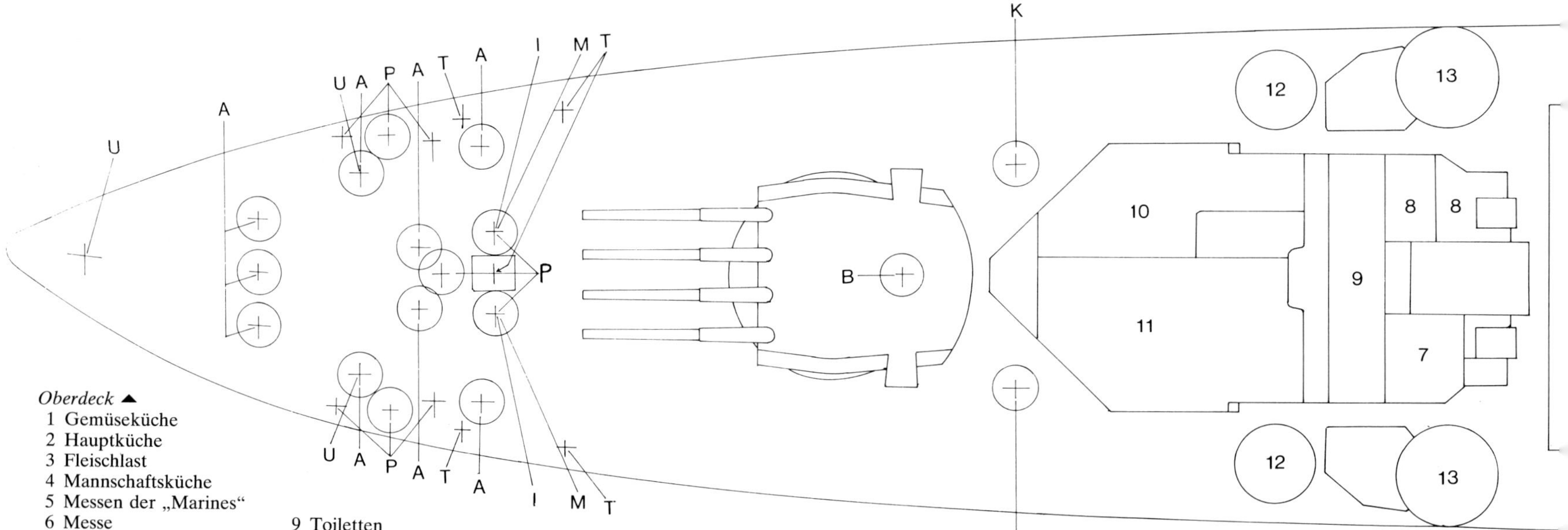

Oberdeck ▲

1 Gemüseküche
2 Hauptküche
3 Fleischlast
4 Mannschaftsküche
5 Messen der „Marines“
6 Messe
7 IO-Kammer
8 Hellegats
9 Toiletten
10 Vorraum
11 Offiziersmesse
12 13,2 cm-Lafetten
13 13,2 cm-Kasematten

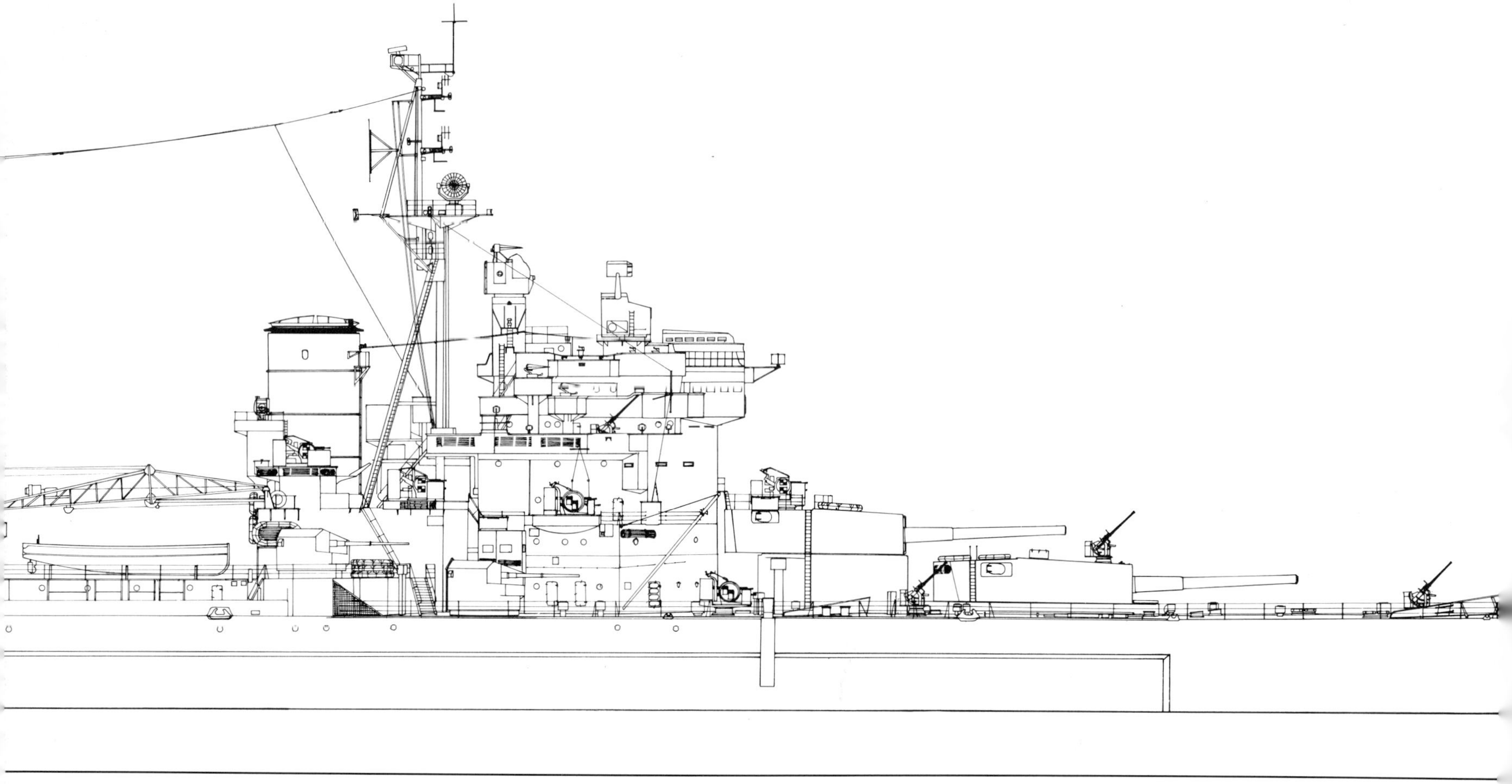

Flak-Positionen 1944/45
King George V
Werftliegezeit 1944:
A 26 × 20 mm-Einzellafetten eingebaut
B Vierrohrige Pom-Pom ausgebaut, ersetzt durch 1 achtrohriges Pom-Pom und 2 weitere in D
C Einbau weiterer 6 × 20 mm-Doppellafetten
D Einbau von 2 achtrohrigen Pom-Pom
E Einbau von 2 vierrohrigen Bofors

Duke of York
Werftliegezeit 1944/45:
F Einbau von 2 achtrohrigen Pom-Pom
G Einbau von 8 × 20 mm-Doppellafetten
H Einbau von 2 vierrohrigen Bofors
I Einbau von 6 vierrohrigen Pom-Pom
J Nach Flakliste eingebaut 39 × 20 mm-Einzellafetten, jedoch sind die Positionen unbekannt

▼ *Untere Brücke*

Schutzdeck ▶
1 Mannschaftsaufenthaltsräume
2 Kartoffellasten
3 Gemüselasten
4 Kino
5 Mannschaftsaufenthaltsraum
6 Ruheraum
7 Maschinen- und Kupferschmiede
8 Schmiede und Blechwerkstatt
9 Schiffszimmermannswerkstatt
10 Admiralsküche
11 Hellegat
12 Radarräume

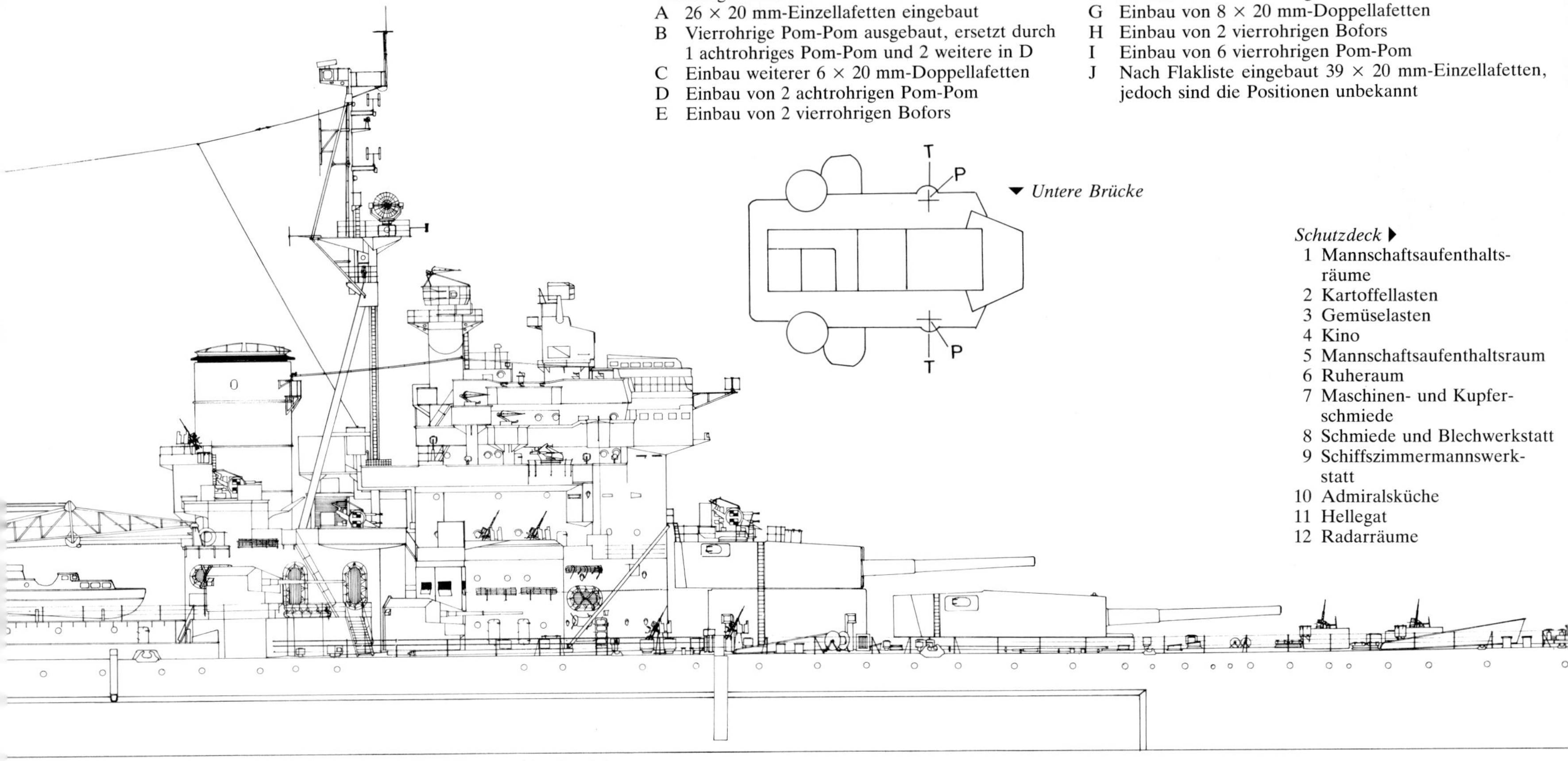

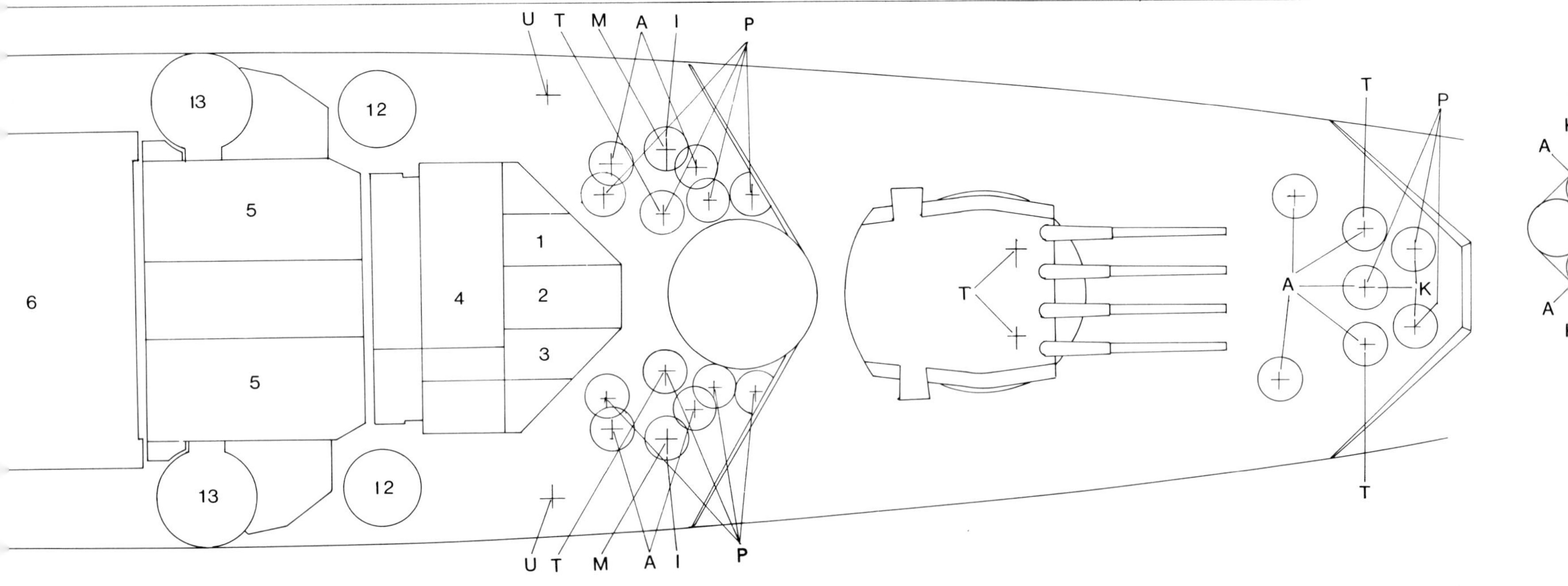

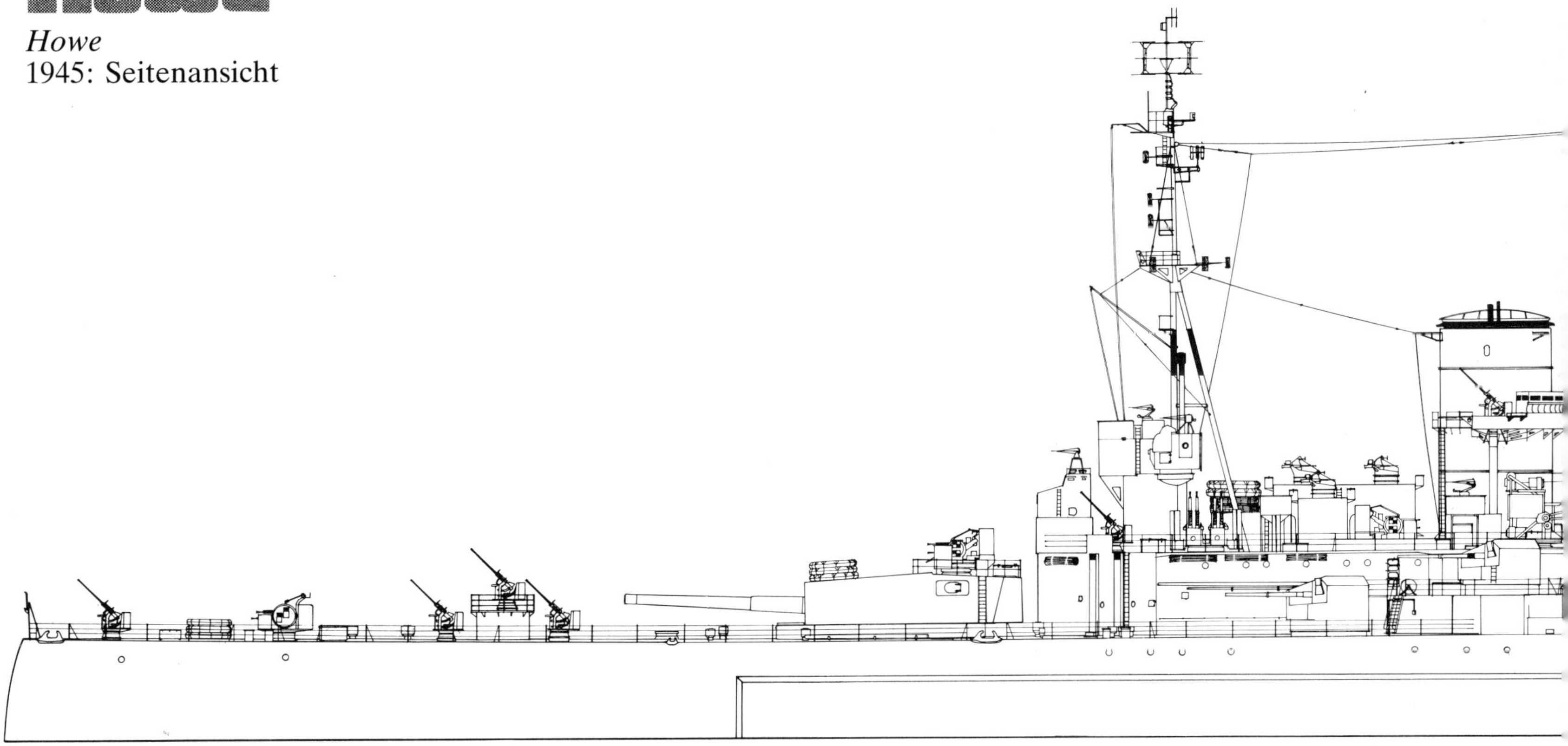

Howe

Howe
1945: Seitenansicht

Anson
Werftliegezeit 1944/45:
K Einbau von 13 × 20 mm-Einzellafetten
L Einbau von 8 × 20 mm-Doppellafetten
M Einbau von 4 vierrohrigen Pom-Pom
N Einbau von 2 achtrohrigen Pom-Pom
O Einbau von 2 vierrohrigen Bofors
Bemerkung: Ausbau von 2 × 20 mm-Doppellafetten auf der Brücke und ersetzt durch 2 vierrohrige Pom-Pom vom Achterdeck

Howe
Werftliegezeit 1944/45:
P Einbau von 34 × 20 mm-Einzellafetten
Q Einbau von 4 × 20 mm-Doppellafetten
R Einbau von 2 achtrohrigen Pom-Pom
S Einbau von 6 vierrohrigen Pom-Pom

September 1945:
Alle 20 mm-Einzellafetten ausgebaut
T Einbau von 18 Bofors-Einzellafetten
U Einbau zusätzlicher 6 vierrohriger Pom-Pom
Bemerkung: 2 Pom-Pom von der unteren Brücke entfernt (Ende 1945) und Ausbau 12 Bofors-Einzellafetten

13 Küche der Offiziersmesse
14 Deckoffiziersküche
15 Küche der Kadettenmesse
16 Pom-Pom-Bereitschaftsmunition
17 13,72 m-Sicherheitsboote
18 13,72 m-Motorbarkasse (Launch)
19 9,75 m-Kutter
20 13,72 m-Motorbarkasse (Launch)
21 7,62 m schnelle Motorboote
22 8,23 m-Boote (Whaler)
23 4,88 m schnelles Motorboot
24 4,27 m-Segeldingis

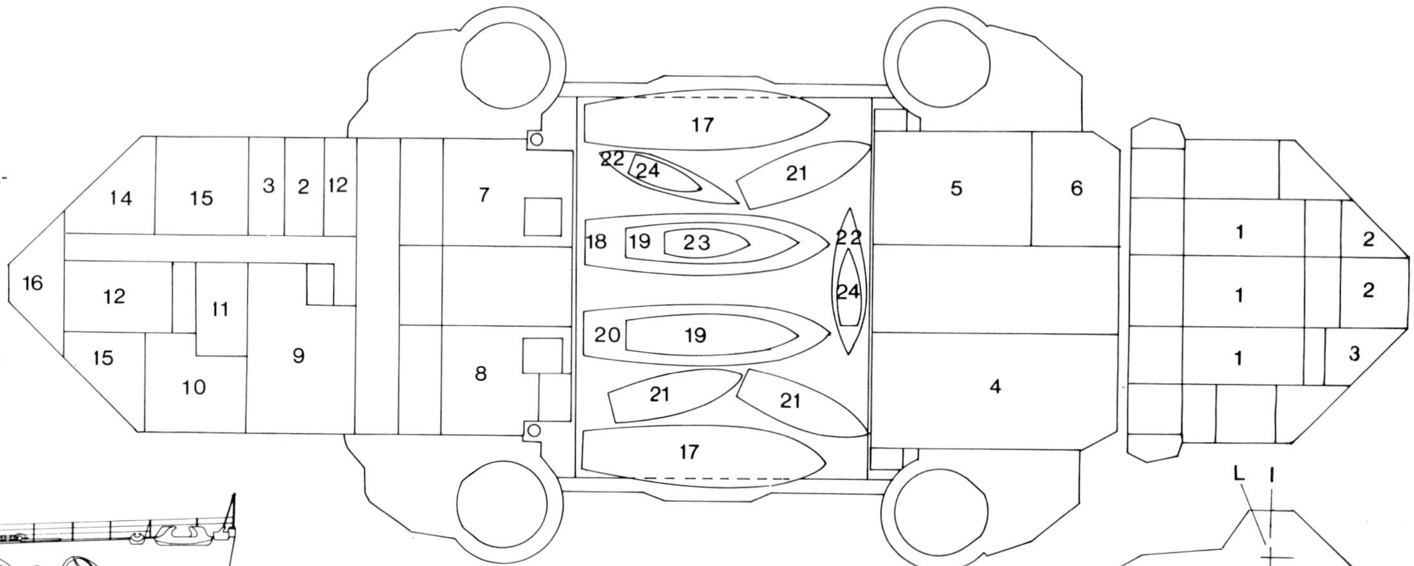

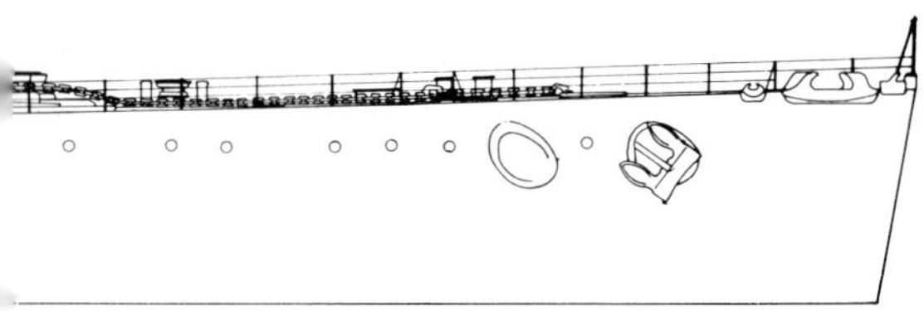

Signaldecksumbauten, wie sie auf *Duke of York* und *Anson* in der Werftliegezeit 1944/45 vorgenommen wurden ▶

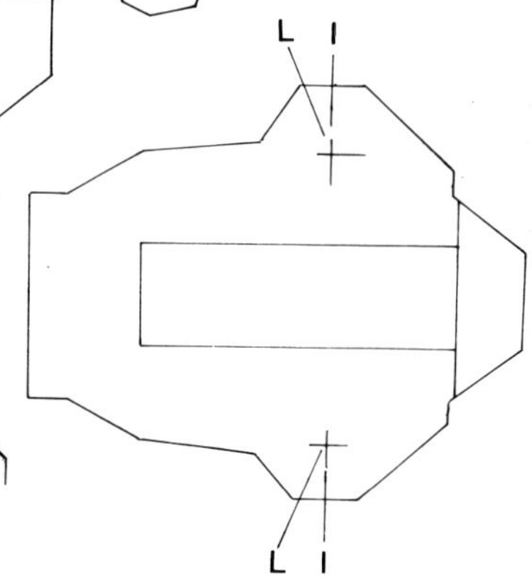

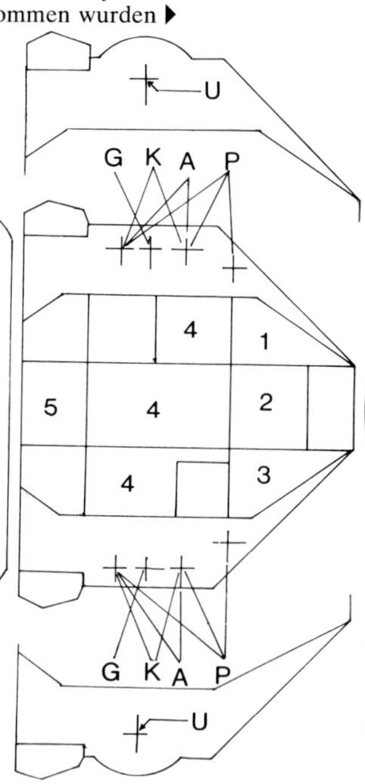

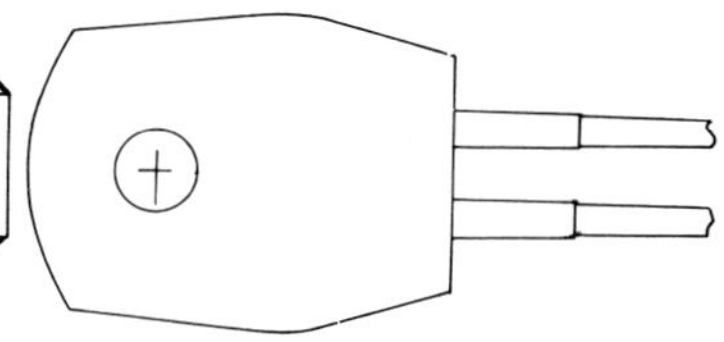

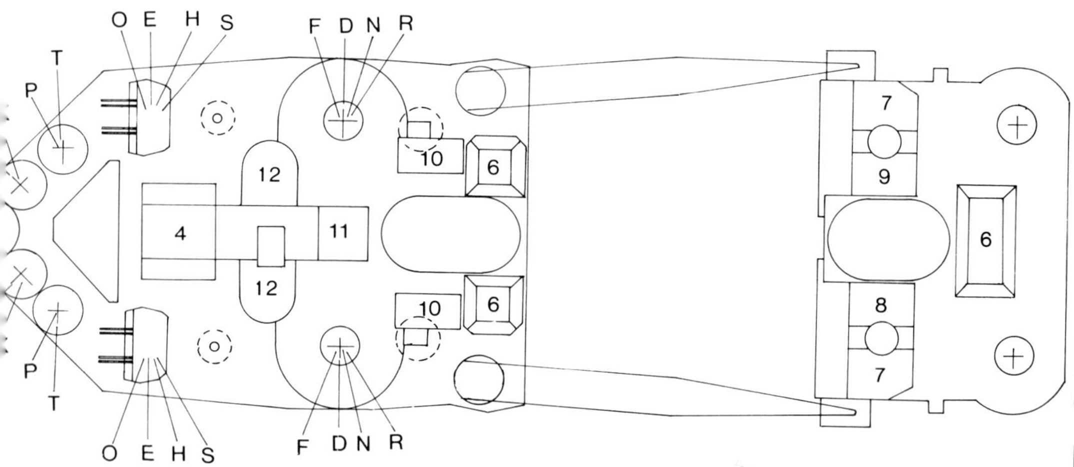

Plattform Nr. 1 ▲
1 Arbeitsraum
2 Vorraum
3 Optikerwerkstatt (Feuerleit)
4 Radarräume
5 Wetterstation
6 Kesselraumentlüftungen
7 Pom-Pom-Bereitschaftsmunition
8 Pom-Pom-Bereitschaftshellegat und -werkstatt
9 Batterieladeraum
10 Radarräume
11 Pom-Pom-Bereitschaftsmunition
12 Oerlikon- und Bofors-Bereitschaftsmunition

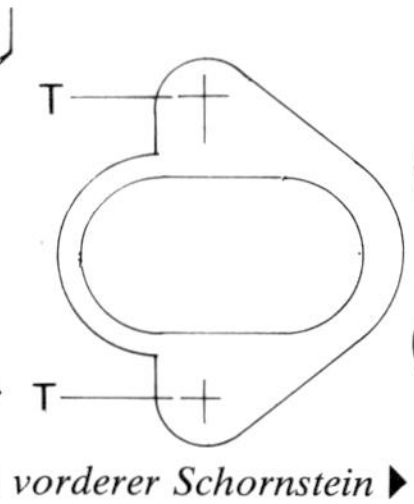

Plattform hinterer Schornstein ▶

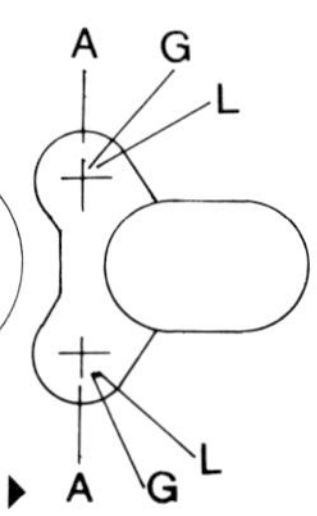

Plattform vorderer Schornstein ▶

Howe 1945. Anlegemanöver in Auckland. ▶

◀ *Howe* im Mai 1944.

Howe am 15. September 1945, einlaufend Duncan-Dock, Kapstadt. Beachte die 40 mm-Einzellafetten auf dem Backdeck, auf Turm „A“, seitlich Turm „B“, am hinteren Schornstein und auf den achteren Aufbauten.

Tabelle 22: Einzelheiten der Probefahrten von HMS HOWE

Art der Erprobung	Datum	Durchschn. Leistung (WPS)	Durchschn. Geschwindigkeit (kn)	Durchschn. Drehzahl (u/min/Welle)	Verdrängung (ts)	Durchschn. Tiefgang (m)	See und Wind	Erprobungsgebiet	Wassertiefe (m)	Zustand des Bodens	Letztes Docken
Erste Werftprobefahrt, 1 Std Dauerhöchstfahrt	27. August 1942	112.105	27_{Log}	230,6	42.630	9,78	ruhige See, Wind 1, zunehmen 5	Nordsee	~ 88	sauber	9. August 1942
Werftprobefahrt, 4 Std max. Marschfahrt	27. August 1942	29.659	$19{,}7_{Log}$	155,3	42.770	10,06	ruhige See, Wind 1, zunehmen 5	Nordsee	~ 91	sauber	9. August 1942
Werftprobefahrt, 4 Std max. Dauerhöchstfahrt	29. August 1942	113.457	$27{,}7_{Log}$	231,9	42.530	10,01	See 32[1] Wind 4	Nordsee	~ 64	sauber	9. August 1942
2 Std Dauerhöchstfahrt	6. Mai 1943	110.500	27,1 Landmarken	227,9	43.500	10,21	See 43[2] Wind 15–20 kn	Westlich Orkneys	~ 64–91	bewachsen	9. August 1942
2 Std Dauerhöchstfahrt	11. April 1944	110.530	$27{,}5_{Log}$ und Landmarken	231,6	?	?	See 11–10[3] Wind 3–2	Nordkanal	~ 109–183	sauber	6. März 1944
2 Std Dauerhöchstfahrt	26. November 1944	114.350	27_{Log} und Landmarken	226,5	44.850	10,49	See 22[4] Wind 2	auf dem Weg 8°N/82°O	über 1820	mäßig bewachsen	6. März 1944

Anmerkung des Übersetzers: Nach der internationalen Skala nach Beaufort: [1] See 32 ≙ Kennzahl 8 ≙ 9,75 m Wellenhöhe [2] See 43 ≙ Kennzahl 8 ≙ 13,1 m Wellenhöhe [3] See 11–10 ≙ Kennzahl 5 ≙ 3,5–3 m Wellenhöhe [4] See 22 ≙ Kennzahl 7 ≙ 6,7 m Wellenhöhe

Duke of York: Werftliegezeit Liverpool, September 1944/April 1945
Anson: Werftliegezeit Devonport, Juli 1944/März 1945
Howe: Werftliegezeit Devonport, Dezember 1943/Mai 1944
Über dem Bereich des freigemachten Katapults wurde ein neues Deck errichtet, um Platz für die Beiboote zu schaffen. Das erlaubte auch den Einbau zusätzlicher Flak, die nun im Bereich der hinteren Aufbauten aufgestellt wurde, wo vorher die Beiboote gestanden hatten.

USS Duke of New York?: Am 13. Februar 1941 fragte der *Premierminister* beim *1. Seelord* an, ob er wohl damit einverstanden wäre, die *Duke of York* gegen acht US-Kreuzer mit 20,3 cm-Geschützen einzutauschen. Am folgenden Tag wurde der *D of P* (Chef des Planungsamtes)* aufgefordert, diesen Fall zu untersuchen und eine Stellungnahme abzugeben. Er berichtete, daß die acht Kreuzer eine merkliche Verstärkung für die Flotte bedeuten würden, insbesondere für den Einsatz gegen Hilfskreuzer, man könne dann vier Jagdgruppen bilden im Austausch gegen eine Gruppe. Angenommen, die USA würden das Schiff in den Pazifik senden, wäre die Schwächung der Großkampfschiffsstärke noch vertretbar. Aber es wäre immerhin das Problem, die erforderlichen Besatzungen zu finden. Die acht Kreuzer könnten erst über einen längeren Zeitraum, Ende 1942 oder 1943 besetzt, zwei hingegen könnten jedoch jederzeit übernommen werden, wenn man 3 ältere Kreuzer der *C*- oder *D*-Klasse außer Dienst stellen würde und in Obhut der Werft gäbe. Der *1. Seelord* sandte am 28. Februar folgendes Schreiben an den *Premierminister*:
„Wenn wir im Tausch für die Duke of York acht US-Kreuzer erhalten können, denke ich, sollten wir gegenwärtig so klug sein, es zu tun. Es ist klar . . . das beste, was wir tun können, ist, daß wir zwei dieser 20,3 cm-Geschützschiffe im Sommer 1941 übernehmen, die übrigen müssen allerdings warten. Es müßten sogar die Kreuzer der C- und D-Klasse außer Dienst gestellt werden. Auf dieser Basis, denke ich jedoch, daß der Tausch nicht wertvoll wäre."
Über die Sache wurde nichts mehr gehört. Was den *Premierminister* zu diesem Vorschlag veranlaßt hat, ist gegenwärtig nicht bekannt – es mag sein, es war seine eigene Idee, es ist möglich, daß die Amerikaner von seiner Idee wußten, oder sogar den Vorschlag gemacht haben . . . (als die Autoren in den US-Archiven nach Fotos von britischen Schiffen suchten, empfingen sie eine Liste mit einer Reihe von Nummern für Fotos des Schlachtschiffes *Duke of York*).

Funkanlagen und Radar: Alle Hauptfunkräume befanden sich unter dem Panzerdeck, obwohl es auch eine Reihe kleinerer Räume auf der Brücke und den hinteren Aufbauten gab. Das Senden erfolgte vom Fockmast, der Empfang vom Großmast. Der Hauptsenderaum befand sich im Zwischendeck, unterhalb der Brücke, der zweite Senderaum im Mitteldeck, unter der Brücke. Der Hauptempfangsraum war im Zwischendeck unter dem Großmast. Die Radar- und Funkpeilausrüstung, die bei der Fertigstellung an Bord war, sowie die späteren Änderungen und Modernisierungen waren:

King George V

Bei Fertigstellung, Dezember 1940:
Radar Typ 279 und Typ 284
Funkpeiler Typ FC 2 mit eingebauter Rautenantenne auf der Spitze der Vormarsstenge und dem Funkpeilraum auf der hinteren Flakleitplattform

* Anmerkung des Übersetzers.

Anfang 1941: Einbau Radar Typ 271, „Laternen"-Antenne im Zwischenraum der beiden vorderen Flakleitgeräte
Ende 1941:
Ausbau Radar Typ 271
Einbau Radar Typ 273 mit „Laterne" auf dem vorderen Seestern
Einbau Radar Typ 282 (5 ×), die Antennen kamen auf die Pom-Pom-Leitgeräte
~ Mitte 1942:
Einbau Radar Typ 285 (4 ×) mit Antennen auf den Flakleitgeräten
Einbau Mittelfrequenz-Funkpeiler Typ FM 2, Antenne an der Vorkante Brücke
Werftliegezeit, Februar/Juli 1944:
Ausbau Radar Typ 279
Einbau Radar Typ 279B (Sende/Empfang), Antenne auf dem Großmars
Austausch Radar Typ 284 gegen Typ 274
Ausbau Radar Typ 273
Einbau Radar Typ 293, Antenne auf der Vormarsstenge

Tabelle 23: Gewichtsvergleich von KING GEORGE V mit dem Endentwurf

Standard:	Entwurf	Bei Fertigstellung
Ausrüstung, allgemein	1.150 ts	1.149 ts
Maschinenanlage	2.700 ts	2.768 ts
Bewaffnung	6.050 ts	6.567 ts
Panzerung und Schutzplatten	12.500 ts	12.413 ts
Schiffskörper	13.500 ts	13.830 ts
Standardverdrängung	35.900 ts	36.727 ts
Einsatz:		
Ausrüstung, allgemein	1.465 ts	1.619 ts[1]
Hauptmaschinen	2.292 ts	2.366 ts[2]
Hilfsmaschinen	411 ts	402 ts
Bewaffnung	6.765 ts	7.401 ts[3]
Panzerung und Schiffsschutz	12.500 ts	12.413 ts
Schiffskörper	13.500 ts	13.830 ts[4]
Reservespeisewasser	300 ts	255 ts
Heizöl	3.700 ts	3.730 ts
Schmieröl	30 ts	30 ts
Ottokraftstoff	30 ts	30 ts
Einsatzverdrängung	40.990 ts	42.076 ts

[1] Vermehrtes Ausrüstungsgewicht, entsprechend größere Frischwasserzellen und mehr Hellegats als vorgesehen im veranschlagten Entwurf.
[2] Vermehrtes Maschinengewicht, speziell entsprechend der Erhöhung der Schornsteine (~ 11 ts).
[3] Vermehrtes Waffengewicht, einschließlich 175 ts für das Drehgewicht der 35,6 cm-Türme, 42 ts für die 13,3 cm-Waffen, 17 ts zusätzlich für das Katapult. Außerdem hatte sich das Gewicht der Maschinen in den Munitionsräumen verdoppelt, das der Magazinumladeräume verdreifacht.
[4] Vermehrtes Gewicht des Schiffskörpers, einschl. 167 ts für Beleuchtungsanlagen und elektrische Stromkreise, sowie 35 ts für die MES-Anlage.

Einbau Radar Typ 282 (2 ×) für die neuen Pom-Pom-Leitgeräte auf den hinteren Aufbauten
Einbau Radar Typ 277, Antenne auf dem vorderen Seestern
Einbau eines zusätzlichen Radars Typ 285, Antenne auf dem hinteren Feuerleitturm (Typ 285 wegen Mangel an Typ 274)
Ausbau Hochfrequenz-Funkpeiler Typ FC 2
Einbau Funkpeiler Typ RH 2 mit Raum und Antenne auf dem Achterdeck

Prince of Wales

Bei Fertigstellung, März 1941:
Radar Typ 279 und Typ 284
Funkpeiler Typ FC 2 wie auf *King George V*
~ Mai 1941:
Einbau Radar Typ 285 (4 ×)
Einbau Radar Typ 282 (4 ×)
Juli 1941:
Einbau Radar Typ 271 zwischen den vorderen Flakleitgeräten wie auf *King George V*

Duke of York

Bei Fertigstellung, November 1941:
Radar Typ 281, Typ 282 (6 ×), Typ 285 (4 ×), Typ 273 und Typ 284 (Pom-Pom-Leitgerät zwischen den vorderen Flakleitgeräten und sein Typ 282 wurden später wieder ausgebaut, das Datum ist unbekannt)
Mittelfrequenz-Funkpeiler Typ FM 2
Werftliegezeit September 1944/April 1945:
Radar Typ 281 durch Typ 281B ersetzt, Antenne auf dem Großmars
Einbau Radar Typ 282 (2 ×) für die neuen Pom-Pom-Leitgeräte auf den hinteren Aufbauten
Austausch Radar Typ 284 gegen Typ 274 (2 ×), Antennen auf je einem Feuerleitturm
Ausbau Radar Typ 273
Ausbau Radar Typ 293 und Typ 277
Funkpeiler Typ RH 2-VHF auf dem Achterdeck eingebaut

Anson

Bei Fertigstellung, Juni 1942:
Radar Typ 281, Typ 282 (6 ×), Typ 284, Typ 285 (4 ×) und Typ 273 (ein Typ 282 später ausgebaut)
Mittelfrequenz-Funkpeiler Typ FM 2
Werftliegezeit Juli 1944/März 1945:
Austausch Radar Typ 281 gegen Typ 281B
Einbau Radar Typ 262 (2 ×) für neue Pom-Pom-Leitgeräte auf den hinteren Aufbauten
Radar Typ 282 (5 ×) ersetzt durch Typ 262
Radar Typ 284 ersetzt durch Typ 274 (2 ×), Antennen auf dem vorderen und hinteren Feuerleitturm
Ausbau Radar Typ 273
Einbau Radar Typ 293 und Typ 277
Austausch Radar Typ 285 (4 ×) durch Typ 275, Antennen auf den neuen Leitgeräten Mk VI
Einbau Funkpeiler Typ RH 2, Raum und Antenne auf dem Achterdeck
Einbau Lenkflugkörper-Störsender Typ 651

Howe

Wie *Anson*, außer nach Werftliegezeit, Dezember 1943/Mai 1944:
Kein Radar Typ 651 eingebaut
Anstelle Radar Typ 274 ein Typ 285 auf dem hinteren Feuerleitturm
Die ursprünglichen Typ 285 blieben eingebaut

Tabelle 24: Stabilitätsdaten der HOWE nach Krängungsversuch im August 1942

Mittlerer Einsatzzustand, voll ausgerüstet mit 2.775 ts Heizöl, 55 ts Wasser in den Schutzwasserabteilungen und vollen Reservespeisewasserzellen.	
Verdrängung	43.254 ts
Durchschnittlicher Tiefgang	10,16 m
GM	1,97 m
Maximale Stabilität bei Krängungswinkel	34°
Kenterpunkt (Stabilitätsumfang)	62,5°
Maximaler Einsatzzustand, voll ausgerüstet mit 4.031 ts Heizöl, 55 ts Wasser in den Schutzwasserabteilungen und vollen Reservespeisewasserzellen.	
Verdrängung	44.510 ts
Durchschnittlicher Tiefgang	10,41 m
GM	2,21 m
Maximale Stabilität bei Krängungswinkel	34°
Kenterpunkt (Stabilitätsumfang)	65,5°
Leerzustand, Kessel und Speisewasserzellen mit Betriebsfüllung, Kondensatoren voll, halbe Vorräte verbraucht, kein Brennstoff, kein Wasser in den Schutzwasserabteilungen, keine Offiziers- und Kantinenvorräte an Bord.	
Verdrängung	38.850 ts
~ Tiefgang	9,25 m
GM	1,52 m
Maximale Stabilität bei Krängungswinkel	33°
Kenterpunkt (Stabilitätsumfang)	58,5°

Umbauten und Erweiterungen: Folgende Änderungen, die sich direkt oder indirekt aus den Kriegserfahrungen ergaben, wurden im April 1942 allgemein für die ganze Klasse genehmigt:

1. Zusätzliche Ausrüstungen wurden eingebaut bzw. genehmigt, einzubauen:
   MES-Kabel. Bei *King George V* ursprünglich außerhalb, bei den übrigen Schiffen bei Fertigstellung innen installiert
   ASDIC-Anlage (*Howe*: Typ 132)
   Radarausrüstung, Prüfräume und Hellegats (8 Räume)
   RP 10-Fernbedienungsanlage für Pom-Pom
   Zusätzliche Ausgucks in Höhe des Schutzdecks
   Krähennest
   Umbau Ausguck Nr. 3 (Luftbeobachtungsstand)
   Zusätzliche Heizölbunker vorn und Vorkehrungen dafür, um die vorhandenen Bunker über die jetzige Kapazität von 95% füllen zu können
   Flugzeug-Plottanlagen und Jägerleitoffizierstand
   Räume für Fernschreiber und Landanschlußtelefonzentrale
   Wellenfestsetzeinrichtung
2. Zusätzliche Schutzplatten:
   Für die Radarräume
   Für den Ersatz-Gefechtsstand am hinteren Schornstein und die Leitungen dorthin
   Für die Kabeldurchführungen an den 13,3 cm-Geschützen
3. Zusätzliche wasserdichte Unterteilung und Verbesserung der vorhandenen:
   Einbau eines zusätzlichen wasserdichten Schotts im Zwischendeck, hinten
   Einbau eines zusätzlichen wasserdichten Schotts im Zwischendeck bei den Mannschaftsräumen
   Einbau von Fluchtwegen (Schächte)* für das

* Anmerkung des Übersetzers.

◀ Oben: *Prince of Wales.* Übernahme eines *Walrus*-Flugbootes.

Mitte und unten: *Anson* im März 1945 nach Ende der Werftliegezeit 1944/45. Beachte die Feuerleitgeräte Mk VI und die VHF-/Funkpeilanlage auf dem Achterdeck sowie die zusätzlichen Pom-Pom-Lafetten auf dem Back- und Achterdeck.

Entkommen aus Räumen unterhalb des Mitteldecks
Dichtsetzen verschiedener wasserdichter Türen, Bullaugen, Oberlichter und Lüfteröffnungen
Versteifung der wasserdichten Luftschächte und Trennschieber sowie Einbau zusätzlicher Absperrorgane

4. Änderungen der Schiffssicherungseinrichtungen:
Erweiterung des 350 t-Pumpensystems
Erhöhung der Zahl der transportablen Pumpen und deren Anschlüsse
Einbau leistungsfähiger Lenzstrahler
Einrichtung zusätzlicher Hellegats für Zement, Holz, Senkkästen zur Kampfschädenbeseitigung
Abbau der Bordwandverschalungen im Bereich der Wasserlinie. Damit sollten Reparaturen von Gefechtsschäden erleichtert werden
Zusätzliche Absperrventile in der Hauptfeuerlöschleitung
Einbau zusätzlicher Ventile in der Rudermaschinenanlage
Vergrößerung der Spindeln an den Hauptzudampfventilen in den Maschinenräumen „A" und „B"
Einbau von Hilfs-Frischwasser- und -destillaterzeugern
Austausch der Notbeleuchtung (Batterielampen für Öllampen)
Die elektrischen Geräte in den Decks wurden höhergesetzt
Einbau von Stoßdämpfern und Schwingmetallen in den Maschinenanlagen und deren Einbauten
Einbau einer doppelten Energieversorgung für die 13,3 cm-Geschütze

5. Veränderungen, um die Rettung der Besatzung zu erleichtern:
Vermehrung der Ausrüstung mit Schwimmwesten, Flößen und Floßnetzen
Verlegung der Schlafräume von unterhalb der Wasserlinie über das Mitteldeck

Anson am 18. Januar 1946, einlaufend Sydney.

Umbau der Oberkanten und Absätze der Steigleitern, und Einbau von Springleitern
Die schweren Luken wurden mit Federn anstelle der Gegengewichte ausgerüstet

6. Veränderung der Feuerlöscheinrichtung, und Einschränkung des Brandrisikos:
Vermehrung der Zahl der Feuerlöscher und anderer Feuerlöschmittel
Einbau von DiMot-getriebenen Feuerlöschpumpen (nicht eingebaut vor April 1942)
Austausch der Beiboote mit Ottomotoren gegen solche mit Dieselmotoren
Ausbau der Bereitschafts-Ölbehälter in den Küchen
Einbau von Schnellschlußentlüftern und Belüftungsreglern in den Hangars sowie Anordnung von „Fearnought“-Vorhängen an den Hangartüren
Einbau zusätzlicher Meßgeräte in allen Betriebsleitungen

7. Verbesserungen für die Begegnung mit schwerem Winterwetter:
Einbau von Verkleidungen und Heizspiralen bei freiliegenden Frischwasserzellen und -behältern.
Modifizierung der Lüfter auf dem Wetterdeck, einschließlich deren Ausrüstung und Schieber
Versteifung des Ruders, um ein Anheben zu verhindern
Modifizierung der Bugschutzgeräteanordnung
Verbesserung der Wasserdichtheit der Bezüge an den 35,6 cm- und 13,3 cm-Geschützen

8. Verschiedenes:
Je eine Empfangsantenne für die einzelnen Funkräume
Erweiterung und Umordnung der Admiralsbrücke
Einbau zusätzlicher Erste-Hilfe-Stationen
Einrichtung von Vorratsräumen für Verpflegung im Achterschiff (für den Fall, daß die vorderen zerstört wurden)
Einbau von Luftschlitzen in die Pilzköpfe der Lüfter, um ihnen so Schutz vor dem Mündungsdruck zu geben.

Die überwiegenden Änderungen, die unter *3.* und *4.* angeführt sind, waren ganz oder teilweise das Ergebnis von Lehren, die man aus dem Verlust der *Prince of Wales* gezogen hatte. Im Falle von *7.* ist festzustellen, daß die Schiffe mit einem vergleichsweise kleinen Deckssprung vorn entworfen worden waren, damit man frei nach voraus mit den 35,6 cm-Geschützen schießen konnte. Das Entwurfsfreibord war mittschiffs 7,01 m und am Vorsteven 8,84 m. Durch nachträgliche und zwischenzeitliche Vergrößerungen der Verdrängung waren diese Daten jedoch merklich kleiner. Als Resultat davon tendierten die Schiffe bei schwerem Wetter dazu, daß die See über dem Backdeck zusammenschlug. Sie waren im allgemeinen vorne sehr naß.

◀ Oben: *Duke of York* am 16. Dezember 1946. Die Nahbereichsabwehrwaffen sind drastisch reduziert worden.

Unten: *King George V.* im Dezember 1948, auslaufend Portsmouth. Beachte die Antenne des Radar, Typ 284 und Typ 285 auf dem vorderen und hinteren Feuerleitstand.

Verzeichnisse

Numerierte Tabellen

Tabellarische Schiffseinzelheiten

Pläne und Skizzen

Schiffsnamenregister

(mit Anmerkungen/Ergänzungen des Übersetzers)

A. Raven / J. Roberts

Die britischen Schlachtschiffe des 2. Weltkrieges

Entwicklung und technische Geschichte der Schlachtschiffe und Schlachtkreuzer der Royal Navy von 1911 bis 1946

76 Fotos und 9 Skizzen mit zahlreichen Detailzeichnungen und 14 Farbzeichnungen

Bernard & Graefe Verlag Bonn

Inhalt Teil 3

I. DIE LION-KLASSE, 1937 bis 1944

Im April 1937 weigerten sich die Japaner, die Bedingungen des zweiten *Londoner Abkommens* zu akzeptieren, somit kehrte man zur 40,6 cm-Geschützkalibergrenze zurück. Kurz darauf begann die *Admiralität* mit den Entwurfsarbeiten für ein 35000 ts-Schiff mit 40,6 cm-Geschützen. Das geschah jedoch ohne große Begeisterung, denn man wußte, daß bei einem Kaliber von 40,6 cm kein ausgewogenes Schiff dieser Verdrängung gebaut werden konnte. Frühere Untersuchungen hatten gezeigt, daß ein Schiff, bewaffnet mit einem Zwillingsturm und zwei Drillingstürmen (jeweils 40,6 cm-Geschütze), mit 12 × 13,3 cm-Geschützen, dem Schiffsschutz der *King George V*-Klasse und einer Geschwindigkeit von 28 kn, ein großer Kompromiß wäre. Durch die gerade noch annehmbare Zahl der Geschütze der SA, die reduzierte Zahl der MA um zwei Türme – im Vergleich zur *King George V* – und den Einbau eines gegen 38,1 cm- und nicht 40,6 cm-Geschützfeuer gerichteten Panzerschutzes konnte Gewicht gespart werden.

Bei einem Treffen der *Seelords* im Oktober 1937 wurde entschieden, daß der *DNC* diesen Entwurf im einzelnen näher untersuchen, wenn möglich eine Ausrüstung mit Flugzeugen vorsehen, und ein oder zwei alternative Konstruktionen ausarbeiten sollte. Kurz darauf wurde festgestellt, daß die Konstruktion von zwei Typen 40,6 cm-Geschützen (Zwillings- und Drillingsturm) zuviel Zeit in Anspruch nehmen würde. Wenn die Schiffe 1938 in Auftrag gegeben werden sollten, würden die Geschütze nicht rechtzeitig genug fertig sein. Die Fertigstellung der Schiffe würde sich verzögern. So wurde entschieden, sich auf einen Geschütztyp zu beschränken, nämlich den Drillingsturm, und anstelle des Zwillingsturms einen weiteren Drillingsturm zu nehmen. Somit bestand die Bewaffnung also anstelle aus 8 jetzt aus 9 × 40,6 cm-Geschützen. Erste Berechnungen ergaben, daß ein Schiff mit 9 × 40,6 cm-Geschützen, welches die angeführten Forderungen erfüllen sollte – jedoch ohne Flugzeuge –, eine Standardverdrängung von 36.150 ts haben würde. Daher wurde es notwendig, Überlegungen anzustellen, die das Verdrängungsgewicht auf 35500 ts reduzierten, und es wurde beschlossen, folgende Gewichtseinsparungen vorzunehmen (man erwartete, daß sich während des Baues Gewichtseinsparungen ergeben würden, so daß sich schließlich die Verdrängung von 35500 ts auf das in den Vertragsbedingungen vorgesehene Gewicht reduzieren würde. Man dachte, daß in diesem Falle nicht mehr als 500 ts erreichbar waren):

1. Reduzierung der Länge der Hauptmagazine. Das würde 160 ts einsparen. Das würde aber auch eine Verringerung des maximalen Munitionsvorrats auf 85 Schuß/Geschütz für den hinteren Turm mit sich bringen, der Vorrat für die vorderen Türme bliebe bei 100 Schuß/Geschütz.
2. Herabsetzen der Oberkante des Gürtelpanzers um 15,2 cm, Heraufsetzen der Unterkante des Gürtelpanzers um 30,5 cm. Das bedeutete eine Ersparnis von 180 ts. Das schloß eine reduzierte Deckshöhe im Mittel- und im Zwischendeck ein. Es erhöhte aber auch die Verwundbarkeit durch Unterwassertreffer.
3. Reduzierung des Munitionsvorrates auf 60 Schuß/Geschütz bei Standardverdrängung. Das ersparte 270 ts. (Dieses betraf nicht die maximale Munitionsstauung. Eine Herabsetzung des Panzerdecks wurde ebenfalls vorgeschlagen, aber aus Gründen, die sich auf die letzten Bombenversuche im *„Job 74“* – Oktober 1937 – bezogen, und die den Wert des Panzerdecks im H-Deck unterstrichen, nicht akzeptiert.)

Diese Änderungen setzten die Verdrängung auf 35540 ts herab und wurden in die erste detaillierte Legende und Entwurfsskizze – *16A/38* – übernommen, bei der die Verwendung von Flugzeugen noch als möglich angesehen wurde. Ein zweiter Entwurf – *16B/38* – wurde auf Grund einer Forderung des *E in C* vorbereitet, der die gleichen Turbinenanlagen wie die *King George V*-Klasse erhalten sollte, um somit die Neukonstruktions- und Fertigungskosten der Maschinenanlage einzuschränken. Dieses erforderte eine Verlängerung der Zitadelle, was wieder eine Vermehrung um 100 ts mit sich brachte. Auf Anordnung des *Controllers* wurde ein dritter Entwurf mit 3 Vierlingstürmen (12 × 35,6 cm) vorbereitet. Um das Gewicht dieser vergrößerten SA – im Vergleich zur *King George V*-Klasse – zu reduzieren, wurde die Zahl der 13,3 cm-Geschütze vermindert, die Flugzeuge entfielen. Die Legende dieser drei Entwürfe siehe Tabelle 1. Die Entwicklung dieser Entwürfe setzte sich bis März 1938 fort. Während dieser Zeit wurden verschiedene Überlegungen angestellt, die größtmögliche Zahl von Wünschen in die erlaubte Verdrängung einzubauen. Die politischen Ereignisse befreiten die *Admiralität* schließlich von der Zwangsjackensituation, ein großes Schiff in einen relativ kleinen Schiffskörper einzubauen.

Tabelle 1: Legende der Entwürfe 16A/38, 16B/38 und 14A/38 im Dezember 1937

Länge (pp)	213,70 m
Länge (cwl)	225,70 m
Breite (maximal)	31,41 m
Standardverdrängung	35.000 ts
~ Tiefgang (Standardverdrängung)	8,53 m
~ Tiefgang (Einsatzverdrängung)	9,68 m (*16B* 9,70 m)
Leistung	100.000 WPS
Geschwindigkeit (Standardverdrängung)	28,5–29,25 kn
Geschwindigkeit (Einsatzverdrängung)	27,5–28,25 kn
Heizölvorrat	3.700 ts
Fahrbereich bei 10 kn (Probefahrtbedingungen)	14.000 sm

Bewaffnung:
9 × 40,6 cm (*14A*: 12 × 35,6 cm)
12 × 13,3 cm
4 mehrrohrige Pom-Pom
4 mehrrohrige MG (12,7 mm oder 16,8 mm)
keine TR
1 Katapult D-III-H und 4 Flugzeuge
(*14A* keine Flugzeugausrüstung)

Panzerung: Stärke wie in der *King George V*-Klasse

Gewichte:	*16A*	*16B*	*14A*
Ausrüstung, allgemein	1.050 ts	1.050 ts	1.050 ts
Maschinenanlagen	2.550 ts	2.650 ts	2.650 ts
Bewaffnung	6.560 ts	6.560 ts	6.450 ts
Panzerung und Schutzplatten	12.160 ts	12.160 ts	12.180 ts
Schiffskörper	13.540 ts	13.220 ts	13.220 ts
Standardverdrängung	35.540 ts	35.640 ts	35.530 ts

Nach ihrer Abkehr von der *Londoner Flottenkonferenz* wurden die Japaner bezüglich ihrer vorgesehenen Neubauprogramme sehr verschwiegen. Sie widersetzten sich allen Versuchen der USA und von Großbritannien, Informationen – auch nicht auf dem Wege des Austausches – zu geben. Es ist unnötig, zu sagen, daß dies eine große Besorgnis hervorrief, trotz der Ansicht der *Admiralität*, daß die Japaner, wenn sie die 40,6 cm-Grenze überschreiten würden, mit großen technischen Schwierigkeiten zu kämpfen gehabt hätten. Man hatte Geheiminformationen erhalten, die besagten, daß die neuen japanischen Schiffe mit 45,7 cm-Geschützen ausgerüstet werden sollten. Das wurde als wahrscheinlich angesehen, wenn man sich daran erinnert, daß die Japaner von jeher zu einer Überbewaffnung tendierten. Andere Nachrichten ergaben, daß die japanischen Schiffe etwa 42000–43000 ts groß würden, bewaffnet mit 40,6 cm-Geschützen. Und es sollten auch drei schwere Kreuzer mit 30,5 cm-Geschützen in Bau sein. Die *Admiralität* entschied: „. . . die einzige mögliche Methode, Japan zu beeinflussen und die Größe der Großkampfschiffe zu beschränken, würde sein, sie (die Japaner)* darüber zu informieren, daß, wenn sie die Vertragsbedingungen nicht akzeptieren, oder uns nicht über ihre Absichten informieren, wir die Eskalationsklausel in Anspruch nehmen würden, um sie dazu zu benutzen, mit unserer größeren Schiffbaukapazität und mehr Geld die japanische Seerüstung zu überholen." Diese Ansicht wurde vom *Committee of Imperial Defence* (Nationaler Verteidigungsrat)* am 13. Januar 1938 gebilligt und unmittelbar an die Japaner weitergeleitet. Die USA machten wahrscheinlich das gleiche. Die Antwort war unbefriedigend, und am 31. März beriefen sich die USA, Frankreich und auch Großbritannien auf den Erweiterungsparagraphen. Damit konnte die maximale Verdrängung erhöht werden. Die *Admiralität* gab einer Erhöhung auf 40000 ts den Vorzug und schickte ein entsprechendes Memorandum an die USA. Die *US-Regierung* erwiderte, daß die niedrigste Grenze, die sie akzeptieren könne, 45000 ts wären. Am 26. Mai trafen der *1. Seelord,* der *Controller,* der *DCNS* (Stellvertretender Chef des Stabes),* der *ACNS* und Sir R. Backhouse (der vorgesehen war, Chatfield als *1. Seelord* abzulösen) zusammen, um die Vorschläge abzusprechen, die für die beiden Großkampfschiffe des 1938er Programms gemacht werden sollten. Die Abmachungen, daß Großbritannien Schiffe mit 40,6 cm-Geschützen bauen sollte, waren einstimmig, aber der Bau von *„Mammutschiffen"* wurde strikt abgelehnt. Ein 45000 ts-Schiff würde sehr kostspielig sein und große Schwierigkeiten beim Bau und beim Docken hervorrufen. Nach ausführlicher Überlegung wurde entschieden, die zuvor von der *Admiralität* festgestellten Gesichtspunkte zu bestätigen und zu empfehlen, daß die neuen Schiffe eine Größe von 40000 ts und eine Bewaffnung von 9 × 40,6 cm-Geschützen haben sollten. Das Treffen folgerte, daß „. . . obwohl diese Schiffe neun Geschütze haben werden, im Gegensatz zu den 12 Geschützen – die möglicherweise von fremden Mächten in 45000 ts-Schiffe eingebaut werden –, meinen wir, daß der von uns vorgeschlagene Entwurf sehr gut vertretbar ist als das am besten unseren Forderungen Entsprechende, mit einer guten Kampfkraft, einer ausreichenden Geschwindigkeit und einem außerordentlich guten Schutz. In der Tat wird es in der Lage sein, sich mit jedem Schiff zu messen . . ." Am 27. Mai, einen Tag nach dem Treffen, sandte der *1. Lord* ein Memorandum an das *Kabinett,* das folgende Vorschläge enthielt:

– Akzeptierung der oberen Vertragsabgrenzung von 45000 ts und natürlich auch der ebenso festgesetzten 40,6 cm-Geschütze. Es muß klargemacht werden, daß – wenn wir diesen amerikanischen Grenzwert nicht bis Ende Juni akzeptieren – es dann überhaupt keine Beschränkung mehr gibt. Das würde, obwohl sehr im Interesse der USA, dem unseren sehr entgegenstehen.

Tabelle 2: Legende der Entwürfe 16E/38, 16F/38, 16G/38 und 14B/38

	16E/38	*16F/38*	*16G/38*	*14B/38*
Länge (pp)	259,25 m	222,65 m	240,95 m	250,10 m
Länge (üa)	–	234,85 m	250,10 m	–
Breite (max)	33,55 m	32,13 m	32,33 m	32,33 m
Standardverdrängung	48.500 ts	39.500 ts	43.000 ts	42.750 ts
Einsatzverdrängung	55.000 ts	45.200 ts	49.000 ts	48.500 ts
Tiefgang (durchschnittlich)	–	9,14 m	9,45 m	–
Leistung	110.000 WPS	115.000 WPS	150.000 WPS	150.000 WPS
Geschwindigkeit (Standardverdrängung)	27 kn	29,25 kn	31 kn	31 kn
Geschwindigkeit (Einsatzverdrängung)	26 kn	28,25 kn	30 kn	30 kn
Heizöl	–	4.000 ts	4.400 ts	–
Bewaffnung	12 × 40,6 cm	9 × 40,6 cm	9 × 40,6 cm*)	12 × 35,6 cm
	16 × 13,3 cm	12 × 13,3 cm	16 × 13,3 cm	16 × 13,3 cm
	4 mehrrohrige Pom-Pom			
	4 mehrrohrige MG			
Flugzeuge	4	4	keine	4
TR	?	keine	4 × 53,3 cm	?
*Panzerung***) Wie in der *King George V*-Klasse				
Gewichte:				
Ausrüstung, allgemein	–	1.050 ts	1.300 ts	–
Maschinenanlage	–	2.685 ts	3.550 ts	–
Bewaffnung	–	6.050 ts	7.200 ts	–
Panzerung und Schiffsschutz	–	12.500 ts	15.050 ts	–
Schiffskörper	–	13.215 ts	15.900 ts	–
Gesamt	48.500 ts	39.500 ts	43.000 ts	42.750 ts
Veranschlagte Kosten (Mio £)	11	8,85	9,75	9,3

*) *16G* führte auch 4 × 10,2 cm-Geschütze für Leuchtgranaten.

**) Barbetten und Turmfronten bei *16F* und *16G* jedoch 38,1 cm.

* Anmerkungen des Übersetzers.

– Mitteilung an die europäischen Seemächte, daß wir gegenwärtig nicht erwägen, Großkampfschiffe zu bauen, die mehr als 40000 ts verdrängen.

Das *Kabinett* genehmigte die Vorschläge der *Admiralität*, und am 30. Juni unterzeichneten Großbritannien, Frankreich und die USA ein Protokoll, welches die Heraufsetzung der maximalen Verdrängungsgrenze für Großkampfschiffe auf 45000 ts beinhaltet. Ähnliche Protokolle wurden später auch mit Rußland, Deutschland und Italien unterzeichnet. Darüber hinaus gab Großbritannien bekannt, daß es nicht beabsichtige, neue Schiffe zu bauen, die mehr als 40000 ts verdrängten, und äußerte gleichzeitig die Hoffnung, daß die anderen europäischen Mächte sich dieser Begrenzung anschlössen. Wie wäre wohl die Reaktion gewesen, wenn bekannt gewesen wäre, daß Japan in der Tat Schiffe in Bau hatte, die 64000 ts verdrängten und 45,7 cm-Geschütze besaßen? Bis das durch Beweise erhärtet wurde, ist es möglich, daß die *Admiralität* es nicht geglaubt hätte. Aber selbst wenn sie das tat, es ist unwahrscheinlich, daß sie dem japanischen Vorbild gefolgt wäre. Der am meisten vergleichbare Weg für Großbritannien wäre die Fortsetzung des Baues von Schiffen mit 40,6 cm-Geschützen gewesen, aber mit einer stärkeren Panzerung, um sie vor 45,7 cm-Treffern sicher zu machen. Möglicherweise auch eine Vermehrung der Geschützzahl auf 12.

Die 1938er Entwürfe: Diese Entwürfe wurden durch den *DNC* zwischen Februar/März 1938 ausgearbeitet. Es scheint, daß *16E, 16G* und *14B* unter der Voraussetzung gemacht wurden, daß es keine Obergrenze in der Verdrängung gab. Entwurf *16F* wurde nach den Anweisungen des *Controllers* gefertigt, und zwar unter der Voraussetzung, daß eine Verdrängung von 40000 ts nicht überschritten würde. Die Entwürfe *16G* und *16F* wurden anläßlich des zuvor erwähnten Treffens der *Seelords,* am 26. Mai, untersucht. Nach dieser Untersuchung gab der *1. Seelord* Anweisung, daß die Arbeiten auf der Weiterentwicklung des Entwurfs *16F* basieren sollten, aber mit einer bis zu 40000 ts vergrößerten Verdrängung. Die zusätzlichen 500 ts sollten für einen 38,1 cm-Gürtelpanzer seitlich der Maschinenräume (anstelle 33,6 cm) vorgesehen werden, und falls möglich, auch für eine Vermehrung der 13,3 cm-Geschütze von sechs auf acht. Der daraus resultierende Entwurf *16F/38 (mod)* war am 30. Juni 1938 fertig, die Genehmigung für die Anfertigung des endgültigen und detaillierten Entwurfs von der *Admiralität* wurde am 15. Juli erteilt. Die Legende zu diesen Entwürfen siehe Tabelle 2. Die Einzelheiten des Entwurfs *16F/38 (mod)* waren die gleichen wie die der Originalentwürfe, außer den Daten, die in Tabelle 3 angegeben sind.

Am 15. Dezember 1938 gab die *Admiralität* ihre Genehmigung für den Endentwurf und die ersten Bauzeichnungen der beiden Schlachtschiffe des 1938er Programms. Das erste dieser Schiffe, die *Temeraire,* wurde am 1. Juni 1939 bei Cammell Laird auf Stapel gelegt, das zweite, die *Lion,* am 4. Juli 1939 bei Vickers Armstrong. Sie sollten im Juli bzw. September 1942 fertig werden. Die beiden Schwesterschiffe *Conqueror* und *Thunderer* gehörten zum 1939er Programm. Diese sollten am 15. August bei John Brown und am 15. November 1939 bei Fairfield in Auftrag gegeben werden. Die Fertigstellung war für März 1944 geplant. (Die Kapazität Großbritanniens für den Bau von schweren Geschützen, Geschützlafetten und Panzerplatten war so begrenzt, daß nie mehr als zwei Großkampfschiffe in einem Jahresprogramm unterzubringen waren.) Keines der beiden letzten Schiffe wurde jemals auf Stapel gelegt, und es ist möglich, daß der Auftrag für *Thunderer* erst gar nicht erteilt wurde. Zwei weitere Schiffe waren im 1940er Programm geplant.

Am 28. September 1939, nach Kriegsausbruch, traten die *Lords der Admiralität* zusammen, um zu beschließen, welche Arbeiten an den vier Schiffen der *Lion*-Klasse gemacht werden sollten. Es war sichtbar geworden, daß der Seekrieg der Deutschen gegen den britischen Seehandel gerichtet sein würde, und zwar mit Ubooten und Minen. Um dieser Gefahr zu begegnen, lag der dringendste Bedarf bei Geleitfahrzeugen und Uboot-Jägern. Und wenn der Bau der vier Schlachtschiffe gestoppt würde, wäre das Material und auch die Arbeitskapazität frei und könnte für den Bau von acht mittleren Zerstörern verwendet werden. Der *1. Lord* meinte, daß es im Hinblick auf die große Baukapazität Deutschlands und Japans unklug wäre, die Arbeiten an den Großkampfschiffen hinauszuzögern; der *Controller* jedoch wies darauf hin, daß der Zeitbedarf für die

Tabelle 3: Einzelheiten des Endentwurfs 16F/38 (mod) vom 30. Juni 1938

Länge (pp)	225,70 m
Länge (üa)	237,90 m
Standardverdrängung*)	40.750 ts
Leistung	120.000 WPS
bei höherer Kesselleistung	130.000 WPS
Geschwindigkeit	29,25 kn
bei Einsatzverdrängung	28,25 kn
bei höherer Kesselleistung	30 kn
bei Einsatzverdrängung	28,75 kn
MA: 16 × 13,3 cm	
Flugzeuge: 4 (1 Katapult D-III-H)	
Gürtelpanzer seitlich der Magazine und Maschinenanlage	38,1 cm
Gewichte:	
Ausrüstung, allgemein	1.100 ts
Bewaffnung	6.940 ts
Maschinenanlagen	3.060 ts
Panzerung und Schiffsschutz	14.600 ts
Schiffskörper	15.050 ts
Standardverdrängung	40.750 ts

*) Basierend auf der Annahme, daß während des Baues Gewichtsersparnisse die Verdrängung auf 40.000 ts begrenzen würde.

Herstellung der 40,6 cm-Geschütze sowieso erheblich sei, so daß sich die Fertigstellung der neuen Schiffe ohnehin verzögern müsse. Es wurde nun allgemein beschlossen, den Weiterbau der *Lion*-Klasse um ein Jahr zu unterbrechen. Die Arbeiten an den Geschützlafetten und anderen Ausrüstungen, bei denen man eine Verzögerung vermutete, wurden fortgeführt. Auf diese Art und Weise würden die Geschütze ein Jahr später fertig sein, und in diesem Falle hätte die Unterbrechung des Baues der Schiffe selbst materiell keine Auswirkung auf die vorgesehenen Fertigstellungsdaten. Im Oktober 1939 schlug die *Plans Division* (Planungsabteilung)* vor, die *Lion* als ein Schiff mit 6 × 38,1 cm-Geschützen in Doppeltürmen Mk I fertigzustellen. Im ganzen waren vier Doppeltürme auf Lager und konnten entsprechend zu dem Standard Mk I (N) modifiziert werden. Es wurde vorgeschlagen, eventuell später die drei 38,1 cm-Doppeltürme der fertiggestellten Schiffe durch drei 40,6 cm-Drillingstürme zu ersetzen. Im November übermittelte der *DNC* seine Vorstellungen zu diesen Vorschlägen. Er denke, daß es durch-

* Anmerkung des Übersetzers.

führbar sei, aber er wies darauf hin, daß die Arbeiter für den Arbeitsbeginn auf *Lion* und speziell für die Modifizierung der 38,1 cm-Geschütze zur Zeit nicht zur Verfügung stünden. Man schätzte, daß das Schiff mit 6 × 38,1 cm-Geschützen rund sechs Monate vor dem angegebenen Fertigstellungsdatum zur Verfügung stehen würde, und der *DNC* fragte an, ob es nicht besser sei „. . . ein Schiff mit 9 × 40,6 cm-Geschützen erst im Jahre 1944 zu erhalten, als sechs Monate vor diesem Datum ein Schiff mit nur 6 × 38,1 cm-Geschützen". Der Vorschlag wurde später verworfen, und soweit bekannt, wurde diese Sache auch nicht mehr erwogen. Mit fortschreitendem Krieg wurden die Anforderungen für Material und Arbeitskräfte immer größer. Geleitfahrzeuge, Flugzeugträger, Handelsschiffe, Panzer, Flugzeuge, Kriegsschiff- und Handelsschiffreparaturen hatten die höhere Priorität. Die Arbeiten an den Großkampfschiffen wurden fortwährend zurückgestellt, obgleich sie in der Auffassung der *Admiralität* dringend notwendig waren. Diese Auffassung wurde durch den Verlust Frankreichs als Alliierten, den Eintritt Italiens und Japans in den Krieg und den Ausfall der *US-Schlachtflotte* in Pearl Harbour noch verstärkt. Alle diese Gründe unterstrichen die Forderung nach mehr Großkampfschiffen, aber immer noch stärkere Gefahren in anderen Bereichen verlangten größere Beachtung. Die Kielplatten der *Lion* und *Temeraire* wurden

Einzelheiten der LION-Klasse gemäß Entwurf von 1938

Standardverdrängung:	40.550 ts
Gewichte:	
Ausrüstung, allgemein	1.100 ts
Panzerung und Schiffsschutz	14.180 ts
Bewaffnung	7.100 ts
Maschinenanlagen	3.160 ts
Schiffskörper	15.010 ts
Standardverdrängung	40.550 ts
Abmessungen:	
Länge (pp)	225,70 m
Länge (cwl)	237,90 m
Länge (üa)	239,43 m
Breite	31,72 m
Tiefgang (durchschnittlich)	
Standardverdrängung	9,14 m
Einsatzverdrängung	10,21 m

Bewaffnung:
9 × 40,6 cm-L/45-Mk II in 3 Drillingslafetten
16 × 13,3 cm-Mk I in 8 Doppellafetten
6 Pom-Pom Mk IV-Lafetten

Munitionsvorrat:	Normal	Maximal	
40,6 cm	60	100	Schuß/Geschütz
13,3 cm	150	400	Schuß/Geschütz
2 Pdr	500	1.800	Schuß/Geschütz

Panzerung:

Gürtelpanzer	38,1 cm; an der Unterkante 13,97 cm
Gürtelpanzer vor und hinter der Zitadelle	33 cm; 30,5 und 28 cm, jeweils bis Unterkante abnehmend auf 13,97 cm
Zitadellschotte	30,5 cm an den Seiten, abnehmend auf 28 cm; in der Mittellinie 25,4 cm; hinter der Rudermaschine 10,2 cm
Barbette „A"	38,1 cm an den Seiten, abnehmend auf 34,3 und 31,7 cm an der Vorkante, sowie 33 und 30,5 cm an der Rückseite
Barbetten „B" und „Y"	38,1 cm an den Seiten, abnehmend auf 34,3 und 30,5 cm an der Vorkante, auf 33 und 30,5 cm an der Rückseite; 5,08 cm unter H-Deck
Türme	38,1 cm Front; 25,4 cm Vorderseite; 17,78 cm Rückseite und Rücken; 15,2 cm Decke
H-Deck	15,2 cm über den Magazinen; 12,7 cm über den Maschinenräumen
Zwischendeck, vorn	12,7 cm; 10,2 cm; 8,89 cm; 7,62 und 6,35 cm
Zwischendeck, hinten	12,7 und 11,4 cm
13,3 cm-Kasematten	5,08 und 3,8 cm an den Seiten; 2,54 Decken
Kommandoturm	11,4 cm Seiten; 7,62 cm Front und Rücken; 5,08 cm Boden und Dach
Kommandoturmschacht	5,08 cm
Torpedoschotte	4,44 cm
Splitterschutz der Magazine	3,8 cm Wandungen und Decken; 5,08 cm unter dem Hauptpanzer und hinter der Zitadelle
Kabelschächte zum Kommandoturm	5,08 cm
Kugelschutzplatten auf der Brücke	1,9 cm; 1,27 cm; 0,9 cm

Maschinenanlage:
Parsons-Turbinen mit einfachem Untersetzungsgetriebe
4 Wellen, 130.000 WPS ≙ 30 kn
8 Admiralitäts-3 Trommel-Wasserrohrkessel
Heizölvorrat 3.720 ts
Fahrbereich bei 10 kn ≙ 14.000 sm (Probefahrtbedingungen)

Besatzung: 1.680 (als Flottenflaggschiff)

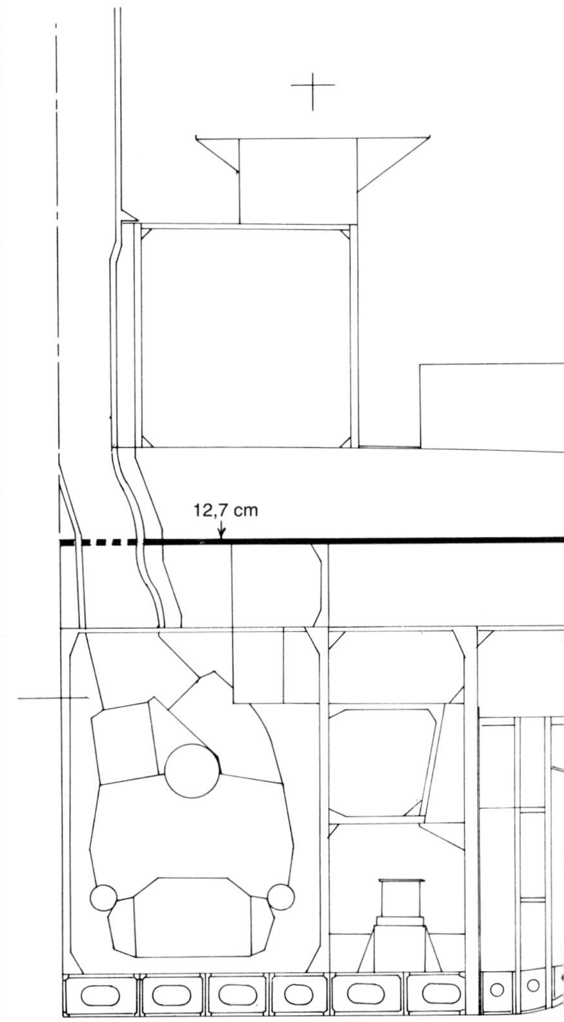

▲ Querspant 176, nach vorn sehend

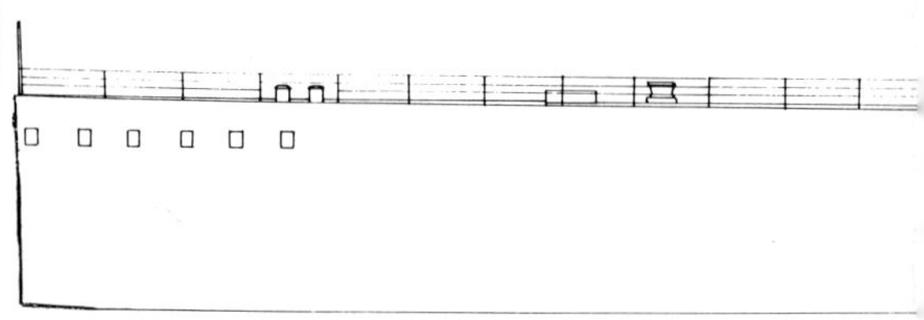

Vanguard Juni 1953.

schiede sind leicht aus den Skizzen und der Liste der Einzelheiten zu entnehmen. Anfang des Krieges wurde entschieden, die Konstruktion der *Lion*-Klasse durch den *Marinestab* und Seeoffiziere, die erste Kriegserfahrungen gesammelt hatten, untersuchen zu lassen. Als Ergebnis daraus wurde erkannt, daß eine Änderung des Originalentwurfs von Wichtigkeit war. Hierüber sind keine Einzelheiten bekannt, aber es war geplant, die Schiffe zu vergrößern. Für die *Lion* wurde ein neuer Schiffskörperplan vorbereitet, der ihr eine Verdrängung von 56500 ts verlieh (Einsatzverdrängung). Die Länge war 247,05 m, die Breite (maximal) betrug 35,08 m. Der Tiefgang sollte durchschnittlich 10,44 m sein. Diese Daten entsprachen einer Standardverdrängung von rund 49000 ts.

Lion class

Lion-Klasse: Seitenansicht und Decks

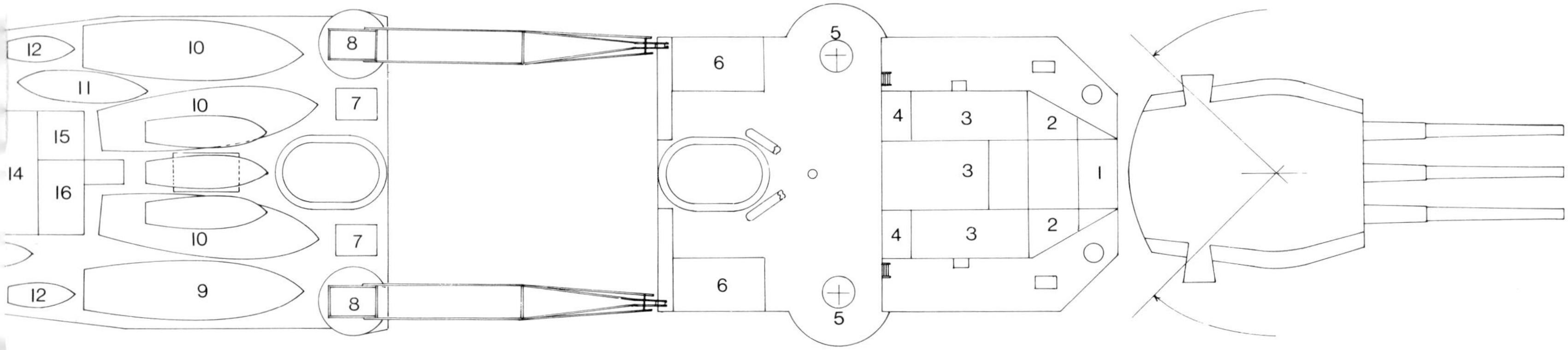

Hangardach und Plattform Nr. 1 ▲

1 Kartoffellast
2 Vorräume
3 Leseräume für Portepeeunteroffiziere und Unteroffiziere
4 Kesselraumniedergänge
5 Pom-Pom
6 Pom-Pom-Bereitschaftsmunition
7 Niedergänge
8 Flugzeug- und Bootskräne
9 13,72 m-Motorbarkasse (Launch)
10 13,72 m-Schnelle-Sicherungsmotorboote
11 8,23 m-Boot (Whaler)
12 4,27 m-Segeldingis
13 4,88 m-Motordingi
14 Hellegat für Ersatzteile Wechselstrommaschinen
15 Werkstatt für Bootsmotoren
16 Bootshellegat

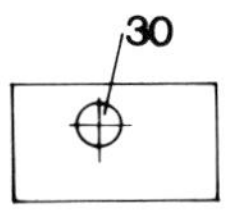

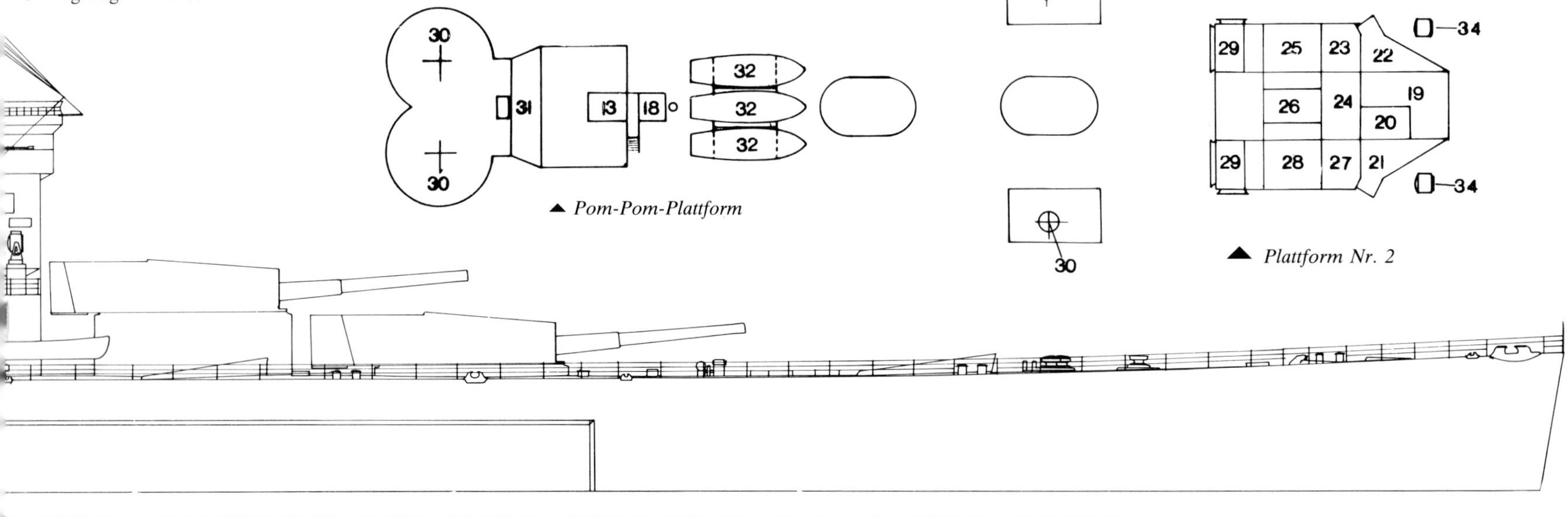

▲ *Pom-Pom-Plattform*

▲ *Plattform Nr. 2*

schließlich auf der Helling abgebrochen und alle vier Schiffe 1944 annulliert.

Allgemeines: Eine detaillierte Beschreibung der Charakteristik der *Lion*-Klasse wurde hier nicht vorgenommen, weil die Anordnung der Bewaffnung, Panzerung und Maschinenanlage im Grunde genommen die gleiche war wie bei der *King George V*-Klasse. Z. B. war die SA – obwohl aus 40,6 cm-Geschützen anstelle von 35,6 cm-Geschützen bestehend – nach dem gleichen Prinzip konstruiert und unterschied sich nur im Gewicht und in der Abmessung. Ähnlich konnte für die *Lion* auch die Beschreibung der Gürtelpanzerung der *King George V*-Klasse übernommen werden, mit der einen Einschränkung, daß bei der *Lion* die Panzerstärke seitlich der Maschinenräume 38,1 cm und nicht 35,6 cm war. Die einzelnen Unter-

1 Feuerleitturm
2 Flakfeuerleitstation
3 Pom-Pom-Feuerleitgeräte
4 Kommandanten-Seekabine
5 Admiralsschutzstand
6 Kleiderkammer
7 Vorraum
8 Fernsteuerungraum (Feuerleit-)
9 Kartenhaus
10 Admiralskartenhaus
11 Kommandoturm
12 Wetterstation
13 Vorraum
14 Navigationsoffizier-Schutzstand
15 Signalhellegat
16 Signalraum
17 Schutzstand für Signalgasten
18 Funkpeilraum (Hochfrequenz)
19 Admirals-Seekabine
20 Bad
21 Nachtausguckstand
22 Nachtausguckstand
23 Stabsoffiziers-Seekabine
24 Vorraum
25 Kammer
26 Bad
27 Stabschefkammer
28 Flottensignaloffizierskammer
29 Kesselraumniedergänge
30 Pom-Pom-Positionen
31 Pom-Pom-Bereitschaftsmunition
32 7,62 m-Schnelle-Motorboote
33 2,74 m-EMeßGeräte
34 1,12 m-Scheinwerfer

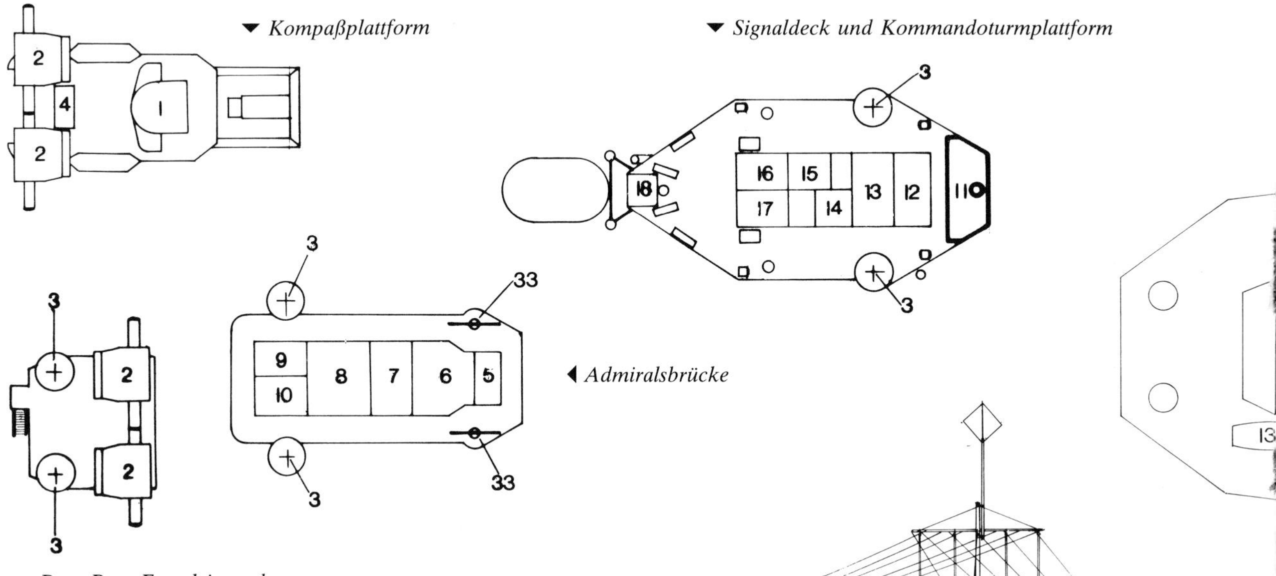

▼ *Kompaßplattform*

▼ *Signaldeck und Kommandoturmplattform*

◀ *Admiralsbrücke*

▲ *Pom-Pom-Feuerleitstand*

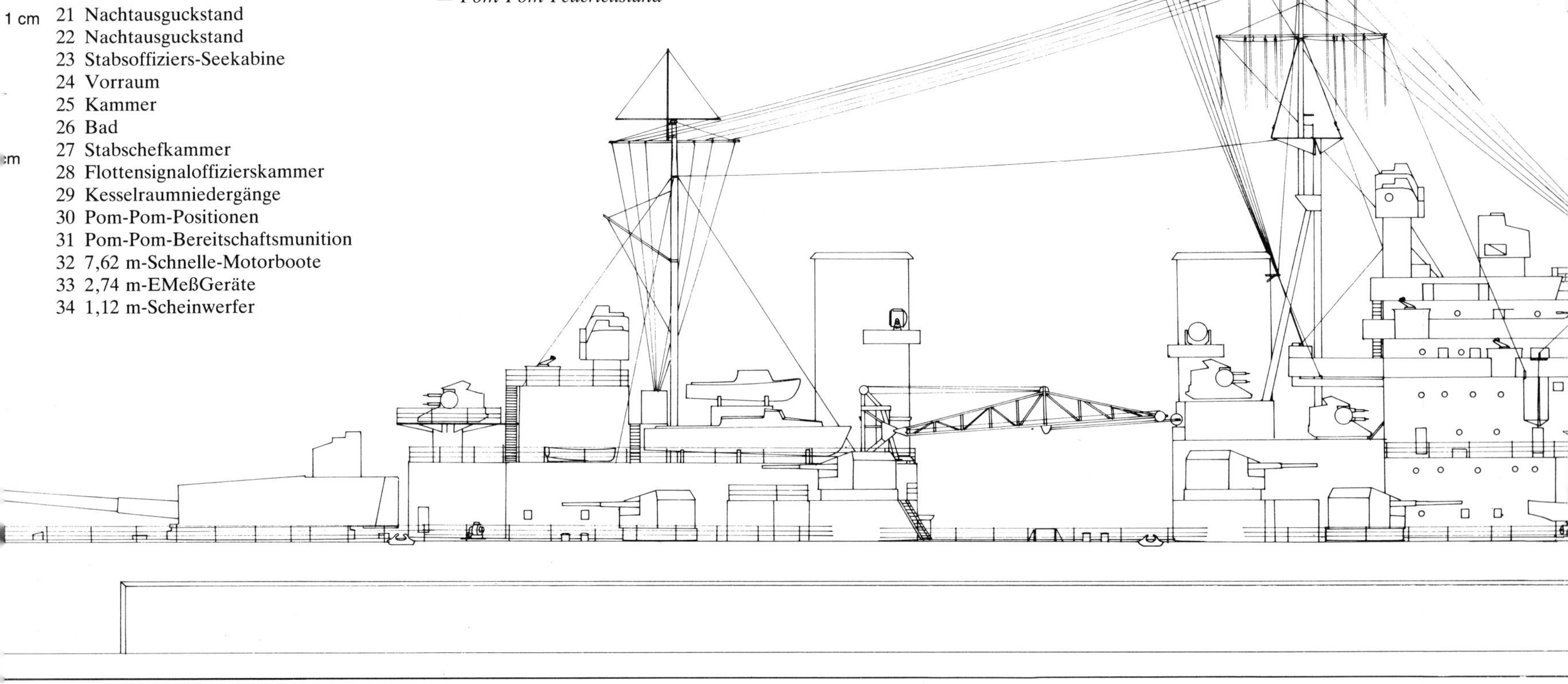

II. Vanguard, 1939 bis 1946

Vanguard war das letzte, aber auch das größte Dreadnought-Schlachtschiff Großbritanniens, und als solches nimmt es in der Geschichte der *Royal Navy* einen besonderen Platz ein. Sie war möglicherweise auch der beste Vertreter ihres Typs, der jemals auf einer britischen Werft gebaut worden ist, und in ihrer Größenklasse mit jedem schnellen Schlachtschiff der Welt vergleichbar. Obwohl vor dem Zweiten Weltkrieg konzipiert, wurde sie nicht vor dessen Ende fertiggestellt, und sie war auch der einzige britische Dreadnought, der niemals einen Schuß gegen einen Gegner abgegeben hat. Es ist schon merkwürdig, daß sie die gleiche SA trug wie die Schiffe, die im ersten Kapitel (Band 1) dieses Werkes beschrieben worden sind – die *Queen Elizabeth*-Klasse –, denn um diese Bewaffnung wurde der neue Schiffsentwurf entwickelt. Am 14. Februar 1915 wurden für die beiden Leichten Schlachtkreuzer *Courageous* und *Glorious* insgesamt 4 × 38,1 cm-Doppeltürme Mk I in Auftrag gegeben. Die beiden Schiffe, jedes trug zwei dieser 38,1 cm-Doppeltürme, wurden Anfang 1916 fertiggestellt. Zwischen 1924 und 1939 erfolgte ihr Umbau zu Flugzeugträgern, und die vier Türme wurden ausgebaut und als Reserve für die 38,1 cm-Schlachtschiffe der *Queen Elizabeth*- und *Royal Sovereign*-Klasse ausgelagert. Anfang 1939 wurde empfohlen, diese vier Türme, entsprechend modernisiert, als SA für ein neues Schiff zu verwenden. Der Vorschlag wurde durch die *Plans Division* geprüft und war Gegenstand des folgenden Memorandums, das am 3. März 1939 herausgegeben wurde und zwischen März und Mai 1939 im *Marinestab* in den Umlauf ging:

„Der Wissensstand um die japanischen Neubauten ist nach wie vor ungenügend, aber aus dem, was zu erfahren ist, geht klar hervor, daß wir uns auf lange Sicht auf ein Zusammentreffen mit der japanischen Flotte im Fernen Osten vorzubereiten haben. Dabei wird die Zahl der britischen Großkampfschiffe unterlegen sein. Obwohl diese Unterlegenheit auch während der nächsten zwei bis drei Jahre andauern wird, ist es nicht weiter tragisch, allerdings nur so lange, bis Deutschland die volle Zahl der gemäß Londoner Abkommen zugestandenen Großkampfschiffe fertiggestellt hat.
Bis zu dem Zeitpunkt müßte die *Home Fleet* ihre volle Stärke erreicht haben. Es ist anzunehmen, daß dieses bis etwa Ende 1943 bzw. März 1944 der Fall sein wird. Das ist der Zeitpunkt, an dem mit einem Krieg gegen Deutschland und Japan zu rechnen ist. Die Lage ist dann in etwa wie folgt:

Britische Flotte in Heimatgewässern	*Deutschland*
2 1939er Programm	5 neue Großkampfschiffe
5 *King George V*-Klasse	2 *Scharnhorst*-Klasse
3 Schlachtkreuzer	3 *Deutschland*-Klasse
Gesamt 10	7 + 3
Britische Flotte im Fernen Osten	*Japan*
2 *Lion*-Klasse	4 neue Großkampfschiffe
2 *Nelson*-Klasse	2 *Nagato*-Klasse
3 *Warspite*-Klasse	4 *Fuso*-Klasse
2 *Barham*-Klasse	4 *Kongo*-Klasse
3 *Royal Sovereign*-Klasse	2 Schlachtkreuzer
Gesamt 12	16?

Anmerkungen:
Wenn Deutschland fünf Kreuzer mit 20,3 cm-Geschützen gegenüber den sechs Kreuzern von uns in den Heimatgewässern und im Atlantik besitzt, können wir nicht länger auf unsere 20,3 cm-Kreuzer als Gegner der *Deutschland*-Klasse bauen.
Die japanische Stärke ist ungewiß, aber es ist unwahrscheinlich, daß sie schwächer als oben angegeben ist, eher ist sie stärker.
Es ist möglich, daß ein oder zwei Großkampfschiff(e) von uns für längere Zeit in der Werft ist (sind). Das würde die *Fernostflotte* reduzieren. Das Übergewicht der *Home Fleet* bleibt ungefähr gleich.
Wenn wir damit rechnen müssen, daß die japanische Flotte auch mehr Flugzeugträger hat als wir, und eine Überlegenheit von mehr als 5 × 20,3 cm-Kreuzern, sind zwei Punkte herauszustellen:
a) Es ist dringend erforderlich, entweder unsere Stärke zu erhöhen oder die Schiffe der *Royal Sovereign*-Klasse in der *Fernostflotte* durch neue Schiffe zu ersetzen. Das bedeutet soviel wie Erhöhung der Qualität anstelle der mangelnden Quantität.
b) Unsere Schlachtkreuzer werden in der Heimat benötigt, die *Fernostflotte* hat keine Schiffe, die in der Lage sind, gegen die japanischen Schweren Kreuzer zu bestehen. Nach letzten Meldungen befinden sich welche in Bau mit einer Bewaffnung von 30,5 cm-Geschützen. (Die Japaner planten den Bau von zwei Schlachtkreuzern, 32000 ts und 9 × 31 cm-Geschütze, Geschwindigkeit 33 kn. Sie wurden 1942 annulliert.)
Es gilt als sicher, anzunehmen, daß, wenn unsere beiden kommenden Großkampfschiffe des 1940/41er Programms mit 40,6 cm-Geschützen ausgerüstet werden, diese nicht vor Ende 1944/Anfang 1945 fertig werden. Der entscheidende Faktor ist die Zeit, die zur Herstellung der Geschütze benötigt wird. Wenn der Nachteil der Kosten, der neuen Liegeplätze und neuen Dockmöglichkeiten akzeptiert wird, um Schiffe bis zur Grenze des Vertrages von 45000 ts zu bauen, kann nicht eine höhere Geschwindigkeit als 28 kn ohne den entsprechenden Schutzverlust erreicht werden.
Wir haben immerhin noch 4 × 38,1 cm-Zwillingstürme auf Lager, welche, das ist anzunehmen, nach völliger Modernisierung noch für weitere 25 Jahre verwendbar sind. Sie sind schneller verfügbar, als es dauert, den Schiffskörper für ein ganz neues Schlachtschiff zu bauen. Ein Schiff mit diesen 8 × 38,1 cm-Geschützen und einer Verdrängung von ~ 40000 ts könnte wahrscheinlich eine Geschwindigkeit von 30 kn erhalten, ohne irgendwelche Zugeständnisse an den Schiffsschutz zu machen. Obwohl es nicht so kampfkräftig sein würde wie unsere Schiffe mit 40,6 cm-Geschützen, wäre es aber von unschätzbarem Wert, wenn es in der Kampflinie als ein vollgepanzerter Schlachtkreuzer stünde:
a) abgestellt, um die japanischen 30,5 cm-Kreuzer zu verfolgen, die unsere östlichen Handelswege angreifen,
b) die japanischen 20,3 cm-Kreuzer in einem Gefecht zu bekämpfen,
c) in indischen und australischen Gewässern zu operieren, bevor unsere Flotte im Fernen Osten eintreffen würde. Ein Schiff dieser Art wäre zur Übernahme durch die *RAN* (Königlich Australische Marine) sehr geeignet.*
Bis weitere 38,1 cm-Geschütze verfügbar sind – die ersten Schlachtschiffe der *Royal Sovereign*-Klasse werden ab Anfang 1942 verschrottet – wird es, falls es gewünscht würde, möglich sein, später ein Schwesterschiff zu bauen. Allerdings wäre es unvernünftig, den Bau eines weiteren Schiffes dieser Klasse vorzunehmen, bis nicht sicher ist, daß weitere Türme zur Verfügung stehen werden.
Der Bau von mehr als einem dieser Schiffe wird in diesem Falle wahrscheinlich das 40,6 cm-Schiffsbauprogramm weiter hinauszögern. Im Hinblick auf die Konstruktion dieser Schiffe ist anzunehmen, daß durch das Akzeptieren einer Reduzierung der Bewaffnung auf sechs anstelle 8 × 38,1 cm-Geschütze oder der Geschwindigkeit auf 28 kn (oder ähnlich), eine beträchtliche Kostenersparnis erzielt werden könnte.
Nach Ansicht des *DofP* würde das Schiff, ohne Rücksicht auf die Kosten, in sich die maximale Bewaffnung und Geschwindigkeit vereinen, wie es einem 40000 ts-Schiff entspräche.
Es wäre notwendig, daß es
a) gegen 40,6 cm-Schiffe bestehen könne,
b) gegen Schwere Kreuzer Fühlung halten könne,
c) einem Kampf mit einer überlegenen Zahl gegnerischer Großkampfschiffe ausweichen könne.

gezeichnet
Director of Plans 3/3/1939"
(ADM 1/10141 Entwurf eines 38,1 cm-Schlachtschiffs 1939, Public Records Office)

Dieses Schreiben fand die allgemeine Zustimmung des *Marinestabes,* und um die einzelnen Möglichkeiten detailliert zu untersuchen, wur-

* Anmerkung des Übersetzers.

de der *DNC* aufgefordert, eine Entwurfsskizze und Legende für ein Schlachtschiff von 40000 ts, bewaffnet mit 8 × 38,1 cm-Geschützen und einer Geschwindigkeit von 30 kn, zu fertigen.

Dieser Entwurf, *15B,* war in der Tat der zweite, den der *DNC* fertigte, ein früherer, *15A,* war schon einmal auf Grund einer verbalen Forderung des *Controllers* für ein Schiff gleicher Art gefertigt worden, jedoch mit der Geschwindigkeit der *King George V*-Klasse. Ein dritter Entwurf, *15C,* folgte den Wünschen des *EinC* und hatte die Maschinenanlage der *Lion*-Klasse, um die schnelle Fertigstellung des Schiffes sicherzustellen. Der Grund dafür war, daß viele der einzelnen Zeichnungen für die Maschinenanlage der *Lion*-Klasse schon fast fertig waren. Die Anfertigung einer neuen Maschinenanlage würde hingegen sehr viel Konstruktions-, Entwurfs- und Herstellungsarbeiten erfordern. Die Fertigstellung des Schiffes würde verzögert. Die Einzelheiten der Entwürfe *15A, 15B* und *15C* sind der Tabelle 4 zu entnehmen. Die drei Entwürfe wurden am 17. Juli 1939 der *Admiralität* zugeleitet. Der Entwurf *15B* wurde vom *Controller, ACNS* und *DCNS* bevorzugt. Er wurde allgemein als der beste der drei angesehen. Entschieden wurde jedoch, den Entwurf *15C* zu wählen. Dies geschah wegen der sich evtl ergebenden Verzögerung in der Konstruktion und Herstellung der Maschinenanlagen für *15B.* Aus diesem Grund wurde der *DNC* beauftragt, diesen Entwurf detaillierter zu bearbeiten. Das wurde auch für kurze Zeit gemacht, dann aber am 11. September, acht Tage nach Kriegsausbruch, in Abhängigkeit der weiteren Entwicklung gestoppt. Bis Anfang Dezember 1939 ruhte das Projekt, bis der *1. Lord, Winston Churchill,* dem Entwurf seine Aufmerksamkeit schenkte. Zweifellos war er über die ersten Arbeiten informiert worden, und auch die Idee der Fertigstellung eines neuen Schlachtschiffes zu einem frühen Zeitpunkt hat ihm zugesagt, denn er verlangte danach, Einzelheiten zu erfahren, die Legende und die Entwürfe zu sehen. Am 19. Februar 1940 erhielt der *DNC* die Weisung, mit den Entwurfsarbeiten fortzufahren. Am 27. Februar fand eine Stabssitzung unter Leitung des *1. Lords* statt. Bei dieser wurde entschieden, folgende Änderungen in den Entwurf einzubeziehen:

a) Die Errichtung eines Splitterschutzes an den Bordwänden am vorderen und hinteren Schiffskörper, vor und hinter dem Gürtelpanzer, zwischen dem Zwischen- und Mitteldeck.
b) Verstärkung des Schutzes der 13,3 cm-Kasematten, so daß diese einer Halb-Panzersprengbombe von 227 kg widerstehen.
c) Errichtung eines kleinen, gepanzerten Gefechtsstandes hinten.
c) Zusätzlicher Einbau von vier UP-Werfern zur Fla-Ausrüstung.

Ein überarbeiteter Entwurf *15D,* der diese Änderungen enthielt, wurde vorbereitet. Die Einzelheiten waren die gleichen wie bei *15C,* mit Ausnahme der in Tabelle 5 angeführten

Tabelle 4: Einzelheiten der Entwürfe 15A, 15B und 15C

	15A	*15B*	*15C*
Länge (pp)	222,65 m	231,80 m	231,80 m
Länge (cwl)	234,85 m	244,00 m	244,00 m
Länge (üa)	236,38 m	245,53 m	245,53 m
Breite (maximal)	31,72 m	32,03 m	32,03 m
Tiefgang (durchschnittlich)	8,84 m	9,04 m	9,04 m
Leistung (normal)	100.000 WPS	130.000 WPS	120.000 WPS
Überleistung	110.000 WPS	143.000 WPS	130.000 WPS
Geschwindigkeit	28,5–29,25 kn	30,25–31 kn	29,25–30 kn
Heizöl	3.800 ts	3.800 ts	3.800 ts
Bewaffnung:			
8 × 38,1 cm; 80 Schuß/Geschütz			
16 × 13,3 cm; 200 Schuß/Geschütz			
6 × 2 Pdr Pom-Pom Lafetten Mk VI; 500 Schuß/Geschütz			
Panzerung:			
Gürtelpanzer	38,1 cm seitlich der Magazine; 35,6 cm seitlich der Maschinenräume		
Zitadellschotte	30,5 und 25,4 cm		
Barbetten (maximal)	33 cm		
Türme	33 cm Front; 22,86 cm Seiten; 17,78 cm Rücken; 15,2 cm Decken		
Hauptdeck	15,2 cm über den Magazinen; 12,7 cm über den Maschinenräumen		
Zwischendeck, vorn	12,7 bis 6,35 cm		
Zwischendeck, hinten	12,7 bis 11,4 cm		
Torpedoschotte	4,44 cm		
Splitterschutz- und Kugelschutzplatten	3,8; 3,18 und 2,54 cm		
Gewichte:			
Ausrüstung, allgemein	1.100 ts	1.100 ts	1.100 ts
Maschinenanlagen	2.750 ts	3.450 ts	3.200 ts
Bewaffnung	5.900 ts	5.900 ts	5.900 ts
Panzerung und Schiffsschutz	14.000 ts	14.450 ts	14.300 ts
Schiffskörper	14.300 ts	15.500 ts	15.500 ts
Standardverdrängung	38.050 ts	40.400 ts	40.000 ts

Tabelle 5: Einzelheiten des Entwurfs 15D

Länge (üa)	246,75 m
Breite (maximal)	32,18 m
Standardverdrängung	41.200 ts
Tiefgang bei Standardverdrängung	9,14 m
Tiefgang bei Einsatzverdrängung	10,21 m
Geschwindigkeit	29,5–30,25 kn
Heizölvorrat	3.800 ts
Bewaffnung: Wie *15C,* zusätzlich 4 UP-Lafetten	
Panzerung:	
Wie *15C,* außer Splitterschutzgürtel vor und hinter Gürtelpanzer; 7,62 cm und 5,08 cm bei den 13,3 cm-Kasematten; 6,35 cm die Decken und 6,35 cm; 3,8 cm die Seiten	
Gewichte:	
Ausrüstung, allgemein	1.100 ts
Maschinenanlagen	3.250 ts
Bewaffnung	5.750 ts
Panzerung und Schiffsschutz	15.500 ts
Schiffskörper	15.600 ts
Gesamt	41.200 ts

▲ *Vanguard* Februar 1952.

▼ *Vanguard* September 1948.

Tabelle 6: Einzelheiten des Entwurfs 15E

Länge (pp)	231,80 m
Länge (cwl)	244,00 m
Länge (üa)	246,75 m
Breite (maximal)	32,94 m
Standardverdrängung	41.600 ts
Tiefgang (mittlerer) bei Standardverdrängung	8,99 m
Tiefgang (mittlerer) bei Einsatzverdrängung	10,06 m
Leistung	120.000 WPS
Überleistung	130.000 WPS
Geschwindigkeit bei Standardverdrängung	29,5 kn
Überleistung	32,5 kn
Geschwindigkeit bei Einsatzverdrängung	28,5 kn
Überleistung	29 kn
Heizölvorrat	4.100 ts
Notvorrat +	300 ts
Fahrbereich	1.400 sm : 10 kn 6.000 sm : 20 kn
Besatzung als Geschwader-flaggschiff	1.600

Bewaffnung: 8 × 38,1 cm; 80 Schuß/Geschütz
16 × 13,3 cm; 200 Schuß/Geschütz
6 × 2 Pdr Pom-Pom Lafetten Mk VI; 500 Schuß/Geschütz
4 UP-Lafetten
1 Katapult D-III-H
2 Flugzeuge

Panzerung und Schiffsschutz:

Gürtelpanzer seitlich der Magazine	35,6 cm, bis Unterkante auf 11,4 cm abnehmend
Gürtelpanzer seitlich der Maschinenräume	33 cm, bis Unterkante auf 11,4 cm abnehmend
Splitterschutzgürtel, vorn	6,35 cm
Splitterschutzgürtel, hinten	5,08 cm
Zitadellschotte	30,5 und 25,4 cm
Barbetten	33 cm
Türme	33 cm Front; 22,86 cm Seiten; 17,78 cm Rücken; 15,2 cm Decken
13,3 cm-Türme	6,35 cm Schilde; 3,8 cm Decken
13,3 cm-Kasematten	6,35 cm Seiten; 3,8 cm Decken
Hauptdeck	15,2 cm über den Magazinen; 12,7 cm über den Maschinenräumen
Zwischendeck, vorn	12,7 bis 6,35 cm
Zwischendeck, hinten	12,7 bis 11,4 cm
Stahlschutzplatten	2,54 bis 1,27 cm
Splitterschutz der Magazine	3,8 cm
Torpedoschotte	4,44 cm

Gewichte:

Ausrüstung, allgemein	1.100 ts
Maschinenanlagen	3.250 ts
Bewaffnung	5.950 ts
Panzerung und Schiffsschutz	15.200 ts
Schiffskörper	16.100 ts
Standardverdrängung	41.600 ts

Daten. Der *Controller* war nicht so recht befriedigt mit dem Schutz der 13,3 cm-Kasematten, der später auf 7,62 cm und 5,08 cm an den Seiten verstärkt und mit einer 6,35 cm-Decke versehen wurde. Das Gewicht wurde durch entsprechende Reduzierung des Splitterschutzgürtels vorn (7,62 auf 6,35 cm) und hinten (5,08 cm) kompensiert. Später wurde beschlossen, daß der Kasemattenschutz eine einheitliche Stärke von 6,35 cm haben sollte. Am 20. Mai 1940 wurde der Entwurf *15D* genehmigt, aber wegen wichtigerer Vorhaben ruhte die Arbeit zwischen Juni und Oktober 1940. Als man die Arbeiten fortsetzte, wurden auch verschiedene Änderungen, die sich auf Grund der Kriegserfahrungen ergeben hatten, in den Entwurf eingearbeitet. Das bedeutete eine Erhöhung der Gewichtsanteile für Heizöl, Bewaffnung, Schiffsschutz und die Verbesserung der wasserdichten Unterteilung. Um diese Erweiterungen zu kompensieren und um den Tiefgang zu reduzieren, wurde die Breite auf 32,94 m vergrößert (was bedeutete, daß das Schiff nunmehr nicht mehr in Portsmouth und Rosyth docken konnte), außerdem wurde die Stärke des Gürtelpanzers vermindert. Diese Änderungen wurden in den überarbeiteten Entwurf *15E* aufgenommen, der am 17. April 1941 von der *Admiralität* genehmigt wurde (siehe Tabelle 6). Den endgültigen Bauauftrag für das Schiff erhielt am 14. März 1941 die Werft John Brown. Die Zeichnungen wurden 10 Tage später an die Bauwerft übergeben. Die Kiellegung erfolgte am 2. Oktober 1941 in Clydebank, und am 3. November erging an die Werft die Mitteilung, daß das Schiff *Vanguard* heißen sollte.

Als im Dezember 1941 der Krieg im Pazifik und in Fernost ausbrach, erhielt der Bau die Priorität „A 1". Um es so schnell wie möglich fertigzustellen, wurde der Bau des Kreuzers *Bellerophon,* der sich mit einigen neuen Handelsschiffen dort befand, mit diesen gemeinsam gestoppt. Man hoffte, daß diese Maßnahme genügend Arbeitskräfte frei machen würde, um die *Vanguard* bis Ende 1944 fertigzustellen. Das stellte sich jedoch als unmöglich heraus. Obwohl eine große Zahl Arbeitskräfte bereitgestellt wurde, war aber der prozentuale Anteil der Facharbeiter ungenügend, um die Arbeiten am Schiff zu beschleunigen. Es war vielmehr schwierig, ohne ernstliche Rückwirkungen auf andere Vorhaben, die ebenfalls hohe Prioritäten besaßen, an der *Vanguard* maximale Fortschritte zu erzielen. (Der durchschnittliche Anteil der Zahl an Männer und Frauen, die bei John Brown am Bau der *Vanguard* arbeiteten, waren 3500, aber das macht keine Aussage darüber, wie viele noch im Unterauftrag mitwirkten.) 1942 wurde untersucht, ob es möglich war, das Schiff zum Flugzeugträger umzubauen. Der *DNC* meinte, daß das keine fundamentalen Schwierigkeiten bereiten würde, und daß man dem allgemeinen Entwurf der 1942er Flugzeugträger (die *Ark Royal*-Klasse) folgen könne, und daß es 6 Monate dauern würde, den Entwurf umzuändern. Der Vorschlag wurde am 15. Juli 1942 im Detail diskutiert und verworfen. 1942 wurde der Entwurf erneut überarbeitet. Das geschah auf Grund des Unterganges der *Prince of Wales* und anderer Kriegserfahrungen. Die neue Legende und die Zeichnungen wurden im September 1942 genehmigt. Die hauptsächlichsten Änderungen waren eine weitere Erhöhung des vorderen Freibords, zusätzliche Heizölbunker, Vermehrung der Fla-Waffen und der Wegfall der Flugzeuge und des Katapultes. Eine Anzahl weiterer Verbesserungen wurden durchgeführt, die in der weiteren Beschreibung gesondert angesprochen werden. Die Einzelheiten des Entwurfs vom September 1942 waren die gleichen wie bei *15E,* mit Ausnahme der in Tabelle 7 angeführten Daten.

Tabelle 7: Einzelheiten der VANGUARD, September 1942

Länge (üa)	247,97 m
Standardverdrängung	42.300 ts
Tiefgang bei Standardverdrängung	~ 9,09 m
Tiefgang bei Einsatzverdrängung	~ 10,31 m
Heizölvorrat	4.850 ts

Flakausrüstung:
9 Pom-Pom Lafetten Mk VI; 500 Schuß/Geschütz
1 Pom-Pom Lafette Mk VII; 500 Schuß/Geschütz
12 × 20 mm-Oerlikon; 1.800 Schuß/Geschütz

Das war dann schließlich auch der Endentwurf, obwohl auch während des Baues weitere Verbesserungen durchgeführt wurden. Der Stapellauf fand am 30. November 1944 in Clydebank statt. Taufpate war Ihre *Königliche Hoheit, Prinzessin Elizabeth* (die heutige *Königin Elizabeth II.*).*

* Anmerkung des Übersetzers.

18 Monate später, am 25. April 1946, stellte sie für die Werftprobefahrten unter dem Kommandanten KzSee W. G. Agnew, CB,* CVO,** DSO*** in Dienst.

Bewaffnung: Aus Gründen der effektiven Feuerkraft war der *Marinestab* schon immer für vier Zwillingstürme gewesen. Aufgestellt vorne und hinten, wie auf der *Queen Elizabeth*-Klasse, wurde das als die ideale Anordnung für die SA angesehen. Bei neuen Konstruktionen war man zu drei Türmen übergegangen, weil ein weiterer Turm ein längeres Schiff erfordert und somit mehr Gewicht erbracht hätte. Die Verwendung der vier vorhandenen 38,1 cm-Zwillingstürme auf *Vanguard* bedeutete, daß man diesen Nachteil in Kauf nehmen mußte. Aber man kann nicht behaupten, das dieses der Qualität des fertigen Schiffes Abbruch tat. Obwohl die Geschütze aus den Jahren des Ersten Weltkrieges stammten, hielten sie – nachdem sie modernisiert waren – dem Vergleich mit modernen Waffen stand. Um sie für die Verwendung in einem modernen Schiff brauchbar zu machen, waren folgende Änderungen vorgenommen worden:

1. Die 22,86 cm-Panzerplatten der Turmfronten wurden durch solche von 33 cm ersetzt.
2. Die Rohrerhöhung wurde auf 30° vergrößert. Das brachte mit sich, daß die Öffnungen in den Türmen vergrößert werden mußten. Über die Geschützpforten kamen gepanzerte Kuppeln.
3. Die 11,4 cm-Decken der Türme wurden durch 15,2 cm nicht-zementierte Panzerplatten ersetzt.
4. Die 5,08 cm-Panzerung unter dem Turmboden, wo die Turmenden über die Barbetten standen, wurde durch eine 7,62 cm-Panzerung ersetzt. Diese war weniger für Schutzzwecke gedacht, vielmehr, um das zusätzliche Gewicht der Frontplatten zu kompensieren.
5. Verbesserung der Stichflammsicherheit.
6. Einbau einer Fernbedienung zum Drehen der Türme (*Vanguard* war das einzige britische Schlachtschiff mit einer Fernbedienung der SA und MA).
7. Die 4,57 m-EMeßGeräte wurden durch 9,14 m-Geräte ersetzt (in allen Türmen, außer Turm „A“).
8. Einbau von Feuchtigkeitsentfernern und Wärmeschutzisolierungen, um den Aufenthalt in den Türmen zu verbessern.

* CB = Companion of the Order of the Bath, confined to barracks/Ritter des Bath-Ordens.
** CVO = Commander of the Royal Victorian Order/Komtur des Königlich Victoria-Ordens, 3. Klasse des Victoriakreuzes.
*** DSO = Distinguished Service Order/Verdienstorden. (Anmerkungen des Übersetzers.)

Vanguard September 1948.

Der damaligen normalen Praxis folgend wurden die Magazine unter den Munitionskammern eingebaut. Das brachte aber ein sehr schwieriges Problem mit sich für die Modernisierung der Geschützlafetten, weil deren Munitionsfördersystem für das genau Entgegengesetzte konstruiert war. Schließlich wurde entschieden, den Turmschacht und die Aufzugseinrichtungen so zu lassen, wie sie waren, dafür die Pulverumladestationen über den Munitionskammern einzubauen. In dem nichtdrehenden Teil des Turmes wurden Aufzüge eingebaut, die das Pulver von den Magazinen in die Pulverumladestationen im Zwischendeck beförderten. Dieses System hatte den Nachteil, daß die Pulverumladestationen durch Granattreffer verwundbar waren, aber die bestehenden Risiken wurden größtenteils durch die Erweiterung des 5,08 cm-Schutzes der Barbettenwandungen gemindert. Dadurch wurden die Pulveraufzüge ebenfalls gepanzert. Außerdem wurden oben und unten an den Pulveraufzügen stichflammenfeste Türen eingebaut, der Transport der Treibladungen erfolgte in Zeugbeuteln.

Die Lafetten waren so ausgelegt, daß sie die neuen 38,1 cm-Granaten von 879 kg Gewicht aufnehmen konnten, und die Turmunterbauten waren so konstruiert, daß sie der Belastung von Überladungen standhielten. Diese wurden aber in Wirklichkeit vom Schiff nie mitgeführt. Bei der Fertigstellung betrug das Gesamtdrehgewicht der vier Türme 3420 ts. Das waren 80 ts mehr als im Entwurf vorgesehen. Weitere Gewichtserhöhungen der SA betrafen die Hauptfeuerleittürme (von 63 ts auf 70 ts), die Hydraulikanlage (von 63 ts auf 70 ts), die Hydraulikflüssigkeit (von 80 ts auf 91 ts) und zusätzliche 20 ts für Korrosionsschutzöl, das im Originalentwurf nicht berücksichtigt worden war. Die MA und ihre Anordnung glich derjenigen auf der *King George V*-Klasse, außer:

a) die 13,3 cm-Geschützlafetten waren M I* mit umkonstruierten Türmen, und
b) die Türme waren ausgerüstet mit der RP 10-Anlage, einer Feinsteuerung für Rohrerhöhung und Drehung.

Das Gesamtgewicht der Geschütze, Lafetten, Fernsteuerung, Pumpen und Ersatzteile war 854 ts, 29 ts mehr als in der Entwurfsrechnung genehmigt worden waren. Obwohl mehr auf dem Papier als tatsächlich, die Nahbereichs-Flakausrüstung der *Vanguard* entwickelte sich durch den Krieg nahezu progressiv, weil neue Geschütze und Feuerleitanlagen zur Verfügung standen. Ende 1941 wurde klar, daß die 6 Pom-Pom Lafetten Mk I des Entwurfs *15E* völlig ungenügend waren. Aber es war nahezu unmöglich, Positionen für zusätzliche Geschütze zu finden, ohne daß sie der Behinderung durch das Mündungsfeuer der SA und MA ausgesetzt gewesen wären. Daher wurde – wenn auch widerstrebend – entschieden, die Flugzeugausrüstung fallenzulassen, um so den benötigten Platz zu schaffen. Der hintere Schornstein wurde nach vorne versetzt und mittschiffs ein neuer Aufbau vorgesehen, wo die Beiboote und zwei zusätzliche Pom-Pom Lafetten Platz fanden. Diese Maßnahme machte die hinteren Aufbauten frei und erlaubte es, die dort befindlichen beiden Lafetten weiter nach vorn zu versetzen, so daß sie vom Bereich des Mündungsfeuers der hinteren Türme weiter weg kamen. Zugleich wurde entschieden, eine Pom-Pom Lafette Mk VII auf den Turm „B“, eine weitere Pom-Pom Lafette Mk VI auf das Achterdeck zu setzen. Damit erhöhte sich die Gesamtzahl der Pom-Pom Lafetten auf neun achtrohrige und eine vierrohrige. Im Juni 1943 berichtete der *DNO* von der Inspizierung der Attrappe einer neuen Waffe, einer sechsrohrigen 40 mm-Bofors Mk VI, und es schien, daß diese Waffe sehr bald in die Serienproduktion gehen würde und somit auch in *Vanguard* eingebaut werden könne. Später wurde entschieden, die neun Pom-Pom Mk VI durch diese Geschütze zu ersetzen. Gleichzeitig sollte die Pom-Pom Mk VII auf Turm „B“ durch eine 40 mm-Doppellafette „Buster“ ersetzt werden. Etwa 1945 bestand die vorgesehene Nahbereichs-Flakausrüstung aus:

10 × 40 mm-Bofors-Geschützen Mk VI; 4 auf den vorderen Aufbauten, 5 auf den hinteren Aufbauten und 1 auf dem Achterdeck.
1 × 40 mm-Doppellafette „Buster“ auf dem Turm „B“.
6 × 20 mm-Oerlikon-Vierlingslafetten Mk IV auf den Aufbauten.
14 × 20 mm-Oerlikon-Doppellafetten Mk XII (handbetrieben) auf dem Oberdeck.

Im April 1945 wurde erwogen, zusätzliche 40 mm-Einzel- und -Doppellafetten einzubauen, dafür sollten einige oder auch alle 20 mm-Doppellafetten ausgebaut werden. Es wurde auch notwendig, die 20 mm-Vierlingslafetten zu ersetzen, wenn die Genehmigung für die „Aufhebung des Verbotes der Herstellung neuer Waffen“ erteilt wurde, um die Fertigungsrate der mit „Kraft operierenden“ 40 mm-Einzellafetten Mk VII zu erhöhen. Verschiedene Alternativen wurden diskutiert, und die endgültigen Vorschläge waren dann:

1. Verbleib von sieben der 20 mm-Doppellafetten Mk XII an ihrem Platz. Ersatz der übrigen sieben durch 40 mm-Bofors-Einzellafetten Mk III.
2. Einbau von 2 × 20 mm-Oerlikon Mk XII oder Mk V und von 4 × 40 mm-Bofors Mk VII anstelle der 6 × 20 mm-Vierlingslafetten.
3. Vorläufiger Einbau von 2 × 20 mm-Oerlikon-Doppellafetten Mk XII in der Position der vorderen MA-Feuerleitgeräte Mk I, bis die vorgesehene Ausrüstung zum Einbau zur Verfügung steht.

Zusätzlich wurde eine stabilisierte Schnellricht-40 mm-Flak-Doppellafette Mk II (STAAG) für die „Buster“ auf den Turm „B“ gesetzt. Als die Fertigstellung des Schiffes sich bis in den April 1946 verschob, wurden die 7 × 40 mm Mk III, handbetätigt, durch 40 mm Mk VIII, kraftbetätigt, ersetzt. Keine der 20 mm-Waffen wurde in das fertige Schiff eingebaut, und die endgültige Nahbereichs-Flakausrüstung war dann:

10 × 40 mm-Lafetten Mk VI,
1 × 40 mm stabilisierte Schnellricht-Doppellafette Mk II (STAAG),
11 × 40 mm-Lafetten Mk VII.

Für die 40 mm-Bewaffnung war eine umfangreiche Vergrößerung der Magazine erforderlich. Die Bewaffnung bestand immerhin aus 73 Rohren, und so war es notwendig, den vorhandenen Stauraum zu verändern und zusätzlichen Raum neu einzurichten. Trotzdem war es unmöglich, den Standardvorrat von 1564 Schuß/Rohr unterzubringen. Der gesamte verfügbare Munitionsvorrat, einschl Bereitschaftsmunition, belief sich auf 92637 Schuß, also durchschnittlich 1269 Schuß/Geschütz. Das Gesamtgewicht der zehn Geschütze Mk VI, des stabilisierten Schnellricht-Doppelgeschützes, der 40 mm-Munition und der Sperrfeuerleitgeräte lag bei 599 ts (→ Tabelle 8, Gewichtsverteilung der Bewaffnung).

Feuerleitanlagen: Die SA konnte entweder vom vorderen oder vom hinteren Feuerleitturm über die Artilleriezentrale geleitet werden. Eine Ersatzleitung war sichergestellt für die Türme „A“ und „X“ durch den Turm „B“ und für den Turm „Y“, der durch Turm „X“ mit geleitet werden konnte. Die Feuerleitung konnte getrennt werden, und zwar vom vorderen Feuerleitturm über die Artilleriezentrale für die Türme „A“ und „B“, vom hinteren Feuerleitturm über direkte Telephonleitungen für die Türme „Y“ und „X“. Für die Leitung der SA waren zwei Radargeräte Typ 274 eingebaut, eines vorn und eines hinten. Die Antennen saßen auf den Hauptfeuerleittürmen. Es gab in der Artilleriezentrale nur ein Sichtgerät, welches mittels eines Wahlschalters von vorne oder hinten gespeist werden konnte. Kurz vor dem Kriege hatten die Arbeiten am Schnellmeßleitsystem für die Flakfeuerleitung begonnen, das als Ersatz für die vorhandenen Flakleitgeräte vorgesehen war.

Tabelle 8: Gewichte der SA (detaillierte Berechnung des Entwurf 15E von 1942)

Standardverdrängung:	
Drehgewicht der 38,1 cm-Türme	3.340 ts
38,1 cm-Granaten (80 pro Geschütz)	554 ts
38,1 cm-Treibladungen (80 pro Geschütz)	238 ts
Maschinen in den Munitionskammern	120 ts
Maschinen in den Munitionsumladeräumen	40 ts
Hydraulikmaschinen	120 ts
Hydraulikleitungen, -ventile usw.	40 ts
Drehgestelle, untere Walzenbahnen und Hälfte der Walzenringe	70 ts
Reserveteile	20 ts
Vorderer 38,1 cm-Feuerleitturm	30 ts
Hinterer 38,1 cm-Feuerleitturm	33 ts
Gesamt	4.605 ts
Zusätzlich bei Einsatzverdrängung:	
38,1 cm-Granaten (34 pro Geschütz)	236 ts
38,1 cm-Treibladungen (31 pro Geschütz)	92 ts
38,1 cm-Übungsgranaten und Übungsladungen (14)	14 ts
Hydraulikflüssigkeit	80 ts
Gesamt	422 ts

Zusammen: 4.605 ts + 422 ts = 5.027 ts

Vanguard 1952. ▶

Bekannt als TS I (Transmitting Station I/Artilleriezentrale I),* war vorgesehen, diese Ausrüstung in den Schiffen der *Lion*-Klasse, in *Vanguard,* in *Indefatigable* und die folgenden Flugzeugträger sowie in die neuen Kreuzer einzubauen. Die Konstruktion dieser neuen und komplizierten Anlage würde in Kriegszeiten eine übermäßige Belastung auf die britischen Hersteller von Feuerleitanlagen ausgeübt haben, und daher wurde entschieden, außer mit der Fertigung des Prototyps, nicht mit der Herstellung fortzufahren. Glücklicherweise hatte die *US Navy* bereits ein Schnellmeß-Flakleitgerät hergestellt und an Bord eingebaut. Die *Admiralität* konnte eine Anzahl dieser Geräte für die Schiffe der *Royal Navy,* einschließlich *Vanguard,* übernehmen. Das US-Gerät bestand aus einem Mk 37-Richtgerät, einem Feuerleitrechner und einem Zentral-Stabilisierungsgerät. *Vanguard* besaß vier dieser Systeme, die anstelle der sonst üblichen viereckigen Anordnung rautenförmig installiert wurden. Damit war es möglich, die unterschiedlichen Kombinationen der 13,3 cm-Türme zu leiten. Allgemein waren die Richtgeräte US-Standardmodelle, außer daß sie mit britischem Radar, Typ 275 (stabilisiert), ausgerüstet waren. Das Gesamtgewicht der vier Richtgeräte war 64 ts (als TS I annulliert wurde, waren anfangs vier Flakleitgeräte Mk III zum Einbau vorgesehen, die ein Entwurfsgewicht von 44 ts hatten).
Vier der 13,3 cm-Türme konnten zum Verschießen von Leuchtgranaten durch die kombinierten Visiere der Luftabwehrstände geleitet werden. Jede der Bofors-Mk VI-Lafetten war mit einem Nahbereichs-Sperrfeuerleitgerät und Radar Typ 262 ausgerüstet. Obwohl verfügbar, scheint es, daß das Schiff nie mit der kompletten Ausrüstung von zehn Leitgeräten ausgerüstet worden ist, die fehlenden blieben an Land eingelagert. Die stabilisierte Schnellricht-Flak auf dem Turm „B" war eine unabhängige Waffe, die eine eigene Feuerleitanlage mit Radar Typ 262 besaß. Die Bofors-Mk VII-Einzellafetten besaßen nur „Nahleitung" (Bedienung).*

Gefechtsnachrichtenzentrale (OPZ)/Operationszentrale:* Unterhalb des Panzerdecks, um den unteren Schiffsleitstand herum, war eine Gefechtsnachrichtenzentrale, bestehend aus einem Operationsraum, Radarsichträumen und einer Flakleitzentrale, mit allen erforderlichen Zielerkennungsgeräten und Radarschirmen, eingebaut. Alle Anlagen saßen in einem Block. Die Gefechtsnachrichtenzentrale wurde erst entwickelt, nachdem das Schiff auf Stapel gelegt worden war. Der verfügbare Raum war um vieles kleiner, als es wünschenswert war. Um sicherzugehen, daß der verfügbare Raum so günstig wie möglich ausgenutzt wurde, fertigte man eine Attrappe im gleichen Maßstab an. Die daraus resultierende Anordnung wurde genehmigt. Die allgemeine Auslegung wurde im September 1943 genehmigt, aber es war nicht möglich, die detaillierte Einzelteilauslegung auszuführen, bevor das Schiff fast fertig war.

Schiffsschutz: Die Anordnung des Gürtelpanzers war allgemein wie bei der *King George V*-Klasse, außer daß ein etwas schwächerer verwendet wurde; der Splitterschutz war jedoch stärker. Der 35,6 cm-Panzer seitlich der Magazine widerstand 38,1 cm-Panzersprenggranaten, die aus Entfernungen bis zu 13800 m geschossen wurden.
(Diese Angaben beruhen vermutlich auf tatsächlichen Versuchsergebnissen, siehe Band 2, Tabelle 14, und die Daten, die für die *King George V*-Klasse geschätzt wurden, siehe Band 2, Abschnitt „Schiffsschutz". Es ist möglich, aber sehr unwahrscheinlich, daß die Panzerung der *Vanguard* zur *King George V*-Klasse leicht unterschiedlich war.) Beim Splitterschutz wurden zwei wichtige Erweiterungen gemacht. Die erste ergab sich aus dem Kampf zwischen *Prince of Wales* und *Bismarck.* Während dieses Gefechtes durchschlug ein Unterwasser-Granattreffer die Bordwand unterhalb des Gürtelpanzers, aber glücklicherweise erfolgte keine Detonation. Um die aus einem solchen Treffer resultierenden Splitter vor einem Durchschlagen der Magazine aufzufangen, wurde am 15. August 1941 genehmigt, zusätzlich auf den Längsschotts der MA- und SA-Magazine, auf der *Vanguard, Duke of York, Anson* und *Howe* eine 3,8 cm-nicht-zementierte Panzerung einzubauen. Das Gewicht steigerte sich dadurch um etwa 80 ts. Die zweite diente der Verhinderung des Verlustes des Auftriebs in der Wasserlinienfläche vor und hinter der Zitadelle auf Grund von Splitterschäden. Das erreichte man durch den Einbau von 6,35 cm- und 5,08 cm-nicht-zementierten Panzerungen an den Bordwänden, jeweils zwischen dem Zwischen- und Mitteldeck vor und hinter dem Gürtelpanzerbereich, sowie von 2,54 cm-Schotts in diesem Abschnitt. Dieses versprach Schutz gegen Bomben- und Granatdetonationen auf dem Panzerdeck und gegen Reißen und Durchbrechen der darüberliegenden ungepanzerten Aufbauten durch Druck und Splitter. Es verhinderte außerdem eine Durchlöcherung der Bordwand in der Wasserlinie durch in der Nähe im Wasser explodierende Bomben und Granaten. Die Gesamtverteilung des Panzergewichtes siehe in der Tabelle 9. Der Gürtelpanzer gab vollen Schutz gegen Geschosse mittleren und leichten Kalibers, wie in Tabelle 10 angegeben.

Tabelle 9: Panzergewichte (Einzelberechnung des Entwurfs 15E von 1942)

Gürtelpanzer, einschließlich der Ausdehnung nach vorn und hinten über die Zitadelle hinaus	4.666 ts
Zitadellschotte	516 ts
Barbetten	1.500 ts
Hauptdeck, einschließlich Barbettenbefestigungen	4.153 ts
Zwischendeck, vorn	362 ts
Zwischendeck, hinten	578 ts
Erweiterung der Schotte	75 ts
Kommandoturm	44 ts
Hinterer Ersatzgefechtsstand und Verbindungsschacht	57 ts
Schutz der Feuerleittürme usw.	31 ts
Splittergürtel an den Enden	218 ts
Splitterschutz für Pulverumladestationen	626 ts
Torpedoschotte und Bunkerschotte	1.375 ts
Schornsteinhälse	52 ts
Splitterschutz zu den Längsschotten zwischen Zwischendeck und Mitteldeck, vorn und hinten	33 ts
Schutz der 13,3 cm-Kasematten	433 ts
Schutzwandungen der Verbindungsschächte	80 ts
Panzergrätings	24 ts
Kugelschutz der Brücke usw.	110 ts
Schutz der 13,3 cm-Türme	17 ts
Panzerunterlagen	40 ts
Gesamt	15.000 ts

Unterwasserschutz: Das System dieses Schutzes war das gleiche wie bei der *King George V*-Klasse. Aber als Ergebnis des Verlustes der

* Anmerkungen des Übersetzers.

Prince of Wales wurde entschieden, die Höhe der Längsschotte, die die drei Außenräume außerhalb der Torpedoschotte bildeten, zu vergrößern. Auf diese Art und Weise wurden sie, anstelle des Abschlusses in Höhe Zwischendeck, bis zum Mitteldeck hochgezogen und verliehen so eine wesentlich bessere Unterteilung hinter der Panzerung und in der Nähe der Wasserlinie. Die Mannschaftswaschräume, die vorher in diesem Bereich lagen, wurden ins Mitteldeck verlegt. Der maximale Schutz, der durch die Unterwasserräume an verschiedenen Stellen des Schiffskörpers gegeben wurde, ist aus der Tabelle 11 ersichtlich.

Tabelle 10: Entfernungen, unter denen ein nicht-zementierter Panzer von 6,35 cm bei normalem Auftreffwinkel durchschlagen wird*)

Geschoßkaliber	Geschoßgewicht	Entfernung
15,2 cm	50,792 kg	16.459,20 m
15 cm (deutsch)	–	18.288 m
13,3 cm	37,187 kg	11.887,20 m
12 cm	28,117 kg	10.515,60 m
12 cm	22,675 kg	5.943,60 m
11,4 cm	24,942 kg	9.601,20 m

*) Anmerkung des Übersetzers: Im Gegensatz zur Tabelle sind die Daten im Text abgerundet angegeben.

Maschinenanlage: Die Hauptmaschinenanlage war in vier Kessel- und vier Maschinenräume unterteilt, und zwar nach dem gleichen Kraftwerksystem wie auf der *King George V*-Klasse. Jeder Maschinenraum nahm in sich eine HD- und eine ND-Turbine auf, die jeweils mittels eines Doppelschneckengetriebes auf eine Welle arbeiteten. Mit der ND-Turbine in einem Gehäuse befand sich jeweils eine Rückwärtsturbine. Der Dampf gelangte mit einem maximalen Betriebsdruck von 24,6 atü und einer Temperatur von 371,1 °C zu den Turbinen. Die maximale Leistung lag normal bei 30000 PS pro Welle, die dann mit 245 u/min drehte. Aber es war auch vorgeschrieben worden, daß die Turbinen bei einer Wellendrehzahl von 250 u/min eine Überleistung von 32000 WPS erbringen sollten. Im September 1942 schätzte man die Geschwindigkeit – bei 130000 WPS – 42300 ts Standardverdrängung auf 30 kn und 28,75 kn bei einer Einsatzverdrängung von

Tab. 11: Der Schutzwert des inneren Wulstschutzsystems

Spanthöhe des Schotts und seine Lage	Größte Tiefe des Wulstes	Stärke des Torpedoschotts	Schutzwert gegen TNT (abgerundet)
74 Vorkante Magazin A	2,62 m	4,44 cm	213 kg
92 Zwischen Magazinen A + B	3,58 m	4,44 cm	395 kg
110 Hinterkante Magazin B	4,14 m	4,44 cm	544 kg
134 Vorkante vorderer Kesselraum	4,09 m	3,8 cm	444 kg
156 Zwischen vorderem Turbinenraum und Kesselraum	4,29 m	3,8 cm	499 kg
178 Vorkante hinterer Kesselraum	4,57 m	3,8 cm	590 kg
200 Zwischen hinterem Turbinenraum und Kesselraum	4,29 m	3,8 cm	499 kg
222 Hinterkante hinterer Kesselraum	4,32 m	3,8 cm	590 kg
236 Hinterkante hintere 13,3 cm-Magazine	3,96 m	4,44 cm	491 kg
247 Vorkante Mag. X	3,61 m	4,44 cm	408 kg
283 Hinterkante Mag. X	2,97 m	4,44 cm	272 kg

Nahaufnahme der Aufbauten der *Vanguard*.

Vanguard bei einer ihrer Friedensaufgaben – Besucher an Bord während des „Navy-Day" 1955 (Tag der Marine)*. Blick von der Back nach achtern.

*) Anmerkung des Übersetzers.

Vanguard

1946: Seitenansicht und Decks

Schutzdeck ▼

1 Portepeeunteroffiziers- und Unteroffiziersmesse
2 Bad
3 Toiletten
4 13,2 cm-Türme
5 Kammern
6 Pantry der Portepeeunteroffiziere und Unteroffiziere
7 Portepeeunteroffiziersmesse
8 Unteroffiziersmesse
9 Schornsteinhälse
10 Stabsraum

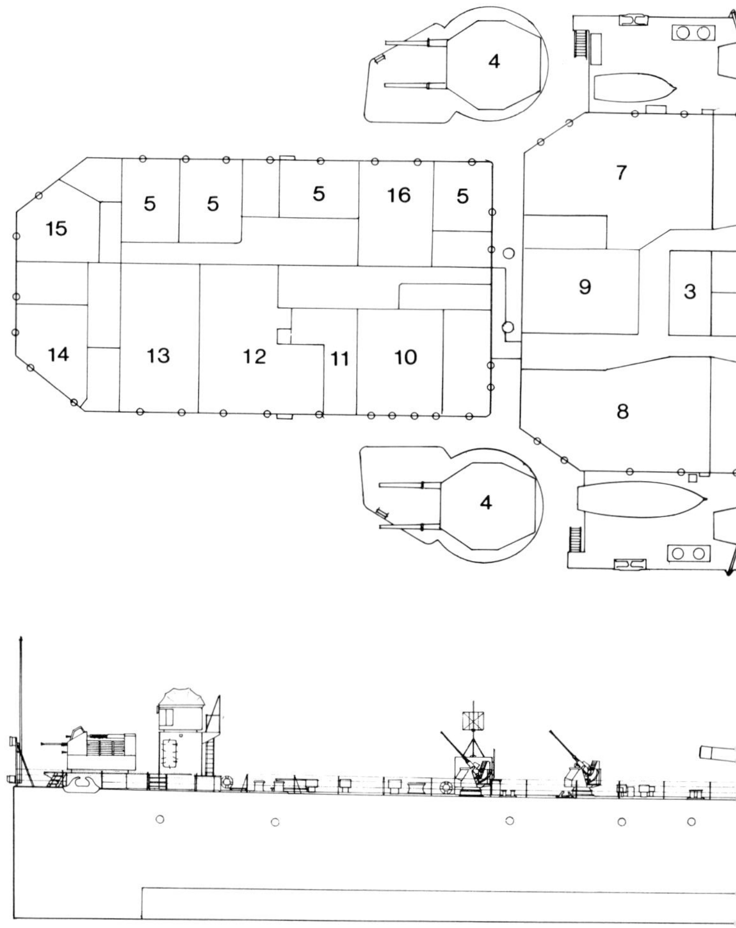

Vanguard

1946: Längsschnitt und Querschnitte

Längsschnitt ▼

1 Kesselräume
2 Maschinenräume
3 38,1 cm-Magazine
4 38,1 cm-Munitionskammern
5 38,1 cm-Munitionsladeräume
6 38,1 cm-Kartuschenumladeräume
7 13,2 cm-Munitionskammern
8 13,2 cm-Magazine
9 Bofors-Magazine
10 BÜ-Raum/Artilleriezentrale
11 Luft-Plottraum/Niederdruck-Luftzentrale
12 OPZ
13 Radarbeobachtungsraum/unterer Schiffsführungsstand
14 Rechenstelle
15 Niederdruck-Luftzentrale
16 Schornsteinhälse/Kesselraumschächte
17 MA-Feuerleitgeräte Mk 37
18 38,1 cm-Feuerleitstände
19 Nahbereichs-Sperrfeuerleitgerät
20 VHF/Funkpeiler
21 Kesselraumentlüftungen
22 Maschinenraumentlüftungen

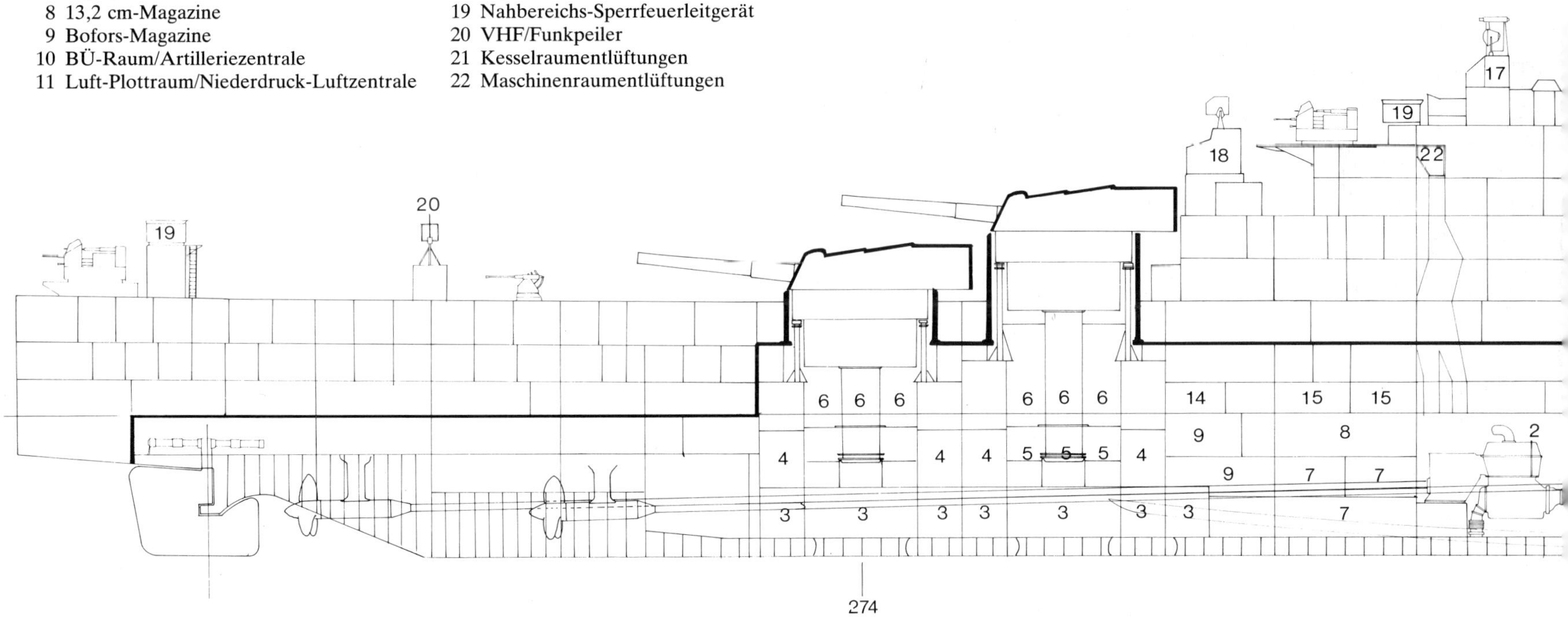

◀ *Hintere Admiralsbrücke*
1 Radarraum
2 hintere Luftabwehr-beobachtungspositionen

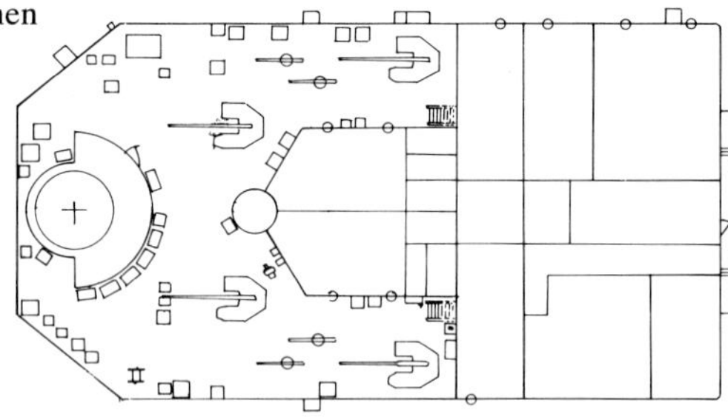

◀ *Admiralsbrücke*
1 Admirals-Kompaßplattform
2 Brücken-Plottraum
3 Stabsraum
4 Radarräume
5 „Metadyne“-Raum

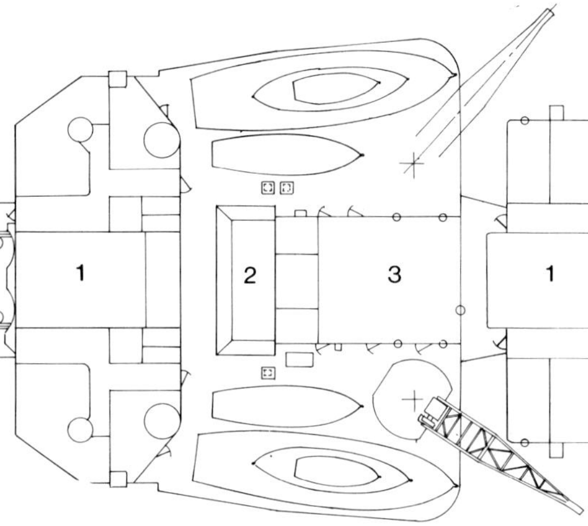

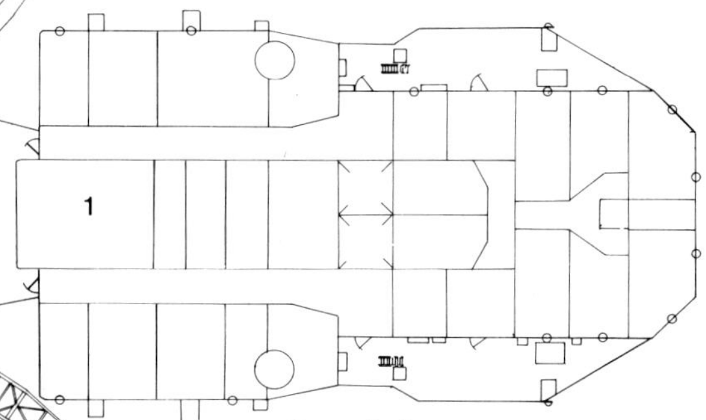

Bootsdeck ▲
1 Schornsteinhälse
2 Maschinenraumniedergänge
3 Werkstatt

Plattformdeck Nr. 1 ▼
1 Admirals-Seekabine
2 Stabschef-Seekabine
3 Admiralsbad
4 Brückenbad
5 Navigationsoffizierskammer
6 Stabsoffiziersmesse
7 Schlüsselraum (Chiffrierstelle)
8 Stabsoffizierskammer
9 Kammer
10 „Metadyne“-Raum
11 Schutzstände für Geschützbedienungen
12 13,72 m-Dieselmotorsicherungsboote
13 Bofors-Magazin
14 Lüfterraum
15 Rechengeräte der Türme „X“ und „Y“

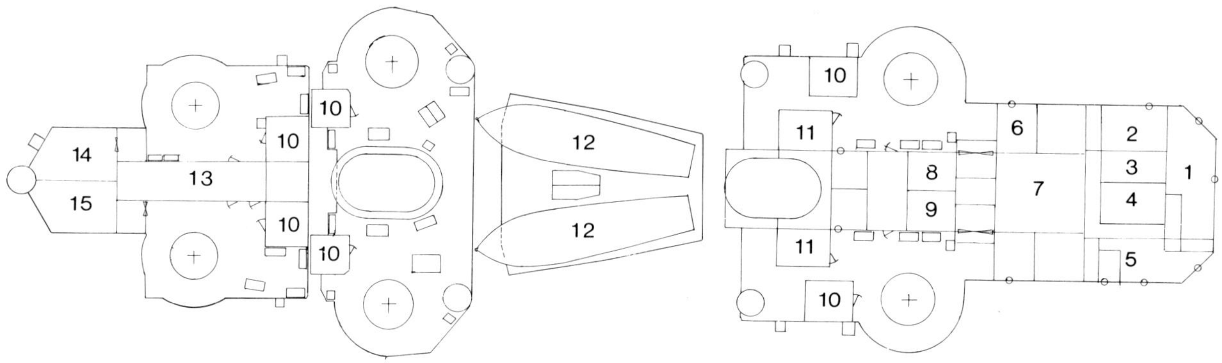

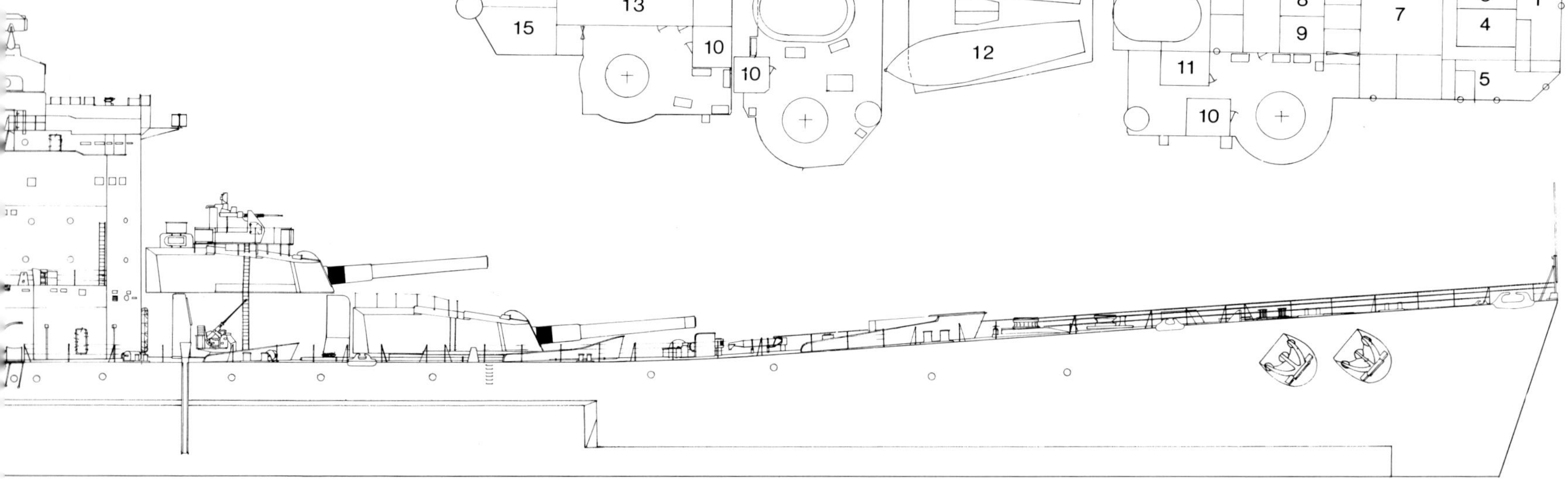

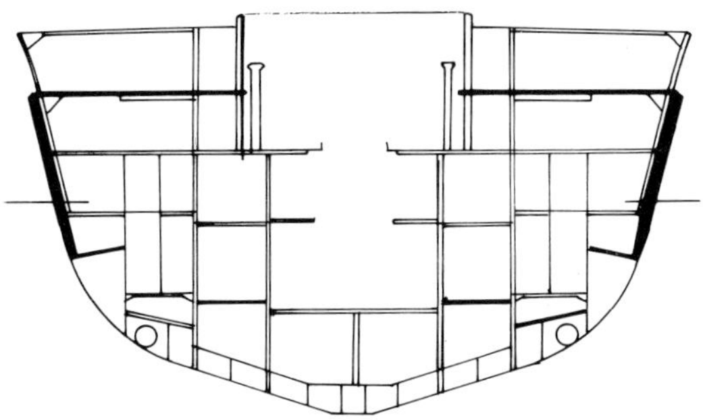

am Spant 274, nach hinten sehend

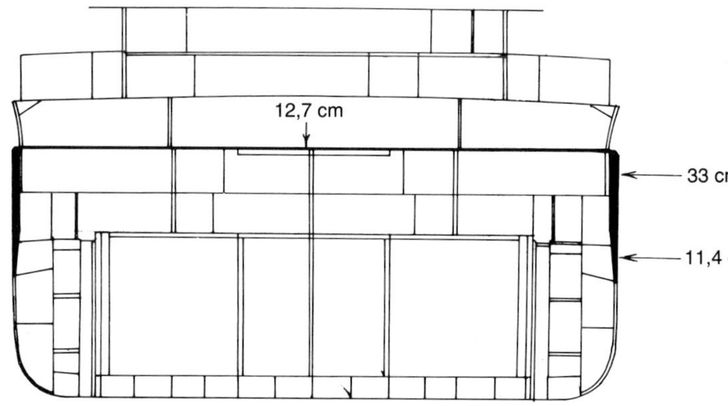

am Spant 167, nach hinten sehend

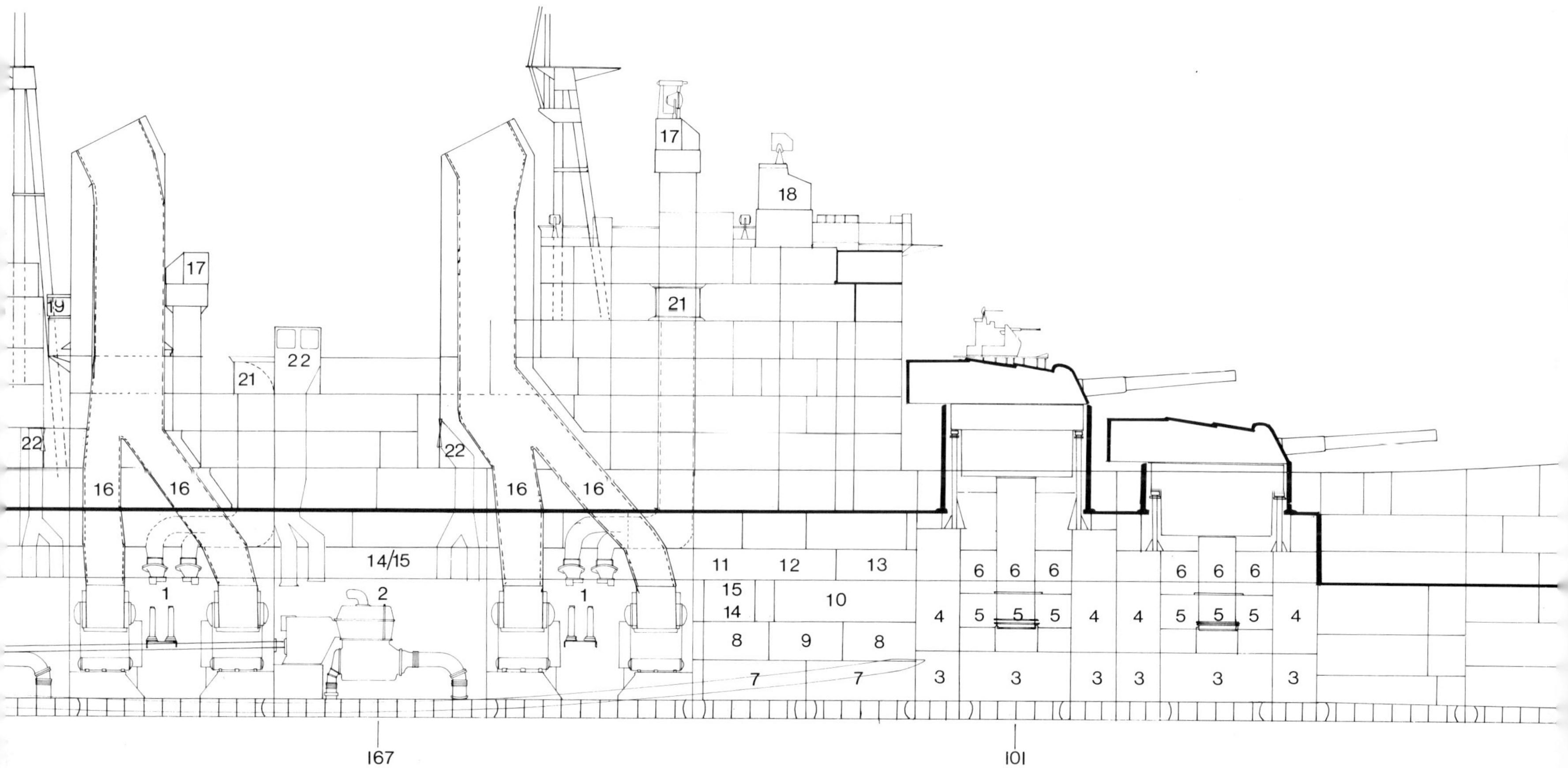

Fernmelde-, Feuerleit- und Kompaßplattform ▶
1 38,1 cm-Feuerleitturm
2 Funkraum
3 Schutzstand

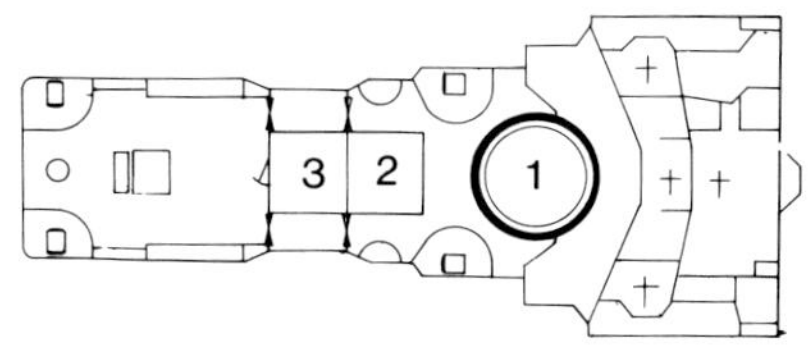

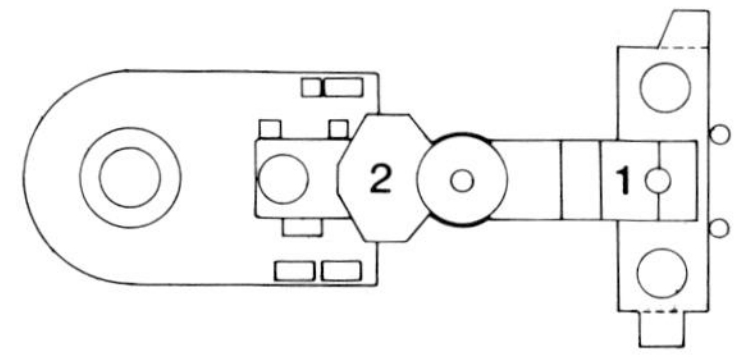

11 Admiralspantry
12 Admiralseßraum
13 Admiralstagesraum
14 Admiralsschlafraum
15 Admiralsreservekammer
16 Tagesraum Stabschef

Kommandoturmplattform ▶
1 Kommandoturm
2 Kommandanten-Seekabine
3 Kommandantenpantry
4 Kartenraum
5 Kammern
6 Signalstand

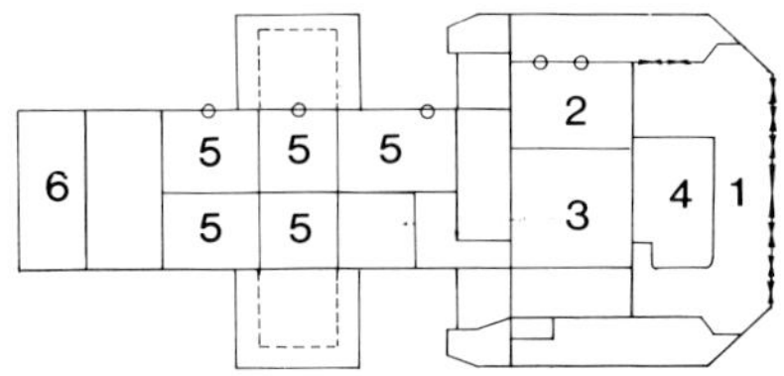

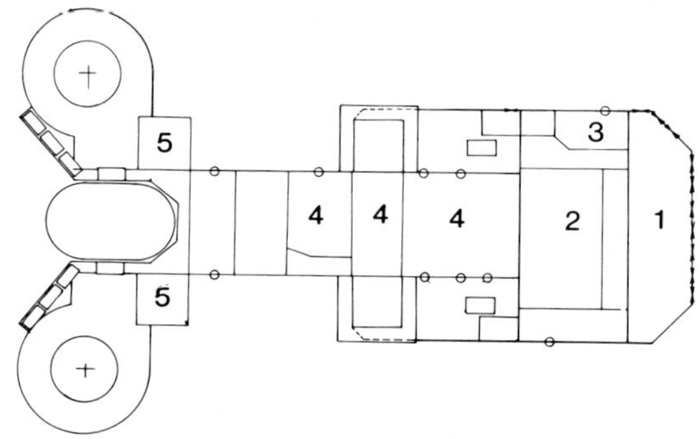

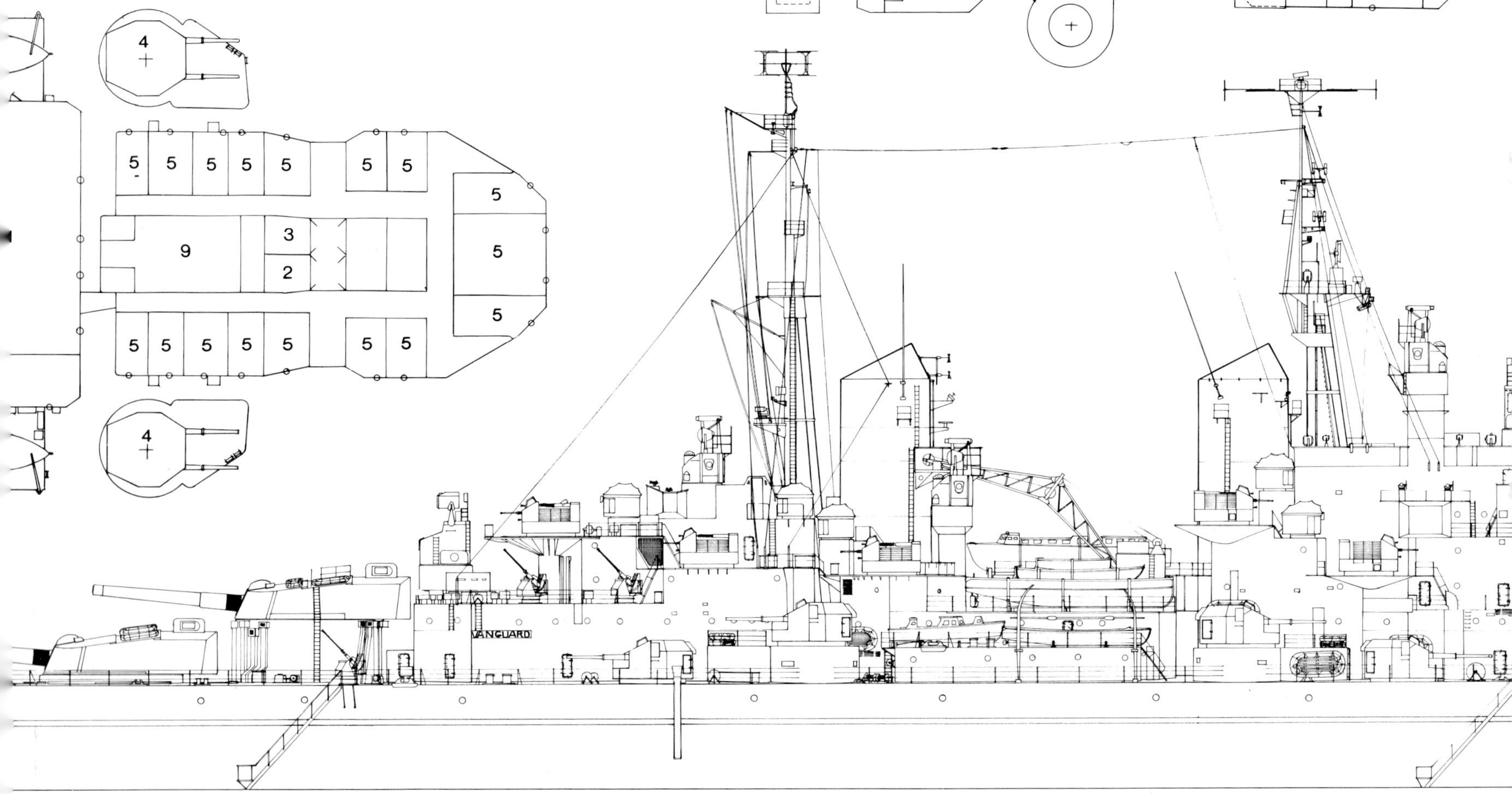

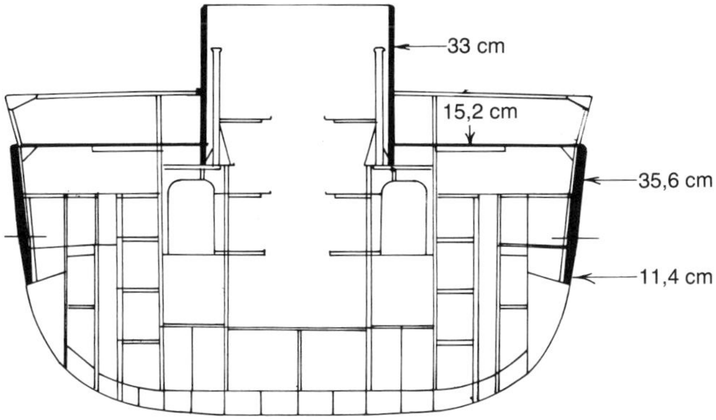

am Spant 101, nach vorn sehend

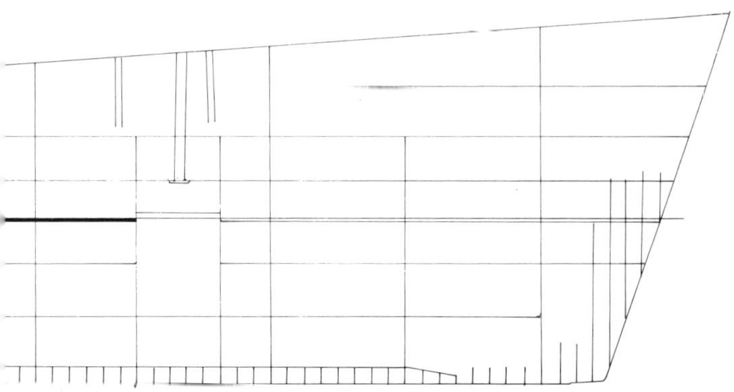

Decksaufnahme der *Vanguard.* Am unteren Ende des Großmastes in Höhe des Schornsteines ist die Plattform für die Antenne des Radar Typ 268 erkennbar, das sie bei Fertigstellung führte. Die jetzt sichtbare Antenne dient zum Fernsehempfang.

49100 ts. Jeder Kesselraum nahm zwei Admiralitäts-3-Trommel-Wasserrohrkessel mit einem maximalen Betriebsdruck von 28,1 atü und einer Temperatur von 398,8 °C (im Überhitzer) auf. Frühe Änderungen der Maschinenanordnung bezogen sich auf:

a) Ursprünglich sollte jeder HD-Turbine eine Marschturbine zugeschaltet werden, aber im September 1942 wurde diese Anordnung aus Gründen der Gewichtsersparnis verworfen. Obwohl das eine Ersparnis von 100 ts erbringen sollte, blieb es bei dem Maschinengewicht von 3250 ts, auch bei Fertigstellung.
b) Im März 1942 wurde genehmigt, die Versetzung der Innen- und Außenpropeller von 10,21 m auf 15,70 m zu vergrößern, um die Möglichkeit des Ausfalls beider Propeller durch einen einzigen Torpedotreffer zu mindern.

Die Maschinenanlage erfüllte mehr als die berechnete Leistung, und angesichts der Tatsache, daß das Schiff über 2000 ts mehr verdrängte, als im Entwurf vorgesehen, erreichte es bei den Probefahrten Geschwindigkeiten, die über den Konstruktionsdaten lagen. Im Juli 1946 fuhr sie auf der abgesteckten Meile von Arran bei einer Verdrängung von 45720 ts und bei einer Leistung von 136000 WPS 31,57 kn. Erprobungen unter Einsatzverdrängung ergaben die Werte, die in der Tabelle 12 angegeben sind. Während der Probefahrten wurden nur geringe Vibrationen registriert, mit Ausnahme bei 24 kn Fahrt und bei 200 u/min/Welle, wobei die Brücke und die Maschinenräume betroffen waren. Diese Störungen wurden dadurch verringert, daß man die Innenwellen mit 222 u/min, die Außenwellen mit 174 u/min arbeiten ließ, was zusammen wieder 24 kn Fahrt ergab.

Tabelle 12: Meilenfahrten bei Einsatzverdrängung im Juli 1946 vor Arran

Durchschnittliche Geschwindigkeit	Durchschnittliche Wellendrehzahl	Durchschnittliche Leistung	Verdrängung
11,86 kn	91,8 u/min	6.130 WPS	51.050 ts
15,266 kn	118 u/min	20.640 WPS	51.000 ts
18,963 kn	114,6 u/min	24.110 WPS	50.170 ts
20,557 kn	159,5 u/min	31.360 WPS	50.940 ts
21,873 kn	170,3 u/min	38.240 WPS	51.300 ts
25,477 kn	200,16 u/min	64.960 WPS	51.260 ts
26,285 kn	210,8 u/min	75.120 WPS	51.220 ts
28,16 kn	230,9 u/min	120.240 WPS	51.160 ts
30,379 kn	250,6 u/min	132.950 WPS	51.070 ts

Fahrbereich: Während der *Bismarck*-Unternehmung 1941 wurden *King George V* und *Rodney* wegen zu geringen Brennstoffvorrats fast vorzeitig zur Aufgabe der Jagd und zum später vorzeitigen Verlassen des Kampffeldes gezwungen (immerhin nicht, bevor die *Bismarck* nicht total neutralisiert worden war). Auf Grund dieser Erfahrungen überprüfte der *Marinestab* die Fahrbereichsforderungen der *Vanguard,* und im März 1942 bestimmte er, daß der Fahrbereich von 14000 sm bei 10 kn bis 6000 sm oder mehr bei 24 kn reichen sollte. Dies sollte unter folgenden Bedingungen noch möglich sein: sechs Monate nach der letzten Dockung, unter Einsatzbedingungen, und mit Kesseln, die nach halbstündigem Beharrungszustand auf Höchstleistung gehen konnten. Das Brennstoff-Fassungsvermögen wurde auf 4850 ts erhöht, indem man die Außenbunker von 1,17 m auf 1,85 m verbreiterte. Das ergab einen Fahrbereich von 6000 sm bei 20 kn oder 4200 sm unter den Bedingungen, die vom *Marinestab* spezifiziert worden waren. Der *DNC* wies darauf hin, daß zur Erfüllung der Forderung von 6000 sm bei 24 kn ein Heizölvorrat von 6900 ts nötig wäre, und der wäre nicht ohne Schwierigkeiten unterzubringen und würde die Ausgewogenheit des Entwurfs gefährden. Daher wurde ein Brennstoffvorrat von 4850 ts akzeptiert (einschl. 427 ts DiKst), was dem Schiff einen Fahrbereich verlieh, der der Tabelle 13 zu entnehmen ist.

Hilfsmaschinen: Die wichtigsten Hilfsmaschinen waren in zwei Hilfsmaschinenräumen für den Hafenbetrieb und zehn Hilfsmaschinenräumen für den See- und Gefechtsbetrieb untergebracht. Die ersteren Räume befanden sich zwischen den vorderen Maschinenräumen und die letzteren in den Außenräumen, seitlich der Maschinenräume und Magazine der MA. Gemäß Originalentwurf sollte die elektrische Energie durch sechs TurboGen und zwei DiGen erzeugt werden, jeder Generator mit einer Leistung von 400 kW, die in eine Ring-Hauptleitung mit 220 V Gleichstrom gespeist wurden. Später wurde die Anlage modifiziert. Das geschah auf Grund von Schäden, die der Kreuzer *Belfast* 1939 erlitt und späterer Erfahrungen, wie dem Untergang der *Ark Royal* und *Prince of Wales,* die Anlaß gaben, die Zahl der DiGen zu erhöhen, da diese von der Dampfversorgung der Hauptmaschinenanlage unabhängig waren. Im Falle der *Belfast* führte die Detonation einer Magnetmine unter dem Schiff zum Totalausfall des Dampfes und damit zum Verlust der Antriebsleistung und der E-Energie der Turbo-Generatoren. Die endgültige Anordnung auf *Vanguard* waren dann 4 × 450 kW-DiGen und 4 480 kW-TurboGen, jeder die Ring-Hauptleitung mit 220 V Gleichstrom versorgend. Es gab auch eine Schwachstromversorgung von 22 V, und beide Stromversorgungssysteme waren über das ganze Schiff verteilt, über insgesamt 18 Schaltstellen, die alle an den Schiffsseiten, in Höhe des Zwischendecks lagen. Die DiGen befanden sich in den Betriebsräumen 1, 2, 7 und 8, das vorderste Paar seitlich der vorderen 13,3 cm-Magazine, die letzteren seitlich der hinteren Maschinenräume. Die Turbo-Generatoren befanden sich in den Betriebsräumen 3 und 4, seitlich der vorderen Kesselräume und einer in jedem Hafenbetriebsraum. Die weiteren Hilfsmaschinen bestanden aus:

1. Vier turbogetriebenen Hydraulikpumpen für den Kraftbetrieb der Türme der SA. Sie befanden sich in vier eigenen Betriebsräumen, und jede hatte eine Leistung von 2690 l/min, bei einem Druck von 77,3 atü.
2. Vier Frischwassererzeugern, von denen drei eine Tagesleistung von 100 ts Frischwasser hatten, einer eine Leistung von 200 ts/Tag. Der 200 ts-Erzeuger befand sich im Stb-Hafenbetriebsraum, die übrigen standen in den Betriebsräumen 9 und 10 (MaschRäume) und im Bb-Hafenbetriebsraum. Der

Tabelle 13: Fahrbereich der VANGUARD

Geschwindigkeit	Fahrbereiche mit sauberem Boden	6 Monate aus dem Dock in gemäßigten Gewässern	6 Monate aus dem Dock in Tropengewässern
Marschfahrt*)	8.414 sm	7.413 sm	6.100 sm
15 kn	8.250 sm	7.150 sm	5.700 sm
20 kn	6.950 sm	5.800 sm	4.500 sm
25 kn	5.350 sm	4.400 sm	3.350 sm
29,5 kn	3.600 sm	3.350 sm	2.900 sm

*) Marschgeschwindigkeiten waren: 14 kn (sauberer Boden); 13 kn (6 Monate aus dem Dock in gemäßigten Gewässern); 11,5 kn (6 Monate aus dem Dock in Tropengewässern).

zuletzt genannte 100 ts-Erzeuger war ein spezieller Typ, der unbefriedigende Leistung erbrachte und später durch einen zweiten 200 ts-Typ ersetzt wurde.

3. Vier motorbetriebenen Luftverdichtern von je 95 PS Antriebsleistung und einer Leistung von je 3624,55 l/min bei einem Druck von 28,1 atü. Die HD-Luft wurde für die Waffen und zum Anlassen der DiMotoren benötigt.
4. Zwei motorbetriebenen Luftverdichtern mit einer Antriebsleistung von je 26 PS, einer Leistung von je 2123,76 l/min und einem Druck von 8,4 atü für die ND-Luftversorgung.

Das Frischwasserfassungsvermögen war 390 ts. Dieses wurde für die Royal Tour (Königsreise)* um 100 ts erhöht, die 1947 nach Südafrika führte. 1948 wurde diese Menge nochmals auf 590 ts erhöht.

Tabelle 14: Stabilität der VANGUARD im Vergleich zwischen dem Entwurf 1941 und bei Fertigstellung 1946

Zustand	1941	1946
Konstruktionszustand		
Verdrängung	42.220 ts	45.116 ts
GM	2,41 m	1,80 m
Maximale Stabilität bei Krängungswinkel	36°	35°
Kenterpunkt (Stabilitätsumfang)	66,8°	60,7°
Standard		
Verdrängung	41.730 ts	44.500 ts
GM	2,39 m	1,77 m
Maximale Stabilität bei Krängungswinkel	36°	35°
Kenterpunkt (Stabilitätsumfang)	66,8°	60,5°
Durchschnittlicher Einsatzzustand		
Verdrängung	46.810 ts	50.145 ts
GM	2,80 m	2,28 m
Maximale Stabilität bei Krängungswinkel	37,3°	34,4°
Kenterpunkt (Stabilitätsumfang)	72,3°	65,3°
Voller Einsatzzustand		
Verdrängung	48.140 ts	51.420 ts
GM	3,02 m	2,50 m
Maximale Stabilität bei Krängungswinkel	38°	35°
Kenterpunkt (Stabilitätsumfang)	75,5°	68°

Tabelle 15: Stabilität der VANGUARD im beschädigten Zustand, zur See hin offenes Schiff über den Panzerdecks

	1941	1946
Einsatzzustand:		
Verdrängung	48.140 ts	51.420 ts
GM	2,46 m	1,90 m
Maximale Stabilität bei Krängungswinkel	14°	10°
Kenterpunkt (Stabilitätsumfang)	30°	18°
Im leichten Zustand:		
Verdrängung	42.220 ts	45.116 ts
GM	1,68 m	1,10 m
Maximale Stabilität bei Krängungswinkel	20°	14°
Kenterpunkt (Stabilitätsumfang)	36°	25°

Gewichte und Abmessungen: Die einzelnen Gewichtsberechnungen des Entwurfs *15E* sind in der Tabelle 16 angegeben. Vergleiche hierzu die Stabilitätswerte der Tabellen 14 und 15. Als der Entwurf im September 1942 geändert wurde, stieg die veranschlagte Einsatzverdrängung auf 49200 ts, und der *DNC* wies darauf hin, daß das Gewicht aus Gründen der Schiffsfestigkeit keine Erweiterung mehr erfahren dürfe. Es war jedoch unmöglich, diese Grenze zu halten. Die Notwendigkeit zusätzlicher Ausrüstungen, wie Radar, Flak, Fernmeldeanlagen usw., die sich auf Grund der Kriegserfahrungen ergab, war nicht zu vermeiden. Es gab aber auch ein großes Anwachsen des Gewichts, bedingt durch den Kriegsmangel an Material und Arbeitskraft. Das wirkte der sorgfältigen Beachtung detaillierter Forderungen bezüglich des Gewichtes entgegen, und es wurde mehr Material verbaut, als notwendig war. Der beträchtliche Zuwachs an Gewicht, zwischen September 1942 und Fertigstellung 1946, wird im folgenden angegeben:

* Anmerkung des Übersetzers.

Tabelle 16: Gewichte des Entwurfs 15E

Zustand	Standardverdrängung	Konstruktionsverdrängung	Einsatzverdrängung	Mittlere Einsatzverdrängung
Ausrüstung, allgemein	1.120 ts	770 ts	1.650 ts	1.650 ts
Maschinenanlagen	3.250 ts	3.250 ts	3.250 ts	3.250 ts
Bewaffnung	6.000 ts	6.840 ts	6.840 ts	6.840 ts
Panzerung und Stahlschutzplatten	15.000 ts	15.000 ts	15.000 ts	15.000 ts
Schiffskörper	16.360 ts	16.360 ts	16.360 ts	16.360 ts
Heizöl	–	–	4.440 ts	3.110 ts
Reserve-Speisewasser	–	–	370 ts	370 ts
Schmieröl	–	–	30 ts	30 ts
Benzin	–	–	20 ts	20 ts
Schutzwasserabteilungen seitlich Turm „Y“	–	–	110 ts	110 ts
Schutzwasser um die Benzinbehälter	–	–	70 ts	70 ts
Verdrängung	41.730 ts	42.220 ts	48.140 ts	46.810 ts

– Erhöhung des allgemeinen Ausrüstungsgewichts, das sich aus der größeren Besatzungsstärke und deren Bedarf, wie Messen, Proviantlasten und Hellegats ergab. Etwas Zuwachs ergab sich aus der Vergrößerung der Ankerketten sowie der schweren Radarausrüstung	150 ts
– Verstärkung der elektrischen Licht- und Versorgungskreise	500 ts
– Zusätzliche Radarantennen und -ausrüstung	30 ts
– Verbesserung der Lüftung und Einbau Klimaanlage für den Tropeneinsatz	200 ts
– Vergrößerung des Pumpen-, Flut- und Lenzsystems auf Grund der Kriegserfahrungen	170 ts
– Zusätzliche Navigationseinrichtung	20 ts
– Wärmeschutz-, Enteisungs- und Dampfheizungsanlagen usw.	90 ts
– Gefechtsnachrichtenzentrale	50 ts
– Strukturelle Verstärkungen durch Einbau von Kofferdämmen, sicherer Raumzugänge, Verstärkung kleiner Unterzüge und Plattformhalterungen, u. a. m.	250 ts
– Verstärkung der Oberdeckskonstruktion, um der höheren Beanspruchung durch die vorgenommene Verdrängungsvergrößerung gerecht zu werden	770 ts
– Vermehrung durch kriegsbedingten Materialmangel, für den schweres Material verwendet werden mußte, z. B. Stahlblech anstelle Aluminium, Bleifarbe anstelle Alu-Farbe usw.	150 ts
– Vermehrung des Betriebsstoffgewichtes durch größeren Heizöl- und Schmierölvorrat	100 ts
– Vergrößerung des Waffengewichtes durch erhöhten Munitionsvorrat, vermehrte Flak, vermehrte Feuerleitgeräte, Verdoppelung der Munitionsaufzüge, zusätzliche Hilfsmaschinen	420 ts
Gesamtzuwachs an Gewicht	2.900 ts

Glücklicherweise war das im September 1942 geschätzte Gewicht für Panzerung und Schiffsschutz niedriger ausgefallen, so daß die Vermehrung teilweise wieder aufgefangen wurde. Nachdem die im September 1942 geschätzte Einsatzverdrängung um 2200 ts überschritten wurde, entschied man, keine weiteren Einbauten mehr zuzulassen. Siehe hierzu auch Tabelle 17. Alle weiteren Vorschläge für eine Vergrößerung der Zuladung sollten gleichzeitig Vorschläge enthalten, die eine entsprechende Entfernung von Gewicht vorsahen. Begrenzungen dieser Art waren nicht ungewöhnlich, und ähnliche Einschränkungen gab es schon bei anderen britischen und US-Schlachtschiffen. Das war die Folge der zwischenzeitlich angewachsenen Gewichte auf Grund von Kriegserweiterungen. Trotz der Beschränkung und trotz des Ausbaues verschiedener Teile, wie Flak und deren Ausrüstungen, stieg die Verdrängung weiter an und betrug ~ 1954 51915 ts (Einsatzverdrängung). Um die Verdrängung zu reduzieren, wurde entschieden, den Fahrbereich auf 5000 sm bei 20 kn (wie bei der *King George V*-Klasse) zu senken, was das Brennstoffgewicht um 907 ts minderte. Gleichzeitig wurde der Munitionsvorrat (38,1 cm) vorläufig um 25% gekürzt, wodurch sich eine Ersparnis von weiteren 245 ts ergab. Hierdurch gewann man einen Spielraum von 657 ts unter dem geforderten Gewicht – um künftige Erweiterungen zu erlauben – und die Einsatzverdrängung auf 50760 ts zu senken. Die Breite der *Vanguard* war so groß, daß sie in Portsmouth oder in Rosyth nicht gedockt werden konnte. Nur in folgende Docks paßte sie hinein:

Marinewerften in Heimatgewässern:
Devonport, Dock Nr. 10
Privatwerften in Heimatgewässern:
Liverpool, Gladstonedock; Southampton, King George V-Dock
Empire-Werften (Werften im britischen Weltreich):*
Gibraltar, Dock Nr. 1
Singapur, King George V-Dock
Durban, nur im Notfall
Kapstadt; Sydney; Esquimalt; Britisch-Columbien
Quebec, in Neu-Braunschweig.

Der maximale Tiefgang für die Passage des Panamakanals war 10,59 m, das entsprach 10,29 m in Salzwasser. Die Verdrängung der *Vanguard* bei diesem Tiefgang entsprach 49180 ts. Zum Durchfahren des Kanals war es notwendig, alle Außenbordgeräte, wie Fallreeps, Abfallspeigatts usw., auszubauen. *Vanguard* war das einzige britische Schlachtschiff mit einem Spiegelheck, das es erhalten hatte, um Länge und Gewicht zu sparen. Versuche in Haslar hatten gezeigt, daß diese Heckform, wenn sie auch unter Wasser so war, einen Geschwindigkeitsgewinn von 0,33 kn einbrachte.

See-Eigenschaften und See-Erprobungen: Im September 1942 wurde auf Grund der Feststellung, daß die *King George V*-Klasse bei schwerer See sehr naß war, entschieden, den Decksprung der *Vanguard* von Turm „A" nach vorne zu vergrößern. Zur gleichen Zeit wurden modifizierte Ankerklüsen eingebaut, um damit die Spritzwassermenge, die durch das Eintauchen der ausladenden Anker entstand, zu verringern. Die Zahl der Wellenbrecher vor dem Turm „A" wurde ebenfalls vermehrt. Die Forderung nach der Möglichkeit des direkten Vorausschießens von Turm „A" (bei kleinster Rohrerhöhung), sollte durch die Vergrößerung des Freibords nicht beschnitten werden. Das Freibord war in Wirklichkeit schon im frühen Baustadium erhöht worden und wurde vor Fertigstellung nochmals erhöht. Siehe Tabelle 18. *Vanguard* erwies sich als das beste wetterfeste Großkampfschiff, das je von einer britischen Werft gebaut worden war, möglicherweise sogar von der ganzen Welt. Während der See-Erprobungen erreichte sie Schlingerperioden von 14,25 Sekunden, was in etwa der *King George V*-Klasse und *Nelson*-Klasse entsprach, deren Perioden bei 14 Sekunden lagen. Die Stampfperiode war 6,7 Sekunden. Anfang 1942 wurde erwogen, ein ausfahrbares Bug-Hilfsruder einzubauen, um eine zweite Steuermöglichkeit bei Ausfall des Hauptruders zu haben. Dieser Vorschlag stammte aus einer Studie über die Torpedoschäden auf *Bismarck* und *Prince of Wales,* bevor sie untergingen. Beide Schiffe wurden deswegen kampfunfähig, weil ihr Ruder klemmte. Im Februar 1942 stellte der *DNC* fest, daß der Bau des Schiffes bereits zu weit fortgeschritten wäre, so daß es nicht möglich sei, jetzt noch ein Bugruder einzubauen. Der Plan wurde fallengelassen. Während der Drehkreiserprobungen bei der hohen Fahrtstufe von 30,8 kn und mit einer Hartruderlage von 35° benötigte das Schiff für einen Vollkreis von 360° vier Minuten und 55 Sekunden. Der Drehkreisdurchmesser hierbei war 937,26 m, die maximale Schlagseite 4°.

* Anmerkung des Übersetzers.

Tabelle 17: Gewichte der VANGUARD

	1946	September 1942
Standard:		
Schiffskörper	18.657 ts	16.500 ts
Ausrüstung, allgemein	1.247 ts	1.200 ts
Bewaffnung	6.718 ts	6.100 ts
Panzerung und Schiffsschutz	14.741 ts	15.350 ts
Maschinenanlagen	3.251 ts	3.150 ts
Standardverdrängung	44.614 ts	42.300 ts
Einsatz:		
Schiffskörper	18.657 ts	16.500 ts
Ausrüstung, allgemein	1.847 ts	1.700 ts
Bewaffnung	7.606 ts	7.140 ts
Panzerung und Schiffsschutz	14.741 ts	15.350 ts
Maschinenanlagen	3.251 ts	3.150 ts
Heizöl	4.925 ts	4.850 ts
Reserve-Speisewasser	358 ts	370 ts
Schmieröl	52 ts	30 ts
Schutzwasserabteilungen	100 ts	110 ts
Einsatzverdrängung	51.537 ts	49.200 ts

Anmerkung: Als das Schiff im Juni einen Krängungsversuch machte, waren die festgestellten Verdrängungen 44.500 ts Stdd und 51.420 ts Einsatz.

Tabelle 18: Freibord der Schlachtschiffsentwürfe 1937–1942

Freibord	*King George V*-Klasse gemäß Entwurf *15A, 15B, 15C*	*Lion*-Klasse	*15D*	*15E*	*Vanguard* September 1942	1946
Vorne	8,46 m	8,53 m	9,91 m	9,91 m	11,18	11,28 m
Mittschiffs	6,93 m	6,86 m	6,86 m	7,01 m	6,91 m	7,01 m
Hinten	7,24 m	7,47 m	7,47 m	7,62 m	7,52 m	7,77 m

Das Ruder konnte von der Mittschiffslage bis zur Hartruderlage 35° in 15 Sekunden gelegt werden, und während hoher Fahrtstufen wurde das Ruder von Stb- in Bb-Hartlage gelegt, wobei sich eine maximale Schlagseite von 7,5° ergab. Innerhalb von vier Minuten und 46 Sekunden konnte das Schiff von Voller Fahrt Voraus zum Stehen gebracht werden. Die Rückwärtsturbinen wurden dabei auf AK-Zurück gefahren. Eine bestimmte Zahl von Erschütterungen wurden im Schiff festgestellt, wenn es mit Geschwindigkeiten von mehr als ~ 22 kn, entsprechend mehr als 180 u/min/ Welle, fuhr. Man stellte fest, daß die Innenwellen unter starken axialen Schwingungen litten, wenn sie drehten. Die Ursache dafür war die Wechselwirkung der Innen- und Außenpropeller. Die Anlage erhielt Auflagen für eine Drehzahlbeschränkung für die Außenwelle auf der Außenseite eines Drehkreises bei Geschwindigkeiten mit mehr als 180 u/min/Welle. Später wurden dann fünfflügelige Propeller auf die Innenwellen gesetzt, in der Hoffnung, ruhige Bewegungen bei hoher Fahrtstufe zu erhalten, aber es war weiterhin notwendig, den Gebrauch des Ruders mit einigen Einschränkungen zu belegen.

Vanguard, von Bb achtern gesehen.

Die eindrucksvolle Brücke der *Vanguard*.

Radar und Nachrichtenanlagen: Die Radaranlagen wurden natürlich nach Einführung neuer Geräte auf den neuesten Stand gebracht, und bei der Fertigstellung führte das Schiff folgende Ausrüstung:

Typ 960: *Vanguard* war das erste Schiff, das mit diesem Gerät ausgerüstet wurde. Es war ein kombiniertes Luft/Seeraum-Überwachungsgerät, das in der Lage war, ein Ziel auf große Entfernung und Höhe zu erfassen, und somit rechtzeitig über das Auftreten von Schiffen und Flugzeugen Kenntnis zu geben. Die Antenne wurde auf dem Großmast installiert.

Typ 277: Nahbereichs-Luft- und Seeraumüberwachung. Die Antenne saß auf dem vorderen Seestern.

Typ 268: Navigations- und Seeraumüberwachung. Die Antenne saß auf dem Großmast.

Typ 293: Kombiniertes Luft/Seeziel-Auffassungsgerät. Die Antenne saß auf dem Fockmast.

Typ 274: 2 Radaranlagen für die Feuerleitgeräte der SA. Die Antennen saßen auf dem vorderen und hinteren Feuerleitturm.

Typ 275: 4 Radaranlagen für die Feuerleitgeräte der MA. Die Antennen saßen auf den Mk 37-Leitgeräten.

Typ 262: 11 Radaranlagen für die Flakleitgeräte. Die Antennen saßen auf den Sperrfeuerleitgeräten und der stabilisierten Schnellricht-Flak.

Typ 242: IFF-Geräte (Abfrage) für Radar Typ 277 und Typ 293.

Typ 253. 2 IFF-Geräte (Antwort) für Typ 242.

Typ 930: Allgemeines Navigationsradar. (Die Autoren waren nicht in der Lage, die genaue Aufgabe des Typs zu ermitteln.)

Die Typgeräte 930, 277, 268, 293, 274, 275 und 262 besaßen stabilisierte Antennen, und es wurde angenommen, daß alle, außer Typ 930 und Typ 274, bei jedem möglichen Schlingern ihre Aufgaben erfüllen würden. Der Typ 960 wurde ernsthaft durch den Typ 275 und durch die Funk- und Telegraphieanlagen beeinträchtigt. Die Schiff/Schiff-Funksprechanlage störte sich mit den Geräten des Typs 242. Das DS 10-Gerät störte sich mit den Geräten Typ 275, 277 und 293. Der Typ 268 wurde als unverwendbar angesehen, wie es installiert war; in allen Lagen wurde seine Antenne durch den Großmast, den Schornstein und das hintere Mk 37-Leitgerät verdeckt. Die Antenne des Typs 277 hatte nach achteraus einen toten Winkel. Abgesehen von diesen Einschränkungen erwies sich die Radarausrüstung als voll befriedigend. Als Ergebnis von Kriegserfahrungen wurden die Fernmeldeanlagen umgeändert. Sie erhielten einen Brückenempfangsraum und einen Senderaum in den hinteren Aufbauten. Die Funk- und Telegraphieanlagen bestanden aus Typ 57 DMR, Typ 59D und den Schiff/Schiff-Funksprechtypen 86, 87 und 91. Die Funkpeilanlagen bestanden aus einem Funkpeilgerät sehr hoher Frequenz (VHF) mit Antenne und

Peilraum auf dem Achterdeck, RM 1-Gerät mit der Antenne auf dem vorderen Seestern, RM 4-Gerät mit den Antennen an den Seiten des vorderen Schornsteins. Eine Peilanlage mittlerer Frequenz mit Antenne saß an der Vorkante Brücke. An jedem Schornstein saßen 2 × 9,14 m-Peitschenantennen für den Notbetrieb. Das Schiff führte ebenfalls zwei „Headache"-Geräte für das Abhören des gegnerischen Funkverkehrs, außerdem Radarreflektoren, Radarortungsgeräte und Radarstörgeräte. Später wurden mehrere UKW-Funkpeilgeräte eingebaut, deren Antennen an die äußersten Enden der Rahen kamen. Die internen BÜ-Systeme bestanden unter anderem aus batterielosen Telephonen, Kommandosprechgeräten und Luftrohrpost.

Allgemeines: Besonderes und sorgfältiges Augenmerk hatte man der großzügigen Brückenkonstruktion gewidmet. Das geschah, um sicherzustellen, daß alle wichtigen Anlagen soweit wie möglich zugfrei waren. Verschiedene Brückenanordnungen waren vorher in einem Windkanal getestet worden, und die Auslegung der Brückeninstrumente wurde an Hand eines kompletten Modells 1 : 1 erprobt, bevor der Einbau erfolgte. Das Ergebnis war allgemein befriedigend, trotzdem wurde es noch als zu zugig empfunden. Das Schiff besaß keinen Magnetkompaß, aber es war ausgerüstet mit drei voneinander unabhängigen Kreiselkompassen. Durch Querschotte war es in XXVII Hauptabteilungen unterteilt. Jede Abteilung war wiederum mehrfach untergliedert. Unter dem Hauptdeck befanden sich 1059 wasser-

Einzelheiten der VANGUARD, 1946

Verdrängung:

Standardverdrängung	44.500 ts
Einsatzverdrängung	51.420 ts
Tiefgangszunahme im Standardzustand	55,4 ts/cm
Länge (pp)	231,79 m
Länge (cwl)	243,98 m
Länge (üa)	248,37 m
Breite	32,94 m
Tiefgang, vorn bei Standardverdrängung	8,81 m
Tiefgang, hinten bei Standardverdrängung	9,96 m
Tiefgang, vorn bei Einsatzverdrängung	10,36 m
Tiefgang, hinten bei Einsatzverdrängung	10,97 m

Bewaffnung:
8 × 38,1 cm-L/42-Mk I in 4 Doppellafetten Mk I (N)
16 × 13,3 cm-Mk I in 8 Doppellafetten Mk I*
73 × 40 mm-Bofors: 10 sechsrohrige Lafetten Mk VI; 11 Einzellafetten Mk VII; 1 stabilisierte Schnellricht-Doppellafette Mk II
14 × 7,62 mm-Bren-MG
4 × 7,62 mm-Vickers-MG
2 × 7,62 mm-Lewis-MG
1 × 7,62 cm-Mörser und 1 × 5 cm-Mörser
4 Werfer (PIAT) für Panzerabwehr der Infanterie
4 × 3 Pdr-Salutgeschütze

Munitionsvorrat:

38,1 cm	= 100 Schuß/Geschütz (95 Panzersprenggranaten mit Kappe, 5 Brisanzgranaten, 9 Übungsgranaten)
13,3 cm	= 391 Schuß/Geschütz (111 Halb-Panzersprenggranaten, 280 Brisanzgranaten) und 25 Leuchtgranaten, 25 Seezielübungsgranaten, 50 Luftzielübungsgranaten
40 mm	= 1.269 Schuß/Geschütz (einschließlich 34 Übungsgranaten)

Feuerleitausrüstung:

SA	2 Feuerleittürme
	1 Admiralitäts-Feuerleitrechengerät Mk 10
MA	4 Mk 37-Feuerleitgeräte
	4 US-Feuerleitsysteme
Mk VI-Bofors	10 Nahbereichs-Sperrfeuerleitgeräte

Stabilisierte Schnellrichtwaffe (STAAG) und Bofors-Einzellafetten: Ortsleitung

Panzerung:
Zementiert =

Gürtelpanzer seitlich der Magazine	35,6 cm; 11,4 cm an der Unterkante
Gürtelpanzer seitlich der Maschinenräume	33 cm; 11,4 cm an der Unterkante
Gürtelpanzer vor und hinter der Zitadelle	33 cm; 30,5 und 28 cm zur Unterkante auf 11,4 cm abnehmend
Zitadellschotte	30,5 cm
Barbetten	33 cm an den Seiten, auf 30,5 und 28 cm zur Schiffsmitte abnehmend
Türme	Front 33 cm; Vorseiten 22,686 cm, Rückseiten 17,78 und 28 cm Rücken

Nicht-zementiert =

Hauptdeck über den Magazinen	15,2 cm
Hauptdeck über den Maschinenräumen	12,7 cm
Zwischendeck, vorn	12,7; 10,2; 8,89; 6,35 cm
Zwischendeck, hinten	11,4; 6,35 cm
Splittergürtel, vorn und hinten	6,35; 5,08 cm
Schott hinter RudMaschRaum	10,2 cm
Schott am Ende der Zitadelle unter dem Zwischendeck	3,8 cm
Turmdecken	15,2 cm
13,3 cm-Kasematten	Seiten 6,35 cm; Decken 3,8 cm
13,3 cm-Türme	Seiten 6,35 cm; Decken 3,8 cm
13,3 cm-Aufzüge	5,08 cm, im H-Deck 15,2 cm
Splitterschutz der Pulverumladeräume	2,54 cm
Splitterschutz der Magazine	3,8 cm
Splitterschutz der Schächte	5,08 cm
Kommandoturm	Front 7,62 cm, Seiten und Rücken 6,35 cm
Plottraum und Verbindungsschacht	5,08 cm
Unterbau Feuerleitturm und hinterer Gefechtsstand	5,08 cm
Kabelschächte	5,08 cm im H-Deck

Stahlschutzplatten:

Splitterschutzschotte vorn und hinten	2,54 DW-Stahl
Schornsteinhälse	2,54 DW-Stahl
Kabelschächte	3,8; 2,54 und 1,27 DI-Stahl
Splitterschutz der Aufbauten	1,27 und 0,95 DI-Stahl
Torpedoschotte	3,8 und 4,44 DI-Stahl
Kommandoturmdecke	2,54 amagnetische und kugelsichere Platten
Plottraum	2,54 DI-Stahl

Maschinenanlage:
Parsons-Getriebeturbinen, 4 Wellen
130.000 WPS ≙ 30 kn bei 250 u/min/Welle
Maximale Dauerhöchstgeschwindigkeit 29,75 kn
8 Admiralitäts-3-Trommel-Wasserrohrkessel (enge Rohre) mit Überhitzer, maximaler Betriebsdruck 28,1 atü

Brennstoff:
Heizölvorrat 4.423 ts
Dieselkraftstoff 427 ts
Brennstoffverbrauch bei 60.000–136.000 WPS ≙ 0,285 kg/WPS/h

Besatzung: 1.893 (2.000 als Flottenflaggschiff)

dichte Räume. Während des Einsatzes war der Zugang zu allen besetzten Räumen nur durch geschlossene Rettungsschächte möglich, sowohl außerhalb als auch innerhalb der Zitadelle. Das waren die Lehren aus dem Verlust der *Prince of Wales*. Im Mitteldeck saßen weitere zehn Schotte, die bei einer Überflutung die Bewegung des freien Wassers hemmen sollten. Die Zahl der Pumpen-, Flut- und Feuerlöschanlagen war umfangreich und basierte auf Kriegserfahrungen. In Erweiterung des Haupt- und Ersatz-Schiffssicherungsgefechtsstandes wurde das Schiff in sechs Bereiche eingeteilt. Jeder Bereich mit einem eigenen Schiffssicherungsstand. Im Originalentwurf war eine Besatzung von 76 Offizieren und 1412 Mann als Geschwaderflaggschiff vorgesehen. Es wurde notwendig, diese Zahl zu revidieren, weil die Einführung der Gefechtsnachrichtenzentrale (OPZ) sowie die Vermehrung der Nahbereichs-Fla-Ausrüstung, des Radars und der Entschluß, das Schiff als Flottenflaggschiff herzurichten, das erforderte. Dadurch wurden viele Räume im Schiff, speziell die Gefechtsnachrichtenzentrale (OPZ), überbelegt, und im August 1947 stellte der *DNC* fest, daß die komplette Kriegsbesatzung als Flottenflaggschiff die Stärke von 115 Offizieren und 1880 Mann nicht überschreiten dürfe, weil sich sonst eine Überbelegung ergäbe. Das Schiff wurde hergerichtet für den Einsatz in tropischen und arktischen Gewässern, es erhielt Asbestisolierungen, wo nötig: an den Bordwänden, in den Decks und an den Schotten. Für den Arktiseinsatz wurden für viele Bereiche und Ausrüstungen des Schiffes wie auch in Waffenanlagen, Navigationsanlagen, Ausguckpositionen Dampfheizungen eingebaut. Die Lüftungsanlagen der Unterkünfte und die Seeventile erhielten ebenfalls Heizungen. Folgende Räume erhielten Klimaanlagen: Luftüberwachungsraum, Radarbeobachtungsräume, unterer Steuerstand, Rechenstellen, Senderäume, MA-Magazine in der Nähe der Kesselräume, Schiffssicherungsgefechtsstand, unteres Lazarett, Elektronikwerkstätten und die unteren Sende-/Empfangsräume. Die Gesamtkosten des Schiffes beliefen sich auf 11530503 £ und, einschließlich 3186868 £ für die Bewaffnung (die ursprünglichen Kosten der SA sind bei diesen Kosten nicht mit angeführt).

III. Der Krieg 1939 bis 1945

Viele Bücher – mit unterschiedlicher Gründlichkeit – wurden bisher über die allgemeinen Marineoperationen des Zweiten Weltkrieges geschrieben. Die Einsätze der *Royal Navy* wurden ausgezeichnet in S. W. Roskills offiziellem Werk *THE WAR AT SEA* dokumentiert, und die meisten der wichtigsten Ereignisse und Gefechte wurden in anderen Werken detailliert veröffentlicht. Um alles über die gesamte Einsatzgeschichte der britischen Großkampfschiffe zu berichten, würden in diesem Werk nicht nur Wiederholungen früherer Veröffentlichungen aufgezählt werden, es würde auch ein Buch ergeben, das nicht nur einen ungewöhnlichen Umfang bekäme, sondern auch sehr teuer wäre. Dieses Kapitel beschränkt sich daher auf die Beschreibung der wichtigsten Einsätze und Operationen der Großkampfschiffe im Kriege, mit dem Schwerpunkt der technischen Aspekte und mit den neuen Erkenntnissen, die in diesem Zusammenhang erhältlich waren.

1. Heimatgewässer und Atlantik, 1939 bis 1944

Bei Kriegsausbruch befand sich die *Home Fleet* in Scapa Flow, von wo aus sie – wie die *Grand Fleet* es im Ersten Weltkrieg schon getan hatte – die Blockade gegen Deutschland durchführen konnte. Diese Blockade hatte eine doppelte Aufgabe; die Verhütung einer Seeversorgung des Gegners und die des Durchbrechens gegnerischer Kriegs- und Hilfskriegsschiffe in den Atlantik. Im ersteren Falle war die Flotte erfolgreich, im letzteren weniger, insbesondere während der ersten Kriegsmonate. Viele Stunden wurden für das Aufundabstehen in der Nordsee und im Nordatlantik aufgewandt, immer auf der Suche nach einem schwer faßbaren Gegner. Die Aufgabe der Großkampfschiffe der *Home Fleet* lag insbesondere im Auftrag des Abfangens schwerer deutscher Einheiten. Obwohl gegnerische Kriegsschiffe wiederholt zur Aufgabe eines Durchbruchs gezwungen wurden, dauerte es immerhin bis zum *Bismarck*-Unternehmen, daß eine erfolgreiche Unterbrechung erzielt wurde.

Der Flottenkampf, dem die Vorkriegsplanungen gegolten hatten, kam nie richtig zum Tragen, obwohl man die *Bismarck-* und *Scharnhorst*-Einsätze beinahe zu dieser Konzeption rechnen kann. Mit der Fortdauer des Krieges erweiterten sich die Aufgaben der *Home Fleet,* anfangs, um die Atlantikgeleitzüge vor Überwasserkriegsschiffen zu schützen, später als Schutz für die Rußlandgeleite gegen deutsche Kriegsschiffe, die in Norwegen stationiert waren. In dieser Periode des Krieges gab es praktisch keine Kampfbegegnung schwerer Überwassereinheiten, dafür aber Minen, Torpedos und Bomben, die sehr schnell ihre Narben in der britischen Schlachtflotte hinterließen.

Bomben auf die Flotte, 1939: Am 26. September 1939 standen *Nelson* (Flaggschiff des *CinC, Home Fleet,* Adm Forbes), *Rodney* und der Flugzeugträger *Ark Royal* in der Nordsee. Sie sicherten die Rückfahrt des schwer beschädigten Ubootes *Spearfish.* Das Schlachtkreuzergeschwader, bestehend aus *Repulse* und *Hood*, befand sich ebenfalls in See, operierte jedoch getrennt von der Schlachtflotte. Um 1100 Uhr sichtete ein Aufklärer der *Ark Royal* drei *Dornier-Do 18*-Flugboote, die die Flotte beschatteten. Zwei davon wurden später abgedrängt, das dritte von *Skua*-Jagdbombern des Trägers abgeschossen. Es war nun ziemlich klar – der Standort der Flotte war dem Gegner jetzt bekannt –, daß in irgendeiner Form Luftangriffe folgen mußten. Man setzte jedoch großes Vertrauen in die Wirksamkeit des Flakfeuers der Schiffe gegen Angriffe dieser Art, die Flugzeuge wurden zur *Ark Royal* zurückgerufen. Am gleichen Nachmittag tauchten im Südosten fünf Heinkelbomber* auf, und sobald sie in Reichweite waren, eröffneten die Geschütze der Flotte das Feuer. Die Bomber lösten ihre Formation auf, und alle bis auf einen flogen zurück. Dieses Flugzeug griff die *Ark Royal* aus einer Höhe von 1830 m im Sturzflug an und löste eine Bombe, die etwa 30,5 m neben dem Bb-Bug detonierte. Weitere Angriffe folgten, aber nur die *Hood* wurde getroffen. Eine Bombe traf den Bb-Wulst im hinteren Teil, prallte aber ab, ohne zu detonieren. Der Aufschlag rief geringe Schäden an der Wulstwandung hervor, in der unmittelbaren Umgebung trat Wasser in die Wulsträume. Der erste Luftangriff auf die Flotte war kein besonderes Ereignis, aber er zeigte die Unwirksamkeit des Flakfeuers, mit Ausnahme, daß es abschreckend war. Der gegnerische Bombenangriff war ebenfalls wirkungslos. Beide Seiten hatten bei Luftangriffen auf Kriegsschiffe noch viel zu lernen.

Der Untergang der Royal Oak, 1939: In der Nacht vom 13./14. Oktober 1939 durchbrach das deutsche Uboot *U 47*, unter Führung des Kptlt Prien, die Sperren von Scapa Flow. Der Großteil der Flotte befand sich in See, aber dicht unter der Nordostküste ankerte das Schlachtschiff *Royal Oak*. Um 0058 Uhr feuerte Prien aus einer Entfernung von etwa 3650 m drei Torpedos. Einer traf dicht am Bug, aber die Detonation war so schwach, daß man an Bord glaubte, daß diese im Innern war. 18 Minuten später wurde die *Royal Oak* von zwei weiteren Torpedos getroffen und um 0129 Uhr kenterte sie und versank, 24 Offiziere und 809 Mann der Besatzung mit sich nehmend. Daß das Schiff so schnell sank, war insbesondere das Ergebnis des minimalen wasserdichten Verschlußzustandes zu diesem Zeitpunkt. Ohne Zweifel befand sich das Schiff an einem vergleichsweise sicheren Ort und in einer allgemeinen Hafenruhephase; viele Türen, Luken und Luftschächte, die normalerweise verschlossen waren, standen offen. Wäre mehr Zeit zur Verfügung gewesen, um entsprechende Gegenmaßnahmen zu ergreifen, hätte das Schiff wahrscheinlich gerettet werden können.

Die Torpedierung der Barham, 1939: Ende Dezember 1939 operierten *Barham* und *Repulse*, gesichert durch fünf Zerstörer, vor der Nordwestküste Schottlands. Am 28. Dezember, als der Verband nördlich der Hebriden, etwa 10 sm vor Butt of Lewis, stand, erhielt *Barham* einen Treffer von *U 30* (Kptlt Lemp).**

* Anmerkung des Übersetzers: Es handelte sich tatsächlich um Sturzkampfbomber des Typs *Ju-88*.
** Anmerkung des Übersetzers.

Das Schlachtschiff machte 19 kn Fahrt, als der Torpedo an Bb, seitlich der vorderen 38,1 cm-Munitionskammern, traf. Diese Räume, zusammen mit den meisten der angrenzenden Außen- und Wulsträume, liefen schnell voll Wasser. Das Schiff erhielt schnell eine Schlagseite von 7° nach Bb. Diese wurde durch das Umpumpen von Heizöl ausgeglichen und die Geschwindigkeit auf 10 kn verringert. 90 Minuten später konnte die Fahrt wieder auf 16 kn vermehrt werden. Am 29. Dezember lief *Barham* in Liverpool ein, wo sie für drei Monate blieb, um die notwendigen Reparaturen durchführen zu können. Untersuchungen ergaben, daß die Wulststruktur über einen Bereich von 9,75 m Länge und 5,2 m Breite aufgerissen und zerstört worden war. Das Torpedoschott war um etwa 1,83 m nach innen gedrückt worden. Bewaffnung und deren Maschinerie waren unbeschädigt aber die vorderen Türme nicht einsatzfähig, weil die zugehörigen Magazine überflutet worden waren. Die maximale Tiefe des Unterwasserschutzes war 3,66 m, wo der Torpedo getroffen hatte. Dieser Schaden bewies, daß die Explosionsklappen im Unterwasserschutzsystem die Wucht einer Unterwasserexplosion, wie man es in Friedenszeiten nach Versuchen angenommen hatte, nicht minderten.

Malaya Ende 1943/Anfang 1944.

▲ *Revenge* bei Schießübungen 1941.

▼ *Revenge* 1941.

Minentreffer auf Nelson, 1939: Am 4. Dezember 1939 lief das Flaggschiff der *Home Fleet,* die *Nelson,* mit 13 kn Fahrt in Loch Ewe ein, als unter ihrem Schiffsboden, an Stb-Seite, eine Magnetmine detonierte. Die Detonation drückte die Außenbodenplatten und Spanten um fast 1,22 m über eine Länge von 21,5 m nach innen und schlug das Schiff an mehreren Stellen leck. Über eine Länge von 42,7 m erfolgte Wassereinbruch, und das Schiff nahm mit einem Trimm zum Bug eine Stb-Schlagseite von 3° ein. Bis der Kanal ausgebaggert war, konnte das Schiff Loch Ewe nicht verlassen, und während der Wartezeit wurde der Schaden untersucht und vorläufige Reparaturen durchgeführt. Am 14. Dezember waren die beschädigten Räume abgestützt, und bis zum 3. Januar war der Schiffskörper mit einer MES-Schleife versehen. Die Mine hatte in den Laderäumen der SA ernsthafte Erschütterungsschäden hervorgerufen. In der Maschinenanlage wurden Schäden dieser Art nicht festgestellt. Nach zwei Tagen intensiven Minenräumens im Kanal, ausgeführt von Trawlern (Minensuchkutter/Schleppnetzfischereifahrzeuge)* und Driftern (Fischlogger/Treibnetzfischdampfer),* die mit Minenräumgeräten ausgerüstet waren, verließ *Nelson* Loch Ewe am 4. Januar. Gesichert durch die Zerstörer *Faulknor, Foxhound, Foresight, Fame, Isis* und *Impulsive* lief sie mit 14 kn Fahrt Kurs Portsmouth. Um 1050 Uhr am 8. Januar 1940 machte *Nelson* an der South Railway-Anlegestelle in Portsmouth fest, nachdem sie eine Reise von rund 1000 sm – ohne irgendeine spürbare Vermehrung des eingedrungenen Wassers – hinter sich hatte. Die umfassenden Reparaturen in der Marinewerft dauerten sechs Monate. Während dieser Zeit wurden auch einige Änderungen in der Anordnung der Pumpenanlagen gemacht, resultierend aus dem Minenschaden.

Bomben auf Rodney, Norwegen 1940: Am Nachmittag des 9. April 1940 befand sich eine Kampfgruppe, bestehend aus *Rodney* (Flaggschiff des *CinC* der *Home Fleet*), *Valiant* und einer Sicherung aus Kreuzern und Zerstörern auf Nordkurs, etwa 60 sm vor der Westküste Norwegens. Das Wetter war ausgesprochen gut, und es war zu vermuten, daß die Flotte, da sie in der Reichweite des Gegners operierte, das Ziel mehrerer Luftangriffe werden würde. Diese begannen dann auch am Mittag und währten bis in den späten Abend. Wieder erwies sich das Flakfeuer als wirkungslos, und es war ein Glück, daß die meisten der gegnerischen Angriffe aus großer Höhe stattfanden – die am wenigsten effektive Art von Luftangriffen auf Schiffe. Während des Nachmittags wurden die Kreuzer *Southampton* und *Glasgow* beschädigt, der Zerstörer *Gurkha* versenkt. Während einer Pause am späten Nachmittag erschien ein einzelnes Flugzeug und flog plötzlich direkt die *Rodney* an. Angreifend über den Stb-Bug, in einem toten Winkel der Flak des Flaggschiffs, löste das Flugzeug seine 500 kg-Panzersprengbombe mit bemerkenswerter Genauigkeit. Die Bombe verfehlte die achteckige Brücke nur knapp und traf direkt vor dem Schornstein auf das Schutzdeck. Sie durchschlug das Oberdeck und Hauptdeck, aber beim Durchdringen des 10,2 cm-Panzers im Mitteldeck zerbrach sie. Dabei detonierte sie teilweise. Durch den Druck und die Splitter gab es im Innern des Schiffes kleinere Schäden. Im Küchenbereich brach ein Feuer aus, wurde jedoch schnell gelöscht. Der Bb I-15,2 cm-Turm fiel vorübergehend aus, und das Schiff hatte 18 Leichtverwundete. „Insgesamt wurde das Schiff durch diesen Angriff wenig belästigt, obwohl man später BBC-Nachrichten (British Broadcasting Company/Britischer Rundfunk),* die verlautbarten, daß eine schwere Bombe vom Schiffsdeck abgeprallt sei, als zu optimistisch bezeichnen kann." *(HMS Rodney at war*, von Kenneth Thomson, S. 22.)

Renown im Norwegeneinsatz, 1940: Am frühen Vormittag des 9. April 1940 liefen *Renown* (Flaggschiff VAdm W. J. Whitworth) und neun Zerstörer mit einer Geschwindigkeit von 12 kn, etwa 80 sm westlich der Lofoten, Kurs südost. Um 0337 Uhr wurde im Osten ein Schiff gesichtet, das später als Schlachtkreuzer *Gneisenau* identifiziert wurde. Kurz darauf wurde ein zweites Schiff erkannt, das als Kreuzer der *Hipper*-Klasse angesprochen wurde, in

* Anmerkung des Übersetzers.

Royal Oak in den 30er Jahren nach Abschluß umfangreicher Modifizierungen. ▼

Resolution Anfang 1941 im Nordatlantik. ▶

Wahrheit jedoch das Schwesterschiff der *Gneisenau,* die *Scharnhorst*, war. *Renown* drehte auf den Gegner zu, die Fahrt wurde auf 20 kn erhöht. So versuchte man die Entfernung zu verringern, und auf etwa 17400 m wurde erneut der Kurs gewechselt, um die Breitseite zum Tragen zu bringen. Um 0405 Uhr eröffnete sie das Feuer auf die *Gneisenau,* deren Schiffsführung sich fragte, ob sie Freund oder Feind sei, und *Scharnhorst* völlig überraschte. Um 0411 Uhr erwiderte *Gneisenau* das Feuer, mit ihrem Gegner auf Parallelkurs fahrend. Es entwickelte sich ein Duell der schweren Artillerie. Theoretisch befand sich die *Renown* in einer nicht gerade beneidenswerten Lage, da sie sich in einen Kampf einließ, in dem sie mit ihren 6 × 38,1 cm-Geschützen 18 × 28 cm-Geschützen der *Gneisenau* gegenüberstand. Sie hatte jedoch den Vorteil der besseren Sicht, und die Deutschen glaubten, sie befänden sich im Kampf mit einer stärkeren Kampfgruppe, weil die Zerstörer ebenfalls das Feuer eröffneten, wenn auch auf eine Entfernung, die weit über der Reichweite ihrer 12 cm-Geschütze lag.

Wegen der schlechten Sichtverhältnisse und auf Grund des Sturms und des damit verbundenen Seeganges waren die Schießbedingungen nicht ideal, aber um 0417 Uhr erzielte *Renown* den ersten, aber sehr wirkungsvollen Treffer auf der *Gneisenau,* der die Hauptfeuerleitung außer Gefecht setzte. Das deutsche Schiff drehte ab und schaltete währenddessen um auf den zweiten Feuerleitstand. Der Rückzug wurde von *Scharnhorst* durch Rauchschleier gedeckt, die dann ebenfalls abdrehte. *Renown* drehte zur Verfolgung an. Alle drei Schiffe fuhren nun direkt in den Nordoststurm hinein und gegen ihn an. Trotz der schweren See vermehrten die deutschen Schiffe ihre Fahrt auf 28 kn.

Renown mühte sich, mit dem Gegner Schritt zu halten, aber da das Schiff durch das tiefe Eintauchen des Bugs große Mengen Wasser übernahm und dadurch sehr viel Wasser durch eine Luke im Backdeck in den Turm „A" drang, wurde es notwendig, die Fahrt auf 20 kn zu verringern. Auf der *Gneisenau* wurden noch zwei weitere Treffer erzielt, bevor sie außer Reichweite war. Einer davon setzte einen der vorderen Türme außer Gefecht. *Renown* hatte zwar kurzzeitig Fahrt für 29 kn gemacht, aber es hatte sich als unmöglich erwiesen, die vorderen Türme bei dieser Geschwindigkeit in Feuerbereitschaft zu halten. Eine Fortsetzung dieser Fahrtstufe hätte vorne mit Sicherheit zu ernsten Schäden geführt. Die Deutschen litten ähnlich durch die hohe Geschwindigkeit gegen die schwere See, aber anscheinend waren sie gewillt das in Kauf zu nehmen, mit dem Ziel, zu entkommen. Einseitig war der Kampf durchaus nicht gewesen, *Renown* war durch zwei oder drei 28 cm-Granaten getroffen worden. Eine war durch das Hauptbein des vorderen Dreibeinmastes gedrungen (und schnitt dabei die Kabelstränge des Funkpeilers, der Navigations- und Signallaternen usw. ab). Sie drang dann weiter durch, ohne zu detonieren. (Es wird vermutet, daß die *Renown* zu der Zeit noch kein Radar hatte, aber die vorbereitenden Arbeiten dafür mögen schon durchgeführt gewesen sein. Ein Gefechtsbericht erwähnt das Durchtrennen der Funkpeilleitungen.) Das zweite 28 cm-Geschoß schlug, ohne zu detonieren, von Stb nach Bb, zwischen Ober- und Hauptdeck, durch das Heck. Es beschädigte einen Lüfter und einige Beleuchtungskörper. Die obere Ummantelung des vorderen Schornsteins war gerissen und aufgebeult. Man vermutete, daß dieses von einem dritten Treffer herrührte. Die Tatsache, daß die Granate nicht detonierte, ist nicht von grundlegender Wichtigkeit, weil es normalerweise eines Schlags auf eine feste Struktur bedurfte, um den Zünder einer Panzersprenggranate zu betätigen. *Renown* benötigte für die Reparatur der Kampf-, Wetter- und Mündungsfeuer-Druckschäden einen Monat Werftliegezeit.

Bomben auf Resolution, Norwegen 1940: Anfang Mai 1940 war die *Resolution* in der Nähe von Narvik als Artilleriefeuer-Unterstützungsschiff für Landoperationen abgestellt. Am 16. Mai ankerte sie vor Tjeldsundet, etwa 30 sm westlich Narvik, als sie von gegnerischen Flugzeugen erkannt und angegriffen wurde. Sie wurde von einer 115 kg-Panzersprengbombe getroffen, die die Stb-Seite des Oberdecks, zwischen Turm „X" und „Y", bis zur Böschung des Mitteldecks durchschlug, wo sie teilweise detonierte. Die Schäden waren leicht, einige kleine Brände brachen zwischen Kleidung und Betten aus, wurden aber schnell gelöscht. Von der Besatzung wurden vorläufige Reparaturen getätigt. Die *Resolution* blieb einsatzklar für einen weiteren Monat, erst dann wurden die erforderlichen Instandsetzungen durchgeführt.

Die Torpedierung der Malaya, 1941: Am 20. März 1941 wurde die *Malaya* etwa 250 sm westnordwestlich der Kapverdischen Inseln von einem Uboot torpediert.* Zu dem Zeitpunkt sicherte das Schlachtschiff einen Geleitzug, der sich auf dem Wege von Sierra Leone nach Großbritannien befand, und machte 7 kn Fahrt. Der Torpedo detonierte an Bb-Seite des vorderen Torpedoschotts am vorderen Kesselraum. Er zerstörte die Wulststruktur über eine Länge von 10,6 m, verbog und durchlöcherte die inneren und äußeren Bodenplatten über einen Bereich von 6,70 m Länge und 3 m Tiefe. Fünf Panzerplatten des Gürtelpanzers wurden ebenfalls verschoben. Die Wulsträume wurden über eine Länge von nahezu 30,5 m geflutet, die Außenräume auf eine Länge von 18,3 m. Geflutet wurden auch die Heizölbunker seitlich des vorderen Kesselraums. Das Torpedoschott widerstand der Detonation; in der Antriebsanlage, den Waffenanlagen und in der E-Anlage ergaben sich keine ernsthaften Ausfälle. Das Schiff hatte eine Schlagseite von 7° nach Bb, die durch Gegenfluten auf 1,5° gemindert wurde. Der vordere Kesselraum wurde – obgleich intakt geblieben – als reine Vorsichtsmaßnahme abgeschaltet. Die Geschwindigkeit wurde auf maximal 14 kn eingeschränkt. Vorläufige Reparaturen wurden in Trinidad durchgeführt, die Grundinstandsetzung erfolgte in den USA und war am 9. Juli 1941 abgeschlossen.

Die Bismarck-Unternehmung, 1941: Am Abend des 21. Mai 1941 verließ das erst kurz zuvor fertiggestellte Schlachtschiff *Bismarck,* begleitet durch den schweren Kreuzer *Prinz Eugen*, den Korsfjord in der Nähe Bergen/Norwegen und nahm Kurs auf den Atlantik. Wenn dieses Schiff mit *Scharnhorst* und *Gneisenau,* die zur Zeit in Brest lagen, zusammentraf, besaß die deutsche Marine im Atlantik eine kampfstarke Flotte, die theoretisch in der Lage war, jeden Geleitzug, der ihr begegnete, einschließlich des begleitenden Schlachtschiffes zu vernichten. Diese Streitmacht hatte auch die notwendige Geschwindigkeit, um jeder Macht, die die *Admiralität* zusammenziehen würde, um sie zu stellen, zu entweichen. Die einzigen Großkampfschiffe der britischen Flotte, die in

* Anmerkung des Übersetzers: *U 105* (Kptlt Schewe)

▲
Malaya am 11. Februar 1942.

Decksaufnahme der *Hood* 1941. ▶

Hood in Scapa Flow, kurz vor ihrer letzten Fahrt. ▶

Malaya am 11. Februar 1942.
▼

Vier Aufnahmen der *Prince of Wales* im Mai 1941, kurz nach Fertigstellung und kurz vor ihrem Einsatz gegen die *Bismarck*.

der Lage waren, sie zu fangen, waren die drei Schlachtkreuzer, aber die waren zu alt. Die deutschen Schiffe hingegen waren modern. Es überrascht daher nicht, daß die *Admiralität* dem Abfangen und der Vernichtung der *Bismarck* große Wichtigkeit zumaß und daß an nichts gespart wurde, um dieses zu erreichen.
Am 23. Mai sichtete der Kreuzer *Suffolk*, der sich in der Dänemarkstraße auf Patrouille befand, gegen 1922 Uhr *Bismarck* und *Prinz Eugen*. Sie setzte sich hinter den Gegner und beschattete ihn mit ihrem Radar. Eine Stunde später stieß ihr Schwesterschiff, die *Norfolk*, zu ihr. An der Südwestküste Islands, etwa 300 sm südlich, befand sich eine Kampfgruppe auf Patrouille. Diese bestand aus *Hood* (Flaggschiff VAdm L. E. Holland), *Prince of Wales* und vier Zerstörern (ursprünglich waren es sechs, aber zwei waren inzwischen nach Island zur Brennstoffergänzung detachiert worden). Um 1939 Uhr fing die Kampfgruppe eine der vielen Sichtmeldungen der *Suffolk* auf, um 1954 Uhr befahl Adm Holland Fahrterhöhung auf 27 kn. Gleichzeitig ging er mit 295° auf Abfangkurs. Am 24. Mai um 0205 Uhr änderte der Verband erneut den Kurs auf 200°, und Adm Holland befahl die *Prince of Wales* nach voraus, um mit dem Artillerieradar Typ 284 aufzuklären. Der Kommandant des Schiffes, KzSee Leach, fragte, ob er nicht den Typ 281 benutzen könne, weil der Typ 284 mangelhaft sei, aber die Genehmigung dazu wurde nicht erteilt. Es sollte sich nicht mit dem Typ 284 der *Hood* gegenseitig stören. Um 0340 Uhr wurde der Kurs auf 240° geändert, um näher an den Feind heranzuschließen, und 13 Minuten später wurde die Fahrt auf 28 kn erhöht. Um 0510 wurde Gefechtszustand hergestellt und 0537 Uhr meldete *Prince of Wales:* „Feind in Sicht, Entfernung 17 sm!" Die Schiffe änderten nochmals den Kurs auf 280°, damit sich die Entfernung verringerte. *Hood* und *Prince of Wales,* nach Stb achtern gestaffelt, liefen nun unter einem Winkel auf den Gegner zu, bei dem sie nur die vorderen Türme einsetzen konnten. Mehr noch, *Prince of Wales* hatte einen Defekt an einem der vorderen Geschütze, das nur in der ersten Salve mitfeuern konnte.
Der Nachteil des Über-den-Bug-Anlaufens war notwendig, um die Entfernung so schnell wie möglich zu verringern und damit den Abstand zu erlangen, unter dem die schlechtgeschützten Decks der *Hood* nicht mehr unter Steilfeuer kamen. Um 0549 Uhr drehten die britischen Schiffe 20° nach Stb und vergrößerten dabei leicht den Annäherungswinkel. Adm Holland befahl nun, das Feuer auf das linke Schiff – irrtümlich als *Bismarck* angesprochen – zu konzentrieren. Tatsächlich war das Führerschiff die *Prinz Eugen*, und der Artillerieoffizier der *Prince of Wales,* der das erkannte, schenkte seine Aufmerksamkeit dem zweiten Schiff des gegnerischen Verbandes. Vom Flaggschiff wurde der Fehler ebenfalls erkannt, und wenige Sekunden vor Feuereröffnung heißte es das Signal: „Zielwechsel rechts!" Es ist zweifelhaft, ob dieser Befehl die Feuerleitzentrale der *Hood* erreichte. Kurz nach 0552 Uhr eröffnete *Hood* auf eine Entfernung von 24230 m das Feuer, eine halbe Minute später folgte die *Prince of Wales.* Um 0555 Uhr drehten die britischen Schiffe zurück auf 280°, und im gleichen Augenblick eröffnete der Gegner auch das Feuer auf die *Hood*. Die erste Salve der *Bismarck* lag kurz, die zweite ging zu weit, die dritte aber lag deckend. *Prinz Eugen* erzielte einen oder mehrere Treffer auf *Hood,* der (die) auf dem Schutzdeck einen Brand der Flak-Bereitschaftsmunition verursachte(n). Um 0600 Uhr, bei einer Entfernung von mittlerweile etwa 13260 m, befahl der Adm eine Kursänderung um 20° nach Bb. Er wollte so die volle Breitseite zum Tragen bringen. Als dieser Befehl ausgeführt war, lag die 5. Salve der *Bismarck* deckend bei der *Hood*, wovon sie einen oder zwei Treffer erhielt. Dann war plötzlich eine Stichflamme auf dem Flaggschiff zu sehen, die in der Nähe des Großmastes emporschoß. Ihr folgte eine ungeheure Explosion, die das Schiff in zwei Teile zerbrach. Das Hinterteil sank sehr schnell, während das Vorderteil erst nach drei Minuten unterging. Von einer Besatzung von 1418 Offizieren und Mannschaften gab es nur drei Überlebende. *Prince of Wales* mußte den Kurs ändern, um nicht auf das Wrack der *Hood* zu laufen. Bis zu diesem Zeitpunkt hatte das Schlachtschiff ungestört operieren können, aber nach dem Untergang des Flaggschiffes wurde es das Ziel des konzentrierten Feuers der beiden Gegnerschiffe. Während der folgenden zwölf Minuten wurde die *Prince of Wales* von sieben Granaten des Kalibers 38 cm und 20,3 cm getroffen, und um 0613 Uhr wurde entschieden, abzudrehen und den Kampf abzubrechen. Dieser Entschluß wurde durch die Tatsache bekräftigt, daß der Turm „A" klemmte und teilweise unter Wasser stand, daß Turm „Y" außer Gefecht war und weil einige der 35,6 cm-Geschütze in ihrer Höheneinstellung klemmten. Der Verlust des Turmes „Y" lag am Granatkranz im Munitionsraum Y, in dessen Drehmechanismus zufällig eine 35,6 cm-Granate gefallen war und alles blockierte. Es dauerte mehr als zwei Stunden, bis er wieder einsatzklar war. *Bismarck* setzte ihren Südwestkurs fort, in großem Abstand durch *Norfolk, Suffolk* und *Prince of Wales* beschattet. Unter der Leitung von VAdm Sir G. Blake trat ein Untersuchungsgericht zusammen, um die technischen Aspekte des Verlustes der *Hood* zu ermitteln. Folgende Zusammenfassung ist ein Auszug aus dem Bericht:

„. . . *Die 3. Salve der* Bismarck *erzielte wenigstens einen Treffer, der anscheinend an der Bb-Seite vor dem Großmast detonierte und einen Pulverbrand verursachte. Vermutlich kam dieser von der 10,2 cm-Bereitschaftsmunition. In Verbindung mit diesem Brand war anscheinend keine große Explosion. KzSee Phillips, Kommandant der* Norfolk, *vermutete den Treffer bei den Stb-Oberdecks-TR und führte an, daß er eine helle Stichflamme in diesem Bereich sah. Es gibt keinen schlüssigen Beweis dafür. Denn, wenn die Sprengköpfe detoniert wären, wäre das vernichtende Ausmaß sichtbar gewesen. Der entstandene Pulverbrand scheint sich vom Entstehungsherd nach vorn und hinten ausgeweitet zu haben. Vermutlich war die Bereitschaftsmunition der 10,2 cm, der Pom-Pom und UP-Werfer betroffen, zuerst flackerte das Feuer hoch auf, aber nach seiner Ausweitung sank es ab. Der Brandherd lag immer noch zwischen dem hinteren Ende der Aufbauten und dem hinteren Schornstein, als ein oder mehrere Treffer der 5. Salve traf(en), der(die) zur Explosion des Schiffes führte(n). Es ist anzunehmen, daß die 5. Salve, die* Hood *eindeckte, einen oder mehrere Treffer verursachte. Der tatsächliche Einschlag des Treffers wurde nicht gesehen, außer durch einen Beobachter, der feststellte, daß es irgendwo in der Nähe des Großmastes war. Das Ergebnis war eine große Explosion, deren Mittelpunkt am Fuß des Großmastes war. Das Ausmaß der Explosion und die Schnelligkeit, mit der das Schiff verschwand, führten zu der Schlußfolgerung, daß eines oder mehrere der hinteren Magazine explodiert war(en), was einen Verlust an Außenbodenplatten über einen großen Bereich zur Folge hatte. Im Bereich rund um die Basis des Großmastes, wo die Explosion sichtbar wurde, befand sich kein Magazin direkt unter dieser Stelle. Die nächsten Magazine waren die 10,2 cm-Flak-Magazine, etwa 20 m hinter dem Großmast. Falls dieses Magazin explodiert war, bestand die Möglichkeit, daß es sich selbsttätig durch den hinteren Maschinenraum zur festgestellten Stelle entladen hatte. Gleichzeitig würde dieses 10,2 cm-Magazin mit Sicherheit die angrenzenden 38,1 cm-Magazine ebenfalls zur Explosion gebracht haben . . .“*

Im Juni 1941 kommentierte der DNC, S. V. Goodall, den Untersuchungsbericht wie folgt:

„. . . Die Ursache des Schiffsunterganges mag so sein, wie vom Gericht beschrieben, nämlich daß die 38 cm-Granaten der Bismarck *unter dieser Entfernung und unter dem Auftreffwinkel, wie behauptet, das hintere 10,2 cm-Magazin erreichten, das dann explodierte und die Explosion auf die anliegenden 38,1 cm-Magazine übertrug.*

Aber es gibt da doch eine Reihe von ungeklärten Fragen in Verbindung mit diesem Vorgang. Es gibt eine Übereinstimmung von Ansichten, die besagen, daß der Mittelpunkt der Explosion am Fuß des Großmastes war, rund 20 m vom nächstgelegenen Magazin entfernt. Falls sich dort eine große Pulvermenge befand, und wenn das Magazin auch weit entfernt vom Großmast explodiert war, gibt es keinen Zweifel darüber, daß sich die daraus resultierende gewaltige Explosion weiter hinten entladen hätte, als dort, wo sie festgestellt worden ist. Gibt es irgendeine andere Erklärung, die für die Explosion am Fuß des Großmastes spricht und für das schnelle Sinken des Schiffes? Der oder die Treffer der 3. Salve schlug(en) von Stb-Seite ein und detonierte(n) offenbar an Bb-Seite, direkt vor dem Großmast. Das Ergebnis muß von umfassender Verheerung gewesen sein, und möglicherweise sind Brände im Backdeck, Ober- und Hauptdeck verursacht worden, und zwar über dem Bereich der Maschinenräume. Auf dem Schutzdeck darüber befand sich eine beträchtliche Menge Bereitschaftsmunition, die in Spinden untergebracht war. Der Inhalt vieler dieser Spinde wäre vermutlich durch den/die Treffer oder durch Granatsplitter in Brand gesetzt worden, aber allgemein breitet sich ein solches offenes Feuer nicht auf die angrenzenden Spinde aus. Die Tatsache, daß das Feuer sich ausbreitete und alle benachbarten Spinde explodierten, kann nur dadurch erklärt werden, daß sich da gleichzeitig ein Brand in den darunterliegenden Offiziersunterkünften ausbreitete. Diese waren überwiegend mit brennbarem Holz getäfelt (die Praxis beim Bau der Hood*).*

Wenn eine oder mehrere Granate(n) der 5. Salve in diesen verwüsteten Bereich eingeschlagenen war(en), wo ja auch an jeder Seite vier der acht Torpedosprengköpfe lagerten, jeder mit 227 kg TNT, und wenn einer oder mehrere dieser Sprengköpfe detoniert sind, dann ist die Explosion am Fuß des Großmastes so gewesen, wie sie festgestellt wurde. Eine solche Explosion war in der Lage, den Kiel eines Schiffes zu brechen, wenn dessen Umgebung durch vorherige Schäden geschwächt worden war. Mit dem Wegdrücken des hinteren Querschotts der Maschinenräume, im Zusammenhang mit der Geschwindigkeit von 28 kn sowie dem geringen Restauftrieb des Hinterschiffes, mußte dieser Teil schnell sinken.

Vorstehendes ist eine Alternativerklärung des Vorfalls, die ebenso gültig sein kann wie die des Untersuchungsgerichts.“

Trotz des unzulänglichen Radars Typ 284 und der Geschützlafetten, die Einsatzschwierigkeiten hatten, konnte *Prince of Wales* die *Bismarck* mit der 6. Salve eindecken. Nach dem Untergang der *Hood* setzte sie ihr Radar Typ 281 (für Luftraumüberwachung) ein, um mit diesem die Entfernung des Gegners festzustellen, mit einigem Erfolg, wie man sieht. Sie deckte die *Bismarck* mehrfach ein, bevor sie dann den Kampf abbrach. Die Schwierigkeiten der SA wurden durch mechanische Ausfälle und Ausbildungsmängel hervorgerufen und nicht durch gegnerische Kampfeinwirkungen. (*Prince of Wales* war erst unlängst in Dienst gestellt worden, die Ausbildung noch nicht abgeschlossen. An Bord befanden sich immer noch viele Zivilisten, um die Restarbeiten und Abstimmungsarbeiten an der Bewaffnung

Prince of Wales Mai 1941. Blick von der Brücke nach achtern.

durchzuführen, als das Schiff zum Abfangen der *Bismarck* auslief.) Die Schäden, die *Prince of Wales* durch *Bismarck* und *Prinz Eugen* erlitt, waren folgende:

1. Eine 38 cm-Granate drang von Stb nach Bb durch die Kompaßplattform, ohne zu detonieren. Sie verursachte umfangreiche kleinere Schäden in der Vorbrücke (obwohl das Ein- und Ausschußloch glatt war) und tötete bzw. verwundete, außer KzSee Leach und dem Obersignalmeister, alle Anwesenden. Diese waren vermutlich das Opfer der Erschütterungen und Splitter der Brückenstruktur und der Instrumente, die in der Flugbahn des Geschosses saßen.
2. Eine 20,3 cm- oder 38 cm-Granate drang durch den Unterbau des vorderen Flakleitstandes, ohne zu detonieren. Der Treffer setzte die Geräte außer Gefecht.
3. Eine 38 cm-Granate traf das Fundament des hinteren Schornsteins und detonierte teilweise. Dabei beschädigte sie den Schornstein durch Splitter, aber auch die hinteren Aufbauten und der hintere Stb-Flakleitstand wurden in Mitleidenschaft gezogen. Der Rauch des beschädigten Schornsteins drang in die hinteren Kesselraumbelüftungsschächte und füllte diesen Kesselraum mit Rauch.
4. Eine 20,3 cm-Granate durchschlug die hinteren Aufbauten und blieb auf dem Oberdeck liegen, ohne zu detonieren. Sie wurde später über Bord geworfen.
5. Ein 38 cm-Unterwassergranattreffer durchschlug die Bordwand unterhalb des Mittschiffsgürtelpanzers. Sie detonierte jedoch nicht, sondern blieb im Außenraum an Stb-Seite des hinteren Kesselraums liegen. Die Granate wurde gefunden, während der Werftliegezeit in Rosyth entschärft und entfernt.
6. Eine 20,3 cm-Granate detonierte mit nur kleiner Wirkung auf dem hinteren gepanzerten Zwischendeck.
7. Eine 20,3 cm-Granate traf die Bordwand direkt hinten und detonierte mit kleiner Wirkung auf dem Panzerdeck.

Die Haupterfahrungen, die aus diesen Schäden auf der *Prince of Wales* gemacht wurden, waren:

1. Die Erfordernis, die wasserdichten Türen in bestimmten wichtigen Räumen unterhalb des Panzerdecks zu eliminieren und dazu Verbindungsschächte nach oben und unten einzubauen.
2. Transportable Pumpen benötigten einen Spritzwasserschutz, ihre Außenbordaustritte bedurften der Änderung.
3. Die Belüftung der Turmmaschinenräume und anderer wichtiger Räume war unzureichend gegen übermäßigen Temperaturanstieg.
4. Für das Kesselraumpersonal war ernsthafte Gefahr gegeben, wenn die Kesselraum-Luftzufuhr zu nahe an einem beschädigten Schornstein saß.
5. Die Zahl der E-Versorgungsanschlüsse, vorn und hinten, war unzureichend für Notfälle.
6. Um Befehle schnell vom SSichGefStd zu den Einsatzstellen zu übermitteln, war ein Warnungstelephonsystem erforderlich.
7. Die Flakleitgeräte hatten sich als sehr verwundbar durch Splitter erwiesen.

Bismarck verließ das Kampffeld nicht ohne Beschädigungen. Sie hatte drei Treffer von der *Prince of Wales* erhalten. Eine Granate durchschlug einen Heizölbunker und hatte zur Folge, daß ein Leck entstanden war, durch das Öl verlorenging und die umliegenden Bunker ebenfalls verunreinigt wurden. Eine weitere Granate traf den Seitenpanzer mittschiffs und verursachte ein Leck. Das eintretende Wasser setzte einen Generator und einen Kessel außer Betrieb, die maximale Geschwindigkeit wurde um 2 kn herabgesetzt. Der dritte Treffer richtete nur geringen Schaden an. Das Ergebnis war, der Atlantikeinsatz der *Bismarck* fiel aus, und der deutsche Flottenchef, Adm Lütjens, entschied, den französischen Hafen St.-Nazaire anzulaufen, wo die notwendigen Reparaturen durchgeführt werden sollten. Die unbeschädigte *Prinz Eugen* sollte den ursprünglichen Plan durchführen, und im späteren Verlauf des Tages trennte sie sich von ihrem Begleiter und verschwand in der Weite des Atlantik. Drei Tage vergingen, bevor die *Bismarck* schließlich zum Kampf gestellt wurde. In der Zwischenzeit war sie ihren Jägern verlorengegangen, dann wiedergefunden und von den Flugzeugen der Träger *Victorious* und *Ark Royal* sowie den Zerstörern der 4. Zerstörerflottille angegriffen worden. Der Platz reicht nicht aus, diese Einsätze detailliert zu beschreiben, daher müssen wir uns auf die beiden Schiffe beschränken, die zum Schluß gegen die *Bismarck* kämpften und die ein Teil dieses Werkes sind: *King George V* (Flaggschiff des *CinC*, *Home Fleet*, Adm Tovey) und *Rodney* (Kommandant, KzSee Dalrymple-Hamilton). Am 22. Mai befand sich *Rodney* mit vier Zerstörern und dem Passagierschiff *Britannic* auf dem Weg vom Clyde nach Halifax. Das endgültige Ziel des Schlachtschiffes war Boston, wo es zur Durchführung dringender Überholungen in die Werft gehen sollte. Als *Bismarck* in der Dänemarkstraße gesichtet wurde, wurde *Rodney,* schon eineinhalb Tage unterwegs, zurückgerufen. Sie beließ den Zerstörer *Eskimo* bei der *Britannic* und lief mit den anderen drei zurück. Der unmittelbare Anlaß für diese Umdirigierung war, eine zusätzliche Deckung sicherzustellen, wenn die *Bismarck* der Hauptmacht der *Home Fleet* entweichen sollte. Am Vormittag des 24. Mai stand die *Rodney* mehr als 500 sm südwestlich der *Bismarck*. Nach dem Untergang der *Hood* steuerte die *Rodney* einen Abfangkurs, jedoch am Morgen des 25. Mai war jeder Kontakt mit der *Bismarck* verlorengegangen. Sich zwischen dem Gegner und der französischen Küste befindend, entschied KzSee Dalrymple-Hamilton, in diesem Bereich zu kreuzen. Damit kam er dem Befehl der *Admiralität* entgegen, daß er damit rechnen müsse, daß die *Bismarck* evtl nach Brest ginge. Am 26. Mai wurde der Gegner wieder gesichtet, und *Rodney* kehrte auf den alten Kurs zurück. Es muß festgehalten werden, daß *Rodney* während dieser ganzen Zeit mit Dauerhöchstfahrt fuhr, und zwar 12 Stunden lang ununterbrochen, und das mit einer Maschinenanlage, die seit Kriegsausbruch keine Grundüberholung mehr gehabt hatte. Deswegen war sie ja auch auf dem Weg nach den USA gewesen. Ihre maximale Geschwindigkeit zu dieser Zeit lag theoretisch bei etwa 20 kn, während der Jagd auf *Bismarck* erreichte sie aber schätzungsweise 22 kn. Diese Beanspruchung der Maschinen blieb nicht ohne Folgen. Einer ihrer Kessel fiel aus und wurde bei einer Kesselraumtemperatur von 51,1 °C innerhalb von 4,5 Std repariert. Die Maschinenraumbe- und -entlüftungsanlagen fielen aus, und unzählige andere Störungen beanspruchten die Leistungsfähigkeit des Maschinenpersonals bis an die Grenze seines Vermögens.

Wir müssen nun zurückkehren zum 22. Mai, um die Bewegungen der *King George V*, vom Beginn der Jagd nach der *Bismarck* an, zu verfolgen. An diesem Tage, um 2245 Uhr, fuhr sie westlich Scapa Flow. Begleitet wurde sie vom Träger *Victorious,* den Kreuzern *Aurora, Galatea, Kenya* und *Hermione* sowie sieben Zerstörern. Um 0710 Uhr, am 23. Mai, stieß die *Repulse* mit drei Zerstörern zu dieser Gruppe. Sie kam aus dem Clyde und war gen Norden gefahren. Die ganze Kampfgruppe setzte die Fahrt in nordöstlicher Richtung fort, um in den Bereich der Island-Färöer-Passage zu kommen, und um diese zu sichern. Es war etwa 2032 Uhr, am 23. Mai, als eine der Sichtmeldungen der *Norfolk* aufgefangen wurde und aus der Adm Tovey erfuhr, daß *Bismarck* in der Dänemarkstraße stand. Weil der westnordwestliche Kurs der Flotte direkt auf den Gegner zuführte, wurde keine Kurskorrektur vorgenommen. Nach dem Untergang der *Hood* wechselte die Flotte jedoch den Kurs auf einen direkten Abfangkurs, der stetig nach jeder neu eingegangenen *Bismarck*-Positionsmeldung geändert wurde. Am Morgen des 24. Mai befand sich die Flotte auf einem Südwestkurs, östlich der *Bismarck*, und man hoffte, sie am folgenden Morgen gegen 0900 Uhr zu sichten. Um 0400 Uhr detachierte Adm Tovey die *Victorious* und vier Kreuzer, näher an den Gegner heranzuschließen, um so einen Angriff mit den *Swordfish*-Flugzeugen des Trägers zu ermöglichen. Das spätere Ergebnis war dann ein Torpedotreffer auf *Bismarck*, der jedoch nicht viel Schaden anrichtete. Das einzige war, daß dadurch noch mehr Wasser ins Schiff durch das vorhandene Leck trat. Am Vormittag des 25. Mai ging der Kontakt mit der *Bismarck* verloren. Adm Tovey setzte den südwestlichen Kurs fort und kreuzte tatsächlich vor dem Gegner dessen Kurs. Um 0906 Uhr nahm *Repulse* Kurs auf Neufundland. Ihr Brennstoffvorrat ging dem Ende zu. Um 1047 Uhr änderte *King George V* den Kurs auf Nordost. Adm Tovey nahm irrtümlich an, *Bismarck* würde die Island-Passage in entgegengesetzter Richtung, nach Deutschland, durchbrechen. Es wurde 1810 Uhr, bevor der *CinC* seinen Irrtum erkannte und auf südöstlichen Kurs zurückkehrte, der auf die französische Küste zuführte. Er befand sich nun 150 sm hinter dem Gegner, und die Chancen, ihn zu fangen, sahen sehr schlecht aus. Am 26. Mai um 1030 Uhr wurde *Bismarck* wieder gesichtet, und zwar durch ein *Catalina*-Flugboot des Coastal Command (Küstenkommando),* etwa 130 sm südlich der *King George V.* Um 1800 Uhr, am 26. Mai, stieß die *Rodney* zur *King George V* und setzte sich hinter das Flaggschiff. Zu dieser Zeit fing die Brennstofflage der Schlachtschiffe an, kritisch zu werden, und es war klar, wenn die *Bismarck* nicht in ihrer Fahrt verlangsamt wür-

* Anmerkung des Übersetzers.

King George V Mitte 1941. Beachte das Radar, Typ 271, zwischen den vorderen Flak-Leitgeräten.

de, wäre es unmöglich, sie zum Kampf zu stellen. Die einzig reelle Chance, das zu erreichen, lag bei dem Träger *Ark Royal,* der mit der *Force H* von Gibraltar aus nach Norden fuhr und als einziger in der Lage war, noch vor Einbruch der Dunkelheit einen Luftangriff auf die *Bismarck* zu fliegen. Der Angriff wurde um 2100 Uhr von 15 *Swordfish*-Flugzeugen geflogen und dabei zwei Torpedotreffer erzielt. Einer traf mittschiffs und richtete keine ernsthaften Schäden an, aber der zweite traf hinten und verklemmte das Ruder der *Bismarck* in 15° Bb-Lage. Um 2136 Uhr meldete der die *Bismarck* beschattende Kreuzer *Sheffield: „Bismarck*-Kurswechsel auf 340° NNW!" Diese Neuigkeit wurde vom *CinC* mit Skepsis aufgenommen, weil der Kurs des Gegners direkt auf das Flaggschiff zuführte. Immerhin wechselte er um 2142 Uhr den Kurs auf Süd und direkt auf den angegebenen Standort der *Bismarck* zu. Kurz darauf wurde eine Meldung der *Ark Royal* empfangen, die besagte, daß die Flugzeugbesatzungen beim letzten Angriff zwei Treffer beobachtet hätten. Dann kam die Meldung eines Flugbootes, aus der hervorging, daß die *Bismarck* nördlichen Kurs steuerte, womit die Meldung der *Sheffield* bestätigt wurde. *Bismarck*, nun manövrierunfähig, konnte nicht mehr entkommen und würde bald in die Reichweite der Geschütze von *King George V und Rodney* kommen. Da Adm Tovey keinen Nachtkampf wünschte, wurde die Fahrt bis zum Morgengrauen vermindert, an dem es zum Zusammentreffen kam. Am frühen Morgen des 27. Mai erhöhten *King George V und Rodney* die Geschwindigkeit und nahmen von WNW aus Kurs auf die *Bismarck*. Der Wind blies aus Nordwest mit Stärke 6, es herrschte grobe See mit einer starken Dünung, der Himmel war bedeckt, die Sicht aber gut. Adm Tovey hatte entschieden, von Westen anzulaufen, um den Vorteil der Lichtverhältnisse und die Richtung der Dünung auszunutzen, was für den Endanlauf wichtig war. Es war auch wichtig, daß die britischen Schiffe nicht in Lee von *Bismarck* kamen, so daß sie keinen Rauchschleier legen konnte, um die Zerstörung zu verzögern. Zu bedenken gab auch die Brennstofflage, die Möglichkeit von Uboot- und Luftangriffen. Es war also ein schneller Nahkampf erforderlich. Der Anlauf von Westen machte es aber sehr schwierig, die Wirkung der Rauchbelästigung zu vermeiden. Um 0708 Uhr befahl Adm Tovey der *Rodney,* die Verbandsordnung zu lösen, sie erhielt die Genehmigung, unabhängig von *King George V,* in gewissem Abstand zu ihr, zu operieren. Um 0820 Uhr kam die *Norfolk* in Sicht und meldete den genauen Standort der *Bismarck*, was den britischen Schlachtschiffen erlaubte, letzte Kurskorrekturen vorzunehmen. Um 0843 Uhr wurde der Gegner vom Luftabwehroffizier der *Rodney* in 115° über Stb-Bug, auf eine Entfernung von rund 23000 m mit Kurs direkt auf die britischen Schiffe zu, gemeldet. *Rodney* und *King George V* steuerten 110° und fuhren seitlich versetzt zueinander.

Der Abstand zueinander betrug etwa 1500 m. Um 0847 Uhr eröffnete *Rodney* das Feuer mit den Türmen „A" und „B". Die Entfernung war etwa 22000 m. Eine Minute später eröffnete *King George V* das Feuer. *Bismarck* wählte *Rodney* als Ziel und eröffnete um 0849 Uhr mit allen vier Geschützen der beiden vorderen Türme das Feuer. Die erste Gegnersalve lag 900 m zu kurz, die 2. Salve, um 0850 Uhr, lag deckend; eine Granate fiel kurz, die anderen gingen weit, die dichteste war 18 m entfernt, direkt hinter der Brücke. Die nächste Salve der *Bismarck* ging weit, ihr folgte eine kurze und dann einige wieder weit. *Rodney* manövrierte, um dem gegnerischen Feuer auszuweichen, offensichtlich mit Erfolg. *Rodney* deckte *Bismarck* mit der 3. und 4. Salve und erzielte dabei um 0850 Uhr einen Treffer. Um 0857 Uhr erzielte sie einen weiteren Treffer, der das Vorschiff durchschlug und den Turm „A" außer Gefecht setzte. Etwa gegen 0900 Uhr verlangsamte sich die Salvenfolge des Gegners, sein Schießen wurde ungenau. Um 0859 Uhr, bei einer Entfernung von 14600 m, drehte *King George V* nach Stb, um den hinteren Turm zum Tragen zu bringen, 3,5 Minuten später folgte *Rodney*. Um 0902 Uhr wurde der Turm „B" der *Bismarck* von einem 40,6 cm- oder 35,6 cm-Treffer durchschlagen, er detonierte im Innern, und die Rückenplatte des Turmes schleuderte über Bord. Etwa zur gleichen Zeit zerstörte eine Granate den Vormars zusammen mit dem zentralen Artilleriegefechtsstand und tötete die meisten der dort anwesenden Stabsoffiziere. Um 0912 Uhr wurde der vordere Feuerleitstand zerstört, sechs Minuten später der hintere, das Schiff war nun ohne zentrale Feuerleitung. Um 0915 Uhr wechselte *Bismarck* das Feuer der hinteren Türme auf *King George V,* fünf Minuten später aber zurück auf *Rodney.* Zu dieser Zeit schoß bei ihrer SA nur noch der Turm „X".* Die *Bismarck* lag jetzt achteraus der britischen Schiffe, und um 0916 Uhr drehte *Rodney* nach Stb auf 180°, was sie auf einen nördlichen Kurs, parallel zum Gegner brachte. Die Entfernung war etwa 8230 m. Um 0925 Uhr drehte *King George V* ebenfalls auf Nordkurs, ihre Entfernung betrug etwa 11000 m. Gleichzeitig ließ das Feuer des Flaggschiffes jedoch aus verschiedenen Gründen nach, nämlich: erstens war das Ziel von Rauch eingehüllt und umgeben von den Einschlagfontänen der *Rodney*, zweitens fiel das Artillerieradar zwischenzeitlich aus, und drittens hatte sie verschiedene mechanische Ausfälle in den 35,6 cm-Türmen. Einer davon war für eine halbe Stunde außer Betrieb. Zwischendurch hatte *Rodney* erneut den Kurs nach Stb gewechselt und kreuzte den Kurs der *Bismarck*. In den folgenden 30 Minuten fuhr sie vor dem Bug des Gegners hin und her und schoß auf Entfernungen zwischen 2750 m und 3650 m. Um 0940 Uhr schwieg das Feuer der *Bismarck*, die SA und MA war außer Gefecht gesetzt. Um 1005 Uhr schloß *King George V* dicht an *Bismarck* heran und schoß auf eine Entfernung von 2740 m in eine jetzt nur noch „schwimmende Hulk". Die Brennstofflage der Schlachtschiffe wurde nun kritisch, und um 1015 Uhr befahl Adm Tovey *King George V* und *Rodney,* den Kampf abzubrechen und mit 027° Kurs Heimat zu steuern.

Um 1014 Uhr schoß *Rodney* die letzte Salve, *King George V* um 1022 Uhr. *Bismarck* brannte und lag tief im Wasser, ihre Flagge wehte immer noch, aber sie machte nicht den Eindruck, als wenn sie sinken wollte. Adm Tovey befahl jedem Schiff, das Torpedoausrüstung hatte und sich in der Nähe befand, heranzufahren und noch vorhandene Torpedos zu schießen, um sie zu versenken. Um 1025 Uhr löste der Kreuzer *Dorsetshire* zwei Torpedos auf die Stb-Seite, die unterhalb der Brücke detonierten. Um 1036 Uhr schoß sie einen weiteren Torpedo in die Bb-Seite. *Bismarck* legte sich auf die Bb-Seite und begann über das Heck zu

* Anmerkung des Übersetzers: Im Gegensatz zur britischen Terminologie wurden auf deutschen Schiffen die Türme der SA wie folgt bezeichnet: A = Anton, B = Berta, C = Cäsar, D = Dora (jeweils von vorn nach hinten zählend).

sinken. Um 1040 Uhr kenterte sie und versank. Die Qualität des Schlachtschiffs *Bismarck* und die Umstände ihres Unterganges sind umfassend diskutiert worden. Sie wurde oft beschrieben und galt praktisch als „unzerstörbar“, und seit Kriegsende sind ihr viele sagenhafte Eigenschaften zugeschrieben worden. Die am weitesten verbreitete Meinung über den Untergang dieses praktisch „unsinkbaren“ Schiffes ist die, daß am Ende des Kampfes von der Besatzung am Schiffsboden Sprengladungen angebracht wurden, die das Schiff nach Entzündung versenkten. Auch die Seeventile sollen dabei geöffnet worden sein. Das mag wahr sein oder nicht, aber es scheint unmöglich, daß die *Bismarck* schwimmen geblieben wäre, obwohl sie unbestreitbar ein vorzüglich gebautes Schiff war. Man kann aber nicht behaupten, daß sie um soviel besser war als die modernen Schlachtschiffe anderer Marinen. In Wirklichkeit glich ihre Konstruktion in verschiedener Hinsicht dem Standard des Ersten Weltkrieges und war daher nicht so fortschrittlich wie die neuen Schiffe der USA und Großbritanniens oder anderer Nationen. Folgende Punkte sind anzumerken:

1. Ein Schiff kann nur aus zwei Gründen sinken; durch übermäßiges Fluten, was den Verlust des Auftriebs bedeutet und evtl zum Untergang des Schiffes führen kann, oder durch übermäßige Schlagseite, was zum Verlust der Stabilität und evtl zum Kentern des Schiffes führt. Der erstere Fall kann Stunden dauern, und es kann kein Zweifel daran sein, daß *Bismarck* auf diese Art sank, bevor die Torpedos der *Dorsetshire* oder das Ansprengen durch die Besatzung dazu führten oder der Wasserstoß im Innern des Schiffes das Kentern herbeiführte. Wenn ein Kriegsschiff sinkt, geschieht das meistens durch Kentern, weil die Kampfschäden überwiegend auf der einen oder anderen Seite konzentriert sind. Im Falle der *Bismarck* war der angerichtete Schaden ziemlich verteilt, was an sich ungewöhnlich ist.
2. Geschützfeuer gegen ein gepanzertes Schiff ist nicht das effektivste Mittel, es zum Sinken zu bringen, weil der überwiegende Schaden über der Wasserlinie liegt. Der Torpedo und die Mine sind in diesem Falle von größerer Wirkung. *Bismarck* erhielt viele Torpedotreffer vor dem Endkampf am 27. Mai, und da mögen nicht weniger als drei Treffer gewesen sein, aber auch nicht mehr als zwei davon, die bei einem Angriff erfolgten, so daß zwischen den Angriffen genügend Zeit vorhanden war, entsprechende Gegenmaßnahmen zu ergreifen.
3. Der Panzer der *Bismarck* war mit viel Beifall bedacht worden, und wurde so beschrieben, daß er gegenüber einem anderen Panzer bis zu 50% widerstandsfähiger gegen Durchschlagen sei. Das ist völlig verkehrt, und es ist auch unwahrscheinlich, daß da ein großer Unterschied in der Qualität der Panzerplatten vorhanden war, die bei den verschiedenen Seemächten zu dieser Zeit verwendet wurden. Ein anderer verbreiteter Trugschluß ist, daß *Bismarck* einen Gürtelpanzer aus Spezialstahl, eine Nickel-Chrom-Stahl-Legierung, besaß, der allgemein als eine Neuentwicklung in der Stahlproduktion angesehen wurde. Tatsächlich waren Nickel-Chrom-Panzerstähle in allen Flotten schon seit den 1890er Jahren im Gebrauch, und die Panzerung der *Bismarck* war eine Nikkel-Chrom-Molybdän-Stahllegierung, die – ohne Zweifel – mittels modernster Methoden hergestellt wurde. Sie besaß aber die gleichen Vorzüge und Fertigungsmethoden wie die Panzerplatten anderer Seemächte.
4. Geschützfeuer kann die Kampfkraft eines Gegners mindern, indem die lebenswichtigen Anlagen hinter der Panzerung durchschlagen oder die weichen Teile, Brücken und Feuerleitanlagen eines Schiffes, durchlöchert werden. Es gibt keinen Zweifel, daß die *Bismarck* durch diese letzten Fakten gelitten hatte, und das war speziell auch der Grund dafür, daß die *King George V*-Klasse original mit 12 × 35,6 cm-Geschützen entworfen wurde, und nicht mit wenigen großkalibrigen Geschützen.

Soweit es die Briten betraf, hatten sie ihr Ziel erreicht. Und ob nun die *Bismarck* durch Selbstversenkung oder Torpedos gesunken war, ist nicht ausschlaggebend. Zum Abschluß soll noch gesagt werden, daß die angeführten Bemerkungen dazu dienten, die Lage der *Bismarck* in die richtige Perspektive zu rücken und nicht zu beweisen, daß sie ein schlechtes Schiff war, lediglich ein Standardschiff. Kein normales Schlachtschiff kann in einem beschädigten Zustand annehmen, den Angriff von zwei modernen Kontrahenten zu überleben. Von den zwei britischen Schlachtschiffen wurde nur *Rodney* beschädigt, und die meisten Schäden davon waren durch den Effekt des Mündungsfeuers der eigenen SA (siehe Anhang 3, → Seite 137) noch selbstverschuldet.

Die Schlacht am Nordkap, 1943: Am Abend des 25. Dezember 1943 verließ der Schlachtkreuzer *Scharnhorst* den Altafjord in Norwegen, um den nach Rußland fahrenden Geleitzug JW 55A anzugreifen. Außer einer örtlichen Sicherung wurde der Geleitzug, gemeinsam mit dem heimwärts fahrenden Geleitzug RA 55A, durch zwei Kampfgruppen gesichert; *Force 1 (Kampfgruppe 1)*,* bestehend aus den Kreuzern *Belfast* (Flaggschiff, VAdm R. L. Burnett), *Sheffield* und *Norfolk; Force 2,* bestehend aus *Duke of York* (Flaggschiff *CinC, Home Fleet,* Adm Sir Bruce Fraser), dem Kreuzer *Jamaica* und vier Zerstörern.

Nachrichten, daß die *Scharnhorst* sich in See befand, erreichten den *CinC* am 26. Dezember, um 0339 Uhr. Adm Fraser befahl einige vorbeugende Änderungen hinsichtlich des Kurses für den Geleitzug und später das Heranschließen der *Force 1,* um die Geleitsicherung zu verstärken. In der Zwischenzeit erhöhte er die Geschwindigkeit der eigenen Kampfgruppe von 17 auf 24 kn und steuerte leicht Nord zu Ost, in einen stetig anwachsenden Sturm. Er war bemüht, eine Position zwischen dem Geleitzug und der norwegischen Küste einzunehmen. Während des Versuches, den Geleitzug zu erreichen, wurde *Scharnhorst* zweimal gesichtet und in Kämpfe mit den Kreuzern des Adm Burnett verwickelt. Um 1300 Uhr brach sie das Unternehmen ab und steuerte südwärts nach Hause. Dabei wurde sie durch die *Force 1* beschattet. Mittlerweile steuerte *Force 2* 100 sm südwestlich einen Auffangkurs. Um 1617 Uhr sichtete *Duke of York* die *Scharnhorst* im Radar auf eine Entfernung von etwa 42000 m. Sie fuhr immer noch Südkurs und *Duke of York* quer dazu. Um 1632 Uhr hatte *Duke of York* die *Scharnhorst* auf etwa 28000 m im Feuerleitradar Typ 284. Acht Minuten später befahl Adm Fraser der *Belfast*, das Ziel mit Leuchtgranaten zu beschießen, und um 1644 Uhr drehte *Duke of York* leicht an nach Stb, damit die volle Breitseite zum Tragen kam. Die Leuchtgranaten der *Belfast*

* Anmerkung des Übersetzers.

verfehlten die *Scharnhorst,* so daß das Schlachtschiff um 1648 Uhr selbst eine Leuchtgranate mit einem der 13,3 cm-Geschütze schoß. Diese beleuchtete das Ziel, und um 1650 Uhr eröffnete *Duke of York* mit der SA auf eine Entfernung von etwa 11.000 m das Feuer. Sie deckte die *Scharnhorst* mit der ersten Salve ein (ein Treffer setzte Turm „A" außer Gefecht) und nochmals mit der 3. Salve. Um 1652 Uhr eröffnete *Jamaica*, etwa 1100 m hinter dem Flaggschiff fahrend, das Feuer auf etwa 12000 m und deckte das Ziel mit der 3. Salve, wobei sie einen Treffer erzielte. *Scharnhorst* war durch diesen plötzlichen Angriff total überrascht, noch dazu, da er aus einer Richtung kam, in der sie keine feindlichen Streitkräfte vermutete (*Scharnhorst* war nicht in der Lage, das Anlaufen der *Duke of York* im Radar zu erfassen, weil die Antenne beim vorherigen Feuerwechsel mit der *Norfolk* von dieser zerstört worden war). Sie drehte weg von der *Duke of York* nach Norden, aber um 1657 Uhr traf sie auf die *Force 1* und wurde von *Norfolk* und *Belfast* beschossen. Um 1708 Uhr ging sie wieder auf östlichen Kurs und versuchte, ihre überlegene Geschwindigkeit zum Tragen zu bringen, um zu entkommen. *Duke of York* war diesem Kurswechsel gefolgt und verfolgte den Schlachtkreuzer nun aus einer Lage von Stb achtern. Es war klar, daß, wenn der Gegner nicht verlangsamen würde, er entkommen könnte. Um 1713 Uhr befahl Adm Fraser seinen vier Zerstörern, Torpedoangriffe durchzuführen. Vorerst jedoch mußten sie den Gegner einholen, was bei dem herrschenden Wetter gar nicht so einfach war. Um 1742 Uhr konnten nur noch die 35,6 cm-Geschütze der *Duke of York* den Gegner erreichen, die Entfernung hatte sich auf etwa 16500 m vergrößert. Aber das Feuer des britischen Schiffes war sehr wirkungsvoll. Ein 35,6 cm-Treffer zerstörte die Lüftungsanlage des Turms „B", der sich schnell mit Pulverrauch füllte und verlassen werden mußte. Eine andere Granate durchschlug den Panzer der *Scharnhorst* und detonierte im Kesselraum I, wobei mehrere Dampfleitungen platzten und die Fahrt auf 10 kn herabgesetzt werden mußte. Der Schaden wurde schnell eingedämmt, und die Fahrt konnte auf 20 kn gesteigert werden. Um 1820 Uhr hörte *Scharnhorst* auf zu schießen, vier Minuten später auch die *Duke of York*. Die Entfernung war inzwischen auf 19500 m angewachsen. Zu dieser Zeit hatte Adm Fraser den Kurs der *Force 2* auf Südost geändert und hoffte so, die Flucht des Gegners nach Süden zu blockieren. Aber sehr schnell wurde erkannt, daß sich die Geschwindigkeit der *Scharnhorst* verringert hatte, und um 1838 Uhr wechselte Fraser den Kurs erneut, diesmal direkt auf den Gegner zu. Die Fahrtminderung der *Scharnhorst* lag im Schaden vom vorderen Kesselraum. Das versetzte die

Duke of York am 13. April 1943.

vier Zerstörer der *Force 2* in die Lage, sie zu überholen. Zwischen 1840 Uhr und 1900 Uhr wurde die *Scharnhorst* durch diese Zerstörer angegriffen. Die Entfernungen schwankten zwischen 3200 m und 1650 m. 28 Torpedos wurden geschossen, vier Treffer erzielt; einer vorne an Stb-Seite, einer mittschiffs, einer vorn und einer an der hinteren Bb-Seite. Um 1901 Uhr eröffneten *Duke of York* und *Jamaica* erneut aus 9500 m das Feuer. Der Schlachtkreuzer antwortete mit dem hinteren Turm, der einzigen SA, die noch einsatzklar war. Um 1911 Uhr machte die *Scharnhorst* nur noch Fahrt für 10 kn, und etwa fünf Minuten später stellte der hintere Turm das Schießen ein. Nun schossen nur noch einige der 15 cm-Geschütze. Um 1930 Uhr stellte *Duke of York* das Feuer ein, damit die leichten Streitkräfte näher heranschließen konnten. In der Folge wurde *Scharnhorst* von zwei Torpedos der *Jamaica* getroffen. Weitere drei Torpedos trafen von dem Zerstörer *Musketeer* und zwei vom Zerstörer *Virago.* Um 1945 Uhr explodierten die Magazine der *Scharnhorst* und sie sank. Es gab 36 Überlebende. Die Schäden der *Duke of York* waren geringfügig. Eine 28 cm-Granate durchschlug den Großmast an der Bb-Stütze, ohne zu detonieren. Etwa die halbe Sektion des Großmastes und etwas mehr ein Teil der Stütze, die in der Flugbahn des Geschosses saß, wurden zerstört. Ein 15 cm-Geschoß rundete das Bild ab, indem es durch die Bb-Stütze des Fockmastes ging und etwas weniger als die Hälfte der dortigen Sektion zerstörte. Die Schlacht am Nordkap war einer der letzten Kämpfe zwischen Großkampfschiffen, an denen keine Flugzeuge beteiligt waren. Als solcher dient er als gutes Beispiel dafür, was mit einer gut geführten Flotte ohne solche Hilfe machbar ist. Die Zerstörung der *Scharnhorst* wurde erreicht durch die Kreuzer der *Force 1,* die den Gegner von Anfang an beschatteten, und die dem *CinC* ständig den Standort meldeten, sowie durch die ausgezeichnete Artillerie der *Duke of York.* Die Genauigkeit in beiden Fällen war insbesondere auf Radar zurückzuführen. In dem nächtlichen Kampf, bei einem schweren Sturm, versetzte es die Kreuzer in die Lage, mit dem Gegner Kontakt zu halten, und die *Duke of York*, den Gegner fortgesetzt einzudecken. Radar machte es dem Schlachtschiff und den Kreuzern aber auch möglich, blind zu schießen, also ohne den Gegner zu sehen. Es ist interessant, anzumerken, daß die Genauigkeit des Schießens der *Duke of York* nachließ, als für kurze Zeit das Radar Typ 284 ausfiel, was von einem Schock, hervorgerufen durch die SA, herrührte. Schließlich sollte gesagt werden, daß es das Geschützfeuer der *Duke of York* war, das letzten Endes die Niederkämpfung der *Scharnhorst* bewirkte. Sie war es, die die Geschwindigkeit des Schlachtkreuzers herabsetzte und das Entkommen nach Osten verhinderte.

2. Das Mittelmeer, 1940 bis 1943

Der Kriegseintritt Italiens im Juni 1940, dem der Verlust Frankreichs und die Neutralisierung dessen Flotte folgte, schuf eine Lage, die den Gegner in einen solchen Vorteil brachte, daß die britische Seemacht im Mittelmeer an den Rand ihrer Existenz versetzt wurde. Die italienische Schlachtflotte bestand aus vier umfassend modernisierten Schlachtschiffen: *Conte di Cavour, Guilio Cesare, Caio Duilio* und *Andrea Doria* sowie den zwei modernen Schlachtschiffen *Littorio* und *Vittorio Veneto* (es gab noch 2 Schwesterschiffe der modernen Schlachtschiffe: *Roma,* die nicht vor Juli 1942 fertig wurde, und *Impero,* die später annulliert wurde). Diesen Schiffen hatte Großbritannien entgegenzustellen: *Warspite, Malaya* und *Royal Sovereign,* stationiert in Alexandria, sowie *Hood, Valiant* und *Resolution,* die zur neuen *Force H* in Gibraltar gehörten. Dieses war gegenüber den gegnerischen Streitkräften die gleiche Zahl, aber die britischen Schiffe waren weniger modern, und nur *Hood* hatte die Geschwindigkeit, die derjenigen der italienischen Schiffe nahekam. Die britischen Schiffe waren außerdem noch geteilt, während die Italiener ihre Kräfte im östlichen oder im westlichen Mittelmeer zu jeder Zeit konzentrieren konnten. Das verlieh ihnen einen beträchtlichen Vorteil. Außerdem besaßen die Italiener praktisch alle Typen von Marinefahrzeugen, speziell bei Ubooten, und bei der Luftwaffe eine beträchtliche Überlegenheit. Ihre Luftwaffe war jedoch vollstandig landgestützt, während die *Force H* über einen Flugzeugträger, die *Ark Royal,* verfügte, was für Seeoperationen wiederum von Vorteil war. Theoretisch mußte Italien das zentrale Mittelmeer total beherrschend schnell Malta besetzen, das mitten im Versorgungsweg nach Nordafrika lag. Tatsächlich taten sie nichts dergleichen, aber sie unternahmen beträchtliche Anstrengungen, die Versorgung der Insel zu unterbringen, und die Insel selbst durch Bomben zu zerstören. Die italienische Schlachtflotte nahm eine defensive Rolle ein, sie suchte nur selten den Kampf, außer, wenn es um die Sicherung eines Geleitzuges gegen britische Streitkräfte ging.

Italien neigte nie zu dem Leitsatz, daß der Angriff die beste Verteidigung ist, und bei allgemeiner Betrachtung muß man feststellen, daß es eher dazu neigte, einen Flotteneinsatz zu vermeiden, wenigstens bis der Gegenverband schwächer war. Die italienische Luftwaffe tendierte mehr zu einer offensiven Haltung, und es fanden viele Luftangriffe auf britische Kriegsschiffe und Geleitzüge im Mittelmeer statt. Die Italiener bevorzugten das Präzisionsbombenwerfen aus großer Höhe, das erwiesenermaßen gegen Schiffe wenig erfolgreich ist. Allerdings, ihre Torpedobomber waren sehr einsatztüchtig. Erst als die deutsche Luftwaffe mit ihren Sturzkampfbombern im Mittelmeer zum Einsatz kam, wurde die *Illustrious* beschädigt, erst da begannen die Briten ihre Luftüberlegenheit wirklich zu verlieren. Der erste Eindruck davon, wie sich die italienische Flotte bei einem Überwasserkampf verhalten würde, zeigte sich nur wenige Wochen nach dem Kriegseintritt Italiens. Am 9. Juli 1940 befanden sich britische und italienische Streitkräfte in See, die ersteren sicherten einen Geleitzug nach Malta, die letzteren einen solchen nach Nordafrika. Der britische Verband bestand aus *Warspite, Malaya* und *Royal Sovereign,* der italienische aus *Guilio Cesare* und *Conte di Cavour.* Im Laufe des Nachmittags stießen beide Flotten vor der Küste von Kalabrien (bei Punto Stilo)* aufeinander. Das Feuer wurde auf eine Entfernung von etwa 24000 m eröffnet, eine Entfernung, bei der nur die Geschütze der *Warspite* den Gegner erreichen konnten. Das Unglaubliche geschah, *Warspite* deckte das italienische Flaggschiff *Cesare* mit der ersten Salve ein und erzielte mittschiffs einen Treffer, der eine ansehnliche Zahl von Flächenschäden hervorrief. Feuer brach aus, die italienische Flotte drehte sofort ab, legte starke Rauchschleier und nahm Kurs auf die Heimat-

* Ergänzung des Übersetzers.

basen. Nach diesem Gefecht waren die Briten das Ziel heftiger italienischer Luftangriffe. Die britischen Schiffe liefen nach Süden ab. Adm Cunningham, *CinC Mittelmeerflotte,* war enttäuscht über die Leichtigkeit, mit der die italienischen Schiffe entkommen konnten, und forderte später, daß seine Flotte um ein Großkampfschiff verstärkt würde, dessen Geschütze die gleiche Reichweite haben sollten, wie die der *Warspite.* Außerdem verlangte er nach einem modernen Flugzeugträger, dessen Flugzeuge sowohl Luftangriffe als auch Luftverteidigung durchführen konnten (die *Mittelmeerflotte* besaß nur den alten Träger *Eagle,* der jedoch nur eine kleinere Zahl von Flugzeugen hatte). Die Verstärkung kam später in Form der *Valiant* und des Trägers *Illustrious.* Ihren Wert bewies *Illustrious* am 11. November 1940, als sie einen Luftangriff auf den italienischen Flottenstützpunkt Taranto durchführte. Der Angriff überraschte die Italiener völlig. Das Schlachtschiff *Cavour* wurde versenkt, die Schlachtschiffe *Littorio* und *Duilio* schwer beschädigt. So neigte sich das Stärkeverhältnis der Großkampfschiffe im Mittelmeer für eine Weile zugunsten der Briten. Nach Kalabrien und Taranto gingen italienische Schlachtschiffe nur noch aus wenigen Gründen in See, und immer, wenn es schien, daß sich ein Flottenkampf anbahnte, drehten sie ab in Richtung Heimat. Nur eine Schlacht – die bei Matapan im März 1941 – sah britische Schlachtschiffe im Kampf gegen gegnerische Überwasserschiffe, aber in diesem Falle waren es Kreuzer, mit denen sie kämpften, und keine Schlachtschiffe.

Die Schlacht bei Matapan, 1941: Der italienische Kampfverband bestand aus *Vittorio Veneto,* acht Kreuzern und 17 Zerstörern. Er befand sich in See, um britische Truppentransporte auf dem Weg nach Griechenland abzufangen. Die Italiener hatten die falsche Annahme, daß zwei der drei in Alexandria befindlichen britischen Schlachtschiffe durch deutsche Luftangriffe außer Gefecht gesetzt worden waren. Tatsächlich befanden sich die drei Schiffe, *Warspite, Barham* und *Valiant*, gemeinsam mit dem Träger *Formidable* als Sicherung an dem Geleitzug, den die Italiener angreifen wollten. Am Morgen des 28. März sichteten leichte Seestreitkräfte beider Verbände einander, jedoch vermutete keine der Seiten die Anwesenheit von Schlachtschiffen bei der jeweils gegnerischen Kampfgruppe. Während die schweren Einheiten jeder Seite zur Unterstützung näher heranschlossen, begann ein Kreuzergefecht. Zuerst erschien *Vittorio Veneto,* aber kurz nach Feuereröffnung auf die britischen Kreuzer wurde sie von Torpedobombern der *Formidable* angegriffen. Obwohl keine Treffer erzielt wurden, verließ der Gegner sofort das Kampffeld. Die britischen Schlachtschiffe unter dem Befehl von Adm Cunningham befanden sich immer noch in einem beträchtlichen Abstand von den Italienern, die mit hoher Fahrtstufe Richtung Heimat liefen. Um die *Vittorio Veneto* zum Kampf zu stellen, mußte sie erst einmal zur Verlangsamung ihrer Fahrt gebracht werden, und die einzige Möglichkeit dazu lag bei den Torpedobombern der *Formidable* und bei ähnlichen Flugzeugen von Flugplätzen auf Kreta und in Griechenland. Der zweite Angriff des Trägers auf die *Vittorio Veneto* brachte einen Treffer, der die Geschwindigkeit auf 16 kn herabsetzte und Cunninghams Schlachtschiffe in die Lage versetzte, näher heranzuschließen. Aber später war sie wieder klar für eine Fahrtvermehrung auf 19 kn und entkam im Laufe der Nacht. Der dritte Angriff des Trägers auf das italienische Schlachtschiff schlug fehl, dafür aber stoppte ein Torpedo den Kreuzer *Pola.* Zwei andere italienische Kreuzer, *Zara* und *Fiume,* sowie vier Zerstörer wurden später vom italienischen *CinC,* Adm Iachino, zur Unterstützung der *Pola* zurückgesandt. Am 28. März um 2203 Uhr ortete *Valiant* mit ihrem Radar die *Pola* auf etwa 14600 m. In der Hoffnung, es sei die *Vittorio Veneto,* wechselte Cunningham den Kurs auf den Geger zu. Kurz darauf wurden *Zara* und *Fiume* vor der Flotte gesichtet und die Schlachtschiffe formierten sich in Linie, um die Chance zu haben, ihre Breitseite zum Tragen zu bringen. *Zara, Fiume* und der Zerstörer *Alfieri* wurden auf Entfernungen von 2700 m bis 3650 m von Scheinwerfern angestrahlt. Die Schlachtschiffe eröffneten das Feuer, *Warspite* und *Valiant* verwandelten die *Fiume* sehr schnell in ein schwimmendes Wrack, das heftig brannte und etwa 15 Minuten später sank. *Zara* wurde von allen drei britischen Schlachtschiffen beschossen und als zerschossenes, brennendes Wrack zurückgelassen, gemeinsam mit *Alfieri,* die von *Barham* beschossen wurde. Die Schlachtschiffe verließen später die Szene und überließen es den Zerstörern, die italienischen Schiffe zu erledigen. *Zara, Pola, Alfieri* und ein weiterer Zerstörer, *Carducci,* wurden dann durch die britischen Zerstörer unter Führung des KzSee Philip Mack versenkt. Die Nachtschlacht von Matapan konnte nicht als großer britischer Sieg angesehen werden, weil die beteiligten Seestreitkräfte zu ungleich waren. Aber sie diente zur Demonstration der britischen Nachtgefechtstaktik, die nur teilweise durch Radar unterstützt wurde. Die Italiener hatten keine ausreichende Nachtgefechtstaktik entwickelt, und demzufolge waren sie in Nachtgefechten unterlegen. Die Italiener benutzten ihre Schlachtflotte während des Krieges im Mittelmeer lieber als „fleet in being" anstelle als Offensivwaffe, und das Fehlen an Vertrauen führte zum Auslassen vieler Gelegenheiten, die Herrschaft im zentralen Mittelmeer zu behaupten. Ihr Hauptnachteil war das Fehlen von Flugzeugträgern und Radar. Es interessiert, wie die britische Flotte abgeschnitten hätte, wenn die Verhältnisse umgekehrt gewesen wären. Der Schlüssel zum Mittelmeer war die Luftherrschaft, und sie war es, die mehr als alle anderen Faktoren das Glücksrad für beide Seiten drehte. Sie war auch eine Waffe, die der britischen Flotte den größten Schaden hätte zufügen können. Die Schlachtschiffe waren jedoch mehr den Unterwasserangriffen ausgesetzt.

Bomben auf die Flotte, 1940: Am 7. Juli 1940 kamen *Warspite, Malaya* und *Royal Sovereign* aus Alexandria, um den Weg zweier Malta-Geleitzüge zu sichern. Am folgenden Tage war die Flotte einer Serie von Bombenangriffen aus großer Höhe ausgesetzt, die durch italienische Flugzeuge durchgeführt wurden. Nur der Kreuzer *Gloucester* wurde getroffen, aber auch *Warspite* und *Malaya* erlitten leichte Schäden durch Naheinschläge. Der Schaden auf *Warspite* wurde hervorgerufen durch die Splitter einer 100 kg-Bombe, die an Bb-Seite, in Höhe des Bb II-10,2 cm-Geschützes, im Wasser detonierte. Auf *Malaya* durchschlug ein Splitter eines der mehradrigen Kabel des vorderen Flakleitgerätes. Das beeinträchtigte die Telephonanlage und unterbracht die *„Evershed"*- und „Feuer"-Leitungen der vorderen 10,2 cm-Flak. Vorläufige Reparaturen wurden innerhalb von 30 Minuten durchgeführt.

Kreta, 1941: Der Kampf um Kreta währte von Mai bis Juni 1941 und endete für die britischen Marinestreitkräfte im östlichen Mittelmeer katastrophal. Die Deutschen besaßen die absolute Luftherrschaft, und wo die britische Flotte auch auftauchte, sie wurde entdeckt und war während des Tages ständigen Luftangriffen ausgesetzt. Das Ergebnis war, daß eine große Zahl von Schiffen sank oder beschädigt wurde; die Stärke der Flotte wurde ernstlich geschwächt. Drei der Schlachtschiffe wurden beschädigt, aber nur eines, die *Warspite,* so schwer, daß ihr Abzug aus dem Mittelmeer gerechtfertigt war. Am Nachmittag des 22. Mai 1941 befand sich die *Warspite* nordwestlich Kreta im Kythera-Kanal im Einsatz, als sie von mehreren Gruppen gegnerischer Flugzeuge angegriffen wurde. Sie erhielt einen Volltreffer durch eine halbpanzersprengende 250 kg-Bombe, die das Backdeck an Stb-Seite des Schornsteins durchschlug und auf dem Oberdeck in der Stb 15,2 cm-Batterie detonierte. Das Backdeck wurde großflächig über einen Bereich von 27,5 × 9,2 m, das Oberdeck über einen Bereich von 40 m × 9,2 m stark beschädigt. Im Oberdeck war ein Loch von 2,5 m × 1,9 m, und in der Umgebung der Detonation brachen Brände aus. Zwei der 4 × 15,2 cm-Geschütze der Stb-Batterie waren größtenteils beschädigt, die 10,2 cm-Doppellafette Stb I war über Bord geflogen. Die Brände wurden schnell gelöscht, aber Rauch und Abgase füllten den Kessel raum Nr. 3, der verlassen werden mußte. 38 Mann der Besatzung wurden getötet und 31 verwundet. *Warspite* blieb bei der Flotte, aber es wurde entschieden, die SA oder die restlichen einsatzklaren 15,2 cm-Geschütze der Stb-Seite nicht einzusetzen, denn durch die Detonation war ihre bauliche Struktur geschwächt. Am 24. Mai kehrte sie nach Alexandria zurück, wo vorläufige Reparaturen durchgeführt wurden, um sie für die Überführung in die USA herzurichten, wo umfassende Instandsetzungen durchgeführt werden konnten. In der Nacht vom 23./24. Juni wurde sie während eines Luftangriffs auf Alexandria erneut beschädigt. Eine 500 kg-Bombe schlug dicht am Schiff ein und detonierte an der Stb-Seite, seitlich des Turms „A", unter Wasser. Die oberen und unteren Wulstplatten wurden über eine Länge von 18,3 m beschädigt, der untere Wulst über eine Länge von 27,5 m geflutet. Der Schaden war jedoch nicht so schwerwiegend, daß sie

Barham im Frühjahr 1941.

nicht auslaufen konnte, und am 25. Juni stach sie in Richtung USA in See. Am 11. August dockte sie in der Marinewerft Bremerton. Die Instandsetzungen waren am 28. Dezember beendet.

Valiant wurde am gleichen Tage wie die *Warspite* während des gleichen Luftangriffs beschädigt. Sie wurde durch zwei 50 kg-Bomben an Bb-Seite auf dem Oberdeck, seitlich Turm „X", getroffen. Diese verhältnismäßig kleinen Bomben riefen nur kleine Splitter- und andere Schäden hervor. Eine dritte Bombe gleicher Größe schlug nahe des Bb-Wulstes, seitlich des Schornsteins, im Wasser ein und detonierte dort. Sie verursachte leichte Schäden am oberen und unteren Wulst, so daß ein Wulstraum voll Wasser lief. Die Schäden wurden in Alexandria behoben. Während eines Einsatzes gegen die feindbesetzte Insel Scarpanto wurde die *Barham* am 27. Mai bei einem Luftangriff beschädigt. Bei einem Stuka-Angriff wurde sie durch eine 250 kg-Bombe getroffen, die beim Aufschlag auf Turm „Y" detonierte. In der Turmdecke entstand ein Loch von 45,7 cm Durchmesser und die Turmdeckenplatte (10,79 cm dick) wurde dadurch leicht verbogen und angehoben, die 12,7 mm-MG-Lafette auf dem Turm „X" schwer beschädigt. Splitter der

Bombe entzündeten Pulverladungen in dem Bb-Geschützladetrog des Turms „Y" und verursachten einen Brand, der die elektrischen Kabel im Turm beschädigte. 20 Minuten später war der Brand unter Kontrolle. Eine zweite 250 kg-Bombe fiel an Bb-Seite, seitlich Turm „A", dicht neben das Schiff und detonierte im Wasser. Der untere Wulst, der beträchtlich beschädigt wurde, war insgesamt über einen Bereich von 6 m × 4,9 m durchlöchert und verbogen. Der Wassereinbruch verursachte eine 1,5°-Schlagseite nach Bb, die später durch das Umpumpen von Heizöl begradigt wurde. Die Reparaturen währten zwei Monate und wurden in Alexandria durchgeführt.

Torpedotreffer auf Nelson, 1941: Am 27. September 1941 wurde die *Nelson* durch ein Flugzeug torpediert, während sie einen Geleitzug nach Malta (Operation HALBERD) sicherte. Sie machte 15 kn Fahrt, als sie der Torpedo vorn, in Höhe Plattformdeck, an der Bb-Seite traf. Im Außenboden entstand ein Loch, 9,14 m lang und 4,57 m breit, das einen großen Wassereinbruch hervorrief. Das Plattformdeck wurde über eine Länge von 23 m überflutet, der Torpedoraum zerstört. Die Geschwindigkeit wurde auf 15 kn herabgesetzt, um den Wasserdruck auf die beschädigten Abteilungen zu reduzieren. Das Schiff verblieb noch kurze Zeit beim Geleitzug und fuhr dann sofort nach Gibraltar, wo eine vorläufige Reparatur durchgeführt wurde. Im Oktober verlegte die *Nelson* nach Rosyth, wo umfangreiche Instandsetzungen durchgeführt wurden, die im April 1942 beendet waren. Als Ergebnis dieser Erfahrungen wurden die Systeme der eingebauten und transportablen Lenzeinrichtungen auf *Nelson* und *Rodney* geändert.

Der Untergang der Barham, 1941: Am 24. November 1941 verließen *Queen Elizabeth, Barham* und *Valiant,* gesichert durch acht Zerstörer Alexandria und nahmen Kurs auf Bengasi, um zwei gegnerische Geleitzüge, die sich auf dem Weg nach dort befanden, anzugreifen. Am folgenden Tag um 1625 Uhr wurde die *Barham* durch das deutsche Uboot *U 331* (OltzSee v. Tiesenhausen)* torpediert. Das Boot hatte unbemerkt die Zerstörersicherung durchbrochen. Es schoß vier Torpedos, von denen drei an der Bb-Seite der *Barham,* zwischen Schornstein und Turm „Y", detonierten. Sie nahm sehr schnell eine Schlagseite nach Bb hinten ein, und nach wenigen Sekunden, bei einer Schlagseite von 40°, legte sie sich auf die Seite. Vier Minuten nach der Torpedodetonation explodierten die hinteren 38,1 cm-Magazine und rissen Löcher in das Oberdeck und die Stb-Seite. Das Schiff war eingehüllt von einer ungeheuren Explosionswolke, und als diese weg war, war es verschwunden. Der Kommandant der *Barham,* KzSee G. C. Cooke, und 861 Offiziere und Mannschaften versanken mit dem Schiff. VAdm Pridham-Wippell und 395 Besatzungsangehörige wurden gerettet. Die genaue Explosionsursache der Schiffsmagazine konnte nicht geklärt werden, weil es zu schnell versank. Das Untersuchungsgericht neigte bei seiner Beurteilung zu der Theorie, daß im hinteren 10,2 cm-Magazin ein Brand ausgebrochen war, der auf die übrigen Magazine überschlug. Nachdem die Torpedos getroffen hatten, waren die inneren BÜ-Mittel und die Beleuchtung ausgefallen, es konnten auch keine Befehle gegeben werden, weil die Bordsprechanlage ausgefallen war. *Barham* hatte den befohlenen Verschlußzustand während des Einsatzes, aber trotzdem nahm sie zu schnell Schlagseite ein, um wirksame Gegenmaßnahmen einleiten zu können.

* Anmerkung des Übersetzers.

Queen Elizabeth nach Wiederherstellung und Werftliegezeit in der Marinewerft Norfolk/USA, im Juni 1943.

Minentreffer auf Queen Elizabeth und Valiant, 1941: Im Gegensatz zu ihrem Versagen in großangelegten Operationen bewiesen die Italiener ein bemerkenswertes Talent in der Planung und Durchführung von Einsätzen kleinen Ausmaßes. Diese erforderten einen hohen Grad an Verwegenheit und Können. Der erfolgreichste Einsatz dieser Art wurde in der Nacht vom 18. Dezember 1941 durchgeführt, als drei Zweimann-Uboote* die Hafensperre von Alexandria durchbrachen und ihre Ladungen mit Zeitzünder unter *Queen Elizabeth, Valiant* und dem Tanker *Sagona* anbrachten. Um 0600 Uhr am folgenden Morgen detonierte die erste Ladung unter der *Sagona* und beschädigte den Tanker schwer, gleichzeitig aber auch den längsseit liegenden Zerstörer *Jervis.* Die Ladung unter der *Valiant* detonierte um 0620 Uhr, die unter der *Queen Elizabeth* vier Minuten später. Die Wassertiefe war 15,24 m, die Ladungen – wie man feststellte – wogen zwischen 227 kg und 454 kg. Die Ladung unter der *Valiant* detonierte unter dem Bb-Wulst, seitlich Turm „A“, und riß ein Loch, wobei der untere Wulst in einem Bereich von 18,3 m × 9,2 m angehoben wurde. Die inneren Schäden reichten von der Schiffsmittellinie bis zu den unteren Wulsträumen und dem Innenboden. Der untere Wulst, die Munitionskammer A und die Magazine sowie der anschließende Raum wurden bis zur Zwischendeckshöhe sofort überflutet. Die Haupt- und Hilfsmaschinen blieben unbeschädigt, der Drehschacht vom Turm „A“ wurde verschoben und in der E-Anlage entstanden einige Schockschäden. Das Schiff hatte einen starken Trimm zum Bug. Im Notfall hätte es aber auslaufen können. Vorläufige Reparaturen wurden in Alexandria durchgeführt, anschließend verlegte sie nach Durban, wo endgültige Reparaturen zwischen dem 15. April und 7. Juli 1942 gemacht wurden. Die Ladung unter der *Queen Elizabeth* detonierte unter dem Kesselraum B und schlug in den Doppelboden dieses Bereichs, etwas weniger auch unter den Kesselräumen A und X, nach oben ins Schiff. Der Schaden am Schiffsboden traf einen Bereich von 30,5 m × 18,3 m und schloß die Stb- und Bb-Wulste ein. Die Kesselräume A, B und X sowie die vorderen 11,4 cm-Magazine liefen sofort voll Wasser, und der Kesselraum Y, einschließlich der sich anschließenden Räume, liefen langsam voll bis zur Höhe des Hauptdecks. Die Kessel, die Hilfsmaschinen und die E-Anlage wurden durch die Detonation schwer beschädigt, und die spätere Wassereinwirkung tat ein übriges. Die Waffen blieben unbeschädigt, aber die gesamte Hydraulikleistung fiel aus, und die Geschütze der SA und MA-Batterien konnten nur mit verminderten Leistungen eingesetzt werden. Das Schiff sank bis auf den Hafengrund, wurde dann gehoben und vorläufig in einem Schwimmdock in Alexandria repariert. Später verlegte sie nach den USA, wo ausgedehnte Instandsetzungen durchgeführt wurden. Das geschah in der Marinewerft Norfolk/Virginia und dauerte vom 6. September 1942 bis zum 1. Juni 1943. *Queen Elizabeth* fiel insgesamt für 17,5 Monate aus.

* Anmerkung des Übersetzers: Es waren eine Art „Torpedoreiter“.

3. Der Ferne Osten, 1941 bis 1942

Nachdem die US-Flotte in Pearl Harbor neutralisiert worden war, *Prince of Wales* und *Repulse* versenkt wurden, war die japanische Seemachtstellung im Fernen Osten und im Pazifik nahezu unangefochten. Großbritannien bildete schnell eine neue Flotte, die im Indischen Ozean stationiert wurde, aber diese bestand vorwiegend aus älteren Schiffen. Es konnte damit nicht hoffen, einem Großangriff der japanischen Flotten widerstehen zu können. Japan machte nur einen solchen Vorstoß in den Indischen Ozean, und obwohl dieser beträchtliche Schäden hinterließ, kam es zu keiner Flottenbegegnung. Danach konzentrierte sich Japan ganz auf den Pazifik und auf seine Angriffe gegen amerikanische Streitkräfte. Die britische *Fernostflotte* wurde praktisch in Frieden gelassen, bis sie ihre Stärke genügend ausgebaut hatte, um in den Endkampf um Japan einzugreifen. Der folgende Abschnitt beschäftigt sich größtenteils mit dem Untergang der *Prince of Wales* und *Repulse,* vermutlich das wichtigste Ereignis des Krieges in seinem Einfluß auf die britischen Schlachtschiffkonstruktionen. *Prince of Wales* war ein völlig neues Schiff, es beinhaltete praktisch alle Erfahrungen, die aus vielen Jahren der Erprobungen resultierten. Ihr Verlust wurde daher mit großer Sorge betrachtet und zog viele Änderungen in den restlichen Schiffen der *King George V*-Klasse und der *Vanguard* nach sich.

Der Untergang von Prince of Wales und Repulse, 1941: Am 2. Dezember 1941 erreichten *Prince of Wales* (Flaggschiff) und *Repulse* unter der Führung von Adm Sir T. Phillips Singapur. Diese beiden Schiffe, genannt *Force Z,* sollten das Rückgrat der Fernostflotte bilden. Fünf Tage später griffen die Japaner Pearl Harbor an und landeten Truppen in Siam (Thailand)* und Malaya (Malaysia)*. Am 8. Dezember um 1735 Uhr verließen *Prince of Wales* und *Repulse* Singapur, gesichert von den Zerstörern *Express, Electra, Vampire* und *Tenedos,* um die Landungsstreitkräfte der Japaner bei Singora (Nordwestküste Malaya) anzugreifen. *Force Z* machte einen breiten Suchstreifen, weit von der Küste Malayas entfernt, aber am Abend des folgenden Tages wurde sie durch ein japanisches Flugzeug entdeckt. Nachdem so das Überraschungsmoment verloren war, entschied Adm Phillips die Unternehmung abzubrechen. Der Zerstörer *Tenedos,* der nur noch wenig Brennstoff hatte, wurde um 1835 Uhr nach Singapur entlassen, die Hauptmacht jedoch setzte ihren Weg fort, um das beobachtende gegnerische Flugzeug zu täuschen. Um 1900 Uhr wurde der Kurs auf NW, in Richtung Singora gewechselt, und um 2015 Uhr, im Schutz der Dunkelheit, auf Südkurs, nach Singapur, gedreht. Kurz vor Mitternacht erhielt Adm Phillips eine Meldung über japanische Landungen in Kuantan, 10 sm nördlich von Singapur. Um 0050 Uhr am 10. Dezember drehte *Force Z* den Kurs auf SW, nach Kuantan. Um 0220 Uhr wurden die Schiffe von dem japanischen Uboot *I 58*** gesichtet, das sofort Position und Kurs weitermeldete. Die Japaner hatten schon eine ausgedehnte Suche mit Flugzeugen nach der *Force Z* angestellt, und nachdem sie die Sichtmeldung erhalten hatten, erfolgte der Start einer Kampfgruppe von 30 Bombern und 50 Torpedobombern. Um 0800 Uhr stand die *Force Z* vor Kuantan, ohne jedoch Anzeichen einer gegnerischen Invasionsflotte vorzufinden. Adm Phillips entschied

* Anmerkung des Übersetzers.
** Anmerkung des Übersetzers: Nach anderen Quellen war es I 66.

daher, nach NO hin zu suchen, ob da japanische Streitkräfte waren. Das geschah in der Annahme, sie seien noch nicht angekommen (in Wahrheit gab es diese gar nicht). Gegnerische Flugzeuge waren morgens um 0630 Uhr gesichtet worden, und kurz nachdem die *Force Z* mit ihrer Suche begonnen hatte, meldete der Zerstörer *Tenedos,* noch auf dem Weg nach Singapur, daß er von Flugzeugen angegriffen würde. Mit dem gefährlichen Risiko von Luftangriffen und ohne Aussicht auf Luftsicherung von Land her, die versprochen worden war, beschloß Adm Phillips, die Suche abzubrechen und nach Singapur zurückzukehren. Um 1100 Uhr wurden auf den Radarsichtgeräten der *Prince of Wales* und *Repulse* gegnerische Flugzeuge gesichtet. Zu dieser Zeit steuerte die *Force Z* 095°, die Geschwindigkeit war 20 kn, der Bereitschaftszustand gegen Flugzeuge war 1. Grades. Die See war ruhig, die Sicht war gut. Bald kamen neun Hochbomber in Sicht, die die Schiffe in einem geschlossenen Verband seitlich in einer Höhe von rund 3000 m anflogen. Die beiden Großkampfschiffe erhöhten die Fahrt auf 25 kn, und um 1113 Uhr eröffneten die 13,3 cm-Geschütze der *Prince of Wales* das Feuer. Kurz darauf folgten die 10,2 cm-Geschütze der *Repulse.* Die Flugzeuge flogen Stb an *Prince of Wales* vorbei und griffen die *Repulse* von vorne an. Sie warfen alle gleichzeitig je eine 250 kg-Bombe ab. Um 1118 Uhr traf eine Bombe und drang durch den Bb-Hangar des Schlachtkreuzers, im Panzerdeck, unter-

Prince of Wales am 28. August 1941. Im Hintergrund ist gerade noch die *Repulse* erkennbar.

halb der Messe der Marines detonierend. Dieses verursachte einen Brand und zerstörte mehrere Dampfleitungen, was den Aufenthalt der Besatzung in dem Bereich erschwerte, aber keinen schweren Schaden hervorrief. Eine zweite Bombe fiel dicht seitlich Turm „B", an Stb, andere dicht neben dem Schiff, an der Bb-Seite, ins Wasser. Der gegnerische Angriff von vorne und seine Kursänderungen machten ein saturierendes Flakfeuer sehr schwierig und verhältnismäßig wirkungslos, trotzdem schoß *Repulse* ein Flugzeug ab. Bis zum zweiten Angriff, der 30 Minuten später begann, waren die Brände auf *Repulse* unter Kontrolle. Um 1130 Uhr ortete *Prince of Wales* mit ihrem Radar eine weitere Gruppe von gegnerischen Flugzeugen, die von Stb anflogen. Neun Torpedobomber, hintereinander fliegend, kreuzten den Bug der *Prince of Wales* in großem Abstand und nutzten die Wolken an der Bb-Seite aus, ihr Manöver zu tarnen, machten eine Reihe von Drehkreisen und griffen das Schlachtschiff in Wellen von zwei bzw. drei Flugzeugen an. *Prine of Wales* eröffnete das Feuer um 1141 Uhr und 30 Sekunden und traf zwei Flugzeuge. Sie stürzten an der Stb-Seite ins Wasser, nachdem sie ihre Torpedos gelöst hatten. Ein weiteres Flugzeug, das sich über der Wasseroberfläche absetzte, war möglicherweise von der Flak beschädigt worden.

Der Angriff wurde außerordentlich gut geflogen, die Flugzeuge griffen in einer Art Kiellinie von der Seite an, wobei sie sich in keiner Weise von der Flak stören ließen. Die Torpedos wurden in Entfernungen von 915 m bis 1830 m geworfen, und das noch aus einer Höhe, die merklich größer war, als es die britische Praxis war. Sie liefen sehr gerade, und ihre Laufbahnen waren leicht zu erkennen. *Prince of Wales,* drehte nach Bb, um ihnen zu entgehen und wich allen Torpedos, bis auf einen, aus. Dieser traf das Schiff um 1144 Uhr und 30 Sekunden an der Bb-Seite, seitlich des 13,3 cm-Turmes Bb IV. Die Erschütterung war sehr stark, und später dachte man, daß es sich wohl um zwei Treffer gehandelt haben mag. Es wurde jedoch nur eine Explosion beobachtet, und die Vermutung (von zwei Treffern) wurde aus Mangel an Bekräftigung fallengelassen. Der entstandene Schaden (durch diesen einen Torpedo, von dem man annahm, daß er eine Ladung von 400 kg gehabt hatte) war katastrophal und so gut wie der Anlaß für die endgültige Zerstörung der *Prince of Wales.* Sie nahm sehr schnell eine Schlagseite von 11,5° nach Bb ein und ging bei gestoppten Bb-Wellen mit der Fahrt auf 15 kn herunter. Die Ruderanlage war ebenfalls ausgefallen, und das Schiff kam nicht wieder unter völlige Kontrolle. Die Detonation beschädigte die Bb-Außenwelle stark, sie wurde seitlich verschoben, und es wurden alle wasserdichten Schotte im Wellentunnel und in den Maschinenräumen, durch die die Welle lief, zur See hin offen. Die Welle reichte vom vorderen Bb-Maschinenraum (TurbRaum B) durch die Außenräume (seitlich des hinteren Maschinenraums), den hinteren Kesselraum und die hinteren Magazine. In den Schutzräumen des Unterwasserbereiches trat Überflutung ein, auch in die Außenräume innerhalb des Torpedoschotts, seitlich des TurbRaums Y. Das Wasser ergoß sich nach vorne in den DiGenRaum, seitlich des Kesselraums Y, und später in den Kesselraum Y selbst, der zuletzt feststellbar 2,5 m unter Wasser stand. Wasser trat auch ein in die 13,3 cm-Magazine und -Munitionskammern der Geschütze Bb III und Bb IV, lief dann quer durch das Schiff in die Magazine und Munitionskammern der Geschütze Stb III und Stb IV. Der Wasser- und Schockschaden setzte fünf der acht Generatoren außer Betrieb, und die elektrische Energie fiel im hinteren Teil des Ring-Hauptversorgungssystems aus. Die verbliebenen drei Turbo-Generatoren setzten die E-Versorgung fort, solange Dampf erzeugt wurde, außer des einen Generators, dessen Hauptschaltschütz den Strom unterbrach, als der erste Torpedo detonierte. Die Funktion war aber sehr schnell wiederhergestellt. Das Fehlen der E-Energie und die Schlagseite des Schiffes behinderten alle 13,3 cm-Türme, mit Ausnahme von Stb I und Stb II. Das lag an folgenden Faktoren:

Bb I: Das Drehwerk klemmte, weil mechanische Schwierigkeiten auftraten. Das wurde später behoben, aber es war umöglich, den Turm gegen die Schlagseite, also aufwärts, zu drehen, weder elektrisch noch von Hand. Der Grund dafür wurde nicht gefunden.

Bb II: Die E-Versorgung fiel offenbar durch Überlastung aus. Notkabel wurden gezogen, aber die E-Versorgung wurde später wieder in Ordnung gebracht. Daher wurden die Kabel nicht benötigt. Der Turm konnte nicht bewegt werden, bis die Schlagseite behoben war, die nach dem zweiten Angriff entstanden war. Dieser Turm setzte danach das Schießen bis zum Ende fort, wo die elektro-hydraulische Pumpe wegen einer starken Ölleckage ausfiel.

Bb III und Bb IV: Außer Gefecht durch E-Ausfall. Es erwies sich als unmöglich, sie von Hand zu betätigen.

Stb I: Die Drehung blockierte, aber setzte sich gleich wieder in Bewegung, und der Turm blieb bis zum Schluß gefechtsfähig.

Stb II: Turm war gefechtsfähig bis zum Schluß, ließ sich jedoch sehr schwer drehen.

Stb III und Stb IV: Außer Gefecht durch Ausfall E-Versorgung. Es war unmöglich, sie von Hand zu drehen. Eine E-Notstromversorgungsleitung für die beiden Türme wurde gelegt, aber sie funktionierte nicht.

Der Ausfall der E-Energie hinten wirkte sich auf die Einsatzfähigkeit der Pumpen, der Ruderanlage und der inneren BÜ-Mittel aus. Die E-Versorgung der Mittschiffs Pom-Pom fiel ebenfalls aus, aber man konnte auf eine Hilfsversorgung umschalten. Die Tiefe des Unterwasserschutzes an der Stelle, wo der Torpedo getroffen hatte, war theoretisch als widerstandsfähig genug gegen Detonationsfolgen angesehen worden, wie ausgedehnte Schäden oder Wassereinbrüche innerhalb des Torpedoschotts. Es gibt zwei mögliche Erklärungen für den Mangel dieses Schutzsystems:

a) daß zwei Torpedos, und nicht ein Torpedo, das Schiff gleichzeitig in diesem Bereich trafen,
b) daß der Torpedo das Schiff an der Schräge der Bilge traf, wo das Schutzsystem wesentlich verwundbarer war. Die Wucht der Detonation hat dann die Verbindungsstelle zerstört und das Torpedoschott an der Stoßkante angehoben.

Der Kommandant der *Prince of Wales* befahl gegenzufluten, und während die Besatzung dabei war, das beschädigte Schiff wieder in Ordnung zu bringen, flog der Gegner zwei weitere Angriffe auf die *Repulse.* Der erste um 1156 Uhr wurde von acht oder neun Torpedobombern ausgeführt, die von der Bb-Seite kamen. *Repulse* entging den Torpedolaufbahnen durch Gegendrehen und wurde nicht getroffen. Zwei Minuten später wurde sie durch einen Verband hochfliegender Bomber, der von beiden Schiffen, *Repulse* und *Prince of Wales,* beschossen wurde, angeflogen und bombardiert. Man vermutete, einen Bomber abgeschossen zu haben. Wieder wurde *Repulse* nicht getroffen, und als der Angriff beendet war, drehte sie bei, um erneut zu dem Flaggschiff zu stoßen. Um 1210 Uhr kam von *Prince of Wales* das Signal, daß sie manövrierunfähig sei, und zehn Minuten später erfolgte der nächste Angriff durch neun Torpedobomber. Drei Flugzeuge griffen die *Repulse* an, als sie gerade nach Stb andrehte. Sie wurde von einem Torpedo Bb mittschiffs getroffen, überstand den Treffer aber gut und setzte die Fahrt mit 25 kn fort. Die übrigen Flugzeuge griffen *Prince of Wales* in zwei Wellen mit je drei Flugzeugen an, und nach Abwurf der Torpedos überflogen sie sie, wobei sie die Aufbauten mit MG im Tiefflug beschossen. Eines der Flugzeuge wurde abgeschossen. Das Schlachtschiff war jedoch nicht in der Lage, auszuweichen und wurde an der Stb-Seite von vier Torpedos getroffen. Die ersten zwei trafen um 1221 Uhr; einer seitlich des vorderen Wellenbrechers, der zweite unterhalb des Turms Stb IV. Der dritte traf eine halbe Minute später seitlich des Turms „B", der vierte schließlich um 1233 Uhr den hinteren Unterkunftsbereich. Die Stb-Außenwelle stoppte, und die Fahrt des Schiffes ging herunter auf 8 kn. Die Überflutung der Stb-Seite reduzierte die Schlagseite nach Bb auf 3°.

In diesem Stadium hatte das Schiff einen Trimm nach achtern von etwa 6,1 m. Der Angriff war kaum vorüber, als *Repulse* um 1225 Uhr aus verschiedenen Richtungen von neun Torpedobombern angegriffen wurde. Ein Torpedo traf seitlich der hinteren Kadettenmesse (an der Bb-Seite) und verklemmte das Ruder. Mit 20 kn Fahrt und ohne Ruderwirkung wurde das Schiff von drei weiteren Torpedos getroffen; einer hinten, einer seitlich des Bb-MaschRaums und einer seitlich des Kesselraums E an der Stb-Seite. *Repulse* drehte hart nach Stb und kam allmählich mit starker Bb-Schlagseite zum Stoppen. KzSee Tennant, der Kommandant der *Repulse,* erkannte, daß sein Schiff bald sinken würde, und befahl der Besatzung, sich klarzumachen für das Verlassen des Schiffes. Die Bordsprechanlage war überwiegend intakt geblieben, und das, zusammen mit dem rechtzeitigen Entschluß KzSee Tennants, rettete dem größten Teil der Besatzung das Leben. Das Schiff neigte sich sehr schnell nach Bb, und nach etwa zwei Minuten Zögern in der Position mit 65° Schlagseite kenterte sie um 1233 Uhr. Zwei Minuten später sank sie auf Position 3°45'N/104°24'O.

Die Zerstörer *Electra* und *Vampire* übernahmen 796 Schiffbrüchige, einschließlich KzSee Tennant. Bevor die *Repulse* sank, schoß sie noch zwei der Flugzeuge ab, die diesen letzten Angriff geflogen hatten. Der Schlußangriff auf *Prince of Wales* kam um 1242 Uhr durch neun hochfliegende Bomber, die das Schiff von vorne anflogen. Sie wurde dicht am Turm Stb III durch eine 227 kg-Bombe getroffen, die auf dem Hauptdeck detonierte. Hinzu kamen drei Nahdetonationen an beiden Seiten hinten. Der Treffer durchschlug das Panzerdeck nicht, aber die Nahdetonationen erweiterten die Unterwasserschäden. Die Fahrt war zu diesem Zeitpunkt auf 6 kn gesunken, und sie steuerte Nordkurs. Um 1305 Uhr kam der Zerstörer *Express* längsseits, um Verwundete und nicht benötigtes Personal zu übernehmen. Etwa um 1310 Uhr nahm *Prince of Wales* sehr schnell eine große Bb-Schlagseite ein. *Express* verblieb längsseits bis zum letzten Augenblick. Um 1320 Uhr legte sich das Schlachtschiff stark nach Bb über, kenterte und sank. Das war eine Stunde und 20 Minuten, nachdem der 1. Torpedo getroffen hatte. Während *Express* und *Electra* die Überlebenden retteten, erschien ein Verband von *Buffalo*-Flugzeugen über dem Gebiet.

Auch in den offiziellen Dokumenten scheint es eine gewisse Verwirrung über die Anzahl Torpedos zu geben, die die *Prince of Wales* tatsächlich trafen. Die Angaben schwanken zwischen einem bis drei Treffer beim ersten Angriff und von drei bis vier beim zweiten Angriff. Im Gefechtsbuch auf der Admiralsbrücke wurde festgehalten, daß nach dem 1. Angriff nur eine Detonation gewesen war. Wie die wirkliche Zahl auch sein mag, interessant bleibt, festzustellen, daß vermutlich mehr Treffer an der Stb-Seite (möglicherweise sogar drei mehr) waren als an der Bb-Seite, und dennoch war die Schlagseite nach Bb. Die Lehren aus dem Verlust der *Prince of Wales* waren folgende:

1. Der Bereich oberhalb der Unterwasserschutzabteilungen diente im Zwischendeck als Besatzungswaschraum usw. Man erkannte, daß das die wasserdichte Unterteilung und den Unterwasserschutz minderte. Auf *Vanguard* wurden die Schotte des „Sandwich-Systems" bis zum Mitteldeck hochgezogen. Dadurch wurden sie höher und versprachen einen größeren Grad an wasserdichter Unterteilung hinter dem Seitenpanzer. Ebenso wurde vorgeschlagen, daß die Deckspanzerung am Torpedoschott enden sollte. So wollte man sicherstellen, daß es eine Unterwasserexplosion selbsttätig nach oben und außen von der Zitadelle ausweitete. Das würde auch Gewicht sparen, jedoch die Verwundbarkeit durch Bomben erhöhen.
2. Ein zu großes Vertrauen hatte man in elektrisch angetriebene Hilfsmaschinen gesetzt. Die E-Leistung war vorgesehen für die MA und die Flak, die Rudermaschinenanlage, eine große Anzahl von Pumpen und den größten Teil des BÜ-Systems. In Ergänzung dazu war das Verhältnis der DiGen zu den TurboGen nicht ausgewogen genug. Bei der ersten Detonation fielen die beiden DiGen aus, und nur die TurboGen blieben in Betrieb. Obwohl die Sache in diesem Falle nicht so schwerwiegend war, konnte es nur klargehen, solange die Dampfversorgung klappte. Auf *Vanguard* wurde das Verhältnis Di-/TurboGen von 2/6 auf 4/4 geändert. Die Anzahl der dampfgetriebenen Hilfsmaschinen wurde vergrößert. Im ersten Augenblick scheinen sich diese Forderungen einander zu widersprechen, aber es war vorgesehen, die Abhängigkeiten von einem einzigen System zu reduzieren.
3. Zu den wichtigen Maschinenräumen wurde der Zugang durch Schächte für erforderlich gehalten.
4. Die Entlüftungsleitungen der Bunker usw. erforderten den Einbau von Ventilen, so daß sie geschlossen werden konnten.
5. Bullaugen, Luftklappen, wasserdichte Türen und Luken, durch die Wasser treten konnte, sollten in der Zahl auf ein Minimum beschränkt werden.
6. Es war notwendig für die Räume unmittelbar innerhalb des Torpedoschotts Schnellpumpeinrichtungen einzubauen.
7. Die Zahl und die Verteilung der transportablen Pumpen war ungenügend.

Repulse beim Ankermanöver. ▶

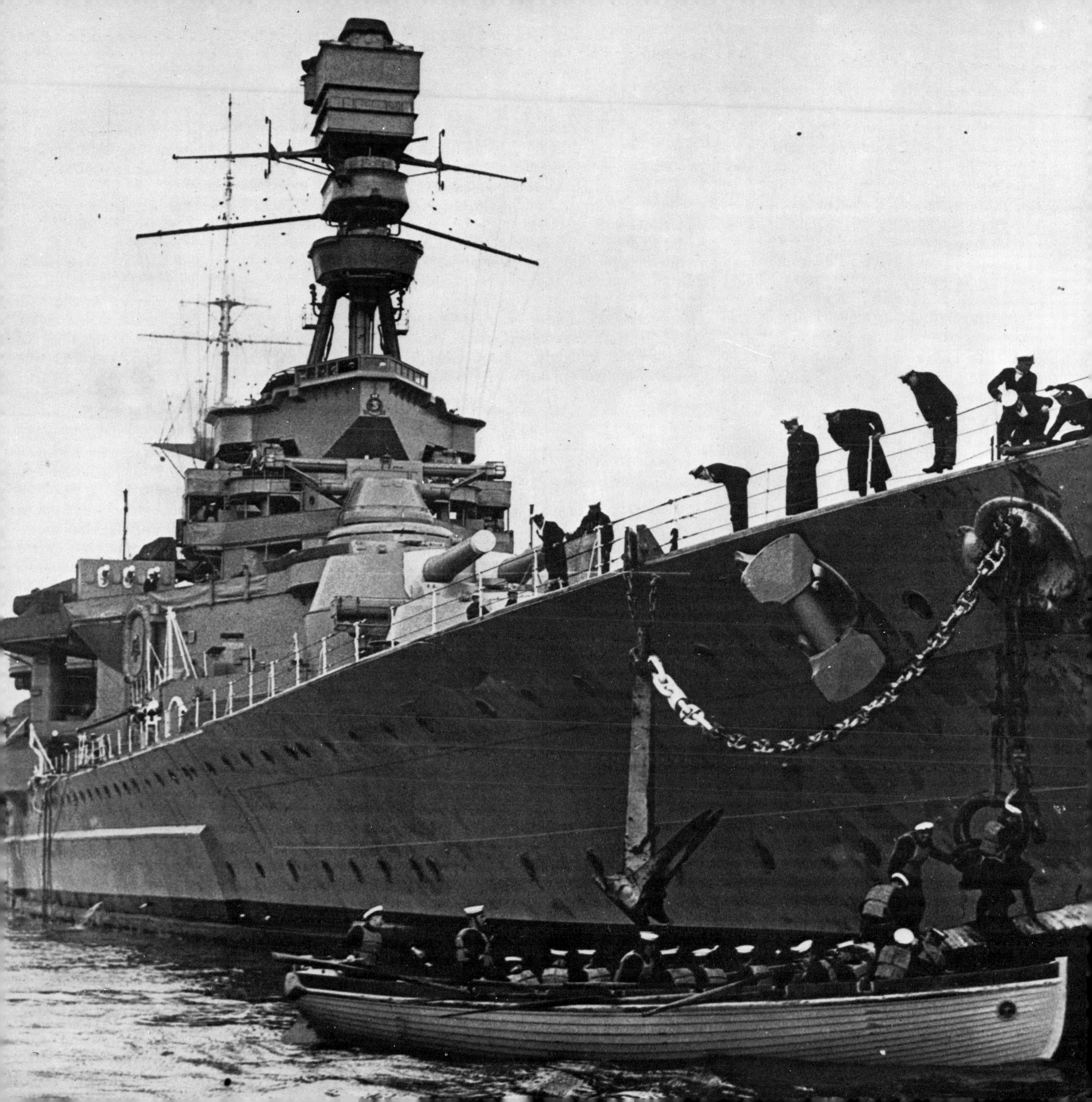

8. Es war notwendig, die wasserdichten Schotte so hoch wie möglich zu machen.
9. Die Wasserdichtheit der 13,3 cm-Munitionsfördersysteme mußte verbessert werden. Als die Bb III- und Bb IV-Magazine voll Wasser liefen, wurden die Verschlüsse an den Aufzügen oben dichtgemacht, aber man stellte fest, daß sie nicht mehr wasserdicht waren.
10. Die Speigatts und Entwässerungen waren nicht genügend wasserdicht und verlangten nach einer Verbesserung.
11. Ohne E-Leistung fiel die Rudermaschinenanlage aus, und es wurde beschlossen die Frage zu untersuchen, ob die Anlage mit elektrischen oder dampfgetriebenen Pumpen ausgerüstet werden sollte.
12. Bei der Länge der Wellen bedurften die Wellenstopfbuchsen in den Schotten einer Umkonstruktion, damit die Wasserdichtheit erhalten blieb, wenn die Welle einen Schlag bekam. Desgleichen wurde beschlossen, die Frage der Zahl der Wellenlager bei den langen Wellen nochmals zu prüfen.
13. Das batterielose Telephonnetz bedurfte der Erweiterung, und das wichtigste BÜ-System erforderte eine zweite Kette und vor allen Dingen Wasserdichtheit. Das BÜ-System des Schiffssicherungsgefechtsdienstes mußte batterielos und unabhängig vom übrigen Telephonkreis sein.
14. Das Personal des Schiffssicherungsgefechtsstandes bedurfte der Reorganisation, der Gefechtsstand selbst mußte leichter zugänglich sein.
15. Das Schiffszimmermannspersonal der *Prince of Wales* war zu schwach, um der Schäden Herr zu werden.
16. Tiefgangsanzeiger waren erforderlich.

Torpedotreffer auf Ramillies, 1942: Am 30. Mai 1942 lag *Ramillies* im Innenhafen von Diego Suarez Bay, an der Nordküste von Madagaskar, vor Anker. Sie hatte Anfang des Monats an der Besetzung der Insel teilgenommen. Im Laufe des Nachmittags drangen zwei japanische Kleinst-Uboote in den Hafen ein, und zwischen 2000 und 2100 Uhr wurden *Ramillies* und ein Tanker torpediert. Der auf *Ramillies* gerichtete Torpedo detonierte am Bb-Wulst, direkt vor dem Turm „A“, durchlöcherte den Wulst und die Bodenplatten. Das Loch im Wulst maß 9,14 m × 9,14 m, das im Außenboden 6,1 m × 4,9 m. Innen reichte die Beschädigung vom Innenboden bis zum Zwischendeck hoch und bis zur Schiffsmittellinie. Die vorderen 10,2 cm-Magazine, die 38,1 cm-Magazine A und B und die zugehörigen Munitionskammern, der Flakleitstand und andere sich in der Nähe befindliche Räume wurden bis zur Höhe des Hauptdecks überflutet. Ausgedehnte Schäden zeigten sich in der Artillerie- und E-Anlage, jeweils in der Nähe des Detonationsherdes. Die gesamte Licht- und E-Versorgung einschließlich der Telephonanlage vor Turm „B“ fiel aus. Nur geringer Schaden zeigte sich außerhalb des Vorschiffes, auch die Hauptmaschinenanlage blieb intakt. Vorläufige Reparaturen wurden bis zum 3. Juni durchgeführt, die richtigen Instandsetzungen erfolgten im Anschluß in Durban. *Ramillies* blieb für insgesamt zwölf Monate kampfunfähig.

4. Küstenbeschuß bei Landungsunternehmungen, 1940 bis 1945

Während des Zweiten Weltkrieges wurden die meisten britischen Schlachtschiffe von Zeit zu Zeit dazu benutzt, mit ihren schweren Geschützen Landungsunternehmen zu unterstützen. Die schweren Geschütze hatten viele Vorteile:

1. Die schweren Geschütze der Schlachtschiffe und Monitore waren die einzigen, die gegen schwergeschützte Ziele wirkungsvoll waren (trotzdem wurde 1943 geschätzt, daß im Durchschnitt 640 Schuß 38,1 cm-Granaten erforderlich waren, um ein in Beton verbunkertes Geschütz zu treffen).
2. Die größere Reichweite der schweren Geschütze ermöglichte es, weiter ins Hinterland zu schießen als mit kleineren Kalibern. Das gab bei der Beschießung mehr Verwendungsmöglichkeiten.
3. Die schweren Geschütze verliehen den Landungstruppen eine gute moralische Unterstützung. Auf die Verteidiger wirkten sie genau umgekehrt.

Von diesen Vorteilen war der zweite möglicherweise der wichtigste, tatsächlich bewies er seinen großen Wert sehr oft. *Rodney* z. B. beschoß einmal ein Ziel, das sich 17 Meilen landeinwärts befand. Das ermöglichte den Truppen in diesem Bereich ein schnelleres Vordringen. Andernfalls wäre das nicht so rasch gegangen. Trotzdem waren die Kreuzer für allgemeine Beschießungsvorhaben vorteilhafter. Die 15,2 cm-Geschütze dieser Schiffe, obwohl kleiner, konnten schneller schießen, und der Sättigungseffekt einer größeren Anzahl kleiner Granaten auf ein offenes Ziel war zerstörender als ein paar 38,1 cm-Granaten. Es wurde geschätzt, daß eine offene Batterie von vier Geschützen in einem Gebiet von 180 m × 14 m entweder durch 11 × 38,1 cm-Granaten je Minute, oder durch 38 × 15,2 cm-Granaten je Minute neutralisiert werden konnte. Ein Schlachtschiff, bewaffnet mit 8 × 38,1 cm-Geschützen, war gerade in Lage dazu, ein Kreuzer mit 9 × 15,2 cm-Geschützen konnte in einer Minute 70 Schuß verfeuern.

Dakar, 1940: Im September 1940 fand ein erfolgloser Versuch statt, bei Dakar frei-französische Streitkräfte zu landen. Das war an der Küste der Vichy-Frankreich-Kolonie Senegal/Westafrika. Unter den Seestreitkräften, die zur Unterstützung der Landung mit dem Codenamen MENACE abgeteilt waren, befanden sich auch die Schlachtschiffe *Barham* und *Resolution.* Die Einzelheiten dieser Begebenheit, die schließlich zum Abbruch dieses Unternehmens führten, lesen sich wie das Libretto einer komischen Oper. Sie sind auch zu verwickelt, um sie hier ausführlich zu beschreiben. Wir haben uns hier ausschließlich auf den Einsatz der beiden Schlachtschiffe zu konzentrieren. Am 24. September um 0937 Uhr eröffneten *Barham* und *Resolution,* gemeinsam mit den Kreuzern *Australia* und *Devonshire,* auf die im Hafen von Dakar liegenden französischen Kriegsschiffe, zu denen auch das Schlachtschiff *Richelieu* gehörte, das Feuer. Die Entfernung war rund 14650 m. Die Sicht war schlecht, die Verhältnisse für eine Weitbombardierung waren nicht ideal. Das Feuer der Küstenbatterien hinderte die britischen Schlachtschiffe, näher heranzuschließen. Die Lage verschlechterte sich, als ein französischer Zerstörer einen Rauchschleier quer vor den Hafen legte. Um

Oben links: *Ramillies* 1941, noch ohne Radar und 20 mm-Geschütze. Um die 10,2 cm-Doppellafetten wurden Schutzplatten gezogen. Die übrigen Abbildungen zeigen *Ramillies* nach der Werftliegezeit Mitte 1943.

Oben: *Resolution* nach Reparatur und Werftliegezeit Mitte 1942. Unten: *Nelson* am 20. Juni 1942.

1010 Uhr drehten die Schlachtschiffe schließlich ab, ohne viel erreicht zu haben. Während der Beschießung wurde die *Barham* zweimal von Granaten getroffen, die wahrscheinlich von den Küstenbatterien stammten, und die – wie man vermutete – ein Kaliber von 15,5 cm und 24 cm hatten. Die 15,5 cm-Granate traf und detonierte im oberen Wulst, seitlich des Turms „B", an der Stb-Seite. Sie verursachte in der Wulstplatte ein Loch von 1,22 m Durchmesser. Die oberen und unteren Wulsträume in der Nähe davon wurden zur See hin offen, ansonsten wurde kein schwerer Schaden festgestellt. Die 24 cm-Granate traf die Stb-Seite des vorderen Schutzdecks, drang durch die Aufbauten und detonierte schließlich bei der Berührung mit dem Davit des Bb-Bugschutzgerätes. An den Aufbauten wurden kleinere Schäden durch Splitter hervorgerufen. Kurz vor Mittag begannen die Schlachtschiffe ihre zweite Beschießung. Die war ebenfalls wirkungslos. *Richelieu* erhielt kleinere Splitterschäden, *Resolution* vier kleinere Treffer. Um 1400 Uhr drehte die britische Kampfgruppe ab, kehrte aber am folgenden Morgen zurück, um die Beschießung fortzusetzen und um britische Truppen zu landen. Um 0902 Uhr, am 25. September, als die Schlachtschiffe ihre Schußposition erreicht hatten, wurde *Resolution* von dem französichen Uboot *Beveziers* (Kptlt Lancelot)* torpediert. Das Schiff machte für 19 kn Fahrt, als der Torpedo an der Bb-Seite, in Höhe des vorderen Kesselraums, detonierte. Die volle Tiefe der Wulststruktur wurde auf eine Länge von 15,25 m zerstört, der Doppelboden auf eine Länge von 9,15 m. Der vordere Kesselraum lief auf Grund von Lecks im Torpedoschott langsam voll Wasser, die oberen und unteren Wulsträume vor und hinter dem Schadensbereich ebenso. Durch die große Wasserfontäne, die bei der Detonation entstanden war, wurde die Bb 15,2 cm-Batterie beschädigt. Durch elektrische Ausfälle entstanden zwei kleine Brände, die jedoch schnell gelöscht werden konnten. Eine Stunde nach dem Treffer entstand im vorderen Kesselraum ein weiterer Brand, der durch ausgetretenes Heizöl hervorgerufen wurde. Das Feuer wurde durch das Vollaufen des Kesselraums gelöscht. *Resolution* nahm 12° Schlagseite nach Bb ein. Das machte es unmöglich, die Türme der SA zu bewegen, und sie drehte ab.

Die Krängung wurde durch Umpumpen von Heizöl und Umstauen loser Gegenstände bereinigt. 4,5 Stunden nach der Torpedierung war das Schiff vorübergehend nicht mehr fahrfähig, da das Schmierölsystem der Antriebsanlage ausgefallen war. *Barham* verblieb im Einsatzgebiet und eröffnete um 0900 Uhr das Feuer. Um 0919 Uhr wurde *Richelieu* von einer der 38,1 cm-Granaten getroffen, die jedoch keine ernsthaften Schäden anrichtete. Die Beschießung war allgemein genau so wirkungslos,

* Anmerkung des Übersetzers.

wie die der vorangegangenen Tage. *Richelieu* revanchierte sich mit einem Nahtreffer, der mittschiffs an der Stb-Seite der *Barham* unter Wasser detonierte. Die Wulststruktur in der unmittelbaren Nähe wurde nach innen eingebeult und unter starken Druck gesetzt, so daß Wasser langsam in die unteren Wulsträume eintrat. Später am Morgen wurde dann entschieden, die Beschießung Dakars abzubrechen. Alle beteiligten Streitkräfte kehrten nach Freetown zurück. Während der Rückfahrt nahm *Barham* die *Resolution* in Schlepp und beide Schiffe erreichten sicher ihren Bestimmungsort. *Resolution* erhielt später umfassende Schadensreparaturen, als sie sich zwischen April und September 1941 in Philadelphia/USA befand.

Nordafrika, 1942: Im November 1942 landeten alliierte Streitkräfte in Nordafrika, und zwar im Bereich von Oran, Algier und Casablanca. Mit dem Codenamen TORCH war es eine der ersten und erfolgreichen Großlandungen, die im Verlauf des Zweiten Weltkrieges durchgeführt wurden. Die britischen Großkampfschiffe *Duke of York, Renown, Rodney* und *Nelson* waren überwiegend als Schutz für die Invasionsstreitkräfte gegen zu erwartende gegnerische Überwasserstreitkräfte vorgesehen, aber nichts dergleichen geschah. Nur *Rodney* wurde für die Landung zum Unterstützungsschießen eingesetzt. Dreimal beschoß sie Fort-du-Santon, welches auf einem Hügel über Oran lag. Letztlich wurde sie zur Unterstützung von US-Truppen, die in diesem Bereich operierten, eingesetzt. Für die Artilleriebeobachtung benutzte *Rodney* ihr *Walrus*-Flugboot. Die Maschine wurde jedoch so stark durch gegnerisches Flakfeuer beschädigt, daß sich eine Reparatur nicht mehr lohnte. Es wurde schließlich über Bord geworfen und durch Geschützfeuer versenkt.

Sizilien, 1943: Zu den Streitkräften, die die Landung auf Sizilien (Operation HUSKY) – Juli bis September 1943 – deckten, gehörten die Schlachtschiffe *Nelson, Rodney, Valiant, Warspite, Howe* und *King Georg V*. Wiederum waren sie in erster Linie als Schutz für die Landungsstreitkräfte gegen einen möglichen

Howe im November 1942. ▶

Angriff der italienischen Flotte eingesetzt, nur zwei Beschießungen fanden statt. Die erste wurde in der Nacht vom 11./12. Juli durch die *King George V* und *Howe* durchgeführt. Beschossen wurden Trapani und Marsala, die im Westen der Insel lagen. Die Beschießung galt als Täuschung für den Gegner, um ihn zu veranlassen, Truppen von der Hauptlandestelle abzuziehen, die im Südostsektor der Insel lag. Die zweite führte *Warspite* am 17. Juli gegen gegnerische Artilleriestellungen am Stadtrand von Catania durch. Das Schiff verschoß 57 38,1 cm-Granaten. Die gegnerischen Stellungen wurden nicht ernsthaft geschwächt, und die Armee umging schließlich die Stadt. Während sie die Beschießung der Stadt durchführte, wurde für die *Warspite* eine Höchstgeschwindigkeit von 23,5 kn geplottet.

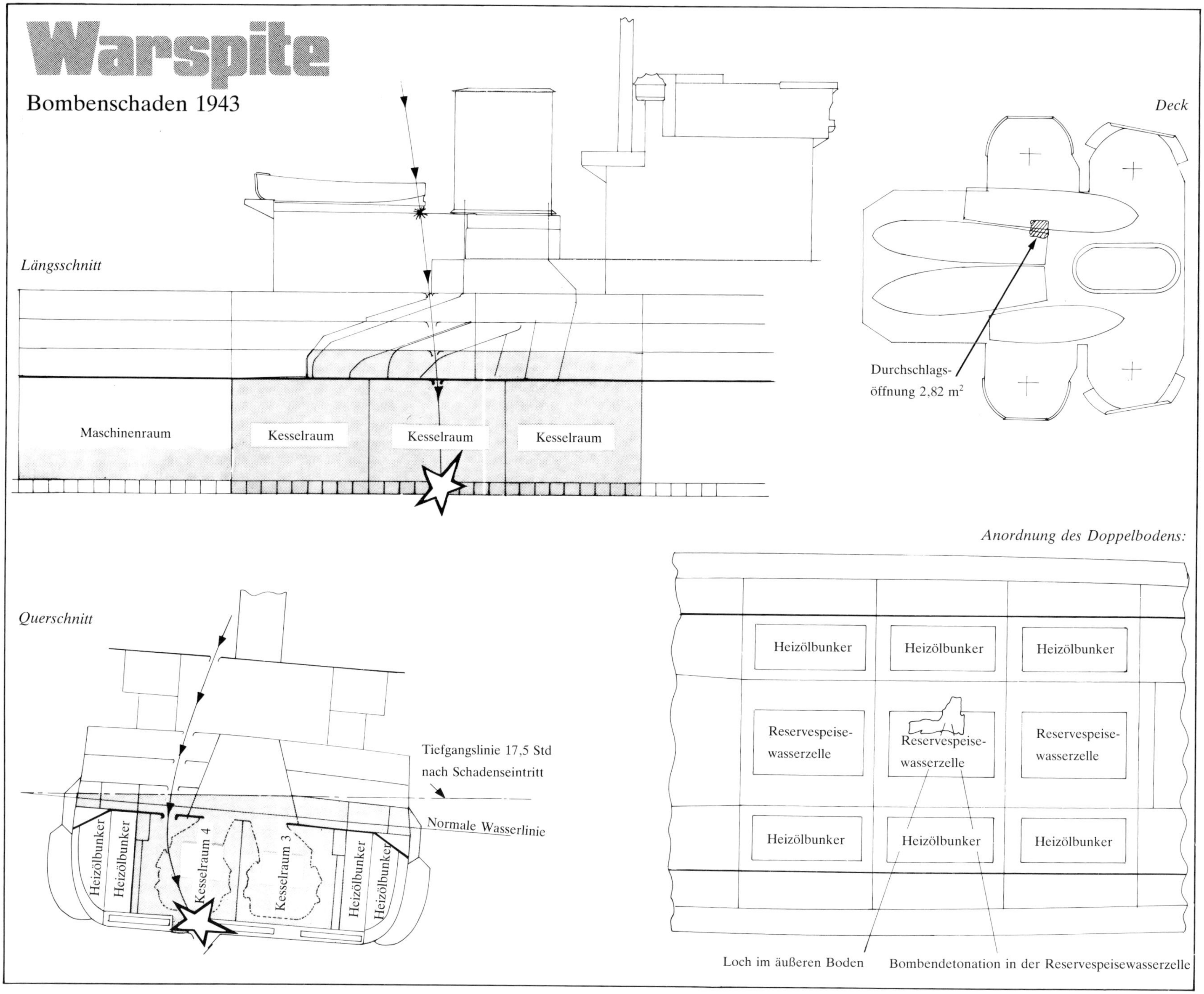

Salerno, 1943: Die britischen Großkampfschiffe, welche die Landung auf Sizilien deckten, wurden auch als Deckung der Landungsstreitkräfte auf dem italienischen Mutterland bei Salerno vorgesehen (Operation AVALANCHE). Die Landung war für den 9. September vorgesehen und galt als eine vorausgehende zur Hauptlandung. Es wurde beschlossen, die gegnerischen Verteidigungsanlagen bei Reggio, in der Straße von Messina, zu beschießen. Das Gebiet wurde zuerst am 31. August durch *Rodney* und *Nelson* beschossen. Dabei erzielte *Rodney* einen Volltreffer in einem Munitionslager, der eine starke Detonation verursachte. Die zweite Beschießung erfolgte am 2. September durch *Warspite* und *Valiant.* Eines der Ziele der *Warspite* war eine 15 cm-Batterie, die nach der Eroberung durch alliierte Truppen besichtigt wurde. Die Batterie hatte keinen direkten Treffer erhalten, war aber von Kratern umgeben, und die Beschießung hatte das Bedienungspersonal so behindert, daß es die Stellung aufgegeben hatte. Am 8. September 1943 kapitulierte Italien, und die britischen Großkampfschiffe wurden ihrer Aufgabe, die Landungstruppen vor der italienischen Flotte zu schützen, entbunden. *Warspite* und *Valiant* wurden dazu eingeteilt, mit der sich ergebenden italienischen Flotte zusammenzutreffen und sie nach Malta zu geleiten. *King George V* und *Howe* wurden nach Taranto geschickt. Nach Beendigung ihrer Aufgaben verblieben die Schlachtschiffe in Bereitschaft für den Fall, daß ihre Geschütze im Salernobrückenkopf benötigt würden. Nur ein Einsatz dieser Art wurde am 14. September gemacht. *Warspite* und *Valiant* befanden sich gerade auf dem Weg von Malta in die Heimat, als sie Befehl erhielten, zur Beschießung nach Salerno zurückzukehren. Bei Ankunft im Brückenkopf, am Nachmittag des 15. September, nahm *Valiant* eine Stellung im nördlichen Sektor ein, *Warspite* im südlichen Sektor. Die Schlachtschiffe beschossen zwischen 1700 Uhr und Einbruch der Dunkelheit eine Reihe gegnerischer Ziele und drehten dann bis zum folgenden Tag ab. Die Beschießung setzte sich am nächsten Morgen fort, und am Nachmittag des 16. beendete *Valiant* ihren Einsatz, während *Warspite* Luftangriffe über sich ergehen lassen mußte. Kurz nach Ende der dritten Beschießung wurde *Warspite* gegen 1400 Uhr von zwölf Jagdflugzeugen des Typs *FW 190* angegriffen. Der Angriff wurde erfolgreich abgeschlagen, aber er lenkte erfolgreich von einer anderen Gefahr ab, die in Form von drei Fernlenkbomben, abgeworfen von ihren Trägerflugzeugen, aus einer Höhe von 6100 m auf sie zuflogen. Die Panzersprengbomben, bekannt als FX 1400, konnten nach Abwurf in ihr Ziel gesteuert werden. Sie wogen etwa 1360 kg, und wenn sie aus ihrer vorgeschriebenen Höhe abgeworfen wurden, erreichten sie eine Endgeschwindigkeit von etwa 244 m/sek. Als die drei Bomben auf der *Warspite* zuerst gesichtet wurden, hatten sie eine Höhe von etwa 2150 m und befanden sich direkt über ihr. Die erste Bombe erzielte einen Mittschiffstreffer, durchschlug alle Decks, einschließlich des Panzerdecks, drang durch den Kesselraum 4 und detonierte im Doppelboden. Die Detonation öffnete den Außenboden auf eine Länge von 6,1 m und eine Breite von 2,1 m bis 4,3 m. Der Innenboden wurde durchlöchert und versetzte sich in diesem Bereich nach oben. Kesselraum 4 wurde total zerstört, alle Schotte in der Nähe verbogen und durch Splitter beschädigt. Es schien so, als wenn die zweite Bombe das Schiff gänzlich verfehlen würde, aber ihre Anflugbahn änderte sich plötzlich, und sie fiel dicht neben der Stb-Seite, in Höhe des Kesselraums 5, neben das Schiff. Die Innen- und Außenbodenplatten unter diesem Kesselraum wurden verformt, die Wulstplatten durchlöchert und verschoben. Die dritte Bombe detonierte etwa Stb achtern im Wasser, was aber zu weit war, um Schaden anzurichten. Das unmittelbare Ergebnis des Volltreffers und des Nahtreffers war, daß 5 der 6 Kesselräume – einschließlich der Doppelbodenräume –, der Heizölbunker, die unteren Wulste und die Kabelbahnen, die in der Nähe der Kesselräume lagen, überflutet wurden. In Kesselraum 1, die Maschinenräume, zwei der Generatorenräume, den Wellentunnel und verschiedene Außenräume seitlich des Maschinenraums sickerte langsam Wasser ein. Alle Kessel wurden durch Schock beschädigt, und das Kesselspeisewasser vermischte sich mit Seewasser und Öl. Der Kessel Nr. 1 jedoch hielt die Dampfversorgung der Turbinen, die unbeschädigt geblieben waren, aufrecht, und das Schiff war in der Lage, langsam vom Brückenkopf abzulaufen. Schließlich brach auch dieser Kessel zusammen (dampfmäßig), und ab 1500 Uhr war das Schiff ohne Antriebsleistung. Der größte Teil der E-Energie fiel wegen des nun fehlenden Dampfes aus, aber die DiGen sorgten für die nötige Energie, die zur Versorgung wichtiger Einrichtungen erforderlich war. Dampfverlust, Schockschäden und Wassereinbruch sorgten auch für den Ausfall von Radar, Funkanlagen und der Hydraulikanlage der SA. Zweieinhalb Tage nach dieser Beschädigung, am 19. September um 0800 Uhr, wurde das Schiff in Malta eingeschleppt. Warspite hatte 5000 ts Wasser im Bauch und einen starken Trimm zum Bug, außerdem eine Schlagseite von 4° nach Stb. In Malta wurde sie abgedichtet, damit sie wieder seetüchtig wurde, und am 1. November ging sie im Schlepp (vier Schlepper) und gesichert durch vier Zerstörer nach Gibraltar. Sieben Tage später kam sie dort an und ging sofort ins Trockendock. Es wurden jedoch nur Teilreparaturen durchgeführt, denn das Schiff wurde für den Schutz der Invasion an der Normandieküste benötigt. Von Gibraltar aus fuhr sie am 9. März 1944 nach Großbritannien. Zwei der 38,1 cm-Türme und der Kesselraum 4 waren immer noch unklar. Weitere Reparaturen wurden in Rosyth durchgeführt. Das war in der zweiten Märzhälfte. Dabei wurde einer der beiden Türme klargemacht, nur Turm „X“ blieb außer Betrieb. Wegen des Kesselraums 4 wurden keine Vorkehrungen gemacht, ihn zu reparieren, aber die Schotte wurden abgedichtet, und über das Loch im Schiffsboden wurde ein Senkkasten (Kofferdamm) gesetzt. Es ist unverständlich, warum die 38,1 cm-Türme unklar waren, denn soweit bekannt ist, wurde die SA durch die Bomben, die im beträchtlichen Abstand von den vorderen und hinteren Türmen detonierten, nicht beschädigt.

Normandie, 1944: Im Vergleich zu früheren Landungen erhielten die in der Normandie (Juni 1944) eine umfassende Unterstützung durch die Schlachtschiffe. Mehr noch, die Unterstützung währte mehrere Monate. Dabei fuhren die Schiffe ostwärts an der Küste entlang, den Armeen langsam folgend, und führten ihre Beschießungen nach Bedarf durch. In den meisten Fällen entsprachen die Ergebnisse der schweren Geschütze den Erwartungen, ihr Einsatz war gerechtfertigt, insbesondere bei *Rodney* und *Nelson,* deren Geschütze auf weite Entfernungen bemerkenswert wirkungsvoll schossen. Das Schießen war im allgemeinen sehr genau, und die Mehrzahl der Ziele, die die

Schlachtschiffe beschossen, wurden kampfunfähig gemacht. Der Erfolg war größtenteils das Ergebnis eines umfangreichen Beschußversuchs- und Ausbildungsprogramms, das vor der Invasion durchgeführt worden war. Hinzu kam die Luftbeobachtung durch Marineflieger und landgestützte Artilleriebeobachter. Diese korrigierten das Feuer. Bei stark geschützten Stellungen wurden einige Volltreffer erzielt, und das wirkungsvollste Schießen war gegen offene Batterien, Truppenkonzentrationen, gepanzerte und ungepanzerte Fahrzeugkolonnen und andere ungeschützte Ziele, die großräumig verteilt waren. Zu den Beschießungsstreitkräften gehörten vier Schlachtschiffe. Zwei von ihnen, *Warspite* und *Ramillies,* waren gegenwärtig, als am Morgen des 6. Juni 1944 die erste Landung erfolgte. Das zweite Paar, *Rodney* und *Nelson,* lag als Reserve in Portsmouth. *Warspite* und *Ramillies* waren zusammen mit dem Monitor *Roberts* sowie den Kreuzern *Mauritius, Arethusa, Frobisher* und *Dragon* abgeteilt, den Schutz der östlichen Flanke im Landungsabschnitt zu übernehmen. Außerdem sollten sie die Küstenbatterien von Le Havre und Quistreham beschießen. Die beiden Schlachtschiffe und der Monitor konzentrierten ihr Feuer auf die befestigten Geschützbatterien von Villerville, Benerville und Houlgate. Sie wurden etwa um 0930 Uhr zum Schweigen gebracht. Diese Batterien waren durch Betonstellungen schwer befestigt, und sie bedurften auch in den folgenden Tagen sorgfältiger Beobachtung, daß sie untätig blieben. So beschoß zum Beispiel *Warspite* am 6. Juni die Batterie von Villerville zu sechs verschiedenen Zeiten. Dabei verschoß sie 73 Granaten auf dieses eine Ziel, erzielte dabei neun Volltreffer, drei davon allein bei der ersten Beschießung. Die Zweigeschütz-Batterie von Benerville war das spezielle Ziel der *Ramillies.* Sie war ähnlich hartnäckig und obgleich mehrfach zum Schweigen gebracht, wurde kein Volltreffer erzielt. Im Laufe des Nachmittags wurden die Beschießungsstreitkräfte durch *Rodney* verstärkt. Aber zwischen ihrem Erscheinen und der Rückkehr nach Portsmouth am gleichen Abend, verschoß sie nur zwei 40,6 cm-Granaten. Diese beiden Granaten gingen auf Geschützstellungen im Bereich von Le Havre, von denen aus auf einen großen Geleitzug von Landungsbooten geschossen worden war. Als der Geleitzug dann durch Rauchschleier geschützt wurde, stellten sie das Feuer ein. Am 7. Juni beschoß *Warspite* wechselnde Ziele, einschließlich der Batterie von Benerville. Seit Beginn der Landungen hatte sie 314 38,1 cm-Granaten verschossen (133 panzerbrechende und 181 hochexplosive), und am Abend des 7. Juni kehrte sie nach Portsmouth zurück, um die Munition zu ergänzen. *Rodney* stieß am 7. Juni wieder zum Beschießungsverband und verblieb für die folgenden drei Tage vor der Küste. Ihre erste Beschießung erfolgte am 7. Juni gegen 1830 Uhr. Während der nächsten zwei Stunden verschoß sie auf drei Ziele im Abschnitt Caen insgesamt 200 Schuß 40,6 cm und 100 Schuß 15,2 cm. Während der folgenden drei Tage setzte sie ihr Zielschießen in diesem Abschnitt fort, aber am 8. Juni schoß sie nur mit ihren 15,2 cm-Geschützen. Am 9. Juni beschoß sie auch die Batterien von Benerville und Houlgate, dann kehrte sie zur Munitionsergänzung nach Portsmouth zurück. Ihren Platz nahm *Nelson* ein, die zwischen dem 10. und 18. Juni insgesamt 20 Beschießungen durchführte, wobei sie 225 Schuß 40,6 cm und 687 Schuß 15,2 cm abgab. Ihre Ziele waren die Batterie von Houlgate, Truppenansammlungen und gegnerische Fahrzeuge. *Warspite* kehrte ebenfalls am 10. Juni zurück, wurde aber zur Unterstützung des amerikanischen Landekopfes im Westen abgeteilt, weil die dortigen Beschießungsstreitkräfte knapp an Munition waren. Sie verschoß 96 38,1 cm-Granaten auf insgesamt vier Ziele, aber trotz der fehlenden Luftbeobachtung mit so viel Erfolg, daß sie die Anerkennung des US-Armeebefehlshabers erhielt. Am 11. Juni kehrte sie in den britischen Sektor im Bereich von Arromanches zurück. Hier setzte sie ihre Geschütze ein, um Gegenangriffe im Abschnitt der 50. britischen Division zu zerschlagen. Am Abend des 11. Juni kehrte sie nach Portsmouth zurück, wurde jedoch am folgenden Tage nach Rosyth geschickt, damit ihre abgenutzten Geschützrohre ausgewechselt werden konnten. Am 13. Juni – sie befand sich etwa 28 sm östlich vor Harwich – brachte sie eine Akustik- oder auch Druckmine zur Detonation, die im geräumten Streifen auf einer Tiefe von 31 m gelegen hatte. Die Mine hatte eine Ladung von rund 680 kg und detonierte an der Bb-Seite, in Höhe des Turms „Y“. Das Ruder wurde in Stb-Lage verklemmt. *Warspite,* mit 16 kn laufend, machte einen scharfen Drehkreis nach Stb und kam schließlich zum Stoppen, weil die Maschinenanlage ausgefallen war. Sie hatte eine Bb-Schlagseite von 4,5°. Der Schaden am Schiffskörper war umfangreich. Seitlich des Maschinenraumes und der hinteren Magazine waren die Außen-

Malaya 1944. Die 15,2 cm-Geschütze sind ausgebaut. Auf den hinteren Aufbauten ist die Antenne des Störsenders Typ 650 erkennbar.

boden- und Bb-Wulstplatten auf eine Länge von 45,7 m verformt, zwischen den beiden hinteren Türmen war die Wulststruktur auf eine Tiefe von 61 cm nach innen gedrückt worden. Der Innenboden und die Stb-Wulstplatten wiesen kleinere Schäden auf. Ein größerer Wassereinbruch erfolgte im Bb-Wulst, kleinere Wassereinbrüche gab es in den Doppelbodenräumen. Die Haupt- und Hilfsmaschinen waren gemeinsam mit der E-Anlage, der Funkanlage und der Radaranlage durch die Schockeinwirkungen stark beschädigt. Die Bb-Außenwelle saß fest, die Bb-Innenwelle fiel wegen mehrerer Lagerschäden an den Schottstopfbuchsen ebenfalls aus. Das Getriebe und das Hauptdrucklager der Bb-Innen-HD-Turbine waren beschädigt und fielen aus, die festen und auch die Gleitfüße (Führungen) der Turbine, aber auch die der Stb-Innen-HD-Turbine waren beschädigt. Die Schlagseite wurde durch Gegenfluten und Umpumpen von Heizöl behoben. Schließlich war sie in der Lage, mit ihrer Stb-Maschine 10 kn Fahrt zu machen, und am 14. Juni erreichte sie die Werft in Rosyth. Hier wurde sie notdürftig repariert, damit sie ihre Aufgaben bei der Beschießung fortsetzen konnte. Ihr Schiffskörper wurde abgedichtet und die beiden Innenwellen, welche unter normalen Bedingungen ausgebaut worden wären, wurden im eingebauten Zustand repariert. Bei der Bb-Außenwelle wurde keine Instandsetzung durchgeführt, sie blieb bis zum Ende festgesetzt. Im August machte sie Probefahrten mit drei Wellen, von denen zwei schlugen. Sie erreichte eine Höchstfahrt von 15,5 kn. Die Beschießungsstreitkräfte wurden nochmals verringert, als *Nelson* am 18. Juni auf der Rückfahrt nach Portsmouth – sie sollte neue Munition holen – bei einer Fahrtstufe von 16 kn zwei Grundminen überfuhr und zur Detonation brachte. Beide Minen enthielten Ladungen von vermutlich 680 kg und waren akustisch gezündet. Sie detonierten gleichzeitig, eine unter dem Vorschiff, die andere etwa 46 m weiter nach hinten, an der Stb-Seite in Höhe der Brücke. Die Außenbodenplatten verformten sich, und die Doppelbodenräume im Bereich vom Turm „A“ bis zum vorderen Maschinenraumschott wurden ebenfalls beschädigt. Die Doppelbodenräume vor dem Turm „A“ und unter den Hellegats wiesen Beschädigungen auf. Wassereinbruch erfolgte in einem der Außenräume, in mehreren Doppelbodenheizölbunkern; ein langsames, aber kontrolliertes Fluten trat in den meisten der Außenräume seitlich der Beschädigungen ein. Das Schiff nahm eine Stb-Schlagseite von 3° ein, die aber durch das Lenzen der meisten Auftriebsräume an Stb-Seite auf 1° reduziert wurde. Die Schockschäden waren umfangreich, aber allgemein von geringer Schwere. Sie betrafen die MA-Feuerleitgeräte, Fliegerabwehrstände, Radar, Kreiselkompaß und 40,6 cm-Feuerleitgeräte. Das Schiff wurde in Portsmouth innerhalb von 24 Std wieder einsatzfähig gemacht; es waren aber gründliche

Rodney, Aussehen etwa 2 Wochen vor Invasion an der Normandieküste. Beachte die Antennen des Störsenders Typ 650, die an den Auslegern jeder Brückenseite befestigt sind.

Reparaturen erforderlich, und schließlich fuhr sie in die USA zur Instandsetzung und Schadensbehebung. Der zeitweilige Ausfall von *Warspite* und *Nelson,* und der spätere Abzug der *Ramillies* (sie war für die Invasion in Südfrankreich ausersehen), ließ nur die *Rodney* und die Monitore *Erebus* und *Roberts* für den Einsatz schwerer Geschütze zurück. *Malaya,* die sich in Gareloch/Dumbartonshire seit Oktober 1943 in Reserve befand und als Unterkunft für das Heer diente, wurde nun schnell wieder in Dienst gestellt, um im Beschießungsgeschwader verwendet zu werden. Sie machte ihre Ausbildung in Scapa Flow und fuhr dann gen Süden nach Portsmouth. Aber eigentlich wurde sie gar nicht benötigt. Sie machte nur einen Einsatz mit, und zwar die Beschießung der Isle of Cezanne, in der Bucht von St. Malo. *Rodney* hatte *Nelson* am 18. Juni abgelöst, aber am folgenden Tag brachte das schlechte Wetter den Einsatz der Seestreitkräfte nahezu zum Erliegen. Stürme und schwere See hielten fast eine ganze Woche an, aber als das Wetter schließlich nachließ, wurden die Einsätze fortgesetzt. Am 30. Juni beschoß *Rodney* eine Ansammlung von gepanzerten Fahrzeugen, die sich 17 Meilen südlich und landeinwärts von Arromanches befand. Die Gegnerstreitkräfte, die sich für einen Gegenangriff bereitstellten, wurden völlig aufgerieben. Im Verlauf des Nachmittags am 8. Juli begannen *Rodney* und *Roberts* sowie die Kreuzer *Belfast* und *Emerald* ein weitreichendes Schießen auf Caen, um die Einnahme der Stadt zu unterstützen. Die Beschießung währte auch über den ganzen 9. Juli. *Rodney* verschoß 90 40,6 cm-Panzersprenggranaten und Hochexplosivgeschosse. Die Wirkung der Granaten der *Rodney* ist beschrieben in dem Buch von Kenneth Thompson „*HMS Rodney* at war“:

„. . . *Ich hörte hinterher, was diese Beschießung am anderen Ende verursacht hatte. Die Geschichte kommt von einem Engländer, der sich in Caen vor den Deutschen verbarg. Er wurde von einer französischen Familie versteckt und verpflegt, und er beobachtete die meisten An-*

◀ *Rodney* als Feuerunterstützungsschiff bei der Invasion.

King George V 1945 im Pazifik.
▼

griffe auf Caen, einschließlich des einen durch über 400 schwere Bomber. Aber nichts war so demoralisierend wie das Schießen der Rodney. *Es lag ungewöhnlich genau, und der einzige Trost, den er hatte, war zu beobachten, wie die fliehenden Deutschen von den Granaten verfolgt wurden . . .“*

Die Stadt wurde am 9. Juli besetzt. Am 18. Juli wurde die gleiche Art der Beschießung erforderlich, als die 2. Armee zum Angriff südöstlich von Caen ansetzte. *Rodney* setzte ihre Unterstützung für die Armee bis Ende Juli fort, dann kehrte sie nach Devonport zurück. Von dort machte sie einen kurzen Abstecher zur Beschießung der Isle of Alderney. Dann kehrte sie nach Devonport heim, bevor sie im September nach Scapa Flow verlegte. Am 25. August trat die teilweise gelähmte *Warspite* wieder zu den Beschießungsstreitkräften. Ihr erstes Ziel waren die Küstenbatterien von Brest, die dem Vormarsch der US-Armee im Wege waren. (Sie verschoß an einem Tag 213 38,1 cm-Granaten.) Dann kehrte sie zu den alten Beschießungsgebieten im Westen zurück, und Anfang September beschoß sie die Befestigungen von Le Havre. Dieses galt der Unterstützung des Vormarsches der britischen 49. und 51. Division. Am 1. November führte sie die letzte Beschießung durch, dieses Mal zur Landungsunterstützung bei Walcheren/Scheldemündung. Während der Landungsunterstützungsoperationen in Nordeuropa, zwischen dem 6. Juni und dem 10. September, verschossen britische Schlachtschiffe und Monitore insgesamt 3371 40,6 cm- und 38,1 cm-Granaten und 1034 15,2 cm-Granaten.

Südfrankreich, 1944: Nur das britische Schlachtschiff *Ramillies* gehörte zu den Beschießungsstreitkräften bei der Invasion in Südfrankreich, die zwischen Toulon und Cannes am 15. August 1944 begann. Am ersten Landungstag wurde *Ramillies* aufgefordert, die Befestigungen der Insel von Port Cros zu beschießen, welche zwei Tage später besetzt wurde. Sie belegte auch eine der Küstenbatterien südlich von St. Tropez mit einigen Schüssen. Am 25. August stieß sie zu den Streitkräften, die die Küstenverteidigung von Toulon und Marseille beschossen und gab einige Schüsse ab, bevor diese Städte am 28. August von den Alliierten besetzt wurden.

◀ *Duke of York* am 1. Juli 1945 einlaufend Sydney.

Beschießungen im Fernen Osten und im Pazifik, 1945: Die Schlachtschiffe der *Fernostflotte* und die der britischen *Pazifikflotte* waren an nur wenigen Beschießungen beteiligt, und speziell im Falle der *Pazifikflotte* dienten sie vorwiegend als schwimmende Flakbatterien. Die Hauptbeschießungen von 1945 sind zusammengestellt wie folgt:

21. Januar 1945: Teilnahme der *Queen Elizabeth* im Verband des Artilleriefeuerunterstützungsgeschwaders bei der Invasion der Insel von Ramree, an der Westküste Burmas.

4. Mai 1945: *King George V* und *Howe* beschießen den Hirara-Flugplatz auf der Insel von Miyako Shima, Teil der Sakishima-Gunto-Gruppe, östlich Formosa. In 4,5 Std verschießen die Schlachtschiffe 378 Schuß 13,3 cm und 195 Schuß 35,6 cm. Der Beschuß war sehr wirkungsvoll, die japanische Flakabwehr wurde niedergekämpft.

6. Mai 1945: *Queen Elizabeth* beschießt gegnerische Geschützstellungen bei Stewart Sound auf den Andaman-Inseln, nordwestlich Malaysia.

17. Juli 1945: *King George V* beteiligt in US-Kampfgruppe im Beschießen der Industrieanlagen um Hitachi, nördlich Tokio. Der Angriff wurde nachts durchgeführt und innerhalb von 3 Std verschoß *King George V* 267 Granaten 35,6 cm gegen drei verschiedene gegnerische Maschinenfabriken.

29. Juli 1945: *King George V* ist nochmals mitbeteiligt in der US-Kampfgruppe im Nachtbeschießen von Industrieanlagen. Dieses Mal lagen die Ziele südlich Tokios, im Gebiet von Hammamatsu. Das Schlachtschiff verschoß 265 35,5 cm-Granaten auf sein Ziel, und zwar innerhalb von 40 Minuten. Obgleich der Bereich mit Granatfeuer saturiert wurde, waren nur sieben Volltreffer erzielt. Dies war der letzte Einsatz, bei dem ein britisches Schlachtschiff einen Schuß mit der SA im Zweiten Weltkrieg abgegeben hat.

IV. Ursache und Wirkung

Wie zu erwarten, war die Marinerüstung in der Periode zwischen 1939 und 1945 gewaltig und umfassend. Einige dieser Entwicklungen, wie Radar, wurden lediglich beschleunigt durch den Krieg, andere wiederum, wie die Verbesserung der Flakausrüstung, wurden notwendig wegen der Vorkriegsüberbewertung oder auch -unterschätzung der zu erwartenden Leistung verschiedener Waffen und Ausrüstungen. Der Zweite Weltkrieg – ungleich zum Ersten – offenbarte nur wenige fundamentale Schwächen in der Konstruktion britischer Großkampfschiffe. Eine der Hauptausnahmen war das Schiffssicherungssystem, das sich – gemeinsam mit der dazugehörenden Ausrüstung – in vielen Fällen als unzureichend für seine Aufgabe erwies. Diese Schwierigkeiten entstanden durch die Schwachstellen in der Verteilung der E-Energie, der wasserdichten Unterteilung und des Pumpensystems. Die meisten dieser Probleme wurden noch während des Krieges beseitigt, und etwa 1945 befand sich die britische Schlachtflotte auf ihrem höchsten Einsatzstand. Die folgenden Abschnitte behandeln die einzelnen Entwicklungen und Verbesserungen, und wo es notwendig ist, auch die Arbeiten, die kurz vor Kriegsausbruch dafür durchgeführt wurden.

Schwere Waffen: Die Entwicklung der modernen 35,6 cm- und 40,6 cm-Vollstahlgeschütze wurde schon zuvor beschrieben, daher ist nicht beabsichtigt, das hier nochmals zu wiederholen. Die Verbesserungen der 38,1 cm-Geschütze Mk I hingegen sind es wert, im einzelnen besprochen zu werden. Diese Waffe war im Vergleich zu modernen Geschützen in der Mitte der 30er Jahre nicht so leistungsfähig. Da der überwiegende Teil der Schlachtflotte mit 38,1 cm-Zwillingstürmen bewaffnet war, wurde beschlossen, zu versuchen, die Leistung zu verbessern. Das wurde erreicht durch die Vergrößerung der Rohrerhöhung von 20° auf 30°. Dadurch vergrößerte sich auch die Reichweite von 21400 m auf 26500 m. Auch eine Änderung der 38,1 cm-Granaten wurde vorgenommen. Sie erhielten eine verbesserte stromlinienförmige Kappe (6 × r anstelle 4 × r). Dadurch erhöhte sich die Reichweite nochmals, und zwar auf 29500 m. Die alten Geschosse wurden mit den neuen Kappen versehen, aber bis 1943 wurden noch beide Arten – die mit 4 × r und die mit 6 × r – hergestellt, danach nur noch ein Typ, der neue. Die Rate der 38,1 cm-Türme, die auf das Modell Mk I (N) umgebaut werden konnten – Rohrerhöhung 30° und entsprechende Ladeeinrichtungen für die Verwendung der neuen Granaten –, war begrenzt. *Malaya, Barham, Repulse* und die fünf Schiffe der *Royal Sovereign*-Klasse behielten die 20° Rohrerhöhung. Die letzteren fünf Schiffe wurden für die Investition der Umrüstungskosten als nicht mehr wertvoll genug empfunden. Trotzdem wurde aber beschlossen, die Reichweite dieser Geschütze zu erhöhen. Das erreichte man durch eine Erhöhung des Treibladungsgewichts von 184 kg auf 222 kg. Das sah man als die maximale Treibladung für die Sicherheitsgrenze an, die das Geschütz gerade noch verkraften konnte. Immerhin wurde dadurch bei 20° Rohrerhöhung und bei Verwendung der 6 × r-Granate durch diese Supertreibladung die Reichweite der 38,1 cm-Mk I auf 26250 m gesteigert. Bei den Lafetten mit 30° Rohrerhöhung wurden keine Supertreibladungen verwendet. Man wollte den erhöhten Rohrverschleiß nicht in Kauf nehmen, insbesondere nicht bei den Geschützen, die bereits eine größere Reichweite hatten.

Weitreichende Flugzeugabwehr
Alle weitreichenden Flakwaffen der britischen Großkampfschiffe, die im Kriege verwendet wurden, waren vor 1939 konstruiert worden. Die Kriegsentwicklungen beschränkten sich daher auf die Verbesserung ihrer Feuerleitanlagen, was die Beschaffung von Fernsteuerungskraftantrieben und Radar einschloß. Kriegserfahrungen bewiesen, daß weitreichendes Flakfeuer verhältnismäßig unwirksam war, insbesondere gegen hoch fliegende Bomberverbände. Es hatte lediglich eine störende Wirkung auf die Flugzeuge, wenn diese kurz vor dem Ziel waren, und es reichte nicht aus, einen entschlossenen gegnerischen Angriff abzuwehren. Der Mangel an Erfolg war größtenteils das Resultat der Unzulänglichkeit der Flakleitgeräte, die den erforderlichen Vorhaltewinkel unter der Annahme, daß Höhe und Kurs des Ziels konstant blieben und die Geschwindigkeit des Ziels genau geschätzt war, berechnet hatten. Das System war außerdem zu langsam, um sich mit modernen und schnellen Flugzeugen zu messen. Dennoch wurde es während des Kriegs verbessert, insbesondere durch den Einbau des Fernsteuerungskraftantriebs, durch den die Geschütze dem Leitgerät automatisch folgten. Nach Einbau des Radars Typ 285 war es auch möglich, die genaue Entfernung und folglich auch die Entfernungsänderung zu erfassen. Hinzu kam die Stabilisierung der Leitgeräte gegen Stampfen und Schlingern (Längs- und Querlage). Das letztere war nur möglich bei Fernsteuerungskraftantrieb. Vorher war nur eine Stabilisation für die Informationen vorhanden, die an die Fla-Rechenstelle gingen und nicht an das Leitgerät selbst. Außerdem erfolgte der Einbau eines kleinen Rechners. Die Konstruktion des letzteren Gerätes, bekannt als GRU (Gyro Rate Unit),* begann 1937 und war zur Verwendung im Flakleitsystem vorgesehen, obwohl es später auch bei den Pom-Pom- und Sperrfeuerleitgeräten eingebaut wurde. Mit Hilfe eines Kreisels konnte es automatisch die vertikalen und horizontalen Bewegungen eines Zieles erfassen, und gemeinsam mit der Radarmessung ermöglichte es ein schnelles und genaues Feuerleitungssystem. Ein mehr ehrgeiziges Projekt war das neue Schnellricht-Feuerleitsystem TS I, beschrieben im Kapitel II (→ Seite 29/30). Die Konstruktion begann etwa 1937/38, aber die Herstellung dieser unwahrscheinlich komplizierten Anlage lag nicht im Bereich der Möglichkeiten der britischen Kriegsindustrie und -produktion und wurde daher fallengelassen. Das System sollte voll stabilisiert sein, und wäre mit der Möglichkeit einer automatischen Zielvoraussage sowie mit der späteren Radarausrüstung ohne Zweifel eine bemerkenswerte Verbesserung des Flakleitsystems gewesen. Das entsprechende gleichwertige System war das auf *Vanguard* eingebaute US-Feuerleitgerät Mk 37.** (Die Autoren haben festgestellt,

* Anmerkung des Übersetzers: Enfernungsänderungsmeßgerät – im Kreiselprinzip.
** Anmerkung des Übersetzers: Gun Director Mk 37.

Links: Die vorderen Türme der *Renown* 1945. Beachte die Radarantennen Typ 285 auf dem Hauptfeuerleitstand und den FlakLeitgeräten. Rechts: *Nelson,* Turm „X“ mit voller Rohrerhöhung.

daß man bei den Bezeichnungen und Abkürzungen sehr leicht durcheinanderkommt, die in Verbindung mit den Feuerleitsystemen des Zweiten Weltkrieges auftauchen. Die Beschreibungen und Erklärungen dieser Begriffe und Systeme befinden sich im Anhang 2 (→ Seite 133).

Auf Grund dieser Grenzen wurden Flakleitgeräte nur für gezieltes Schießen auf hoch fliegende Bomberverbände angewandt, bei denen die Flugzeuge gewöhnlich einen geraden Kurs, konstante Geschwindigkeit und Höhe halten. Im Falle, daß Flugzeuge einen Sturzangriff durchführten, also Stukas oder Torpedobomber, wurde die weitreichende Flak eingesetzt, um Sperrfeuer auf eine bestimmte Entfernung zu schießen. Das ergab einen Vorhang von detonierenden Geschossen, durch den die Flugzeuge hindurch mußten, um ihr Ziel zu erreichen. Viel wurde von dieser Art der Abwehr erwartet, aber der Krieg zeigte, daß

Das FlakLeitgerät Mk IV.

ein entschlossener Flugzeugverband ein Sperrfeuer dieser Art bei geringen Verlusten durchdringen konnte. Während des Krieges wurde ein verbessertes Sperrfeuerleitsystem eingeführt. Das geschah durch den gemeinsamen Gebrauch des Flakleitsystems mit einem automatischen Sperrfeuergerät (ABU), das im Feuerleitsystem eingebaut war. Bei diesem System wurde bei den Granatzündern und im automatischen Sperrfeuergerät eine vorbestimmte Sperrfeuerentfernung eingestellt. Das Radar maß die Entfernungsänderungsgeschwindigkeit, das Rechengerät die vertikalen und horizontalen Bewegungen des Zieles. Diese Werte wurden in dieses automatische Sperrfeuergerät eingegeben. Wenn die vorausgerechnete Position des Flugzeuges mit der Sperrfeuerentfernung übereinstimmte, eröffneten die Geschütze automatisch das Feuer. Dieses System hatte den Vorteil, daß das Treffen eines Flugzeuges wahrscheinlicher war als mit einem Feuervorhang, den das Flugzeug zu passieren hatte. 1942 wurde ein kleines Sperrfeuerleitgerät eingeführt, um die SA und MA (soweit dafür verwendbar) der Großkampfschiffe und Kreuzer in die Lage zu versetzen, diese Waffen für weitreichendes Flakfeuer einzusetzen. Die ersten zehn Sperrfeuerleitgeräte Mk I wurden aus Pom-Pom Leitgeräten Mk I umgebaut und auf dem Kreuzer *Shropshire* (2 für die Türme „X“ und „Y“) eingebaut. Auch *Nelson* und *Rodney* (je vier Geräte für die Leitung der 15,2 cm-Türme) erhielten sie. Später wurden speziell zwei Pom-Pom Feuerleitgeräte Mk II zu Sperrfeuerleitgeräten umgerüstet und in *Rodney* für die 12 cm-Flak eingebaut, um sie im toten Sektor zu verwenden (*Rodney* hatte nur ein Flakleitsystem [*Nelson* besaß hingegen zwei] und konnte daher bis zum Einbau des Sperrfeuerleitgerätes stets nur eine Seite ihrer 12 cm-Geschütze leiten). Sperrfeuerleitgeräte wurden später eingebaut in *Queen Elizabeth, Valiant, Warspite, Renown* und *Duke of York*.

Das System arbeitete nach dem in diesem Abschnitt beschriebenen Prinzip.

Nahbereichs-Flugzeugabwehr

Etwa Ende der 30er Jahre wurden die achtrohrige Pom-Pom Lafette und die vierrohrige 12,7 mm-MG-Lafette die Standard-Fliegernahbereichsabwehrwaffen in der Flotte. In die mehrrohrigen Pom-Pom setzte man großes Vertrauen im Hinblick auf ihre Fähigkeiten in der Abwehr von Nahbereichsangriffen. Der Hauptfehler der Originalwaffe lag in der niedrigen Mündungsgeschwindigkeit; aber Ende der 30er Jahre wurde diese von 585,21 m/sek auf 731,52 m/sek erhöht. Das wurde für eine Kriegsverwendung als ausreichend angesehen. Gleiches Vertrauen wurde in das 12,7 mm-MG nicht gesetzt. Es verschoß nur Massivgeschosse und hatte somit wenig Aussicht, ein modernes Flugzeug zu zerstören. Etwa 1937 wurde klar, daß eine kleinkalibrige Waffe gefordert werden mußte, die eine hohe Feuergeschwindigkeit besaß, Explosivgeschosse verschießen konnte und so konstruiert war, daß sie von einem einzelnen Mann bedient werden konnte. Sie sollte in der Lage sein, schnelle Ziele auf nahe Entfernung zu bekämpfen. Diese Forderungen wurden zum größten Teil durch die Schweizer 20 mm-Oerlikon-Kanone erfüllt, die pro Minute 550 Granaten verschoß, und die eine V_0 von 559,85 m/sek hatte. Die *Admiralität* beauftragte die Oerlikon-Companie, eine neue Version des Geschützes herzustellen, die eine noch höhere V_0 hatte, und die erste Waffe wurde 1939 ausgeliefert. Die 20 mm-Oerlikon Mk I der Royal Navy verschoß 450 Schuß/min und hatte eine V_0 von 830,58 m/sek. Als die Verbindung durch die deutsche Besetzung Frankreichs abbrach, waren erst einige Geschütze geliefert worden. Bevor die Schweizer Grenze geschlossen wurde, konnte ein Satz Konstruktionszeichnungen sichergestellt werden und durch einen Offizier der Royal Navy, Stewart Mitchell, der *Admiralität* überreicht werden. Dieser Offizier errichtete gemeinsam mit KKpt S. W. Roskill (später KzSee S. W. Roskill, Autor der offiziellen britischen Marinegeschichte „The war at sea“) von der Admiralstababteilung in Ruislip eine Fabrik zur Herstellung der 20 mm-Oerlikon. Bei diesem Projekt ergab sich eine Reihe erheblicher Schwierigkeiten, aber 1941 lief die Produktion schließlich an. Die britische Version wurde unter der Bezeichnung 20 mm-Oerlikon-Mk II bekannt. Anfänglich war es eine handbetriebene Einzellafette, die einfach in der Konstruktion, zuverlässig, leicht zu bedienen, zu warten und zu handhaben war. In ihrer maximalen Wirkungsreichweite von 900 m erwies sie sich in fachlichen Händen als genaue und tödliche Waffe. Frühe Kriegserfahrungen zeigten, daß das 12,7 mm-MG sowie die 2 Pdr Pom-Pom Lafetten wenig Wert gegenüber Flugzeugen besaßen. Die erstere Waffe wurde umgehend durch die 20 mm-Oerlikon ersetzt, aber bei der zweiten Waffe war das Problem nicht so einfach zu lösen. Die Wirkungslosigkeit der Pom-Pom erwies sich als große Enttäuschung, speziell deswegen, weil diese Waffe nicht so leicht zu ersetzen war. Ihr größtes Handikap war das unbefriedigende Feuerleitsystem und die mangelnde Reichweite, auch dann, wenn sie die 2 Pdr-Granaten mit hoher Feuergeschwindigkeit verschoß. Nichts konnte getan werden, damit sich die V_0 verbesserte, aber mit fortschreitender Kriegsdauer wurde das Leitsystem verbessert. Das Endmodell des Pom-Pom Leitgerä-

Links: *Prince of Wales* Mai 1941. 13,2 cm-Turm Bb II (nach hinten gedreht). Rechts: *Prince of Wales* Mai 1941. Die achtrohrige Pom-Pom Mk VI an Bb-Seite des vorderen *Schornsteins.*

tes, das Mk IV, war mit einem Richtkreiselgerät ausgestattet, das automatische Zielvorgaben erteilte, sowie mit dem Radar Typ 282, das die genaue Entfernung ermittelte. Dieses, zusammen mit dem Fernsteuerungskraftantrieb, verlieh der Waffe einen ziemlichen Genauigkeitsgrad innerhalb ihrer begrenzten Schußweite. Trotz ihrer Schwächen hatte die mehrrohrige Pom-Pom einen starken abschreckenden Effekt gegen Stuka- und Kamikazeangriffe. Die Entwicklung und Herstellung neuer Waffen, Lafetten und Ausrüstungen brauchte Zeit, und Anfang des Krieges fand die *Admiralität* eine „Lückenbüßer-Waffe", die die Feuerkraft der Flak in der Flotte verstärken sollte. Das war die Fallschirm-Draht-Rakete, die ursprünglich vom *Air Ministry* (Luftfahrtministerium)* entwickelt worden war. Sie wurde durch das *Department of Miscellaneous Weapon Development* (Abteilung für verschiedene Waffenentwicklungen)* innerhalb der *Admiralität* für den Bordgebrauch umkonstruiert. Im Juni 1940 wurden die ersten dieser Waffen auf den Schiffen der Royal Navy und als DEMS (Defensively equipped merchant ships/Abwehrausrüstung für Handelsschiffe)* in Gebrauch genommen. Später wurden sie in unterschiedlicher Ausführung hergestellt. Soweit bekannt ist, war die zwanzigrohrige Raketenwerferlafette der einzige Typ, der in Großkampfschiffe eingebaut wurde, und zwar auf *Hood, Nelson, King George V, Prince of Wales* und *Barham.*

King George V, UP-Werfer.

Die Fallschirm-Draht-Rakete besaß einen Feststoffantrieb. Nach Erreichen einer bestimmten Höhe trennte ein Zeitzünder mittels einer kleinen Sprengladung die Antriebsstufe vom Vorderteil. Im Vorderteil saßen drei Fallschirme und ein 122 m-Drahtkabel, an dessen Ende eine kleine Bombe befestigt war. Nach der Trennung öffneten sich die Fallschirme, und mit der schaukelnden Bombe am Drahtende sollte sie langsam den Kurs eines angreifenden Flugzeuges kreuzen. Man hoffte, das Flugzeug würde dann in den Draht hineinfliegen, wodurch die mit einem Berührungszünder versehene Bombe, nachdem sie durch die Fallschirmbewegung zum Flugzeug bewegt worden war, detonieren würde. Dieser Waffe war sehr wenig Erfolg beschieden. Sie neigte dazu, unregelmäßige Bahnen einzuschlagen (sie waren von Schuß zu Schuß unterschiedlich), und die Fallschirmsinkgeschwindigkeit (mit Draht und Bombe) war natürlich abhängig vom Windeinfluß. Nachdem festgestellt wurde, daß die Raketen-Bereitschaftsmunition schuld hatte am Brand auf *Hood,* der während des *Bismarck*-Unternehmens im Schutzdeck ausbrach, hat man diese Ausrüstung von allen Großkampfschiffen der Flotte entfernt. Die Konstruktions- und Leistungsverbesserungen an den Flugzeugen und die Technik ihrer Verwendung machten im Verlauf des Krieges große Fortschritte. Das führte zu gleichen Forderungen im Hinblick auf die Schlagkraft und Leistung der Nahbereichs-Flugzeugabwehrwaffen. Diese Forderungen konzentrierten sich auf:

a) Erhöhung der Anzahl der FlakWaffen, sobald sie verfügbar waren
b) die Entwicklung neuer Lafetten
c) die Verbesserung der Feuerleitanlagen
d) die Einführung der 40 mm-Bofors.

Mitte des Krieges konnten die Großkampfschiffe mit mehr FlaWaffen ausgerüstet werden, aber die kleineren Schiffe, insbesondere die Zerstörer, hatten auf das Toppgewicht Rücksicht zu nehmen, da außerdem das zugehörige Personal jede weitere Vermehrung der Nahbereichs-Flakausrüstung begrenzte. Im Mai 1940 kam eine ideale Zerstörerwaffe nach Großbritannien. Sie befand sich an Bord des holländischen Minenlegers *Willem van der Zaan.* Das Schiff besaß 4 × 40 mm-Boforsgeschütze, die in zwei dreiaxialen Doppellafetten eingebaut waren. Hergestellt wurde die Waffe durch die holländische Firma Hazemeyer. Die Lafetten, zusammen mit ihrem Kraftantrieb (in einem Raum darunter), bildeten eine selbständige Einheit. Sie verlangte lediglich nach einer Versorgung mit Strom und mit dem Schiffskurs. Die gesamte benötigte Feuerleitanlage und die Stabilisationsvorrichtung saßen an der Lafette. Die Entwicklung dieser Konstruktion hatte 1936 begonnen, und das allgemeine Konzept dafür war gleichlaufenden Entwicklungen weit voraus. Es hatte aber den Nachteil, daß es gegenüber See-Einflüssen nicht sehr widerstandsfähig war. Die Konstruktion wurde von den Briten kopiert, die einige Verbesserungen, einschließlich Radar Typ 282, einbauten, und damit wurde das Geschütz auf vielen Zerstörern und anderen kleineren Schiffen eingebaut. Mit der Hazemeyer-Boforslafette wurde kein Großkampfschiff ausgerüstet, aber *Vanguard* erhielt eine ähnliche britische Waffe: das stabilisierte Flakgeschütz Mk II mit neuartigem Ziel-Geschwindigkeitsänderungs-Zielgerät, das auf Turm „B" stand. Der Grund, weshalb diese Waffe nicht auf den Großkampfschiffen

* Anmerkungen des Übersetzers.

benutzt wurde, ist wahrscheinlich der, daß die Mehrzahl der verfügbaren Geschütze für kleinere Fahrzeuge vorgesehen war, bei denen die Notwendigkeit einer gut stabilisierten und kompakten Flak sehr viel nötiger war. Schlachtschiffe waren eine viel ruhigere Geschützplattform und sie hatten auch mehr Platz, um getrennte Leitstände einzubauen. Die stabilisierte STAAG-Lafette auf *Vanguard* kann mit der Tatsache erklärt werden, daß das Dach des Turms „B" nicht der richtige Platz für ein Geschütz war, das von einer räumlich getrennten Stelle aus gelenkt werden mußte und dessen Kraftantrieb außerhalb der Lafette lag. Eine weitere Waffenentwicklung für kleine Schiffe war die kraftbetriebene Oerlikon-Doppellafette Mk V, die 1942 eingeführt wurde. Anders als die Hazemeyer war diese Waffe einfach und leicht in Serie herzustellen und wurde allgemein auf allen Schiffen der Flotte eingebaut. In den letzten Kriegsjahren befand sich eine 20 mm-Oerlikon-Vierlingslafette Mk XIV in der Entwicklung, die Produktion wurde jedoch zugunsten der 40 mm-Bofors-Einzellafetten eingestellt. Etwa 1944 wurde klar, daß die 20 mm-Oerlikon durch die modernen Flugzeuge völlig überholt war. Diese waren in der Lage, außerhalb ihres Wirkungsbereiches anzugreifen. Das 20 mm-Geschoß hatte keine Abwehrkraft mehr und war – wie das 12,7 mm-MG des Vorkrieges – nicht in der Lage, einen Flugzeugangriff zu hindern oder gar ein Flugzeug zu zerstören, es sei denn, der Pilot oder ein verwundbarer Teil des Flugzeuges wurde direkt getroffen. Es war erforderlich, daß die Nahbereichsabwehr fähig sein mußte, ein Flugzeug mit einem Treffer zu zerstören oder ernsthaft zu beschädigen. Die kleinsten Geschütze, die das konnten, waren die 2 Pdr Pom-Pom und die 40 mm-Bofors. Das erwies sich als besonders wichtig während der letzten Kriegszeit – im Pazifik –, wo die Kamikaze-Selbstmordangriffe der Japaner es notwendig machten, das Flugzeug buchstäblich vom Himmel zu schießen, bevor es das Schiff erreichte. Viele Schiffe der britischen *Pazifikflotte* haben ihre 40 mm-Bewaffnung vermehrt, um dieser Gefahr zu begegnen, und *Howe* ist ein gutes Beispiel für die Wichtigkeit, die der Beschaffung der schweren Kaliber beigemessen wurde. Während ihrer Werftliegezeit 1945 in Durban wurde ihre 20 mm-Bewaffnung durch 24 × 2 Pdr Pom-Pom (6 × 4) und 18 × 40 mm-Bofors (18 × 1) ersetzt. Obgleich sie eine Feuergeschwindigkeit von 120 Schuß/min und eine V_0 von 822,96 m/sek besaß, ging die Einführung der 40 mm-Bofors nur langsam voran und wurde anfangs wegen ihrer Bedienungsmethoden mit Mißtrauen betrachtet. Wie bei der Oerlikon – erlaubte es die Bofors-Schießautomatik, den Verschluß noch während des Rücklaufs zu öffnen, ein Verfahren, das für viele Jahre als nicht wünschenswert und gefährlich angesehen wurde. Gleichzeitig war es aber das, welches die hohe Schußfolge ermöglichte.

Die erste Boforslafette, die auf einem britischen Großkampfschiff eingebaut wurde, war die Einzellafette Mk III, die die *Prince of Wales* 1941 erhielt. Dieses war ein Armeemodell, das für die Bordverwendung umgeändert worden war. Diese und die Hazemeyer waren die einzigen 40 mm-Boforsgeschütze, die bis Ende 1942 im Dienst der *Royal Navy* waren. Dann wurde die US-Bofors Mk II-Vierlingslafette für die britische Verwendung eingeführt. Anders als die STAAG und als die Hazemeyer hatte diese Waffe ein eigenes Leitgerät mit ferngesteuertem Kraftantrieb. Es besaß kein Stabilisationssystem, hatte aber den doppelten Vorteil der Zuverlässigkeit und Einfachheit. Ihr Mk 51-Leitgerät besaß das US-Mk 14-Geschützkreiselvisier, das ihm bei entsprechendem Wetter eine automatische Zielvorhersage und große Genauigkeit verlieh. Da keine Stabilisation vorhanden war, mußte der Richtschütze die Schiffsbewegungen beim Anvisieren des Ziels auffangen, was die Wahrscheinlichkeit einer größeren Ungenauigkeit mit sich brachte, wenn das Schiff stark schlingerte. Dieses System, obgleich nicht vollkommen, war bei weitem das beste, das schnell und in großer Zahl hergestellt werden konnte. Obwohl die eigene Marine einer großen Zahl dieser Geschütze bedurfte, lieferten die USA an Großbritannien eine bemerkenswerte Anzahl. Das geschah im Rahmen des *„Lend and Lease-Program" (Pacht- und Leih-Programm).** Zwischen 1943 und 1945 wurde es auf fünf Schlachtschiffen eingebaut, *Nelson* und den vier Schiffen der *King George V*-Klasse. Die Amerikaner stellten auch eine Doppellafettenversion dieses Geschützes her, auf dessen Konstruktion die Briten ihre eigenen Mk V-Bofors-Doppellafetten entwickelten. Keines dieser Geschütze wurde jemals in einem britischen Großkampfschiff eingebaut. Die Konstruktion der US-40 mm-Geschütze und die der Hazemeyer-Geschütze überzeugte die Briten von der Überlegenheit der 40 mm-Bofors gegenüber der 2 Pdr Pom-Pom, und etwa 1945 wurde eine Einzelbofors zwei Pom-Pom Rohren gleichgesetzt. Aus diesem Grunde entwarf die *Admiralität* eine mehrrohrige 40 mm-Lafette, die die gegenwärtigen Pom-Pom Lafetten Mk VI auf den Großkampfschiffen ersetzen sollte. Das Ergebnis war die sechsrohrige 40 mm-Lafette Mk VI mit eigenem Nahbereichs-Sperrfeuerleitgerät, ferngesteuertem Kraftantrieb und Radar Typ 262. Das letztere war ein Ersatz für den Typ 282 und gleichzeitig das erste Radar der *Royal Navy,* das in der Lage war, ein Ziel aufzufassen und automatisch zu verfolgen (Typ 262 wurde auch in eine Reihe anderer Feuerleitanlagen, einschließlich Pom-Pom und dem STAAG-Geschütz, eingebaut). Das Bofors-Geschütz Mk VI und sein Feuerleitsystem waren vollautomatisch und machten nur die erste Zielauffassung und die Munitionsversorgung erforderlich. Im Betrieb war es sehr erfolgreich, aber die Herstellung erfolgte für den Krieg zu spät. Es wurde nur noch auf *Vanguard* sowie auf den Flugzeugträgern *Eagle, Ark Royal, Albion, Bulwark, Centaur* und *Victorious* eingebaut. Wie schon zuvor erwähnt, wurde das handbetriebene Boforsgeschütz Mk III ursprünglich für den Landeinsatz konstruiert und ist für die Bordverwendung umkonstruiert worden. Später wurde es als Geschütz in Marinelafette Mk III hergestellt. Es wurde auf den Schiffen der Royal Navy weitverbreitet eingebaut, aber mit Ausnahme der *Prince of Wales* fand es vor 1945 auf keinem Großkampfschiff Verwendung. Lediglich einige wurden dann auf den restlichen Schiffen der *King George V*-Klasse eingebaut.

Im Mai 1945 wurden Versuche mit einem ferngesteuerten Kraftantrieb, dem Prototyp einer Bofors-Einzellafette für Bordverwendung, durchgeführt. Das war die Mk VII-Lafette, welche auf der 20 mm-Doppellafette basierte und speziell für die Abwehr von Kamikaze-Selbstmordflugzeugen entwickelt worden war. Sie kam kurz vor Kriegsende zum Einsatz und wurde auf *Vanguard* und der *King George V*-Klasse eingebaut. Der Mangel an 40 mm-

* Anmerkung des Übersetzers.

Lafetten während der letzten Kriegsjahre führte dazu, daß eine Anzahl von Oerlikon-Doppellafetten Mk V modifiziert wurden, um einzelne 40 mm-Bofors oder zweirohrige Pom-Pom aufzunehmen. Die erstere Waffe wurde bekannt als „Boffins", die letztere erhielt eine normale Pom-Pom Mk-Nr. Es ist unwahrscheinlich, daß irgendeine dieser Umbauten in Großkampfschiffen Verwendung fand, obwohl bekannt ist, daß vorgesehen war, auf der *Valiant* sechs „Boffins" einzubauen. Viele der kleinen Waffen, die 1944/45 im Einsatz waren, hatten Kreiselrichtvisiere. Zwei Typen gab es, das US-Mk 14, welches in die Vierling-Bofors-Leitgeräte eingebaut war, und später das britische Mk 6, ein umgebautes Flugzeugvisier. In der Wirkungsweise gehören diese Visiere zur gleichen Familie wie das Zielbewegungs-Meßgerät – auf dem Kreiselprinzip basierend (GRU)* – in den Pom-Pom- und Flakleitgeräten. Es war auch als Tachymetrisches Gerät und Visier bekannt. Eingebaut waren sie bei allen Typen der Nahbereichs-Flakwaffen, einschließlich der 20 mm-Einzel- und -Doppellafetten, der „Boffins", der Einzellafette Mk III und Mk VII-Bofors sowie beim 2 Pdr-Einzelgeschütz. Gegen Kriegsende führten die Großkampfschiffe der Flotte eine Mannigfaltigkeit von Nahbereichs-Flakwaffen und Flakleitgeräten, die, obwohl eine bemerkenswerte Verbesserung gegenüber der Lage von 1939 repräsentierend, nicht alle Lehren des Krieges in ihren Konstruktionen enthielten. Das ideale System von 1945 war nur bei *Vanguard* zu finden, sie hatte eine einheitliche Bewaffnung von 73 × 40 mm-Bofors und eine ausreichende Feuerleitanlage. Es ist allerdings zweifelhaft, ob diese Bewaffnung in der Nachkriegszeit mit ihren sehr schnellen und wendigen Düsenflugzeugen tatsächlich ausreichend war. Wie das 12,7 mm-MG und die Oerlikon, verlor das 40 mm-Geschütz gegenüber den modernen Flugzeugen ständig an Boden, und wieder fühlte man das Verlangen nach einem Geschütz mit größerer Reichweite und Schlagkraft. Dieses ist ein Fall von Inkonsequenz in der Geschichte der Schlachtschiffe, die mit der Zeit von der Szene verschwanden, aber es ist von Interesse, zu vermerken: Eine der letzten Kriegsentwicklungen war die automatische Flak-Doppellafette 7,62 cm, das gleiche Kaliber, das die ersten Fliegerabwehrgeschütze der Großkampfschiffe vor dem Ersten Weltkrieg einst gehabt hatten.

Radar

Es gibt wenige Waffen oder Ausrüstungen der Kriegszeit, von denen man sagen kann, daß sie im Zweiten Weltkrieg eine wirklich entscheidende Rolle gespielt haben. Man kann die Flugzeugträger, die *Spitfire,* die *Mustang,* den Shermanpanzer und die Korvetten der *Flower*-Klasse erwähnen, gemeinsam mit diesen muß man aber auch die Entwicklung und den Gebrauch des Radars nennen. Es gibt überhaupt keinen Zweifel, daß es eine wirklich entscheidende Rolle in der Kriegsgeschichte gespielt hat, und ohne Radar wäre die langanhaltende *„Schlacht im Atlantik"* (der Kampf gegen die deutschen Uboote und der Uboote gegen die Versorgung Großbritanniens durch Geleitzüge)* nicht gewonnen worden. Der Verlauf des Krieges hätte vermutlich einen anderen Kurs genommen. Die Theorie des Radars ist einfach. Die Idee, einen elektromagnetischen Impuls auf ein Objekt zu leiten und dann die Zeit zu messen, die das Echo braucht, bis es zurückkommt, kam schon um die Jahrhundertwende auf. Aber es dauerte noch bis Anfang der 30er Jahre, bis man sich in Frankreich, Deutschland, Großbritannien und den USA ernsthaft mit der Forschung befaßte. Wie nicht anders zu erwarten, waren die ersten an Bord verwendeten Geräte ziemlich groß, grob und schwer, und sie waren leistungsschwach. Die Antennen waren von gleicher Art, und viele der ersten Fertigungsgeräte waren nicht viel besser als die Prototypen. Sie benötigten ständige Pflege, vorsichtige Handhabung, doch öftere Ausfälle waren nichts Ungewöhnliches. Einige Geräte registrierten gewöhnlich nur Echos von Vogelschwärmen (das ist heute noch so), oder die Schiffe gaben laufend Gefechtsalarm, weil das Radar das Echo einer Wolke empfing. Andere Probleme betrafen Schäden und Störungen, die durch Vibrationen und die Erschütterungen des eigenen Geschützfeuers hervorgerufen wurden. Dieses Problem blieb während des ganzen Zweiten Weltkrieges bestehen und wurde nie behoben. Dieser Mißstand wurde aber trotzdem durch die Vorteile überwogen. Die Erfahrungen bei den Entwicklungen und beim Betrieb wurden zwischen Großbritannien und den USA ausgetauscht, und im letzten Kriegsjahr war das Radar unentbehrlich geworden. Es wurde nicht nur auf größerern Fahrzeugen eingebaut, sondern bis hinunter zur Größe der Schnellboote. In Großbritannien begannen die ernsthaften Forschungen Anfang 1935. Sie standen unter der Leitung von Robert Watson-Watt, der damit beauftragt war, die Möglichkeit der Herstellung von „Todesstrahlen" gegen Flugzeugpiloten zu untersuchen. Statt dessen stellte er ein Versuchs-Elektronik-Ortungsgerät her. Es wurde zuerst bekannt als Funkpeilanlage, später dann als Radar. Das erste Versuchsgerät wurde gegen Ende 1936 an Bord des Minensuchbootes *Saltburn* auf See erprobt. Mangels Leistung auf kurzen Wellenlängen waren die Ergebnisse bei diesen Versuchen enttäuschend. Das war das Problem des Seeüberwachungsradars, das erst Mitte des Krieges gelöst wurde.

Kurz nach den Versuchen auf *Saltburn* wurde entschieden, sich auf die Entwicklung eines Radartyps zu konzentrieren, der auf große Entfernungen Warnung vor Flugzeugen geben würde. Dafür gab es zwei Gründe. Die Entwicklung der Radarortung stand unter der Leitung der *RAF,* und somit waren die Probleme der Antennen und das Erreichen einer stärkeren Leistung für die Flugzeugortung weniger wichtiger als für die Seezielortung. Zu jener Zeit wurden die Marinegeräte durch die Frequenz bestimmt, die wiederum die Größe der Antenne bestimmte. Die Größe und das Gewicht einer Antenne waren begrenzt, wenn sie auf einer Mastspitze eingebaut werden sollte, denn das war der einzig mögliche Ort für ein Luftwarngerät, wenn man bestmögliche Resultate erzielen wollte. Deshalb wurde auch eine Wellenlänge von 7 m gewählt. Das war in Verbindung mit der größten Antenne, die auf Schlachtschiffen und Kreuzern noch zulässig war, die größte Wellenlänge. Ein Versuchsgerät für die Borderprobung wurde im August 1938 auf dem Kreuzer *Sheffield* eingebaut. Da die Ausrüstung eine reine Ortungsanlage war und nicht in Verbindung mit der Artillerie stand, wurde sie in die Reihe der Funkgeräte eingegliedert und erhielt die Typbezeichnung 79Y, mit einer Ausgangsleistung von 15 kW bis 20 kW. Zu dieser Zeit hatte Großbritannien noch nicht das Koaxial-Kabel entwickelt, das in der Lage war, gleichzeitig Sendung und Empfang aufzunehmen. Das bedeutete, es mußten besondere Sende- und Empfangsantennen geführt werden. Die Antennengröße des Typ 79Y und die der nachfolgenden Luftwarngeräte war

* Anmerkungen des Übersetzers.

so, daß sowohl der Großmast als auch der Vormars nötig waren, um die beiden getrennten Antennen tragen zu können (wo nötig, wurde eine Vormarsstenge eingebaut). Kurz danach wurde ein zweites Gerät, Typ 79Y, auf *Rodney* eingebaut, und sie wurde das erste Schlachtschiff der Welt, welches ein Luftwarnradar erhielt. Das zweite Schiff war das amerikanische Schlachtschiff *New York,* das im Dezember 1938 ein amerikanisches Gerät bekam. Die Erprobungen des Typs 79Y auf *Sheffield* und *Rodney* verliefen befriedigend: Flugzeuge wurden in einer Höhe von 3000 m auf 53 sm Entfernung geortet. Die Entwicklung des Typs 79Y wurde fortgesetzt, und Mitte 1939 wurde Typ 79Z, ein Gerät mit einer größeren Leistung – bis zu 90 kW – in den Flakkreuzer *Curlew* eingebaut. Dieses leistungsfähigere Gerät ermöglichte 1940 der *Curlew* gegnerische Flugzeuge, die Scapa Flow anflogen, auf 60 sm Entfernung zu orten. Die Erprobungsergebnisse auf *Curlew,* die sich 1939 mit dem Typ 79Z auftaten, waren gut genug, um die *Admiralität* zu überzeugen, einen Auftrag für 40 Geräte dieses Typs zu erteilen. Dieser 1939er Auftrag wurde für den Lieferungstermin 1940 gerade zur rechten Zeit erteilt.

Bei Kriegsausbruch im September 1939 waren nur die Kreuzer *Curlew* und *Sheffield* sowie das Schlachtschiff *Rodney* mit Radar ausgerüstet. Obwohl es einen Auftrag für 40 Geräte des Typs 79Z gab, erfolgte zusätzlich eine Verfeinerung dieses Gerätes durch den Einbau eines Sperrfeuerberechnungsgerätes für weitreichendes Flakschießen innerhalb eines Radius von 7 sm. Diese Maßnahme machte das Gerät mehr zu einem Teil der Artilleriegeräte als zu einem der Funkanlage, und um Verwirrungen mit den verschiedenen Funksendetypen zu vermeiden (von denen es viele gab), erhielt Typ 79Z mit dem Berechnungsgerät die Bezeichnung Typ 279, und die Fertigung Typ 79Y und Typ 79Z wurde eingestellt. Die drei Schiffe mit dem Typ 79 erhielten 1940 anstelle dessen den Typ 279, wodurch sie dann zu den Schiffen gehörten, die während dieses Jahres mit Luftwarnradar ausgerüstet wurden. Bald nach Kriegsausbruch wurden Wünsche nach einem Gerät laut, das sowohl Überwachungszielwarnung als auch Entfernungsmessung durchführen konnte, außerdem sollte es auch Luftwarnungsfähigkeiten besitzen; also ein Gerät, das für die SA verwendet werden konnte. Nachdem man mit dem ersten Typ 279 genügend Erfahrungen gesammelt hatte, wurde ein neuer Typ gegen Ende 1940 fertig und im Dezember 1940 auf dem Kreuzer *Dido* eingebaut. Erprobungen mit dem neuen Gerät, das die Bezeichnung Typ 281 erhielt (280 wurde schon für einen anderen Typ verwendet), zeigten, daß es in der Leistung dem Typ 279 spürbar überlegen war, denn Flugzeuge wurden in einer Höhe von 7625 m und bis zu einer Entfernung von 120 sm geortet. Die Seeraumüberwachung war nur mäßig. Große Schiffe konnten auf eine Entfernung von 11–12 sm geortet werden. Da es aber dem Typ 279 überlegen war, wurden viele Geräte dieses Typs in Auftrag gegeben. Dadurch war es das am meisten verwendete Gerät in der *Royal Navy* im Krieg. Mit der Einführung des Typs 279 und später mit dem fortschrittlicheren Typ 281 auf den großen Schiffen wurden die Bedürfnisse der Luftwarnung (und bis zu einer gewissen Grenze auch die der Seeraumwarnung) zum größten Teil erfüllt. Daher ist es nicht überraschend, daß die sehr einflußreiche *Artillerieabteilung* der *Royal Navy* ihren ganzen Einfluß geltend machte, um nun ein Gerät ausschließlich für die SA zu erhalten. Tatsächlich war die Entwicklung eines Artillerieradars 1938 begonnen worden, und Ende 1939 wurde ein Versuchsgerät auf dem Zerstörer *Sardonyx* eingebaut. Erfolgreiche Versuche mit dem Gerät (es trug keine Bezeichnung) führten zu dem ersten vollentwickelten Artillerieradar für die SA eines großen Schiffes, und im Juni 1940 wurde *Nelson* als erstes mit dem neuen Gerät ausgerüstet. Die Antenne hatte eine breite Form, maß 7,93 m in der Breite und wurde auf dem Hauptfeuerleitgerät eingebaut. Das Gerät erhielt die Bezeichnung Typ 284. Die Erprobungen mit dem Typ 284 auf der *Nelson,* die im Sommer 1940 stattfanden, brachten gute Resultate. Die Entfernungen – für große Fahrzeuge bis zu 16500 m, bei Zerstörern bis 11000 m – wurden genau gemessen. Obwohl passend für Schiffe vom Kreuzer an aufwärts, konnte Typ 284 auf kleinen Fahrzeugen wegen der Größe und des Gewichtes der Antennen nicht eingebaut werden. Um dieses Problem bei grundsätzlicher Verwendung des gleichen Gerätes zu lösen, wurden die Antennen radikal geändert. Zur Einführung kam die „YAGI“-Antenne. Diese wesentlich kleinere und leichtere Antenne konnte auch auf Zerstörern und auf den größeren Schiffen in die Flakfeuerleitgeräte für die Verwendung in der weitreichenden Flugzeugabwehr eingebaut werden. Das Gerät wurde als Typ 285 bekannt und zur Erprobung in den Zerstörer *Southdown* und der *Hunt*-Klasse im September 1940 eingebaut. Obwohl es die gleiche Ausgangsleistung – 25 kW – wie Typ 284 besaß, lag die Reichweite nur bei 8,5 sm. Für die Verwendung in Verbindung mit der Nahbereichs-Flakabwehr, einschließlich der mehrrohrigen Pom-Pom, wurde eine Variante des Typs 285 hergestellt, die nur zwei „YAGI“-Antennen anstelle der 6 beim Typ 285 hatte. Diese Variante wurde bekannt als Typ 282, und vier Geräte davon montierte man Anfang 1941 zuerst auf dem Schlachtschiff *Prince of Wales.* Da jedes Gerät für eine mehrrohrige Pom-Pom vorgesehen war, wurden die Antennen jeweils auf die Pom-Pom Leitgeräte gesetzt. Die Reichweite war nicht so gut wie beim Typ 285, nur 3,5 sm, aber da die maximale Reichweite der Pom-Pom bei 1550 m lag, war das kein Mangel.

Mit der Verwendung des Radars bei der Luftraumüberwachung und für die Artillerie blieb nur noch eine Lücke offen. Das war die Seeraumüberwachung. Sie war zugleich das am dringendsten benötigte für die Uboot-Abwehr. Obwohl die Vorbereitungen für die Herstellung eines Kurzwellengerätes für die Überwasserortung auf Hochtouren liefen, wurde irgend etwas sofort benötigt, um den Geleitfahrzeugen in ihrem Abwehrkampf gegen die Uboote zu helfen. Um diesem Mangel zu begegnen, wurde gegen Ende 1940 ein „Lückenbüßer“-Gerät eingeführt, das anfangs nur für Zerstörer und kleinere Geleitfahrzeuge vorgesehen war; später wurde es auch als vorläufige Maßnahme in viele Kreuzer eingebaut. Das Gerät erhielt die Bezeichnung Typ 286 und war eine Abänderung des Luft/Boden-Warngerätes der *RAF.* Die Leistung des Typs 286 war schlecht, aber da es zu dieser Zeit die einzig verfügbare Ausführung für kleine Schiffe war, wurden viele Geräte davon gefertigt und 1941 in der Flotte und auf den Geleitzerstörern eingebaut. Obwohl bei den Kreuzern sehr schnell ersetzt, wurde Typ 286 von einigen Zerstörern, inbesondere von der *Hunt*-Klasse, bis Ende 1942 weitergeführt. Der anfängliche Ersatz für Typ 286 war ein ähnliches Gerät, Typ 290, das aber eine sehr viel kleinere und drehbare Balkenantenne hatte, ungleich der ersten des Typs 286.

Eines der Probleme im Zusammenhang mit der Herstellung eines wirkungsvollen Überwasserwarngerätes war das Erzeugen der erforderlichen Sendeleistung bei den kürzeren Wellenlängen. Im Februar 1940 gelang hier endlich der Durchbruch. Ein Prototyp wurde zusammengebaut und mit gutem Erfolg getestet. Dieses Gerät, das auf einer Wellenlänge von 10 cm arbeitete und eine Ausgangsleistung von 50 kW hatte, wurde im März 1941 auf der Korvette *Orchis* für die See-Erprobung installiert. Die Versuche mit dem Gerät, Bezeichnung Typ 271, lieferten gute Resultate. Ein voll aufgetauchtes Uboot konnte auf etwa 4500 m geortet werden, halbgetaucht auf 2560 m, das Sehrohr – etwa 2,5 m über Wasser – auf 1200 m. Diese Ergebnisse überzeugten die *Admiralität,* und ein Auftrag für 350 Geräte wurde erteilt. Für die größeren Schiffe wurden Variationen des Typs 271 mit größerer Leistung und besserer Erkennung entwickelt, die die Bezeichnung Typ 272 und Typ 273 erhielten. Das letztere wurde sobald es verfügbar war in alle Schlachtschiffe eingebaut. Aber es ist bekannt, daß zuletzt fünf Schiffe (*Rodney, Duke of York, King George V, Warspite* und *Prince of Wales*) noch 1941 als vorläufige Maßnahme das Gerät Typ 271 hatten, bis sie 1942 auf das Gerät Typ 273 umgerüstet wurden. Als *Prince of Wales* im Dezember 1941 unterging, war sie noch nicht auf Typ 273 umgerüstet, sondern hatte immer noch Typ 271. Etwa Mitte 1942 waren alle größeren Schiffe der *Royal Navy* umfangreich mit Radar ausgerüstet; die Schlachtschiffe so, wie aus der Tabelle 19 ersichtlich.

Radarentwicklungen seit 1942: Obwohl die Schiffe jetzt mit umfangreichen Anlagen von guter Ausführung und mit angemessener Zuverlässigkeit ausgerüstet waren, war die Radarausrüstung und ihre Verwendung als technische Waffe, speziell bei einem Einsatz mehrerer Schiffe, durch die Unmöglichkeit der Unterscheidung von Freund und Feind behindert. Dieses Problem wurde während eines Nachteinsatzes beleuchtet, der am 14./15. November 1942 vor Guadalcanal zwischen japanischen und amerikanischen Seestreitkräften stattfand. Während der Schlacht hatte das Schlachtschiff *Washington* mehrfach gegnerische schwere Einheiten auf dem Radarschirm, aber das Feuer wurde nicht eröffnet, weil man annahm, eines der Ortungsobjekte sei das Schwesterschiff *South Dakota.* Erst als diese durch schweres Geschützfeuer stark beschädigt und durch Scheinwerfer angestrahlt wurde, konnte *Washington* das Feuer eröffnen; erst jetzt war sie sicher, daß sie nicht auf eigene Schiffe schoß. Das Problem wurde durch den Einbau einer Antenne gelöst, die auf der gleichen Peillinie wie das Radar arbeitete. War der Kontakt „freundlich", so erfolgte ein zweiter Impuls oder ein zweites Echo – gesendet durch die IFF-Antenne – zum ersten. Die Antenne des Abfragegerätes empfing den zweiten Impuls, und auf dem Radarschirm erschien ein Doppelecho. Der Einbau von IFF-Abfragegeräten begann Anfang 1942, etwa 1943 waren alle Schlachtschiffe damit ausgerüstet. Die Bezeichnungen für das Abfragegerät waren:
Typ 240 für die Typen 281 und 279
Typ 252 für die Typen 273, 272 und 271
Typ 242 für die Typen 291, 273, 272, 271, 277, 293 und 276
Typ 243 für die Typen 279 und 281
Die IFF-Abfragegeräte waren für Artillerieradargeräte nicht notwendig, sie wurden nur in Verbindung mit den Luft/Seeraum-Überwachungsgeräten verwendet. Während der zweiten Jahreshälfte 1943 kamen bei den Luftüberwachungsgeräten Typ 281 und Typ 279 Sende/

Prince of Wales. Die beiden Bb-Feuerleitgeräte der Pom-Pom. Die Aufnahme vermittelt auch einen guten Blick auf die Radarantennen Typ 282, die jeweils auf den Feuerleitgeräten sitzen.

Tabelle 19: Radarausrüstung der britischen Schlachtschiffe, Mitte 1942

	Typ	Typ	Typ	Typ	Typ
Queen Elizabeth	281	284	273	282	285
Valiant	279	284	273	282	285
Malaya	281	284	273	282	285
Warspite	281	284	273	282	285
Revenge	279	284	285	273	
Resolution	279	284	285	273	
Ramillies	279	284	285	273	282
Royal Sovereign	279	284	285	273	
Renown	281	284	273	282	285
Rodney	281	284	273	282	285
Nelson	281	284	273	282	285
King George V	279	284	273	282	285
Duke of York	281	284	273	282	285
Anson	281	284	273	282	285
Howe	281	284	273	282	285

Der Großmast der *Queen Elizabeth* 1941. Die dicken ▶ horizontalen Striche sind Kratzer im Originalnegativ.

Radarantennen

Fockmast 1944/45

1 Typ 243-IFF für Typ 279
2 Typ 279-Luftwarnung
3 Typ 86-Funksprechverkehr (Nahbereich)
4 Typ 91-Funksprechverkehr (Nahbereich)
5 Typ F IV-Radar-Peil
6 Typ 86 M-Jägerleit
7 Typ 293-Luft/Seeziel-Anzeige
8 Typ 242 M-IFF für Typ 277
9 Typ 242 M-Abfrage für Typ 277
10 Typ 87-Funksprechverkehr (Nahbereich)
11 Typ „Headache“
12 Typ 277-Höhenmeß

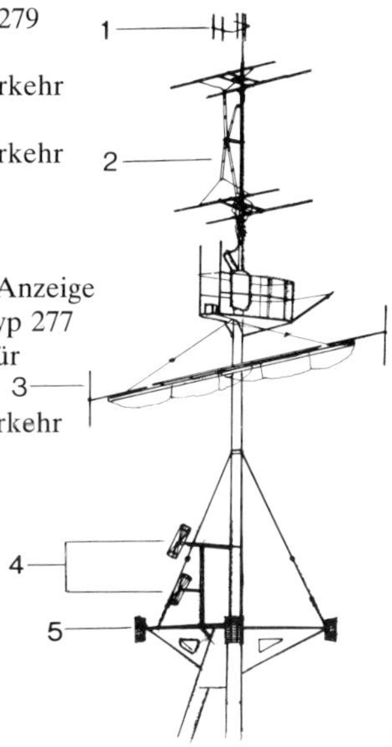

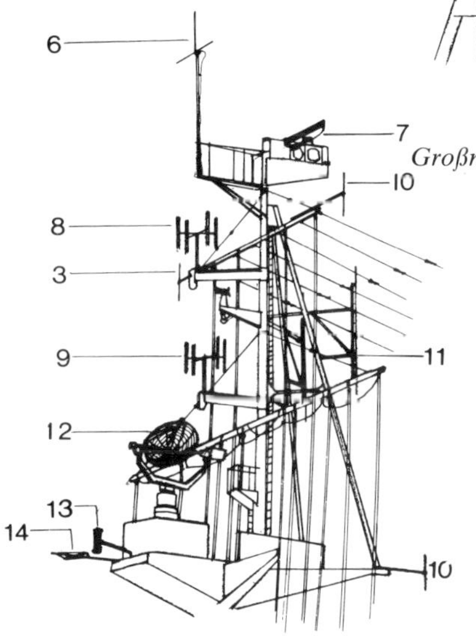

Großmast 1944/45

13 Typ 252-IFF für Typ 293
14 Typ 251 für Radar-Baken
15 Typ 240-IFF für Typ 281
16 Typ 281-Luftüberwachung

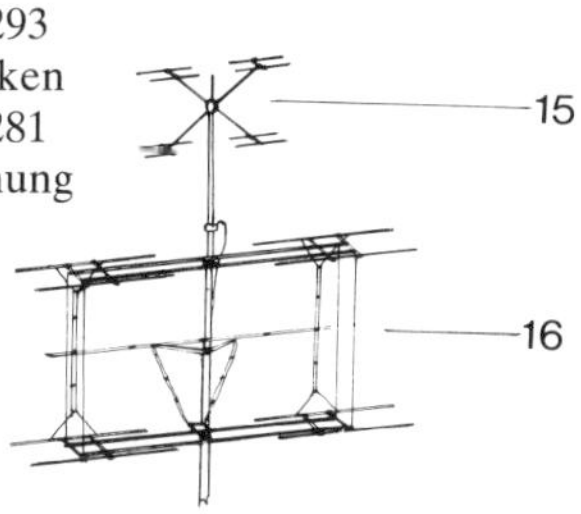

Typ 281-Antenne mit Typ 280-IFF darauf

Die Brücke der *Rodney* 1942. Sie vermittelt einen interessanten Überblick über die Antennen. Oben auf dem Großmast sind die Antennen des Radars Typ 281 erkennbar. Auf dem Seestern des Großmastes befindet sich der Radarbeobachtungsraum mit den Sendeantennen, darauf die Antennen und Geräte des Radars Typ 273. Oben auf dem Fockmast ist die Laterne des Radars Typ 281, darauf die Abfrageantenne Typ 240. Auf dem Dach des FlakFeuerleitgerätes befinden sich die Antennen des Radars Typ 285, auf dem Oberteil, quer zur Frontseite des Hauptfeuerleitstandes die Antennen des Radars Typ 284. Die Spreizen, die vom FlakLeitstand abgehen, führen Antennen des Typs 86 der Sprechfunk-BÜ und die Abzweigung der Frontseite der Brücke trägt den Mittelfrequenz-Funkpeilrahmen.

Empfangs-Geräte in Gebrauch. Dieses war ein wichtiger Schritt. Es bedeutete, daß für Senden und Empfangen nur noch eine gemeinsame Antenne erforderlich war. Mehrere Vorteile wurden dadurch gewonnen. Erstens entfiel die Notwendigkeit von zwei Antennen (die synchron drehen mußten). Zweitens konnten die Radargeräte selbst in einem Raum untergebracht werden. (Bisher waren die Sende- und Empfangsanlagen weitgehendst getrennt untergebracht.) Als letztes und wichtigstes entledigte es einen Mast von der sehr großen Antennenanlage und machte damit Platz für andere Typen und Ausrüstungen. Die Sende/Empfangs-Geräte erhielten hinter der Typbezeichnung ein B, so daß Typ 281 und Typ 279 auf vielen Schlachtschiffen und Kreuzern 1943/44 stufenweise durch Typ 281 B und Typ 279 B ersetzt wurden. Die Antennenanlage Typ 281B und Typ 279B wurde meistens auf dem Großmast geführt. Auf einigen Schlachtschiffen begann man nun damit, ein zusätzliches Radargerät, Typ 293, einzubauen. Das war ein Zielanzeigegerät für Flugzeuge und Schiffe, und es hatte einen Meßbereich von 61 m bis 6100 m. Typ 293 arbeitete auf einer 10 cm-Wellenlänge und hatte eine Spitzenausgangsleistung von 500 kW. Der kleine Antennenschirm saß ganz oben auf dem Vormars. Zur gleichen Zeit wie Typ 293 erschien ein völlig neues Gerät, der Typ 277, auf der Szene. Das war ein kombiniertes Seeraum/Luftraum-Überwachungsgerät, das außerdem noch die Höhe messen konnte. Um die Höhenmessung durchführen zu können, war eine andere Form des Radarstrahlkeiles erforderlich, und um das zu erreichen, mußte eine andere Antennenkonstruktion eingeführt werden. Obwohl Typ 277 ein 10 cm-Gerät mit einer Leistung von 500 kW war, ähnlich Typ 293, war die Antenne völlig anders, wie die Skizzen (→ Seite 91) zeigen. Ferner hatte sie eine fortlaufende Drehbewegung. Typ 277 war das erste britische Gerät, das mit einem PPI (Panoramasichtgerät)* anstelle des bisherigen Amplitudenanzeigegerätes arbeitete. Es gewährleistete eine gute Seeraumüberwachung wie Typ 273, ersetzte dieses auf einigen Schiffen und kam auf die gleiche Position auf dem Vormars. Die Radarausrüstung der britischen Schlachtschiffe Mitte 1944 ist aus der Tabelle 20 ersichtlich.

* Anmerkung des Übersetzers.

Die britischen Schiffsradargeräte von 1938 bis 1945 stehen in der Tabelle 21 (→ Seite 94). Verbesserungen der Standardgeräte fanden im Vorlauf des Krieges ständig statt, speziell aber beim Typ 271, der ursprünglich eine Ausgangsleistung von 5 kW hatte, die aber schließlich auf maximal 100 kW anstieg. Diese Hochleistung erforderte eine Hohlleiterspeisung.
Das Problem der Beförderung von Signalen des Gerätes zur Antenne bei den Hochleistungskurzwellengeräten wurde durch den Einbau von Metallrohren (Hohlleitern)* gelöst. Diese reflektierten im Inneren die Wellen an den Biegungen, um die Signale weiterzuleiten, und wurden als Wellenleiter bezeichnet. Wellenleitungen wurden nur für Wellenlängen unter 10 cm verwendet. Andere Verbesserungen an allen Überwachungsgeräten war die fortdauernde Antennendrehung und die Einführung der Panoramaanzeigegeräte.

Tabelle 20: Radarausrüstung britischer Schlachtschiffe, Mitte 1944

	Typ	Typ	Typ	Typ	Typ	Typ
Queen Elizabeth	279	273R	285 (4)	282 (4)	283 (4)	284
Valiant	281	273R	285 (4)	282 (4)	283 (4)	
Malaya	281	284	273	285 (2)		
Warspite	281	284	273R	285 (2)	282 (2)	283 (2)
Revenge	279	284	285	273		
Resolution	279	284	285	273		
Ramillies	279B	284	273R	285 (2)	282 (2)	
Royal Sovereign	279	284	273	285 (2)	282 (2)	
Renown	281	273R	285 (4)	282 (2)	284	283 (3)
Rodney	281	273R	284	285	282 (3)	283 (6)
Nelson	281	273R	284	285 (2)	282 (9)	283 (4)
King George V	279B	293	274	277	285 (4)	282 (7)
Duke of York	281B	293	274, 277	285 (4)	283 (2)	282 (4)
Anson	281B	293	274 (2)	277	275 (4)	262 (7)
Howe	281B	293	274	277SQ	285	262 (7)

Beachte: Die in Klammern stehenden Ziffern geben die Anzahl der Geräte an.

Elektronikausrüstung (außer Radar)

Funkpeilanlagen: Funkpeiler wurden schon während des Ersten Weltkrieges auf den Schiffen verwendet. Zwischen den Kriegen wurden sie stufenweise verbessert, so daß etwa 1939 die Funkpeilgeräte eines Schlachtschiffes in der Lage waren, Signale über die ganze Wellenskala, von der Langwelle bis zur Kurzwelle, zu orten. Die Antennen für die Hochfrequenz- und Mittelfrequenzpeiler** wurden entweder auf den Mastköpfen und/oder an der Rückseite des Fleckerstandes installiert. Die Antenne des Hochfrequenz-Funkpeilers war eine ziemlich große, doppelrhombusförmige Rahmenausführung, die etwas über dem Seestern auf dem Großmast saß. Die Antennen der Mittelfrequenz-Funkpeiler waren entweder eine große, dreieckige Stabanordnung (eingebaut zwischen den Schornsteinen, wie auf *Hood,* oder um den Hauptmast herum), oder die etwas kleinere, doppelrhombusförmige Rahmenausführung auf dem Vormarsdach. Mit fortschreitender Kriegsdauer wurde der Bedarf nach genaueren Standortfeststellungen mittels Funkpeilung immer wichtiger. Das Ergebnis war, daß das Hochfrequenz-Funkpeilgerät Typ FH 3 durch das Gerät Typ FH 4 im Jahre 1941/42 ergänzt wurde. Die Rhombus-Rahmenantenne wurde durch eine komplizierte korbförmige Antenne gleicher Größe ersetzt. Die Antennenanordnung des Mittelfrequenz-Funkpeilers wechselte ebenfalls, und die eckige Rahmenantenne und ihre stehende Anordnung wurden durch eine sehr kleine Doppelringantenne ersetzt. Auf Schlachtschiffen saß diese stets auf einem Ausleger an der Vorkante Brücke. Etwa 1945 funkte der Gegner auf einer sehr kurzen Wellenlänge. Das Ergebnis war, daß Funkpeiler sehr hoher Frequenz von 1945 an auf den britischen Schiffen eingebaut wurden.
Desgleichen wurden ab 1941 auf den meisten Schiffen auch Funkpeilanlagen eingebaut, die ein breites Spektrum der Wellenlängen auffassen konnten. Sie waren als Funkpeiler mit verstellbaren Frequenzbereichen bekannt, die Antennen bestanden aus drei Antennenrahmensätzen, die in größerem Abstand zueinander auf dem Vormars saßen. Diese Funkpeiler waren nicht so wirkungsvoll wie die Funkpeilgeräte, die auf bestimmten Wellenlängen arbeiteten, aber sie waren nützlich, zusätzlich zur Hauptausrüstung weitere Informationen zu empfangen. Als auch der Gegner anfing, nach und nach Radar an Bord zu verwenden, wurde ein Funkpeiler eingeführt, der befähigt war, die Senderabstrahlungen aufzufangen. Diese Anlage wurde zuerst Ende 1942 eingeführt und war auf den meisten Schlachtschiffen und Kreuzern bis Ende 1943 installiert. Die Anten-

Anson im Captain Cook-Trockendock, Sydney, Januar 1945. Beachte auf dem Achterdeck aufgebaut den VHF-Funkpeilraum, darauf die Antenne sowie die vierrohrige Pom-Pom.

* Anmerkung des Übersetzers.
** Anmerkung des Übersetzers: HFDF, im Marinejargon auch als „HuffDuff“ bezeichnet.

nen bestanden aus vier kleinen Gittern, die einen Bereich von 360° abdeckten. Sie waren gewöhnlich auf Rahen angebracht, die an den Rahen des Großmastseesterns saßen.

Telefonie von Bord zu Bord/Horchgeräte: 1940 kam ein Verfahren zur Anwendung, das es ermöglichte, Gegnergespräche abzuhören; es wurden dafür die gewöhnlichen Radioempfangsgeräte verwendet. Seit 1942 wurde ein speziell dafür konstruiertes Gerät in die allgemeine Verwendung eingeführt. Die ersten Schiffe, die damit ausgerüstet wurden, waren die kleinen Geleitzerstörer, die an der Ostküste die Geleitzüge sicherten. Diese Schiffe wurden ausgewählt, weil sie ständigen Uboot-Angriffen ausgesetzt waren, und weil da sehr oft ein gewaltiges Geschwätz zwischen den Gegnerbooten war. Somit war diese Ausrüstung, welche die Bezeichnung „Headache" erhielt, sehr nützlich, und etwa ab 1943 wurde sie auch von vielen Schlachtschiffen und Kreuzern mitgeführt. Die Antenne für das „Headache" bestand aus einem einfachen Dipol und saß auf einem rechtwinkeligen Rahmen auf dem oberen Vormars.

Tabelle 21: Britische Schiffsradargeräte, 1938 bis 1945

Typ	Wellenlänge	Ausgangsleistung	Reichweite	Hauptaufgabe	Bemerkungen
271	10 cm	5–90 kW	10–25 sm	Seeraumüberwachung	Zentimeterwellenradargerät, zuerst eingebaut Mai 1941 auf Korvette *Orchis*, sehr erfolgreich, eingebaut auf vielen Schiffen
272					Variante von Typ 271, eingebaut auf Zerstörern und Kreuzern
273					Variante von Typ 271, eingebaut auf Kreuzern und Schlachtschiffen
274		–	–	Artillerieradar für SA	Ersatz für Typ 284
275		–	16 sm	Artillerieradar für weitreichende Flak	Zuerst 1945 eingebaut, Ersatz für Typ 285
276	3 cm	–	–	Seeraumüberwachung	1943/45 auf einigen Zerstörern eingebaut, als Ersatz für Typ 272
277	10 cm	500 kW	25–35 sm	Kombinierte Luft-/Seeraumüberwachung mit Höhenmessung	Das erste Bordgerät mit Panoramasichtgerät für Höhenmessung, wenig erfolgreich, zuerst Ende 1943 eingebaut
79	7 m	70 kW	60 sm	Luftraumüberwachung	Erstes britisches Luftüberwachungsgerät, zuerst eingebaut auf *Sheffield* im August 1938
279	7 m	70 kW	100 sm	Luftraumüberwachung mit Sperrfeuerrechengerät	Zuerst viel benutztes Luftraumüberwachungsgerät, stufenweise durch Typ 281 ersetzt
280	3,5 m	–	–	Luftraumüberwachung und FlakEMeß	Angepaßtes Armeetyp-GL Mk I, 1940/41 für kurze Zeit auf einigen alten Flakkreuzern, einschließlich *Carlisle* verwendet
281	3,5–4 m	350 kW	120 sm	Luftraumüberwachung	Das am meisten auf großen Schiffen während des 2. Weltkrieges verwendete Luftraumüberwachungsgerät, zuerst eingebaut auf Kreuzer *Dido,* 1940
282	50 cm	25 kW	3,5 sm	Nahbereichs-Flak-Radar	Zuerst 1941 auf dem Schlachtschiff *Prince of Wales*
283			8,5 sm	Blind-Sperrfeuer-Luftabwehr für SA auf großen Schiffen	Kam Ende 1942 in Gebrauch, stufenweise auf allen Kreuzern und Schlachtschiffen eingebaut
284			10 sm	Radar für die SA auf den großen Schiffen	Sehr erfolgreiches Artillerieradar für die SA auf großen Schiffen. Zuerst eingebaut im Juni 1940 auf Schlachtschiff *Nelson*
285			8,5 sm	Radar für die weitreichende Flak	Variante von Typ 284, erfolgreiches Seeraum-/Luftraumüberwachungsgerät für kleine Schiffe und für die weitreichende Flak
286	1,5 m	–	–	Luft-/Seeraumüberwachung	Marineversion des RAF ASV-Gerätes. Zuerst im Herbst 1940 eingebaut. Wenig Erfolg, erste Typ-286-Ausführung hatte keine Drehantenne
290	1,5 m	–	–	Luftraumüberwachung	Zuerst Anfang 1941 eingebaut, war vorgesehen als Ersatz für Typ 286, wurde aber ersetzt durch die Typen 271 und 272
291	1,5 m	–	35 sm		Meistgebrauchtes und erfolgreichstes Gerät auf kleinen Schiffen während des Zweiten Weltkrieges, im Gebrauch seit 1941
293	10 cm	500 kW	12,5 sm	Luft-/Seeraumüberwachung, Zielerfassung	Zuerst Ende 1943 eingebaut
294	10 cm	500 kW	–	Kombiniertes Luft-/Seeraumüberwachungsgerät mit Höhenmessung	Ersatz für Typ 277
295	10 cm	500 kW	–		Ersatz für Typ 271, 272, 273, eingeführt 1945
298	3 cm	–	–	Seeraumüberwachung	–

Störgeräteausrüstung: 1943 kam es zur Einführung der ferngelenkten Luft/Schiff(Boden)-Waffen. Die Deutschen führten zwei Typen zur gleichen Zeit ein. Eine war die HS-293, eine ferngelenkte Bombe mit kleinen Tragflügeln, die andere war die FX-1400, ebenfalls eine ferngelenkte Bombe, jedoch mit einem Satz Steuerflügel am Ende. Der Einsatz dieser Waffen gegen Schiffe – Ende 1943 – verursachte in der *Royal Navy* und *US Navy* große Beunruhigung, und dem Problem wurde beträchtliche Aufmerksamkeit gewidmet. Erst als mehrere dieser Waffen, zusammen mit ihren Steuermechanismen, im Oktober 1943 unversehrt erbeutet wurden, konnten wirksame Abwehrmaßnahmen entwickelt werden. Untersuchungen der Waffe und ihrer Steuerungsanlage offenbarten die Wellenlänge, auf der sie ihre Steuersignale erhielt. Die Royal Navy suchte sofort nach einem brauchbaren Sender, um Störsignale zu senden. Unglücklicherweise war der einzige brauchbare Sender für eine Bordverwendung, der die entsprechende Wellenlänge besaß, ein 1942 aus dem Gebrauch ausgeschiedenes Armeegerät. Es gab in der Folge zwischen Oktober und November 1943 eine Reihe von Streitigkeiten zwischen Armee und Marine, bei denen es um die Beschaffungszahlen der geforderten Geräte ging, aber schließlich lieferte die Armee doch 200 Geräte ab. Da es notwendig war, Störsignale auf mehr als nur einer Wellenlänge gleichzeitig zu senden, wurden pro Schiff zwei Geräte eingesetzt. Damit reduzierte sich aber gleichzeitig auch die Zahl der Schiffe, die dieses Gerät hatten, von 200 auf 100. Das

▲
Ramillies Mitte 1944. Hinter dem Turm „X" und direkt unter den FlakFeuerleitgeräten am Hauptmast sind die Sendeantennen des Störsenders Typ 650.

Anson am 29. Juli 1946. An den Spreizen des Großmastes befinden sich die Antennen des FK-Störsenders Typ 651. Beachte auch die Pom-Pom seitlich Turm „B".
▼

Gerät erhielt die Bezeichnung Typ 650. Im Mittelmeer operierten 50 Schiffe, in den Heimatgewässern ebenfalls 50; sie alle wurden mit dem Typ 650 ausgerüstet. Das erste Schiff, das ein solches Gerät erhielt, war die Fregatte *Woodpecker.* Ihr wurde im Dezember 1943 das Typ 650 eingebaut. Weitere Schiffe wurden schnell nachgerüstet, und zu der Zeit, als in der Normandie die Invasion stattfand, wurden eine Reihe von Störsendern auf den Schiffen eingebaut, die die Landung sicherten. Von den Schlachtschiffen, die in europäischen Gewässern operierten, ist bekannt, daß *Rodney, Nelson, Ramillies* und *Warspite* mit Typ 650 ausgerüstet waren. Gegen Ende 1945 hatte die *Royal Navy* eigene, verbesserte Versionen des Typ 650, bekannt als Typ 651, hergestellt. Dieses Gerät wurde bis in die späten 40er Jahre hinein benutzt.

Tarnung

Die Wirkung von Tarnfarben auf Schiffen der *Royal Navy* im Zweiten Weltkrieg ist nie richtig analysiert worden. Daher bemühten sich die Autoren in diesem Abschnitt, ungeachtet der Kriegs- und Nachkriegsstudien, neutral zu bleiben und geben nur einen kurzen Überblick über die Entwicklung der Tarnung während dieser Zeit. Während des letzten Abschnittes des Ersten Weltkrieges wurden Tarnanstriche weitgehend bei verschiedenen Kriegsschiffen, einschließlich der drei Schlachtschiffe der *Royal Sovereign*-Klasse *(Royal Sovereign, Ramillies* und *Revenge)* verwendet. Es gab einen weitverbreiteten Glauben an die Wirksamkeit des Tarnanstriches, aber ein offizielles Urteil, abgegeben in den frühen 30er Jahren, bewertete die Wirkung der Tarnung ausdrücklich als gering. Das geschah, obgleich es eine große Zahl von Beweisen von Seiten der Kontrahenten gab. Diese offizielle Ansicht hielt sich für die ersten sechs Monate des Zweiten Weltkrieges, wo – abgesehen von einer Handvoll Flottenzerstörern – alle Schiffe der *Royal Navy* – abhängig vom Einsatz – hell- oder dunkelgrau über alles gestrichen waren. Es dauerte bis etwa Frühjahr 1940, als die ersten großen Schiffe anfingen, sich in irgendeiner Form zu tarnen. Wie zu erwarten, waren die ersten Ausführungen sehr amateurhaft, einfache Muster, gewöhnlich aus nur zwei Farben bestehend. Soweit es die Schlachtschiffe betraf, wurden zwei Arten bevorzugt. Die erste war eine Abart des Tarnanstrichs im Ersten Weltkrieg und bestand nur aus zwei oder drei Farben. Die Alternative war ein sehr schmutziges Dunkelbraun und Mittelgrün. Das Dunkelbraun kam im April/Mai 1940 in Gebrauch, verschwand aber etwa August völlig. Die erste Version blieb bis etwa 1941 bei vielen Schiffen erhalten, zuletzt noch bis 1942 bei einem Schlachtschiff. Die See-Erfahrungen des Frühjahrs und Sommers 1940 veranlaßten die *Admiralität*, eine besondere Tarnungsabteilung zu bilden, die sich bis zum Herbst des Jahres etablierte. Bis offizielle Entwürfe zur Verfügung standen, verging eine ganze Zeit. Das erste Schlachtschiff mit offiziellem Tarnanstrich war in den ersten Monaten des Jahres 1941 die *Queen Elizabeth.* Andere Entwürfe folgten, und etwa 1942 trugen die meisten Schlachtschiffe einen offiziellen Tarnanstrich des einen oder anderen Musters. Die Schlachtschiffe – im Gegensatz zu anderen Typen, wie Kreuzer – wechselten ihre Farben nur gelegentlich, *Rodney* führte während des ganzen Krieges nur eine einzige Tarnung. Etwa Mitte 1944 hatte die Tarnungsabteilung eine Serie von Tarnschemas eingeführt. Sie waren von einfachem Aussehen und wurden von der ganzen Marine benutzt, überwiegend jedoch von den Schlachtschiffen, die zu dieser Zeit in Dienst waren und die anfingen, ihre verschiedenen Anstriche zugunsten des Standardanstrichs aufzugeben. Eine bemerkenswerte Ausnahme war die *Rodney,* die ihren besonderen Anstrich von 1942 unverändert behielt, bis sie verschrottet wurde.

Queen Elizabeth

Anfang 1941:	Erster konturenverwischender Admiralitäts-Anstrich bis zur Beschädigung Ende 1941 in Alexandria
Mitte 1943:	Admiralitäts-Zwischenanstrich, auch Konturen verwischend
August 1943:	Wechsel zu einem einfacheren konturenverwischenden Zwischenanstrich
Ende 1944:	Wechsel zum Admiralitäts-Standardanstrich

Valiant

Ende 1939:	Mittelgrau über alles, mit weißen Fliegererkennungsringen auf den Turmdecken Turm „A" und „Y"
1940/41:	Keine Informationen erhältlich
1942:	Inoffizieller Anstrich bis zur Werftliegezeit 1943
Mitte 1943:	Admiralitäts-Zwischenanstrich, Konturen verwischend, bis zur Rückkehr nach Großbritannien 1945

Barham

Mitte 1940:	Inoffizieller Anstrich aus großen grauen Flächen, unterbrochen von weißen Feldern
Ende 1940:	Mittelgrau über alles
Anfang 1941:	Modifiziertes Peter-Scott*-Muster
Ende 1943:	Dunkelgrau über alles

Warspite

Ende 1939:	Dunkelgrau über alles
1940:	Keine Informationen erhältlich
Ende 1941:	Inoffizieller Anstrich von mittelgrau mit hellgrauen Flecken unterbrochen. Der Anstrich wurde mit nur kleinen Abänderungen bis zur Verschrottung beibehalten.

Malaya

Ende 1939:	Dunkelgrau über alles
Mitte 1940:	Inoffizieller Tarnanstrich, gescheckt
Mitte 1941:	Mittelgrau über alles
Ende 1942:	Admiralitäts-heller Flächenanstrich, Konturen verwischend, bis Kriegsende

Revenge

Ende 1939:	Dunkelgrau über alles
Mitte 1940:	Inoffizieller Tarnanstrich, gescheckt
1941:	Variationen des 1940er Anstrichs bis 1942
1942/43:	Keine Informationen erhältlich

Resolution

Ende 1939:	Dunkelgrau über alles
1940:	Keine Informationen erhältlich

* Anmerkung des Übersetzers: Designer im Dienst der Admiralität.

Tarnanstriche

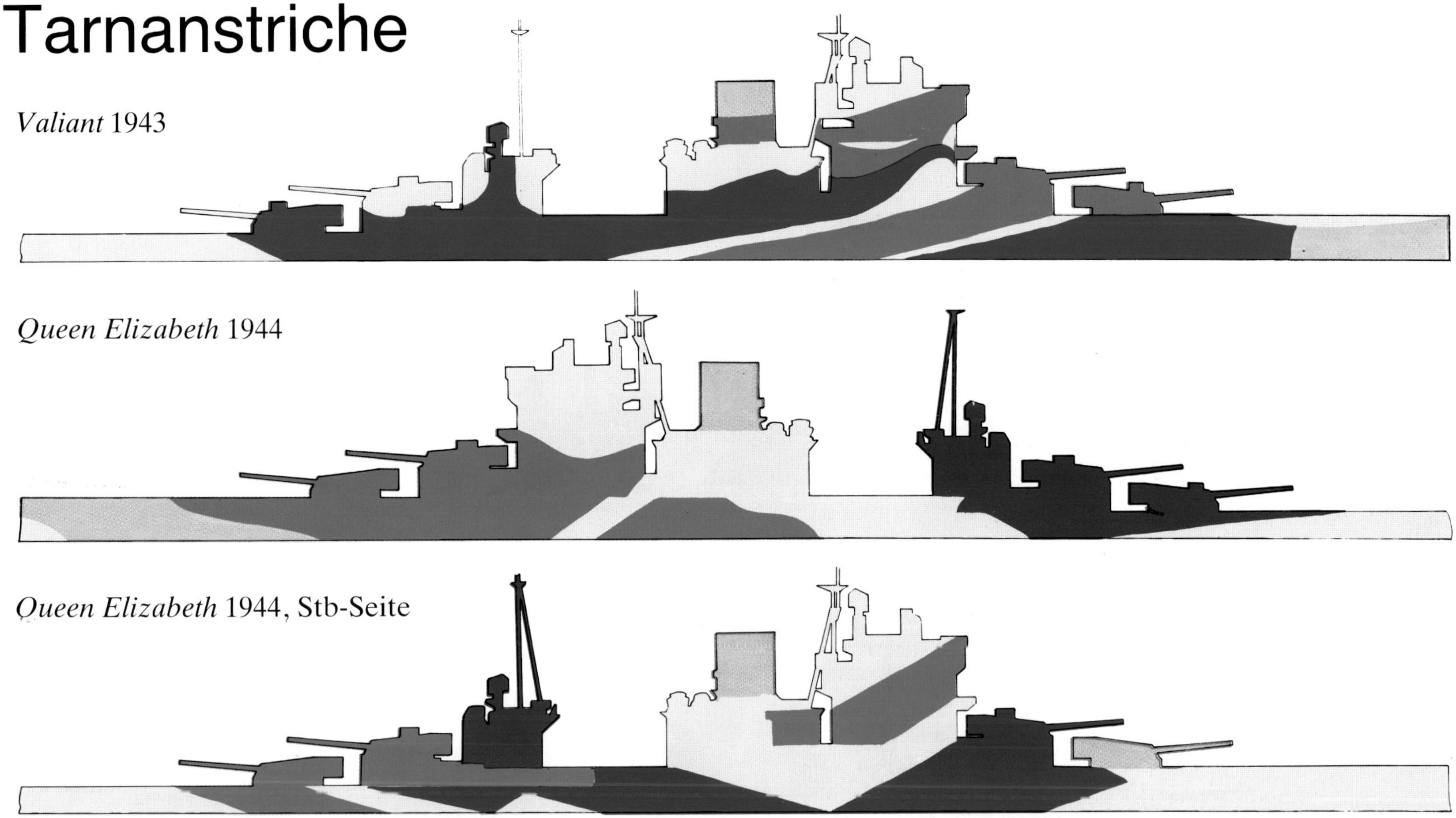

Queen Elizabeth 1941, nach Abschluß des Umbaus mit einem der ersten offiziellen Tarnanstriche.

Tarnanstriche

Royal Sovereign 1942

Royal Sovereign 1942, Stb-Seite

Resolution 1941/42

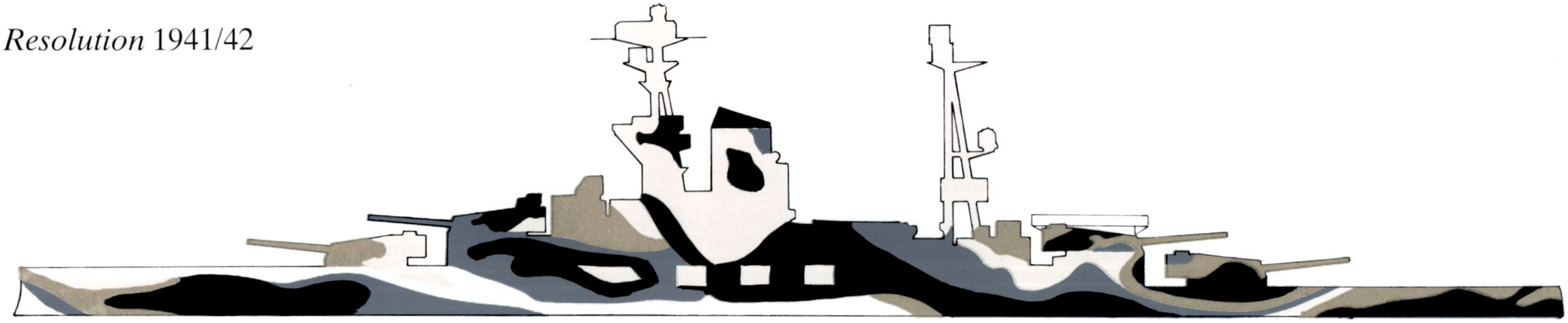

Renown 1941/42

Renown 1941/42, Stb-Seite

Rodney 1942

Rodney 1942, Stb-Seite

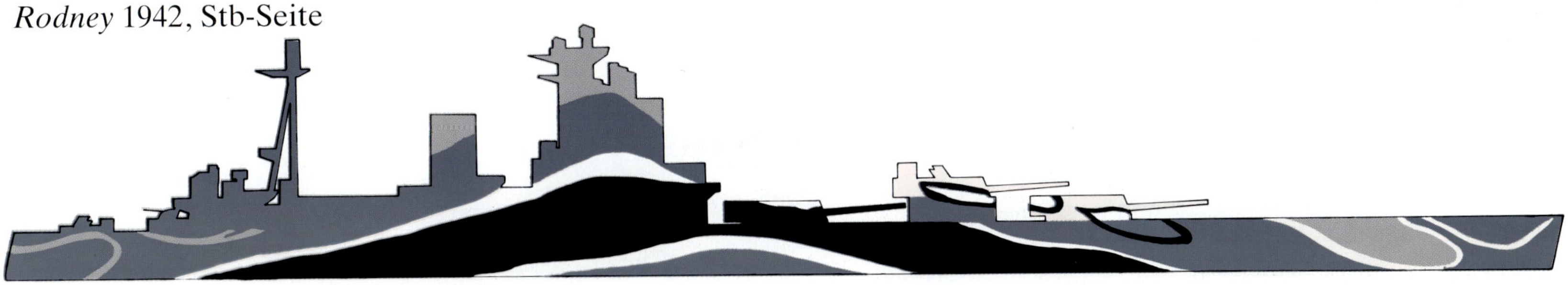

Tarnanstriche

Prince of Wales 1941

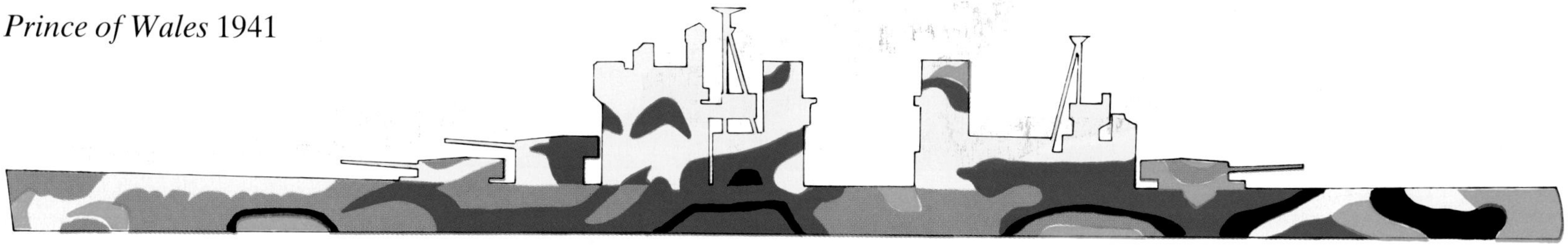

Prince of Wales 1941, Stb-Seite

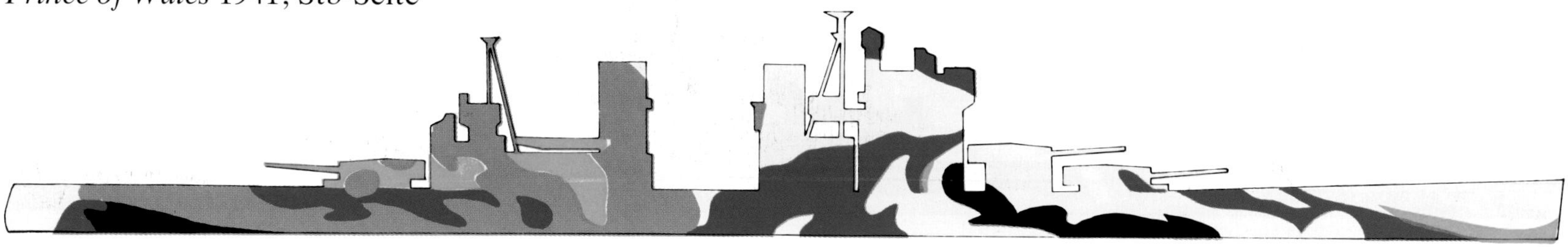

King George V 1943/44

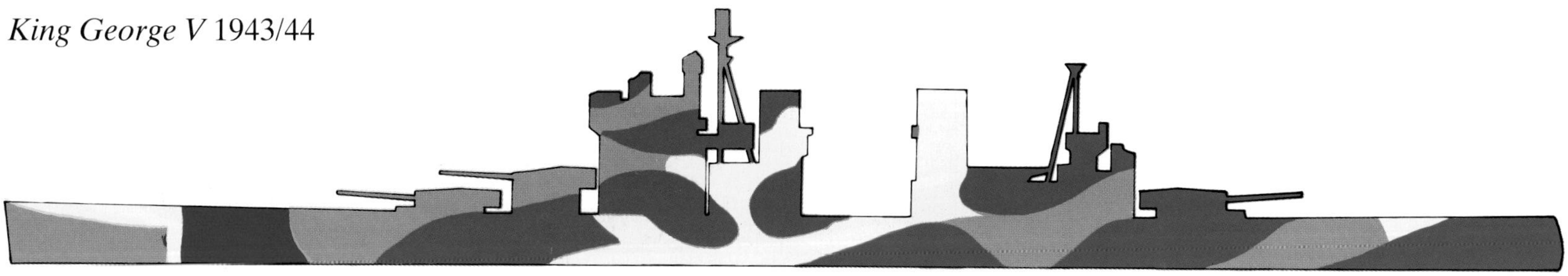

King George V 1943/44, Stb-Seite

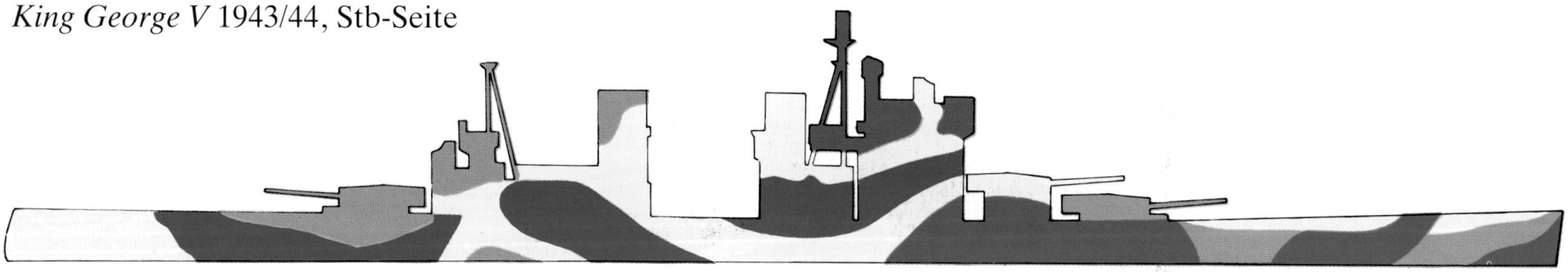

Oben: *Royal Sovereign* 1941 mit einer großflächigen Tarnung. Unten: *King George V* in Ausrüstung Herbst 1940 mit einem ungewöhnlichen Zweifarbentarnanstrich.

1941:	Brauner und grüner Anstrich
Ende 1941:	Mittelgrau über alles
1942:	Erster Admiralitäts-Anstrich, Konturen verwischend
1943/44:	Keine Informationen erhältlich

Ramillies

Ende 1939:	Mittelgrau über alles
1940:	Fleckenanstrich, ungenügende Fotobeweise, um die einzelnen Farben und Muster genau zu beschreiben
1941:	Inoffizieller Tarnanstrich aus dunkelgrauen und hellgrauen Flächen
1942:	Keine Informationen erhältlich
Juni 1943:	Admiralitäts-Zwischenflächenanstrich
Mitte 1944:	Admiralitäts-Standard-schema

Royal Sovereign

Ende 1939:	Mittelgrau über alles
Mitte 1940:	Inoffizieller Tarnanstrich, Fleckentyp (gescheckt)
1941:	Variationen des 1940er Tarnanstrichs
1942:	Weitere leichte Variationen des 1940er gescheckten Tarnanstrichs
September 1943:	Admiralitäts-Zwischenflächenanstrich, Konturen verwischend, bis Kriegsende

Royal Oak

Ende 1939:	Dunkelgrau über alles

Hood

Ende 1939:	Dunkelgrau über alles
Anfang 1940:	Hellgrau über alles
Ende 1940:	Mittelgrau über alles bis zum Untergang

Nelson

Ende 1939:	Dunkelgrau über alles
Mitte 1940:	Nach Berichten: Dunkelbraun über alles
Mitte 1941:	Mittelgrau über alles
1942/44:	Admiralitäts-Tarnanstrich, Konturen verwischend
1945:	Admiralitäts-Standard-schema

Rodney

Ende 1939:	Dunkelgrau über alles
August 1940:	Vermutlich: Mittelgrau über alles, aber es ist möglich, daß die Farbe „Mountbatten"-Rot* war
Anfang 1941:	Mittelgrau über alles
Anfang 1942:	Erster Admiralitäts-Tarnanstrich, Konturen verwischend, bis zur Verschrottung ohne sichtbare Änderung

Renown

Ende 1939:	Wahrscheinlich hellgrau über alles
1940:	Hellgrau über alles
Ende 1941:	Erster Admiralitäts-Tarnanstrich, Konturen verwischend
Anfang 1943:	Admiralitäts-Zwischentarnanstrich, Konturen verwischend
März 1945:	Admiralitäts-Standard-schema

Repulse

Ende 1939:	Keine Informationen erhältlich
1940:	Hellgrau über alles
Mitte 1941:	Halboffizieller Anstrich aus großen dunkelgrauen und hellgrauen Flächen bis zum Untergang

King George V

1940:	Halboffizielle gescheckte Tarnfarben, Zweifarbenanstrich
1941/42:	Mittelgrau über alles oder „Mountbatten"-Rot
Juni 1942:	Admiralitäts-Zwischentarnanstrich, Konturen verwischend
Mitte 1944:	Admiralitäts-Standard-schema
Mitte 1945:	Dunkler Schiffskörper, helle Aufbauten

* Anmerkung des Übersetzers: Mountbatten-Rot = Gemisch aus Grau, mit etwas Rot, wodurch sich ein rötlicher Schatten ergab.

Prince of Wales

Mai 1941:	Mittelgrau über alles
August 1941 bis zum Untergang:	Erster Admiralitäts-Tarnanstrich

Duke of York

September 1941:	Erster Versuchs-Admiralitäts-Anstrich, Konturen verwischend
November 1941:	Mittelgrau über alles
März 1943:	Dunkler Schiffskörper, helle Aufbauten
1944:	Admiralitäts-Standard-schema
April 1945:	Dunkler Schiffskörper, helle Aufbauten

Anson

Mitte 1942 bis Ende 1944:	Erster Admiralitäts-Zwischentarnanstrich, Konturen verwischend
April 1945:	Admiralitäts-Standard-schema

Howe

Mitte 1942 bis Dezember 1944:	Admiralitäts-Zwischentarnanstrich, Konturen verwischend
Januar 1945:	Admiralitäts-Standard-schema
Mitte 1945:	Dunkler Schiffskörper, helle Aufbauten
September 1945:	Admiralitäts-Standard-schema

Flugzeuge

In der zweiten Hälfte der 30er Jahre wurde die Beschaffung von Flugzeugen für die Großkampfschiffe als eine Art Belastung für den Raum- und Gewichtsbedarf angesehen. Aber auf Grund der Einschränkungen, die dem Bau von Flugzeugträgern durch Verträge auferlegt waren, und auch aus finanziellen Gründen wurde es grundsätzlich als erforderlich angesehen, die Flotte mit einer gewissen Anzahl von Torpedo-, Artilleriebeobachtungs- und Aufklärungsflugzeugen auszurüsten. Das Mitführen von Jagdflugzeugen hatte man einige Jahre vor dem Kriege aufgegeben. Mit der Einführung der *Walrus*-Beobachtungs- und Aufklä-

Rodney am 29. Juni 1943. Beachte den über die Decks reichenden Tarnanstrich.

rungsflugboote wurde der Torpedoangriff ebenfalls abgeschafft.
Anfang 1939 wurde ins Auge gefaßt, bei neuen Großkampfschiffen die Flugzeugkatapulte anstelle mittschiffs aufs Achterdeck zu setzen. Dieses System war die normale Praxis in ausländischen Marinen und hatte den Vorteil, daß die Mittschiffssektion für die zusätzliche Flak, Küchen und Werkstätten frei blieb. Es vereinfachte die Anordnung der Schornsteine und Lüfter für die hinteren Kesselräume. Leider hatte es aber auch seine Nachteile:

1. Das Katapult, der Kran und die Aufzugsöffnung würden dem Mündungsfeuer der hinteren Türme ausgesetzt sein und den Bestreichungswinkel von Turm „Y" einengen.
2. Frühere Erfahrungen mit *Hood* und anderen Schiffen, die eine Achterdeckskatapultausrüstung besaßen, hatten bewiesen, daß die Verwendung dieser Anordnungsart bei hoher Geschwindigkeit und bei schwerem Wetter durch Nässe sowie durch Vibration ernsthaft gefährdet war. Die Beeinträchtigung durch Nässe traf bei der *Lion*-Klasse jedoch nicht zu, da diese ein höheres Freibord hinten hatte.
3. Die Wasserdichtheit des Hangars konnte nicht garantiert werden.
4. Jede Art von Schiffsbewegungen, speziell Stampfen, würde die Handhabung an und mit den Flugzeugen erschweren.
5. Die Aufzugsöffnung und der große Hangarraum im Hinterschiff würden den Schiffskörper schwächen, die Tendenz zur Vibration aber vergrößern und die wasserdichte Unterteilung merklich mindern.

Alle diese Feststellungen wurden durch den *DNC* eröffnet, der feststellte, daß (5.) die stärksten Argumente von seiner Seite wären, die gegen die Anwendung der Anordnung sprachen, da der „. . . *Verlust der* Audacious *dazu zwang, die Wirksamkeit der wasserdichten Unterteilung im Hinterschiff als besonders wichtig anzusehen. Auf* Hood *wurden aus diesen Gründen zusätzliche Schotte hinten vorgesehen.*" (Das Schlachtschiff *Audacious* war 1914 nach einem Minentreffer gesunken, und ihr Verlust wurde größtenteils auf eine schlechte Schiffssicherung zurückgeführt. Der ununterbrochene Wassereintritt im Hinterschiff führte zu einem ungewöhnlichen Trimm nach achtern und schließlich zum Kentern des Schiffes.) Aus der Anordnung der Flugzeuge auf dem Achterdeck bei der *USNavy* schloß man, daß die Amerikaner die vorher angeführten Schwierigkeiten in Kauf nahmen und zwar mit Rücksicht auf die Vorteile des flugzeugfreien Mittelschiffs, aber es wurde darauf hingewiesen, daß die britischen Forderungen für die Flugzeugunterbringung strenger waren. Tabelle 22 gibt einen Vergleich zwischen den Forderungen Großbritanniens und der USA. Obgleich nie eingeführt, wurde die Frage der Übernahme der Achterdecks-Flugzeugausrüstung immer wieder aufgeworfen, und zwar so lange, bis das Mitführen von Flugzeugen ganz wegfiel. Anfang 1940 gab es zwei Pläne für die Achterdecksanordnung von Flugzeugen bei dem Entwurf *15C* – einer der frühen Entwürfe für die *Vanguard*. Die Einzelheiten sind aus den Skizzen (→ Seite 106) ersichtlich. Ein Entwurf zeigte ein eingebautes Querkatapult Typ D-1-VH, das ausfahrbar war, der zweite hatte zwei drehbare und ausfahrbare Katapulte Typ E-1-VH. 1940 erhielt die *Admiralität* zweimal Vorschläge aus den Reihen der Home Fleet, die darauf hinzielten, daß von den Schlachtschiffen und Kreuzern wieder Jagdflugzeuge mitgeführt werden sollten. In beiden Fällen führten die damit verbundenen Schwierigkeiten nach sorgfältiger Prüfung zur Ablehnung. Im Oktober 1940 griff der *DAM* (Chef der Luftrüstung),* M. S. Slattery, die Frage auf und empfahl, daß – wenn der Wunsch der Flotte nach Jagdschutz durch die Flugzeugträger oder landgestützte Flugzeuge nicht realisierbar sei – man doch einen Schlachtschiff-Flugzeugträger** oder Kreuzer-Flugzeugträger** ins Auge fassen möge. Er bereitete eine Skizze vor, um diese Frage zu beleuchten und hoffte „. . . *daß die qualifizierten Stellen ihm vergeben möchten, daß er sie bat, seinen Plänen Aufmerksamkeit*

Tabelle 22: Vergleich der britischen und amerikanischen Forderungen an die Achterdecks-Flugzeuganordnung

	Größe der Aufzugsöffnung	Länge des Katapults
Brooklyn-Klasse	10,67 × 6,10 m	16,78 m
Washington-Klasse	10,67 × 7,32 m	19,83 m
Britische Forderungen	13,72 × 6,71 m	27,45 m (ausgefahren)

* Anmerkung des Übersetzers.
** Anmerkung des Übersetzers: Sogenannte Hybridschiffe (Zwitter oder Halbträger), die in dieser Form oder ähnlich im Zweiten Weltkrieg von den Japanern praktiziert wurden.

Anson kurz nach Fertigstellung am 18. Juni 1942. Sie trägt einen auseinanderreißenden Admiralitäts-Tarnanstrich.

zu schenken, die auf diese Möglichkeit hinwiesen, jedoch ohne auf die Frage des Toppgewichtes, der Baueinzelheiten usw. einzugehen. Es müßte möglich sein, auf der King George V-*Klasse oder ähnlich schweren Schiffen einen Überbau zu machen, ohne daß es den Einsatz der schweren Artillerie beeinträchtigen würde.*

Ein kurzes Landedeck, und – ähnlich wie auf der Illustrious-*Klasse – eine Starthilfsanlage sowie ein Hangar für 18 Marinejagdflugzeuge des letzten Projektentwurfs . . .*" Dieses letzterwähnte Flugzeug war die Blackburn *Firebrand,* die gerade im Januar 1942 vor der Auslieferung stand. Es sollte 12,2 m lang, weniger als 4,27 m hoch und 4,12 m breit sein, ausgerüstet mit Faltflügeln. Bewaffnet war es mit vier Kanonen und hatte eine Spitzengeschwindigkeit von 482,8 km/h. Der Prototyp flog zuerst im Februar 1942, aber nach weiteren Prototypen und Änderungen erfolgte die Auslieferung nicht vor 1945. (Die *Firebrand* war als Marinejagdflugzeug ein Fehlschlag. Sie besaß nicht die Leistung und Qualitäten, die den Forderungen

Rodney 1940. Das *Walrus*-Flugboot.

Tab. 23: Einzelheiten eines Schlachtschiffträgers, Juli 1940

Abmessungen:	
Länge (cwl)	244 m
Breite (maximaler Schiffskörper)	34,16 m
Tiefgang (durchschnittlich)	9,09 m
Verdrängung:	
Standardverdrängung	44.750 ts
Einsatzverdrängung	51.000 ts
Leistung	130.000 WPS
Geschwindigkeit	28/29 kn
Heizölvorrat	4.560 ts
Fahrbereich	14.750 : 10 sm/kn
Bewaffnung:	
6 × 40,6 cm (2 × 3)	
16 × 13,3 cm (8 × 2)	
6 Pom-Pom Lafetten Mk VI	
Panzerung: Wie *Lion*-Klasse	
Flugzeuge:	
12 Jagdflugzeuge	
2 Torpedo-, Beobachtungs- und Aufklärungsflugzeuge	
Flugdeck	152,50 × 22,27 m
Aufzüge	1 × 13,72 × 10,06 m
	1 × 13,72 × 6,72 m
Benzinvorrat	159.110 l
Katapulte	1
Bremsleinen	6
Hangarunterbringung für alle Flugzeuge	

Anordnung der Flugzeugkatapulte auf dem Achterdeck

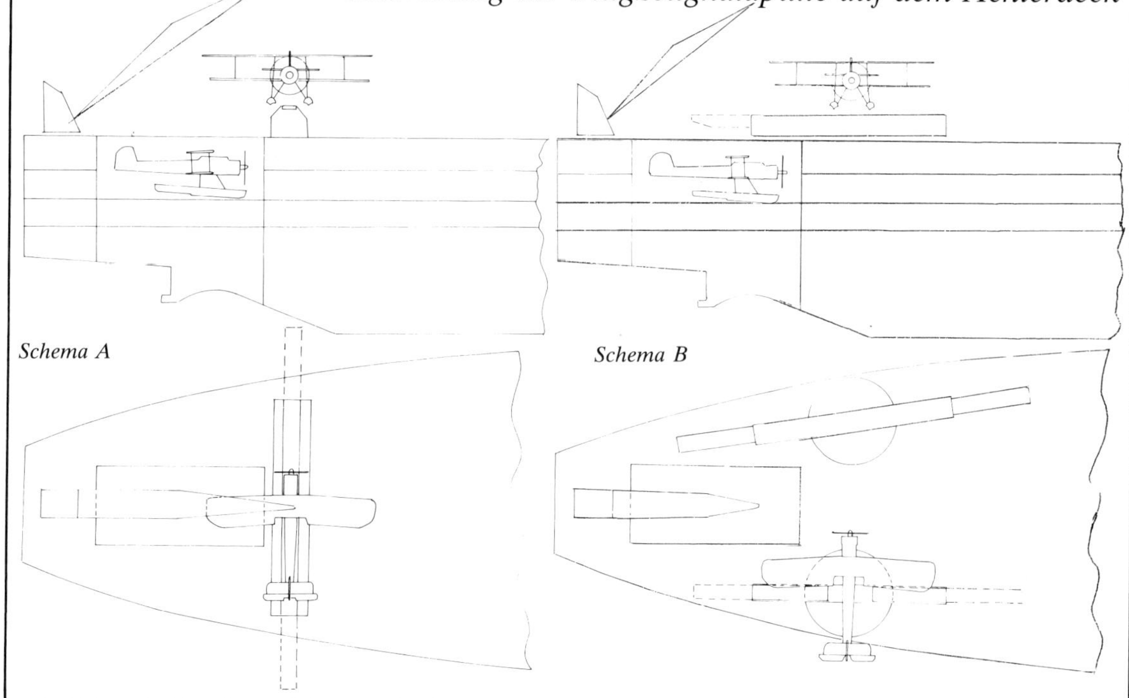

von 1943 und später entsprach und wurde zuletzt als Torpedobomber hergestellt; eine Rolle, in der sie ebensowenig erfolgreich war.) Immerhin, falls 18 dieser Flugzeuge nicht verfügbar waren, konnte der Schlachtschiff-Flugzeugträger auch 12 *Seafire* anstelle dessen mitnehmen. Der Plan wurde geprüft und verworfen, was Slattery enttäuscht haben muß, denn am 3. Januar 1941 ließ er verlauten: *„. . . es erscheint dem* DAM, *daß in einem Versuch, Stabsforderungen zu erfüllen, die gegenwärtigen Unterzeichner das Verfahren undurchführbar gemacht haben."*

Der Plan wurde bald wieder aufgegriffen, und Mitte 1941 untersuchte der *DNC* die Möglichkeit der Umwandlung eines Schlachtschiffes der *Lion*-Klasse zu einem Schlachtschiff-Flugzeugträger. Der Plan wurde diskutiert und Skizzen angefertigt, aber man dachte, die Idee sei undurchführbar, weil das Flugdeck zu kurz war. Der *Controller* forderte daher den *DNC* auf, einen Entwurf für ein Schiff des gleichen Typs vorzubereiten, bei dem die Flugzeuganordnung nicht den Waffenforderungen untergeordnet war. Das führte zu einem Entwurf, zu dem die in Tabelle 23 stehenden Einzelheiten gehören. Der Entwurf, zusammen mit einer Reihe anderer (für Hilfsflugzeugträger, Kreuzer-Träger usw.) wurde dem *Marinestab* zur Prüfung zugeleitet. In den dazugehörigen Anmerkungen stellte der *DNC* fest *„. . . Hangar ist ungeschützt und die Aufbauten über dem Oberdeck durch Granaten und Bomben verwundbar. Die Schornsteinführung ist schwierig. Als Schlachtschiff ist das Schiff minderwertiger als ein echtes Schlachtschiff."* Der *Marinestab* pflichtete dieser Ansicht bei und machte sich mehrere Feststellungen zu eigen. Diese können kurz wie folgt zusammengefaßt werden:

Ein Mehrzweckschiff, weder Träger noch Schlachtschiff, würde weder in der Lage sein, beide Aufgaben gut zu erfüllen, noch eine der beiden.

Der *DGD* (Chef der Artillerieabteilung)* reagierte besonders heftig und führte seine Feststellungen in einem langen Bericht aus, der schloß *„. . . daß diese Mißgeburten das Resultat einer psychologischen Einstellung sind. Die notwendige Aufmerksamkeit sollte sich wieder der Frage einer Untersuchung zuwenden, wie eine ausgewogene Flotte in den Jahren 1945, 1950 oder 1955 sein sollte."* Der *Marinestab* war weniger heftig und stellte fest *„. . . mit Ausnahme des früheren* DofP *(Chef des Planungsstabes)* waren wir der einhelligen Meinung, daß das Mehrzweckschiff kein praktikabler Vorschlag sei."* Mit der Fortdauer des Krieges wurde immer klarer, daß der Flugzeugträger die einzig effektive Art war, eine Luftsicherung für die Schiffe in See zu garantieren. Das Hauptproblem der ersten Kriegsjahre war der Mangel an Schiffen dieser Art. Das führte letztlich zu den beschriebenen Vorschlägen,

* Anmerkungen des Übersetzers.

eines der Schlachtschiffe der *Lion*-Klasse, *Vanguard,* oder vielleicht die alten Kreuzer *Emerald* und *Enterprise* zu Flugzeugträgern umzuwandeln. Als mehr Flugzeugträger in Dienst kamen, verringerte sich die Notwendigkeit von Flugzeugen auf den Großkampfschiffen stufenweise, und zwischen 1942 und 1944 hatten die restlichen Schlachtschiffe der Flotte ihre Flugzeugausrüstung abgebaut.

Maschinenanlagen

Die Haupt- und Hilfsmaschinen der britischen Großkampfschiffe und auch aller anderen Kriegsschiffklassen bestanden die Kriegsanforderungen, und das trotz der Tatsache, daß man von ihnen meistens Fahrten über große Entfernungen mit Äußerster Kraft erwartet hatte sowie Einsatzfähigkeit für lange Zeit, ohne Überholungen oder Reparaturen in Betrieben mit mangelnder Instandsetzungskapazität. Natürlich traten unter diesen Bedingungen Schwächen zutage, aber die Mehrzahl der Ausfälle war mehr den Kampfschäden zuzuschreiben als dem langen Fahren. Kondensatorzusammenbrüche, die während des Ersten Weltkrieges sehr oft wichtige Kriegsschiffe zwangen, in die Werft zu gehen, traten nicht auf. Sie waren praktisch nicht vorhanden. Wie zu erwarten, waren die älteren, nicht modernisierten Großkampfschiffe anfälliger als die modernen und umgebauten Schiffe. Sogar bei diesen waren größere Ausfälle sehr selten, die langen Fahrperioden ohne Werftüberholung resultierten jedoch in einem Verlust an Geschwindigkeit und einer merklichen Steigerung des Brennstoffverbrauches und damit natürlich auch einer Minderung des Fahrbereichs. Die Hauptlehren und wichtigsten Probleme während des Krieges waren kurzgefaßt folgende:

Kessel: Eine gewisse Zahl von Schwierigkeiten trat durch die Korrosion der Kesselrohre auf, die durch Salzwassereinbruch in das Kesselspeisewasser in Verbindung mit längerem Dampfbetrieb hervorgerufen wurden. In einigen Fällen war es notwendig, die Kesselrohre schon nach zwei Jahren auszuwechseln. Das

Der Schornstein der *Barham* 1937. ▶

Problem wurde dann durch die chemische Behandlung des Kesselspeisewassers gelöst (Kesselspeisewasserzusätze).*

Heizöl: Die Spezifikation für die Heizölsorten, die auf den Kriegsschiffen verwendet werden konnten, waren von seiten der *Admiralität* sehr genau festgelegt. Aber 1942 wurden sie erleichtert, um die erhaltbare Versorgungsebene zu erweitern. Ungleich dem regulären Heizöl neigten einige der neuen Sorten dazu, sich mit dem Seewasser zu vermischen, was eine Reihe von Problemen mit sich brachte. Dies war speziell bei den Schiffen, die Heizöl/Seewasser-Wechselbunker hatten, wie z. B. in den Unterwasserschutzräumen der *King George V*-Klasse. Daraus ergaben sich folgende Schwierigkeiten:

1. Emulgiertes Heizöl in Heizölbunkern war schwierig, in einigen Fällen sogar unmöglich zu pumpen.
2. Salzwasserverschmutzung der Heizölbunker rief die Bildung von festen Ablagerungen an den Überhitzerrohren hervor. Das bedeutete verminderte Kesselleistung und öftere Kesselreinigung.
3. Verschmutztes Heizöl im Kessel rief Schäden an der Kesselmauerung hervor.

Kesselmauerung: Während des Krieges stellte man fest, daß die Mauersteine (Schamott)* und ihre Bolzen, die die Feuerraumwände der Marinekessel bildeten, keine so gute Qualität hatten, um den hohen Forcierungen und Temperaturen über längere Volldampfperioden standzuhalten. Die Steine neigten zur Erosion, sie platzten und zerbrachen, die Bolzen verbrannten. Obwohl diese Störungen die Maschinenleistungen nicht beeinträchtigten, vergrößerten sie aber den Instandsetzungsumfang. Auf Grund dieser Erfahrungen stellte man Forschungen an, bessere Mauersteine und standfestere Bolzen herzustellen.

Schockschäden: Die Verwendung von Magnet-, Akustik- und Druck-Grundminen, aber auch die Wirkung von Nahbombendetonationen erzeugten eine Art von Schäden, denen man vor 1939 nur wenig Beachtung geschenkt hatte. Die Druckwelle einer Unterwasserexplosion, die wohl in einem gewissen Abstand stattfand, war in der Lage, ernste Schäden in der Struktur des Schiffskörpers und in der Maschinenanlage hervorzurufen. Letzteres trat insbesondere in Form von Bruch gußeiserner Teile auf. Um die Neigung zu Schockschäden zu reduzieren, wurden verschiedene Schritte eingeleitet. Man vergrößerte und änderte die Maschinenfundamente und -einbauten, indem man die gußeisernen Teile durch gußstählerne und vorgefertigte Teile ersetzte und indem man die Fundamente elastisch lagerte. In der Endform waren das Hartgummistücke, die zwischen Maschine und Fundament eingebaut wurden. Explosionen durch Fernzündung führten auch zur Auslösung von Schaltelementen in Hilfsmaschinen, die im Falle der Turbo- und DiGen einzeln oder auch zum totalen Ausfall der E-Versorgung führen konnten. Um dieses Problem in den Griff zu bekommen, wurden die Schaltelemente festgesetzt und gegen Ende des Krieges so umkonstruiert, daß sie in der Lage waren, plötzlichen Schocks von Explosionen auf Abstand zu widerstehen. Damit wurden alle Schiffe der Flotte ausgerüstet.

Propellerwellen: Wie schon in den vorhergehenden Kapiteln ausgeführt, war einer der Hauptgründe für den großen Wassereinbruch, der schließlich zum Untergang der *Prince of Wales* im Dezember 1941 führte, die Versetzung der Bb-Außenwelle. Man glaubt, daß mindestens noch ein weiterer Fall dieser Schadensart war – obwohl nicht bei einem Schlachtschiff – bei dem eine Welle durch einen Torpedotreffer verschoben wurde und für kurze Zeit weiterdrehte. Dadurch öffneten sich die wasserdichten Schottstopfbuchsen, durch die die Welle hindurchführte. Man entwickelte eine neuartige Stopfbuchsenkonstruktion, die eine gewisse Änderung der Wellenführung zuließ, ohne daß die Wasserdichtheit verlorenging. Zuerst ergaben sich eine Reihe von Schwierigkeiten, aber schließlich wurde ein brauchbarer Typ gefunden und in allen großen Schiffen eingebaut. Man erwog auch, die Welle am letzten Wellentunnellager mit einem Kragen zu versehen, daß sie sich bei einem Bruch nicht nach hinten verschieben konnte. Das passierte auf dem US-Kreuzer *Houston,* als er im Oktober 1944 torpediert wurde. Soweit aber bekannt ist, geschah es nicht auf einem britischen Schiff. Der Krieg zeigte auch, daß es notwendig war, die Wellen mit einer Festsetzvorrichtung zu versehen, wenn die beschädigte Welle im Fahrstrom nicht mehr mitdrehen konnte. Wellenbremsen wurden schon vor dem Kriege eingebaut, aber die waren nicht in der Lage, die Welle bei mehr als 8 kn Fahrt zu halten. Verbesserte Festsetzvorrichtungen, die die Welle auch bei höheren Fahrtstufen hielten, wurden noch vor Kriegsende eingeführt und auf Schiffen eingebaut.

Lüftungsanlagen der Maschinenräume: 1939 wurden alle Zu- und Ablüfter der Maschinenräume auf den größeren britischen Kriegsschiffen durch E-Motoren angetrieben. Die Folge war, daß bei Kampfschäden, die zum Ausfall der E-Energie führten (wie bei der *Prince of Wales,* als sie im Dezember 1941 unterging), das auch automatisch den Ausfall des Lüftungssystems in einem oder allen Maschinenräumen nach sich zog. Die Räume wurden schnell unbenutzbar und mußten vorzeitig verlassen werden. Um eine Wiederholung zu verhindern, wurde in Maschinenräumen, aber auch in wichtige Hilfsmaschinenräume, mindestens ein dampfbetriebener Ablüfter eingebaut. In den Generatorenräumen blieben die E-Lüfter, aber sie wurden direkt an die Generatoren angeschlossen. Falls der Generator beschädigt wurde (oder im Falle des Dampfausfalls bei einem TurboGen) – also ohne Strom –, wäre das für die Raumbesatzung nicht so tragisch. Sie konnte den Raum verlassen, ohne daß dadurch die Leistung herabgesetzt wurde.

Schmierölsystem: Anfang des Krieges stellte man fest, daß der Schmierölkreislauf der Turbinenanlagen nicht einwandfrei arbeitete, wenn das Schiff auf Grund einer Unterwasserbeschädigung schwere Schlagseite erhielt. Der Druckabfall des Schmieröls führte dann sehr schnell zu Turbinenschäden. Das System wurde dahingehend geändert, daß die Schmierölversorgung bis zu 15° Schlagseite gesichert war.

E-Anlage und -Versorgung: Bei allgemeiner Betrachtung muß man feststellen, daß den elektrisch angetriebenen Hilfsmaschinen vor dem Kriege zuviel Vertrauen geschenkt wurde. Die Generatoren versorgten die Lüftungsanlagen, die Hydraulikmaschinen (für die MA, Flak und Ruderanlage) und die Mehrzahl der Pumpen mit Strom. Es wäre genauso schlecht gewesen, wenn alle diese Hilfsmaschinen nur

* Anmerkungen des Übersetzers.

mit Dampf betrieben worden wären. Eine der Hauptlehren des Krieges war, daß der Antrieb der Hilfsmaschinen so gleichmäßig wie möglich zwischen Dampf und Elektrizität geteilt werden sollte. Die Stromerzeugung selbst war zu abhängig von der Dampfleistung, wenn die Mehrzahl der Generatoren Turboantrieb hatten. Aus diesem Grunde wurde die Ausrüstung der *Vanguard* mit Turbo- und DiGen von 6:4 in 4:4 geändert. Die ganze Sache läßt sich am besten anhand von zwei Extremen erklären:
Als *Prince of Wales* unterging, hatte sie einen hohen Prozentsatz ihrer E-Energie verloren, obwohl sie noch immer genügend Dampfleistung besaß. Aber die Luft/Seeziel-Waffen, die Pumpen, die Ruderanlage und die Lüftung waren entweder teilweise oder ganz außer Betrieb.
Warspite war ohne Dampf, nachdem sie durch eine Fernlenkbombe getroffen und durch eine weitere mit Nahtreffer beschädigt wurde (vor Salerno 1943). Die E-Versorgung hingegen wurde durch die DiGen knapp gewährleistet, um die Pumpen in Betrieb zu halten, und es war ein Glück, daß einer der beiden Generatoren oder gar beide durch die Bomben nicht ausfielen.

Als wenigstes ergaben sich drei wichtige Lehren:
1. Wichtige Anlagen, wie die Feuerlösch- und Lenzpumpen, benötigen eine zweite E-Versorgung für den Fall, daß die Hauptversorgung ausfällt.
2. Die E-Anschlüsse unentbehrlicher Anlagen müssen überall wasserdicht sein.
3. Elektrische Anlagen, die in Bereichen sitzen, die überflutet werden können (durch Lecks in Heizölbunkern usw.), müssen neben der Wasserdichtheit auch öldicht sein.

Schiffssicherung

Der Krieg offenbarte in der Organisation der Schiffssicherung viele ernste Mängel in den Pumpensystemen, den Feuerlöscheinrichtungen und in der wasserdichten Unterteilung des Schiffes. Mit fortschreitender Kriegsdauer wurden hier stufenweise Verbesserungen durchgeführt, so daß 1945 die meisten Schwachpunkte praktisch beseitigt waren. Die zutage getretenen Schwächen und die Verbesserungen, die während des Krieges durchgeführt wurden, sind im folgenden kurz angeführt:

1. Allgemeines:

a) Zusätzliche Schiffssicherungsausrüstung (Zement, Stützbalken, Stahlkästen usw.) wurden vorgesehen und in günstig gelegenen getrennten Stellen untergebracht.
b) Der Krieg bewies die Notwendigkeit, die Ecken und Winkel der Räume von Rohrleitungen und Anbauten frei zu halten, damit Notreparaturen ohne Schwierigkeiten durchführbar waren.
c) Die BÜ-Verbindungen mit dem SSichGefStd wurden verbessert, die Telefonverbindungen wurden batterielos und unabhängig von der Hauptanlage gemacht, verdoppelt und erweitert; außerdem wurden sie wasserdicht gemacht.
d) Man achtete darauf, daß der SSichGefStd leicht zugänglich war.
e) Die Notbeleuchtung wurde von Öllampen auf Batterielampen umgestellt.
f) Man stellte fest, daß an manchen Stellen die Zugangsschächte für den leichten Durchlaß von Männern und transportablen Pumpen zu klein waren.

2. Wasserdichte Unterteilung:

a) Für wichtige Räume wurden Zugangsschächte und Fluchtwege, außerhalb und innerhalb der Zitadelle, vorgesehen. Diese Schächte waren senkrecht und reichten von einem Raum nach oben, durch einen oder mehrere Raum(Räume) bzw durch ein oder mehrere Deck(s). Wenn ein Raum geflutet war und seine Eintrittluke nicht wasserdicht geschlossen, wurde durch den Schacht jede weitere Ausbreitung des Wassers verhindert. Wenn der Raum(Räume) darüber geflutet wurde(n), ermöglichte der Schacht einen Fluchtweg für das Personal aus den unteren Räumen, und wieder wurde die Ausbreitung des Wassers über ein nicht wasserdichtes oder offenes Luk verhindert.
b) Um ein allgemeines Ausbreiten durch weiteres Fluten (d. h. Fluten nicht direkt als Resultat von beschädigten Schiffskörperteilen) zu mindern, wurden Bullaugen, Oberlichter und wasserdichte Türen sowie Seitenluken auf ein Minimum beschränkt.
c) Man fand, daß bestimmte wasserdichte Türen in Längsschotts sowie die zu den Heizölumpumpräumen so konstruiert sein mußten, daß sie nach außen öffneten, so daß ein Fluten von außen die Türen durch den Wasserdruck geschlossen hielt und sie nicht öffnete.
d) Lüftungsschächte wurden versteift und mit zusätzlichen Schiebern ausgerüstet, und zwar dort, wo sie durch Decks führten.

3. Feuerlöschanlagen und Brandverhütung:

a) Der Wasserdruck der Feuerlöschleitung wurde erhöht, genauso wie die Zahl der Schlauchanschlüsse und Ventile im Leitungssystem.
b) Strahlrohre und Sprühdüsen wurden umkonstruiert, so daß sie sowohl mit Druckstrahl als auch mit Sprühstrahl arbeiten konnten.
c) Die Anzahl der transportablen Feuerlöscher und deren Konstruktion wurde verbessert.
d) Die Dampffeuerlöschanlage, eingebaut in den Kesselräumen, um dort Heizölbrände zu löschen, wurde auf die Hauptmaschinenräume, zuletzt auf alle Maschinenräume ausgedehnt.
e) Die Konstruktion der transportablen Schaum-Feuerlöschausrüstung wurde verbessert.
f) Für den Fall, daß die Stromversorgung ausfiel, wurden Feuerlöschpumpen mit DiMot-Antrieb vorgesehen.
g) Vorbeugend wurden die Beiboote mit Ottomotoren durch Beiboote mit DiMot, die ölbefeuerten Herde in den Küchen durch Elektroherde ersetzt. Im übrigen kam – allerdings nicht in diesem Zusammenhang – der Flugzeugtreibstoff von Bord.

4. Pumpenanlagen:

a) Das System der 350 t-Pumpen wurde erweitert.
b) Zusätzliche transportable Pumpen wurden geliefert und die Zahl der elektrischen Anschlußstellen dafür erhöht.
c) Während der letzten Kriegsjahre wurden diverse dieselgetriebene transportable Pumpen für den Fall vorgesehen, daß die Stromversorgung ausfiel, und dadurch die elektrisch betriebenen transportablen Pumpen wertlos werden.
d) Für die Räume innerhalb der Schutzschotte wurden Schnellpumpanlagen eingerichtet.
e) Die Anzahl der turbobetriebenen Pumpen in den Maschinenräumen wurde erhöht, die Anzahl elektrisch betriebener Pumpen dort verringert.

Wetterschäden

Ein Schiff, das in Friedenszeiten in schweres Wetter kommt, reduziert seine Geschwindigkeit, ändert – falls erforderlich – den Kurs, um sich so möglichst frei von übermäßiger Beanspruchung und trocken zu halten oder Überdecksschäden zu vermeiden. In sehr schlimmer Lage mag es sogar wünschenswert sein, beizudrehen, bis zu dem Zeitpunkt, daß eine Wetterbesserung eintritt. Im Kriege wurden diese Vorsichtsmaßnahmen über den Haufen geworfen, was aufgrund der operativen Anforderungen geschah, die einen Kurs und eine bestimmte Geschwindigkeit vorschrieben, auch wenn das Schäden hervorrufen sollte. Es kann nicht gesagt werden, daß ein großes Schiff weniger als ein kleineres Schiff unter solchen Bedingungen leidet. Tatsächlich ist unter bestimmten Bedingungen das Gegenteil der Fall, aber die Auswirkungen solcher Schäden sind bei einem Schlachtschiff nicht so spürbar wie bei einem Zerstörer. Deswegen zeigte der Krieg jedenfalls Schwächen auf, die im Frieden normalerweise nicht erkannt worden wären. Eine von mehreren unverkennbaren Lehren des Krieges war die Notwendigkeit eines hohen Freibords und ein beträchtlicher Deckssprung wie bei der *Vanguard.* Andere waren wie folgt:

1. Die Wellenbrecher auf dem Backdeck wurden in einigen Fällen als zu schwach gebaut befunden, um den übereinkommenden Wassermassen zu widerstehen. Ein gewisser Umfang von Verstärkungen war erforderlich.
2. Die Wasserdichtheit der Geschützpforten, besonders bei den 35,6 cm- und 13,3 cm-Türmen, war unzureichend. Sie verhinderten bei schlechtem Wetter nicht den Wasserzutritt. Die Abdichtung der Pforten wurde während des Krieges verbessert.
3. Bei schwerer See war das „Arbeiten" des Ober- und Backdecks erheblich. Die Nieten in den Seitenverbindungen zwischen den Decks und den Barbetten neigten dazu, abzuscheren. Dadurch drang Wasser in die Messeräume ein und der Aufenthalt dort wurde ungemütlich. Das Problem konnte durch den Einbau flexibler Stahlblechbrüstungen, die zwischen Barbetten und Seitenverbindungen saßen, beseitigt werden. Nachkriegsuntersuchungen brachten dann eine Verbesserung der baulichen Strukturen im Wege der Barbetten.
4. Eine beträchtliche Menge Wasser drang über die Pilzköpfe der Lüfter nach innen, speziell auf dem Backdeck. Die Schutzdecklüfter wurden geändert und in die Schächte direkt darunter (im Deck) Schieber eingebaut, so daß bei Bedarf die Lüfter bei schlechtem Wetter abgeschaltet werden konnten.

V. Der Preis

Welches war der Wert der britischen Schlachtschiffe im Zweiten Weltkrieg? War der Bau und der Umbau dieser Schiffe notwendig? Hätte der Zeitaufwand, das Geld, hätten die Menschen nicht anderswo und besseren Dingen zukommen können? Diese Fragen sind seither oft gestellt und beantwortet worden, oft mit der Erkenntnis des Nachhineins und mit wenig Gedanken über die Möglichkeiten und technischen Auswirkungen der damaligen Zeit. In der Hoffnung, daß die folgenden Ansichten der Autoren Stoff zum Nachdenken vermitteln, soll versucht werden, den Stellenwert der Großkampfschiffe im Zweiten Weltkrieg darzulegen. Das Kapitel ist in zwei Hauptabschnitte unterteilt, in eine 'allgemeine Betrachtung und in den Vergleich mit fremden Schiffen.

Allgemeine Betrachtungen

Vor dem Krieg wurde die Hauptverwendung eines Schlachtschiffes darin gesehen, ähnlichen Schiffen anderer Nationen in einem Flottenkampf gegenüberzustehen. Für Großbritannien fanden nur wenige Kämpfe dieser Art während des Krieges statt, und von diesen waren es nur zwei – das *Bismarck*-Unternehmen und die Versenkung der *Scharnhorst* – die den Vorkriegsansichten entsprachen. Das Mittelmeer als Beispiel forderte den Einsatz der Schlachtschiffe, aber das extrem vorsichtige Handeln der italienischen Flotte resultierte gewöhnlich nur in kurzen und unentschiedenen Gefechten, die damit endeten, daß der Gegner mit hoher Fahrt in seine Stützpunkte zurückkehrte. Es waren vor allem Umstände wie diese, die von den Vorkriegsstrategen in Betracht gezogen wurden, daß nur die Flugzeugträger in der Lage waren, die erforderlichen Fernangriffe durchzuführen und um einen Gegner zur Verlangsamung des Rückzuges zu zwingen, damit die Schlachtschiffe ihn zum Kampf stellen konnten. So wurde die Marineluftwaffe sogar in den ersten Kriegsjahren als Unterstützungskraft der Schlachtschiffe angesehen. Angenommen – wie die Flugzeug-„Schwärmer" es wünschten – der Flugzeugträger wäre vor dem Krieg als die wichtigste Einheit der Flotte betrachtet worden, angenommen, daß er in ähnlicher Zahl wie die Schlachtschiffe verfügbar und mit einer entsprechenden Anzahl von Flugzeugen ausgerüstet gewesen wäre; es gibt keinen Zweifel, daß er nicht genauso erfolgreich gewesen wäre, und in manchen Fällen noch erfolgreicher, wie Schlachtschiffe. Gegen die *Bismarck* könnte eine große Gruppe Flugzeugträger genauso erfolgreich gewesen sein, mehr aber nicht. Gegen die *Scharnhorst,* die in einer dunklen Sturmnacht versenkt wurde, wäre es unmöglich gewesen, daß ein Träger so erfolgreich gewesen wäre, wie die *Duke of York.* Im Mittelmeer hätte eine große Trägergruppe ohne Zweifel viel erreichen können, besonders gegen die zögernde italienische Flotte. Die schweren Verluste, hervorgerufen durch die gegnerische Luftüberlegenheit, wären gemindert worden. In diesen Argumenten sind zu viele Annahmen, und sie sind nur mit den ins Auge gefaßten Einsichten des Nachhineins erreichbar. Wäre es der *Admiralität* in den 30er Jahren möglich gewesen, solche Ereignisse vorauszusehen, wären die übrigen Seemächte gefolgt. Der Bau von Flugzeugträgern wäre – und war es vielfach auch – genauso ein Wettbewerb geworden wie der Schlachtschiffbau. Das Gleichgewicht zwischen den Seemächten hätte sich materiell nicht geändert. Immerhin dauerte es nicht lange, bis die *Admiralität* die Prioritäten änderte. Vom Vorkriegsprogramm wurden fünf Schlachtschiffe und sechs Flottenträger fertiggestellt. Während des Krieges erfolgte die Kiellegung eines Schlachtschiffes, aber mehr als 30 Flotten- und Leichte Träger wurden in Auftrag gegeben (eine große Zahl dieser Schiffe waren bei Kriegsende noch in Bau bzw. noch nicht begonnen. Diese wurden annulliert). Es währte dann bis nach 1945, daß das Schlachtschiff letztlich als veraltet angesehen wurde. Bei der Überlegung, daß solche schwerwiegende Entscheidungen einen bestimmten Sicherheitsfaktor erfordern, ist diese späte Folgerung als nicht zu vorsichtig anzusehen. Das Ende des Schlachtschiff-Zeitalters ist oft vorausgesagt worden. Das Torpedoboot und später das Uboot wurden als Waffe angesehen, die den Verlust der die See beherrschenden Rolle des Schlachtschiffes herbeiführen würden. Entsprechende Gegenmaßnahmen wurden entwikkelt, und als die Befürworter des Flugwesens (insbesondere die *RAF* und die *USAAC* [amerikanisches Armeefliegerkorps])* in den Jahren nach dem Ersten Weltkrieg wiederum das Ende der Schlachtschiffe prophezeiten, stellte die *Admiralität* verständlicherweise fest, daß entsprechende Abwehrmittel gefunden würden. Die Fliegerenthusiasten zeigten nicht viel Verständnis für das Marinebauwesen, sie neigten eher dazu, sich zu überschätzen. Kommentare, wie das Werfen von Bomben in Kriegsschiffschornsteine, waren nichts Ungewöhnliches, und obwohl unsinnig, machten sie es der fachunkundigen Bevölkerung plausibel. Selbstverständlich waren auch Männer mit einem klaren Blick für die Zukunft des Luftkrieges dabei, aber auch sie neigten dazu, zu verwechseln, was heute möglich und was erst in der Zukunft machbar sein würde. Es muß daran erinnert werden, daß die *Admiralität* dafür verantwortlich war, eine Marine zu unterhalten, und zwar ausreichend für die Verteidigung Großbritanniens, für jetzt und die voraussehbaren späteren Umstände, jedoch nicht für theoretische Überlegungen, die in irgendeiner vagen Zukunft sein könnten. Fälschlich wurde meistens die Bombe als die Waffe zitiert, die letztlich das Schlachtschiff zerstören würde, aber es stellte sich der Lufttorpedo als die gefährlichste Waffe heraus. Später war es die ferngelenkte Bombe, die raketengetriebene Bombe, und noch später der inzwischen eingeführte Flugkörper. Das waren die Mittel, die einer Überwasserwaffe die Macht verliehen, die erforderlich war, ein modernes Schlachtschiff tödlich zu beschädigen. (Es waren während des Krieges in der Tat einige sehr große Bomben gefertigt worden, von denen die bemerkenswertesten jene waren, die zur Versenkung der *Tirpitz* verwendet wurden. Es muß daran erinnert werden, daß ein extrem hoher Geschicklichkeitsgrad dazu gehört, um ein fahrendes Schiff aus großer Höhe zu treffen. Als *Tirpitz* versenkt wurde, lag sie am Ankerplatz und befand sich nicht in See.) Um die Nutzlosigkeit und das Überholtsein der Schlachtschiffe zu begründen, wurde ihre Verwundbarkeit

* Anmerkung des Übersetzers.

durch Flugzeugangriffe ins Feld geführt. Zur Untermauerung dieser Ansicht dienten mehrere Beispiele: der Angriff der Marineflugzeuge auf Taranto, der japanische Angriff auf Pearl Harbor, die Versenkung der *Bismarck, Prince of Wales* und *Repulse.* Sie waren die gebräuchlichsten Beispiele, um die Überlegenheit des Flugzeuges über das Schlachtschiff zu begründen. Diese Begebenheiten demonstrierten jedoch nicht die Nutzlosigkeit der Schlachtschiffe, aber sie zeigten sehr eindrucksvoll, daß sie nicht wirkungsvoll operieren konnten (oder als sicher vor Angriffen in einem Hafen angesehen werden konnten), wenn sie nicht über eine entsprechende Luftsicherung verfügten. Also brauchte ein Schlachtschiff Flugzeuge zur Verteidigung gegen gegnerische Flugzeuge, in der gleichen Weise, wie es Zerstörer als Sicherung gegen gegnerische Zerstörer, SBoote und Uboote benötigte. Die Parallele geht noch weiter, indem das Schlachtschiff selbst mit Flak ausgerüstet wurde, gerade so wie es mit Geschützen gegen Torpedoboote ausgerüstet worden war. Die Zerstörer- und Flugzeugsicherungen konnten sowohl für Offensiv- als auch für Defensivaufgaben verwendet werden. Die *Admiralität* lag richtig mit ihrer Annahme, daß gegen Luftangriffe entsprechende Gegenmaßnahmen ergriffen werden konnten, um die Flotte zu schützen. Die Anwesenheit einer genügenden Zahl von Flugzeugträgern (oder landgestützter Flugzeuge, in Reichweite von Flugplätzen operierend) konnte die notwendige Luftverteidigung gewährleisten, um einen angemessenen Grad an Sicherheit für die Schlachtflotte zu erhalten.

Wieso war das Schlachtschiff eigentlich überholt worden? Die Antwort auf diese Frage kann in einer einfachen Erklärung gefunden werden, nämlich in der Wirkung der Flugzeugträger bei Flottenoperationen. Das wichtigste Ziel einer Schlachtflotte war der Kampf und die Vernichtung der gegnerischen Flotte im Artillerieduell. Um diesen Abschluß sicherzustellen, waren die anderen Schiffe der Flotte für die erforderlichen Unterstützungsaufgaben vorgesehen.

Der Flugzeugträger wurde ursprünglich ebenfalls als Unterstützungsschiff angesehen, das Aufklärung, Luftverteidigung und Luftangriffe im Rahmen der Flottenoperation durchführen konnte. Der Flugzeugträger konnte einen Angriff durchführen, weit außerhalb der Reichweite der größten Geschütze. Und das ist es, was schließlich die Schlachtschiffe überholt hat.

In einer Schlacht zwischen Flugzeugträgern sich gegenüberstehender Flotten konnte der

Malaya am 28. Januar 1943. Die Flugzeugausrüstung ist ausgebaut. Dafür kamen auf die hinteren Aufbauten zusätzlich 2 × 10,2 cm-Doppellafetten und zwei achtrohrige Pom-Pom.

Ausgang entschieden werden, ohne daß sich die Schlachtschiffe jemals zu Gesicht bekamen, geschweige denn, daß es zu einem Schußwechsel kam. Die Geschütze der Schlachtschiffe waren zugleich ihre „raison d'être" (Daseinsberechtigung),* und wenn sie diese in einer Schlacht nicht mehr einsetzen konnten, war in der Flotte auch kein Platz mehr für sie vorhanden.

Der Flugzeugträger wurde, nachdem er die Stelle – den Mittelpunkt – einnahm, die vorher das Schlachtschiff innehatte, das neue Großkampfschiff der Flotte, das die größte Kampfkraft besaß, und um ihn herum baute sich die Organisation der Seestrategie und -taktik auf. Obwohl die Flugzeugträger schnell ihre Überlegenheit im Pazifik festigten, waren die Ereignisse des europäischen Kriegstheaters weniger dramatisch. Weder Deutschland noch Italien besaßen Flugzeugträger (obwohl beide Staaten mit dem Bau begonnen hatten), und die Luftgefahr für die britischen Schiffe basierte überwiegend von landgestützten Flugzeugen. Während der ersten Kriegsjahre verfügte die *Royal Navy* über zuwenig Flugzeugträger, die dazu noch mit unwirksamen und veralteten Flugzeugen ausgerüstet waren. Somit war ein Anwachsen der Marineluftwaffe zu ihrer Stärke nicht über Nacht zu erreichen. Man kann also sagen, daß der Bau und der Umbau von britischen Schlachtschiffen aus folgenden Gründen gerechtfertigt war:

1. Vor 1939 war die Wirksamkeit der Flugzeugträger nicht bewiesen.
2. Britische Trägerflugzeuge und ihre Einsatzmethoden hatten zu Beginn des Krieges zuwenig Fortschritte gemacht und waren zu unzulänglich, um die Rolle der Schlachtschiffe zu übernehmen.
3. Solange andere Staaten den Schlachtschiffbau fortsetzten, war Großbritannien gehalten, es auch zu tun.
4. Wenn durch Zufall ein Schlachtschiff in Geschützreichweite zu einer gegnerischen Flotte kam, bei der sich kein Schlachtschiff befand, war es theoretisch möglich, die gegnerischen Streitkräfte zu zerstören, oder sie mindestens dazu zu bringen, ihre geplante Unternehmung abzubrechen. Ein solches Ereignis war möglich, wenn z. B. eine Flugzeugträgersicherung durch Kampfschäden ausgefallen war, oder schlechtes Wetter dazu zwang, den Flugzeugeinsatz zu unterlassen.

Diese Argumente werden geschwächt, wenn man davon ausgeht, daß die Schiffe der *King George V*-Klasse Flugzeugträger gewesen wären, wenn mehr Geld verfügbar gewesen wäre, wenn die *Royal Navy* ihre Marinefliegerei 1917 behalten hätte . . ., aber das sind zusammen zu viele „Wenn" in dieser Betrachtung. Das Beste, was gesagt werden kann, ist, daß über einen mehr verworrenen und verwickelten Prozeß zwischen 1939 und 1945 die Betonung des Seekrieges vom Schlachtschiff an den Flugzeugträger überging. Sogar dann wurde das Schlachtschiff noch als ein wertvoller Teil der Flotte angesehen, und es ist wahrscheinlich, daß die *Admiralität* noch 1946 Überlegungen über Schlachtschiffe angestellt hat.

Vergleich mit ausländischen Schiffen

Die Tabellen 24 bis 26 (→ Seite 114) geben die wichtigsten Daten der Schlachtschiff-Hauptklassen wieder, die zwischen 1934 und 1940 von den größten Seemächten gebaut oder entworfen wurden. *Scharnhorst, Dunkerque, Alaska* und das japanische *B 65* (annulliert) sind nicht berücksichtigt, weil diese keinen britischen Vergleich haben. Das trifft zwar auch auf die *Yamato* zu, aber da sie zur einzigen modernen japanischen Großkampfschiffklasse gehört, die gebaut wurde, haben wir es als notwendig angesehen, die Details anzuführen, um die japanische Praxis zu zeigen. Die annullierte *Montana*-Klasse ist erwähnt, um zu den japanischen Schiffen einen Kontrast zu geben. *King George V, North Carolina, Richelieu, Littorio* und *Bismarck,* alle gehören zu jener Gruppe von Schiffen, die unter der internationalen 35000 ts-Verdrängungshöchstgrenze gebaut werden sollten. Die britischen, amerikanischen und französischen Schiffe wurden innerhalb dieser Grenze konstruiert, die deutschen und italienischen nicht. Die angewachsene Verdrängung der letztgenannten Schiffe war das Ergebnis der Zubauten, nachdem die Grenze auf 45000 ts hinaufgesetzt worden war. Die *Iowa*-Klasse wurde mit dieser 45000 ts-Grenze entworfen, aber die *Lion*-Klasse wurde der freiwilligen britischen 40000 ts-Grenze unterworfen.

Bewaffnung: Allein Großbritannien wählte das 35,6 cm-Geschütz für die SA. Es folgte damit dem Beschluß des *Londoner Flottenabkommens* von 1936, worin es das als schwerstes Kaliber akzeptierte. Der einzige andere Unterzeichner dieser Abmachung, die USA, folgte beim Entwurf der *North Carolina*-Klasse, die der *King Georg V*-Klasse ähnlich war, nämlich 35000 ts, 27 kn und 12 × 35,6 cm-Geschütze in drei Vierlingstürmen. Allerdings sahen die Amerikaner vor, daß die drei 35,6 cm-Türme ausgewechselt werden, falls die Japaner sich weigerten, das 35,6 cm-Kaliber zu akzeptieren. Tatsächlich verzögerten sie die Kiellegung der Neubauten, bis die Japaner die Unterzeichnung verweigerten, und erhöhten dann das Geschützkaliber auf 40,6 cm. Unter den anderen Marinen, mit Ausnahme der Japaner, war das 38,1 cm-Geschütz am populärsten. Das britische 35,6 cm-Geschütz und die Lafette mit seiner Kombination „niedriger Mündungsgeschwindigkeit/schweres Geschoß" schien erfolgreich zu sein (nach ein paar Anfangsschwierigkeiten), und es muß daran erinnert werden – wenn man dieses Geschütz (35,6 cm) mit den schweren ausländischen vergleicht –, daß die relativ stärkere Panzerung der britischen Großkampfschiffe die unterschiedliche Schlagkraft im Vergleich zu den größeren ausländischen Geschützen gewissermaßen ausgleichen konnte. Die amerikanischen 40,6 cm-Geschütze des Ersten Weltkrieges verschossen 952 kg-Geschosse mit einer V_0 von 792,5 m/sek. Das Geschoßgewicht wurde später auf 1016 kg erhöht, die V_0 auf 768 m/sek gesenkt. Das beweist, daß die *US Navy* Probleme ähnlicher Art mit den Geschützen „hohe Geschwindigkeit/leichtes Geschoß" hatte. Die US-40,6 cm-Geschütze Mk VI und Mk VII verschossen eine noch schwerere Panzersprenggranate von 1225 kg, aber die Geschütze konnten alternativ dazu auch die 1016 kg-Panzersprenggranaten verschießen. Bei dem US-40,6 cm-Geschütz Mk VII wurde die Mündungsgeschwindigkeit durch eine Rohrverlängerung erhöht. Soweit bekannt ist, waren die amerikanischen 40,6 cm-Geschütze und -lafetten erfolgreich, aber die Drillingsturme hatten hauptsächlich wegen der ungeraden Geschützzahl Probleme mit dem Ladezyklus, ähnlich den Erfahrungen auf *Nelson* und *Rodney.* Sowohl die Briten als auch die Amerikaner behielten die leichten Granaten (929 kg für die britische 40,6 cm-Mk XII und

* Anmerkung des Übersetzers.

Tabelle 24: Vergleich der wichtigsten Schlachtschiffklassen – gebaut oder im Entwurf – der Hauptseemächte zwischen 1934 und 1940

Klasse		*King George V*	*North Carolina*	*Richelieu*	*Littorio*	*Bismarck*	*Lion*	*Vanguard*	*Iowa*	*Yamato*	*Montana*
Nationalität		GB	USA	FR	IT	D	GB	GB	USA	JA	USA
Planjahr		1936	1936	1935	1934	1935	1938	1940	1940	1937	1940
Fertigstellung		1940/42	1941	1940	1940/42	1941	annulliert	1946	1943/44	1941/42	annulliert
Länge (üa)	[m]	227,23	222,35	248,97	236,99	250,10	239,43	248,27	270,84	263,22	280,91
Länge (pp)	[m]	213,50	–	242,17	–	–	225,70	231,80	–	244,00	–
Breite (max)	[m]	31,42	33,02	33,02	32,94	36	31,72	32,94	32,94	39,04	36,91
Einsatztiefgang	[m]	10,36	10,67	10,67	10,52	10,67	10,21	10,67	11,58	10,97	10,97
Verdrängung (Stdd)	[ts]	36.700 (1940)	36.600 (1941)	40.000	41.377	41.700	40.550	44.500	50.000 (1945)	64.000	60.500
Verdrängung (Einsatz)	[ts]	42.000 (1940)	44.800 (1941)	47.548	45.963	50.900	46.000	51.420	59.300 (1945)	72.800	70.500
Schwere Artillerie		10 × 35,6	9 × 40,6	8 × 38,1	9 × 38,1	8 × 38	9 × 40,6	8 × 38,1	9 × 40,6	9 × 45,7**)	12 × 40,6
Panzerung:	(in cm)										
Gürtelpanzer	(max)	38,1 u. 35,6	30,5	34,3	35,05	32	38,1	35,6 u. 33	30,98	40,6	40,6 (+20,3 innen)
Barbetten	(max)	33	40,6	40,6	35,05	33	38,1	33	43,17	50,79	–
Turmfronten		32,38	40,6	43,17	–	38	38,1	33	43,17	50,79	–
Turmdecken		15,2	17,78	17,27–19,81	–	13–18	15,2	15,2	18,41	22,86	–
Oberdeck		3,8	3,68	–	3,55 u. 6,85 (+1,01)*)	5	3,8	3,8	3,8	–	5,58
Hauptdeck		15,2–12,7	9,14–10,41	15,2 u. 17,27	9,9 u. 14,98	–	15,2 u. 12,7	15,2 u. 12,7	12,7	19,05	15,2 u. 12,7
Mitteldeck		–	–	5,08 u. 4,06	–	8; 10 u. 12	–	–	1,9 (Splitterdeck)	–	1,9 (Splitterdeck)
Leistung	[WPS]	110.000	121.000	150.000	130.000	150.000	130.000	130.000	212.000	150.000	172.000
Wellen		4	4	4	4	3	4	4	4	4	4
Geschwindigkeit	[kn]	28	28	30	30	30	30	30	33	27	28
Heizölvorrat	[ts]	3.700	7.150	6.800	4.450	6.500	3.700	4.400	7.000	63.000	–
Fahrbereich	[sm : kn]	6.000 : 16	15.000 : 15	11.000 : 18	4.580 : 16	9.300 : 16	6.000 : 16	8.000 : 15	15.000 : 12	7.200 : 16	–
Kessel		8	8	6	8	12	8	8	8	12	8

*) Backdeck.
**) Anmerkung des Übersetzers: Nach neuerer Literatur, tatsächliches Kaliber 46 cm.

Tabelle 25: Gewichtsvergleich KING GEORGE V, NORTH CAROLINA und BISMARCK

	King George V	*North Carolina*	*Bismarck*
Ausrüstung, allgemein	1.150 ts	1.130 ts	1.300 ts
Maschinenanlage	2.770 ts	3.120 ts	4.200 ts
Bewaffnung	6.570 ts	4.450 ts	7.400 ts
Panzerung	12.410 ts	8.150 ts	17.300 ts
Schiffskörper	13.830 ts	19.600 ts	11.500 ts
Standardverdrängung	36.730 ts	36.450 ts	41.700 ts

Die Daten von *King George V* und *Bismarck* basieren auf dem Fertigstellungsstatus von 1940, die von *North Carolina* sind nach einer Gewichtsberechnung von 1939 abgerundet.
Der Grund für die großen Unterschiede bei Bewaffnung, Panzerung und Schiffskörper bei der *North Carolina* und anderen Schiffe der US Navy liegt darin, daß bei der US Navy die Deckspanzerung zum Schiffskörpergewicht zugerechnet wurde und die Turmgewichte zur Panzerung.*) Es gab noch einige weitere Abweichungen.
Nach britischem System gerechnet, würde es ungefähr so aussehen: Bewaffnung 5.700 ts, Panzerung 11.000 ts, Schiffskörper 15.500 ts; ± 1.000 ts.

*) Anmerkung des Übersetzers: Die *Royal Navy* rechnete die Gewichte der Deckspanzerung zum Panzergewicht und Turmgewichte zur Bewaffnung.

Tabelle 26: Vergleiche der SA von Schlachtschiffen, wie sie im Zweiten Weltkrieg bei den größten Seemächten im Dienst waren**)**

Nation	Kaliber (cm)	Konstruktionsjahr und Kennung	Länge in Kalibern	Geschützgewicht (ts)	Gewicht der Panzersprenggranaten (kg)	V_0 (m/sek)	Reichweite bei maximaler Rohrerhöhung (m)
Großbritannien	35,6	1936, Mk VII	L/45	90	721.065	754,38	32.918,40 bei 40°
Großbritannien	38,1*)	1912, Mk I (N)	L/42	97	878.883	746,76	29.443,68 bei 30°
Großbritannien	40,6	1938, Mk II	L/45	?	1,077.062	746,76	40.050,72 bei 40°
USA**)	40,6	1937, Mk VI	L/45	96	1,224.450	701,04	33.641,36 bei 45°
USA***)	40,6	1940, Mk VII	L/50	119,6	1,224.450	762	37.720,26 bei 45°
Deutschland	38	1934	L/47	109,2	797.253	819,912	36.010,09 bei 35°
Frankreich	38,1	1935	L/45	110	879.976	830,58	39.867,84 bei 35°
Italien	38,1	1931	L/50	102,4	884.325	853,44	42.793,92 bei 35°
Japan	45,7	1939	L/45	181,5	1,460.270	779,06	42.025,82 bei 45°

*) Mit modifizierten Geschossen.
**) Auf der *South Dakota*- und *North Carolina*-Klasse.
***) Auf der *Iowa*-Klasse.
****) Anmerkung des Übersetzers: Im Gegensatz zur Tabelle sind die Daten im Text abgerundet.

952 kg für die US-Mk VI und Mk VII) jeweils als Hochbrisanzgeschoß. Die deutschen 38 cm-Geschütze verschossen Granaten mit hoher Anfangsgeschwindigkeit, hatten eine bedeutende Reichweite und gute Genauigkeit. Die Zwillingstürme waren erfolgreich, obwohl sie in der Praxis den Konstruktionswert von zwei Schuß/min nicht halten konnten. Die Stichflammsicherheit ihrer Türme war gut, aber es waren zwei Schwächen im System:

a) Die Ladevorrichtung erlaubte es, eine gefährliche Anzahl von Bereitschaftstreibladungen in der Ladekammer zu lagern.
b) Die Türme hatten keine Explosionsklappen, und das ist möglicherweise der Grund für

Howe 1945 einlaufend Auckland/Neuseeland.

das Wegfliegen der Rückwand des Turms „B" auf *Bismarck* während des Kampfes mit *Rodney* und *King George V*.

Die Franzosen und Italiener verschossen 38,1 cm-Granaten ähnlichen Gewichts wie die britischen Mk I, aber die Geschwindigkeit war höher. Bei den Italienern erreichte man das durch die Rohrverlängerung auf ein Kaliber L/50, aber es ist nicht klar, wie es die Franzosen machten, es sei denn, sie benutzten stärkere Treibladungen – oder – die Werte in der Tabelle beruhen auf falschen Angaben. Über die Leistungen der französischen und italienischen Geschütztürme sind keine Einzelheiten erhältlich, aber es ist von Interesse, die Nützlichkeit der beiden französischen Vierlingstürme auf der *Richelieu* aufzuzeichnen. Gegenüber den Zwillings- und Drillingstürmen ergaben sie eine beträchtliche Gewichtsersparnis, zugleich wurde dadurch aber die Wichtigkeit des Schutzes und der Zuverlässigkeit nicht berücksichtigt. Im Gegenteil, mit beiden Türmen vorne war das Risiko des Ausfalls der SA

Das französische Schlachtschiff *Richelieu* in Trincomalee, 1944.

durch ein Überfluten der Hauptmagazingruppe, die in einem Block saß, sehr groß (das letzte Schiff der *Richelieu*-Klasse, das nie vollendet wurde, war mit einem Turm vorne und einem hinten umkonstruiert worden). Die japanischen 45,7 cm-Geschütze standen für sich allein, und es ist nutzlos, diese mit den kleineren Kalibern zu vergleichen. Es ist sehr unwahrscheinlich, daß diese Geschütze und ihre Drillingstrüme sehr leistungsfähig waren, insbesondere auf Grund ihres großen Gewichtes und des Mündungsdruckes, den sie erzeugten. Über die Stärken und Schwächen dieser Konstruktion gibt es wenig Einzelheiten, aber sie war sicherlich langsamer beim Drehen. Es bedurfte 45 Sekunden, den Turm um 90° zu drehen, also 2°/sek. In Übereinstimmung mit amerikanischen Nachkriegsveröffentlichungen war die Zuverlässigkeit und Genauigkeit des britischen 38,1 cm-Doppelturms Mk I im Kriege unübertroffen. Natürlich gab es Geschütze und Türme mit einzelnen besseren Charakteristiken, aber keines hatte die umfassende Leistungsfähigkeit dieser Türme, die in ihrer Unkompliziertheit lag, die leicht zu warten waren, auch angesichts der ausgezeichneten Geschützrohre Mk I. Das deutsche 38 cm-Geschütz folgte dichtauf an zweiter Stelle, aber es ist wertvoll, daran zu erinnern, daß die britischen 38,1 cm-Zwillingstürme seit 1915 fortlaufend benutzt wurden, und das war genügend Zeit, um Fehler auszubügeln, die im Originalentwurf womöglich vorhanden waren, und das Geschütz auf den hohen Leistungsstand zu bringen.

Panzerung:* Mit Ausnahme Deutschlands wendeten alle Seemächte in ihren modernen Großkampfschiffen das „Alles oder Nichts"-Schutzsystem an. Schon früher wurde darauf hingewiesen, daß es in der Qualität des Panzermaterials bei den einzelnen Seemächten wenig Unterschiede gab. Irgendwelche vorhandene Unterschiede könnten nur klein gewesen sein und würden sich materiell auf die Widerstandsfähigkeit gegen Panzersprenggranaten nicht ausgewirkt haben.

* Um es klarzustellen, die Bezeichnung der Decks in diesem Abschnitt folgt der britischen Praxis im Zweiten Weltkrieg. Anmerkung des Übersetzers: Die Decksbezeichnungen der deutschen Marine unterscheiden sich wesentlich von der britischen, aber die Unterschiede herauszustellen, ist nicht Aufgabe dieses Werkes.

Die Herstellung von Stahllegierungen ist mehr Sache der Zivilindustrie als der militärischen, und die Entwicklung von verbesserten Stahlqualitäten war keineswegs geheim. Die Stahlsorte, die für die Panzerung verwendet werden konnte, wurde also auch auf anderen Gebieten verwendet, obwohl die prozentualen Zusätze (Nickel, Chrom usw.) jeweils wechselten, je nach Art der Verwendung. Die Herstellung der Panzerplatten hingegen war Sache einer Spezialindustrie. Die Fertigung der Panzerung in sehr großen und dicken Sektionen und der Wärmebehandlungsprozeß warfen Probleme auf, die anderswo nicht auftreten konnten. Die Panzerqualität hing daher von einer sorgfältigen Kontrolle des Herstellungsprozesses ab, und auf diesem Gebiet lagen zwischen den Kriegen auch die meisten Verbesserungen.

Bei der *Bismarck* war die Verteilung des Panzers ähnlich der in den letzten deutschen Schlachtschiffen des Ersten Weltkrieges, *Baden* und *Bayern*. Das ist durchaus nicht überraschend, denn Deutschland hatte wenig Grund, die Wirksamkeit des Schutzes seiner früheren Schiffe anzuzweifeln. Da es für so lange Zeit nur ein kleines Korps von Kriegsschiffkonstrukteuren haben konnte und keine See-Erfahrungen mit Schlachtschiffen mehr hatte, schaute es auf seine letzte und erfolgreiche Konstruktion zurück, die als Basis für die neu zu konstruierenden Schiffe galt. Während alle anderen Nationen ihren Schiffen eine vergleichsweise einheitliche Panzerstärke gaben, reduzierte sich der Gürtelpanzer der *Bismarck* über dem Panzerdeck auf 25,4 cm und zwischen H-Deck und Oberdeck auf 15,2 cm. Das Hauptpanzerdeck befand sich in der Ebene des Mitteldecks und hatte über der Maschinenanlage ein Horizontalstärke von 8,12 cm, in der Böschung von 10,2 cm. Über den Magazinen war es horizontal 10,2 cm und in der Böschung 11,93 cm dick. Das Fehlen eines entsprechenden Schutzes über dem Mitteldeck führte zum schnellen Verlust der inneren Nachrichtenverbindungen, unmittelbar nachdem der Kampf mit *Rodney* und *King George V* begonnen hatte. Alle anderen Nationen rüsteten ihre Schiffe mit einem Hauptpanzerdeck aus, das ein Deck höher saß – in der H-Decksebene –, um die verwundbaren Strukturen über der Zitadelle zu vermindern. Nur die italienische *Littorio* und die japanische *Yamato* hatten über dem Oberdeck ein zusätzliches (Back-)Deck. Die Stärke des Oberdecks ist für gewöhnlich in die Panzerstärke eingeschlossen, aber da es das stärkste Deck ist – es ist schon aus schiffbaulichen Gründen dick –, sind seine Schutzqualitäten von einer reinen Zweitrangigkeit. Das beste, was von diesen Decks zu erwarten war, ist, daß es einer panzerbrechenden Granate ihre Kappe zerstören und deren Geschwindigkeit mindern würde. Die einzige Ausnahme bildete die italienische *Littorio*-Klasse, die auf dem Backdeck Schutzplatten führte. Es ist nicht außergewöhnlich, die Stärke aller Decks als Horizontalschutz eines Schiffes zusammenzuziehen. In diesem Falle ist es wert, daran zu erinnern, daß zwei oder mehrere dünne Decks nicht so gut sind wie eines von gleicher Stärke und daß Schutzplatten nicht die gleiche Widerstandsfähigkeit gegen das Durchschlagen haben wie ein Panzer. Es wird hier angenommen, daß wie bei den Briten alle Nationen Deckspanzer für den Hauptdecksschutz verwendeten und nicht aufgesetzte Schutzplatten wie im Ersten Weltkrieg. Ein anderer Punkt – nicht immer beachtet beim Vergleich von Schutzanordnungen – ist die Breite (Tiefe) des Gürtelpanzers. Abgerundete Werte der Breite und ihre Beziehung zur Einsatzwasserlinie, bezogen auf den Einsatztiefgang in der Tabelle 24 (→ Seite 114), sind in der Tabelle 27 wiedergegeben.

Anhand dieser Daten kann man feststellen, daß die britischen und deutschen Schiffe den breitesten Gürtelpanzer hatten, aber der von der *Bismarck* reichte mehr über die Wasserlinie. Das hatte den Vorteil des Schutzes des oberen Schiffskörpers (obwohl das im Falle des 15,2 cm dicken oberen Gürtelpanzers ein strit-

Tabelle 27: Tiefe (Breite) der Gürtelpanzer

	Breite des Gürtelpanzers	unter der Einsatzwasserlinie	über der Einsatzwasserlinie
King George V	7,32 m	4,58 m	2,74 m
Vanguard	7,32 m	4,27 m	3,05 m
Bismarck	7,32 m	2,44 m	4,88 m
Richelieu	6,10 m	3,96 m	2,14 m
Montana	6,10 m	3,05 m	3,05 m
Yamato	5,64 m	3,66 m	1,98 m
North Carolina	4,88 m	3,35 m	1,53 m
Littorio	3,96 m	2,13 m	1,83 m

Nelson im März 1946.

tiger Punkt ist), aber es verlieh weniger Schutz gegen Unterwassertreffer. Die britischen Schiffe hingegen hatten den besseren Seitenschutz, bezogen auf die bedeckte Tiefe als Schutz gegen Unterwassertreffer. Die italienischen Schiffe hatten den schlechtesten. Die japanische *Yamato* hatte tatsächlich einen besseren Schutz gegen Unterwassertreffer, weil sich der Gürtelpanzer senkrecht bis zum Schiffsboden fortsetzte, und zwar in Form eines sehr dicken Torpedoschotts, das stufenweise an Stärke abnahm. Die amerikanischen Schiffe der *South Dakota*- und *Iowa*-Klasse, die in der Tabelle nicht aufgeführt sind, hatten einen Schutz gegen Unterwassertreffer. Der Schutz der *South Dakota*-Klasse war schlechter als bei den italienischen Schiffen und bei der *Iowa*-Klasse besser als bei den britischen Schiffen. Dieser

Punkt weist darauf hin, daß bei den Schlachtschiffen der *US Navy* ein Mangel an Beständigkeit in der Ausführung des Seitenschutzes ihrer Schlachtschiffe war. Jede der vier Klassen, die gebaut oder in Auftrag gegeben wurden, hatte eine unterschiedliche Ausführung des Seitenschutzes.

North Carolina:
Diese Klasse besaß einen Außengürtelpanzer, der schräg mit 15° zur Senkrechten saß. An seinem Boden befand sich ein kleiner Außenwulst, der es ermöglichte, daß Gase einer Unterwasserexplosion nach außen entweichen konnten. Die Haupt-Unterwasserschutzräume waren innen, unterhalb und hinter dem Gürtelpanzer.

South Dakota:
Diese Klasse besaß einen Gürtelpanzer von 30,98 cm Dicke, der in einem Winkel von 19° eingebaut und auf einem 2,54 cm-Torpedoschott aufgebaut war. Somit befand sich der Gürtelpanzer über 4,87 m innerhalb der Außenhaut, mit den Unterwasserschutzräumen außerhalb der Panzerung. Das Panzerdeck, bei dieser Klasse auf 12,7 cm verstärkt, reichte über den Gürtelpanzer hinaus bis zur Bordwand. Mit dem Seitenpanzer so weit innen muß es gefährlich gewesen sein für den Fall, daß ein Geschoß die lebenswichtigen Teile beim Durchschlagen traf, die unter dem Gürtelpanzer saßen. Die Granate hatte es dabei gar nicht nötig, unter Wasser zu treffen. Bis zu einer gewissen Tiefe konnte eine Granate – in der Wasserlinie treffend – die Maschinenräume und/oder Magazine erreichen, wenn sie die dünne Struktur des Wulstschutzes und das Torpedoschott durchschlug.

Iowa:
Der 30,98 cm-Gürtelpanzer von *Iowa* war in ähnlicher Weise angeordnet wie bei der *South Dakota.* Der Hauptgürtelpanzer war über 4,27 m breit, aber die Panzerung reichte rund 9,14 m tief unter die Einsatzwasserlinie, wobei sie nach unten langsam bis auf eine Stärke von 2,54 cm abnahm. Dieses Seitenschutzsystem verlieh somit einen besseren Schutz gegen Unterwassertreffer.

Montana:
Der 19°-Böschungs-Hauptgürtelpanzer dieser Klasse war in ähnlicher Form angeordnet wie bei der *North Carolina.* Das Unterwasserschutzsystem war teilweise innen und teilweise außerhalb der Zitadelle. Es hatte allerdings einen zusätzlichen Innengürtelpanzer, und zwar in Form eines sehr dicken Torpedoschotts, der sich vom Mitteldeck bis zum Schiffsboden erstreckte. Er verjüngte sich von einer oberen 20,3 cm-Stärke auf eine untere 2,54 cm-Stärke. Seltsam genug, daß die Briten, die im Ersten Weltkrieg mit dem Einbau des Außen-Schräg-Gürtelpanzers und mit dem Inneren-Schräg-Gürtelpanzer der *Nelson*-Klasse begonnen hatten, diese Bauart bei ihren neuen Schlachtschiffen verließen, während alle anderen Seemächte – mit Ausnahme Deutschlands – den Schräg-Gürtelpanzer übernahmen. Nur die USA und Frankreich übernahmen den inneren schrägen Gürtelpanzer, der im letzteren Falle (*Richelieu*-Klasse) ähnlich dem der *Nelson* war.
Interessant ist der hohe Grad an Schutz, den man bei den amerikanischen und französischen Schiffen, in Relation zur Seitenpanzerung, den Türmen und Barbetten zumaß. Theoretisch sollten der Gürtelpanzer seitlich der Magazine, die Barbetten und Turmfronten in jedem Fall in der Stärke gleich sein; jedes ist gleich wichtig, am wichtigsten wäre der Gürtelpanzer. Wenn ein Turm durchschlagen wurde, fiel bei guter Stichflammsicherheit nur er aus; ein

Die USS *North Carolina* kurz nach Fertigstellung.

durchschlagener Gürtelpanzer und ein getroffenes Magazin konnten zum Untergang des Schiffes führen. Ein anderer interessanter Punkt ist bei den amerikanischen, deutschen und französischen Schiffen die Beibehaltung des schwergepanzerten Kommandoturms. Diese Bauart war von geringem Wert, erhöhte das Toppgewicht und das Panzergewicht merklich. Der Kommandoturm der *Bismarck* nutzte nur wenig, um die Schiffsführung, BÜ-Verbindungen und Feuerleitanlagen zu schützen, alles wurde zu Beginn des Kampfes mit *Rodney* und *King George V* schwer getroffen. Folgende theoretische Schlußfolgerungen können aus dieser Studie über die Bewaffnung und den Schutz der britischen Schiffe im Vergleich zu anderen Marinen gezogen werden:

King George V-Klasse:
Im allgemeinen konnten die Schlachtschiffe anderer Marinen die Panzerung der *King George V*-Klasse durchschlagen, leicht oberhalb der Reichweite, in der sie die der anderen durchschlagen konnte.

Lion-Klasse:
Allgemein hätte *Lion* den Panzer der Schlachtschiffe aller anderen Marinen durchschlagen können (mit Ausnahme *Yamato*), bevor diese so nahe herankommen konnten, um den ihren zu durchschlagen.

Vanguard:
Der Schiffsschutz der *Vanguard,* im Vergleich zu ihrer Geschützkampfkraft, gab ihr annähernd die gleiche Kraft wie die der Schlachtschiffe anderer Marinen.
Dieses sind in der Tat sehr einfache Verallgemeinerungen. Sie tragen den vielen möglichen Variablen keine Rechnung, die sich aus Taktik, dem Begegnungskurs usw. ergeben. Die Beweise sind nur unzureichend, um diese Ausnahmen zu bestätigen, aber es scheint, was auch immer die theoretische Durchschlagskraft von Panzersprenggranaten, die im Zweiten Weltkrieg in Benutzung waren, betrifft, die Panzerstärken waren unter normalen Kampfbedingungen überwiegend undurchschlagbar. Wenn das so war, lag es an den Geschützen, die die Kraft aufbrachten, die Leitstände und ungepanzerten Teile eines Schiffes zu zerstören, was den Ausgang eines Geschützduells dann entscheiden würde.

Unterwasserschutz: Es ist nur wenig bekannt über den Wert des Unterwasserschutzes, der von den Marinen verwendet wurde. Um das zu beurteilen und einen genauen Vergleich anzustellen, müßten wissenschaftlich fundierte Probeuntersuchungen an den einzelnen Strukturen durchgeführt werden. Dennoch lassen sich einige grobe Schlußfolgerungen aus den Daten der Tabelle 28 ziehen. Die Höhe des Systems ist allgemein wichtiger als die Breite, weil eine Unterwasserexplosion von selbst nach oben wirkt. Aus dem gleichen Grunde sind äußere Explosionsentweichungen gegenüber denen, die nach innen zur Zitadelle entweichen, zu bevorzugen. Durch den Verlust der *Prince of Wales* konzentrierte sich die Aufmerksamkeit der Briten besonders auf diesen Punkt, und die sich daraus ergebenden Verbesserungen sind aus der vergrößerten Höhe der Wulsträume der *Vanguard* zu ersehen. Bei dieser Überlegung scheint es, daß die meisten Länder einen besseren Unterwasserschutz für ihre Schiffe verwendeten als die Briten bei ihren. Die Italiener scheinen das beste System gehabt zu haben. Unglücklicherweise wissen die Autoren darüber sehr wenig, aber es ist sicherlich sehr ungewöhnlich und sehr umfangreich gewesen. Auf der *Bismarck* gab es kein besonderes Unterwasserschutzsystem, abgesehen von einem äußeren Luftraum (zwischen Bordwand und den Heizölaußenbunkern) und ihrem Torpedoschott. Seitlich der vorderen Maschinen- und Kesselräume waren keine Seitenräume, so daß jedes Leck im Torpedoschott in diesem Bereich ein Überfluten der Hauptmaschinenräume hervorgerufen hätte. Dieses war eine ernste Lücke, wenn man betrachtet, daß *Bismarck* eine um 3,05 m größere Breite hatte als die Mehrzahl der anderen Schlachtschiffe und 4,57 m mehr als die *King George V*-Klasse.

Maschinenanlagen: Alle Staaten, mit Ausnahme Deutschlands und Japans, bevorzugten eine Kraftwerksanordnung der Maschinenanlage, um das Risiko des Verlustes der Vortriebskraft bei Überfluten der Maschinenräume zu reduzieren. Auf der *Bismarck* waren die Maschinenräume sehr groß und beanspruchten einen Raum von 77,47 m Länge und 23,79 m Breite, im Vergleich zur *Vanguard,* einem Schiff von annähernd gleicher Größe und Geschwindigkeit, mit 53,07 m Länge und 21,96 m Breite. Die einzelnen Maschinen- und Kesselräume der *Bismarck* und der britischen Schiffe waren annähernd gleich groß. Den zusätzlichen Raum benötigte sie für vier weitere Kessel und eine große Zahl von Hilfsmaschinen. Das erklärt auch das außergewöhnlich große Gewicht der Maschinenanlage von *Bismarck,* nämlich 4200 ts. Von diesem Gewicht waren nur 2800 ts für die Hauptmaschinen selbst, die restlichen 1400 ts waren für die Hilfsmaschinen. Im Vergleich dazu hatte die *King George V*-Klasse ein Hauptmaschinengewicht von 2300 ts und 400 ts für die Hilfsmaschinen. Einen noch ungewöhnlicheren Zustand gab es bei den Maschinenanlagen der US-Schlacht-

Tabelle 28: Unterwasserschutzsysteme

Klasse	Breite der Wulsträume	Höhe der Wulsträume	Stärke der Torpedoschotte	Anmerkungen
King George V	3,96 m	7,72 m	4,44–3,8 cm	Sandwich-Verfahren (Luft/Flüssigkeit/Luft) Innen-Gasexpansion
Vanguard	4,57 m	10,97 m	4,44–3,8 cm	–
North Carolina	6,09 m	9,14 m	–	Sandwich-Verfahren (Luft/Flüssigkeit/Luft) Außen- und Innen-Gasexpansion
Bismarck	5,79 m	10,36 m	4,44 cm	Luftraum und Heizöltanks, Innen- und Außen-Gasexpansion
Littorio	7,62 m	12,19 m	3,8 cm	Innen Luftrohr, von Wasser umgeben, Innen- und Außen-Gasexpansion
Richelieu	6,09 m	9,75 m	1,9 cm	Innen- und Außen-Gasexpansion

schiffe. Sie hatten zwar sehr leichte Anlagen, benötigten dennoch einen vergleichsweise großen Raum dafür. Die Hauptmaschinenanlage der *North Carolina* z. B. wog 1900 ts, beanspruchte aber einen Raum von 67,10 m Länge und 21,96 m Breite. Die kombinierten Maschinen- und Kesselräume waren jeweils 13,72 m lang und 21,96 m breit, die Höhe betrug 7,32 m. Die größten Maschinenräume der *King George V* waren die Kesselräume. Diese waren 13,71 m lang, 7,62 m breit und 9,75 m hoch. Die US-Schiffe hatten über den Bereich der Mittschiffssektion sogar eine parallele Breite, eine Maßnahme, die dazu diente, sich der Begrenzung des Panamakanals anzugleichen. Die sich daraus ergebenden Schiffskörperformen waren jedoch nicht besonders strömungsgünstig. Daher auch die größere Antriebsleistung der amerikanischen Schiffe im Vergleich mit anderen Schiffen gleicher Größe und Geschwindigkeit. Die hohe Geschwindigkeit der *Iowa*-Klasse, 33 kn (Konstruktion), war das Ergebnis der Forderung, daß sie gemeinsam (und zum Schutz dieser) mit schnellen Trägerkampfgruppen operieren konnte. Es ist unwahrscheinlich, daß sie unter normalen Einsatzbedingungen eine solche Geschwindigkeit halten konnte, und jeder Fahrtüberschuß gegenüber Schiffen anderer Nationen war wenig wert. Eine Lehre, die die Briten während des Ersten Weltkrieges mit der *Queen Elizabeth*-Klasse gezogen hatten. Allgemein schienen die Schiffe der *Iowa*-Klasse für ihre Größe unterbewaffnet. Der zusätzliche Raum und das größere Gewicht wurden für die Maschinen und den verbesserten Schiffsschutz (im Vergleich zu früheren Schiffen) verwendet. Im Gegensatz dazu scheinen die ersten 35000 ts-(Entwurf)-Schlachtschiffe der Amerikaner überbewaffnet gewesen zu sein, was in einer Opferung des Schiffsschutzes resultierte. Die Briten hingegen betrachteten 35000 ts-Schiffe mit 40,6 cm-Geschützen als schlecht ausgewogene Entwürfe. Ein ernsthafter Mangel der britischen Großkampfschiffe in den ersten Jahren des Krieges zeigte sich in der mangelnden E-Kapazität, die für die auferlegten Aufgaben unzureichend war. *King George V* hatte eine E-Leistung von 2800 kW, *North Carolina* erzeugte 8800 kW, *Bismarck* 7910 kW, und nahezu alle anderen Großkampfschiffe konnten mehr E-Leistung erzeugen als ihre britischen Gegenspieler. Die sehr hohe Kapazität der amerikanischen und deutschen Schiffe ist teilweise durch die Benutzung von elektrohydraulischen Pumpen für die SA erklärlich. Die Briten benutzten Turbo-Hydraulikpumpen. *Vanguard* hatte eine E-Kapazität von 3720 kW. Die Kriegserfahrungen hatten gezeigt, daß das ausreichend war für die Bedürfnisse dieses Einzelgängers. Ein anderer Schwachpunkt der britischen Schlachtschiffe war der mangelhafte Fahrbereich im Vergleich zu den Schiffen anderer Nationen.

Revenge, zum Abbruch in Inverkeithing, September 1948.

Revenge und *Royal Sovereign* im März 1950, teilweise desarmiert in Inverkeithing, zum Abbruch.

Nur Italien wies kleinere Fahrbereichswerte bei seinen Großkampfschiffen auf, aber das lag daran, daß sie überwiegend für den Einsatz in den vergleichsweise beengten Gewässern des Mittelmeeres konstruiert worden waren.

Allgemeine Schlußfolgerungen: Der erfolgreiche Entwurf eines Kriegsschiffes beruht zum überwiegenden Teil auf der Summe der vorangegangenen Erfahrungen, die von den Konstrukteuren gesammelt wurden. Daraus folgt, daß die Nation mit der größten See- und Kampferfahrung am leichtesten in der Lage ist, eine erfolgversprechende Konstruktion zu fertigen. Das betrifft besonders den Schlachtschiffbau und zeigt, daß die Nation mit den wenigsten Erfahrungen auch den erfolglosesten Typ hervorbringt. Den Japanern z. B., obwohl im Besitz einer großen Marine, mangelte es an detaillierten Entwurfs- und modernen Kampferfahrungen. Das ist nicht ersichtlich aus den tabellarischen Zusammensetzungen, aber es ist trotzdem wahr. Diese Aussage wird mit den Worten des amerikanischen Berichtes über die

◀ *Nelson* zum Abbruch im März 1949 in Inverkeithing. Aufgenommen von *Revenge*.

Warspite im Schlepp zum Abwracken. Die Reise wurde nicht beendet. ▼

Das Spiegelheck der *Vanguard,* dem letzten britischen Schlachtschiff.

japanischen Konstruktionsmethoden aus dem Jahre 1946 bekräftigt: *„Die mangelnde Beachtung fundamentaler Details im Entwurf oder mangelndes Forschen nach einem notwendigen Weg, um augenscheinlich unwichtige Einzelheiten sachgemäß der richtigen Lösung zuzuführen, ließ Lücken frei, die zu schweren Störungen bei Beschädigungen führen konnten und die auch tatsächlich bei einzelnen japanischen Hauptkriegsschiffen den Verlust verursacht haben.“* Aus diesem Grunde glauben die Autoren, daß die USA und Großbritannien die wirkungsvollsten Konstruktionen fertigten und daß die *Royal Navy* wohl auch den Vorsprung hatte, denn bis 1942 konnte die amerikanische Dreadnought-Flotte nur wenig Kampferfahrung sammeln. Es ist wahr, es gab viele Fehler in den britischen Konstruktionen, aber die meisten davon konnten korrigiert werden, ohne daß Änderungen im Grundentwurf nötig waren. *Vanguard* vereinigte in sich einen Großteil der Kriegserfahrungen der *Royal Navy,* wodurch die meisten Fehler, die 1939 existiert hatten, beseitigt waren, aber sie behielt das gleiche System des Schiffsschutzes, der Maschinenanlage und des Schiffskörperbaues, wie es die früheren Schiffe gehabt hatten. Ihr Schiffsschutz war gut, die Maschinenanlage war zuverlässig, die Geschwindigkeit war angemessen. Sie hatte eine ausgezeichnete Bewaffnung, und ihre See-Eigenschaften waren unübertroffen. Es ist zweifelhaft, ob irgendeine andere Nation gleiches von einem ihrer Schiffe behaupten kann.

Endschicksal der britischen Schlachtschiffe*

Barham	Am 25. November 1941 durch deutsches Uboot *U 331* versenkt
Malaya	Am 20. Februar 1948 zum Verschrotten verkauft
Queen Elizabeth	Am 19. März 1948 zum Verschrotten verkauft
Valiant	Am 19. März 1948 zum Verschrotten verkauft
Warspite	Am 12. Juli 1946 zum Verschrotten verkauft, im Schlepp nach Faslane vor Prussia Grove am 23. April 1947 gestrandet, dort abgebrochen
Ramillies	Am 20. März 1948 zum Verschrotten verkauft
Resolution	Am 5. Mai 1948 zum Verschrotten verkauft
Revenge	1948 zum Verschrotten verkauft
Royal Oak	Am 14. Oktober 1939 durch deutsches Uboot *U 47* versenkt
Royal Sovereign	Am 5. April 1949 zum Verschrotten verkauft
Repulse	Am 10. Dezember 1941 durch japanische Flugzeuge versenkt
Renown	Am 19. März 1948 zum Verschrotten verkauft
Hood	Am 24. Mai 1941 durch deutsches Schlachtschiff *Bismarck* versenkt
Rodney	1948 zum Verschrotten verk.
Nelson	1948 zum Verschrotten verk.
King George V	1957 zum Verschrotten verk.
Prince of Wales	Am 10. Dezember 1941 durch japanische Flugzeuge versenkt
Duke of York	1957 zum Verschrotten verkauft (am 13. Mai 1957)
Anson	1957 zum Verschrotten verk.
Howe	1957 zum Verschrotten verk.
Vanguard	1960 zum Verschrotten verk.

* Anmerkung des Übersetzers:
Malaya, ab 12. 4. 1948 in Faslane abgebrochen
Queen Elizabeth, ab 7. 7. 1948 bei Arnott Young in Dalmuir abgebrochen
Valiant, ab 16. 8. 1948 in Cairnryan abgebrochen
Ramillies, abgebrochen in Cairnryan
Resolution, abgebrochen in Faslane bei Metal Industries
Royal Sovereign, abgebrochen in Rosyth
Revenge, ab 5. 9. 1948 bei Ward in Inverkeithing abgebrochen
Renown, ab 7. 1948 abgebrochen in Faslane bei Metal Industries
Rodney, ab 26. 3. 1948 bei Ward in Inverkeithing abgebrochen
Nelson, ab 15. 3. 1949 bei Ward in Inverkeithing abgebrochen
King George V, ab 20. 1. 1958 in Troon und Dalmuir abgebrochen
Duke of York, ab 2. 1958 in Faslane abgebrochen
Anson, ab 17. 12. 1957 in Faslane abgebrochen
Howe, ab 27. 5. 1958 bei Ward in Inverkeithing abgebrochen
Vanguard, ab 9. 8. 1960 in Faslane abgebrochen

Anhang 1: Waffen

Schwere Artillerie und Mittelartillerie

38,1 cm-Geschütz Mk I
(Drahtrohr – Verschlußlader)
Einführungsdatum: 1915
Kaliber: 38,1 cm
Länge des Rohres: L/42 (1600,2 cm)
Länge des Geschützes: 1652,02 cm
Geschützgewicht (ohne Verschlußeinrichtung/Bodenstück): 97,101 ts
Gewicht der Verschlußeinrichtung/Bodenstück: 2,863 ts
Züge: 76 Züge, Drall gleichmäßig rechts herum, eine Drehung in 30 Kalibern
Länge der Züge: 1341,47 cm
Geschoßgewicht:
4 × r-Panzersprenggranate = 870,72 kg
6 × r-Panzersprenggranate (1937) = 879 kg
Geschoßlänge 879 kg-Geschoß:
1,65 m (Panzersprenggranate/APC)
1,71 m (Hochexplosivgranate/HE)
Treibladungsgewicht: 194,098 kg Cordite
Supertreibladungsgewicht (Zweiter Weltkrieg): 222,215 kg Cordite
V_0: 4 × r-Granate = 746,76 m/sek
V_0: 6 × r-Granate = 804,67 m/sek
Mündungsenergie:
4 × r-Granate = 24743 mt*
6 × r-Granate = 28998 mt
Lebensdauer des Rohres: 350 volle Treibladungen

Lafetten/Türme:
a) Zwilling – 38,1 cm-Mk I (*Queen Elizabeth*-Klasse, *Royal Sovereign*-Klasse, *Renown* und *Repulse*)
Drehgewicht = 750 ts (1915), 785 ts (1935)
Feuergeschwindigkeit = 2 Schuß/Geschütz/Minute
Maximale Rohrerhöhung = 20°
Maximale Reichweite: 4 × r-Granate = 21702,36 m
6 × r-Granate (Supertreibladung) = 26243,28 m
b) Zwilling – 38,1 cm-Mk II *(Hood)*
Drehgewicht = 860 ts
Feuergeschwindigkeit = 2 Schuß/Geschütz/Minute
Maximale Rohrerhöhung = 30°
Maximale Reichweite: 4 × r-Granate = 27517,6 m
c) Zwilling – 38,1 cm-Mk I (N) – (modifizierte Mk I auf *Queen Elizabeth, Valiant, Warspite, Renown* und *Vanguard*)
Drehgewicht = 855 ts *(Vanguard),* 815 ts *(Warspite)*
Feuergeschwindigkeit = 2 Schuß/Geschütz/Minute
Maximale Rohrerhöhung = 30°
Maximale Reichweite: 6 × r-Granate = 29443,68 m
Fernsteuerung: Typ 12, nur in *Vanguard* zur Erprobung

* Anmerkung des Übersetzers: Angabe in mt/Metertonnen (abgerundet)

40,6 cm-Geschütz Mk I
(Drahtrohr – Verschlußlader)
Einführungsdatum: 1927
Kaliber: 40,6 cm
Länge des Rohres: L/45 (1828,8 cm)
Länge des Geschützes: 1879,6 cm
Geschützgewicht (ohne Verschlußeinrichtung/Bodenstück): 103,508 ts
Geschoßgewicht:
Panzersprenggranate = 931,035 kg
Hochexplosivgranate = 928,566 kg
Geschoßlänge:
Panzersprenggranate = 169,08 cm
Hochexplosivgranate mit ballistischer Kappe = 192,98 cm
Treibladungsgewicht: 231,285 kg SC-Cordite
V_0: 822,96 m/sek
Mündungsenergie: 32087 mt
Lebensdauer des Rohres: ~ 200 volle Treibladungen
Lafetten/Türme:
Drilling – 40,6 cm-Mk I (*Rodney* und *Nelson*)
Drehgewicht = 1480 ts
Feuergeschwindigkeit = 1,5 Schuß/Geschütz/Minute
Maximale Rohrerhöhung = 40°
Maximale Reichweite = 38389,25 m

Anmerkung: Bei dem original 40,6 cm-Geschütz Mk I ergaben sich Probleme mit den Zügen. Nachdem diese beseitigt worden waren, wurde es als Mk II Züge-Geschütz bekannt.

40,6 cm-Geschütz Mk II
(Ganzstahl – Verschlußlader)
Einführungsdatum: annulliert
Kaliber: 40,6 cm
Länge des Rohres: L/45 (1828,8 cm)
Länge des Geschosses:
Panzersprenggranate = 185,21 cm
Hochexplosivgranate = 174,52 cm
Geschoßgewicht:
Panzersprenggranate = 1077,062 kg
Hochexplosivgranate = 928,768 kg
V_0: 751,76 m/sek
Mündungsenergie: 30625 mt
Reichweite: 40050,72 m bei 40°

35,6 cm-Geschütz Mk VII
(Ganzstahl – Verschlußlader)
Einführungsdatum: 1940
Kaliber: 35,6 cm
Länge des Rohres: L/45 (1600,2 cm)
Länge des Geschützes: nicht bekannt
Geschützgewicht (ohne Anhängsel): 77,749 ts
Geschützgewicht (einschließlich Gegengewicht): 89,139 ts
Gewicht der Verschlußeinrichtung/Bodenstück: 1,863 ts
Züge: 72 Züge, Drall gleichmäßig rechts herum, eine Drehung in 30 Kalibern
Geschoßgewicht: 723,065 kg
Treibladungsgewicht: 153,283 kg
V_0: 754,38 m/sek
Mündungsenergie: 20912 mt
Lebensdauer des Rohres: 340 volle Treibladungen (gem. Entwurf)
Lafetten/Türme:
Vierling – Mk III, Zwilling – Mk II
Drehgewicht (ohne Geschütze):
Vierling Mk III = 1582 ts
Zwilling Mk II = 915 ts
Feuergeschwindigkeit = 2 Schuß/Geschütz/Minute
Maximale Rohrerhöhung = 40°

15,2 cm-Geschütz Mk XII
(Drahtrohr – Verschlußlader)
Einführungsdatum: 1915
Kaliber: 15,2 cm
Länge des Rohres: L/45 (685,8 cm)
Länge des Geschützes: ~ 711 cm

Geschützgewicht: 6,736 ts
Geschoßgewicht: 45,350 kg
Treibladungsgewicht: 12,250 kg
V_0: 861,06 m/sck
Mündungsenergie: 1713 mt
Lafette:
Einzellafette P IX (Mittelpivot-Lafette) in Kasematte (*Queen Elizabeth-* und *Royal Sovereign*-Klasse)
Feuergeschwindigkeit: 7 Schuß/Geschütz/Minute
Maximale Rohrerhöhung: 15°
Maximale Reichweite: 12344,40 m

15,2 cm-Geschütz Mk XXII und XXII*
(Drahtrohr – Verschlußlader)
Einführungsdatum: 1927
Kaliber: 15,2 cm
Länge des Rohres: L/50 (762 cm)
Länge des Geschützes: 786,70 cm
Geschützgewicht (ohne Verschlußeinrichtung/Bodenstück): 8,863 ts
Gewicht der Verschlußeinrichtung/Bodenstück: 164,406 kg
Züge: 36 Züge, Drall gleichmäßig rechts herum, eine Drehung in 30 Kalibern
Länge der Züge: 649,10 cm
Geschoßgewicht: 45,350 kg
Treibladungsgewicht: 13,605 kg SC-Cordite
V_0: 897,63 m/sek
Mündungsenergie: 1862 mt
Lebensdauer des Rohres: 600 volle Treibladungen
Lafetten/Türme:
Doppellafette Mk XVIII (*Rodney* und *Nelson*)
Gewicht (einschließlich Geschütze) = 75 ts
Feuergeschwindigkeit: 8 Schuß/Geschütz/Minute
Maximale Rohrerhöhung = 60°
Maximale Reichweite = 23408,64 m bei 45°

---

14 cm-Geschütz Mk I
(Drahtrohr – Verschlußlader)
Einführungsdatum: 1916
Kaliber: 14 cm
Länge des Rohres: L/50 (698,5 m)
Länge des Geschützes: 723,25 cm
Geschutzgewicht: 6,050 ts
Züge: 40 Züge, Drall gleichmäßig rechts herum, eine Drehung in 30 Kalibern
Länge der Züge: 599,23 cm
Geschoßgewicht: 37,187 kg
Treibladungsgewicht: 10,090 kg MD-Cordite
V_0: 830,58 m/sek
Mündungsenergie: 1307 mt
Lafette:
Einzellafette CP II (Mittelpivot), offene Schilde *(Hood)*
Feuergeschwindigkeit: 12 Schuß/Geschütz/Minute
Maximale Rohrerhöhung: 30°
Maximale Reichweite: 16916,40 m

10,2 cm-Geschütz-Mk IX und Mk IX*
(Drahtrohr – Verschlußlader)
Einführungsdatum: 1916
Kaliber: 10,2 cm
Länge des Rohres: L/45 (450,59 cm)
Geschützgewicht (ohne Verschlußeinrichtung/Bodenstück): 2,051 ts
Geschoßgewicht: 14,058 kg
Treibladungsgewicht: 2,663 kg
V_0: 790,10 m/sek
Mündungsenergie: 458 mt
Lafette:
Drillingslafette Mk I-T 1, offenes Schild (*Renown* und *Repulse*)
Lafettengewicht (ohne Geschützrohre): 8,965 ts
Maximale Rohrerhöhung: 30°
Maximale Rohrabsenkung: 10°

Weitreichende Flak- und Luftziel/Seeziel-Waffen

7,62 cm-Schnellfeuergeschütz Mk I
(Drahtrohr)
Einführungsdatum: 1913 (als Flakwaffe)
Kaliber: 7,62 cm
Länge des Rohres: L/45 (342,9 cm)
Länge des Geschützes: 363,22 cm
Geschützgewicht (einschließlich Verschlußeinrichtung): 1 ts
Züge: 20 Züge, gleichmäßiger Drall, eine Drehung in 30 Kalibern
Länge der Züge: 298,45 cm
Geschoßgewicht: 5,670 kg
Treibladungsgewicht: 1,130 kg
V_0: 762 m/sek
Lafette:
Einzellafette Luftziel-Mk II, offen (*Queen Elizabeth-* und *Royal Sovereign*-Klasse, *Renown* und *Repulse*)
Lafettengewicht (ohne Geschütz): 1,829 ts
Feuergeschwindigkeit: 29 Schuß/Geschütz/Minute
Maximale Rohrerhöhung: 90°
Maximale Rohrabsenkung: 10°

10,2 cm-Schnellfeuergeschütz Mk V
Einführungsdatum: 1916 (als Flakwaffe)
Kaliber: 10,2 cm
Länge des Rohres: L/45 (457,2 cm)
Geschützgewicht (komplett): 2,150 ts
Geschoßgewicht: 14,058 kg
Treibladungsgewicht: 3,485 kg
V_0: 914,4 m/sek
Mündungsenergie: 597 mt
Lafetten:
Einzellafette 10,2 cm-Mk III und Mk IV, offen, Luftziel (*Queen Elizabeth-* und *Royal Sovereign*-Klasse, *Renown, Repulse, Hood*)
Doppellafette Zwischendeck-Mk XVII, Luft/Seeziel-Turm *(Repulse)*
Lafettengewicht (Mk III) = 4,558 ts
Feuergeschwindigkeit: 14 Schuß/Geschütz/Minute (maximal)
Maximale Rohrerhöhung (Mk III) = 85°
Maximale Reichweite (Seeziel, Mk III) = 12527,28 m

---

12 cm-Schnellfeuergeschütz Mk VIII*
(Drahtrohr)
Einführungsdatum: 1927
Kaliber: 12 cm
Länge des Rohres: L/43 (917,08 cm)
Geschützgewicht (komplett): 2,977 ts
Gewicht der Einheitsmunition: 50,792 kg
Geschoßgewicht: 22,675 kg
Lafette:
Einzellafette 12 cm, offen, Luftziel-Mk XII (*Nelson* und *Rodney,* während des Zweiten Weltkrieges mit Schutzschilden ausgerustet)
Lafettengewicht (ohne Geschütz): 9,406 ts
Feuergeschwindigkeit: 8 Schuß/Geschütz/Minute
Maximale Rohrerhöhung: 90°
Maximale Rohrabsenkung: 5°

13,3 cm-Schnellfeuergeschütz Mk I
(Ganzstahl)
Einführungsdatum: 1940
Kaliber: 13,3 cm
Länge des Rohres: L/50 (665,48 cm)
Geschoßgewicht: 36,280 kg
Treibladungsgewicht: 8,435 kg
V_0: 792,48 m/sek (durchschnittlich)

Mündungsenergie: 1162 mt
Lafette:
Doppellafette 13,3 cm-Luft/Seeziel-Mk I (*King George V*-Klasse und *Lion*-Klasse und Mk I* *Vanguard*)
Türme:
Lafettengewicht: 854 ts (Mk I*)
Feuergeschwindigkeit: 7–8 Schuß/Geschütz/Minute
Maximale Rohrerhöhung: 80°
Maximale Höhenreichweite: 27015,03 m bei 80°
Effektive Kampfentfernung (Seeziel): 21396,96 m bei 45°
Feinsteuerung des Kraftantriebs nur beim Geschütz Mk I* (RP10)

Anmerkung: Die Türme waren sehr eng und schwierig in der Wartung, sie waren von Hand sehr schwer zu drehen.

10,2 cm-Schnellfeuergeschütz Mk XVI
(Ganzstahl)
Einführungsdatum: 1936
Kaliber: 10,2 cm
Länge des Rohres: L/45 (457,2 cm)
Geschützgewicht (einschließlich Verschlußeinrichtung/Bodenstück und Gegengewicht): 2,054 ts
Züge: 32 Züge, gleichmäßiger Drall, eine Drehung in 30 Kalibern
Gewicht der Einheitsmunition: 28,796 kg
Geschoßgewicht: 16,260 kg
Treibladungsgewicht: 4,081 kg SC-Cordite
V_0: 807,72 m/sek
Mündungsenergie: 598 mt
Lebensdauer des Rohres: 600 volle Treibladungen
Lafette:
Doppellafette 10,2 cm-Luft/Seeziel Mk XIX (*Barham, Malaya, Warspite, Royal Sovereign*-Klasse, *Hood*), ursprünglich mit Handantrieb, später modifiziert auf Fernsteuerung-Kraftantrieb Typ 50, Typ 51 bzw Typ 52
Lafettengewicht (einschließlich Geschütz): 16,558 ts bis 17,203 ts
Feuergeschwindigkeit: 20 Schuß/Geschütz/Minute
Maximale Rohrerhöhung: 80°
Maximale Rohrabsenkung: 10°
Maximaler Drehwinkel: 340°
Maximale Seezielreichweite: 19476,72 m
Effektive Entfernung: 16459,20 m
Maximale Drehgeschwindigkeit bei Fernsteuerung: 20°/sek

11,4 cm-Schnellfeuergeschütz Mk III
(Ganzstahl)
Einführungsdatum: 1939
Kaliber: 11,4 cm
Länge des Rohres: L/45 (917,08 cm)
Geschützgewicht (einschließlich Verschlußeinrichtung/Bodenstück): 2,826 ts
Gewicht der Einheitsmunition: 39,444 kg
Geschoßgewicht: 24,942 kg
V_0: 716,28 m/sek (durchschnittlich)
Lebensdauer des Rohres: 650 volle Treibladungen
Lafette:
Doppellafette Zwischendeck-Mk I *(Renown)* und Mk II (*Queen Elizabeth* und *Valiant*) Luftziel/Seeziel-Türme
Feuergeschwindigkeit: 12 Schuß/Geschütz/Minute
Maximale Rohrerhöhung: 70°
Maximale Höhenreichweite: 28347,87 m bei 70°
Maximale effektive Entfernung (Seeziel): 18196,56 m bei 43°

Anmerkung: Die Türme waren beengt und schwierig zu unterhalten, das Laden war wegen der schußfertigen, nicht geteilten Munition Schwerstarbeit.

Nahbereichs-Flakwaffen

Vickers 2 Pdr Pom-Pom-Geschütz Mk VIII
Kaliber: 40 mm
Länge des Rohres: L/40 (157 cm)
Länge des Geschützes: 260 cm
Geschützgewicht: ~ 272 kg
Geschoßgewicht: 0,907 kg
Züge: 12 Züge, 138 cm lang, gleichmäßiger Rechtsdrall, eine Drehung in 30 Kalibern
V_0: 585,22 m/sek, mit Hochgeschwindigkeitsgeschossen (1938) = 731,52 m/sek
Maximale Reichweite: 3474,22 m
Effektive Kampfentfernung: 1554,48 m
Feuergeschwindigkeit: 90 Schuß/Geschütz/Minute, Drehgeschwindigkeit = 115 u/min (maximal)
Lafetten:
a) Achtrohrige Mk V und Mk VI (alle Schiffe)
 Einführungsdatum: 1930
 Lafettengewicht:
 Mk V = 11,831 ts
 Mk VI (einschließlich Geschütze, Fernsteuerung und 1200 Schuß Munition) = 17,355 ts
 Maximale Rohrerhöhung = 80°
 Maximale Rohrabsenkung = 10°
 Ferngesteuerter Kraftantrieb = Typ 50 oder Typ-10
 Operationsgeschwindigkeit = 15°/sek (mit ferngesteuertem Kraftantrieb = 25°/sek)
b) Vierrohrige Mk VII
 Einführungsdatum: 1938, ursprünglich Handantrieb, später modifiziert für ferngesteuerten Kraftantrieb und umbenannt in Mk VII* (P)
 Lafettengewicht (einschließlich Geschütze und Kraftantrieb) = ~ 11 ts
 Maximale Rohrerhöhung = 80°
 Maximale Rohrabsenkung = 10°
 Maximale Operationsgeschwindigkeit mit ferngesteuertem Kraftantrieb = 25°/sek
 Drehbereichsbegrenzung = 710°[1]
 Ferngesteuerter Kraftantrieb = Typ 50

[1] Anmerkung des Übersetzers: Angabe in der engl. Originalausgabe. Es bleibt ein (?)

Vickers 12,7 mm-MG Mk III
Kaliber: 12,7 mm
Länge des Rohres: L/52 (79 cm)
MG-Gewicht: 25,396 kg (mit gefülltem Wasserkühlmantel = 28,117 kg)
MG-Länge: 132 cm
Geschoßgewicht (Geschoß + Patronenhülse): 82 g
Geschoßgewicht: 37 g
V_0: 768,1 m/sek
Feuergeschwindigkeit: 600 Schuß/Rohr/Minute, 700 Schuß/Rohr/Minute (maximal)
Effektive Reichweite: 731,52 m
Lafetten:
Vierling Mk I, Mk I**, Mk II, Mk II*, Mk III, Handantrieb

Lafettengewicht	ohne MG	mit MG
Mk I	603 kg	727 kg
Mk I**	879 kg	997 kg
Mk II*	1,175 ts	1,293 ts
Mk III	1,085 ts	1,154 ts

Die Mk I** und Mk II* waren Mk I- und Mk II-Lafetten, die soweit wie möglich zum Standard Mk III modifiziert worden waren.
Maximale Rohrerhöhung: 80°
Maximale Rohrabsenkung: 10°
Drehkreisbegrenzung: keine

20 mm-Oerlikon Mk II
Einführungsdatum: 1941
Kaliber: 20 mm
Rohrlänge: L/65
Geschützgewicht (mit Verschlußeinrichtung): ~ 68 kg
Geschoßgewicht: 0,122 kg
Kartuschgewicht: 0,072 kg
Treibladungsgewicht: 27,7 g
V_0: 830,58 m/sek
Feuergeschwindigkeit: 450 Schuß/Rohr/Minute
Maximale Höhenreichweite: 3050 m bei 87°
Maximale effektive Reichweite: 914,4 m
Maximale Seezielreichweite: 4389,12 m bei 35°, 5715 m bei 45°
Lafetten:
Einzellafetten, handbetrieben, verschiedene Mk, ohne merkliche Unterschiede
Gesamtgewicht Geschütz + Lafette: ~ 769 kg
Gewicht Geschützschild: 113,375 kg
Dicke des Geschützschildes: 1,27 cm
Maximale Rohrerhöhung: 87°
Maximale Rohrabsenkung: 5°
Drehbegrenzung: keine, außer wenn mit dem US Mk XIV-Kreiselvisier ausgerüstet, das einen Kabelanschluß erforderte.

---

20 mm-Zwillingslafette Mk V, mit Kraftantrieb
Gesamtgewicht (einschließlich Geschütze): 1,081 ts
Gewicht des Antriebs: 203,2 kg
Maximale Rohrerhöhung: 70°
Maximale Rohrabsenkung: 10°
Drehbereichsbegrenzung: keine
Bedienung: 2 Mann

---

40 mm-Bofors-Schnellfeuergeschütze Mk NI, Mk NI/I, Mk IX und Mk X
Einführungsdatum: 1941
Kaliber: 40 mm
Länge des Rohres: L/60 (243 cm)
Länge des Geschützes: 330 cm
Geschützgewicht: 279,356 kg
Geschoßgewicht: 0,907 kg
V_0: 829,26 m/sek
Züge: Gezogen mit 16 Zügen
Feuergeschwindigkeit: 120 Schuß/Rohr/Minute
Maximale Seezielreichweite: 11430 m
Maximale effektive Reichweite: 2286 m
Maximale Höhenreichweite: 5490 m
Lafetten:
a) Einzellafette Mk III*, handbetrieben, Royal Navy-Version des Armeetyps Mk III, eingebaut mit dem Geschütz Mk NI
Bedienung: 2 Mann
b) Einzellafette Mk VII, Kraftantrieb *(Vanguard),* eingebaut mit dem Geschütz Mk NI/I
Gewicht der kompletten Lafette: ~ 1,6 ts
Maximale Rohrerhöhung: 90°
Maximale Rohrabsenkung: 5°
Drehkreisbegrenzung: keine
Bedienung: 3 Mann
c) Doppellafette Mk II, STAAG *(Vanguard),* eingebaut mit dem Geschütz Mk X
Gesamtgewicht (einschließlich Geschützen): ~ 17 ts
Maximale Rohrerhöhung: 90°
Maximale Rohrabsenkung: 10°
Drehkreisbegrenzung: keine
d) US-40 mm-Vierling Mk II (*King George V*-Klasse und *Nelson*)
Gesamtgewicht (mit Geschützen): ~ 10,5 ts
Ferngesteuerter Kraftantrieb: US-Hydraulik oder E-Antrieb
e) Sechsrohrige Mk VI *(Vanguard),* eingebaut mit Mk IX-Geschützen
Gesamtgewicht: ~ 21,5 ts
Maximale Rohrerhöhung: 90°
Maximale Rohrabsenkung: 15°
Ferngesteuerter Kraftantrieb: Typ 50
f) „Boffin", 40 mm-Bofors-Geschütz in Mk V-Oerlikon-Doppellafette

---

Geschosse

Panzersprenggranaten
Panzerbrechende Granaten müssen genügend stark sein, damit sie, ohne zu zerbrechen, einen Panzer durchschlagen können. Sie wurden daher aus Spezialstahl gefertigt, hatten dicke Köpfe und starke Wandungen, die Sprengladung war vergleichsweise klein. Die Sprengladungen dieser Granaten für 40,6 cm-Mk II-, 38,1 cm-Mk I- und 35,6 cm-Mk VII-Geschütze wogen 26,9 kg, 21,9 kg bzw. 18,1 kg. Um das Durchschlagen zu unterstützen, wurde über die Geschoßspitze gewöhnlich noch eine Kappe gesetzt. Kurz, diese Kappe sollte einen hohen Aufschlagsdruck auf die Panzerplatte ausüben. Die Granate zerbrach dann die Kappe, traf auf den Panzer, der von der Kappe vorgespannt war, und durchdrang ihn somit leichter. Zusätzlich zu dieser Eindringkappe wurde oft noch eine ballistische Kappe auf die Geschoßspitze gesetzt. Diese Kappe bestand aus dünnem Stahl und sollte die beste Stromlinienform der Granate in ihrer Flugbahn durch die Luft vermitteln; sie unterstützte nicht das Durchschlagen. Folgende Arten von Sprenggranaten wurden von den Großkampfschiffen der *Royal Navy* im Zweiten Weltkrieg verwendet:

1. Panzersprenggranaten mit Kappe: Verwendet von den 35,6 cm-, 38,1 cm- und 40,6 cm-Geschützen. Eingesetzt nur gegen schwergepanzerte Ziele.
2. Sprenggranaten mit ballistischer Kappe: Verwendet gegen mittlere Panzerstärken von den 15,2 cm-Geschützen.
3. Halbsprenggranaten: Verwendet von den 13,3 cm-Geschützen und kleineren Kalibern gegen mittlere und leichte Panzerungen.
4. Sprenggranaten mit Kappe: Verwendet in 15,2 cm-Geschützen und größeren Kalibern gegen leichte Panzerungen und ungepanzerte Ziele. Niedrige Durchschlagskraft, große Sprengladung.

Hochexplosive (hochbrisante) Geschosse
Diese Granaten wurden gegen ungepanzerte Ziele verwendet. Sie besaßen wenig oder gar keine Durchschlagskraft. Sie hatten die größte Sprengladung, die man noch in der dünnwandigen Granate unterbringen und die den Abschußschock noch überstehen konnte. Sie wurden auch gegen Schiffsziele eingesetzt, sind aber hauptsächlich für Flugzeug und Landbeschuß gedacht gewesen.

Leuchtgranaten
Sie waren vorgesehen für die Beleuchtung von Zielen, wenn man in einem Nachteinsatz war. Sie hatten dünne Wandungen, kleine Sprengladungen, einen Fallschirm und eine Leuchtfakkel. Die Ladung explodierte mit Zeitzünder, entzündete den Leuchtstern und sprengte ihn und den Fallschirm durch den Boden der Granate. Getragen durch den Fallschirm trieb der Leuchtstern langsam mit einem hellen weißen Licht, bis er im Wasser verlöschte.

Nebelgranaten
Zwei Arten von Nebelgranaten waren in Gebrauch:

a) Um bei Landungen einen Nebelschleier zu legen, und
b) als Flugzeugabwehrgranate, die nach der Explosion einen kleinen grauen Nebelschleier erzeugte, der sowohl als Luftziel als auch zur Feststellung der Windrichtung benutzt werden konnte.

Granatzünder

Bodenzünder
Um die Geschoßspitze nicht zu schwächen und den Zünder beim Durchdringen des Panzers nicht zu beschädigen, sind die Zünder der Panzersprenggranaten am Boden eingebaut. Der Zünder spricht an, sobald die Granate das Ziel trifft, zögert aber noch kurze Zeit bis zur Detonation, um sicherzustellen, daß die Granate erst durchgeschlagen ist.

Berührungs-/Aufschlagzünder
Diese waren für Hochexplosivgeschosse vorgesehen und saßen in der Geschoßspitze. Sie hatten keine Zeitverzögerung, sondern detonierten sofort bei einem Kontakt. Es gab zwei Hauptarten:
a) DA-Berührungszünder, die sehr empfindlich waren und für die 2 Pdr-Granate und für Landbeschuß benutzt wurden, und
b) Berührungsaufschlagzünder, die etwas weniger empfindlich waren als die Berührungszünder; sie wurden gegen Schiffe eingesetzt.

Zeitzünder
Diese waren für hochexplosive Flakgranaten vorgesehen, auch für Leuchtgranaten, Zieldarstellungs-/Nebelgranaten und Flakübungsgranaten. Sie wurden beim Verlassen des Geschützrohres scharf und konnten auf jede Zeit eingestellt werden. Einige dieser Zünder wurden für den Fall, daß sie ein Ziel trafen, bevor die Zeit abgelaufen war, auch als Aufschlagszünder gebaut.

Sprengladungen

Die Sprengladungen der Granaten waren hochexplosiv oder „aufreißend", sie detonierten sofort und mit großer Wirkung. Die Sprengstoffe der britischen Granaten im Zweiten Weltkrieg waren: ROX, TNT, Shellite und Lyditte.

Zündladungen

Um die Detonation der Granaten einzuleiten, befand sich zwischen dem Zünder und der Füllung noch eine Sprengkombination als Detonator, die empfindlicher war als die Sprengladung selbst. Die Sprengstoffe für diese Ladungen waren TNT, Picrinsäure, CE (Kompositionszünder),* Knallquecksilber und Picrin sowie Bleiarzid (die gleiche Art Explosivstoffe wurde in den Zündern selbst ebenfalls verwendet). Außerdem wurde in einigen Fällen immer noch Schwarzpulver verwendet, einschließlich Leuchtgranaten, Zünder, Schrapnells und Treibladungen (Hülsen, Zünder und Zündkapseln).

Treibladungen

Die Ladungen, die zum Abschießen der Granaten benutzt werden, sind auch als Treibladungen bekannt. Ungleich der Sprengladung brennen sie langsam und gleichförmig ab, erzeugen dabei einen fortwährend steten Druck hinter der Granate, bis diese das Rohr verlassen hat. Der Hauptexplosivstoff der britischen Geschütze für Treibladungen war das Cordite, welches aus einer Mischung von Nitroglyzerin, Nitrozellulose und einem Stabilisator bestand. Während des Zweiten Weltkrieges wurde das flammenlose Cordite eingeführt. Das beseitigte das Problem der Pulverflammen, die beim Nachtkampf die Stellung eines Schiffes im Moment des Abschießens verrieten. Das Cordite hatte gewöhnlich eine Stabform und wurde auf zwei Arten in Kartuschen getan:
a) In Seidenbeuteln für die großkalibrigen Geschütze, und
b) in Messinghülsen für die Schnellfeuergeschütze.

Die Munition der Schnellfeuergeschütze konnte entweder in einem Stück oder getrennt sein. Im ersten Falle waren Geschoß und Kartusche zusammen als Einheitsmunition, im letzten Falle getrennt. Bei einigen Schnellfeuerkartuschen wurde eine feuchtigkeitsunempfindliche Treibladung verwendet. Das war eine Nitrozelluloseladung ohne Nitroglyzerin. Die Kartuschen für die großkalibrigen Geschütze wurden durch ein Zündröhrchen im Verschluß des Geschützes gezündet. Diese Zünder waren kleine Messinghülsen, die einen Zündstoff (gewöhnlich Pulver) enthielten. Dieser wurde elektrisch oder durch Schlag gezündet, wodurch eine Zündflamme in den Boden der Kartusche eindrang. Zur Unterstützung der Explosion der Kartusche war in den Boden der Seidenbeutel ein Pulverzünder eingenäht. Die späteren Arten der großkalibrigen Geschütze benutzten ein 2,54 cm-Rohr. Die Kartuschen, die bei diesen Geschützen verwendet wurden, besaßen keine Pulverzünder. Schnellfeuerkartuschen wurden durch einen Zünder entzündet, der im Boden der Kartuschhülse saß und elektrisch oder auf Schlag ansprach.

* Anmerkung des Übersetzers.

Anhang 2: Feuerleitung

Die zentrale Richtanlage

Die zentrale Richtanlage bestand aus einem Leitgerät, aufgestellt hoch oben auf den Aufbauten, einem Feuerleitrechner, eingebaut in der Artillerierechenzentrale, und den Übermittlungsanlagen und Leitungen, die notwendig waren für die Weitergabe der Informationen vom Leitgerät zum Rechner und vom Rechner zu den Geschützen.

Das Richtvisier

Dieses Gerät, eingebaut im Leitgerät, war im Grunde ein hochentwickeltes Geschützvisier und ermittelte die Zielseitenrichtung. Die Teleskopvisiere waren gewöhnlich durch einen Kreisel stabilisiert, der innen im Teleskop ein Prisma in aufrechter Lage hielt, und auch wenn das Schiff rollte, die Seiten- und Höhenrichtschützen das Ziel immer im Auge hatten. Der Kreisel überwachte auch den elektrischen Feuerleitkreis, so daß sich der Stromkreis nicht schloß bis das Schiff gerade lag, wenn der Höhenrichtschütze den Abzug auslöste. So wurde jeder Fehler vermieden, der durch Rollen (oder Stampfen, wenn das Leitgerät nach Stb oder Bb gedreht wurde) hervorgerufen wurde. Stampf- (wenn das Leitgerät zur Breitseite gedreht wurde) und Schlingerwinkel (wenn das Gerät nach voraus oder achteraus gedreht) wurden durch das Krängungsgerät gemessen – prinzipiell ein Teleskop, senkrecht zur Ziellinie des Leitgerätes montiert – und vom Krängungsgerätbediener auf dem Horizont gehalten. In den Fällen, wo ferngesteuerte Kraftanlagen eingebaut waren, konnten die Richtvisiere in Schlinger- und Stampfrichtung wirkungsvoller kreiselstabilisiert werden. Hierbei wurden nicht nur die Richtvisiere stabilisiert, sondern auch die Geschütze. Die Wirkung der Krängung wurde noch umfangreicher wenn sich die Rohrerhöhung vergrößerte, und beim Luftzielschießen war es wichtig, dieses genau zu korrigieren. Auf den Großkampfschiffen wurde diese Korrektur im Zweiten Weltkrieg nur in den Luft/Seeziel- und Flaksystemen angewendet. Die Seezielsysteme behielten die früher beschriebene Anordnung.

Entfernungsmesser

Die Briten benutzten Schnittbild-Entfernungsmesser. Diese zeigten zwei Zielbilder, eines über dem anderen. Sobald das obere und untere Bild in einer Flucht saßen, war die genaue Entfernung erfaßt. Luftziel-EMeßGeräte gaben auch die genaue Zielhöhe an. Stereoskop-EMeßgeräte (Raumbildgeräte)* wurden von der deutschen Marine verwendet. Sie waren genauer, aber auch empfindlicher und unter Kampfbedingungen schwieriger zu handhaben. Sie zeigten zwei sich überlappende Bilder, die die Entfernung ergaben, sobald sie sich zu einem Bild überdeckten.** Das Radar hat die EMeßGeräte im Zweiten Weltkrieg überwiegend verdrängt. Es konnte nicht nur die genaue Entfernung angeben, sondern auch eine genaue Zielpeilung durchführen.

Zielanweisung

Die Zielanweisung ist die Methode, mit der der Kommandant dem Leitgerät angibt, auf welche Ziele die Waffen schießen sollen. ein Peilvisier (Zielanweisungsgerät), auf der Brücke aufgebaut, wurde auf das gewünschte Ziel gerichtet. Die Peilung wurde automatisch durch das sogenannte „Evershed-System“ zum Anzeiger im Leitgerät übermittelt. Ähnliche Peilvisiere wurden für die Scheinwerferleitung sowie für das Leuchtgranatenschießen und die Torpedoleitung benutzt. Während des Zweiten Weltkrieges wurde das Zielanweisungsradar eingeführt.

Korrekturen

Eine beträchtliche Zahl von Korrekturen war für ein genaues Schießen mit Leitgeräten erforderlich, die man kurz – wie folgt – zusammenfassen kann:

Korrektur	Wo und durch wen
Höhenparallaxe: Korrektur der Rohrerhöhung, um Höhenunterschiede zwischen Richtvisier des Leitgerätes und den Geschützen auszugleichen.	Rechner
Unterschiedliche V_0: Die Mündungsgeschwindigkeit der Geschütze variierte auf Grund der Temperatur der Treibladungen und dem Zustand der Geschütze, was eine Korrektur der Rohrerhöhung erforderte.	Rohrerhöhungsempfänger des Geschützes
Verkantung: Die Rohrerhöhung mußte korrigiert werden, um die Änderungen in den Horizontalebenen des Turmes und des Drehkranzes des Leitgerätes zu berücksichtigen.	Rohrerhöhungsempfänger des Geschützes
Aufsatzverbesserung: Rohrerhöhungskorrektur für den Ausgleich der Unterschiede des Abstandes zwischen den einzelnen Lafetten und dem Ziel.	Rohrerhöhungsempfänger des Geschützes
Seitenparallaxe: Seitenkorrektur, um den Abstand zwischen den Geschützen zu berücksichtigen.	Rechner
Geschoßflugbahnabweichung durch den Drall: Seitenkorrektur für den Ausgleich der Flugbahnabweichung der Granate durch den Drall in der Drehrichtung (Kreiseleffekt).	Rechner
Höhen- und Seitenkorrektur: Für die Änderung von Geschwindigkeit und Kurs des Gegners, der eigenen Geschwindigkeit, des eigenen Kurses, der Windgeschwindigkeit und -richtung, Temperatur und Sichtweite sowie der Erddrehung während des Fluges des Geschosses.	
Beobachtungskorrektur: Feststellung des Aufschlags.	Rechner

Wie man sieht, die Mehrzahl der Korrekturen wurden durch den Rechner gemacht, der entweder ein Salvengeber oder ein Admiralitätsfeuerleitrechner war. Das erste war eine vereinfachte Art des zweiten. Es waren mechanische Rechner, die die vom Richtgerät erhaltenen Informationen korrigierten und in Seiten- und Höhenangaben für die Geschütze umwandelten.

* Anmerkung des Übersetzers.

** Anmerkung des Übersetzers: Die Entfernung des Zieles wurde durch Vergleich mit der Meßmarke als naher, ferner oder gleicher Wert bestimmt. Durch die Aneinanderreihung mehrerer Meßmarken kam ein Gebilde zustande, das wie ein sich in der Ferne erstreckender Zaun aussah. An jedem „Zaunpfahl“ stand die zugehörige Entfernung.

Übertragungssysteme

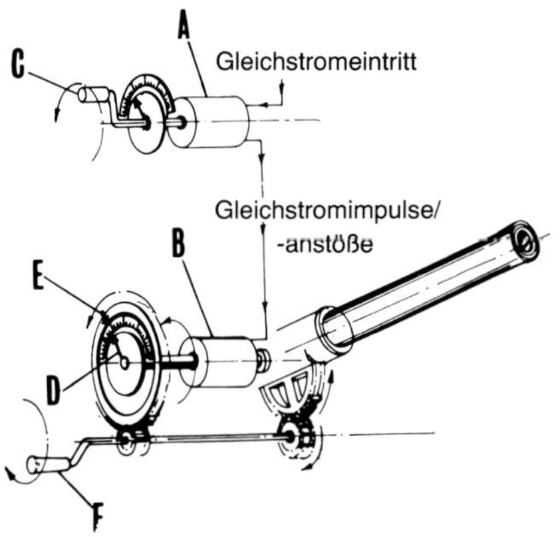

Automatische Synchronübertragung

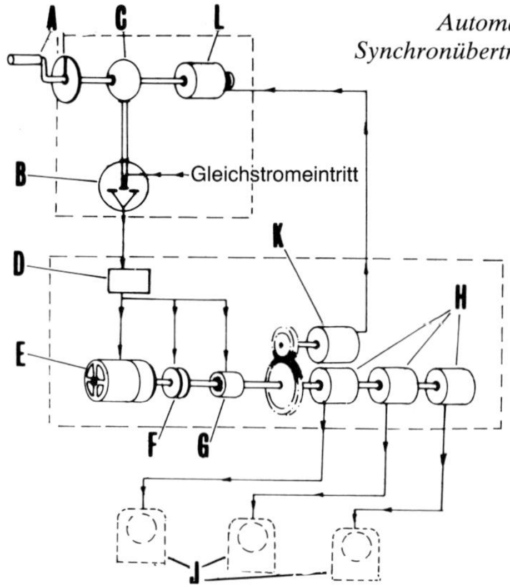

Magslip-Geber

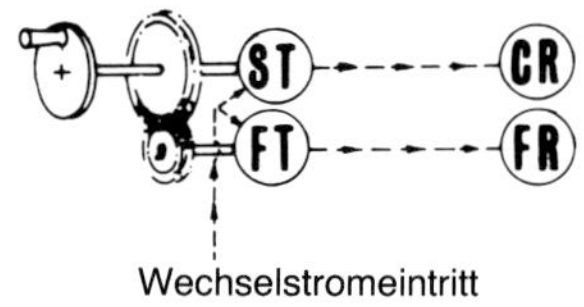

Hier ist in einer einfachen Zeichnung das „Schritt für Schritt"-System für die Übermittlung der Rohrerhöhungswerte an den Rohrerhöhungsempfänger des Geschützes dargestellt. Die Anordnung für das Seitenrichten des Geschützes war im Prinzip ähnlich. Ein Typ-M-Geber A war elektrisch mit einem Typ-M-Empfänger B verbunden und bildete mit diesem eine Art elektrisches „Gleichgewicht". Die Drehung der Handkurbel C bewegte den Rotor des Gebers A und störte das „Gleichgewicht", indem der Rotor eine Reihe von Gleichstromanstößen an den Empfänger B weitergab, der jetzt in kleinen Schritten (2–6 Bogenminuten) in gleicher Richtung und mit gleichem Betrag wie der Geber drehte. Der Empfänger, der im Geschütz saß, bewegte einen Zeiger D, der die geforderte Höhe auf einer Scheibe anzeigte. Der Höhenrichtschütze drehte seinerseits seinen Zeiger E in Deckung mit dem Zeiger der Scheibe D, indem er die Kurbel für die Rohrerhöhung drehte. Und solange sich diese beiden Zeiger in Deckung miteinander befanden, hatte das Geschütz die richtige Stellung. Man nannte dieses das „Folge dem Zeiger"-Gerät. Das „Schritt für Schritt"-System konnte mehr als einen Empfänger betreiben. Gegentrommeln* sowie „Folge dem Zeiger"-Empfänger arbeiteten mit diesem System. Obwohl es sehr genau war, hatte es Konstruktionsnachteile (z. B. Rollenmotor/Counter Drum),* weil der Höhenrichtschütze seine Augen vom Empfänger zu den Geschützzeigern und wieder zurück richten mußte. Das schloß Verzögerungen und die Möglichkeit von Fehlern bei der Übermittlung von Daten vom Empfänger zum Geschütz ein. „Folge dem Zeiger"-Empfänger beseitigten dieses Problem und ersetzten das „Gegentrommelgerät" zum größten Teil, wenn auch nicht überall.

Die Hauptnachteile des „Schritt für Schritt"-Systems waren:

1. Wenn der Geber zu schnell bewegt wurde, hinkte der Empfänger nach und kam aus dem Takt.
2. Die Anzahl der Empfänger, die an einem Geber hingen, war begrenzt.
3. Beim Umschalten von einem Leitstand zum anderen mußten die Geber erst abgestimmt werden, bevor die Schaltung erfolgen konnte.
4. Ein Fehler in einem Empfänger konnte das ganze System außer Betrieb setzen.

Auto-Synchron-Übermittlung

Das „Auto-Synchron-Übermittlungssystem" war eine Erweiterung des „Schritt für Schritt"-Systems. Es wurde zuerst in den 20er Jahren auf dem Schlachtkreuzer *Tiger* erprobt, dann auf *Nelson* und *Rodney* sowie auf anderen Schlachtschiffen im Zuge deren Modernisierung eingebaut. Die Drehung der Handkurbel A vermittelte „Eingabe-Daten" B über ein Differenzialgetriebe C. Die Bewegung des Suchers schloß einen elektrischen Kontakt, der einen Gleichstromanstoß an ein Relais D gab, das einen Stromkontakt an einen Gleichstrommotor E schloß. Die Drehrichtung des Motors wurde davon bestimmt, wie der Sucher gedreht wurde (der zwei Kontaktgruppen hatte). Das Relais betätigte außerdem eine Magnetkupplung F und eine Magnetbremse G; die erste hinderte den Motor den Mechanismus zu überdrehen, die letzte ein Abscheren der Welle. Der EMotor bewegte mehrere Typ-M-Geber H, die wiederum mehrere Empfänger J bedienten, und zwar nach dem „Schritt für Schritt"-System. Mit dem Motorabtrieb war ein weiterer Typ-M-Geber K getriebeverbunden, der die Drehung des Motors an einen Typ-M-Empfänger L zurückmeldete. Dieser Empfänger bewegte den Sucher über das Differenzialgetriebe, und zwar so lange, bis er wieder in der Mittellage war. Somit war der elektrische Kontakt unterbrochen und das System zum Stehen gebracht, nachdem es die vorgegebene Bewegung mit der Kurbel A durchgeführt hatte. Relais, Motor, Kupplung, Bremse und die Geber H waren in einer „Synchron-Einheit" zusammengefaßt, die unter dem Panzerdeck, meistens in der Artillerierechenzentrale, untergebracht war. Die „Sucher-Einheit" war oben im Richtgerät untergebracht. Ungleich dem „Schritt für Schritt"-System konnte das Handrad schnell gedreht werden, ohne daß das System aus dem Gleichlauf kam. Die Drehzahl des Motors war so ausgelegt, daß sie gerade noch unterhalb der kritischen Drehzahl der Geber H lag. Jede Bewegung, die der Motor nicht sofort mitteilen konnte, wurde im Sucher gespeichert. Mehr noch, er brauchte nicht abgeglichen werden, wenn von einem Leitstand zum anderen umgeschaltet wurde, und wenn der Gleichstrom ausfiel, glich er von sich aus ab, vorausgesetzt, die Geber wurden nicht bewegt. Ebenso war der Motor in der Lage, eine große Zahl von Gebern zu bedienen. Leider war das System bei höheren Geschwindigkeiten nicht so genau und gleichmäßig, aber sehr viel teurer als das „Schritt für Schritt"-System. Die Anfangsabgleichung des „Synchron-Systems" war ein zeitraubender Prozeß. Die Sucher und die Seite- und Höhe-Geber wurden mittels eines Handknopfes in einer vorgeschriebenen Position abgeglichen. Wenn nun das System eingeschaltet wurde, hatten alle Stellen ihre Zeigerstellung an die Übermittlungsstation zu melden, um sicherzustellen, daß die Abgleichung genau durchgeführt wurde.

„Magslip-Übermittlung

1935 wurde eine der 15,2 cm-Batterien der *Barham* mit einem „Magslip"-Übermittlungssystem (Handelsname)** ausgerüstet. Es wurde dann im Vergleich zum „Synchron-System" der zweiten 15,2 cm-Batterie getestet. Das Ergebnis zeigte die Überlegenheit der neuen Ausrüstung, die 1938 allgemein eingeführt und in neue und umgebaute Schlachtschiffe eingebaut wurde. Es gab zwei Typen der „Magslip"-Übermittlung; „Magslip-Anzeigegeräte" und „Kraftantriebs-Magslip". Anders als die früheren Systeme arbeiteten beide mit 50 V, 50 Hz Wechselstrom.

„Anzeiger-Magslip"

Er bestand aus einem Paar Geber, dessen Bewegung automatisch von einem ähnlichen Paar Empfänger nachvollzogen wurde. Der langsame Geber ST gab ein grobes Signal, das 360° überdeckte und genau bis auf 1° war, weiter an einen Grobempfänger CR. Der schnelle Geber FT gab ein feines Signal, genau auf eine Bogenminute, an einen Feinempfänger FR, der im Gegensatz zum Grobempfänger einen kleineren Kreis beaufschlagte. Das letztere war notwendig, weil die Genauigkeit des Grobempfängers für die Artillerieverwendung ungenügend war. Das System benötigte keine Abgleichung, lief nicht schrittweise, sondern gleitend, und so schnell sich der Geber auch bewegte, der Empfänger konnte nicht mißgehen, auch nicht bei Stromausfall. Er hatte jedoch den Nachteil, daß der Mechanismus empfindlich und schwer zu reparieren war.

* Anmerkung des Übersetzers:

Das sog. „Sechsrollen-System": Der Geber besitzt drei um 120° versetzte Kontaktstücke, über welche eine Kontaktbürste gleitet. von den Kontaktstücken im Geber führen drei Leitungen zum Empfänger; außerdem ist eine gemeinsame Rückleitung vorhanden.

Der Empfänger ist der sogenannte Sechsrollenmotor. Er besitzt sechs Magnetspulen auf Eisenkernen, die das Feld bilden. In diesem Feld ist ein permanenter Magnetstab als drehbarer Anker gelagert. Je zwei gegenüberliegende Rollen sind hintereinander geschaltet, und jedes Rollenpaar durch eine Leitung mit einem der drei Kontakte des Gebers verbunden. Das System hat also drei feste Stellungen. Strom fließt nur während der Bewegung. In den drei Raststellungen des Gebers stehen Bürstenkontakte auf Tolierkontakten. Dadurch ist kurzzeitige hohe Stromstärke während des Einstellens möglich, der größere Momente (Verstellkraft des Gebers) erzeugt.

Wird der Geberapparat verstellt (Kontakte), ohne daß die Anlage unter Strom steht, so dreht das Empfängersystem nicht mit, und wenn Spannung eingeschaltet wird, so sind Geber und Empfänger nicht im Gleichtritt, d. h. außer Tritt. Um diesem Übel abzuhelfen, trägt das Empfängersystem an der Triebachse ein Kreissegment, welches sich in den beiden Grenzlagen des Zeigers an einen Stift der Ankerachse anlegt. Man muß daher bei jeder Inbetriebnahme der Apparate den Geberhebel in beide Grenzlagen bringen, um den Geber wieder in Übereinstimmung zu bringen, d. h. zu sychronisieren.

Für Kommandozwecke wird meistens ein Ankündigungssignal durch Wek-

Magslip-Verstärker

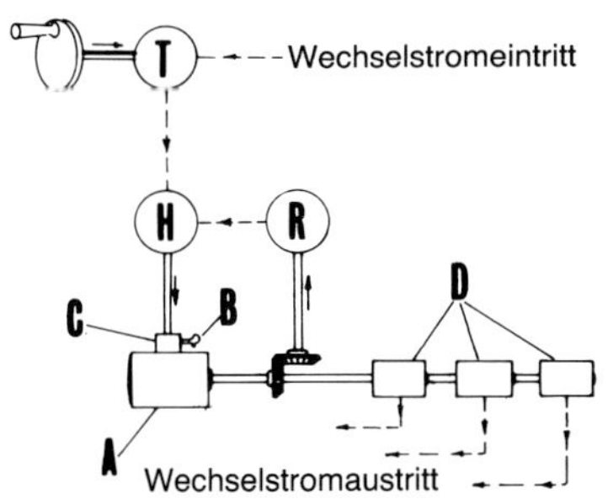

Ferngesteuerter Kraftantrieb durch „Metadyne"/Leitung

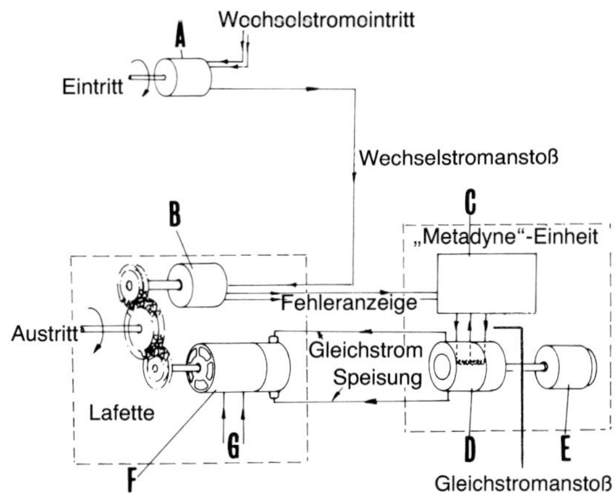

„Kraftantriebs-Magslip"
Der „Magslip-Anzeiger" hatte begrenzte Kraft und konnte nur die leichten Zeiger des Empfängers bewegen. „Kraftantriebs-Magslip" hatten ausreichende Kraft, um direkt in die Leitgeräte zu wirken. Der Sucher H folgte genau den Bewegungen des „Magslip-Gebers" T und öffnete das Steuerventil C eines hydraulischen oder pneumatischen Motors A, der dann die Ausgangsgeber D antrieb oder direkt in das Feuerleitrechengerät wirkte. An die Motorwelle über ein Getriebe angeschlossen, war ein Geber oder Rücksetzer R, der den Sucher in die Mittellage zurückdrehte (der wie ein Differential wirkte), das Steuerventil schloß und damit den Motor, nachdem er den gleichen Betrag der Eingangsdrehung zurückgelegt hatte, stoppte. „Kraftantriebs-Magslip" waren genau bis zu 0,25°, was für die Artillerieverwendung ungenügend war. Die Eingangsdrehung wurde so reduziert, daß das System nur einen Kreis von 20° mit einer Genauigkeit von 1 Bogenminute bestrich. In das „Kraftantriebs-Magslip"-System wurde das „Magslip-Anzeiger"-System gesetzt, um einen Bezugspunkt zu geben, von welchem der richtige Sektor gewählt werden konnte. Die „Anzeiger"- und „Kraftantriebs-Magslip"-Übermittlungen erschienen auf derselben Scheibe, so daß der Richtschütze den Zeiger des „Kraftantriebs-Magslip" mit dem des „Anzeiger-Magslip" in eine Flucht bringen konnte, indem er den Sektorenknopf B drehte, der das Steuerventil betätigte und das System in den richtigen Sektor bewegte.

Metadyne-Fernsteuerungs-Kraftantrieb
Eingeführt im Zweiten Weltkrieg wurde er zur automatischen Synchronisierung der Bewegungen der Geschütztürme und deren Feuerleitgeräte konstruiert. Das hier beschriebene System hatte elektrischen Kraftantrieb. Der hydraulische Kraftantrieb war im Prinzip ähnlich, im einzelnen jedoch unterschiedlich. Ein „Magslip-Geber" A in einem Feuerleitrechner eingebaut, war elektrisch mit einem „Magslip-Empfänger" B verbunden, der über ein Getriebe mit den Höhen- und Schwenkmechanismen der Geschützlafetten verbunden war. Wenn der Rotor des Gebers gedreht wurde, wurde er mißweisend mit dem des Empfängers und erzeugte ein elektrisches Fehlersignal im Rotor des Empfängers. Die Stärke des Signals entsprach dem Umfang der Mißweisung. Das Signal wurde an den elektrischen Verstärker C weitergeleitet, wo es von Wechsel- in Gleichstrom umgewandelt und dann an den Metadyne-Gleichstrom-EGenerator D weitergeleitet wurde. Der Generator drehte mit konstanter Drehzahl durch einen konstanten Gleichstrom-EMotor E, gab aber nur elektrischen Strom ab, wenn er vom Verstärker ein Fehlersignal erhalten hatte und damit den Stromaustritt vom Generator regelte. Der erzeugte Strom des Generators wurde an den Gleichstromregelmotor F der Geschützlafette, dessen statisches Feld vom Gleichstromschiffsnetz G gespeist wurde, weitergeleitet. Der Gleichstromregelmotor F lief nur, wenn sein Drehfeld die Speisung vom Generator D erhielt. Der Generator steuerte die Drehrichtung und Geschwindigkeit des Motors, was durch die Richtung und Kraft des vom Verstärker verstärkten Fehlersignals geregelt wurde. War der Fehler groß, würde der Motor schnell laufen und die Lafette schnell in die geforderte Richtung bringen. Der Lauf des Motors würde sich verlangsamen, wenn der Fehler sich verringerte, und das Geschütz mit Schleichgeschwindigkeit – ohne Übersteuerung – ins Ziel bringen oder einem langsamen Ziel gleitend folgen. Das System konnte mit Geschwindigkeiten von 4°/min bis zu 15–20°/sek arbeiten. Der Antriebsmotor betätigte den Höhen- und Schwenkmechanismus des Geschützes in Übereinstimmung mit dem Eingangssignal, und zur gleichen Zeit drehte der Rotor des Empfängers B in Gleichrichtung mit dem Geber. Somit wurde das Fehlersignal gelöscht und das Geschütz in der geforderten Stellung gestoppt. Um ein Überdrehen zu verhindern, war in den Höhen- und Schwenkmotoren eine Magnetbremse eingebaut. Zwischen dem Geber und dem Antriebsmotor des Systems lag eine Genauigkeit von sechs Bogenminuten. Für Höhe und Seite der Geschütze wurden getrennte Systeme eingeführt, aber beim Typ-RP 50-System wurden die beiden Metadyne-Generatoren durch einen gemeinsamen Motor angetrieben. Das System wurde mit einer 40°-Sektorensteuerung vorgesehen, um die geforderte Genauigkeit einhalten zu können. Die Sektorensteuerungseinrichtungen waren im Prinzip den beschriebenen für das „Magslip-Übermittlungssystem" ähnlich.

Übermittlungssysteme

Drei Hauptarten von elektrischen Übermittlungssystemen wurden im Zweiten Weltkrieg auf den Schiffen der *Royal Navy* benutzt (siehe nebenstehende Skizzen). Grundsätzlich bestanden sie aus einem Geber und Empfänger, die elektrisch miteinander verbunden waren. Der Geber hatte ein Handrad, um die Höhen- und Seitenrichtung des Geschützrohres anzuzeigen. Die Änderungen des Gebers wurden automatisch durch einen Zeiger im Empfänger wiedergegeben.

Ferngesteuerter Kraftantrieb

Dies war im Prinzip ähnlich dem Übermittlungssystem, das aber nicht nur die gewünschten Bewegungen anzeigte, sondern auch ausführte. Damit wurde es ein vollautomatisches System. Das Prinzip der Wirkungsweise ist gegenüber dargestellt und erläutert. Ferngesteuerte Kraftantriebssysteme erhielten Bezeichnungsnummern einer 50er Serie, die ferngesteuerten hydraulischen Antriebssysteme die Nummern der 10er Serie.

Ferngesteuerte elektrische Antriebe (Metadyne-Systeme)

RP 50: Drehgeschwindigkeit 15°/sek, Metadyne-Generator außerhalb der Lafette. Magslip-Feinsteuerung.
RP 51: Drehgeschwindigkeit 20°/sek, Knüppelsteuerung, Metadyne-Generator in der Lafette, Magslip-Fein- und -Grobsteuerung (40° und 360°), nicht in Schlachtschiffen eingebaut.
RP 52: Ähnlich wie RP 51, aber mit Generator außerhalb der Lafette.
Die RP 50-Systeme wurden später zu RF 51 oder RP 52 modifiziert. Die 50er Serien waren eingebaut in die 10,2 cm-Doppellafetten Mk XIX, die Bofors-Mk VI-Lafetten, die Feuerleitgeräte-Mk VI und in die Pom-Pom Lafetten-Mk V, -Mk VI und -MK VII.

Ferngesteuerte hydraulische Antriebe

Diese arbeiten ähnlich wie die elektrischen Systeme, außer daß die elektrischen Signale dazu dienten, hydraulische Ventile zu betätigen.
RP 10: Eingebaut in die 13,3 cm-Lafette-Mk I* und in die Pom-Pom Lafetten-Mk V und -Mk VI.
RP 12: Eingebaut in *Vanguard,* nur für das Drehen der 38,1 cm-Türme.

ker und Rückantwort verlangt, bei Apparaten mit Rückantwort ein Quittungsgeber nebst Empfänger.
Ingesamt gibt es 3 + 3 + 1 = 7 Adern, davon eine als gemeinsame Rückleitung, in der am Geber und Empfänger je eine Signalglocke eingeschaltet ist. Die Glocken ertönen durch die in der Rückleitung fließenden Stromimpulse. Das ist eine gute Kontrolle, ob die Kommandoapparatur klar ist. Neuerdings (so schrieb man 1908) verwendet man auch Kommandoapparate (Maschinentelegraph, Ruderkommando, Ruderanzeiger) für Wechselstrombetrieb. Der Hauptvorzug des Wechselstromsystems ist der, daß beim Einschalten des Stromes die Zeiger sofort richtig eingestellt sind. Da jede Lage des Geberankers nur einer einzigen Stellung des Empfängergebers entspricht, können die Apparate nicht außer Tritt fallen; ein Synchronisieren wie bei den Gleichstromanlagen ist beim Wechselstromsystem nicht erforderlich.
Das Sechsrollen-System auf Gleichstrombasis wurde um 1890 eingeführt.
** Anmerkung des Übersetzers.

RP 40: Dieses war ein Spezialhydrauliksystem für die Fernsteuerung der 35,6 cm- und 38,1 cm-Feuerleittürme der *King George V*-Klasse und *Vanguard.*

Doppelantrieb
Ein amerikanisches Fernsteuersystem, entweder elektrisch oder hydraulisch, das bei dem US-Vierlingsgeschütz Bofors-Mk II benutzt wurde. Keine anderen Schlachtschiffslafetten hatten ferngesteuerte Kraftantriebe.

Flak-Feuerleitanlagen
Das Flakfeuerleitsystem war im Prinzip das gleiche, wie es schon beschrieben wurde, aber es war durch die Tatsache, daß das Ziel sich schneller und dreidimensional bewegen konnte, und durch die Notwendigkeit, den Zünder im Geschoß in der Nähe des Flugzeuges zur Detonation zu bringen, komplizierter. Die Flakrechengeräte erledigten daher nicht nur die Höhen- und Seitenrichtung des Geschützrohres, sondern auch die Zündereinstellung. Folgende Flakleitgeräte gab es:

Flakleit-Rechengeräte	zugehörige Flakleitgeräte
Mk I, Mk I*, Mk I**, Mk I***	Luftziel Mk I
Mk II	Luftziel Mk II
Mk III	Luftziel Mk III
Mk IIIc	Luftziel Mk III* (nur *Warspite*)
Mk IV	Luftziel Mk IV *(Renown, Queen Elizabeth, Valiant)* schlingerstabilisiert
Mk IV*	Luftziel Mk IV, Großbritannien *(King George V und Prince of Wales)* *voll stabilisiert* *Luftziel Mk V (Duke of York, Anson* und *Howe*)

Der Buchstabe M hinter einer Mk-Bezeichnung bedeutet Magslip-Übermittlung, S bedeutet Synchronübermittlung.

Nahbereichs-Flakschießen

Sichtschießen
Das bedeutet Zielen mit dem Geschütz und Schätzung der nötigen Vorhalte mit dem Auge, ohne Rechnerunterstützung. Diese Methode wurde durch die offenen Visiere unterstützt, von denen das vordere eine Reihe von konzentrischen Ringen hatte, die eine Art Spinnennetz bildeten.

Pom-Pom Richtgeräte
Mk I (Serie) und Mk IIA: Einfaches handbedientes Richtgerät mit einem eingebauten EMeßGerät für Rohrerhöhung und Seitenrichtung, Korrektur für Windgeschwindigkeit, Parallaxe usw., Sichtzielen.
Mk III: Ähnlich Mk I, aber modifiziert für die Benutzung der 2 Pdr-Munition mit hoher V_0.
Mk III:* Ähnlich Mk III, aber mit „Magslip“ anstelle des „Schritt für Schritt“-Übertragungssystems.
*Mk IV und Mk IV:** Sichtschießen, ersetzt durch das Kreiselrichtgerät, später ausgerüstet mit Radar Typ 282.

Tachymetrisches System
Tachymetrie bedeutet Geschwindigkeitsmessung, aber in der Feuerleitung wird es für die Beschreibung eines Systems verwendet, das den späteren Ort des Flugzeug-Ziels automatisch vorausberechnet. Das wird durch die Geschwindigkeitsänderungsmessung des Zieles in der senkrechten und waagrechten Ebene mit dem Kreiselvisier und der Entfernungsänderungsgeschwindigkeitsmessung mit dem Entfernungsmesser oder Radar erreicht. Mit dieser Methode kann der spätere Zielort, unabhängig von der Geschwindigkeit oder der Höhe des Zieles, bestimmt werden.

Anhang 3: Das Artillerieduell der *Rodney* mit der *Bismarck*

Wind NW, Stärke 4, starke Dünung aus NW, See rauh, Himmel bedeckt, gute Sicht. *Bismarck* um 0843 Uhr auf eine Entfernung von etwa 14 sm gesichtet. Feuereröffnung Turm „A“ und „B“ um 0847 Uhr auf 22860 m. Die erste Salve weit rechts vom Ziel, zwei weitere Salven wurden um 0848 Uhr geschossen; dabei wurden Treffer erzielt. Kursänderung nach Bb um 0853 Uhr, um den Schwenkbereich für Turm „A“ zu vergrößern. Salve 18 wurde etwa um 0858 Uhr geschossen, dabei Treffer beobachtet. Um 0900 Uhr wurden mit Turm „A“ und „B“ Vollsalven geschossen, die beide dekkend lagen. Um 0902 Uhr und 30 Sekunden wechselte *Rodney* den Kurs auf 182°. Auf diesem Kurs war das Enfernungsmessen wegen des Pulver- und Schornsteinrauchs schwierig, die Schußpausen wurden länger. Die Salve 24 erwies sich als deckend. Salve 25 wurde ohne Korrektur geschossen. Bei den Salven 31 oder 32 wurden Treffer beobachtet. Um 0914 Uhr wurden Salve 37 und 38 geschossen. Salve 40 lag wieder deckend. *Rodney* wechselte erneut den Kurs nach Stb, auf 180°. Das Feuer wurde um 0918 Uhr mit der Salve 41 wieder eröffnet, Entfernung etwa 9144 m. Rodney wechselte um 0921 Uhr den Kurs auf 021° und um 0926 Uhr auf 037°. Einsetzen verstärkten Schlingerns, dadurch erschwertes Entfernungsmessen. Zwischen 0922 Uhr und 0927 Uhr keine Entfernungsmessung durchgeführt. Als um 0930 Uhr die Salven 61 und 62 geschossen wurden, betrug der Abstand 5490 m. Mit Salve 63 und 64 wurden erneut Treffer erzielt. Bei den Salven 65 bis 73 wurden wegen falscher Korrekturen beim Korrigieren der Entfernungsmeßfehler kein Treffer beobachtet. Mit den Salven 74 und 75 wurden wieder Treffer erkannt. Um 0936 Uhr wechselte *Rodney* den Kurs nach Bb auf 180°. Nach dem Feuern der Salve 90, um 0947 Uhr, fiel das Feuerleitrechengerät aus. Da das Gerät nicht sofort instand gesetzt werden konnte, wurde der Vikkers-Salvengeber in Betrieb genommen und die Entfernungen manuell durchgegeben. Es gab jetzt keine Aufzeichnungen über die geschossenen Entfernungen. Um 0952 Uhr wurde das Feuer mit der Breitseite wieder eröffnet.

Mit der Breitseitsalve 94 und den folgenden Salven wurden Treffer beobachtet. Nach Salve 98 wurde „200 weniger“ befohlen, um das Feuer auf die Wasserlinie zu konzentrieren, und bei einer der folgenden Breitseiten wurden 5 oder 6 Treffer registriert. *Rodney* wechselte um 0959 Uhr erneut den Kurs nach Stb auf 190°, um den Schwenkbereich für den Turm „A“ erneut zu vergrößern. Um 1003 Uhr wurde das Feuer auf 3657 m wieder eröffnet. Zuerst wurde eine Breitseite geschossen, dann zum Salvenschießen übergegangen, um Munition zu sparen. Zwischen 1008 Uhr und 1014 Uhr wurden die letzten 12 Salven geschossen, die Entfernung lag im Durchschnitt bei 3475 m. Bei den Salven 102 bis 113 wurden nochmals Treffer beobachtet. Salve 113 war

Das deutsche Schlachtschiff *Bismarck*.

zugleich die letzte. Um 1014 Uhr drehte *Rodney* ab, um mit Nordkurs wieder zum *CinC* zu stoßen. *Bismarck* schwamm immer noch, lag jedoch tief im Wasser und brannte.

Allgemeines

Es gab Schwierigkeiten in der Unterscheidung zwischen den Salven der *Rodney* und *King George V,* allerdings war es mit einer sorgfältigen Beobachtung der Salvenaufschlagshupe gewöhnlich möglich, die Salven der *Rodney* herauszufinden. Während der südlichen Fahrt, zwischen 0902 Uhr und 0917 Uhr, war das Beobachten und Entfernungsmessen durch Pulver- und Schornsteinrauch sehr schwierig.

Leistung der 40,6 cm-Türme

Die Durchschnittsfeuergeschwindigkeit während des Kampfes – ausgenommen die Gefechtspausen – lag bei 1,6 Salven/Minute. Die Leistung war allgemein befriedigend, aber eine Reihe kleinerer Ausfälle trat durch mechanische und Bedienungsfehler in den Türmen auf.

Leistung der 40,6 cm-Granaten

Die verwendeten Granaten waren 40,6 cm-Panzersprenggeschosse. Die genaue Zahl der Treffer ist unbekannt, nach Schätzungen wenigstens 40. Die Entfernungen lagen zwischen 22860 m bis hinunter auf 2743 m. Alle Geschosse sind – wie festgestellt wurde – detoniert, entweder beim Auftreffen oder kurz danach. Darauf wies der schwarze Rauch hin, der dabei erzeugt wird. Eine Anzahl Geschosse durchschlug die Aufbauten, ohne zu detonieren.*

* Um eine Granate zu aktivieren, muß ein 2,54 cm-Schiffsbaustahl getroffen werden, und zwar unter einem normalen Auftreffwinkel (90°).

Verzeichnisse

Numerierte Tabellen

Tabellarische Schiffseinzelheiten

Pläne und Skizzen

Quellennachweis

Unveröffentlichte Quellen

Schlüssel:
AL Admiralty Library, London
NMM National Maritime Museum, Greenwich
PRO Public Records Office, London

Admiralitätsbücher (Vorschriften usw.)

Handbook of Naval Ordnance, 1916 (PRO)/Handbuch der Marinewaffen, 1916
Summary of Progress in Naval Gunnery, 1914 to 1936 (PRO)/Zusammenfassung der Fortschritte der Marineartillerie, 1914 bis 1936
Handbook for 5,5 inch B. L. Mk I, 1917 (PRO)/Handbuch für die 14 cm-Mk I, 1917
Handbook for 15 inch Mk II mounting, 1920 (PRO)/Handbuch für die 38,1 cm-Mk II-Lafette, 1920
Handbook for 6 inch B. L. Mk XXII (PRO)/Handbuch für die 15,2 cm-Mk XXII
Handbook for 6 inch Mk XVIII mounting (PRO)/Handbuch für die 15,2 cm-Mk XVIII-Lafette
Handbook for 16 inch Mk I, 1928 (PRO)/Handbuch für die 40,6 cm-Mk I, 1928
Notes on guns, 1933 (PRO)/Bemerkungen zu Geschützen, 1933
Progress in Naval Gunnery, 1937 to 1938 (PRO)/Fortschritte der Marineartillerie, 1937 bis 1938
Armaments of HM Ships, April 1938 (PRO)/Die Bewaffnung der Schiffe der Royal Navy, April 1938
Handbook for 16 inch Mk I, 1938 (PRO)/Handbuch für die 40,6 cm-Mk I, 1938
Handbook for 0,5 inch MG Mk III*, 1938 (PRO)/Handbuch für das 12,7 mm MG Mk III*, 1938
Handbook for 2 Pdr Mk VIII H. V., Mk XIII* mounting, 1941 (AL)/Handbuch für die 2 Pdr Mk VIII mit hoher V_0, Mk XIII* Lafette, 1941
Handbook for 4 inch QF Mk XVI* twin Mk XIX

and single Mk XX mountings, 1944 (AL)/Handbuch für die 10,2 cm-Schnellfeuerkanone Mk XVI* in Zwillingslafette Mk XIX und Einzellafette Mk XX, 1944
The Gunnery Pocket Book, 1945/Das Taschenbuch der Artillerie, 1945

Akten und Dokumente der Admiralität (PRO)

Battlecruisers: design, 1916/Schlachtkreuzerentwürfe, 1916
Hood class: Armour and deck protection, 1919/*Hood*-Klasse: Panzerung und Decksschutz, 1919
Warship design in the light of wartime experience, 1919/Kriegsschiffsentwürfe aus der Sicht der Kriegserfahrungen, 1919
Capital ship design 1920/21/Großkampfschiffsentwürfe 1920/21
Relative gunpower of British and German dreadnoughts, 1914–1918/Tatsächliche Feuerkraft der britischen und deutschen Dreadnoughts, 1914–1918
Progress in Gun Material, 1920/Fortschritte im Geschützmaterial, 1920
Interim report of the Naval AA gunnery committee, 1920/Zwischenbericht des Marineausschusses für Luftabwehr, 1920
Protection of Magazines, 1920/Schutz der Magazine, 1920
Armaments of HM Ships, improvements, 1920/Bewaffnung der Royal Navy-Schiffe, Verbesserungen 1920
Tests on *Baden* and *Monarch* 1923/Versuche mit *Baden* und *Monarch,* 1923
Reconstruction versus US and Japanese programmes, 1920/Umbauten gegen US- und japanische Programme, 1920
16 inch Mk I gun mountings in *Nelson* and *Rodney,* 1927/Die 40,6 cm-Mk I-Geschütztürme auf *Nelson* und *Rodney,* 1927
Royal Oak reconstruction, 1923/Umbau der *Royal Oak,* 1923
Renown, reconstruction, 1923/Umbau der *Renown,* 1923
Queen Elizabeth, revised legend, 1926/Die überarbeitete Legende der *Queen Elizabeth,* 1926
Warspite, revised legend, 1926/Die überarbeitete Legende der *Warspite,* 1926
Battleships, legends, 1927/Schlachtschiffslegenden 1927
Future battleships, design and arrangement of armament, 1928/Die Konstruktion und Anordnung der Bewaffnung künftiger Schlachtschiffe, 1928
25000 ton Battleship, legend and design, 1929/Das 25000 t-Schlachtschiff, Legende u. Entwurf, 1929
Future battleships, design, 1928–29/Künftige Schlachtschiffe, Entwurf 1928 und 1929
Summery of the report of the Naval AA gunnery committee, 1931/Abschlußbericht des Marineausschußes für Luftabwehr, 1931
Capital ships replacement, requirements, 1933/Die Forderungen für das Ersatzprogramm der Großkampfschiffe, 1933
Future battleships replacement, requirements, 1934/Künftige Schlachtschiffsersatzbauten, Forderungen, 1934
Battlecruisers, legend and design, 1935/Schlachtkreuzer, Legende und Entwürfe, 1935
Capital ships, protection, 1935/Großkampfschiffe, Schiffsschutz, 1935
Battlecruisers, legend and drawings, 1936/Schlachtkreuzer, Legende und Pläne 1936
Capital ships, endurance, 1936/Großkampfschiffe, Fahrbereich, 1936
Capital ships, anti-aircraft defence, 1936 to 1937/Die Flugzeugabwehr der Großkampfschiffe, 1936 bis 1937
Capital ships, vulnerability to air attack, 1937/Die Verwundbarkeit der Großkampfschiffe durch Luftangriffe, 1937
Capital ships, effect on British designs of Japanese infringement of regulations, 1937 to 1938/Die britischen Reaktionen auf die Nichtbeachtung der Vereinbarungen bezüglich der Großkampfschiffe durch die Japaner, 1937 bis 1938
Battleships, sketch designs, 1937 to 1938/Schlachtschiffsentwurfsskizzen 1937 bis 1938
Battleships, legend, 1938/Schlachtschiffslegende 1938
Lion class battleships, legend and drawings, 1938/*Lion*-Klasse, Schlachtschiffslegende und Skizzen, 1938
Construction of 15 inch gun battleship, 1939/Die Konstruktion eines Schlachtschiffes mit 38,1 cm-Geschützen, 1939
King George V class, history of construction, 1940/Die Entwicklungsgeschichte der *King George V*-Klasse, 1940
HMS *Nelson,* report of damage and passage to Portsmouth, 1940/HMS *Nelson,* Schadensbericht und Fahrt nach Portsmouth, 1940
RDF research and development, 1940/Forschung und Entwicklung der Funkortung, 1940
Adaption of battleships, cruisers and destroyers to carry fighter aircraft, consideration, 1941/Anpassung von Schlachtschiffen, Kreuzern und Zerstörern zum Mitführen von Jagdflugzeugen, Überlegungen 1941
HMS *Duke of York,* suggested exchange for American warships, 1941/HMS *Duke of York,* vermutlicher Tausch gegen amerikanische Kriegsschiffe, 1941
Camouflage of capital ships, proposals 1941/Die Tarnung der Großkampfschiffe, Vorschläge, 1941
Aircraft in capital ships, discussions on projected design of battlecarrier 1940–41/Flugzeuge auf Großkampfschiffen, Diskussion über Entwurfsprojekte für Schlacht-Träger, 1940–41
HMS *Rodney's* action with German battleship *Bismarck,* gunnery report, 1941 to 1942/Der Kampf von HMS *Rodney* gegen das deutsche Schlachtschiff *Bismarck*, Artilleriebericht, 1941–42
Refits of the *Royal Sovereign* class in the USA, 1942–43/Instandsetzungen der *Royal Sovereign* Klasse in den USA, 1942–43
Proposals by Rear-Admiral Mediterranean aircraft carriers, for aircraft carrying capital ships, 1942/Vorschläge des kommandierenden KAdm der Flugzeugträger im Mittelmeer bezüglich des Mitführens von Flugzeugen auf Großkampfschiffen, 1942
Capital ship construction, extracts from records, 1936 to 1942/Die Konstruktion von Großkampfschiffen, Auszüge aus Berichten, 1936 bis 1942
Correspondence on completion date for *Vanguard,* 1942 to 1943/Der Schriftwechsel über das Fertigstellungsdatum der *Vanguard,* 1942 bis 1943
Loss of HMS *Prince of Wales* and *Repulse,* 1941 to 1942/Der Verlust von HMS *Prince of Wales* und *Repulse,* 1941–42
Use of British and French capital ships, 1940 to 1943/Die Verwendung britischer und französischer Großkampfschiffe, 1940 bis 1943
V. C. S. Comittee – battleship enquiry, 1936 to 1944/Sicherheitsausschuß – Schlachtschiffsauskünfte, 1936–1944
Old battleships, discussion on possible uses, 1943 to 1945/Alte Schlachtschiffe, Diskussion über Verwendungsmöglichkeiten, 1943 bis 1945
First Sea Lords' dockets, battleships versus aircraft, etc., 1944 to 1945/Aufzeichnungen der Ersten Seelords über Schlachtschiffe gegen Flugzeuge usw., 1944 bis 1945
Camouflage, 1940 to 1945/Tarnung, 1940 bis 1945
Radar reflectors, 1940 to 1945/Radarreflektoren, 1940 bis 1945
Vanguard, improvements in AA armament/Die Verbesserung der Flakausrüstung auf der *Vanguard*
Guides missiles Types „FX" and „HS" (counter measures), 1944/Flugkörper „FX" und „HS" (Gegenmaßnahmen), 1944

Berichte über Kriegsschiffskonstruktionen während des Krieges 1914–1918 (Marinekonstruktionsamt der Admiralität, 1919)

Battleships, *Queen Elizabeth* class, 1912–1919 (AL)/ Schlachtschiffe der *Queen Elizabeth*-Klasse, 1912–1919
Battleships, *Royal Sovereign* class, 1913–1919 (AL)/ Schlachtschiffe der *Royal Sovereign*-Klasse, 1913–1919
Battlecruiser *Hood,* 1916–1919 (AL)/Schlachtkreuzer *Hood,* 1916–1919
Aircraft Carriers, Part IV, Aeroplanes carried in fighting ships (AL)/Flugzeugträger, Teil IV, Flugzeuge, die von Kriegsschiffen mitgeführt werden

Schiffsbeschreibungen (Marinekonstruktionsamt der Admiralität)

Queen Elizabeth class (NMM)
Royal Sovereign class (NMM)
Renown and *Repulse* (NMM)
Hood (NMM)
G 3 (NMM)
Nelson and *Rodney* (NMM)

Schiffsbücher

Hood (PRO)
Howe (PRO)

Die technische Geschichte (Admiralität, 1919)

Fire control in HM Ships/Feuerleitung auf den Kriegsschiffen der Royal Navy
Guns and guns mountings/Geschütze und Geschütztürme
Ammunition for naval guns/Die Munition der Marinegeschütze

Veröffentlichte Quellen

Admiralty: Naval Marine Engineering Practice, Volume I (HMSO, London, 1919)
Bacon, Reginald H. S., Admiral: From 1900 Onward . . . (Hutchinson, London, 1940)
Brassey's Naval and Shipping Annual 1920/21 and 1928/29 (Clowes, London, 1920 and 1929)
Breyer, Siegfried: Schlachtschiffe und Schlachtkreuzer, 1905–1970 (J. F. Lehmanns Verlag – jetzt Bernard & Graefe Verlag, München, 1970, übersetzt als Battleships and Battlecruisers, 1905–1970, Macdonald, London, 1973 und Doubleday, New York, 1973)
Chatfield, Alfred E. M., Baron Chatfield, Admiral: The Navy and Defence (Heinemann, London and Toronto, 1942)
Chatfield, Alfred E. M., Baron Chatfield, Admiral: It Might Happen Again (Heinemann, London and Toronto, 1947)
Chihaya, M.: Yamato and *Musashi,* Warship Profile No. 30 (Profile Publications, Windsor, 1973)
Cunningham, Admiral of the Fleet, *Andrew B., Viscount Cunningham:* A Sailor's Odyssey (Hutchinson, London, 1951)
Institute of Naval Architects: Transactions, Volume 91, 1949
Le Masson, Henri: The French Navy, Volume I (Macdonald, London, 1969)
Lott, A. S., and *Sumrall, R. F.:* USS *North Carolina* (BB 55), Ships Data Series No. 1 (Leward, Pompton Lakes, N.J., 1973)
MacIntyre, Donald, Captain: Narvik (Evans, London, 1959 and Pan, London, 1962)
Marder, Arthur J.: From the Dreadnought to Scapa Flow, The Royal Navy in the Fisher Era, 1904–1919, 5 volumes (Oxford, 1961–1970)
Naval Records Club: Warship International (Toledo/ Ohio, quarterly publication 1964 ff)
Pack, Stanley W. C.: Night Action off Cape Matapan (Ian Allan, Shepperton, 1972, and Naval Institute Press, Annapolis, 1972)
Parkes, Oscar: British Battleships (Seeley Service, London, 1957)
Roskill, Stephen W., Captain: The War at Sea, 3 volumes (HMSO, London, 1954–1960)
Roskill, Stephen W., Captain: HMS *Warspite,* The Story of a Famous Battleship (Collins, London, 1957)
Roskill, Stephen W., Captain: Naval Police between the Wars, Volume I, 1919–1929 (Collins, London, 1968)
Schmalenbach, Paul: Bismarck, Warship Profile No. 18 (Profile Publications, Windsor, 1972)
Schofield, Brian B., Vice-Admiral: The Loss of the *Bismarck* (Ian Allan, Shepperton, 1972, and Naval Institute Press, Annapolis, 1972)
Taffrail (pseud. Captain *Henry T. Dorling):* Western Mediterranean, 1942–45 (Hodder & Stoughton, London, 1947)
Thetford, Owen: British Naval Aircraft since 1912 (Putnam, London, 1962)
Thompson, Kenneth: HMS *Rodney* at War (Hollis & Carter, London, 1946)
Watts, A. J.: The Loss of the *Scharnhorst* (Ian Allan, Shepperton, 1970)
Winton, John: The Forgotten Fleet (Michael Joseph, London, 1969)

Personenregister

Agnew, (Sir) William Gladstone (1898), KptzS, erster Kommandant der *Vanguard,* später Vizeadmiral

Backhouse, Sir Roger Roland Charles (1878–1939), 1920–1922 Director of Naval Ordnance, 1925 Konteradmiral, 1928–1932 3. Seelord und Controller of the Navy, 1929 Vizeadmiral, 1934 Admiral, 1935–1938 CinC Home Fleet, 1938–1939 1. Seelord und Chief of Naval Staff, 1939 Admiral of the Fleet

Balfour, Arthur James (sp. 1st Earl of Balfour) (1848–1930), kons. Politiker, 1902–1905 Premierminister

Battenberg, Ludwig Alexander Prinz von (ab 1917 Louis Alexander Mountbatten, 1st Marquess of Milford Haven) (1854–1921), 1908–1910 CinC Atlantic Fleet, 1911–1912 2. Seelord, 1912–1914 1. Seelord, Admiral; legte 1914 unter öffentlichem Druck wegen seiner deutschen Abstammung sein Amt nieder

Beatty, Sir David (ab 1919 1st Earl Beatty of the North Sea and of Brooksby, Viscount Borodale of Wexford) (1871–1936), 1910 Konteradmiral, 1912 Naval Secretary des 1. Lords der Admiralität, 1912–1916 Chef des 1. Schlachtkreuzergeschwaders, 1915 Vizeadmiral, 1916–1919 CinC Grand Fleet, 1919 Admiral, 1919–1927 1. Seelord und Chief of Naval Staff, 1919 Admiral of the Fleet

Brand, Sir Hubert George (1870), 1925–1927 2. Seelord, 1927–1929 CinC Atlantic Fleet, 1928 Admiral, 1929–1932 CinC Plymouth

Burnett, Sir Robert Lindsay (1887), 1943 Chef des 10. Kreuzergeschwaders und Vizeadmiral, 1944–1946 CinC South Atlantic, 1947–1950 CinC Plymouth

Chatfield, Sir Alfred Ernle Montacute (ab 1937 1st Baron Chatfield of Ditchling) (1873–1967), 1920–1922 Assistant Chief of Naval Staff, 1920 Konteradmiral, 1925–1928 3. Seelord und Controller of the Navy, 1926 Vizeadmiral, 1929–1930 CinC Atlantic Fleet, 1930 Admiral, 1930–1932 CinC Mediterranean Fleet, 1933–1938 1. Seelord und Chief of Naval Staff, 1935 Admiral of the Fleet; 1939–1940 Minister of Co-ordination of Defence

Churchill, (Sir) Winston Leonard Spencer (1874–1965), 1911–1915 und 1939–1940 1. Lord der Admiralität, Mai 1915 wegen des gescheiterten Dardanellenunternehmens zurückgetreten, 1940–1945 Premierminister

Cooke, G. C., KptzS und Kommandant der *Barham* (1941)

Coolidge, Calvin (1872–1933), 1923–1929 Präsident der USA

Cunningham, Sir Andrew Browne (ab 1946 1st Viscount Cunningham of Hyndhope) (1883–1963), 1938–1939 Seelord und Deputy Chief of Naval Staff, 1939–1942 CinC Mediterranean Fleet, 1941 Admiral, 1942 Naval CinC Expeditionary Force, North Africa, 1943 CinC Mediterranean Fleet, 1943 Admiral of the Fleet, 1943–1946 1. Seelord und Chief of Naval Staff

Dalrymple-Hamilton, (Sir) Frederick Hew George (1890), 1939–1941 Kommandant der *Rodney,* KptzS, 1948 Admiral

Domville, (Sir) Barry Edward (1878), 1916 KptzS, 1921–1922 Mitglied der brit. Delegation bei der Flottenkonferenz von Washington, sp. Admiral

Dreyer, Sir Frederic Charles (1878), 1907–1909 Assistant Director of Naval Ordnance, 1907 FKpt, 1909–1910 Kommandant der *Vanguard,* 1913 KptzS, 1917–1918 Director of Naval Ordnance, 1923 Konteradmiral, 1924–1927 Assistant Chief of Naval Staff, 1929 Vizeadmiral, 1930–1933 Deputy Chief of Naval Staff, 1933–1936 CinC China Station, 1932 Admiral

Fisher, Sir John Arbuthnot (ab 1909 1st Baron Fisher of Kilverstone) (1841–1920), 1886–1891 Director of Naval Ordnance, 1890 Konteradmiral, 1892–1897 3. Seelord und Controller of the Navy, 1896 Vizeadmiral, 1897–1899 CinC North America and West Indies Station, 1899 Marinevertreter in der brit. Delegation bei der Haager Friedenskonferenz, 1899–1902 CinC Mediterranean Fleet, 1901 Admiral, 1902–1903 2. Seelord, 1903–1904 CinC Portsmouth, 1904–1910 und 1914–1915 1. Seelord, 1910–1914 a. D.; Mai 1915 Rücktritt wegen des gescheiterten Dardanellenunternehmens, 1905 Admiral of the Fleet

Forbes, Sir Charles Morton (1880–1960), 1932–1934 3. Seelord und Controller of the Navy, 1933 Vizeadmiral, 1936 Admiral, 1938–1940 CinC Home Fleet, 1940 Admiral of the Fleet, 1941–1943 CinC Portsmouth

Fraser, Sir Bruce Austin (ab 1946 1st Baron Fraser of North Cape) (1888), 1939–1942 3. Seelord und Controller of the Navy, 1943–1944 CinC Home Fleet, 1944 Admiral, 1944 CinC Eastern Fleet, 1945–1946 CinC British Pacific Fleet, 1947–1948 CinC Portsmouth, 1948 Admiral of the Fleet, 1948–1951 1. Seelord und Chief of Naval Staff

Geddes, Sir Auckland Campbell (1879–1954), Arzt, Politiker, 1920–1924 brit. Botschafter in Washington

Geddes, Sir Eric Campbell (1876), 1917–1919 1. Lord der Admiralität

Goodall, Sir Stanley Vernon (1883), 1936–1944 Director of Naval Construction

Hughes, Charles E. (1862–1948),1921–1926 U.S. Secretary of State (Außenminister), 1921–1922 Vorsitzender der Flottenkonferenz von Washington

Iachino, Angelo (1889), 1939 Geschwaderadmiral, 1940–1943 ital. Flottenchef, 1943 Flottenadmiral

Jackson, Sir Henry Bradwardine (1855–1929), 1905–1908 3. Seelord und Controller of the Navy, 1912–1914 Chief of War Staff, 1915–1916 1st Sea Lord, 1919 Admiral of the Fleet

Jellicoe, Sir John Rushworth (ab 1918 1st Earl Jellicoe of Scapa) (1859–1935), 1905–1907 Director of Naval Ordnance, 1907 Konteradmiral, 1908–1910 3. Seelord und Controller of the Navy, 1910–1911 CinC Atlantic Fleet, 1911–1912 Chef des 2. Geschwaders der Home Fleet, 1912–1914 2. Seelord, 1914–1916 CinC Grand Fleet, 1915 Admiral, 1916–1917 1. Seelord, 1917 zgl. Chief of Naval Staff, 1919 Admiral of the Fleet; 1920–1924 Generalgouverneur von Neuseeland

Johns, Sir Arthur William (gest. 1937), 1930–1936 Director of Naval Construction

Kato, Tomosaburo, Viscount (1861–1923), jap. Großadmiral (1923), 1915–1923 Marineminister

Leach, John (1894–1941), KptzS und Kommandant der *Prince of Wales* (1941)

Lee of Fareham, Arthur Hamilton 1st Baron (sp. 1st Viscount) (1868–1947), 1903–1905 Zivillord der Admiralität, 1921–1922 1. Lord der Admiralität

Little, Sir Charles James Colebrooke (1882), 1921 Mitglied der brit. Delegation bei der Flottenkonferenz von Washington, 1932–1935 Seelord und Deputy Chief of Naval Staff, 1933 Vizeadmiral, 1936–1938 CinC China Station, 1937 Admiral, 1938–1941 2. Seelord und Chief of Naval Personnel, 1941–1942 Chef der britischen Joint Staff Mission in Washington, 1942–1945 CinC Portsmouth

Long, Walter Hume (sp. 1st Viscount) (1854–1924), 1916–1919 Staatssekretär für die Kolonien, 1919–1921 1. Lord der Admiralität

Macdonald, James Ramsay (1866–1937), Vors. der Labour Party, 1924 und 1929–1935 Premierminister

Moore, Sir Archibald Gordon Henry Wilson (1862), Director of Naval Ordnance, anschl. 1912–1914 Seelord, 1914 Chef des 2. Schlachtkreuzergeschwaders, 1919 Admiral

Phillips, Sir Tom Spencer Vaughan (1888–1941), 1935–1938 Director of Plans in der Admiralität, 1939 Konteradmiral, 1939–1941 Deputy, dann Vice Chief of Naval Staff, 1940 Vizeadmiral, 1941 CinC Eastern Fleet (mit deren Flaggschiff *Prince of Wales* am 10. 12. 1941 untergegangen)

Richmond, Sir Herbert (1871), 1929 Admiral, bekannt geworden durch seine Veröffentlichungen gegen Großkampfschiffe

Scott, Sir Percy, Admiral, hatte maßgeblichen Anteil an der Erfindung der Feuerleitgeräte

Tennant, (Sir) William George (1890), KptzS und Kommandant der *Repulse* (1941), 1945 Vizeadmiral, 1946–1949 CinC America and West Indies Station, 1948 Admiral

Tovey, Sir John Cronyn (ab 1946 1st Baron Tovey of Langton Matravers) (1885), 1939 Vizeadmiral, 1940–1943 Home Fleet, 1942 Admiral, 1943 Admiral of the Fleet, 1943–1946 CinC The Nore

Tudor, Sir Frederick Charles (1863), 1912–1914 Director of Naval Ordnance, 1914–1917 3. Seelord und Controller of the Navy, 1917–1919 CinC China Station, 1920–1922 Präsident des R.N. College, Greenwich, 1921 Admiral

Schiffsnamenregister

(mit Anmerkungen/Ergänzungen des Übersetzers)